Rodolfo Guiscard

POPOLO, NAZIONE E STATO NEL RISORGIMENTO
(1847 – 1858)

A Marilena e Federico

dott. Rodolfo Guiscardo
e-mail guiscardo.r@gmail.com

PREMESSA

Nell'attuale situazione politico – economica nazionale, caratterizzata dalla più grave crisi etica, culturale, sociale ed economica che si sia manifestata in Italia, è interessante rileggere qualche pagina della storia, riguardante, in particolare, il periodo centrale del Risorgimento. A volte una rilettura corretta dei fatti concreti costituisce un'azione rivoluzionaria, dato che promuove la consapevolezza del popolo[1] e contribuisce a farlo tornare ad essere Nazione, attraverso la conoscenza e la comprensione del proprio "sé" manifestatosi nel tempo in termini di tradizione culturale, funzione storica ed essenza sociale. Tale processo costituisce la necessaria premessa per procedere al rafforzamento ed alla "rinazionalizzazione" dello Stato[2] facendo sì che lo stesso realizzi adeguatamente gli interessi popolari,[3] anzicchè agire proditoriamente contro di essi.[4]

E' vasto e potente, l'attacco provocato e gestito da tempo dal capitale finanziario internazionale contro uno Stato come l'Italia che, rappresentando gli interessi del popolo, dovrebbe regolare, quindi condizionare, quelli del capitale. Se lo Stato non è definitivamente anemizzato e, poi, di fatto, annullato,[5] è quasi impossibile, per il capitale, attuare quella decostruzione globale tendente a cancellare definitivamente ogni attaccamento etico, affettivo e culturale del popolo alla Nazione, alla sua storia ed al suo territorio, distruggendo ogni difesa del popolo ed annullando, contestualmente, l'essenza della Nazione stessa, quindi la base etico giuridica dello Stato. Anemizzazione e annullamento che dovrebbero essere definitivamente attuati dalla Grande Sostituzione[6] dei

---

[1] La coscienza di sé, che non è solo geografia, cultura e storia, bensì anche programma d'azione, finalità di vita, convincimento morale.

[2] Uno Stato sociale, rappresentante degli interessi delle varie componenti della società nazionale.

[3] Il governo sociale mazziniano.

[4] La stessa adesione ad una comunità, addirittura il sacrificio per essa, sono illusori se la vita dei suoi componenti non è fondata sui valori etici espressi dalla comune memoria storica, bensì sul relativismo, il nichilismo, l'andare contro natura.

[5] Divenendo, quindi, uno Stato meramente amministrativo, privo di sovranità. Le Authority ne rappresentano la premessa organizzativa.

[6] Nonostante le radicate convinzioni dei pacifisti universalisti le migrazioni sono un'arma, la più sconvolgente delle modalità operative della guerra ibrida. Infatti **"nella coartazione tradizionale"** (i costi inferti allo Stato ed alla popolazione invasa) **"vengono inflitti attraverso la minaccia e l'uso della forza militare per raggiungere scopi politici 'a buon mercato'. Nella migrazione coercitiva progettata, invece, sono inflitti con la minaccia e l'uso di bombe demografiche umane per realizzare obiettivi politici che sarebbe impossibile conseguire con mezzi militari"** (da: Kelly M.Greenhill: "Armi di migrazione di massa – Deportazione, coercizione e politica estera", LEG ed. - Gorizia, 2017, pag. 31). La Greenhill ha calcolato che, dalla Convenzione sullo status dei rifugiati del 1951, circa la metà delle invasioni dei popoli hanno raggiunto gli obiettivi previsti, mentre l'impiego della grande forza militare degli Stati Uniti ha prevalso solo tra il 19 ed il 37,5%. Possiamo aggiungere che le migrazioni sono un'arma non solo gratuita bensì spesso economicamente vantaggiosa per chi le provoca.

popoli, cioè dal consenso all'indiscriminata entrata in Italia delle genti più varie al fine di delegittimare i diritti del popolo italiano, annullando, di conseguenza, il rapporto esistente fra le persone, la sovranità sul territorio nazionale[7] e l'operato delle istituzioni statali previste dalla Costituzione. Una sostituzione da tempo imposta all'Italia e, di fatto – in definitiva, anche di diritto - accettata dalla sua classe dirigente.[8] Un "avvicendamento"

---

[7] Fra l'altro, non si può affermare – come fanno i teorici dell'antinazione - che i dati di fondo dell'Italia e della sua civiltà siano inventati. Essi, infatti, sono scolpiti nel tempo, costituendo l'essenza, coerente e sinergica, della realtà nazionale. Pertanto la decostruzione di quest'ultima costituisce un'azione eversiva effettuata per fini di interesse e di potere nel quadro della politica del capitalismo assoluto. L'italianità ha avuto effetti sulla realtà e sul divenire storico, creando progressivamente un dato ordinamento politico, una specifica struttura sociale, una profonda coesione culturale affermatasi nella storia, provocando un coerente sviluppo e costituendo, di conseguenza, un oggettivo dato di fatto nel tempo, nello spazio e nella partecipazione popolare. Negli ultimi ottant'anni l'attacco spietato del capitale finanziario contro gli Stati nazionali ha cercato, fra l'altro, di annientare la stessa concezione sociale, ideologica e politica della Nazione. In particolare ha promosso contro di essa la violenta offensiva di folte e veementi componenti accademiche, dette "moderniste". La parte più numerosa di tali componenti è quella costruttivista, secondo la quale le Nazioni si annulleranno gradualmente nella globalizzazione non rappresentando realtà oggettive, dato che sono "prodotti" nuovi, temporanei, tendenti ad estinguersi perché costruiti artificialmente da elite autoritarie alla ricerca di facili metodologie di governo, atte a prevaricare le rispettive popolazioni. Però, negli ultimi tempi, la sempre più diffusa consapevolezza popolare dell'importanza della Nazione e delle strutture nazionali per la difesa dei propri interessi, ha notevolmente preoccupato il capitale finanziario, che ha accelerato e reso più violente le sue sopraffazioni. Contestualmente sono state facilitate alcune impostazioni più razionali ed equanimi, come quella di Anthony D. Smith: "**nazione come popolazione umana provvista di nome che occupa un territorio o una madrepatria storica e condivide miti e memorie, una cultura pubblica di massa, una singola economia, diritti e doveri comuni per tutti i membri**" (da: A.D. Smith "La nazione – storia di un'idea", Rubettino, Soveria Mannelli, 2007, pag. 132).

[8] Bisogna accennare al settore del diritto, anch'esso in crisi, dato che la magistratura, che è un ordine ma si è affermata come un potere, di fatto sovraordinato allo stesso Parlamento, ha fatto passare l'Italia dallo Stato di diritto ad un nuovo Stato, che può definirsi "dei giudici", nel quale la presunta eticità ideologica di una casta fa premio sulla stessa lettera della Costituzione e, più in generale, delle norme, nel quadro della presunta morte dello Stato. E' la vittoria del giusmoralismo, che, secondo la definizione di Agostino Carrino, è espressione dei "**costituzionalisti e teorici del diritto, che hanno elaborato un nuovo tipo di giusnaturalismo postmoderno, per il quale il diritto è valido (non solo 'giusto') se moralmente fondato.** (Da "La Verità" del 12 agosto 2019) In definitiva "**la volontà politica viene delegittimata in nome della autorità della sentenza giudiziaria, che si basa su un elemento 'superiore', non più la volontà divina, la legge naturale di Tommaso o la ragione illuminista, ma la capacità del giudice di 'giudicare' sulla base comunque di una legge**" (Da: Agostino Carrino "La Costituzione come decisione. Contro i giusmoralisti", Mimesis, Sesto San Giovanni, 2019, pag. 18.). Di giudicare, quindi, in nome di principi etici generali, generalmente di parte o, comunque, soggettivi, considerati superiori alla Costituzione ed alle altre leggi dello Stato. Princìpi che esprimono visioni 'aperte' e 'progressive', funzionali all'ideologia liberista ed eticamente destrutturante del capitale finanziario. Infatti, quando il diritto, gestito secondo un astratto moralismo, si soggettivizza e diviene relativo, lascia, di fatto, libere le prevaricazioni del potere economico. Perciò il governo dei giudici consiste in una gestione ovviamente antidemocratica perché discrezionale della cosa pubblica. Il 'governo' posto in essere da una casta priva sia di controllo che di legittima rappresentanza popolare, costituisce, oggi, il

accentuato dalla contestuale emigrazione di gran parte della gioventù italiana ampiamente scolarizzata.

Non bisogna, però, trascurare il fatto che oggi in Italia ed in Europa vi sono tutte le premesse per un altro 1848/49. Nel XIX secolo la rivoluzione ha agito contro l'autocrazia dei sovrani assoluti - divenuta quasi dappertutto arretrata, improduttiva e oppressiva[9] - e contro la repressione delle realtà nazionali. Nel XXI secolo costituirà l'ultima possibile reazione dei popoli all'oppressione delle identità e libertà nazionali ed ai condizionamenti economici, culturali, politici, etici, sociali, ecc. che l'attuale capitalismo assoluto intende esercitare contro gli Stati nazionali al fine di avere campo libero e di subordinare e limitare i diritti al lavoro, alla salute, al progresso economico, alla cultura, ecc. dei popoli. Tutto ciò a premessa del depotenziamento progressivo degli Stati stessi e al connesso, completo asservimento dei popoli europei, resi meri agglomerati atomizzati, al fine di pervenire a quel nuovo ordine mondiale che è il fine del capitale finanziario. Tutto ciò determinerà, ovviamente, il collasso definitivo dei popoli europei e della nostra civiltà.

Il Risorgimento italiano ha espresso una sua filosofia, quindi una teoria ed una prassi che, nei decenni scorsi, sono state screditate ed infine quasi annullate nel ricordo e nella consapevolezza del popolo, determinando il distacco degli italiani dalle esigenze, dalle caratteristiche e dai bisogni della loro Nazione, quindi dall'etica, dalla storia e dall'essenza[10] della stessa. In altri termini è stata imposta, in maniera subdola ma efficace, una sorta di snazionalizzazione culturale del popolo. Negli ultimi decenni, infatti, i potenti interessi del capitale hanno indotto una parte del popolo, soprattutto quella che detiene i reali poteri, ad essere scettica ed ostile nei confronti della stessa Italia e delle sue reali necessità – e potenzialità - facilitando, almeno di fatto, l'influenza ed i profitti degli

---

pericolo maggiore per la sopravvivenza dello Stato nazionale e per il futuro del popolo e della democrazia. Nel 2002 Robert Heron Bork ha precisato: "**Le nazioni occidentali hanno temuto a lungo di venire contagiate dalla 'malattia americana', ovvero dal fenomeno dell'appropriazione, da parte dei giudici, dell'autorità appartenente al popolo e ai suoi rappresentanti eletti. Oggi tali nazioni stanno imparando, forse troppo tardi, che questa forma di imperialismo non è tanto una malattia americana quanto una malattia giudiziaria che non conosce confini. Una simile patologia si manifesta non appena i giudici si trovano in condizioni tali da (....) calpestare le decisioni di altri organi dello Stato: il potere del controllo giurisdizionale di costituzionalità. Per tale motivo (....) si sta assistendo a considerevoli e imprevisti mutamenti che investono sia gli Stati, sia le singole culture. (....) ovunque democrazia e tradizioni etiche locali sono in pericolo.**" (Da: R. Bork: "Il giudice sovrano" liberilibri di AMA srl, Macerata, 2006, pagg.7 e 8).

[9] La rivoluzione americana ha reso evidente che, almeno dalla metà del '700, gli interessi dei re non sono stati sempre coincidenti con quelli dei loro popoli, soprattutto quando i re stessi sono stati condizionati dal capitale finanziario o sono stati con esso pienamente – diciamo sinergicamente - d'accordo (caso emblematico quello della Banca d'Inghilterra, i suoi rapporti con il re e con il primo lord dell'ammiragliato e le responsabilità di tali soggetti nello scoppio nella rivoluzione americana).

[10] Perché il capitale finanziario ha cercato e cerca di cancellare il genius (il generatore di vita, ma anche lo spirito vitale) della nostra gens, cioè del popolo italiano. E non solo della gens italiana.

interessi suddetti. In altri termini provocando e sostenendo l'antitalianità di almeno un terzo della popolazione italiana.

Alcuni individui e gruppi hanno reputato di potersi garantire il concreto potere politico - sociale e la ricchezza economica partecipando alla nascita ed all'affermazione di una nuova classe globalista, divenuta, poi, egemonica per conto del capitale finanziario, utilizzando il potere quasi totale che il capitale stesso ha gradualmente conseguito nei mass media, nelle università, nelle organizzazioni burocratiche dello Stato, nella Chiesa, nei residui dei partiti, oramai quasi tutti postborghesi o postproletari.[11] Tale classe, divenuta dominante, ha il compito di costituire uno pseudo Stato postnazionale, postidentitario, meramente amministrativo e di annientare l'etica comunitaria ed i diritti sociali del popolo, che sono alla base della Nazione, quindi dell'ordine comunitario dello Stato. Così il potere capitalistico totalitario tende a "semplificare" l'intera società, sostituendo il popolo con una miriade di soggetti umani desessualizzati, sottomessi, privi di risolutezza e di memoria storica,[12] funzionali al flusso incontrastato del danaro, che deve garantire al potere totalitario del capitale i più alti profitti. Si tratta di una tendenza, quasi del tutto prevalente, che è molto più angosciosa della difesa dei propri interessi effettuata dalle monarchie assolute dell'ottocento, dato che tende alla distruzione non solo degli Stati, ma anche dell'etica sociale ed individuale, tendendo ad imporre, addirittura, una vera e propria mutazione antropologica.[13]

---

[11] Anche le vecchie suddivisioni partitiche - ad esempio, destra, centro e sinistra - non hanno più valore. Vi è un'unica divisione fra le forze nazionali, quindi popolari, e le altre, che, avendo varie convinzioni e prassi antinazionali, sono, di conseguenza, oggettivamente antipopolari.

[12] Elisabetta Frezza, in "Malascuola" (Casa ed. Leonardo da Vinci, Roma, 2017), ha giustamente precisato: "**Un problema che vede sì nella cosiddetta 'educazione di genere' il suo aspetto al momento più vistoso, ma che lo travalica (....) si tratta di capire quale sia l'ambizioso disegno di demolizione della scuola italiana (....) di diseducazione della gioventù (....) si vuole imporre a tutti la nuova morale di Stato (....) in vista di quella omologazione 'culturale' verso il basso capace di garantire alle *èlite* di potere un'agevole manovrabilità di massa**" (pag. 9). In definitiva si tratta di "**una guerra dove il nemico non fa prigionieri e non risparmia i bambini, anzi vuole colpire proprio loro, per rapinarne l'innocenza e violentarne la sensibilità (....) scardinando la loro identità in fase di formazione.**" (pag. 201) e dando una decisiva pugnalata all'istituto della famiglia, base della società e dello Stato.

[13] Pur facendo riferimento, in questo volume, al duro travaglio del Risorgimento, come ispirazione, modello e monito del nostro tormentato presente e del presumibilmente tragico futuro, bisogna ribadire che il compito di salvare Stato, Nazione e popolo è oggi molto più difficile di quanto non sia stato attuare, nell'Ottocento, il processo unitario nazionale italiano. Oggi, formalmente, sussiste la democrazia, ma viene costantemente ostcolata perchè deve essere sostituita con una governabilità - o 'governance' - antidemocratica gestita da tecnici, da "esperti", di fatto imposti dal capitale finanziario. Inoltre politici ed amministratori sostenitori di quest'ultimo sono presenti nei gangli vitali dello Stato e, con l'ausilio degli apparati pubblici sostanzialmente globalizzati, sono nella condizione di bloccare – anche violentemente, d'accordo con la classe dirigente compradora - le istanze nazionali che potrebbero nascere ed affermarsi non solo nel popolo ma nello stesso Parlamento.

Si tratta della secolare politica del capitale finanziario, pervenuta quasi alla sua vittoria finale, che, per le modalità con cui si è affermata, conferisce al capitale stesso una operatività ed una aggressività definibili "castrensi"[14]. Tale affermazione, tale processo, ha tutti i crismi della violenza bellica – anzi è ancora più esiziale della tradizionale violenza militare [15]– ed ha determinato il collasso – morale oltre che economico - della nostra società.

---

[14] Intendendo per capitalismo castrense la potenza del capitale finanziario che ha egemonizzato lo Stato e la sua componente militare, recependo da questa l'attitudine alla soluzione dei problemi in maniera operativa e violenta, funzionale al conseguimento della massimizzazione dei profitti ed all'acquisizione del potere globale, operando sotto forma di capitalismo assoluto (o ultrafinanziario non di mercato) per determinare una radicale trasformazione della società e conseguire un nuovo ordine mondiale, secondo un processo esplicito, chiaro ed incisivo, svolto nella maniera più aggressiva e totalitaria possibile. (Vds. Michele Dattolo e Rodolfo Guiscardo: "Il capitalismo castrense", NICOMP, Firenze, 2015).

[15] Si tratta, infatti, di forme di conflitto collettivo ancora più violente di quelle militari. Basta applicare in maniera precisa ed inesorabile il neoliberismo. Fare quello che è avvenuto, ad esempio, in Grecia, con l'imposizione delle misure di austerità che ne hanno definitivamente sconvolta l'economia, forse per decenni. In Europa – e non solo in Europa - il contrasto economico e quello politico sono stati egemonizzati dai rappresentanti del capitale finanziario internazionale con il sostegno di classi dirigenti comprador, sostenitrici di condizionamenti giuridico - finanziari imposti da strutture sovranazionali, estranee a qualsiasi controllo politico e giuridico e di politiche economiche antipopolari che condizionano e reprimono le esigenze nazionali, facilitando il sabotaggio interno delle economie, la svendita del patrimonio sia pubblico che privato, la crisi dei valori, il collasso dello Stato. A ciò si affiancano: l'azione di organizzazioni armate a carattere privato, coordinate con sofisticati organismi di intelligence economica; le epocali migrazioni di massa provocate ed incentivate dal capitale finanziario; i processi di deindustrializzazione presentati come necessari; l'accettazione di forme di sottosviluppo (la follìa di: "viva la decrescita felice"!); l'imposizione di un graduale collasso etico e culturale, quindi politico, in definitiva umano; alcune forme sotterranee di guerra batteriologica, particolarmente misteriose e devastanti; l'accennata convinzione che sia necessario "superare" l'organizzazione democratica dello Stato per sostituirla con forme di governance tecnocratiche. (Vds., ad esempio: M. Crozier, S. Huntington, J. Watanuki: "La crisi della democrazia", F. Angeli, Milano, 1977, testo della Trilateral). Perciò si può affermare che trattasi di armi atte a provocare il collasso dei popoli e degli Stati. Armi, in definitiva, più deleterie di quelle militari del passato. Le azioni violente di carattere finanziario costituiscono, di conseguenza, le nuove armi di distruzione di massa. Perché bombardare una popolazione quando la si può schiavizzare con la 'shock economy', provocando il disastro della sua economia e dell'intera società, propedeutico all'imposizione del debito? Schiavizzazione, questa, funzionale all'affermazione del nuovo ordine mondiale voluto dai nuovi sovrani assoluti del capitale internazionale? O tendere a stroncare una data realtà politico – sociale provocando, a suo danno, un'epidemia? In definitiva, siamo passati dalla guerra ortodossa totale alla guerra eterodossa globale. Tutti gli Stati che intendono garantire ai propri popoli la sovranità, la libertà ed il progresso possono essere considerati "eretici", "canaglie" e, di conseguenza, essere bombardati, sconvolti, distrutti, mentre la classe dirigente realmente nazionale viene chirurgicamente neutralizzata. Peraltro in molti Stati europei vi sono due partiti che sostengono gli interessi del capitale finanziario. Uno è quello che opera ufficialmente, spesso sfrontatamente, sostenendo, di fatto, la politica del capitale stesso, ed un secondo, che si pone su posizioni formali e demagogiche di contrasto, per assorbire la maggior parte dei voti di protesta. Nei momenti importanti, però, anche questo secondo partito sostiene sempre gli interessi del capitale finanziario. Per analizzarne un esempio basta considerare le vicende

Dato che la globalizzazione costituisce il mezzo utilizzato dal capitale finanziario per distruggere lo Stato nazionale, uno dei suoi effetti è il sostanziale annullamento del diritto internazionale [16] e di quello bellico nati dopo la guerra dei Trent'anni (1616 – 1648) e la pace di Westfalia (1648). Una concezione giuridica che tendeva ad assicurare l'ottemperanza delle regole di buona convivenza e, in particolare, il rispetto nei confronti del nemico.[17] Pertanto, negli attuali rapporti politici, coloro che – consapevolmente o inconsapevolmente – sostengono la politica e gli interessi del capitale finanziario, agiscono con particolare violenza, disprezzo e denigrazione nei confronti degli avversari. Contro qualsiasi forma di diritto, si sentono i rappresentanti del Bene e del Giusto globali, ritenendosi gli unici sostenitori di una superiore eticità, considerata, a priori, l'essenza della giustizia. E, di conseguenza, ritengono giusta - quindi priva di limiti - ogni possibile loro azione o reazione, soprattutto se tende a conseguire l'obiettivo della distruzione degli Stati nazionali. E, dato che per loro Dio è morto, lo hanno sostituito con il mercato, facendo, così rinascere la violenza totalitaria delle guerre di religione, ma in maniera potenziata, a causa

---

greche. E non solo... Circa la shock economy, è il prodotto della politica liberista di Milton Friedman e della sua scuola di Chicago. Dato che un disastro attenua fino ad annullare le capacità reattive della gente e degli stessi Stati, può favorire rapide ed incisive politiche economiche di attacco alla sfera pubblica all'interno e di distruzione progressiva degli Stati nazionali all'estero. Naomi Klein,circa il primo caso, ha narrato la fine delle scuole pubbliche a New Orleans, effettuata sfruttando gli effetti del tornado Katrina. Circa il secondo ha fatto riferimento ai consigli dati da Friedman al generale Pinochet, con le note, gravi conseguenze. Pertanto ha definito "'**capitalismo dei disastri' questi raid orchestrati contro la sfera pubblica in seguito a eventi catastrofici, legati a una visione dei disastri come splendide opportunità di mercato**".. Naturalmente i disastri economici, sociali, della salute ecc. possono essere adeguatamente provocati dal capitale finanziario, con successiva opportuna loro utilizzazione, sintetizzabile nelle tre "**richieste tipiche – privatizzazione, deregulation e sostanziosi tagli alla spesa sociale -**" (da: N. Klein: "Shock economy – l'ascesa del capitalismo dei disastri", Rizzoli – BUR – Milano, 2008, pagg. 12 e 16).
[16] Lo " jus publicum Europaeum" in Carl Schmitt: "Il nomos della terra" Adelphi, Milano, 1991, pagg. 163 – 266.
[17] "**In confronto alla brutalità delle guerre di religione e di fazione, le quali sono secondo la loro natura guerre di annientamento in cui i nemici si discriminano l'un l'altro come criminali e pirati (....) tutto ciò** (il riferimento è allo 'jus publicum Europaeum') **comporta una razionalizzazione e un'umanizzazione di grandissima efficacia. Ad entrambe le parti in guerra compete con pari diritto un medesimo carattere statale. Entrambe le parti si riconoscono come Stati. Questo consente di distinguere il nemico dal criminale. Il concetto di nemico diviene capace di assumere una forma giuridica. Il nemico cessa di essere qualcosa 'che deve essere annientato'. Diventa così possibile anche stipulare un trattato di pace con il vinto. In questo modo il diritto internazionale europeo riesce nell'impresa di limitare la guerra con l'ausilio del concetto di Stato. Tutte le definizioni che esaltano lo Stato e che oggi per la maggior parte non vengono più comprese risalgono a questa grande impresa (....)**". (C. Schmitt: "Il nomos" cit., pag. 166). La potenza del capitale finanziario, distruggendo gli Stati, fa ritornare il mondo alla predetta brutalità. Viene considerato legittimo attuare qualsiasi repressione, distruzione, guerra più o meno ibrida, ecc.. La stessa tortura è quasi ufficialmente praticata e, comunque, diviene quasi un'azione normale. Nel mondo, secondo il motto di un reparto alpino, il "Susa":"pietà l'è morta".

dell'assenza totale, nelle loro concezioni - quindi nel conseguente loro operato - di ogni possibile eticità.

Di conseguenza è evidente che stiamo andando verso un confronto senza pietà[18]. Tutto ciò che dava ordine, coordinamento, funzionalità anche eticità al passato deve essere distrutto. Il capitale assoluto afferma che, con il sostanziale annullamento dell'insegnamento della storia nazionale, si perverrà ad un'umanità meno competitiva, priva di motivi di contrasto[19]. Ma questa è una delle maggiori menzogne del capitale stesso, sebbene sia acriticamente sostenuta dall'incredibile quantità di media che propagandano e fattivamente sostengono la politica della globalizzazione. In realtà chi non conosce la storia e la cultura della propria Patria non solo diviene estraneo a sé stesso ma si sente sostanzialmente in contrasto con tutti, dato l'individualismo che è alla base del liberismo. Non solo: chi non conosce e non rispetta la propria Nazione (storia, cultura, ecc.) non ha gli strumenti etico - culturali per comprendere e rispettare le altre Nazioni. Il popolo viene, infatti, indotto ad atomizzarsi sotto la dittatura del capitale, rimanendo, così, privo di qualsiasi sostegno. Di conseguenza, salgono progressivamente gli indici della potenziale violenza. Nulla garantisce la tutela del singolo cittadino, della sua famiglia e del suo lavoro, nulla assicura la comune agiatezza o, al limite, la stessa sopravvivenza. Vengono a mancare, infatti, le garanzie riconosciute dallo Stato nazionale. Per sopravvivere in maniera adeguata il popolo sarà costretto a ribellarsi, anche se in condizioni di drammatica minorità. Sono, quindi, prevedibili contrasti, moti, rivoluzioni e guerre sanguinosi e senza pietà. L'opposto di quanto garantito dalla propaganda del capitale finanziario.

Innanzi ad un futuro così fosco,[20] reso vieppiù grave dalle vicende pandemiche e dai grossi interessi antinazionali presenti in Italia, bisogna vedere se il popolo italiano intende

---

[18] Un confronto che è già iniziato, anche se fino a qualche anno fa non era facilmente avvertito dalle masse popolari nelle sue finalità e nei reali interessi. Negli ultimi anni le responsabilità di tale confronto sono divenute ampiamente visibili, naturalmente da coloro che non siano stati resi ciechi dall'ideologia antinazionale. Ultimamente si sono manifestati movimenti di consapevolezza nazionale ed il capitale finanziario ha avuto paura. Pertanto ora non ha più remore: la sua azione è chiara ed evidente. Non perde più tempo a mimetizzarsi come nel passato. Di tutto ciò ne risente l'intera società nazionale, messa in crisi dai deleteri effetti che gradualmente si sommano a suo danno. Si tratta di una vera destrutturazione economica, che è anche politica, sociale e, a livello individuale, psicologica. La fosca premessa di una violenta resa dei conti finale, che, purtroppo, diviene sempre più probabile.
[19] Un problema trattato da Immanuel Kant ne "La pace perpetua", 1795: un'umanità divisa in molti Stati implica possibilità di contrasti. Ma queste sono inferiori a quelle che sarebbero determinate da un'unica monarchia universale.
[20] E' un futuro che ricorda le analisi, le critiche, le invettive, le azioni politiche ecc. poste in essere dai veri romani in difesa della civiltà dell'Impero nel quarto e nel quinto secolo. Una tragedia molto simile alla situazione odierna dell'Italia e dell'Europa. Allora è gradualmente crollata la civiltà determinando almeno cinque secoli di medioevo barbarico. Oggi la prospettiva è peggiore. E non si

realmente sopravvivere e se ancora può salvare il proprio Stato. Dovrebbe, in effetti, concorrere all'affermazione di un nuovo Risorgimento, più urgente e necessario di quello del XIX secolo, partendo dalla propria storia, dall'essenza della propria individualità[21] e dai propri reali interessi. Purtroppo, però, non è chiaro se la maggioranza del popolo italiano sia consapevole della drammaticità dell'attuale situazione e se intenderà sopravvivere salvando il proprio Stato, garantendosi, così, un futuro di libertà, di benessere e di progresso. Bisognerà anche vedere se tutto ciò è ancora possibile e se saranno effettivamente disponibili le necessarie consapevolezze, le opportune forze e le essenziali capacità. Quelle che hanno reso grande, esemplare il nostro Risorgimento.

Quest'ultimo non può essere analizzato solo attraverso la narrazione degli atti e dei comportamenti dei protagonisti di maggiore importanza ma anche evidenziando l'attività di coloro che hanno partecipato ai vari eventi in posizioni di importanza minore, a volte minima. Bisogna prendere atto della determinazione, della fermezza, della tenacia, del coraggio, della risolutezza che hanno validamente caratterizzato un'intera generazione.[22] Pertanto, in nota sono riportate le sintesi biografiche di tutti coloro ai quali nel testo si fa

---

vedono grosse personalità come quelle di Vettio Agorio Pretestato, Quinto Aurelio Simmaco, Flavio Claudio Giuliano, ecc.

[21] In merito, Ernesto Galli della Loggia, in "L'aula vuota. Come l'Italia ha distrutto la sua scuola" Marsilio Editori, Venezia, 2019, ha criticato, in maniera interessante, la scuola italiana ed, in particolare,, lo studio della storia. L'Italia è **un paese che sta perdendo la conoscenza della propria storia e si sta gettando alle spalle il proprio passato.**" (pag. 32) **"Esperti e funzionari del Miur auspicano (….) che il bambino di Carmagnola, di Orte o di Alghero si abitui fin dalla più tenera età, più che a sentirsi italiano, (….) a essere un virtuale cittadino del mondo. Sicché (….) i suddetti funzionari ed esperti hanno deciso di fare del bambino in questione (….) una sorta di mostriciattolo ricalcato sulla figura di un sociologo – storico universale.** (pag. 153) **"I profeti del mondialismo storiografico e della storia ridotta ad antropo – etnologia dei cinque continenti perseguono un obiettivo altrettanto ideologico di quello che pretendono di combattere (….) un'ideologia universal – cosmopolita. (….) Convergono a darsi man forte in questa battaglia due avversioni di principio (….) La prima (….) è l'idea che la politica e tutti gli universi che gravitano intorno ad essa (….) rappresentino nel loro insieme una sovrastruttura quasi sempre inquinata e in fin dei conti di secondaria importanza (….) La seconda (….) è quella nei confronti della dimensione nazionale e della sua storia (….)."** pagg. 156 e 157. Un effetto significativo della "destoricizzazione" dei popoli si può evincere da una dichiarazione della socialdemocratica svedese Mona Salin: "… **non riesco a pensare cosa possa essere la cultura svedese. Credo sia ciò che rende noi svedesi così invidiosi degli immigrati: voi avete una cultura, una identità, qualcosa che vi unisce. Cosa abbiamo noi invece? Noi abbiamo la festa di mezza estate e altre sciocchezze del genere. Gli svedesi devono integrarsi con i nuovi svedesi.**" Da: G. M. Concas: "Sangue e Terra" Passaggio al bosco, 2019, pag. 87).

[22] Carmine Pinto ha giustamente scritto che gli elementi costitutivi della narrazione del Risorgimento sono: "**la *tradizione familiare*, la *cospirazione*, il *processo*, la *latitanza*, il *carcere*, l'*esilio*, il *volontariato*, insieme alle ritualità rivoluzionarie, al martirologio patriottico, ai temi romantici, ai simboli, alle metafore rivoluzionarie, alle figure che diverranno le icone della nazione**". Elementi, questi, che hanno caratterizzato i protagonisti – più o meno importanti – di quel periodo. (da: "Una storia del Cilento borbonico."in: AAVV "Oltre la torre d'avorio", Plectica, Salerno, 2008).

riferimento. Per omogeneità di trattazione, tali notizie sono estese anche alle persone di altre Nazioni.

Nel testo le vicende sono descritte nelle loro fasi successive, narrate al presente, affinchè l'analisi di ciascuna di esse possa essere completa, viva ed esaustiva, diciamo "immersa nell'attualità". Importanti, altresì, sono i due riferimenti basilari della cronologia: i tempi (la successione dei fatti) e lo spazio (la chiara localizzazione dei fatti stessi).

Nel complesso sono riportate le vicende, in particolare italiane ma anche europee, dall'inizio del 1847 alla fine del 1858.

In grassetto gli estratti da documenti, giornali, libri i cui riferimenti sono precisati nelle note.

I nomi delle località meno importanti sono riportati facendo riferimento alle attuali province, al fine di facilitarne una rapida localizzazione.

25 novembre 2020

INTRODUZIONE

Il periodo risorgimentale che intendiamo "rileggere" inizia un anno prima delle grandi rivoluzioni, quando la situazione sociale e politica europea appariva ancora calma. Infatti l'inizio del 1847 è stato tranquillo. Solo dopo, gradualmente, si sono manifestate le prime avvisaglie della vicina tempesta.

In precedenza, a Roma, si era verificata una importante novità. Il **16 giugno 1846** il cardinale Giovanni Maria Mastai Ferretti[23] era stato eletto papa, con il nome di Pio IX. L'elezione era stata difficile. I cardinali erano 79 ma i presenti solo 49. Lo stesso cardinale di Milano, l'austriaco Karl Kajetan von Gaisruck[24], che aveva avuto l'incarico dal governo di Vienna di porre il veto all'elezione del Mastai, è arrivato in ritardo. Nel conclave vi è stato il confronto fra due schieramenti: quello progressista, che sosteneva il Mastai, e quello conservatore, capeggiato dal cardinale Luigi Lambruschini.

Il nuovo pontefice si è presentato con un carisma ed un programma del tutto nuovi. Il **16 luglio 1846** ha concesso l'amnistia per i reati politici: 400 gli scarcerati ed altrettanti i ritorni dall'esilio. Successivamente ha concesso varie riforme (la libertà nella distribuzione dei giornali, una cassa di risparmio, le ferrovie, il comune di Roma, ecc.).

---

[23] Il conte Giovanni Maria Mastai Ferretti è nato a Senigallia nel 1792. Sacerdote nel 1819, ha diretto l'ospizio per ragazzi Tata Giovanni. Nel 1823 è stato in Cile, nel corpo diplomatico. Nel 1825, di nuovo a Roma, ha diretto l'ospizio di San Michele a Ripa. Nel 1827 è stato nominato arcivescovo di Spoleto e, durante i moti del 1831, è stato delegato straordinario per Spoleto e Rieti. Vescovo di Imola nel 1832 e cardinale nel 1840. Nel 1846, eletto papa, ha iniziato una politica riformista, che ha provocato grandi speranze fra i liberali ed i democratici, fino alla concessione della Costituzione nel 1848. Nel quadro dei contrasti con l'Austria, ha inviato truppe al confine dello Stato, ma il 29 aprile ne ha ordinato il ritiro. Fuggito a Gaeta il 24 novembre 1848, dopo l'assassinio del ministro Pellegrino Rossi, ha chiesto contro la costituita Repubblica romana l'aiuto degli Stati cattolici. Dopo la caduta della Repubblica, nel 1850, è tornato a Roma, abrogando la Costituzione ma attuando una politica moderatamente riformista e firmando concordati con sei Stati. Nel 1859 la rivolta di Perugia ha causato una reazione violenta del papato (stragi del 20 giugno). A seguito della battaglia di Castefidardo del 18 settembre 1860 Marche ed Umbria sono state annesse allo Stato sardo, che è divenuto Regno d'Italia nel 1861. Il 7 dicembre 1869 è iniziato il concilio Vaticano I, che ha stabilito il dogma dell'infallibilità papale. Nel settembre 1870 le truppe italiane sono entrate nello Stato pontificio ed il giorno 20 hanno conquistato Roma. Pio IX, chiuso nel Vaticano, non ha riconosciuto la nuova situazione, vietando la partecipazione dei cattolici alla vita dello Stato, che, comunque, il 13 maggio 1871 ha votato la legge delle guarentigie a favore del pontefice. E' morto nel 1878. Grandi tumulti ai suoi funerali, che si sono svolti all'esterno del Vaticano.

[24] Il conte Karl Kajetan von Gaisruck è nato a Klagefurt nel 1769. Dottore in arti liberali e filosofia, nel 1800 sacerdote. L'anno dopo vescovo ausiliare. Nel 1816 arcivescovo di Milano, anche se il Vaticano ne ha sanzionato la nomina solo due anni dopo. Cardinale nel 1824. Apparentemente contraddittoria la sua politica, comunque avversa agli ordini domenicano, cappuccino e gesuitico. Nel 1841 ha fondato il giornale "L'amico cattolico". In sospetto di eresia per giansenismo, è morto nel 1846.

In realtà si è trattato di un vero schok per l'opinione pubblica, con effetti clamorosi di adesione alla nuova politica papale di vasti ceti, in tutta Italia. Una partecipazione che ha causato il nascere di grandi speranze, probabilmente maggiori delle stesse intenzioni del pontefice. Molti erano gli interrogativi e le attese. Era nato un papato riformatore, al tempo stesso uno scandalo per i conservatori ed una speranza per i liberali ed i democratici? E tale papato avrebbe facilitato la soluzione del problema di fondo: l'unità e l'indipendenza dell'Italia? Era, infatti, realmente interessato, il papa, a divenire il protagonista della costruzione di un'Italia indipendente e della concessione di libere istituzioni nello Stato della Chiesa? Le organizzazioni cattoliche moderate, i giobertiani, i neoguelfi ne erano sicuri. Gli altri, soprattutto i democratici, lo erano molto meno. Comunque **l'8 agosto 1846** è divenuto segretario di Stato un cardinale che, come testimoniato anche da Massimo d'Azeglio[25]. aveva fama di liberale: Tommaso Maria Pasquale Gizzi[26], Il **22 agosto** il grande passo avanti: il progetto di costruire quattro linee ferroviarie.

---

[25] Massimo Taparelli, marchese d'Azeglio è nato nel 1798 a Torino. Da piccolo è vissuto a Firenze, dove il padre ha trasferito la famiglia a causa dell'occupazione napoleonica. Nel 1810 i Taparelli sono ritornati a Torino, dove d'Azeglio ha frequentato filosofia all'università. Poi è stato nominato ufficiale di cavalleria, ma dopo poco tempo si è dimesso. Infatti desiderava vivere a Roma per coltivare il suo amore per la pittura. Nel 1833 ha iniziato anche a scrivere romanzi storici. Nel 1845 ha redatto il saggio "Degli ultimi casi di Romagna" (in cui si è espresso favorevolmente sul Gizzi). Nel 1847 ha pubblicato "Proposte per un programma per l'opinione nazionale" e nel 1848 "I lutti di Lombardia". Oramai, nel 1848 si era in guerra ed il colonnello d'Azeglio ha combattuto validamente a Vicenza, dove è stato ferito. Il 26 giugno è stato eletto per la prima volta alla Camera, cui sono seguite altre tre legislature, dall'8 maggio 1848 al 20 ottobre 1853, quando sarà nominato senatore. Dopo la sconfitta di Novara la situazione politica, economica e sociale era gravissima ed il re ha imposto a d'Azeglio di accettare la nomina a presidente del consiglio. Così la politica sarda è cambiata radicalmente: era il primo governo italiano, secondo una clamorosa affermazione di d'Azeglio, che ha ricevuto lodi e simpatie soprattutto dal governo e dalla diplomazia britannica. Intanto sono aumentati i contrasti con il grande potere della Chiesa, che è stato ridotto notevolmente dalle leggi Siccardi. Gradualmente, però, l'alleanza di Cavour con il centro sinistra di Urbano Rattazzi ha messo in crisi il governo, di cui il re non ha accettato le dimissioni. Così è nato il secondo governo d'Azeglio, che, al sesto mese, ha dovuto dimettersi definitivamente. Il periodo complessivo dell'attività del governo è stato fra il 7 maggio 1849 ed il 4 novembre 1852. Si è giunti, così, al periodo più interessante (utile per chiarire il carattere degli italiani dell'epoca) perché d'Azeglio ha sostenuto Cavour che gli ha chiesto di dare il suo contributo all'alta politica: ai rapporti con Francia e Inghilterra, con la regina Vittoria, Napoleone III ecc. Importante un viaggio nelle due nazioni occidentali cui hanno partecipato il re, Cavour e d'Azeglio. Era necessario sostenere la volontà francese favorevole ad azioni concrete contro l'Austria e, nel contempo, fare in modo che l'Inghilterra fosse bendisposta nei confronti di una futura guerra in Val Padana. Pieno accordo di d'Azeglio con il governo anche per la guerra in Crimea e per la legge sui conventi, che ha chiuso le corporazioni religiose. A seguito della guerra del 1859 d'Azeglio ha ricevuto l'incarico di costituire un governo in Emilia. Il 25 gennaio 1860 è divenuto governatore della provincia di Milano. Continuerà, negli anni successivi, a seguire la politica, a dipingere, a scrivere i suoi interessantissimi ricordi, che saranno pubblicati postumi. Morirà a Torino all'inizio del 1866.
[26] Tommaso Pasquale Gizzi, nato a Ceccano nel 1787, esperto in diritto, avvocato rotale poi entrato nella diplomazia pontificia, ha avuto incarichi in Svizzera, Baviera, Austria, Piemonte. Arcivescovo

Naturalmente si è subito sentita l'unica voce costantemente attiva a favore degli interessi nazionali, quella di Mazzini[27], che, pur essendo, in merito, scettico, ha scritto una lettera aperta al papa, che sembra sia stata recapitata nella carrozza del pontefice dalla lunga mano della Giovane Italia. Nello scritto, ampiamente diffuso nel **settembre 1847**, Mazzini ribaltava la situazione religiosa e politica italiana. Era la Chiesa, infatti, ad essere in crisi. La fede si era appannata ma un mezzo c'era per riacquisire una maggiore eticità: conseguire, nel campo politico, una maggiore giustizia, pressocchè inesistente in Italia a causa delle caratteristiche dei vari Stati, ma, soprattutto, della presenza dello straniero. Si facesse promotore, il papa, dell'alta eticità dell'unità d'Italia, esortava Mazzini, e avrebbe potuto essere sicuro che tutto il contesto ne avrebbe avuto sostanziali benefici di carattere morale, religioso, sociale e politico.

"l'Unità Italiana è cosa di Dio (....) con Voi, questa lotta assumerebbe aspetto religioso (.....) perché s'otterrebbero ad un tempo, sotto la Vostra bandiera, un risultato politico ed un risultato immenso morale; perché il rinascimento d'Italia sotto l'egida di un'Idea religiosa, d'uno stendardo non di diritti ma di Doveri, lascerebbe addietro tutte le rivoluzioni de' paesi stranieri, e porrebbe immediatamente l'Italia a capo del

---

nel 1839, cardinale nel 1844, esponente dei riformisti nel conclave del 1846, è stato nominato legato a Forlì. Segretario di Stato dall'8 agosto 1846 al 17 luglio 1847. E' morto nel giugno del 1849.
[27] Giuseppe Mazzini è nato a Genova nel 1805. Avvocato e giornalista. Essendo iscritto dal 1828 alla carboneria, nel 1830 è stato condannato a sei mesi di carcere. Nel 1831 ha fondato la Giovine Italia, sviluppatasi rapidamente. Ha organizzato la spedizione in Savoia nel 1834, con collegamenti ad Alessandria, Torino e Genova. Ma i moti sono falliti e Mazzini è stato condannato a morte. In esilio, nel 1834, ha fondato la Giovane Europa. E' stato espulso dalla Svizzera, sebbene la popolazione di Grenchen gli avesse concesso la cittadinanza, non riconosciuta dal governo. Nel 1836 ha attuato altri tentativi rivoluzionari in varie parti d'Italia. Successivamente è emigrato a Londra dal 1837, dove ha insegnato italiano, estendendo progressivamente le sue conoscenze e divenendo il principale riferimento degli esuli. Nel 1844 è stata attuata la spedizione dei fratelli Bandiera. A Milano, nel 1848, Mazzini ha costituito l'Associazione nazionale italiana. Esule in Svizzera dopo la fine della prima guerra di indipendenza, ha organizzato altri moti, tornando di nuovo in Italia nel 1849, quando è divenuto triumviro della Repubblica Romana. Dopo la caduta di quest'ultima ha continuato ad organizzare azioni rivoluzionarie contro il governo austriaco. Nel 1850 ha fondato il Comitato centrale democratico europeo ed ha emesso il prestito nazionale italiano, che ha incrementato il numero e l'incisività delle azioni patriottiche e che è stato sottoscritto anche da molti inglesi. Nel 1853 ha tentato la rivoluzione a Milano. Dopo altri tentativi, nel 1857 ha impostato la rivoluzione a Genova e Livorno, in coordinamento con la sfortunata spedizione di Pisacane. Ha seguito, nel 1860, le vicende della spedizione dei Mille. Nel 1866 è stato eletto per tre volte deputato a Messina, ma le prime due sono state annullate dalla Camera, a causa delle sue precedenti condanne. Dopo la terza elezione non si è recato a Firenze per non dover giurare all'atto della convalida. Dopo che le precedenti condanne sono state amnistiate, è venuto in Italia, organizzando moti contro lo Stato della Chiesa. Recatosi in Sicilia, è stato arrestato e per un anno è stato recluso nel carcere militare di Gaeta. Nuovamente in esilio, nel 1872 è tornato in incognito in Italia, recandosi a Pisa. Malato, è stato curato di nascosto in casa di amici, ma è morto il 10 marzo 1872. Enorme la commozione popolare e grande la folla alle esequie, celebrate a Genova il 14 marzo.

progresso europeo, perché sta nelle mani Vostre il poter fare che questi due termini: **DIO e il POPOLO (....) sorgano a un tratto in bella e santa armonia, a dirigere le sorti delle nazioni."** [28]

Inoltre Mazzini ha scritto: **"nella grande tradizione dell'umanità ho studiato la tradizione italiana, e v'ho trovato Roma due volte direttrice del mondo, prima per l'imperatori, più tardi pei papi: v'ho trovato che ogni manifestazione di vita italiana è stata manifestazione di vita europea, e che, sempre, quando cadde l'Italia, l'unità europea cominciò a smembrarsi nell'analisi, nel dubbio, nell'anarchia. Credo in un'altra manifestazione del pensiero italiano, e credo che un altro mondo europeo debba svolgersi dall'alto della città eterna ch'ebbe il Campidoglio ed ha il Vaticano. (....) L'Europa è in una crisi tremenda di dubbi e di desiderii. (....) le credenze sono morte. Il cattolicesimo s'è perduto nel dispotismo: il protestantesimo si perde nell'anarchia. (....) nessuno crede (....) Noi non abbiamo più cielo; quindi non abbiamo più società. (....) Unificate l'Italia, la patria Vostra. E per questo non avete bisogno d'oprare, ma di benedire chi oprerà per Voi e nel Vostro nome (....) Non mendicate alleanze di prìncipi. Seguite a conquistare l'alleanza del nostro popolo. Diteci: 'L'unità d'Italia dev'essere un fatto del XIX secolo"** e basterà: opereremo per Voi. [29]

Ovviamente Mazzini non ha ricevuto risposta a questa lettera, indirizzata **"a Pio IX, Pontefice Massimo"**. Un fatto, questo, che, naturalmente, egli aveva previsto. Ma, portando alle estreme conseguenze le novità della politica papale, ne metteva in evidenza le inanità, le contraddizioni e le inadeguatezze. Se il papa non voleva o non poteva fare alcunchè per il rinnovamento, per il risorgimento dell'Italia, era evidente che dovevano essere seguite e adeguatamente rafforzate proprio le istanze mazziniane[30].

---

[28] Giuseppe Mazzini: "Scritti politici", Mondadori, Milano, 2009, pagg. 579, 580.

[29] G. Mazzini, Op. cit., pagg. 575, 576 e 578.

[30] E' importante e di grande attualità l'analisi di Mazzini riguardante la religione cattolica e la massoneria. Ha criticato le concezioni che non tenevano conto o contrastavano il punto di congiungimento – politico, etico e sociale - dell'individuo con l'umanità, cioè la Nazione. Era altresì avverso a tutte le visioni della religione formaliste e sostanzialmente agnostiche. La sintesi della sua posizione era lo slogan Dio e Popolo. Era, pertanto, avverso al cosmopolitismo della massoneria, aggravatosi dopo che questa aveva avuto un ruolo egemonico, rivelatosi inconsistente e confuso, durante l'impero napoleonico. Un'oggettiva, grave crisi, questa, che, soprattutto in Italia, aveva determinato il crollo dell'internazionalismo della massoneria e la svolta nazionale sostenuta dalla carboneria, successivamente approfondita dallo stesso Mazzini con la costituzione della Giovine Italia. Similmente egli era critico con il cattolicesimo del Vaticano che, disapprovando il principio di nazionalità, tendenzialmente negava i diritti dell'uomo, quindi la base dello stesso Vangelo. In definitiva anche il Vaticano aveva una posizione sostanzialmente cosmopolita, pertanto negativa per il popolo e per la stessa funzionalità del messaggio religioso. Mazzini, di conseguenza, cercava di indurre entrambe le organizzazioni ad una religiosità concreta, profondamente sentita, che rafforzasse l'eticità della Nazione e sostenesse il principio di nazionalità, funzionale al benessere del

In tutto ciò, Pio IX non era solo: un altro personaggio, fra mille dubbi e remore, si considerava – almeno a parole - il paladino dell'italianità, ed era il re di Sardegna, Carlo Alberto[31], di cui Mazzini conosceva bene il carattere, la cultura e le velleità. Già nel 1831 si era rivolto a lui con una lunga missiva, una sorta di manifesto o proclama, che aveva inchiodato il re alle sue responsabilità.[32] Successivamente lo aveva definitivamente

---

popolo. Perciò ha accettato le grandi manifestazioni formali di rispetto e considerazione della massoneria ed ha cercato di attrarre sulle sue posizioni l'organizzazione cattolica. Ha sperato fino in fondo in un adeguato rinnovamento della massoneria, peraltro non conseguito, mentre ha perso fiducia in un analogo rinnovamento del Vaticano, dopo averne preso atto durante l'esperienza della Repubblica romana. Possiamo, in definitiva, constatare che la sostanza del problema politico, ideologico, etico di allora era simile a quello di adesso. Solo alcuni "attori" sono cambiati, dato che allora non era evidente come oggi la funzione economica, politica e sociale del capitale finanziario.

[31] Carlo Alberto di Savoia – Carignano è nato a Torino nel 1798, da madre austriaca (Maria Teresa d'Asburgo Lorena). Il padre, Carlo Emanuele, principe di Carignano, era un liberale, che aveva servito nell'esercito napoleonico, aderendo anche al Piemonte francese. Nonostante ciò, gli è stato imposto il domicilio coatto a Parigi, con la famiglia, perchè appartenente a casa Savoia. Ma il padre è morto presto, e Carlo Alberto è stato nominato da Napoleone conte dell'Impero e, poi, a sedici anni, è entrato nel liceo militare di Bourges. Alla caduta di Napoleone ha perso tutto, ma, rientrando a Torino, ha riavuto i diritti e le proprietà dei Carignano. La sua fase politicamente liberale è durata fino all'11 marzo 1921, quando il re Vittorio Emanuele I ha abdicato di fronte alla rivoluzione. Il fratello Carlo Felice era lontano e Carlo Alberto è divenuto reggente. Innanzi alla pressione della piazza ha concesso la Costituzione spagnola. Ma Carlo Felice non è stato d'accordo e Carlo Alberto, in spontaneo esilio, è andato con la famiglia dal suocero, Ferdinando III di Toscana. E' stato considerato responsabile dei moti repressi con l'aiuto austriaco, ma è stato salvato dal principe Metternich che, intuendo il fondo reazionario del Carignano, ha consigliato Carlo Felice di non escludere Carlo Alberto dalla linea si successione e gli ha fatto perdere la reputazione di liberale mandandolo a combattere in Spagna con i reazionari, i legittimisti. Nel 1824, sostenuto anche da Luigi XVIII di Francia, Carlo Alberto, brillante combattente a favore della reazione, è tornato a Torino, succedendo a Carlo Felice nel 1831. La sua politica è stata conservatrice, pur con la concessione di alcune necessarie riforme. Timoroso per i moti del 1831, violento repressore dei democratici nel 1833 e dei moti del 1834, costernato per la caduta in Francia di Carlo X (dato che considerava un pericoloso rivoluzionario il nuovo re Luigi Filippo), si è sempre più avvicinato all'Austria, con una ferrea alleanza, che è andata appannandosi per motivi economici nella prima metà degli anni '40, fino ad incrinarsi nel 1845, in occasione dei moti di Rimini e dell'elezione di Pio IX del 1846. Ha concesso la Costituzione nel 1848, entrando in guerra contro l'Austria ufficialmente per motivi nazionali, in realtà volendo acquisire la Lombardia. Non essendo riuscito in tale intendimento per l'opposizione del partito militare di fatto al potere in Austria, ha chiesto l'armistizio. Accusato di tradimento, ha ripreso, in maniera inadeguata, le operazioni nel 1849. A seguito della sconfitta ha abdicato ed è andato in Portogallo, dove, ad Oporto, è morto il 28 luglio 1849.

[32] **"Che farete voi, SIRE? Volete che il vostro nome passi fra i molti, che ogni secolo consacra all'esecrazione o al disprezzo? Due vie vi si affacciano. Due vie tra le quali i re si dibattono da quarant'anni. Due sistemi fra i quali oscilla tuttavia il dispotismo, rappresentati da gran tempo in Europa da due potenze di primo rango, l'Austria e la Francia, e che nel Piemonte importano anche oggidì l'alleanza con l'una, o coll'altra. La prima è la via del *terrore*. (....) La seconda via, che i cortigiani vi proporranno, è quella delle *concessioni*.** (da: "I classici del pensiero italiano - Giuseppe Mazzini" Biblioteca Treccani, Milano, 2006, pagg. 40 e 42).

stigmatizzato: era un reazionario che, per rafforzarsi, utilizzava la maschera del monarca aperto all'unità nazionale ed alle riforme costituzionali.

Che fare, dunque? Si sarebbe dovuto operare per la repubblica, per l'unità e per l'indipendenza italiane, necessaria premessa per conseguire una realtà politica più libera, funzionale e giusta. Mazzini era l'unico che da piccole situazioni, da fatti slegati fra loro, da tendenze diffuse e solo apparentemente di scarsa importanza intuiva che, finalmente, si era vicini ad avvenimenti probabilmente epocali. Il problema era utilizzare tali tendenze, provocare o facilitare il loro manifestarsi, mettersi alla testa dei fatti conseguenti e sconvolgere l'annosa stasi politico sociale italiana ed europea. Un mondo, una società che sembravano equilibrati e compatti, presentavano, invece, alcuni importanti elementi di novità. Ma non era chiaro quali, di questi elementi, costituissero un rinnovamento della realtà e quali altri un potenziale suo sconvolgimento.

Mazzini praticamente da solo si era affermato in Inghilterra ed era riuscito a farlo un pò contro tutti. Ad esempio era stato attaccato perchè ritenuto il presunto mandante dell'uccisione di due spie del duca di Modena, avvenuta in Francia nel 1833. Una lunga battaglia giudiziaria, che si era conclusa con l'assoluzione. A seguito di un altro attacco, successivo alla spedizione dei fratelli Bandiera[33], era riuscito addirittura a mettere in crisi il governo inglese. La morte dei due ufficiali e dei loro compagni veniva addebitata, soprattutto per quanto atteneva alla sicurezza, all'insipienza – o peggio - di Mazzini, che, però, è riuscito a dimostrare che la tragedia si era verificata per colpa del governo inglese. Infatti, su richiesta dell'Austria, il ministro dell'Interno sir James Graham aveva sistematicamente violata la corrispondenza dell'esule italiano, informando puntualmente il governo austriaco e, di conseguenza, quello borbonico. L'opinione pubblica si è ribellata. Il

---

[33] Sulla particolarità dei fratelli Bandiera bisogna precisare due aspetti. Primo: l'accademia navale austriaca formava giovani comandanti dedicandosi in particolare agli aspetti tecnici, per cui in essa era possibile formarsi con una certa libertà culturale, in maniera analoga a quanto avveniva nell'accademia della Nunziatella dell'esercito borbonico. In tale quadro (secondo aspetto) la massa degli ufficiali, soprattutto veneti, era su posizioni italiane e nazionali. Uno dei tanti colleghi dei Bandiera era Carlo Alberto Radaelli, che nella sua "Storia dello assedio di Venezia negli anni 1848 e 1849" (ULAN press, Gran Bretagna, s.d., pag 15) ha scritto, sulle indagini successive alla vicenda Bandiera: **"Nel 1847 vidi l'auditore di guerra signor Kargher che era stato incaricato di quell'inchiesta, ed avendolo domandato perchè si avesse soprasseduto nel proseguirla, egli mi rispondeva che sarebbe stato necessario condannare quattro quinti degli ufficiali di marina, e che a ciò fare il governo non vi avrebbe guadagnato. Tanto erano radicati nella marina veneta l'amore alla patria e il desiderio potente di vederla libera ed indipendente. La rivoluzione che sopraggiunse, ci trovò pronti e concordi nel gran proponimento"**. Naturalmente anche Redaelli era d'accordo con i Bandiera e la rivoluzione sopraggiunta è quella del 48 / 49. Notevoli sono state le conseguenze in Calabria dell'azione dei Bandiera, nonostante la loro fine drammatica

problema è stato trattato alla Camera dei comuni [34]. Il mondo della cultura si è schierato contro il governo, che, in difficoltà, ha fatto dichiarazioni inadeguate, rafforzando le critiche. Alla fine è stata istituita una commissione d'inchiesta che, pur essendo composta da conservatori, ha costretto il ministro Graham a ritrattare pubblicamente l'accusa di assassinio, confermando la validità delle accuse di Mazzini.

Tutto ciò evidenzia un aspetto particolare di quest'ultimo. La sua forza, più che sull'organizzazione politica, che pur esisteva, si basava su una intelligente propaganda, sul fatto che, col passare del tempo e nonostante le difficoltà e le sconfitte, egli riusciva a svolgere una costante, coerente e influente attività ideologica. L'aspetto maggiore della sua forza, però, era il grande prestigio culturale e politico, dal quale derivava una sorta di potere di fatto ed una fama diffusa in tutte le classi. Con tali premesse, ha cercato di migliorare costantemente la sua organizzazione, superando l'elitismo cospirativo delle origini[35] e guadagnando adesioni sempre più diffuse, anche fra gli operai.

Il **18 ottobre 1847** una importante intellettuale statunitense, giornalista del "New York Tribune", Margaret Fuller [36], ha inviato al suo giornale un articolo nel quale sintetizzava la situazione toscana e romana di quel periodo. Era venuta in Europa, la Fuller, pensando che potessero aver luogo novità di cui voleva essere diretta testimone. Era stata a Londra da Mazzini, che aveva già conosciuto in precedenza. Era, così, divenuta una decisa mazziniana, partecipe del movimento nazionale italiano. Nella settimana santa precedente aveva conosciuto un giovane aristocratico, il marchese Ossoli, col quale si era sposata. Oramai la Fuller si sentiva partecipe della romanità, quindi dell'italianità.

Il problema essenziale era: scoppierà la rivoluzione in Europa ed, in particolare, in Italia? Ovviamente un quesito importante, la cui risposta si presentava difficile e complessa. Tutto poteva far ritenere probabile una continuazione della realtà esistente, quella della stasi. Eppure una persona intelligente, colta e sensibile come la neo marchesa Ossoli aveva la sensazione che qualcosa di nuovo, forse di notevole importanza, stesse per accadere.

---

[34] I deputati Duncombe, Macaulay, Shiel. Ma anche esponenti dell'intellettualità inglese si ribellarono. Il più violento fu Thomas Carlyle, che, con la sua forte personalità, riusciva a rimanere su posizioni ostili a quelle di Mazzini ma, al tempo stesso, ad essere un suo grande ammiratore.
[35] Che possiamo definire a carattere carbonaro.
[36] Sarah Margaret Fuller Ossoli, nata a Cambridgeport (ora Boston) nel 1810. Ha seguito un iter scolastico molto severo, con studi dei classici e delle lingue. Ha insegnato dal 1836 al 1839, sostenendo la famiglia alla morte del padre Timothy, avvocato. Dal 1840 al 1842 ha diretto la rivista politico letteraria "The Dial",. Nel 1843 ha pubblicato il libro "Estate sui laghi" ed è stata assunta al "New York Tribune". Nel 1845 ha pubblicato "La donna nell'Ottocento". E' stata inviata in Europa come corrispondente e si è stabilita fra Firenze e Roma. Mazziniana. Ha sposato il marchese Giovanni Ossoli ed ha avuto un figlio, Angiolino. Ha ricoperto importanti funzioni sanitarie nella Repubblica romana. Morirà nel 1850 in un naufragio.

Ha scritto, infatti, la Fuller: **"Quando giunsi a Roma in primavera, il popolo era fuori di sè dalla felicità per i primi provvedimenti seri di riforma presi dal Papa"** che **"aveva voluto fare da padre, e gli italiani, con quella prontezza di genialità che li caratterizza, avevano immediatamente accettato questo rapporto (....) tuttavia rimaneva pur sempre il dubbio che tutta questa gioia fosse prematura. Il compito intrapreso dal Papa sembrava presentare difficoltà insormontabili. (....) Recandomi in Toscana vi trovai la libertà di stampa appena istituita ed un ottimo livello di preparazione per farne uso. Sono stati fondati l'"Alba' e la 'Patria' ed ancora continuano con giudizio e spirito equanime. Lo scopo di chi li fa è educare la gioventù, gli strati più umili della popolazione (....) C'è in Toscana un nutrito gruppo di menti illuminate, ben preparate ad essere maestri, fratelli maggiori e tutori degli strati più umili della popolazione. (....) Il Granduca, uomo pieno di buone intenzioni, ma smorto, aveva osato dichiararsi 'principe italiano' ed il cuore della Toscana aveva sobbalzato di speranza. Si sente ora, profondamente e giustamente, che la vera maledizione dell'Italia è l'intrusione straniera; che se l'Italia potesse fare a meno dell'aiuto straniero ed essere libera dall'aggressione straniera, sarebbe in grado di trovare dentro di sè la salvezza. Tutti gli sforzi del paese tendono in quella direzione, a ristabilire l'ordine naturale delle cose; possa il cielo assicurare loro il successo. Quanto a me, sono convinta che gli italiani l'otterranno."**[37]

All'incirca nello stesso periodo un'altra persona colta, intelligente, affascinante, anch'essa mazziniana (anche se moderata), la principessa Cristina di Belgioioso[38], esule in Francia dal

---

[37] Margaret Fuller: "Un'americana a Roma 1847 – 1849", Edizioni Studio Tesi, Pordenone, 1986, pagg. da 5 ad 8.

[38] Cristina Trivulzio, nata a Milano nel 1808, figlia del marchese Gerolamo, sposata nel 1824 al principe Emilio Barbiano di Belgioioso, dal quale si è separata nel 1828. Affiliata alla Carboneria ("le Giadiniere"), ha operato a Milano, Genova, Roma, Firenze e Napoli. E', poi, entrata nella Giovine Italia, finanziando nel 1834 la sfortunata spedizione in Savoia di Mazzini. Sottoposta ad un processo per alto tradimento dalle autorità austriache, si è rifugiata a Genova, in altre città d'Italia, in Svizzera e, infine, a Parigi, sempre controllata dalla polizia imperiale. In Francia è stata al centro della vita della capitale, svolgendo un'intensa attività culturale e politica, fondando anche i giornali "Gazzetta italiana " e l'"Ausonio". Parteciperà alle rivoluzioni del 1848 a Milano e del 1849 a Roma, dove ha diretto l'organizzazione sanitaria. Dopo la caduta della Repubblica non è tornata a Parigi. E' andata a Malta, in Grecia ed in Turchia, dove, a Ciap Mag Ogiù, vicino Ankara, ha organizzato un'azienda agricola. Un suo dipendente ha cercato di ucciderla. Lei ha saputo difendersi ma le è stata inferta una grave ferita al collo. Si è curata da sola, mandando giornalmente una lettera ad un amico professore a Pavia per dare un contributo alla medicina. Nel 1856 ha potuto ritornare a Milano per amnistia ed ha ripreso le esperienze di innovazione sociale e produttiva nelle sue terre di Locate (MI). Si è avvicinata alla politica di Cavour, che ha sostenuto anche con un altro giornale, "l'Italia", da lei diretto e finanziato. In seguito ha potuto pensare alla famiglia, alla figlia Maria, sposata con Ludovico Trotti Bentivoglio, alla nipote Cristinetta ed anche a sé stessa, data la sua salute malferma. Era, infatti, una donna fisicamente molto debole che è riuscita ad esprimere per decenni una grande energia con la sua forte volontà. Ma il ferimento la ha prostrata. L'Italia, oramai,

Lombardo Veneto, rientra in Piemonte. E' un importante riferimento della cultura sia francese che italiana. E' al livello più alto dell'aristocrazia, ma opera per la rivoluzione. E', comunque, una personalità di grande statura. Incontra i vertici della cultura e della politica piemontese. Desidera conoscere la situazione. Mesi prima ha incontrato Carlo Alberto al fine di protestare per il sequestro del suo giornale, l'"Ausonio". Il re le ha dato la garanzia che il giornale sarebbe tornato in edicola, ma non ha mantenuta la promessa. E' l'inizio di un rapporto, fra i due, che terminerà con la pubblicazione da parte della Belgioioso di una dura accusa per il tradimento del re a danno dei milanesi nell'agosto 1848. Tuttavia ora la Belgioioso nutre ancora qualche speranza nel Savoia. Intanto gira l'Italia, analizzando la situazione nei vari Stati. E' a Genova, a Firenze ed, infine, sarà a Napoli, nel febbraio 1848, dove finanzierà ed organizzerà un battaglione di volontari che, fra l'entusiamo della popolazione, andrà a Milano con lei per sostenere i rivoltosi delle Cinque giornate. Nel **novembre 1847**, mentre è nuovamente a Genova, Carlo Alberto le fa sapere, in tutta segretezza, che è pronto sia a concedere riforme, sia ad attaccare l'Austria in Lombardia, se si presenterà l'occasione. La principessa non crede molto nella lealtà del re ma si organizza per intervenire, continuando nelle sue enormi spese a sostegno della rivoluzione.

Due persone economicamente, caratterialmente e socialmente molto diverse, la Fuller e la Belgioioso, si incontreranno e prenderanno atto di avere una comune concezione ideologica, divenendo amiche. Infine collaboreranno al vertice della sanità della Repubblica romana, "inventando" per prime quelle modalità organizzative, quelle prassi che, poi, saranno della Croce rossa. L'amicizia e la stima fra loro è stata di carattere culturale e politico, in un quadro di impegno sociale e nazionale. Fenomeno, questo, allora diffuso in tutta la Penisola.

---

era stata costituita e lei, finalmente, poteva riposarsi. Ha vissuto fra Milano, Locate e una villa di Blevio, sul lago di Como. E' morta a Milano nel 1871.
(Ludovico Trotti Bentivoglio, marchese di Fresconara, conte di Castelnuovo Calcea è nato a Milano nel 1829. Ha partecipato a tutte la guerre del Risorgimento, prima in artiglieria, poi in cavalleria. Senatore dal 20 novembre 1891. E' morto ad Arcore (MI) nel 1914.

ANNO 1847

Roma, 12 marzo 1847

Il papa concede la libertà di stampa.

Roma, 19 aprile 1847

Pio IX va avanti con le sue riforme. Oggi istituisce la Consulta di Stato. E' composta da 24 persone, che il papa nomina su proposta dei governatori provinciali. Il presidente, il vice presidente ed un membro sono ecclesiastici. Gli altri laici. Per ogni provincia è nominato un consigliere. Solo Bologna ne ha due e Roma e dintorni quattro. Le funzioni sono meramente consultive. Le problematiche di competenza sono molto estese, dato che riguardano l'economia, l'organizzazione militare e l'amministrazione dello Stato.

Naturalmente le nomine sono state effettuate fra gli esponenti moderati, che si sono rivelati liberisti in economia e liberali nella gestione generale dello Stato.

Firenze, 6 maggio 1847

Nel settecento il granducato di Toscana è stato all'avanguardia in fatto di riforme nei campi del diritto, dell'economia e del commercio. Il primo duca della casa di Lorena, Francesco III Stefano (1737 – 1765), marito dell'imperatrice Maria Teresa e primo successore della famiglia Medici, ha retto il Paese solo nominalmente, lasciando le cure del governo all'efficiente e colta classe dirigente locale. Ha soggiornato in Toscana solo tre mesi, nel 1837. Il figlio, Pietro Leopoldo (Leopoldo I: 1765 - 1790) è stato un riformatore quasi rivoluzionario, che si è avvalso di collaboratori di altissimo livello, come Angelo Tavanti [39], Pompeo Neri[40], Francesco Maria Gianni [41], Giulio Ruccellai [42], Sallustio Antonio Bandini [43]

---

[39] Angelo (Angiolo) Tavanti, nato a Policiano (ora frazione di Arezzo) nel 1714, laureato in giurisprudenza a Pisa nel 1739. Segretario del consiglio di Finanze nel 1746, poi direttore nel 1770. Ha modernizzato le imposte, riformato il catasto ed abolito i dazi. Grande giurista, ha ristrutturato il sistema legislativo. E' morto nel 1782.

[40] Pompeo Neri, nato a Firenze nel 1706, si è laureato in giurisprudenza a Pisa, dove è stato nominato lettore. Esperto in gestione del patrimonio granducale, ha avuto responsabilità nella gestione finanziaria e nella riorganizzazione della legislazione. E' stato chiamato a Milano come esperto di organizzazione catastale. Nuovamente in Toscana, è stato ministro degli Interni, membro della commissione per la bonifica maremmana, presidente del consiglio di Stato, sostenitore della liberalizzazione del commercio del grano, capo della commissione per la riforma della giustizia. Ha redatto un nuovo codice ed ha scritto la bozza di una Costituzione. E' morto a Firenze nel 1776.

[41] Francesco Maria Gianni, nato a Firenze nel 1728, economista, è stato autore di una riforma del debito pubblico. Primo ministro dal 1789 al 1790, ha gestito varie riforme. Ministro delle Finanze anche durante il Regno di Etruria, è stato autore di varie memorie e saggi storici. E' morto nel 1821.

ecc. Il figlio, Ferdinando III (1790 – 1824), pur non essendo al livello del padre, ne ha ricalcata la politica, con una certa prudenza. Ha dovuto far fronte al turbine della rivoluzione francese e di Napoleone. Alla Restaurazione, comunque, il Congresso di Vienna gli ha ingrandito lo Stato, con Orbetello, Talamone, Porto Ercole, Porto Longone (oggi Porto Azzurro), Piombino (gli Stati dei Presìdi) e vari feudi minori. Ferdinando III ha ripreso quella politica riformatrice che, da tempo, caratterizzava il Granducato. Attento controllore delle bonifiche maremmane, è morto di malaria. Anche il figlio, Leopoldo II, si è valso di validi collaboratori, come Vittorio Fossombroni[44]. Purtroppo nel 1847 quest'ultimo non è più in vita, anche se permane la sua concezione politico – giuridica, che liberali come Bettino Ricasoli desiderano portare a conseguenze più incisive [45].

Ricasoli già nel 1846 ha inviato al granduca una memoria, raccomandando alcune riforme. E Leopoldo II, preso atto dei nuovi complessi problemi e delle connesse necessità, ora procede gradualmente in tal senso. Fra l'altro, con una legge riduce il rigore della censura, che, comunque, è la meno pesante fra quelle vigenti negli Stati italiani. Infatti a Firenze la libertà culturale è notevole e già da tempo la Toscana è divenuta il luogo dove letterati e studiosi italiani si recano per poter lavorare in fattiva serenità.

---

[42] Giulio Ruccellai, professore di diritto civile a Pisa, segretario regio di diritto, ministro degli Affari ecclesiastici, grande riformatore, sempre all'avanguardia sui tempi. E' morto a Siena nel 1760.

[43] Sallustio Antonio Bandini è nato a Siena nel 1677, laureato in diritto e filosofia a Siena, lettore di diritto canonico, è entrato nella vita sacerdotale e si è dedicato, fra l'altro, allo studio dell'economia ed alla bonifica della Maremma. E' morto a Siena nel 1760.

[44] Il conte Vittorio Fossombroni, nato ad Arezzo nel 1754, è stato un giurista, un matematico, un economista, un genio dell'idraulica, da tutti onorato per le grandi doti e la poliedrica cultura, vera "anima" e "ratio" della vita e della politica del Granducato, dall'anno della laurea in giurisprudenza, a Pisa, nel 1778, alla morte, nel 1844 (pur essendosi ufficialmente "autopensionato" nel 1838). E' stato sovrintendente dei lavori per la bonifica della Val di Chiana e della Maremma. Come esperto di idraulica ha lavorato non solo in Toscana, nel Lazio e nel Veneto, ma anche in Egitto. Molto stimato da Napoleone, è stato ministro degli Esteri ed ha difeso l'indipendenza della Toscana. Nel Regno di Etruria ha fatto parte della deputazione Finanze ed è stato nominato tenente generale, poi ha fatto parte del consiglio privato imperiale ed è stato nominato conte dell'Impero. Ha continuato a svolgere incarichi importanti dopo la fine del periodo napoleonico: ministro degli Esteri e segretario di stato, monopolizzando la guida del governo ed aggiornando la legislazione e la politica ecclesiastica. Ottima la sua gestione economico finanziaria, notevoli le opere pubbliche. Ritiratosi a vita privata nel 1838, ha continuato ad avere un ruolo pubblico ed ad approfondire i suoi studi. E' morto a Firenze nel 1844.

[45] Il barone Bettino Ricasoli, nato a Firenze nel 1809, brillante gestore delle sue proprietà, interessato ai problemi scientifici, orfano a 18 anni, maggiorenne per disposizione granducale, liberale diciamo così avanzato, per il suo carattere duro sarà denominato l'"orso dell'Appennino". Intransigente nell'espletamento dell'attività lavorativa come nel seguire i canoni morali, il definitivo suo soprannome confermerà la sua durezza. Infatti, nel futuro Regno d'Italia, con le sue otto legislature (dal 2 aprile 1860 al 17 dicembre 1860 nel Regno di Sardegna e dal 18 febbraio 1861 alla morte nel Regno d'Italia), i ministeri (Esteri, Interni, Guerra, Giustizia) e la presidenza del consiglio dei ministri (dal 12 giugno 1861 al 3 marzo 1862 e dal 20 giugno 1866 al 10 aprile 1867) si guadagnerà il soprannome di "barone di ferro". Morirà a Brolio, nei pressi di San Regolo, nel comune di Gaiole in Chianti (SI), nel 1880.

Lucca, 29 maggio 1847

I lucchesi intendono commemorare, con una manifestazione antiaustriaca, la vittoria di Legnano[46]. Fuochi sulle colline e cortei in città. Non è chiaro quale potrà essere la reazione del duca Carlo Lodovico di Borbone Parma,[47] che nel governare non si dimostra particolarmente repressivo, ma ha un carattere molto particolare, che si potrebbe definire lunatico. La manifestazione viene effettuata e non vi sono reazioni da parte del duca.

Milano, 14 giugno 1847

Il 19 novembre 1846 è morto il cardinale di Milano, l'austriaco von Gaisruck. Contro la possibilità che venisse nominato un altro straniero il conte Gabrio Casati[48], podestà di Milano dal 1837, ha evidenziato la necessità che fosse nominato un italiano. La sua tesi era che da tempo immemorabile il clero milanese aveva il privilegio di determinare o influenzare la nomina stessa. Da ciò sette mesi di attesa, non essendo, ovviamente, d'accordo le autorità imperiali. Alla fine la situazione è stata sbloccata da Pio IX, che, in

---

[46] Del 29 maggio 1176.
[47] Carlo Ludovico di Borbone Parma è nato a Madrid nel 1799. Nella complessa situazione del tempo, con la carta europea variata costantemente da Napoleone, la Francia ha annesso il Ducato di Parma e Piacenza, appartenente a Ludovico, padre di Carlo, che, come indennizzo, è stato nominato nel 1801 (col nome di Ludovico I) re d'Etruria, un fantomatico Stato formato da gran parte della Toscana, tranne gli Stati dei Presidi (Orbetello, ecc.) e il principato di Lucca e Piombino, dato ad Elisa Baciocchi, sorella di Napoleone. Dopo tre anni è morto Ludovico e Maria Luisa di Borbone – Spagna, madre di Carlo (ora chiamato Ludovico II) è stata reggente dal 1803 al 1807. In tale data è rinato il Granducato di Toscana, di cui è divenuta granduchessa Elisa Baciocchi. Di conseguenza Ludovico II e la madre sono stati mandati via. Alla caduta di Napoleone il Ducato di Parma e Piacenza è stato assegnato a Maria Luisa d'Austria e Carlo Ludovico (divenendo Carlo I) ha avuto come indennizzo il Ducato di Lucca. E' stato spesso in viaggio, dando tutto il potere al primo ministro Ascanio Mansi, che si è rivelato un valido amministratore. La situazione per Carlo Ludovico è divenuta complessa quando, alla morte di Maria Luisa, ha perso Lucca ottenendo lo Stato dei suoi avi e divenendo, quindi, Carlo II, duca di di Parma. Infatti in questa città ed ancor più a Piacenza la situazione non era sostanzialmente calma come a Lucca, ma piena di istanze rivoluzionarie. Così Carlo II, dopo l'esperienza difficile del '48, il 19 aprile 1849 ha abdicato a favore del figlio Carlo III, dedicandosi alla vita a lui gradita di viaggi e di permanenza in alcune proprietà. Dopo l'Unità d'Italia si è recato varie volte a Lucca, durante le quali si è dichiarato favorevole alla nuova realtà. E' morto a Nizza nel 1883.
[48] Il conte Gabrio Casati, barone di Pendivasca, è nato a Milano nel 1798. Sostenitore di una politica riformista, è stato podestà di Milano dal 1837 al 1848. Ha ricoperto tale carica anche durante le Cinque giornate. Poi è stato presidente del governo provvisorio. Ha agito con determinazione per l'annessione della Lombardia al Piemonte, sostenendo il partito monarchico. Presidente del consiglio dei ministri del Regno sardo nei mesi di luglio ed agosto 1848, si è dimesso dopo l'armistizio con l'Austria. Ha sostenuto la politica di Cavour. Senatore nel 1853, ministro dell'Istruzione fra il 1859 ed il 1860, poi vicepresidente del Senato ed infine presidente dello stesso fra il 1865 ed il 1872. Porta il nome di Casati la legge che ha gestito la scuola italiana per sessant'anni, fino alla riforma Gentile. E' morto nel 1873, a Milano.

data odierna, nomina il vescovo di Cremona Carlo Bartolomeo Romilli. Data la tensione, viene rinviato il suo ingresso in Milano.

Roma, 14 giugno 1847

Il papa ha deliberato che la politica dello Stato sia gestita da un consiglio dei ministri, costituito anche con la partecipazione di laici. Il capo del governo sarà, comunque, un cardinale, in definitiva il segretario di Stato. Diverrà importante la figura del ministro dell'Interno, capo della polizia, se non sarà un ecclesiastico.

Parma, 16 giugno 1847

Nell'anniversario dell'elezione di Pio IX viene organizzata una celebrazione in duomo. Successivamente si prosegue con una manifestazione in cui si invitano i cittadini ad esporre lumi alle finestre. Quelle del vescovo austriaco, dato che rimangono buie, sono prese a sassate. La gendarmeria attacca. La folla si disperde e poi si riunisce di nuovo, continuando la manifestazione. Allora intervengono, in maniera particolarmente violenta, i dragoni. Ottanta i feriti.

Il podestà, conte Cantelli, protesta e intende andare dalla duchessa, che è a Vienna. Interviene il ministro Bombelles: prima non gli dà il passaporto, poi lo destituisce. Infine, nominatosi commissario straordinario, elogia gendarmi e dragoni.

Lucca, 16 giugno 1847

La cittadinanza organizza festeggiamenti nell'anniversario dell'elezione di Pio IX. Anche in questo caso, come in quello del 29 maggio, il duca Carlo Lodovico non vieta le manifestazioni.

Roma, 22 giugno 1847.

In realtà le speranze dei democratici non sono fondate: l'ambasciatore inglese a Vienna, in questi giorni, avvisa il Governo britannico di aver saputo dal cancelliere austriaco che il Papa ha chiesto al suo governo aiuto contro eventuali azioni dei liberali.

Vienna, 1 luglio 1847

Nella capitale la situazione appare tranquilla. Melania, la colta ed energica moglie del cancelliere Clemens Metternich,[49] nota nel suo interessante diario che il marito è tranquillo ed inizia a prevedere di poter andare in Italia in autunno, per una vacanza. Ma è proprio dall'Italia che giungono segnali preoccupanti.[50]

Firenze, 2 luglio 1847

Bettino Ricasoli, con Raffaello Lambruschini [51] e Vincenzo Salvagnoli [52], fonda "La Patria – giornale politico e letterario". Il direttore è Salvagnoli. Il giornale è su posizioni moderate, ma di un moderatismo che intende conseguire concretamente dei risultati sia

---

[49] Clemens principe di Metternich – Winneburg è nato a Coblenza nel 1773. Nel 1797 è entrato nell'amministrazione imperiale. Ha sposato Melania, nipote del cancelliere Kaunitz. Ha partecipato attivamente alla politica antifrancese e, poi, ai tentativi di ripresa dopo la grave sconfitta del 1805. Ambasciatore a Parigi nal 1806, ha continuato la sua azione antinapoleonica, ma, dopo l'ulteriore sconfitta del 1809, è divenuto favorevole ad una politica amichevole con la Francia, sostenendo il matrimonio di Napoleone con una principessa austriaca e l'alleanza contro la Russia nel 1812 – 13. Dopo la sconfitta francese ha cercato di mediare fra le varie potenze e, successivamente, ha schierato l'Austria contro Napoleone. Metternich voleva bloccare l'espansionismo francese, limitare la potenza della Prussia in Germania, ostacolare la presenza russa nell'Europa centrale. Una politica che è riucito ad attuare al Congresso di Vienna, nel 1815, dopo la fine del governo napoleonico. Il suo sistema, basato su una politica interna assolutamente conservatrice, se non reazionaria, ha resistito per molto tempo ma, fin dai primi anni, è stato minato dal distacco dell'Inghilterra e dalle guerre per l'indipendenza greca. Infine il sistema è saltato per le rivoluzioni del 1848. E' andato esule in Olanda, ma è rimasto il riferimento primario della politica imperiale, soprattutto dopo il rientro in patria. Morirà nel 1859.

[50] Le prime notizie di possibili sommovimenti **"non appaiono di tale forza da turbare chi (….) trova la conferma della sicura stabilità dell'edificio imperiale. Ben diversamente, tuttavia, deve dirsi di quella parte di quell'edificio che corrisponde agli irrequieti domini della penisola italiana."** Da: Luigi Mascilli Migliorini: "Metternich", ed. Corriere della sera, Milano, 2019, pag. 274.

[51] Raffaello Lambruschini è nato a Genova nel 1788. Si è stabilito a Roma per diventare sacerdote e studiare teologia. In contatto coi liberali, ha approfondito i problemi concernenti la formazione, l'educazione e la libertà. Arrestato nel 1812 per le sue idee politiche, è stato condannato all'esilio per due anni in Corsica. Al termine della pena, nel 1816, si è stabilito in Toscana, a Figline Valdarno (FI), dedicandosi a studi scientifici, in particolare, di botanica. Successivamente si è interessato al miglioramento dell'agricoltura ed al perfezionamento delle condizioni sociali della popolazione. Su posizioni culturali e politiche neoguelfe, ha partecipato alla viva attività culturale del "Giornale agrario", dell'accademia dei Georgofili e del gabinetto Vieusseux. Grande il suo interesse e notevoli i contributi alla didattica e alla pedagogia. Ha fondato il giornale "Guida all'educatore" e, poi, "la Patria" che, successivamente, verrà chiuso. Eletto deputato e vicepresidente nel 1848, non sosterrà il governo Montanelli e si ritirerà nelle sue terre. Pubblicherà lavori di pedagogia. Nel 1859 sarà eletto vicepresidente della consulta di Stato ed ispettore generale delle scuole. Voterà a favore dell'unità nazionale. Nel 1860 pubblicherà il giornale "La famiglia e la scuola" e, poi, "la Gioventù". Si interesserà anche di linguistica. Sarà nominato senatore nel 1861, presidente dell'Accademia dei Georgofili e professore di pedagogia ed antropologia. Morirà nel 1873.

[52] Vincenzo Salvagnoli, nato ad Empoli nel 1802, avvocato, ha fatto parte dell'Accademia dei Georgofili. Imprigionato perché liberale nel 1833 ha poi continuato la sua professione. Direttore de "La Patria", ministro degli Affari ecclesiastici nel 1859, senatore nel 1860. Morirà nel 1861.

nell'informazione che in politica. Il fine precipuo è l'approfondimento del concetto di nazionalità nel quadro di un'unione federale degli Stati italiani.

Lucca, 4 luglio 1847

.

Dopo le manifestazioni del 29 maggio e del 16 giugno, di fatto accettate dal duca Carlo Lodovico, questa sera un numeroso gruppo di giovani fa una tradizionale chiassata sotto le finestre di una vedova che si è nuovamente sposata. Si tratta di una vecchia usanza, che stasera viene vissuta con particolare partecipazione. Gradualmente diviene una dimostrazione clamorosa, pur rimanendo nei limiti della correttezza e delle norme di polizia. Alla fine grida di viva Pio IX danno un chiaro contenuto politico alla folla convenuta.

Però, cercando forse di entrare in sintonia con il carattere mutevole del duca che non sa prendere decisioni chiare e tanto meno le mantiene nel tempo, questa volta le autorità reagiscono. Per disperdere la folla intervengono i carabinieri e, con essi, si scatena sulla gente un reparto di dragoni. Diversi i feriti. Vengono effettuati alcuni arresti.

Lucca, 5 luglio 1847

Grandi proteste per le vicende di ieri. Viene chiesta la punizione delle forze di repressione ed il rilascio degli arrestati. Il duca, al solito, è assente, ospite dell'amico duca di Modena. Il ministro Ward[53] garantisce un'inchiesta.

Roma, 14 luglio 1847

Corre voce in Roma che sia stata scoperta una congiura di "oscurantisti", in altri termini di avversari delle riforme. Avrebbero avuto intenzione di "bloccare" il Papa e promuovere una sorta di notte di San Bartolomeo, sopprimendo i capi liberali.

---

[53] Thomas Ward è nato a Howden, nello Yorkshire nel 1810. A nove anni ha iniziato a lavorare come stalliere. E' poi emigrato a Vienna, dove è stato palafreniere in due famiglie aristocratiche. Conosciuto da Carlo Ludovico di Borbone, è stato invitato a Lucca, dove ha fatto una carriera rapida e prestigiosa, divenendo prima ministro delle Finanze poi primo ministro ed infine barone. In pratica fin quando Carlo Lodovico è stato duca di Lucca e, poi, di Parma Ward ha gestito la politica e le sostanze dei due ducati, con notevoli benefici personali. Il suo potere è rimasto invariato sotto Carlo III, alla cui morte la vedova Maria Luisa lo ha immediatamente allontanato. E' tornato a Vienna, dove ha potuto vivere molto bene con quanto aveva guadagnato al governo dei due Ducati. Basti dire che nel 1851 ha acquistato da Carlo Ludovico la tenuta di Urschendorff per 150.000 corone. E' morto nel 1858.

Il popolo tumultua e corre alle case dei presunti eversori. Alla luce delle torce che illuminano gruppi particolarmente violenti, Roma vive una nottata drammatica. Alcuni parroci tentano di calmare la folla.

Ferrara, 17 luglio 1847.

Il maresciallo conte Auersperg, comandante della guarnigione austriaca della fortezza di Ferrara[54], riceve una protesta del legato cardinale Giacchi, dato che, senza la sua autorizzazione, sono entrati in città circa 1.200 soldati austriaci con baionetta in canna e bandiere spiegate, mentre le artiglierie avevano le micce accese e la cavalleria era in ordine di battaglia. Trattasi del **"fatto più grave che dopo la caduta dell'Impero francese sia sopravvenuto in Italia (….) è un fatto della più alta importanza, non come caso di guerra (….) ma come incidente che necessariamente muta la condizione politica in Italia".**[55]

La risposta è arrogante, dato che, in definitiva, il generale intende assumere il controllo della città. Il problema è indiscutibilmente grave. E' evidente che si tratta di una provocazione decisa dal governo imperiale contro un papa considerato liberale.

Roma, 17 luglio 1847

A seguito dell'invasione austriaca il cardinale Gizzi si dimette da segretario di Stato. Viene sostituito dal cardinale Gabriele Ferretti[56]

---

[54] Dal 1815, in base all'art. 103 del Trattato di Vienna, l'Austria ha avuto il diritto di presidiare la fortezza di Ferrara e le fortificazioni di Comacchio (FE). Per la politica asburgica tale diritto ha rappresentato una concessione importante. Se sul Tirreno la Toscana era gestita da un arciduca austriaco, pienamente schierato a favore degli interessi di Vienna, sull'Adriatico era necessaria una base per controllare l'Italia centrale e per tenere, di conseguenza, sotto vigilanza il papato. La fortezza di Ferrara era una potente ed estesa struttura a pianta pentagonale fatta costruire fra il 1608 ed il 1618 da papa Paolo V. Era composta da 5 baluardi, una grande spianata, una piazza d'armi, due porte. Naturalmente comprendeva anche polveriere, caserme, magazzini, ecc.. E' stata abbattuta nel 1859. Era sita nell'attuale rione Giardino, fra lo Stadio Paolo Mazza e la via IV novembre. Sono ancora visibili alcuni suoi resti. Importanti le fortificazioni di Comacchio, di cui faceva parte quella di Migliavacca, costruita su un'area regalata a Pio IX da Cesare Mattei (il fondatore dell'elettromeopatia), che, per tale donativo, è stato nominato conte. Era occupata dagli austriaci, che ritenevano - sempre in relazione al predetto trattato - di poter controllare militarmente tutta l'area a sud del delta del Po, fra Ferrara e l'Adriatico.
[55] Eugenio Albèri: "Della occupazione austriaca di Ferrara". Società Editrice Fiorentina, Firenze, 1847, pag.3.
[56] Il conte Gabriele Ferretti, parente di Pio IX, è nato ad Ancona nel 1795. Dottore in teologia, nel 1827 vescovo di Chieti. Nel 1833 nunzio a Napoli. Poi vescovo di Montefiascone e Corneto. Cardinale nel 1838. Legato di Urbino e Pesaro nel 1846. Segretario di Stato dal 17 luglio 1847 al 21 gennaio 1848. Infine camerlengo del collegio cardinalizio. Morirà nel 1860.

Lucca, 18 luglio 1847.

Nei giorni scorsi il duca è rientrato a Lucca e, in un momento di sorprendente simpatia per le richieste popolari, inoltrate a seguito dei fatti del 4 luglio, ha destituito il responsabile della polizia Pallavicino e ha sospeso dal servizio tre ufficiali dei carabinieri.

Si diffonde una grande soddisfazione che, però, è effimera. Nel pomeriggio di oggi, al centro della città, una persona ha urlato contro i carabinieri: "fuori gli assassini!" Poi si sono verificati diversi avvenimenti, fra i quali un'aggressione ai carabinieri, che hanno dovuto riparare in caserma.

Ma oramai non è più un gruppo di persone ad agire, bensì una folla che si è recata sotto l'abitazione del direttore di polizia, gridando "viva l'Italia" e chiedendo l'istituzione della guardia civica e lo scioglimento dei carabinieri. Un corpo che - è facile dedurlo – è profondamente inviso alla popolazione.

Sembra che tali avvenimenti abbiano fatto infuriare il granduca. Si attendono le sue reazioni. Chi conosce il suo carattere pensa che promuoverà azioni repressive. Bisogna tener conto che, proprio in questi giorni, da parte di intellettuali, aristocratici ecc. gli sono pervenute richieste di riforme. Ora è in una villa fuori Lucca. Chissà come si comporterà.

Lucca, 21 luglio 1847

Dichiarazione ufficiale di Carlo Lodovico: le riforme sono dannose. La politica dello Stato subisce una sterzata reazionaria. Coloro che hanno chiesto le riforme sono o esonerati dai loro incarichi, come il letterato e giurista Luigi Fornaciari[57] o, semplicemente, isolati senza cariche, come il marchese Antonio Mazzarosa[58].

---

[57] Luigi Fornaciari è nato a Lucca nel 1798. Ha studiato filologia classica, teologia, letteratura, scienze fisico matematiche e giurisprudenza, in cui si è laureato, andando a fare il praticantato a Roma, dove ha anche approfondito gli studi classici. Tornato a Lucca è divenuto professore di belle lettere e lingua greca. Ha pubblicato traduzioni e si è dedicato ad un'analisi accurata del "bello scrivere" in italiano. Era un purista che si ispirava all'antichità classica. Il suo libro "Esempi di bello scrivere in prosa ed in poesia" sarà adottato nelle scuole fino al novecento. Lasciato l'insegnamento dell'italiano e del latino, ha conservato quello del greco ed è entrato in magistratura. Ha partecipato ai congressi degli scienziati di Torino, Firenze, Lucca e Genova fra il 1840 ed il 1946. Sostenitore di una politica moderata che andasse incontro alle necessità delle classi popolari, ha aderito alla politica di Pio IX ed è andato a Firenze dopo l'annessione. Riorganizzerà l'accademia lucchese, ma dopo il 1854 subirà una progressiva paralisi che gli imporrà di ritirarsi dalla politica e poi anche dagli studi. Morirà nel 1858.

[58] Il marchese Antonio Mazzarosa è nato a Lucca nel 1780 nella famiglia Mansi. Successivamente il marchese Mazzarosa, che non aveva figli, lo ha adottato. Alla caduta del regime napoleonico è divenuto presidente della commissione d'incoraggiamento di belle arti del Ducato di Lucca, poi direttore generale della pubblica Istruzione ed, infine, a seguito della riforma del 1830, è stato,

Londra, 1° agosto 1847.

Viene emanata una circolare mazziniana, intestata "Associazione nazionale", tendente a costituire un fondo per raccogliere somme finalizzate all'unità ed all'indipendenza dell'Italia. Mazzini, nella calma apparente del 1847, sente che sono vicine situazioni di tipo nuovo, che potranno favorire un'azione rivoluzionaria nazionale.

Non si tratta di un'azione isolata: la circolare è firmata anche da William James Linton della People's International League.[59]

Ferrara, 1° agosto 1847

A sera un ufficiale austriaco, il capitano Jankovich, rientra nella fortezza ma viene bloccato ed affrontato da un gruppo di civili e guardie civiche[60]. Offeso, l'ufficiale fa rapporto ai superiori, ai quali l'accaduto appare di inaudita gravità. Viene subito interessato il legato pontificio che domani, **2 agosto,** renderà noto di aver aperto un'inchiesta.

Milano agosto 1847

---

sostanzialmente, ministro della stessa, sviluppando notevolmente i corsi universitari. Ha partecipato al congresso degli scienziati italiani di Pisa e, poi, ha organizzato quello di Lucca nel 1843. Presidente del consiglio di Stato dal 1840, ha promosso un moderato riformismo. Dal 1844 è iniziato un suo graduale contrasto con il duca, tanto che si è dimesso il 30 agosto 1847, determinando una sommossa popolare, conclusa con la concessione di alcune riforme. Sarà uno dei politici che coordineranno l'annessione di Lucca alla Toscana, cercando di garantire all'ex Ducato alcune autonomie. Ma non parteciperà alla vita politica toscana, pur essendo nominato senatore. Diverrà, infatti, un sostenitore sempre più convinto dell'unità degli Stati italiani, tanto che sarà nominato senatore del Regno d'Italia nel 1861. Dopo due mesi, però, morirà a Lucca.

[59] William James Linton, nato a Londra nel 1812, è stato un riformatore, giornalista, nonché pittore, saggista, poeta ed incisore in legno. Prima cartista e radicale, poi fervente mazziniano, nel 1844 ha denunciato la violazione della posta dell'esule italiano effettuata da organi governativi. Nel 1850 sosterrà la costituzione del comitato centrale democratico europeo di Mazzini nel giornale "The English Republic", schierandosi contro le violente accuse di formalismo e moderatismo che provenivano dai gruppi comunisti tedeschi. Fra l'altro, con Mazzini, Linton ha sostenuto che la democrazia non può privilegiare una classe, bensì tutto il popolo. Nel 1867 emigrerà negli Stati Uniti. Ad Appledore, Hamden, nel Connecticut, svolgerà lavoro tipografico e scriverà vari libri. Sempre ad Hamden morirà alla fine del 1897.

[60] Il "La Pallade, giornale quotidiano" di Roma, così riassumerà il caso nove giorni dopo: **"un Capitano Austriaco, che nella notte del 1. del corrente (mese), mentr'egli restituivasi nella fortezza di Ferrara, una turma di giovani cittadini, fra (i) quali uno armato di fucile e altro di sciabola previo segnali di fischi corrisposto da altra parte, si strinsero in modo da precludergli l'andata, prorompendo anche in grida liberalesche; il perché egli prese il partito di retrocedere alla caserma la più vicina, donde poi assistito da pattuglia fece ritorno alla Fortezza, essendosi dispersa la turma."** 9 – 10 agosto 1847, pag. 1.

In questo periodo il vicerè del Lombardo Veneto, l'arciduca Rainer von Habsburg, noto come Ranieri d'Asburgo[61], di 65 anni, incontra spesso il conte Karl Ludwig von Ficquelmont[62], rappresentante del cancelliere Metternich. Nell'aria vi è qualcosa di nuovo. Sono trent'anni che Ranieri è vicerè ed ha gestito la politica del Regno, almeno da un punto di vista formale, cercando di imporre la sua profonda visione culturale. Peraltro egli è da sempre in Italia. Con la moglie Maria Elisabetta di Savoia è al centro della vita di una corte elegante, colta, efficiente. Ma non è Ranieri a detenere il potere reale, monopolizzato sia dal feldmaresciallo Radetzky[63] sia dallo stesso feldmaresciallo Ficquelmont, che, in

---

[61] Ranieri Giuseppe d'Asburgo – Lorena, arciduca d'Austria (Rainer Joseph von Osterreich) è nato a Pisa nel 1783, figlio di Leopoldo di Toscana, poi imperatore d'Austria, fratello dell'imperatore Francesco II. Divenuto feldmaresciallo, nel 1818 ha sostituito il fratello Antonio Vittorio come vicerè del Lombardo Veneto, carica che ha ricoperto per tren'anni, fino all'8 giugno 1848, quando è stato sostituito, anche sotto il profilo formale, da Radetzky. Persona di cultura, si è molto interessato di botanica. Ha abbandonato Milano all'inizio delle azioni rivoluzionarie, il 18 gennaio 1848, rifuggiandosi prima a Verona, poi, due mesi dopo, a Bolzano, dove è morto nel 1853. Ranieri, nel 1820, ha sposato Maria Elisabetta di Savoia, sorella di Carlo Alberto.

[62] Il conte Karl Ludwig von Ficquelmont, maresciallo e diplomatico, nato a Dienze nel 1777, dal 1847 è stato il rappresentante del cancelliere dell'Impero austriaco Metternich presso il vicerè. Una sorta di supremo controllore del governo lombardo veneto, con il nome ufficiale di "cancelliere e principale consigliere dell'arciduca Ranieri d'Asburgo". Con un grado ed un curriculum militare analoghi a quelli di Radetzky avrebbe dovuto far da arbitro fra il generale ed il vicerè. Ma la situazione italiana era complessa anche per una persona di indiscutibile livello come Fiquelmont, che sarà travolto dagli avvenimenti. Non sarà, comunque, ritenuto responsabile degli stessi, così, dal 20 marzo 1848 al 18 aprile sarà a capo del consiglio di guerra imperiale, poi ministro degli Esteri, infine, dal 19 aprile al 19 maggio 1848, primo ministro dell'Impero austriaco. Nominato nel 1852 cavaliere del Toson d'oro, si ritirerà prima a Vienna e poi a Venezia, dove morirà nel 1857.

[63] Il conte Johann Josef Radetzky von Radetz è nato nel 1766 a Seltschan (nome tedesco: in ceco Sedlcany, oggi distretto di Prìbram, in Cechia centrale). Ha partecipato a tutte le campagne antifrancesi. Cadetto nei corazzieri nel 1784, sottotenente nel 1787, aiutante del generale in capo Beaulieu nel 1796. E' diventato rapidamente maggiore e, nel 1799, tenente colonnello. Per il brillante comportamento alla battaglia di Novi è stato nominato cavaliere dell'ordine militare di Maria Teresa. Ha partecipato a due sconfitte austriache: a Marengo (dove è stato nominato colonnello dei corazzieri) e, in Germania, a Hohenlinden, dove è stato ferito. Ha partecipato a tutte le sfortunate campagne austriache dal 1805 in poi, essendo presente alle sconfitte di Caldiero, Austerliz e Wagram, ma proseguendo nella carriera fino a divenire, nel 1809, generale di corpo d'armata. Nel 1813 è stato capo dell'ufficio di stato maggiore e, poi, capo di stato maggiore del principe Schwarzenberg, comandante dell'armata di Germania, con cui ha partecipato alla campagna di Sassonia ed a quella di Francia. Alla battaglia di Lipsia è stato ferito due volte. Alla caduta di Napoleone ha partecipato al congresso di Vienna ed è entrato nel consiglio segreto dell'imperatore. Ha fatto parte dello stato maggiore, ma i suoi avversari sono progressivamente aumentati e, nel 1829, è stato previsto un suo collocamento in pensione. E' stato salvato prima dall'imperatore, che gli ha concesso un comando di scarsa importanza ad Olomuc, poi dal verificarsi della rivoluzione del 1831 in Italia. Sostenuto anche dal cognato, conte Giulio Strassoldo di Sotto, governatore di Milano, è stato nominato capo del quartier generale del comandante del Lombardo Veneto, maresciallo Johann Frimont,. La situazione politico militare era grave per l'Austria, ma è stata superata. Così nel 1834 Radetzky è divenuto comandante dell'esercito austriaco in Italia, con il grado di feldmaresciallo, dando inizio ad una grande amicizia con il re di Sardegna Carlo Alberto. Intanto nel Lombardo Veneto la situazione era sostanzialmente calma. Radetzky ha aumentato

ottemperanza alle direttive di Metternich e con la fattiva collaborazione del collega, comandante delle truppe, intende stringere i freni in Italia. In effetti fra i lombardi si va estendendo un'opposizione consapevole e decisa, proprio quella che temono il governo austriaco ed i suoi generali, pur senza comprenderne le motivazioni, la forza e l'estensione. Così il governo, reagendo in maniera dura e brutale alla maturazione sociale e politica popolare, determinerà una lunga fase di violenta contrapposizione che, con alti e bassi, si chiuderà solo nel 1859, all'atto dell'abbandono della Lombardia da parte austriaca.

Ficquelmont, feldmaresciallo dal 1843, è stato inviato a Milano pochi mesi fa, nel quadro della situazione accennata, al fine di esautorare il vicerè, considerato un Asburgo debole ed eccessivamente italianizzato. Naturalmente deve agire con tutto il rispetto possibile. Ma Ficquelmont è proprio il soggetto adatto. E' uno di quei componenti del vertice militare che hanno svolto anche funzioni diplomatiche, riscuotendo la stima e la fiducia dell'imperatore e del governo. E' stato Ficquelmont a convincere l'ex generale francese Bernadotte, re di Svezia, a schierarsi contro la Francia di Napoleone; lui a supportare il re delle due Sicilie nel difficile periodo 1834 – 35; ancora lui a convincere lo zar Nicola I ad aderire, nella Santa Alleanza, alla politica di Metternich; sempre lui a sostituire varie volte il cancelliere. Ora è stato inviato a Milano per svolgere le funzioni di vero governatore del Lombardo Veneto. Così, in questo periodo, il vertice civile è ricoperto dal feldmaresciallo Ficquelmont, mentre quello militare è affidato al feldmaresciallo Radetzky. Due militari integralmente reazionari, efficienti e privi di scrupoli, che nutrono fra loro grande stima e sentita amicizia[64]. Si sentono il baluardo di un'organizzazione quasi sacrale: quella dell'Impero, da sostenere e da difendere, garantendone l'efficienza, l'unità e la potenza. E', quindi, logico che per loro debba essere represso, stroncato e distrutto tutto ciò che possa porsi contro tale organizzazione.

---

progressivamente il suo potere e, nel 1847, con il peggioramento della situazione, ha imposto una politica repressiva, quasi provocatoria, intendendo determinare una crisi grave per poterla reprimere definitivamente con la forza. Così hanno avuto luogo le Cinque giornate di Milano, la prima guerra d'indipendenza, la vittoria austriaca, ma Radetzky – sebbene sia stato nominato governatore civile e militare del Lombardo Veneto e abbia ricevuto molte onorificenze - non ha conseguito il desiderato annullamento delle rivendicazioni italiane. Continuando con la sua sempre più dura politica repressiva, ha conseguito risultati totalmente inidonei per un ritorno alla precedente tranquillità sociale. Di conseguenza, essendo divenuto deleterio per gli stessi interessi asburgici, dal 1853 gli è stato affiancato un consigliere civile, senza che tale decisione conseguisse un esito apprezzabile. E' stato, quindi, destituito alla fine del 1856. Cosa, questa, da lui particolarmente sofferta, tanto che è morto poco tempo dopo, all'inizio del 1858. Grandiosi i funerali.

[64] Radetzky, sia durante le cinque giornate di Milano che dopo, con lettere continue si confiderà con l'amico e collega Ficquelmont, fuggito da Milano ai primi torbidi e divenuto comandante generale delle forze imperiali.

La particolare situazione milanese e lombarda di questo periodo è stata analizzata in maniera interessante da Massimo d'Azeglio, che, essendo pittore e romanziere,[65] oltre ad essere ufficiale, studioso e politico, ha scritto, in merito, in maniera interessante e precisa, caratterizzata da un sottile humor. D'Azeglio è un piemontese che preferisce vivere a Milano anziché a Torino. Perché? Ha precisato:

"Ogni volta ch'io tornavo a Torino m'appariva il confronto fra la vita torinese e la milanese. Quell'abuso di regolarità, di formalità, di distinzioni sociali, di gesuitismo, quella mancanza assoluta d'ogni sintomo di energia e di vita che m'opprimeva in Torino (....) mi ci sentivo alla lettera soffocato. Ed io, un odiatore di professione dello straniero, (....) se volevo tirare il fiato, bisognava tornassi a Milano".

Era un riconoscimento delle caratteristiche di questa città, dove la società ha cercato sempre di incrementare la produttività economica e sociale (quindi l'utile generale) determinando una serenità diffusa, priva di inutili condizionamenti. In altre parole, a Milano la ricerca della produttività generale incide positivamente sul benessere particolare di ciascun individuo.

Ma d'Azeglio ha evidenziato un altro aspetto del problema: la concezione della vita dei milanesi era divenuta egemonica anche nei confronti degli austriaci, che erano indotti a "milanesizzarsi", con grande beneficio per la vita sociale e l'attività economica dei lombardi. Ha scritto, in merito, che:

"le autorità austriache, intente esse medesime (....) a farsi un buon letto in una città simpatica, ricca, grassa e allegra, sapevano ammorzare, ammorbidire, gli ordini viennesi e lasciare (....) la più ampia libertà ai Milanesi di brontolare (....) dare le loro definitive sentenze non solo sullo spettacolo della Scala, ma altresì sulla politica: bastava solo non gridar troppo forte; ma con prudenza si poteva dire tutto (....) il Governo austriaco era forzatamente costretto fra tanti impiegati ad averne pur di italiani (....) che, sebbene desiderosi di fare il dover loro, lo facevano in modo di favorire più che danneggiare i Milanesi: avevan conoscenze, avevano parentele, e questi son legami dai quali è difficile sciogliersi del tutto. Da questo complesso di circostanze scaturì un fatto strano (....) dal 1840 al 1845 vi furono a Milano taluni mesi di un Governo così mite, così poco terrorista, che fra tutti i piccioli Governi

---

[65] Famosi i suoi romanzi: "Ettore Fieramosca o la disfida di Barletta" (1833), "Niccolò de' Lapi, ovvero i Palleschi e i Piagnoni" (1841). Oltre all'autobiografico "I miei ricordi" e agli altri testi già ricordati ("I casi di Romagna", "Proposta di un programma" ed "I lutti di Lombardia") sono importanti "Timori e Speranze" (contro i repubblicani), "Ai suoi elettori" e gli articoli pubblicati su "la Patria".

d'Italia non ve n'è uno, che al paragone con l'austriaco non sia stato infinitamente più orrendo" [66].

La testimonianza di d'Azeglio è importante perché si riferisce ad un ben preciso periodo, che ha rappresentato una situazione unica durante il dominio austriaco. Fra il 1840 – forse il 1842 – ed il 1845 la vita milanese e lombarda ha acquisito una sorta di indipendenza di fatto o, se vogliamo, di "personalizzazione" politica, considerata altamente pericolosa dai burocrati, dalla casta finanziaria ma soprattutto dai militari, che si consideravano – come si sono sempre considerati fino alla fine dell'impero nel 1918, in gran parte avvenuta per causa loro – il vero baluardo della monarchia. Essi non potevano accettare che ai milanesi venisse concesso un modo di vivere di fatto aperto e partecipativo. Per loro tale situazione – o tale andazzo – avrebbe indebolito – diciamo addirittura sabotato – il complesso sistema organizzativo, economico, sociale, governativo imperiale. Altre componenti politiche, etniche ecc. dello Stato avrebbero potuto chiedere trattamenti analoghi, con effetti sostanzialmente rivoluzionari, comunque eversivi dell'ordine reazionario dell'impero.

Gli stessi lombardi avrebbero potuto tendere ad istituzionalizzare quello che, con grande capacità e con profonda civiltà, erano riusciti ad ottenere, sebbene solo di fatto. Si doveva, quindi, agire con la massima severità, attuare una repressione particolarmente incisiva che solo i militari sarebbero stati in grado di attuare. Il regista di tale repressione sarà il maresciallo Radetzky. La sua azione caratterizzerà la violenta gestione austriaca per circa 11 anni, e sopravviverà anche dopo l'esautorazione del maresciallo. Ma tale ingiusta e violenta azione politica, dopo il 1847, non è stata più accettata dai lombardi e dai veneti. Tutti i ceti della popolazione l'hanno considerata una politica iniqua, ingiustificata e deleteria. In effetti la situazione è divenuta sempre più conflittuale ed è stata considerata insopportabile, per la sua brutalità, soprattutto dai giovani, mentre l'incremento delle proteste ha determinato, da parte austriaca, un aumento della repressione.

Così gradualmente i giovani sono stati quasi obbligati ad organizzarsi per i futuri scontri. Ad esempio, a Varese i due figli del conte Tullio Dandolo, Enrico[67] ed Emilio,[68] si sono

---

[66] Massimo d'Azeglio: "I miei ricordi", Einaudi, Torino, 1971, pagg. 393 – 394.
[67] Enrico Dandolo, nato a Varese il 26 giugno 1827, esperto in attività di guerriglia, parteciperà alle Cinque giornate e, poi, con i volontari di Manara, alle azioni in Trentino. Seguirà Manara in Piemonte e, con il grado di capitano, parteciperà alla difesa della Repubblica romana. Morirà nella battaglia di Villa Corsini, il 3 giugno 1849.
[68] Emilio Dandolo, nato a Varese il 5 luglio 1830, ha partecipato alle Cinque giornate di Milano, alle azioni in Trentino e, nel 1849, alla battaglia di Cava in Piemonte. Nella Repubblica romana ha combattuto nel battaglione bersaglieri di Luciano Manara. Ferito a Villa Corsini. Dopo la caduta della Repubblica è stato in esilio a Marsiglia e a Lugano. Nel 1850 – 51 ha viaggiato in Medio Oriente. Ha partecipato alla guerra di Crimea. E' morto di tisi nel 1859. Il governo austriaco, nel timore di grandi manifestazioni di cordoglio, ha imposto la tumulazione nel comune di Adro (BS).

preparati e, successivamente, si inquadreranno nel battaglione dei bersaglieri lombardo di Luciano Manara[69], combatteranno eroicamente a Milano, in Lombardia, in Piemonte ed, infine, a Roma. Nella battaglia di Villa Corsini, Enrico sarà ucciso ed Emilio ferito, ma riuscirà a tornare ed a scrivere i ricordi di un periodo eccezionale. [70] Parteciperà alla guerra in Crimea ma sarà cotretto a rientrare a Milano, dove morirà, il 20 febbraio 1859. I suoi funerali provocheranno notevoli manifestazioni antiaustriache, tanto che verrà imposta una sepoltura lontana da Milano. Purtroppo, per poche settimane, Emilio Dandolo non riuscirà a vedere la liberazione della sua Lombardia.[71]

Ferrara, 6 agosto 1847

A causa della vicenda dell'ufficiale avvenuta il primo agosto, il generale Auersperg comunica al legato papale che dalla sera successiva avrebbe inviato pattuglie per il controllo di buona parte della città, compresa l'area della residenza dello stesso legato. Così l'azione austriaca assume una chiara funzione provocatoria. Il cardinale risponde con una solenne protesta, dato che la disposizione del maresciallo è **"contraria agli accordi**

Ha scritto: "I bersaglieri di Luciano Manara" e "Viaggio in Egitto, nel Sudan, in Siria ed in Palestina".

[69] Luciano Manara, nato a Milano nel 1825 in una famiglia borghese benestante, interessato agli studi classici ed a quelli musicali, è stato in Francia ed in Germania. Comanderà, durante le Cinque giornate, la presa di Porta Tosa. Con un battaglione (colonna) di 500 uomini parteciperà alle azioni in Trentino. Dopo la sconfitta passerà nell'esercito piemontese col grado di maggiore, costituendo un battaglione bersaglieri di 600 uomini. Nel 1849 parteciperà alle operazioni nello scontro di Cava, che ora, in suo onore, si chiama Cava Manara (PV). Successivamente, con il suo battaglione, accorrerà alla difesa della Repubblica romana, occupando Anagni e Frosinone. Sarà nominato colonnello e diverrà capo di stato maggiore di Garibaldi. Sarà ucciso nel duro combattimento di Villa Spada il 30 giugno 1849, a 25 anni.

[70] Emilio Dandolo: "I bersaglieri di Luciano Manara", Ed. Mediolanum, Milano, 1934, pag. 223. Il libro è stato scritto subito dopo la caduta di Roma, nel 1849, e risente intensamente della tristezza prodotta nell'autore dai lutti e dalla sconfitta. E' dedicato **"in memoria di Enrico Dandolo, di Luciano Manara e di Emilio Morosini morti per la difesa di Roma"** e conclude: **"Così finirono i Bersaglieri lombardi, raro esempio di disciplina, di coraggio e di sventura: benedetti sempre dalle popolazioni che abbero contatto con loro, rispettati dai nemici nella pugna e dopo, lasciati, dopo tanti pericoli e tante fatiche, nel più nefando abbandono, furono uditi più volte i superstiti invidiare la sorte dei tanti, che con una morte onorata sul campo avevano saputo sfuggire a quell'accanimento della fortuna, che li sparse ramminghi e miserabili sulla faccia del mondo. Dopo aver compiuti tutti i tristi doveri di soldato e di amico, io abbandonai solo e piangendo quella città in cui due mesi prima eravamo tutti entrati fra gli evviva e le speranze più belle. Rifiutato a Genova, sbarcato a Marsiglia, io rividi finalmente il mio povero paese e le famiglie de' miei compagni morti. Solo mi sostiene nella sconsolata vita che mi avanza, la ferma fiducia che Iddio non vorrà inutilmente gettato tanto sangue e rovinate tante esistenze e che le preghiere di quei martiri che sono lassù ridoneranno una volta a questa Italia nostra sventurata senno, dignità e concordia, condizioni indispensabili ad ottenere un meno infausto avvenire."**

[71] Vedasi anche l'azione di Francesca Bonacini Spini, amica di Luciano Manara, alle esequie di Emilio Dandolo, in nota al paragrafo:" Milano, 18 marzo 1848".

posteriori al Trattato di Vienna ed alla lunga consuetudine e non conforme alle assicurazioni da esso (cardinale) **date di verificare il fatto per provvedervi come di legge"**[72]

Ferrara, 8 agosto 1847

Il maresciallo Auersperg in un messaggio esprime al cardinale legato la sua preoccupazione perché le carceri sono vigilate dalla guardia civica. La risposta è netta: la disposizione sarà mantenuta.

Ferrara, 13 agosto 1847

La provocazione austriaca contro il papa diviene sempre più chiara e grave. Al mattino gran parte delle truppe si schiera sulla spianata della fortezza. I cannoni sono posti in batteria, contro l'abitato. Un maggiore si reca dal cardinale ingiungendogli di cedere tutti i punti della città aventi importanza militare. Il cardinale nega e protesta. Gli austriaci escono in formazione dalla fortezza. Viene loro chiesto di rimandare il tutto all'indomani, ma è concessa solo un'ora. I pontifici possono continuare ad avere il controllo solo della residenza cardinalizia e delle carceri. Intanto vengono occupati i bastioni e le quattro porte della città. Reparti di usseri isolano l'abitato.

Il cardinale legato invia una seconda, incisiva protesta al comandante austriaco ed al Segretario di Stato, cardinale Ferretti, che, a sua volta, protesta con l'ambasciatore imperiale, conte von Lutzow, informando tutto il corpo diplomatico accreditato a Roma. Preso atto di quanto accaduto, Ferretti invia un'ulteriore protesta e dà disposizione di mobilitare l'esercito e la piazzaforte di Ancona.

Ma nelle settimane successive gradualmente la tensione si riduce.

Roma, 15 agosto 1847

A metà del mese di agosto Pio IX reputa che sia necessario procedere alla costituzione di una Lega doganale fra gli Stati italiani. Un accordo commerciale che, attraverso tariffe uguali per tutti, determini un'integrazione economica. E' anche possibile prevedere che tale iniziativa costituisca la premessa di un'unione confederale. L'incaricato dal papa per seguire il progetto ed impostare le trattative è monsignor Giovanni Cobulli Bussi.

Inizialmente i vertici politici da contattare sono quelli del Granducato di Toscana e del Regno di Sardegna. Le difficoltà sono notevoli, per lo stretto legame dinastico con Vienna

---

[72] "La Pallade" cit. 9 – 10 agosto 1847, pag. 1.

del granduca Leopoldo II[73] e per la concezione di Carlo Alberto – e dello stesso suo figlio Vittorio Emanuele – favorevoli a essere partecipi a qualsiasi attività politica o economica purché la stessa fosse a sostanziale e determinante gestione sabauda.

Firenze, 24 agosto 1847

Leopoldo II continua con le riforme. Amplia, nel campo giudiziario, la consulta, cui vengono date nuove attribuzioni.

Firenze, 25 agosto 1847

Monsignor Cobulli Bussi incontra Leopoldo II di Toscana e lo trova molto aperto e partecipe sul progetto di Lega doganale. L'incontro si conclude con l'adesione granducale al progetto di Pio IX.

Lucca, 26 luglio 1847

Il figlio di Carlo Lodovico[74], fa arrestare sette giovani. Si tratta di un'azione del tutto arbitraria. La tensione aumenta sempre più. Il duca non vuole prendere atto che la città è vicina alla rivolta.

---

[73] Leopoldo II d'Asburgo Lorena è nato a Firenze nel 1797. Durante il periodo napoleonico ha seguito il padre Ferdinando III a Vienna, poi a Salisburgo (stato assegnato temporaneamente al padre), poi nuovamente, sempre in esilio, a Wurzburg. Il padre ha riacquisito la Toscana alla caduta di Napoleone, rientrando a Firenze nel 1814. Leopoldo è divenuto granduca alla morte di Ferdinando III nel 1824. Fruendo della collaborazione di Fossombroni, è riuscito a mantenere la politica paterna, aperta alle riforme anche se rispettosamente criticata dal governo austriaco. Importanti la bonifica della Maremma grossetana, lo sfruttamento minerario, la politica turistica, l'ampliamento del porto di Livorno, lo sviluppo stradale e quello ferroviario. Il tutto in un quadro di libertà culturali e politiche. Ciò, ovviamente, in relazione ai tempi ed alla politica reazionaria degli altri Stati. Nel 1847 è stata attuata la prevista annessione del ducato di Lucca. Nel stesso anno sono state concesse la libertà di stampa e la guardia civica ed è stata impostata la lega doganale italiana. Nel 1848, il 17 febbraio, è stata concessa la Costituzione ed insediato il primo governo costituzionale. Il 21 marzo le truppe toscane ed i volontari sono partiti per la guerra nazionale con il tricolore avente al centro lo stemma dei Lorena. Nella seconda metà del 1848 Leopoldo non accetterà la deriva democratica che andava affermandosi in Toscana e, nel 1849, si porrà in maniera dura e definitiva contro le istanze nazionali. Così il 30 gennaio fuggirà a Gaeta da Ferdinando di Borbone (che era suo cognato) e chiamerà in soccorso le forze austriache, che saccheggeranno Livorno e occuperanno la Toscana. Leopoldo tornerà a Firenze e sopprimerà le riforme più importanti, fra cui la Costituzione. Ma il suo positivo rapporto con la popolazione sarà, oramai, definitivamente infranto e la conseguente restaurazione non avrà vita lunga. Nel 1859, a seguito della seconda guerra di indipendenza, Leopoldo, da persona intelligente, abbandonerà definitivamente il Granducato, andando in esilio, prima a Vienna, poi a Roma, morendo poco prima dell'annessione della città all'Italia, nel 1870. Correttamente, aveva abdicato ufficialmente fin dal 21 luglio 1859. Dopo molti anni, nel 1914, la salma sarà trasferita a Vienna e sepolta nella cripta degli Asburgo. Un ufficiale anche se tardivo riconoscimento, da parte dell'imperatore Francesco Giuseppe, della non italianità del suo congiunto.

Reggio di Calabria, notte fra il 28 ed il 29 agosto 1847

Riunione dei capi rivoluzionari di Messina e di Reggio nella casa di Casimiro De Lieto.[75] Viene confermato il piano di insorgenza nelle due città per il 2 settembre, contemporaneamente.

Santo Stefano in Aspromonte (RC), 29 agosto 1847

Prima manifestazione nazionale, sostenuta da quei gruppi che, inizialmente murattiani e, poi, carbonari vedono nella politica della Giovine Italia e di Mazzini la soluzione più adeguata dei problemi italiani. Sono gruppi che, in Calabria, rendono il territorio a "macchia di leopardo", con aree nelle quali nettamente prevalgono sulle posizioni borboniche.

A Santo Stefano la famiglia più avanzata e partecipe è quella dei Romeo. Domenico Romeo[76], di 51 anni, mazziniano, nel pomeriggio di oggi innalza il tricolore in piazza e proclama l'azione diretta, coadiuvato da cinque suoi parenti. Il primo è il fratello maggiore Giovanni Andrea, che con lui aveva partecipato alla politica di modernizzazione e di

---

[74] Il futuro Carlo III di Parma, Piacenza e Stati annessi.

[75] Casimiro De Lieto, nato a Roccella Jonica (RC) nel 1803, appartenne ad una famiglia liberale e murattiana, che ha addirittura ospitato in casa il re Giuseppe Bonaparte e che ha dovuto spostarsi a Reggio a causa di minacce sanfediste successive al ritorno dei Borboni. Carbonaro, è stato nel 1820 studente universitario a Napoli, ma, avendo partecipato alla rivoluzione, ha dovuto fuggire all'estero. E' andato prima a Parigi, poi in America centrale, infine, per dieci anni, a Londra, dove è stato in contatto con Mazzini ed ha lavorato come giornalista. Ha partecipato alla rivoluzione del 1830 a Parigi. Inviato da Mazzini a Napoli per organizzare collegamenti cospirativi, è stato confinato a Reggio dalla polizia. Comunque è riuscito a predisporre valide cellule rivoluzionarie. Ha partecipato alla rivoluzione del 1847. Arrestato, sarà condannato a morte, ma all'inizio del 1848 amnistiato. Nominato rappresentante al congresso per la costituzione della Lega italiana, poi eletto deputato, parteciperà ai moti del 15 maggio e dovrà fuggire a Malta. Rientrato, infine, a Reggio, organizzerà a Sant'Eufemia un comitato di salute pubblica. Successivamente, con la famiglia, si stabilirà a Messina. Dopo la riconquista borbonica andrà a Livorno, poi a Firenze. Deputato alla Costituente, sosterrà l'unione della Toscana alla Repubblica romana, poi sarà costretto a rifugiarsi a Genova. Pur ponendosi su posizioni politicamente moderate, contribuirà all'organizzazione della spedizione di Sapri. Dopo l'unità parteciperà ai contrasti fra le varie componenti politiche reggine. Infine si stabilirà a Firenze, dove morirà nel 1874.

[76] Domenico Romeo è nato a Santo Stefano di Aspromonte nel 1796. Carbonaro, ha partecipato alla rivolta del 1820. Principale organizzatore del tentativo rivoluzionario del 1847, sarà ucciso il 15 settembre 1847. "**Il più solerte ed autorevole agitatore delle terre meridionali. Si valse della sua carica di direttore generale delle privative per visitare tutti i paesi, stringere in un unico fascio i vari comitati locali per rincorare i sicuri ed esortare i dubitanti**". (Michele Rosi: Dizionario del Risorgimento nazionale" Vallardi, 1937, voce a firma G. M. De Stefano, Vol. IV, pag. 98.)

partecipazione affermatasi nel regno di Murat[77]. Gli altri tre sono il figlio di Gianandrea, Piero Aristeo, il figlio di Domenico, anch'egli di nome Gianandrea, ed il cugino Stefano [78]. Appare interessante aggiungere un fatto: il 7 novembre 1860 sarà Elisabetta Romeo, con il padre Gianandrea al seguito di Garibaldi per la liberazione di Napoli, ad esporre il tricolore al palazzo reale.

Lucca, 30 agosto 1847

In una situazione apparentemente tranquilla scoppia la rivolta. Carlo Lodovico è al palazzo ducale, che è circondato ed isolato da una folla tumultuante: grida, imprecazioni, minacce, ecc. Il duca, profondamente impaurito, si sente alla mercè della folla e diviene immediatamente longanime. Assicura che gli arrestati saranno liberati, firma la costituzione della guardia civica, garantisce la libertà di stampa, promette di eguagliare la Toscana in fatto di riforme. Al termine delle concessioni, la folla, gradatamente, si disperde.

Casale Monferrato (AL), 30 agosto 1847

Si inaugura il Congresso agrario. Sono presenti esperti del Regno sardo e dello Stato pontificio. Molti interventi hanno carattere politico. Si fa riferimento al problema nazionale. Vengono chieste la costituzione della Guardia civica e l'approvazione di alcune riforme.

---

[77] Giannandrea (come veniva chiamato Giovanni Andrea) Romeo è nato a Santo Stefano in Aspromonte nel 1786. Fratello di Domenico. E' stato ufficiale murattiano, aiutante di campo del generale Regnier, poi comandante della legione municipale di Reggio, con cui ha combattuto i filo borbonici. Infine è stato imprigionato. Successivamente, su posizioni costituzionali, ha partecipato alla rivolta del luglio 1820, prendendo per pochi giorni il potere a Reggio. Cosa che si è ripetuta nel 1847, per cui verrà condannato a morte, ma, poi, è stato amnistiato. Collaboratore di Gioberti e di Garibaldi. Nel 1851 a Londra con Mazzini e Saffi. Sostenitore della guerra di Crimea. Protagonista della liberazione garibaldina del Mezzogiorno. Con molti onori tornerà a Santo Stefano, dove morirà nel 1862.

[78] Stefano Romeo, nato a Santo Stefano di Aspromonte nel 1819, è stato espulso dalle scuole nel 1834 perché possedeva stampa della Giovine Italia, poi anche dall'università di Napoli perché sospettato di essere affiliato alla stessa organizzazione. Ma, essendo una persona molto determinata, è riuscito, comunque, a laurearsi in medicina a Messina nel 1841. Ha avuto noie processuali anche per il collegamento con l'azione dei fratelli Bandiera. Arrestato con i cugini nel 1847, sarà amnistiato. Eletto al Parlamento napoletano, sarà condannato a morte per aver partecipato alla rivolta del 15 maggio. Dopo tentativi di rivoluzione in Calabria, combatterà per la Repubblica romana e, poi, andrà in Toscana. Fuggito nel 1850 a Malta e, poi, in Turchia, organizzerà un'impresa commerciale. Deputato della sinistra alla Camera del Regno d'Italia dal 1861 al 1868, si ritirerà per malattia. Morirà nel 1869

E' presente il segretario del re, che ha letto una missiva nella quale il sovrano, facendo cenno al problema dell'occupazione di Ferrara, precisa che, qualora necessario, sarebbe montato a cavallo con i suoi figli, alla testa del suo esercito.

La lettera è stata accolta con grandi applausi. Duecento convegnisti hanno firmato una risposta al re, nella quale si auspica che "**l'opera del Re sia recata a compimento (....) saremo nel pericolo vivo e nel semenzaio di soldati, pronti a sostenere con l'esercito l'onore e l'indipendenza della patria comune**".

Messina, 1 settembre 1847

Sono pronte la persone che intendono ribellarsi domani 2 settembre. Alcuni giovani, particolarmente sicuri di sé, insistono per agire oggi. Grandi discussioni. E' difficile coordinare gli insorti dato che sono divisi in cinque gruppi, sparsi sul territorio, secondo i piani concordati.

Ma ad un certo momento, nel tardo pomeriggio, corre una voce: all'albergo Vittoria gli ufficiali del presidio festeggeranno con una cena il generale Lualdi per una promozione. Così alle ore 18.00 scatta la rivolta. Il primo obiettivo è fare prigionieri il generale e gli ufficiali. Ma costoro, verosimilmente avvertiti, rientrano in caserma. Allora i gruppi di rivoltosi attuano il piano previsto. Sono particolarmente determinati ed entusiasti. All'inizio sembra possano avere il sopravvento. Ma, gradualmente, i reparti di stanza in città si organizzano e, alle 20.00, passano al contrattacco. Rapida la ritirata dei ribelli, che riescono a celarsi nella clandestinità.

Reggio di Calabria, 2 settembre 1847

Fra Reggio e Cosenza vi è un sotterraneo rapporto sia culturale che rivoluzionario. La stessa stampa delle due città sembra coordinata, come si può desumere dall'impostazione liberale di giornali come la "Fata Morgana" di Reggio Calabria (vietata dal 1844) ed "Il Calabrese" di Cosenza. Città, questa, che da tempo è al centro della cultura innovativa e della politica nazionale di tutta l'area. "Il Calabrese" costituisce anche una palestra del romanticismo locale, che si è rivelato un fattore importante del passaggio dalle concezioni carbonare (visione nazionale con richiesta di una costituzione analoga a quella spagnola) a una più avanzata impostazione mazziniana (perseguimento dell'unità nazionale e dell'indipendenza). Di carattere prevalentemente romantico è stato anche il notevole sviluppo ideologico / politico della minoranza di origine albanese. Sviluppo recepito prima da alcuni intellettuali (Domenico Frugiuele, Giovanni Mosciari, Domenico Mauro [79] e Girolamo De Rada), poi da buona parte della specifica area culturale.

In effetti, da diversi anni le iniziative cosentine sono molto incisive, tali da attirare i fratelli Bandiera, fino alla tragica conclusione della loro generosa iniziativa, che, comunque, in Calabria ha notevolmente accelerato l'accennato passaggio da una visione giuridica costituzionale ad un'altra, rivoluzionaria e patriottica. Vi è stata, di fatto, una collaborazione fra la componente veneta e quella calabrese, di cui facevano parte persone come Damiano Assanti[80] e Antonino Plutino.[81]

Espressioni dell'impegno dei cosentini nel promuovere un nuovo corso politico sono stati i moti degli anni 1820, 1823, 1839 e 1844. In particolare è stata particolarmente importante quest'ultima insurrezione, per la quale, l'11 luglio dello stesso anno, sono stati fucilati sei giovani (media della loro età: 27 anni), il primo di Napoli (Pietro Villacci) e gli altri dell'area cosentina (Raffaele Camodeca, Federico Franzese, Antonio Raho, Nicola Corigliano, Santo Cesareo). Alle fucilazioni si è aggiunto un lungo elenco di condannati al carcere, più o meno duro.

---

[79] Domenico Mauro è nato a San Demetrio Coròne (CS) nel 1812. Laureato in giurisprudenza, avvocato, nonché letterato, storico e poeta. Capo dei moti cosentini del marzo 1844, che hanno spinto ad agire i fratelli Bandiera. Eletto deputato alla Camera del 1848, ha partecipato alla rivoluzione calabrese come responsabile del distretto di Castrovillari, venendo sconfitto dal generale Lanza a Campotenese. Riuscirà a salvarsi alla fine della rivoluzione e andrà in esilio, poi parteciperà alla difesa della Repubblica Romana. Infine andrà esule in Piemonte. Parteciperà alla spedizione dei Mille e sarà eletto alla Camera del Regno d'Italia, nella sinistra, per due legislature (dal 18 novembre 1865 al 2 novembre 1870). Morirà a Firenze nel 1873.

[80] Damiano Assanti, nato a Catanzaro nel 1809, cugino dei generali Florestano e Guglielmo Pepe, ha partecipato ai moti del 1844 ed è stato condannato. Nel 1847 è espatriato a Parigi, recandosi da Guglielmo Pepe, che ha seguito nella spedizione in Veneto e poi nella difesa di Venezia. Esule a Nizza alla caduta della Repubblica, parteciperà alla spedizione dei Mille con il grado di colonnello. Successivamente entrerà nell'esercito regolare divenendo generale. Eletto in quattro legislature dal 18 febbraio 1861 al 20 settembre 1874. Morirà a Roma nel 1894.

[81] Antonino Plutino, nato a Reggio nel 1811, laureato in legge, ha aderito prima alla Carboneria poi alla Giovine Italia. Ha diretto il periodico "Fata Morgana". Ha partecipato ai moti del 1844, per i quali è stato condannato a morte, commutata nella deportazione. Ma è statoa Reggio partecipando ai moti del settembre 1847. Eletto deputato nel 1848, sarà uno dei firmatari della dichiarazione antimonarchica di Stanislao Mancini. Parteciperà alla rivoluzione calabrese del 1848, poi sarà a Livorno, infine esule a Marsiglia, dove sarà responsabile dell'organizzazione a sostegno degli esuli. Espulso dalla Francia dopo il colpo di Stato bonapartista del dicembre 1851, andrà a Genova. Parteciperà alla spedizione dei Mille e sarà ferito a Calatafimi ed a Reggio. Garibaldi lo nominerà proditattore in questa città, dove farà un'accurata epurazione dei borbonici aventi incarichi negli enti pubblici, espellendo lo stesso vescovo. Successivamente sarà prefetto di Cosenza, Cremona, Cuneo e Catanzaro, dimettendosi non intendendo ostacolare l'azione di Garibaldi dell'agosto 1862. Tenente colonnello nella terza guerra di indipendenza. Eletto alla Camera in quattro legislature, dal 18 febbraio 1861 alla morte, avvenuta a Roma il 25 aprile 1872.

Se a Cosenza l'attività politica nazionale e sociale è più estesa, a Reggio di Calabria l'azione del comitato rivoluzionario è più organizzata, merito prevalente di De Lieto. Composto da otto membri, è in collegamento con gli analoghi comitati esistenti in varie città del Regno. Nel giugno 1847 vi è stata la riunione dei vari comitati nella quale si è deciso di effettuare l'accennata azione rivoluzionaria in tutta l'area dello Stretto. Poi, come si è visto, a Messina l'azione è stata anticipata, con effetti deleteri. Nonostante ciò, a Reggio, il comitato, pur avendo avuto notizia del fallimento del moto messinese, attua l'azione prevista.

In merito bisogna precisare che l'area fra due sponde dello Stretto è una delle più presidiate del Regno, essendovi varie fortificazioni, oltre a diverse caserme e a due porti importanti. Nelle due città, quindi, è particolarmente difficile prevalere sulle forze militari locali. Si deve, pertanto, cercare di agire di sorpresa, con un adeguato dosaggio delle forze, al fine di conseguire la massa nelle zone ritenute importanti.

I Romeo sono arrivati in città con cinquecento armati che si sono uniti ai duecento organizzati in città da Pietro Mileti,[82]. L'intendente Zerbi è rimasto particolarmente sconcertato ed ha evitato di intervenire, dopo aver preso atto che fra i rivoltosi vi era anche suo figlio. Sono state occupate anche tre fortificazioni limitrofe alla città: Scilla, Torre Cavallo ed Alta Fiumara. Le guarnigioni si sono arrese. Comandante degli insorti è Giovanni Andrea Romeo.

E' costituita una Giunta provvisoria di governo, presieduta dal canonico Paolo Pellicano[83]. Anche De Lieto fa parte della Giunta. Gli altri componenti sono Domenico Muratori, Antonio Cimino, Federico Genoese e Antonio Furnari.

---

[82] Pietro Mileti è nato a Grimaldi (CS) nel 1793, in una famiglia che ha combattuto per la Repubblica napoletana del 1799. Carbonaro e, poi, mazziniano, è stato arrestato nel 1815, condannato a morte, poi graziato nel 1820. Ha partecipato ai moti del Cilento del 1828, per i quali è stato condannato a domicilio coatto a Cosenza, dove ha svolto la professione di maestro di scherma. Per aver sostenuto l'azione dei fratelli Bandiera, nel 1844, è stato condannato a otto mesi di carcere. Essendo fra i capi della rivolta reggina del 1847 è stato condannato a morte, commutata in ergastolo, poi è stato amnistiato, dopo la promulgazione della Costituzione. A Napoli, nel 1848, avrà un notevole seguito. Sarà tra i capi della rivolta delle barricate del 15 maggio, insieme a La Cecilia. Fuggirà a Malta, ma poi tornerà in Calabria per contribuire alla rivoluzione, che sarà repressa. Mileti combatterà fino all'ultimo, nella conca di Campotenese, al valico fra Calabria e Basilicata, nel successivo scontro di Castrovillari (CS) ecc.. I comitati di salute pubblica entreranno in crisi, ma Mileti non si arrenderà. Si sposterà nella valle del Savuto e inizierà la guerriglia. Circondato il 12 luglio 1848 nell'area di Nocera Terinese (CZ) dai cacciatori del capitano Ghio e da bande della polizia, combatterà fino al consumo delle munizioni, poi affronterà il nemico a sciabolate, ma verrà colpito a morte. Secondo l'uso borbonico, sarà decapitato e la testa sarà esposta a Cosenza.
[83] Paolo Pellicano, nato a Reggio nel 1813, è stato allievo di Basilio Puoti, e, nel 1836, è divenuto sacerdote. Tornato a Reggio è divenuto parroco e si è laureato all'università di Messina in diritto sia civile che canonico. E' stato socio di accademie letterarie e scientifiche, ha partecipato al congresso

Sono liberati i detenuti politici e deliberati vari provvedimenti attesi dalla popolazione. Viene disposto che l'azione rivoluzionaria sia estesa al distretto di Gerace (composto da 39 comuni dell'area jonica meridionale) da Rocco Verduci[84]. In coordinamento con lui devono operare Gaetano Ruffo[85], Michele Bello[86] e Domenico Salvadori [87].

Bianco (RC), 3 settembre 1847

Michele Bello, a capo Spartivento, riesce a impadronirsi di una nave della dogana e si sposta via mare a Bianco, dove avviene l'incontro con i gruppi armati di Rocco Verduci e di Domenico Salvatore. I ribelli si organizzano nella frazione di Sant'Agata, distruggendo i posti di polizia.

Firenze, 4 settembre 1847

Il granduca istituisce la Guardia civica. Grandi manifestazioni a favore delle riforme. Il 12 settembre si terrà una grande festa civile e militare. Si attendono novità.

Milano, 4 settembre 1847

---

degli scienziati a Napoli nel 1845. Mazziniano, iscritto alla Giovine Italia dal 1841, è stato fra i fondatori del giornale "Fata Morgana", chiuso dalle autorità nel 1845. Presidente della giunta di governo reggina nel 1847. E' stato, infatti, uno degli organizzatori della rivolta, con i Romeo, Casimiro De Lieto, Agostino e Antonino Plutino. Sarà condannato a morte, poi commutata in ergastolo, infine verrà amnistiato. A Napoli collaborerà con il ministro dell'Istruzione Poerio, poi sarà collaboratore del ministro agli Affari ecclesiastici. A maggio subirà un agguato da parte di soldati di marina. Nonostante venti baionettate sopravviverà ed andrà dal papa a Gaeta per denunciare, con scarso successo, la situazione del napoletano. Tornato a Reggio si dedicherà, soprattutto dopo il 1860, all'istruzione popolare. Morirà a Reggio nel 1886.

[84] Rocco Verduci, di 23 anni, nato a Caraffa (RC), di famiglia borghese, nipote di un esponente della Repubblica napoletana del 1799, figlio di un carbonaro, laureato in giurisprudenza a Napoli, espulso dalla capitale per cospirazione, arrestato in Calabria perché liberale, poi assolto, ma accusato nuovamente per detenzione e commercio d'armi. Protagonista della rivolta del 1847 sulla costiera Jonica, è stato fucilato il 1° ottobre a Gerace..

[85] Gaetano Ruffo, di 25 anni, nato a Bovalino, (RC), giornalista, scrittore, drammaturgo, facente parte dei "figli della Giovine Italia", allontanato da Napoli per attività cospirativa, laureato in giurisprudenza a Messina. Ha partecipato alla rivolta del 1847 ed è stato fucilato il 1° ottobre a Gerace.

[86] Michele Bello, di 25 anni, nato a Siderno, (RC) scrittore, drammaturgo, laureato in legge a Napoli, funzionario del comune di Siderno, iscritto alla Giovine Italia. Ha partecipato alla rivolta del 1847 ed è stato fucilato il 1° ottobre a Gerace.

[87] Domenico Salvadori, di 23 anni, nato a Bianco (RC), di famiglia borghese e liberale, espulso per attività rivoluzionaria da Napoli, ove frequentava giurisprudenza, e condannato al domicilio coatto a Bianco. Ha partecipato alla rivolta del 1847 ed è stato fucilato il 1° ottobre a Gerace.

L'arcivescovo di Milano Carlo Bartolomeo Romilli entra solennemente in città e prende possesso della sua sede. L'accoglienza popolare è calorosa. Le autorità considerano la nomina dell'arcivescovo italiano una grave sconfitta.

Bovalino (RC), 4 settembre 1847

Verduci con i suoi uomini entra nei comuni di Caraffa [88](RC) e di Bovalino, liberati da Gaetano Ruffo. Riesce a far prigioniero il sottointendente di Gerace, Antonio Bonafede, che protegge dai tentativi di linciaggio da parte della popolazione. Bonafede nel 1844 aveva effettuato l'arresto dei fratelli Bandiera. E' generalmente odiato.

E' pubblicato un proclama rivoluzionario. Sono assunte iniziative desiderate dalla popolazione, fra cui l'annullamento del dazio e la riduzione del costo dei tabacchi e del sale.

Pizzo (VV), 4 settembre 1847

Il generale Ferdinando Nunziante[89], ha avuto l'incarico di porre fine alla rivolta ed ha a disposizione tremila uomini, sbarcati nel porto di Pizzo dalle navi "Ruggiero" e "Guiscardo".

Preso atto che in tutta la Calabria vi è una situazione di forte contestazione, ma che gli unici veri focolai rivoluzionari sono nell'area di Reggio ed in quella di Gerace, Nunziante ha deciso di agire direttamente nella seconda area, inviando il colonnello De Corné a Reggio. In altri termini ha pensato che, in città, la rivoluzione sia in certo senso isolata, mentre sulla costa ionica in poco tempo si è diffusa in un'ampia area parallela alla costa, lunga circa 60 chilometri. Se intervenissero tempestivamente le organizzazioni di Catanzaro e di Cosenza l'azione borbonica sarebbe frustrata e forse Nunziante dovrebbe ritirarsi, abbandonando il territorio calabrese. In definitiva deve far presto, molto presto e sostenere, nell'area occupata dai rivoltosi, l'abitato di Gerace, che sarà a breve attaccato.

Superato il primo schieramento, effettuato sulle posizioni di Monteleone (oggi Vibo Valentia), Palmi (RC), Cinquefrondi (RC) e Galatro (RC), il colonnello De Cuorné dà ordine a due navi di iniziare il bombardamento di Reggio. Sono una a nord dell'abitato, a Gàllico, ed una a sud, a Pèllaro. Inoltre invia un proclama del generale Nunziante e comunica alla Giunta che l'area da essa controllata sarà bombardata indiscriminatamente.

---

[88] Il nome deriva dalla famiglia Carafa. Dal 1864 il comune si chiama Caraffa del Bianco.
[89] Il generale marchese Ferdinando Nunziante di San Ferdinando è nato nel 1801. Da generale di brigata ha represso, in Calabria, prima i moti del 1847 a Reggio e sulla costiera ionica poi quelli del 1848 a Catanzaro e Maida. E' stato un protagonista della repressione del 15 maggio 1848. Nel 1849 ha partecipato al tentativo, frustrato, di attaccare la Repubblica romana. E' morto nel 1852.

Di conseguenza la Giunta si riunisce, e, dopo una discussione particolarmente drammatica, decide di abbandonare la città, tentando di continuare l'azione rivoluzionaria disperdendosi e agendo nell'area dell'Aspromonte.

Siderno (RC), 5 settembre 1847

Verduci è arrivato a Siderno, dove, come previsto, incontra Pietro Mazzone[90], proveniente da Roccella Jonica, con un gruppo di cinquanta armati.

Torino, 5 settembre 1847

Monsignor Giovanni Corbuli Bussi, dopo essere stato a Firenze, è arrivato a Torino e incontra Carlo Alberto. Grandi gentilezze, alcune contraddizioni, qualche garanzia ma, a conferma di quanto si aspettava il monsignore, una sorta di muro contro le previste innovazioni. Il re, per poter tergiversare, dichiara di dover studiare il problema con i suoi esperti.

Ma Corbuli Bussi è un duro e precisa al re che le questioni tecniche devono essere rinviate a specifiche riunioni successive all'accordo di carattere generale. Da un punto di vista, appunto, generale il re è o non è d'accordo? Corbuli Bussi è accompagnato da un rappresentante del granduca, che concorda con la Santa sede. Se Carlo Alberto si opponesse, determinerebbe il fallimento di un'importante provvedimento innovativo che avrebbe prodotto effetti positivi per tutti. Il monsignore deve aver avuto notizie molto precise sul comportamento e sulle caratteristiche del re che, per decidere, deve sentirsi con le spalle al muro. Così Carlo Alberto, alla fine, dà il proprio assenso all'accordo generale. Il problema, quindi, per ora si chiude: il prossimo incontro è previsto per il 3 novembre, quando saranno firmati i preliminari del patto. Il rappresentante del papa propone che l'incontro abbia luogo proprio a Torino e tutti sono d'accordo.

Roccella Jonica, 6 settembre 1847

---

[90] Pietro Mazzone, nato nel 1819 a Roccella Jonica da famiglia ricca, dopo studi molto severi è stato iscritto all'università di Napoli, dove ha conseguito la laurea in legge. Nel frattempo ha aderito al comitato rivoluzionario di Carlo Poerio. Espulso da Napoli per sospetta attività eversiva, è stato costretto a tornare nel paese d'origine. Prima, però, si è fermato a Catanzaro, ove i suoi familiari avevano molte amicizie. Così è divenuto molto amico dei marchesi De Risio, fidanzandosi con Eleonora, sorella di Vitaliano De Risio, venerabile della loggia massonica "Unità liberale", cui Mazzone ha aderito. Protagonista della rivolta sulla costiera jonica nel 1847, è stato fucilato il 1° ottobre a Gerace.

I gruppi rivoluzionari tentano di occupare Gerace (RC), ma sono respinti. Verduci decide di avanzare lungo il litorale, fino a Roccella Jonica, dove organizza il comando rivoluzionario nel palazzo della famiglia Mazzone.

Sono arrivate le notizie della grave sconfitta di Reggio e dell'approssimarsi del generale Nunziante. Si presume che tali avvenimenti abbiano indotto i Comitati di Catanzaro e di Cosenza a non intervenire. I gruppi comandati da Verduci sono, in definitiva, isolati. Al loro interno incominciano a diffondersi una profonda demoralizzazione e una notevole sfiducia sui risultati dell'azione comune.

Durante la notte una nave entra nel porto. E' a vapore, per cui, pur essendo un mercantile, sembra essere una nave da guerra. Gli uomini delle squadre sono molto preoccupati: si sentono attaccati sia dall'esercito che dalla marina. Abbandonano, quindi, Roccella per darsi alla clandestinità. Ma l'organizzazione guerrigliera entra in crisi. Una parte delle squadre si disperde in varie direzioni.

Reggio di Calabria, 7 settembre 1847

Il Tribunale militare (detto commissione militare) inizia la celebrazione dei processi a carico dei responsabili degli avvenimenti rivoluzionari che hanno avuto luogo in città fra il 2 ed il 4 settembre.

Genova, 8 settembre 1847

Vengono ripetute le feste per il centenario del 1746 in ricordo della cacciata degli austriaci. Feste celebrate l'anno prima, nel 1846. Si tratta di un chiaro monito politico, cui partecipa una gran folla.

Catanzaro, 8 settembre 1847

Pietro Mazzone si è allontanato da Roccella con Gaetano Ruffo, utilizzando un'imbarcazione, con la quale sono arrivati a Catanzaro Marina, per poi procedere in città. Data la sua adesione alla massoneria, Mazzone spera di indurla ad agire. In subordine intende chiedere che sia garantita la clandestinità a lui stesso ed a Ruffo.

Va, quindi, dal marchese Vitaliano De Risio, fra l'altro suo futuro cognato, ma riceve una risposta deludente: al momento non è possibile intervenire con azioni violente. In realtà Mazzone deve prendere atto che la massoneria, in qualsiasi Stato italiano, non ha finalità di carattere nazionale, sia per il suo totale cosmopolitismo, sia per la sua dipendenza dal grande Oriente di Francia. Mazzone è, quindi, pienamente isolato. De Risio afferma che può essere salvata solo una persona, il Mazzone stesso, che si infuria, dichiarando che non si sarebbe mai salvato abbandonando l'amico. Lascia una lettera per la fidanzata e va via.

Analizzata la precaria situazione, Mazzone e Ruffo decidono di tornare nei comuni di residenza, dai rispettivi gruppi ribelli.

Torino, 9 settembre 1847

I marchesi Doria, Raggi e Balbi, a nome della cittadinanza, chiedono a Carlo Alberto la concessione delle riforme.

Milano, 9 settembre 1847

Continuano le manifestazioni a favore della nomina di un arcivescovo italiano dopo uno austriaco. La polizia interviene pesantemente, causando un morto e parecchi feriti.

Firenze, 12 settembre 1874

Leopoldo II assume il tricolore con lo stemma della famiglia di Lorena come bandiera dello Stato. Grande manifestazione popolare. E' anche la festa della Guardia nazionale, che è stata istituita da otto giorni e che riceve la bandiera. Si tratta di un momento importante, al quale Margaret Fuller avrebbe voluto essere presente, ma è arrivata in ritardo.

In un articolo del 18 ottobre scriverà: **"Sfortunatamente sono giunta a Firenze troppo tardi per la grande festa del 12 settembre in onore della concessione della Guardia Nazionale. Ma ho pianto al solo resoconto degli avvenimenti di quel giorno, che, se anche non dovessero portare a risultati di rilievo, dovranno comunque essere perennemente venerati nelle memorie d'Italia per le emozioni nobili e meravigliose che hanno riempito il cuore dei suoi figli. La Guardia Nazionale viene salutata dagli italiani con grande gioia come presagio di progresso, come primo passo verso le prime vere istituzioni nazionali e come rappresentanza del popolo. La gratitudine è sorta naturalmente nel loro cuore; l'ha reso migliore. I giorni precedenti alla festa sono stati impiegati nella rappacificazione di tutte le lotte e nella conciliazione delle discordie tra città, distretti ed individui."** [91]

Lucca, 12 settembre 1847

---

[91] Lettera / articolo inviato il 18 ottobre 1847, da Roma, in: Margaret Fuller: "Un'americana a Roma 1847 – 1849", cit, pag. 10.

Il duca Carlo Lodovico abbandona Lucca e va a Massa. E' pur sempre un personaggio singolare che non sopporta più il suo ducato. Non accetta ciò che gli hanno estorto il 30 agosto, incutendogli una gran paura. Non vuole che siano posti in essere cambiamenti nella gestione dello Stato. Inoltre ama i viaggi, i continui spostamenti, le spese senza limiti. Si sente chiuso ed oppresso da una città come Lucca, con i suoi problemi, soprattutto con la richiesta di riforme per la costruzione di uno Stato nuovo. Pur tuttavia, in definitiva, a Lucca è affezionato. Si reca, quindi, a Modena per chiedere consiglio al duca Francesco V,[92] con il quale, al solito, va molto d'accordo. E' accompagnato dal suo stretto collaboratore, l'inglese Thomas Ward.

Dopo accurati conversari, Francesco V e Ward consigliano a Carlo Lodovico di rivolgersi al granduca di Toscana e di prendere accordi con lui. Leopoldo II, infatti, sta attendendo ardentemente la morte di Maria Luisa, per acquisire, finalmente, il ducato di Lucca, come previsto dagli accordi. Il consiglio del duca di Modena si rivela molto valido. Leopoldo conosce bene Carlo Lodovico, sa che è alla perenne ricerca di soldi e gli farà una proposta, basata su un indennizzo annuo di un milione e duecentomila lire fino alla morte di Maria Luisa. Carlo Lodovico è molto soddisfatto.

Bisogna chiarire le posizioni degli attori di questa intricata vicenda, regolata da un trattato del 1844, che precisava nei particolari la sistemazione definitiva dei Ducati, nel quadro di quanto stabilito dal Congresso di Vienna. Infatti, in considerazione del comportamento sostanzialmente antifrancese tenuto da Maria Luisa d'Asburgo – Lorena moglie di Napoleone,[93] sia durante il matrimonio sia, in particolare, in occasione della crisi e della caduta del marito[94], il predetto Congresso le aveva assegnato in vitalizio il Ducato di

---

[92] Francesco V d'Asburgo Este, duca di Modena e Reggio, duca di Mirandola e Massa, principe di Carrara, marchese di Concordia e signore di Lunigiana è nato a Modena nel 1819. Il padre Francesco IV è morto all'inizio del 1846. E' divenuto anche duca di Guastalla alla morte di Maria Luisa d'Austria, alla fine del 1847. A causa della rivoluzione ha lasciato il Ducato nel 1848, andando a Bolzano, rientrando solo dopo la fine della prima guerra d'indipendenza. Riteneva che la soluzione politica migliore per l'Italia fosse una confederazione austro – italica. Ha anche redatto un piano per conseguirla. Inoltre era contro le riforme che assicurassero al popolo una maggiore libertà. La via da seguire, invece, avrebbe dovuto essere quella di un miglioramento dell'impianto normativo, che rendesse più efficiente e funzionale la società. Perciò si è dedicato ad una notevole produzione legislativa. I lavori preparatori sono iniziati nel 1849 e si sono conclusi nel 1855, con la promulgazione di quattro codici. Negli anni seguenti la produzione di norme è continuata su una lunga lista di problemi (esercito, Chiesa, polizia, ecc.). Nel 1859, alla fine della seconda guerra d'indipendenza, la struttura del Ducato è crollata, mentre stava per essere pubblicato il codice di commercio. Il duca ha lasciato Modena con 3.500 soldati, entrati nell'esercito austriaco e smobilitati solo nel 1863. E' riparato nel Veneto, al castello del Catajo (Battaglia Terme – PD) con la moglie, principessa Aldegonda di Baviera. L'unica figlia, Anna Beatrice, era scomparsa ad un anno, nel 1849. Il duca è morto nel 1875, a Vienna. Vedasi anche il para: "Modena, 3 aprile 1849"
[93] Maria Ludovica von Habsburg – Lothringen, figlia dell'imperatore Francesco I
[94] In particolare quando sostituiva il marito durante le sue assenze prolungate, come durante la campagna di Russia. Si può parlare di sabotaggio o tradimento.

Parma, Piacenza e Guastalla. Un'assegnazione prevedibilmente lunga, dato che, nel 1815, Maria Luisa aveva solo 24 anni. Ma, congiuntamente, veniva riconosciuto che il ducato di Parma apparteneva ai Borbone – Parma. Pertanto il Trattato di Parigi del 10 giugno 1817 li aveva "indennizzati" con l'assegnazione temporanea (fino alla morte di Maria Luisa) del Ducato di Lucca. Dopo sarebbero rientrati nei loro possedimenti, mentre il Ducato di Lucca, (scorporato di alcune parti del territorio annesse o al ducato di Modena e Reggio o al ducato di Parma, Piacenza e Guastalla) sarebbe stato assegnato al granduca di Toscana.

Nel novembre del 1847, cioè tre anni dopo il Trattato di Firenze, il problema non è stato ancora risolto e Francesco V è particolarmente adirato con Leopoldo II, soprattutto per due questioni, concernenti rispettivamente Pontremoli (MS) e Fivizzano (MS). Modena aveva rinunciato a Pietrasanta (LU), Forte dei Marmi (LU) e Barga (LU), acquisendo solo l'area di Barga oltre il crinale appenninico. In compenso la Toscana avrebbe dato Pontremoli e l'Alta Lunigiana a Parma, che avrebbe ceduto a Modena il Ducato di Guastalla (RE). Ma questi passaggi risultavano bloccati. La seconda questione concerne i territori dell'ex Ducato di Lucca che Firenze deve cedere a Modena: Fivizzano, Gallicano (LU) ed alcune enclave: Minucciano (LU), Montignoso (MS), Castiglione di Garfagnana (LU) e Lago di Porta[95].

Così ora si arriva all'accordo finale, alquanto complicato, che ha ripreso il patto del 1844. La novità è che Lucca passerà in anticipo alle dipendenze del granducato di Toscana e Carlo Lodovico avrà l'accennato indennizzo annuale. Viene confermato che, quando Carlo Lodovico diventerà duca di Parma, darà ufficialmente il ducato di Guastalla ed i vicariati di Fivizzano, Pietrasanta e Barga al duca di Modena. Successivamente Pietrasanta e Barga andranno a Leopoldo II. Pontremoli dalla Toscana passerà al ducato di Parma.

I tre capi di Stato, che credono di vivere ancora nel '700, sono soddisfatti. Ma il mondo è cambiato e le popolazioni dei vari territori non sono d'accordo.

Pedàvoli[96] (RC), 14 settembre 1847

Domenico Romeo, dopo alcuni giorni sull'Aspromonte, ha sciolto il reparto, cercando di far scomparire in clandestinità i suoi. Non è possibile, infatti, ottenere risultati continuando la guerriglia. Con i parenti e qualche amico si nasconde nel pagliaio sito in un fondo di sua proprietà sopra Podàrgoni,[97] in località Cicciarello di Marrapà.

---

[95] Lago di Porta è un'area naturale protetta di interesse locale, costituita su parte dei territori dei comuni di Montignoso (MS) e di Pietrasanta (LU)

[96] Pedàvoli dal 1878 è frazione del comune di Delianuova (RC).

[97] Podàrgoni, oggi, con Orti e Cerreti, costituisce l'XI circoscrizione del comune di Reggio di Calabria.

Purtroppo qualcuno del suo gruppo forse lo ha tradito, avvertendo le guardie urbane di Pedàvoli, che, improvvisamente, attaccano. I Romeo si difendono fino all'ultima cartuccia. Ma, alla fine Domenico Romeo è ferito gravemente mentre inneggia all'Italia e, ancora vivo, viene decapitato. Così la sua testa sarà esposta a Reggio, nel carcere di San Francesco, a monito dei detenuti. Pietro Aristeo Romeo, che ha ucciso il feritore di Domenico, viene obbligato a portare una picca con su cui è infissa la testa decapitata. Dato che si rifiuta decisamente, è sottoposto a tortura per due volte.

Reggio di Calabria, 14 settembre 1847

La commissione militare irroga varie condanne. Quattro persone sono condannate a morte mediante fucilazione: Morabito, Favaro, Giuffrè e Ferruzzano. Invece Stefano e Gian Andrea Romeo, Paolo Pellicano, Federico Genoese, Pietro Mileti, Casimiro De Lieto, ecc. sono condannati a dure pene detentive.

Caulonia (RC), 15 settembre 1847

Rocco Verducci, con Michele Bello, Domenico Salvatori e Stefano Gemelli, si è spostato ancora verso nord per guadagnare posizioni ove continuare l'azione guerrigliera. Superata la fiumara Amusa si sono fermati nel territorio del comune di Caulonia. Mentre riposano sono denunciati da certo Nicola Ciccarello, componente del loro gruppo, ed arrestati.

Roccella Jonica (RC), 21 settembre 1847

Gaetano Ruffo è rientrato con Mazzone a Roccella. Tenta, comunque, di ritornare a Bovalino (RC). Arrivato a Fondachello, frazione di Marina di Siderno (RC), viene arrestato.

Caulonia (RC), 22 settembre 1847

Pietro Mazzone, preso atto della situazione di repressione imposta al paese e temendo azioni violente contro i parenti e gli amici, si costituisce alle guardie urbane comandate da Giulio Cappelleri.

Napoli, 23 settembre 1847

Con soddisfazione del governo napoletano le rivolte messinesi e reggine non hanno avuto molto spazio sulla stampa internazionale. In definitiva nel generale dibattito ancora prevale la tesi che la situazione non determinerà sconvolgimenti rivoluzionari.

Chi si pone concretamente il problema è, ovviamente, Mazzini, che continua ad essere scettico su una grande iniziativa rivoluzionaria nel Mezzogiorno. Dato che riceve notizie sulla possibilità di una prossima sollevazione della Sicilia è preoccupato, non tanto per eventuali tendenze separatiste da parte dei futuri insorti, quanto per l'azione della Gran Bretagna, che tenderebbe a monopolizzare il movimento, sostenendolo, insieme alla Francia, e, di conseguenza, facilitando – anzi provocando – il separatismo. Il Regno delle Due Sicilie costituisce un ostacolo all'egemonia inglese nel Mediterraneo. Una Sicilia formalmente autonoma sotto l'egida inglese sarebbe la premessa di una influenza sempre maggiore della Gran Bretagna nell'Italia meridionale[98].

Nicola Fabrizi[99], da Malta, sulle prime è d'accordo con Mazzini, ma, poi, prendendo atto della forza dell'organizzazione insurrezionale siciliana, si avvicinerà ai capi rivoluzionari, in particolare a Francesco Crispi[100], e si recherà nell'isola.

---

[98] La Gran Bretagna ha fatto diversi tentativi per acquisire la Sicilia, non solo nel periodo trattato. Basti pensare al trattamento infame inferto ad una persona di carattere come la regina Maria Carolina, moglie di Ferdinando I che, nel 1813, è stata costretta ad "esiliarsi" a Vienna ed a morire lontano dal suo Stato. Tale politica ha anche raggiunto livelli grotteschi, come quando, a seguito di un terremoto, nel giugno 1831 nel canale di Sicilia è comparsa un'isola – chiamata Ferdinandea dai Borboni – di 4 kmq e di 65 metri di altezza. E' stata acquisita immediatamente dagli inglesi, che hanno piazzato la loro bandiera su di essa, mentre era ancora fumante per i gas vulcanici. Grande vertenza con il Regno delle Due Sicilie. Poi, nel gennaio 1832, sia a causa del materiale eruttivo che costituiva l'isola, la tefrite, molto erodibile dalle onde, sia per gli sconvolgimenti vulcanici l'isola è scomparsa, con grande dolore dell'ammiragliato bitannico. Ora è un banco roccioso a 6 metri di profondità.

[99] Niccolò (detto Nicola) Fabrizi, nato a Modena nel 1804, ha partecipato all'insurrezione di Ciro Menotti nel 1831, comandando un reggimento. E' stato un anno in carcere. E' diventato mazziniano a Marsiglia ed ha partecipato alla sfortunata spedizione in Savoia col grado di capitano. Esule in Spagna, ha partecipato alla guerra fra carlisti e cristini, naturalmente dalla parte democratico liberale. Date le sue brillanti capacità organizzative è stato nominato ufficiale di stato maggiore. Interessandosi delle condizioni della Sicilia si è recato nel 1837 a Malta, dove ha costituito la legione italiana, criticata da Mazzini dato che privilegiava l'aspetto cospiratorio su quello della preparazione ideologica. In Sicilia, nel 1848, sarà nominato colonnello, ma lascerà l'isola dopo la scelta monarchica. Sarà capo di stato maggiore con Guglielmo Pepe a Venezia e rappresentante del governo di quest'ultima presso la Repubblica romana. Nel 1860, con i Mille, costituirà un battaglione e parteciperà alle battaglie di Milazzo e di Messina, del cui presidio diverrà comandante. Promosso generale, poi ministro della Guerra. Capo di stato maggiore di Garibaldi nella guerra del 1866 ed eroico generale alla battaglia di Mentana nel 1867. Eletto per otto legislature alla Camera dal 18 febbraio 1861 alla morte. Politicamente sarà vicino al suo vecchio amico Crispi e cercherà di fondare una sinistra che, sostenendo il sociale, non dimenticasse il fondamentale aspetto nazionale. Morirà a Roma il 31 marzo 1885.

[100] Francesco Crispi, nato a Ribera (AG) nel 1818, laureato in legge e fondatore del giornale " l'Oreteo", primo al concorso in magistratura, si è recato a Napoli per esercitare l'avvocatura. Nella rivoluzione siciliana farà parte del governo provvisorio. Andrà in Piemonte da cui sarà espulso nel 1853, perché mazziniano. Andrà a Malta e poi a Londra, infine, nel 1859 in Sicilia, dove preparerà la spedizione di Garibaldi. Segretario di Stato della dittatura. Eletto alla Camera piemontese nella sinistra. Nella Camera del Regno d'Italia è stato eletto in 14 legislature, dal 18 febbraio 1861 alla morte. Presidente della Camera dal novembre 1867 al dicembre 1877. Due volte ministro

Torino, 1° ottobre 1847

Domani sarà il compleanno di Carlo Alberto. E' ormai abitudine fare grandi feste al sovrano in ogni occasione, considerandolo sostenitore di un "nuovo corso", più libero e decisamente nazionale. Perciò molti cittadini affluiscono, acclamando Carlo Alberto e Pio IX, di cui cantano l'inno. Sono 5.000 persone che arrivano in piazza Castello. Purtroppo, però, si manifestano le profonde contraddizioni determinate dai singolari cambiamenti umorali di Carlo Alberto. Infatti, senza alcun motivo, ad un dato momento la folla è assalita da carabinieri e guardie che arrestano, feriscono, bastonano i cittadini convenuti.

L'opinione pubblica è stupita ed esasperata. Il comune si lamenta con il re, che si dichiara ostile a qualsiasi manifestazione popolare.

Roma, 1° ottobre 1848

Riforme di Pio IX: la città di Roma avrà un municipio ed un consiglio comunale

Gerace, 1° ottobre 1847

La corte militare condanna a morte i capi della rivolta (Verduci, Bello, Mazzone, Ruffo, Salvadori) più Stefano Gemelli (di Bianco, 47 anni) e Giovanni Rossetti (di Reggio, anch'egli di 47 anni).

Il generale Nunziante, secondo gli ordini del ministro dell'Interno, che intende estirpare la rivoluzione dal territorio calabrese, assicura la commutazione della pena, purché i condannati – in particolare Verduci – facciano il nome dei correi. Ma riceve risposte dignitosamente negative. Alla fine sono commutate solo le condanne di Gemelli e Rossetti, che, nelle azioni effettuate, non avevano avuto responsabilità di comando.

Gerace, 2 ottobre 1847, ore 1500

A seguito della sentenza della corte militare, a Gerace, nell'area del convento dei frati minori Cappuccini, nel fondo Sant'Alessio, contrada Piana, sono fucilati Michele Bello, Pietro Mazzone, Gaetano Ruffo, Domenico Salvadori e Rocco Verduci.

---

dell'Interno del Regno d'Italia, poi presidente del consiglio quattro volte (29 luglio 1887 – 9 marzo 1889; 9 marzo 1889 – 6 febbraio 1891; 15 dicembre 1893 – 14 giugno 1894; 14 giugno 1894 -10 marzo 1896) ministro degli Esteri e dell'Interno e, nel 1893- 1896, nuovamente ministro degli Interni. Morirà a Napoli l'11 agosto 1901..

Le salme sono buttate in una fossa comune detta la "lupa". Durante il periodo costituzionale del 1848 saranno ricomposte e messe nelle bare per essere trasferite nei comuni di origine. Ma al termine di tale periodo il colonnello dei mercenari svizzeri Rodolfo De Flugy, inviato dal re, le farà nuovamente gettare nella "lupa", facendo arrestare per violazione di tombe chi aveva reperito e composto le salme, Gaetano Fragomeni. Questo è il livello morale e giuridico del personaggio.

Torino, 2 ottobre 1847

Il podestà di Milano, Gabrio Casati, accompagna a Torino il figlio Luigi, ammesso all'accademia reale sarda. Ha un incontro con l'ambasciatore austriaco che lo sconsiglia di accettare una serie di inviti da parte dei Savoia. E' noto che Carlo Alberto e il figlio Vittorio hanno grande simpatia per il conte lombardo e che sono ampiamente ricambiati. Nella prima visita alla corte sabauda Casati aveva la scusa di onorare il matrimonio del principe ereditario piemontese, Vittorio Emnuele, con un'austriaca, anzi con un'Asburgo: Maria Adelaide, figlia del viceré Ranieri. Ma adesso la situazione è delicata e, per di più, c'è un fatto grave: il figlio di un nobile dell'Impero frequenta una scuola militare straniera.

Casati, nonostante le diffide, presenzia a tutti gli incontri previsti, rafforzando il rapporto con i Savoia che lo porteranno a divenire presidente del consiglio dei ministri a Torino, finendo l'attività politica come presidente del senato del Regno d'Italia (1865 – 1870).

Torino, 3 ottobre 1847

Sotto un'apparente calma la situazione è particolarmente tesa. Lo scontento è diffuso anche nell'esercito. I militari di un reggimento vengono alle mani con i componenti di un reparto di artiglieria. Il fatto è grave: si lamentano morti e feriti.

Nella sua correttezza etica e professionale il ministro della Guerra e della Marina, generale Emanuele Pes di Villamarina[101], si dimette. Da lui dipendono anche le forze di polizia, che hanno agito il 1° ottobre senza sue disposizioni. Il generale, di fatto, dimettendosi, preme sul re: non è possibile rinviare le riforme. Ma le dimissioni non sono accettate.

Firenze, 4 ottobre 1847

---

[101] Il generale marchese Emanuele Pes di Villamarina è nato a Cagliari nel 1777. Ha partecipato alle guerre contro la Francia repubblicana. Capitano nel Piemonte napoleonico e maggiore alla restaurazione. Aiutante di campo di Vittorio Emanuele I. Colonnello con Carlo Felice e maggior generale nel 1820. Primo segretario di Stato per la Guerra e la Marina dal 1832 al 1847. Luogotenente generale d'armata nel 1831, generale di corpo d'armata nel 1839, primo segretario di Stato per gli affari di Sardegna e, poi, luogotenente generale dal 1831 Al 1839. Cavaliere della SS Annunziata. Morirà a Torino nel 1852.

Gli accordi fra Leopoldo II e Carlo Lodovico del 12 settembre 1847 sono firmati dai due capi di Stato.

Torino, 4 ottobre 1847

Protesta ufficiale per i fatti del 1° ottobre da parte dell'amministrazione comunale di Torino.

Modena, 5 ottobre 1847

Francesco V, per quanto di competenza, ratifica gli accordi fra Toscana, Modena e Lucca. Di fatto partecipa anche Parma, anche se ufficialmente Maria Luisa non compare. In definitiva è stata anticipata – in maniera non certo elegante - la destinazione del ducato alla sua morte.

Torino, 5 ottobre 1847

Perviene al re una protesta ufficiale dall'amministrazione comunale di Genova, analoga a quella di Torino.

Torino, 6 ottobre 1847

Viene approvato un decreto che vieta qualsiasi assembramento. Gli effetti di tale deliberazione sono estesi, entro il successivo giorno 8, a tutto il territorio statale. L'avvocato Angelo Brofferio[102] ha compilato una protesta per i fatti del 1° ottobre, che è stata firmata da circa 2000 persone.

Torino, 9 ottobre 1847

---

[102] Angelo Brofferio è nato a Castelnuovo Càlcea (AT) nel 1802 da una famiglia anticlericale ed illuminista. Ha frequentato giurisprudenza a Torino, ma, avendo partecipato alla rivolta del 1821, si è rifugiato nel paese natìo. Un anno dopo è stato riammesso all'università e si è laureato. Intanto ha iniziato a scrivere tragedie sulla libertà. Notevole la sua attività di drammaturgo e di autore di poesie dialettali anche musicate. Giornalista, ha collaborato con il "Messaggero torinese", di cui è divenuto direttore. Ha lavorato anche a "Il dagherrotipo: galleria popolare enciclopedica". Importante la sua attività di avvocato. Parlamentare dal 1848, è stato un celebre esponente della sinistra anticlericale e repubblicana, un costante e duro oppositore sia di d'Azeglio che di Cavour. Ha avversato la guerra di Crimea, lo spostamento della capitale a Firenze, ecc.. Comunque ha perseguito sempre, con coerenza e incisività, lo scopo dell'unità italiana. Morirà a Locarno nel 1866.

Il ministro degli Esteri Solaro della Margherita[103], esponente dell'ala monarchica più conservatrice, dispone il sequestro del giornale Ausonio, stampato in Francia e di proprietà della principessa di Belgioioso, che è forse l'autrice dell'articolo incriminato. In tale articolo si attacca il comportamento tentennante del re. Questi, infatti, fra varie contraddizioni, tende ad attuare una politica "centrista", ostile a qualsiasi pressione sia popolare che elitaria, sia di sinistra che di destra. Gli effetti sono semplicemente ambigui e deleteri, caratteristici di una politica gestita in maniera ondeggiante fra istanze parademocratiche e conati assolutistici. Carlo Alberto, ovviamente, è d'accordo sul sequestro dell'Ausonio.

Torino, 10 ottobre 1847

Il re, che non aveva accettato le dimissioni di Pes di Villamarina, ora lo esonera dal ministero della Guerra e della Marina, sostituendolo con Mario Broglia[104]. Solo successivamente saranno riconosciuti i meriti del Villamarina, che sarà nominato senatore. Il Broglia inizialmente ha l'interim del predetto ministero della Guerra e della Marina. Dal **27 novembre 1847** gestirà in pieno la nuova carica. Però il **10 marzo 1848** – dopo la concessione dello Statuto - anche lui sarà destituito e nominato senatore dal **10 maggio 1848**.

Nel turbinìo dei cambi dei ministeri, senza che venga definita una chiara politica, viene sostituito come ministro degli Esteri l'ultraconservatore conte Solaro della Margherita. Ha ricoperto l'incarico per dodici anni e, sia pure con rispettosa considerazione, viene "licenziato". Successore è un altro importante diplomatico che, a suo tempo, è stato alle

---

[103] Il conte Clemente Solaro della Margherita, nato a Mondovì nel 1792, è stato una persona di grande dirittura morale e di radicate convinzioni conservatrici, con una visione religiosa integralista, convinto assertore della monarchia di origine divina, sottile studioso delle problematiche politiche. Laureato in giurisprudenza nel luglio del 1812, nello stesso anno ha costituito la "Società italiana", associazione antifrancese e cattolica, sciolta alla restaurazione. Ha iniziato la carriera diplomatica nel 1816 come segretario della legazione a Napoli, poi è stato incaricato a Madrid. Ambasciatore a Vienna nel 1835, pur essendo vicino alla politica dell'Austria, ha difeso con incisività l'indipendenza sarda. Ministro degli Esteri dal 1835 al 1848, ha promosso l'attività commerciale, ha esteso la presenza del Regno sardo all'estero (consolati) ed ha supportato l'attività della marina mercantile. Come deputato si opporrà alla politica cavouriana. Dopo l'unità d'Italia si ritirerà a studiare ed a pubblicare interessanti volumi di analisi politica. Morirà a Torino nel 1869.
[104] Il conte Mario Broglia di Casalborgone, nato a Chieri nel 1796, ha iniziato la vita militare durante l'amministrazione napoleonica. Capitano all'atto della restaurazione, maggiore nel 1829, nel 1831 tenente colonnello, nel 1836 colonnello e nel 1843 maggior generale. Ministro della Guerra e della Marina nel 1847 – 1848. Ha partecipato alla prima guerra di indipendenza. Ispettore generale dell'esercito dal 1850. Nel 1856 inviato straordinario e ministro plenipotenziario a San Pietroburgo. Senatore dal 1854 alla morte, che avrà luogo nel 1857, a Torino.

dipendenze del Solaro, essendo più giovane di otto anni: Ermolao Asinari di San Marzano[105].

Altro cambiamento nel governo sardo è quello del ministero degli Interni, affidato a Francesco Luigi Des Ambrois de Nevache, giurista e magistrato[106].

Firenze, 10 ottobre 1847.

Margaret Fuller ama molto Roma, ma nutre grande interesse e simpatia per Firenze. Ne ama il modo di vivere, la cultura, il modo di essere delle donne. Ammira quelle che aprono il loro salotto agli incontri di esponenti della letteratura, della scienza, della politica. Ha, pertanto, grande simpatia ed ammirazione per una poetessa e scrittrice come la contessa Isabella Rossi Gabardi Brocchi[107], moglie del conte Olivo Gabardi Brocchi di Carpi, anche lui letterato[108], e ne frequenta il salotto, dove ha incontrato persone come Giuseppe

---

[105] Il marchese Ermolao Asinari di San Marzano, nato a Costigliole d'Asti nel 1800, è stato un conservatore moderato aperto alle novità politico sociali, tanto che nel 1821 è stato indagato per amicizie rivoluzionarie. E' stato segretario a Madrid, poi a Vienna (ambasciatore ad interim), Monaco di Baviera, Bruxelles e Napoli. Sarà, come ministro, scettico sullo Statuto e tendenzialmente ostile ad un confronto militare con una potenza come quella austriaca. Si dimetterà dall'incarico il 10 maggio 1848 e sarà nominato senatore l'8 maggio 1848. Morirà a Torino nel 1854.

[106] Francesco Luigi Des Ambrois de Nevache è nato ad Oulx (TO) nel 1807 da un'antica famiglia feudale decaduta. Figlio di un ufficiale, gli è stato offerto un incarico nella Marina militare, ma ha preferito studiare giurisprudenza, laureandosi a Torino nel 1828. Nel 1834 è stato nominato sostituto procuratore del re. Nel 1841 è divenuto intendente della divisione di Nizza, dove ha svolto il suo compito in maniera così valida da divenire prima ministro dell'Interno, poi dei Lavori pubblici, distinguendosi anche per il sostegno dato al progetto della galleria del Frejus. E' stato uno dei tre consulenti per la redazione dello Statuto ed ha compilato la bozza della legge elettorale per la Camera dei deputati. Ha partecipato alla prima guerra di indipendenza, ma, poi, si è ritirato a vita privata, finchè è stato eletto deputato dall'8 maggio 1848 al 30 marzo 1849 e, poi, è stato nominato senatore. Presidente del consiglio di Stato, ambasciatore a Parigi nel periodo difficile successivo alla pace di Villafranca, è stato contrario alla cessione di Nizza e della Savoia. Cavaliere della santissima Annunziata, a capo del consiglio del contenzioso diplomatico, nel 1874 è stato nominato presidente del Senato, ma dopo soli 18 giorni è morto, a Roma.

[107] La contessa Isabella Rossi Gabardi Brocchi è nata nel 1808 a Firenze. Figlia del conte Anton Cino Rossi, avvocato. La madre, Elvira Giampieri, era poetessa. Ha sposato il conte Olivo Gabardi Brocchi, anche lui letterato. Importante il suo salotto culturale e politico. Ha scritto romanzi, poesie, studi storici, traduzioni, discorsi morali, analisi della condizione femminile. Notevole il suo impegno per la causa nazionale. Morirà a Firenze nel 1893.

[108] Autore, nel 1859, delle "Leggende istoriche in ottava rima" (Le Monnier, Firenze). L'introduzione si apre con un sonetto dell'agosto del 1837 in cui si auspica un " immortal risorgimento". Ecco i versi:

"Grazie ti rendo, Sommo Iddio! ... me festi
Figliuolo della sacra Itala terra
Che in tutte parti sue più glorie serra
Di quant'altre creare un dì volesti.
....

Montanelli,[109] Massimo d'Azeglio, Francesco Dall'Ongaro, Giovan Battista Nicolini, Pietro Giordani, ecc.

La Rossi Gabardi partecipa con grande trasporto alle vicende risorgimentali, tanto che nel 1849 dovrà scontare due mesi di arresti domiciliari a Carpi per aver indotto un cugino ad abbandonare l'esercito estense per arruolarsi in quello piemontese. Nella sua opera la Rossi esalta le donne toscane che nel passato hanno svolto una funzione pubblica dimostrando il loro patriottismo[110] e spinge le sue contemporanee a darsi da fare per la Patria comune.

Grande, quindi, l'amicizia con la Fuller che, volendo far conoscere la realtà culturale italiana al mondo anglosassone, traduce una poesia della Rossi Gabardi, la invia a Mazzini e a Mickiewicz - con il quale Margaret è molto amica - e la fa pubblicare in Inghilterra[111]. Il suo manoscritto è stato ritrovato. L'originale italiano no.   La prima strofa della poesia:

"To a Daughter of Italy

Oh rimembranze del passato! Oh speme
Di futuro immortal risorgimento!
Informate il pensier ch'entro mi freme.

Domenico Maria Bruni ha evidenziato che il censore (o revisore fiorentino), **"Nel rigettare '*le leggende storiche italiane*' (….) pur notando che forse non vi era motivo per vietarne la stampa,(….)** affermò: 'Se si rifletta al piano dell'opera ed alla scelta degli argomenti che posson riscontrarsi nell'indice posto all'ultima pagina del manoscritto agevolmente si rileva che l'autore ha avuto di mira di risvegliare nei petti italiani l'amore di patria, il disprezzo per gli aristocratici e l'avversione a qualunque dominazione straniera.'"** (D. M. Bruni: "Con regolata indifferenza, con attenzione costante – Potere politico e parola stampata nel Granducato di Toscana – 1814 – 1847, Franco Angeli, Milano, 2015, nota131 a pag. 136). Ironicamente si può affermare che il censore toscano non poteva immaginare di essere attuale anche oggi, quando è ritenuto molto grave avere amor di Patria ed essere contro la dominazione straniera.

[109] Giuseppe Montanelli è nato a Fucecchio (FI) nel 1813. Laureato in giurisprudenza a Pisa nel 1831. Importante professore di diritto nella stessa università dal 1840. Ha fondato il giornale " l'Italia" con il motto: "Riforma e Nazionalità". E' stato su posizioni moderate e federaliste. Ha combattuto a Curtatone e Montanara, dove è stato ferito e fatto prigioniero. Al rientro è stato inviato a Livorno dove notevoli erano le proteste e, poi, è stato nominato primo ministro. Dopo la fuga a Gaeta del granduca è stato costituito un triunvirato: Guerrazzi, Mazzoni, Montanelli. Quest'ultimo, nel 1849, si è avvicinato alla concezione dello Stato di Mazzini, sostenendo inutilmente, contro Guerrazzi, l'unione delle Repubbliche toscana e romana. Successivamente si è recato a Parigi in rappresentanza della Toscana, dove è rimasto per dieci anni, essendo stato condannato in contumacia Ha pubblicato le Memorie e scritti politici, ritornando su posizioni di federalismo estremo. Nel 1859 è rientrato a Firenze. Non ha avuto grande spazio politico, dato che oramai il processo unitario veniva rapidamente realizzato. Eletto alla prima camera italiana, il 18 febbraio 1861, dopo pochi mesi è morto, nel 1862.

[110] "Le donne pisane" (Cinzica de' Sismondi e Camilla del Lante), "Le donne sanesi", "Le donne fiorentine" (Lucrezia Mazzanti e monna Ghitta), Le donne aretine (Ippolita degli Azzi). Argomento ripreso successivamente ("Cinzica", "Lucrezia Mazzanti", ecc..) Di argomento patriottico anche "I vespri siciliani", "La giornata del 5 dicembre 1746 a Genova (la rivolta antiaustriaca)", ecc.

[111] "The People's Jurnal IV 1847, pag. 327.

To guard the glories of the Roman reign
States men and warriors had toil'd in vain,
If Vestals hands had failed to tend the fire,
That sacred emblem of pure strong desire. ...."

è stata ritradotta così dalla Fuller:

"A una sorella d'Italia

Per difendere le glorie del regno romano
i regnanti e i guerrieri s'impegnavano invano,
se le mani delle Vestali fallivan curar la face,
questo sacro segno di desiderio puro ed efficace.

Se i più alti onori spettano al nome italiano,
se il fuoco a risorgere alla fiamma stenta invano,
le Vestali di nuovo sono chiamate ad attizzarne il fulgore
e a risvegliare fervente l'anima dell'uomo al vigore

tra gli oranti per te sospirerò tutta la vita
Italia tanto bella e così ferita ...."

Lucca, 11 ottobre 1847

Carlo Lodovico, con un manifesto, comunica ai cittadini del Ducato di aver abdicato. Si giustifica sostenendo che ha inteso anticipare una riorganizzazione statale da tempo prevista. In giornata il marchese Pier Francesco Rinuccini[112], in rappresentanza di Leopoldo II, prende possesso del Ducato di Lucca[113]. Anche il granduca fa pubblicare un manifesto

---

[112] Pierfrancesco Rinuccini, marchese di Baselice, nato nel 1788, maggiordomo della granduchessa vedova (di Ferdinando III) Maria Ferdinanda. Deceduto nel 1848. Con lui l'antica famiglia fiorentina si è estinta nel ramo maschile.

[113] Da una interessante corrispondenza lucchese dell'epoca: "LUCCA, *10 ottobre 1847* – Incredulità e sgomento: il **Ducato di Lucca** non esiste più, è stato ceduto al **Granducato di Toscana**. La notizia è stata annunciata ieri sera ufficialmente da **Gaetano Giorgini** informato privatamente dallo stesso **Granduca Leopoldo II d'Asburgo Lorena**. Dopo 478 anni Lucca termina la sua storia di Stato autonomo. Il trattato di reversione é stato firmato dal Duca **Carlo Lodovico di Borbone** il 5 ottobre scorso a Modena ma la trattativa per la cessione sarebbe durata alcuni mesi ed è rimasta nella più completa segretezza cogliendo di sorpresa perfino il principe Metternich. Nella mattinata gruppi di violenti sono scesi in strada a manifestare con cori contro il Duca di Lucca, assaltando e distruggendo gli stemmi borbonici e imbrattando il monumento a Maria Luisa di Borbone in piazza Grande. Sconcerto in città fra i

nel quale si dichiara soddisfatto che tutta la Toscana ora faccia parte di un unico Stato. Ringrazia l'"amatissimo cugino Carlo Lodovico" per aver attuato in anticipo quanto previsto "a forma dell'articolo 102 del Congresso di Vienna" e dichiara di annettere il Ducato di Lucca al Granducato di Toscana.

Ma i lucchesi e, soprattutto, i pontremolesi ed i fivizzanesi protestano. Le popolazioni che dovrebbero essere incluse nel ducato di Modena (l'area di Guastalla, fra l'altro molto ferace) non vogliono assolutamente dipendere da Francesco V, così come i parmensi non intendono perdere Guastalla ed acquisire, come previsto, il territorio di Pontremoli, definito dalla gente "sassi annessi". A tal proposito, le popolazioni organizzano manifestazioni ed effettuano tumulti. Una situazione, comunque, molto utile sia per la propaganda rivoluzionaria che per la politica provocatoria di Radetzky.

Inizia, così, un contenzioso complesso che, gradualmente, da problema locale diverrà nazionale, fino al sommovimento generale del marzo 1848.

Montevideo, 12 ottobre 1847

Giuseppe Garibaldi[114] e Francesco Anzani[115] scrivono a monsignor Gaetano Bedini, Nunzio apostolico in America latina, dichiarandosi pronti a combattere per il papa, date le sue

---

nobili, i pubblici ufficiali ed i semplici cittadini «*siamo stati venduti come la carne del maiale*» ha dichiarato il marchese **Pietro Provenzali**. Il timore è quello della perdita di istituzioni, funzioni di capitale e del decoro dovuto alla presenza di una corte. Pareri favorevoli solo da alcuni giovani liberali che vedono nell'unione alla Toscana la possibilità di un governo più illuminato. Questa sera è atteso l'arrivo del marchese **Pierfrancesco Rinuccini** che domattina, a nome del Granduca, prenderà formale possesso dello stato lucchese dopo la lettura dell'atto di abdicazione di Carlo Lodovico a Palazzo Pretorio. Carlo Lodovico si era allontanato da Lucca il 9 settembre scorso per Massa assicurando al ministro **Antonio Mazzarosa** il suo veloce rientro per i festeggiamenti di Santa Croce; ma il giorno della festa il trono in cattedrale è rimasto desolatamente vuoto. Si è poi saputo che il Duca si era recato a Modena trasferendo la reggenza provvisoria al Consiglio di Stato. La reversione di Lucca alla Toscana prevista dall'articolo 102 del trattato conclusivo del Congresso di Vienna poteva verificarsi solo qualora si fosse estinto il ramo lucchese dei Borbone o se il medesimo potesse rientrare sul trono di Parma attualmente occupato da **Maria Luigia d'Austria**. Carlo Lodovico con questa cessione si libera così del grosso disavanzo pubblico lucchese gravato dei suoi debiti personali. Non si conoscono i dettagli ma si presuppone che il debito verrà inglobato nel bilancio del governo toscano." Da: http://www.loschermo.it(32630), a cura di Iacopo Lazzareschi Cervelli.

[114] Giuseppe Garibaldi è nato a Nizza nel 1807. Si è imbarcato nel 1824 ed ha effettuato vari viaggi nel Mediterraneo e, nel 1827, anche nell'Atlantico. Dal 1828, malato, si è fermato a Costantinopoli per tre anni, facendo l'istitutore. Ha ripreso il mare nel 1831. Nel 1832 ha conseguita la patente di capitano di mare. Nel 1833, in un viaggio a Taganrog sul Mar Nero, ha aderito al mazzinianesimo. Ha iniziato il periodo di cinque anni nella marina da guerra, obbligatorio per i marinai. Nel contempo ha iniziato anche l'attività di propaganda nazionale nella flotta. In occasione della

spedizione in Savoia di Mazzini l'11 febbraio 1834 ha cercato di organizzare moti di sostegno a Genova, per cui è stato condannato a morte. Di conseguenza ha navigato sotto falso nome e, poi, è partito per il Sud America, dove è entrato nella sezione della Giovine Italia di Rio de Janeiro. Nel 1837 ha iniziato la guerra di corsa a favore della Repubblica riograndese, che intendeva staccarsi dal Brasile. Dopo una prigionia in Argentina, il presidente della repubblica ribelle del Rio Grande Bento Gonçalves da Silva lo ha nominato comandante della flotta. Ha, così avuto inizio una lunga e dura guerra, durante la quale, a fine 1839, Garibaldi ha iniziato a comandare anche truppe di terra. Passato in Uruguay è divenuto colonnello ed ha diretto varie operazioni contro gli argentini in mare, a terra e nel fiume Paranà. Nel corso della guerra civile uruguaiana contro i "blancos" (destra) del generale Oribe si è schierato con i "colorados" (sinistra) del generale Rivera, costituendo la legione italiana. Ha sconfitto il generale Oribe e la sua flotta, il generale Urquiza e, infine, il generale Servando Gomez nella battaglia di Sant'Antonio del Salto. Nel 1848 è rientrato in Italia con alcuni compagni, ma non è riuscito ad avere alcun comando fino alla fine della prima guerra d'indipendenza, per l'astio ed il timore di Carlo Alberto nei confronti di un capo rivoluzionario della sua importanza. Pochi giorni prima della fine delle operazioni ha avuto un comando dal comitato di pubblica difesa, che era vicino alle posizioni mazziniane. Ha cercato di reagire all'armistizio, attaccando gli austriaci nell'area fra il lago Maggiore e Varese. Poi ha dovuto emigrare. Ma nel 1849 ha costituito una nuova legione italiana che ha posto a disposizione della Repubblica romana. Nominato generale di brigata dal ministro Avezzana, prima ha sconfitto i borbonici, poi ha difeso la città dai francesi. Dopo la sconfitta si è ritirato verso il Nord, cercando di raggiungere la Repubblica di Venezia. Intercettato dagli Austriaci è riuscito a sottrarsi alla cattura andando da Comacchio a Grosseto e poi raggiungendo la Liguria. Non potendo risiedere in Piemonte a causa delle condizioni imposte dall'Austria al Regno sardo, è andato nuovamente in esilio. Nel 1854 è tornato in Europa ed è andato da Mazzini a Londra. La situazione, intanto, era cambiata ed ha potuto risiedere in Piemonte, acquistando una proprietà a Caprera. Si è avvicinato alla politica di Cavour, divenendo vice presidente della Società nazionale. Allo scoppio della guerra del 1859 ha avuto il comando dei cacciatori delle Alpi ed ha vinto a Sesto Calende, Varese, San Fermo, Treponti ed è stato inviato in Valtellina, dove ha raggiunto il passo dello Stelvio. Il 5 maggio 1860 è partito con i Mille per la Sicilia. E' sbarcato a Marsala e ha vinto a Calatafimi, Palermo, Milazzo e poi è passato in Calabria. Precedendo le truppe è arrivato a Napoli, dove è stato accolto festosamente, mentre Francesco II è riparato a Gaeta e l'esercito borbonico si è attestato a Capua, perdendo la successiva battaglia del Volturno. Passate le provincie napoletane e la Sicilia al governo italiano, Garibaldi si è ritirato a Caprera, ripartendo per la Sicilia nel 1862, volendo organizzare una spedizione per la liberazione di Roma. E' stato ferito ad Aspromonte ed arrestato. Nella campagna contro l'Austria del 1866 è entrato in Trentino ed ha vinto a Bezzecca. Nel 1867 è entrato nel Lazio, sempre per liberare Roma. Ha vinto i pontifici a Monterotondo. Ma a Mentana, per il rapido arrivo di una riserva francese ben armata con fucili a retrocarica, ha dovuto ritirarsi. Nuovamente arrestato è stato liberato ed è tornato a Caprera, dimettendosi da deputato. Il 7 ottobre del 1870 si è recato a combattere in Francia, attaccata e sconfitta dalla Prussia. Ha avuto il comando dell'armata dei Vosgi ed ha vinto a Digione. Eletto deputato, si è dimesso per i contrasti determinati dall'elezione ed è tornato a Caprera. Nume tutelare della sinistra e di tutte le forze nazionali, molto malato, morirà il 2 giugno 1882.

[115] Francesco Anzani è nato ad Alzate (l'attuale Alzate Brianza – CO) nel 1809. Giovanissimo ha combattuto per l'indipendenza della Grecia. Poi ha frequentato l'università a Pavia, che ha lasciato andando in Francia per la rivoluzione del 1832. Ha combattuto in Portogallo nel reparto di Gaetano Borso di Carminati e, con il grado di capitano, in Spagna. E' stato ferito in entrambe le campagne. Rientrato a Genova nel 1838, è stato arrestato dalla polizia sabauda e consegnato a quella austriaca, che lo ha recluso a Milano. Alla fine della detenzione è emigrato in Uruguay, dove, con Garibaldi, ha fondato e comandato la legione italiana, che si è distinta, fra l'altro, nella vittoria di Sant'Antonio del Salto, l'8 febbraio 1846. Rientrato malato in Italia nel 1848, morrà a Genova il 5 luglio dello stesso anno.

riforme. Confermano le loro idee; sono soddisfatti dell'apporto degli italiani alla democrazia in Uruguay; sono lieti di aver organizzato la legione, che ha dimostrato le valide qualità nazionali; sarebbero disposti a sostenere le riforme di Pio IX in Italia[116].

Oramai sono convinti che devono tornare in Patria. Nei prossimi mesi Garibaldi farà partire la moglie Anita ed i figli per Nizza. Ma è difficile abbandonare l'Uruguay, dove Garibaldi è deputato, eletto nel dipartimento di Salto. Significa lasciare la legione italiana, di cui Anzani è il comandante. E' un reparto che, senza di loro, rischia di entrare in crisi. Sono, infatti, molti i militari italiani che intendono tornare in Patria per sostenere le riforme e, se possibile, la rivoluzione. Ma vi è anche un aspetto triste: Anzani è malato, le molte ferite lo hanno fiaccato. Garibaldi non vorrebbe lasciarlo, ma Anzani è il primo a voler partire. Afferma che, se deve morire, è lieto di morire in Italia: ce la farà. Se poi riuscirà anche a combattere, tanto meglio.

Garibaldi rappresenta la potenza combattiva, Anzani la freddezza organizzativa. Insieme, con la loro amicizia ed una stretta collaborazione, hanno dimostrato di costituire un efficientissimo strumento di guerra e proprio adesso, quando sono vicini al loro fine supremo: la lotta per l'Italia, lo strumento operativo deve entrare in crisi?

Due mesi dopo Garibaldi scriverà al suo amico Paolo Antonini di Genova, concludendo così:

**«Io pure, con gli amici, penso venire in Italia ad offrire i deboli servigi nostri, o al Pontefice o al Granduca di Toscana. Indi avrò il bene di abbracciarvi. Qui si aspettano notizie d'Europa. Amate il vostro G. Garibaldi.
Montevideo 27 dicembre 1847.[117]**

Torino, 21 ottobre 1847

Un suonatore di organetto gira per il centro della città ripetendo in continuazione l'inno di Pio IX. Gradualmente viene seguito da varie persone, che diventano sempre più numerose, finché si forma una sorta di corteo. La polizia controlla la spontanea manifestazione al fine di individuare gli intervenuti, ritenendola - con notevole fantasia - eversiva.

Torino 24 ottobre 1847

---

[116] Lo scopo, naturalmente, è la rivoluzione per l'indipendenza nazionale. Ha scritto, infatti, Garibaldi: "(....) recarci sulla terra italiana a combattere la guerra di redenzione. Giacchè non solamente vi erano molti indizi di movimenti insurrezionali nella penisola, ma in caso contrario si era decisi di tentare la fortuna, e procurar di promuoverli" da: G. Garibaldi, " Memorie autobiografiche" Giunti Marzocco, Firenze, 1982, pag. 185.
[117] Augusto Elia "Ricordi di un garibaldino", Tipografia del genio civile, Roma, 1904, pag. 6

La polizia fa una grossa retata, arrestando numerose persone che hanno partecipato al corteo del 21 ottobre.

Torino, 3 novembre 1847

I rappresentanti dei tre Stati interessati alla Lega doganale si incontrano e firmano i preliminari della Lega stessa. Verrà riunito un congresso per definire gli aspetti tecnici. Ma vi è un problema: la continuità territoriale si interrompe sulla costa tirrenica fra la Toscana e la Liguria. Si tratta, infatti, del territorio occidentale del Ducato di Modena che, superati gli Appennini, arriva a Massa. Bisogna unire anche tale Ducato alla Lega. Appuntamento, quindi, il 10 novembre a Modena.

Intanto il papa incarica il nunzio a Napoli, monsignor Garibaldi, di sondare le intenzioni di Ferdinando II. In merito Pio IX è molto fiducioso, dato che il re delle Due Sicilie, già nel 1833, aveva interessato i vertici degli altri Stati italiani per la costituzione di una Lega doganale, che preludeva anche ad un'alleanza militare a carattere difensivo. Il nunzio ha reso noto che il re è sostanzialmente favorevole.

Fivizzano (MS), 5 novembre 1847

Dati i contrasti all'interno dei Ducati, Leopoldo II, d'accordo con il Vicerè del Lombardo Veneto Ranieri d'Asburgo, ha proposto che tutto rimanga invariato fino alla morte di Maria Luisa e che, nel frattempo, i due Stati (Parma e Modena) abbiano un indennizzo. D'accordo Carlo Lodovico, ma l'occasione è troppo favorevole a Radetzky per la sua politica provocatoria, al solito contrastante con quella moderata dell'arciduca Ranieri. A Francesco V viene consigliato di rifiutare il compromesso e di agire di conseguenza.

In data odierna, quindi, una compagnia del Ducato di Modena, comandata dal capitano Guerra, occupa Fivizzano. Grandi proteste in Toscana: a Pisa e Livorno si compilano gli elenchi dei volontari pronti a muovere qualora il granduca non reagisca adeguatamente.

Fivizzano (MS), 7 novembre 1847

La situazione è degenerata. I cittadini si sono ribellati. Hanno attaccato i soldati modenesi ed il capitano Guerra ha ordinato di sparare. Si lamentano tre morti e due feriti.

La tensione aumenta a tal punto che il papa e Carlo Alberto offrono i loro buoni uffici. Leopoldo II è costretto a mandare truppe a Pietrasanta, dichiarandosi pronto ad intervenire. Forse lo stesso Radezky ha preso atto di avere esagerato.

Modena, 10 novembre 1847

Corbuli Bussi, a capo dei rappresentanti dei tre Stati firmatari dei preliminari, incontra il duca di Modena Francesco V. Questi afferma che le trattative sono rese più difficili a causa del contrasto con Firenze sull'attuazione del Trattato del 1844, in particolare sulla razionalizzazione dei confini (ad esempio lungo il corso del fiume Enza fra Parma e Modena) e la risistemazione del territorio.

Il rappresentante papale giustamente sostiene che non vi è alcun collegamento fra tali questioni e la costituzione della Lega doganale. Così cerca di approfondire il problema. In definitiva Corbuli Bussi appura che Francesco V vuole prendere tempo per sottoporre il progetto a Radetzky. Forse intende divenire, di fatto, il rappresentante nascosto degli interessi imperiali nella Lega. Il problema è, quindi, molto complesso. Per cercare, comunque, di risolverlo, il monsignore ha la garanzia del duca che le merci degli Stati della Lega in transito sul suo territorio saranno comunque favorite.

Il nuovo incontro avrà luogo il 15 dicembre 1847.

Roma, 14 novembre 1847

Primo giorno di attività della consulta di Stato.

Roma, 24 novembre 1847

Primo giorno di attività del comune di Roma.

Torino, 29 novembre 1847

Lo Stato dei Savoia è formato da più Stati, ciascuno con una propria individualità costituzionale. Viene comunemente definito "Stati del Re di Sardegna", dato che quest'ultima costituisce il regno, cui sono aggiunti i possedimenti sabaudi precedenti alla guerra di successione spagnola (1701 – 1715), dall'esito della quale la Sardegna è stata assegnata a Vittorio Amedeo II. Pertanto lo Stato dei Savoia è composto da: Regno di Sardegna, Principato di Piemonte, Ducati di Savoia, Aosta e Monferrato, Marchesato di Saluzzo, Contee di Nizza e di Asti, Signoria di Vercelli ed una parte del Ducato di Milano, più Genova, ottenuta al congresso di Vienna. Ora il re dispone una fusione perfetta, cioè il Regno di Sardegna si fonde con le altre componenti e costituisce uno Stato unitario.

Come per molti altri aspetti della politica contraddittoria – spesso ingannevole - di Carlo Alberto, il provvedimento non è chiaro: la fusione è la premessa per impegnarsi in maniera più incisiva a favore dell'Unità d'Italia o rappresenta solo il rafforzamento del tradizionale organismo statale sardo – piemontese?

Torino, 30 novembre 1847

Il re istituisce il ministero dell'Istruzione (la "Regia segreteria di Stato per l'istruzione pubblica"), unendo i quattro organismi nati dopo la restaurazione per la direzione ed il controllo delle università, delle scuole secondarie e di quelle elementari, che sono: il magistrato della Riforma di Torino, la deputazione agli Studi di Genova, i magistrati sopra gli Studi di Cagliari e di Sassari. Un'unica autorità faciliterà la diffusione del sapere e farà in modo che tale diffusione sia omogenea sul territorio. Il presidente della deputazione di Genova, marchese Cesare Alfieri di Sostegno[118] diviene il primo ministro dell'Istruzione.

Torino, 1 dicembre 1847

Cesare Balbo[119] e Camillo Benso di Cavour[120] fondano un giornale con un titolo molto eloquente: "il Risorgimento". Sottotitolo: "giornale quotidiano politico, economico, scientifico, letterario".

---

[118] Cesare Alfieri marchese di Sostegno Conte di Favria, Casa del Bosco e Bregliuo, è nato a Torino nel 1799. E' entrato in diplomazia nel 1816, come applicato all'ambasciata di Parigi, retta dal padre Carlo Emanuele. Poi ha lavorato nelle ambasciate di Berlino e dell'Aia. Ha partecipato ai congressi di Aquisgrana (1818) di Troppau (1820) e di Lubiana (1821). Successivamente è stato a San Pietroburgo. Tornato a Torino dal 1842, ha avuto varie funzioni nell'amministrazione pubblica: primo scudiero del principe Carlo Alberto, presidente dell'Associazione agraria, poi magistrato per la riforma degli studi e ministro dell'Istruzione. Poi è stato uno dei tre estensori dello Statuto. Senatore dal 3 aprile 1848. Successivamente ministro dell'Agricoltura e Commercio dal 15 agosto 1848 al l'11 ottobre 1848, infine presidente del consiglio dall'agosto all'ottobre 1848. Presidente del Senato dal 1855 al 1860. Morirà a Firenze nel 1869.

[119] Il conte Cesare Balbo è nato a Torino nel 1789. Ha partecipato alle correnti letterarie illuministiche, ha fondato nel 1804 l'"Accademia dei Concordi". Ha gradualmente accentuato la sua posizione nazionale, sostenendone il raggiungimento attraverso un processo liberale e moderato, in contrasto con la presenza austriaca.. Mal visto da Carlo Alberto, che lo ha confinato nel suo castello di Camerano. Ha, comunque, proseguito la sua attività culturale e politica pubblicando "Le speranze d'Italia", affermando la completa autonomia dallo straniero e, nel 1847, con Cavour, fondando "Il Risorgimento". Presidente del consiglio dal 18 marzo 1848 al successivo 27 luglio. Nel 1852 è entrato in contrasto con il cugino d'Azeglio e con Cavour sulla politica religiosa e si è ritirato dalla vita politica, morendo nel 1853.

[120] Camillo Benso conte di Cavour, di Cellarengo e di Isolabella è nato a Torino nel 1810. Paggio del re dal 1824 al 1826, è entrato nell'esercito ma ha dovuto dare le dimissioni nel 1831 perché liberale. Dal 1838 ha pubblicato articoli economici, sociali e politici. Cofondatore del giornale "Risorgimento" nel 1847. Deputato nel 1848. Nel 1850 ministro dell'Agricoltura e del Commercio nel governo d'Azeglio ed anche delle Finanze dal 1851. Nel 1852 presidente del consiglio dei

Fra l'altro vengono trattate problematiche nazionali italiane aventi fra i protagonisti il Piemonte. Il giornale è letto con interesse anche fuori dello Stato sabaudo, in particolare a Piacenza. Due importanti esponenti piacentini collaborano alla redazione del giornale: Pietro Gioia,[121] avvocato, capo del governo provvisorio nella rivoluzione del 1° novembre 1831, ora segretario della camera di commercio, e Vincenzo Maggi.

Fivizzano (MS), 6 dicembre 1847

Gli accordi fra gli interessati e gli intermediari determinano una soluzione condivisa della "guerra" di Fivizzano. Francesco V dichiara che bisogna seguire le regole internazionali, dando ogni responsabilità dell'accaduto al povero capitano Guerra, che oggi rientra a Modena con il suo reparto. Contestualmente rientra a Fivizzano il rappresentatnte granducale, con una squadra di dieci soldati.

Fivizzano (MS), 7 dicembre 1847

Ufficialmente il rappresentante del granduca di Toscana cede Fivizzano al rappresentante del duca di Modena. Ma la tensione rimane alta.

Pontremoli (MS), 9 dicembre 1847

Gli abitanti di Pontremoli non vogliono assolutamente abbandonare la Toscana. Si armano, pronti a resistere. Leopoldo II e Carlo Lodovico si accordano di lasciare Pontremoli alle

---

ministri dopo l'alleanza con Urbano Rattazzi del centro – sinistra. Ha sostenuto la riduzione del potere della Chiesa, un coordinato sviluppo economico e il rafforzamento del commercio, stipulando, in merito, specifici trattati. In politica estera ha rafforzato l'amicizia con la Francia e l'Inghilterra, fino alla partecipazione alla guerra di Crimea ed al conclusivo congresso di Parigi, dove ha trattato della questione italiana. Nel 1858 ha stipulato l'alleanza di Plombieres con la Francia,. che ha determinato la guerra con l'Austria del 1859, la conquista della Lombardia e la rivoluzione in Toscana, Modena, Parma e Romagne. La richiesta di annessione al Piemonte di questi territori è stata rapidamente attuata, cedendo alla Francia Nizza e Savoia. Ha seguito la spedizione dei Mille annettendo Marche e Umbria e conferendo alla monarchia sabauda il Regno delle Due Sicilie. Di conseguenza il parlamento nazionale ha proclamato il Regno d'Italia il 14 marzo 1861. E' morto poco dopo, nel 1861, a Torino.
[121] Pietro Gioia è nato a Piacenza nel 1795. Laureato in giurisprudenza a Parma nel 1818. Avvocato. Nel 1821 è stato arrestato per connivenza con i moti napoletani. Dopo otto mesi è stato liberato, ma sottoposto a controllo di polizia. E' divenuto un famoso avvocato. Membro del governo provvisorio dopo i moti del 1831. Componente della reggenza nel 1848. Ha seguito il plebiscito dello stesso anno e l'annessione al Piemonte. E' stato eletto il 20 giugno 1848 alla Camera di Torino. Poi Ministro di Grazia e Giustizia e Culti del Regno di Sardegna, dove si è definitivamente stabilito. Rieletto fino al 26 marzo 1850, quando è stato nominato senatore. Sarà consigliere di Stato e ministro della pubblica Istruzione. Morirà a Torino, nel 1863.

dipendenze del Granducato fino alla morte di Maria Luisa. La tensione gradualmente diminuisce.

Modena, 12 dicembre 1847

Monsignor Corboli Bussi, scontento per il comportamento del duca, parte per Roma. Successivamente gruppi di cittadini si uniscono, aumentano di numero, protestano e tumultuano. Le autorità reputano che si tratti di gravi manifestazioni eversive accuratamente organizzate. Si trova anche il responsabile: Giuseppe Malmusi[122]. Arrestato, sarà condannato a tre mesi di reclusione.

Napoli, 14 dicembre 1847

Il governo è molto preoccupato. Sia in Sicilia che a Napoli gli informatori della polizia hanno reso noto che vi sono movimenti di persone e si attendono novità. La situazione non è, però, chiara. Bisogna controllare soprattutto cosa accade a Napoli. Torbidi o azioni violente nella capitale potrebbero determinare danni notevoli allo Stato. Diversa la situazione in Sicilia. Qualsiasi attività rivoluzionaria nell'isola può essere gradualmente imbrigliata e, successivamente, repressa.

Ma, ad un certo momento, scoppia la rivolta, imprevista e violenta, vicino al palazzo reale. Con difficoltà è domata dalle forze a disposizione. I moti impressionano molto il re ed il governo. Basti pensare che fra i giovani arrestati vi è anche il ventiseienne Camillo

---

[122] Giuseppe Malmusi, nato a Modena nel 1803, figlio di un avvocato, laureato in giurisprudenza nel 1825, si è recato a Roma per perfezionare i suoi studi nel 1826. Amico di Nicola Fabrizi, è entrato nei circoli rivoluzionari. Dopo la morte di Pio VIII, nel dicembre 1830, è stato considerato fra i promotori e i capi di alcuni tentativi rivoluzionari. E' fuggito, entrando in clandestinità. Nel 1831 ha cercato di raggiungere Modena durante la breve rivoluzione. E' stato, quindi, costretto a fuggire prima in Toscana e poi in Francia, ove ha insegnato italiano in una scuola. Nel 1837 ha potuto rientrare in Italia, con il permesso di stabilirsi nel ducato di Parma. Poi è riuscito a rientrare a Modena, ma ha dovuto nuovamente fuggire essendo state intercettate due sue lettere indirizzate a Fabrizi considerate sovversive. Alla fine, nel 1842, gli è stato concesso di rientrare. Sarà presidente del governo provvisorio modenese il 23 marzo 1848. Il 19 giugno 1848 dovrà lasciare Modena e si sposterà a Bologna. Il duca, al suo rientro, lo farà condannare all'esilio perpetuo. D'Azeglio lo chiamerà in Piemonte e lo farà entrare nella carriera diplomatica, con la nomina a console prima a Barcellona, poi a Tangeri. Malmusi era un conservatore, sostenitore del fatto che dovessero essere i principi a fare l'Italia. Contrario ai mazziniani, convinto monarchico filo sabaudo, nel 1959 sarà nominato presidente dell'assemblea nazionale delle province modenesi e contribuirà efficacemente all'annessione al Piemonte dei ducati. Prima delegato in Francia ed Inghilterra, poi deputato del Regno d'Italia per due legislature, rientrerà nel servizio diplomatico nel 1962. Morirà nel 1865. Due suoi figli, ufficiali dell'esercito piemontese, moriranno in guerra.

Caracciolo, marchese di Bella, nobile dei principi di Torella[123], una delle più importanti famiglie del Regno. Il padre, don Giuseppe Caracciolo, principe di Torella dei Lombardi (AV), oltre che patrizio napoletano, è grande di Spagna di prima classe, duca di Lavello, tre volte marchese, una volta conte. Nonostante l'intervento di don Giuseppe, il re farà rimanere in carcere Camillo per quaranta giorni.

In politica i Caracciolo hanno sempre destato molto interesse. Pur essendo proprietari di tredici feudi, alcuni di loro sono stati su posizioni radicali. Giuseppe Caracciolo, nato nel 1747 – analogamente all'ammiraglio duca Francesco Caracciolo,[124] aderente alla Repubblica napoletana del 1799 – pur mostrando ufficialmente un interesse esclusivo per l'amministrazione del suo enorme patrimonio, era un giacobino, che ha operato a favore della Repubblica napoletana nel 1799 avendo, fra l'altro, grande amicizia per Eleonora Pimentel Fonseca. Alla caduta della Repubblica è stato condannato a morte, fortunatamente sospesa in base agli accordi con il cardinale Ruffo, peraltro in gran parte proditoriamente annullati per le pressioni inglesi. L'ammiraglio Nelson, infatti, ha preteso una repressione indiscriminata, senza tener conto dei patti stipulati con i rappresentanti della Repubblica. Comunque, alla fine, se Francesco Caracciolo è stato impiccato, Giuseppe Caracciolo è stato condannato all'ergastolo, da espiare a Favignana, con la perdita del patrimonio,

---

[123] Il marchese Camillo Caracciolo di Bella è nato a Napoli il 30 aprile 1821. Di idee liberali, ha partecipato ai moti del 14 dicembre. E' stato arrestato nuovamente per i fatti del 15 maggio 1848 e, sempre a seguito delle pressioni del padre, gli verrà concesso di espatriare. Esule in Piemonte, non avendo più alcuna fiducia nei Borboni, diverrà un convinto cavourriano. Nell'aprile del 1860 firmerà con altri esuli napoletani l'invito all'immediata annessione del meridione al Piemonte. Poi avrà una lunga carriera, prima in diplomazia (Ambasciatore a San Pietroburgo ed a Costantinopoli), poi come prefetto, infine come senatore, divenendo vicepresidente del Senato del Regno d'Italia. Morirà a Roma nel 1888.

[124] Interessante un'annotazione su: "Notizie ed inediti su Francesco Caracciolo" da Rassegna storica del Risorgimento, anno 1938, pag. 498. Naturalmente la Repubblica napoletana è quella del 1799 ed il re è Ferdinando IV. **"Come ha rilevato il Kossmann e ripetuto il Lemmi la Repubblica napoletana fu la repubblica dei Caracciolo. A capo dell'esercito vi era il prìncipe di Moliterno Girolamo Pignatelli la cui madre Giulia Pescara era sorella di Vittoria che fu madre al Caracciolo. Col Moliterno vi era Lucio Caracciolo duca di Roccaromana, Giambattista Caracciolo di Vietri era comandante di Castelnuovo, Nicola Caracciolo castellano di Sant'Elmo; Fabio Caracciolo di Forino comandava il castello del Carmine; il principe di Torella ed il marchese di Sant'Agapito erano membri del Comitato di pubblica assistenza. Un Ottavio un Gennaro ed un Nicolò Caracciolo avevano altre cariche, un Antonio Caracciolo di Brienza serviva come soldato nelle milizie napoletane. Perfino il principe di Torchiarolo, attaccatissimo al re per dovere militare, aveva sentimenti repubblicani. Tutti i suoi amici e parenti servivano la Repubblica. Ma che cos'era questa Repubblica? Niente altro che ciò che avanzava dalla patria tradita dal re per il quale fuggendo il regno era stato perduto. I Francesi lo avevano prima occupato e poi abbandonato. Non dovevano i cittadini che amavano la patria darsi un Governo per il quale fuggendo il regno era stato perduto?** 1) R. Kossmann, "Lord Nelson und Herzog Franz Caracciolo", Hamburg, 1895. 2) F, Lemmi, "Nelson e Caracciolo e la Repubblica napoletana", 1799, Firenze, 6. Carnesecchi, 1898, p. 73."

interamente confiscato. Ma, successivamente, ha fruito dell'amnistia del 1801 ed ha riottenuto la libertà e le proprietà. Camillo Caracciolo sarà più fortunato.

Modena, 15 dicembre 1847

Riunione dei rappresentanti della Lega doganale. La situazione è completamente cambiata. Le vicende del Regno delle Due Sicilie ed una situazione generalizzata di tipo nuovo hanno cambiato il clima politico. Sembra che si stia aspettando qualcosa. La tensione nel Lombardo Veneto è alta, ma inquietudini analoghe si manifestano in tutte le città. La propaganda mazziniana e quella liberale si diffondono. L'aspetto nazionale è sempre più considerato il problema di base della realtà italiana. Un problema che - è ormai chiaro – deve essere adeguatamente risolto, altrimenti non possono nemmeno essere impostati correttamente tutti gli altri problemi, sociali, culturali, economici, amministrativi.

La riunione della Lega non produce gli effetti sperati. Ai convenuti sembra naturale rivedersi per approfondire il problema. Ma sembra altresì naturale rinviare il problema stesso, che appare ormai superato dagli avvenimenti.

Anche Pio IX "archivierà" il piano: lo riprenderà in chiave politica anzicchè commerciale il 15 agosto 1848. Sembra che il progetto di un'unione di qualsiasi tipo divenga di urgente interesse quando si avvicinano situazioni gravi, rivoluzioni, scontri o altro. Solo in tali casi i responsabili del vecchio ordine reputano importante cercare di organizzare una Lega o una Confederazione, utile per essere salvaguardati e resi vieppiù credibili. Infatti finanche Francesco V – ora scettico in fatto di Lega – riprenderà il progetto dell'unione in termini politico militari. E lo farà alla fine degli anni '50, quando, con fondata preoccupazione, dovrà prendere atto della precarietà della sua posizione. E sarà per lui troppo tardi.

Parma, 17 dicembre 1847

Il **9 dicembre** Maria Luisa si è ammalata di pleurite reumatica. Il **12 dicembre**, mentre compiva 56 anni, si è ripresa, ma dopo poco è peggiorata ed alle 17.00 di oggi è morta.

Si tratta di un avvenimento importante per la rivoluzione nazionale. La granduchessa austriaca che, da imperatrice dei francesi – di sicuro volutamente - aveva svolto male, per due volte, la funzione di reggente, si è presentata nel ducato di Parma assumendo la maschera della brava e buona zia, dell'amica degli ammalati e degli indigenti. Non ha svolto concrete funzioni di governo, che sono state attuate, in suo nome, secondo le disposizioni del padre Francesco I e le direttive del cancelliere Metternich, da una serie di rappresentanti austriaci, come il generale Adam Albert von Neipperg [125], il barone Josef von Werklein [126]; Wenzel Philipp von Maréschall [127]; il conte Charles René de Bombelles[128]. Quando l'azione di tali rappresentanti (in particolare, Werklein e, soprattutto, Marésciall) è divenuta intollerabile per i cittadini, la loro necessaria sostituzione ha rafforzato il mito della "buona duchessa".

Avendo gestito in maniera adeguata la propria immagine, Maria Luisa ha creato un rapporto favorevole con la cittadinanza, ma alla sua morte i gruppi rivoluzionari delle varie tendenze agiscono con determinazione, operando fattivamente su tutto il territorio.

Il decesso della duchessa risolve la complessa situazione dei ducati. Rimane profondamente deluso Carlo Lodovico, che era ben lieto di non avere preoccupazioni politiche e di incamerare l'indennità da Leopoldo II. Adesso deve fare il capo dello Stato dei suoi antenati, Parma, e non avrà il milione e duecentomila lire annue da Leopoldo.

Milano, 24 dicembre 1847

---

[125] Il conte Adam Albert von Neipperg è nato a Vienna nel 1775. Ufficiale nel 1791, ha partecipato alle guerre antinapoleoniche, perdendo l'occhio destro in battaglia. Dal 1810 ha svolto funzioni diplomatiche a Parigi, proprio quando ha avuto luogo il matrimonio fra Napoleone e Maria Luisa, della quale in quel periodo Neipperg sarebbe divenuto l'amante. Ha, poi, svolto funzioni diplomatiche a Stoccolma ed a Napoli. Poi è rientrato nell'esercito. Maria Luisa alla caduta di Napoleone ha avuto il ducato di Parma e Neipperg è divenuto il suo maggior collaboratore (gran maestro di palazzo). Quando, nel 1821, Napoleone è deceduto si sono sposati. Hanno avuto quattro figli. Nel 1829 Neipperg è morto.

[126] Il barone Joseph von Werklein, è nato a San Michele della Lika nel 1777. Ha partecipato alle guerre antinapoleoniche. Dal 1818, per tre anni, è stato governatore di Lucca. Primo ministro del ducato alla morte di Neipperg, ha variato la sua politica sostanzialmente moderata di quest'ultimo, su posizioni reazionarie e violente. Odiato dalla popolazione, nel 1831 ha corso il rischio di essere ucciso, ma è riuscito a fuggire travestito con un abito di Maria Luigia, andando a Vienna. Ha cercato di tornare a Parma, ma sia Metternich che Maria Luisa hanno detto che un ritorno sarebbe stato inammissibile. E' morto a Vienna nel 1849.

[127] Maréscial è stato in continuo contrasto con la duchessa. Fra loro vi era una notevole differenza di caratteri e di idee. Maria Luisa era da lui considerata debole e, sostanzialmente, incapace. Non solo: riteneva che la sua vita fosse notevolmente reprensibile. La sua durezza ha reso viepiù drammatica la situazione. Era logico che, alla fine, venisse rimosso. Cosa, questa, che ha avuto luogo nel 1833.

[128] Charles Renè de Bombelles è nato a Versailles nel 1785. Nobile francese, ha due volte abbandonato la Francia mettendosi al servizio dell'Austria. La prima volta per la rivoluzione francese, la seconda perché è divenuto re Luigi Filippo, che lui considerava un rivoluzionario. E' stato nominato primo scudiero di Maria Luisa, che ha sposato nel 1834. Ministro della Guerra, ha diretto il ducato in maniera talmente reazionaria che alla morte della moglie ha preferito scomparire, andando a Vienna. E' morto a Versailles nel 1858.

Si recano da Radetsky Francesco V d'Asburgo e Carlo di Borbone. Quest'ultimo non ha ancora preso possesso di Parma e Piacenza e già si sente insicuro, non fidandosi delle truppe del suo Ducato.

Sono firmati due patti di mutua difesa, che consentono agli austriaci di occupare i due Stati. Cosa, questa, di cui Radetsky è molto lieto, dato che i territori ducali dividono territorialmente due Stati considerati potenzialmente nemici dell'Impero: il Regno sardo e lo Stato della Chiesa.

Bisogna prendere atto che i due duchi sono ampiamente antinazionali, quindi antitaliani. Lo confermeranno nel biennio 1848 – 49 e negli anni successivi. Su posizioni analoghe sarà anche Ferdinando II, ma il re, almeno all'inizio e fino al maggio 1848, ha espresso tale sua posizione con maggiore stile, facendo sperare che intendesse avvicinarsi a posizioni unitarie. Una cosa abbondantemente smentita dai fatti succesivi.

Francesco V, oltre che duca di Modena, è anche duca di Massa e principe di Carrara, dove si sono verificate alcune manifestazioni che il duca ha giudicato pericolose, approvando il comportamento dei suoi soldati, che hanno sparato sulla folla. Per comprendere il modo di pensare del duca, che oramai si sente tranquillo sotto la protezione di Radetzky, bisogna ricordare che lui stesso è un Asburgo. Circa i rapporti con i cittadini del suo Stato è interessante leggere la parte finale della lettera scritta al podestà di Carrara in merito alle manifestazioni:

"sarà aumentata la guarnigione di Carrara a spese di codesta comunità (….) e questa truppa rimarrà in Carrara per un mese dopo ciascuna sedizione, tumulto o altro qualunque atto sovversivo dell'ordine pubblico. Io non cederò mai: ma mi difenderò con ogni possa, come il capitano di una fortezza si batte disperatamente contro il nemico che lo assedia, ricorrendo a tal uopo a ogni mezzo più violento. Sappiano poi lor signori che, ove le mie forze non bastassero, ho una riserva di trecentomila uomini oltre il Po: per cui vedono che, per ora, non mi possono far paura."[129]

Naturalmente Francesco V si sentiva più vicino alla truppa imperiale che ai cittadini del suo ducato.

Udine, 25 dicembre 1847.

La gente si accalca all'entrata del duomo per leggere una circolare dell'Arcivescovo Zaccaria Bricito e continua a parlare animatamente nella piazza antistante "**Nel concistoro del 4 ottobre il Santo Padre levò la voce apostolica con dolorosa indignazione,**

---

[129] Da: Paolo Giudici: "Storia d'Italia", Ediz. Nerbini, Milano, 1931, Vol. IV, pag. 515.

riprovando quei perversi i quali temerariamente abusando dell'augusto suo nome (...) osavano istigare (....) i sudditi di altri stati. Questi uomini (....) potrebbero" cercare di fare propaganda anche " tra noi cui non giunge il tumulto delle cose di fuori, se non per farci sentire più piena la consolazione della nostra calma: tra noi sì felici sotto il dolce Impero d'un monarca diletto a Dio ed agli uomini, tanto buono quanto potente".[130]

Nel Veneto ed in Friuli tali interventi avvengono con un certo ritardo rispetto alla Lombardia, tenendo conto che tutto era iniziato il **2 novembre**, dopo la pubblicazione del discorso del Papa sulla "Gazzetta privilegiata" di Milano. Il governo lombardo raccomandava ai parroci di reprimere le manifestazioni fatte nel nome di Pio IX, dato che questi aveva **"con termini energici espresso l'alta sua disapprovazione"** perché **"diversi male intenzionati"** si erano permessi **"di abusare del suo nome (....) per sollevare i sudditi di parecchi stati limitrofi contro i loro legittimi governi".**[131]

Più circostanziata la circolare datata **3 novembre 1947** dell'arcivescovo di Milano, nella quale, fra l'altro, veniva precisato che **"sarebbe davvero cosa deplorabile, che quel nome venerando"** del Pontefice, **"il quale suona pace, concordia, amore e riscuote dai popoli un omaggio unanime di filiale riverenza, da taluni si usurpasse a suscitare disordini e tumulti, (....). Quindi noi"** esortiamo tutti i parroci **"a mettere in opera ogni (....) sollecitudine per impedire un siffatto disordine, cogliendo qualche opportuna occasione per tenerne prudenti parole dal pulpito".**[132]

Anzi il vicario del vescovo di Cremona, Antonio Dragoni, il **6 novembre 1847** aveva garantito che un contesto sereno avrebbe facilitato l'accoglienza delle richieste: bisognava impedire che i fedeli ascoltassero **"le voci dell'errore e della menzogna, per insegnare loro a cercare primieramente e principalmente il regno di Dio e la sua giustizia, assicurandoli che tutte le altre cose necessarie ed utili"** sarebbero state loro concesse. [133]

Parma, 26 dicembre 1847

L'ex duca di Lucca, in attesa di insediarsi a Parma, fa pubblicare un proclama in occasione della morte di Maria Luigia: **Il rispetto e venerazione che nutriamo per la memoria della nostra gloriosa preceditrice, testè defunta, e la convinzione in cui siamo che le istituzioni in essa stabilite (....) siano utili al presente vostro bene, ci muove a dichiararvi che noi non intendiamo apportarvi cambiamenti ".**

---

[130] "Archivio delle cose d'Italia", Capolago, Tipografia Elvetica, 1850 (Carlo Cattaneo), pagg. 104 - 105
[131] Ivi, pag. 98.
[132] Ivi, pag.100.
[133] Ivi, pag. 104.

Ma Carlo II non riuscirà a stabilire buone relazioni con i cittadini del Ducato, il cui nome ufficiale, dopo la perdita di Guastalla e l'acquisizione di alcune frange di territorio, è: "Ducato di Parma, Piacenza e Stati annessi".

Torino, 30 dicembre 1847, la redazione del giornale "Concordia".

Vengono preparati gli argomenti più importanti dell'articolo con cui il 1° gennaio 1848 si aprirà il primo numero del giornale. Il re Carlo Alberto ed il suo governo, fra mille contraddizioni, procedono verso la concessione di uno Statuto. L'Austria, fra l'altro, si lamenta dell'eccessiva libertà della stampa piemontese e delle critiche alla sua politica. E' necessario, pertanto, muoversi con cautela, pur cercando di chiarire i punti di fondo della situazione italiana.

Il primo argomento concerne la politica imperiale: **"l'Austria procede per la sua via consueta, senza darsi alcun pensiero della pubblica opinione, e diremo quasi del proprio utile.** Il secondo riguarda la popolazione ed i suoi rappresentanti. Bisogna, infatti, riconoscere che **"molti furono (...) gli errori lombardi nel 1814; ed il maggiore di tutti fu il confidare nelle (...) promesse dell'Austria.(.....) Ma i lombardi espiarono dolorosamente i loro errori con trentatré anni di miserie"**. Considerando, di conseguenza, che in loro **"tutte le arti sottili della polizia (....) non siano ancora riuscite a soffocare (....) il sentimento dell' (...) indipendenza e la speranza in tempi migliori."** Tale considerazione va approfondita con il terzo argomento, di carattere economico, elemento essenziale, dato che dalle pianure lombarde **"uscì in questi ultimi trent'anni la mitologica somma di un miliardo e settecento milioni di lire; somma che entrò, netta da ogni carico, ne' forzieri imperiali".**[134] Infine l'ultimo punto: la solidarietà e la presa d'atto della comunanza degli interessi sardo piemontesi e lombardo veneti. Le bozze vengono portate al più presto alla censura.

Proprio il problema del censore avrebbe causato un momento di crisi diplomatica fra l'Austria ed il Piemonte. L'Impero, infatti, ha chiesto informalmente la radiazione del responsabile che non aveva bloccato un articolo così smaccatamente antimperiale. E la "Gazzetta privilegiata" di Milano del giorno **2 febbraio 1848** darà notizia della destituzione del censore. Notizia che, però, sarà smentita il **18 successivo** dalla stessa Concordia.

In realtà, il vero danno provocato alla politica austriaca non erano le citate argomentazioni del giornale, ma il fatto che si era aggiunta una nuova voce, quella, appunto, de "la Concordia", alla generale richiesta di concessione di uno Statuto da parte del re di Sardegna. Così, quanto più passano i giorni, tanto più violenta diviene la reazione del governo austriaco.

---

[134] "Archivio delle cose d'Italia" cit., pagg. 280 - 281

Roma, 30 dicembre 1847

Pio IX decide, con un motu proprio, di costituire un governo analogo a quelli degli Stati laici. Finora lo Stato della Chiesa è stato amministrato dal cardinale segretario di Stato, coadiuvato da altri tre cardinali. Ora il segretario, cardinale Gabriele Ferretti, diviene anche presidente del consiglio, con nove ministri, tutti ecclesiastici. L'inizio è particolarmente difficile.

Parma, 31 dicembre 1847

Carlo I di Borbone, finora duca di Lucca, alla morte di Maria Luisa, divenendo duca di Parma, Piacenza e Stati annessi, assume il nome di Carlo II. Prende possesso del nuovo Stato, quello dei suoi antenati, ma la situazione di Parma e Piacenza è molto diversa da quella di Lucca. Il movimento liberale è più forte, le divisioni ed i contrasti politici sono molto più accesi, soprattutto a Piacenza. Alla morte di Maria Luisa, approfittando che Carlo II è a Genova, il conte di Bombelles, ministro e marito della duchessa, costituisce un consiglio di reggenza e fa occupare militarmente il palazzo ducale. Contemporaneamente i maggiorenti della città si riuniscono in casa dell'avvocato Benedini e, a firma dell'ex podestà conte Cantelli, inviano al duca il seguente, lungo elenco di richieste tendenti a migliorare le pessime condizioni dello Stato:

"riformasse la pubblica istruzione; ponesse certe leggi alla polizia e ragionevoli norme alla censura della stampa; si unisse alla lega doganale; costruisse le strade ferrate; rialzasse l'avvilito commercio; affidasse ai cittadini l'elezione dei magistrati municipali; riordinasse i Comuni su basi più larghe; donasse quell'istituzione che provava la confidenza fra principi e popoli e assicurava la pubblica quiete e difesa per mezzo di chi principalmente ha desiderio e bisogno di conservarla".

Come si vede l'eredità di Maria Luisa è particolarmente complessa. Sembra che il nuovo duca debba ricostruire ex novo lo Stato. Ed, intanto, tutti sono scontenti. La stessa corte manifesta una certa ostilità, accogliendo il nuovo duca in maniera particolarmente gelida. Peraltro nessuno accetta la perdita di Guastalla.

Da parte sua Carlo II – con il suo mutevole carattere - è dispiaciuto di aver lasciato Lucca, della cui realtà si sentiva partecipe. Trova un contesto del tutto diverso, con un'organizzazione amministrativa, tanto criticata dal Cantelli, che gli appare alquanto singolare, caratterizzata da aspetti e relazioni familistiche in un contesto indubbiamente reazionario. All'inizio il duca dichiara di voler organizzare qualcosa di più efficiente e moderno. Nel contempo, già prima di andare a Parma, il **24 dicembre**, si è recato a Milano,

72

a rafforzare i suoi accordi con Radetzky, che già gli ha inviato truppe di cavalleria e di artiglieria.

Napoli, 31 dicembre 1847

Il professor Antonio Montanari dell'università di Bologna consegna a Ferdinando II un appello firmato da trentaquattro esponenti dello Stato pontificio e da trentadue del Regno sardo, fra cui anche il conte Camillo Benso di Cavour ed il marchese d'Azeglio.

Viene chiesto al re di **"volere accedere alla politica di Pio IX, di Leopoldo e di Carlo Alberto, alla politica italiana"**, che è anche quella della Provvidenza, del perdono, della civiltà, della carità cristiana. Si chiede l'apporto del re ad un cambiamento buono, santo, felice, che assecondi i voleri di Dio **"aggiungendo un secondo al primo terzo di italiani già risorti costituirà risorta in gran maggioranza la Nazione nostra; la farà inattaccabile dai nemici, indipendente dagli stessi amici stranieri, libera e tetragona in sé; le darà forza e tempo di svolgere pacatamente tutta l'ammirabile opera sua; farà, insomma, i destini d'Italia (....) assicurati"**.

Ma i romani ed i piemontesi non conoscono bene i Borboni. Chi li conosce, come i napoleani ed i siciliani, per tutta risposta continua ad organizzare la rivoluzione. Molto attivi sono quattro comitati di Palermo, mentre i collegamenti con i liberali e i democratici degli altri Stati italiani risultano molto validi.

Vienna, 31 dicembre 1847

Lanalisi riportata oggi nel diario dalla moglie del cancelliere Metternich è ben diversa da quella di luglio. In ordine al 1848 Melania precisa: **"Quest'anno non comincia in una maniera rassicurante"**. Il marito, infatti, ha dovuto prendere atto che:

"il carattere del moderatismo italiano e la natura del contesto in cui esso si trovava ad agire rendevano ormai evidente ai suoi occhi una 'rivoluzione nazionale' che non si sarebbe accontentata di riforme circoscritte, ma si sarebbe rapidamente rivolta verso l'unificazione della penisola. Da questo scaturiva non solo il carattere antiaustriaco di una rivoluzione che avrebbe posto in cima alle sue attese l'indipendenza e, dunque, la fine del governo asburgico nel Lombardo – Veneto, ma anche il suo carattere necessariamente repubblicano. Solo la democrazia repubblicana, per la forza della sua diffusione ideale e per la sua capacità organizzativa, poteva essere la guida e l'esodo di una rivoluzione italiana".[135]

---

[135] Luigi Mascilli Migliorini, op. cit. pag. 275

Si può, quindi, affermare che, almeno una volta, sia pure da posizioni contrapposte, Mazzini e Metternich si siano trovati d'accordo.

Milano: 1 gennaio 1848

I milanesi, su imitazione dei pavesi, per protesta contro la politica economica e quella fiscale del governo imperiale, decidono il boicottaggio totale del consumo del tabacco. Così chi è visto fumare viene bastonato.[136]

Ma da parte del governo iniziano le provocazioni: sono pagati dalle autorità individui che girano per le strade fumando e provocando i passanti.

Per comprendere la situazione di Milano e, più in generale, del Lombardo Veneto, bisogna tener conto di come l'imperatore ed il governo austriaco consideravano gli abitanti dei possedimenti italiani. Vittore Ottolini sintetizza il problema come segue:[137]

"L'imperatore fin da principio aveva esplicitamente dichiarato: "dovere i Lombardi dimenticare di essere italiani; né le sue Provincie italiane potersi considerare unite fra loro da altro vincolo che quello dell'obbedienza all'autorità imperiale", e il suo ministro Metternich, commentando le parole del suo padrone, rincarava la dose e aggiungeva: "l'imperatore vuol spegnere lo spirito di riunione italiana e le idee di costituzione; per ciò non ha preso, né prenderà il nome di re d' Italia; perciò ha disorganizzato l'esercito italiano e aboliti tutti gli istituti che potessero preparare un

---

[136] Tale comportamento sembra oggi così aberrante che si è quasi spinti all'incredulità. Ma gli austriaci in tutti quegli anni si sono comportati così. Non solo nel Lombardo Veneto, nel 1848, bensì anche nello Stato pontificio – che, peraltro, sarà del tutto consenziente – dopo la caduta della Repubblica Romana nel luglio del 1849. E' interessante come la repressione romana, identica alla precedente milanese, è stata descritta da Luigi Carlo Farini: **"Astenendosi la gioventù da fumare tabacco per offendere il governo ed assottigliare le rendite, lo stesso tribunale inventò il delitto di** *coazione contro l'uso del tabacco* **e condannò alle galere taluno che ne era imputato (….) Di siffatta giustizia (….) numerosi esempi davano i capitani austriaci in quelle provincie, ove prevalevano; l'astinenza dal tabacco, i balocchi, i canti, i trastulli politici, delitti che essi, gli Austriaci, chiamavano** *antipolitiche dimostrazioni,* **puniti col digiuno nelle dure carceri, e colle battiture sulle ignude carni; supplizii usati non solo per pena, ma anche per tortura."** Da: Luigi Carlo Farini. " Lo Stato Romano dall'anno 1815 al 1850", edito dalla presidenza del consiglio dei ministri, Roma, senza data (ma stampato fra il 1982 ed il 1989), pag. 832. Per L. C. Farini, vedasi nota al para: "Bologna, 10 giugno 1857".

[137] Vittore Ottolini: "La rivoluzione lombarda del 1848 e 1849. Storia", Ed. New York Public Library di Google, pagg. 14 , 15, 16.
(Ottolini è nato a Milano nel 1825. Dopo studi molto accurati, a 23 anni ha partecipato alle Cinque giornate di Milano. Successivamente, nella compagnia Medici, parteciperà alla difesa di Roma. Farà parte dei cacciatori delle Alpi di Garibaldi nel 1859. Pubblicherà vari testi di storia, teatro, politica, critica, oltre a romanzi, alcuni incentrati sulle vicende garibaldine. Insegnerà letteratura, storia e geografia. Sarà addetto stampa dell'Istituto lombardo di scienze e lettere. Morirà a Milano nel 1892)

grande regno nazionale. Egli vuole distruggere lo spirito di giacobinismo e assicurare così la quiete d'Italia". "Il vostro paese è mio per diritto di conquista" così rispondeva Francesco I ai deputati milanesi che intercedevano libera e indipendente esistenza, pur riconoscendone l'autorità. " A me basta che i miei sudditi sappiano leggere e scrivere" diceva più tardi a Lubiana, "Signori, sappiate ch' io non voglio letterati; non voglio gente di studio; ma voglio che mi facciate dei sudditi fedeli, attaccati alla mia persona, alla mia Casa... Avete capito?" — gridava bruscamente nel 1825 ai professori dell'Università di Pavia, raccolti nell'aula grande."

Si mirava alla distruzione delle intelligenze:

"Infatti — scrive Filippo De Boni [138] — tutte le batterie del governo imperiale sono dirette contro le Università di Pavia e di Padova, che tanto smarriscono dell'antico splendore. Qui chiaro si legge l'ardentissima voglia di soffocare fin dal nascere ogni nobile e generosa tendenza; qui l'istruzione vincolata ai testi ufficiali; nulli gli studi filosofici; la cattedra ove Monti e Foscolo tuonavano agli italiani e predicavano il santo magistero della parola, ora o vuota, o sospettosa, o muta (....) — abolita la cattedra di diritto pubblico — compiuto in tre giorni il corso di diritto naturale — per le scienze statistiche considerato solo l'impero — tollerata una cattedra di economia politica, affinchè si lodi il sistema proibitivo — le scienze morali e politiche trasmutate in un catechismo di servitù. I professori sono nominati a Vienna; i candidati devono subire esami speciali; le questioni che loro propongonsi sono elucubrate a Vienna e stese in italiano da un austriaco; un professore di diritto mercantile dava del ciarlatano a Romagnosi. Questo avveniva nell'Università di Pavia, sorta a novella e splendida gloria durante il Regno italico; nell'Università di Pavia, sotto i cui portici passeggiavano poco prima, lodati dagli stranieri, venerati dagli studenti, Volta, Monti, Foscolo, Spallanzani, Brugnatelli, Tamburini.... [139]

Il Lombardo Veneto non può avere esponenti importanti della cultura. Sempre De Boni, citato da Ottolini, precisa:

---

[138] Filippo De Boni: "Lo straniero in Lombardia", Losanna, 1848.
(De Boni, nato a Caupo - frazione di Seren del Grappa, BL - nel 1816, dopo studi molto accurati, è stato prima insegnante al seminario di Padova, poi insegnante privato e giornalista. Collaboratore, poi direttore del giornale veneziano "il Gondoliere". Si è recato successivamente a Genova, ma è stato espulso perchè mazziniano. E' andato prima a Losanna, poi a Parigi. Nel 1848 è stato a Milano, Genova, Firenze e Roma, rappresentando in Svizzera la Repubblica romana. Nel 1860 ha diretto a Genova il mazziniano "l'Unità italiana". Tre volte è stato deputato del Regno d'Italia, nella sinistra. Autore di opere storiche, politiche, religiose. Romanziere. Morirà a Firenze nel 1870.)
[139] Vittore Ottolini, "La rivoluzione lombarda", cit., pag. 8.

"Ora sarà facile immaginare come fossero trattati gli uomini d'ingegno in Italia; ma per parlare soltanto di quelli viventi in Lombardia (....) vediamo Foscolo esule, Berchet proscritto, Rasori incarcerato, Pellico e tanti altri rinchiusi nel forte di Spielberg; Zuccaia muore di cordoglio per una lezione su Dante spiaciuta al Governo; Gioja soffrì prigionia d'otto mesi senza ottenere un giudizio; Romagnosi, tormentato con dieci mesi di carcere; poi, sciolto senza giudizio, all'età di settant'anni videsi tolta la facoltà di professar diritto pubblicamente e privatamente; gli vien negato il passaporto quando l'Inghilterra chiamavalo a insegnare giurisprudenza a Corfù e quella santa canizie, fatta più santa dalla miseria, scendeva nel sepolcro non sperando che in Dio. « Siamo condotti — scriveva Federico Confalonieri da Milano, nel novembre 1821, a Foscolo — a tale da chiamar felici gli esuli. » [140]

Milano, 2 gennaio 1948

Continuano le azioni provocatorie di ieri. Oltre alle persone pagate dalla polizia anche ufficiali, sottufficiali e soldati hanno il compito di provocare i cittadini. Devono essere stati convenientemente indottrinati.

Iniziano gli scontri. Viene percosso anche il podestà conte Casati.

Milano, 3 gennaio: i primi tumulti

Ancora provocazioni per imporre alla popolazione la fine del boicottaggio del tabacco. Il capo della polizia, barone Torresani, fa affigere manifesti nei quali diffida coloro che inducono i cittadini a non fumare e gli altri che gridano viva il papa. Grande tensione per tutta la mattinata ed il primo pomeriggio.

Successivamente interviene brutalmente l'esercito. Ufficiali e sottufficiali, catechizzati ad agire in maniera determinata e violenta, aggrediscono con le armi in pugno i cittadini in varie zone della città. Una violenza cieca e selvaggia di interi reparti, soprattutto di cavalleria. Gradualmente, le azioni degli austriaci degenerano in maniera sempre maggiore. I passanti sono presi a sciabolate, i negozi sono sfondati e distrutti.

La brutalità è tale che la prima reazione è di stupore. Poi si prende atto dell'assurda, generalizzata, preordinata e selvaggia azione dell'esercito. Infine si contano cinque morti e cinquantanove feriti, alcuni gravi, che moriranno nei giorni successivi.

Grandi proteste fra la popolazione. Iniziano a tenersi riunioni per la costituzione di gruppi di autodifesa.

---

[140] Vittore Ottolini, "La Rivoluzione lombarda", cit. pag. 10.

Malta, 3 gennaio 1848

Luigi Settembrini[141] sbarca a Malta da una nave inglese. E' fuggito da Napoli dato che stava per essere arrestato. E' figlio di un avvocato che, come guardia nazionale, avendo partecipato ai fatti del 1799, era stato recluso per un anno. Settembrini ha studiato prima giurisprudenza, poi, dal 1830, lettere, con Basilio Puoti. Nel 1835 ha vinto la cattedra di eloquenza nel liceo di Catanzaro. Grande amico di Benedetto Musolino[142], lo ha aiutato a fondare la setta dei "Figli della Giovane Italia", analoga all'associazione di Mazzini, ma spostata a sinistra. Le adesioni sono state buone, soprattutto in Calabria e Lucania. Però nel 1839 l'organizzazione è stata scoperta e Settembrini è rimasto in carcere fino al 1842, anche dopo essere stato fortunosamente assolto.

Il periodo successivo è stato per lui molto difficile. E', comunque, andato avanti impartendo lezioni private, finché, nel 1847, è tornato a fare propaganda rivoluzionaria, pubblicando anonimamente e diffondendo clandestinamente una "Protesta del popolo delle Due Sicilie". Dato che è stato notevole l'interesse dell'opinione pubblica per tale opuscolo, la polizia si è data da fare per individuare e arrestare l'ignoto autore, scoperto a fine anno, ma fuggito in tempo.

Però, dopo circa tre settimane, avendo appreso le novità politiche che avranno luogo in quei giorni, Settembrini ritornerà a Napoli.

Milano, 4 gennaio 1848

---

[141] Luigi Settembrini è nato a Napoli nel 1813. Figlio di un sostenitore della Repubblica del 1899, morto precocemente. Ha studiato legge ma non ne ha amato il contesto. Amico di Benedetto Musolino, ha frequentato la scuola di Basilio Puoti ed è stato allievo di Pasquale Galluppi. Nel 1835 ha vinto il concorso per la cattedra di eloquenza al liceo di Catanzaro. Mazziniano, fondatore con Musolino della setta dei Figliuoli della Giovine Italia, sarà arrestato e condannato. Ministro della pubblica Istruzione del governo costituzionale, è stato nuovamente arrestato e carcerato. Fra i deportati negli USA che riusciranno ad andare in Inghilterra, si è fermato a Londra in collegamento con Cavour. Professore di letteratura italiana a Bologna nel 1860. Professore di letteratura e rettore a Napoli nel 1861. Collaboratore di vari giornali, nel 1873 sarà senatore. Morirà a Napoli nel 1876.

[142] Benedetto Musolino è nato a Pizzo di Calabria nel 1809. Figlio di Domenico e nipote di Benedetto, che hanno sostenuto la Repubblica napoletana del 1899. Scrittore e memorialista. Si è recato a studiare i problemi del Mediterraneo orientale, diventando, in merito, un esperto. Ha fondato a Roma i Figliuoli della Giovine Italia, divisi dall'organizzazione di Mazzini per una esasperata laicità. Hanno operato nel Regno delle Due Sicilie dal 1834 al 1839. Fra tale anno ed il 1846 è stato tre volte in carcere per motivi politici. Eletto deputato nel 1848, fa fatto parte dell'estrema sinistra. In esilio a Corfù. Poi ha combattuto per la Repubblica romana. Infine a Londra ed a Parigi. Con Garibaldi nel 1860. E' stato eletto deputato per sei legislature, dal 18 febbraio 1861 al 2 maggio 1880eputato dal 1861 al 1881, sempre all'estrema sinistra. Nominato senatore nel 1881. Morirà nel 1885.

Il conte Gabrio Casati e l'arcivescovo Romilli protestano con il viceré e le altre autorità, esprimendo stupore, dolore ed indignazione per le aberranti azioni perpetrate dai militari il giorno 3 gennaio.

Il giornale torinese il Risorgimento, in una corrispondenza da Milano, dà notevole rilievo ad una dichiarazione del parroco del Duomo, l'ottantacinquenne canonico Opizzoni:

"venuto anch'esso al cospetto del viceré a implorar giustizia e misericordia, disse queste gravi parole: 'Altezza, ho visto a' miei tempi i russi, i francesi e gli austriaci invadere come nemici la nostra Milano; ma un giorno come quello di di jeri non lo vidi mai; si assassinava per le strade, il mio ministero mi obbliga a ripeterlo, si assassinava'.

A questi tremendi accenni il governatore Spaur, men tristo degli altri, si vide piangere." [143]

Brescia, 4 gennaio 1848

La situazione, la tensione, gli odi di Milano sono analoghi a quelli del resto della Lombardia. La situazione di Brescia è così descritta dal giornale "la Patria".

"Qui lo stato presente delle menti e dei cuori è vulcanico. Le mozioni delle congregazioni centrali e provinciali furono seguite dai corpi municipali e dalle società scientifiche, che in qualche luogo hanno mostrato che sotto le ceneri c'era un foco vastissimo che non si credeva. Ogni giorno cresce la potenza dello spirito nazionale; ogni giorno è segnato da forti pronunciamenti nelle vie legali, ma così dignitosi e tenaci, che affrontati prorromperebbero. (....) L'affare dei sigari non è che troppo vero. Il popolo si caccia in testa di non mettere più né anche al lotto. I figli dell'avvocato Cocchi e d'Alessandro Bargnani sono in carcere e molti altri bresciani." [144]

Milano, 5 gennaio 1848

Le autorità imperiali sono molto lontane dalla realtà sociale e politica del momento. Basta far riferimento ad un manifesto a firma di Ranieri, **"il viceré del regno lombardo veneto"**, indirizzato **"agli abitanti della Regia città di Milano"**, che appare talmente banale da far torto all'indubbia intelligenza del firmatario: **"I troppo deplorabili avvenimenti**

---

[143] "Archivio delle cose d'Italia", Capolago, 1850 (Carlo Cattaneo), pag. 195.

[144] Ivi, pagg. 187 e 188.

verificatisi in questi giorni in Milano hanno recato all'animo Mio un grave dispiacere, hanno portato una profonda ferita al Mio Cuore. (…) Diletti Milanesi! Io ebbi già delle prove del Vostro attaccamento anche alla Mia persona, ed ora confido nella conosciuta Vostra prudenza e moderazione. Siate dunque tranquilli, fidate in Chi è preposto alla direzione ed al savio ordinamento dei vostri bisogni, e non tarderete a conoscere come la Sovrana benignità sappia provvedere al pubblico bene."[145]

Milano, 6 gennaio 1848

Il "Risorgimento" di Torino pubblica una interessante corrispondenza da Milano, divisa, sostanzialmente, in due parti: nella prima viene fatto il punto sui reali poteri esistenti in città, nella seconda sono approfonditi alcuni gravi aspetti della repressione del 3 gennaio. Bisogna dire che la situazione del lombardo veneto, in particolare quella di Milano, appare in certo senso surreale, quasi folle, con le autorità civili che non tengono conto – o non riescono a tener conto - delle concrete problematiche esistenti e quelle militari che cercano in tutti i modi di aggravare le problematiche stesse aumentandone le difficolà, le inadeguatezze e le contraddizioni. In definitiva vi è una notevole frattura fra la cittadinanza e le autorità statali, ma sussiste anche un'altra frattura fra il potere civile, orientato ad un compromesso, ed il potere militare. Quest'ultimo intende provocare e reprimere la popolazione per farla reagire ed avere, così, la scusa di azzerare con la violenza la protesta delle forze nazionali. Radetzky, nella sua visione repressiva, reputa che metodi sempre più violenti possano annullare la protesta stessa, riconducendo la popolazione ad una totale ed acritica accettazione della struttura statale. Nell'articolo si precisa che:

"Quattro qui sono i poteri che comandano ora la città: il direttore di polizia; Radetzky; il governatore e Ficquelmont. Una perfetta anarchia regna fra loro. Il barone Torresani [146] prega istantemente il maresciallo Radetzky perché non permetta ai soldati di fumare in pubblico, e quello si ricusa; l'uno vuole, l'altro non vuole e frattanto la forza armata si pone in opera senza ordini positivi e ben ponderati; disordini sopra disordini. Il generale Wallmoden [147] riprova inefficacemente così inumane misure."

---

[145] Ivi, pagg. 188 – 189. Inizio e fine del manifesto del 5 gennaio a firma del vicerè.

[146] Il barone Carlo de Torresani Lanzfeld, barone di Camponero, direttore della polizia di Milano, era malvisto da Radetzky perché più moderato di lui nel venire incontro alle necessità della popolazione.

[147] Il conte Ludwig von Walmoden – Gimborn, figlio di Johann Ludwig, a sua volta figlio illegittimo del re Giorgio II d'Inghilterra e di Carlotta von Wangenheim, è stato il repressore della rivoluzione napoletana del 1821 e di quella siciliana, fino al 1823. Generale di corpo d'armata, è il comandante della piazza di Milano. Non concorda sulla politica violenta e provocatoria di Radetzky, forse perché è tanto intelligente da comprendere l'entità della forza rivoluzionaria che si va accumulando.

Carlo Cattaneo[148] commenta: **"lo scrittore dimentica il quinto dei satrapi, il vicerè"**, ma sembra che il giornalista sia stato molto realistico nel non annoverare fra i detentori del potere anche Ranieri – che, peraltro, in teoria, dovrebbe essere proprio il vertice - dato che ormai è, di fatto, esautorato. Inoltre non è vero che l'esercito agisse "senza ordini positivi". Gli ordini, invece, erano ben chiari e precisi: provocare, reprimere, distruggere uomini e cose. Cosa questa, che il corrispondente del Risorgimento doveva considerare particolarmente scandalosa, quindi irrealistica, anche se, in effetti, costituiva proprio l'effettiva politica di Radetzky.

Per quanto attiene alla repressione, il giornale precisa che **"notizie recentissime di Milano confermano quanto da noi pubblicato intorno ai sanguinosi casi del 2 e 3** (gennaio)." Le altre notizie, peraltro, dimostrano che quanto accaduto è ancora più drammatico di quanto fosse apparso all'inizio. In anticipo il comando austriaco ha dato l'ordine di affilare le armi bianche. Agli ospedali è stato dato ordine di preparare lettighe e posti letto. A ciascun militare sono stati distribuiti sette sigari **"per la organizzata provocazione."** [149] Un vecchio magistrato (Manganini) è stato massacrato senza motivo. Vicino a Porta Nuova un gruppo di operai, mentre tornava a casa, è stato colpito da tiri di fucileria (un morto, quindici i feriti). A Piazza dei Mercanti un dipendente della polizia ha ucciso con una pugnalata al cuore un fabbro che parlava in difesa di un ragazzo. Molti i furti nelle botteghe e le distruzioni delle stesse. Si sono distinti per violenza gli allievi ufficiali, cioè la categoria militare che attua con maggiore disciplina e incisiva partecipazione gli ordini ricevuti. Addirittura è stata rubata la cassa del caffè Martini (di fronte alla Scala) e sono stati scarcerati ed inviati in strada delinquenti al fine di aumentare la confusione e la violenza.

Livorno, 6 gennaio 1848

Viene svolta un'intensa propaganda democratica nelle strade. Discussioni e volantinaggi, Nella zona del porto iniziano azioni violente, che si estendono a gran parte della città. Le forze di polizia sono colte alla sprovvista e, sulle prime, non intervengono. Poi agiscono con molta determinazione. I moti, gradualmente, terminano.

---

[148] Carlo Cattaneo è nato a Milano nel 1801. Interessato a studi classici, scientifici e storici. Nel 1820 insegnante di grammatica latina e successivamente di scienze umane. Laureato in giurisprudenza a Pavia.Traduttore di opere storiche e geografiche dal tedesco. Nel 1839 ha fondato "il Politecnico". Promotore di una politica gradualista per la soluzione dei problemi con l'Austria. Ha partecipato alle Cinque giornate di Milano, divenendo il presidente del consiglio di guerra. Esule in Svizzera e primo rettore del liceo di Lugano, ha continuato nei suoi studi e nell'attività politica, impostata su una chiara e netta concezione liberale, federalista e laica, fino a tentare nel 1860 di convincere Garibaldi alla costituzione di una confederazione di repubbliche. Morirà nel 1869 a Lugano.
[149] Tutti gli estratti in grassetto riportati nel paragrafo sono tratti da:"Archivio delle cose d'Italia", (Carlo Cattaneo), cit. pag. 194.

Vengono operati alcuni arresti, fra cui quello di Francesco Domenico Guerrazzi,[150] un intellettuale che è un riferimento culturale dei gruppi di sinistra, famoso autore di romanzi storici[151] che esaltano l'idea nazionale.

Milano, 8 gennaio 1848

Il giornale "la Patria" di Firenze denuncia l'"**intenzione di Radetsky di fare, se il potesse, di questa nostra Milano una seconda Tarnow**".[152]

La notizia è interessante, perché evidenzia gli aspetti più gravi del piano di Radetzky: reprimere l'area cittadina e mobilitare i contadini contro i "signori" della città, a sostegno dell'impero che i "signori" stessi, con le loro mene eversive, intendono mettere in crisi, danneggiando soprattutto la povera gente. E' la politica attuata nel 1846 in Galizia, con epicentro Tarnòw.[153] Così, anche in Lombardia, il lavoro sporco lo dovrebbero fare i contadini: violenze, occupazione di case, impiccagioni, stragi, ecc. La solita rivolta anarchica contro chi ha come fine innovazioni nazionali e democratiche.

Ma la visione schematica ed aprioristica del generale non tiene conto che la situazione sociale, culturale e psicologica del milanese è diversa da quella polacca. Gli agenti inviati

---

[150] Francesco Domenico Guerrazzi è nato a Livorno nel 1804. Si è laureato in legge, nonostante problemi di carattere politico, nel 1824. Ha svolto attività forenze, ma si è dedicato all'attività letteraria. Mazziniano, con lui la Giovine Italia è divenuta egemone a Livorno. Nel 1847 ha sostenuto i moti livornesi e ha chiesto l'armamento della guardia civica. Arrestato. Nel 1848 è stato direttore della "Gazzetta Livornese". Ministro dell'Interno nel governo Montanelli, alla cui caduta è stato nuovamente arrestato. Il 1° luglio 1853 è stato condannato a 15 anni di reclusione, successivamente commutati nell'esilio in Corsica. Nel 1856 fuggirà, recandosi a Genova, sotto la protezione di Cavour. Eletto deputato nel 1860, si è schierato con i radicali e si è opposto alla cessione di Nizza e della Savoia.. E' stato riconfermato nel Regno d'Italia per tre legislature, dal 18 febbraio 1861 al 2 novembre 1870. E' stato prima nel gruppo dei radicali, poi in quello dei repubblicani. Morrà in una fattoria del comune di Cecina (LI) nel 1873.
[151] I più importanti sono: "la battaglia di Benevento" (1827), "Isabella Orsini, duchessa di Bracciano" (1844), Beatrice Cenci (1854), "La torre di Nonza" (1857); "L'assedio di Firenze" (1863), "L'assedio di Roma" (1864).
[152] :"Archivio delle cose d'Italia", (Carlo Cattaneo), cit. pag. 195.
[153] Tarnòw, città della Polonia meridionale, oggi nel voivodato della Piccola Polonia, allora nella Galizia asburgica, nel 1846 è stata il centro della rivolta nazionale, diretta dall'aristocrazia e dalla borghesia. Le autorità austriache hanno provocato contro i ceti nazionali una rivolta contadina, capeggiata da Jakub Szela. Si tratta del famigerato massacro galiziano, iniziato il 18 febbraio del 1846. Tale massacro ha avuto luogo in ben tre contee: oltre a quella di Tarnòw anche nelle vicine di Jaslo e di Sanok. I capi della rivolta si sono vantati di aver ucciso mille nobili, distruggendo cinquecento castelli e case padronali. A massacro effettuato gli austriaci sono intervenuti per "restaurare l'ordine". Naturalmente hanno consentito a Jakub Szela di rifugiarsi in Bucovina.

nelle campagne lombarde non sono riusciti a provocare una sollevazione contadina. Anzi hanno dovuto prendere atto che la situazione delle campagne è analoga a quella delle città. Anch'esse sono antiaustriache. Di conseguenza Radetzky non ha potuto provocare l'auspicata rivolta anarchica filo imperiale.

Pavia, 9 gennaio 1848

Gruppi di poliziotti, in borghese, con finalità provocatorie, passeggiano fumando sotto i portici dell'università. Alcuni studenti li invitano a fumare altrove, essendo in quell'area vietato. I poliziotti travestiti rispondono, sfidando gli studenti ad avere il coraggio di farli andare via. Il diverbio diventa sempre più violento. Accorrono molti militari in aiuto dei poliziotti. Inizia il confronto con bastoni, sassi e coltelli. Lo scontro si estende sempre di più e diviene molto duro. Accenna a finire solo due ore dopo. La città è piena di pattuglie. Uno studente è stato ucciso. In risposta è stato ucciso anche un poliziotto. I feriti sono 12.

Milano, 9 gennaio 1848

Altro manifesto dell'arciduca Ranieri. Il viceré cerca di mediare. Ma da Vienna non sono d'accordo: nessun beneficio o innovazione possono essere concessi. In data odierna, a firma dell'imperatore Ferdinando, giungono due messaggi che chiudono qualsiasi discussione. Saranno pubblicati nei prossimi giorni.

Il problema è grave, dato che viene di fatto smentita la trentennale politica del viceré. Non solo: le sue ultime prese di posizione sono di fatto dichiarate illegittime.

Palermo, 9 gennaio 1848

Grande manifestazione, con una notevole partecipazione popolare. Un manifesto afferma che il tempo delle preghiere è finito. Si sono rivelate inutili le proteste, le suppliche, le pacifiche dimostrazioni. Di conseguenza si raccomanda di armarsi per la rivoluzione.

Milano, 10 gennaio 1848

Il giornale Patria rende noto – sia pure in ritardo - che :

"la sera del 6 (gennaio) **al teatro della Scala erano aperti 4 soli palchi e furono venduti 9 soli biglietti"** [154]

La protesta si estende e trova i momenti e le modalità più vari per esprimersi.

---

[154] "Archivio delle cose d'Italia", (Carlo Cattaneo), cit. pag. 194.

Il numero dei presenti a teatro evidenzia bene la percentuale minima dell'adesione dei milanesi al governo austriaco. Le serate alla Scala sono molto amate dai componenti del governo e dall'ufficialità austriaca. Perciò sono state boicottate. Alla fine il teatro è stato chiuso.

Pavia, 10 gennaio 1848

Alle 09.30 due professori italiani considerati spie degli austriaci ed un professore tedesco entrano in università. Gli studenti, in gran numero, li cacciano, urlando: "abbasso le spie, abbasso i tedeschi". I professori si rifugiano presso un reparto croato in pattugliamento, che snuda le sciabole e si scaglia contro gli studenti, che reagiscono, per quanto loro possibile. Alle 12.00 i militari fanno a pezzi lo studente Binda. Alle 14.00 si lamentano 8 morti e 20 feriti, la maggior parte fra i militari. La popolazione aiuta gli studenti. Alcuni di costoro, individuati dalla polizia, scappano in Piemonte. Altri sono arrestati. Un comunicato degli studenti invita tutti all'unità, a non commettere imprudenze ed a costiture un battaglione per la prossima guerra contro l'Austria.

Palermo, 12 gennaio 1848: la rivoluzione.

E' il genetliaco del re Ferdinando II, nato a Palermo durante il periodo napoleonico, nel 1810. Già da ieri il Comitato rivoluzionario ha riempito la città di manifesti contro il monarca. Oggi iniziano estesi tumulti, che colgono di sorpresa il luogotenente del re e comandante militare generale de Majo[155]. Squadre ben armate ed organizzate, agli ordini di Giuseppe La Masa[156] e Rosolino Pilo[157], occupano alcuni punti strategici.

---

[155] Luigi Nicola de Majo, duca di San Pietro, è nato a Napoli nel 1878. Ufficiale nel regno murattiano, ha partecipato agli eventi rivoluzionari del 1821. Liberale moderato, nominato nel 1840 luogotenente del re in Sicilia e nel 1841 generale di brigata, ha dimostrato un impegno notevole nel campo delle riforme. Fra il 1840 ed il 1848 ha abolito il calmiere dei prezzi che gravava sul pane e sulla pasta, ha costituito un consiglio edilizio, analogo a quello di Napoli, per il miglioramento estetico e strutturale dell'edilizia palermitana, ha abolito i diritti feudali residui, cercando di dirimere le controversie fra comuni, baroni ecc.. Ha, inoltre, effettuato la bonifica dell'ampia area nominata Maredolce ed altri analoghi lavori di bonifica. Ha gestito una notevole ristrutturazione della viabilità isolana per la notevole cifra di 111.500 ducati. Innanzi alla rivoluzione cercherà di venire ad accordi, accomodamenti, transazioni, suggerendo al re soluzioni il più possibile vicine alla Costituzione del 1812. In occasione di guerre o di movimenti rivoluzionari la storia è sostanzialmente ingiusta nei confronti di coloro che cercano soluzioni di compromesso come de Majo, che ingiustamente si è guadagnato la fama di debole e, in definitiva, anche di incapace. Morirà a Napoli il 18 febbraio 1860.
[156] Giuseppe La Masa è nato a Trabia (PA) nel 1819. Poco dopo la famiglia si è spostata a Termini Imerese (PA). Ha studiato lettere, giurisprudenza e matematica a Palermo. Autore di drammi e di saggi a carattere politico sociale. Capo di stato maggiore dell'esercito siciliano nel 1848 e nel '49. Successivamente in esilio a Parigi, Torino e Malta. Coordinerà i volontari siciliani nella campagna del 1860. Nominato generale da Garibaldi, sarà maggior generale nell'esercito italiano. E' stato

Era iniziata da tempo la tensione in Sicilia. Durante la perdita del Regno di Napoli a causa dell'occupazione francese e la permanenza dei reali a Palermo, re Ferdinando III (di Sicilia, IV di Napoli, nonno di Ferdinando II), chiudendosi in una sorta di volontario esilio alla Ficuzza, aveva di fatto acconsentito alle pressioni del plenipotenziario inglese lord William Bentinck. Così questi, il 19 luglio 1812, ha fatto concedere una Costituzione simile a quella della Gran Bretagna. Poi ha imposto addirittura l'isolamento e, infine, l'esilio alla stessa regina, Maria Carolina. Alla caduta di Napoleone e di Gioachino Murat, con la nascita del Regno delle Due Sicilie, Re Ferdinando (divenuto I) ha annullato la concessione della Costituzione siciliana. Da ciò i moti del 1820 – 1821, vari contrasti ecc..

Il **13 gennaio** sono occupati i commisariati di polizia, altre strutture governative, l'ospedale di San Francesco di Paola, il palazzo di giustizia.

Il **14 gennaio** i combattimenti si estendono a tutta la città. Viene costituito, nella casa del cavaliere Vigo alla Fieravecchia[158], un comitato provvisorio di 26 membri, presieduto dal principe di Grammonte. Alla fine i comitati saranno quattro. Anche l'organizzazione amministrativa del municipio aderisce alla rivoluzione. Dai forti viene bombardata la città.

Il **15 gennaio** i consoli delle potenze straniere chiedono al luogotenente nonché comandante de Majo di cessare il bombardamento, che ha prodotto danni, incendi, ecc. I tiri diminuiscono fino a cessare.

Il **16 gennaio** arrivano nel porto di Palermo nove navi da guerra, al comando del fratello del re, conte d'Aquila[159], che sbarcano cinquemila uomini. Inizia il contrattacco borbonico.

---

eletto deputato per tre legislature, dal 18 febbraio 1861 al 2 novembre 1870. Ha rappresentato la sinistra storica. E' morto a Roma nel 1881.

[157] Il conte Rosolino Pilo di Capaci è nato a Palermo nel 1820. Con La Masa ha comandato i primi gruppi rivoluzionari il 12 gennaio 1848. Poi è stato il comandante delle artiglierie di Palermo. Repubblicano, è fra i giornalisti de "La Democrazia". Dopo la repressione borbonica sarà esule a Marsiglia, Genova (dove incontrerà Mazzini) e Torino. Parteciperà all'organizzazione del tentativo di rivolta del 1853 a Milano. Teorico della guerriglia, si avvicinerà a Pisacane e parteciperà alla prima fase della spedizione di Sapri, ma una forte tempesta a largo di Montecristo farà perdere il carico di armi portate sul suo battello. Anche una successiva azione a favore di Pisacane entrerà in crisi. Poi dovrà fuggire a Malta. Tornerà in Sicilia per supportare l'azione dei Mille. Il 18 aprile 1860 sarà a Carini, il 20 aprile a Piana dei Greci, poi attaccherà i borbonici a San Martino delle Scale, in coordinamento con l'avanzata di Garibaldi su Palermo, ma sarà ucciso da una fucilata.

[158] Piazza Fieravecchia è oggi chiamata piazza Rivoluzione.

[159] Luigi, principe di Borbone – Due Sicilie, conte d'Aquila, comandante della real marina del Regno, è nato a Napoli nel 1824. Contrariamente al fratello Ferdinando II, egli reputa che alcune riforme rafforzerebbero la monarchia. Anzi è a capo della corrente liberale della corte, insieme al fratello Francesco, principe di Borbone – due Sicilie, conte di Trapani e generale. Luigi è interessato alla botanica, all'elettricità e all'arte (pittura). Entrerà in contrasto con il nipote Francesco II, considerato debole, reazionario, sostanzialmente incapace, tanto che si è pensato che Luigi volesse

Il **17 gennaio** l'azione rivoluzionaria diminuisce d'intensità.

Il **18 - 22 gennaio**, sotto la guida di capi validi e coraggiosi come Rosolino Pilo, gli insorti passano nuovamente all'attacco. Il generale Di Majo intende venire ad un accordo e scrive al pretore, marchese Spedalotto, che gli risponde di rivolgersi al comitato. Il momento è importante. L'accettazione da parte del Di Majo di trattare con l'organismo che dirige la rivolta costituisce un oggettivo riconoscimento della controparte rivoluzionaria. In effetti il luogotenente accetta di avere rapporti con il comitato chiedendo cosa intendano ottenere i rivoltosi. Il comitato risponde che vuole il ripristino della Costituzione, concessa nel 1812 e successivamente "bloccata".[160]

Ferdinando II concede una serie di riforme. Il conte d'Aquila viene nominato viceré[161], sono separate l'amministrazione siciliana e quella napoletana, è concessa un'amnistia per coloro che tornino alla normalità entro due giorni. Ma il comitato generale non è soddisfatto: pretende la Costituzione. Continuano gli scontri, con sempre maggior vigore.

Il **23 - 24 gennaio** I quattro comitati si costituiscono anche formalmente, con elezioni ed uno specifico contratto [162] in comitato generale per le attività di maggiore importanza[163].

---

attuare una sorta di colpo di Stato. Di sicuro c'è il fatto che il re lo manderà in esilio il 17 agosto 1860. Così Luigi vivrà a Parigi, dove morrà nel 1897.

[160] E' interessante notare lo stile formalmente impeccabile con cui vengono date risposte ferme e decise dal comitato generale al luogotenente, tramite il pretore: "**Eccellenza, ho comunicato al Comitato generale la lettera che V.E. mi ha scritto oggi stesso, e sono incaricato di risponderle, che le disposizioni delle quali si parla nella lettera di V.E. non possono riguardare un popolo che da nove giorni, fra gli orrori del bombardamento, delle mitraglie e degli incendi, sostiene gloriosamente i suoi dritti e quelle patrie istituzioni che sole possono assicurare la durevole felicità di questa isola. Il Comitato dunque, fedele interprete del fermo proponimento del popolo, non può che insistere nelle idee già partecipate per mio mezzo all'E.V., che le armi non saran deposte né le ostilità sospese, se non quando la Sicilia riunita in Palermo in general Parlamento, adatterà ai tempi la Costituzione che da molti secoli ha posseduto, che sotto la influenza della Gran Brettagna fu riformata nel 1812, e che col decreto regio degli 11 dicembre 1816 fu implicitamente confermata. Sono con sentimenti di distinta stima. U.mo ed Obl.mo Servo Marchese di Spedalotto, Palermo 21 gennaro 1848**" Da: Collezione officiale degli atti del Comitato generale di Sicilia nell'anno 1848", pagg. 20 e 21.

[161] Non si insedierà in tale carica.

[162] La rivoluzione siciliana si è contraddistinta, fra l'altro, anche per una perfetta burocratizzazione dei suoi vari atti.

[163] Il 23 gennaio, subito dopo la definitiva costituzione del comitato generale, viene pubblicato un proclama, a nome del comitato stesso, che presenta un altro proclama, proveniente dai rivoluzionari di Napoli. Il "testo siciliano" precisa: "**Al magnanimo grido della città di Palermo risponde la Sicilia tutta, risponde la città di Napoli sorella; un solo pensiero agita le menti di otto milioni di uomini, una sola voce domanda libere istituzioni, e sicure. (....) Il coraggio, la costanza sarà reciproca, la fiducia nostra è illimitata nei nostri fratelli: che essi riposino sulla coscienza di una Nazione, che sa meglio d'ogni altro popolo aborrire ed amare con indomita fede; e fra**

Presidente è eletto Ruggero Settimo[164], segretario Mariano Stabile[165]. De Majo propone una tregua. Il governo rivoluzionario non la concede.

Il **25 gennaio** è un giorno importante, dato che, a seguito di una più intensa pressione da parte dei rivoltosi, le truppe iniziano a cedere. I combattimenti continuano inesorabilmente.

Il **26 – 31 gennaio** la pressione aumenta ed inizia il crollo dei borbonici. Premuti verso la costa, in pratica escono dal perimetro cittadino. I reparti si attestano sul molo ed in altre posizioni periferiche, ma sono stremati. Hanno avuto 500 perdite, contro le 300 dei rivoltosi.

Il **1° febbraio**, respinti dalle ultime posizioni, i reparti s'imbarcano, dopo 15 giorni di duri combattimenti. Il comitato generale ha già organizzato il coordinamento con i comitati provinciali. Importanti azioni si sono svolte nei giorni scorsi a Trapani, Catania, Caltanisetta, Girgenti (Agrigento).

Milano, 12 gennaio 1848

La congregazione centrale lombarda, dopo aver chiesto e ricevuto il parere delle congregazioni provinciali, presenta al vicerè, per il successivo inoltro all'imperatore, una relazione che, nello stile aulico previsto in tali occasioni, analizza gli aspetti negativi della situazione e propone alcune soluzioni atte a migliorarla.

Bisogna precisare che le congregazioni erano gli organi competenti a formulare proposte di carattere amministrativo. Esse, in termini attuali, costituivano i consigli regionali, provinciali e comunali dell'epoca. A capo dell'amministrazione, nelle due aree, lombarda e veneta, vi erano due governatori, ciascuno supportato da un consiglio di governo, da cui

---

breve con loro e con gli altri popoli della bella penisola saremo tutti riuniti in possente federale famiglia." Da: "Collezione officiale" cit., pag. 23.

[164] Ruggero Settimo, dei principi di Fitalia e dei marchesi di Giarratana, è nato a Palermo nel 1778. Ufficiale di marina nel 1793. Ha combattuto i corsari barbareschi, la flotta francese, a Malta ed a Gaeta. Si è dimesso come ufficiale per motivi di salute nel 1811. Ministro della Marina nel 1812 – 1813 e, poi, ministro della Guerra 1813 – 1814. Sostenitore della Costituzione del 1812, nei moti del 1820 - '21 ha fatto parte del governo provvisorio. Alla fine della rivoluzione avrà cariche nella politica sanitaria dell'isola. Presidente del comitato generale nella rivoluzione del 1848, poi presidente del consiglio del governo siciliano. Sarà sostituito dal principe Pietro Lanza di Butera a febbraio1849. Dopo la riconquista borbonica della Sicilia andrà esule a Malta, fino all'invito a tornare inviatogli da Garibaldi vittorioso. Senatore del Regno d'Italia dal 20 gennaio 1861, presidente del Senato dal 1861, morirà a Malta il 2 maggio 1863.

[165] Mariano Stabile è nato a Palermo nel 1806. Ha studiato economia politica e matematica. Segretario del comitato generale, nel 1849 sarà ministro della Guerra. In esilio, si distinguerà per un'accesa, continua attività di propaganda. Tornato in Sicilia durante la campagna dei Mille sarà vice presidente del consiglio straordinario di Stato. Nel 1862 sarà sindaco di Palermo per pochi mesi, dato che morirà nel 1863.

dipendevano le congregazioni centrali (una in Lombardia[166] ed una in Veneto), le congregazioni provinciali (nove lombarde e otto venete) e, da queste, quelle municipali. Naturalmente i vari membri non erano eletti, bensì nominati. Nel Regno solo i problemi economico finanziari e quelli attinenti alla sicurezza dipendevano direttamente da Vienna.

Bisogna altresì precisare che le richieste della congregazione centrale lombarda, legittime e coerenti con le leggi asburgiche e di fatto accettate come base di discussione dal vicerè e dal governatore Spaur[167], sono state a priori rigettate dal governo di Vienna. Il fatto è importante perchè tale rigetto – non desiderato dalle locali autorità civili austriache - ha dimostrato a tutti i ceti che, a causa dell'intransigenza imperiale, era impossibile discutere ed ormai tutta la popolazione era violentemente posta innanzi all'alternativa di accettare qualsiasi violenta sopraffazione o ribellarsi. Ed a favore della rivolta si sono rapidamente schierati molti moderati che mai avrebbero pensato di fare la rivoluzione.

Per rendere chiara la posizione del governatore della Lombardia, che era ben diversa da quella di Radetzky, della corte e del governo imperiale, basta far riferimento alla lettera "accompagnatoria" con cui Spaur ha inviato a Vienna l'indirizzo della congregazione lombarda:

"Considerate le attribuzioni concesse dalla sovrana patente ai collegi centrali e provinciali, e vista l'unanimità dei voti, tanto della commissione appositamente istituita in séguito a superiore vicereale autorizzazione, quanto della intera congregazione centrale, il rispettosamente sottoscritto presidente (Spaur) ha trovato di dare sollecito corso alla presente umilissima supplica, diretta a S.M.I.R.A. (l'imperatore); e ciò tanto più, quanto che la medesima si riferisce in parte ad un'altra simile istanza dell'anno 1825; e più ancora perché la presente comprende oggetti e versa su degli argomenti di pubblica amministrazione, di cui la maggior parte venne sustanzialmente già accennata in varie antecedenti consulte, rassegnate dalla presidenza del governo agli eccelsi superiori dicasteri, ed in ispecie nell'ossequioso rapporto di recente umiliato (consegnato) a S.A.I.R. il serenissimo arciduca vicerè."[168]

<u>Genova: 14 gennaio 1848</u>

---

[166] Massimo d'Azeglio, sulla congregazione centrale della Lombardia ha scritto: **"corpo che doveva essere presso il governo l'interprete dei bisogni del Lombardo – Veneto, e che fu reso impotente ed inutile dalla sistematica malafede austriaca"** ("I lutti di Lombardia", in "I miei ricordi e Scritti politici e lettere", Milano, 1921, pagg. 385 e 386)

[167] Johann Baptist conte di Spaur, Pflaum e Valor è stato governatore sia a Milano che a Venezia. Di origini trentine, il nome era Sporo, da un castello sito nel comune di Spormione (TN), poi tedeschizzato in Spaur. A seguito della rivoluzione si dimetterà, uscendo dall'amministrazione dello Stato. Morrà a Vienna nel 1852.

[168] "Archivio delle cose d'Italia", (Carlo Cattaneo), cit. pag. 220.

Dimostrazione popolare. Vengono chieste l'istituzione della guardia civica e l'espulsione dei gesuiti.

Quattro aristocratici portano al re una petizione di ventimila cittadini, ma non sono ricevuti.

Udine: 15 gennaio 1848

Prima avanti alle chiese di Udine, poi in molte altre città, in particolare a Venezia, è stata diffusa la risposta inviata da Niccolò Tommaseo all'arcivescovo Zaccaria Bricito:

"ho lungamente indugiato, io laico,(....) a volgerle la parola; ma conforti autorevoli e la voce della mia coscienza, mi forzano a dire. A un italiano, a un figliolo suo, monsignore, ad un innocente è stata quasi spenta violentemente la vita, è stata ad altri molti minacciata la vita, provocando, insultando e le persone e la nazione infelice tutta quant'è. (....) Ella, sacerdote italiano, che ha parlato al popolo raccomandando" sottomissione, **"deve ora parlare al principe consigliando giustizia: (....) deve pregare il viceré di queste province che (...) tutti coloro che soffrono e attendono (...) hanno diritto a quei miglioramenti i quali egli medesimo nella sua probità confessò necessari. (...) Rammenti le promesse dall'Austria,"** date nel 1815, **"d'un governo nazionale all'Italia, (...): rammenti queste promesse, che sono le condizioni della nostra sudditanza, e ne chieda l'adempimento.(....) Il pastore che inerte vede le sue pecorelle sbranate, nel dì supremo avrà nome non di pastore ma di mercenario: il prete che non si sente cittadino è una bestemmia vivente."** [169]

Alla risposta di Tommaseo viene data grande diffusione.

Roma, 16 gennaio 1848

Nella chiesa di San Carlo al Corso sono celebrati, con una messa cantata, gli onori funebri per i milanesi uccisi dagli austriaci il 3 gennaio. In molte città sono state effettuate tali celebrazioni, ma questa di Roma è particolarmente solenne, quindi significativa. Il nero del lutto di tutti gli intervenuti è un chiaro messaggio dell'unità e della partecipazione degli italiani.

Il papa è rappresentato da monsignor Borromeo, il Piemonte dall'ambasciatore, marchese Pareto, anche la Gran Bretagna è rappresentata dal generale Adams. Fra le signore spicca la rappresentanza dell'aristocrazia lombarda: la principessa di Belgioioso, la marchesa d'Adda, la contessa Confalonieri, la contessa Visconti, la contessa Pasolini, la marchesa

---

[169] Archivio delle cose d'Italia", (Carlo Cattaneo), cit.. pag. 237.

Spinola. Da Genova la marchesa Pallavicino. E, poi, persone di tutti i ceti, milanesi, veneziane ecc. Grande la partecipazione dei romani. Gli universitari hanno un velo nero al collo e tengono in mano un ramo di cipresso.

Milano, 17 gennaio 1848

I messaggi imperiali, datati 9 gennaio, sono due, indirizzati uno al viceré, l'altro alla popolazione. Sono quasi uguali e ne è stata imposta la diffusione, pur arrecando un grave danno al prestigio di Ranieri. Questi, infatti, coerente con la sua trentennale politica moderata tendente al compromesso, aveva inviato un messaggio ai milanesi molto sereno e conciliante: **"I troppo deplorabili avvenimenti verificatisi in questi ultimi tempi a Milano (....) hanno ecc.** Inoltre, di fatto, aveva ripristinato alcune facoltà della rappresentanza o 'congregazione' delle otto province lombarde, previste da una sovrana patente del 25 aprile 1815. Il 14 gennaio, infine, aveva consentito l'inoltro all'imperatore delle proposte della commissione nominata dalla congregazione centrale.

E' evidente che i due proclami sono stati elaborati da Metternich d'accordo con l'arciduchessa Sofia[170]. Questa rappresenta il principale referente del cancelliere nella famiglia reale. E', infatti: cognata dell'imperatore Ferdinando, per ora sommessamente considerato inabile; moglie dell'erede al trono, schivo e lontano dalla politica; madre di colui che è l'erede riconosciuto, Francesco Giuseppe. Con i due proclami l'arciduchessa, d'accordo con Metternich, tende a conseguire contemporaneamente vari obiettivi. Il più importante tende ad aggravare la situazione politica per anticipare la successione a favore del figlio che compirà diciotto anni il 18 agosto.

La sintesi della posizione imperiale si può dedurre dalla parte finale della lettera inviata al viceré:

"Ho già fatto pel Regno lombardo - veneto tutto ciò che credetti necessario, per corrispondere ai bisogni ed ai desiderj delle rispettive provincie; né sono inclinato a fare ulteriori concessioni. Vostra Altezza farà conoscere al pubblico questi miei sentimenti: confido nella maggioranza degli abitanti del Regno lombardo – veneto, che

---

[170] Sofia di Baviera, nata a Monaco nel 1805, terza figlia del re Massimiliano di Baviera, moglie di Francesco Carlo d'Asburgo Lorena. Ha gestito nei difficili anni rivoluzionari la corte, portando a termine la nomina ad imperatore del figlio Francesco Giuseppe, con l'abdicazione del cognato Ferdinando I e l'esautorazione del marito. Riferimento dei tre marescialli dell'Impero, Radetzky, Jellacic e Windisch – Graetz, ha di fatto assunto le funzioni di imperatrice. Molto affezionata al figlio Massimiliano, ne ha subìto la morte con grande dolore. Sofia ha avuto problemi con la nuora Elisabetta, peraltro sua nipote, che non aveva le doti per gestire la sua alta funzione. Ha, comunque, cercato di sostituirla, fino alla morte, avvenuta a Vienna nel 1872. Scomparsa, la sua, che è stata vissuta come il termine di una fase importante della storia imperiale.

non saranno per avvenire altre disgustose scene; ad ogni modo mi affido nella fedeltà e nel valore delle mie truppe.
Ferdinando [171]

Torchiara (SA), 17 gennaio 1848

A sud di Salerno il Cilento si ribella, soprattutto nell'area di Torchiara (SA), Castellabate (SA) e Pollica (SA). Carlo Poerio invia Costabile Carducci[172], imprenditore, nato a Capaccio, sicuro e valido rivoluzionario.

La finalità degli organizzatori dei moti è estendere la rivolta alla Basilicata ed anche alla Calabria settentrionale, ad imitazione di quanto è avvenuto in Sicilia.

Venezia, 18 gennaio 1848

L'avvocato Daniele Manin[173], molto noto per la sua attività professionale, negli ultimi tempi ha inviato alle autorità alcune richieste di riforme, ritenute oramai necessarie. E' molto addentro all'attività finanziaria, sia per quanto attiene alla ferrovia Milano Venezia, sia perché è consulente della società veneta commerciale e di varie altre aziende. E' un convinto liberista e fra le sue richieste vi sono interventi di supporto all'attività finanziaria ed ai traffici. In buona sostanza auspica un Regno lombardo veneto autonomo nell'ambito dell'Impero, che entri nella lega doganale italiana. Altre riforme dovrebbero alleggerire gli oneri feudali e parafeudali che ancora gravano sulle campagne. Inoltre sono richieste la riforma dei codici, la libertà di parola e l'emancipazione degli ebrei. Analoghe richieste sono effettuate da altre persone, come l'avvocato Avesani[174]. Oggi Manin viene arrestato per alto tradimento ed insurrezione, imputazioni derubricate in perturbazione della pubblica tranquillità.

---

[171] Archivio delle cose d'Italia" (Carlo Cattaneo), cit. pag. 203

[172] Costabile Carducci è nato a Capaccio (SA) nel 1804. Studente universitario, non si è laureato. Impiegato, appaltatore, gestore di un ristorante e di un albergo. E' stato uno dei capi della rivolta del Cilento nel 1848. Colonnello della guardia nazionale a Salerno. Dopo le vicende del 15 maggio a Napoli si è rifugiato prima a Roma, poi in Sicilia. Per sostenere eed ampliare la rivolta in Calabria, ha tentato di ritornare in Cilento via mare. Ma, a causa di una tempesta, è stato costretto a rifugiarsi a Maratea (PZ) il 4 luglio 1848. Ha incontrato il sacerdote Vincenzo Peluso, che lo ha barbaramente ucciso.

[173] Daniele Manin, nato a Venezia nel 1804, inizialmente mazziniano, poi repubblicano ultramoderato, infine monarchico, sarà il capo della Repubblica di Venezia. In esilio a Parigi fonderà la Società nazionale. Morrà a Parigi nel 1857.

[174] Il barone Giovanni Francesco Avesani, nato a Venezia nel 1790, è stato un importante avvocato del foro della sua città. Anche se era di idee politiche moderate, la sua azione è stata incisiva e pienamente coerente con la rivoluzione nazionale. Dopo la caduta della Repubblica riparerà a Torino. Sarà eletto nel Parlamento del Regno di Sardegna dal 2 aprile 1860 al 17 dicembre successivo. E' morto nel 1861.

Si vede che il governatore Palffy[175] ha dato disposizione di stringere i freni. Il 30 dicembre 1847 Niccolò Tommaseo[176] ha tenuto, presso l'ateneo, un discorso "Dello stato presente delle lettere in Italia" che, data l'importanza del conferenziere, ha attirato moltissima gente, partecipe e plaudente. Un discorso nel quale vi è una dura critica alla censura nella sua funzione anticulturale. Così anche Tommaseo viene arrestato.

Napoli, 16 gennaio 1848

La situazione si complica notevolmente. Il re ed il governo tentano di concedere riforme moderate che valgano a ridurre la tensione.

Infatti il re pensa di decretare alcune concessioni. Ma prima chiede se l'Austria sarebbe propensa ad aiutarlo militarmente. La risposta è positiva, ma il Segretario di Stato del Papa, cardinale Ferretti, interpellato, precisa che non avrebbe concesso agli austriaci l'attraversamento del territorio dello Stato pontificio. Se necessario, sarebbe andato anche lui ai confini, a sostenere l'esercito.

In definitiva Ferdinando II deve fare da sé. E' preoccupato, in particolare, per le infiltrazioni delle idee nazionali e liberali fra gli ufficiali. Decreta, di conseguenza, lo stato di allarme.

Napoli, 17 gennaio 1848

Il re concede alcune riforme.

Napoli, 18 gennaio 1848

Le concessioni del re sono bene accolte, ma non riescono a ridurre la tensione.

Roma, 20 gennaio 1848

---

[175] Il conte Alajos Pàlffy de Erdod, barone di Ujezde, nato nel 1801. Ufficiale degli ussari nelle guerre napoleoniche, il 22 marzo 1848 è divenuto governatore del Veneto, rimanendo in tale carica fino all'aprile successivo. Nel 1959 parteciperà alla battaglia di Magenta, dando un modesto contributo alle operazioni. Successivamente si ritirerà dall'esercito, morendo nel 1876 a Hradiste.
[176] Niccolò Tommaseo, nato a Sebenico nel 1802, laureato in legge a Padova, giornalista, grande linguista. Ha vissuto e lavorato a Firenze, a Parigi, in Corsica, a Venezia. Ha assunto ruoli di particolare importanza nella Repubblica di Venezia. Esiliato a Corfù, è poi andato a Torino ed, infine, a Firenze. Da posizioni moderate si è spostato verso concezioni sempre più radicali ed antisabaude, fino a rinunciare alla nomina a senatore. Famoso il suo "Vocabolario della lingua italiana" in otto volumi. E' morto nel 1874.

Il cardinale Gabriele Ferretti, segretario di Stato, si dimette. E' evidente che è notevole la contraddizione di dover creare qualcosa di nuovo senza intaccare la situazione ed i rapporti di potere esistente. Vi sono cambiamenti continui ai vertici dello Stato, che sonol'espressione di una crisi di fondo. Ferretti è sostituito dal cardinale Giuseppe Bofondi[177].

Roma, 21 gennaio 1848

Il nuovo segretario di Stato, cardinale Giuseppe Bofondi, forma un governo analogo al precedente.

Roma, 22 gennaio 1848

Il principe Agostino Chigi,[178] persona di grande cultura e notevole esperienza, ha superato varie difficoltà politiche, rimanendo sempre su posizioni moderate, comunque aperte al cambiamento. Ora ha 77 anni ed ama analizzare la realtà nella maniera più oggettiva possibile, in un continuo "dialogo" con il suo diario. In data odierna ha scritto: "**Questa mattina nella chiesa della Sapienza quella scolaresca ha voluto celebrare un funerale per alcuni scolari dell'Università di Pavia, che si dice siano rimasti morti in un conflitto con la forza militare austriaca. Benchè non dovesse in tal funzione**

---

[177] Il cardinale Giuseppe Bofondi, di famiglia nobile, è nato a Forlì nel 1795. Nel 1823 è stato uditore della sacra rota e, dal 1831 a 1846, prolegato a Ravenna, poi a Ferrara, infine legato a Ravenna. Cardinale nel 1846, di idee moderatamente riformiste, con un fratello esule per motivi politici morto in esilio, sarà segretario di Stato dal 2 gennaio 1848 al successivo 10 marzo. Seguirà il papa a Gaeta e, successivamente, avrà incarichi presso la congregazione degli studi. Morirà nel 1867.

[178] Il principe Agostino Chigi Albani della Rovere, V principe di Farnese, duca di Ariccia, è nato a Roma nel 1771. Ha studiato a Siena presso gli scolopi. E' stato uno studente molto valido sia in letteratura e filosofia che in matematica e, soprattutto, in fisica. A diciassette anni è stato iscritto all'Accademia degli Innominati di Siena. Per motivi familiari ha dovuto tornare a Roma nel 1790. Successivamente si è dedicato agli studi letterari ed alla pubblicazione di varie opere. E' stato iscritto all'Accademia dell'Arcadia e all'Accademia dei Forti. Col grado di tenente colonnello ha combattuto i francesi, nel 1796, in difesa di Roma. Poi – come nobile senese – è stato ambasciatore della Toscana presso il papa. Infine si è avvicinato alla repubblica giacobina, ragion per cui al ritorno del papa ha avuto varie difficoltà, che, comunque, ha ampiamente superato. Vicino al cardinale Consalvi ed alla sua politica moderata, è tornato ai suoi studi letterari. .Nel 1808 i francesi hanno deportato il papa Pio VII. Chigi ha appoggiato la nuova organizzazione statale. E' stato nominato senatore e ha avuto vari incarichi. E' stato nominato anche conte dell'Impero. Infine ha appoggiato Murat. Al ritorno del papa è tornato alle attività letterarie, fra l'altro ospitando Stendhal. Ha gestito il suo notevole patrimonio ed ha avuto sempre l'incarico di maresciallo nei vari conclavi, senza più svolgere attività di carattere politico - amministrativo. Morirà a Roma nel 1855.

pronunciarsi un discorso, gli scolari hanno trasportato in chiesa il pulpito, ed il P. Gavazzi [179] barnabita ha perorato." [180]

Messina, 27 gennaio – 3 febbraio 1848

La presenza di un forte presidio borbonico, invece di garantire la calma, eccita i rivoluzionari. Il **25 febbraio** è stato contestato l'esercito durante una manifestazione militare. Oggi viene costituito un comitato insurrezionale. Sono attaccate le caserme e gradualmente è occupata la città. Le truppe si ritirano nella cittadella, che rimane l'unica struttura siciliana non conquistata dalla rivoluzione.

Napoli, 27 gennaio 1848.

Grande manifestazione popolare, sotto una forte pioggia. La tensione è massima. Le guarnigioni dei forti sono state allertate, però i comandanti ed i loro ufficiali hanno lasciato i cannoni coperti e le munizioni nelle riservette. Il generale Ruberti, responsabile del forte più importante, quello di Sant'Elmo, in posizione dominante su tutta la città, ha reso noto al re che non avrebbe fatto sparare sul popolo. Ferdinando II si è convinto che gli ufficiali sono in gran parte su posizioni liberali o, addirittura, mazziniane. Questo principalmente a

---

[179] Il padre Alessandro (Antonio) Gavazzi è nato a Bologna nel 1809, in una famiglia di cultori del diritto. A sedici anni è entrato nei barnabiti. Per la sua grande cultura a vent'anni è stato nominato, a Napoli, professore in belle lettere. Brillante predicatore, a 25 anni ha lasciato la docenza e si è dato a tempo pieno alla predicazione. Per le sue posizioni liberali e nazionali è stato in contrasto con gran parte del Vaticano ed, in particolare, con i gesuiti. Ha vissuto un lungo periodo di grande favore popolare, per le sue capacità di predicatore ma è divenuto oggetto, a volte, di azioni repressive. Si è avvicinato alla figura papale durante la prima fase del pontificato di Pio IX, tanto che è stato nominato cappellano generale delle forze armate. E' divenuto, così, il prototipo del sacerdote che spinge la militarità a combattere per la costruzione di uno stato nazionale unito ed indipendente. E' stato per tutta la vita in piena sintonia con il confratello Ugo Bassi. E' andato a Vicenza con le truppe pontificie, provocando l'entusiasmo delle popolazioni dei luoghi attraversati, che hanno sostenuto entusiasticamente le truppe. E' andato a Genova ed è divenuto l'anima sacerdotale della rivoluzione nazionale. Si è recato a Firenze al rientro della divisione romana, ma è stato espulso dal granduca per la sua predicazione. E' andato a Genova e, poi, è tornato a Roma. Arrestato dal generale Zucchi, è stato liberato dalla popolazione di Viterbo in rivolta. Di conseguenza il papa ne ha sanzionato la liberazione. Ha aderito alla costituzione della Repubblica romana, che lo ha rinominato cappellano capo. Così Gavazzi ha collaborato entusiasticamente con la Repubblica e con Garibaldi, trascinando le folle con i suoi interventi e criticando il papa per il tradimento nei confronti della Nazione. Alla caduta della Repubblica è riuscito a fuggire ed è andato come conferenziere in Inghilterra, poi negli Stati Uniti, in Canada, di nuovo in Scozia ed a Londra. Gradualmente abbandonerà il cattolicesimo. Comunque sarà cappellano di Garibaldi nel 1859, nella spedizione dei Mille e nel 1866. Nel 1870 diverrà evangelico e, in rappresentanza della chiesa libera evangelica italiana, tornerà negli Stati Uniti sia nel 1872 che nel 1880. Dopo il 1870 si stabilirà a Roma, dove fonderà, nel 1877, un oratorio, nel quale continuerà la sua missione per dodici anni, morendo 1889.

[180] Agostino Chigi: "Il tempo del Papa – Re, Diario del Principe Don Agostino Chigi dall'anno 1830 al 1855", Ed. del Borghese, Milano, 1966, pag. 216.

causa degli studi nei quali, per un aggiornamento culturale, sono state introdotte istanze nazionali e rivoluzionarie, che, naturalmente, il re considera pericolose. Ben diversi erano gli intendimenti del nonno Ferdinando I, quando fece inaugurare l'accademia, il 18 novembre 1787. Meno male che sono disponibili i quattro reggimenti di mercenari svizzeri, è la convinzione della corte.

Tre petizioni sono presentate al re: la prima da due convinti sostenitori della costituzione: Carlo Poerio[181] e Mariano D'Ayala[182]. La seconda petizione è di Francesco Paolo Ruggiero[183] (avvocato, liberale moderato) e la terza – molto seguita ed elogiata, sostenuta dal generale Carlo Filangieri principe di Satriano, e da Camillo Caracciolo, uscito dal carcere il 24 gennaio. E' stata compilata da Ruggiero Bonghi [184]scrittore, giornalista, filologo, liberale, che sta per pubblicare con lo storico Carlo Troya ed il letterato Saverio Baldacchini il giornale "Il Tempo". Tutti chiedono la costituzione.

---

[181] Il barone Carlo Poerio, avvocato, su posizioni liberali e nazionali, ha partecipato ai moti del 1820, poi è stato esule con il padre Giuseppe ed il fratello Alessandro prima in Toscana, poi in Francia ed Inghilterra, rientrando a Napoli nel 1833. E' divenuto molto noto come avvocato. E' stato arrestato più volte, nel 1837, nel 1844 e nel 1847. Ministro dell'Istruzione del governo costituzionale nel 1848. Nel 1849 condannato a 24 anni di carcere duro, commutati dieci anni dopo nella deportazione in America, sulla nave dirottata in Irlanda. Così si rifuggerà in Piemonte, ove verrà eletto alla Camera, nella legislatura dal 2 febbraio 1860 al successivoo 17 dicembre. Luogotenente generale del re per l'Italia meridionale. Deputato per tre legislature dal 18 febbraio 1861 alla morte, avvenuta nel 1867, a Firenze.

[182] Mariano d'Ayala, nato nel 1808 a Messina, nel 1828 è stato nominato alfiere. Successivamente ha svolto l'incarico di insegnante presso l'accademia della Nunziatella (arte militare, storia, balistica e geometria descrittiva), ma è stato allontanato nel 1843 perché di idee liberali, sebbene moderate. E' stato arrestato due volte, nel 1844 e nel 1847. Nominato intendente dell'Abruzzo Ultra (diviso in Ulteriore I:Teramo e Penne e Ulteriore II: Aquila, Sulmona, Avezzano, Cittaducale; 9739 Kmq con 659.508 abitanti nel 1856). A causa della repressione reale del 15 maggio 1848 si è rifugiato in Toscana, dove è divenuto ministro della Guerra. Ma non è andato d'accodo con Guerrazzi e si è dimesso. A Torino dal 1852 al 1859. Comandante, a Napoli, della guardia nazionale, infine senatore nel 1867, morirà nel 1877.

[183] Francesco Paolo Ruggiero è nato a Napoli nel 1798. Avvocato. Insegnante di economia e diritto civile all'università. Ministro degli affari ecclesiastici nel governo Troya. Ministro delle Finanze e di Grazia e Giustizia nel governo Spinelli di Cariati. Condannato a morte, è stato costretttto all'esilio. Si stabilirà in Toscana. Nuovamente a Napoli con Garibaldi. Deputato al Parlamento dal 1867 al 1870. Morirà nel 1881.

[184] Ruggiero Bonghi è nato a Napoli nel 1826. Ha pubblicato "Il Tempo" con il patrigno Baldacchini e con Troya. Inviato da quest'ultimo a Roma per il problema della costituzione della Lega, alla fine del costituzionalismo napoletano, ha preferito andare in esilio. Prima in Toscana, poi, dato che è stato espulso su richiesta di Napoli, è andato a Parigi, Londra e Torino. Nel 1859 ha avuto la cattedra di Logica a Pavia. Poi ha insegnato letteratura latina e storia antica e moderna a Firenze, Roma e Torino. Direttore di vari quotidiani, fondatore de "La Cultura". Deputato dal 1860 al 1895. Ministro dell'Istruzione pubblica dal 1874 al 1876. Riorganizzatore dell'Accademia della Crusca, ha fondato la Direzione degli scavi e dei Musei", ha costituito la biblioteca Vittorio Emanuele II a Roma, ecc. Morrà a Torre del Greco (NA) nel 1895.

Gli ufficiali comunicano ufficialmente al re che non possono fare affidamento sulla truppa, suggerendo di concedere la costituzione.

Il governo reazionario di Giuseppe Ceva Grimaldi Pisanelli, marchese di Pietracatella, legittimista e liberista, si dimette. Era al potere dal 14 gennaio 1840, ma aveva subìto la perdita del componente più importante dell'esecutivo, dato che il re, al fine di apparire innovatore e filoliberale, aveva fatto arrestare e inviare in esilio il ministro della Polizia nonché comandante della gendarmeria, generale marchese del Carretto.[185]

Viene nominato presidente del consiglio Nicola Maresca Donnorso, duca di Serracapriola,[186] che costituisce un governo moderato, di cui assume anche il ministero degli Esteri. Egli, infatti, è un diplomatico, già ambasciatore a Parigi. Però, il 30 gennaio 1848 il ministro degli Interni, Carlo Cianciulli, si dimette e viene sostituito da Francesco Paolo Bozzelli,[187] giurista, filosofo, rivoluzionario del 1821, ragione per la quale è stato in carcere e, poi, esule in Francia per quindici anni. Cesare Bonanni ha il ministero di Grazia e Giustizia e degli Affari Ecclesiastici.

<u>Napoli, 29 gennaio 1848, ore 1900: concessione dello Statuto</u>

---

[185] Il generale marchese Francesco Saverio Del Carretto, è nato a Barletta nel 1777. Ufficiale, ha seguito i Borboni in Sicilia ed ha combattuto contro Napoleone in Spagna. Colonnello, comandante della Basilicata, carbonaro, ha partecipato alla rivoluzione del 20 – 21. Successivamente è divenuto reazionario. Ha comandato colonne mobili contro il brigantaggio in Calabria Citeriore, e, nel 1827, ha avuto il comando della gendarmeria. Ha represso i moti del Cilento nel 1828 ed effettuata la spietata repressione di Bosco, sempre nel 1828. (Centro distrutto a cannonate. Ventidue condannati a morte, centoquaranta in carcere). Perciò è stato nominato marchese e maresciallo. Ministro di polizia per diciassette anni, ha attuato una costante azione repressiva. Esautorato ed espulso il 5 gennaio 1848, è andato in Francia. Tornato a Napoli due anni dopo, si ritirerà a vita privata. Morirà nel 1861.
[186] Il duca Nicola Maresca Donnorso di Serracapriola è nato a San Pietroburgo nel 1790, dove il padre Antonino era ambasciatore. E' entrato anch'egli in diplomazia, divenendo ambasciatore a Parigi nel 1840. Presidente del consiglio del primo governo costituzionale, sarà anche ministro degli Esteri. Finirà il mandato il 3 aprile 1848, sostituito da Troya. Vicepresidente della consulta del Regno fino al 1860. Poi ha fatto parte del breve Consiglio di reggenza. Alla caduta dei Borboni si è ritirato a vita privata. E' morto a Portici (NA) nel 1870.
[187] Francesco Paolo Bozzelli, nato a Manfredonia nel 1786, si è laureato in giurisprudenza ed è entrato nell'amministrazione statale. Ha preso parte alla rivolta del 20 – 21 ed ha dovuto andare in esilio in Francia per oltre quindici anni. Poeta, valido saggista di politica e di diritto, nel 1837 è rientrato a Napoli, ma nel 1844 è stato condannato al carcere con Carlo Poerio e Mariano d'Ayala. Autore del decreto reale del 29 gennaio 1848 sulla concessione della Costituzione, il 30 gennaio è stato nominato ministro dell'Interno.ed ha compilato rapidamente il testo della Costituzione stessa, cercando di fare in modo che fosse concretamente accettata dal re. Espulso dal governo perché contrario alla guerra contro l'Austria, è stato ministro degli Interni e dell'Istruzione pubblica nel governo Spinelli, ma è stato sostituito. Così si ritirerà in pensione, che sarà annullata nel 1860. Morirà a Napoli nel 1864.

Re Ferdinando decreta che entro dieci giorni verrà concessa una Costituzione redatta "dal nuovo Ministero di Stato", precisandone gli elementi di base: due camere, "religione cattolica dominante dello Stato", "la stampa sarà libera".

L'incarico di redigere la costituzione viene affidato a Francesco Paolo Bozzelli, che, inizialmente d'accordo con Carlo Poerio e Mariano D'Ayala su una riscrittura della costituzione del 1821, compilerà una nuova costituzione, sul modello di quella francese, per avere il totale gradimento del re.

Contestualmente Bozzelli fa nominare Carlo Poerio Ministro di Polizia

Salerno, 30 gennaio 1848.

I reparti del colonnello Labene, che avrebbero dovuto intervenire in Cilento, non si muovono da Salerno. Insieme alla costituzione il re ha concesso un indulto per tutti coloro che hanno partecipato a bande armate. Così le formazioni si sciolgono, conservando le armi.

Costabile Carducci viene nominato colonnello comandante delle Guardie nazionali del Salernitano e del Cilento.

Potenza, 30 gennaio 1848

In città vi è una situazione molto particolare. Da tempo si discute liberamente, con l'auspicio che si verifichino importanti innovazioni. Addirittura una parte delle autorità ed alcuni esponenti della Chiesa partecipano a tali discussioni. Fra costoro possono essere annoverati l'intendente provinciale La Rosa e lo stesso vescovo Pieramico. In tale quadro la dichiarazione del re sulla concessione della Costituzione determina, in sede locale, il riconoscimento di fatto delle varie componenti politiche che tendono ad una democratizzazione del sistema, sia pure su posizioni ideologiche differenziate.

In definitiva le autorità attuano una politica molto sofisticata. Seguono l'andamento dei gruppi liberali e democratici, accettando anche una riduzione del loro potere. Aspettano, però, la conclusione definitiva del nuovo corso, sicuri che, prima o dopo, il re ripristinerà il vecchio sistema. Così l'organizzazione amministrativa, sostenuta dalla magistratura e dall'esercito, potrà utilizzare gli organi di polizia per ripristinare l'ordine tradizionale, reprimendo gli innovatori.
Un'altra particolarità caratterizza il contesto lucano: una stretta collaborazione della borghesia con i contadini, che intendono occupare e spartirsi i latifondi, soprattutto di

proprietà dei Doria e dei Caracciolo. Il problema è complesso e pericoloso, per cui il La Rosa, pur accettando ufficialmente le innovazioni, in realtà impone alle stesse dei limiti, diffidando, con un manifesto, i proprietari terrieri che intendono appoggiare il movimento contadino.

I democratici sono vicini al sacerdote Emilio Maffei, dirigente del "Movimento antiborbonico ed unitario della Basilicata". L'esponenete più importante liberale è l'avvocato Vincenzo D'Errico, esperto in pratiche e cause demaniali, figlio di un avvocato giacobino sostenitore della repubblica napoletana, ucciso nel 1802 in un contesto poco chiaro. D'Errico è stato carbonaro, ed ha costituito una "vendita" da lui diretta, con numerosi aderenti. E' a favore di un'Italia costituzionale, unita, indipendente e federale, eventualmente diretta dal Papa. Sia i democratici che i liberali lucani, analogamente ai calabresi, tendono a collegarsi alla rivoluzione siciliana.

Non solo: le forze politiche lucane si organizzano in maniera unitaria. Liberali e democratici costituiscono un Circolo costituzionale. La direzione è assunta da D'Errico, che è il politico con il curriculum più importante: consigliere provinciale; componente del Consiglio generale di Basilicata, ecc. Il Circolo è pienamente allineato sulle posizioni del re divenuto costituzionale. D'Errico lo ritiene meritevole di ammirazione e gratitudine.

La speranza che la crisi abbia uno sbocco pacifico e funzionale è testimoniata dal giornale "il Costituzionale lucano", fondato dal poeta Nicola Sole e da D'Errico, che è eletto alla Camera napoletana in rappresentanza del distretto potentino.

Bari, 31 gennaio 1848

Grandi manifestazioni a seguito della promessa reale di concedere la costituzione. Il movimento si estende ad altri centri della Puglia.

Si forma un'unione fra vari piccoli gruppi, diffusi sul territorio, tutti variamente schierati contro l'assolutismo reale. Fra i capi, sono importanti i tre cosiddetti "indemoniati", perché oppositori radicali della politica borbonica. Uno è Francesco Raffaele Curzio[188], avvocato

---

[188] Francesco Raffaele Curzio è nato Turi nel 1822. Laureato a Napoli in giurisprudenza, avvocato. Letterato, poeta. Mazziniano. Ha iniziato le prime attività antiborboniche nel 1847. Per l'attività svolta nel 1848 e nel 1849 sarà condannato, il 7 novembre di tale anno, a 19 anni di carcere duro. Ma sarà contumace, essendo riuscito a fuggire in Svizzera, dove collaborerà con Carlo Cattaneo. Nella spedizione dei Mille sarà capitano dello stato maggiore. Ferito a Palermo. Nominato maggiore. Eletto alla Camera del Regno d'Italia dal 1861 al 1870 e dal 1882 al 1886, è intervenuto frequentemente su finanze, lavori pubblici, politica estera, guerra, ecc. Notevole il contrasto con l'amico Nino Bixio e con i deputati di Pettinengo, Michelini e di San Donato sulla grande disuguaglianza nell'assegnazione al ministero della Guerra del personale dei vari ex Stati (Atti della

di Turi (BA), un fervente mazziniano che, già nel 1847, aveva collaborato ad organizzare alcune azioni antiborboniche a Napoli. Il secondo è Giulio Cesare Luciani[189], di Acquaviva delle Fonti (BA), letterato e giornalista. Entrambi hanno un grande seguito fra le masse contadine, dato che, nel quadro dell'unità nazionale e delle connesse riforme, sostengono una politica contraria al latifondo, che dovrebbe essere diviso fra gli effettivi coltivatori diretti. Vi sono, infatti, contrasti fra gli agrari ed i braccianti e si verificavano occupazioni di terre demaniali. Il terzo "demonio" è Francesco Cirielli[190].

Essendo ormai prossime le elezioni alla Camera, i vari gruppi tendono ad un accordo per coordinare una adeguata rappresentanza degli interessi pugliesi.

Londra, 1° febbraio 1848.

Il "Times" [191] pubblica un articolo che analizza in maniera molto chiara la situazione del Lombardo Veneto. E' convinzione diffusa che il giornale sostenga la politica del governo di John Russell[192], in particolare quella del ministro degli esteri, Henry Temple Palmerston[193]. La diplomazia inglese è molto attiva, in questi giorni. Notevole la simpatia per le richieste italiane. Un'Italia unita determinerebbe, a favore della Gran Bretagna, una riduzione della preminenza francese nel Mediterraneo ed una ancor maggiore diminuzione della potenza austriaca. Oltre all'azione delle normali rappresentanze diplomatiche, peraltro

---

Camera dei Deputati sessione 1861 – 62, pagg. 6944 – 6945). Importanti i suoi scritti letterari. Molti suoi componimenti costituiscono un'artistica sintesi ideologico politica. Molto interessanti gli scritti politici. Morrà a Firenze nel 1901.

[189] Giulio Cesare Luciani è nato ad Acquaviva delle Fonti nel 1826. Letterato e poeta. Nel 1848 ha combattuto nella prima guerra d'indipendenza. Successivamente ha operato in provincia di Bari. Arrestato, pur essendo stato successivamente assolto, gli è stato imposta una sorta di domicilio coatto. Nel 1860, dopo la liberazione, fonderà il giornale "Il Peuceta" (titolo che si riferisce ai Peuceti che, con i Dauni, erano popolazioni Iapigie dell'antica Puglia). Morrà a Roma nel 1914.

[190] Francesco Cirielli è nato ad Acquaviva delle Fonti nel 1817. Nel 1848 e nel 1849 ha operato ad Acquaviva e nella provincia di Bari. Alla fine è stato processato per devastazione del Comune, violenze e minacce a pubblico ufficiale, azioni sediziose per distruggere o cambiare il governo, eccitando la popolazione ad armarsi contro l'autorità reale. Ma i molteplici testimoni convocati lo hanno del tutto discolpato per le imputazioni maggiori, per cui la pubblica accusa non ha potuto prevalere e Cirielli è stato assolto per insufficienza di prove. Ha avuto solo una condanna a sette mesi per le accuse minori. Egli stesso ha riconosciuto che, non ostante tutti fossero a conoscenza delle sue azioni rivoluzionarie, nessuno ha parlato. Dopo la condanna si trasferirà a Modugno. Non risultano ulteriori sue attività rivoluzionarie. Morirà a Bari nel 1900.

[191] In "Archivio delle cose d'Italia" (Carlo Cattaneo), cit. pag. 276.

[192] Il conte John Russell è nato a Londra nel 1792. Esponente del partito liberale, è stato primo ministro dal 1846 al 1852 e dal 1865 al 1866. E' morto a Londra nel 1878.

[193] Lord Henry John Temple, III visconte di Palmerston, è nato a Westminster nel 1784. Segretario di Stato alla Guerra dal 1809 al 1824. Segretario agli Esteri dal 1830 al 1841 e dal 1846 al 1851. Primo ministro dal 1855 al 1858 e dal 1859 fino alla morte, avvenuta a Brocket Hall nel 1865. Parlava ottimamente l'italiano: a circa dieci anni è stato con la famiglia in Italia e, successivamente, ha avuto un istitutore italiano. Con al sua politica ha sostenuto il Risorgimento nazionale.

notevolmente rafforzate, la politica estera britannica è supportata, nella Penisola, da particolari emissari del ministro degli Esteri.

Nell'articolo del "Times", fra l'altro, viene precisato che "**in Lombardia il dado è gettato, e non vi può essere speranza di progresso da parte di uomini che, sebbene vacillanti sull'orlo del sepolcro, vogliono impedire i destini di una generosa nazione. Il proclama del conte Radetsky e le seguenti comunicazioni fatte dall'imperatore Ferdinando al generale, sono basse e brutali dichiarazioni (......). Non concessioni, non condiscendenza, ma centomila baionette fra le Alpi ed il Po. Queste sono le risoluzioni del principe Metternich; e fino a quando egli mantiene il potere, che potrebbe domani sfuggirgli di pugno, (....) in Lombardia non v'è speranza di pace che nella sottomissione (....)**".

Palermo, 2 febbraio 1848

Viene confermato presidente del Governo provvisorio Ruggero Settimo.

Ora la situazione è complessa. Sono solo formalmente alleate la sinistra repubblicana di Pasquale Calvi[194] e la destra monarchica di Vincenzo Fardella di Torrearsa[195]. Settimo deve mediare. La sinistra tende ad una repubblica costituzionale confederata agli altri Stati italiani. La destra sostiene la monarchia. Non quella del re borbonico, ma una monarchia

---

[194] Pasquale Calvi è nato a Messina nel 1794. Carbonaro, ha partecipato ai moti del 1820 ed è stato condannato ad una pena detentiva. Ha riacquisito la libertà nel 1825 e si è laureato in giurisprudenza a Palermo nel 1830. Ha partecipato alla rivoluzione del 1848, divenendo il capo dei repubblicani più radicali. E' stato al governo prima come ministro degli Interni, poi della Giustizia. Alla caduta dello Stato siciliano è andato esule a Malta. Nel 1853 pubblicherà le "Memorie storiche e critiche della Rivoluzione siciliana del 1848 e 1849", che gli procureranno una lunga serie di inimicizie. Non solo: la presenza e gli interventi di Fabrizi - quindi di Mazzini - ridimensioneranno la sua direzione della sinistra siciliana. Nel 1860 diverrà presidente della corte suprema del governo di Garibaldi. Sarà eletto alla Camera del Regno d'Italia dal 1861 al 1864. Non riuscirà a condurre un'attività di lavoro e una partecipazione politica serene perché il governo, temendo il suo radicalismo, cercherà di tenerlo lontano dalla Sicilia, nominandolo presidente della corte di cassazione prima a Firenze, poi a Milano, solo alla fine a Palermo. Accorso in famiglia per una epidemia di colera, si è ammalato ed è morto a Castellammare del Golfo (TP) nel 1867.
[195] Il marchese Vincenzo Fardella di Torrearsa è nato a Trapani nel 1808. E' stato direttore dei dazi indiretti, prima a Trapani, poi a Palermo. Ha partecipato alla rivoluzione del 1848 a capo dei monarchici ed è stato presidente del Parlamento. Dopo la riconquista borbonica, nel 1849, è andato in esilio a Genova, Torino e Nizza. E' tornato in Sicilia nel 1860, divenendo presidente del consiglio di luogotenenza. E' stato deputato alla Camera - ed anche vicepresidente - dal 18 febbraio 1861 al 20 novembre successivo, quando è stato nominato senatore. Poi ambasciatore in Svezia, Norvegia e Danimarca, infine prefetto a Firenze capitale. Vicepresidente del Senato dal 1865 al 1867. Con la liberazione di Roma, nel 1870, diverrà presidente del Senato fino al 1874, quando si ritirerà dalla politica e scriverà i suoi ricordi della rivoluzione. Morrà nel 1889. Cavaliere della SS Annunziata.

sabauda, a garanzia dell'unità federale nazionale. Prevarrà la seconda soluzione, con l'istituzione di una monarchia costituzionale[196].

Ma la Sicilia deve prendere posizione sulla nuova situazione determinanta dalla Costituzione di Napoli. Viene confermata la precedente adesione alle due riforme – siciliana e napoletana – che devono tendere alla costituzione di una confederazione italiana.[197]

Ferdinando II commette un grave errore: per essere aiutato si rivolge all'ambasciatore inglese a Napoli, che è, invece, ben lieto di contribuire all'incremento delle contraddizioni del Regno. Naturalmente gli inglesi non vogliono facilitare il superamento della crisi duosiciliana, ma tendono a ridurre la compattezza dello Stato borbonico, con la costituzione di uno stato siciliano solo nominalmente legato al re. L'ambasciatore è collegato ad una persona fra il diplomatico, l'agente segreto e il propagandista politico: lord Mintho[198], che, inviato dal ministro degli esteri britannico, sta girando l'Italia per sostenere, nei vari Stati, la concessione di Costituzioni. Naturalmente lord Mintho suggerisce al re di concedere una Costituzione il più possibile simile a quella del 1812, che i rivoluzionari considerano condizione essenziale per venire ad un accordo. Così inizia una trattativa surreale fra la rigida posizione del governo siciliano (che è intenzionato ad accettare una costituzione concessa dal re, ma solo quella del 1812) e la ancora più rigida posizione di Ferdinando (per il quale la costituzione può essere concessa, ma non certo quella del 1812). Intanto gli inglesi riforniscono di armi i rivoluzionari e controllano le coste siciliane con la flotta.

La trattativa finisce il **22 marzo**, il re comunica a lord Mintho che non può accettare le proposte del governo provvisorio.[199] Qualsiasi atto di quest'ultimo sarà considerato illegittimo.

---

[196] Naturalmente in Sicilia l'ammiraglio inglese Parker è per la monarchia e l'ammiraglio francese Baudin per la repubblica. In un certo senso le loro azioni si annulleranno vicendevolmente.
[197] Viene precisato quanto segue: **"avere i Siciliani dichiarato di non deporre le armi e di non sospendere la guerra finchè il Parlamento generale non avesse riformata la Costituzione siciliana: notificare soltanto esser voto generale di congiungersi coi Napoletani mediante leggi approvate dal Parlamento, e così formare insieme come due anelli della confederazione italiana."** P. Giudici: "Storia d'Italia" cit. Vol. IV, pag. 538
[198] Lord William Hugh Elliot – Murray – Kynynmound, III conte di Mintho, 1814 – 1891.
[199] La parte essenziale della lettera a lord Myntho è la seguente: **"Visti i reali decreti relativi alla Sicilia del giorno 6 del corrente mese; considerando che qualsiasi modificazione alle concessioni contenute in quei decreti per assicurare la durevole felicità dei nostri amatissimi sudditi di là del Faro, eccederebbe i nostri poteri e violerebbe l'unità e l'integrità della monarchia e la costituzione da noi giurata, dichiariamo di protestare, e col presente solennemente protestiamo, contro qualunque atto che potesse aver luogo nell'isola di Sicilia che non fosse pienamente in conformità ed in esecuzione degli accennati decreti agli Statuti fondamentali ed alla costituzione della monarchia, dichiarando da ora per sempre illegale,**

Guadalupe (Messico), 2 febbraio 1848.

Dopo due anni di guerra, viene stipulata la fine delle ostilità fra gli Stati Uniti ed il Messico. Il trattato ha stabilito che quest'ultimo deve cedere all'avversario un enorme territorio, di 1,36 milioni di km²: Colorado, Arizona, Nuovo Messico e Wyoming, oltre a parte della California, del Nevada e dello Utah. In cambio deve ricevere 15 milioni di dollari.

Il trattato è stato firmato sull'altare della cattedrale di Villa Hidalgo di Guadalupe, vicino Città del Messico.

Firenze, 5 febbraio 1848,

In un lungo e documentato articolo, il giornale l'"Alba", diretto da Giuseppe La Farina, attacca duramente il viceré Ranieri, accusandolo di duplicità.

Napoli, 5 febbraio 1848

Inizia le pubblicazioni il trisettimanale "Riscatto italiano" poi sostituito da "La libertà italiana". Entrambi, sostenitori della costituzione, sono diretti dall'avvocato Pasquale Stanislao Mancini[200], che, in un articolo molto duro ed argomentato, ha suggerito al re di farsi protagonista del processo unitario italiano, in campo sia politico che militare. A seguito dell'articolo è stato convocato da Ferdinando II per un colloquio, che, purtroppo, non ha avuto gli effetti auspicati.

Torino, 5 febbraio 1848

Dopo i fatti di Genova del 15 gennaio sono state tenute, in Torino, varie riunioni, a tutti i livelli. La situazione è fluida e molto pericolosa. Re Carlo Alberto, al solito, è indeciso, ma

---

irrito e nullo qualunque atto in contrario". P. Giudici: "Storia d'Italia" cit. Vol. IV, pagg. 539 – 540.

[200] Il conte Pasquale Stanislao Mancini, marchese di Fusignano, è nato a Castel Baronia (AV), nel 1817. Avvocato, giornalista, deputato e, dopo la repressione reale, esule in Piemonte, dove è stato professore e, nuovamente, deputato. Eletto alla Camera del Regno d'Italia dieci volte, dal 2 aprile 1860 alla morte. Ha militato nella sinistra storica. Sarà nominato prima ministro della Pubblica Istruzione, poi di Grazia e Giustizia (per due anni) e, infine, degli Esteri (per più di quattro anni). Importanti i suoi studi nel campo del diritto. E' stato il primo presidente dell'istituto di diritto internazionale. Ha approfondito il concetto di nazionalità. Ciascun popolo ha diritto ad un proprio Stato. Gli Stati dell'intera umanità possono convivere nel quadro del diritto. Morrà a Napoli nel 1888.

tutti coloro con cui ha rapporti lo spingono alla concessione di uno Statuto, compreso l'Ambasciatore inglese, il barone R. Abercromby.

I corpi decurionali di Genova e di Torino chiedono la costituzione. Si tratta di organismi analoghi agli attuali consigli comunali.

Padova, 6 febbraio 1848: le tre Giornate

A Padova, come in tutto il Lombardo – Veneto la tensione aumenta giorno per giorno:

"si abbandonarono i caffè frequentati da ufficiali austriaci, si chiusero in faccia ad essi le porte delle case, si lasciarono vuoti i teatri a dimostrazione di lutto e, volendo recar danno all'erario ed ai monopolisti di Vienna, si impedì il consumo del tabacco, si proibì di giocare al lotto e si rifiutò l'acquisto delle manifatture straniere, a difesa ed a vantaggio delle nostrali, raccogliendo in pari tempo offerte per i fratelli lombardi, straziati od uccisi da una soldatesca briaca di sangue e stragi"[201]

Le dimostrazioni (….) in odio allo straniero si succedevano le une alle altre. Presso i magistrati si raddoppiavano i lagni e le petizioni contro il malgoverno; nei circoli correvano parecchi scritti con la storia dei nostri dolori, (….) coi raggi delle nostre speranze, coll'alimento incessante di quell'incendio, che ardeva in tutti i cuori e che doveva finalmente divampare alla luce del giorno. (….) Disertate le lezioni anche dai più diligenti, assalivano la nostra mente (….) ardite speranze. (….) noi passavamo le ore apprendendo esercitazioni militari da uno degli Invalidi, il capitano Combatti; la notte ci trovava raccolti in qualche remota cameretta a fonder palle, a preparar cartucce; nelle cantine, nei cortili, negli orti (….) nascondevamo quelle poche armi e munizioni che tanto ci costavano di danaro e di fatica. Cento volte al giorno noi mettevamo a rischio la vita per imprudenti esperienze colla polvere ed arditi ritrovati. E si continuava a lavorare, a provocare, a sollevare in ogni modo la pubblica opinione. (….)" cercando in **"ogni modo di eludere la sospettosa vigilanza poliziesca.** [202]

Ecco la vera, ecco la sola questione italiana di quei giorni tempestosi. Bisognava cominciare; gli studenti intuirono che toccava a loro la tremenda impresa, e seriamente vi si accinsero e si immolarono (….) [203]

---

[201] E. N. Legnazzi. "L'8 febbraio 1848: commemorazione letta nell'aula magna della Regia Università di Padova l'8 febbraio 1892" Forgotten Books, Classic Reprint, 2018, pag. 16.
[202] Ivi, pagg. 17 e 18.
[203] Ivi, pag.19.

Allora a Padova vi erano 2.400 studenti[204]. Il pomeriggio del 6 febbraio muore lo studente di filosofia Giuseppe Placco di Montagnana (PD). Le cause della morte non sono certe né convincenti. Tuttavia quanto avvenuto ha gli effetti di una miccia in una realtà esplosiva. Si decide di organizzare una cerimonia solenne contro il governo, celebrando anche un'unione sacra fra studenti, contadini e cittadini. Viene eletto, nell'università, un comitato: gestirà i funerali che avranno luogo domani, **7 febbraio**, al pomeriggio.

Padova, 7 febbraio 1848

Cinquemila persone accorrono al feretro di Giuseppe Placco, scortato da studenti che a ventiquattro alla volta, sostengono la bara, adorna di una colossale corona. Tutti i ceti sono presenti: la partecipazione è enorme. Viene percorsa tutta la città. La carrozza del generale d'Aspre viene bloccata dallo studente Bortolo Lupati di Adria (RO), che oltraggia l'ufficiale, facendo retrocedere il mezzo.

Terminano i funerali e, la sera, una diecina di sottufficiali di cavalleria, con le sciabole sguainate, attacca il caffè della Croce di Malta e della Vittoria, cacciando gli avventori e ferendo una donna incinta. Immediatamente studenti e cittadini si riuniscono avanti al caffè Pedrocchi. Altissima la tensione, numerosi e partecipi gli intervenuti. Lo studente Guastalla tiene un comizio contro gli austriaci. Viene deciso che una commissione di donne, cittadini e studenti l'indomani, **8 febbraio**, si recherà dal generale Wimpffen,[205] comandante della Piazza, per protestare.

---

[204] Gli studenti **"legati all'Università come i servi alla gleba, non possono allontanarsene un sol giorno, senza permesso, né andare a caccia, né giocar di scherma; v'é un codice contro i baffi (più tardi si permise la caccia e la scherma e si tollerarono i baffi, purché non troppo vistosi). Sorvegliati dalla polizia dell'Università, dalla polizia vescovile, dalla polizia delegatizia, dalla polizia municipale... Se uno studente manca alla messa, se fischia in teatro o applaude, se possiede un libro scomunicato dal santo Ufficio di Vienna, l'ingegno di Galileo e l'erudizione di Muratori non lo salvano dall'esiglio.** » (Vittore Ottolini: "La rivoluzione lombarda del 1848 e 1849. Storia", Ed. New York Public Library di Google, pag. 9).

[205] Il conte Franz Emil von Wimpffen è nato a Praga nel 1797. Nominato sottotenente nel 1813, ha partecipato alle campagne antinapoleoniche. Generale nel 1838. Feldmaresciallo nel 1846. Ha combattuto a Vicenza, Custoza, Bologna ed Ancona. A causa del rispetto avuto nei confronti degli eroici difensori di quest'ultima città gli verrà tolto il comando operativo e gli sarà dato il comando di Trieste. Nel 1851, a seguito delle dimissioni del comandante generale della marina, ammiraglio Dahlerup, sarà nominato al suo posto. Peraltro Francesco Giuseppe considerava la marina una forza armata inferiore all'esercito. Ma, nel 1854, Wimpffen sarà reintegrato e, come comandante della prima armata, combatterà nella campagna del 1859, in particolare nella battaglia d'incontro di Medole del 24 giugno 1859, nella quale il generale francese Adolphe Niel, con un corpo d'armata, ha bloccato e poi fatto ritirare l'armata di Wimpffen, a premessa della sconfitta austriaca di Solferino e San Martino. Wimpffen, pertanto, sarà oggetto di gravi critiche, comunque minori di quelle che causeranno la destituzione del suo comandante in capo, feldmaresciallo Ferenc Giulay. In pensione dal 1860, morirà a Gorizia nel 1870.

Torino, 7 febbraio 1848

Il re indice una riunione dei componenti del governo e di varie altre importanti personalità, anche religiose. I convenuti, interrogati in merito alla concessione della costituzione, si dichiarano tutti favorevoli.

Padova, 8 febbraio 1848

Gli studenti sono tutti all'interno dell'Università, che, di fatto, è divenuta l'organo di gestione della città. Sembra che vi sia un patto fra il comando militare ed il delegato della provincia, Piombazzi: tollerare l'azione degli studenti, individuarne i capi e chiudere il problema effettuando un'azione repressiva generalizzata. Il rettore Giuseppe Torresini interviene per calmare gli animi, con nessun risultato. Al direttore Spongia viene tolta la parola dopo essere stato definito, con disprezzo, "canaglia di un austriacante". Parla con scarso esito un professore anziano, Racchetti. Alla fine interviene, in maniera chiara e violenta, lo studente Giuseppe Giacomo Alvisi di Rovigo[206] accusa di debolezza le autorità accademiche e quelle civili, che non riescono a difendere gli studenti ed i cittadini dalle prevaricazioni dei militari austriaci. Allora perché non sono distribuite le armi necessarie per l'ordine pubblico e per la sicurezza delle persone? Chiede, infine, la chiusura dell'Università per protesta.

Intanto la commissione, formata dal rettore e dai presidi, dal presidente del tribunale, dal podestà, dal vescovo e da cittadini, studenti, signore, incontra il conte Franz von Wimpffen. Affinché non si verificassero incomprensioni la protesta viene presentata in tedesco dalla signora Carolina Zucchetta. Ma il generale si limita ad affermare che i soldati avevano fatto

---

(L'ammiraglio barone Hans Birch Dahlerup è un personaggio interessante. Nato in Danimarca, a Hillerod, nel 1790, è entrato in marina, divenendo un qualificato e valido commodoro. Francesco Giuseppe, nel 1848, gli ha offerto la nomina ad ammiraglio ed il comando della flotta imperiale e Dahlerup ha accettato. La sua azione è stata valida ma si è guadagnato l'astio della corte e dell'esercito, per cui si è dimesso nel 1851. Richiamato, nel 1861, dal fratello dell'imperatore, Massimiliano, divenuto comandante della marina, abbandonerà definitivamente l'Impero nel 1864, quando l'Austria entrerà in guerra contro la Danimarca. E' morto a Copenaghen nel 1872.

[206] Giuseppe Giacomo Alvisi è nato a Rovigo nel 1825. Segretario del comitato padovano di difesa, ha combattuto a Venezia nel 1849 e si è laureato in medicina ed in giurisprudenza. Esule a Firenze e Pisa, ha diretto il giornale irredentista "La Venezia", da cui deriverà, dopo l'annessione, il giornale veneziano "Il Tempo". Economista, si occuperà di cooperative di consumo e di banche popolari. Deputato della sinistra per cinque legislature nella Camera del Regno d'Italia dal 18 novembre 1865 alla nomina al Senato del 26 maggio 1879. Sarà il primo a denunciare lo scandalo della Banca Romana, ma il governo Di Rudinì non gli concederà di esporre in Senato la sue critiche alla banca. Morrà il 20 dicembre 1892. Poco dopo la sua scomparsa Napoleone Colaianni presenterà in Parlamento l'analisi da lui redatta. Così sarà costituita una commissione d'inchiesta che riconoscerà la validità della relazione di Alvisi, determinando le successive azioni giudiziarie.

il loro dovere, nulla di più, nulla di meno e che provocatori erano stati gli studenti. Dato il comportamento del generale, la commissione si ritira e si reca all'università, dove un suo componente, lo studente Alberto Mario[207], in maniera dura, rappresenta la gravità della totale chiusura della controparte.

Un urlo degli studenti è il segnale di inizio degli scontri. Un gruppo, uscendo dal palazzo Bo, sede dell'università, incontra due ufficiali austriaci che passano fumando provocatoriamente e li bastona a sangue. Il portone viene chiuso: sono in arrivo i soldati. Due studenti, Michele Leicht e Anghironi (che poco dopo sarà ucciso) si appropriano delle chiavi della torre del palazzo e incominciano a suonare la campana. Altre campane rispondono. Gli scontri diventano sempre più aspri: vengono disselciate le strade, utilizzate vecchie armi, addirittura i girarrosti di un'osteria. Per ridurre l'afflusso di una massa di insorti dal Bassanello gli austriaci piazzano sei cannoni a Porta Santa Croce. Alberto Mario convince una pattuglia della polizia a schierarsi con gli studenti. Il sergente blocca il tentativo di una unità ungherese di abbattere il portone dell'università.

Il problema è la mancanza di armi, solo in parte superata dal grande impegno e dallo spirito di sacrificio degli studenti, alcuni dei quali, fatti prigionieri, l'indomani saranno deportati in

---

[207] Alberto Mario è nato a Lendinara (RO) nel 1825. Giornalista, scrittore, mazziniano, garibaldino, repubblicano, è stato il classico intellettuale del Risorgimento sempre pronto a indossare la divisa ed a rischiare la vita in guerra contro le ingiustizie e le prevaricazioni antinazionali. Ha partecipato alle manifestazioni a Padova, per cui ha dovuto scappare a Bologna, dove è entrato in un reparto di volontari dipendenti dall'esercito pontificio. Ha combattuto a Cornuda, Treviso, Vicenza e, infine, a Milano, alla battaglia di Porta Pomana. Poi è stato esule a Genova e Firenze e, nel 1849, ha combattuto per la Repubblica romana. Dalla fine del 1849, è stato di nuovo esule a Genova. Giornalista, ha scritto su "Il Tribuno", "L'Italia", "l'Italia libera", "Italia e popolo" e "L'Italia del popolo". Nel 1857 ha partecipato al tentativo rivoluzionario coordinato con la spedizione di Pisacane. Dopo un periodo in carcere è andato all'estero con la moglie Jessie White, giornalista e mazziniana, recandosi in Inghilterra e negli Stati Uniti. Ha continuato a scrivere per "L'Italia del popolo" e per il quindicinale "Pensiero e azione". E' rientrato a Milano nel 1859, ma è stato arrestato a Bologna per attività antimonarchica. Andrà all'estero, poi parteciperà alla campagna dei Mille, divenendo capitano. Si congederà, andrà a Londra da Mazzini e scriverà, nel 1865, il libro "The red shirt. Episodes", successivamente tradotto in italiano ("La camicia rossa"). Ritornerà in Italia, molto colpito dalle vicende di Aspromonte e dal ferimento di Garibaldi. Sempre più antimonarchico, si fermerà a Firenze, continuando a scrivere saggi ed articoli, chiedendo una Costituente, la nazione armata, il suffragio universale, l'incremento delle autonomie locali, ecc. ed avvicinandosi, di conseguenza, a Cattaneo e ai repubblicani federalisti e laicisti. Eletto deputato nel 1863 non accetterà l'incarico per non dover giurare. Sarà con Garibaldi nel 1866, al comando di alcune navi della flottiglia del Garda e, nel 1867, a Monterotondo e Mentana, dove avrà l'incarico di sottocapo di stato maggiore. Dal 1869 tornerà a Lendinara, dove sarà consigliere comunale, consigliere provinciale, presidente della Società operaia di mutuo soccorso, partecipando all'attività della Lega veneto – mantovana. Direttore de "La provincia di Mantova", della "Rivista Repubblicana", de "La lega della democrazia", si porrà su posizioni riformiste e positiviste. E' stato definito da Carducci, nell'orazione funebre: "**il più naturalmente repubblicano degli italiani; il più artisticamente italiano dei repubblicani**". E' morto a Lendinara nel 1883.

Transilvania. I corpo a corpo sono particolarmente violenti, senza pietà. Il mugnaio Giovanni Zoia prende alle spalle un tenente e gli spezza la spina dorsale. Antonio Brazzi, macellaio, con un coltellaccio ferisce gravemente un altro ufficiale che stava per uccidere a sciabolate uno studente e, così, si susseguono attacchi con le baionette, spari e nugoli di pietre lanciate dagli insorti.

Durante la notte gradualmente si riduce l'intensità degli scontri. Dopo mezzanotte le strade sono percorse da pattuglie austriache. La rivolta di Padova è finita.

Giovanni Prati [208] scrive di getto una poesia sugli scontri, che subito viene diffusa. La poesia è intrisa di un profondo dolore, reso più amaro da una rabbia esasperata:

Dio, che ti nomini
delle vendette,
perché non stridono le tue saette
sulla vandalica
turba de' mostri,
che i brandi infliggono
nei petti nostri?

Che fai? Commoviti,
Dio forte e grande!
Sangue d'Italia
è che si spande;
sangue di nobili
giovani cuori,
che domandavano
tregua ai dolori!

E sulle nordiche
belve inumane
suoneran l'Itale
nostre campane.
Non tratteneteci

---

[208] Giovanni Prati è nato a Campo Lomaso (oggi comune di Comaso Terme, TN) nel 1814. Poeta e patriota, ha pubblicato a Padova "Poesie" nel 1836; a Milano i "Canti lirici, canti per il popolo e ballate" nel 1843; "Memorie e lacrime" e "Nuovi canti" nel 1944. Più volte esule. Monarchico. Storiografo di corte. Eletto alla Camera italiana dal 18 febbraio 1861 al 1865 . Cavourriano. Ha pubblicato il poema "Armando" nel 1868; "Psiche" (500 sonetti) nel 1876, "Iside" nel 1878, anno in cui è divenuto direttore dell'Istituto di Magistero a Roma. Nominato senatore il 15 maggio 1876. E' morto a Roma nel 1884. Nello stesso anno gli è stata dedicata a Bologna una società per la difesa dell'italiano nelle terre irredente.

madri e parenti.
Varcato è il termine
Dei patimenti.

Alberto Mario ha scritto che gli studenti morti sono stati almeno due ed i feriti più di 107. Gli ufficiali austriaci uccisi sono stati 13. Impossibile conoscere l'entità delle altre perdite austriache, tenute accuratamente nascoste. Notevole la quantità di uniformi e camicie insanguinate portate nei giorni seguenti alle lavanderie.

L'Aquila, 8 febbraio 1848

Il tenente colonnello Mariano d'Ayala, nominato intendente della provincia di Messina (sua città natale), è inviato, in via provvisoria, a L'Aquila. Si tratta di un'area considerata pericolosa sia per il precedente della rivoluzione del 1841, sia perché sono forti anche alcuni gruppi reazionari.

Torino, 8 febbraio 1848

Ore 1500: bando reale, e manifesto, nel quale Carlo Alberto annuncia la promulgazione dello Statuto, definendone le caratteristiche. Infatti, premesso che **"in mezzo alle mutazioni seguite in Italia non dubitiamo di dare ai nostri sudditi la prova la più solenne che per noi si possa, della fede che conserviamo nella loro devozione e nel loro senno"**, il re concede " **... uno Statuto, fondamentale per stabilire nei nostri Stati un compiuto sistema di governo rappresentativo La religione cattolica apostolica romana è la sola religione dello Stato. Gli altri culti ora esistenti sono tollerati conformemente alle leggi. La persona del Re è sacra ed inviolabile. I suoi ministri sono responsabili. Al Re solo appartiene il potere esecutivo. Il potere legislativo sarà collettivamente esercitato dal Re e da due Camere. La prima sarà composta di membri nominati a vita dal Re, la seconda sarà elettiva sulla base del censo, da determinarsi. La proposizione delle leggi apparterrà al Re ed a ciascuna delle due Camere. La stampa sarà libera ma soggetta a leggi repressive. Ci riserbiamo di stabilire una milizia comunale, ..."**

Padova, 9 febbraio 1848

Al mattino, dopo gli scontri del giorno 8, tutti i negozi rimangono chiusi. Pattuglie e sentinelle dappertutto, con molte baionette ancora accuratamente sporche di sangue.

Il podestà, aiutato dall'avvocato Giacomo Brusoni, incontra i cittadini che lamentano prevaricazioni di vario tipo degli austriaci, compilando apposite denuncie. I cittadini sono organizzarsi e a inoltrare le loro denuncie al esortati al notaio Andrea Meneghini[209] ed al veneziano Guglielmo Stefani.[210] Ma la repressione è dura.

E' indetto lo stato d'assedio. Numerosi gli arresti. Meneghini e Stefani sono incarcerati a Venezia, dove incontrano Manin e Tommaseo.

Napoli, 10 febbraio 1848

Ferdinando II firma la costituzione redatta dal ministro dell'Interno Bozzelli. La nascita del nuovo Stato è stata celebrata con una particolare solennità religiosa. Tutti giurano fedeltà alla costituzione, di fronte alla reggia, nella chiesa di San Francesco di Paola. La vecchia struttura statale è in crisi, ma non è stata costituita una nuova struttura, che, comunque impostata, avrebbe impaurito il re. Di fatto si vive in una diffusa anarchia. In tale situazione il ministro Bozzelli ha convinto Ferdinando II che la sua bozza avrebbe risolto il problema, dato che si ispira al modello francese, facilmente "gestibile" da parte del sovrano. Di certo, comunque, per lo stesso motivo, la bozza non soddisfa i liberali.

Roma, 10 febbraio 1848, allocuzione papale.

Il un'allocuzione il papa afferma, fra l'altro, "Benedite, gran Dio, l'Italia e conservatele il dono più prezioso: la fede". Frase che viene molto discussa, con interpretazioni di vario tipo.

Napoli, 11 febbraio 1848, pubblicazione dello Statuto

Viene pubblicato lo Statuto concesso da re Ferdinando II il 29 gennaio.

Roma, 12 febbraio 1848

Anche il segretario di Stato, nonché presidente del consiglio dei ministri, cardinale Giuseppe Bofondi, come il suo predecessore Gabriele Ferretti, prende atto dell'impossibilità di procedere con un esecutivo che dimostra di non poter essere realmente

---

[209] Andrea Meneghini, nato a Padova nel 1806, è stato deputato alla Camera italiana dal 1861 al 1865 e sindaco di Padova dal 1866 al 1870. In tale anno - sempre a Padova - è morto.
[210] Guglielmo Stefani è nato a Venezia nel 1819. All'università di Padova ha frequentato giurisprudenza Giornalista, fondatore del mensile "L'Euganeo" e del settimanale "Il Caffè Pedrocchi", periodici patriottici. In esilio nel 1949, diventerà molto amico di Cavour. In Piemonte dirigerà tre periodici, fondando, nel 1853, la famosa ed omonima Agenzia Stefani, morendo per un'infezione a Torino a soli 42 anni, nel 1861.

operativo. Pio IX autorizza un rimpasto e Bofondi inserisce nel governo alcuni ministri laici.

Firenze, 17 febbraio 1848, concessione della Costituzione

Il granduca di Toscana Leopoldo II di Lorena firma lo Statuto fondamentale. Si tratta di un valido compromesso fra una costituzione liberale diciamo così astratta in relazione alla realtà toscana e la presa d'atto adeguata e completa degli aspetti particolari di tale realtà. Il riferimento è la Costituzione francese del 1830.

Due le camere: il Senato, nominato dal granduca e il Consiglio generale, eletto su base censitaria. Grande la partecipazione popolare: campane a stormo, onori alla bandiera tricolore con lo stemma del Granducato, celebrazioni religiose, ringraziamenti al granduca, illuminazione notturna.

Ricasoli viene eletto gonfaloniere di Firenze, cioè capo dell'amministrazione comunale. Sosterrà con decisione la guerra all'Austria.

Londra: 21 febbraio 1848

Karl Marx e Friedrich Engels pubblicano il "Manifesto del Partito comunista". Di conseguenza tutti devono prendere atto che **"uno spettro si aggira per l'Europa: lo spettro del comunismo"**[211].

Parigi, 22 febbraio 1848

La Francia è in crisi economica da tre anni e la cosiddetta monarchia di luglio, cioè quella di Luigi Filippo d'Orleans, non è riuscita a dare adeguate risposte. Da un anno è primo ministro Francois Guizot che sostiene la finanza, il commercio e l'agricoltura, meno l'industria, nonostante il notevole – forse caotico - sviluppo industriale francese. Il sistema elettorale restringe molto il numero degli aventi diritto al voto. C'è grande volontà di partecipare alla politica nazionale. Addirittura viene chiesto dalla sinistra il suffragio generale maschile.

Il governo, in difficoltà, si cautela con rigide misure di polizia, controllando le manifestazioni, i comizi, ecc. Anzi, negli ultimi tempi, sono vietate le manifestazioni politiche. Nonostante ciò le opposizioni hanno organizzato settanta riunioni, definite "banchetti", che, fino alla sessantanovesima, non hanno creato sostanziali problemi. Oggi, a

---

[211] E' l'inizio del Manifesto.

Parigi, dovrebbe essere tenuta l'ultima, ma il primo ministro Guizot la ha vietata, forse temendo proteste e manifestazioni violente.

La gente, comunque, affluisce e pretende di potersi riunire, discutere, manifestare, di poter gestire, in altri termini, il previsto" banchetto". La risposta delle autorità è negativa. Interviene la polizia. Il popolo si ribella ed alza le barricate. Il Governo fa intervenire la Guardia nazionale.

Parigi, 23 febbraio 1848

Gli scontri continuano con grande durezza. La Guardia nazionale sta passando nelle file degli insorti. Il governo è in crisi.

Napoli, 24 febbraio 1848

Il re delle Due Sicilie ed i principi giurano fedeltà alla costituzione nella chiesa neoclassica di San Francesco di Paola, nel quadro del bellissimo colonnato, di fronte alla reggia.

La frase più importante del giuramento è la seguente: **"prometto e giuro (...) di non mai fare o tentare cosa alcuna contro la costituzione e le leggi sancite tanto per la proprietà, quanto per le persone dei nostri amatissimi sudditi"**[212]

Mai un giuramento sarebbe stato mantenuto per così poco tempo.

Parigi, 24 febbraio 1848

La rivoluzione ha vinto. Anche l'ultimo re di Francia, Luigi Filippo di Orleans, è stato destituito. In realtà ha abdicato a favore del nipote ed è andato via.

E' nata, comunque, la seconda Repubblica. Già stasera il governo provvisorio si riunisce all'Hotel de Ville. E' formato da democratici, repubblicani e socialisti. Viene subito proclamata la repubblica: vi saranno, a breve, le elezioni per un'Assemblea costituente da eleggersi a suffragio universale.

Roma 25 febbraio 1848

"All'annuncio dei casi francesi il concistoro dei cardinali pronunciò unanime la costituzione. E il papato, a scanso di peggio, accostavansi ancor esso a organi rappresentativi (...) (la) costituzione (...) non porgeva garanzie, era meno di un nome

---

[212] Sono le ultime parole del testo del giuramento.

(...) Con gioia alcuni, con terrore altri, con meraviglia tutti in Italia, intesero divenuto repubblicano il cuore d'Europa"[213]

La concessione del re di Borbone fu festeggiata non solo nel regno, bensì anche in tutta Italia. Feste e manifestazioni di giubilo hanno avuto luogo a Roma, Firenze, Torino, Genova ecc..

Augusta (Baviera), 27 febbraio 1848.

L'"**Allgemeine Zeitung**"[214] pubblica quanto segue, redatto il 20 gennaio dal corrispondente da Milano: "**I moti della rigenerazione italiana somigliano spesso ai sogni d'un infermo di nervi. (....) si offre sempre qualche cosa di così strano e spesse volte così comico che si potrebbe riderne di cuore, se non vi mescessero più gravi pensieri. Il carattere italiano è, non voglio dire di natura ciarlatanesca, ma troppo leggermente irritabile, credulo e facile da abbagliare. E' manifesto che il burlesco tocca pienamente il patetico (....) Col 1° febbraio tutto l'esercito d'Italia (...) viene posto a mezza paga di guerra. La Lombardia, entro un mese, offrirà un aspetto assai militare. I battaglioni croati vengono distribuiti nel contado (....) L'ordine del giorno del maresciallo Radetsky del 18 operò elettricamente sulle truppe**".

Il giornale quotidianamente interviene in maniera violenta contro le rivendicazioni italiane in generale e contro quelle lombarde in particolare. Carlo Cattaneo avrebbe commentato: perché darsi tanto da fare avendo dei nemici così burleschi? In realtà l'opinione pubblica austriaca – e non solo quella – ritiene che senza le province italiane l'Impero collasserebbe. Da ciò il fatto che la parte migliore e più numerosa dell'esercito viene inviata a sud delle Alpi, lasciando quasi sguarnita la stessa capitale. Da ciò anche la durezza, la rabbia di Radetsky e dei suoi collaboratori che si chiedono, in buona sostanza: costoro, questi lombardi, questi veneti, come si permettono?.....

Napoli, 27 febbraio 1848

Paolo Pellicano, Casimiro De Lieto e Giannandrea Romeo, liberati, costituiscono il Comitato delle tre Calabrie, collegato con le città di Reggio, Cosenza e Catanzaro, ove i responsabili sono, rispettivamente, Agostino Plutino, Tommaso Ortale ed Eugenio De Riso.

Il Comitato si pone su posizioni democratiche molto avanzate, riguardanti, in particolare, il riconoscimento della situazione siciliana ed una legge elettorale estensiva del numero degli aventi diritto al voto.

---

[213] Giuseppe Montanelli, "Memorie sull'Italia 1814 – 1850", Sansoni, Firenze, 1963, pag. 425.
[214] Archivio delle cose d'Italia", (Carlo Cattaneo), cit. pag. 243

I componenti del Comitato saranno eletti alla Camera.

Napoli, 1° marzo 1848

Silvio Spaventa[215] è rientrato a Napoli dall'esilio. Ora fonda "Il Nazionale", giornale liberale, che sarà molto diffuso. Sostiene il governo costituzionale e l'intervento militare contro l'Austria. Il giornale pubblica anche articoli del fratello Bertrando. Alle elezioni Silvio Spaventa sarà eletto alla Camera.

Parigi, 3 marzo 1848

Mazzini si reca in Francia per la costituzione dell'Associazione Nazionale italiana. Due le finalità: prendere contatto con i suoi amici ora al potere (come il socialista Ledru Rollin[216]) e migliorare la vecchia organizzazione della Giovine Italia.

Presburgo (Bratislava), 3 marzo 1848

Alla Dieta un deputato apre la discussione sul sistema finanziario esistente. Interviene Lajos Kossuth[217]. L'Ungheria rischia di collassare se non potrà gestire una politica finanziaria

---

[215] Silvio Spaventa, nato a Bomba (CH), liberale, nel 1843 si è trasferito a Napoli, ove, dal 1846, ha insegnato nella scuola privata fondata dal fratello maggiore, il grande filosofo Bertrando. Dato che la scuola è stata chiusa dalla polizia nel 1847, è stato costretto a scappare e rifugiarsi in Toscana. E' rientrato nel 1848 divenendo condirettore de "Il Nazionale" e deputato al Parlamento. Ha svolto attività cospirativa nella società dell'Unità italiana. Arrestato nel 1849 è stato condannato a morte e poi all'ergastolo nel 1852. Dopo sei anni, deportato negli USA, andrà in Inghilterra e poi in Piemonte. Cavourriano, si recherà a Napoli nel 1860 ma sarà espulso da Garibaldi. Eletto deputato per nove legislature dal 18 febbraio 1861 al 22 ottobre 1890, sempre nel gruppo della destra. Il 15 dicembre 1889 è stato nominato senatore. Professoredi filosofia del diritto. Segretario generale del ministero degli Interni (1862 – 1864), consigliere di Stato, ministro dei Lavori Pubblici (1873 – 1876). Presidente di sezione del consiglio di Stato. Morirà nel 1893.

[216] Alexandre Auguste Ledru - Rollin è nato a Parigi nel 1807. Avvocato, democratico di sinistra. Nel 1834 è stato fra gli organizzatorii di una rivolta, a Parigi, duramente repressa. Deputato di estrema sinistra nel 1841. Ministro dell'Interno dopo la rivoluzione di febbraio. Candidato alla presidenza della Repubblica contro Cavaignac e Luigi Bonaparte, ma non è stato eletto. Nuovamente deputato nel 1849, ha contestato la politica di Luigi Bonaparte ma ha dovuto riparare in Inghilterra a seguito di un tentativo di rivolta fallito. E' rientrato in Francia dopo la caduta di Napoleone III. E' stato eletto due volte, nel 1871 e nel 1874, ma è morto a Fontenay-aux-Roses poco dopo la seconda elezione.

[217] Lajos Kossuth de Udvard et Kossuthfalva è nato a Monok (provincia di Borsod-Abaúj-Zemplén) nel 1802. Nobile, giornalista, avvocato, politico. Ha avuto un'educazione luterana e si è laureato a Pest in giurisprudenza. E' stato nominato segretario del conte Hunyady alla Dieta nazionale di Presburgo (l'odierna Bratislava). Ma nel 1837 è stato arrestato per aver pubblicato i dibattiti parlamentari, cosa del tutto vietata. E' stato in carcere a Buda per quattro anni. Notevole la campagna popolare per la sua liberazione. Nel 1840 è stato liberato, per amnistia. Nel 1841 ha

propria. L'Austria, se non cede ai popoli adeguate autonomie, li condurrà al fallimento. Essa stessa è sull'orlo dell'abisso. Fra l'altro non tiene conto delle esigenze delle province. Sono necessarie adeguate riforme. Particolarmente importante è l'autonomia politica, oltre alla definitiva libertà per i contadini, all'annullamento delle esenzioni fiscali, all'estensione del diritto di voto. Il discorso è calorosamente applaudito.

Torino, 4 marzo 1848, promulgazione dello Statuto

Milano, 6 marzo 1848, inizio partenze.

Spaur lascia Milano, sostituito dal conte H. M. O'Donnel. Inizia la fuga degli alti dirigenti austriaci verso la fortezza di Verona.

Radetzky facilita tale "auto annullamento" dei vertici dell'amministrazione civile del Regno. Di fatto, viene instaurato un governo militare.

Napoli, 6 marzo 1848

Vincenzo D'Errico, presidente del Circolo costituzionale lucano, ha scritto a Casimiro De Lieto, del Circolo calabrese, al fine di coordinarsi in vista dell'apertura della Camera. Pur essendo la maggioranza lucana liberale e quella calabrese democratica, l'avv. D'Errico auspica un accordo sui problemi più urgenti ed importanti. Quello essenziale, per lui, è la rimozione dei pubblici funzionari più reazionari e repressivi, da sostituire con cittadini meritevoli di pubblica stima, senza cadere in repressioni violente anche a carico di coloro che dovrebbero essere considerati fra "i più scellerati", secondo la sua definizione. In altri termini non basta l'espulsione del marchese Del Carretto per innovare l'amministrazione dello Stato. Una nazione libera non può consentire che rimangano al potere coloro che, in passato, hanno insanguinato le famiglie dei patrioti.

---

fondato un nuovo giornale, "Pesti Hirlap" (Giornale di Pest), sostenendo la campagna nazionale per l'indipendenza dall'Austria. Nel 1844 la sua attività giornalistica è stata bloccata ma, nel 1847, è stato eletto alla Dieta, nella quale quale ha svolto la funzione di capo della componente democratico radicale a carattere nazionale. Nel 1848 è stato nominato ministro delle Finanze nel primo governo ungherese. Il 14 aprile 1849, proclamata l'indipendenza, è stato eletto governatore dello Stato magiaro, in guerra con l'Austria e, successivamente, anche con la Russia. La grave sconfitta, determinata soprattutto dal pesante intervento di quest'ultima, lo ha portato alle dimissioni. E' stato in esilio per tutto il resto della vita, in Inghilterra, Stati Uniti, ecc. ma soprattutto a Torino. Ha continuato ad agire per la sua Nazione, fra l'altro coordinandosi con Mazzini, poi anche, in Piemonte, con Cavour. La costituzione nel 1867 della duplice monarchia austro ungherese, che darà una autonomia almeno parziale all'Ungheria, ridurrà notevolmente la sua influenza sugli avvenimenti magiari. Comunque non tornerà in Patria per non riconoscere di fatto la soluzione che l'impero ha dato al problema ungherese. Morrà a Torino nel 1894.

In questi giorni i deputati rappresentanti delle varie provincie si incontrano nei caffè e nei ristoranti napoletani. Le discussioni sono animate, interessanti, funzionali alle essenziali necessità del momento. E' come se la Camera fosse già aperta per le strade. Appaiono in maniera sempre più chiara anche i notevoli contrasti fra l'ala liberale e quella democratica. Dal punto di vista numerico all'incirca due terzi dei deputati aderiscono alla prima ed un terzo alla seconda.

Fra gli altri rappresentanti vi è anche Ferdinando Petruccelli della Gattina,[218] schierato fra i democratici più radicali.

Napoli, 8 marzo 1848

L'iniziativa di Casimiro De Lieto di coordinare le varie componenti territoriali è accettata dai vari rappresentanti. Viene, così, creata una Lega costituzionale cui partecipano tutti. Nel frattempo si costituisce, oltre alla componente radicale democratica ed a quella liberale moderata, anche una terza componente, sempre liberale ma caratterizzata da una più accentuata fedeltà legittimista.

I democratici, diretti da Gianandrea Romeo, sono in minoranza, ma fra loro vi è un maggiore coordinamento, determinato dalla lunga esperienza cospirativa. Inoltre sono collegati a vari movimenti popolari, forti sia nella capitale che nelle provincie ed è chiara l'impostazione mazziniana della loro politica. Inoltre concordano sulla necessità di portare alle estreme conseguenze la riforma dell'apparato dello Stato di D'Errico. Il punto fondamentale da loro sostenuto è che un governo – pur agendo nel quadro di uno Statuto valido ed aperto - se opera utilizzando la vecchia organizzazione amministrativa reazionaria e repressiva, di fatto non è un governo costituzionale.

Un problema, questo, che si pretende sia ben definito nello stesso Statuto. Le discussioni, quindi, diventano sempre più accese. Il che rappresenta, di certo, una cosa positiva, dato

---

[218] Ferdinando Petruccelli della Gattina è nato a Moliterno (PZ) nel 1815 Studente di latino e greco, laureato in medicina. Giornalista corrispondente in vari paesi europei. Arrestato nel 1846 perché affiliato alla Giovine Italia. Nel 1848 è stato eletto al Parlamento ed ha diretto il giornale "Mondo vecchio e mondo nuovo", in contrasto con molte parti politiche, per una corretta impostazione ideologica. Ha partecipato alla sommossa del 15 maggio e, poi, è stato in Calabria con Carducci e Musolino. In clandestinità per un anno, condannato a morte, riuscirà a fuggire in Francia, dove lavorerà come giornalista. Antibonapartista, si sposterà a Londra da Mazzini, ma farà parte del giornalismo francese durante la guerra del 1859. Con Garibaldi nel 1860. Deputato nel 1861, ha criticato la classe politica nel libro "I moribondi del palazzo Carignano". Corrispondente nella terza guerra d'indipendenza. Deputato dal 1874 al 1882, sempre nella sinistra. Avrà una paralisi, ma, aiutato dalla moglie, continuerà la sua attività. Morirà nel 1890 a Parigi. Considerato brillante e caustico, aggressivo, spregiudicato, intransigente.

che all'apertura della Camera gli schieramenti potranno rivelerarsi adeguatamente coordinati ed efficienti. Ma la situazione è particolarmente delicata. Non vi sono, in pratica, più controlli. Giorno dopo giorno gli animi divengono sempre più accesi, anche per le aggressive polemiche giornalistiche. Lo Stato è, di fatto, collassato, a detrimento di tutti. Fra i deputati più violenti vi è Petruccelli che, sul giornale "Mondo vecchio e mondo nuovo" attacca, peraltro fondatamente, centinaia di funzionari statali. Nelle due rubriche: "reclami" e "si dice" evidenzia le denunce in atto e quelle potenziali. Altri giornali imitano tali inchieste, come "Mastro Giorgio", mentre gli avversari pubblicano fogli ironicamente in contrasto, come "I farfalloni del "Mondo vecchio e mondo nuovo" o, addirittura, mandano in edicola presunti allegati al Mondo, come il "Codicillo" al Mondo stesso.

I giornali liberali cercano di garantire il maggior numero di notizie, senza esasperare le polemiche. Ma ciò è vero fino ad un certo punto. Ogni giornale esprime l'urgenza di determinate politiche. Luigi Settembrini, su "il Nazionale" dà priorità alla guerra contro l'Austria. L'esercito e la marina devono partecipare alle ostilità imponendosi sullo scacchiere padano senza porsi su posizioni di dipendenza rispetto all'esercito piemontese. "Il Tempo", neoguelfo, giornale del futuro presidente del consiglio Carlo Troya [219] e di Saverio Baldacchini [220] si oppone duramente ai progetti di voto eccessivamente "estesi" di Casimiro De Lieto, sostenendo che bisogna tener conto della capacità di ciascuno e dell'effettivo senso di responsabilità. Lo schieramento liberale ha le caratteristiche di un magma estremamente contraddittorio. Comunque, almeno formalmente, è coordinato dal costituzionalista Michele Solimene.[221]

Infine vi sono i liberali definibili legittimisti, che reputano essenziale l'avvio della prassi costituzionale anteponendola anche alla soluzione del rapporto fra l'autorità del re e quella delle Camere. In particolare, affermano la sostanziale priorità della Camera eletta su quella nominata. Intendono procedere gradualmente, cercando di non creare situazioni che

---

[219] Carlo Troya è nato a Napoli nel 1784. Storico, condannato a due anni di esilio per aver partecipato alla rivoluzione del 1820 – 1821. Nel 1844 ha contribuito a fondare la società storica napoletana. Presidente del consiglio dal 3 aprile 1848 al 15 maggio successivo. Socio dell'accademia della Crusca dal 1854. Morirà nel 1858.

[220] Saverio Baldacchini, nato a Barletta nel 1800, scrittore purista (collaboratore di Basilio Puoti), si è posto fra classicismo e romanticismo. Filologo, critico, storico, ha partecipato alla rivoluzione del 1820, poi è andato in esilio. Deputato nel 1848, dopo la reazione del re si è dedicato all'attività letteraria. Nuovamente deputato dopo l'Unità per una legislatura dal 18 febbraio 1861 al 7 settembre 1865, diverrà inabile per un ictus nel 1868 e morirà nel 1879.

[221] Michele Solimene è nato a Sant'Andrea di Conza nel 1795 . Professore di diritto costituzionale ed internazionale, ha partecipato alla riforma dei codici sia albertino che francese, ha rappresentato gli scienziati, i letterati e gli artisti duo siciliani al Congresso di Gand e ha gestito due cause internazionali che hanno interessato l'Inghilterra e l'Olanda. Deputato nel 1848, arrestato il 16 aprile 1850, è stato per due anni ristretto in otto carceri. Eletto deputato dopo l'Unità, per una legislatura, dal 18 febbraio 1871 al 7 settembre 1865, morirà nel 1864.

possano interrompere prematuramente l'attività costituzionale. Sono coordinati dal marchese Luigi Dragonetti,[222] che non può considerarsi un conservatore. In pieno accordo con la sinistra, sostiene che la Camera eletta debba costituirsi in Assemblea costituente per valutare lo Statuto approvato dal re il 10 febbraio. Cosa, questa, ovviamente non gradita da Ferdinando II.

Tutto si va organizzando in vista della vicina battaglia parlamentare, che si profila molto dura, a partire dalla soluzione del primo problema: il giuramento al re dei deputati. Alcuni non intendono giurare. Comportamento, questo, considerato pericoloso e grave da una monarchia che ha concesso la Costituzione ma non accetta cambiamenti rapidi e violenti che possano minare l'autorità del re.

Roma, 10 marzo 1848

In vista della concessione dello Statuto, Pio IX istituisce il primo governo costituzionale. Presidente è il segretario di Stato, il cardinale Giacomo Antonelli[223], esperto di economia, valido, capace ma, diversamente dagli ultimi suoi predecessori, conservatore. Al ministero

---

[222] Il marchese Luigi Dragonetti è nato all'Aquila nel 1791. Ha studiato giurisprudenza, filosofia, economia e lettere. E' stato su posizioni nazionali, avvicinandosi gradualmente ai neoguelfi, pur con qualche simpatia per le posizioni di Mazzini. Convinto federalista, segretario della Società nazionale, parlamentare nella rivoluzione del 1820, è stato uno dei firmatari della protesta contro l'abolizione dello Statuto e l'intervento austriaco richiesto da Ferdinando I. Membro di varie accademie, linguista ed economista di notevole valore, ha sostenuto l'importanza dell'industrializzazione e di un'equa distribuzione della ricchezza. Nel 1833 ha fondato la banca del Tavoliere della Puglia, specializzata nel credito agrario. Nel 1841 è stato accusato di aver partecipato ad un moto verificatosi all'Aquila ed è stato condannato al domicilio coatto a Montecassino. Periodo difficile, questo, che Dragonetti ha trascorso immerso nello studio. Ma, alla fine, è stato espulso e si è recato a Roma, dove ha assunto un ruolo culturale e politico notevole. Alla concessione della Costituzione da parte di Ferdinando II è tornato a Napoli, con la principessa di Belgioioso. Nominato consigliere di Stato, si è dedicato alla riforma costituzionale, alla pubblicazione di articoli su "Il Nazionale", all'organizzazion di reparti volontari con la Belgioioso. E' stato nominato il 3 aprile Ministro degli Esteri del governo Troya, caduto dopo i fatti del 15 maggio. Il 22 luglio 1849 è stato arrestato per cospirazione e, pur essendo assolto nel 1852, è stato espulso dallo Stato. Così è andato a Malta, in Francia, in Toscana, ecc.. Nel 1855 ha aderito al partito murattiano, la cui politica riteneva coerente con le sue convinzioni federaliste, che ha mantenuto anche dopo la fine delle speranze del figlio di Murat. Nel settembre 1860 è tornato a Napoli, dove sarà nuovamente nominato consigliere di Stato. Dopo l'Unità sarà eletto deputato il 18 febbraio 1861, ma tre mesi dopo sarà nominato senatore, il 22 maggio 1861. E' morto nel 1871.
[223] Il cardinale Giacomo Antonelli è nato a Sonnino (LT) nel 1806. E' stato fra i collaboratori di Gregorio XVI. Magistrato, poi delegato a Orvieto, Viterbo e Macerata. Nel 1841 sottosegretario agli Interni. Nel 1844 secondo tesoriere alle Finanze e, poi, ministro delle Finanze. Cardinale nel 1847. Segretario di Stato, presidente del consiglio dei ministri nel 1849. Prima su posizioni moderatamente riformiste, poi sempre più conservatrici, infine reazionarie, sarà al centro della politica negli ultimi trent'anni dello Stato pontificio. Morirà nel 1876.

degli Interni, quindi a capo della polizia, viene insediato un laico, il conte Recchi[224], cui vengono demandati i rapporti con le Camere. In qualità di ministro dell'Interno è anche coordinatore del governo. Imposta una politica nettamente nazionale, sostenendo l'intervento militare in Italia settentrionale e, addirittura, i tre colori sulla bandiera dello Stato. Antonelli in un primo tempo lascia fare.

In data odierna viene pubblicata una dichiarazione del papa, che inizia con la frase: "**Oh (...) benedite gran Dio l'Italia**". Ognuno, naturalmente l'interpreta a suo modo. I nazionali italiani danno ad essa un contenuto politico. Aumentano, di conseguenza, le adesioni alla politica pontificia. In realtà Pio IX ha ben diversi fini, facilmente deducibili completando la frase: "**conservatele sempre questo dono preziosissimo di tutti: la Fede!**"

Vienna , 13 marzo 1848, insurrezione

Per buona parte della giornata si muove, come un lungo fiume, un corteo di protesta. La partecipazione maggiore è dei lavoratori, ma sono presenti anche molti studenti.

La situazione diventa incandescente per un intervento violento dell'esercito. Ma il nemico, quasi simbolico, dei rivoluzionari è Metternich, colui che rappresenta l'essenza politica ed organizzativa dell'Impero. La sua casa è saccheggiata. Lui è a corte, sicuro di sé, nonostante ciò che è accaduto. Ma anche a corte non è più ben visto. La tesi dell'arciduchessa Sofia, da tutti accettata, è semplice e chiara: se i rivoluzionari vogliono che cada una testa, ebbene sia quella del massimo responsabile delle vicende degli ultimi quarant'anni. Il cancelliere, poi, non potrà lamentarsi, dato che la caduta del suo capo sarà solo metaforica. Così, alle 21.00, viene chiesto a Metternich di dimettersi. Per la prima volta l'ormai ex cancelliere è in crisi. Si dimette e torna dalla moglie Melania, per andare insieme esuli in Olanda.[225]

---

[224] Gaetano Recchi, conte palatino di Castignano (AP), nato a Ferrara nel 1797, personaggio di notevole interesse, sia politico che culturale. Dopo studi di statistica, matematica, botanica e fisica si è interessato di economia e di agricoltura. Nel 1831 ha partecipato alla rivoluzione, iniziata il 7 febbraio proprio nella sua città, Ferrara, ed ha assunto la carica di segretario del governo provvisorio. Esule, appena rientrato si è occupato di finanza (Cassa di risparmio di Ferrara), di agricoltura gestita su basi scientifiche, di ferrovie. E' stato uno dei primi, nel 1843, a scrivere per organizzare una lega doganale italiana. Autore di una famosa protesta per l'occupazione austriaca di Ferrara. Nel 1847 è stato nominato dal papa componente della Consulta di Stato, in cui ha assunto la presidenza della commissione Finanze, dedicandosi a vari problemi, approvati con grandi, generali adesioni. Successivamente non accetterà la politica papale e si ritirerà a vita privata. Morirà nel 1856.

[225] Quando rivede il marito Melania dice: "**Allora siamo morti?**" ed ha per risposta un: "**Sì, siam tutti morti**". (Luigi Mascilli Migliorini, op. cit., pag. 280).

La rivolta esprime la necessità che vengano concesse adeguate riforme. In merito l'imperatore – l'unico della corte e del governo[226] - non è a priori contrario. Comunque i rivoluzionari viennesi vogliono per l'Austria determinate misure, ma non intendono che siano estese alle altre popolazioni dell'Impero. Perciò il Lombardo - Veneto non sarà sostenuto, anzi sarà combattuto da coloro che hanno attuato la rivoluzione al centro dell'Impero.

In merito, Cavour, in ottobre, preciserà che:

"il moto di Vienna del mese di marzo fu un moto meramente politico. Il popolo della capitale, interprete dei sentimenti che animavano tutti i popoli dell'Impero, si levò e combattè per ottenere l'istituzione degli organi costituzionali e tutte quelle concessioni politiche richieste dallo spirito dei tempi. Questo moto fu facilmente composto dalle concessioni più o meno sincere fatte dall'Imperatore. Ma, appena ristabilita la pace interna, quell'istesso popolo che aveva combattuto con tanto ardore per le sue libertà, si unì al suo Governo per combattere contro di noi, e per rapirci le nostre libertà non solo, ma un bene ancora più prezioso: l'indipendenza (....) fra le prime file dell'esercito austriaco combatterono i volontari viennesi, gli eroi delle barricate di marzo della rivoluzione di Vienna. (....) Il fatto che io espongo mi è stato confermato da un gran numero di ufficiali dell'esercito che contro questi studenti pugnarono."[227]

Berlino, 13 marzo 1848

Diecimila persone attraversano il centro recandosi al palazzo reale. La guardia reale a cavallo le disperde. Si lamentano alcuni feriti.

Roma, 14 marzo 1848, concessione dello Statuto

Dopo aver istituito i consigli comunali e provinciali, la Consulta di Stato e la Guardia civica, Pio IX concede lo "Statuto fondamentale pel governo temporale degli Stati della Chiesa". Naturalmente in esso è previsto che la religione cattolica sia la religione di Stato, protetta da un'adeguata censura ecclesiastica. La gestione dei comuni è affidata a laici. La libertà è limitata dalla legge. Sono aboliti tribunali come quello dell'inquisizione, mentre l'ordine giudiziario è indipendente. La censura governativa è abolita. Sono istituiti un alto consiglio (in definitiva un senato) ed un consiglio dei deputati. Il primo formato da personalità nominate dal papa. Il secondo dall'elezione di un deputato ogni 50.000 elettori, che devono avere almeno 25 anni di età ed un censo di almeno 300 scudi.

---

[226] Un motivo in più per farlo considerare pazzo.
[227] "Cavour. Italia, Austria e Francia" Discorso alla Camera del 20 ottobre 1848 Milano, Istituto Editoriale Italiano, s.d., pagg. 38, 39, 40,

Lo Statuto non è stato applicato, ma, successivamente, non è stato neanche abrogato.

Berlino, 14 marzo 1848

Viene decretata la convocazione della Dieta prussiana per il 24 aprile.

Pest (Budapest), 15 marzo 1848

La situazione è notevolmente confusa. Le tre persone politicamente preminenti sono il conte Istvàn Szèchenyi,[228] il conte Jòsef Sàndor Batthyàny [229]e Lajos Kossuth. I primi due tendono ad una monarchia costituzionale con l'Ungheria all'inteno dell'Impero, il terzo ha una visione pienamente nazionale. Tende, quindi, ad una Ungheria indipendente.

Gradualmente la politica reazionaria dell'Austria porterà Batthyàny ad avvicinarsi alle posizioni di Kossuth ed il fronte nazionale ad attirare sia i liberali che i democratici. Perciò Kossuth gradualmente diverrà il capo dell'Ungheria indipendente.

Vienna, 15 marzo 1848

L'imperatore Ferdinando I riceve una delegazione ungherese di cui fanno parte Jòsef Batthyàny e Lajos Kossuth. In riferimento a quanto è stato discusso nella dieta di Presburgo (Bratislava) viene chiesta l'autonomia amministrativa, l'abolizione di alcune tasse, la rappresentatività nazionale dei deputati, la riduzione di alcuni privilegi dell'aristocrazia (peraltro approvati dagli stessi nobili facenti parte della Dieta), ecc.

---

[228] Il conte Istvàn Szèchenyi è un raffinato intellettuale, divenuto poliglotta per poter leggere le opere importanti di vari Paesi nella lingua originale. Liberale dai contenuti sociali molto incisivi, propugna una redistribuzione dei beni, in definitiva una rottura della classe sostanzialmente feudale dei suoi tempi. Egli stesso ha rinunciato ai 60.000 ducati delle rendite delle sue proprietà. In definitiva il suo fine è una monarchia costituzionale (successivamente la sintesi biografica)..

[229] Il conte Jòsef Sàndor Batthyàny è nato nel 1807. Dal 1830 ha fatto parte della Camera alta. Con Széchenyi ha coordinato varie iniziative di carattere economico. Capo delle opposizioni nella prima metà degli anni '40. Il 17 marzo 1848 ha diretto la deputazione che ha chiesto all'imperatore Ferdinando I l'autonomia amministrativa per l'Ungheria. La richiesta ha avuto esito positivo, ma la concessione sarà sabotata dalla corte e dal governo. Il 23 marzo 1848 Batthyany ha costituito un governo, che ha attuato una politica nazionale ungherese, cercando, fra l'altro, di venire ad un accordo con i croati.. Il 29 agosto 1848 nuovo incontro con l'imperatore. Il governo cade e si riforma. Ma Batthyàny il 2 ottobre dovrà definitivamente dimettersi. Combatterà come militare semplice ma l'11 ottobre 1848 subirà un incidente. Continuerà a cercare la discussione ed il compromesso con il comandante austriaco Windisch – Graetz, che, però, non vorrà avere rapporti con lui. Così l'8 gennaio 1849 Batthyàny sarà arrestato a Pest, sempre convinto della legittimità della propria azione, costantemente tesa ad un accordo. Ma sarà condannato a morte, voluta dal principe Schwarzenberg, attuata da von Haynau ed eseguita con particolare crudeltà a Pest, il 6 ottobre 1849.

L'aspetto importante è che l'arciduca palatino Stefano d'Asburgo, in pratica il viceré / governatore dell'Ungheria, succeduto al padre il 19 gennaio, ha espresso la sua accettazione. L'imperatore darà una risposta.

Berlino, 16 marzo 1848

E' intervenuto l'esercito, con grande durezza. La monarchia è salva. L'ordine regna nella capitale, ma vi sono molti morti fra i cittadini.

Venezia, 16 marzo 1848

Prime manifestazioni Un dimostrante viene ucciso.

Trieste, 16 marzo 1848

In città vi è l'Unione italiana, un'organizzazione mazziniana di collegamento fra vari gruppi che operano su posizioni nazionali. I punti di riunione sono il caffè Tommaseo, vero comando operativo, e la libreria di Giovanni Orlandini, uno dei tre capi del movimento. Orlandini è triestino ed ha una libreria di libri italiani e di carte idrografiche.[230] E' un valido propagandista di quarantacinque anni, sentitamente mazziniano, caratterizzato da sicura fede nel futuro dell'Italia. L'Unione ha altri due esponenti importanti. Il primo è un avvocato di trentacinque anni, Antonio Gazzoletti,[231] la mente politico – giuridica del gruppo. Il secondo è Giulio Grassi,[232] un assicuratore genovese di cinquantacinque anni,

[230] A Trieste vi era una sorta di guerra fra le librerie italiane e quelle tedesche. Il conte Gerolamo Agapido, alcuni anni prima, aveva fatto il punto della situazione. Gli austriaci hanno sostenuto l'apertura di due librerie: la Perisutti, che vendeva solo libri tedeschi, e l'importante libreria di Paolo Schubart della ditta Geistinger e Comp, che vendeva libri tedeschi, francesi, inglesi, italiani, carte geografiche ed oggetti d'arte. Le librerie italiane erano quella di Orlandini ed un'altra di Luigi Sala. (G. Agapito "Descrizione della fedelissima città e porto – franco di Trieste", Vienna, Tipografia della vedova di A. Strauss, 1830, pagg. 82 - 83.

[231] Antonio Gazzoletti è nato a Nago-Torbole (TN) nel 1813. Dopo un rigoroso corso dii studi, a Padova si è laureto in giurisprudenza, esercitando la professione a Trieste. Cugino di Giovanni Prati, poeta egli stesso, fra vari altri lavori ha pubblicato cinque raccolte di versi, una tragedia e due libretti d'opera. Nel marzo del 1848 ha tentato di costituire a Trieste un governo provvisorio antiaustriaco. Confinato ad Innsbruck nel 1850 è fuggito, prima in Lombardia, poi a Torino, dove è stato giornalista e deputato per una legislatura. Poi, nel 1860, a Milano ha diretto il quotidiano "La Lombardia". Infine è entrato in magistratura, divenendo nel 1862 procuratore generale a Brescia. E' morto a Milano nel 1866.

[232] Giulio Costantino Grassi è nato a Genova nel 1793. Ha combattuto nelle armate napoleoniche. Ferito, è stato congedato ed è andato a Trieste dal padre, agente e liquidatore di assicurazioni marittime. Nel settore, in grande espansione, è diventato un'autorità, anche come esperto in diritto. Esponente importante dell'organizzazione segreta unione italiana, è stato comandante della guardia nazionale nel marzo del 1848. In una notte di mare agitato, partito da Trieste, Grassi ha accostato

che, per i suoi precedenti nelle armate napoleoniche come sottufficiale, rappresenta la componente militare.[233]

Il programma dell'Unione è semplice e chiaro: costituire la guardia nazionale, mettere in crisi la pesante presenza austriaca nel comune, costituire un governo provvisorio, al fine di liberare il territorio approfittando della temporanea debolezza austriaca. In base alle nuove concessioni di Vienna è possibile costituire la guardia nazionale. Alla richiesta in merito di Grassi il governatore Salam – Reiferscheid ed il comandante del presidio, generale Gyulai[234], danno il loro assenso alla costituzione della guardia, ed affidano il comando al Grassi stesso.

Ma si verifica un fatto che mette in crisi fin dall'inizio la politica dell'Unione. A Trieste vi è una forte colonia tedesca, ben inserita nella struttura finanziaria della città, che vede gli italiani e le loro esigenze in maniera ancora più ostile degli austriaci. Il capo è il faccendiere prussiano Bruck, che ha avuto un'idea intelligente. La guardia deve svolgere dei servizi e, di conseguenza, i suoi componenti devono ridurre le loro attività lavorative. Quindi deve essere composta da persone con un reddito, possibilmente adeguato. Così la facoltosa minoranza tedesca è stata spinta ad arruolarsi nella guardia, insieme alla borghesia legata al capitale finanziario. Alla fine, nella guardia, la componente prevalente è antitaliana.

Vienna, 17 marzo 1848

Una notizia clamorosa: Ferdinando I ha concesso l'autonomia amministrativa all'Ungheria. Si conferma il fatto che gli Asburgo rifiutano solo eventuali concessioni agli italiani. Forse

---

l'ammiraglia sarda e ha sottoposto all'ammiraglio Albini un piano per la conquista di Trieste. Albini si è dichiarato disinteressato, evidenziando il vero carattere, meramente formale, del blocco di Trieste e la sostanza della politica di Carlo Alberto. Al termine della fase rivoluzionaria Grassi è stato nominato console del Regno sardo a Trieste, ma non ha ricevuto l'exequatur per la precedente attività antiasburgica. Di conseguenza si è reso conto di non poter più operare a Trieste ed è tornato a Genova, aprendo un'agenzia. Nel 1855 è stato nominato console sardo nella città portuale di Cette, ora Sète, nel golfo del Leone, dove morirà nel 1874. Paul Valery era figlio di sua figlia Francesca Alessandrina (Fanny)..

[233] Angelo Scocchi: "Il Risorgimento a Trieste nel marzo del 1848 Openstarsts"– Archivio istituzionale dell'Università di Trieste, s.d. pagg. 289 – 290.
[234] Il conte Ferenc József Gyulay von Maros-Nemeth und Nadaska è nato a Pest nel 1798. Sottotenente nel 1815, tenente colonnello nel 1829, generale nel 1838. Nel 1847, come governatore di Trieste, ha promosso, nel territorio di sua competenza, la costruzione di varie opere di fortificazione ed è stato responsabile della flotta. A Vienna, nel 1849, è stato ministro della Guerra ed ha svolto incarichi diplomatici. Nel 1857, a Milano, ha comandato la seconda armata. Nel 1859 sarà responsabile civile oltre che militare del Regno. Comandante dell'esercito nella campagna del 1859, dopo quattro sconfitte sarà esonerato per ordine dell'imperatore, che assumerà direttamente la direzione delle operazioni. Poi sarà comandante della fortezza di Mantova e, successivamente, andrà in pensione. Morirà nel 1868 a Vienna, dopo aver scritto le sue Memorie giustificative.

le concessioni fatte agli italiani sono considerate una sorta di detonatore delle rivendicazioni nazionali dei vari popoli dell'Impero.

L'impostazione liberale dell'imperatore, tendente a parziali riforme, non è accettata dalla corte, su cui ha grande potere la cognata arciduchessa Sofia. Con lei sono in sintonia i generali di maggiore prestigio. Tale contrasto avrà conseguenze molto gravi per Ferdinando e per lo stesso stato asburgico. L'imperatore sarà costretto a farsi da parte insieme a suo fratello e prevarrà una soluzione reazionaria basata sulla casta militare, che caratterizzerà sia i futuri governi sia la struttura della classe dirigente.

Trieste, 17 marzo 1848

Il podestà di Trieste ha il nome di preside dell'imperiale regio magistrato politico - economico. Questi è Muzio de Tommasini, botanico, toscano, sostenitore del governo austriaco. Inoltre vi è una specie di consiglio comunale con funzioni consultive il cui presidente è lo storico Pietro Kandler, anch'egli fedele all'Austria, ma su posizioni liberali, che riunisce il consiglio senza avvertire Tommasini cercando di far acquisire al consiglio stesso, almeno di fatto, funzioni deliberative. Inizia, così, un processo confuso e complesso che, rapidamente, conduce ad una soluzione grave: tenendo conto della crisi del consiglio, Tomassini lo scioglie ma non lo ricostituisce. Il tutto con grande soddisfazione del governatore e del tedesco Bruck.

Venezia, 17 marzo 1848.

Una nave proveniente da Trieste porta a Venezia la notizia della rivoluzione viennese. Viene chiesto al governatore delle Province venete, conte Luigi Palffy von Erdod di liberare Manin e Tommaseo. Cosa che viene concessa.

In piazza San Marco la folla incontra i due esponenti liberali. Manin tiene un breve discorso, dichiara di ignorare perchè sia stato liberato. Invita tutti all'ordine, elemento essenziale della libertà. Sono issate la bandiera italiana e quella dell'ex Repubblica di San Marco. Sono liberati anche Andrea Meneghini e Guglielmo Stefani.

Si verificano aggressioni ai miltari austriaci.

Milano, 17 marzo 1848

Il conte Fiquelmont è andato a Vienna, dove è stato nominato presidente del consiglio aulico di guerra, in pratica comandante delle forze armate.. Già da undici giorni il governatore conte Spaur è partito per Verona. Dopo poco lo ha seguito il vicerè. In pratica a

Milano l'unico rappresentante del governo è il conte O'Donnell, vice governatore. Anche Torresani è in sede, però appare impotente, dato che l'organizzazione della polizia è in crisi.

I gruppi politici milanesi, coordinati da Cesare Correnti[235], decidono di organizzare, domani 18, una grande manifestazione al municipio. Si cerca di approfittare della crisi del governo austriaco. Il podestà Casati cerca di calmare gli animi in attesa di coordinarsi con Carlo Alberto. Ma non vi è più tempo: bisogna risolvere subito il problema. Di conseguenza è sempre più forte la richiesta che il municipio si autonomini governo provvisorio. Cosa che trova del tutto ostile Casati che, assolutamente, non intende attuare alcun atto rivoluzionario. Comunque bisogna ottenere al più presto alcune concessioni essenziali, sintetizzate come segue:

"Noi chiediamo, offrendo pace e fratellanza, ma non temendo la guerra: 1. L'immediata abolizione della vecchia polizia (....); 2. l'immediata abolizione delle leggi di sangue e la liberazione dei detenuti politici; 3. una reggenza provvisoria del regno; 4. libertà della stampa (....); 5. Riunire immediatamente tutti i consigli comunali, perché eleggano deputati ad una rappresentanza nazionale; 6. Guardia civica sotto gli ordini della municipalità; 7. Neutralità colle truppe austriache, garantendo loro il rispetto ed i mezzi di sussistenza". [236]

Brescia, 17 – 18 marzo 1848

Nei giorni scorsi vi sono state manifestazioni, contenute ma frequenti. Ad esempio, in teatro, alla presenza del delegato Breini, per un atteggiamento arrogante di alcuni ufficiali Francesco Cicogna ha gridato "Chi è buon italiano esca" e tutti sono usciti dal teatro.

Questa notte, vicino al colleggio dei Gesuiti, sono scoppiati alcuni petardi. I religiosi sono scappati. Anche Ranieri d'Asburgo, che ha abbandonato Milano ed è a Brescia, lascia la città.

---

[235] Cesare Correnti, nato a Milano nel 1815 da famiglia patrizia decaduta, laureato in giurisprudenza, ha fatto parte dell'amministrazione del Regno. Su posizioni prima critiche, poi decisamente ostili al governo, nel 1847 ha scritto contro quest'ultimo un duro opuscolo: 'L'Austria e la Lombardia'. Diverrà segretario del governo provvisorio. Dopo la fine della guerra emigrerà in Piemonte, dove sarà eletto deputato in cinque legislature (dal 1° febbraio 1849 al 21 gennaio 1860). Nel Regno d'Italia, dopo nove elezioni alla Camera (dal 18 febbraio 1861 al 27 aprile 1886), sarà nominato senatore. Due volte sarà ministro della Pubblica Istruzione. Morirà a Lesa (NO) nel 1888.
[236] Giuseppe La Farina "Storia d'Italia dal 1815 al 1850", libro 3°, 1 parte, Casa editrice italiana di Maurizio Guidoni Milano / Torino, 1861, pag. 210

Il podestà Airoldi riunisce al Municipio i maggiorenti per analizzare la situazione, ma il comandante del presidio, il generale principe zu Schwarzenberg occupa la zona del Broletto. La folla manifesta gridando di istituire la guardia civica. Schwarzenberg, che è il più intelligente, colto e capace ufficiale austriaco, prima minaccia, ma, poi, accetta la costituzione della guardia, a condizione che la stessa aggisse insieme ai suoi uomini. Infatti una pattuglia senza di essi viene fatta segno a fuoco. Successivamente un granatiere italiano viene ucciso per aver gridato viva la libertà.

Torino, 18 marzo 1848

Il re nomina il primo governo costituzionale. Presidente del Consiglio un prestigioso esponente della cultura dell'epoca: il conte Cesare Balbo, liberale, patriota, antiaustriaco. Pur analizzando tutte le possibili soluzioni del problema nazionale, fra cui anche quella rivoluzionaria, è sostenitore di un'unità costruita su rapporti diplomatici fra i vari Stati italiani, nel quadro delle possibili situazioni favorevoli prodotte dall'evolversi della politica internazionale. Il suo libro "Le speranze d'Italia" è vicino alle impostazioni moderate e neoguelfe di Gioberti. I ministri sono sette.

Venezia, 18 marzo 1848

Il governatore Palffy non sa a che santo votarsi. La situazione è nuova e complessa e, considerando la confusione che regna a Vienna, si sente solo. In tale quadro la sua incapacità a trovare una qualche soluzione non è nemmeno criticabile. Radetsky, a Milano, ha le idee chiare. La situazione attuale è stata da lui pianificata quasi nei dettagli. Di certo non ha previsto la crisi del governo centrale, ma ha alle sue dipendenze una notevole quantità di reparti. Unità militari che, secondo i suoi piani, dovranno intervenire sistemando con la forza la situazione. Palffy ha solo seimila uomini ma, prudentemente, ne considera solo tremila, dato che gli altri sono italiani.

Il fattore nazionale spinge il governatore a ricordare che è figlio di una italiana, una Colloredo, e si mostra in giro anche con una coccarda tricolore. Non sa dire di no ed accetta la proposta di istituire una guardia civica agli ordini di un ex ufficiale delle guerre napoleoniche, Angelo Mengaldo.

La situazione sarebbe surreale se non fosse tragica. Infatti i capi del movimento nazionale sono inadeguati e non sanno come comportarsi. Sembra il dramma dei sei personaggi in cerca d'autore. Manin, con il suo liberalismo ultramoderato, dimostra e dimostrerà la propria inadeguatezza. Non solo considererà con particolare astio le misure che proporranno i mazziniani, ma non assumerà alcuna iniziativa alternativa adeguata. Sembra che i fatti si determinino da soli, imponendo ai protagonisti soluzioni che, in genere, sono inadeguate e tardive.

Chioggia (Venezia), 18 marzo 1848

La situazione a Chioggia è peggiore di quella di Venezia. Negli ultimi anni la città è decaduta ed il suo porto accoglie solo i suoi pescherecci. Inoltre sono stati rilevati alcuni casi di colera.

Scoppiano tumulti per il comportamento di alcuni esattori delle tasse. Iniziano cortei, manifestazioni varie, proteste con grida di viva l'Italia.

Berlino, 18 marzo 1848

La politica ondeggiante e compromissoria di Federico Guglielmo IV è in crisi. La rivoluzione avanza, sta per prendere il sopravvento ed il re è indeciso. Concede le riforme e appare un debole. Impiega l'esercito ed è accusato di indiscriminata tirannia. Bisogna porre in essere un alt, anche violento. Ma, tranne il principe Guglielmo, fratello del re, nessuno ha il coraggio – ed anche la convinzione – di porsi contro le istanze popolari. In una situazione come questa nessuno controlla gli avvenimenti ed il caso la fa da padrone, determinando effetti anche gravi. Il generale governatore Pfuel, considerato dal principe ereditario uno "smidollato", essendo molto accomodante coi rivoltosi, viene sostituito dal più affidabile generale von Prittwitz

Il popolo manifesta sotto il palazzo reale. Partono due colpi dai fucili delle guardie[237]. I dimostranti tumultuano ed iniziano a costruire barricate. Così gli scontri procedono, in maniera sempre più violenta. Gli avvenimenti incidono notevolmente sulla psicologia del re, che tiene molto all'adesione popolare e continua a sperare di poter risolvere il problema con la concessione di qualche riforma[238]. La situazione, invece, è molto seria. Quasi

---

[237] Da una successiva ricostruzione, che, comunque, non è riuscita ad analizzare in maniera chiara quanto realmente accaduto, è risultato che il cane del fucile del granatiere Kuhn sarebbe rimasto bloccato dall'elsa della baionetta, provocando lo sparo. Così il fucile del sottufficiale Hettschen ha sparato perché un civile, con una manata, aveva fatto partire il percussore. Naturalmente si tratta di giustificazioni piuttosto "forzate".

[238] E' interessante il giudizio espresso in merito da un socialdemocratico, poi cofondatore del partito comunista, come Franz Mehring (in: "Storia della Germania moderna", Feltrinelli, Milano, 1957, pagg. 198 – 199):
"Federico Guglielmo IV era uno spirito infinitamente più dotato del padre, e si sapeva che odiava quella burocrazia fossilizzata che non sarebbe mai arrivata a comprendere le necessità della borghesia. Ma al fondo di tutto ciò stava un equivoco tragicomico: da perfetto romantico qual era, il nuovo re odiava sì la burocrazia, ma non perché essa era reazionaria, bensì perché gli sembrava ancora troppo rivoluzionaria; tutte le sue simpatie andavano all'aristocrazia

pericolosa per la monarchia. Il re è costretto a far completo affidamento sugli ufficiali junker [239], che costituiscono il suo ultimo ma sicuro sostegno. Insieme alla burocrazia statale essi, infatti, costituiscono la vera base dello stato monarchico. Ma il re desidera che non vi siano azioni violente e la folla viene sostanzialmente accontentata. Cosa, questa, pericolosa.

Comunque fra le ore sedici e le diciassette l'esercito interviene. L'artiglieria spara contro le barricate che, successivamente, sono attaccate dalla fanteria. Alle diciannove l'area del castello (la reggia) è libera: i soldati hanno occupato le case da cui erano venuti gli spari, lanciate le pietre, ecc. Alle ventitré tutto il centro è libero. Alle ventiquattro vi sono scontri solo in Alexanderplatz.

Ma la confusione continua, in un contesto che si potrebbe definire "poco prussiano", anche se gestito dal vertice dell'organizzazione statale della Prussia. Tale contesto, drammatico, diviene anche surreale e grottesco. Infatti il ministro Bodelschwingh pretende il ritiro dell'esercito ed i reparti abbandonano il centro cittadino, inseguiti, derisi, fischiati da una folla sempre più combattiva.

Responsabile dell'intervento e, più in generale, della politica antipopolare, viene considerato il principe Guglielmo. Di conseguenza, per semplificare le cose, al principe viene addebitata la responsabilità di tutto. Così il re, nella sua insicurezza pari solo alla personale pavidità, ordina al fratello di abbandonare Berlino,"punito" con un esilio culturalmente e caratterialmente "formativo". Non viene considerato neanche il problema dell'incolumità del principe ereditario. La cosa essenziale - e a tutti resa nota – è che Guglielmo sia obbligato a fare un "bagno" di democraticità, quasi un addestramento psicologico di "deprussianizzazione", sia politica che militare. Il posto ideale è l'Inghilterra, liberale per antonomasia. Così Guglielmo verrà "spedito" a Londra.

In ogni caso una cosa è certa: la rivolta di Berlino costituisce una notizia clamorosa per l'intera opinione pubblica del Regno di Prussia[240] e determina torbidi di varia intensità anche negli altri Stati tedeschi.

---

feudale, di cui cercava di ristabilire la supremazia sociale su basi in tutto feudali. Egli rifiutava di dar corso alle promesse costituzionali del padre".

[239] Componenti dell'aristocrazia terriera prussiana, su posizioni nazionali conservatrici.

[240] Ecco come il poeta Ferdinand Freiligrath, temporaneamente a Londra, descrive la rivolta:

"T'aiuti or solo Dio, tiranno!
pugnalati e fucilati!
E giù per le strade scorreva il lor sangue in tutti i tombini
sangue di lavoratori, sangue di studenti.
Digrignamo i denti,
e la rabbia ci riempie gli occhi (....)
Combatteron per tredici ore,

Posen (ora Poznàn, voivodato di Wielkopolskie), 18 marzo 1848

A Posen, capoluogo dell'omonimo Granducato, annesso al Regno di Prussia, alla notizia dei fatti di Berlino si manifesta una diffusa protesta popolare. Viene, così, costituito un Comitato nazionale, che dirige in Posnania la rivoluzione.

Torna libero il capo della rivolta del 1846, Mieroslawski,[241] a suo tempo condannato a morte, poi a pena detentiva, e liberato a seguito della rivoluzione. Si reca a Posen ed assume il comando dei rivoltosi. La Prussia è in crisi e la rivoluzione si organizza.

Inizialmente sembra che il re sia intenzionato a fare concessioni. Ma, in due scontri, a Miloslav ed al Sokolow, prevarranno i rivoltosi, i quali, successivamente, continueranno il confronto con azioni di guerriglia.

Milano, 18 marzo 1848, iniziano le Cinque giornate

Al mattino, molto presto, viene affisso il seguente proclama del governo austriaco:

"(….) Sua Maestà l'imperatore ha determinato di abolire la censura e di far pubblicare sollecitamente una legge sulla stampa, non che di convocare gli stati de' regni tedeschi e slavi e le congregazioni centrali del Regno lombardo – veneto. L'adunanza avrà luogo al più tardi il 3 del prossimo venturo mese di luglio".

---

la terra n'ha tremato!
Combatteron senza suon né canto,
lottaron muti e accaniti! (….)
Solo grida, richiami e rantoli!
Stavano seri ed in silenzio
Col sangue fino ai malleoli!"

Da: Giuseppe Farese: "Poesia e rivoluzione in Germania 1830 – 1850", Roma – Bari, 1974, pag. 172.

[241] Ludwik Mieroslawski è nato a Nemours nel 1814. Il padre, ufficiale polacco, durante il periodo napoleonico ha fatto parte dell'esercito francese. Mieroslawski ha cercato costantemente di combattere per la causa liberal – democratica e per la nazione polacca. Ha partecipato alla difesa della libertà della sua terra nella guerra 1830 – 1831. Dopo la sconfitta è andato in Francia. Di nuovo in Polonia nel 1846, comandante delle forze rivoluzionarie polacche. E' stato sconfitto ed arrestato dai prussiani. Ha rischiato di essere giustiziato, ma è stato graziato. Nel dicembre 1848 ha accettato l'invito a comandare l'esercito siciliano contro la reazione borbonica, rimanendo ferito. Successivamente, nel giugno 1849, ha comandato l'esercito rivoluzionario del Baden. Infine ha combattuto nel Palatinato. E' stato fra i capi della rivoluzione della Lituania e della Polonia contro la Russia negli anni 1863 – 1864. E' stata una guerra durissima. Dopo la vittoria i russi hanno scatenato una repressione selvaggia, tendente, fra l'altro, anche ad estirpare la lingua polacca. Mieroslawski morirà a Parigi nel 1878.

Si tratta di concessioni notevoli, disposte con grande ritardo, quando, oramai, risultano inutili, come, in questi giorni, accade per tutte le decisioni del governo austriaco. Sotto i manifesti viene scritto: "**Troppo tardi**". Il popolo, quindi, non ne tiene conto. La gente scende in strada ed inizia a tumultuare. Casati reputa opportuno che si vada al palazzo del governo, invece che alla sede comunale. La massa, di conseguenza, si riversa verso Piazza Mercanti. Una sentinella spara e uccide un uomo. La reazione è enorme. La sentinella viene massacrata. Il popolo disarma la guardia ed entra nel palazzo, distruggendo mobili ed incartamenti. L'arcivescovo ed il parroco del duomo cercano di fermare la massa, senza risultato. Il conte O'Donnel si nasconde, ma viene trovato da Enrico Cernuschi[242], che lo fa prigioniero, costringendolo a firmare tre decreti: la concessione al comune di armare la guardia civica, lo scioglimento della polizia - che deve cedere le armi alla guardia stessa - e l'abolizione della direzione di polizia, i cui compiti sono assegnati al comune.

La tensione è massima. Le strade sono affollate da una marea di popolo. Solo dopo il totale collasso dell'autorità governativa Radetzky reagisce, inviando pattuglie a piedi ed a cavallo che attaccano i cittadini, sfondano le porte delle case, distruggono le botteghe, abbattono il portone dell'arcivescovado, occupano il tetto del duomo, da cui fanno fuoco sulla gente. Viene anche rioccupato il palazzo del governo, ma O'Donnell è stato portato via. Gli usseri caricano ed abbattono i primi tentativi di barricate. La folla si disperde. L'esercito presidia le mura e le porte di accesso in città. Radetzky si organizza al Castello sforzesco. Ha a disposizione ottomila uomini. Saputo che al comune stanno iniziando l'arruolamento della guardia civica, rende noto alla congregazione municipale di non riconoscere i nuovi provvedimenti e vieta la costituzione della guardia. Minaccia di bombardare la città. Gli viene risposto che è tardi ed è necessario del tempo per calmare gli animi.

La sede del comune, il Broletto, è attaccata da un reparto di granatieri ungheresi, ma i 300 giovani all'interno dell'edificio, pur disponendo di soli 50 fucili, li respingono. Allora Radetzky impiega l'artiglieria e bombarda il Broletto. Un reparto di duemila boemi e croati attacca l'edificio: gli assediati finiscono le munizioni e continuano a combattere lanciando tegole e sassi. Alla fine il comune è occupato e vien fatto scempio di gran parte dei difensori. Ma, contrariamente alle aspettative, i capi sono altrove, a casa Vidiserti. Radetzky, comunque, reputa che la rivolta sia definitivamente domata. Crede di aver dato la desiderata lezione ai milanesi e ne informa Vienna. E' notte tarda.

---

[242] Enrico Cernuschi è nato a Milano nel 1821. Si è laureato in diritto sia civile che canonico nel 1842. Durante le Cinque Giornate è stato uno dei componenti del consiglio di guerra. Si è dimesso non aderendo alla monarchia sabauda. Sarà eletto all'Assemblea costituente romana e combatterà per la Repubblica. Sarà il redattore del decreto della capitolazione. Arrestato dai francesi, sarà assolto. Successivamente si trasferirà in Francia. Sarà un banchiere di successo. Si interesserà anche di attività commerciali. Finanziere importante, collezionista di opere d'arte, scrittore di saggi finanziari. Fonderà la Banque de Paris. Si opporrà a Napoleone III. Morirà a Mentone nel 1896.

La popolazione, intanto, si organizza. In varie parti della città si continua ad erigere barricate. Il colonnello Augusto Anfossi,[243] nominato comandante della guardia civica, libera la zona di Via Montenapoleone.

Durante la notte un palazzo rimane illuminato, con una grande partecipazione di donne di tutti ceti, che entrano ed escono portando grossi pacchi. E' la casa di Clara Maffei,[244] padrona di uno dei più importanti salotti di Europa, meta dell'intellettualità italiana e straniera, soprattutto francese. Già nel 1847 il salotto, da luogo d'incontro e di approfondimento letterario e musicale, ha accentuato il proprio interesse per la politica. E' noto che la Maffei accoglie tutti, purchè siano antiaustriaci. E gli imperiali non hanno il coraggio di zittirla, pur definendo il suo salotto "conciliabolo delle oche del Campidoglio". Ora in casa Maffei sono accorse molte nobidonne lombarde che organizzano bende ed altro per curare i feriti, turni negli ospedali, ecc. Molte altre lavorano e combattono sulle barricate, come l'energica e bella patriota Francesca Bonacini Spini[245], grande amica di Luciano Manara. Nel complesso, sono state 53 le milanesi di tutte le classi che hanno combattuto sulle barricate e sono state uccise [246].

---

[243] Augusto Anfossi, nato a Nizza nel 1812, militare di artiglieria dell'esercito sabaudo, avendo partecipato alle azioni rivoluzionarie del 1831, è stato costretto ad espatriare. Recatosi in Francia, si è arruolato nella Legione straniera, raggiungendo il più alto grado di sottufficiale. Andato nell'Egitto di Mehemet Alì nel 1833, è entrato in quell'esercito come istruttore di artiglieria. Molto stimato da Ibrahim Pascià, date le capacità ed il valore dimostrati nella guerra contro la Turchia del 1839, è divenuto rapidamente colonnello. Abbandonato l'esercito, ha iniziato, a Smirne, una florida attività commerciale di armi antiche, che lo ha fatto arricchire. A metà marzo, per la sua attività commerciale, era in viaggio nel centro Europa. Appena avuta notizia, a Vienna, di quello che stava avvenendo in Italia, si è recato prima a Venezia, poi a Milano, dove, nell'insurrezione, gli è stato dato un ruolo adatto alle sue notevoli capacità.

[244]Elena Clara dei conti Carrara Spinelli, moglie di Andrea Maffei, è nata a Bergamo nel 1814. Ha iniziato ad avere nel suo salotto Massimo d'Azeglio e Tommaso Grossi. Poi la sua gentile amabilità ed i suoi interessi culturali hanno fatto attirato persone di cultura e politici italiani e stranieri. Così gli incontri sono divenuti prima un riferimento culturale, poi un centro sostenitore della rivoluzione nazionale. Si è separata dal marito nel 1846 legandosi, successivamente, a Carlo Tenca. Prima mazziniana, negli anni '50 si è avvicinata alla politica cavouriana. Dopo l'Unità il suo salotto ha continuato ad essere un punto di riferimento della politica e della cultura. E' morta nel 1886.

[245] Detta Fanny, la Bonacini Spini è uno dei personaggi più interessanti e affascinanti dell'epoca. Quando Emilio Dandolo morirà, il 20 febbraio 1859, nel salotto di Clara Maffei si deciderà di fare qualcosa, dato che gli austriaci vieteranno sia l'inumazione a Milano, sia qualsiasi manifestazione, in particolare l'esposizione del tricolore. Inoltre gli eventuali intervenuti saranno controllati ed eventualmente fermati dalla polizia. Fanny si assumerà il compito di manifestare contro tutto ciò. Ai funerali, in cui vi sarà un'enorme presenza di poliziotti e di soldati ma anche una grande partecipazione popolare, ad un certo punto si presenterà, vestita a lutto, con una grande corona tricolore. Si avvicinerà piano alla bara, sulla quale depositerà la corona, poi, dopo una preghiera, si allontanerà con grande calma. Il fascino ed il coraggio dimostrato dalla grande Fanny faranno sì che nessuno la disturberà. Sarà quasi la premessa psicologica del crollo militare e politico imperiale in Lombardia.

[246] Dall'elenco "dei cittadini morti combattendo" in "1848 le cinque giornate di Milano", Fondazione Marco e Rosa De Marchi, Milano, 1948, pagg. 181 – 191. Famosa Luisa Battistotti Sassi

Monza, 18 – 22 marzo 1848, (le quattro giornate)

Nel primo pomeriggio si ha notizia di quanto sta succedendo a Milano. Le campane delle varie chiese iniziano a suonare a stormo, su disposizione di monsignor Francesco Zanzi. Una folla accorre all'Arengario ed alla stazione ferroviaria. Sempre più numerosi sono quelli che accorrono armati. L'ingegnere delle ferrovie Gerolamo Borgazzi, con un'esperinza militare nella Legione straniera, ne organizza un gruppo di duemila che costituiranno il nucleo rivoluzionario di base. La riunione diviene illegittima, quindi eversiva, dato che le autorità vietano gli assembramenti. Arrivano a Monza truppe austriache chiamate dai paesi vicini. I cittadini, circondati, circondano a loro volta i militari. Alcuni reparti lasciano Monza chiamati a Milano. All'azione dei militari i cittadini reagiscono con pietre ed altro. Cinque sono uccisi dalla truppa. Piove. Agli spari si risponde con gli spari ed inizia il confronto per il possesso del municipio.

Molto dura la notte **fra il 18 ed il 19**, giornata in cui il reggimento Geppert inizia a perdere il controllo della città. A Monza affluiscono molti volontari armati dalla Brianza e da Lecco. Il confronto diviene sempre più duro e generalizzato. Il giorno **22** le truppe gradualmente abbandonano le loro posizioni, tanto che il Borgazzi organizza lo spostamento di una parte dei rivoltosi a Milano. Finalmente il **23**, a firma di Bellani, la cittadinanza viene informata della vittoria, ma viene, altresì rammentato:

" **Vigilanza, o cittadini! Il nemico potrebbe in una disastrosa fuga devastare nel suo furore le nostre terre. Ora però abbiamo fra noi anche i nostri che in Milano segnalatamente cooperarono alla causa comune. Vorreste che venisse meno la fama del coraggio che avete (….) a tutte prove dimostrato? Salute e fratellanza.**"[247]

Durante gli scontri si è distinta Laura Solera Mantegazza,[248] che ha organizzato i soccorsi e la cura dei feriti. Sua è l'iniziativa di una colletta con cui i monzesi hanno finanziato l'intervento sanitario.

(Stradella, 1824 San Francisco, 1876) che ha fatto cadere con uno sgambetto un militare austriaco disarmandolo e facendo prigioniero un gruppo di suoi commilitoni..

[247] Pubblicato il 17 marzo 2018 dal sito:www.ilcittadinomb.it/stories/cultura-e-spettacoli/il-48-le-quattro-giornate-monzesi

[248] Laura Solera Mantegazza è nata a Milano nel1813.. Mazziniana, per aver soccorso i feriti durante le Cinque giornate, sarà espulsa al rientro a Monza degli austriaci. Tornerà solo nel 1850. Nel 1859 indirizzerà un proclama patriottico alle donne italiane. Riuscirà a fondare il Ricovero dei bambini lattanti, la Scuola professionale femminile, la Scuola per adulte analfabete, l'Associazione delle operaie milanesi. Cercherà costantemente di trovare aiuti finanziari per le attività di Garibaldi. Quando questi, nel 1862, dopo Aspromonte, ferito, sarà detenuto a Varignano, andrà ad accudirlo, organizzando una rete di assistenza e di difesa. Morirà nel 1873 a Canero Riviera (VB). Sepolta nel famedio del cimitero monumentale di Milano, è stata la prima cittadina riconosciuta benemerita.

Como, 18 – 22 marzo 1848 (le Cinque giornate)

La notizia della rivolta milanese giunge a Como a metà giornata. Vari gruppi si armano e si riuniscono al centro. La guarnigione austriaca è composta dal reggimento Prohaska, accasermato nella struttura di San Francesco. Gli scontri iniziano gradualmente e diventano sempre più duri. Il **giorno 22** il reggimento si arrende. Nelle mani degli insorti è anche la bandiera del reggimento.

Molti comaschi continuano a combattere spostandosi a Milano.

Bergamo, 18 – 22 marzo (le Cinque giornate)

Alla notizia della rivolta di Milano Bergamo insorge. Caratteristica dell'insorgenza è che scoppia in vari punti della città, rendendo più difficile la repressione. Borgo San Leonardo, le caserme di Santa Marta e di Sant'Agostino, Porta Broseta. Poi il possesso di una polveriera vicina al cimitero e le carceri di San Francesco. Affluiscono volontari dai municipi vicini. Gli austriaci sono inquadrati in un reggimento con un battaglione italiano ed un altro croato, per complessive 15 compagnie di 1600 uomini, acquartierati in quattro caserme. Le truppe sono state impiegate in maniera disorganizzata, facilitando i rivoltosi che, con contine azioni di piccoli gruppi, le hanno tenute divise.

Il **20 marzo** la rivoluzione è ancora più decisa e violenta. Viene piantato un enorme albero della libertà, con un grande tricolore. Gabriele Capozzi ha la direzione politica, il colonnello Bonorandi quella militare.

Nella notte il comandante del presidio, l'arciduca Sigismondo Leopoldo d'Asburgo, figlio del viceré Ranieri, fugge con la madre, Maria Elisabetta di Savoia – Carignano (sorella di Carlo Alberto).

Il **23 marzo** Bergamo è liberata e molti si spostano a Milano.

Mantova, 18 marzo 1848

Gruppi di persone, sempre più numerosi, sfilano con bandiere tricolori. Viene chiesto ed è celebrato un Te Deum. Il clero mostra di essere vicino ai dimostranti. Dato che alcune persone sono state arrestate per scritte patriottiche sui muri della città, molti protestano innanzi al comando della polizia, ottenendone il rilascio. Viene costituita la guardia civica. Essendo i reparti austriaci composti prevalentemente da italiani, sembra che tutti i possibili obiettivi siano stati conseguiti. Le manifestazioni sono spontanee, nessuno guida l'insurrezione. Purtroppo, data l'importanza della piazzaforte, il problema non si chiude qui.

Crema, 19 marzo 1848

Grande sommovimento popolare: partono per Milano due battaglioni di cacciatori tirolesi della guarnigione. Il popolo conquista gli edifici pubblici. Il comando austriaco sposta a Crema da Lodi due compagnie del reggimento Geppert, con due batterie. E' scontro. Sotto il continuo tiro delle artiglierie i gruppi di rivoltosi devono dispeerdersi. Diciassette i morti. Molti i feriti.

Cremona, 19 marzo 1848

Giunge la notizia della rivolta milanese. In poco tempo la città si copre di bandiere tricolori. La guarnigione austriaca osserva, controlla, ma non interviene. Due giovani, Cereda e Bergonzi, corrono per il centro della città con due bandiere. Ne piantano una in un ritrovo pieno di ufficiali austriaci. Aumenta l'afflusso dalle periferie e dalla campagna di persone con coccarde tricolori. Un giovane pianta una bandiera italiana sul duomo, altri la espongono sul torrazzo. Nel reggimento Ceccopieri, formato da soldati italiani, si verificano diserzioni.

Viene costituito un organo dirigente per la gestione del municipio, che costituisce la guardia civica. Allora il colonnello Wimpfen fa suonare l'allarme. Un reparto di usseri arriva nella piazza del castello. Una batteria prende posizione. La reazione è immediata: iniziano a vedersi le barricate. Wimpfen, con fare arrogante, va al municipio per dare ordini ma è fatto prigioniero, ed è molto fortunato perché così viene salvato, dato che la folla, in piazza, vuole impiccarlo. Poi è liberato. Gli usseri sono circondati e chiusi fra le barricate. Incominciano ad essere sottoposti ad un inteno fuoco di fucileria. Si profila un massacro.

Una signora, figlia di un ufficiale austriaco e moglie di un banchiere italiano, si offre come parlamentare. Viene, così, concordato un patto: i cannoni sono smontati e ceduti ai rivoltosi. Gli usseri devono andar via su un percorso prestabilito, fino al Tirolo. Il comandante dell'unità di cavalleria garantisce di essere fedele al patto, ma, arrivato all'Oglio, segue un altro itinerario. Assaliti dai contadini, molti ussari sono uccisi, alcuni annegano nel fiume.

Allarme a Cremona: si avvicina un'unità austriaca con due cannoni. Ma si tratta di un reparto composto da italiani che hanno disertato, facendo prigioniero il comandante. L'equivoco è determinato dal fatto che indossano ancora la bianca uniforme imperiale. Vengono dalla vecchia fortezza di Pizzighettone, ora magazzino, dove vi sono undici cannoni, polvere, munizioni ecc. Riferiscono al municipio, costituitosi in governo provvisorio, che il colonnello Ludwig von Benedek[249], comandante 33° reggimento ungherese, si sta dirigendo su Pizzighettone per far rifornimento ed attaccare Cremona. Allora un nugolo di cittadini, con ogni mezzo, si dirige a Pizzighettone, riesce ad arrivare prima del nemico ed a trasportare una grande quantità di materiale a Cremona, compresi tutti i cannoni. Intanto il governo provvisorio fa tagliare gli alberi intorno alle mura per garantire un adeguato campo di tiro alle artiglierie.

Benedek arriva in ritardo a Pizzighettone e trova i magazzini vuoti, incontra un battaglione croato comandato dal maggiore Hann e procede con esso per Cremona. Arrivato, intima alla città di consegnare i materiali, soprattutto i cannoni, proprietà dell'imperatore. Gli viene risposto che i cannoni sono già in batteria sulle mura e che, se non se ne va, sarà bombardato. Allora Benedek ordina la ritirata verso Soresina e l'Oglio.

Brescia, 19 marzo 1848

Il conte Barmiani viene da Milano ed informa il municipio della rivolta. Contatti e discussioni con il principe zu Schwarzenberg, che dà l'assenso alla costituzione di una guardia civile di 200 uomini, che avrebbe potuto operare, ma insieme alle pattuglie austriache. Il popolo protesta e tumultua.

Milano, 19 marzo 1848, seconda giornata

Al mattino presto continua l'organizzazione popolare. I capi si spostano in una zona facilmente difendibile organizzata dal Cernuschi (la casa Taverna, in via Bigli). Finalmente cessa la continua, insistente pioggia. Il generale Riveira, comandante di 250 gendarmi, ai sensi del decreto O'Donnell, si mette a disposizione del comune. Casati teme di accettarne il supporto.

Gli austriaci non riescono a percorrere le vie bloccate dalle barricate e si limitano a presidiare 52 edifici, le mura e, soprattutto, le porte. Le campane suonano a stormo. I

---

[249] Luiwig August ritter von Benedek, nato in Ungheria nel 1804, ufficiale nel 1822, nel 1835 capitano, assegnato all'esercito d'Italia. Nel 1840, maggiore, è impiegato in Galizia. Colonnello, nel 1846, partecipa alla repressione galiziana, ottenendo l'ordine imperiale di Leopoldo e la nomina a cavaliere (ritter). Dal 1847 comandante in Italia del 33° reggimento ungherese di fanteria. Il 4 aprile 1848 diviene generale di brigata. Sarà alla battaglia di Curtatone, ottenendo l'ordine di Maria Teresa, ed a quella di Goito. A Mortara e Novara nel 1849, diviene generale d'armata. Successivamente è in Ungheria alla battaglia di Raab. E' ferito. E' nominato feldmaresciallo. Nuovamente in Galizia. Nel 1859 combatterà a Magenta e sarà il comandante, sconfitto, alla battaglia di San Martino. Nel 1860 sarà governatore e comandante delle truppe in Ungheria. Poi comandante del Veneto. Comandante in capo nella guerra contro la Prussia nel 1866, sarà sconfitto alla battaglia di Sadowa (o di Koniggratz). Sottoposto a corte marziale, sarà graziato dall'imperatore. Morirà nel 1881.

cittadini cercano di utilizzare qualsiasi tipo di arma. Fra l'altro vengono prese tutte le armi delle collezioni storiche. Da porta Orientale gli austriaci attaccano, ma sono respinti. Continuano a sparare i cecchini dalle guglie del duomo. Alcuni finanzieri, pompieri e gendarmi italiani passano dalla parte dei rivoltosi. Il confronto diviene sempre più duro e sanguinoso. I cittadini, per risparmiare le munizioni, sparano a colpo sicuro. Continua e fragorosa è, invece, la fucileria nemica. Insistenti i tiri di artiglieria.

Tutti i milanesi operano, in varie maniere. Sui campanili le vedette (ottici, astronomi, ecc.), con biglietti che scorrono attaccati ad anelli lungo fili di ferro inviano notizie, successivamente portate a destinazione da giovanissimi portaordini (i "martinit" cioè gli orfani, usciti dall'istituto); esperti in chimica fabbricano polveri ecc.; ingegneri e maestranze varie rafforzano le difese, riempiendo le strade di cocci di vetro, rendendo, quindi, impossibile l'intervento della cavalleria e difficile quello delle fanterie; le donne supportano i combattenti, ecc..

In questa vasta organizzazione dell'intera città si costruiscono, gradualmente, le nuove gerarchie, si definiscono le funzioni, si esprimono le competenze. Anzi l'organizzazione popolare, sia operativa che logistica, si rivela superiore a quella nemica. Molti reparti austriaci rimangono isolati e privi di rifornimenti. Alla brutalità, spesso alla ferocia, di molti reparti si aggiungono la fame e il timor panico di fronte ad un tipo di guerra cui gli austriaci non sono preparati. Diffuse le gratuite crudeltà imperiali di fronte a modalità nuove di confronto, che implicano pericoli potenzialmente sempre presenti, di carattere ignoto e particolarmente insidioso.

Radetzky ed il suo comando sono in crisi per la sorpresa di dover far fronte ad azioni di tipo nuovo condotte dagli insorti con una inaspettata ed alta qualità operativa [250]. Nel corso della giornata il generale, oltre agli ottomila uomini già a sua disposizione, deve far accorrere a Milano altri seimila soldati, sguarnendo progressivamente i presidi di altre città. Due battaglioni da Crema, uno da Pavia, uno da Monza, ecc..

---

[250] Radetzky scriverà a Fiquelmont, che, come comandante delle forze armate imperiali, è ora il suo superiore diretto: **"La città di Milano è sconvolta dalle fondamenta: sarebbe difficile il farsene un'idea. Non centinaia, ma migliaia di barricate ingombrano le vie; e il partito spiega nell'esecuzione delle sue misure una prudenza ed un'audacia, che palesano che direttori militari prestati dall'estero stanno a capo dell'insurrezione. La natura di questo popolo mi sembra quasi per incanto trasmutata; il fanatismo ha invaso ogni età, ogni ceto, ogni sesso"**, da: E.T. Moneta: "Le Guerre, le Insurrezioni e la Pace nel Secolo XIX", cit, pag. 218. Il problema reale è che l'onorabilità militare di Radetzky non può accettare la sconfitta combattendo contro un popolo non organizzato militarmente e quasi disarmato. Perciò inventa o ipotizza l'esistenza di "direttori militari" esteri che non esistevano. Peraltro è notevole l'incapacità dimostrata dal generale innanzi a quella nuova forma di guerra.

Augusto Anfossi continua nella sua metodica liberazione del centro della città. Caccia gli austriaci da San Fedele, da Palazzo Marino, da piazza della Scala. Successivamente, anche con l'apporto di Luciano Manara e di Enrico Dandolo, conquista Porta Nuova e la difende da alcuni contrattacchi, innalzando il tricolore sul manufatto ed impossessandosi anche di un cannone. Coloro che, di fatto, sono riconosciuti capi di alcuni gruppi, cercando di dare un esempio attivo, valido e coraggioso, si lanciano contro il nemico con particolare veemenza e molti perdono la vita. Altri conducono una guerra del tutto personale, come Giuseppe Brozzi che, ottimo tiratore, al ponte di Monforte (vicolo Rosini), per ore abbatte un nemico dopo l'altro, preferendo, ovviamente, gli ufficiali, fra cui un generale, Volman. Solo a fine giornata, per un'imprudenza, viene ucciso da una cannonata. Gli insorti dall'interno della città iniziano a coordinarsi con le campagne: a Melegnano la strada per Milano viene bloccata.

Una notevole debolezza degli insorti sono i contrasti politici: Deleteria l'azione tendenzialmente legalitaria del conte Casati. Cosa che è assurda, dato il violento contesto bellico. Inoltre Casati, data la sua funzione di podestà, nel duro confronto ha dovuto assumere, di fatto, un ruolo primario come guida della nuova realtà politico militare. Ma non intende spingere alle estreme conseguenze la situazione e, soprattutto, il suo ruolo. Come gran parte dell'aristocrazia, intende risolvere il problema promuovendo una stretta alleanza con Carlo Alberto ed una successiva annessione della Lombardia al Piemonte, senza che si determini la situazione estrema della guerra di popolo.

Ben diversi gli altri due gruppi, il liberale ed il mazziniano. Il primo, vicino alla figura culturale e politica di Carlo Cattaneo, ha finalità federaliste e riformiste. La rivoluzione dovrebbe procedere fino alla sconfitta austriaca, provocando profondi cambiamenti economico sociali, senza pervenire a soluzioni compromissorie con i Savoia. Con Cattaneo vi sono, fra gli altri, Giulio Terzaghi e Pompeo Litta.[251]
Il gruppo mazziniano, invece, è costituito dalla gran parte dei combattenti, soprattutto di coloro che vanno distinguendosi nelle operazioni e che intendono portare la rivoluzione alle sue estreme conseguenze, come Luciano Manara, Giovanni Cantoni, Pietro Maestri,[252] ecc.. In definitiva, con il progredire del conflitto, diviene quasi fisiologico che i due gruppi rivoluzionari organizzino un comune comando militare, che dia alle operazioni una

---

[251] Il conte Pompeo Litta Biumi è nato a Milano nel 1781. Dopo aver studiato a Como, a Venezia ed a Siena è entrato in diplomazia, ma poi si è arruolato nell'esercito napoleonico, divenendo tenente nel 1805 e partecipando alle campagne successive. Alla battaglia di Wagram ha ottenuto la legion d'onore ed il grado di capitano. E' stato responsabile della fortezza di Ancona, che ha comandato durante l'assedio del 1814. Dopo il 1815 si è dedicato alla storia ("Famiglie celebri italiane") ed è stato vicino al liberali lombardi. Ha partecipato alle Cinque giornate e, successivamente, è stato ministro della Guerra del governo provvisorio. E' morto a Milano nel 1852.
[252] Vedsi il para: "Milano,27 luglio 1848".

coordinata finalità offensiva, superando la tattica oggettivamente difensiva seguita fino a quel momento, peraltro in maniera sostanzialmente caotica.

Un momento tragicamente grottesco di tali contrasti si ha nel pomeriggio, quando il podestà fa pubblicare un proclama in cui afferma:

"Considerando che, per l'improvvisa assenza dell'autorità politica, viene di fatto ad aver pieno effetto il decreto del 18 corrente della vicepresidenza del governo [253] col quale si attribuisce al municipio l'esercizio della polizia, non che quello che permette l'armamento della guardia civica a tutela del buon ordine e difesa degli abitanti, s'incarica della polizia il signor delegato Bellati, o in sua mancanza il signor dottor Giovanni Grasselli aggiunto, assunti collaboratori del municipio il conte Franceco Borgia, il generale Lechi, Alessandro Porro, Enrico Guicciardi, avvocato Anselmo Guerrieri e conte Giuseppe Durini". [254]

Nel tentativo di rafforzare la sua posizione in una singolare ottica legalitaria, Casati non sa che il delegato Bollati ed il generale Lechi sono stati fatti prigionieri al Broletto il giorno prima. Di conseguenza la massa dei combattenti prende atto che un'insurrezione non può essere guidata in tale maniera. Diviene, quindi, ovvia la costituzione di un consiglio di guerra, composto da Carlo Cattaneo, Enrico Cernuschi, Giorgio Clerici[255] e Giulio Terzaghi,[256] che, immediatamente, si organizza per coordinare l'insieme delle attività operative.

Sondrio, Tirano (SO), Chiavenna (SO), 19 marzo 1848

Alle notizie da Milano i tre municipi hanno l'accortezza di armare subito le guardie civiche, che si confrontano con gli austriaci facendoli, gradualmente, ritirare. Alla fine la Valtellina è libera.

Padova, 19 marzo 1848

Andrea Meneghini rientra a Padova. La città è in festa. Manifestazioni continue dimostrano la gioia della popolazione, dopo i giorni tristi di febbraio. Prudentemente la truppa è

---

[253] Quello estorto al conte O'Donnell.

[254] Giuseppe La Farina: "Storia d'Italia dal 1815 al 1850", Libro 3°, I parte, Milano / Torino, 1861, pag. 219.

[255] Giorgio Clerici, nato a Milano nel 1815. Nel 1848 membro del comitato di guerra durante le Cinque giornate, poi capo di stato maggiore delle colonne mobili. Esule in Svizzera. Ispettore del ministero dell'Agricoltua del Regno d'Italia. Morirà a Roma nel 1877.

[256] Giulio Terzaghi, nato a Paullo (MI) nel 1812. Di famiglia nobile. Membro del comitato di guerra delle Cinque giornate. In esilio dopo la sconfitta, rientrerà a Milano il 12 agosto 1849, a seguito del provvedimento di amnistia. Parteciperà ai moti del 1853 e subirà il sequestro dei beni. Direttore dei regi teatri di Milano dal 1860. Morirà nel 1864.

consegnata in caserma. Non si vede un austriaco per le strade. Anche i funzionari considerati fedeli all'impero sono rintanati in casa, temendo per la propria incolumità. Il popolo è padrone delle strade ed il rientro di Meneghini è trionfale[257]. Alla stazione i cavalli della carrozza sono staccati ed il mezzo viene trainato fino alla sua abitazione.

Le manifestazioni continueranno per giorni. Il simbolo è uno stivale su un bastone. La penisola deve essere una e indipendente. La sera, a teatro, le manifestazioni patriottiche sono talmente clamorose che lo spettacolo viene rinviato. Al centro delle manifestazioni popolari sono gli studenti dell'università, felici dopo i duri giorni del mese precedente.

Trento, 19 marzo 1848, rivolta

Tumulti diffusi anche se contenuti. Si propaga la sensazione che le varie sicurezze economiche e sociali che avevano caratterizzato la società nel passato sono definitivamente collassate. E' finita la fiducia, quindi la fedeltà, nei confronti di un Impero, che è diviso in provincie ma che non riconosce, anzi reprime le sue cinque nazionalità, in particolare quella italiana.

Una Costituzione che non tentasse di risolvere tale problema di fondo non riuscirebbe a ripristinare la pace sociale.

Firenze, 19 marzo 1848,.

L'area socialmente e politicamente più serena, in Italia, continua ad essere la Toscana. Ma il nuovo avanza in maniera clamorosa. Sembra che un secolo sia passato in poche settimane. Bisogna far fronte contemporaneamente a vari problemi che, in passato, si presumeva di poter risolvere gradualmente, secondo la tradizione del Granducato. Ora, invece, tutto sembra crollare.

Comunque la situazione della Toscana è del tutto singolare. La vita è diversa da altrove ed i comportamenti della gente sono molto particolari. Lo stesso governo è definito "di famiglia" ed il granduca è sostanzialmente ben visto, proprio come i figli che vedono nel padre un supporto valido e responsabile. Interessante quanto su tale argomento ha scritto Massimo d'Azeglio:

---

[257] Meneghini sarà deputato alla camera del Regno d'Italia dal febbraio 1861 al 7 settembre 1865. Poi, dopo l'annessione del Veneto, nel 1866, rientrerà a Padova, di cui sarà sindaco fino alla morte, il 21 novembre 1870.

"Questo caro paese presentava un fenomeno, del quale non ho trovata bene la spiegazione.

La Toscana viveva sotto una legge non scritta in nessun codice, disarmata d'ogni forza apparente, eppure talmente rispettata ed ubbidita, che non lo è egualmente la Costituzione inglese; e poteva veramente dirsi la *Magna Charta* della Toscana. Le era soggetto, volesse o non volesse, anche il Granduca; e se questi le voleva disubbidire, tutti lo piantavano di fatto e si trovava solo. La formula ufficiale di questa legge non esisteva. Si sentiva e si seguiva senza darle la forma della parola. Se dovessi esprimerla, lo farei con queste due: lasciar correre.

Le sue applicazioni negl'individui, ne' privati, nel Governo erano continue, innumerabili. Se un giovane era scappato, se una ragazza faceva all'amore, se una donna era civetta, dopo un po' di tramenìo per la forma …. lasciamo correre. Se una famiglia si dissestava, se i contadini, i fattori rubavano, si gridava un momento … poi, lasciamo correre. Se la polizia faceva una legge e nessuno le badava, erano ventiquattr'ore di qualche rigore, e poi … lasciamo correre. Se qualcuno era stimato pericoloso, e però non avesse sulla coscienza qualche peccato troppo grosso, si cacciava bensì; ma se quello non si muoveva, o dopo un giretto si ripiantava in Firenze … lasciamo correre. E così via". [258]

In realtà anche la Toscana deve affrontare la complessità della vita economica e sociale degli anni '40 con un'organizzazione statale che, sebbene tradizionalmente ben accetta, risulta inadeguata a risolvere le necessarie novità politiche e sociali. In tale quadro il granduca attua piccoli cambiamenti al fine di variane solo in superfice la realtà politico sociale, mentre gran parte della popolazione sarebbe lieta di vivere in un contesto più libero e funzionale alla soluzione delle sempre maggiori difficoltà. Comunque, se la politica granducale poteva essere accettabile ed anche parzialmente funzionale all'inizio del secolo, non lo è più dopo quarant'anni. L'area più avanzata, quella di Livorno, è in continuo subbuglio ed i sommovimenti, tranne che nell'area della Maremma ed in quella dell'Appennino, divengono sempre più frequenti, arrivando fin quasi alla capitale. Nel complesso, comunque, almeno per ora l'opposizione è moderata, tende all'unità d'Italia nel quadro del neoguelfismo, ritenuto dalla gente quasi un connubio fra le auspicabili riforme moderate e l'abituale vita parrocchiale, in un'ipotetica soluzione a carattere federale.

Vi è una sostanziale coerenza in tutto ciò e, fino ad un certo punto, anche il granduca è favorevole al cambiamento. Però, successivamente, non accetterà un radicale cambiamento dello Stato e, ritenendosi il padre del popolo, vivrà i tentativi di rivolgimento innovatore

---

[258] Massimo d'Azeglio. "I miei ricordi", Einaudi, Torino, 1971, pag. 432.

come un'offesa personale, da padre di famiglia oggetto delle scostumate, ingiuste pretese dei figli, sconsiderati ed irriconoscenti.

Berlino, 19 marzo 1848

Federico Guglielmo IV nomina primo ministro il conte prussiano Adolf Heinrich von Arnim – Boitzenburg.[259] E' il primo ad avere lo specifico incarico.

Ma tale incarico sarà brevissimo, dato che si concluderà solo dieci giorni dopo, il 29 marzo 1848.

Milano, 20 marzo 1848, terza giornata

I combattimenti continuano. Gli insorti sono più organizzati a causa del coordinamento del consiglio di guerra. Le barricate sono circa 1.700. La situazione dei reparti austriaci, divisi e bloccati nella cerchia delle mura, diviene sempre più precaria. Difficile anche arrivare al comando di Radetzky, al Castello, parzialmente isolato. Vi sono reparti che non ricevono viveri da due giorni. Luigi Torelli[260] e Scipione Bagaggin di Treviso scalano il duomo e snidano gradualmente i tiratori tirolesi che, in parte, fuggono. Sul tetto della chiesa ora garrisce il tricolore, visto, finalmente, anche dai combattenti esterni alle mura cittadine. Molti reparti austriaci ripiegano verso le mura o cercano di riparare nel Castello, sotto un nugolo di sassi e di proietti. Anche il palazzo di giustizia viene conquistato e sono liberati i patrioti ivi rinchiusi, che subito corrono alle barricate.

Particolarmente duri i combattimenti al palazzo di Corte, difeso dal generale Rath, ma abbandonato alle prime ore del mattino con grande difficoltà, dato che con i soldati sono fuggiti buona parte dei componenti della corte, fra lanci di pietre, fucileria, ecc.. In merito a tale azione il diplomatico Hubner,che era stato inviato a Milano da Metternich, e che era decisamente antitaliano, ha scritto:

"L'ultimo dei nostri soldati era appena scomparso che uomini armati vi penetrarono, sfondarono le porte delle sale, si sparsero negli appartamenti, ruppero i mobili e

---

[259] Adolf Heinrich von Arnim – Boitzenburg è nato a Berlino nel 1803. Prima, nel 1840, è stato presidente in Posnania poi Ministro dell'Interno dal 1842 al 1845. Infine presidente dl consiglio dal 18 al 29 marzo 1848, Successivamente è stato rappresentante prussiano a Francoforte, dove ha coordinato i conservatori illuminati. Morirà nel 1868 nelle sue terre, a Boitzenburg.

[260] Il nobile Luigi Torelli, conte dal 1874, è nato a Villa di Tirano (SO) nel 1810. Ha partecipato alle Cinque giornate di Milano. Ministro dell'Agricoltura dall'ottobre al dicembre del 1858. Deputato dal 1849 al 1859. Governatore e, successivamente, prefetto di Sondrio dal 1859 al 1861. Poi prefetto di Bergamo, Palermo, Pisa e Venezia. Senatore dal 1860 al 1887. Ministro dell'Agricoltura, Industria e commercio dal 28 settembre 1864 al 31 dicembre 1865. Si è interessato all'apertura del Canale di Suez ed a provvedimenti contro la malaria. Morirà a Tirano nel 1887.

quanto vi si trovava, ma rispettarono la camera da letto della povera contessa Woyua, grande maitresse dell'arciduchessa, la quale malata ed a letto non aveva potuto partire colla Corte, né fecero male alle rifugiate nella cappella. Questo fatto merita di essere notato. I nostri soldati, appostati alle finestre del palazzo e sul Duomo, avevano nei due giorni di combattimento, steso a terra buon numero d'insorti. Ora, liberi di saziare la loro vendetta, ebbri del loro successo, costoro, appartenenti in gran parte al basso popolo, anche nei primi momenti d'esaltazione saccheggiarono, è vero, il palazzo, ma non toccarono né le persone, né le proprietà dei vinti. Questo tratto caratterizza l'italiano…."

Notevole il numero dei prigionieri, soprattutto ufficiali, trattati umanamente e, se feriti, ricoverati. Emblematico il caso della famiglia Torresani. Il barone, sicuro di essere fucilato qualora fosse stato fatto prigioniero, ha abbandonato la sua abitazione e, travestito, ha utilizzato uno degli ultimi itinerari utili per rifugiarsi nel Castello, abbandonando la famiglia: moglie, figlia, vedova del figlio e nipote. Data la violenza di quelle ore costoro reputano di essere violentate o uccise, ma sono solo portate in altra località. Così come esponenti della polizia noti per la loro crudeltà sono solo imprigionati. Il famigerato Bolza[261], nonostante l'utilizzo di un "perfetto" nascondiglio, viene arrestato. Vorrebbero fucilarlo ma il conte Vitaliano Borromeo lo salva anche con l'intervento di Cattaneo (famosa la sua frase: "ucciderlo sarebbe giusto; non farlo sarebbe cosa santa"). Anzi Cattaneo impone la sua posizione con un proclama del consiglio di guerra che ordina di trattare umanamente anche coloro che notoriamente avevano agito in maniera crudele ed illegittima contro la popolazione.[262]

La crisi austriaca viene dimostrata dalla presentazione di un parlamentare di Radetzky al municipio ed al consiglio di guerra, un maggiore, di nome Ettinghausen. E' latore di una proposta: una tregua di quindici giorni affinchè – risibile motivazione – il generale abbia la possibilità di proporre a Vienna ulteriori concessioni. Naturalmente Casati è d'accordo ma

---

[261] Il conte Luigi Bolza, di Laveno, ha iniziato la propria attività nella polizia politica del Regno d'Italia. Assunto in via definitiva dal Regno lombardo veneto è stato protagonista di una serie di fatti e di processi importanti. Come quello del conte Federico Confalonieri o le vicende occorse negli anni 1821 e 1831. Salvato nel 1848, continuerà la sua attività fino alla pensione, svolgendo, fra l'altro, un ruolo importante – molto duro - nel processo contro don Enrico Tazzoli. Morirà ad 88 anni nel 1874.

[262] **"Abitava al secondo piano del palazzo di governo il conte Pachta, consigliere di governo, a cui la voce pubblica attribuiva i più odiosi provvedimenti di polizia. Nell'ora in cui il popolo fu padrone del palazzo, s'era da taluno progettato d'andare a stanarlo e farne sommaria giustizia. Ma bastò che uno dicesse: 'Lasciate quel verme; tenete le mani pure perché nessuno pensasse più a molestarlo". La moglie del governatore, riparando in casa di amici, aveva dimenticato nel suo appartamento la cassetta delle sue gioie. Informatine aicuni *invasori*, la cassetta fu rimessa intatta nelle sue mani. Di simili atti di generosità la storia delle cinque giornate è tutta piena."** Da: E.T. Moneta: Op. cit., pagg. 200 - 201.

il consiglio di guerra è inizialmente dubbioso. Peraltro si è certi che molti gruppi armati non ottempererebbero ad un eventuale ordine di sospendere le ostilità. Ma entra un sacerdote della chiesa di san Bartolomeo, che narra l'efferatezza con cui un reparto aveva arrestato cinque preti fucilandone uno, il predicatore Lazzarini. Alla fine il consiglio di guerra esprime parere sfavorevole alla tregua[263].

Il Casati incontra separatamente l'ufficiale di Radetzky, poi fa la solita dichiarazione equivoca, in cui precisa che non è stato possibile accordarsi, precisando di riferire al generale che fra le due volontà, del municipio e dei combattenti, ha prevalso la seconda, negativa. Inutile analizzare la gravità di tale impostazione, ulteriormente peggiorata da una successiva dichiarazione della congregazione municipale, in cui si lamenta l'abbandono della città da parte delle autorità e si precisa che è stata una necessità l'acquisizione temporanea delle relative responsabilità, disconoscendo la realtà rivoluzionaria prodotta dall'insurrezione.

Analizzando il problema, Casati prende atto che non è contraria alla sua politica la costituzione di un governo provvisorio. Tale soluzione costituirebbe, apparentemente, una definitiva rottura con il governo imperiale, peraltro in gravissima crisi. In realtà, invece, sarebbe la base di un accordo fra Carlo Alberto e Radetzky, secondo il progetto auspicato dal re sabaudo, che acquisirebbe solo la Lombardia o una sua più o meno estesa porzione, abbandonando il Veneto e garantendo il fianco meridionale dell'impero dalla rivoluzione. Quindi è necessario condurre una guerra "leggera", che non faccia "perdere la faccia" agli asburgici e non arrechi loro notevoli danni, facilitando un accordo territoriale che valga a riacquisire il controllo del Veneto e spostare le forze austriache contro l'Ungheria, salvando sia l'Impero, in generale, che, in Italia, la costa ed i porti veneti, l'amata area del Garda, compresa, al limite, anche Brescia, e, naturalmente, Mantova e le sue fortezze.

Non solo: la nascita di un governo provvisorio determinerebbe la fine della lotta dura e generalizzata. Perché combattere? E' inutile cercare di prevaricare ulteriormente gli austriaci: basta che se ne vadano. Così, con il governo provvisorio un obiettivo può essere conseguito. Nell'attuazione del suo abile progetto, sicuramente da tempo concordato con i Savoia, Casati deve ancora risolvere tre problemi: quando far nascere il governo, quali

---

[263] Interessante il racconto di Carlo Cattaneo: "**Durante questo vivo colloquio, la cupa fisionomia del Casati irrequeta mostravasi e dispettosa. Sempre falsamente persuaso esser d'uopo procacciar tempo a Carl'Alberto da giungere in nostro soccorso, egli si rammaricò veggendoci sì poco disposti a sospendere il combattimento. I collaboratori del Municipio consentirono nella sua opinione: io di rimando mi cattivai l'approvazione dei miei colleghi e di gran novero di cittadini che a poco a poco penetrava la sala, tutti medesimamente inquieti e oltremodo indignati perché si cercasse arrestare un moto sì prossimo a conseguir vittoria, e lasciar si volesse alla polizia il destro per prepararci un tradimento**". In: AAVV: "1848, le quattro giornate di Milano" Milano, 1948, pag. 53.

membri riuscire ad includere in esso e che fare del consiglio di guerra. Eglii reputa che governo dovrà essere costituito quando l'esercito piemontese inizierà a muoversi, la composizione dovrà essere per quanto possibile filo monarchica e conservatrice. Per quanto attiene alla soluzione del terzo problema, il podestà, inopinatamente, sarà aiutato dal comportamento di Cattaneo.

Ma simili bizantinismi non interessano ai combattenti, che intendono procurare al nemico i maggiori danni nel più breve tempo possibile, collegandosi anche ai rivoluzionari dei comuni limitrofi. Pertanto gli scontri aumentano di intensità. Con palloni aerostatici si inviano messaggi per invitare tutti alla rivoluzione ed alla battaglia. Durante la notte, con innumerevoli colpi di mano, continuano gli scontri. Anfossi organizza l'attacco di domani all'importante palazzo del Genio militare, edificio molto bene organizzato a difesa.

Brescia, 20 marzo 1848

Continuano i tumulti e le dimostrazioni. il principe zu Schwarzenberg ritira le truppe nelle caserme di Santa Giulia. Lui attraversa la città senza scorta, a cavallo e si ferma a parlare, in italiano, con i cittadini, auspicando un periodo nuovo, migliore del precedente. La moltitudine armata lo accoglie favorevolmente, addirittura con qualche applauso.

Si cerca di avere notizie certe da Milano. Nell'attesa alcuni gruppi escono da Brescia e si recano ad Iseo e nella Valcamonica. La rivolta si estende. Molti comuni partecipano, anche con volontari armati. Pisogne (BS), Breno (BS), Darfo (BS). E, poi, Gardone (BS), Bovegno (BS), Chiari (BS) , ecc. Molti insorti affluiscono a Brescia. Un gruppo è guidato dal parroco don Boifava di Serle (BS).

Ma la situazione precipita. Le campane suonano a stormo. Sempre più numerosi gli scoppi ed intensa la fucileria. Viene fatto prigioniero il generale Wimpfen. Si parlamenta. Il principe zu Schwarzenberg accetta di sgomberare, ma la città dovrà tenere chiuse le porte fino all'indomani. Brescia è libera.

Parma e Piacenza, 20 marzo 1848

Iniziano movimenti di protesta che diventano sempre più diffusi. Da Piacenza viene notizia che si intende effettuare una sorta di colpo di stato spaccando il ducato e chiedendo l'annessione al Regno sardo. Sarebbe l'inizio del processo unitario italiano. Gioberti sarebbe l'autorevole referente piemontese. Nel ducato i liberali e i democratici sono uniti contro Carlo II, che ha stipulato in febbraio un patto difensivo con l'Austria. Infatti l'esercito imperiale ha occupato il ducato. E lo ha fatto legittimamente

Carlo II si rende conto delle difficoltà e dei pericoli del momento. Vi sono stati scontri con morti e feriti. Gli austriaci gli hanno fatto capire che forse i loro reparti saranno richiamati in Lombardia. Il duca si troverebbe solo, senza fiducia nei suoi corpi armati. Vorrebbe agire in maniera decisa e violenta, ma non può. Pertanto, intelligentemente, segue l'andamento delle vicende, spostandosi su posizioni favorevoli ad un sostanziale cambiamento.

Ne conseguono dichiarazioni inaspettate con le quali il duca. In certo senso ribalta la situazione. Carlo II afferma che è d'accordo sulla concessione della costituzione. Non solo: istituirà un comitato di reggenza di cinque cittadini da tutti stimati per arrivare ad un governo costituzionale. Questi cinque esponenti saranno tre di Parma e due di Piacenza. Questi ultimi sono Pietro Gioia e Vincenzo Maggi.

Milano, 21 marzo 1848, quarta giornata.

Inizia presto l'attacco al palazzo del Genio. Un invalido, Pasquale Sottocorni, appoggiato ad una stampella, nella maniera più naturale possibile, nonostante le fucilate, porta avanti al portone alcune fascine e le accende. Inizia a bruciare il portone. Intanto Anfossi viene colpito alla testa. Dopo la resa del palazzo muore.[264]

Ormai i gruppi degli insorti vanno estendendo l'area liberata sempre più verso le mura e le porte. Il cerchio di ferro austriaco va spezzandosi e gradualmente le truppe austriache sono bloccate all'interno della città. Solo il controllo delle porte consente agli austriaci un minimo di mobilità. Dodici complessi importanti sono conquistati dai rivoltosi, fra cui la sede del comando austriaco, l'ospedale militare e la stessa residenza di Radetzky, mentre sono investite le porte Comasina e Ticinese.

Intanto si avvicinano alle mura le bande degli insorti esterni. Cinquecento della Svizzera italiana, aumentati da un buon numero di comaschi attaccano Monza e, poi, si dirigono verso Milano. Altri gruppi vengono da Varese e dal Lago Maggiore. L'ingegnere delle ferrovie Borgazzi da Monza entra in città, prende accordi, va via, poi torna a Milano in treno, con un consistente numero di armati, attacca le mura dall'esterno ma viene ucciso.

I consoli stranieri sono in contatto con Radetzky, fin da quado gli avevano chiesto di non sottoporre la città a bombardamenti terroristici. Ora il generale, con le spalle al muro, chiede il loro intervento per ottenere una tregua di almeno tre giorni. Il podestà e buona parte della congregazione comunale sono d'accordo, ma anche questa volta si oppone il

---

[264] Una grande perdita. Con i suoi compagni è stata costituita una "Compagnia della morte Augusto Anfossi", poi assegnata al comando del fratello Francesco, ufficiale sabaudo. Purtroppo, però, questi dimostrerà di essere un combattente molto meno efficiente di Augusto. La morte di Anfossi ha indebolito lo stesso consiglio di guerra.

consiglio di guerra e la politica del Casati, attendista, filo sabauda e duramente in contrasto con gli intendimenti e gli interessi della rivoluzione popolare viene bloccata. Secondo tale politica – preparatoria di un governo provvisorio filo monarchico - i liberali ed i democratici non avrebbero dovuto conseguire una decisiva vittoria sul campo. Infatti Casati ed i filo monarchici preferiscono venire ad un favorevole accordo con Radetzky.

Intanto arriva una bella notizia: una colonna di rifornimenti partita da Verona è stata intercettata e annientata all'altezza di Brescia. Sono stati sequestrati munizioni, viveri, settantatrè cavalli ed è stata fatta prigioniera la scorta (sei ufficiali e centosettantatrè soldati). La linea dei rifornimenti austriaci è interrotta.

Venezia, 21 marzo 1848

Nei periodi caratterizzati da notevoli contraddizioni se il vertice delle organizzazioni non intende o non sa intervenire, l'iniziativa viene presa dalla base popolare. Si sparge la voce che Vienna non accetterà di fare concessioni. All'arsenale vi è un'atmosfera particolarmente tesa. Il direttore è il comandante Giovanni von Marinovich, persona considerata avara e repressiva. Ispeziona i reparti e, trovando alcuni operai a parlare fra loro degli avvenimenti, li redarguisce con violenza. La risposta è parimenti violenta ed il Marinovich sfodera la sciabola. Gli operai fanno per saltargli addosso, ma intervengono alcune guardie civiche. A seguito di un rapporto che il direttore fa pervenire all'ammiragliato viene disposto che un reparto croato controlli l'arsenale.

Modena, 21 marzo 1848

Si verificano tafferugli e proteste che, gradualmente, aumentano d'intensità. Francesco V prima fa schierare le truppe intorno al palazzo ducale, poi reputa più prudente abbandonare Modena, dato che un reparto di volontari viene da Bologna per dare manforte ai rivoltosi. Nomina un consiglio di reggenza provvisorio che, a sua volta, costituisce un governo provvisorio il cui presidente è Giuseppe Malmusi.

Alla fine, il duca, con lo zio Ferdinando e la moglie Aldegonda, fugge a Bolzano. Malmusi si rivolgerà a Carlo Alberto, che manderà in sua rappresentanza, come commissario, il conte Ludovico Sauli[265] ed un reparto militare.

Viene data adeguata sepoltura ai resti di Ciro Menotti e di Vincenzo Borelli, come riparazione nei confronti dei due martiri e come collegamento politico, ideologico ed etico fra le vicende attuali e quelle di diciassette anni prima.

---

[265] Il conte Ludovico Sauli d'Igliano è nato a Ceva nel 1787. Ha retto vari incarichi di governo e svolto attività diplomatica. Letterato. Senatore dal 1848 al 1874. Morirà a Torino nel 1874

145

A dimostrazione emblematica dei grandi cambiamenti in corso Leopoldo II accetta di inserire nuovamente nel territorio toscano le aree che erano state staccate nel 1847. Il granduca giustifica ciò perchè desiderato e richiesto dalle popolazioni. Possiamo, così, prendere atto del fatto clamoroso di un Asburgo divenuto un democratico, almeno in via temporanea. Addirittura nel decreto granducale si fa riferimento alla garanzia della "naturale libertà" di quelle popolazioni, nel quadro del loro "consentimento"..

Mantova, 21 marzo 1848

Vengono erette barricate, difese dalla guardia civica. Gli austriaci rimangono chiusi nelle caserme. Sono solo tremila, ed attendono rinforzi. La curia, d'accordo con il comandante, generale Gorzkowski, opera attivamente per ridurre la tensione facendo calmare gli animi, ma il suo reale proposito è quello di tradire la rivoluzione per bloccarla in attesa che arrivino rinforzi austriaci.

Brescia, 21 marzo 1848

La guardia civile viene riorganizzata in guardia nazionale, quadruplicando gli effettivi. Ora sono 800. Comandante è Tartarino Caprioli [266], vice comandante il barone Alessandro Monti[267]. Il reparto viene rapidamente organizzato ed attacca gli austriaci. Già dal giorno **20 marzo** erano iniziati i primi scontri. In data odierna le azioni aumentano di numero e di intensità. La guarnigione gradualmente si ritira nella fortezza. i depositi di armi sono circondati.

Firenze, 21 marzo 1848, guerra all'Austria

---

[266] Il conte Giulio Tartarino Caprioli, letterato, con precedenti militari, è nato nel 1804. Oltre a comandare la guardia nazionale è stato nominato commissario per la mobilitazione del popolo. Nel 1860 sarà sindaco di Brescia e deputato del Regno di Sardegna. Come esponente della destra, vincerà il candidato della sinistra, Garibaldi. Sarà consigliere provinciale per due mandati. Morirà nel 1891.

[267] Il barone Alessandro Monti è nato nel 1818. Capitano di cavalleria nell'esercito austriaco, ai primi accenni rivoluzionari si è dimesso. Parteciperà alla rivoluzione bresciana, poi farà parte delle unità volontarie del goveno provvisorio. Distintosi alla battaglia di Monte Suello, sarà nominato tenente colonnello e presentato al re. Scelto dal presidente del consiglio Gioberti per recarsi in Ungheria, al fine di coordinare la rivoluzione italiana con quella magiara, riuscirà ad arrivare a destinazione fra mille difficoltà. Comanderà la legione italiana, che riuscirà a salvare dopo il crollo dell'esercito rivoluzionario ungherese. Si stabilirà in Piemonte. Morirà nel 1854. Il padre, barone Girolamo, più volte presidente della società Ateneo di Brescia, nel 1848 fa parte del governo provvisorio. Morirà nel 1872.

Montanelli racconta che **"Leopoldo II fu fra i principi d'Italia primo a bandire guerra italiana, e ai ventuno di marzo ditirambicamente diceva: 'L'ora del completo risorgimento d'Italia è giunta improvvisa, né può chi davvero ama questa nostra patria comune, ricusarle il soccorso che reclama da lui. Io vi promisi di secondare a tutta possa lo slancio dei vostri cuori, ed eccomi a tenervi parola'"** ma subito dopo Montanelli precisa che, comunque, i **"toscani, appena avuto sentore del sommovimento lombardo, avevamo deliberato correre alle armi, volesse o non volesse il governo, anzi i più veggenti fra noi desideravano che il governo decidesse di non volere, per avere così cagione di buttarlo giù, e chiamare a reggere la guerra uomini che intendessero farla davvero"**.[268]

Quanto affermato da Leopoldo II alla luce del suo comportamento successivo dimostra l'infimo livello della lealtà, della coerenza e della stessa dignità del granduca asburgico. Ma la scorrettezza del suo comportamento si rivelerà moltopresto [269]

Roma, 21 marzo 1848

Intanto a Roma vi è una grande effervescenza politica. Sono abbattuti i simboli e le bandiere austriache, è innalzato il tricolore, si canta un solenne Te Deum ecc.. La descrizione di queste vicende riportata dal principe Chigi nel suo diario rappresenta bene l'intensità dell'entusiasmo popolare: **"Essendo giunta questa mattina la notizia di una rivoluzione accaduta a Vienna nei giorni 12, 13 e 14 corrente (….) una truppa immensa di popolo si è recata al palazzo di Venezia[270] esigendo che si calasse l'arme imperiale,[271] al che essendosi l'Ambasciatore ricusato, il popolo stesso è salito a staccarla e farla cadere, calpestandola e mutilandola in mezzo agli applausi i più strepitosi, ed al suono di tutte le campane della città, sostituendovi la bandiera dell'Alta Italia [272] Niuno però della famiglia, né degli addetti dell'Ambasciata ha sofferto insulti. In seguito il popolo è andato a tutte le case, sulle quali esistevano le**

---

[268] G. Montanelli: "Memorie sull'Italia", cit. pag. 458.

[269] Con triste ironia così Montanelli stigmatizza il comportamento granducale: **"…quel Governo che aveva il ventuno marzo chiamata Toscana alle armi contro Austria e che il ventitré rimandò a casa i volontari contro Austria aizzati, dicendo Austria spacciata, e la guerra finita, al venticinque faceva il nemico e l'amico dell'Austria nel tempo medesimo; il nemico pigliando i colori italiani, l'amico promettendo vegliare alle porte della austriaca Legazione"**. G. Montanelli: "Memorie sull'Italia", cit. pag. 465.

[270] Fatto costruire da papa Paolo II, poi sede dell'ambasciata della Repubblica di Venezia. Passato all'Austria nel 1797, alla caduta della Repubblica, il palazzo è stato sede dell'ambasciata austriaca. Nel 1916 è stato sequestrato dall'Italia.

[271] Lo stemma dell'Impero.

[272] Naturalmente il principe si riferisce al Tricolore.

armi d'Austria ed ha fatta la stessa operazione (....)Tutte queste armi sono state poi raccolte ed incendiate sulla piazza del Popolo."[273]

Milano, 22 marzo 1848, quinta giornata.

La città è piena di manifesti con i quali il municipio rinnova la sgradevole precisazione che si continua a combattere per volontà del popolo[274] e rende noto alla popolazione che gli organi dirigenti del municipio si sono costituiti in governo provvisorio.

In realtà tale costituzione tende a ridurre la "furia" rivoluzionaria, aderendo ad una soluzione monarchica ed alla persona di Carlo Alberto. Peraltro un rappresentante del re, il conte Enrico Martini,[275] sta costantemente in municipio.

Come ha ironicamente commentato Carlo Cattaneo, il comportamento di Casati e degli altri del municipio implicava un grande lavoro. **"Ecco richiedersi di bel nuovo il Consiglio di Guerra, perché manifestasse la propria opinione al Signor Casati e compagni: veramente la politica del Municipio ne dava di lunga mano più occupazione che la guerra contro l'Austriaco"**[276]

Riguardo all'adesione al Regno di Sardegna, il consiglio di guerra era convinto che si dovesse far riferimento non al solo Piemonte, ma a tutti gli Stati italiani, per giungere insieme e sinergicamente all'unità. Sarebbe stato necessario cercare un'unità di popolo, non una semplice soluzione organizzativa - sia pure unitaria - ma a carattere dinastico. Così il **21 marzo** il consiglio di guerra ha pubblicato e diffuso il seguente indirizzo, pubblicato con manifesti in Milano, e distribuito, con palloni aereostatici, fuori Milano:

"La città di Milano per compiere la sua vittoria e cacciare per sempre al di là delle Alpi il comune nemico d'Italia, domanda il soccorso di tutti i popoli e principi italiani, e specialmente del vicino e bellicoso Piemonte"[277]

---

[273] Agostino Chigi: "Diario" cit., pag. 226.

[274] Dal che si può dedurre che la dirigenza del municipio, se lo potesse, si asterrebbe dal combattere, stipulando una bella tregua con Radetzky.

[275] Il conte Giovanni Martini Giovio della Torre è nato nel 1818 a San Bernardino di Crema (allora comune autonomo, dal 1928 quartiere di Crema - CR). Guardiamarina dal 1837. Ha trascorso vari periodi all'estero e si è collegato a gruppi politici e culturali nazionali. Durante le Cinque giornate ha sostenuto con impegno gli interessi dei Savoia. Acquista la cittadinanza piemontese, è stato nominato capitano di fregata ed ambasciatore. Deputato vicino a Cavour. Successivamente è rientrato a Crema, accettando la sudditanza dell'Austria ma rimanendo in contatto con Cavour e preparando vaste adesioni cremasche alla politica nazionale. Eletto deputato nel 1860, nel 1865 e nel 1867, nella destra storica. Morirà nel 1869.

[276] AAVV, op. cit., pag. 64.

[277] AAVV, op.cit., pag. 66.

Il consiglio, quindi, auspica una partecipazione generale degli Stati italiani, per sconfiggere l'Austria. I rappresentanti dei combattenti avversano la soluzione monarchica. Carlo Alberto, infatti, potrà ritenere opportuno ridurre, addirittura durante la battaglia, la partecipazione popolare. In altri termini tenderebbe a bloccare la guerra di popolo. Una soluzione, questa, che è già fervidamente sostenuta dal governo provvisorio, ma che costituisce un concreto tradimento nei confronti delle aspirazioni, dei sacrifici e dell'operato dei combattenti.

L'azione del conte Martini è notevolmente spregiudicata. Si è convinto che Casati ed i suoi sostenitori sono deboli ed indecisi, di conseguenza va da Cattaneo proponendogli un'azione di forza per la costituzione di un governo provvisorio incentrato non sul municipio bensì sul consiglio di guerra. Un governo che inoltri al re di Sardegna l'invito, naturalmente formulato a lui solo, di intervenire in Lombardia. E' molto interessante tale incontro fra Martini e Cattaneo, dato che in esso sono trattati i punti essenziali del problema e vengono chiarite sia le profonde divisioni del vertice lombardo sia il tipo di partecipazione di Carlo Alberto, foriero della futura sconfitta[278].

Il re, infatti, non vuole perseguire il crollo dell'esercito austriaco. Intende garantirsi la neutralizzazione delle componenti repubblicane, a premessa di una possibile annessione della Lombardia al Regno sardo concordata con un'Austria in difficoltà. In definitiva, già prima di intervenire, intende porre in secondo piano il problema della guerra ed in primo piano la sicurezza della sua egemonia.

Il ribaltamento della situazione è avvenuto fra il giorno **21 ed il 22**. Nella notte, Casati ed il municipio hanno attuato il loro colpo di mano. Invece di sostenere la battaglia finale per la conquista delle mura della città e l'attuazione della manovra che avrebbe dovuto circondare e bloccare le forze austriache, al momeno in grandissima difficoltà,[279] viene costituito il governo provvisorio, in maniera non funzionale alla vittoria, ma tendente a bloccarla. Azione, questa, che, fra il **22 ed il 23**, si concluderà perfettamente.

---

[278] Scrive Cattaneo: AAVV, Op. cit., pag 67: "- **'Sapete, egli mi disse, ch'egli avviene di rado che render si possano di somiglianti servigi ad un re?'- Risposi che servire i re non era cosa del fatto mio: che io ero fermamente compreso dell'idea di suscitar tutt'Italia a nostro soccorso....".**

[279] Basti tener conto che gli austriaci sono logisticamente isolati: non hanno rifornimenti di viveri e munizioni. La Lombardia è tutta in rivolta e le perdite imperiali sono notevoli, circa un migliaio di uomini, di certo 400 morti e 500 feriti. Questi ultimi saranno abbandonati alla correttezza ed all'umanità dei rivoluzionari milanesi che, infatti, li faranno curare. In guerra un esercito diciamo così "adeguato", come prima cosa dovrebbe proteggere e curare i propri feriti. Si tratta di una questione di dignità militare.

Ed il consiglio di guerra? Ha, di fatto, il potere reale, che si è guadagnato in quattro giorni di combattimenti, agendo su un doppio fronte, quello ufficiale contro gli austriaci e quello, definibile ufficioso, contro quella parte dell'aristocrazia monarchica alleata a Carlo Alberto che finora ha agito come municipio, e che, ora, intende operare come governo provvisorio. In pratica, oltre all'efficiente Cernuschi, il consiglio è sostenuto dall'azione di Cattaneo, brillante uomo di studio che, contrariamente al suo carattere mite ed alle sue qualità etico culturali, ha gestito in maniera più che degna le esigenze organizzative, operative e di coordinamento della rivoluzione. Almeno due volte ha bloccato la comune volontà di Radetzky e di Casati di concludere un armistizio più o meno lungo, contrastando anche le mene del rappresentante di Carlo Alberto. Ma ora ha una specie di crollo psicologico, che lo porterà a vivere una sorta di "neutralità" rispetto all'azione sabauda e, di conseguenza, a far venir meno il coordinamento delle forze rivoluzionarie[280]. Come se il comando degli insorti, al quinto giorno dei combattimenti e nella fase più dura ed importante - la conquista di Porta Tosa e lo sfruttamento del successo - svaporasse nel nulla.

Infatti lo stesso Cattaneo – che non si pone nemmeno lontanamente l'ipotesi di un'azione di forza contro il colpo di mano effettuato in municipio dei conti Casati, Durini e Borromeo, autonominatosi governo - racconta [281]:

"Poco dopo l'albeggiare del 22, io mi recai dal Casati, e fui il primo a riconoscere il novello potere"[282]. "Le necessità che avevano reso possibile il Consiglio di guerra erano cessate, perocchè l'officio nostro era stato solamente di riparare alle pusillanimità dei municipali, di dare al moto popolare un'impronta schietta d'insurrezione, e di rompere apertamente la sudditanza austriaca. Dissi al conte Casati che deponevamo il potere di cui per fatto dell'insurrezione ci eravamo investiti[283]; ma che, siccome molti operavano a nostro dettame, noi, se ciò pareva

---

[280] Molto valida la critica di E. T. Moneta: **"In realtà in quei giorni Cattaneo aveva fatto più di quanto l'indole sua e la natura dei suoi studi comportavano. Se avesse avuto animo rivoluzionario, avrebbe compreso che il ritirarsi in circostanze così straordinarie era debolezza e colpa; avrebbe sentito che in rivoluzione il potere è di chi più osa, e sa di avere per sé la fiducia dei più animosi. Disgraziatamente, mancando Cattaneo, non vi fu nessun altro che avesse mente e animo pari alle circostanze straordinarie del momento"** E. T. Moneta, Op. cit., pag. 219.
(Ernesto Teodoro Moneta, nato nel 1833. A quindici anni sulle barricate delle Cinque giornate, poi soldato, ufficiale, giornalista, scrittore, analista del pacifismo, premio Nobel per la pace (nel 1907), in merito all'azione di Cattaneo è un ottimo testimone ed un valido giudice. E' morto nel 1918
[281] Si tratta del peso di una responsabilità – la sconfitta della rivoluzione - che una persona sensibile al senso del dovere e della responsabilità come Cattaneo si porterà dietro – anche nel prosieguo della sua attività culturale – fino alla morte.
[282] AAVV, op. cit., pag. 71.
[283] Come se l'insurrezione fosse finita. In questi momenti è in corso la battaglia per la conquista di Porta Tosa. I combattenti sono abbandonati a sè stessi. Meno male che i comandanti in loco agiranno

opportuno, avremmo continuato a dirigerli nel combattimento, d'accordo col Comitato di Difesa. In tal caso giovava congiungersi seco in un unico Comitato di Guerra, a cui presiederebbe un membro del governo provvisorio. Dovendo in sostanza poi le costui funzioni esser quelle d'un ministro della guerra, io dimandai vi venisse destinato Pompeo Litta che era già stato nella milizia del regno d'Italia. Il Casati aderì"[284]

Naturalmente è ben lieto di aderire alla definitiva resa del consiglio di guerra, che, con il suo sostanziale autoscioglimento commette un atto gravissimo e dalle conseguenze disastrose per la rivoluzione. Cattaneo, fra l'altro, riconosce che le operazioni saranno dirette dal governo provvisorio di cui un esponente - il "ministro" Litta - è e sarà il responsabile della politica militare. E dire che la condotta del governo, quando ancora – con gli stessi uomini – era municipio, è stata giudicata "pusillanime" da Cattaneo. Ma questi, con tutto il consiglio di guerra, abbandona la rivoluzione a sé stessa. Cernuschi, coraggioso ed attivo, lascia il consiglio e va a combattere a Porta Tosa. In ogni caso il comportamento del vertice politico militare dei rivoltosi costituisce la logica premessa della futura sconfitta.

Nel frattempo, i combattenti - all'oscuro delle mene dinastiche, delle attività contraddittorie dei vari consigli e comitati e del colpo di mano del municipio contro la rivoluzione - continuano con impegno le operazioni necessarie. Lo stesso Cattaneo precisa che **"il governo provvisorio non ebbe l'animo d'annunciarsi apertamente"** [285] nelle sue reali finalità antirivoluzionarie. Così i combattenti continuano a rischiare la vita e, pur essendo abbandonati a sè stessi, vincono. L'attacco è iniziato alle 0200. Gli obiettivi sono tre porte di Milano (Ticinese, Romana, Tosa), per stabilite i contatti con l'esterno, al di là delle mura cittadine. L'attacco più importante è contro Porta Tosa ed i vicini bastioni. Una posizione presidiata da mille austriaci con sei cannoni. Gli assalitori utilizzano anche due piccoli cannoni fusi nei giorni precedenti, ma l'azione principale viene effettuata utilizzando trenta barricate mobili ideate dal matematico Antonio Carnevali e costruite con fascine bagnate coperte da materassi e, ciascuna, mossa su due ruote. Le barricate consentono agli attaccanti di avvicinarsi all'obiettivo per quanto possibile coperti. Lo scultore e pittore Gaetano Borgocorati ha, poi, ideato altre barricate mobili, più piccole e con fascine asciutte, per arrivare alla porta e bruciarla. I capi sono Luciano Manara, Luigi

---

in maniera valorosa e razionale. Purtroppo, dopo la vittoria locale, le operazioni saranno del tutto trascurate.

[284]   Carlo Cattaneo: "L'insurrezione di Milano nel 1848 e la successiva guerra", Il Solco casa editrice, Città di Castello, 1921, pag. 56.

[285]   Carlo Cattaneo "L'insurrezione di Milano" cit., pag. 56.

Torelli, Enrico Cernuschi, Enrico ed Emilio Dandolo[286]. Forse il primo è quello che, con il suo valore, ha dato il maggior contributo alla vittoria.

A sera la porta viene raggiunta e bruciata, gli austriaci si ritirano abbandonando l'intero bastione. Manara avanza oltre la porta, ma non vi è nessuno. Intanto si viene a sapere che anche la Porta Comasina è stata conquistata, con l'aiuto esterno di squadre provenienti da Lecco e dalla Brianza. In possesso dei rivoltosi sono anche i bastioni fra le Porte Ticinese e Vercellina. La rivoluzione ha vinto, dato che oramai è spezzato lo schieramento che isola la città dal resto del territorio. In definitiva è garantito il rapporto con il resto della Lombardia.

Ma è proprio con la vittoria che si manifesta l'assurdità dell'azione del governo provvisorio. Non vengono dati ordini, non è sfruttato il successo. Le squadre vittoriose non ricevono ordini e si sciolgono. Non viene valutato il fatto che alcuni militari italiani disertori dell'esercito austriaco avvertono che gli austriaci si preparano a partire. Costoro si presentano e riferiscono al nuovo organismo che dovrebbe dirigere le operazioni, il comitato di guerra. Sarebbe stato doveroso utilizzare le armi trovate nei magazzini e nelle caserme, organizzare unità di attacco contro i reparti in ritirata, allertare tutti gli abitati del territorio. In pratica si agisce per salvare l'esercito austriaco. Un momento gravissimo, il tradimento della vittoria, la causa della futura sconfitta. futura sconfitta.

La massima responsabilità è dei monarchici del governo provvisorio. Costoro, infatti, hanno fatto di tutto affinchè il popolo non riuscisse a ottenere la vittoria completa, che, secondo loro, avrebbe dovuto essere conseguita dal re. Ma costui, successivamente, sarà incapace di raggiungerla, invischiato negli opportunismi che caratterizzano il suo comando. Però la responsabilità ricade anche sui repubblicani, che hanno accettato l'egemonia dei loro avversari su avvenimenti così importanti. E per fare cosa? Il nulla, in altri termini il tradimento.della rivoluzione.

E' sconcertante pensare che una guerra, eroicamente vinta dai cittadini milanesi contro l'esercito considerato il più efficiente d'Europa, è stata sabotata, permettendo a ventimila soldati imperiali di andarsene indisturbati, per di più con dieci ostaggi, uno dei quali, il conte Carlo Porro, sarà proditoriamente e assurdamente fucilato[287]. Le lunghe colonne austriache si sono snodate in pianura senza alcuna opposizione. E ciò è avvenuto mentre migliaia di armati, lieti dei loro successi, non sono stati impiegati. In pratica sono stati inviati a casa loro, sono stati smobilitati e, quasi schernendo il loro impegno, nei giorni

---

[286] Altri combattenti importanti sono Mangiagialli, Biraghi, Picozzi, Broggi, Salterio, Lainati, Sanromerio, Nulli.

[287] Gli austriaci hanno buttato la salma, che è stata reperita solo il giorno 31. Carlo Porro era figlio del conte Gian Pietro, ex podestà di Como, consigliere intimo dell'imperatore e presidente della congregazione centrale. Non è stato possibile appurare perché sia stato ucciso. Un semplice atto di crudeltà.

successivi è iniziato l'arruolamento dell'esercito delle Alpi. I combattenti, pertanto, già da domani capiranno di essere stati giocati. Il **24** Manara con i suoi si lancerà all'inseguimento del nemico. Ma ai suoi ordini vi saranno solo 127 uomini. Saranno applauditi, ma rimarranno soli, dopo una smobilitazione che ha sabotato e stroncato la partecipazione rivoluzionaria e la volontà di distruggere il nemico.

Mantova 22 marzo 1848

Un reparto austriaco esce dalla caserma. Viene fatto segno a fucilate e scompare. Continua l'azione della curia che sostiene il comando austriaco in attesa di rinforzi. La fortezza di Mantova è molto importante e la curia riesce a calmare i gruppi più attivi, egemonizzando il movimento patriottico tramite i gruppi moderati.

Torino, 22 marzo 1848

Milano brucia, in Piemonte si sussegono le manifestazioni per andare a combattere in Lombardia, ma, in data odierna, Carlo Alberto fa pervenire all'amico conte Buol l'assicurazione che il re di Sardegna è sempre desideroso di sostenere tutto ciò che può assicurare relazioni di amicizia e di buona vicinanza fra l'Austria ed il Piemonte. Ogni commento è inutile.[288]

Melegnano, notte fra il 22 ed il n

L'esercito austriaco si ritira, rapidamente, lungo due direzioni, una per Bergamo, l'altra per Lodi. I reparti che seguono la seconda direzione, più numerosi, dopo aver attraversato San Donato (MI) e San Giuliano, (MI) arrivano a Melegnano. (MI) La strada è impraticabile, per i tronchi d'albero tagliati e disposti sull'asse stradale. Gli abitanti, infatti, cercano di bloccare la marcia, appoggiandosi al fiume Lambro. La colonna austriaca si ferma. Poi reagisce. Lo scontro è sanguinoso. Alla fine gli imperiali prevalgono. Bruciano e saccheggiano l'abitato. Dopo una sosta, procedono.

Anche a Lodi si verifica qualche scontro, ma di minore entità.

Venezia, 22 marzo 1848

---

[288] Il conte Karl Ferdinand von Buol – Schauenstein, nato a Vienna nel 1797, è stato ambasciatore nel Baden e nell'Assia-Darmstadt, nel Wuttemberg ed in Piemonte (fra il 1844 ed il 1848). Successivamente sarà ambasciatore in Russia, alla conferenza di Dresda ed in Gran Bretagna. Alla morte del principe Schwarzenberg sarà nominato ministro degli Esteri, con un peso prevalente nell'attività governativa. Gestirà la politica austriaca durante la crisi della guerra di Crimea, tendendo a soluzioni per quanto possibile concordate e tali da tenere l'Impero fuori dal conflitto. Nel 1859 sosterrà la dichiarazione di guerra al Piemonte e, quindi, alla Francia, ma la sconfitta lo porterà a ritirarsi definitivamente dalla vita pubblica. Morirà a Vienna nel 1865.

Il comandante von Marinovich torna in Arsenale, ma viene aggredito. Allora si chiude in una torre dello stabilimento, la cui porta è abbattuta a colpi di scure. Inseguito fin sopra la torre viene colpito più volte e gettato in strada. Arriva un reparto di guardie civiche che riesce ad occupare anche l'ammiragliato, chiedendo al contrammiraglio Martini di arrendersi. Intanto interviene un reparto di fanteria di marina comandato dal maggiore barone von Boday, che ordina di sparare alle guardie civiche. L'ufficiale non tiene conto che il reparto è formato da italiani, che lo uccidono. Per i rivoltosi è grande il bottino in fatto di armi e di munizioni, avendo oramai il controllo dell'Arsenale [289].

Situazione analoga per le batterie schierate di fronte a San Marco, affidate a granatieri italiani, che vengono puntate sul palazzo del governatore, successivamente anch'esso occupato.

Il consiglio municipale si reca, per negoziare un accordo, da Pallfy, che nega qualsiasi discussione. Peraltro da oggi non è più lui il governatore, ma il generale Ferdinànd Zichy[290]. Una persona aperta, concreta e costruttiva. Così colui che, di fatto, è il capo della delegazione comunale, l'avvocato barone Giovanni Francesco Avesani, prende l'iniziativa in maniera razionale, chiara e decisa, portando la discussione sull'argomento essenziale: chi dovesse detenere il potere civile e quello militare. Egli ritiene, infatti, che bisogna uscire dagli equivoci. Vi è un dato di fatto: è ampiamente dubbia la fedeltà delle truppe verso le autorità austriache e, quindi, incerte le eventuali esecuzioni degli ordini. Quindi: chi ha, ormai, il potere reale? Avesani conclude l'intervento con poche parole: il governo austriaco deve cedere anche formalmente alla rivoluzione il potere che di fatto non gestisce più e che, comunque, non è nelle condizioni di gestire.

---

[289] Inutile dire che il governo di Manin non provvederà ad acquisire e distribuire le armi. Solo i fucili in Arsenale erano 50.000. Si è consentito che l'Arsenale fosse saccheggiato.

[290] Il generale conte Ferdinand Zichy de Zics et Vàzsonykò è nato in Ungheria, a Nagyvàzsony nel 1783. Figlio di un importante uomo di Stato, generale dopo una rapida carriera, ha diretto una dura repressione in Ungheria, molto apprezzata dalla corte di Vienna. Nel 1848 è stato nominato governatore del Veneto, al posto di Alajos Pàlffy. A causa della capitolazione, passato il pericolo rivoluzionario, verrà sottoposto a procedimento penale. L'azione dello Zichy costituisce, infatti, il momento di massima crisi imperiale in Alta Italia. Di conseguenza, nel 1849, sarà condannato a dieci anni di carcere. Ma sarà graziato dall'imperatore. Si ritirerà sdegnosamente nelle sue terre ungheresi, a Pozsony, e fino alla morte sarà furente contro la corte di Vienna, da cui si è sentito pugnalato alla schiena. In altri termini riterrà di essere stato trattato da capro espiatorio affinchè fosse salvaguardata una realtà inadeguata ed arretrata di cui lui non era responsabile. Sarà, infatti, sicuro che a Venezia, nel 1848, quanto da lui fatto costituisse la soluzione migliore per l'Impero: salvare le truppe per poi, con esse, far massa contro la rivoluzione. Morirà a Pozsony nel 1862.

Il generale von Zichy, preso atto della situazione dei reparti e sentite le pressanti richieste del municipio, accetta di firmare la seguente capitolazione che, nella sua chiarezza, sintesi ed esaustività, probabilmente è stata redatta da Avesani:

1. **"Cessa in questo momento il Governo civile e militare, sì di terra che di mare, che viene rimesso nelle mani del Governo provvisorio che va ad istituirsi, e che istantaneamente viene assunto dai sottoscritti cittadini.**
2. **Le truppe del reggimento Kinsky e quelle dei Croati, l'artiglieria di terra ed il corpo del Genio, abbandoneranno la città e tutti i forti, e resteranno a Venezia le truppe italiane tutte e gli ufficiali italiani.**
3. **Il materiale da guerra d'ogni sorta resterà a Venezia.**
4. **Il trasporto delle truppe seguirà immediatamente con tutti i mezzi possibili per la via di Trieste per mare.**
5. **Le famiglie degli ufficiali e soldati che dovranno partire saranno guarentite e saranno loro procurati i mezzi di trasporto dal Governo che va ad istituirsi.**
6. **Tutti gli impiegati civili italiani o non italiani saranno garantiti nelle loro persone , famiglie ed averi.**
7. **S. E. il signor conte Zichy dà la sua parola d'onore di restare ultimo a Venezia a guarentigia dell'esecuzione di quanto sopra. Un vapore sarà posto a disposizione dell'Eccellenza Sua pel trasporto della sua persona e del suo seguito e degli ultimi soldati che rimanessero."**

L'autorità e la sovranità dell'Impero austriaco sono, quindi, cedute al consiglio municipale, inteso come governo provvisorio, investito di tutti i poteri e degli obblighi e degli accordi pattuiti. Il consiglio appare composto da persone valide. In psarticolare Avesani è un'abile ed energica guida. Quindi i firmatari del municipio dovrebbero avere la legittima incombenza di costituire il governo. Loro, peraltro, hanno liberato la città. Ma tale chiara e semplice situazione giuridico amministrativa viene totalmente sconvolta. Durante la sera si ha il sentore del verificarsi di alcuni maneggi, cui partecipa il comando della guardia civica, che mettono in crisi la situazione. La popolazione attende il nuovo giorno.
Alla storia passa la giornata odierna come quella della proclamazione del governo provvisorio della Repubblica veneta. In realtà la costituzione del governo avverrà domani.

Chioggia (Venezia), 22 – 23 marzo 1848

Le manifestazioni continuano. Grande partecipazione di popolo. Il podestà Antonio Naccari tenta di risolvere il problema incontrando il comandante del presidio, maggiore Giuseppe Gorizzutti per convincerlo a passare il potere al comune.

La popolazione risolve il problema riuscendo ad impadronirsi del forte di San Felice. Così il giorno **23** il Gorizzutti cede e Chioggia è libera. E' costituito un governo provvisorio della Repubblica di Chioggia, di cui il podestà è il presidente. I ministeri sono sei.

Viene costituita una guardia civica. I militari austriaci partono via mare per Trieste.

Brescia, 22 marzo 1848

Sono conquistati i depositi di armi. La fortezza è circondata. Gli austriaci sono bloccati. Il generale Schwarzenberg accetta di parlamentare. Viene costretto ad accettare le condizioni dei rivoltosi. Deve evacuare la città, con le sole armi portatili. Fino a domani **23** gli austriaci non saranno inseguiti. I soldati italiani facenti parte dell'esercito imperiale, un battaglione su tre, possono passare dalla parte dei rivoluzionari.

A sera la città è libera. Viene costituito un governo provvisorio.

Iseo (BS), 22 marzo 1848

Giungono ad Iseo (BS) reparti di volontari da Brescia. Alcuni gruppi proseguono per la Valcamonica. altri comuni si sono ribellati. Alcuni gruppi di insorti si recano a Milano.

Rezzato (BS), 22 marzo 1848

Si sono sollevati i municipi di Rovato (BS), Chiari (BS), Bovegno (BS), Gardone Val Trompia (BS). Vittorio Longhena[291], al comando di sedici uomini, apprende che sta arrivando una unità austriaca, che procede cautamente, essendo entrata in territorio chiaramente ostile. Si sono sollevati, infatti, anche i comuni di Sant'Eufemia della Fonte (BS) e Virle,[292] vicini a Rezzato (BS), e, poi, Botticino (BS) e Castenedolo (BS). Il gruppo di Longhena muove incontro agli austriaci, bloccandoli a Rezzato con barricate.

---

[291] Il conte Vittorio Longhena, nato nel 1800, aderente alla Carboneria, è stato coinvolto in una cospirazione nel 1821, con altre 33 persone. Il processo si è chiuso il 16 dicembre 1823, con quattro condanne a morte ed alcune condanne alla carcerazione. Accorso a Milano all'inizio delle cinque giornate con un gruppo di varesini, è entrato nel governo provvisorio, poi, nominato colonnello, sarà comandante di un reparto di volontari, con il quale combatterà in Trentino. Ad un certo punto perderà il comando, per il comportamento in occasione della battaglia di Castel Toblino, il 15 aprile 1848. Morirà nel 1890.

[292] Virle è stato un comune autonomo. Nel 1810 è stato unito a Mazzano. Nel 1816 ha riottenuto l'autonomia. Nel 1862 è stato chiamato Virle Treponti. Dal 1928 è una frazione del comune di Rezzato.

Il nemico rimane fermo. Longhena invita il comandante austriaco a parlamentare. Protagonista dell'incontro diviene un suo collaboratore, Giuseppe Zanardelli[293], che ha abbandonato gli studi di diritto per partecipare alla rivoluzione di Brescia. Persona vulcanica, colta ed eloquente, Zanardelli cerca di convincere l'ufficiale, che non intende arrendersi a "forze non costituite". Zanardelli precisa che è circondato, l'unica alternativa è la sua morte e quella dei sui uomini, dato che per l'ufficiale è impossibile reagire. Peraltro le forze austriache a Milano, di fatto hanno capitolato. Così, a seguito della perorazione di Zanardelli, l'ufficiale si convince e si arrende. In definitiva diciassette volontari hanno acquisito un bottino di circa duecento prigionieri, molto materiale e diecine di cavalli.

Berlino, 22 marzo 1848

Passa avanti al castello il funerale dei morti sulle barricate. Il re è costretto ad uscire dalla reggia e ad onorarli adeguatamente. In realtà al vertice dello Stato vige l'anarchia.

Lo stesso giorno il principe Guglielmo parte per l'Inghilterra. Il viaggio non è organizzato ed è notevolmente pericoloso. Lo accompagnano un cameriere, certo Krug ed il maggiore von Olrichs. La moglie Augusta di Sassonia – Weimar - Eisenach, che si sente al sicuro essendo considerata un'aristocratica liberal democratica, lo ha catechizzato in senso progressista e continuerà a farlo con grande impegno anche per lettera, dopo aver dichiarato di sentirsi già vedova. Auspica una monarchia costituzionale ed è in disaccordo con il marito. E' lieta che vada via, temendo per la sua vita e, soprattutto, sperando in un suo "ravvedimento" ideologico politico. Ma non basta: Augusta è coinvolta in un progetto che la vedrebbe reggente in nome del figlio. Lei, con molta soddisfazione, ha fatto intendere di essere particolarmente favorevole. Ma per la prima volta il re sarà deciso: farà naufragare il progetto, ritenendolo eversivo della legittima successione monarchica.

Il cinquantunenne Guglielmo è in viaggio in una carrozza sgangherata. Ad un certo punto deve proseguire a piedi, andando nei campi. Preso il treno per Amburgo, scende, per

---

[293] Giuseppe Zanardelli, nato a Brescia nel 1826, studente di giurisprudenza a Pavia, ha abbandonato gli studi e ha partecipatow alla rivolta di Brescia ed alla campagna nel Trentino. Dato che parteciperà attivamente alle dieci giornate di Brescia del 1849, dovrà andare esule in Toscana, dove si laureerà in giurisprudenza a Pisa. Nel 1851, dopo l'amnistia, rientrerà a Brescia, ma dovrà rifare l'esame di laurea a Pavia,.non essendo riconosciuta quella di Pisa. Dopo vari lavori, soprattutto giornalistici, nel 1859, prima di essere arrestato, fuggirà in Svizzera, entrando nei cacciatori delle Alpi di Garibaldi, che lo rimanderà a Brescia per coordinare la rivoluzione. Deputato nella sinistra storica dopo la vittoria del 1859, a seguito della guerra del 1866 sarà commissario regio a Venezia. Successivamente inizierà una brillante carriera politica: deputato per quarantatre anni, tre volte presidente della camera, tre volte ministro di Grazia e Giustizia (nei Ministeri Depretis, Crispi e di Rudinì) per complessivi otto anni, autore del codice che porta il suo nome - uno dei più liberali del tempo - presidente del consiglio dei ministri dal febbraio 1901 al novembre 1903, si ritirerà dall'incarico un mese prima di morire.

sicurezza, ad una stazione che precede quella di Amburgo e si ferma a dormire in una locanda. Ma durante la notte viene svegliato da tre inquietanti personaggi, evidentemente inviati per controllarlo. Il primo, il maggiore von Voncke – Olberdorf ha la scusa surreale di portagli i saluti del re, mentre gli altri due (il console generale Oswald ed il viceconsole Stasemann) hanno sentito il bisogno impellente di comunicargli che è tutto organizzato, ad Amburgo, per il suo imbarco, l'indomani, su un piroscafo inglese. Il maggiore è un famoso – per Guglielmo famigerato – ufficiale progressista, intimo amico della moglie Augusta. E' diffusa, infatti, fra gli ufficiali prussiani, la corrente progressista, con alcune componenti comuniste. Molti desiderano garantirsi l'allontanamento del principe. Si sussurra la possibilità che venga assassinato.

Inutile descrivere la permanenza a Londra di Guglielmo. Basti dire che anche l'ambasciatore prussiano, Christian von Bunsen è progressista e desideroso di "venire incontro" al principe magnificando l'Inghilterra ed il liberalismo, sentendosi in dovere di impartirgli adeguate e definitive lezioni, secondo le direttive del re e le raccomandazioni di una Augusta sempre più liberale.

Milano, 23 marzo 1848,

La popolazione è in festa: gli unici austriaci rimasti sono i prigionieri. Il castello si è arreso ed i suoi responsabili hanno passato le consegne ai rappresentanti del governo provvisorio. Vittoria! si grida per le strade. La città sembra una enorme famiglia unita dalla soddisfazione e dalla gioia.

Ma è una festa triste. Radetzky è riuscito a salvare il grosso delle sue truppe. E' in marcia verso il Mincio. Ha represso il coraggio degli abitanti di Melegnano, mentre avrebbe dovuto essere bloccato e stroncato.

Anche un altro aspetto è molto triste. E' con stupore che la cittadinanza prende atto dell'effetto di azioni aberranti causate dai militari austriaci, che vanno al di là di ogni possibile immaginazione. La crudeltà, le rapine, la brutalità omicida esercitata soprattutto contro persone indifese. Un comportamento dovuto alla situazione eccezionale, alla propaganda degli ufficiali, alla stessa paura, ma che ha evidenziato in molti una barbarie di fondo.

E', quindi, interessante notare la differenza con il comportamento dei rivoltosi, che hanno rispettato persone e cose anche durante i confronti più duri. Sul bianco di molti tricolori[294] era scritto: "Segno di speme ed amore". Era, infatti, diffusa la convinzione, purtroppo molto astratta, che un'azione generale improntata ad una amorevole volontà di cambiamento e di

---

[294] Visibili tuttora in museo a Monza.

rispetto umano avrebbe indotto - diciamo "trainato" - anche il nemico su posizioni rispettose della vita e della libertà.

In tale quadro si deve riconoscere che è stata particolarmente fallace e gravemente negativa la politica del governo provvisorio, condizionata da interessi di classe, dinastici, antipopolari, in definitiva antinazionali.[295]

Venezia, 23 marzo 1848

I maneggi della sera del **22 marzo** e della notte successiva hanno determinato una nuova situazione.

Alle ore 03.30 Avesani è stato indotto a dimettersi. Il potere è, così, passato ad Angelo Mengaldo, che, a mezzogiorno, lo cede a Daniele Manin, con una dichiarazione pubblica in piazza San Marco. Quindi presidente del governo provvisorio e ministro degli Esteri è Manin, al Culto ed all'Istruzione, naturalmente, Niccolò Tommaseo, alla Giustizia Jacopo Castelli,[296] alle Finanze Francesco Camerata,[297] alla Guerra Francesco Solera,[298] alla Marina il capitano Antonio Paolucci,[299] all'Interno Carlo Trolli, alle Costruzioni Pietro Paleocapa,

---

[295] La principessa di Belgioioso ha scritto: **"La popolazione aveva chiesto di combattere il giorno stesso in cui l'austriaco era stato cacciato dalle mura di Milano: avrebbe voluto inseguirlo per annientarlo. Venne fatta presente la deficienza dell'armamento e fu promesso che presto si sarebbe provveduto al riguardo. Malgrado tale promessa, l'armamento della guardia nazionale fu assai lento. Otto giorni prima della capitolazione di Milano, al popolo raccolto dinanzi alle porte di Palazzo Marino, il quale dichiarava di non volersi ritirare prima che la leva di massa non fosse stata proclamata, si rispondeva: 'Come voi volete pensare ad una leva di massa quando mancano le armi?'. Eppure quello stesso popolo otto giorni dopo trovava 62 mila fucili nascosti nel palazzo del Genio"**. Da: Cristina di Belgioioso "La Rivoluzione lombarda del 1848", Universale Economica, Milano, 1949, pag. 34.

[296] Jacopo Castelli è nato nel 1791, figlio di un ufficiale del genio della Repubblica. E' considerato il migliore avvocato di Venezia. Conservatore. Repubblicano con tinte municipaliste (la repubblica come tradizione storica, non come rappresentanza popolare). Ha avuto contrasti con Manin per i problemi della ferrovia, ma non è stata intaccata la loro reciproca stima. Castelli intende rafforzare i rapporti con le provincie, contro le dilazioni di Manin (il cosiddetto "stato provvisorio fino all'espulsione dei tedeschi"). Inoltre anche Castelli ha scarsa conoscenza delle aree rurali. Favorevole all'unione con il Piemonte. Ha represso la stampa democratica. Molto malato, si è recato in Toscana. Creato consigliere di Stato da Carlo Alberto, morirà nel 1849.

[297] Francesco Camerata, nato nel 1888, già consigliere del magistrato camerale austriaco, aveva una notevole fama come esperto finanziario. Non ha dimostrato una chiara posizione politica, pur essendo un conservatore. Ha sostenuto l'unione con il Piemonte e la costituzione di un'assemblea lombardo veneta, non accettata da Manin. Ha affermato che Venezia isolata non poteva sopravvivere finanziariamente

[298] Francesco Solera, veterano napoleonico, non è riuscito ad inserirsi nella nuova realtà militare rivoluzionaria e si è dimesso, sostituito da Paolucci.

[299] Antonio Paolucci, ministro della Marina e, poi, anche della Guerra. Già membro della società Esperia dei fratelli Bandiera, per un certo periodo è stato mazziniano. Nella rivoluzione ha seguito

al Commercio Leone Pincherle[300] ed, in più, il sarto Angelo Toffoli, ministro senza portafoglio. Si chiama Repubblica di san Marco. La bandiera è il tricolore con il leone veneto in alto a sinistra. Il territorio di riferimento è il triveneto.

Il governo è composto da tecnici. Non ha una connotazione politica, comunque è nettamente conservatore. In esso non sono stati inseriti rappresentanti del municipio, come Avesani, che hanno una chiara posizione ideologica. Solo due ministri – Paolucci e Toffoli - possono ritenersi espressione moderata dell'azione rivoluzionaria. Carlo Trolli è un aristocratico, un funzionario austriaco, magistrato per venticinque anni, consigliere della corte d'appello, che nomina capo della polizia Luigi Brasil, il prefetto di polizia del governatorato austriaco. Per un'ingenua prudenza ma quasi sicuramente a causa della sua visione conservatrice, con queste due nomine Manin ha indubbiamente esagerato. Le proteste delle sinistre, in specie dei mazziniani, saranno così forti che sarà costretto a imporre le dimissioni ai due predetti il **26 marzo**. Così sarà nominato ministro dell'Interno Pietro Paleocapa, [301] che manterrà anche la responsabilità delle Costruzioni. Manin è stato attento a non concedere incarichi a chi potesse essere considerato anche solo lontanamente un mazziniano.

---

l'occupazione dell'Arsenale. Nonostante i suoi precedenti non avrà influenza politica sul governo. Ha sostenuto che la massa delle forze dovesse essere concentrata a Venezia. Non è fra i convinti delle fusione con il Piemonte.

[300] Leone Pincherle è nato nel 1814. Agente veneziano di una grande compagnia di assicurazioni. Molto amico di Manin, lo ha supportato per tutto il periodo della Repubblica, in particolare nella fase iniziale, nei rapporti con il podestà, il municipio e l'arsenale. Non ha avuto un particolare ruolo politico. Ha erroneamente fatto affidare a Massimiliano Maffei, comandante di un piroscafo dei Lloyd's, l'incarico di portare dispacci per richiamare le navi della flotta nel porto di Pola. Ma sulla nave erano stati imbarcati anche i profughi austriaci che l'hanno dirottata su Trieste. Ha cercato di trovare soluzioni di compromesso per i difficili accordi con Carlo Alberto. Ha operato per la costituzione di un'assemblea lombardo veneta. Nell'agosto – ottobre 1848 è stato a Lugano da Mazzini di cuiha scritto a Manin per un coordinamento. Sempre in ottobre ha partecipato come osservatore al congresso di Gioberti organizzato dalla società nazionale per l'unione e la confederazione italiana. Alla caduta della Repubblica è emigrato a Parigi. Morirà nel 1882.

[301] Pietro Paleòcapa è nato nel 1788 a Nese (allora Comune, dal 1939 frazione di Alzano Lombardo - BG). Ha studiato legge e matematica a Padova. Poi è entrato nel genio militare dell'armata d'Italia. Ha partecipato alla campagna di Russia ed a quella di Germania. Divenuto un importante ingegnere del Genio Civile specializzato in idraulica, ha lavorato dal 1840 come direttore generale dei lavori pubblici di Venezia, operando sul Brenta, sull'Adige, nelle paludi vicino Verona, nel porto di Malamocco. Ha lavorato anche in Ungheria e nell'area romena. Ha partecipato al governo veneziano come ministro delle costruzioni ed anche dell'interno, dopo le dimissioni di Trolli. Ha chiesto senza ottenerlo un rafforzamento dell'organizzazione delle province. Ha sostenuto l'unione con il Piemonte. Ha ritenuta importante la costituzione di un'assemblea lombardo veneta. Dopo l'annessione è entrato nel governo di Torino. E' stato ministro dei Lavori pubblici nel 1848 e, poi, dal 1849 al 1857. Successivamente ministro senza portafoglio perché ha perso la vista. Ha promosso le ferrovie, il traforo del Frejus e la progettazione del canale di Suez. Deputato del Regno sardo dal 1849 al 1854. Senatore dello stesso regno dal 1854 al 1861. Senatore del Regno d'Italia dal 1861 al 1869, anno nel quale è morto, a Torino.

La politica del governo provvisorio sarà del tutto inadeguata. Particolarmente nei confronti delle aree rurali, per nulla considerate. Forse la soddisfazione per il conseguimento della libertà ha fatto dimenticare la realtà. Sono disattesi i problemi più importanti, in particolare quello militare e quello degli approvvigionamenti. In altri termini l'esercito e la flotta. La capitolazione ha risolto adeguatamente entrambi i problemi. Le unità composte da italiani sono state cedute al governo provvisorio, così come tutto il materiale da guerra, quindi anche la flotta. Si tratta di una soluzione validissima, che ha messo a disposizione della Repubblica tremila uomini esperti, aventi lo stesso livello addestrativo del resto dell'esercito austriaco. In definitiva il nucleo di un possibile ampliamento organico, una base organizzativa e addestrativa per la costituzione di unità più numerose, atte a supportare le necessità difensive delle città che si liberano. A ciò avrebbe dovuto aggiungersi una graduale estensione ed una idonea organizzazione del territorio liberato, con validi collegamenti d'ordine economico, amministrativo, politico e militare.

Nulla di tutto ciò. E' quasi incredibile quello che è stato fatto o, meglio, non è stato fatto dal governo provvisorio. I tremila uomini sono stati congedati. Non è stato seguito adeguatamente il problema della flotta, per cui gli austriaci hanno bloccato a Pola nove delle undici navi più importanti della squadra. Cosa grave, questa, perchè gli equipaggi sono composti da italiani e, adeguatamente contattati, tutti avrebbero aderito alla causa nazionale. Così la Repubblica avrebbe potuto avere la forza di bloccare porti e comunicazioni nemiche, mentre invece nei mesi successivi il blocco è stato effettuato dagli austriaci contro Venezia. Unici periodi sereni quelli in cui hanno operato la squadra napoletana e quella sarda.

Gravissime la confusione, la dispersione delle forze, le contraddizioni e l'inesistenza di sinergie nella progressiva liberazione del territorio effettuata dalle masse popolari dei singoli comuni. Una infinita perdita di forze, di possibilità, di potenzialità. Basti pensare che, sempre nella laguna, a 63 chilometri da Venezia, i chioggiotti hanno dovuto creare una propria Repubblica o che a Rovigo e a Treviso è stato necessario costituire governi provvisori autonomi. Come nel combattimento degli Orazi e dei Curiazi gli austriaci riprenderanno il controllo del territorio attaccando in forze città dopo città, dall'Isonzo all'Adige.

Non solo: a Chioggia si sono verificati casi di colera. Non sono state prese opportune misure, così, naturalmente, l'epidemia si estenderà a Venezia, costituendo la causa prima del crollo della Repubblica.

Purtroppo Venezia, il Veneto ed il Friuli iniziano a vivere la loro libertà sotto una maligna stella, non determinata dal rio destino ma dall'insipienza degli uomini. E' chiaro che il governo Manin pensa di poter avere l'autonomia, forse la stessa indipendenza, per via politica. Contatti con i diplomatici francesi e inglesi rafforzano l'erronea convinzione di un governo austriaco in crisi pronto a concessioni. La diplomazia anglofrancese, naturalmente, sfrutta tutto ciò, facendo sperare in una comune pressione filo italiana delle due potenze. Una menzogna che, purtroppo, tarderà molto tempo a morire, evidenziando, alla fine, la vera, grave, nefasta realtà.

E' interessante una richiesta pervenuta al governo appena costituito. Quattro le firmatarie, a nome di un folto gruppo di donne che intendono arruolarsi per combattere contro gli austriaci. Chiedono addestramento ed armi. Figurarsi come il governo conservatore può aver gestito tale pratica. Solo qualcuna delle richiedenti riuscirà a lavorare in ospedale

Rovigo e Treviso, 23 marzo 1848

Le autorità comunali riescono a far evacuare le due città dagli austriaci. Sono costituiti due governi provvisori.

Brescia, 23 marzo 1848

Alessandro Monti, con il grado di generale, viene nominato comandante delle forze che possono essere messe a disposizione del governo provvisorio. Con grande rapidità sono costituite unità adeguate e numerose. Notevoli le attività di addestramento. Molto severa la disciplina. Una parte dei militari italiani che hanno abbandonato l'esercito austriaco viene inquadrata.

Trieste, 23 marzo 1848: la rivolta

Le vicende della giornata odierna non sono chiare. Tenendo conto di quanto è risultato nel successivo processo, Antonio Gazzoletti ha organizzato un governo provvisorio di cui lui è presidente e ministro dell'Interno, alla Guerra è Giulio Grassi, alle finanze il pubblicista Alessandro Mauroner, al culto Mario Rocca ed altri non bene definiti. Ma il punto essenziale è l'azione di insediamento del governo provvisorio, che dovrebbe sostituire il governatore Salam - Reiferscheid, costituendo la Repubblica di San Giusto.

A tal fine Orlandini organizza una rivolta per conquistare il palazzo del governatore. E' sera ed i suoi uomini partono all'attacco dietro un grande tricolore. Gli austriaci, forse precedentemente informati, fanno affluire notevoli forze nella piazza del teatro. Lo scontro è duro ma il rapporto di forze decisamente sfavorevole ai rivoltosi. Alla fine l'unica soluzione è sganciarsi e scomparire. Anche Gazzoletti, che attendeva l'esito dell'attacco nel palazzo della borsa, scompare.

Udine, 23 marzo 1848

Dal **17 marzo** la guardia civica fronteggia il presidio austriaco. Giovanni Domenico Barnaba[302] presidia il palazzo Ienni. Oggi in tale sede ha luogo l'incontro delle autorità austriache con i rappresentanti cittadini che hanno costituito un governo provvisorio presieduto dal podestà, Antonio Caimo Dragoni.[303] Mentre all'interno si discute una folla enorme aspetta in strada, muta, minacciosa. Gli austriaci si rendono conto che non possono imporsi. Accettano, di conseguenza, le proposte del governo provvisorio. Abbandonano tutto il territorio e cedono le fortezze di Osoppo e di Palmanova, che saranno occupate il **24 marzo.**

Udine aderisce alla Repubblica veneta. Il **27 marzo** inizierà le pubblicazioni il "Giornale politico del Friuli".

Torino, 23 marzo 1848

E' sera: il re ha riunito il governo. La situazione è difficile: esponenti della politica e della cultura nei giorni scorsi hanno sollecitato la guerra contro l'Austria. Il re appare indeciso, ma, in realtà, ha le idee chiare. Non gradisce il ruolo delle forze popolari e rivoluzionarie. Una guerra all'Austria va bene, ma non è prudente e adeguato avere come alleati i repubblicani e i democratici. Il "grave pericolo" è quello della "proclamazione di una repubblica in Lombardia", come Carlo Alberto ha precisato in una nota. Perciò ha seguito le vicende delle Cinque giornate assicurandosi l'adesione del vertice ultramoderato e monarchico che ha il potere reale.

Il popolo è in fermento, a Torino ed in altre città. Non comprende perché l'esercito non si muova e venga consentita la repressione del popolo lombardo. Sotto il palazzo reale una enorme folla, compatta, aspetta. Tutti premono sul re. In effetti l'intervento, oramai, è desiderato da tutti, anche dal maresciallo Radetzky, ben lieto di avere come avversario il re,

---

[302] Giovanni Domenico Barnaba è nato a Buja (UD) nel 1819, da un'antica famiglia da tempo su posizioni liberali (ha rinuciato volontariamente ai diritti feudali). Capo delegazione incaricato di prendere possesso della fortezza di Osoppo il 24 marzo 1848. Ha partecipato alla battaglia di Cornuda, all'assedio di Vicenza, alla difesa di Padova, poi è tornato ad Osoppo. Quando la fortezza ha dovuto arrendersi, il 12 ottobre 1848, si è trasferito a Venezia. Poi è stato avvocato ed insegnante di diritto ad Udine. Successivamente avvocato a San Vito al Tagliamento, di cui è stato sindaco dopo l'annessione del '66, (anni 1870 – 1872 e 1887 – 1891). E' stato anche sovrintendente scolastico. Poeta, scrittore, memorialista (interessante il libro: "Dal 17 marzo al 14 ottobre 1848", edito nel 1890). E' morto nel 1901 a San Vito al Tagliamento.
[303] Antonio Caimo Dragoni, conte di Tissano, è nato a San Nicolò nel 1801. Podestà di Udine dal 1845 al 1852. Presidente del breve governo provvisorio. E' morto nel 1877.

che, ovviamente, bloccherà la guerra di popolo e avrà come solo scopo la stipula di un compromesso, onorevole per entrambe le parti.

Il governo è da tempo favorevole all'intervento. Il capo del governo è Cesare Balbo, Ministro della Guerra e della Marina il generale Antonio Franzini.[304]

Alle 24.00 Carlo Alberto compare ad un balcone della reggia con una fascia tricolore in mano. Basta questo per far esplodere la piazza in un fragoroso applauso: "Viva il re! Viva l'Italia". E' guerra, ma il re sarà capace di perdere altro tempo, contro tutti i principi operativi. Si dovrà aspettare il **25 marzo** per vedere le prime avanguardie attraversare il Ticino, ma solo il **29 marzo** il grosso inizierà ad entrare in Lombardia.[305]

Alto Adriatico, 23 marzo 1848

La squadra sarda arriva nel mare di Trieste.

Vienna, 23 marzo 1848

I croati sono tranquilli, ma si temono azioni violente, soprattutto a seguito dei secolari contrasti con gli ungheresi. Viene nominato ban (bano), cioè governatore del territorio croato e comandante di tutte le truppe il conte Josip Jelacic di Buzim.[306]

---

[304] Il generale conte Antonio Franzini è nato a Casal Cermelli (AL) nel 1788. Artigliere nell'esercito napoleonico nel 1809, con il grado di luogotenente è entrato nell'esercito sardo, nel quale ha percorso tutta la carriera, fino al grado di generale. Dal 16 marzo al 27 luglio 1848 è ministro della Guerra e della Marina. Nella guerra del 1849 avrà la responsabilità dello stato maggiore generale. Generale d'armata, nel 1850 andrà in pensione. Senatore nel 1849, morirà a Torino nel 1860. E' una figura discussa. Era capace ed intelligente, ma del tutto succubo nei confronti della persona e della politica di Carlo Alberto. Perciò, nell'incontro del 4 aprile 1848 a Cremona, ha supportato la volontà del re di annullare sia l'intelligente piano del generale de Sonnaz tendente ad avvolgere il nemico da sud, sia l'intento del generale Bava di procedere con azioni rapide ed incisive. La conseguente gestione delle operazioni, che potremmo definire burocratica o formalistica, porterà alla sconfitta. Franzini esprimerà la sua posizione critica al profilarsi della guerra del '49 e, sia pure con tutti gli onori, sarà emarginato, non avendo il comando supremo.

[305] Sono stati bloccati i volontari genovesi, lomellini e novaresi. A fine gennaio le unità dell'esercito erano tutte schierate al confine della Francia. Non è stata sfruttata l'occasione di un nemico che era in rotta completa, per di più in difficoltà sia per la crisi psicologica dei quadri e della truppa, sia per una grande confusione organizzativa, con i reparti sparsi sul territorio, in aree quasi tutte in rivolta.

[306] Il conte Josilp Jelacic di Buzim è nato a Petrovaradin nel 1801. Nominato il 23 marzo 1848 governatore (bano) della Croazia, ha dichiarato, nel quadro dell'Impero, l'indipendenza del Regno unito di Croazia, Slavonia e Dalmazia, non più facente parte del Regno d'Ungheria. Pertanto l'11 settembre ha attaccato il governo nazionale ungherese, ma è stato sconfitto. Si è, quindi, mosso verso Vienna, respingendo a Schwechat un'armata ungherese e facilitando l'azione antirivoluzionaria di Windsch – Graetz. E' stato comandante di un corpo d'armata nell'ultima parte della guerra antiungherese, conservando l'incarico di bano. Sarà contro la servitù della gleba e farà elevare la

Jelacic è fedele all'Impero, ma è anche un patriota croato, che avversa duramente gli ungheresi[307]. La Croazia, infatti, fa parte del Regno d'Ungheria. La situazione, quindi, è complessa. Il governatore segue la politica imperiale ed è contro l'Ungheria nazionale, che, per reazione, incrementa il suo antagonismo con l'Austria tedesca, che si appoggia alla Croazia.[308]

I militari ed il popolo croato nei prossimi mesi saranno coinvolti in un insieme di vicende contraddittorie, ben rappresentate dalla brutale figura umana e militare di Jelacic.

Pest (Budapest), 23 marzo 1848

Il conte Batthyàny forma il nuovo governo ungherese. Il programma è stato redatto pochi giorni prima in una riunione al Cafè Pilvax. Sono confermate le richieste di Kossuth del 3 marzo ed, in più, sono previste nuove procedure penali e civili e la riunificazione con la Transilvania. Iniziativa, questa, che, ovviamente, va contro gli interessi rumeni.

Entrano nel ministero il conte Istvàn Széchenyi[309] ai Trasporti e alle Comunicazioni, Jozsef Eotvos[310] all'Istruzione, Kossuth alle finanze, Ferenc Deàk[311] alla Giustizia. Il principe

---

diocesi di Zagabria ad arcidiocesi, conseguendo l'emancipazione ecclesiastica della Croazia dall'Ungheria. Morrà a Zagabria nel 1859.

[307] In realtà ancora non esiste un vero e proprio movimento nazionale croato, il che rende ancora più importante la figura di Jalacic e determinante la sua funzione.

[308] In merito è interessante l'analisi del conte di Cavour: **"Jellacich si è valso del nome dell'Imperatore, ed in ciò si dimostrò accorto politico. Ma ciò non prova che il suo scopo principale, se non unico, non sia la restaurazione della nazionalità slava. Che cosa è, infatti, il potere imperiale? Un vano simulacro di cui si valgono a vicenda i partiti che dividono l'Impero. Jellacich, vedendo l'Imperatore in dissidio con i Viennesi, si è dichiarato per il potere centrale, ma non già per la ricostruzione del gotico edifizio politico, atterrato dalla rivoluzione di marzo. Per dimostrare che il moto di Jellacich non è una semplice reazione militare, basti l'osservare che al suo avvicinarsi a Vienna i deputati slavi, segnatamente quelli della Boemia, i quali rappresentano la parte illuminata dello slavismo, lasciarono l'assemblea coll'intendimento di ritirarsi a Praga od a Brunn per ivi istituire un Parlamento slavo. Io credo dunque che la lotta che ferve dentro l'Austria non sia già una lotta politica (....) ma bensì il preludio di una guerra terribile di razza, della guera del germanesimo contro lo slavismo".** In realtà la situazione era ancora più complessa. Infatti gli slavi non erano uniti. I cechi – o boemi che dir si voglia - si consideravano l'avangurdia dello slavismo, ma la loro direzione non era accettata dagli altri. I croati intendevano far da sé ed acquisire più importanza sotto la guida del connazionale Jellacic ed i serbi, anch'essi, in Voivodina intendevano tutelare i loro specifici interessi. Croati e serbi erano uniti solo dall'odio per gli ungheresi. Perciò si dichiaravano filo imperiali. Il brano di Cavour è tratto dal discorso alla camera dei deputati del 20 ottobre 1848: "Cavour, Italia, Austria e Francia", op. cit. pagg. 44 e 45

[309] Il conte Istvan Szèchenyi de Sarvar – Felsovidék è nato a Vienna nel 1791. Ha combattuto nelle guerre napoleoniche, distinguendosi nelle battaglie sulla Raab, a Lipsia ed a Tolentino. Studioso della letteratura europea, conoscitore di diverse lingue, ha tendenze fortemente riformatrici. Avendo molto viaggiato desidera provocare la modernizzazione dell'Ungheria. Fra l'altro ha contribuito alla

Esterhazi, che è responsabile dei rapporti con Vienna, ricopre, in pratica, la funzione di ministro degli Esteri.

L'imperatore Ferdinando rende noto di approvare quanto effettuato dal predetto ministero. La corte, silenziosamente, si organizza contro l'imperatore, coordinata dall'arciduchessa Sofia. Il governo viennese è in crisi.

Le minoranze protestano. In particolare gli slavi. Sono otto milioni contro cinque milioni di ungheresi. L'affermazione nazionale degli ungheresi spinge croati e serbi a pretendere un'analoga autonomia. I croati si sentono rappresentati da Jelacic. Il mondo serbo entra in un pericoloso fermento. Prima richiesta: l'uso del serbo come lingua ufficiale in Voivodina

Il governo di Vienna continua la sua vecchia politica: mettere le minoranze una contro l'altra. Una politica che ora produce solo un incremento della tensione. Infatti l'Impero ha sempre governato così e continua a farlo, non tenendo conto che la situazione attuale è diversa da quelle del passato. Bisogna, purtroppo, precisare che, se le varie nazionalità sono l'una contro l'altra, sono tutte alleate contro gli italiani, tranne una parte degli ungheresi.

Primo sabotaggio delle decisioni dell'imperatore: le norme a carattere generale approvate dal governo non saranno promulgate. Quindi, di fatto, saranno annullate.

Padova, 24 marzo 1848

Nella "riottosa" Padova il responsabile del comando austriaco è il violento generale d'Aspre. La guarnigione imperiale è di ottomila uomini, ma oggi avviene il miracolo: le truppe, con tutto il loro apparato logistico, abbandonano la città. Il motivo è un ordine in tal senso pervenuto da Radetzky. Il maresciallo teme che non sia adeguatamente presidiata

---

nascita dell'Accademia delle Scienze. Ha organizzato il forum della nobiltà patriottica. In tre pubblicazioni ha definito le sue posizioni politiche. Ha promosso nuove attività industriali, dei trasporti e della navigazione. Ha fatto costruire il primo ponte "delle catene" fra Buda e Pest. Su posizioni liberali Szèchenyi è in contrasto con la politica democratica ed antiasburgica di Kossuth. Ministro del Lavori pubblici e dei Trasporti nel governo Batthyàny, è stato sempre su posizioni antiradicali. E' stato colpito, fino al 1856, da malattia mentale, riprendendo, successivamente, la sua attività culturale e politica contro il regime austriaco. Morirà suicida a Dobling nel 1860.

[310] Il barone Jòsef Eotvos de Vasarosnaméry è nato a Buda nel 1813.Scrittore, ha svolto attività politica, ricoprendo per due volte la carica di Ministro dell'Istruzione. Morrà a Pest nel 1871.

[311] Ferenc Deak è nato a Kehida nel 1803. Di famiglia nobile, è stato avvocato e notaio. Nel 1833, alla dieta di Presburgo (Bratislava), è stato a capo dei nazionali moderati. Nel governo Batthyany, in qualità di ministro della Giustizia, ha sostenuto una soluzione di compromesso con il governo asburgico. Pertanto si è dimesso quando la politica è divenuta decisamente rivoluzionaria. Alla fine della guerra è stato assolto. Nel 1860 tornerà alla Dieta, trattando il problema nazionale nel quadro degli interessi comuni delle parti. Pertanto sarà uno dei costruttori della duplice monarchia. Rifiuterà la carica di primo ministro, pur proseguendo l'attività politica. Morrà a Budapest nel 1876.

la città – fortezza di Verona, dove ha ordinato a d'Aspre di trasferirsi con tutte le truppe. Un trasferimento che la cittadinanza padovana saluta con una grande festa.

Mantova, 24 marzo 1848

La tattica del generale Gorzkowski, ampiamente sostenuto dalla curia antitaliana, è coronata da un gran successo. Oggi sono entrati nella fortezza consistenti reparti ungheresi. E', oramai, sostanzialmente impossibile che la rivoluzione prevalga. Alcuni gruppi di volontari escono dalla città, organizzandosi, a circa 20 chilometri a Sud Ovest da Mantova, a Gazzuolo, dove formano la colonna mantovana, nei cui ranghi militano Nino Bixio[312] e Goffredo Mameli[313]. Si rimane in attesa di un'analoga colonna di modenesi.

Roma, 24 marzo 1848

Non vi sono dichiarazioni ufficiali, ma una divisione dell'esercito pontificio, di 7.500 uomini, comandata dal generale Giovanni Durando[314], marcia verso il confine

---

[312] Gerolamo Bixio, detto Nino, è nato a Genova nel 1821. Ribelle e represso dalla matrigna, è stato imbarcato a 13 anni su un brigantino in servizio con l'America. Rientrato a Genova nel 1837 ha "surrogato" un fratellastro nell'equipaggio di una nave militare sarda, ma è stato "surrogato" a sua volta nel 1844. Capitano in seconda su un bastimento in rotta per il Brasile, gli è stato offerto di divenire comandante di una nave utilizzata per la tratta degli schiavi. Non ha accettato e, dopo varie avventure, è andato a Parigi dal fratello Alessandro che gli fatto conoscere Mazzini. Si è iscritto alla Giovine Italia. Combatte a Governolo, Verona e Treviso. Poi parteciperà alla rivolta di Genovs. Infine andrà a combattere a Roma. Per i suoi attacchi alla baionetta avrà la medaglia d'oro, ma verrà gravemente ferito ed operato, successivamente, a Genova. Nel 1852 tenterà di rapire Francesco Giuseppe in visita a Milano. Poi riprenderà a lavorare nella marina mercantile. Nel 1859 sarà con Garibaldi alla battaglia di Varese ed otterrà la croce militare di Savoia per la difesa dello Stelvio. Parteciperà alla spedizione dei Mille comandando il Lombardo, combattendo a Calatafimi ed a Palermo. Da comandante di divisione sbarcherà a Melito di Porto Salvo, liberando Reggio Calabria. Alla battaglia del Volturno sarà nuovamente ferito, organizzarà i plebisciti e sarà eletto per la prima volta al Parlamento del Regno d'Italia. Comandante di divisione nella guerra del 1866, sarà fatto prigioniero alla battaglia di Mentana nel 1867, ma fuggirà, avendo una medaglia d'oro. Senatore nel 1870, nello stesso anno conquisterà la fortezza di Civitavecchia ed entrerà in Roma. Morirà di colera a Sumatra durante un viaggio nel 1873.

[313] Gotifredo Mameli dei Mannelli, detto Goffredo, di famiglia nobile sarda, è nato a Genova nel 1827. Fin da molto giovane è stato un bravo scrittore e poeta, autore delle parole dell'inno omonimo. Nel 1848 raggiunge Nino Bixio con un reparto di trecento volontari e Garibaldi lo nomina capitano. Intanto dirige il "Diario del popolo". Agirà a Firenze, poi a Roma, infine nei moti di Genova. Parteciperà alla difesa della Repubblica romana e sarà gravemente ferito a villa Corsini il 3 giugno 1849. Morirà a seguito di un'amputazione tre giorni dopo.

[314] Giovanni Durando, nato nel 1804, è un ufficiale piemontese che, avendo partecipato ai moti del 1831, ha dovuto espatriare, combattendo nella legione belga (cattolica) contro l'Olanda, poi in Portogallo nell'esercito di don Pedro, infine in Spagna nella guerra fra carlisti e cristini. E' rientrato in Italia col grado di generale nel 1842. Dal 24 marzo 1848 comanda le truppe pontificie. Tornerà

settentrionale. Il reparto è composto da quattro reggimenti di fanteria, due di cavalleria, un reparto svizzero, tre batterie di artiglieria da campagna, due compagnie genio ed una di artificieri.

Boffalora sopra Ticino (MI), 25 marzo 1848

La brigata Piemonte[315], comandata dal generale Bes[316], avanguardia del II corpo d'armata, passa il Ticino al ponte di Boffalora. Ha l'ordine di non superare l'allineamento Treviglio (BG) - Sant'Angelo al Lambro (LO). Radetzky è ancora raggiungibile, ma Carlo Alberto continua a prendere tempo. La sua strategia appare a tutti incomprensibile. Iniziano, pertanto, le critiche.[317]

Ai ritmi lenti del comando generale si attengono i comandanti in subordine. Il Bes potrebbe arrivare il **26 marzo** a Treviglio, ma procede lentamente. Passa per Milano. Il **30 marzo** arriva all'Oglio ed il **31 marzo** a Brescia.

Vicenza e Belluno, 25 marzo 1848

Le organizzazioni comunali trattano con gli austriaci, che lasciano le due città. C'è, per loro, il problema di far massa a Verona, in attesa dei rinforzi promessi da Vienna.

Firenze, 25 marzo 1848

---

nell'esercito piemontese e sarà aiutante di campo di Carlo Alberto. Comanderà una divisione alla battaglia di Novara. Combatterà in Crimea. Poi, nel 1859, parteciperà alla battaglia di san Martino ed a quella di Custoza nel 1866. Senatore dal 1860, morirà a Firenze nel 1869. E' fratello del gen. Giacomo Durando, comandante dei volontari e, anche lui, generale dell'esercito piemontese.

[315] La brigata Piemonte, comandata dal Bes, è rinforzata. Complessivamente sono: 3000 fanti, 600 cavalieri ed 8 cannoni.
[316] Il generale Michele Antonio Bes è nato ad Oulx (TO) nel 1794. Nel 1813 è stato nominato milite della guardia d'onore a cavallo dell'esercito francese. Alla restaurazione, è divenuto sottotenente nel reggimento provinciale di Susa. Poi colonnello nel 1837 e maggior generale comandante della brigata Piemonte nel 1846. Partecipa ai combattimenti vittoriosi di Colà e Pacengo del 29 aprile e di Pastrengo del 30 aprile. Merita la medaglia d'oro per i combattimenti vittoriosi di Calmasino e Cavajon del 29 maggio, nei quali viene bloccato il tentativo della colonna Zobel di rompere l'assedio della fortezza di Peschiera. Nella campagna del 1849 comanderà la 2 divisione alla Sforzesca il 21 marzo ed a Novara il 23 marzo. Deputato dal 1849 al 1853. Morirà il 5 marzo 1853.
[317] In merito Piero Pieri ha riportato la considerazione di un ufficiale fra i più fedeli e legati al re, Alfonso La Marmora: "**se tutta la divisione colla prima batteria a cavallo e la prima da posizione, arrivate a Novara, anziché girare per Vigevano e Pavia, avessero tirato dritto per Treviglio e Brescia si sarebbe potuto tagliare alcune volte la retroguardia nemica e battere successivamente i vari Corpi, che sempre a poca distanza da noi passavano stanchi, sfiniti e demoralizzati**". Tratto da:"Relazioni e rapporti finali sulla campagna del 1848 nell'Alta Italia", Roma, 1910, III, 50 -51, in: P.P.: "Storia militare del Risorgimento" Einaudi, Torino, 1962, pag. 200.

Il governo cerca di rallentare, sostanzialmente di bloccare le attività militari, con scuse ridicole (la guerra è finita, l'Austria è stata sconfitta, ecc.). Si cerca addirittura di effettuare una smobilitazione, ma i volontari partono, come riferisce Montanelli, **"in due colonne: una da Pisa alla volta di Massa, l'altra da Firenze alla volta di Modena. Eravamo nella prima pisani, senesi, lucchesi, maremmani, livornesi, col battaglione degli scolari[318] capitanato dai professori. Era la seconda di fiorentini, aretini, pistoiesi, pratesi. Io, benché capitano nel battaglione degli scolari, mi feci soldato comune, parendomi che toccasse a noi liberali più sporgenti, a dare un po' di buon esempio in fatto di spallini e di paghe; cosa tanto necessaria nelle imprese popolari.[319]**

Non solo in Toscana, ma anche nello Stato pontificio e nel Regno delle Due Sicilie la partecipazione, l'entusiasmo, la voglia di combattere e vincere, che sono profondamente sentiti dal popolo, saranno sabotati dai rispettivi governi.

Marosvàsàrhely, ungherese (ora Tàrgu Mures, romena, capoluogo dell'omonimo distretto, in Transilvania), 25 marzo 1848

In Transivania fin dal **21 marzo** sono state diffuse le novità riguardanti le vicende di Vienna e degli altri punti caldi dell'Impero. La popolazione, soprattutto i giovani, ha manifestato, inizialmente in maniera unitaria, ma, poi, tenendo conto della difficile stratificazione delle nazionalità in Transilvania[320] la situazione è cambiata.

La città di Marosvàsàrhely è importante perché fin dal 1754 è sede della suprema corte di giustizia della Transilvania, quindi costituisce il centro giudiziario dell'intero principato.[321] Il sindaco il **24 marzo** ha inviato all'imperatore una relazione sulla situazione locale. Ma in

---

[318] Si tratta, ovviamente, del battaglione universitario, comandato dai professori di Pisa.

[319] Prosegue: **"Ed oh meravigliose a vedere quelle legioni improvvisate, nelle quali il medico, l'avvocato, l'artigiano, il nobile, il ricco, l'indigente, il prete, il padrone ed il servitore marciavano mescolati in culto d'Italia! Oh letizia sentirci finalmente guerrieri d'Italia! Partimmo fra gli auguri e le strette di mano della gente accalcata per le vie; partimmo fra uno agitar di fazzoletti delle donne affacciate ai balconi, alle quali temperavano il dolore dello addio la carità della patria, e al figlio, allo sposo, al fratello, allo amante presentita aureola di gloria. E i rimasti promettevano pensare alle famiglie degli artigiani cui la guerra levava il braccio guadagnante loro pane; e per via le colonne mosse dalle città si riscontravano coi gruppi dei volontari mossi dai loghetti di campagna. Al nostro attraversare i paesetti le campane suonavano a festa, piovevano fiori sulle baionette luccicanti al sole di primavera."** G. Montanelli: "Memorie sull'Italia", cit. pagg. 459 – 460.

[320] In Transilvania erano presenti varie nazionalità. Le più importanti erano: gli ungheresi (prevalentemente nobili e classe dirigente), i tedeschi e i romeni, che costituivano la maggioranza (la classe contadina, ecc.). In particolare, i romeni erano 1.250.000; gli ungheresi 700.000 e i tedeschi (chiamati sassoni) 250.000.

[321] Unione personale dell'imperatore che è anche principe di Transilvania.

poche ore tutto è cambiato. Le richieste degli ungheresi sono diverse da quelle dei romeni[322]. I primi tendono alla restaurazione del Regno della grande Ungheria, che comprende anche la Transilvania, considerata, quindi, ungherese. I secondi intendono prevalere, almeno nelle aree a maggioranza romena, unendosi ai connazionali della Moldavia e della Valacchia[323].

La tensione è notevole, dato che rapidamente i romeni rendono noto il loro programma: parità con le altre nazionalità, uso del romeno e abolizione della servitù della gleba. Anzi, in maniera sempre più decisa, non accettano più che la Transivania faccia parte dello stato nazionale ungherese.

Nei villaggi montani – a netta maggioranza romena - iniziano riunioni e violente manifestazioni contro gli ungheresi. A Marosvàsàrhely, che i romeni oramai ufficialmente chiamano Targu Mures, [324] in un gruppo di giovani avvocati inizia a formarsi la classe dirigente del movimento romeno. Gradualmente diverrà capo riconosciuto da tutti - anche perché ben visto dalle popolazioni dei villaggi montani - Avram Iancu[325], colto, energico, dalle idee chiare, divenuto avvocato da poco tempo. Proprio in casa di Iancu il **26 marzo** si deciderà di continuare l'azione anche, anzi soprattutto, a Balalàzsfalva, per i romeni Blaj, importante centro religioso della Chiesa greco – cattolica, dove – fin dal 1754, è stata istituita la prima scuola in lingua romena, con l'utilizzo dell'alfabeto latino. A Blaj, quindi, dovranno convergere il maggior numero di romeni per una manifestazione – o per una serie di manifestazioni – a grande partecipazione popolare.

Gli austriaci prendono atto che la politica degli ungheresi è contraria all'attuale organizzazione dell'Impero. Quindi, dato che, tendenzialmente, i romeni sono contro gli

---

[322] La causa scatenante è stata la mancata volontà ungherese di trattare il problema della servitù della gleba, che riguardava esclusivamente i romeni.

[323] Problemi delle nazionalità che in Transilvania, soprattutto nella parte nord occidentale, sono stati molto complessi. Ad esempio, a Marosvàsàrhely / Targu Mures ancora nel 1910 gli ungheresi erano l'89% dei residenti.

[324] Entrambe le denominazioni significano' mercato di Mures'.

[325] Avram Iancu, nato a Vidra de Sus nel 1824 da una famiglia contadina da poco uscita dalla servitù della gleba, ha studiato in istituti ungheresi (lingua latina) e si è laureato in giurisprudenza. E' stato un cultore della musica popolare e un musicista. Nel 1848, a capo delle rivendicazioni dei romeni, dopo l'annessione della Transilvania allo stato rivoluzionario ungherese imposta dai magiari, ha organizzato militarmente l'area dei monti Apuseni armando la legione 'Auraria Gemina', inizialmente di 4.000 uomini. Effettuerà attività di guerriglia, pur mantenendosi neutrale nei confronti dei russi. Dopo la vittoria imperiale Iancu disarmerà. Saranno difficili e contraddittori i successivi suoi rapporti con il potere. Nel 1852 non vorrà incontrare l'imperatore in visita ai monti Apuceni, ma poi cercherà di incontrarlo a Vienna, senza risultato. Triste l'ultima parte della sua vita. Emarginato dal potere imperiale, caduto in una forma di crisi mentale (lui stesso si definirà 'mezzo matto') andrà vagabondando assistito dalla popolazione e suonando canzoni romene col flauto. Morrà nel 1872.

ungheresi, di fatto hanno gli stessi interessi degli austriaci. Un'altra conseguenza è che i tedeschi della Transilvania saranno vicini ai romeni, quindi agli austriaci. La comune finalità consiste nell'isolamento degli ungheresi.

Roma, 26 marzo 1848

Il generale Andrea Ferrari [326] ha organizzato il reparto dei volontari romani, che ora è di 2.400 uomini. Marcia verso Bologna e, gradualmente, riceve nuove adesioni. Alla fine i volontari saranno 12.000. A Bologna si aggiungerà anche il reparto di 1.200 volontari organizzato da Livio Zambeccari. [327]

Ferrari sulla militarità e sulle modalità organizzative e operative ha una visione molto diversa da quella di Durando: fra loro vi è una sorda rivalità, che avrà dolorosi effetti.

Piacenza, 26 marzo 1848

La guarnigione austriaca abbandona la città. Fabrizio Gavardi diviene sindaco e costituisce un governo provvisorio. E' ormai ufficiale la frattura di Piacenza da Parma: i due piacentini nominati nella reggenza ducale abbandonano la capitale. Piacenza è libera ed attende che lo sia anche Parma. Immediatamente il governo provvisorio prende alcune decisioni auspicate dai cittadini, riguardanti l'industria della seta, la distribuzione del grano, ecc.. Importanti la libertà di stampa, la costituzione della guardia civica[328] e di un reparto, definito dei crociati[329]. Verrà indetto un plebiscito, al quale saranno ammessi anche gli analfabeti, per decidere sul futuro della città.

---

[326] Andrea Ferrari, nato a Napoli nel 1770, è entrato nell'esercito napoleonico, poi in quello di Murat. Ha partecipato alle campagne in Egitto ed in Spagna. Ferito gravemente nella battaglia di Montmirail, gli è stata concessa la legion d'onore. Dopo aver partecipato ai moti a Napoli del 1820 è andato in Francia arruolandosi nella legione straniera, combattendo in Algeria e, poi, in Spagna contro i carlisti, essendo nuovamente ferito a Tirapegni. Col grado di tenente colonnello è andato in pensione, rientrando in Italia ed entrando nell'esercito pontificio. Alla fine del 1848 comanderà un corpo di osservazione a Terracina e morrà l'8 gennaio1849.

[327] Il conte Livio Zambeccari è nato a Bologna nel 1802. Carbonaro, ha partecipato ai moti del 1821. Esule, in Spagna ha combattuto con i costituzionalisti, in Argentina con gli unitari (contro i federali di Juan Manuel de Rosas) nel Rio Grande do Sul contro i brasiliani. Fatto prigioniero da costoro nel 1836 e tenuto in cattività per tre anni. è stato, infine, espulso. E' andato in Inghilterra da Mazzini ed ha partecipato alle sommosse in Romagna del 1843 e del 1845. Durante la campagna del 1848 ha comandato in Veneto il battaglione dei cacciatori del Reno, formato da volontari. Nel 1849 sarà comandante delle fortificazioni di Ancona. In esilio prima in Grecia, poi, nel 1854, in Piemonte. Con Garibaldi, alla battaglia del Volturno sarà nominato generale. In cattive condizioni di salute si ritirerà a Bologna. Sarà il primo Gran maestro del Grande Oriente italiano. Morirà nel 1862.

[328] Comandata dal marchese Luigi Volpe Landi.

[329] Comandato da Pietro Zanardi Landi. Il reparto combatterà in Lombardia.

Pavia, 27 marzo 1848

La brigata Trotti[330], avanguardia del I corpo d'armata, entra in Lombardia. Il comandante[331] è persona molto energica, che intende avanzare rapidamente per agganciare il nemico. Muove verso Lodi ed occupa Sant'Angelo al Lambro[332]. Il **28 marzo** entra in Lodi, ma riceve l'ordine di tornare indietro, a Sant'Angelo al Lambro. E' intuibile lo stato d'animo del generale Trotti: non è permesso attaccare gli austriaci prima che arrivino nelle fortezze del Quadrilatero?

Castiglione Mantovano (MN), 27 marzo 1848

Una compagnia austriaca, formata da ungheresi, occupa Castiglione e si dà al saccheggio. La popolazione fugge, cercando di nascondersi. Il parroco don Bertolani cerca di calmare gli animi discutendo con i responsabili del reparto, ma viene ammazzato.

Milano, 27 marzo 1848

Montanelli doveva recarsi, con le altre truppe toscane, in zona di operazioni, ma ha preferito passare dalla ormai mitica Milano delle Cinque giornate. Così racconta il suo arrivo in città: **"Entravo in Milano. Tremai tutto di commozione a mettere piede nella eroica città...Oh spettacolo ammirando! quelle colossali barricate da cui uscì rivendicato l'onore d'Italia! Quella selva di bandiere tricolori sventolanti da tutte le finestre! E sulle barricate il busto di Pio IX inghirlandato di fiori; e alle mura le proclamazioni della pugna titanica; e lo eroico popolo tornato alle sue faccende, e senza vanti di prodezza, aggirarsi modesto in mezzo ai monumenti della sua gloria."[333]**

---

[330] La brigata "Casale": 4.000 uomini ed 8 cannoni.

[331] Il generale Ardingo Trotti è nato a Cassine (AL) nel 1797. Nel 1812 è stato ammesso alla scuola della marina di Tolone. In congedo nel 1815. In Piemonte è stato nominato sottotenente dei carabinieri. Capitano nel 1819. Per le sue simpatie per i moti del 1821 è stato posto in aspettativa, poi messo a disposizione del comandante del presidio di Cuneo, sotto sorveglianza. Nel 1831 maggiore, nel 1832 tenente colonnello, nel 1837 colonnello comandante di reggimento, nel 1845 maggior generale, comandante la brigata Regina, che guida nella prima guerra d'indipendenza. Parteciperà alle battaglie di Goito dell'8 aprile e di Pastrengo del 30 aprile. Alla battaglia di Governolo del 18 luglio meriterà la medaglia d'oro. Ottimo, altresì, il comportamento del 23 – 24 luglio a Monte Ghizzolo (Volta Mantovana). Nel 1849 tenente generale, poi ispettore generale. Deputato alla Camera dal luglio 1849 al novembre 1851. Nella guerra di Crimea comanderà la seconda divisione, combattendo alla Cernaia, a seguito della quale gli saranno attribuite: la croce di grande ufficiale dell'ordine militare di Savoia (Piemonte), la croce di grand'ufficiale della legion d'onore (Francia) e la commenda dell'ordine del bagno (Gran Bretagna). In pensione nel 1857. Morirà nel 1877.

[332] Dal 1864 il nome è Sant'Angelo Lodigiano.

[333] G. Montanelli: "Memorie sull'Italia", cit. pag. 465.

Treviglio (BG), 27 marzo 1848

I volontari della colonna Manara entrano in Treviglio ed incontrano un reparto della brigata Pinerolo del generale Bes. Grande entusiasmo, viva partecipazione dei cittadini.

Il **28 marzo**, alla ripresa del movimento, i volontari costituiranno l'avanguardia della brigata.

Bucarest, 27 marzo 1848

Nel principato di Valacchia scoppia la rivoluzione. Il principe si dimette. A seguito di un processo lungo e complesso, la popolazione ha conseguito una progressiva consapevolezza nazionale. I romeni, infatti, hanno dovuto confrontarsi prima con la religione, la cultura e l'amministrazione ottomane, in particolare con la nefasta attività degli amministratori fanarioti [334] e con le differenze fra i cattolici (uniati)[335] e gli ortodossi. Poi hanno dovuto agire contro le varie forme di protettorato russo, che, a metà fra una callida amicizia e dura colonizzazione, hanno imposto sia alla Valacchia che alla Moldavia leggi fra le quali una sorta di costituzione, definita Regolamento organico. Infine hanno agito a favore dell'approfondimento e dell'affermazione della cultura latina [336], aprendo contatti soprattutto con l'Italia[337] e la Francia.

Oggi un corteo attraversa la città portando una copia del Regolamento organico, che viene bruciato innanzi alla cattedrale. E' un atto antizarista ed il console russo, per protesta, abbandona la città.

---

[334] Ricchi mercanti greci, abitanti nel quartiere del faro di Costantinopoli, che, colti e preparati, hanno assunto funzioni amministrative nell'Impero ottomano, soprattutto nell'Egeo, in Valacchia ed in Moravia. La loro influenza – spesso violenta ed antipopolare - è stata azzerata dai movimenti nazionali.

[335] Basti rammentare la figura del vescovo barone Inochentie Micu, nominato molto giovane nel 1728. Agì in maniera molto attiva per rivendicare i diritti della nazione romena nella sua unità culturale e politica, nonostante la divisione religiosa. La sua azione fu molto incisiva e seguita dalla popolazione, tanto che, rischiando di essere arrestato, nel 1751 fu costretto a dimettersi ed a riparare a Roma, dove è morto nel 1768.

[336] Interessanti **"i primi giornali in lingua romena (che) fecero la loro comparsa in quel periodo con titoli più che significativi: il 'Corierul romanesc' in Valacchia (1829), l''Albina romaneasca' in Moldavia e, nel 1837, anche il giornale 'Romania'. Nel 1840, Kogalniceanu pubblicò 'Dacia literara' e l''Arhiva romaneasca' in Moldavia, mentre Balcescu diffondeva il 'Magazinul istoric pentru Dacia'"** da: "La vera storia dei Romeni" di Giuseppe Costantino Dragàn, NAGARD, Milano, 1996, pag. 182.

[337] **"Alcuni testi di Ioan Heliade Radulescu, poeta, storico, uomo di vasta cultura, favorevole ad una massiccia assimilazione delle parole italiane, sono un miscuglio molto interessante di parole romene ed italiane (….) La purificazione linguistica non incontrò problemi particolari, perché il fondo latino della lingua romena permette l'assimilazione naturale delle parole provenienti da altre lingue neolatine"** ivi, pag.182.

Viene costituito un governo provvisorio, che imposta una serie di riforme avanzate.

Chisinau, 27 marzo 1848

Come è avvenuto in Valacchia, scoppia la rivoluzione anche nel principato di Moldavia, a dimostrazione dell'unità nazionale delle genti di lingua romena, nonostante le pretese del confinante Impero russo e la secolare dominazione ottomana.

Rappresentanti dell'aristocrazia e dell'intellettualità si incontrano per impostare una politica realmente nazionale, ma vengono arrestati. Il potere ottomano, sostenuto, in questo, dalla Russia, cerca di bloccare il nuovo movimento, neutralizzando la classe dirigente innovatrice, i cui capi, arrestati, sono inviati sotto scorta in Turchia. Ma i prigionieri corromperanno i militari turchi, che li lasceranno liberi. Così, dopo un lungo giro, i riformatori torneranno, passando per la Transilvania. Alla fine concorderanno un programma decisamente rivoluzionario: unione della Moldavia alla Valacchia, affermazione della cultura romena, distribuzione di terre ai contadini, denuncia del protettorato russo e della dipendenza più o meno formale dalla sublime Porta, abolizione del Regolamento organico, approvazione di leggi coerentemente nazionali.

Milano, 28 marzo 1848

Il generale barone Teodoro Lechi, [338] già comandante della guardia civile, diviene comandante dei volontari, un corpo numeroso, composto da circa 22.000 uomini. Un compito, il suo, complesso, trattandosi di persone partecipi ed entusiaste, ma non abituate alla disciplina e prive di un adeguato addestramento.

E' suo il piano di usare un nuovo mezzo di manovra: il treno, per arrivare a Verona prima che gli austriaci possano organizzarsi oltre il Mincio. Ma non viene ascoltato, pur divenendo un consigliere di Carlo Alberto.

Anche se gli effetti saranno inadeguati, dato che Lechi appoggerà Carlo Alberto e sarà adeguatamente remunerato con la nomina a generale d'armata, all'inizio, forse in ricordo della sua giovinezza nelle formazioni della repubblica cisalpina e del Regno d'Italia, cerca

---

[338] Il conte Teodoro Lechi, nato nel 1778, giacobino come i fratelli Giuseppe, Giacomo, Angelo e Bernardino, a 19 anni si arruola nelle formazioni della Repubblica italiana, poi in quelle di Bonaparte. A 35 anni è colonnello. Partecipa a tutte le campagne napoleoniche. Combatte contro gli austriaci nel 1813 e nel 1814 al comando della 4° divisione del regno d'Italia. Alla notizia della rivolta milanese è accorso nella Milano delle Cinque giornate. Nel 1848, nominato generale d'armata, si trasferirà in Piemonte. Nel 1859 farà ritorno a Milano, dove morirà nel 1866.

di capire e sostenere la situazione psicologica dei volontari, la loro ardente partecipazione, le loro difficoltà, la generosità del loro impegno, espressa, fra l'altro, nei loro canti:

Addio, mia bella addio
l'Armata se ne va
e se non partissi anch'io
sarebbe una viltà.

Non pianger mio tesoro
forse io ritornerò
ma se in battaglia muoro
in Ciel ti rivedrò.

La spada, le pistole
lo schioppo l'ho con me;
allo spuntar del sole
io partirò da te.

Il sacco è preparato
sull'omero mi sta.
Son uomo, son soldato
viva la Libertà.

Non è fraterna guerra
la guerra ch'io farò
dall'italiana terra
l'estraneo caccerò.

L'antica tirannia
grava l'Italia ancor
io vado in Lombardia
incontro all'oppressor.

Saran tremende l'ire,
grande il morir sarà
si mora: è un bel morire
morir per la Libertà.

Suona la tromba, addio
l'Armata se ne va

un bacio al figlio mio

Viva la Libertà.[339]

Brescia, 29 marzo 1848

Arriva un reparto dell'esercito piemontese al comando del colonnello Alessandro La Marmora. E' l'avanguardia della brigata Bes. Il colonnello Monti fa schierare le sue truppe, che si presentano in perfetto ordine. La cosa che stupisce è il numero dei volontari adeguatamente inquadrati: 10.000.

Pavia, 29 marzo 1848

Il grosso dell'esercito piemontese entra in Lombardia. Sono due corpi di armata, ciascuno di 24.000 uomini. Il primo è comandato dal generale Eusebio Bava[340], il secondo dal generale Ettore de Sonnaz[341]. Una divisione di riserva, di 12.000 uomini, è comandata dal

---

[339] "Addio, mia bella addio", musica di Carlo Alberto Bosi, parole scritte collettivamente dal reparto dei volontari toscani nel marzo del 1848.

[340] Il generale barone Giovanni Battista Eusebio Bava è nato a Vercelli nel 1790. Ha frequentato la scuola speciale militare di Saint-Cyr e, nell'anno 1815, con il grado di capitano, ha iniziato nell'esercito piemontese una brillante carriera, fino ad essere nominato, nel 1840, comandante di corpo d'armata. Nella campagna del 1848, già all'inizio delle operazioni, entra in contrasto con l'impostazione strategica lenta e confusa del re, pur adeguandosi alle direttive ricevute. Purtroppo l'azione voluta da Carlo Alberto concede all'esercito austriaco il tempo di riorganizzarsi. Bava vince al ponte di Goito, a Goito, alla seconda battaglia di Governolo. Dopo Custoza prenderà atto della necessità di ritirarsi. Prima della ripresa delle operazioni nel 1849 sarà nominato generale in capo, ma sarà subito malvisto per la sua critica alla politica ed all'operato di Carlo Alberto, al suo intromettersi nelle cose militari, con grave danno per le operazioni. Bava addirittura, il 5 dicembre 1848 pubblicherà, in merito, la relazione inviata il precedente 12 ottobre al ministro della Guerra, nella quale, oltre al re, criticherà altri esponenti militari, che reagiranno, con conseguenti polemiche. Intanto si formerà il governo Gioberti ed il re porrà vicino al comandante in capo il generale Chrzanowski, disistimato da Bava. Inoltre quest'ultimo non gradirà neanche la presenza di un altro generale, questo di divisione e ben visto dal re, il Ramorino. Una gran confusione: il generale de Sonnaz, che è divenuto ministro della Guerra, è in contrasto con il Bava per le critiche della relazione. Il nuovo ministero confermerà che il capo dell'esercito debba essere il re, mentre continueranno i maneggi ed i contrasti. Il Bava verrà gradualmente esautorato. La guerra si avvicinerà e, negli ultimi giorni, al Bava verrà tolto il comando generale. Sono quasi incredibili i contrasti accennati, che costituiranno la principale premessa della sconfitta. In pratica Bava sarà generale in capo dal 22 ottobre 1848 al 7 febbraio 1849 e la guerra scoppierà il 27 aprile. Successivamente avrà cariche onorifiche: ispettore generale dell'esercito, presidente del congresso consultivo di guerra e senatore (giurerà il 31 luglio 1849). Morirà nel 1854.

[341] Il generale conte Ettore Gerbaix de Sonnaz, barone di Aranthon, signore di Habères, St. Romain e Vernaz è nato a Thonon (oggi Thonon–Les-Bains, Francia) nel 1787. Nell'esercito napoleonico è arrivato al grado di capitano. In quello piemontese è stato nominato maggiore nel 1821, colonnello nel 1831, fino a divenire comandante di corpo d'armata nel 1842. All'inizio delle operazioni ha proposto una manovra avvolgente nel Veneto, soluzione bocciata dal re. Perciò ha condotto le sue

duca di Savoia. Comandante dell'artiglieria è il duca di Genova[342]; il genio è diretto dal generale barone Agostino Chiodo; lo stato maggiore dal generale conte di Salasco[343], l'intendenzza dal colonnello Appiani. Il movimento è volutamente lento. Solo il **31 marzo** i reparti marceranno sull'itinerario Lodi – Crema. L'obiettivo dovrebbe essere Brescia, ma l'ipotesi che la fortezza di Pizzighettone sull'Adda sia adeguatamente presidiata, blocca l'intero esercito per trentasei ore.

Napoli, 29 marzo 1848

Ferdinando II intende cambiare il governo e dà l'incarico al generale Francesco Pignatelli, principe di Strongoli [344] che, all'inizio del 1848, con altri esponenti politici, ha fatto pervenire al re la richiesta che venisse concessa la Costituzione. Successivamente Pignatelli ha collaborato con Bozzelli nella redazione dello Statuto.

---

truppe sul Mincio, seguendo le direttive regie, fino all'attaco austriaco del 23 luglio 1848. E' corresponzabile della sconfitta di Custoza e responsabile di quella di Volta. Ministro della Guerra e della Marina dal 16 dicembre 1848 al 2 febbraio 1849, ha avuto incarichi secondari nella guerra del '59. Successivamente sarà commissario straordinario per la Savoia, nonchè componente di varie commissioni e deputazioni. Morirà nel 1867. Cavaliere della SS. Annunziata.

[342] Il principe Ferdinando di Savoia, duca di Genova, è nato a Firenze nel 1822. Comandante dell'assedio alla fortezza di Peschiera, la conquista il 29 maggio 1848. Medaglia d'oro. Eletto re di Sicilia il 12 luglio 1848 rifiuterà il trono motivando la necessità di non abbandonare l'esercito in guerra. Non ha poturo comandare la spedizione in Crimea per motivi di salute. Morirà poco dopo, nel 1855, a Torino.

[343] Il generale conte Carlo Felice Canera di Salasco è nato a Torino nel 1796. Nel 1814 ha avuto il grado di sottotenente ed è stato addetto allo stato maggiore, dove ha percorso quasi tutta la sua carriera. Manifestando nel servizio una totale – diciamo cortigiana – adesione alle direttive ed ai desiderata reali la sua carriera è stata rapida, fino a divenire, il 29 marzo 1848, capo di stato maggiore. Con tale incarico parteciperà alla prima guerra d'indipendenza, con un rendimento più che modesto, sostanzialmente negativo, fino alla sconfitta, rappresentando l'esercito sardo al conseguente armistizio con il capo di stato maggiore austriaco Heinrich von Hess. Armistizio che, per la storia, sarà denominato, appunto, " armistizio di Salasco". Dopo le giuste, violenti critiche alla conduzione della guerra e alle trattative armistiziali, Salasco diverrà il comodo capro espiatorio delle responsabilità reali e sarà messo da parte. Non solo: il 24 agosto 1848, sarà sottoposto al vaglio di una commissione d'inchiesta che esprimerà un verdetto negativo, per cui sarà posto in pensione dal 4 dicembre 1848. Difficile la sua vecchiaia, sia per i rapporti familiari che per alcune difficoltà economiche. Morirà nel 1866. Interessante la contestazione della figlia Maria, che dedicherà la sua vita alla rivoluzione nazionale. Amica e seguace di Garibaldi, lo seguirà in tutte le campagne. Andrà anche in Crimea con Florence Nightingale. Nata nel 1830, morirà nel 1913.

[344] Francesco Pignatelli, principe di Strongoli, nato a Napoli nel 1775, divenuto giacobino da giovane ufficiale, ha partecipato alle guerre francesi, poi napoleoniche, sostenendo, in particolare, le Repubbliche Romana e Napoletana del 1799. Ha combattuto sia in Spagna che con Murat, con il quale ha avuto un rapporto alquanto conflittuale. Successivamente si è ritirato a studiare e scrivere nelle proprietà riottenute dopo un totale esproprio. Ha partecipato ai moti del 1820. Congedato nel 1821, è tornato ai suoi studi. Con altri ex militari ha cercato di convincere Ferdinando II a modernizzare lo Stato. Non riuscirà a costituire un governo nel 1848, ma sarà nominato alla Camera dei pari. Dopo la repressione si ritirerà definitivamente nelle sue proprietà, continuando i suoi studi (Memorie, ecc.). Morirà nel 1853.

Pignatelli, analizzata la situazione, declina l'incarico a causa degli enormi contrasti fra conservatori e rivoluzionari, che non avrebbero consentito un'adeguata o anche solo normale attività di governo.

Crema, 29 marzo 1848

Due colonne di volontari marciano su Crema. La guarnigione austriaca lascia la città. Entra per primo Ernest Perrot de Thannberg [345], con la sua colonna e va subito al municipio, chiedendo una notevole supporto economico, che la comunità non può dare[346]. Arriva la colonna Manara. Quest'ultimo sostiene la posizione dell'amministrazione municipale. Nel contrasto fra i due comandanti prevale Manara, tra la riconoscenza dei cittadini.

Trani 29 marzo 1848

A Trani la popolazione intende esprimere il proprio odio per l'Austria, che in città ha un consolato. Così viene organizzata una manifestazione particolare. Sono asportate le insegne dell'edificio consolare, portate "in processione" per la città ed infine, bruciate in piazza Annunziata. Scatta la reazione borbonica, con l'arresto dei presunti responsabili.[347] L'accusa è stata: "per atto ostile, mediante bruciamento e distruzione di uno stemma di potenza straniera non approvata dal governo e col quale si è esposto lo Stato al pericolo della guerra". L'"abbruciamento" non approvato dal governo è divertente, come anche il pericolo di guerra.

Berlino, 29 marzo 1848

---

[345] Ernest Perrot visconte de Thannberg, nato nel 1812, francese, repubblicano e mazziniano, prima ufficiale di marina poi in Spagna contro i Carlisti, infine nella legione straniera in Algeria. Accorso a Milano all'inizio della rivoluzione ha combattuto durante le cinque giornate e nel corpo dei volontari come colonnello. Dopo la sconfitta entrerà nell'esercito sabaudo, prima come colonnello, poi, nel 1849, come generale di brigata, sotto il generale Ramorino. Rientrerà in Francia e morirà nel 1883.

[346] Il comportamento di de Thannberg non è espressione di una concezione violenta ed antipopolare. Il visconte era abituato alle imposizioni a carico degli enti locali acquisita durante le campagne di Spagna e di Algeria.

[347] I processati sono stati : Lorenzo Botta, negoziante; Antonio Calefati, sarto; Giuseppe Antonacci, proprietario; Giuseppe Cancelli, calzolaio; Fusco Nicola, proprietario; Francesco De Stefano, calzolaio; Vincenzo Ingravalle, patrocinatore; Giuseppe Monterisi; Ignazio Nencha; Giovanni Pomodoro, proprietario; Arcangelo Prologo, legale; Giovanni Scheggi, ebanista; Teodorico Soria, patrocinatore; Nicola Tommaselli, proprietario; Giovanni Ventura, negoziante; Alfonzo Vischi, studente. In definitiva fra gli arrestati sono rappresentate tutte le classi sociali (dalla "Mostra 150 anni dell'Unità d'Italia, il contributo della città di Trani", organizzata dal comune e dall'associazione culturale Traninostra).

La Renania non gradisce il ministero Arnim – Boitzenburg. Il presidente dell'amministrazione di Colonia, Karl Otto von Raumer protesta: basta con i ministri della vecchia Prussia. Il re cerca di accontentarlo. La persona che potrebbe essere gradita dai liberali è Ludolf Camphausen,[348] che rappresenta i ceti finanziari e commerciali. Ma non basta inserirlo nel governo, come vorrebbe il re: deve esserne il primo ministro. Così von Arnim – Boitzenburg viene sostituito da Camphausen, mentre il resto del ministero rimane invariato. Per accontentare anche l'esercito, dopo qualche giorno viene sostituito il ministro della Guerra Karl von Reyher con il conte August Wilhelm von Kanitz.[349] La finanza è rappresentata anche dal ministro David Hansemann.[350]

Di conseguenza la politica tradizionale è stata abbondantemente variata. Camphausen intende garantire i risultati della rivoluzione, farne strumento reale di governo, bloccando, però, la rivoluzione stessa. In definitiva i torbidi continui e caotici devono finire e lo Stato deve divenire liberale anche – anzi soprattutto – in economia. Due sono le finalità: salvare lo Stato stesso e rinnovarlo profondamente. Il nuovo ministero è un governo liberale di mediazione interclassista. I princìpi ufficiali di questa fase politica sono: compromesso, mediazione, innovazione, serenità politica. Soprattutto liberismo economico.

Sembra che tutti siano contenti. Anche se le parti non sono d'accordo quasi su nulla, tanto meno sulla riforma costituzionale. Il re cerca di dire sì a tutti, purchè garantiscano una adeguata sopravvivenza della monarchia. In definitiva l'anarchia continua, però con uno stile più elegante. Il principe Guglielmo è sempre in esilio, ma l'esercito e, più in generale, coloro che si considerano prussiani veri, in maniera sempre più manifesta e decisa, pretendono il suo ritorno. Reputano che solo lui rappresenti la tradizione federiciana della grande Prussia e che, in merito all'attuale situazione, abbia le idee chiare. Non vi sono altre soluzioni. Il compromesso continuo dell'attività di governo con successivi momenti di

---

[348] Ludolf Camphausen è nato a Hunshoven nel 1803 E' un banchiere di Colonia, molto ben visto dal mondo finanziario. Presidente del Consiglio, sarà, poi, rappresentante della Prussia a Francoforte, fino all'aprile del 1849. Sostenitore di una confederazione germanica a guida prussiana. Morirà a Colonia nel 1890

[349] Il conte August Karl Wilhelm von Kanitz, nato nel 1783 a Podangen (ora Podagi, Polonia). Ufficiale distintosi nelle guerre antinapoleoniche, Generale nel 1843. Come ministro della guerra ha rappresentato gli interessi del re nel governo Camphausen, espressione del mondo finanziario. Il presidente del consiglio, infatti, avrebbe preferito il colonnello Hans Adolf Erdmann von Auerswald. Morrà a Postdam nel 1852.

[350] David Justus Hansemann è nato a Finkenwerder (Amburgo) nel 1790. Rappresentante di tessuti arricchitosi nel decennio 1820 – 1830. E'divenuto industriale delle ferrovie, costituendo varie società, di cui la più importante è stata la Reinische Eisenbahn – Gesellschft, di cui era vicepresidente. In politica dal 1843 nell'assemblea provinciale renana, poi nel parlamento prussiano dal 1847. Liberale tendente al compromesso per la destra, duro reazionario per la sinistra. Ministro delle finanze nel governo Camphausen ed in quello successivo von Auerswald. Nel periodo successivo si è dedicato all'attività bancaria, fondando la Disconto – Gesellschaft. Morrà a Schlangenbad nel 1864.

sopraffazione insurrezionale non può costituire una sana gestione dello Stato. Gli unici settori che possono dirsi soddisfatti sono l'alta finanza e le camere di commercio.

Chioggia (Venezia). 30 marzo 1848.

La Republica di Chiogga viene assorbita da quella di Venezia.

Comacchio (FE), 30 marzo 1848.

Il litorale è liberato. Volontari e reparti dell'esercito pontificio attaccano i forti presidiati dagli austriaci, che oggi evacuano quello di Comacchio.

Rovigno, 31 marzo 1848

Verso mezzanotte la cannoniera "Fulminante", comandata da Carlo Alessandri abbandona il servizio avanti al porto di Rovigno e va a sostenere la repubblica di San Marco. Tutto l'equipaggio ha seguito il comandante.

Brescia, 1° aprile 1848

Arriva in città la colonna Manara. Grande, diffuso entusiasmo. E' una festa cui partecipa la popolazione e che raggiunge l'acme quando, poche ore dopo, la città è attraversata da un reggimento di cavalleria piemontese.

Balalàzsfalva, oggi Blaj, romena, del distretto di Alba, 1° aprile 1848

Avram Iancu e gli altri futuri capi della rivoluzione romena arrivano a Balalàzsfalva che loro chiamano, nella loro lingua, Blaj. Iniziano i contatti in città e nei villaggi di montagna: incontri e riunioni a Campeni, Abrud, Bistra. Si formano i gruppi che costituiranno i futuri reparti.

L'assemblea generale dei romeni prevista per il **30 aprile** è annullata dalle autorità, ma si terrà lo stesso, con grande partecipazione. Non solo: vi sarà una sorprendente partecipazione popolare alle altre assemblee che si terranno dal **3 al 5 maggio** ed il **15 maggio**. Iancu parteciperà con 10.000 uomini, organizzati militarmente. Alla fine il governatore Anton Freiherr von Puchner[351] concederà l'armamento delle guardie nazionali romene e tedesche, che saranno operative il **30 maggio**.

---

[351] Il generale barone Anton von Puchner è nato a Schemnitz nel 1779. Dal 1801 ha combattuto nelle guerre antinapoleoniche, meritando l'ordine di Maria Teresa. Nel 1824 colonnello e, nel 1832, generale. Comandante nel 1834 delle truppe austriache nello Stato della Chiesa. Nel 1840 governatore della Transilvania e comandante delle truppe contro gli ungheresi. Dopo alterne vicende

Cremona, 2 aprile 1848

Carlo Alberto è arrivato a Cremona, presso il suo stato maggiore. Non si fa vedere da nessuno. Non intende andare a Milano. Sembra che tutto proceda tranquillamente e non si tenga conto della mobilitazione dell'esercito, del superamento delle frontiere e della guerra in atto.

Rezzato (BS), 2 aprile 1848

Manara ha saputo che a Salò è stato organizzato un campo trincerato austriaco, presidiato da 2.500 uomini. La sua colonna è composta da circa 300 volontari. Così lascia Brescia e si ferma a Rezzato, a circa due chilometri da Salò. Manda una squadra di cinque uomini in ricognizione, che nel contatto con gli austriaci, sono uccisi o fatti prigionieri.

Gavardo (BS), 3 aprile 1848

Nonostante la sproporzione delle forze Manara intende liberare Salò attaccando il campo trincerato. Muove su Gavardo, ampiamente presidiata dal nemico, cercando con la rapidità dell'azione di prevalere su un nemico notevolmente superiore di numero. E' mezzogiorno. La truppa austriaca sta per ricevere il rancio. Fugge all'approssimarsi dei volontari che consumano l'abbondante pranzo abbandonato dal nemico.

Viene, di conseguenza, liberata Salò.

Salò (Brescia), 3 aprile 1848

Giunge notizia che il governo provvisorio ha assegnato il comando dei corpi franchi (poi corpo volontari lombardi), presenti nell'area del lago di Garda, al generale Michele Allemandi [352]. Un ufficiale che è del tutto sconosciuto. L'impiego dell'unità dovrebbe essere pianificato dal comando in capo piemontese. Ma il re non è interessato ad occuparsi dei volontari, fra i quali non è diffuso lo spirito monarchico. E gli ordini, alla fine, non arriveranno.

---

ha contribuito alla vittoria austriaca. Molto malato, nel 1849 sarà nominato governatore di Venezia. Morrà nel suo castello di Selmecbánya, in Slovacchia, nel 1852.

[352] Michele Napoleone Allemandi è nato ad Ivrea nel 1807. Il padre, Benedetto Cesare, ha partecipato ad azioni rivoluzionarie ed ha dovuto andare in esilio con tutta la famiglia. Perciò sia Michele che il padre, mazziniani, hanno partecipato all'invasione della Savoia del 1834. Successivamente ha combattuto in Spagna, Belgio e Svizzera, dalla parte democratica. In Svizzera è divenuto colonnello. Dopo le cinque giornate si è messo a disposizione del governo provvisorio, che gli dà il comando dei volontari. Dopo la sfortunata campagna in Trentino verrà destituito e rientrerà in Svizzera, dove morirà nel 1858.

Comunque per ora i volontari avanzano e gli austriaci si ritirano. Orientativamente i reparti dovrebbero agire nel Trentino sud occidentale, tendere a ostacolare le comunicazioni della valle dell'Adige, proteggere la zona a sud del Garda, agire con sbarchi sulla riva orientale del lago. Ma la situazione non è chiara.

Inoltre l'organizzazione dei volontari si presenta difficile. Nel complesso i corpi schierati sul Garda assommano a circa 5.000 uomini, suddivisi in cinque reparti (o "colonne"). La prima del maggiore Luciano Manara, la seconda del colonnello Antonio Arcioni[353], la terza del colonnello Ernest Perrot de Thanberg, la quarta del colonnello Vittorio Longhena e la quinta composta dal battaglione bresciano. Monti, pur di andare al fronte, ha rinunciato al grado concessogli dal governo provvisorio: ora è maggiore, designato come capo di stato maggiore.

Fronte trentino[354], 3 - 27 aprile 1848

Subito, dal **3 aprile** il comando del generale Allemandi si rivela difficile. Le disposizioni ricevute all'atto della nomina sono contraddittorie. Date ad una persona precisa come l'Allemandi divengono la causa principale di un'azione operativa inadeguata, ambigua e incoerente.

E', infatti, vincolante per Allemandi la disposizione di attenersi strettamente ai piani ed ai programmi operativi diramati dello stato maggiore piemontese. Ma il ministro sardo alla

---

[353] Antonio Arcioni, nato nel 1811 nel Canton Ticino, da giovane si è stabilito a Milano. Mazziniano, è andato all'estero per combattere i partiti reazionari. Così è stato in Portogallo, in Spagna - dove ha meritato l'Ordine di Isabella la Cattolica - in Svizzera, contro i cantoni del Sonderbund. All'inizio della rivoluzione italiana ha combattuto a Como, alla testa di 1.500 volontari ticinesi. Nominato colonnello dal governo provvisorio, ha ora il comando di una colonna che opererà nel Trentino. Alla fine della campagna entrerà in conflitto con il generale Allemandi, che verrà destituito. Poi si ritirerà in Svizzera. Nel 1949 comanderà la legione dell'emigrazione italiana alla difesa della Repubblica romana. Rientrerà definitivamente in Svizzera dopo la sconfitta e, nel 1855, sarà eletto deputato nel gran consiglio ticinese, nel gruppo liberale. Morirà nel 1859.
[354] Per fronte trentino si intende l'area dei laghi d'Idro e di Ledro e la valle del Chiese. Interessati anche il Passo del Tonale a sinistra e l'area di Riva del Garda a destra. La base di partenza italiana può considerarsi il fiume Caffaro, tradizionale confine del Principato di Trento con i territori lombardi. Ancora oggi costituisce il limite fra il Trentino Alto Adige e la Lombardia (province di Brescia e Trento). Il piccolo, ma celebre ponte in legno sul Caffaro, coperto di muschio, vicino alla dogana ed agli altri edifici di confine, ora è sostituito da un ponte in ferro, costruito un poco più a valle del precedente. Comunque l'aspetto più importante da considerare è che, nell'organizzazione dello Stato asburgico, il Trentino faceva parte del Tirolo, quindi non era all'interno del Regno Lombardo Veneto, bensì nel territorio della Confederazione germanica (peraltro come Trieste, dato che l'Isonzo costituiva il confine orientale del Veneto). Tutto ciò costituiva una grande complicazione. Ad esempio Carlo Alberto non aveva interesse ad agire nel Trentino. Non voleva inimicarsi l'intera Confederazione germanica.

Guerra Franzini, ovviamente allineato sulle posizioni del re, è contrario all'attivismo di Allemandi, considerato repubblicano e rivoluzionario. Simili, se non peggiori, sono le critiche del comando piemontese agli ufficiali ed ai componenti delle colonne. Pertanto il vertice militare del re non è propenso a supportare il corpo dei volontari o a coinvolgerlo in operazioni importanti.

Preso atto di ciò, Allemandi pensa che, pianificando un'operazione essenziale anche per l'esercito regio, la sua azione sarebbe stata considerata favorevolmente. Tende, pertanto, a liberare il Trentino e ad occupare la val d'Adige, tagliando agli austriaci le comunicazioni con Verona. Ritiene giustamente che sia necessario agire prima che al comando austriaco di Trento arrivino rinforzi. Intanto attende rifornimenti dal governo provvisorio e accordi ed intese di coordinamento con il comando piemontese. Ma Allemandi è sostenuto solo da una persona: il generale Teodoro Lechi, ministro della Guerra del governo provvisorio, che, però, non riesce ad avere adeguata "voce in capitolo" nel governo stesso.

Lo stato maggiore sardo non sosterrà mai azioni di reparti considerati irregolari e probabilmente repubblicani[355]. Da parte sua il governo provvisorio non ha migliorato l'equipaggiamento e l'armamento dei volontari. Così inizia una sorta di calvario per Allemandi, stretto fra l'assenteismo del governo provvisorio, l'ostilità piemontese e l'entusiasmo fattivo dei volontari. Intanto cerca di iniziare le operazioni. A tal fine chiede al comando piemontese di poter effettuare uno sbarco nella zona di Riva del Garda per dividere gli austriaci. Ma riceve una risposta seccamente negativa. E' stato proprio il capo di stato maggiore Canera di Salasco a negare un'azione che, ovviamente, sarebbe stata utile anche per l'esercito piemontese, che sta assediando e cerca di isolare l'importante fortezza di Peschiera, sita proprio all'inizio del corso dell'emissario del Garda, il Mincio. Bisogna, peraltro, considerare che Carlo Alberto, verosimilmente, non intende effettuare azioni al di là dei confini della Confederazione germanica. Così viene risposto ad Allemandi che siano i volontari ad effettuare un attacco sulla riva orientale del lago di Garda.
Ma, mentre Allemandi è bloccato fra lo stallo imposto dal comando piemontese e le remore del governo provvisorio, i componenti della colonna Longhena si ribellano, rendendo noto che sarebbero partiti comunque e subito per il Trentino. Così Longhena decide di partire a prescindere degli ordini di Allemandi. La sua colonna, quindi, marcia nella Val Trompia verso Nord. Le altre colonne sono bloccate. Il comando piemontese continua a discutere su un attacco sulla costa orientale del lago di Garda effettuato da almeno due colonne. Allemandi è preoccupato: si rende conto che la situazione è grave. Il comando piemontese non si decide e più di metà dei volontari è bloccata a Salò e dintorni, mentre l'altra si muove verso il Trentino.

---

[355] Un esempio: Allemandi, naturalmente, ha chiesto l'assegnazione almeno di una batteria. Lo stato maggiore concederà solo quattro pezzi, ma solo il 24 aprile, quando le operazioni in Trentino saranno sostanzialmente terminate.

Il **3 e 4 aprile** Longhena supera Vestone e Rocca d'Anfo, raggiungendo il corso del Caffaro, che segna il confine con il Trentino e la Confederazione germanica. Intende aspettare l'arrivo di ordini ma i suoi uomini vogliono subito invadere il Trentino occidentale. Longhena spera di essere seguito dalle colonne di Manara e di Arcioni. Ma ciò è impossibile, dato che sono tuttora in attesa di ordini per lo sbarco, dato per sicuro.

Il **5 aprile** viene occupata Desenzano del Garda. Sono spinte pattuglie verso le fortificazioni di Peschiera del Garda. I volontari organizzano un primo blocco ad occidente delle fortificazioni.

Il **6 aprile** da Bolzano, dove si è rifugiato, il vicerè Ranieri pubblica un proclama ricordando ai trentini che sono tirolesi ed auspicando che il Tirolo non sia smembrato. E' grave che una persona intelligente come Ranieri non abbia ancora capito la situazione politico sociale di questi giorni. Una situazione che, fra l'altro, gli ha imposto di fuggire da Milano. Comunque il vicerè del Regno non è competente sul territorio del Trentino, che non fa parte del Lombardo Veneto (di cui Ranieri ormai è solo formalmente il vicerè).

Allemandi riunisce a rapporto i comandanti delle colonne: viene confermata l'azione in Trentino. Invasione, liberazione fino a Trento, blocco dei passi alpini. Le colonne sono adeguatamente organizzate: Longhena all'avanguardia (con i bergamaschi di Bonorandi e i bresciani di Malossi), Arcioni e Manara costituiscono il grosso e de Thanberg la retroguardia. Ma i progetti di Allemandi sono bloccati dal comando piemontese, che fa sapere che un'aliquota dei volontari deve agire nell'area di Peschiera.

L'**8 aprile** Longhena non ha ordini. Comunque Allemandi non intende che si proceda nella valle del Chiese, ma i volontari superano il Caffaro ed entrano in Trentino, occupando Soro e Condino. L'avanzata procede.
Arriva a Trento il colonnello barone Friedrich Zobel[356], inviato da Radetzky. Assume il comando nel Trentino. Responsabile civile è il barone Bertolini, commissario imperiale. Non sembra che questi abbia un'adeguata conoscenza della situazione. Accusa i volontari di aver invaso il Tirolo e apre l'arruolamento di volontari trentini che si oppongano all'invasione. Conclusione: nessuno si presenta.

---

[356] Il barone Thomas Friedrich Freiherr Zobel von Giebelstadt zu Darstadt, nato a Brema nel 1799, ha ordinato la criminale fucilazione dei 21 prigionieri. Dopo la campagna del Trentino parteciperà alla battaglia di Santa Lucia, il 6 maggio 1848, ma non riuscirà, il 6 ed il 29 maggio, ad aprire il cerchio di truppe e di artiglierie piemontesi assedianti Peschiera. Molto ben visto dall'imperatore, avrà l'ordine di Maria Teresa. Maggior generale, il 30 aprile 1849 comanderà la fortezza di Verona. Il 31 maggio 1859, feldmaresciallo, sarà sconfitto a Palestro, nel disastro delle sue due divisioni respinte dai piemontesi. In pensione dal 1864, morirà nel 1869 a Villach.

Si nota subito l'azione di un fanatico come Zobel: nella notte sono arrestati quattro aristocratici: il conte Gaetano Manci, il conte Pietro Sizzo, il conte Matteo Thun e il conte Giuseppe Pesti. Il municipio protesta, ma Zobel dichiara che saranno perseguiti tutti coloro che non esprimeranno con chiarezza la loro fedeltà all'Impero.

Così anche i moderati iniziano a dare un sostegno attivo alla causa nazionale. Quando coloro che sono stati arrestati a Milano passano in Trentino essendo tradotti in Austria, a Rovereto e in altri centri sono oggetto di dimostrazioni di solidarietà grandiose, che gli austriaci non hanno avuto il coraggio di reprimere.

Il professor Montanelli viene incaricato di una missione a Trento per accordi con i rivoluzionari locali. Dirama segretamente un proclama, che ha una grande diffusione. In esso prende atto che si è esteso sempre più il risveglio della nazionalità italiana. Invita tutti a correre alle armi, per l'indipendenza della nazione, adorando il vessillo benedetto da Pio IX. La missione, tendente a facilitare la liberazione di Trento, si svolgerà positivamente, ma non sarà possibile attuare quanto concordato.

Il **9 aprile** Longhena occupa Tione (TN), con una penetrazione in territorio austriaco di 30 chilometri. L'arroganza del giudice dott. Chimelli, fedele all'Impero, termina con il suo arresto e la traduzione nelle carceri di Brescia.

Il capitano Batz con due compagnie, poi divenute tre, viene inviato dal colonnello Zobel a Stenico per bloccare l'avanzata dei volontari.

A Peschiera del Garda (VR) le truppe piemontesi sostituiscono sul fronte occidentale della piazzaforte i volontari, che si ritirano a Salò. Per ordine di Allemandi il maggiore Agostino Noaro, con 300 uomini, occupa Bardolino (VR), sulla sponda orientale del lago di Garda, a nord di Peschiera.

Allemandi continua a muoversi disperatamente fra Vestone (in attesa dei rifornimenti), Milano (dal governo provvisorio) ed il comando di Carlo Alberto, tentando di risolvere il rebus che grava su di lui. Non riceve ordini e non può muoversi, ma intanto una buona parte dei suoi uomini è non lontana da Trento.

Il **10 aprile**, Longhena dispone una ricognizione per una profondità di 15 chilometri, a Stenico, dove si è ritirata la guarnigione di Tione. Anche il capitano Batz invia una ricognizione. Pensa di poter essere aggirato e prende atto del numero degli avversari. Rimane per la notte sulla posizione, preparando la ritirata

Sul fronte di Peschiera, il generale Bes annuncia a Manara la necessità di prepararsi per un trasferimento a Bardolino - sul fronte di Verona - al fine di sostenere l'eventuale ritirata di Noaro. La colonna di Manara sarà trasportata da due vapori e costituirà l'avanguardia delle forze di Bes. Noaro è ora a Lazise (VR). Saputo che non lontano vi è una polveriera che rifornisce i forti di Peschiera, il capitano Rossi viene inviato in ricognizione con 40 uomini. Arrivato nell'area della polveriera nota che le difese sono piuttosto deboli. Così, di sua iniziativa, attacca l'infrastruttura, facendo prigioniera la guarnigione. Si prende atto che nella polveriera sono conservati 500 preziosi barili di polvere. Inizia il loro trasporto nelle linee piemontesi.

Manara e la sua colonna sono impegnati nell'area di Peschiera. Durante la notte si è cercato di portare via i barili di polvere, purtroppo con grande difficoltà. Per facilitare l'operato degli addetti al trasporto, Manara aumenta a 200 i volontari comandati dal maggiore Noaro. Questi, per aumentare la sicurezza, reputa opportuno occupare il vicino paese di Castelnuovo di Verona [357], cosa che Allemandi approva. Inoltre attacca e disperde una colonna austriaca. In realtà si attende un attacco piemontese alla piazzaforte annunciato dal generale Bes. Manara, intanto, fa pattugliare la zona.

L'**11 aprile** Batz si ritira, Longhena occupa Stenico (TN), mentre la colonna Arcioni arriva a Tiene, dove, alla presenza sua e di Longhena, viene costituito il governo provvisorio del Trentino liberato, la cui giurisdizione è estesa a tutto il territorio Sud occidentale. A capo del governo è il dott.Giacomo Marchetti [358]. Grande entusiasmo da parte della popolazione. Viene eretto l'albero della libertà, con il tricolore ed un cappello frigio. Protagonista degli avvenimenti diviene l'avvocato Paride Ciolli, di Samoclevo (TN)[359]. Fa parte dei volontari, dirige il gruppo armato dei trentini, supporta il governo provvisorio.

Intanto a Stenico viene completata l'occupazione lungo la strada Preore e Ragoli, fino a Coltura ed al passo del Durone.

Nell'area di Peschiera quasi tutti i barili di polvere sono stati trasportati dietro le linee piemontesi. Alcune pattuglie della colonna Manara hanno scontri a fuoco con analoghe pattuglie austriache, facendo 60 prigionieri. Purtroppo la disciplina nel reparto avanzato a Castelnuovo lascia molto a desiderare. Gli uomini si sentono sicuri e la sorveglianza è quasi nulla. Molti stazionano nelle osterie. La situazione è molto pericolosa.

Infatti, approfittando della plastica del terreno (una miriade di basse colline che determinano notevoli compartimentazioni) esce da Verona il generale principe Thurn und

---

[357] Ora Castelnuovo del Garda (VR).
[358] Di Bolbeno, vicino Tione.
[359] Samoclevo è oggi una delle sette frazioni del comune di Caldes (TN), in Val del Sole.

Taxis [360]con circa tremila uomini ed un adeguato parco di artiglierie. A causa dell'inadeguata sorveglianza dei volontari, verso le 14.00 gli austriaci arrivano alla periferia dell'abitato. Allarme, campana che suona a distesa, immediato schieramento a difesa, grande impegno e forte coraggio. Per circa tre ore la difesa blocca il nemico. Poi cede al numero e, soprattutto al continuo bombardamento dell'artiglieria. Notevole l'impiego di razzi incendiari. Il volontario Bossi, con alcuni colleghi, va alla polveriera e prende gli ultimi barili di polvere, rallentando il nemico facendo saltare un barile dopo l'altro.

Ma gli austriaci non intendono inseguire i volontari. Devono, infatti, attuare un infame piano di Radetzky: creare un precedente che valga ad atterrire chi non sarà fedele al potere imperiale. Viene, così, perpetrato il famigerato eccidio di Castelnuovo: case bruciate, portoni abbattuti a colpi d'ascia, donne violentate, inermi, anche bambini, uccisi a baionettate, ruberie. Il fuoco è continuamente alimentato ed il paese è un'immensa torcia, ai margini della quale gli austriaci festeggiano. Tutto ciò per circa 24 ore.

I volontari riparano a Lazise (VR), che Manara organizza a difesa. Arrivano gli ulani austriaci, che, fatti segno ad un intenso fuoco, si ritirano. Il marchese Vitaliano Crivelli[361] va da Allemandi per ricevere ordini.

Il **12 aprile** Arcioni raggiunge la colonna di Longhena a Stenico.

Alle 09.00 Manara, secondo gli ordini di Allemandi, ricevuto un battello, abbandona Lazise, con l'intenzione di ritornarvi con tutta la sua colonna. Ma, arrivato a Desenzano, trova un diverso ordine del generale: deve procedere per Salò, dove, infine, sbarca trovando in loco gli altri componenti della colonna.

---

[360] Il generale principe Wilhelm von Thurn und Taxis, nato nel 1801, comanda la brigata responsabile della strage di Castelnuovo dell'11 aprile 1848. Parteciperà alla battaglia di Pastrengo (30 aprile 1848) ed all'assedio di Vicenza del 10 giugno 1848, dove sarà ucciso da un colpo di fucile. La famiglia Thurn und Taxis è di origine italiana. Il nome originario è Tasso di Cornello (comune di Camerata Cornello, BG). La famiglia è nota dal 1251, con Omodeo Tasso, e si è specializzata nell'organizzazione delle poste. Nel 1400 quattro suoi componenti si sono spostati in Austria, dove hanno costituito e gestito il servizio postale, ricevendo, nel 1695, il titolo di principi e facendo parte di quel connubio fra aristocrazia e capitale finanziario caratteristico di una parte della feudalità austriaca.
[361] Il marchese Vitaliano Crivelli è nato a Milano nel 1806. E' stato in contatto con Mazzini, Cattaneo ed il salotto Maffei. Ha fatto parte dell'amministrazione milanese dal 1835 al 1848. Organizzatore, la sera del 12 febbraio 1848 alla Scala, della manifestazione antiaustriaca occasionata dall'esibizione della ballerina Fanny Elssler. Ha partecipato all'attività dei reparti volontari come soldato semplice. Dopo la sconfitta è costretto ad andare all'estero. Per ragioni di salute non potrà partecipare alle successive vicende militari. Tornerà a Milano dopo il 1859, partecipando nuovamente all'amministrazione comunale. Amante dell'arte, organizzerà collezioni soprattutto di pittura. Nel 1873 morirà a Trezzo sull'Adda (MI).

Il **13 aprile** da Tione viene distaccata la compagnia comandata dal capitano barone Giovanni Maria Scotti [362], che dovrà risalire la valle del Sarca, superare il passo di Campiglio e liberare Malè (TN) e Cles (TN), procedendo, poi, verso Sud, nella direzione Mezzolombardo (TN), Lavis (TN) e Trento. La compagnia è formata per metà di bergamaschi e per l'altra metà di trentini, comandati dall'avv. Paride Ciolli.[363]
Da Stenico il tenente Baroni va in esplorazione al paese di Ranzo (TN), sopra Castel Toblino. Ha un piccolo scontro con gli austriaci e torna con complete informazioni sulle posizioni nemiche. Le tre compagnie del capitano Batz sono divenute quattro.

Il **14 aprile** Le colonne Longhena e Arcioni marciano verso Castel Toblino su due direzioni: la prima verso Ranzo e la seconda per Sclemo, Villa Banale ed il Limarò sopra le Sarche. È proprio su questa posizione che avviene lo scontro con gli austriaci, che vengono in direzione opposta, ma al ponte delle Sarche sono respinti. Contrattaccano, ma, a loro volta, sono nuovamente attaccati dai volontari. Intanto il capitano Batz prende atto che può essere circondato dalla colonna Longhena, e, dopo aver resistito un'ora, si ritira a Castel Toblino, inseguito dai volontari della colonna Arcioni. Gli austriaci, circondati nel castello organizzato a difesa, sono 450. I volontari attaccano con particolare violenza la posizione nemica ma, senza artiglieria, anche le prove di valore come quella di abbattere il portone della struttura non risolvono il problema. A sera inoltrata Castel Tobino rimane circondato ed il grosso dei volontari pernotta vicino, a Ranzo.

La colonna Scotti ha marciato rapidamente verso Nord, nonostante la neve trovata al passo di Campiglio In serata è arrivata a Malè, ricevendo accoglienze trionfali da parte della popolazione. Viene costituito un governo provvisorio, diretto da Giuseppe Taddei e dal giudice Cattesina. Un gruppo di maletani si aggrega al reparto di Scotti.

A Tione tutti i responsabili dei comuni del distretto riconoscono il governo nazionale. Vene dato un supporto logistico ai volontari. Sono inviati rappresentanti al Municipio di Brescia,

---

[362] Il barone Giovanmaria Scotti, nato a Ponte San Pietro (BG) nel 1820, laureato in giurisprudenza a Pavia, ha fatto pratica forense a Bergamo, sede della sua famiglia (Palazzo Scotti, dove è stato ospitato, curato e dove è morto Gaetano Donizzetti). Ha partecipato all'insurrezione di Bergamo, poi si è recato in Piemonte, ove aveva molte conoscenze, anche fra i componenti del governo, ed infine è tornato a Bergamo, con il grado di capitano della legione mobile. Con tale grado è stato impiegato in Trentino. Dopo l'occupazione di Bergamo da parte degli austriaci (6 agosto 1848) andrà esule in Piemonte ed a Lione. Rientrerà nel 1849, ma sarà arrestato il 16 novembre 1853 e tradotto in carcere a Milano e a Mantova. Liberato il 21 febbraio 1854, dopo il 1859 avrà varie cariche pubbliche in sede locale. Morirà a Bergamo nel 1880.
[363] Paride Ciolli è nato a Samoclevo (TN) nel 1815. Figlio di un notaio, nel 1837 studente della facoltà politico – legale a Pavia. Nel 1839 si sposta all'università di Padova. Si trasferisce, infine, ad Innsbruck che nel 1842 gli gli riconoscei tutti i corsi frequentati..Torna a Padova, dove nel 1845 si laurea. Partecipa nel 1848 agli scontri in Trentno pagando a sue spese l'equipaggiamento di 50 volontari solandri. Ha collaborato con il capitano Scotti e, dopo la ritirata, ha comandato la legione trentina. Dal 1869 è stato avvocato a Stenico, dove morirà nel 1906.

con richieste di aiuti logistici e di incremento della presenza militare. Soprattutto viene chiesto che il comando dei volontari sia avanzato in Trentino.

Il generale Allemandi fa visita a Tione. Reputa che è bene rallentare l'avanzata. Ordina ad Arcioni di fermarsi. Poi ritorna a Vestone per i rifornimenti: munizioni, cappotti, vettovaglie, ecc. resi ancora più urgenti perché è difficile reperirli in loco a causa della crisi economica determinata dalle rivoluzioni e dalla guerra.

Arriva a Stenico il battaglione di volontari della Val Sabbia, comandato da Sedaboni. Sono 500 uomini.
Il **15 aprile** arrivano a Vezzano (TN), circa 6 chilometri da Castel Toblino quattro compagnie austriache con un cannone, al comando del maggiore Burlo, che facilitano il tentativo di rompere l'assedio del reparto del capitano Batz. Date le posizioni forti presidiate dai volontari, il Burlo decide di ritirarsi a Vezzano. Longhena, a sua volta, si ritira a Stenico lasciando alcuni avamposti. E' violentemente criticato per quello che è considerato un suo grave, sospetto, disimpegno. E' accusato soprattutto dalla colonna Arcioni, che, intanto, occupa Calavino, a circa 8 chilometri a Sud di Vezzano.

Purtroppo un plotone di 21 uomini della colonna Arcioni, comandati dal tenente Gasparini, isolato fra Calavino e Vezzano (vicino al lago di Santa Massenzia) viene fatto prigioniero. Il colonnello Zobel fa fucilare i prigionieri. Una iniziativa ed una prassi aberranti, successivamente confermate dal generale von Welden [364], arrivato il successivo giorno 17 con i rinforzi. Il nuovo comandante della regione, infatti, definisce la fucilazione dei prigionieri un necessario ed efficace sistema terroristico. Fra i militari uccisi vi è anche un nipote di Manzoni, Luigi Blondel.

Alle 17.00 il capitano Scotti arriva in Val di Non, a Clès. Le figlie del barone Torresani, qui residenti, fuggono.

---

[364] Il generale Franz Ludwig von Welden, nato nel 1780, è stato uno specialista nell'impiego sia dell'artiglieria che del genio e uno studioso di topografia. Ha partecipato alle guerre antifrancesi ed antinapoleoniche, subendo anche un periodo di prigionia. E' entrato nello stato maggiore del principe feldmaresciallo Karl Philip von Schwarzenberg, successivamente ha partecipato alla campagna contro Murat nel 1815, divenendo colonnello e, poi, generale del genio. Ha partecipato anche alla campagna in Piemonte nel 1821 ed ha svolto incarichi sia nel campo topografico che presso la Confederazione germanica. Generale di divisione, comandante del Tirolo nel 1848, prima ha comandato le forze austriache nel Trentino. Poi, in settembre, sarà governatore della Dalmazia e, infine, di Vienna. Sostituirà Windisch – Graetz al comando delle forze in Ungheria, ma sarà sostituito dal più crudele Haynau. Forse von Welden, dopo svariate attività repressive, è divenuto per il governo imperiale troppo rispettoso delle popolazioni e dei militari nemici. Nuovamente governatore di Vienna, essendo notevolmente malato, andrà in pensione nel 1851 e morrà nel 1853.

La colonna Manara è a Vestone, in marcia per il Trentino. Entusiastiche le accoglienze delle varie popolazioni.

Il **16 aprile** il comportamento del Longhena [365], che non ha attaccato a Castel Toblino, ma si è ritirato a Stenico, è ancora vivamente criticato dai volontari. I reparti si ribellano ed il Longhena è in pericolo. E' accusato di tradimento. Si sposta a Tione ed il governo provvisorio, per salvarlo, lo richiama. Comandante unico è, ormai, Arcioni. Intanto la colonna Manara, arrivata a Tione, procede per Stenico. Si diffonde la notizia che il generale Allemandi intende ritirare i reparti dal Trentino, attestandoli sul Caffaro. Grandi critiche e profondo risentimento si diffondono nella truppa. Nei giorni successivi l'ordine diverrà ufficiale, ma i volontari continueranno a combattere. Manara deve fermarsi a Tione, ma è chiamato urgentemente da Arcioni, che gli chiede di andare a rafforzare lo schieramento di Stenico. Manara è in dubbio.

Il capitano Scotti arriva al passo della Rocchetta, a nord di Mezzolombardo (TN). Intende riunire tutto il reparto in tale posizione per bloccare i movimenti del nemico e coordinarsi con le due colonne di Longhena e Arcioni. E' presente Ghesa, in rappresentanza di Longhena. Intanto corre voce che a Mezzolombardo è arrivata una consistente avanguardia austriaca. Devono essere arrivati i temuti rinforzi imperiali. I rapporti di forza, già sfavorevoli per i volontari, rischiano di divenire insostenibili. Scotti ed i suoi ufficiali rientrano a Cles.

Arcioni invia in direzione di Riva del Garda l'unità di Sedaboni, al fine di controllare le eventuali provenienze austriache da Sud. L'unità, spostatasi a Fiavè (TN), deve attestarsi nella frazione di Ballino, sull'omonimo passo, sito a circa 13 chilometri a meridione di Stenico. Un passo che collega le valli Giudicarie con Riva del Garda, fra i monti Cagorna e Misone. E', inoltre, attraversato dai torrenti Ruza e Secco, immissari del lago di Tenno, che è a quattro chilometri da Ballino. Nel reparto vi è anche la figura carismatica di don Pietro Boifava, con i suoi volontari serlesi[366].

---

[365] Le accuse a Longhena, seppur giustificabili data la drammatica situazione, erano sicuramente infondate. I suoi precedenti dimostrano una partecipazione politica ed una convinzione ideologica particolarmente steniche. In altri termini, la sua partecipazione alla rivoluzione è stata piena e particolarmente incisiva. Il fatto di cui era accusato deve essere stato determinato da un crollo psicologico. La lunga tensione delle ultime settimane, azioni anche arrischiate come quella di Rezzato, l'attacco al Trentino senza ordini devono aver fatto collassare il Longhena, che dopo di allora si asterrà dal partecipare all'attività politico militare.

[366] Don Pietro Boifava è nato a Serle (BS) il 28 luglio 1794 in una famiglia contadina. E' divenuto sacerdote il 23 dicembre 1820. Nella parrocchia di Serle il clero era su posizioni nazionali: oltre a don Pietro anche il parroco, don Pietro Baronio e l'altro sacerdote, don Giovanni Marinoni. Don Boifava, allo scoppio della rivoluzione, ha inteso combattere, convincendo molti giovani serlesi a divenire volontari e guidandoli, insieme al dottore Pietro Marinoni, in due scontri con gli austriaci, che sono stati fatti prigionieri. Ora partecipa alla campagna in Trentino ma, successivamente, dovrà

Il **17 aprile** viene emanato dal governo provvisorio l'ordine ai volontari di ritirarsi fino al Caffaro. Ordine ignorato.

A Cles, una parte dei rappresentanti di alcuni paesi della zona chiedono di poter contattare i responsabili di altri ventisette comuni prima di costituire un governo provvisorio. Viene reso noto che reparti austriaci, finora fermi a protezione di eventuali inframettenze svizzere, sono in movimento verso Trento. Inoltre, da un controllo dell'armamento dei volontari, risulta che devono essere aperte e ricomposte quasi tutte le munizioni. Un lavoro di circa due giorni. La situazione è grave.

L'arrivo a Trento del generale von Welden con varie unità ha effettivamente cambiato profondamente i rapporti di forza. Il generale, che ha ricevuto il compito di tenere libera la valle dell'Adige, trova i reparti nemici a pochi chilometri da Trento. Sulle prime ordina di abbattere tutti i ponti sul fiume (per garantirsi la viabilità sulla riva sinistra) poi cambia parere e definisce il suo concetto d'azione. La massa austriaca viene divisa in quattro colonne: una verso Nord (Cles) e una seconda verso Molveno, a Nord ovest, condotte dal colonnello Andreas Melczer von Kellemes[367], una terza verso sud (Riva del Garda), al comando del colonnello Zobel e la quarta, la maggiore, alle dirette dipendenze del generale, diretta a Stenico, con il compito di distruggere il grosso dei volontari. L'azione è prevista per il giorno 19.

Arcioni invia in rinforzo a Sedaboni il reparto di bergamaschi comandato da Bonorandi che, arrivato a Ballino, non trova alcun volontario. Viene informato che il reparto, appena arrivato, ha continuato rapidamente la marcia verso Riva. Preoccupato, Bonorandi percorre rapidamente il tratto per Tione, temendo fosse occupato da reparti austriaci che avrebbero potuto prendere alle spalle Sedaboni. Infatti arriva a Tione quasi contemporaneamente ad un reparto imperiale. Vi è un rapido, duro scontro e gli austriaci si ritirano.

---

andare esule in Svizzera. Molto amico di Tito Speri (vedasi: "Brescia, 20 – 22 marzo 1849"), con lui organizzerà alcune unità volontarie che parteciperanno alle Dieci giornate di Brescia. Alla caduta della città dovrà nuovamente fuggire in Svizzera. Dal 1860 al 1862 sarà sindaco di Serle e, poi, per cinque anni, dal 1865 al 1870, consigliere comunale. Morirà nel 1879.
[367] Il barone Andreas Melczer von Kellemes, nato nel 1800 in una famiglia della nobiltà ungherese, è stato nominato tenente colonnello nel 1846. Impiegato in Trentino, sconfiggerà il capitano Scotti a Malè il 20 aprile, ma sarà sconfitto il 22 maggio a Lodrone dal generale Durando nel tentativo di sfondare la difesa del confine di Ponte Caffaro. Poi combatterà nell'area del Garda orientale e parteciperà all'assedio di Vicenza. Generale nel 1849 (9 aprile), sarà vice ministro della Guerra nel 1850. Feldmaresciallo nel 1853, comandante dell'8 armata in Italia nel 1858, farà parte dello stato maggiore del felmaresciallo von Benedek nella guerra del 1859. Comandante militare di Praga nel 1861, in pensione dal 1867, morirà nel 1873.

Il **18 aprile** iniziano i movimenti austriaci contro Cles. Scopo: chiudere i volontari del capitano Scotti in una morsa. Una massa minore parte da Bolzano sull'itinerario: Appiano, passo della Mendola, Fondo per arrivare a Cles da Nord. La seconda, più consistente, da Mezzolombardo muove sull'itinerario Rocchetta, Taio, Dermulo per arrivare a Cles da Sud. Due compagnie devono dirigersi verso Molveno, al fine di creare una robusta base di partenza sull'allineamento Molveno - Vestone per il successivo attacco a Stenico, che sarà effettuato dalla colonna austriaca centrale. Ogni cura è rivolta a garantire la massima riservatezza ai movimenti.

A Riva del Garda il colonnello Zobel assume il comando. Intanto Sedaboni è arrivato fra Riva ed Arco. Ha superato il monte Brione ed ha occupato una delle numerose frazioni di Arco, Linfano, a metà strada con Riva. Un piccolo gruppo di volontari ha occupato le case di San Tommaso per rallentare eventuali attacchi di sorpresa. Gli austriaci presidiano l'altra riva del fiume Sarca. Inizia lo scontro. I volontari non riescono a superare il fiume. Si cerca, da parte austriaca, di circondarli. Manovra che non riesce. Nuovo scontro nell'area di san Tommaso. Alla fine gli austriaci si ritirano.

Tutti i reparti austriaci convergono nell'area occupata dai volontari. Da Riva, da Arco, da Torbole. Ma verso sera i volontari rompono l'accerchiamento ed occupano Arco. Sette di loro sono fatti prigionieri e, secondo la nota prassi, sono fucilati.

A disposizione del comando dei volontari vi è un nuovo battaglione, bene armato e formato da militari italiani che hanno abbandonato un reggimento austriaco (l'Haugwitz). Sono dislocati in riserva, a Condino, comandati dal maggiore Luigi Beretta, ufficiale dell'armata sarda ceduto al governo provvisorio[368].

Il **19 aprile** Il generale Allemandi, accusato di non aver gestito adeguatamente il comando, si dimette, in attesa di essere sostituito. Verrà nominato il generale Giacomo Durando[369].

---

[368] Luigi Beretta, nato a Ronco Biellese (BI) nel 1810. Iniziata la carriera militare nell'esercito piemontese nel 1829, era capitano nel 1848. Ora, alle dipendenze del governo provvisorio con il grado di maggiore, comanda un battaglione. Sarà comandante di un reggimento composto da volontari bresciani dal 1° giugno 1848. Rientrerà nell'esercito piemontese dopo l'armistizio e comanderà un battaglione di lombardi in esilio. Con il grado di tenente colonnello comandante di un battaglione di bersaglieri parteciperà alla guerra di Crimea, meritando l'ordine militare di Savoia. Nella seconda guerra d'indipendenza svolgerà il suo ruolo ottimamente nella battaglia di Vinzaglio. In quella di San Martino sarà uno dei comandanti più validi nell'attacco finale alle posizioni austriache. Ucciso durante la battaglia, gli è stata concessa la medaglia d'oro alla memoria.
[369] Giacomo Durando (fratello di Giovanni, comandante dell'esercito pontificio) è nato a Mondovì nel 1807. Laureato in giurisprudenza. Ha partecipato in Piemonte ai moti del 1831. Esule, ha combattuto in Belgio, Portogallo, Spagna. Colonnello nel 1838. E' successivamente tornato in Piemonte, dove, nel 1847, ha fondato il giornale "l'Opinione". Dopo il comando dei volontari sarà al servizio diretto del re. Ministro della Guerra durante le operazioni in Crimea. Senatore nel 1855.

E' triste quanto occorso ad Allemandi, meticoloso nel ricevere e nell'attuare quegli ordini che il comando competente (piemontese) non aveva alcuna intenzione di dargli. A questo punto avrebbe dovuto avere un carattere ed una mentalità decisamente rivoluzionari, agendo senza ordini, facendo massa con tutte le sue truppe al fine di arrivare subito a Trento, dove avrebbe potuto rapportarsi da posizioni di forza con il capo di stato maggiore piemontese Canera di Salasco[370].

Manara approfitta dell'esautoramento di Allemandi e di una nuova richiesta di Arcioni e muove con un'avanguardia di 160 uomini per Stenico, dove arriva durante la notte.

Il capitano Scotti, alle ore 10.00, prende atto che la colonna proveniente da sud è vicina a Cles, mentre sta arrivando da Nord, lungo le rive del lago di santa Giustina, un'altra colonna. Le campane suonano a distesa. Si organizza la difesa appoggiata al cimitero, ma, preso atto dell'arrivo della seconda colonna, c'è il pericolo di essere circondati. Non è

Ambasciatore a Costantinopoli nel 1859. Ministro degli Esteri nel 1861. Presidente del senato dal 1884 al 1887. Morirà nel 1894.

[370] Quello che avrebbe fatto, ad esempio, un Garibaldi. Motivo per il quale il nizzardo è stato tenuto dal re e dallo stato maggiore piemontese ben lontano dalle responsabilità operative. Dopo un incontro con Garibaldi, infatti, il re lo ha fatto "archiviare". Allemandi intendeva ricevere chiare e precise direttive, nel quadro della politica del governo sardo e di quella del provvisorio. Perciò ha impiegato gran parte del suo tempo correndo fra Milano, il Garda e il comando piemontese. Da ciò la sua pena e l'inevitabile sconfitta. Infatti il re voleva ridurre al massimo la presenza e l'azione dei volontari ed il governo provvisorio andava al traino del re. Stupisce l'acquiescenza di un valido militare come il generale Lechi, comandante generale dei volontari e ministro della Guerra del governo provvisorio. Carlo Alberto, comunque, ha coperto di onori il Lechi. Alla fine Allemandi è stato accusato di non essere mai stato presente agli scontri armati dei suoi reparti. che, comunque, sono arrivati nelle vicinanze di Trento, pur senza coordinamento e sempre divisi in più gruppi distanti anche diecine di chilometri. Allemandi ha lasciato di sè un ricordo che provoca una grande tristezza. Morto nel 1858, negli ultimi nove anni della sua vita si è torturato sulle cause della sconfitta, evidenziando le responsabilità logistiche del governo provvisorio e quelle operative del comando piemontese. (vds, ad esempio:"I volontari in Lombardia e nel Tirolo nell'aprile del 1848"). Inutile dire che su di lui si è riversato l'odio, in definitiva giustificato, dei volontari. Una persona di carattere corretto e gentile come Emilio Dandolo, aiutante maggiore di Luciano Manara, lo ha descritto come segue.

"Il tre aprile noi occupavamo Salò. Lo stesso giorno giungea uno sconosciuto che annunciavasi nominato dal Governo Provvisorio di Milano a comandante supremo di tutti i corpi volontarii della Lombardia. Era desso il generale A... (Allemandi,) oriundo genovese e ufficiale svizzero, uomo d'ottime intenzioni, ma sfortunatamente affatto ignaro dello spirito delle truppe che aveva a comandare, e del genere di guerra che era chiamato a combattere. Egli fece assai più male che bene nel breve tempo in cui si tenne investito di quel difficile comando. Senza vigoria, senza previdenza, tenendosi sempre, come una divinità, nascosto agli occhi dei volontari che pure hanno bisogno più di altri di vedere ed acquistare confidenza con chi li conduce, e senza mai dare prova di quel coraggio e di quel sangue freddo che pur tanto valgono sugli animi di una soldatesca nei momenti del pericolo, egli era l'uomo meno adatto per quella carica, e non giovò che a far maggiori la confusione e il disordine". Da: E. Dandolo: "I bersaglieri di Luciano Manara", cit. pag. 33.

possibile ritirarsi a Malè per la strada normale che passa dal ponte di Mostizzola. Qui vi era un avamposto dei legionari, che ha dovuto ritirarsi a Malè. Comunque Scotti si era premunito: gli è stata data una guida di fiducia. Così si butta sulle propagini del monte Pèller (monte Vergondola, lago Verdé) e le vallette sul fiume Noce. A sera, con tutti i suoi uomini, arriva a Malè, dove trova anche due gruppi di nuovi volontari, uno della Valtellina e l'altro della val Camonica. L'armamento è del tutto inadeguato [371]. Gli uomini di Scotti sono in tutto circa 500. Gli austriaci sono 800, ben armati, con due pezzi di artiglieria ed una squadra di cavalleria.

A Sud, nell'area di Riva di Trento, i volontari che stavano per essere bloccati in Arco, all'alba si ritirano verso Tenno, incontrando il reparto[372] di Nicola Bonorandi,[373] che aspettava dalla sera precedente rinforzi, secondo la pianificazione di Arcioni. Ma questi fa sapere che l'azione a Sud va sospesa, dato che si prevede un forte attacco austriaco nel punto più importante dello schieramento, a Stenico, dove i rinforzi sono richiamati.

Welden inizia il suo movimento e giunge a Vezzano. Ha undici compagnie e mezzo squadrone. Due compagnie occupano Ranzo e San Lorenzo di Banale, dove devono convergere le due compagnie inviate da Melczer.

Il 20 aprile 1848 All'alba gli imperiali entrano in Cles, arrestando segretario e podestà, abbattendo l'albero della libertà, ecc. Alle 06,30 riprendono l'avanzata verso Malè.
Alle 11.00 gli austriaci con i due pezzi di artiglieria iniziano il bombardamento di Malè. I volontari occupano la contrada di Pondasio, all'imbocco della Val di Rabbi, sul ponte alla confluenza del torrente Rabbies con il fiume Noce. Inoltre presidiano la contrada di San Biagio, sulla opposta riva del fiume. Cade una continua, rabbiosa pioggia. Le armi dei volontari spesso non fanno fuoco. Gli austriaci occupano San Biagio e tendono ad avvolgere le posizioni dei volontari. Scotti ordina la ritirata lungo la strada del fondovalle. Gli austriaci fucilano sul posto tre prigionieri. La ritirata è su Dinale, dove viene perso il contatto con il nemico. Date la situazione e le condizioni dei volontari, Scotti decide la ritirata. Una parte, per il passo di Campiglio, muove verso Stenico per congiungersi con il

---

[371] Vecchi fucili dell'epoca napoleonica ed armi da caccia.

[372] Circa la colonna Bonorandi: **"Li accompagna un frate minore di Serin'alta, il quale col crocifisso in mano e con lo spadone nell'altra bandiva la crociata invitando i forti ad arruolarsi, invocando l'aiuto del cielo. (….) alimentati solo dalla speranza di giovare alla santa causa, uomini di ogni aspetto altri torreggianti, altri ragazzi, altri tarchiati, ma tutti animati da coraggio (….) dall'aspetto austero dimostravano di essere mossi da alta ed importantissima causa"**. Da: "'Quando il popolo si desta: 1848, l'anno dei miracoli in Lombardia" a cura di Nicola Del Corno e Vittorio Scotti Douglas, Franco Angeli, Milano, 2002, pag. 191

[373] Nicola Bonorandi è stato nominato comandante da Giovanni Battista Camozzi. Bonorandi, **"pensionato di origine svizzera, aveva prestato servizio nell'esercito francese con il grado di capitano, ed era considerato perciò un espertoin cose militari dagli organizzatori della spedizione.** "Quando il popolo si desta", cit. pag. 191

grosso dei volontari, altri, con Scotti, vanno a presidiare passo del Tonale, al confine lombardo, altri ancora entrano in clandestinità, cercando di tornare alle loro case. Il Trentino è stato abbandonato, ma il confine lombardo è presidiato.A Malè grande repressione: fioccano gli arresti.

Sul fronte di Stenico gli austriaci avanzano dalle basi di partenza all'altezza del lago di Toblino e di Sarche[374], fino a Villa di Banale[375] e Sclemo[376]. In altri termini tagliano, in salita, la grande ansa del fiume Sarca, che scorre prima verso Nord Est e poi verso Sud est. Arcioni ha schierato a destra il reparto di Manara, al centro i volontari cremonesi comandati da Gaetano Tibaldi[377], una compagnia di carabinieri svizzeri a Sclemo e la sua unità a sinistra. Piove violentemente.

Il generale Welden trova una soluzione che, naturalmente, per lui è ottima, ma che è contraria alle leggi di guerra ed all'onore militare. Traveste un suo reparto con uniformi analoghe a quelle dei veterani e li manda allo scoperto verso le posizioni avversarie. Con l'afflusso ed i movimenti continui dei volontari sia Manara che Tibaldi pensano che si tratti di amici. Avvicinandosi i "mascherati", i due comandanti si avvedono dell'inganno e ordinano il fuoco. La resistenza è dura, reattiva su tutta la destra dei volontari.

La situazione è diversa a Sclemo, dove i carabinieri svizzeri abbandonano la posizione. La destra austriaca avanza e si allarga verso Nord. A Sclemo non vi è reazione ed entrano nell'abitato. Lo schieramento dei volontari è, così, spezzato e l'unità di Arcioni rischia di essere circondata. Inizia una ritirata confusa verso Stenico. I volontari reputano un tradimento il comportamento dei carabinieri, che non si sono più visti, e sono in crisi totale.

---

[374] Sarche, appartenente al comune di Madruzzo, a 249 metri di altitudine

[375] Villa Banale, frazione del comune di Stenico, da cui dista 2,43 chilometri. E' a 549 metri di altitudine.

[376] Sclemo, frazione del comune di Stenico, da cui dista 2,40 chilometri. E'a 753 metri di altitudine.

[377] Gaetano Tibaldi, nato a Cremona nel 1805, avvocato, fin da giovane iscritto alla Giovine Italia e considerato un fiduciario di Mazzini. Ha partecipato all'invasione della Savoia del 1834. Sottoposto a stringenti controlli di polizia, è stato esule a Lugano ed a Londra. In Portogallo ha combattuto nella Legione straniera e, poi, in Spagna, ha meritato la medaglia d'oro al valor militare ed è stato ferito. Sposato con Carlotta Ferragni, appartenente ad una famiglia di patrioti (i fratelli Francesco, Enrico, che ha combattuto con Tibaldi, e Gaetano, membro del governo provvisorio), è andato una seconda volta in Spagna, dove è stato nuovamente ferito. Tornato per amnistia a Cremona, è stato ostacolato nella sua professione. Nel 1848 è entrato nel governo provvisorio cremonese e, poi, ha comandato il reparto dei volontari della sua città in Trentino. Successivamente organizzerà un nuovo reparto di 300 uomini, che porterà sulla linea del Caffaro. Dopo l'armistizio andrà in Piemonte, partecipando alla battaglia di Novara con il grado di maggiore. Infine combatterà per la Repubblica romana e, poi, per quella di Venezia. Nel 1849 rientrerà nell'esercito piemontese, poi sarà in Francia, condannato alla deportazione, essendo coinvolto nell'attentato di Felice Orsini. Riuscirà ad essere solo espulso ed entrerà in una sorta di clandestinità. Dopo la seconda guerra d'indipendenza tornerà a Cremona, dedicandosi alla politica cittadina (consigliere comunale) ed alla professione di avvocato, rifiutando la candidatura alla camera dei deputati. Morirà nel 1888.

Più in generale si ritengono oggetto di un tradimento generale. Successivamente, nel massimo ordine, combattendo, si ritirano a Stenico anche Manara e Tibaldi.

Sono rimasti sul campo 17 cremonesi feriti in una struttura usata come infermeria. Arriva un reparto austriaco e li uccide tutti a baionettate.

Il **21 aprile**, all'alba, Arcioni con i resti della sua colonna si sposta a Tione di Trento. A Stenico i volontari sono 200. Gli austriaci si sono fermati a Sclemo e sono un migliaio. Manara e Tibaldi decidono di ritirarsi anch'essi a Tione, dove, prima Arcioni, poi gli altri due comandanti prendono atto degli ultimi ordini ricevuti, peraltro poco chiari. Bisogna mantenere le posizioni facendo ritirare al confine lombardo le altre forze. Il colonnello Thamberg provvederà al supporto con la sua colonna, rafforzata dal battaglione di Beretta e da un altro battaglione che dovrebbe arrivare da Milano. Tale notizia fa esplodere la rabbia degli uomini di Arcioni, che reputa opportuno farli retrocedere al confine.

Sul tardi arriva Manara con il suo reparto, insieme ai cremonesi. Analizzata la situazione, incontra il governo provvisorio, che si trova d'accordo nel considerare impossibile una resistenza. Viene proposto ed accettato che con il reparto di Manara si vadano in Lombardia tutti coloro che potrebbero essere oggetto della repressione austriaca.

Intanto era stato avvertito il Bonorandi, rimasto a Tenno, per bloccare le provenienze da Riva. E' partito e si sta avvicinando al passo Durone, non lontano da Stenico e dagli imperiali, che, comunque, non lo disturbano.

L'organizzazione della partenza di Manara è lunga, anche per la presenza dei civili da aggregare al reparto. Da Stenico nessuna notizia. Gli austriaci stanno ancora riorganizzandosi.

E' notte. Manara parte. Dopo poco tempo arriva Bonorandi, che continua il suo movimento verso il confine lombardo, assumendo la funzione di retroguardia dei volontari.

Il **22 aprile** il comando austriaco dispone tre attacchi. Uno al passo del Tonale, un secondo alle spalle dei volontari nell'area del lago di Ledro ed un terzo nell'area del lago d'Idro, a Storo.

 Al passo gli imperiali sono respinti. A Sud del lago di Ledro, alla foce del torrente Ponale, un plotone rinforzato sbarca sulla riva del Garda da due imbarcazioni. Nella zona vi sono alcune unità di volontari fra cui i napoletani del maggiore Paolo Giardino che caricano il nemico alla baionetta. Gli austriaci ripiegano verso le imbarcazioni. Quattro muoiono annegati.

Il ponte di Storo è al confine fra la Lombardia e il Trentino. Attraversa il fiume Chiese, a poche centinaia di metri a Nord dell'immissione del Caffaro. Un reparto della colonna Thannberg viene attaccato dagli austriaci. Lo scontro non determina effetti particolari, tranne perdite e feriti in entrambe le parti coinvolte.

Il **23 aprile** prosegue la riorganizzazione dei volontari, che gradualmente si attestano sul nuovo fronte.

Il **24 aprile** il battaglione del maggiore Beretta si schiera sul Caffaro. A Tiarno Superiore la retroguardia della compagnia napoletana del maggiore Giardino viene attaccata da due battaglioni austriaci, che fanno sette prigionieri, subito fucilati[378]. Giardino si schiera a Storo.

Lo schieramento viene esteso, con l'occupazione della Val Vestino. Il parroco di Turano, paese della Valle, don Andrea Springhetti, di idee nazionali, riunisce i rappresentanti di tutti i paesi della Valle, che aderiscono al governo provvisorio.

Il **27 aprile** si conclude lo schieramento dei volontari sulle nuove posizioni. La linea del Caffaro ad Ovest del lago d'Idro e la val Vestino ad Est. In pratica è stato sgomberato il Trentino e presidiato tutto il confine della Lombardia.

L'entrata dei volontari in Trentino aveva determinato grandi proteste in Germania, essendo stato superato il confine della Confederazione. Grande soddisfazione, quindi, dopo lo sgombero. Il marchese Anselmo Guerrieri di Gonzaga,[379] responsabile degli Esteri del governo provvisorio, intende chiarire bene il problema, scrivendo agli Stati interessati. Nel congresso di Vienna non solo era stata tolta la libertà alle Repubbliche di Venezia e di Ragusa, ma era stata anche annullata la secolare autonomia del Principato di Trento. Cosa, naturalmente, ingiusta in base al principio di nazionalità che, peraltro, non era riconosciuto

---

[378] Uno dei prigionieri è Aristide Degli Antichi, un volontario monzese, che inoltra al generale Welden una richiesta di grazia ben concepita. Il capitano Lainej, appena prende atto della possibilità della grazia, per potersi garantire la soppressione del volontario, lo fa subito, illegittimamente, ammazzare.

[379] Il marchese Anselmo Guerrieri Gonzaga è nato a Mantova nel 1819. Ha frequentato corsi letterari e filosofici. Laureato in giurisprudenza a Padova nel 1840. Consulente legale del Regno lombardo veneto. Amico di Cattaneo, vicino alle posizioni di Mazzini. Ha partecipato alle Cinque giornate. Ministro a Parigi del governo provvisoro. Esule, dopo la sconfitta, in Toscana, a Genova ed a Ginevra, dove ha collaborato con Mazzini. Vicino a Cavour dal 1865. Deputato del Regno sardo nel 1860 e del Regno d'Italia per cinque legislature, fino al 1876. Ha svolto varie funzioni al Ministero degli Esteri, diventandone il segretario generale. Ha abbandonata la politica con l'avvento della sinistra e si è dedicato all'attività letteraria. E' morto a Palidano, frazione di Gonzaga (MN) nel 1879.

dal Congresso. Ultimamente il Parlamento germanico ha fatto riferimento al predetto principio, giustamente rivendicando i diritti della nazione tedesca. Ma tali diritti non possono entrare in contraddizione, imponendo al Trentino uno status diverso dalla sua nazionalità. La nazionalità germanica, infatti, non può inglobare altre nazionalità. E' l'inizio della battaglia politica per la liberazione di Trento.

La campagna in Trentino è stata ampiamente criticata: molta confusione, scarso coordinamento, nessun risultato. Ma tale critica appare esagerata. Infatti la politica dei trentini nei successivi, lunghi, settanta anni si è collegata a quanto rivendicato in quell'azione, sintetizzabile nel principio di nazionalità, sostenuto sia in sede locale, nei confronti del Tirolo, sia in riferimento all'organizzazione dell'Impero. Inoltre, se il 3 aprile 1848 la liberazione del territorio fra Brescia e Trento era limitata all'area di Salò, alla fine delle operazioni era ben definita una linea di demarcazione molto più avanzata, lungo il confine della Confederazione germanica: il crinale alpino, il Caffaro, ecc.. Linea che, fino alla fine della guerra, è stata mantenuta, anche dopo gli attacchi austriaci di maggio. Infine bisogna evidenziare le gravi inadeguatezze del governo provvisorio, che ha avuto quasi disinteresse per il problema militare, affidato completamente al re. Ma questi non intendeva utilizzare organizzazioni che non fossero regolari e da lui strettamente dipendenti. Senza, peraltro, riconoscere che l'azione dei volontari, sia in Trentino che ai confini della Lombardia, ha dato ampia sicurezza alla sinistra ed al tergo delle posizioni piemontesi.

Ma l'aspetto più importante dell'esperienza dei reparti volontari è dato dalla loro consapevolezza ideologica, realmente all'avanguardia sui tempi[380]. Innanzitutto bisogna sottolineare il fatto che, pur essendo riconosciuti dal governo provvisorio, alleato al governo sardo, e pur avendo una divisa ed essendo inquadrati ufficialmente, gli austriaci li hanno considerati franchi tiratori, pertanto da fucilare se feriti o prigionieri. Ma, nonostante ciò, i volontari sono accorsi ed hanno combattuto. Inoltre, in definitiva, hanno gestito loro, collettivamente, la campagna, con un'intensa partecipazione, una chiara ideologia e una consapevole concezione politica, giungendo ad ergersi come una sorta di tribunale politico, evidenziando in maniera inesorabile i tentennamenti di Allemandi, il crollo di Longhena, l'inqualificabile e colpevole ostilità del re, il disinteresse quasi doloso del governo provvisorio.

Una inadeguatezza della classe dirigente che si è manifestata chiaramente in tutta la sua gravità proprio per lo stato eccezionale di guerra, che ha evidenziato l'evidente incapacità – o scarsissima volontà - di organizzare lo sforzo bellico e di gestire adeguatamente le operazioni. Nel caso in esame, infatti, la classe dirigente, che si è imposta alla fine delle cinque giornate e che fin dalla prima di esse ha sabotato la rivoluzione nazionale, è stata peggio che inadeguata, tanto da far scrivere alla principessa di Belgioioso pagine di

---

[380] Vedasi anche il paragrafo: "Roma, 16 maggio 1849.

tagliente critica, sia sulla condotta generale del governo[381], sia sulla gestione del problema militare[382]. In particolare la Belgioioso ha precisato, sulla scarsa azione del comandante delle truppe del governo provvisorio: **"Quanto al generale in capo Teodoro Lechi, egli non ebbe mai una vera parte in questa amministrazione"[383]**

Quindi il vecchio e glorioso generale è stato utilizzato come una sorta di alibi: il suo curriculum è servito a difendere chi gestiva una politica militare fraudolenta. Un fatto, però, è sicuro: nei confronti di Lechi Carlo Alberto avrà grande riconoscenza.

Napoli, 3 aprile 1848, cambio di Governo.

Il re delle Due Sicilie scioglie il Governo moderato del duca di Serracapriola, dimissionario. Già in precedenza vi era stato un rimpasto, con la costituzione del secondo

---

[381] **"Da quanto detto sulla formazione del Governo provvisorio si può facilmente comprendere perché questo governo si sia tanto operato per reprimere lo slancio del popolo e uscire dalla crisi rivoluzionaria. La storia di questo bastardo governo, mezzo repubblicano e mezzo monarchico, racchiude soltanto un seguito di mutue concessioni scambiate fra i suoi membri, che non erano uniti nel sentire, né sostenuti da un solo principio. Per rendersi la vita più tranquilla il Governo provvisorio fece ricorso al sistema dell'imparzialità. (...) Questa neutralità non era altro che il caos."** Da. C. di Belgioioso: "La rivoluzione lombarda del 1848", cit., pag. 25.

[382] **"Dopo le Cinque giornate si erano formate varie colonne che erano partite per il Tirolo italiano, nella direzione dei laghi Idro e di Garda. I giovani delle più distinte famiglie, armati di sacro ardore per la causa, si arruolavano in quei corpi, senza distinzione di classi, senza ambizione di gradi. Quelle colonne di volontari, formatesi all'improvviso, non dovevano essere che l'avanguardia dei corpi più numerosi che il ministero della guerra avrebbe sollecitamente organizzato. Ma quale non fu il dolore di tutti nel sentire i capi del ministero parlare col più grande disprezzo di quella nobile gioventù che era animata da così vivo entusiasmo e tante prove di coraggio aveva dato di fronte al nemico! Non solo non si teneva conto di quelle prove di valore, ma ad ogni costo si impediva che nuovi corpi si formassero e si dichiarava apertamente che non si voleva più ricorrere a simili mezzi. Il Governo provvisorio, non contento di insultare col disprezzo i corpi volontari, assunse presto un contegno di aperta ostilità nei loro riguardi, e si valse di ogni mezzo. (...) Col pretesto che quei volontari erano figli delle più nobili e ricche famiglie, non solo non venivano pagati, ma si lasciava mancar loro ogni cosa. (...) Quei giovani soffrivano, ma non si lamentavano, lieti di servire la patria in mezzo a tanti disagi. (...) Per tutta la guerra si continuò a servirsi dei reparti volontari, ma venne impedita la formazione di nuovi, ciò che dimostra l'avversione che contro di essi aveva l'armata regolare. Giovani usciti dai collegi militari, vecchi ufficiali che avevano servito nelle legioni straniere in Francia, in Spagna, in Svizzera ed anche sotto il Regno italico, invano si presentavano al ministero della guerra chiedendo di potersi arruolare come soldati semplici nei corpi volontari: per risposta ricevevano uno sprezzante rifiuto. Né soltanto il Governo provvisorio di Milano si opponeva alla formazione di corpi volontari: anche lo stato maggiore dell'armata piemontese lo impediva con tutte le sue forze."** ivi, pagg. 35, 36 e 37.

[383] ivi, pag. 34

governo Serracapriola e la nomina a ministro di Grazia e Giustizia di Aurelio Saliceti[384]. Questi, però, una settimana dopo la sua nomina a ministro, si era dimesso, non potendo attuare l'unico programma di riforme che riteneva valido e necessario.

Saliceti gode di grande prestigio, tanto che il re gli aveva proposto la nomina a Presidente del consiglio, da lui rifiutata, certo dei condizionamenti che, sicuramente, avrebbe dovuto subire. E' stato, comunque, convinto ad accettare la nomina a ministro ma non ha inteso derogare dall'accennato programma ritenuto non solo essenziale e necessario, bensì anche urgente. Un programma, peraltro, semplice e concretamente innovatore: istituzione di un'assemblea costituente eletta a suffragio universale, riorganizzazione dell'esercito e della marina, riforma dell'amministrazione dello Stato, partecipazione con grande impegno operativo e logistico alla guerra in Alta Italia. Programma, questo, che esprimeva esigenze reali ma non era accettato dal re, che disprezzava alcune persone ma doveva utilizzarle e stimava Saliceti ma non riteneva possibile servirsene, considerandolo il Robespierre di Napoli.

Tuttavia bisogna nominare un governo democratico, che dovrebbe attuare la costituzione. Un governo, però, che il re desidera molto moderato. Così viene nominato presidente del consiglio uno storico, generalmente stimato, Carlo Troya, che è un neoguelfo, dato che auspica un'unione confederale italiana sotto la presidenza del papa.

Fra le prime decisioni del nuovo governo la più importante è quella dell'invio di un esercito di 15.000 uomini a sostegno della rivoluzione nella guerra in Alta Italia, al cui comando avrebbe dovuto essere designato il generale Carlo Filangieri, poi sostituito dal generale Guglielmo Pepe,[385] preferito dal governo, dati i suoi trascorsi liberali e nazionali. E' stato

---

[384] Aurelio Saliceti, nato a Teramo (per l'esattezza, a Ripattoni) nel 1804, mazziniano fin da giovane, professore di diritto dal 1835 e presidente di tribunale, è stato intendente a Salerno. Dopo la breve esperienza al governo di Napoli andrà a Roma, eletto prima al Comitato esecutivo della Repubblica, poi, dopo la caduta di Mazzini, al triunvirato. Andrà esule a Londra, lavorerà per il comitato Nazionale italiano di Mazzini, andando a Parigi nel 1851. Si distaccherà dal mazzinianesimo, avvicinandosi ai murattiani. E' stato anche precettore dei figli di Luciano Murat. Nel 1859 rientrerà in Italia. Nel 1860 sarà presidente della corte di cassazione e professore universitario. Morirà nel 1862.

[385] Il generale Guglielmo Pepe è nato a Squillace (CZ) nel 1783. Storico, scrittore, patriota, da giovanissimo ufficiale, a 16 anni, ha combattuto per la Repubblica napoletana del 1799 ed è stato ferito in uno scontro con le bande del cardinale Ruffo. Dopo la caduta della Repubblica, esule in Francia, ha combattuto per Napoleone nella legione italiana. Arrestato in Calabria, dove si era recato per provocare un'insurrezione. Liberato, ha prestato servizio fino al grado di maresciallo di campo per Giuseppe Bonaparte e, poi, per Gioacchino Murat. I Borboni lo hanno confermato nell'Esercito, con il grado di generale di divisione. Capo militare dei rivoluzionari, nel 1821, è stato sconfitto dagli austriaci nelle prime due battaglie del Risorgimento: a Rieti, il 7 marzo 1821, e ad Antrodoco, il 9 marzo successivo. E' stato in esilio in Inghilterra ed in Francia. Rientrato a Napoli, nel 1848 è stato nominato comandante dell'esercito napoletano contro gli austriaci. Non ha eseguito l'ordine reale di

disposto anche l'invio della flotta nelle acque di Venezia, agli ordini dell'ammiraglio Raffaele de Cosa.[386]

Si tratta di un governo di alto livello culturale. Sono stati nominati agli Esteri il marchese Luigi Dragonetti, a Grazia e Giustizia Giovanni Vignali[387], alle finanze il conte Pietro Ferretti [388], ai Lavori pubblici il colonnello Vincenzo degli Uberti,[389] alla Guerra ed alla

---

tornare a Napoli ed è andato aVenezia, dove è stato comandante dell'esercito repubblicano. Nuovamente esule dopo la caduta della Repubblica, è andato a Parigi, fino al colpo di Stato di Napoleone III. Successivamente si è stabilito a Torino. Ha scritto "l'Italia militare" e "Casi d'Italia negli anni 1847, 1848 e 1849". Morirà a Torino nel 1855.

[386] L'ammiraglio de Cosa è nato a Napoli nel 1778. Ha partecipato alle guerre contro la Francia rivoluzionaria (blocco del porto di Tolone). Medaglia d'oro all'assedio di Genova. Successivamente non ha seguito i Borboni in Sicilia, combattendo con il re Giuseppe Bonaparte (Canale di Procida). Fatto prigioniero nel 1810, è stato liberato nel 1814. Ha combattuto da capitano di fregata con Murat nella campagna d'Italia. Nel 1828 ha bombardato Tripoli e, successivamente, ha svolto vari compiti anche di carattere diplomatico. Contrammiraglio nel 1844. Nel 1848, a seguito dell'ordine di abbandonare la zona di guerra e di andare a Messina, chiederà di essere sostituito e si dimetterà. Morirà nel 1856.

[387] Giovanni Vignali nasce a Morcone (BN) nel 1804. Laureato in giurisprudenza, avvocato, poi magistrato. Fra il 1838 ed il 1848 è stato impiegato nelle sedi di Palermo, Caltanisetta e Messina. Il 10 marzo 1848 è nominato consigliere della corte suprema di Napoli. Poi, ministro di Grazia e Giustizia, si è dimesso il 16 maggio. Nonostante il suo liberalismo fosse legato ad una magiore efficienza organizzativa e ad un sempre maggiore approfondimento del diritto, nel 1850 sarà messo a riposo. Riprenderà l'avvocatura, ma il 13 luglio 1860 sarà rinominato consigliere del consiglio di Stato, di cui diverrà presidente per anzianità nel maggio 1861. Dopo l'Unità sarà membro del consiglio provinciale di Casoria e farà parte di due commissioni che si succederanno per l'aggiornamento dei codici. Intanto pubblicherà la traduzione del "Corpus delle leggi romane", opera notevole, che è stata variamente commentata per i troppi neologismi che, per alcuni, avrebbero potuto indurre a falsare la corretta terminologia giuridica. Continuerà l'avvocatura, pur avendo subito una condanna in relazione ad un patrocinio. Pubblicherà anche un commento al diritto commerciale. Dal 1872 terrà un corso triennale di diritto romano e, nel 1876, pubblicherà un massimario del diritto stesso. Morirà nel 1880.

[388] Il conte Pietro Ferretti è nato ad Ancona nel 1790. Durante il periodo napoleonico ha ricoperto vari incarichi nel campo dell'assistenza sociale, fra cui la direzione di un lazzaretto. Successivamente ha svolto varie funzioni per il nuovo regime papale. Fra le altre, per pochi mesi, anche quella di direttore di polizia in Romagna. Specializzatosi in economia, per la quale ha effettuato vari viaggi in Europa, ha cercato di contribuire ad un miglioramento del sistema statale. E' stato rivoluzionario nel 1831, energico preside di Ancona ed, infine, triumviro. Dopo la capitolazione, esule dallo Stato pontificio, si è recato a Marsiglia, conoscendo Mazzini e aderendo alla Giovine Italia. Ha lavorato in Egitto e, poi, nel campo finanziario, a Napoli, dove era nunzio del Vaticano il fratello Gabriele. Con l'elezione di Pio IX, suo lontano parente, e con la nomina del fratello a segretario di Stato è rientrato a Roma. Su posizioni liberali ha svolto varie funzioni importanti, anzi è divenuto un riferimento dei liberali a livello europeo ed è stato molto amico di Massimo d'Azeglio. Il 21 gennaio 1848 il fratello ha perso l'incarico ed il potere. Di conseguenza il conte si è spostato a Napoli, richiesto come esperto in banche e finanza. Poi è divenuto ilm riferimento di tutti i liberali nelle rivolte del 1848. Eletto alla Camera napoletana. Ministro delle Finanze nel governo Troya, si dimetterà il 10 maggio 1848. Sarà eletto al parlamento nuovamente, ma poi dovrà allontanarsi da Napoli, stabilendosi in Toscana, dove morrà nel 1858.

Marina militare il brigadiere Raffaele del Giudice,[390] all'Interno il nobile avv. Giovanni Avossa, poi sostituito, perché ammalato, da Raffaele Conforti [391], all'Agricoltura e al Commercio il prof. Antonio Scialoja [392]; all'Istruzione pubblica il prof. Paolo Emilio Imbriani,[393] agli Affari ecclesiastici l'avv. Francesco Paolo Ruggiero.

La situazione politica italiana e quella europea sono particolarmente complesse. In tale quadro la posizione del re delle Due Sicilie attualmente è molto difficile. In merito è interessante l'analisi di Petruccelli:

"Re Ferdinando, non osando respingere le proposizioni del popolo, temendo accettare le conseguenze della rivolta, spaventato dal progresso delle idee e dello scopo a cui esse tendevano, restato solo nella campagna della reazione, si aveva veduto cader d'intorno ad uno ad uno tutti i bastioni e le speranze di difesa. Luigi Filippo, Metternich,

---

[389] Vincenzo degli Uberti è nato a Taurasi (AV) nel 1791. Ufficiale del genio, ministro della guerra e della marina dal 6 marzo al 30 aprile. Poi ai Lavori pubblici fino al 15 maggio. Autore di saggi militarri, di esercitazioni geometriche, lavori sulporto di Brindisi ed uno studio idraulico sul liume Sarno. E' morto nel 1877.

[390] Ha sostituito Vincenzo degli Uberti passato ai Lavori pubblici

[391] Raffaele Conforti, è nato a Calvanico (SA) nel 1804. Liberale. E' stato procuratore generale della gran corte criminale di Napoli e ministro degli Interni nel governo costituzionale. Sarà condannato a morte dopo il 15 maggio 1848. Esule in Piemonte, deputato, ministro con Garibaldi, organizzatore del plebiscito napoletano, ministro di Grazia e Giustizia dal 1862 al 1878, vicepresidente del Senato del regno d'Italia. Critico della pena capitale. Morirà a Caserta nel 1880.

[392] Antonio Scialoja è nato a San Giovanni a Teduccio (NA) nel 1817. Laureato a Napoli in giurisprudenza nel 1841, poi a Parigi ed a Londra per lavoro, infine ordinario di economia politica a Torino nel 1846, liberista, è rientrato a Napoli all'inizio del 1848. Ministro dell'Agricoltura e del Commercio nel governo costituzionale, dopo il 15 maggio, nel 1849, sarà arrestato e, nel 1852, condannato a nove anni di reclusione. A seguito dell'intervento di Napoleone III la condanna sarà commutata nell'espulsione dallo Stato. Andrà a Torino e sarà su posizioni cavourriane soprattutto in ordine alla politica finanziaria. A Napoli, con Garibaldi, sarà ministro delle Finanze e, poi, consigliere delle finanze con Farini. Deputato dal 1860. Nominato senatore nel 1865. Successivamente sarà segretario generale del ministero dell'Agricoltura, consigliere della corte dei conti, due volte ministro delle Finanze, due volte ministro della pubblica Istruzione. Nel 1857, pur essendo un convinto liberista, analizzando le organizzazioni economiche delle Due Sicilie e del Piemonte, rileverà che il maggior sviluppo di quest'ultimo era stato determinato dagli investimenti statali. Nel 1866 imporrà il corso forzoso. Nel 1874 si dimetterà non essendo stata approvata la legge sull'istruzione elementare obbligatoria. Nel 1876 sarà consigliere finanziario del chedivè d'Egitto. Incarico che avrà termine per l'opposizione franco inglese. Morirà nel 1877 a Procida (NA).

[393] Paolo Emilio Imbriani è nato a Napoli nel 1808. Carbonaro, è stato esiliato con il padre Matteo dopo i moti del 1820 – 21. Rimpatriato per amnistia nel 1831, si è laureato in giurisprudenza. Successivamente è stato ordinario di Filosofia del Diritto e di Diritto costituzionale. Deputato e ministro dell'Istruzione nel governo costituzionale. Condannato a morte dopo il 15 maggio 1848, riuscirà a fuggire prima a Parigi, poi a Nizza, infine a Torino. Deputato nel 1860. A Napoli ministro della Pubblica Istruzione della luogotenenza. Deputato dal 1861 al 1863. In tale anno è stato nominato Senatore. Professore a Pisa e, poi, a Napoli di filosofia del diritto e di diritto costituzionale. Sindaco di Napoli e presidente del consiglio provinciale. Morirà a Napoli nel 1877.

Radetzky fuggivano: Carlo Alberto addiventava rivoluzionario e minacciava conglobare al suo principato l'Italia, vecchio istinto della casa di Savoia: il Papa lasciava fare, non comprendendo più nulla: il suo governo immorale riconosciuto e repulso: la Sicilia perduta: l'Inghilterra inchinevole alla causa della libertà: la Russia sbalordita e paurosa con il fuoco che attaccavasi ancora alla casa sua: l'Alemagna correndo ardita all'unificazione e quindi alla repubblica: il Sonderbund disperso. Egli solo restava in piedi in mezzo a tante rovine. La sua bandiera, benché lacerata, rappresentava ancora la resistenza monarchica. Cercò difenderla, sostenersi; ma non con le armi del soldato e con la risoluzione e la franchezza della forza, sì bene con le scaltrezze della diplomazia austriaca e con le tradizioni dei gesuiti. Rifiutò quindi il ministro Saliceti ed il suo programma netto e ardito; accettò il ministero Troya ed il suo sistema di transazione". [394]

Cremona, 4 aprile 1848

Consiglio di guerra di Carlo Alberto e dei suoi generali. De Sonnaz propone un avvolgimento del nemico da Sud al fine di unirsi ai pontifici bloccando possibili rinforzi a Radetsky, ma il re non è d'accordo. A Carlo Alberto, in realtà, il Veneto non interessa. Allora l'esercito, che è fermo da due giorni, che deve fare? Affluire sulla linea del Mincio e schierarsi lungo il fiume. Anche Bava non è d'accordo, ma si adegua alla volontà del re. Oramai è tardi per intercettare gli austriaci.

Ancona, 5 aprile 1848

Il generale Giovanni Durando parte per il teatro di operazioni veneto con una divisione di circa 7.000 uomini dell'esercito pontificio.

Marcarìa (MN), 5 – 6 aprile 1848, notte

L'esercito piemontese ha ripreso il movimento ed ha superato il basso Oglio. Ma un'inaspettata azione austriaca a Marcarìa (MN), di notte, lo blocca. E', forse, un'avanguardia? Poi si prende atto che trattasi di una normale ricognizione. Si è perso altro tempo.

Asiago (VI), 5 aprile 1848

---

[394] Ferdinando Petruccelli della Gattina: "La rivoluzione di Napoli nel 1848", Edizioni Osanna, Venosa, 1990, para 22, pagg. 99 e 100.

Sono messi a disposizione della Repubblica i reparti volontari organizzati nella zona dell'altopiano. Si tratta di circa 7.000 uomini. Purtroppo, in merito, la Repubblica dimostra un grande disinteresse.

Agordo (BL), 6 aprile 1848

Continuano a pervenire le adesioni alla Repubblica dei comuni della fascia montana. Tutti intendono contribuire non solo all'organizzazione amministrativa bensì anche a quella militare della Repubblica. Purtroppo la risposta sarà inadeguata. Agordo, ad esempio, ha organizzato una guardia civica ed una guardia mobile.

Linea dell'Oglio, 7 aprile 1848

L'esercito piemontese supera l'Oglio. Sospende il movimento verso Mantova e avanza verso il Mincio, sulle colline a Sud del Garda. Obiettivi: Solferino e Castiglione dello Stiviere.

Napoli, 7 aprile 1848.

Il governo delle Due Sicilie dichiara guerra all'Austria. Il re pubblica un proclama che è uno squillo di guerra, garantendo che avrebbe fatto di tutto per la causa nazionale: "**Il vostro re divide con voi quel vivo interesse che la causa italiana desta in tutti gli animi; ed è perciò deliberato contribuire alla sua salvezza e vittoria con tutte le forze materiali che la nostra particolare posizione in una parte del regno rende disponibili. Benchè non ancora fermata con certi ed invariabili patti, noi consideriamo come esistente di fatto la Lega italiana, dacchè l'universale consenso de' principi e de' popoli della penisola ce la fa riguardare come già conclusa, essendo prossimo a riunirsi in Roma il congresso che noi fummo i primi a proporre (....) Già per noi si è fatta una spedizione per via di mare, e una divisione è messa in movimento lungo la marina dell'Adriatico per operare di concerto con l'esercito dell'Italia centrale. Le sorti della comune patria vanno a decidersi nei piani di Lombardia, ed ogni principe e popolo della penisola è in debito di accorrere a prender parte alla lotta che ne dee assicurare l'indipendenza, la libertà, la gloria. (....) I nostri fratelli ci attendono sul campo dell'onore. (....) Popoli delle Due Sicilie, stringetevi al vostro principe. Restiamo uniti**"[395]

---

[395] P. Giudici: "Storia d'Italia", cit. vol. IV, pag. 570.

La finalità è proprio questa: tener buona la gente. A tal fine il re mente garantendo una politica nazionale che, nella realtà, non ha intenzione di attuare[396] e che mai attuerà. Ma la gente cade nel tranello ed il re è osannato. Finanche il generale Pepe crede nel re e gli sottopone un piano: accelerare l'organizzazione, arrivare rapidamente in Veneto ed attaccare con forza gli austriaci, togliendo l'iniziativa ai piemontesi. Il re dovrebbe essere alla testa dell'esercito. Ma Ferdinando II asserisce di fidarsi di Pepe: per ora vada lui nel teatro delle operazioni, fermandosi, però, a Sud del Po. Sarà, di conseguenza, ben giustificata la futura, violenta reazione del generale che proseguirà per Venezia disubbidendo al re quando questi mancherà alla sua parola richiamando l'esercito, contro ogni precedente promessa o garanzia.

I siciliani non vogliono essere da meno e inviano nel teatro di guerra una compagnia di cento uomini, comandata da Giuseppe La Masa. E lo fanno realmente, non solo a parole.

Sorio e Montebello Vicentino (VI), 7- 8 aprile 1848

2.200 volontari veneti comandati da Marcantonio Sanfermo[397] vanno in ricognizione fra i monti Lessini e Berici, presidiando la zona fra l'area rocciosa di Sorio[398] ed il torrente Chiampo. Contro di loro un reparto austriaco di complessivi tremila uomini,[399] fra cui due squadroni di cavalleria ed una batteria di sei pezzi.[400] . Si tratta di un reparto in ricognizione allo scopo di tenere libere le strade di accesso a Verona. E' comandato dal generale Friedrich von Liechtenstein.[401]

Alle 07.00 del **giorno 8** inizia l'attacco austriaco. Violenta la reazione dei volontari. Ma due compagnie austriache attuano un avvolgimento, muovendo verso Montebello Vicentino ed, alla fine, superano le difese sul torrente Chiampo. Lo scontro dura a lungo, sotto un

---

[396]   Mentre Ferdinando II garantiva i suoi sudditi che avrebbe attuato una politica nazionale, manteneva i rapporti normali con l'Austria non richiamando l'ambasciatore.

[397]   Il generale Marcantonio Sanfermo è nato nel 1783. Ufficiale del genio della repubblica veneta e, poi, del regno d'Italia. E' passato, infine, nell'esercito del Lombardo Veneto. Esperto in idraulica, ha effettuato lavori sul Brenta, attuato varie bonifiche, operato sulla ferrovia Milano - Venezia, ecc.. Comandante dei corpi franchi veneti, a seguito della battaglia di Sorio è stato criticato ed, in certo senso, messo da parte. Si è difeso con una relazione. Comunque ha continuato ad operare per la Repubblica, morendo il 9 febbraio 1849.

[398]   Sorio è frazione del comune di Gambellara (VI).

[399]   Purtroppo l'unico austriaco era il generale. I reparti impiegati dagli imperiali erano tutti composti da italiani. Lo era anche l'ufficiale che ha diretto l'avvolgimento, il maggiore Martini.

[400]   Circa la differenza dell'armamento basti dire che solo un quarto dei volontari aveva un fucile.

[401]   Friedrich Adalbert, principe von und zu Liechtenstein, è nato a Vienna nel 1807. Maggior generale all'inizio del 1848. Ha combattuto a Santa Lucia, Montanara e Volta, ottenendo l'ordine di Maria Teresa. Nel 1849 ha combattuto in Ungheria. Poi in Italia. Successivamente è stato governatore inTransivania, a Banat ed a Sirmia. Malato, non ha preso parte alla guerra del 1866. Poi, per tre anni, ha avuto il comando generale in Ungheria, lasciando l'esercito nel 1869. E' morto nel 1885.

insistente fuoco dell'artiglieria nemica. Nel tardo pomeriggio ai veneti non resta che tentare uno sganciamento, che viene adeguatamente effettuato.

Milano, 8 aprile 1848

Viene formato un governo provvisorio interamente favorevole a Carlo Alberto.

Il giorno **7 aprile** Mazzini arriva al confine. I doganieri gli fanno festa. Citano alcuni suoi scritti, che qualcuno conosce a memoria. L'**8 aprile** Mazzini arriva a Milano. E' all'albergo Bella Venezia, a Piazza San Fedele. Una grande marea di popolo si reca a salutarlo.

La situazione a Milano è politicamente molto complessa. Vi sono enormi contrasti ed una suddivisione estrema di gruppi e partitini. Mazzini prende atto che bisogna conseguire la maggiore concordia possibile e sostenerla adeguatamente. La situazione è delicatissima ed il governo provvisorio è andato così avanti nell'annessione al Piemonte che sarebbe deleterio schierarsi contro. I monarchici ed i federalisti sono preoccupati. Nonostante le critiche di Cattaneo, Mazzini non avverserà l'annessione e sosterrà una politica moderata.

Così Mazzini viene indirettamente contattato dal conte di Castagnetto, segretario di Carlo Alberto.[402] Gli viene chiesto di sostenere il re, che ha intenzione di integrare lo Statuto con avanzati articoli democratici. Mazzini si dichiara sostanzialmente favorevole, purchè il re sottoscriva e pubblichi la seguente dichiarazione:

"Io sento maturi i tempi per l'Unità della Patria; intendo, o Italiani, il fremito che affatica le anime vostre. Su, sorgete, io precedo. Ecco: io vi do pegno della mia fede, spettacolo ignoto al mondo d'un re-sacerdote dell'epoca nuova, apostolo armato dell'Idea – Popolo, edificatore del tempio della Nazione. Io lacero nel nome di Dio e dell'Italia i vecchi patti che vi tengono smembrati e grondano del vostro sangue: io vi

---

[402] Cesare Giambattista Trabucco conte di Castagnetto è nato nel 1802 a Torino, dove, nel 1819, si è laureato in utriusque iure. E' entrato in magistratura, divenendo nel 1828 sostituto procuratore generale della camera dei conti. Ha fatto anche parte della real casa, avendo vari incarichi. Dal 1835 è stato nominato segretario privato di Carlo Alberto, che lo ha considerato così efficace e valido, da riconfermarlo per 14 anni, fino all'abdicazione del 1849. Nel 1848 ha sostenutio la necessità di una rapida fusione della Lombardia con il Piemonte. E' stato, però, accusato, soprattutto dai giornali "L'Opinione" e la "Concordia" di essere uno dei responsabili della gestione reazionaria ed inadeguata delle cose militari e politiche, anzi di essere il maggior responsabile della negativa politica del re. Alla fine è stato costretto a sospendere la sua attività. Si è ritirato dal servizio attivo alla morte di Carlo Alberto. Senatore dall'aprile 1848, è stato su posizioni reazionarie e clericali, sostenendo, nel 1870, la politica del papa. Dinanzi al crollo delle sue convinzioni, dopo la liberazione di Roma si asterrà dall'andare in Senato, limitandosi ad inviare lettere ai colleghi. E' morto nel 1888 a Moncalieri (TO).

chiamo a rovesciare le barriere che anche oggi vi tengon divisi e ad accentrarvi in legione di fratelli liberi, emancipati intorno a me vostro duce, pronto a cadere e a vincere con voi".

La proposta di Mazzini è molto abile. Se il re firmerà, significa che davvero è maturata in lui la concezione della Nazione e dello Stato nuovo. Altrimenti è inutile perseguire una politica ispirata alla concordia: il re sarà sconfitto perché tenderà ad una mera ed inadeguata politica di ingrandimento del suo Stato. In tal caso sarà necessario impostare un confronto ideologico, che valga a costruire una politica di lungo – ed adeguato – respiro.

Avere Mazzini a Milano è occasione per i lombardi di andare da lui, discutere, organizzarsi. Il fenomeno nuovo è quello della grande ed appassionata partecipazione delle donne, che Mazzini ha sempre esortato a "far politica" in maniera consapevole, partecipe e culturalmente informata. E' una splendida rivoluzione, concretata in una vasta partecipazione organizzativa, in un notevole impegno politico ed in un consistente contributo culturale. In definitiva si è trattato di un grande arricchimento della rivoluzione nazionale e sociale.[403] Si può affermare che le più incisive, fedeli, energiche componenti del movimento mazziniano saranno costituite da donne.

Nei prossimi giorni Mazzini pubblicherà l'"Italia del Popolo". Due i punti importanti. Primo: bisogna accettare tutte le posizioni che siano funzionali all'unità nazionale. Dal confronto delle posizioni stesse potrà derivare una politica comune adeguatamente accettata e per quanto possibile valida. Secondo: è, comunque, necessario ridurre i contrasti, i personalismi, ecc. tenendo conto che uno solo è lo scopo veramente essenziale: la sconfitta dell'Impero.

Linea del Mincio, 8 aprile 1848

---

[403] A Milano alcune premesse di quello che si può definire rinnovamento femminile mazziniano erano state poste nel salotto della contessa Chiara Maffei, che, fra l'altro, nella seconda metà degli anni '40, era su posizioni repubblicane. Tra le donne che hanno partecipato alla rivoluzione culturale mazziniana ricordiamo la scrittrice e poetessa Giulia Giuseppina – detta Giulietta - Pezzi, nata a Milano nel 1810, che ha pubblicato le prime poesie nel 1841, alcuni bozzetti nel 1842 ed un romanzo nel 1843. Dopo aver conosciuto nel 1848 Mazzini in varie pubblicazioni ha manifestato la sua visione patriottica, collaborando a diversi giornali mazziniani. Ha, inoltre, dato un grosso contributo per incrementare la pericolosa diffusione delle cartelle del prestito patriottico. Negli ultimi tempi si è dedicata alla stesura del romanzo "Il nido delle rondini", pubblicato postumo, nel quale ha ricostruito la vita degli esuli in Svizzera, da lei ben conosciuta per gli incontri avuti con Mazzini a Lugano, nella casa di Sara Nathan, altra convinta mazziniana. Giulietta morirà a Milano nel 1878.

Le prime unità piemontesi arrivano al Mincio. Per l'attraversamento vi sono tre ponti, a Goito, a Valeggio e a Monzambano. Sono tutti protetti da una testa di ponte [404] sulla riva destra e da un battaglione sulla riva sinistra.[405]

Goito, 9 aprile 1848

L'avanguardia della prima divisione piemontese [406] alle 08.00 arriva a Goito. Una compagnia di kaiserjagher[407], sulla riva destra del Mincio, apre il fuoco, appoggiata da un battaglione schierato sulla riva sinistra, mentre il genio inizia ad abbattere il ponte.

L'attacco è violento. Il colonnello Alessandro La Marmora è in prima linea[408] e viene gravemente ferito al volto. La compagnia austriaca, sostenuta dai tiri delle unità alla sinistra del fiume[409], combatte per un'ora, poi si ritira. Due archi del ponte sono stati abbattuti.

---

[404] Della consistenza di una compagnia.

[405] Ecco come il generale Bava, comandante del corpo d'armata, ha ricordato quelle ore, trattando un aspetto che spiega bene i caratteri dell'organizzazione dello stato maggiore generale piemontese: **"Noi continuammo la nostra marcia, e giunti a Ca Bozzelli, essendo vicina la notte, credetti dover soffermarmi e serenare per non esporre la colonna a trovarsi fra le tenebre in presenza di un nemico padrone di posizioni a noi sconosciute: poiché lo Stato Maggiore Generale non aveva potuto provvederci di carte geografiche e topografiche del teatro della guerra, ed a noi era stato impossibile il procurarcene, attesa la precipitosa partenza pel Ticino"** Eusebio Bava: "Relazione delle operazioni militari dirette dal generale Bava comandante del primo corpo d'armata in Lombardia nel 1848", senza editore e data, ma del 5 dicembre 1848, pag. 12.

[406] Un plotone di Aosta cavalleria, una compagnia bersaglieri (150 uomini) ed il battaglione real navi (300 uomini).

[407] Cacciatori imperiali, truppe a reclutamento alpino formate da tiratori scelti.

[408] Il generale marchese Alessandro Ferrero della Marmora, nato a Torino nel 1799, è stato uno studioso di armi e di impiego. Da capitano, nel 1836, ha proposto ed ottenuto la fondazione dei bersaglieri, che, per la prima volta, nel 1848, sono impiegati in guerra. Pertanto, nella battaglia di ponte di Goito desidera dimostrarne la funzionalità, dato che rappresentano una novità addestrativa ed operativa rivoluzionaria per l'epoca: una grande partecipazione individuale, un impiego con formazioni aperte sul terreno, una grande precisione nell'uso delle armi da fuoco, una notevole preparazione atletica, ecc.. Ma, proprio per tali motivi, lo stato maggiore generale, al fine di ridurre gli effetti della nuova specialità nei confronti della fanteria divisionale (si potrebbe dire della fanteria "tradizionale") aveva previsto che l'organico dei bersaglieri fosse limitato a una sola compagnia per ciascuna divisione. Una impostazione, quindi, che La Marmora aveva considerato un sabotaggio della sua innovazione. Perciò il battesimo del fuoco dei bersaglieri, per lui, deve risultare particolarmente valido. Di conseguenza intende dare l'esempio, trascinando all'attacco i suoi, ma subisce una grave ferita di arma da fuoco al volto. Comunque l'azione della nuova truppa è eccellente, così come è valido l'esempio dato da La Marmora. Il generale Bava, nella sua relazione, ha scritto, in merito: **"E fu in questa carica de' bersaglieri che il colonnello La Marmora venne gravemente ferito, privando così l'esercito durante buona parte della campagna de' suoi distinti servigi e del suo infaticabile zelo"**. (Da: E. Bava: "Relazione delle operazioni militari", cit.., pag. 14). Nel 1854 interverrà a Genova in occasione di un'epidemia di colera. Nel 1855 parteciperà alla guerra di Crimea, comandando la seconda divisione, ma si ammalerà di colera e morrà lo stesso anno.

[409] Compreso il fuoco di una batteria di quattro pezzi.

Intanto affluiscono altri reparti piemontesi[410] ed i volontari mantovani del capitano Saverio Griffini[411]. Il fuoco dura tre ore. Approfittando di una prima crisi del nemico, i bersaglieri, di corsa, utilizzando un parapetto del ponte[412] raggiungono la riva sinistra. Sono seguiti dal battaglione di fanteria di marina, mentre gli zappatori riparano le arcate. Alle 16.00 transitano sul ponte tre battaglioni. La riva sinistra è conquistata e gli austriaci si ritirano verso Villafranca.

Nelle stesse ore un'analoga operazione viene effettuata nell'area di Valeggio sul Mincio, fra Borghetto e Monzambano. In tale località vi è un ponte di legno e due compagne austriache sono sulla riva destra. Affluiscono reparti della seconda divisione piemontese. Gli austriaci si ritirano tenendo sotto il tiro l'area del ponte, peraltro parzialmente abbattuto. Continuo è il tiro dei fucili e dei cannoni, fino al pomeriggio. Gli zappatori riescono a riparare il ponte. Passa la compagnia bersaglieri divisionale, seguita da tre battaglioni, che si attestano sulla riva destra.

A Borghetto, dopo la conquista di Monzambano, alcune unità [413] muovono sul ponte per Valeggio, incendiato dagli austriaci. Fucileria continua e fuoco di artiglieria fino alle 15.00. A sera i reparti si attestano a Borghetto.

Milano, 9 aprile 1848

Monsignor Luigi Biraghi, a nome dell'arcivescovo Romilli, chiede al presidente Gabrio Casati che, contrariamente ai metodi e dalle disposizioni austriache, il governo provvisorio dia maggiore libertà alla Chiesa nell'amministrazione delle proprie attività, in contrasto con le riforme dell'imperatore Giuseppe II.

Parma, 9 aprile 1848

---

[410] Delle brigate Aosta e Regina, più una batteria.

[411] Il generale Saverio Griffini è nato a Pizzolano (ora comune di Somaglia, LO) nel 1802. Figlio di agricoltori, studente di filosofia a Pavia, è stato imputato di cospirazione. Fuggito in Piemonte, ha partecipato alla rivolta del 1821. Ha dovuto, quindi, ancora fuggire ed ha combattuto in Spagna ed in Francia. Ferito e fatto prigioniero, è stato consegnato alle autorità austriache. Dopo una breve carcerazione è stato condannato a domicilio coatto. Nel 1848, con la legione volontari lombardi da lui costituita a Casalpusterlengo, ha partecipato alle 4 giornate di Milano e, poi, si è schierato sull'Oglio. Incorporato con i suoi nei bersaglieri con il grado di capitano ha meritato la medaglia d'oro per la battaglia del ponte di Goito. Valorosa la sua partecipazione alle battaglie di Santa Lucia e di Sommacampagna. Parteciperà ai tentativi di difendere Milano dopo Custoza. Poi si ritirerà in Piemonte tramite la Svizzera. Generale di brigata, sarà prima in aspettativa poi segretario della commissione per la medaglia commemorativa delle guerre d'indipendenza. Morirà a Bosnasco (PV) nel 1884.

[412] Con tiri precisi l'artiglieria piemontese aveva neutralizzato l'azione finale dei genieri austriaci.

[413] Due battaglioni ed una batteria.

Carlo II ha preso atto della gravità della situazione ed è molto scettico sul fatto che le numerose e complesse novità degli ultimi tre o quattro mesi possano essere risolte in maniera diciamo "tradizionale", l'unica, peraltro, che lui potrebbe gradire. Accetta, di conseguenza, che il consiglio di reggenza diventi governo provvisorio e abbandona i suoi Stati, prendendo come residenza il castello di Weisstropp in Sassonia.

Pest (Budapest), 11 aprile 1848

Il governo ungherese inizia la sua attività organizzando le forze armate e ristrutturando la pubblica amministrazione. Viene costituita anche una milizia locale. Ministro della Guerra sarà il generale Làzàr Mèszàros.[414]

Trieste, 11 aprile 1848

Bisogna andare dall'imperatore per ringraziarlo di aver concesso la Costituzione. C'è la rappresentanza triestina, ma quasi tutte le città dell'Istria si rifiutano di inviare loro delegati a Vienna.

Fiume, 11 aprile 1848

Fiume è città libera inserita nel Regno d'Ungheria. In relazione sia agli avvenimenti italiani che a quelli ungheresi, nei giorni scorsi la popolazione ha chiesto una reale e completa uguaglianza di tutti i cittadini innanzi alla legge, facendo cessare i privilegi del clero e della nobiltà.

Oggi il Consiglio dei dieci, che dirige la città, ha approvato, in merito, una legge, che prevede anche la libertà di stampa e di parola.

Valeggio sul Mincio, 11 aprile 1848

Il giorno **10 aprile** è trascorso fra sporadici tiri di artiglieria. Oggi l'esplorazione rende noto che gli austriaci si sono ritirati verso Verona. Perciò viene occupata la riva sinistra ed, in particolare, l'abitato di Valeggio.

---

[414] Il generale Làzàr Mészàros è nato a Baja nel 1796. Ha iniziato studi in legge, ma poi è entrato nell'esercito, partecipando alle ultime guerre antinapoleoniche. Molto colto, conosceva sette lingue, era un teorico militare ed ha fatto parte dell'accademia delle scienze ungherese. Colonnello nel 1845. Ministro della guerra nel governo Batthyany. Ha condotto personalmente l'armata meridionale e, poi, quella settentrionale. Il 26 luglio 1849 si è dimesso per protesta, in contrasto con il generale Mór Perczel de Bonyhád. Il 14 agosto successivo, alla fine della guerra nazionale, è andato in Turchia, poi in Francia. Dopo il colpo di Stato di Napoleone III è andato nell'isola di Jersy, poi negli Stati Uniti, infine in Inghilterra, dove è morto ad Eywood, nel 1858.

Dopo l'attacco iniziale del giorno **9 aprile** sembra che l'attività del comando piemontese si blocchi[415]. Nei prossimi giorni saranno effettuate due ricognizioni, nelle aree delle fortificazioni di Peschiera e di Mantova, che costituiranno, in definitiva, solo qualcosa in più di mere esercitazioni. Per il resto, tutto subisce una sorta di sospensione, con effetti gravi sia sul ritmo delle operazioni che sul morale delle truppe. Incominciano a diffondersi fra i soldati ma, soprattutto fra gli ufficiali alcuni dubbi: perché? In definitiva, perché di fatto sono facilitati gli austriaci? E' inesperienza, incapacità o altro, eventualmente accordi segreti?

Intanto gli austriaci completano l'organizzazione delle fortificazioni di Verona e di Mantova e si preparano, sul fronte dell'Isonzo, a riprendere l'offensiva dal Friuli.

Goito, 12 aprile 1848

La legione volontari lombardi del capitano Saverio Griffini è schierata nella campagna di Goito, in attesa del re, che arriva, scortato da uno squadrone di carabinieri. Onori di rito. Al termine viene chiamato il comandante, cui Carlo Alberto appunta la medaglia d'oro per il comportamento durante la battaglia al Ponte di Goito, in cui, fra l'altro, la legione ha fatto prigionieri in un sol colpo cinquantatré cacciatori tirolesi.

Peschiera, 13 aprile 1848, ricognizione

E' stato approntato un corpo formato dalla brigata Pinerolo e da tre batterie di vario calibro. L'azione è prevista contro le fortificazioni di Peschiera, per saggiarne la reattività. Il bombardamento dura due ore e gli austriaci rispondono vigorosamente. La guarnigione è formata da 1.800 croati comandati dal generale Roth. Lo scontro termina con la decisione di iniziare l'assedio metodico della piazzaforte, inizialmente sulla destra del Mincio, a premessa del successivo blocco.

In effetti in tale prima fase l'artiglieria impiegata è prevalentemente da campagna, quindi sostanzialmente inadeguata contro le fortificazioni. Non solo: l'assedio limitato alla riva destra consente continui rifornimenti al nemico dalla riva opposta. Il comandante delle

---

[415] Lapidario, in merito, il commento di Piero Pieri: " **L'esercito piemontese assumeva dunque un atteggiamento difensivo per coprire la Lombardia, come se questa non fosse stata meglio protetta da operazioni che infliggessero alle forze austriache un colpo mortale e per prima cosa tagliassero loro ogni via di comunicazione e impedissero l'affluire di rinforzi. Si sarebbe detto che il Comando supremo dell'esercito piemontese avesse già perso di vista il vero scopo della guerra**". P. Pieri: "Storia Militare" cit., pag. 207. In realtà lo scopo non era sconfiggere gli austriaci, ma convincerli ad un accordo sulla concessione della Lombardia a casa Savoia, al fine di creare una situazione che avrebbe protetto il Veneto ed il centro Europa dalla rivoluzione.

operazioni è il duca di Genova, che organizza lo schieramento con grande cura ed indiscutibile rapidità. Fra alcuni giorni due battelli a vapore armati di cannoni iniziaranno a sparare sulle fortificazioni dal lago.

Costanza (Baden) 14 aprile 1848

Il Granducato del Baden fin dal 1819 ha una Costituzione piuttosto avanzata, che il Granduca Leopoldo I attua e rispetta. Ma notevoli sono le componenti politiche di sinistra e diffuse le istanze repubblicane. A Costanza l'editore Joseph Fickler è un protagonista dell'azione propagandistica democratica, fra l'altro attraverso il giornale da lui edito, il "Seeblatter" e la costituzione di un club, che ha anche finalità di addestramento / organizzazione militare. Inoltre il **5 marzo 1848** un comitato di cittadini è stato costituito per rappresentare le esigenze della città. Infine Franz Sigel, ufficiale non più in servizio, ha iniziato ad organizzare un reparto di 400 uomini.

L'11 aprile sono arrivati a Costanza Gustav Struve[416] e Theodor Mogling, collegati a Friedrich Hecker[417]. Finalità: marciare su quattro colonne su Karlsruhe, cercando di attrarre ulteriori aderenti durante la marcia, coordinandosi con il poeta Georg Herweg, che, su posizioni comuniste, viene dalla Francia con un'altra colonna di armati.

Il **13 aprile** capo della rivolta viene riconosciuto Hecker, che dichiara ufficialmente quale sia lo scopo della spedizione: invadere la capitale, destituire il granduca e instaurare la Repubblica. Per vari motivi, in particolare il timore delle possibili conseguenze, unito alla sfiducia che sia possibile organizzare qualcosa di effettivamente operativo, le adesioni non sono state particolarmente numerose e le perplessità notevoli. Alla fine Hecker parte con circa 50 uomini sull'itinerario Allensbach, Radolfzell, Stockach ed Engen.

---

[416] Gustav von Struve, poi, "democraticamente", dal 1847, solo Gustav Struve, è stato avvocato e pubblicista. In politica è stato liberale, poi socialista, più volte denunciato per i suoi articoli sul Giornale di Mannheimer. Dopo la rivolta, esule in Svizzera, ha continuato l'attività giornalistica e ha tentato un'ulteriore rivolta a Lorrach, dove è stato arrestato. Nel 1849 ha impostato un'alleanza con il liberale Brentano. Accordo, questo, che, per le differenze politiche sostanziali fra i contraenti, è rapidamente entrato in crisi. Condannato a morte, è fuggito in Svizzera. Emigrato negli Stati Uniti nel 1851, ha svolto attività giornalistica ed ha pubblicato opere storiche. Poi ha partecipato alla guerra civile. Ben visto da Lincoln, al rientro in Europa è stato nominato console americano a Sonneberg, ma non è stato accettato per il suo radicalismo. Fra i fondatori del movimento vegetariano, è morto a Vienna nel 1870.
[417] Friedrich Karl Franz Hecker, socialdemocratico alleato dei comunisti, ha fatto parte della seconda camera del Baden. Sostenitore dell'annullamento delle grandi differenze finanziarie e sociali, ha partecipato al parlamento di Francoforte, ma non è riuscito a rendere la politica dell'assemblea più incisiva e socialmente utile. Dopo la rivolta in Baden emigrerà in Svizzera e, poi, negli Stati Uniti, dove parteciperà alla guerra civile nell'esercito unionista. Morirà in America nel 1881.

Il **14 aprile** grande assemblea: aumentano le adesioni e due gruppi di complessivi 370 volontari partono in grande velocità per raggiungere Hecker, che, intanto, ha avuto un incremento notevole di personale proveniente da quindici città e paesi.

Intanto muovono le truppe governative al comando di un generale olandese, temporaneamente fuori servizio nei Paesi Bassi, il generale Friedrich von Gagern[418] ufficiale di grande levatura professionale e culturale, chiamato personalmente dal granduca Leopoldo I col grado di tenente generale. In teoria è alle dipendenze dell'Assemblea federale di Germania, in pratica è al comando delle truppe mobili della divisione badense.

Von Gagern intende risolvere il problema senza che scorra il sangue.

Venezia, 15 aprile 1848

Le richieste di aiuto di Manin al Piemonte sortiscono un apparente effetto. Arriva, inviato da Carlo Alberto, il generale Alberto La Marmora,[419] che dovrà curare la difesa del Veneto. Non poteva essere fatta scelta peggiore. Il generale, un burocrate conservatore, disprezza i volontari e non sa - o non vuole - organizzarli.

Montevideo, 15 aprile 1848

In data odierna parte il brigantino Speranza, noleggiato dalla comunità italiana di Montevideo. Ha imbarcato 63 uomini, che hanno tutti uno scopo: marciare **"al conseguimento della brama, del desiderio di tutta la vita; quell'armi gloriosamente**

---

[418] Il barone Friedrich Von Gagern, figlio maggiore di Hans Christoph Ernst von Gagern, ministro di Nassau e dei Paesi Bassi. Ufficiale nel 1813, ha partecipato alla guerra antifrancese. Assegnato allo stato maggiore, poi colonnello, infine generale, comandante provinciale dell'Olanda settentrionale, ha effettuato viaggi nelle colonie per controllarne l'organizzazione militare. Infine nel 1848, temporaneamente fuori dall'esercito olandese, ha operato nell'esercito del Baden. Morirà il 20 aprile 1848.

[419] Il conte Alberto Ferrero La Marmora, signore di Boriana, Beatino e Palormo, è nato aTorino nel 1789. Divenuto ufficiale in Francia, ha partecipato alle guerre napoleoniche e, dopo la restaurazione, è entrato nell'esercito piemontese. Nel 1819 ha iniziato la sua complessa attività di archeologo, geologo, naturalista e cartografo, che lo porterà ad una chiara fama ed alla partecipazione a varie accademie scientifiche. Sospeso per tre anni per sospetta partecipazione ai moti del 20 -21, è stato riammesso nell'esercito nel 1824. Generale nel 1835. Nel 1848 è stato un inadeguato comandante delle forze venete. Nominato senatore nel 1848, dal 1849 al 1851 è stato regio commissario e comandante generale della Sardegna, dove ha represso duramente una rivolta di pastori, per cui è stato violentemente attaccato dal deputato Giorgio Asproni. Successivamente è andato in pensione, continuando l'attività politica in Senato e quella culturale nei vari campi nei quali ha dato un notevole contributo scientifico. Solo sulla Sardegna le sue pubblicazioni sono circa cinquanta. E' morto a Torino nel 1863.

brandite alla difesa d'oppressi d'altre contrade noi volavamo ad offrirle alla veneranda patria nostra!", come ha scritto Garibaldi[420].

I partenti, come si è accennato, intendono partecipare alla guerra di redenzione della Patria. Le notizie sono scarse e contraddittorie. In ogni caso due sono le possibilità: partecipare alla guerra o tentare di provocarla. Fanno tutti parte dalla legione italiana che combatte a favore della libertà della Repubblica uruguaiana. Due i malati: Anzani, in condizioni gravi per ferite riportate in anni di battaglie: contro i consigli di tutti ha voluto, comunque, partire e il capitano Gaetano Sacchi[421], che ha una grave ferita al ginocchio. Si teme una cancrena, ma ha voluto comunque partire.

Trieste, 16 aprile 1848

Gli austriaci si stanno riorganizzando. In particolare gli uomini ed i reparti che hanno dovuto abbandonare il Veneto ed il Friuli sono riuniti e inquadrati a Trieste dal generale conte Laval Nugent von Westmeath[422]. Questi è stato nominato governatore del Veneto da aprile in sostituzione del conte Ferdinànd Zichy de Zics et Vàzsonyko. Riorganizzati i reparti, ricomposta la disciplina, esaltata la dignità e la volontà di combattere degli ufficiali, i primi reparti muovono verso l'Isonzo che, fra l'altro, costituisce il confine fra la Confederazione germanica ed il Lombardo Veneto.

Venezia, 16 aprile 1848

---

[420] Giuseppe Garibaldi: "Memorie autobiografiche", Giunti Marzocco, Firenze, 1982, pag.186.
[421] Gaetano Sacchi, nato a Pavia nel 1824, ha lavorato nella marina mercantile. Nel 1843 si è recato in Sud America. E' entrato nella legione italiana comandata da Francesco Anzani ed ha collaborato con Garibaldi. Ha partecipato alla lunga difesa di Montevideo ed alla difficile vittoria di San Antonio del Salto. Nel 1848 è venuto in Italia. Nel 1849, a Roma, avrà il comando della legione italiana. Combatterà a Palestrina, a Velletri e, poi, al Gianicolo. Successiamente parteciperà all'organizzazione mazziniana. Nel 1859 sarà maggiore nei Cacciatori delle Alpi e combatterà a Varese ed a San Fermo. Colonnello nell'esercito piemontese, si dimetterà per comandare la quarta spedizione di supporto ai Mille. Sbarcherà a Villa San Giovanni (RC) e risalirà la penisola fino a partecipare alla battaglia del Volturno ed all'assedio di Capua. Poi dirigerà la smobilitazione dell'esercito garibaldino. Maggior generale dell'esercito italiano, parteciperà alla terza guerra d'indipendenza e sarà nominato comandante della divisione di Catanzaro, contro il brigantaggio. Tenente generale nel 1870, sarà senatore nel 1876. Morirà nel 1886.
[422] Il conte Laval Nugent von Westmeath, nato in Irlanda, a Ballynacor, nel 1777, è stato adottato da uno zio austriaco ed è entrato nell'esercito imperiale nel 1793. La sua carriera è stata rapida: vent'anni dopo ha sconfitto sia il viceré Eugenio di Beauharnais che Gioacchino Murat. Nel 1817 è divenuto il comandante dell'esercito delle Due Sicilie ed ha incominciato ad arricchirsi: ha acquisito l'ex feudo di Castelvolturno, ha sposato la contessa Giovannina Riario Sforza, grande proprietaria in Basilicata. Inoltre ha molto coltivato l'amicizia e la collaborazione del banchiere Andrea Lodovico Adamich, residente a Fiume, ove il conte ha acquisito notevoli proprietà, fra cui il castello di Tersatto. E' stato nominato generale di corpo d'armata nel 1848, poi governatore del Veneto. Nel 1849 ha combattuto in Ungheria, conseguendo il grado di maresciallo. Morrà a Karlovac nel 1862.

Le città venete e friulane chiedono aiuto a Venezia, ma questa non è nelle condizioni di darlo. In città vi è un'estrema confusione e, nei pochi reparti disponibili, una totale mancanza di disciplina. Le unità militari non esistono o non sono organizzate. Manin ha continuato a sperare in tutto ciò che consentisse, anzi giustificasse la mancata preparazione alla guerra. Ha sperato nel disinteresse dell'Austria, poi nell'intervento dell'Inghilterra e della Francia. Ora spera nel Piemonte. Di conseguenza l'organizzazione militare veneta è sostanzialmente inesistente o, comunque, non operativa.

Si tratta di un momento di alta drammaticità. Ciascuna città da sola non può resistere all'esercito austriaco. Il pensiero di tutti è: cosa possiamo fare? Cosa succederà?

Praga, 16 aprile 1848

In questi giorni, a seguito di moti popolari, viene costituito un governo provvisorio. Finora il problema della nazionalità ceca ha avuto prevalenti aspetti culturali, a carattere linguistico. Ora diviene anche un problema politico. All'inizio dell'800 il ceco era un dialetto utilizzato sia nella società boema che in quella morava dai ceti bassi. Le classi medie ed alte parlavano tedesco. Negli anni successivi alcuni giovani romantici sono stati attratti dalla cultura dei contadini, dal richiamo della terra comune e dai ricordi di un passato ceco oramai quasi dimenticato. Di conseguenza, in Cechia ha avuto luogo una graduale rinascita dell'anima slava. In particolare, Josef Dobrovsky[423] ha studiato scientificamente il paleoslavo [424] ed ha pubblicato una grammatica della lingua boema.[425]

Iniziati gli studi specifici, altri filologi cechi hanno approfondito il problema, rendendo, però, più complicato il rapporto con gli slovacchi. I cechi facevano parte della confederazione tedesca, gli slovacchi no, dato che costituivano la parte settentrionale del Regno d'Ungheria. Ma i primi erano più attivi, essendo in diretto contrasto con la cultura tedesca, mentre i secondi da sempre vivevano la loro peculiarità linguistica nel quadro dell'organizzazione amministrativa ungherese. I cechi hanno voluto, così, imporre agli slovacchi la loro lingua, ma la reazione è stata dura e definitiva. La lingua slovacca, pur riferendosi alla comune matrice slava, era diversa dal ceco. Non solo: gli slovacchi avevano sempre usato la loro lingua, a tutti i livelli sociali, diversamente dai cechi.

---

[423] Nato nel 1753, morto nel 1829.
[424] Ha redatto in latino la sua ultima opera, pubblicata nel 1829: "Institutiones linguae Slavicae dialecti veteris".
[425] Scritta in tedesco, nel 1809.

Questi ultimi, intanto, andavano rapidamente recuperando la loro lingua, che veniva studiata anche all'università di Praga. Josef Jungmann [426] è stato uno dei maggiori intellettuali a patrocinare la rinascita anche letteraria del ceco. Un lavoro, il suo, pesante e difficile, condotto con una determinazione ammirevole fino alla pubblicazione, nel 1825, di una storia dell'antica letteratura ceca e, fra il 1835 ed il 1839, di un monumentale vocabolario ceco - tedesco in cinque volumi. Mancava solo un ardente contributo poetico. E questo è stato dato alla Boemia - Moravia da uno slovacco, Jan Kollàr[427] attratto dalla realtà ceca fin da ragazzo. Dopo aver studiato in Germania ed aver partecipato alle tensioni del romanticismo tedesco[428] ha inteso dare alla Cechia una sua Divina Commedia, componendo, nel 1844, "La figlia di Slava". Inutile dire che quest'ultima era immaginata come la dea eponima degli slavi, mentre la figlia aveva il ruolo di una Beatrice ceca. Il poema, forse poco letto, è stato molto celebrato, tanto da costituire il riferimento poetico del panslavismo.

Infine è stato importante l'operato di Francesco Palacky[429], allievo di Dobrovsky, che ha rafforzato la Società del patrio museo con la "Rassegna del museo boemo" e ha pubblicato la "Storia della Boemia", in cinque volumi, usciti fra il 1836 ed il 1876, all'inizio in tedesco, poi in ceco. Altro contributo, questo, per la rinascita della nazione, unito al messaggio politico di conseguire l'autonomia ceca nell'ambito di una confederazione austriaca. Collegato a Palacky, Karel Havlíček Borovský è stato al centro delle battaglie giornalistiche della rivoluzione. Prima, nel 1846, con il giornale "La Gazzetta di Praga", poi, nel 1848, con il "Nazionale", soppresso nel 1849[430].

Con tali premesse diveniva comprensibile e logico che, nell'aprile del 1848, ai cechi interessasse continuare a far parte dell'Impero, ottenendo, però, il riconoscimento della propria realtà nazionale, con tutte le possibili riforme da concordare con il governo ed, in

---

[426] Jungmann, nato nel 1773, è morto un anno prima della rivoluzione.

[427] Kollàr è nato nel 1773 e morto nel 1852.

[428] Basti tener conto che si è laureato all'università di Jena, vera culla del romanticismo tedesco.

[429] Palacky, nato nel 1798, morto nel 1876. Definito padre della nazione ceca. Storico, ha approfondito lo studio delle figure che hanno caratterizzato la Cechia prima della crisi del 1620, quando, chiamata Boemia, durante la guerra dei Trent'anni, è divenuta una provincia degli Asburgo. Tra le figure approfondite da Palacky importante è quella di Jan Hus, nato nel 1370, di origini contadine, professore, riformatore (le sue prediche erano pronunciate in ceco, non in tedesco o latino), dal 1410 bandito dalla Chiesa, scomunicato l'anno dopo. Arrestato durante il concilio di Costanza, non ha rinnegato le sue idee riformatrici ed è salito al rogo il 6 luglio 1415. Le lunghe lotte dei movimenti ispirati ad Hus (hussiti, taboriti, utraquisti) hanno espresso, nel tempo, il contrasto fra cechi e tedeschi, in particolare nei periodi 1420 - 1436 e 1462 -1485.

[430] Karel Havlicek Borovsky, nato nel 1821, morto nel 1856. Letterato e giornalista, in seminario è divenuto neohussita. Panslavista, per un certo periodo è stato in Russia. E' considerato l'esponente più importante del giornalismo ceco di quel periodo. La redazione dell'ultimo giornale da lui fondato, nel 1850, lo" Slavo" lo porterà, nel 1851, ad una condanna a domicilio coatto a Bressanone fino al 1854. Si è ammalato e, poi, a soli 35 anni, è morto.

particolare, con l'imperatore. Di conseguenza, i cechi, di fatto, hanno subito ottenuto dalle autorità civili austriache una sorta di accettazione tacita alla costituzione di un governo provvisorio. Una soluzione, però, che, nata nel caos dell'aprile / maggio 1848, alla fine si rivelerà del tutto inconsistente.

Infatti anche a Praga, come a Milano, l'autorità militare non è d'accordo con quella civile. La prima è rigorosamente reazionaria, mentre la seconda, ispirandosi all'imperatore, mostra di avere qualche apertura politico sociale. Il responsabile militare è il feldmaresciallo principe Alfred zu Windisch – Gaetz[431], angosciato per la crisi dell'Impero. Durante la rivolta di Vienna, intendeva agire con la massima durezza, ma è stato bloccato dal governo. Ora desidera avere le spalle coperte. Un'azione a Praga e nell'intera Boemia sarebbe l'inizio della rinascita dell'Impero, ma sarebbe anche un'azione clamorosa perché nell'area di competenza del principe non sono state lamentate azioni rivoluzionarie particolarmente estese e violente.

Comunque Windisch – Graetz ha a Vienna un'alleata in Sofia di Baviera, che è sulle sue stesse posizioni ultrareazionarie: Sofia sta continuando ad attuare iel suo progetto. Organizza la vita di corte sulle sue posizioni politiche, isolando l'imperatore ed avendo come alleata la stessa moglie di Ferdinando. Il piano di Sofia è: imporre all'imperatore l'abdicazione, facendolo considerare pazzo, quindi incapace di intendere e volere. Così la sua comprensione delle istanze rivoluzionarie verrebbe considerata folle o mero effetto della sua inadeguatezza mentale. Inoltre intende far ritirare dalla successione il marito, che lei considera un incapace, dato che persegue, come Ferdinando, qualche idealità liberale. E' noto che lei tende all'obiettivo finale, che, con pazienza, ha preparato per diciassette anni: l'affermazione del figlio Francesco Giuseppe, educato ad una concezione assolutista ed antipopolare, coerente con la mistica reazionaria dei capi dell'esercito e con gli interessi retrivi della corte. Egli dovrà essere il nuovo imperatore. Si va costituendo, così, una sorta di quadrunvirato che tende a creare e far vincere nell'impero una reazione totalitaria e assolutista. Si tratta di Sofia e dei tre generali Windisch – Graetz, Radetzky e Jellacic, che è in Croazia. Si tratta di un colpo di stato. La corte, impaurita dalla rivoluzione, è oramai d'accordo. Il governo segue. Ora Windisch – Graetz è soddisfatto. A Praga potrà con calma programmare la sua reazione violenta, oscurantista, reazionaria, antipopolare, sostanzialmente illegittima, e farla prevalere.

---

[431] Alfred principe zu Windisch – Graetz, nato a Bruxelles nel 1787, militare dal 1804, ha partecipato alle guerre antinapoleoniche. Feldmaresciallo nel 1833. Comandante in Boemia. Intervenuto contro la rivoluzione nel 1848 a Vienna, è stato bloccato dal governo. Invece è stato sostenuto dalla corte nella successiva repressione in Boemia, che ha attuato in maniera molto dura. Nell'ottobre 1848 ha represso la nuova rivoluzione a Vienna. Comandante in Ungheria, dopo alcuni successi, è stato accusato di lentezza nell'organizzazione delle operazini. Così nell'aprile 1849 è stato sostituito. Di conseguenza fino alla morte odierà la corte di Vienna, che, in pratica, non frequenterà più. Morirà nel 1862, a Vienna.

Intanto il governo provvisorio ceco si sente sicuro e programma alla grande. Intende dare un forte impulso al panslavismo, organizzando a Praga un congresso dei rappresentanti di tutte le popolazioni slave dell'Impero. I cechi ritengono di essere più avanzati degli altri slavi e di essere, di conseguenza, in grado di guidarli all'acquisizione di una adeguata consapevolezza di sé e ad una vera unione, non solo formale ma anche sostanziale. Lo scopo è di pervenire gradualmente, all'interno dell'Impero, ad una svolta epocale, passando da uno stato austriaco a carattere germanico ad uno stato austriaco a carattere slavo. E' la politica dell'austroslavismo. Tutto va effettuato nel quadro di una sentita fedeltà nei confronti dell'imperatore Ferdinando, verso il quale i cechi hanno fiducia, non sapendo che sta per essere esutorato dalla reazione. Comunque i primi contatti con gli altri slavi sono più che favorevoli. Quindi è acclarato che l'interesse per il congresso è notevole.

Di conseguenza i lavori inizieranno a Praga il 1° giugno 1848.

.

Roma, 17 aprile 1848

E' lecito domandarsi se lo Stato pontificio sia o meno in guerra con l'Austria. A quanto pare se lo chiede anche il governo papale, che riunisce una commissione di cardinali per risolvere il problema. La risposta è prevedibile, trattandosi di persone ampiamente conservatrici. Per loro il papa dovrebbe dichiarare chiaramente che il suo Stato non è in guerra con uno Stato cattolico come l'Austria.

Il parere della commissione è grave. Costituisce un notevole attacco all'unità ed all'indipendenza dell'Italia ed alle aspirazioni per una società più libera e giusta. Pio IX dovrebbe tener conto che, di fatto, i movimenti politici di rinnovamento si ispirano alla sua politica ed in lui ripongono le loro speranze. Se lui li sfiduciasse entrerebbero in crisi, dato che sarebbe facilitata la vittoria delle forze più reazionarie, quelle stesse contro le quali il pontefice ha inizialmente impostato le sue riforme.

Ma il papa chiarirà definitivamente la sua posizione, uscendo da una serie di equivoci:. è schierato dalla parte delle forze reazionarie.

Ancona, 17 aprile 1848

Vengono rafforzate le fortificazioni di Ancona. E' nominato comandante della fortezza il maggiore dell'artiglieria pontificia, marchese Giulio Especo y Vera[432].

---

[432] Il marchese Giulio Especo y Vera (appartenente ad unafamiglia nobile spagnola trasferitasi a Napoli nel XVII secolo e, poi, a Viterbo in quello successivo) è nato a Roma nel 1801. Ufficiale di artiglieria dell'esercito pontificio. A 34 anni comandante della piazza di Civitavecchia (dal 1835 al

218

Visco 17 aprile 1848

Data la totale incapacità (o scarsa volontà) del governo di Venezia di organizzare una struttura militare, i friulani cercano di fare da sé, pur comprendendo che vari piccoli gruppi armati non possono bloccare l'avanzata austriaca. Alcuni di tali gruppi hanno agito con grande coraggio, cercando di ritardare e rendere difficile l'avanzata stessa. Uno scontro, che ha avuto il carattere di una vera battaglia, ha avuto luogo in data odierna a Visco, un paese in pianura, a 4 chilometri a Sud Est della fortezza di Palmanova, comandata dal generale Zucchi. Visco è stata occupata dalla brigata Schwarzemberg. I volontari intendono respingerla e rioccupare il paese. Si sono autodefiniti crociati. Il loro armamento è caotico ed inadeguato[433] ma la volontà di combattere è particolarmente alta. Sono 400. Vi sono volontari bellunesi, agordinini, la guardia civica di Colloredo di Monte Albano[434] ed i crociati di Buja.[435]

Alle 11.00 Visco viene attaccata con tale furia, che un reggimento austriaco abbandona il paese e lo stesso suo comandante viene ucciso. Ora sono i volontari ad utilizzare l'abitato come una fortezza. Il generale Schwarzemberg. schiera nove compagnie per il contrattacco. Ma i volontari resistono. Allora le compagnie diventano quattordici, accompagnate da un pezzo di artiglieria. Si tenta di circondare l'abitato. Gli austriaci si convincono che i volontari abbiano un armamento particolare, così gli attaccanti perdono mordente. Ma i tiri precisi dell'obice rendono impossibile la resistenza ed i volontari riescono a sganciarsi.

Mantova, 19 aprile 1848, ricognizione

1848) e a 47 anni di quella di Ancona (dal 1848 al 1854). Ha aderito alla Repubblica romana, difendendo le fortificazioni di Ancona. Pertanto è stato processato, ma, poi, è stato reintegrato nella funzione e nel grado. In pensione dal gennaio del 1859. Nel 1871 ha aderito alla chiesa evangelica valdese alla cui organizzazione ha dato un notevole contributo e nella quale ha ricoperto vari incarichi. E' morto nel 1883.

[433] Alcuni sono armati di lancia, altri hanno fiucili molto vecchi, ecc

[434] Comandata dal conte Filippo Antonio di Colloredo Mels.

[435] Il comune di Buja è molto lontano da Visco. E' composto da 49 borghi in un semicerchio di colline moreniche a 215 metri di quota, fra Gemona del Friuli, Tarcento e San Daniele del Friuli. I crociati di Buja sono 200, con tre ufficiali. Sono comandati da Pietro Barnaba, nato a Buja nel 1823, studente universitario ribelle contro la repressione austriaca. Ha operato il 23 marzo per la liberazione di Udine e del forte di Osoppo. Ha organizzato i crociati di Buja ed è stato ferito a Visco. Ha partecipato alla battaglia di Cornuda, all'assedio di Vicenza ed a quello di Padova, alla difesa del forte di Marghera e della città di Venezia, dove è divenuto tenente per merito di guerra. Dal 1866 al 1870, dopo la liberazione del Veneto, è stato il primo sindaco di Buja. E' morto nel 1882.

Per dare un senso operativo all'inattività dell'esercito piemontese, lo stato maggiore dispone una inutile ricognizione contro Mantova, analoga a quella contro Peschiera del 13 aprile.

La situazione è la seguente: alcune unità austriache effettuano requisizioni per garantire alla guarnigione una adeguata quantità di vettovaglie. Sono stati costituiti dei posti di sbarramento e le requisizioni sono estese a tutta la pianura. Il piano piemontese è di annientare gli sbarramenti e di neutralizzare le unità mobili, saggiando la reattività delle fortificazioni. Le forze impiegate sono notevoli. Si tratta di 12.000 uomini, divisi in quattro colonne.

I reparti muovono, ma gli austriaci sono scomparsi, riparati nella piazzaforte. Forse sono riusciti ad avere adeguate informazioni ed hanno agito di conseguenza. Le unità piemontesi arrivano vicino Mantova, fino al forte di Belfiore. La loro artiglieria inizia un notevole bombardamento e la controbatteria austriaca risponde. Sotto l'appoggio dei cannoni della piazza vengono effettuate dagli austriaci alcune energiche sortite. Ma i piemontesi resistono, contrattaccano e il nemico si ritira.

Arriva il re, che perlustra la linea di circonvallazione della piazza ed ordina al generale Bava di continuare l'assedio fino alle ore 10.00 dell'indomani, schierando le truppe sull'allineamento degli abitati di Curtatone e di Montanara e del corso finale del torrente Osone. Successivamente i reparti rientreranno negli iniziali accantonamenti.

La manovra di rientro effettuata durante la mattina del giorno **20 aprile** non è disturbata dagli austriaci. In definitiva Carlo Alberto ha inteso far sapere che le operazioni non sono bloccate, dato che si combatte, sia pure inutilmente.

Le posizioni di Grazie (torrente Osone), Curtatone e Montanara saranno occupate da truppe toscane e da un'aliquota napoletana.

Milano, 20 aprile 1848

La risposta del conte di Castagnetto a Mazzini è negativa. La posizione di Carlo Alberto è di fatto antinazionale o anazionale. E', peraltro, la posizione che Mazzini aveva previsto. E' necessario, quindi, un confronto chiarificatore, i cui effetti Mazzini cerca di ridurre al minimo, dato che una sola cosa è importante: vincere gli austriaci.

Incomincia, così, le pubblicazioni il giornale "L'Italia del popolo", che esprime la politica mazziniana. Tre sono gli argomenti maggiormente trattati: la guerra in corso, la forma istituzionale dello Stato e il problema della fusione della Lombardia con il Piemonte. Mazzini scriverà quasi un articolo al giorno.

Kandern (Baden), 20 aprile 1848

Il generale von Gagern, con 2000 militari del Baden e dell'Assia, ha intercettato la colonna di Hecher, formata da 800 uomini, che, seguendo un complesso itinerario, aveva cercato di evitare lo scontro.

Schierate le proprie truppe, il generale chiede al capo rivoluzionario un incontro, accettato, nel quale von Gagern cerca di pervenire ad un accordo. Il colloquio è lungo. Poi la vicenda diviene molto controversa. In sostanza, il generale, che montava a cavallo, è stato colpito da una fucilata, forse da parte di chi non voleva accordi o compromessi. Alla morte del loro comandante, i reparti hanno attaccato con impeto, sconfiggendo i rivoltosi.

Hecker è riuscito a fuggire in Svizzera e, con lui, anche Struve.

Udine, 22 aprile 1848

Sul fronte dell'Isonzo la base di partenza del generale Nugent è Gorizia. Marcia su Udine, che cerca di difendersi ma, bombardata e priva di reparti adeguati, si arrende.

Govèrnolo (MN), 24 aprile 1848 Prima battaglia.

Govèrnolo è una posizione importante e, sostanzialmente, isolata. E' a due chilometri a Nord Ovest della confluenza del Mincio nel Po. L'abitato è sulla riva sinistra del primo fiume. E' a Sud Est di Mantova ed è, quindi, lontano dallo schieramento piemontese, di cui, comunque, costituisce l'estrema destra.

Il giorno prima della ricognizione su Mantova, il **18 aprile**, la posizione è stata presidiata dalla compagnia di bersaglieri mantovani comandati dal capitano Ambrogio Longoni[436] e dai volontari modenesi del maggiore Ludovico Fontana. Naturalmente tale presidio, di soli 300 uomini, costituisce una posizione dannosa per lo schieramento imperiale, quindi un obiettivo importante.

---

[436] Ambrogio Longoni è nato a Novara nel 1811. Ufficiale effettivo dell'esercito piemontese, è stato incaricato dell'organizzazione dei volontari mantovani. Deputato del Regno sardo per due legislature (8 maggio 1848 - 30 dicembre 1848 e 18 febbraio 1849 – 30 marzo 1849) e per una del Regno d'Italia (18 febbraio 1861 – 7 settembre 1865). E' intervenuto molte volte sulla politica militare, sul diritto elettorale dei militari, sulla pubblica sicurezza, sulla riorganizzazione dei bersaglieri, sulle vedove e sulle famiglie dei militari, ecc.). E' morto a Torino nel 1890.

Il giorno **24 aprile** un corpo austriaco di 1.500 uomini con 6 cannoni esce da Mantova e attacca improvvisamente i reparti emiliani. Inizia uno scontro rabbioso. Si combatte con particolare brutalità per otto ore. Gli austriaci subiscono perdite sensibili. Ad un tratto i loro reparti crollano e si ritirano rapidamente verso la piazzaforte. La posizione è salva.

Fronte trentino, 26 aprile 1848

Il generale Giacomo Durando assume il comando dei volontari schierati sul fronte trentino.

Fronte del Mincio, 26 – 30 aprile 1848 Vittoria di Pastrengo

Il giorno **26 aprile** inizia il movimento dell'esercito piemontese che impiega due giorni per passare il Mincio utilizzando i tre ponti di Monzambano, Goito e Valeggio sul Mincio, più un ponte di barche all'altezza di Volta Mantovana. In uno scontro a Villafranca gli austriaci sono respinti ed inseguiti fino a Sommacampagna.

Il giorno **28 aprile** tutto il dispositivo ha superato il Mincio. Il 1° corpo d'armata è schierato sulle posizioni di Sonà, Sommacampagna e Custoza. Il giorno **29 aprile** il 2° corpo d'armata, dopo aver completato il blocco di Peschiera anche dalla riva sinistra, è schierato a Colà, Sandrà e Santa Giustina. Le posizioni raggiunte costituiscono un notevole vantaggio per i piemontesi, così il generale Taxis viene incaricato dal comando imperiale di attaccare quelle occupate dal 2° corpo d'armata. L'attacco è vigoroso e ben articolato. Dura tutto il giorno 29 aprile, ma a sera gli austriaci si ritirano a Verona.

Il **30 aprile** il 2° corpo, rinforzato, riceve l'ordine di attaccare. Il movimento incomincia alle 11.00[437]. L'attacco alle posizioni austriache viene attuato su tre colonne. Sono due divisioni, una brigata di fanteria ed una brigata di cavalleria, per circa 25.000 uomini. La sinistra (brigata Piemonte) avanza con rapidità, nonostante la resistenza del nemico. Il centro (brigata Cuneo) ha notevoli difficoltà, data la plastica del terreno. La destra avanza con una certa facilità. La posizione forte tenuta saldamente dal nemico è quella di Pastrengo, collegata alla vicina posizione di Bussolengo, sulla riva destra dell'Adige.

La Piemonte e la Cuneo arrivano a Pastrengo, ma sono sottoposte ad un violento contrattacco austriaco che le isola. Un gruppo di carabinieri a cavallo – la scorta del re – contrattacca con una carica. Seguito dalla fanteria mette in fuga gli austriaci che corrono ai ponti di barche di Pescantina e di Pontoni. La vittoria è netta e consentirebbe di impadronirsi della riva sinistra dell'Adige, proseguendo verso Verona. Ma Carlo Alberto

---

[437] L'attacco inizia in ritardo, dato che è domenica ed il re ha ordinato che i reparti, prima di iniziare a muovere, avrebbero dovuto assistere alla celebrazione della S. Messa.

non intende far "perdere la faccia" al nemico, con il quale intende venire ad un compromesso e non dispone lo sfruttamento del successo.

Comunque è completato il blocco della fortezza di Peschiera.

Parigi, 23 aprile 1848

Votazioni in Francia, con il suffragio universale maschile. Eletti: 450 repubblicani moderati, 200 monarchici orleanisti, 250 socialisti.

Il governo provvisorio ha approvato varie riforme, come la giornata lavorativa di dieci ore, la fine della schiavitù nelle colonie, le fabbriche nazionali che dovranno svolgere lavori sovvenzionati dallo Stato.

Friburgo in Brisgovia (Baden), 23 aprile 1878

Non si è diffusa la notizia della sconfitta di Kandern. Così molti volontari confluiscono su Friburgo. Attaccano il presidio ma sono sconfitti.

Vicenza, 24 aprile 1848

Dopo vari tentennamenti, Carlo Alberto decide di mandare la divisione pontificia comandata dal generale Durando nel Veneto.

Linea del Tagliamento, 25 aprile 1848

Il generale Alberto La Marmora è arrivato alla riva del Tagliamento con un contingente di 1300 volontari. Non considerandoli adeguati ed avvicinandosi il generale Nugent con vari reparti, forse 16.000 uomini, fa tagliare i ponti, per rallentare l'avversario, poi abbandona la linea e, addirittura, si ritira dietro il Piave.

Nugent, attraversato il fiume, si dirige verso Belluno, che decide di resistere.

Govèrnolo, 24 aprile 1848

Le colonne mantovana, modenese e veronese che presidiano la posizione di Govèrnolo, sono state allertate per attaccare Mantova da Sud, a supporto di un'attacco piemontese alla città. Ma non accade nulla ed i volontari si limitano ad interrompere i collegamenti fra la fortezza di Mantova e quella di Legnago, sull'Adige.

Vienna, 25 aprile 1848

Il ministro dell'Interno, barone Franz von Pillersdorf, a nome dell'imperatore Ferdinando I, rende nota la concessione di una Costituzione, che non solo tratta di diritto pubblico e privato, bensì anche processuale.

Tale Costituzione, però, non risolve il problema delle cinque nazionalità dell'Impero. Di fatto, quindi, non viene accettata dalle masse popolari.

Padova, 26 aprile 1848

Bisogna organizzare in maniera adeguata il coordinamento fra le province venete, cosa che il governo veneziano dimostra di non riuscire a fare. Così si riuniscono i rappresentanti di Padova, Treviso, Belluno, Rovigo e Vicenza. Il governo milanese aveva invitato tutti a costituire un'assemblea lombardo veneta. Venezia vorrebbe costituire prima un'assemblea veneta, ma le predette province insistono con Venezia per trovare una soluzione rapida. Anche per quanto attiene ai rapporti con il Piemonte. In pratica a Venezia prevalgono i repubblicani, che non vedono di buon occhio l'annessione allo Stato sardo..

Torino, 27 aprile 1848

Prime elezioni della Camera dei deputati. L'elettorato è partecipe e tranquillo.

Venezia, 27 aprile 1848

Le varie province e gli stessi veneziani fanno pervenire al governo una richiesta non solo logica e necessaria, bensì anche ovvia. Affermano che è necessario istituire la leva generale e l'armamento del popolo. Richiesta, questa, formulata con una sempre maggiore urgenza, non priva di una comprensibile drammaticità. Le varie città, infatti, si sentono indifese, non potendo bastare per la difesa i gruppi di volontari, entusiasti, fattivi e all'occorrenza anche eroici ma inidonei quanto meno numericamente per attuare una adeguata difesa / offesa generale. Né si può pensare che il problema venga risolto dal Regno sardo. Il dilemma è chiaro: o la Repubblica si arma seriamente – e tempestivamente - o prima o poi sarà annientata dall'esercito austriaco.

Il governo inizia ad essere accusato di incapacità. Un'accusa, peraltro, per quanto possibile molto generosa, dato tende a giustificare una politica ben altrimenti negativa. Infatti, se un governo è sostanzialmente incapace le sue inadeguatezze diventano comprensibili. Sono, anzi, addirittura, giustificabili. Invece un governo capace che non si organizza nei settori essenziali per la sopravvivenza dello Stato è oggettivamente colpevole. In definitiva le richieste popolari e comunali coincidono con la critica mazziniana. E gli argomenti sono molti e ben concreti, a partire dalla vicenda della flotta perduta e dei tremila uomini addestrati che avevano fatto la scelta nazionale ma che sono stati congedati.

In ogni caso la decisione in merito alla leva è stata costantemente rinviata, ma oggi è stato necessario inserirla nell'ordine del giorno del governo. La politica di Manin di dare incarichi di responsabilità ai vari livelli solo agli ultramoderati anche questa volta dà i suoi frutti negativi. Tutti d'accordo nel dire no alle proposte, con la motivazione surreale che la leva di massa avrebbe "rovinato" la guardia civica.

Manin tiene conto degli interessi della corte austriaca, dell'Inghilterra, della Francia, della Sardegna, anche di quelli del capitale finanziario presente nei territori dell'Impero. Pensa di trovare una soluzione di compromesso fra tali interessi. Una soluzione naturalmente moderata. La sua politica, però, non tiene conto dei problemi delle masse popolari. Di conseguenza non sostiene in maniera adeguata gli interessi nazionali.

In definitiva ora, a fine aprile, è chiaro il sostanziale parallelismo fra le posizioni di Manin (accordo sul Veneto) e quelle di Carlo Alberto (accordo sulla Lombardia). Il re, infatti, intende acquisire, in via concordata con l'Austria, la Lombardia – o anche una sua parte – migliorando con qualche successo militare la sua potenzialità contrattuale nei confronti di un Impero impegnato su più fronti che – egli pensa - gradirebbe il suo apporto come pompiere della rivoluzione. Manin spera di avere l'appoggio delle potenze occidentli per una soluzione analoga nel Veneto.

Schworstadt (Baden), 27 aprile 1848

Il poeta e politico di estrema sinistra Georg Herwegh della presidenza del Comitato repubblicano e della Legione democratica tedesca ha riunito alcune migliaia di uomini per costituire una seconda colonna con obiettivo Karlsruhe, in coordinamento con l'azione di Friedrich Hecker. Nonostante la sconfitta di quest'ultimo ed i consigli di Marx ed Engels, che l'esortano a desistere, data l'inadeguatezza dell'organizzazione, muove su Schworstadt, contro unità dell'esercito del Wuttemberg, ma viene rapidamente sconfitto e fugge in Svizzera.

Fronte del Mincio, 28 aprile 1848

Il generale Bava con il primo corpo d'armata passa il Mincio, occupa Villafranca di Verona e, successivamente, Custoza, Sommacampagna e Sona. Gli avamposti piemontesi sono ora a meno di 11 chilometri in linea d'aria dalle fortificazioni nemiche.

Al bivio tra Custoza e Valeggio il generale incontra, con un senso indescrivibile di sorpresa e stupore, Carlo Alberto che, con una piccola scorta, cavalca in un'area ancora non occupata. Motivo, questo, di una corretta ma dura critica da parte del Bava.[438] Per di più riportata nella sua relazione resa nota al pubblico.

Il secondo corpo d'armata del De Sonnaz, passato il Mincio, completa il blocco di Peschiera ed occupa Castelnuovo e Santa Giustina. La divisione di riserva è a Guastalla ed Oliosi e la cavalleria è accantonata a San Giorgio in Salice.

Trieste, 28 aprile 1848

Il generale Gyulay ha compilato una relazione per il governatore Salam – Reiferscheid sulla situazione dei potenziali rivoluzionari in Istria. La conclusione è pessimista: la situazione è grave, soprattutto in centri come Rovigno.[439] La guardia nazionale non dà alcun affidamento, tranne quella di Trieste, piena di tedeschi.

Roma, 29 aprile 1848

Il papa si esprime contro la guerra di indipendenza antiaustriaca. I suoi sostenitori affermano che teme uno scisma in Austria se l'esercito dello Stato pontificio combattesse contro quello imperiale. Ma lui dichiara di voler essere fedele agli obblighi del suo apostolato, ritenendo di dover abbracciare tutti i Paesi, tutte le genti, tutte le nazioni, in un istintivo sentimento di paterno affetto[440]. I cattolici su posizioni nazionali sono profondamente colpiti. Lo stesso neoguelfismo è in crisi. Particolarmente complessa la situazione negli Stati della Chiesa ed, in particolare, a Roma. Molti i motivi di critica, di recriminazione.

---

[438] "Questa costumanza del re di portarsi col suo Quartier Generale agli avamposti, era, per vero dire, cosa di somma conseguenza e cagione di gravi inconvenienti nell'esercito, sia perché obbligava l'esercito stesso a tenere quasi inerte una considerevole porzione delle sue truppe a custodia dell'augusta sua persona, sia perché rendeva più esposta l'Intendenza generale d'Armata che gli veniva dietro e faceva immensamente ingombro il luogo pei molti carri di equipaggi che lo seguitavano: era insomma una vera inopportunità per tutte quelle altre ragioni che ognuno può facilmente immaginarsi, per poco ch'egli abbia conoscenza dell'arte della guerra." E. Bava: "Relazione delle operazioni militari", cit., pagg. 24 e 25. Il generale testimonia nel suo scritto la sorpresa e lo stupore.
[439] A Rovigno le persone da controllare sono: Matteo ed Antonio Rismondo, Leonardo Malusà, il can. Onofrio Bernardis ed il padre, i fratellli Giovanni, Francesco ed Antonio Basilisco, il dott. Borghi e lo stesso figlio del commissario distrettuale, il tenente Pietro Angelini, vice comandante della guardia nazionale (da: Arupinum Sito Libero: Cronologia sintetica dei fatti dell'Istria)
[440] Si tratta dell'allocuzione papale "Non semel", presentata al concistoro del 29 aprile.

E' gravissima la posizione del papa, allineata a quelle concezioni umanitarie e cosmopolite figlie della rivoluzione francese, che tanta fortuna avranno in futuro, fino a sostenere il capitale finanziario nel conseguimento di un nuovo ordine mondiale, distruttore degli Stati nazionali. Ma vi è di più: l'uguaglianza fra le nazioni è una novità nella storia della Chiesa, che - fra l'altro con le crociate - ha sempre distinto fra Stati cristiani e non cristiani e, dei primi, fra coloro che si attengono alla parola di Cristo solo formalmente e quelli che la seguono anche nella sostanza. In definitiva, il papa giustifica la politica austriaca di repressione, le stragi in Galizia, gli assassini a Milano ecc. dato che, a quanto pare, per lui la politica posta in essere dall'Impero è un'attività di governo normale, eticamente legittima.

Di conseguenza, in data odierna, il papa ha disposto il ritiro dal teatro di guerra delle truppe pontificie. Ma la massa del popolo non sarà d'accordo, con una notevole diminuzione del credito papale fra i fedeli. Costoro devono prendere atto di come la politica di Pio IX sia insicura, ondeggiante, contraddittoria, [441] sostanzialmente antinazionale.
I giornali danno notizia della crisi dei volontari romani, che erano sicuri di avere il sostegno del papa ed ora sono abbandonati a sé stessi. Nell'esercito vi è un grande smarrimento, dato che, continuando le operazioni, non si sarebbe combattuto per il papa ma per la concezione nazionale. In ogni caso la massa dei militari continuerà a combattere lo stesso. In definitiva la sintesi dell'attuale grave situazione può essere trovata in una sconsolata affermazione della Fuller:

"A Roma, per il momento, non rimane altro punto fermo che il buon senso del popolo[442]"

Torino, 29 aprile 1848

---

[441] Scrive la Fuller: **(....) furono inviate le truppe di confine e i volontari si precipitarono ad accompagnarle. Per le strade di Roma venne letto il proclama con cui Carlo Alberto si designava servo dell'Italia e di Pio IX. I sacerdoti predicarono la guerra, e a ragione, come fosse una crociata; il Papa benedisse la bandiera dei volontari. Nessuno immaginava o aveva motivo di presumere che queste azioni non avessero il suo pieno consenso, e il suo nome veniva invocato in ogni forma come lo strumento inviato da Dio per indurre l'Italia a liberarsi dal giogo opprimente dello straniero e a riconquistare i suoi diritti nel mondo civile."** Da: M. Fuller, opera citata, pagg. 159 – 160.
[442] **"(....) dall'ultima allocuzione di Pio risultano due fatti d'una estrema gravità. La separazione intera del potere spirituale dal temporale, e il rifiuto espresso dal Sommo Pontefice d'esser capo di una Repubblica.(....). Se Pio IX rifiuta, il popolo italiano non ha però abdicato. Per ora non rimane ai popoli liberi d'Italia se non riunirsi in un sol regno costituzionale, fondato su larghissime basi. (....) il popolo farà da sé. Italiani! (....) Riuniamoci sotto una sola bandiera, la bandiera da' tre colori, e chi la portò sinora valorosamente la lasciasse cader di mano, la piglieremo un dopo l'altro, ventiquattro milioni quanti siamo (....) Viva l'Italia Viva il popolo italiano!"** Da un libello anonimo diffuso a Roma in quei giorni, pubblicato in M. Fuller op. cit, pagg. 164 – 165.

Vincenzo Gioberti rientra dall'esilio. Per la sua fama culturale era stato nominato cappellano del re, ma era inviso alla corte proprio per essere un importante intellettuale innovatore. Pertanto è stato fatto di tutto per esautorarlo ed allontanarlo. Così, nel 1833, è stato addirittura arrestato, condannato a quattro mesi per un ipotetico complotto e, poi, bandito dal Regno.

Gioberti si è stabilito prima a Parigi, poi a Bruxelles, insegnando e pubblicando varie opere. Non ha voluto rientrare dopo l'amnistia del 1846 ma, ora, la situazione è tale che non avrebbe più potuto ritardare il rientro.

Il re gli offre la nomina a senatore, che Gioberti rifiuta, dato che preferisce rappresentare l'elettorato di Torino alla Camera dei deputati.

Cadore, 29 aprile - 28 maggio 1848

L'ostilità verso l'Austria in Cadore è profonda e diffusa. Le leggi introdotte dopo la caduta della Repubblica di San Marco - soprattutto quelle riguardanti le vendite dei terreni e la tassazione – sono apparse esose e nocive. Il comitato di difesa, eletto il **25 aprile**, si è organizzato bene ed il governo veneto ha inviato un valido ed energico comandante, Pier Fortunato Calvi, che è partito da Venezia portandosi dietro quattro cannoni e riuscendo ad ottenere sufficienti riserve di munizioni.[443] . Il **14 aprile**, ha preso il comando di circa 5.000 volontari, cercando di addestrarli rapidamente.

Il comando austriaco vedea, nella perdita del Cadore, un grave danno economico e militare, date le vie di comunicazione in esso esistenti. L'attacco può aver luogo o da Nord sull'allineamento Dobbiaco – Cortina d'Ampezzo – Pieve di Cadore o da Est, dalla Carnia, o da Sud, lungo il corso del Piave.

Ritenendo che la resistenza non sarebbe stata particolarmente forte il giorno **29 aprile** il maggiore Hablitschek, con 2.000 uomini, è entrato in Cadore da Nord. La reazione è stata violenta: fra lo scampanio di tutte le chiese della valle il **2 maggio** il reparto austriaco è stato attaccato a Chiapuzza e respinto verso Cortina, tanto che per molti giorni è rimasto

---

[443] Pier Fortunato Calvi è nato nel 1817 a Briana, frazione di Noale (VE). Nel 1830 ha vinto uno dei dieci posti dell'Accademia degli ingegneri di Vienna, uscendone con il grado di alfiere. Promosso tenente nel 1840, è stato in servizio a Venezia e, poi, a Graz: Strettamente sorvegliato perché ritenuto, fondatamente, mazziniano. All'inizio di aprile del 1848 si è dimesso dall'esercito, divenendo, poi, capitano delle milizie venete. Ha combattuto in Cadore ed a Marghera, divenendo colonnello. Alla caduta della Repubblica sarà esule prima in Grecia, poi a Torino. Organizzerà l'insurrezione in Cadore nel 1852 e riparerà in Svizzera. Rientrerà in Lombardia nel 1853 per organizzare un nuovo movimento rivoluzionario, ma sarà arrestato e condannato a morte, il 17 gennaio 1855. Giustiziato a Belfiore di Mantova il 21 giugno 1855.

lontano dalla zona di operazione. Di conseguenza, il comandante austriaco cui era stata affidata la riconquista del Cadore, il generale di divisione Karl von Culoz[444], comandante della riserva facente parte del corpo del generale Nugent, ha pensato di prendere gli avversari alle spalle. Il **7 maggio** ha fatto avanzare, verso Pieve di Cadore, lungo il corso del Piave, un reparto di sei compagnie. Ma gli austriaci sono stati attaccati dai cadorini. Bloccati, hanno ripreso l'avanzata ma l'indomani hanno subito un'imboscata. Fra l'altro, sono stati colpiti da una valanga di massi provocata dai ribelli. Si sono ritirati, di conseguenza, a Belluno.

La situazione sta diventando difficile per gli imperiali. Il **15 maggio** un nuovo attacco da Nord di Hablitschek viene respinto al passo di Venas. L'azione è stata coordinata con un altro attacco da Est attuato da un reparto partito da Tolmezzo. Ma anche tale unità è stata respinta in un'imboscata al Passo della Morte. Intanto il generale Nugent ha bisogno di tutte le truppe disponibili. Pertanto le truppe di von Culoz lasciano il Cadore, sostituite dagli 8.000 uomini del generale Franz Ludwig von Welden, che costituiscono il secondo scaglione giunto a supporto di Radetzky.

Così il **27 maggio** gli austriaci attaccano nella Val di Zoldo, ma sono bloccati. Il **28 maggio** muovono contemporaneamente dalle tre note direzioni ma non riescono a penetrare in profondità. Così gli attacchi cessano ed inizia, di fatto, una tregua.

Milano, 30 aprile 1848

Mazzini ha una visione unitaria dell'Italia futura, che per Cattaneo deve essere federalista. Invece Mazzini ha una visione moderata, coerente con la sua concezione nazionale. Tenendo conto della situazione civile e militare ha bocciato il tentativo dei federalisti di abbattere il governo provvisorio. Cosa, questa, che sarebbe stata erronea. Infatti prima devono essere sconfitti gli austriaci. Sarebbe assurdo creare un guerra civile o, anche dei contrasti particolarmente gravi durante la guerra. Cattaneo lo critica. Le posizioni, entrambe repubblicane, in realtà sono contrastanti su molti problemi. Ferrari ed Enrico Cernuschi, tornati dalla Francia, si uniscono a Terzaghi e Sirtori e, con Cattaneo, vanno da Mazzini alla "Bella Venezia", per una chiarificazione.

L'incontro non è gradevole, essendo condizionato da una posizione aspra e contestativa di Cattaneo, che, addirittura, agli astanti risulta strana, dato il suo carattere, tranquillo e moderato. Una posizione che diviene vieppiù violenta per la calma e la serenità di Mazzini, che, logicamente, intende rinviare tutti i possibili contrasti ideologici al momento in cui la

---

[444] Karl von Culoz, nato a Hartberg nel 1785, ha comandato il 31° reggimento di fanteria. Generale dal 1834, ha comandato una brigata e, poi, dal 1848, una divisione. Comandante della fortezza di Mantova, parteciperà alla seconda guerra d'indipendenza italiana ma, poi, a seguito di una grave e completa cecità, chiederà di poter lasciare il servizio. Morirà, nel 1862, a Venezia.

situazione militare divenga sostanzialmente e decisamente favorevole all'Italia. Ora bisogna vincere e tutto ciò che contrasta le operazioni belliche è erroneo. Più astratta la posizione di Cattaneo, che non appare più l'ex valido e concreto capo del consiglio di guerra delle prime quattro giornate di Milano. Bisogna, per lui, decidere subito fra monarchia e repubblica e, fra uno stato unitario o uno federale, sono accettabili solo le posizioni repubblicane federaliste. Il resto è o rasenta il tradimento.

Solo Ferrari conosce da tempo Mazzini, pertanto è il primo ad intervenire, aprendo la conversazione. Come al suo solito Mazzini ascolta con la massima attenzione e, poi, precisa che l'unico aspetto realmente importante, al momento, è la tenuta ed il rafforzamento del fronte nazionale. Tutto ciò che lo rafforza è positivo, mentre invece qualsiasi politica che lo possa indebolire è negativa, anche se giusta. Gli austriaci sono ancora presenti nel Lombardo Veneto con tutta la loro potenza, pertanto dividersi sulle future impostazioni istituzionali è sbagliato. Tutti sanno che lui è repubblicano, ma ora bisogna solo agire e combattere affinchè non si avveri una nefasta sconfitta del movimento nazionale.

Cattaneo interviene con rabbia e violenza. Non può accettare per il movimento soluzioni inadeguate, altrimenti anche il ritorno degli austriaci potrebbe essere una soluzione positiva. Una frase che colpisce gli astanti. Mazzini è fortemente scosso, ma, come al suo solito, quanto più si trova innanzi all'arroganza ed alla violenza, tanto più diventa calmo. Al termine della sfuriata di Cattaneo Mazzini va al succo del problema, al punto debole dell'avversario, precisando che la sua posizione sostanzialmente evidenziava un avanzo di municipalismo, particolarmente negativo per la costruzione di un'Italia unita ed indipendente.

Mazzini ha individuato il punto debole di Cattaneo, che si alza dalla sedia urlando, quasi a volersi lanciare contro di lui, non argomentando più, ma offendendolo. Ferrari blocca Cattaneo e lo spinge fuori della porta. Così l'incontro termina. Mazzini lo ha poi commentato con tristezza, prendendo atto che in quei giorni era soprattutto necessario guardare avanti, non facendosi confondere da problemi localistici e particolari, ma avendo la forza e la capacità di porsi il problema dell'Italia tutta. Purtroppo, possiamo aggiungere oggi, in quei mesi molti erano coloro che, per vari motivi, non perseguivano il problema principale, la vittoria, ma si perdevano in particolarismi vari. Da Carlo Alberto ad alcuni rivoluzionari.

Due effetti positivi ha avuto la riunione. Il primo è stato la conferma che, nella confusione delle idee, fosse necessario sottoporre gli avvenimenti ad una continua critica. Cosa, peraltro, già in atto con il giornale "L'Italia del Popolo" mazziniano, che, fin dai suoi primi dieci giorni, ha avuto un'ottima accoglienza da parte dei lettori. Il secondo effetto è l'acquisto, da parte di Mazzini, di un nuovo adepto, che, per di più, è una persona di particolari capacità, come Sirtori, il futuro, preciso e duro capo mazziniano a Venezia.

Dopo la sconfitta le posizioni di Cattaneo diverranno alquanto più serene[445].

Karlowitz (oggi Sremski Karlovci, Vojvodina) e, successivamente, Petervaradino (oggi una municipalità di Novi Sad, Vojvodina), 1° maggio 1948

Dopo la formazione del governo nazionale ungherese i serbi abitanti nei confini del Regno d'Ungheria [446] hanno iniziato a ribellarsi.

Nelle ultime cinque settimane si è verificato un gran numero di assassini (ovviamente di non serbi), spesso commessi in maniera particolarmente efferata. Se in Croazia il generale Jellacic rappresenta al tempo stesso la fedeltà all'Impero, l'ostilità verso gli ungheresi e le esigenze nazionali croate, nelle terre abitate prevalentemente da serbi per ora non vi sono soggetti o organismi che ne tutelino gli interessi.

Così oggi i rappresentanti delle popolazioni serbe si riuniscono nell'Assemblea di maggio, eleggono come voivoda[447] il generale di brigata Stevan Supljikac [448] e come patriarca ortodosso Josif Rajacic[449], chiedendo che i territori a prevalenza serbi siano uniti in un'unica area territoriale ed amministrativa[450] e possano godere di un'adeguata autonomia.

---

[445] L'"alquanto" è molto ottimistico. Ad esempio, nel 1855, nell'"avviso al lettore", introduzione al pregevole "Archivio Triennale delle cose d'Italia", libro III, anonimo, ma compilato da Cattaneo, questi ritorna per l'ennesima volta sul problema, attaccando Mazzini con acrimonia finanche per l'uso del termine "partito nazionale". Afferma Cattaneo: "**Partito nazionale è locuzione assurda e illecita; assurda, perché partito è parte, e nazione è tutto; e nessuna parte può vantarsi uguale al tutto; illecita, perché a modo di scomunica esclude dalla nazione, per oracolo di un privato, chiunque abbia la coscienza di un'altra idea**". E così via. Da: (Cattaneo) Archivio triennale delle cose d'Italia", Vol. III, Chieri, Tipografia sociale, 1855, pag. LVIII.

[446] Queste popolazioni si sono trasferite nell'Impero cattolico per sottrarsi al regime turco, imposto dopo la sconfitta serba nella Piana dei merli (Kosovo Polje) il 16 giugno1389. Nei secoli successivi i trasferimenti sono continuati, con il beneplacito del Regno d'Ungheria, man mano che i turchi sono avanzati verso settentrione. I serbi sono stati sempre alleati dell'Austria. La loro liberazione è iniziata con la campagna vittoriosa del principe Eugenio di Savoia negli anni 1716 – 1718.

[447] Governatore e capo militare.

[448] Stevan Supljikac, nato a Petrinja nel 1786, ufficiale nell'esercito francese, legion d'onore nella campagna di Russia, poi nell'esercito austriaco, ha combattuto in Italia nel 1848, meritando la gran croce della corona ferrea. Nell'assemblea del 1° maggio 1848 a Sremski Karlovci è stato eletto voivoda, cioè comandante civile e militare dei serbi e l'imperatore lo ha poi nominato duca della Voivodina serba. Morirà poco dopo, nel dicembre del 1848, a Pancevo.

[449] Il vero capo della comunità serba era il patriarca. Ciò sia per la funzione sociale e politica che in tutti i Paesi ortodossi ha assunto la chiesa fin dall'organizzazione religiosa dell'Impero romano d'Oriente, sia per il ruolo della chiesa serba che, per secoli, almeno dal XIV al XIX, ha sostenuto validamente e, spesso, eroicamente, la nazionalità serba. Rajacic non vedeva di buon occhio gli

Sono presenti i rappresentanti delle bande armate serbe, formate prevalentemente da militari della Frontiera dell'Impero. [451]

L'imperatore Francesco Giuseppe – con un atto ostile nei confronti del governo ungherese e quasi a giustificazione degli attentati serbi – riconosce l'autonomia della Voivodina serba e nomina Supljikac duca di Vojvodina e governatore sia del voivodato di Serbia che del Banato di Temeschwar. Per ora il comandante delle truppe è il "generale" Djordje Statimirovic [452].

Naturalmente la Vojvodina di Supljiac inizia a stabilire stretti rapporti con il Principato autonomo [453] di Serbia [454].

Bisogna notare che l'imperatore riconoscerà, almeno di fatto, ma sostanzialmente anche di diritto, tre nazionalità: ungherese, croata e serba, oltre a quella tedesca. Solo gli italiani non avranno adeguati riconoscimenti. Nel lombardo veneto continuerà l'indiscriminata repressione, contrastante anche con gli atti istitutivi del Regno postnapoleonico. Cosa, questa, ovviamente molto grave, dato che dimostra l'incapacità imperiale di procedere con equilibrio fra le varie componenti dello Stato. E la preconcetta antitalianità dello Stato STESSO diviene sempre più chiara e grave.

Alto Adriatico, primi di maggio 1848

---

ufficiali serbi formati nell'impero austriaco e fedeli all'imperatore. Entrerà in contrasto con Stratimirovic e, dopo alcuni suoi insuccessi, lo farà rimuovere da ogni incarico militare.

[450] I territori erano il Batschka, la Baranja, la Syrmia serba, il Banato. Veniva chiesta anche l'unione con la Croazia, la Slavonia e la Dalmazia, andando contro gli interessi di queste aree.

[451] Il confine militarizzato che divideva l'Impero austriaco dallo Stato ottomano. Era presidiato da truppe speciali croate e serbe, particolarmente fedeli all'imperatore.

[452] Statimirovic, nato nel 1908, ufficiale dell'esercito austriaco, è stato di guarnigione in Italia. Dopo, fra il 1843 ed il 1848, è stato in aspettativa. Delegato alla Dieta di Presbugo (Bratislava) è stato in duro contrasto con Lajos Kossuth, sostenendo - peraltro giustamente – che all'autonomia ungherese dovesse corrispondere una analoga autonomia serba. All'Assemblea di maggio è stato eletto presidente del comitato del popolo serbo. A ciò si aggiunge l'incarico militare. Il grado di generale gli è stato assegnato non in termini di effettivo conseguimento del grado, ma per concorde volontà politica. I suoi precedenti militari sono limitati, ovviamente ben diversi da quelli di Supljiac. Rientrerà nell'esercito austriaco nel 1849. La fedeltà di Statimirovic nei confronti dell'imperatore sarà tale che nella guerra della Serbia contro l'Impero ottomano del 1875 sarà considerato una specie di spia austriaca ed espulso. In pensione dal 1859, morirà a Vienna nel 1908.

[453] Il termine serbo è Knezevina

[454] Il Principato autonomo di Serbia non è completamente indipendente dall'Impero ottomano, che ha tuttora il diritto di tenere una guarnigione nella capitale, Belgrado. Inoltre non è generalmente riconosciuto internazionalmente. Diventerà indipendente nel 1878 e, poi, sarà riconosciuto come Regno di Serbia al Congresso di Berlino del 1882.

L'ammiraglio duosiciliano Raffaele de Cosa arriva a Venezia ed incontra la squadra sarda comandata dal vice ammiraglio Giuseppe Albini[455]. Le due squadre collaborano a bloccare il porto di Trieste. I realtà per motivi politici il blocco è effettuato in maniera molto blanda.

Nei prossimi giorni la squadra duo siciliana romperà il blocco austriaco a Venezia.

Roma, 2 maggio 1848

Il conte Recchi, dopo aver sedato alcuni moti popolari di protesta, fa pervenire al pontefice le sue dimissioni, essendo contrario alla decisione papale del 29 aprile di ritirarsi dalla guerra. Tale decisione viene ritenuta una resa alle pressioni antitaliane. Al Recchi viene chiesto di restare a Roma, ma il conte torna a Ferrara, dove costituirà un circolo nazionale.

Piacenza, 2 maggio 1848

Si chiudono gli scrutini del plebiscito per l'annessione al Piemonte: si supera il 90% (37.089 sì su 37.583 votanti).

Modena, 2 maggio 1848

Si chiudono gli scrutini del plebiscito per l'annessione al Piemonte: i "sì" raggiungono un'altissima percentuale.

Roma, 4 maggio 1848

Vengono nominati il nuovo segretario di Stato, cardinale Luigi Ciacchi, ed alla Polizia – in pratica agli Interni - il conte Terenzio Mamiani della Rovere[456] che, di conseguenza è il nuovo capo "operativo" del governo costituzionale.

---

[455] Il conte Michele Giuseppe Albini è nato a Villafranca (Nizza), ora Villefranche-sur-mer (Francia). Entrato in marina molto giovane, è stato nominato contrammiraglio nel 1838. Senatore nel 1848 e Viceanmmiraglio nel 1849. Farà parte dello stato maggiore, poi sarà presidente del consiglio amministrativo della marina. Morirà a Spotorno nel 1859.

[456] Terenzio Mamiani della Rovere, conte di Sant'Angelo in Lizzola (PU),[456] delle Gabicce, nobile di Pesaro e di Bertinoro, è nato a Pesaro nel 1799. Laureato in lettere e filosofia. Ha partecipato ai moti del 1831 ed è divenuto ministro dell'Interno del governo provvisorio delle Province unite italiane. E' andato in esilio. A Genova è stato cofondatore del "Pensiero italiano" ed a Torino ha partecipato alla nascita della società nazionale per la confederazione italiana. Tornato nello Stato pontificio, nel quadro del rinnovamento di Pio IX è stato ministro degli Interni, poi degli Esteri, ma si è dimesso a causa della politica papale acquiescente verso gli austriaci. E' stato membro del consiglio dei deputati e, poi, deputato dell'assemblea costituente romana. Si è dimesso alla nascita della Repubblica. In Piemonte è stato eletto alla Camera per 5 legislature, dal 30 luglio 1849 al 17 dicembre 1860. Nella Camera del Regno d'Italia è stato eletto per una legislatura, dal 18 febbraio

Parigi, 4 maggio 1848

La Costituente inizia i lavori.

Belluno, 5 maggio 1848

Il generale Nugent avanza verso Ovest e imposta una manovra di aggiramento, spostandosi a Nord ed investendo Belluno. Il comitato che dirige la difesa ha deciso di resistere. Poi, in data odierna, si arrende. La città è occupata.

Verona, 6 maggio 1848, ricognizione offensiva a Santa Lucia

Carlo Alberto ordina di effettuare una ricognizione offensiva contro Verona. Una "pressione" esterna che potrebbe facilitare una rivolta della popolazione. Tesi, questa, molto astraaa, dato tutti ignorano che vi sarà un attacco. Bava ha impostato un ordine di operazione che, in una riunione del giorno **5 aprile** viene parzialmente variato dal ministro della Guerra[457]. Iniziano, così, le contraddizioni che porteranno ad uno scarso coordinamento fra i comandi ai vari livelli.

Lo schieramento austriaco è oramai molto arretrato, quasi a ridosso delle fortificazioni. E' caratterizzato da tre posizioni principali. Da Nord a Sud sono quelle di Crocebianca, San Massimo e Santa Lucia[458]. I Piemontesi attaccano su tre colonne. Quella centrale avanza con rapidità su San Massimo, fino ad incontrare uno schieramento molto consistente. Di

---

1851 al 13 marzo 1864. In tale data è stato nominato senatore. Vice presidente del Senato per tre volte, per complessivi 25 mesi. Ministro della pubblica Istruzione della Sardegna dal 21 gennaio 1860 al 22 marzo 1861. E' stato professore di filosofia a Parigi, Genova, Torino e Roma. E' stato Consigliere di Stato nel 1867 Ha svolto anche attività diplomatica come ministro plenipotenziario ad Atene dal 1861 al 1867 e a Berna, nel 1866. Ha fatto parte di una lunga serie di accademie, istituti, incarichi statali, società varie. E' morto a Roma nel 1885.

[457] Una cosa che il generale Bava menzionerà nella sua relazione, mal nascondendo una notevole repulsione per una certa anarchia imperante nello stato maggiore generale. "**Nella domane** (il giorno 4 aprile) **presentai a S.M. col mezzo del ministro il progetto (....) per una ricognizione offensiva: e questo lavoro essendo riconosciuto accetto ebbi ordine di portarmi alle tre pomeridiane del giorno cinque a Sommacampagna, nell'alloggio del Re, dove, unitamente ai capi delle divisioni, si sarebbe concertato il modo di esecuzione. All'ora suindicata non mancai al convegno, meco recando i preparati ragguagli del movimento da operarsi (....) ma con mia sorpresa trovai che S.E. il ministro** (della Guerra) **aveva dal canto suo redatti altri ragguagli, i quali egli lesse alla presenza di tutti i capi riuniti senza altre spiegazioni (....).**" E. Bava, "Relazione delle operazioni militari" cit., pag. 26.
[458] Oggi Santa Lucia è parte integrante dell'abitato di Verona, nella zona Sud Ovest della città, circoscrizione 4. All'epoca la posizione era molto forte, dato che inglobava, fra l'altro, la forte struttura del muro del cimitero, dotato di feritoie.

234

conseguenza esercita una forte pressione ma si sposta, gradualmente, verso Santa Lucia. Pertanto, nonostante la notevole organizzazione difensiva di tale abitato, viene facilitata l'azione della colonna di destra, che occupa Santa Lucia.

Le posizioni centrali di San Massimo non sono state occupate, mentre a sinistra l'attacco a Crocebianca procede con difficoltà, in una serie di scontri lunghi e violenti.

Il re, nel quadro della sua personale interpretazione del concetto di ricognizione offensiva, ritiene di sospendere l'attacco e di ritirarsi sulle posizioni iniziali. Una decisione di certo affrettata, dato che le operazioni procedevano in maniera sostanzialmente favorevole.

La ritirata viene effettuata in perfetto ordine dalle varie unità, che durante la giornata hanno combattuto con coraggio e decisione. Consistenti le perdite. Preso atto della rottura del contatto, gli austriaci hanno attaccato Santa Lucia, ma sono stati respinti dalla brigata Cuneo, che si è ritirata per ultima.

"alla sera tutte le truppe ripresero le posizioni che avevano lasciate la mattina. Le perdite fra morti e feriti furono 750 italiani, 900 austriaci; il risultato materiale fu nullo da ambo le parti, ma gran vantaggio morale ne trassero gl'imperiali. Da questa battaglia si chiuse il periodo di iniziativa da parte deg'Italiani"[459]
Affinchè il futuro imperatore Francesco Giuseppe sia adeguatamente "militarizzato", la madre Sofia e la corte lo hanno mandato da un mentore esperto e fidato come il feldmaresciallo Radetzky. Questi oggi ha mandato il principe ad assistere alla battaglia di Santa Lucia. Ma le cose sono andate in maniera diversa dal previsto, dato che Francesco Giuseppe ha corso qualche pericolo[460] ed è stato inviato nelle retrovie. Naturalmente Radetzky è ben lieto di aver abbreviato la sua permanenza in prima linea.

Nel dramma delle guerre del 48 – 49 e degli anni successivi il comportamento di Radetzky in occasione delle visite di Francesco Giuseppe ha raggiunto involontariamente aspetti grotteschi, dato che tutte le visite sono finite male.

Milano, 7 maggio 1848

---

[459] Gennaro Moreno, "Trattato di Storia militare", Tipografia Soliani, Modena, 1892, volume II, pag. 293.
[460] Franz Herre racconta il fatto con larvata ironia: **"Il corpo d'armata del generale d'Aspre von Hoobreuk (….) si trovò minacciato sui fianchi e in quella difficile situazione venne a trovarsi anche l'erede al trono che era stato assegnato al generale come ufficiale d'ordinanza. Una cannonata cadde vicino a Francesco Giuseppe, il suo cavallo si imbizzarrì, ma egli se la cavò con uno spavento. Il generale lo rispedì indietro, presso una divisione di ussari in riserva. (….)** In: F. H.: "Francesco Giuseppe", cit., pagg. 63 – 64.

E' a Milano Vincenzo Gioberti, che si dà molto da fare per rafforzare il fronte monarchico. La sua azione a Piacenza è stata utilissima per una rapida annessione della città e dello stesso ducato al Piemonte. Ora opera a Milano: parla al popolo e sostiene che la fusione della Lombardia con il Piemonte non contrasta le sue idee federaliste.

Gioberti ha due finalità: fissare le elezioni per la fusione della Lombardia con il Piemonte e approfondire la conoscenza delle intenzioni di Mazzini. A tal fine ha avuto la gentilezza, passando da Genova, di andare a salutare sua madre, Maria.

L'incontro con Mazzini è stato corretto, quasi cordiale, ma Gioberti ha dovuto prendere atto della totale opposizione dei repubblicani a elezioni da effettuarsi prima della fine della guerra.

Torino, 8 maggio 1848

Si apre la pima legislatura del Regno di Sardegna. E' approvato un regolamento chesi ispira a quello belga del 1831 ed a quello francese del 1839.

La forte personalità e l'alto livello culturale di Vincenzo Gioberti sono tali che è il primo deputato eletto alla funzione di presidente della Camera.

Cornuda (TV), 9 maggio 1848, la battaglia

Gli austriaci del generale Nugent, dopo avere conquistato Udine e Belluno, cercano di estendere il controllo della pianura veneta, muovendo verso Ovest. La novità degli ultimi giorni è la presenza delle truppe pontificie del generale Giovanni Durando.

Nugent, fra varie possibilità di azione, ha deciso di conquistare Treviso, muovendo verso sud, in direzione di Cornuda.

Il generale Durando è convinto che tale manovra non sia quella principale: lascia a Cornuda il generale Ferrari con circa 10.000 volontari e si schiera più ad ovest.

Nugent la sera dell'**8 maggio** arriva nei pressi di Cornuda. Alle ore 07.00 del giorno 9 attacca. Ferrari prende atto che si tratta dell'azione austriaca principale e chiede rinforzi a Durando, che li garantisce ma non li invia.

Alle 12.30 i volontari continuano a combattere brillantemente. Durando sta per portarsi a Cornuda ma viene a sapere che una colonna austriaca marcia su Primolano. Crede di poter prendere atto che i suoi sospetti fossero giusti: ritiene che l'azione nemica su Cornuda sia una mossa diciamo così falsa. La vera azione, invece, è su Primolano. Continua pervicacemente in tale convinzione anche quando la colonna austriaca si dirige verso Feltre.

Alle ore 19.00, dopo 12 ore di duro combattimento, il generale Ferrari si ritira in Treviso. Le perdite sono limitate, ma i volontari sono in crisi: vicini alla vittoria, la disorganizzazione dei comandi ha causato una grave sconfitta. Anche il governo della Repubblica è in crisi: non ha adottato una politica militare adeguata tanto che, alla difesa del Veneto e del Friuli, stanno combattendo prevalentemente molti romani ed alcuni piemontesi.

Posen (ora Poznàn, voivodato di Wielkopolskie), 9 maggio 1848

Un'offensiva dell'esercito prussiano annienta gli ultimi focolai della guerriglia in Posnania. Viene firmata la capitolazione.

Il generale Mieroslawski è andato all'estero ed ora è alle dipendenze del governo siciliano.

Palermo, 10 maggio 1848

Il Presidente del comitato insurrezionale, Ruggero Settimo, da marzo eletto Presidente del Consiglio dal Parlamento, è nominato padre della Patria siciliana. Rimane invariata la scelta nazionale italiana, che si auspica possa essere attuata in un quadro federale.

Petervaradino (Novi Sad), 10 maggio 1848

Il comandante delle truppe della Vojvodina, generale Djordje Stratimirovic, d'accordo con il duca Supljiac ed il patriarca Josif Rajacic, prende contatto, in via semiufficiale, con il Principato autonomo di Serbia, per avere aiuti militari.

Il principe Aleksandar Karadjordjevic è molto lieto della richiesta e dà incarico al tenente colonnello Stevan Petrovic Knicanin[461] di organizzare reparti di volontari da condurre sotto il suo comando in Vojvodina.

Aleksandar tende a conseguire una serie di importanti obiettivi. Rafforzare la sua posizione come rappresentante di tutti i serbi. Superare la tradizionale dipendenza dalla politica austriaca (sostenuta dalla famiglia Obrenovic[462]), rafforzare il ruolo militare e politico del

---

[461] Knicain, nato nel 1807, è stato ufficiale nella guardia del principe Milos Obrenovic. Poi responsabile del distretto di Jasenicki e, successivamente, di quello di Smederevo. Dopo l'affermazione della famiglia Karagjorgjevic, nel 1842, è stato promosso tenente colonnello dal principe Aleksandar. Morrà a Belgrado nel 1855.

[462] Per quasi tutto il XIX secolo vi è stato un continuo confronto, in Serbia, fra gli Obrenovic, filoaustriaci e conservatori, ed i Karagjorgjevic, filorussi e su posizioni più aperte. Sono state le famiglie più importanti nelle due rivoluzioni antiottomane: quella del 1804, gestita da un

Principato nei Balcani e mettere una sorta di ipoteca sul futuro della Voivodina che, non può non tendere a rapporti sempre più stretti con la Serbia. Per attuare tutto ciò Knicanin, ben visto a Vienna ed a Belgrado, ha una solida esperienza del complesso mondo della Voivodina. Appare, quindi, la persona più adatta per sostenere la politica del principe.

Piacenza, 10 maggio 1848

Oggi vi è la proclamazione del plebiscito del 2 maggio. Fabrizio Gavardi e Antonio Rebasti andranno a Sommacampagna (VR) a darne comunicazione a Carlo Alberto. Il parlamento di Torino approverà l'annessione e sarà inviato a Piacenza il commissario regio. In **giugno** si terranno le elezioni, in cui Pietro Gioia sarà eletto deputato. A Piacenza la storia assegnerà giustamente la denominazione di "la primogenita" dell'unità italiana.

Treviso, 11 maggio 1848

Il generale Nugent fa pervenire al comitato che regge la città di Treviso l'imposizione della resa, respinta dalla città. Il generale Ferrari reputa che verrà a Treviso il generale Durando e lascia il generale Alessandro Guidotti[463] con 3.600 uomini, mentre lui si sposta nell'area di Mestre.

Ma le relazioni fra i due generali sono pessime. Guidotti è stato coinvolto nelle recriminazioni e accuse successive alla battaglia di Cornuda. Accusato addirittura di tradimento da Ferrari, Guidotti, per reazione e per dimostrare il proprio coraggio personale, effettua contro un'unità austriaca un colpo di mano pericoloso, addirittura suicida, e viene ucciso. Il frate Ugo Bassi[464] che lo ha seguito è rimasto ferito.

Karagjorgjevic, e la seconda, del 1815, diretta da un Obrenovic. Alla fine, il 10 giugno 1903, prevarranno definitivamente i Karagjorgjevic, a seguito dell'assassinio del re Alessandro Obrenovic e della moglie Draga da parte di un gruppo di ufficiali sostenitori di Pietro I Karagjorgjevic. Da ciò la successiva politica nettamente antiaustriaca della Serbia.

[463] Il generale marchese Alessandro Guidotti Magnani è nato a Bologna nel 1790. Ha partecipato alle guerre napoleoniche in Spagna ed in Russia, dove è stato ferito, fatto prigioniero e deportato ad Astrakan. Ha partecipato ai fatti del 1831, con il grado di colonnello essendo uno dei cinque capi della guardia provinciale. Successivamente ha comandato un reparto di volontari bolognesi ed è stato arrestato dagli austrac., ma ha fruito di amnistia e si è recato in Svizzera, Francia ed Inghilterra. Nel 1847 è stato comandante della guardia civica di Bologna. Ha comandato una brigata sul basso Piave, ma è entrato in contrasto con il generale Ferrari. A Treviso, il 12 maggio 1848, è andato contro gli austriaci, facendosi ammazzare.

[464] Ugo Bassi (nome di battesimo Giuseppe) è nato a Cento (FE) nel 1801. Barnabita nel 1821, è divenuto un famoso predicatore, come l'amico padre Gavazzi. Nel 1848, ad Ancona, si è unito alle truppe volontarie. Ha partecipato alla battaglia di Treviso, a quelle della Repubblica di Venezia ed alla Repubblica Romana. Con Garibaldi nel ripiegamento verso l'Adriatico ed il Nord, sarà fatto prigioniero il 2 agosto 1849 vicino Comacchio e fucilato sei giorni dopo, a Bologna, senza processo.

Corre voce che il generale Nugent sia malato.

Venezia, 11 maggio 1848

In ritardo il governo di Venezia si esprime sul problema sollevato a Padova il 26 aprile dai rappresentanti di cinque province. Concorda sulla costituzione di un'assemblea lombardo veneta, ma deve subito prendere atto che a Milano hanno già risolto il problema decidendo per un plebiscito sull'annessione al Piemonte. Anche le città venete ancora libere decidono per un plebiscito, che risulta favorevole all'annessione. Viene inviata, in tal senso, richiesta a Torino.

Venezia rimane fuori da tutto ciò e rinvia ogni decisione al **3 giugno**. Preferisce non deciderere, anche di fronte all'avanzata austriaca.

Milano, 12 maggio 1848

Viene pubblicato il decreto che fissa le elezioni per la fusione con il Piemonte. I repubblicani si armano e si preparano ad attaccare il governo provvisorio. La situazione è molto grave. Interviene Mazzini che esorta a non mettere in crisi la causa nazionale provocando una guerra civile mentre si combatte con l'Austria. Alla fine riesce a calmare gli animi e la rabbia, almeno ufficialmente, si placa.

Napoli, 13 maggio 1848

La giornata si apre con la pubblicazione di un manifesto firmato dal re nel quale si sottolinea l'importanza dell'apertura della Camera dei deputati e della nomina della Camera dei pari. Ferdinando II reputa che sia naturale, comunque possibile, in casi importanti e solenni come quello, che tutte le passioni si esaltino e sia alterata la pace interna. Ma coloro che intendessero attentare all'ordine costituito di fatto farebbero, oggettivamente, un regalo ai nemici dell'Italia. In ogni caso il governo garantirà la tutela dei cittadini contro coloro che volessero provocare illegalità. In definitiva il manifesto fa ben sperare che il re segua una politica coerente con gli impegni solennemente assunti.

Contemporaneamente, però, emergono forti perplessità. Il governo Troya si è dimesso, il che fa presumere che la democrazia sia in crisi ancora prima di essere completamente instaurata. Intanto il re cerca di rinviare il problema, non accettando le dimissioni. Inoltre l'ordine pubblico dovrebbe essere tutelato dalla guardia nazionale, il cui capo di stato

---

Fatto, questo, che costituisce una delle varie azioni crudeli ed illegittime poste in essere dal capitano auditore Karl Pichler von Deeben.

maggiore è Gabriele Pepe [465], che, però, in merito, non ha ricevuto ordini. Come se la guardia non esistesse. Bisogna considerare, comunque, l'importante prestigio del Pepe. Infatti il re, in precedenza, gli aveva offerto prima l'incarico di presidente del consiglio, che aveva rifiutato, poi la nomina a ministro della Guerra e della Marina, anch'essa rifiutata. Infine gli ha assegnato l'incarico al comando della guardia, a supporto del comandante, generale Francesco Pignatelli di Strongoli, di cui Pepe era già stato aiutante in passato. Incarico, questo, accettato, dato che Pepe intendeva garantire l'ordine in una situazione che considerava pericolosissima per l'incolumità della popolazione.

Mentre la guardia nazionale è, in certo senso, "cortocircuitata", viene disposto dalla corte un impiego quanto meno imprudente – se non provocatorio - delle truppe, che hanno occupato alcuni punti strategici e presidiano tutti i forti. Per tale impiego sono stati utilizzati, in particolare, i mercenari svizzeri, nei cui confronti la corte nutre particolare fiducia. E', infatti, diffusa la convinzione che le artiglierie dei forti non sparerebbero sulla popolazione e che buona parte dell'ufficialità sia vicina alle posizioni mazziniane. Il generale Roberto Carrascosa, futuro ministro, ha avuto il compito di coordinare l'attività dei reparti. Essendo uno dei capi più reazionari dell'esercito, svolge il suo ruolo con notevole impegno e particolare soddisfazione.

Verso sera, alcuni gruppi di popolani iniziano a costruire barricate nel centro della città. In definitiva, vanno affermandosi due tendenze che, pur essendo ideologicamente opposte, di fatto sono operativamente sinergiche. Il re desidera che sia insediata una Camera per quanto possibile inoffensiva, mentre i mazziniani non gradiscono la nascita di un tranquillo costituzionalismo, che rafforzerebbe la monarchia. Da ciò una sorda atmosfera di protesta,

---

[465] Gabriele Pepe, nobile di Civitacampomarano, cugino di Vincenzo Cuoco, era un importante letterato e storico, amico di Leopardi, Manzoni, Poerio ecc., nonchè membro di varie Accademie. Ha partecipato alla Repubblica del 1799, è stato imprigionato ed ha avuto la casa distrutta dai sanfedisti. Ha dovuto fuggire e ha combattuto con Napoleone, tornando dopo due anni in Molise. Successivamente ha partecipato eroicamente alla campagna di Spagna, divenendo ufficiale superiore. Ferito a Macerata, durante la campagna del 1815 di Murat, è stato comandante delle truppe in Calabria. Eletto deputato durante la rivoluzione del 1820, alla restaurazione dell'assolutismo è stato esiliato in Moravia, poi a Firenze, dove ha approfondito la sua attività letteraria ed ha sfidato a duello e ferito Lamartine, segretario di legazione della Francia nella capitale toscana, che aveva definito l'Italia "terra dei morti". Infine è rientrato a Civitacampomarano, proseguendo i suoi studi. Dopo i fatti del 1848 sarà eletto deputato. Alla definitiva chiusura della Camera, rientrerà a Civitacampomarano, dove morirà nel 1849. Le sue spoglie saranno disperse da don Bellaroba, che lo considerava un pericoloso rivoluzionario, e che per tale grave atto sarà processato e sospeso a divinis.

una grande agitazione, un sostanziale contrasto di fondo fra gli stessi parlamentari a causa delle loro posizioni ideologiche estremamente antitetiche. [466]

In ogni caso è domenica. Pertanto tutto è rinviato a domani.

Napoli, 14 maggio 1848

Va delineandosi un netto contrasto. Il tema del testo del giuramento dei deputati può anche essere superato, con un compromesso. Il problema che diviene sempre più importante è quello dello Statuto. Una larga parte dei deputati, l'ala più intransigente, non può accettare che sia vietata la discussione ed il perfezionamento dello Statuto stesso.

Il re comunica ai deputati una nuova formula del giuramento: "**Prometto e giuro innanzi a Dio fedeltà al re costituzionale Ferdinando II: Prometto e giuro di compiere con il massimo zelo e con la massima probità ed onoratezza le funzioni del mio mandato. Prometto e giuro di essere fedele alla costituzione quale sarà svolta e modificata dalle due Camere d'accordo con il re.....**"

Napoli, 15 maggio 1848: le barricate

I deputati sono fiduciosi: accettano l'ultima formula del giuramento pervenuta nella notte e fanno pubblicare un manifesto con il quale ringraziano la guarda nazionale ed il popolo, esortando la prima a far smantellare le barricate. Interviene anche il generale Pepe. Ma inutilmente. Anche la guardia si divide in due fazioni, come i deputati: liberali e democratici rivoluzionari. Fra questi ultimi il capitano Giovanni La Cecilia ha un forte seguito. Sostiene che bisogna pretendere che sia abolita la Camera dei pari e che le fortezze passino sotto il controllo della guardia nazionale

---

[466] Un esponente mazziniano molto interessante era Giovanni La Cecilia, nato a Napoli nel 1801. Carbonaro, rivoluzionario nel 1820, condannato, esule nel 1827 a Livorno, dal 1830 ad Aiaccio, Marsiglia, Tours e Parigi, ove ha costituito la Giunta liberatrice italiana, di cui era segretario. La Cecilia era di estrema sinistra, vicino a Francesco Domenico Guerrazzi ed ai successori di Filippo Buonarroti. Poi ha iniziato una stretta collaborazione con Mazzini, essendo in prima fila nella ripresa rivoluzionaria che lo ha visto molto attivo il 6 febbraio 1848 nei moti dei facchini di Livorno. Successivamente è rientrato a Napoli, divenendo capitano della guardia nazionale. Esperto organizzatore di moti e provocazioni, sarà uno dei maggiori protagonisti delle vicende scoppiate all'apertura della Camera. La Cecilia è molto amico di Pietro Mileti, il maestro di scherma di Reggio, anche lui schierato su posizioni radicali e con un numeroso seguito giovanile. In Toscana con Guerrazzi nel 1849, avrà un ruolo nel mondo della diplomazia, poi andrà di nuovo in esilio. Negli anni '50 sarà giornalista e, dopo il 1860, rientrato a Napoli, si dedicherà agli studi storici, pubblicando vari volumi, nei quali, fra l'altro, intenderà formulare giudizi obiettivi o, comunque, equanimi sui Borboni. Morirà nel 1880.

Al mattino presto, i ministri Carlo Dragonetti, Antonio Scialoia e Raffaele Conforti si recano dal re per cercare un compromesso sulla richiesta che la Camera assuma le funzioni di assemblea costituente. Ferdinando nega qualsiasi rilettura dello Statuto. Dragonetti riferisce la posizione del re al presidente Carlo Troya, che conferma le dimissioni del governo. Successivamente, alle 10.00, i deputati Capitelli ed Imbriani, recatisi alla reggia per un ulteriore tentativo di accordo, sono arrestati.

Intanto viene completata la costruzione delle barricate (in tutto sono settantanove) e sono distribuite le munizioni, anche se la disponibilità delle stesse è molto limitata: in media sono otto cartucce a testa. Gli svizzeri, in piazza San Ferdinando, sono schierati contro le barricate costruite all'inizio di via Toledo. Intorno, a mezzogiorno, aumenta la tensione, dato che si sentono due fucilate Un colonnello svizzero si avvicina ai rivoltosi con la scusa di fare da tramite con la corte. In realtà controlla l'organizzazione delle barricate. Scompare nella reggia e poi torna, organizzando i suoi per un attacco. La situazione diventa sempre più grave, finché una fucilata uccide il colonnello, determinando l'inizio degli scontri. Una bandiera rossa, sulla reggia, dà ordine alle batterie di forte Sant'Elmo di sparare. Gli svizzeri attaccano il primo ordine di barricate, ma vengono respinti. Alcuni cannoni in piazza San Ferdinando sparano sulle barricate. La resistenza è molto dura. L'azione delle truppe è di una violenza talmente selvaggia che arriva a stupri, saccheggi, assassini ed arresti indiscriminati. Si è parlato di duecento o quattrocento morti ma sembra che le vittime siano circa duemila.

I deputati sono riuniti a Monte Oliveto. Non riescono ad incidere sulla situazione. Sono divisi. La maggior parte, costituita da liberali e moderati, tende ad una soluzione concordata con il re. I democratici e i mazziniani cercano, invece, di promuovere la rivoluzione, mobilitando la guardia nazionale, facendo affluire a Napoli anche i reparti delle città vicine, per contrattaccare le truppe reali. Viene costituito un comitato di salute pubblica, che non riesce ad organizzare le resistenza, data la generale differenza di opinioni. La Cecilia insiste e, con lui, Costabile Carducci, che aveva già organizzato un possibile afflusso delle guardie nazionali salernitane. Anche Petruccelli, che fa parte del comitato, concorda su un'azione decisa. Ma è tutto inutile.

Così, quando un capitano svizzero comunica a nome del re la chiusura dell'assemblea, i deputati si ritirano, ma cinquantaquattro firmano la seguente protesta, redatta da Pasquale Stanislao Mancini:

"La camera dei deputati, riunita nelle sue sedute preparatorie in Monte Oliveto, mentre oggi, 15 maggio 1848, era intenta ai suoi lavori e all'adempimento del suo mandato, si vedeva aggredita con inaudita infamia dalla violenza delle armi regie nelle

persone inviolabili dei suoi componenti nelle quali è la sovrana rappresentanza della Nazione; protesta davanti alla Nazione medesima, davanti all'Italia, l'opera del cui provvidenziale risorgimento si vuol turbare con un nefando eccesso; davanti a tutta l'Europa civile, oggi ridesta allo spirito di libertà, contro quest'atto di cieco ed incorreggibile dispotismo e dichiara che essa sospende le sue sedute, solo perché costretta dalla forza brutale; ma, lungi dall'abbandonare l'adempimento dei suoi solenni doveri, non fa che sciogliersi per riunirsi di nuovo dove ed appena potrà, al fine di prendere quelle deliberazioni che sono acclamate dai diritti del popolo, dalla gravità della situazione e dai principi di inculcata umanità e dignità nazionale."[467]

Parigi, 15 maggio 1848: la rivolta

La popolazione insorge e invade il Palazzo Borbone, sede dell'Assemblea, pretendendone lo scioglimento. Il ricordo delle vicende rivoluzionarie dell'89 induce i rivoltosi ad occupare il Comune per instaurare un governo provvisorio.

Si perde tempo. L'organizzazione è quasi inesistente. Interviene con durezza la Guardia nazionale, sedando la rivolta e procedendo ad arresti.

In ogni caso inizia un periodo difficile, che metterà in crisi la Seconda Repubblica.

Napoli, 16 maggio 1848

Ferdinando II accetta le dimissioni del governo Troya e nomina Gennaro Spinelli, principe di Cariati,[468] presidente di un governo conservatore in cui lo Spinelli è anche ministro degli Esteri. Data la situazione, appare logico procedere alla sostituzione del precedente governo democratico. Peraltro l'aver scelto l'attuale presidente è stato un atto molto abile: sia come

---

[467] P. Giudici "Storia d'Italia" cit., vol IV, pag. 593.
[468] Gennaro Spinelli Barile, principe di Cariati, marchese di Fuscaldo, principe di Sant'Arcangelo, duca di Caivano e di Marinella è nato a Napoli nel 1780. Ufficiale di marina, aiutante di bandiera dell'ammiraglio Caracciolo, ha sostenuto la Repubblica del 1799 e, poi, ha aderito al regime di Giuseppe Bonaparte e di Gioacchino Murat. Tornati i Borboni è stato confermato nei suoi incarichi. Nel 1820 ha sostenuto il regime rivoluzionario anche in diplomazia, per cui nel 1821 è stato esule a Londra. Nel 1825 ha potuto tornare a Napoli. Nel 1848 è stato ministro degli Esteri del governo Serracapriola e, con lo stesso incarico, ha fatto parte del governo Troya. Presidente del Consiglio dal 3 aprile 1848 al 7 agosto 1849, è stato avverso all'alleanza con il Regno di Sardegna. Ha richiamato le truppe dalla pianura padana, reprimendo le proteste e la rivolta in Calabria ma quando la repressione ha assunto caratteri particolarmente duri ha preferito ritirarsi, esprimendo le contraddizioni e le difficoltà di tanti liberali monarchici che erano anche moderatamente nazionali. Spinelli sosteneva che il suo governo era napoletano ed italiano. Morirà oppresso da disturbi mentali nel giugno del 1851.

ufficiale che come diplomatico è stimato dai democratici e dai liberali e sostenuto dai conservatori[469].

Ma, nonostante tale valida scelta, i violenti contrasti successivi alla giornata del 15 maggio non si sono attenuati. Le contraddizioni, anzi, continuano a manifestarsi in maniera sempre maggiore, finché, dopo quindici mesi, anche il ministero Spinelli cadrà. Comunque i suoi ministri sono: agli Interni ed all'Istruzione pubblica, il cav. Francesco Paolo Bozzelli; alla Grazia e Giustizia e alle Finanze Francesco Paolo Ruggiero; ai Lavori pubblici il generale Raffaele Carrascosa; ad Agricoltura, Commercio ed Affari Ecclesiastici Giuseppe Caracciolo, principe di Torella; alla Guerra ed alla Marina il Maresciallo di campo Francesco Pinto, Principe d'Ischitella. Oltre all'azione violenta contro i rivoluzionari del Carrascosa come comandante delle truppe (che gli consentirà di rimanere al governo fino alla caduta dei Borboni), il Ruggiero, nelle settimane precedenti, invitava a casa sua a cena gruppi di deputati, per avere netta cognizione delle loro idee, di cui informava il sovrano. Anche Bozzelli si era dato molto da fare. Perciò il re, che non poteva soffrire gli ultimi due, è stato, comunque, obbligato a tenerli al governo.

Il "Giornale Costituzionale", organo ufficiale del governo, pubblica una sintesi della situazione. Fra l'altro specifica che:

"La Guardia nazionale della città di Napoli, che ha sì mal corrisposto alla fiducia che le era accordata, è stata già disciolta, per essere in seguito riordinata a' termini delle leggi. Le Camere legislative di cui nel giorno di ieri venne impedita di fatto la riunione, non tarderanno ad essere convocate con altro apposito decreto, per affiancare del loro autorevole concorso i principi dell'ordine, della legalità e della prosperità generale, che formano il preminente obiettivo delle cure del real Governo"[470]

Successivamente Petruccelli avrebbe precisato che:

"Lo stato di assedio fu proclamato; la camera e la guardia nazionale disciolta; una commissione di scrutinio creata; il disarmamento della città imposto; gran numero di funzionari pubblici proscritti; gli agenti e la forza della polizia accresciuti; mandati di arresto per migliaia di cittadini scritti sulle liste e condannati da lungo tempo, segnati;

---

[469] Due volte principe, due duca ed una marchese, Germano Spinelli, nel 1799, a diciannove anni, già ufficiale di marina, ha aderito alla Repubblica napoletana, operando con l'ammiraglio Caracciolo. Poi è stato ufficiale nell'esercito napoleonico e, infine, ha ricoperto, nel regno di Napoli, le funzioni prima di ufficiale con Murat (eroica la sua partecipazione alla battaglia della Moscova durante la campagna di Russia) e, poi, di diplomatico con i Borbone (ambasciatore a Parigi e a Vienna).

[470] "Giornale Costituzionale del Regno delle Due Sicilie", n. 107, martedì, 16 maggio 1848.

l'assassinio del Saliceti ordinato e tentato, come quello del Santilli erasi già consumato. L'effetto che Napoli produceva sull'anima è indescrivibile. La luce lieta del sole, che nei giorni precedenti dilettavasi ad abbellirla, vi cadeva sbianchita, solitaria, come sull'arena del deserto dopo che il simoun vi è passato. Un popolo naturalmente gaio e fragoroso era scomparso. Lo squallore, il terrore svolazzavano per l'atmosfera e l'agghiacciavano."[471]

Matera, 16 maggio 1848

In Basilicata, soprattutto nella zona di Matera, i contadini hanno occupato alcune aree dei latifondi. Ma la notizia degli avvenimenti di Napoli raffredda notevolmente gli entusiasmi. Le autorità locali, al solito, seguono attentamente gli avvenimenti senza intervenire.

Venosa (PZ), 16 maggio 1848

La cittadinanza è in lutto perché è morto, nella rivolta napoletana del 15 maggio, Luigi La Vista, ventiduenne, molto ben visto dalla popolazione. Nipote di un giacobino della Repubblica napoletana, figlio di un medico che aveva partecipato alla rivoluzione del 1821, orfano di madre a cinque anni, a Napoli aveva frequentato prima giurisprudenza, poi lettere con Francesco De Santis[472] che per lui aveva grande stima, come persona e come letterato.

Contro l'azione repressiva del re, De Santis, con i suoi allievi, fra cui La Vista, hanno combattuto sulle barricate di via Toledo. Dopo gli scontri e la vittoria dei mercenari svizzeri gli insorti hanno cercato di disperdersi. Ma La Vista è stato riconosciuto, brutalmente arrestato, portato a Piazza Carità e fucilato, alla presenza del padre, che era stato anche lui sulle barricate.

I suoi scritti saranno pubblicati postumi.

---

[471] Petruccelli: "La rivoluzione di Napoli", cit., para , pag
[472] Francesco De Sanctis è nato a Morra Irpina (oggi Morra De Sanctis) nel 1817. Laureato in lettere e filosofia. Ha insegnato alla scuola militare della Nunziatella ed in un corso privato con allievi di alta qualità. Da una visione vagamente romantica è passato ad una concezione sostanzialmente hegeliana. Ha partecipato con alcuni allievi ai moti del 1848 a Napoli. Rifugiato in Calabria, dove ha iniziato a scrivere i saggi critici, nel 1850 è stato arrestato e condannato. Ma dopo due anni circa è stato espulso dal Regno. E' riuscito ad andare a Torino, dove ha insegnato in un collegio ed ha svolto un'intensa attività giornalistica. Poi è divenuto professore di letteratura italiana all'università di Zurigo. Nel 1860 ha aderito al partito d'azione mazziniano. Dopo la campagna garibaldinaa, è stato nominato governatore della provincia di Avellino e, successivamente, ministro nel governo Pallavicino. Nel 1861 è stato eletto alla Camera. Si è trattato della prima di otto legislature, dal 18 febbraio 1861 al 22 gennaio 1884, quando è morto. Ministro della pubblica Istruzione dal 23 marzo 1861 al 3 marzo 1862 e, successivamente, dal 24 marzo 1878 al 19 dicembre 1878 e dal 25 novembre 1879 al 1° gennaio 1881. Ha insegnato letteratura comparata presso l'Università di Napoli. Importante la sua "Storia della letteratura italiana". E' morto a Napoli nel 1884.

Cosenza, 16 maggio 1848

Viene costituito un comitato di salute pubblica. Dopo la repressione violenta del 15 maggio, a Cosenza – e, più in generale, in Calabria – si reputa che la rivoluzione costituisca l'unica soluzione per risolvere i problemi nazionali e sociali. In tale quadro alcuni esponenti si sono posti alla sinistra di Mazzini.

Fa parte del comitato Benedetto Musolino che, con "I figliuoli della Giovine Italia" è su posizioni di estrema sinistra e, con Domenico Mauro, Francesco Federici e Raffaele Valentini sostiene l'importanza di un'adeguata suddivisione delle terre, unita alla rinascita degli antichi valori morali. Il rispetto ed il perseguimento della virtù sono considerati di basilare importanza. Si ritiene che proprio la ricerca e l'affermazione della virtù costituiscano il principale insegnamento della Repubblica napoletana del 1799.

Comitati di salute pubblica sono in corso di costituzione in tutti i principali centri. Quello di Cosenza diviene di fatto l'organo di riferimento ed anche di coordinamento degli altri comitati. Inizialmente è costituito da Raffaele Valentini, presidente, e da Giuseppe Ricciardi,[473] Stanislao Lupinacci,[474] Giovanni Mosciaro, Francesco Federici, Domenico Mauro. Dopo pochi giorni Valentini si dimetterà e sarà sostituito da Ricciardi[475]. I dicasteri

---

[473] Il conte Giuseppe Ricciardi è nato a Napoli nel 1808, figlio di Francesco, ministro della Giustizia durante il regno di Murat. Mazziniano, dal 1832 ha pubblicato "Il Progresso delle scienze, delle lettere e delle arti", rivista famosa e molto seguita. E' stato arrestato nel 1834. Alla fine, pur essendo liberato, è stato perseguitato dalla polizia, tanto che nel 1836 ha dovuto rifugiarsi all'estero. In Francia, pur rimanendo su posizioni mazziniane, ha frequentato i capi socialisti. In contatto con i rivoluzionari del Regno e con i fratelli Bandiera ha dato informazioni a questi ultimi sui moti cosentini del marzo 1844, finanziando la loro spedizione. Eletto alla Camera nel 1848 in Puglia al primo scrutinio, dopo il 15 maggio si è recato in Calabria, unico posto dove la protesta ha assunto carattere di rivoluzione. Presidente del governo provvisorio, dopo la repressione borbonica è riuscito a fuggire a Corfù, poi a Malta, infine in Piemonte. Deputato del Regno d'Italia per 10 anni, dal 1860 al 1870. All'inizio del concilio Vaticano I ha organizzato a Napoli un anticoncilio a carattere massonico. Ha pubblicato molti lavori di storia, letteratura, ecc., editi in otto volumi. Morirà nel 1882.
[474] Stanislao Lupinacci, patrizio di Cosenza e barone di Scalzati e Ponticelli, è stato un grande proprietario terriero. Ha fatto parte del comitato ed è stato condannato a morte in contumacia nel 1852 dalla gran corte di Calabria Citra. Morirà in esilio nel 1858.
[475] Ricciardi è stato uno dei deputati che il 14 ed il 15 maggio hanno operato con maggiore energia e coraggio a difesa della Camera. Intendendo attuare quanto precisato nella protesta scritta da Mancini e firmata da 64 deputati in ordine alla continuazione delle riunioni della Camera in altra sede, pur essendo fuggito a Malta, dato che Musolino gli ha fatto sapere che in Calabria stava nascendo una promettente situazione rivoluzionaria, è andato a Messina, poi si è spostato a Villa San Giovanni, incontrando i responsabili del locale comitato. Poi è andato a Monteleone, Nicastro e Catanzaro, dove ha incontrato il comitato provinciale ed infine è arrivato a Cosenza, sempre accolto con entusiasmo. Con Musolino il **2 giugno** ha invitato tutti i deputati a recarsi a Cosenza per riprendere le riunioni, ma nessuno si è presentato. Ricciardi sperava che accorressero soprattutto i deputati

sono quattro: ministro dell'Interno è Mauro, della Giustizia Federici, delle Finanze Lupinacci, della Guerra Musolino. Questi, però, deve agire sotto la direzione di Ricciardi. I due sono molto amici, ma Musolino evidentemente non è lieto dell'oggettiva limitazione imposta al suo incarico. Sottolinerà che Ricciardi ha inteso avere l'intera responsabilità del governo e delle operazioni, ma, di fatto, non ha saputo dare soluzioni politiche ed operative adeguate. In realtà Musolino dimostrerà di essere molto più operativo di un intellettuale come Ricciardi, che non ha tassato la popolazione basandosi, quasi esclusivamente, sulle contribuzioni volontarie e mettendo in crisi le finanze di una provincia in guerra. Nessun sacrificio al popolo, è la sintesi della sua politica. Basti considerare che all'inizio si sono presentati 12.000 volontari, ma 4.000 sono stati immediatamente smobilitati per mancanza di fondi. E dire che erano tutti armati di fucili da caccia e pugnale. Si perseguono finalità di alta moralità: è abolito il gioco del lotto e diminuiti i prezzi di diverse derrate. In definitiva il Ricciardi, secondo la terminologia dell'epoca è un "ultraliberale" o un mazziniano con tinte sia sansimoniane che bonarrotiane ma, in definitiva, di fatto, segue prassi del tutto moderate. Il bello è che ha anche la capacità di autocriticarsi.

Il comitato di Cosenza intende dimostrare la novità del suo operare, garantendo un'adeguata trasparenza. Perciò rende pubblica la sintesi di tutta la propria attività, consentendo agli altri comitati di avere un riferimento per la loro organizzazione. A tal fine pubblicherà alcuni bollettini[476] che riporteranno le notizie essenziali della politica e della connessa attività amministrativa. Ad esempio, nel primo bollettino vengono trattati gli aspetti economici, le nomine nei quattro distretti della provincia e la regolazione delle attività commerciali, dei rapporti con il vescovo, del calmiere dei prezzi. Il **5 giugno** un proclama chiarirà gli aspetti inaccettabili della politica del re, farà riferimento all'utilizzo delle terre demaniali, ai diritti di semina e spingerà i cittadini dei vari comuni ad armarsi per difendere la patria minacciata. Gli 8.000 uomini mobilitati hanno sede a Campotenese, Paola, Spezzano Albanese e Curinga.

La principale finalità dei comitati calabresi è il ripristino della legalità democratica a premessa dell'unità e dell'indipendenza italiane. In particolare Musolino ed "I figliuoli della Giovine Italia" sostengono che la riforma agraria non deve essere attuata dopo l'unità nazionale. Anzi la ritengono utile proprio per conseguire nella maniera migliore l'unità

---

pugliesi, che lui ben conosceva e che, quasi tutti, erano su posizioni avanzate, come Cesare Zuppetta, autore delle "sette contraddizioni capitali" della monarchia, che intendeva marciare su Napoli o Valentino Epaminonda, famoso capo dei mazziniani di Terra d'Otranto, con la cognata Antonietta de Pace, che a Gallipoli passerà alla storia come "la signora garibaldina" o come tanti altri. Però il piano di Ricciardi non teneva conto che i vari deputati erano legati al rispettivo territorio Così è stato l'unico rappresentante, in Calabria, dei non calabresi. Perciò è stata quasi naturale la sua elezione alla presidenza.

[476] Saranno venti, più due straordinari. Anche il barone Marsico, a Catanzaro, ha pubblicato i bollettini della sua amministrazione, evidenziando le disposizioni di carattere militare, riguadanti due colonne mobili. Il **5 giugno** sono state date disposizioni per l'organizzazione della guardia nazionale.

stessa. In Calabria gli eletti alla Camera sono tutti radicali, tranne un filo borbonico, cinque moderati ed un indipendente. A Napoli, prima del 15 maggio, si erano distinti per il loro duro contrasto con i liberali. Pubblicavano manifesti ed avevano, in via Toledo, la loro sede operativa in un esercizio pubblico. Proprio perché le speranze connesse all'apertura della Camera sono state notevoli, la drammatica conclusione della riunione del 15 maggio ha provocato reazioni violente, rafforzando ulteriormente le correnti più radicali.

Nella provincia di Reggio la mobilitazione è minore di quella delle altre due province, sebbene il comitato locale sia molto efficiente. Bisogna tener conto, però, che molti centri e punti forti sono presidiati dai borbonici, sostenuti dalla flotta. Del comitato fanno parte Casimiro De Lieto, Antonino Plutino e Stefano Romeo, mentre responsabile dei volontari è Ferdinando De Angelis Grimaldi. A Catanzaro presidente è il barone Vincenzo Marsico ed i membri sono il marchese Vitaliano de Riso, Angelo Morelli, Tommaso Giardino,[477] Giovanni Scalfaro. Segretario è Rocco Susanna. Dai tre comitati provinciali dipendono i comitati distrettuali e da questi gli analoghi organismi comunali.

Prevale in tutti i comitati l'intenzione di coordinarsi con la Sicilia, il cui aiuto è chiesto ufficialmente. Ricciardi consiglia al comitato di Reggio di agire prontamente contro i presidi borbonici, ma Plutino convince i colleghi ad una maggiore metodicità, mentre De Angelis Grimaldi gira la provincia per aumentare il numero dei volontari disponibili. E' giusta la posizione di Ricciardi, secondo il quale in una situazione rivoluzionaria bisogna far presto e agire con energia. Peccato che tale posizione non sarà seguita da nessuno, nemmeno dallo stesso Ricciardi che, molto correttamente, lo riconoscerà nelle sue memorie, esprimendo, in merito, tutto il suo rammarico. Lo stesso aiuto della Sicilia arriverà in ritardo, nella notte fra il **13 ed il 14 giugno** 1848. Data la presenza della flotta borbonica il comandante, generale Ignazio Ribotti,[478] non potrà sbarcare in provincia di Reggio ma più a Nord, a Paola.

---

[477] Il barone Tommaso Giardino, nato a Catanzaro nel 1799, è stato un importante proprietario terriero.Oltre alla partecipazione al comitato, nel 1860 darà il suo contributo alla campagna di Garibaldi.

[478] Il conte Ignazio Ribotti di Molières è nato a Nizza nel 1809. Sottotenente dell'esercito piemontese nel 1826, ha partecipato alla congiura dei Cavalieri della libertà nel 1830. Condannato a nove mesi di carcere ed all'esilio è andato in Francia, ma è stato espulso per aver partecipato ai moti del 1832. In Portogallo fino al 1835 ha combattuto per il partito democratico, divenendo capitano. In Spagna ha combattuto fino al 1843, divenendo tenente colonnello. In Italia nel 1846 ha partecipato ai moti di Rimini ed è stato costretto a fuggire in Spagna. Nel 1848 è in Toscana e, poi, alle dipendenze del governo siciliano col grado di generale. Partecipa ai moti in Calabria ma, al loro termine, sarà arrestato e, senza processo, rimarrà in carcere per 5 anni. Dal 1855 rientrerà nell'esercito piemontese e sarà impiegato in missioni segrete, nell'organizzazione di un corpo per la guerra in Crimea e, nel 1859, in Emilia come comandante prima dei Cacciatori della Magra, poi della brigata Modena. Generale di divisione, sarà deputato nell'ultima legislatura del Regno sardo e nella prima di quello italiano. Morirà in Svizzera, a Briga, trovandosi di passaggio, nel 1864.

Potenza, 16 maggio 1848

I capi dei partiti democratico e liberale, Emilio Maffei e Francesco d'Errico, innanzi alle difficoltà insorte a seguito dei fatti del 15 maggio a Napoli, reagiscono trasformando il Circolo costituzionale in "Comitato per la difesa della Costituzione violata dal Re". La loro azione è molto incisiva. Vengono organizzate le forze volontarie e mantenuto l'accordo con i contadini.

Ma, di fronte alla posizione reazionaria del re, incominciano a manifestarsi le differenti politiche dei due partiti: il liberale che tende ad una difesa della Costituzione nella legalità ed il democratico, che intende armare il popolo.

Si verificano moti e scontri.

Vienna, 16 maggio 1848

Viene ritirata la Costituzione del 25 aprile, sostituita da una convenzione nazionale.

Anche quest'ultima ha lo stesso difetto di fondo della precedente: non tratta dei problemi delle varie nazionalità. Considerarli è ritenuta un'azione eversiva nei confronti della monarchia. Questa reprime soprattutto gli italiani, ritenuti capaci di prendere quelle iniziative che, seguite anche dalle altre nazionalità, potrebbero mettere in crisi l'Impero. Lo Stato, in definitiva, fruisce di due soli pilastri: la burocrazia e l'esercito.

Francoforte sul Meno, 18 maggio 1848

Nella chiesa di San Paolo s'insedia l'Assemblea nazionale pantedesca, espressione della sovranità del popolo degli Stati germanici, conquistata con la rivoluzione.Vi sono i rappresentanti di tutti gli Stati, compreso l'Impero austriaco. L'elezione è stata a suffragio universale diretto, sia pure sulla base di leggi elettorali diverse. Gli obiettivi essenziali sono due: costruire uno stato unitario tedesco e dargli una costituzione.

A dimostrazione che la grande, estesa rivoluzione è stata opera di una minoranza, i deputati sono quasi tutti su posizioni moderate ed ultramoderate. Espressione delle avanguardie democratiche è solo il 5% degli eletti. E' stato eletto un comunista in Slesia. Si tratta di Wilhelm Wolff, componente del comitato centrale della Lega dei comunisti. Già dal primo giorno si nota il carattere dell'Assemblea. Si è parlato dei diritti dell'umanità e sono state fatte accurate disquisizioni sui principi giuridici generali.

L'Assemblea appare fuori dalla realtà, ma le speranze sono grandi.

Roma, 18 maggio 1848

Si svolgono le elezioni politiche

Treviso, 18 maggio 1848

La città è assediata. Al suo interno i vari reparti volontari sono in crisi. Alcune azioni secondarie hanno un po' rialzato il morale. Ma la situazione rimane precaria.

Il generale Durando è a Piazzola. Il governo veneto insiste affinché soccorra Treviso. Alla fine il generale cede e si porta a sud della città. Gli austriaci, dato il rafforzamento delle difese cittadine, abbandonano l'assedio dirigendosi verso Verona. Intanto il generale Nugent, ricoverato per il riaprirsi di una ferita, è sostituito dal generale principe Wilhelm von Thurn und Taxis.

Treviso, comunque, non si è arresa.

Peschiera, 18 maggio 1848

Sono arrivate e vengono schierate le artiglierie pesanti, adatte al bombardamento dei forti. Sono 45 pezzi. Il comandante è il duca di Genova, un appassionato artigliere. Inizia il primo bombardamento, che si intensifica il **21 maggio**. I pezzi sono adeguatamente schierati. Lo scopo più importante è la prosecuzione del blocco, al fine di impedire qualsiasi rifornimento.

Il giorno **22 maggio** è aperta la prima breccia. Il bombardamento continua ed il **26 maggio** viene intimata la resa. Il comandante austriaco, generale Josef von Rath, ha avuto assicurazioni che il comando imperiale avrebbe fatto di tutto per rompere l'accerchiamento. Così chiude negativamente le trattative. Ma ha quasi terminato la disponibilità di vettovaglie.

Piazzola sul Brenta (PD), 19 maggio 1848

Il generale Wilhelm Thurn und Taxis supera il Brenta a Piazzola, posizione non più presidiata da Durando, e si dirige verso Vicenza, sperando di conquistarla facilmente, per poi procedere verso Verona, secondo gli ordini di Radetsky.

Durando esce da Treviso e si dirige verso Vicenza.

Vicenza, 20 maggio, primo assedio

Il generale Thurn und Taxis reputa urgente arrivare a Verona per mettere i suoi reparti a disposizione del comando generale. Ma Radetszky, pur essendo lieto dell'arrivo dei rinforzi, teme di avere alle spalle, a Vicenza, un'aliquota consistente di forze nemiche, almeno una divisione. Di conseguenza ordina a Thurn und Taxis di tornare indietro e di attaccare la città.

Vicenza è ben organizzata dal colonnello Domenico Belluzzi,[479] comandante della guardia civica. Nelle stesse ore nelle quali gli austriaci si avvicinavano, in città entrano i reparti del generale Durando. Arrivano anche Manin e Tommaseo, che accompagnano un reparto di circa mille volontari, fra i quali vi è la legione francese[480] del generale Giacomo Antonini [481]. I due importanti uomini politici intendono dare una risposta "operativa" alle giuste critiche espresse contro la quasi inesistente politica militare del governo.

Intanto inizia l'assedio. La brigata Schwarzenbeck attacca con un forte accompagnamento di artiglieria la Porta Santa Lucia, ma viene respinta dal battaglione Alto Reno comandato da Zambeccari e da un battaglione della guardia mobile pontificia. Durante la notte gli austriaci aggirano la città per tornare sulla strada di Verona.

Vicenza 21 maggio 1848

---

[479] Domenico Belluzzi, bolognese, ufficiale napoleonico in pensione, ha partecipato ai moti del 1830. E' comandante della guardia civica di Vicenza. Dopo la caduta della città andrà prima a Bologna, poi a Venezia, dove sarà nominato generale. "**Il comando delle riserve fu affidato nel luglio al bolognese Colonnello Domenico Belluzzi, reduce dal Veneto, uomo di grande esperienza e coraggio, il quale più tardi passò a Venezia; quindi a Roma, donde partì in esiglio; aveva allora il grado di Generale e morì a Tolone nel 1853.** Da: Camillo Ravigli: "La campagna del Veneto del 1848 tenuta da due divisioni e corpi franchi degli stati romani" Tipografia Tiberina, Roma, 1883, pag. 124.

[480] Francese perché costituita da volontari italiani residenti in Francia.

[481] Giacomo Antonini è nato a Prato Sesia (NO) nel 1792. Con le armate napoleoniche ha combattuto in Dalmazia ed ha partecipato alla campagna di Russia. Fatto prigioniero, è riuscito a fuggire dalla Siberia. Ha meritato la legion d'onore e la nomina a tenente colonnello. Ha combattuto nel 1830 in Polonia. Mazziniano, ha partecipato alla spedizione in Savoia. E' stato arrestato perché collegato ai fratelli Bandiera. Fuggito a Parigi, alla notizia della rivoluzione del 1848 ha organizzato una legione formata da italiani ed è andato a Venezia. In battaglia ha perso il braccio destro. Deputato del Regno di Sardegna dall'8 maggio 1848 al 20 novembre 1853. Il 17 novembre 1848 ha presentato un progetto di legge sull'"ammissione in corso facoltativo della carta moneta emessa dal governo di Venezia e concessione di un prestito di 10 milioni di lire allo stesso governo". Morirà a Borgosesia (VC) nel 1854.

Il generale Antonini propone di attaccare la retroguardia austriaca. Manin e Tommaseo sono d'accordo. Durando no, ritenendola un'azione sostanzialmente inutile. Viene deciso che l'attacco venga diretto da Antonini, che comanderà tutti i volontari.

Le colonne austriache sono già sulla strada di Verona. La retroguardia è nel piccolo centro di Olmo, a pochi chilometri ad Ovest di Vicenza. Antonini attacca con molta decisione, ma non riesce a disgregare l'organizzazione dei reparti nemici, che, gradualmente, si disimpegnano, seguendo il grosso. Notevoli le perdite fra i contendenti. Lo stesso Antonini viene colpito gravemente ad un braccio, che perderà. Allo scontro hanno presenziato anche Manin e Tommaseo.

Antonini criticherà giustamente Durando dato che non gli ha dato alcun aiuto neanche quando sarebbe stato possibile ottenere effetti ben diversi da quelli effettivamente conseguiti.

I volontari vengono spostati a Venezia. Durando ha a disposizione solo i suoi uomini. Intanto il generale Thurn und Taxis non riesce a star tranquillo. Mentre è in marcia, a soli 20 chilometri da Verona riceve un altro ordine di Radetzky. Essendo pericolosa la presenza della divisione nemica a Vicenza bisogna tornare nuovamente indietro ed assolutamente conquistare la città.

Potenza, 21 maggio 1848

Dalle varie componenti politiche e da una parte della classe dirigente ("i notabili") viene sottoscritto un Piano per la difesa della Costituzione.

I moti continuano ed i democratici partecipano con entusiasmo.

Berlino, 22 maggio 1848

Si insedia l'Assemblea nazionale prussiana.

Treviso, 22 maggio 1848

Innanzi alla precaria organizzazione militare del Veneto a Treviso viene costituito un consiglio militare dei corpi volontari. Capo militare il colonnello Antonio Morandi, presidente Giuseppe La Masa, componenti Gustavo Modena, Luigi Fabrizi, ecc. Obiettivo principale: smuovere il governo di Venezia affinchè agisca adeguatamente nel campo militare. Inutile dire che il consiglio è su posizioni mazziniane. Indicativa una missiva inviata oggi da La Masa a Manin:

"E' inutile il dirvi che fidando ancora in Durando e nei regi aiuti la nostra causa cammina a perdizione ... Resta però all'Italia quella forza che sollevò i Popoli e trascinò i Principi a secondarli, benché a malincuore: la Forza intelligente, quella che si versò poi nei Corpi armati dei volontari; e che nell'ira del sentirsi tradita raddoppierà di vigoria e di numero, ci darà nuove Legioni. Su questa sola forza deve far calcolo Venezia; Venezia cittadella della Libertà e dell'Indipendenza italiana... Fidatevi dei giovani invecchiati nelle vicende politiche: i vecchi militari hanno condotto a mal fine molte rivoluzioni italiane."[482]

Ma Manin non è assolutamente d'accordo. Una migliore organizzazione militare – solo per quanto riguarda l'esercito, purtroppo non estesa anche alla marina – si avrà con l'arrivo di Guglielmo Pepe.

Analogo al modo di ragionare di Manin è quello del sindaco di Treviso Olivi. Da un punto di vista opportunistico ha accettato che la guardia nazionale di Treviso dipendesse da Morandi, ma, poi,

"nelle posteriori memorie confidò di essere atterrito dalle tendenze 'a comunistiche dottrine ed a sanguinarie misure' manifestate dal consiglio"[483] militare.

Costituiscono una vera sciagura per le rivoluzioni gli aderenti opportunisti: sono, in definitiva, dei reazionari interessati a sabotare i cambiamenti.

Fronte trentino, 22 maggio 1848

Gli austriaci, comandati dal generale Melezer, attaccano su due colonne lo schieramento dei volontari nell'area ad occidente del lago d'Idro, in particolare l'abitato di Lodrone, frazione meridionale del Comune di Storo (TN). Obiettivo tattico: superare il fiume Caffaro in

---

[482] Da: Paul Ginsborg "Daniele Manin e la rivoluzione veneziana del 1848 – 1849", Feltrinelli, Milano, 1978, pag. 228. Alla stessa pagina viene riportato un altro messaggio interessante, di Gustavo Modena a Niccolò Tommaseo:
"Voi, governo di Venezia, mettete ancora grande fiducia negli aiuti peggio che stranieri dei Pretoriani di due Monarchi collegati alla Diplomazia che ha già organizzato in Italia ed in Germania la Controrivoluzione ... Il governo ha accolto il nostro progetto di riunire i corpi dei volontari in un'Armata veramente italiana posta per ora al servizio di Venezia (....) Che fa invece il Ministero della Guerra? Tiene i volontari disseminati a pizzichi in Vicenza, in Padova, a Venezia, a Mestre. Così sparpagliati che fanno? A che giovano? A nulla: a demoralizzarsi fra loro...
La missiva è datata 27 maggio.
[483] P. Ginsborg, op. cit. pag. 229, nota 13.

direzione di Rocca d'Anfo e Vestone. Obiettivo strategico: proseguire per Salò e Desenzano del Garda, alle spalle dello schieramento piemontese.

Le colonne Arcioni ed Anfossi, dopo una prima resistenza, cedono. Interviene la colonna Manara, appoggiata dalla batteria del tenente Guerini. Da Vestone accorre anche il generale Durando, che riorganizza i reparti in ritirata. Il maggiore Monti, con abile manovra, attacca la destra nemica, bloccando gli austriaci a Monte Suello. Il nemico si ritira sulle precedenti posizioni. Monti viene promosso tenente colonnello.

Bologna, 22 maggio 1848

Arriva il generale borbonico Scala, accompagnato dal capitano De Angelis. Scala si mette in contatto con Pepe e gli comunica a nome del re che l'esercito deve tornare a Napoli. La guerra è annullata. Pepe rimane allibito. Sembra una beffa ed è una tragedia. I bolognesi, saputo il fatto, tumultuano. Il generale Scala viene salvato a stento dall'ira popolare.

Vicenza, 23-24 maggio 1848, secondo assedio

Gli austriaci ritornano nella notte fra il 23 ed il 24 maggio. Le campagne a sud ovest della città sono state allagate. Difficile raggiungere l'obiettivo, i colli Berici, da cui è possibile cannoneggiare la città. Viene, comunque, occupata una posizione in quota, da cui inizia il bombardamento. Ma dai Berici l'artiglieria pontificia inizia un valido fuoco di controbatteria.

E' mattina presto quando Thurn und Taxis ordina di attaccare porta Santa Croce. La reazione è durissima. Gli austriaci retrocedono. Un nuovo ordine di attaccare viene attuato con grande decisione, ma la reazione degli assediati impone una nuova ritirata. Un terzo attacco ha la stessa conclusione, ma questa volta i difensori contrattaccano alla baionetta. L'azione è violenta ed estesa. Gli austriaci prima si ritirano, poi fuggono. Per gli attaccanti, infatti, la situazione diviene difficile. Il generale comandante è autorizzato da Radetzky a ritirarsi a Verona.

Anche questa volta Vicenza è salva.

Parma, 24 maggio 1848

Si chiudono gli scrutini del plebiscito per l'annessione al Piemonte: i "sì" sono una percentuale notevole: 37.250 sì su 39.703 votanti.

Torino: Il Senato approva, in via definitiva, l'annessione del Ducato di Parma

Reggio Emilia, 26 maggio 1848

Si chiudono gli scrutini del plebiscito per l'annessione al Piemonte: i "sì" anche a Reggio raggiungono un'altissima percentuale.

Alto Adriatico, 28 maggio 1848

L'Ammiraglio Raffaele de Cosa riceve da Ferdinando II l'ordine di abbandonare il teatro di guerra e di rientrare a Napoli. L'ufficiale, per protesta, si dimette ed abbandona la real marina. La squadra, secondo le direttive del re, cessa le ostilità e rientra a Napoli.

Ferrara, 28 maggio 1848

Dopo la comunicazione del giorno 22 maggio, il generale Pepe ha deciso di non obbedire al re, sentendo il dovere di combattere per l'Italia. Ha, quindi, cercato di prendere tempo. Ma ora deve chiarire la situazione. Si appella, pertanto, alle truppe perché rimangano con lui. Di conseguenza l'esercito è diviso in due[484]. Una parte minore, con molti ufficiali, decide di seguire il comandante e con lui muoverà prima verso Vicenza, poi andrà a Venezia[485]. Le altre truppe napoletane - in gran parte militari di mestiere – intendono tornare a Napoli.

E' un giorno importante per l'etica della militarità. L'insegnamento è di notevole importanza. Se si verifica una frattura fra gli interessi del re e quelli nazionali, cade la legittimità statale, amministrativa e politica del re ed ogni ufficiale, sottufficiale e soldato deve obbedire e combattere per l'entità politica che rappresenta adeguatamente la legittimità nazionale. E' il re il traditore degli interessi del popolo, quindi della nazione, non chi a lui si ribella. E' lui che ha delegittimato lo Stato di cui è capo, rendendolo illegittimo sia di fatto che di diritto. E questo vale in qualsiasi epoca per qualsiasi capo dello Stato o di governo fellone, che operi a favore di interessi contrastanti con quelli del popolo, quindi della Nazione [486].

---

[484] **"E' bene chiarire non essere stato, né viltà, né indisciplina ciò che indusse quelle truppe a retrocedere. Fu arte e perfidia di un governo senza fede che pose il soldato nella dura condizione di disobbedire al proprio generale o al proprio re (....) Che quell'esercito non retrocedesse per viltà d'animo lo prova il 10° di linea che si battè valorosamente a fianco delle truppe di re Carlo Alberto; lo provano quelli che seguirono Pepe, Ulloa, i due fratelli Mezzacapo, Cosenz, Rossaroll e tanti altri uffiziali che poscia si distinsero per coraggio ed abnegazione ovunque l'Italia reclamò il braccio dei suoi figli; lo prova il colonnello Lahalle il quale si fece saltar le cervella a fronte del suo reggimento piuttosto che disubbidire agli ordini del re, o mancare ai doveri di italiano."** G. Moreno, "Trattato ", cit., volume II, pag. 243.

[485] Nel complesso, saranno 2.000 uomini.

[486] Si è trattato di una vicenda grandiosa, di alta drammaticità. Il colonnello Carlo Francesco Lahalle (1795 – 1848) ha schierato il suo reggimento, ha dichiarato che aveva giurato fedeltà al re e non se la

Coloro che seguono Pepe sono i due battaglioni di volontari comandati: il II dal maggiore Francesco Matarazzo[487] ed il I dal maggiore Vaccaro. I soldati regolari sono ridotti ad un gruppo di cacciatori (Ritucci) ed una batteria da campagna (Boldoni). [488]

Triste il rientro dei soldati nel Regno, fra l'ostilità delle popolazioni, la totale crisi della disciplina ed una grande disorganizzazione. Per rientrare dovranno riattraversare gli Stati della Chiesa. E, come testimonia anche la Fuller, quegli stessi abitanti che li avevano accolti con tante dimostrazioni di affetto e di stima quando si erano diretti in zona di operazioni, manifesteranno, in occasione della loro ritirata, malevolenza e disprezzo. Le città non tollereranno il loro passaggio, i borghi saranno restii a dispensare loro perfino fuoco e acqua.

Verona, 27 maggio 1848, sera

Sotto il diretto comando di Radetzky escono dalla piazzaforte 45.000 uomini, in tre colonne [489]. Si dirigono verso Sud. I piemontesi non si muovono.

Mantova, 28 maggio 1848, sera.

I reparti austriaci partiti ieri da Verona sono arrivati a Mantova.

Sul tardi il generale De Laugier,[490] comandante delle truppe toscane e del 10° di linea napoletano schierati fra Curtatone e Montanara[491], comunica al comando piemontese, nella

---

sentiva di disubbidirgli, ma sentiva, altresì, il dovere di combattere per l'Italia. Di conseguenza non poteva far altro che suicidarsi e si è ucciso con la pistola d'ordinanza , di fronte al reparto schierato.
[487] Francesco Matarazzo, figlio di un ufficiale, è nato a Sambiase, oggi frazione di Lamezia Terme (CZ), nel 1811. A sedici anni si è arruolato come soldato e nel 1844 è divenuto ufficiale. Vicino all'ambiente dell'ufficialità nazionale e libertaria, parteciperà con grande determinazione alla difesa di Venezia ed avrà il grado di colonnello. Successivamente andrà in Grecia, poi a Costantinopoli, dove rifiuterà il grado di colonnello, e si recherà in Persia, ove lo Scià lo nominerà generale, con il compito di riorganizzare l'esercito. Accorrerà in Italia per la nuova guerra del 1859. Molto stimato da Cavour, sarà comandante di reggimento in Italia centrale, poi rientrerà a Napoli e comanderà le truppe in Terra di Lavoro, in Capitanata, nella provincia di Bari ed in quella di Napoli. Nominato nel 1867 maggior generale dello stato maggiore delle piazze, andrà in pensione nel 1871. Ma nel 1875 sarà aiutante di campo onorario del re e nel 1883 presidente del consiglio d'amministrazione dell'orfanotrofio militare a Napoli. Consigliere comunale nella stessa città, morirà nel 1893.
[488] Seguirono Pepe i migliori, i più colti ufficiali dell'epoca: Enrico Cosenz, Girolamo Calà Ulloa, Luigi e Carlo Mezzacapo, Cesare Rosaroll, ecc.
[489] I° corpo d'armata Wratislaw, 2° corpo d'armata d'Aspre, riserva Wocher.
[490] Cesare De Laugier conte di Bellecour è nato a Portoferraio (LI) nel 1789. La famiglia, di origine francese, ha avuto i beni confiscati dalla rivoluzione. Ha combattuto come ufficiale nelle guerre napoleoniche in Spagna ed in Russia. Poi è stato con Murat. Ha comandato i tosco napoletani alla

persona del generale Bava, l'avvenuto trasferimento dei reparti austriaci. Il comando generale dispone per un concentramento di truppe a Goito, ma si determinano incomprensioni e ritardi.

Curtatone e Montanara, 29 maggio 1848

Al mattino del 29 maggio, alle ore 10.00, dalla fortezza di Mantova esce Radetzky con circa 40.000 uomini, 150 cannoni e 118 cavalli per prendere alle spalle i piemontesi. Nel complesso sono 6 brigate.[492] Due attaccano Curtatone, due Montanara ed una procede per San Silvestro, al fine di aggirare la destra toscana schierata a Montanara.

I toscani ed i napoletani sono circa circa 5.500, con 11 cannoni. Lo scontro è duro. Iniziato alle 10.00 continua fino a sera. E' interessante rilevare non solo la brillante capacità di resistenza dei reparti in maggioranza volontari, ma anche il fatto che a Montanara gli austriaci sono stati sul punto di essere costretti a ritirarsi.

Infatti l'attacco a Montanara viene respinto. Anzi la destra toscana sta per contrattaccare, quando la sinistra, a Curtatone, nonostante una dura resistenza, perde alcune posizioni importanti. Non solo: la manovra avvolgente austriaca per San Silvestro rischia di accerchiare Montanara. Da ciò la necessità della ritirata, effettuata gradualmente da tutto lo schieramento, salvando anche gran parte delle scarse artiglierie.

A Curtatone combatte Giuseppe Montanelli[493], bersagliere inquadrato nella compagnia di Vincenzo Malenchini[494]. L'abitato è stato difeso fino all'ultimo. In particolare il gruppo di

---

battaglia di Curtatone e Montanara. Ministro della Guerra della Toscana fino al 27 maggio 1851. Memorialista, storico. Fra l'altro ha pubblicato un libro sulla legione italiana a Montevideo.

[491] Il comando di De Laugier è alle Grazie, una posizione arretrata, sulla riva del lago, vicina a Curtatone.

[492] Esattamente muovono sulla destra del Mincio 5 brigate. La sesta è stata inviata verso Govèrnolo, per bloccare eventuali azioni del presidio modenese e mantovano.

[493] Montanelli, dopo essere stato a Trento, è corso al campo delle truppe toscane. Come egli stesso ha precisato: **"andata male l'impresa del Tirolo, tenni la parola data ai miei commilitoni toscani di riunirmi con loro appena fossero in faccia al nemico, e fino dagli ultimi giorni di aprile militavo a Curtatone"**. G. Montanelli: "Memorie sull'Italia" cit. pag. 499.

[494] Vincenzo Malenchini è nato a Livorno nel 1813. Laureato in legge a Pisa, affiliato alla Giovine Italia, in contatto diretto con Mazzini dal 1843, nel 1844 è stato arrestato a Roma. Ha viaggiato in vari Paesi d'Europa. Nel 1848, capitano in un battaglione di bersaglieri di Livorno, si è distinto a Curtatone. E' stato eletto al Parlamento toscano. Poi è stato nominato comandante di battaglione. Al crollo della Repubblica toscana si arruolerà come soldato nell'esercito piemontese. Parteciperà al moto mazziniano a Genova e Livorno nel 1857e sarà fra i capi della rivolta antileopoldina del 1859. Farà parte del successivo governo provvisorio. Ministro della Guerra, si dimetterà per correre a combattere in Lombardia. Deputato all'Assemblea toscana, sarà, con Garibaldi, in Emilia. Organizzerà un reparto di 1200 uomini con i quali raggiungerà prima Medici a Cagliari, poi Garibaldi in Sicilia. Colonnello, si distinguerà con il suo reggimento alla battaglia di Milazzo. Dal

Montanelli ha presidiato l'importante sito detto del mulino. Il politico e professore toscano è stato gravemente ferito e fatto prigioniero. Ha, successivamente, descritto con efficacia lo scontro, sottolineando l'azione dei suoi colleghi dell'Università di Pisa e la generale partecipazione al combattimento. **"Ecco l'eletta schiera sul ponte dell'Osone...Oh tesoro d'accumulato sapere! Oh speranza delle scoperte! Oh patrie speranze, e orgogli e affetti materni in cimento! (....) in questo breve spazio occupato dalla sacra legione del pensiero toscano, ogni palla nemica minaccia inestimabili danni... Qui principi di sapienza e di civiltà un Mossotti,[495] un Piria,[496] un Burci,[497] un Pilla! E una cannonata lì sul ponte rapiva al mondo questa cima in geologia di Leopoldo Pilla [498], che spirò dicendo: 'Non ho fatto abbastanza per l'Italia'. Cadevagli poco discosto Torquato Toti, giovanetto d'ingegno arguto come la valdarnina aria nativa, discepolo mio dei più promettitori. (....) Una aiuola lì appresso ai cannoni, ove io combatteva, mi rese immagine di bolgia infernale. La lieta faccia del cielo velata dal fumo della battaglia, una casa ed un pagliaio in fiamme, l'aria arroventata, le cannonate spesseggiano, sibilano le palle, , piovono bombe (....) e nulladimeno in cotesto inferno raggia dal**

1861 sarà deputato di Livorno al Parlamento italiano, prima nella Destra, poi tenterà di organizzare un partito centrista. Nel 1866 e nel 1870 combatterà alle dipendenze di Nino Bixio. Nominato aiutante onorario del re, sarà senatore dal 1876. Morirà nel 1881 a Livorno.

[495] Ottaviano Fabrizio Mossotti è nato a Novara nel 1791. Laureato a Pisa nel 1811. Ha lavorato a Pisa ed all'osservatorio astronomico di Brera. I suoi studi spaziavano dalla topografia alla meteorologia, dalla matematica all'astronomia ed alla fisica. Dopo i moti del 1820 – 21, essendo in contatto con Filippo Buonarroti , ha dovuto espatriare, andando in Svizzera, a Londra e, nel 1827 a Buenos Aires, dove è stato professore all'università ed ha svolto una notevole attività scientifica. Ha, poi, insegnato all'università della Ionia, a Corfù. Chiamato all'università di Pisa, ha insegnato fisica matematica e meccanica celeste. Comandante, nel 1848, del battaglione universitario nella battaglia di Curtatone e Montanara. Senatore dal 1861. Morirà a Pisa nel 1863.

[496] Raffaele Piria è nato a Scilla (RC) nel 1814. Laureato in medicina e chirurgia a Napoli nel 1834. Interessato alla chimica, si è trasferito a Parigi, svolgendo studi importanti. Nel 1839 è tornato a Napoli ma, non soddisfatto, ha accetteto la cattedra di chimica a Pisa. Nel 1848 fatto parte per un certo periodo del battaglione universitario.. Nel 1849 professore a Firenze. Nel 1856 ha avuto la cattedra di chimica generale a Torino. Ministro della pubblica Istruzione di Garibaldi nel 1860. Senatore nel 1862. Morirà a Torino nel 1865.

[497] Carlo Burci è nato a Firenze nel 1813. Laureato in medicina e chirurgia a Firenze, ha insegnato a Pisa e, nel 1848, ha comandato una compagnia del battaglione universitario. Ha insegnato a Pisa dal 1846 al 1860. Poi a Firenze dal 1860 al 1868, quando si è ferito ad una mano. Dal 1865 è stato nominato senatore. E' morto a Firenze nel 1875.

[498] Leopoldo Pilla è nato a Venafro nel 1805. Il padre è stato giacobino e carbonaro ed il figlio è stato anch'egli su posizioni nazionali e libertarie. Si è stabilito a Napoli, dove si è laureato in medicina veterinaria nel 1825 ed in medicina e chirurgia nel 1829, frequentando corsi di letteratura e linguistica e di mineralogia e geologia. Alla fine ha approfondito quest'ultima materia, acquisendo rapidamente fama di notevole scienziato. Alla morte del titolare di geologia, Matteo Tondi, per cause politiche non è stato nominato suo successore, ottenendo la cattedra di mineralogia e geognostica solo sette anni dopo. Invitato dal granduca di Toscana, ha avuto la cattedra di mineralogia e geologia a Pisa, dove ha effettuato studi importanti, che lo hanno reso noto in tutta Europa. Il 22 marzo 1848, con il grado di capitano, è entrato nel battaglione universitario, con il quale ha combattuto nell'area di Mantova, morendo a Curtatone il 29 maggio 1848.

volto dei combattenti letizia celeste, e giovanetti imberbi combattono da leoni, e ogni evviva all'Italia rinfresca l'entusiasmo della battaglia come se allor cominciasse". [499]

Alla fine dello scontro i tosco napoletani hanno avuto 1.000 morti, gli austriaci 700 fra morti e feriti.

Intanto lo schieramento piemontese, coperto sulla destra dalle truppe tosco napoletane, sta effettuando una rotazione in senso orario di circa 90°, verso sud, facendo perno, a nord, sulle unità che assediano la piazzaforte di Peschiera. Queste devono continuare il blocco, bombardando i forti, garantendo l'isolamento delle posizioni nemiche e, sulla riva orientale del Mincio, continuando a respingere i reiterati attacchi di una brigata austriaca comandata dal generale Friedrich Zobel, che viene costantemente respinta. Alla fine il blocco è salvo, Zobel si ritira, mentre la guarnigione austriaca è al limite delle possibilità di resistenza.

Kolozsvar, oggi Cluj - Napoca, capoluogo del distratto di Cluj, 29 maggio 1848

Il luogo è importante: si tratta del vecchia capitale della Transilvania, caratterizzata da una notevole presenza ungherese. Ancora nel 1890 i romeni saranno solo il 31% della popolazione, e diverranno maggioritari solo nel censimento del 1966.

La dieta oggi approva l'annesione della Transilvania all'Ungheria rivoluzionaria. La popolazione romena non accetta tale risoluzione. I rapporti fra le due nazionalità diventano sempre più ostili e violenti.

Goito, 30 maggio 1848, vittoria e conquista di Peschiera

Dopo l'insospettata resistenza del giorno 29 maggio, Radetzky impiega molto tempo per riorganizzare il proprio schieramento. Nella mattinata del 30 marcia verso Nord su due colonne. A destra, sulla direttrice Rivalta sul Mincio – Sacca muovono, verso Goito, il 1° corpo di Wratislaw e la riserva di Wocher, (26.000 uomini). A sinistra il 2° corpo di D'Aspre muove verso Guidizzolo, sulla direttrice Ròdigo - Ceresara (14.000 uomini). E' evidente che Radetzky intende bloccare il nemico con la destra ed avvolgerlo con la sinistra.

Anche il comando piemontese ha agito in ritardo, comunque fra le 12.00 e le 15.00 – ora di inizio dello scontro - il generale Bava ha completato lo schieramento, fronte a Sud. Purtroppo sulla sinistra del Mincio sono stati lasciati molti reparti, oltre a quelli che bloccano Peschiera. Sono circa 10.000 uomini che proteggono lo schieramento piemontese da eventuali ed improbabili azioni provenienti da Verona. Il fronte, su due linee di fanteria

---

[499] G. Montanelli: "Memoria sull'Italia" cit. pag. 504.

ed artiglieria ed una terza di cavalleria ed artiglieria, va da Goito verso Tezze, da Est ad Ovest. L'organizzazione è strettamente difensiva.

Alle 15.30 la brigata Benedech, la prima della colonna di destra, attacca la sinistra piemontese, ma viene respinta. Attacca nuovamente, con lo stesso esito. Peraltro non è stato adeguato il coordinamento fra i vari reparti della destra austriaca. Ma, alla fine, altre due brigate, Strassoldo e Wohlgemuth, si schierano in prima linea, contro il centro e la destra nemici, ed attaccano. La destra piemontese è in crisi. Di conseguenza la brigata Regina, in riserva, rinforzata da reparti di cavalleria e di artiglieria a cavallo contrattacca[500], respingendo la sinistra austriaca. Contemporaneamente anche la destra austriaca cede, nonostante il supporto della brigata Clam. L'intero schieramento austriaco arretra e Radetzky ordina la ritirata.

Carlo Alberto non insegue il nemico, quindi non sfrutta il successo [501]. I reparti di cavalleria vengono fermati: la giustificazione ufficiale è quella dell'ora tarda. Ma è chiaramente una scusa. Quindi, perché? Mistero. Si tratta di una cosa gravissima, che non può essere ascritta ad errore o ad incapacità e che riduce – o annulla - le future possibilità di successo. Un modo di fare ispirato ad oscure impostazioni, a concezioni ambivalenti, apparentemente contraddittorie, ma tutte funzionali ad un presunto interesse della dinastia, ad una visione reazionaria della realtà. Si poteva prevalere, ma si doveva mantenere un rapporto: non si doveva "strafare".

---

[500] Agli ordini del principe Vittorio Emanuele di Savoia, che sarà ferito.

[501] Sul carattere ambiguo di Carlo Alberto è molto valida un'analisi di Carlo Cattaneo: "**Carlo Alberto era (…) chiamato dagli imperiosi tempi ad essere un Napoleone, l'uomo dalla ferrea volontà, non aveva mai volontà propria; pendeva sempre fra opposti consigli; e talora li seguiva a lungo entrambi, rifacendo in secreto con la sinistra ciò che aveva solennemente disfatto con la destra. V'erano intorno a lui due conciliaboli di cortigiani, che operavano in contrario senso; poi ognuno dei due portava come bracco la sua caccia ai piè del padrone. C. Alberto al chiaro giorno era re di Sardegna, colonnello del 5° reggimento degli usseri austriaci, insieme a Radetzky; cognato degli arciduchi; ricinto di gesuiti da messa e da spada; ricinto da quelli che con il suo denaro pagavano la guerra civile in Friburgo e Lucerna; ricinto da quelli le cui mani stillavano del sangue della Giovine Italia. E, nella notte, egli dava clandestina udienza alle società secrete di tutta la penisola e della Sicilia; viveva in concubinato colla rivoluzione. Né i persecutori della Giovine Italia erano ben concordi fra loro: poichè si dividevano seguendo le rivali ambizioni di Villamarina e Lamargarita; sempre però concordi a regnare colla censura, colle spie, col confessionale: e adoperare, secondo l'opportunità, le tombe di Fenestrelle, la malaria di Sardegna, il piombo, il capestro. Nell'altra congrega erano molti che il re aveva condannati a morte e faceva stare inesorabilmente in esilio, come re di Sardegna; ma, come re futuro d'Italia, li accarezzava, inviandoli qua in là in secrete missioni."** Da: C. Cattaneo "Archivio triennale", volume I, cit. pagg. 538 – 539.

Alcuni reparti austriaci in ritirata[502] rotto il contatto con i piemontesi, saccheggiano e compiono gravi violenze negli abitati di Casaloldo (MN), Castelgoffredo (MN), Guidizzolo (MN), Ospitaletto (BS), Castellucchio MN) e Rivalta.[503]

In ogni caso è un giorno trionfale, per Carlo Alberto. A sera ha notizia della capitolazione di Peschiera. Il presidio viene fatto prigioniero, ma, condotto ad Ancona, rientrerà libero in territorio austriaco al di là dell'Adriatico. Gli effetti psicologici della vittoria sono stati enormi. L'Italia ha vinto l'Impero. Le speranze sono esaltanti. Peccato che siano basate su un personaggio come Carlo Alberto. Comunque è un momento magico.

Carducci, nel luglio del 1890, ricorderà con grande, commossa partecipazione, il fascino di quei momenti: [504]:

> "Oh anno de' portenti,
> oh primavera della patria, oh giorni,
> ultimi giorni del fiorente maggio,
> oh trionfante
> suon de la prima italica vittoria
> che mi percosse il cuor fanciullo! (….)
> Sotto
> il ferro e il fuoco del Piemonte, sotto
> di Cuneo il nerbo e l'impeto d'Aosta
> sparve il nemico.
> Languido il tuon dell'ultimo cannone
> dietro la fuga austriaca morìa:
> il re a cavallo discendeva contra
> il sol cadente:
> a gli accorrenti cavalieri in mezzo,
> di fumo e polve e di vittoria allegri,
> trasse, ed, un foglio dispiegato, disse
> resa Peschiera.
> Oh qual da i petti, memori de gli avi,
> alte ondeggiando le sabaude insegne,
> surse fremente un solo grido: viva
> il re d'Italia!
> Arse di gloria, rossa nel tramonto,

---

[502] I morti, feriti e dispersi austriaci a Goito sono stati 600, quelli piemontesi 300.

[503] Rivalta sul Mincio è frazione del comune di Rodigo (MN).

[504] G. Carducci, da "Poesie di Giosuè Carducci 1850 – 1900", poesia "Piemonte", Zanichelli, Bologna, 1911, pagg. 954 - 955

**l'ampia distesa del lombardo piano;
palpitò il lago di Virgilio, come
velo di sposa
che s'apre al bacio del promesso amore..."**

Rivalta sul Mincio, 31 maggio 1848

Radetzky ha organizzato il suo quatrier generale a Rivalta, a pochi chilometri ad Est di Mantova. Il contatto con i Piemontesi è cessato fin dall'inizio della ritirata. Quindi l'area fra il Mincio, i laghi di Mantova, il Po e l'Oglio è interamente controllata dagli austriaci. Pertanto viene inviata la cavalleria non solo sull'Oglio ma anche più ad Est, sul Chiese. Sembra che il comando austriaco prepari un movimento dei reparti verso Nord Est, per attaccare da tergo i piemontesi.

Ma arrivano brutte notizie. La resa di Peschiera, la rivoluzione di Vienna, le difficoltà incontrate dal generale Welden in Cadore. Verona è scarsamente presidiata, in condizioni di debolezza in caso di attacco piemontese. Un'eventualità che Radetzky, giustamente, considera probabile, ma che non si verificherà per la totale inazione di Carlo Alberto. Pertanto il generale austriaco decide di cambiare radicalmente i suoi piani e di tornare a Verona.

L'inattività piemontese consente a Radetzky di attuare tranquillamente la sua manovra. Un comportamento di gravità inaudita. A Goito è stato riunito tutto l'esercito. Un blocco di 40.000 uomini che non taglia la ritirata austriaca e non attacca Verona: il **5 giugno** Carlo Alberto si organizzerà per attaccare, ma Radetzky sarà già in Verona.

Torino, 31 maggio 1848.

La popolazione di Torino è in festa. Sono i giorni in cui massimi sono l'affetto, la fiducia, la speranza riposte nel re Carlo Alberto e nella sua famiglia, in particolare nel principe ereditario, che ispira simpatia soprattutto alle classi popolari.

Si è diffusa una notizia: vi sarà un armistizio a premessa di una pace, ovviamente favorevole al Piemonte. Una più vasta unità italiana, quindi, non è più un mito, ma una prossima realizzazione politica. Grandi manifestazioni a favore della monarchia.

Ma, in apparente contraddizione, sono giorni in cui la propaganda mazziniana si estende anche fra i lavoratori, soprattutto a Genova, ma anche a Torino. Si manifesterà in maniera chiara a partire dal 1849. Siamo, quindi, solo all'inizio.

Colonia, 1 giugno 1848

Esce il primo numero della "Neue Rheinische Zeitung" di Karl Marx, che approfondisce il problema politico del momento, sintetizzabile nei quesiti: cosa fa l'Assemblea nazionale di Francoforte? Dove intende pervenire? I deputati parlano molto, ma nessuno dei problemi denunciati dalla rivoluzione è stato adeguatamente affrontato. La questione più importante da risolvere concerne quale debba essere lo Stato cui competerà la funzione direttiva. Sarà la Prussia o l'Austria? Inoltre, nella nuova situazione, quale sarà il soggetto politico che avrà il reale potere? L'Assemblea eletta e l'esecutivo che dovrebbe essere nominato nei prossimi giorni oppure i capi dei numerosi Stati eredi della tragica guerra dei trent'anni[505]? Forse è normale che l'inizio dell'attività parlamentare sia graduale, ma sarà possibile uscire da quella sorta di tunnel nel quale la politica del popolo germanico sembra chiusa e condizionata? Le premesse appaiono scoraggianti. Di certo è sicuro che il re di Prussia, quasi cacciato da Berlino il 18 marzo 1848, ha riacquisito il suo potere, anche se si dichiara vicino alle istanze liberali. Inoltre l'imperatore d'Austria cerca di riportare sotto il suo diretto controllo tutti i territori imperiali, nello stesso contesto politico ed amministrativo del passato, anzi in un quadro amministrativo ancora più assolutistico. Intanto i deputati sono divisi fra l'ipotesi della "piccola" e quella della "grande" Germania: la prima escluderebbe l'Austria e faciliterebbe la prevalenza della Prussia, la seconda, includendo l'Austria, ne incrementerebbe l'egemonia.

"Da quattordici giorni la Germania ha un'Assemblea nazionale costituente, nata dalle elezioni di tutto il popolo tedesco. Il popolo tedesco aveva conquistato la propria sovranità nelle strade di quasi tutte le città del paese, grandi e piccole, e particolarmente sulle barricate di Vienna e Berlino. Esso aveva esercitato questa sovranità eleggendo l'Assemblea nazionale. Il primo atto dell'Assemblea nazionale doveva essere di proclamare a voce alta e pubblicamente questa sovranità del popolo tedesco. Il suo secondo atto doveva essere di elaborare la Costituzione tedesca sulla base della sovranità del popolo e di eliminare tutto quello che nel momento attuale in Germania contraddiceva il principio della sovranità popolare. Per tutta la durata della sua sessione doveva prendere le misure necessarie per sventare qualsiasi tentativo della reazione, per difendere il terreno rivoluzionario sul quale si trovava, per tutelare contro qualsiasi attacco le conquiste della rivoluzione, la sovranità del popolo. L'Assemblea nazionale tedesca ha già tenuto una dozzina di sedute e non ha fatto nulla di tutto ciò." [506]

---

[505]   Guerra condotta prima per la prevalenza fra il cattolicesimo ed il protestantesimo, successivamente per l'egemonia nell'Europa centrale. Fra il 1618 ed il 1648 è stata devastata la Germania, che ha perso un terzo della popolazione e, dopo la pace di Westfalia, è stata divisa in 340 Stati.

[506] "Neue Rheinische Zeitung", n. 1, 1° giugno 1848, firmato: Friedrich Engels

Interessante la ricostruzione della fondazione del giornale redatta da Engels trentasei anni dopo.[507]

Praga, 1° giugno 1848: il congresso panslavo

Sono arrivate le delegazioni dei vari popoli slavi e sono stati aperti i lavori. Vi è grande interesse e la partecipazione è profondamente sentita, appassionata. I ecchi hanno oraganizzato molto bene le riunioni e cercano di risolvere al più presto i primi argomenti. Intendono, infatti, che venga analizzato con calma il problema più importante: il coordinamento fra i popoli slavi al fine di costruire una politica effettivamente unitaria. Ma si profila una situazione imprevista. Fermo restando il piacere di tutti per la riscoperta delle origini comuni e l'auspicio di una politica unitaria, in pratica ogni comunità si arrocca sui suoi interessi e sulla propria particolare politica. Si formano, così, sette o otto gruppi di interessi nazionali in parte anche contrastanti. I ruteni, gli slovacchi, i croati, gli sloveni, i serbi, i polacchi, naturalmente anche i cechi. Costoro, quindi, quasi automaticamente, da promotori dell'assemblea, divengono i suoi calmieratori, al fine di trovare un minimo programma comune. Si cerca di definire un insieme di criteri e principi condivisi, per iniziare, almeno, a definire le modalità di un impegno politico comune. Ma anche questa soluzione sostanzialmente minimale è difficile da perseguire.

Firenze, 2 giugno 1848, il nuovo governo.

Il granduca nomina presidente del consiglio dei ministri il marchese Cosimo Ridolfi,[508] cofondatore del giornale agrario toscano. Liberale, professore di agraria, istitutore dei figli

---

[507] "Così incominciammo il 1° giugno 1848, con un capitale azionario molto limitato, di cui solo una piccola parte era stata versata, mentre gli azionisti stessi erano più che malsicuri. La metà di essi ci abbandonò subito dopo il primo numero, e alla fine del mese non ne avevamo più neanche uno. La costituzione della redazione si riduceva alla dittatura di Marx. Un grande quotidiano, che deve essere pronto a un'ora determinata, non può mantenere con nessun altro regime una posizione conseguente. Nel nostro caso però la dittatura di Marx, oltre a tutto, era una cosa ovvia, fuori discussione, riconosciuta volentieri da noi tutti. E furono in primo luogo la lucidità della sua visione e il suo atteggiamento sicuro a fare del nostro foglio il più famoso giornale tedesco degli anni della rivoluzione. Il programma politico della Neue Rheinische Zeitung consisteva in due punti principali: repubblica tedesca una, indivisibile, democratica, e guerra contro la Russia, anche al fine di reintegrare la Polonia". Da: "Sozialdemokrat" di Zurigo del 13 marzo 1884, firmato: Friedrich Engels.

[508] Il marchese Cosimo Ridolfi è nato a Firenze nel 1794. Molto interessato all'incremento della produzione agricola ed alla razionalizzazione delle colture, ha organizzato nelle sue terre una scuola di agraria. Nel 1827 è stato fra i fondatori del "Giornale agrario della Toscana", nel 1828 ha contribuito alla nascita della cassa di risparmio di Firenze. Dal 1840 al 1845 ha insegnato agronomia all'università di Pisa. Ministro degli Interni nel 1847, presidente del consiglio il 2 giugno 1848, si dimetterà il 30 luglio 1848, dedicandosi all'agronomia. Nel 1859 sarà ministro dell'Istruzione e degli Esteri del governo provvisorio. Nel 1860 sarà nominato senatore. Morirà a Firenze nel 1865.

del granduca, Ridolfi ritiene necessario un deciso cambiamento politico. Da ministro dell'Interno aveva coordinato l'annessione di Lucca. Ora assume il difficile compito di conseguire un adeguato accordo fra le forze politiche allo scopo di attuare lo Statuto e di procedere alle necessarie riforme.

Ma il partito democratico non gli perdona l'azione repressiva a Livorno, effettuata un anno prima.

Riva del Garda (TN), 2 giugno 1848

Sbarca da una nave il generale barone Roth, già comandante delle fortificazioni di Peschiera. Si è arreso ed è stato lasciato libero. E' atteso a Innsbruck dall'imperatore, che lo loderà per la difesa della piazza.

Portegrandi (VE), 3 giugno 1848

Il colonnello Morandi[509] responsabile dei volontari, attacca un presidio austriaco di 250 uomini e lo mette in fuga. Sono catturati 800 capi di bestiame, inviati a Venezia.

Morandi, il **23 agosto**, avrà il comando del forte di Marghera.

Venezia, 3 giugno 1848

Il governo decide di convocare un'assemblea di rappresentanti della provincia di Venezia. Argomento: annessione o meno al Regno di Sardegna.

---

[509] Antonio Morandi, nato a Modena nel 1801, ha studiato filosofia e diritto, estendendo notevolmente la sua cultura anche a materie scientifiche. Coinvolto nell'uccisione dell'avvocato Giulio Besini, direttore della polizia provinciale di Modena, ne è uscito indenne, ma si è trasferito a Londra. Poi è andato in Spagna, combattendo a favore dei costituzionalisti. E' stato nominato capitano ma è stato gravemente ferito. Rientrato a Londra, appena guarito è andato a a combattere per la libertà della Grecia. Comandante di compagnia, ha partecipato alle battaglie di Tripolitza, Idra, Tebe e Atene. E' divenuto comandante del presidio di Missolungi. Dopo una durissima battaglia ha dovuto ritirarsi ad Atene. E' divenuto colonnello della gendarmeria e, poi, comandante del presidio di Patrasso. Il 1° marzo 1831 è rientrato a Modena, ha partecipato all'insurrezione ed ha affrontato gli austriaci nella battaglia di Novi. Sconfitti i reparti rivoluzionari, Morandi, con alcuni suoi dipendenti, è partito per la Grecia ma è stato intercettato da navi austriache. E' stato arrestato e, poi, imprigionato a Venezia, me è riuscito a fuggire e, dopo un lungo giro, è arrivato a Marsiglia, da cui è tornato in Grecia, divenendo comandante del presidio dell'isola di Sira. Nel 1848 rientra in Italia, passa per Modena e va a Venezia, dove Manin lo nomina comandante dei corpi dei volontari del Veneto, con base a Treviso. Parteciperà anche alla seconda guerra d'indipendenza con il grado di maggior generale. E' morto a Modena nel 1883.

Ma l'assemblea viene rinviata al 3 luglio. La situazione è molto grave, veramente critica. Nonostante la vasta e generosa partecipazione popolare, viene drammaticamente alla luce una lunga serie di errori.

A metà mese rimarranno libere solo le due importanti fortezze: quella di Palmanova, comandata dal generale Zucchi,[510] e quella di Osoppo.

Agram (Zagabria) 5 giugno 1848

Esplodono le contraddizioni in cui si trova la Croazia, ampiamente presenti nella politica del governatore - o bano - conte Jelacic. Questi decreta la convocazione di una dieta con rappresentanti della Croazia, della Slavonia ed anche delle italiane Dalmazia ed Istria, da lui considerate totalmente croate. E' l'estremo attacco all'Ungheria, dato che quei territori, abitati da croati ed anche da italiani, vengono di fatto assorbiti nell'area a maggioranza croata, in opposizione all'organizzazione statale ungherese. Si tratta dell'iniziativa personale di un generale fedele sia alla monarchia che alla sua nazionalità croata. Il suo è un atto non concordato con il governo imperiale.

La situazione diviene drammatica.

Roma, 5 giugno 1848

Viene inaugurato il Parlamento dello Stato pontificio.

Bassano del Grappa (VC) 6 giugno 1848

Nella notte le colline si illuminano di una gran quantità di fuochi. E' la protesta antiaustriaca. Si sono verificate azioni nelle campagne contro piccoli reparti. Purtroppo in merito non vi è una adeguata documentazione.
Di certo gli imperiali temono una guerriglia nelle campagne e, con un manifesto, promettono benefici per le classi rurali.

---

[510] Il generale barone Carlo Zucchi è nato a Reggio Emilia nel 1777. Entrato nell'esercito napoleonico ha partecipato a gran parte delle più importanti battaglie. Capitano nel 1800, tenente colonnello nel 1807, generale di brigata del Regno d'Italia, governatore di Verona, Cremona, Padova. Ispettore della fanteria. Comandante della destra alla battaglia del Mincio dell'8 – 9 febbraio 1814. Comandante dei rivoluzionari modenesi nel 1831, ha combattuto contro gli austriaci alla battaglia delle Celle. Fatto prigioniero mentre cercava via mare di espatriare, gli austriaci lo condannano a morte, poi commutata in venti anni di carcere nella fortezza di Palmanova. Nel 1848, libero, assume il comando della piazzaforte, difendendola dagli austriaci. A fine del 1848 sarà ministro delle Armi di Pio IX. Fedele al papa, organizzerà gruppi di partigiani operanti contro la Repubblica. Formazioni che saranno annientate da Garibaldi. Morirà nel 1863.

Praga, 6 giugno 1848

La rivoluzione praghese, inizialmente tranquilla, va divenendo più conflittuale. Si manifestano torbidi e scontri. Sembra anche che siano numerosi i ferimenti e le uccisioni.

Oggi gli scontri sono particolarmente violenti ed interessano il centro della città. Si spara. Viene colpita ed uccisa, fra l'altro, la principessa Windisch – Gaetz. Volontà umana di un rivoluzionario o rio destino? Tutti sono interessati a considerare vera la seconda ipotesi. Nel lutto sono uniti i due personaggi più importanti dell'Impero: il feldmaresciallo marito della principessa ed il fratello, il principe Swarzenberg.

Oramai l'intervento violento è sicuro. Le truppe vanno schierandosi in ordine di attacco: le artiglierie sono in prima linea. Windisch – Gaetz è ormai sicuro dell'efficienza e della disciplina dei reparti.

Monteleone (oraVibo Valentia), 6 giugno 1848

Musolino è a Monteleone per cercare di organizzare a difesa la città. Ha saputo che alcune navi militari si dirigono verso il porto di Pizzo. Monteleone è a 476 metri sul livello del mare, è il centro più importante della zona e, utilizzando il suo castello, si potrebbe ostacolare validamente l'avanzata del nemico. Ma le navi stanno arrivando. Non c'è tempo e Musolino alle 12.00 va a Nicastro,[511] ad allertare Francesco Stocco, [512] che ha il comando di 450 volontari, ed, infine, si reca a Catanzaro, dai volontari di Francesco Griffo,[513] che sono 5.000 e che stazionano a Filadelfia. La zona è sotto la responsabilità del comitato di Catanzaro.

---

[511] Il comune di Nicastro dal 1968 è unito ai comuni di Sant'Eufemia Lamezia e Sambiase. E'ora una frazione del comune di Lamezia Terme

[512] Il barone Francesco Stocco è nato ad Adami, frazione di Decollatura (CZ). E' stato alla corte di Napoli dal 1824, ma gradualmente è divenuto mazziniano, tanto che nel 1838 si è iscritto ai "Figlioli della Giovine Italia". Arrestato a Napoli nel 1847 con i baroni Marsico e Guzzolini, è stato scarcerato per l'indulto del 1848. Dopo il 15 maggio è il più valido organizzatore dei volontari della provincia di Catanzaro. Dopo la sconfitta andrà in esilio a Malta, Genova e Nizza, incontrando Garibaldi e Mazzini. Parteciperà alla spedizione dei Mille. Con il grado di capitano sarà alla battaglia di Calatafimi e verrà ferito meritando una medaglia d'argento. Andrà, comunque, a Palermo, dove sarà nominato colonnello. A Soveria Mannelli riceverà la resa dei 12.000 uomini del generale Ghio. Da generale parteciperà alla battaglia del Volturno. Dopo l'unità è stato governatore di Catanzaro e maggior generale. Sarà eletto deputato alla prima legislatura nazionale. Morirà nel 1880.

[513] Francesco Griffo è un tenente di stato maggiore dell'esercito regolare, che ha aderito alla rivoluzione. I volontari alle sue dipendenze sono entusiasti ma lasciano a desiderare sotto l'aspetto disciplinare. Sembra che Griffo non abbia l'energia per inquadrarli adeguatamente, anche se nel corso della sua attività dimostrerà che quando vuole sa comandare. In ogni caso la disorganizzazione è notevole. Basti dire che cinque volontari, che non hanno esperienza militare, si sono autoproclamati generali. Stocco, date le sue capacità ed il rispetto generale che sa riscuotere,

Intanto il generale Nunziante sbarca nel porto di Pizzo, con 4.000 uomini. Si reca subito a Monteleone, che è a circa 5 chilometri, dove organizza il suo comando. Con un proclama "ai cittadini delle tre Calabrie" e vari bandi cercherà, in pratica senza risultato, di arruolare volontari.

Quasi contemporaneamente a Sapri (SA) sbarca il generale di brigata Carlo Busacca, con 2.000 uomini. Deve operare in coordinamento con il generale di brigata Ferdinando Lanza, proveniente da Salerno, al comando di duemila uomini, in gran parte di cavalleria. Dopo aver occupato Rotonda (PZ), devono incontrarsi a Castrovillari (CS), che è l'obiettivo loro assegnato.

Fronte trentino, 6 giugno 1848

Viene costituita la legione trentina. **"Scrive in un suo memoriale Paride Ciolli: 'La Legione Trentina, che poi aumentò, era il 6 giugno 1848 composta di 275 legionari oltre al capitano Ispettore del R. Esercito Sardo Peyrone, comandante Dr. Paride Ciolli luogotenenti Ronchetti Luigi, Dr. Nepomuceno Bolognini, Conte G.B. Sardagna, Dr Alessandro Boni ed altri tre. Chirurgo Dr. Pagnoni, Cappellano, ecc"**[514]

Potsdam, 7 giugno 1848

Il principe Guglielmo è tornato il **4 giugno**. Oggi incontra gli ufficiali della guardia. L'atmosfera è del tutto cambiata rispetto al mese di marzo. I brindisi, i canti, gli attenti, la liturgia militare rappresentano l'attuale situazione in maniera chiara ed inequivocabile. La rivoluzione non passerà. L'esercito ha ritrovato sé stesso. Il comunismo, esteso al suo interno, è stato isolato ed espulso. La compagine armata è rientrata nelle proprie funzioni. E queste non sono limitate alla difesa dello Stato, come intende l'Assemblea nazionale, ma rappresentano il fondamento culturale e morale di una massa organizzata ed operativa che agisce per il bene superiore della patria comune, affermando i valori della civiltà e della storia nazionali. Valori, questi, che i rivoluzionari hanno considerato di secondaria

---

potrebbe assumere il comando di tutti gli uomini dipendenti dal comitato di Catanzaro, pur avendo solo l'incarico di comandante della colonna di Nicastro. Ma, per disciplina verso il comitato, non si è imposto agli uomini di Griffo e l'operatività del reparto lascia molto a desiderare. La cosa è grave, dato che il reparto di Griffo è il più numeroso dell'esercito rivoluzionario. Purtroppo l'inadeguatezza operativa prima provocherà, poi farà aumentare numerose, gravi diserzioni. I volontari, infatti, giustamente pretendono di far parte di reparti efficienti e combattivi. Ma nel comportamento di Griffo vi è qualcosa di molto più grave. Il giovane tenente che, ovviamente, aveva giurato fedeltà al re, è in crisi, ora che le sue concezioni ideologiche lo hanno portato a combattere contro i reparti fedeli al re. Se da un punto di vista morale tale posizione può ritenersi comprensibile ed, al limite, rispettabile, da un punto di vista operativo e politico è semplicemente infame, dato che costituirà l'anticamera del tradimento.

[514] Clara Nardon: "Giuseppe Eusebio Cioli e la sua famiglia",Trento, 2008, pag. 46

importanza, che non hanno inteso sostenere, che non sentono nella sostanza della loro politica e che non considerano propri, distaccandosi, così, dalle necessità e dalle aspirazioni popolari.

In Prussia la rivoluzione è sentita come eversiva, non come un fattore costruttivo e adeguatamente rinnovatore della società. E' molto limitata l'influenza di Mazzini, l'ideologo capace di armonizzare fra loro rivoluzione e tradizione, umanità e nazione, diritti e doveri, religione e laicità, individuo e Stato, etica generale e moralità personale, patria ed interessi di classe. Da ciò la differenza fra la rivoluzione nazionale italiana e quella prussiana, prevalentemente sociale. I due movimenti sono caratterizzati da un'altra differenza: la maggiore vicinanza della monarchia prussiana alla storia del Paese ed alle necessità e caratteristiche del popolo. Vicinanza ben maggiore e sostanziale del rapporto fra la monarchia sabauda ed i sudditi, prima sardo piemontesi, poi generalmente italiani. Inutile far riferimento alle altre dinastie esistenti sulla penisola, che sono ancora più arretrate di Vittorio Emanuele II e, addirittura, di Carlo Alberto, essendo incapaci di gestire il progresso della Nazione e dello Stato sotto gli aspetti dell'innovazione, dell'industrializzazione, dello sviluppo della cultura, del benessere del popolo, ecc..

E' proprio nella capacità di essere culturalmente e politicamente egemonico pur essendo su posizioni minoritarie, limitate, a volta addirittura represse – come nella Republica di Venezia - che va vista la caratteristica peculiare, la grandezza e il reale apporto di Mazzini. Leggiamo un suo scritto, che concerne proprio il rapporto individuo – umanità – nazione, e prendiamo atto della sua potente attualità.

"Dall'incerto e pericoloso *cosmopolitismo* che contraddistingue i lavori della seconda metà del secolo XVIII, il moto che affaccenda l'Europa è andato vieppiù sempre definendosi, conterminandosi, ordinandosi sotto la bandiera della nazionalità. (....) intento supremo ad ogni sforzo sulle vie del bene, fu riconosciuta l'*umanità*. E da quel giorno crebbe l'importanza della *nazione*, termine intermedio, fra l'umanità e l'*individuo;* il quale se non può ne' suoi lavori appoggiarsi ad una forza collettiva formata dai milioni che dividono con lui tendenze, costumi, tradizioni e favella, riesce ineguale allo scopo e ricade, per impotenza di meglio, a quello del *proprio* bene, e da quello nell'egoismo. E le teoriche del cosmopolitismo vi rovinavano: e l'assurdo immorale *ubi bene ibi patria* era infatti ed è assioma primo dei suoi promotori. Il culto della nazione venne opportuno a moltiplicare le forze dell'individuo e a insegnargli come si possa rendere efficacemente giovevole all'umanità il sagrificio e il lavoro d'ogni uomo. Senza patria non è umanità (....) Le nazioni sono gl'individui dell'umanità come i cittadini sono gl'individui della nazione. (....) Patria ed umanità sono dunque egualmente sacre. Dimenticare l'umanità sarebbe un sopprimere ogni intento al lavoro: cancellare, come alcuni vorrebbero, la nazione sarebbe un

sopprimere lo stromento col quale noi possiamo raggiunger l'intento. La patria è il punto di appoggio dato alla leva che deve operare a prò dell'umanità."[515]

Tornando alla situazione prussiana, nei territori originari della monarchia è in atto una rivoluzione conservatrice che tende a salvaguardare la società così come si è costruita nel tempo, con le sue caratteristiche, le specifiche sicurezze, i suoi importanti valori. Una società messa in crisi – diciamo messa in forse – dalle continue istanze dei partiti progressisti, spesso disorganiche, estremistiche e astratte, verso un cambiamento generale non molto chiaro, sostanzialmente eversivo, sempre più esasperato e fine a sé stesso.

Diversa la situazione nelle terre renane acquisite dalla Prussia dopo la parentesi napoleonica. Hanno risentito gli effetti della rivoluzione francese, delle istanze liberali, della prevalenza del potere finanziario, del costituzionalismo più o meno formale. Ma lo strumento per superare il problema nell'intera Prussia è pronto ed è, appunto, l'esercito, che, oramai, intende difendere ed affermare la sua cultura e la sua funzione sociale, nel quadro delle esigenze nazionali.

Un esercito, quindi, ed una rivoluzione conservatrice che hanno un riferimento nel principe ereditario. Il re, destinato a vivere ed operare in un sofferto contrasto fra liberalismo e conservazione, deve ora considerare in maniera diversa la posizione del fratello ed erede. Una considerazione sostanzialmente opposta a quella che lo ha spinto ad imporgli l'esilio e l'indottrinamento liberale. A favore di Gugliemo è schierata, con una intensa volontà di rivincita, la Prussia, al tempo stesso nazionale e pangermanica. Così il re è in una situazione molto particolare – diciamo pure singolare - perché è obbligato ad accettare la rivoluzione conservatrice che sta divenendo prevalente nel suo Stato e che lui, sostanzialmente, non gradisce, ma che rappresenta l'unica possibilità di sopravvivenza della monarchia. E' costretto a subirla, e, sia pure con una maggiore adesione, la subirà lo stesso Guglielmo, sia da re che da futuro imperatore. Si tratta della premessa della presa del potere da parte di Bismark e del grande sviluppo della Germania fino alla caduta del cancelliere principe Bernard von Bulow nel 1909, quando l'imperatore Guglielmo II conseguirà l'apice del potere monarchico nella conduzione dello Stato. Una conduzione che nei successivi dieci anni entrerà progressivamente in crisi, anche per la scelta di cancellieri – quindi di governi - ampiamente inadeguati. Comunque l'imperatore sarà incapace di gestire convenientemente la potenza dello Stato germanico, portandolo al disastro della prima guerra mondiale.

Tornando al 1848, nel giugno ha luogo un'oggettivo cambio della politica statale, una specie di colpo di Stato, non monarchico, bensì nazionale, cui Federico Guglielmo deve

---

[515] Giuseppe Mazzini: "La santa alleanza dei popoli" (1849) da: "Scritti politici", Milano, 2009, pagg. 674 – 675.

sottostare, senza rendersi conto che la rivoluzione conservatrice avrebbe rafforzato la Prussia e data una funzione storica alla sua dinastia per altri settant'anni. Una situazione ben diversa della cieca arretratezza reazionaria della corte di Vienna.

Milano, 8 giugno 1848

Viene votata a larga maggioranza l'annessione della Lombardia al Piemonte

Saracena (CS), 8 giugno 1848

Nei centri maggiori e minori calabresi si organizzano comitati e svariati organismi di azione ed organizzativi. Contestualmente è intensificata la propaganda e sono programmate varie manifestazioni atte a stimolare la partecipazione popolare. Ad esempio, in un centro alquanto isolato della provincia di Cosenza, Saracena, la propaganda mazziniana, coordinata da Stanislao Lamenza, è riuscita addirittura a provocare una diffusa adesione alla concezione repubblicana. Viene organizzata la guardia nazionale, ci si coordina con i comuni vicini e, con il tricolore, si va ad occupare le terre demaniali o quelle di alcuni latifondi. Le guardie nazionali di Saracena e quelle di altri tre comuni[516] assediano in Castrovillari il presidio borbonico,[517] che si arrende. Così la città è liberata.

Oggi a Saracena si celebra una sorta di rito laico. Mentre le campane suonano a morto un grande corteo con bandiere tricolori va in comune a stendere una sentenza di condanna a morte del re. Poi tutti vanno in chiesa. Sul sagrato la guardia nazionale "fucila" un pupazzo rappresentante il re, mentre una statua in gramaglie rappresenta la piangente regina.

Torino, 10 giugno 1848

Gabrio Casati, come capo del governo provvisorio lombardo, reca al governo sardo – piemontese i risultati del referendum.

La Camera approva in via definitiva l'unione del ducato di Parma e Guastalla al Regno di Sardegna.

Potenza, 10 giugno 1848

Viene approvata la dichiarazione dei principi politici. I vari partiti sono d'accordo: l'annullamento, di fatto, della Costituzione è stata una indebita, grave illegittimità, quasi un'offesa all'intera popolazione.

---

[516] San Basile, Porcile e Frassineto.
[517] Una compagnia, comandata dal capitano Labrioli.

I moti, sostenuti dai democratici, diventano sempre più estesi. Le autorità continuano nel loro non intervento.

Ma la dichiarazione è stata firmata dai vari rappresentanti del popolo e dei movimenti politici. E' un grave azzardo, un involontario ausilio al futuro intervento della polizia e della magistratura, che potranno agevolmente compilare l'elenco dei responsabili, ritenendolo coincidente con l'elenco dei firmatari.

Si determina, comunque, il fatto più grave: l'inizio della rottura fra i democratici di Emilio Maffei e i liberali di D'Errico, accusati dai primi di inadeguatezza. I democratici sostengono che per risolvere il problema bisogna armarsi e combattere fino in fondo. Gli altri non sono d'accordo.

Rivoli (VR), 10 giugno 1848

Carlo Alberto prolunga verso Nord il già esteso schieramento piemontese, attaccando Rivoli, nella valle dell'Adige.

Sembra che il suo comando dopo Goito si sia addormentato. Il **4 giugno** doveva essere attuata un'azione contro Verona, poi rimandata. Giunge un dispaccio del generale Durando che informa dell'attacco a Vicenza. Invece di approfittare della situazione attaccando alle spalle gli austriaci, si perde tempo. Mentre Vicenza combatte, tutto viene rinviato al **12 giugno**. Si parla, impropriamente, d'incapacità del vertice piemontese. Infatti la causa della sua strategia disastrosa è molto più grave, essendo politica. Una strategia che è molto bene compresa e, di conseguenza, utilmente sfruttata dal generale Radetzky.

Vicenza, 10 - 11 giugno 1848: caduta della città

Radetsky ed il suo valido capo di stato maggiore, il generale Heinrich Hermann von Hess [518] oramai conoscono bene le modalità d'azione, inutilmente lente e guardinghe, che caratterizzano l'operato di Carlo Alberto. Il maresciallo austriaco, di conseguenza, è certo di avere mano libera: il re sabaudo non lo attaccherà nei prossimi giorni. Fra l'altro Radetsky è preoccupato per le notizie che arrivano da Vienna. Teme di essere condizionato

---

[518] Il generale Heinrich Hermann von Hess è nato a Vienna nel 1788. E' entrato nell'esercito nel 1805. Ha partecipato alle campagne antinapoleoniche. Dal 1831 è capo di stato maggiore di Radetsky. Ha avuto anche altri incarichi ma ha conservato quello di capo di stato maggiore dall'inizio del 1848.   Quartiermastro generale a Vienna, poi capo dello stato maggiore dell'imperatore. In Italia nel 1859, con le stesse funzioni, non è riuscito a dare un contributo positivo al Comano imperiale. Feldmaresciallo nel 1860. Dal 1861 farà parte della camera dei signori. Morrà a Vienna nel 1870.

e accelera i tempi, lasciando Verona quasi sguarnita. Così partono dalla fortezza ben 30.000 uomini con 124 cannoni. A Vicenza vi sono gli uomini di Durando, circa 10.000, con 36 cannoni.

Le posizioni importanti sono quelle dei colli Berici: la villa Guiccioli e i terreni boschivi circostanti, il santuario della Madonna del Monte e il forte in legno della Bella Vista. Importante anche la Rotonda palladiana, sita più in basso. L'attacco austriaco, diretto dal generale Culoz, ha interessato prima tale posizione, priva di cannoni e costantemente sotto bombardamento. Durando non impiega la riserva e gli austriaci gradualmente avanzano. Così il presidio si ritira, alla fine, in città. In alto, sui colli, Culoz, presa la Bella Vista, è sostanzialmente bloccato. Nei dintorni di Villa Guiccioli, posizione comandata dai due colonnelli piemontesi Enrico Cialdini e Massimo d'Azeglio, la battaglia dura tutta la mattinata. Alle 14.00 Cialdini porta il reparto al contrattacco, ma viene respinto e ferito. Contrattacca allora d'Azeglio, ma anch'egli è respinto e ferito.

Durando rafforza con le riserve la posizione della Madonna del Monte. Molto dura la battaglia per difendere la basilica e i dintorni. Alla fine anche tali reparti devono ripiegare in città. Durando fa innalzare bandiera bianca ma i cittadini ed i volontari si ribellano e la bandiera è violentemente sostituita da una rossa: la battaglia deve continuare. Il generale comandante viene sostanzialmente destituito dal popolo, che assolutamente non vuole sentir parlare di resa. Inizia il bombardamento austriaco, che dura fino a notte inoltrata, alle 01.00 dell'**11 giugno**. Durando, utilizzando la notte, inizia le trattative. Alla fine si concorda che i suoi reparti siano autorizzati a lasciare la città con gli onori militari ma per tre mesi non debbano combattere contro gli austriaci. Le trattative sono rapide: gli austriaci intendono rientrare subito a Verona. Probabilmente 2.000 sono le perdite italiane, 732 quelle austriache, sommando morti, feriti e dispersi. La perdita più importante, per gli imperiali, è la morte del generale principe Wilhelm von Thurn und Taxis, avvenuta nel sobborgo di Santa Lucia, alla sinistra dello schieramento austriaco. Dopo un intenso bombardamento di due batterie, gli austriaci hanno attaccato. I difensori hanno risposto con una fitta fucileria, uccidendo, fra gli altri, il generale, il crudele macellaio della popolazione di Castelnuovo del Garda.

L'azione di Radetzky su Vicenza è importante. Apparentemente costituisce una brillante manovra, effettuata con un rischio ben calcolato, coronata da un indiscutibile successo. In realtà il generale austriaco, come si è accennato, ha dimostrato di conoscere bene il re, sia come persona che come comandante. Carlo Alberto teme la rivoluzione e intende venire ad un accordo, pensando che l'Impero, alla fine, sia indotto ad una soluzione concordata. Pertanto la guerra per Carlo Alberto rappresenta una copertura formale per futuri accordi fra soggetti interessati a preservare e rafforzare il conservatorismo reazionario europeo.

Non costituisce un contrasto all'ultimo sangue, un impegno di vita o di morte, come è per il feldmaresciallo e per i suoi veri nemici, quelli della rivoluzione nazionale.

Valeggio, 10 giugno 1848

Sono sei giorni che l'organizzazione militare piemontese è sostanzialmente bloccata. Si estende fra i militari un sentimento di frustrazione e di rifiuto nei confronti di una simile gestione operativa. Un sentimento diffuso, sentito in maniera diversa ai vari livelli gerarchici.[519] La truppa inizia a non sopportare marce continue, spostamenti di reparti che non hanno alcuna concreta, funzionale finalità. Una continua fatica senza alcun risultato. L'inutilità delle azioni costituisce il mezzo migliore per stroncare le istanze combattive del personale.

Oggi la situazione ha rasentato l'assurdo. Mentre Radetzky attacca Vicenza avviene l'accennato, inutile allungamento dello schieramento. Il fatto che De Sonnaz abbia ricevuto l'ordine di portarsi con due divisioni a Rivoli ed a Corona, cosa fa presumere? Dovrà, forse, attaccare Verona? E quando? Oggi, che la piazzaforte è particolarmente debole?

Corre voce, forse inventata da critici malevoli, che, contestuale allo spostamento a Nord, ne verrà effettuato un altro a Sud, dove verrà schierata la massa dell'esercito. Così l'obiettivo principale diventerebbe Mantova. Tutto ciò appare assurdo, impossibile, ma una cosa è sicura: il quartier generale lascerà Valeggio.

Intanto arriva un ordine che tutti accolgono con entusiasmo: si marcia contro Verona: l'ha ordinato il re. Ma bisogna prepararsi ed i preparativi dureranno fino al **12 giugno**, quando Radetzky sarà rientrato a Verona. Per ora vi è solo un inutile ammassamento a Villafranca. Così, fino al 12 non verrà attuato alcun attacco. Altro crollo psicologico del personale.

Treviso, 12 giugno 1848

La tragedia continua: gli austriaci investono Treviso e ne chiedono la resa. La città è difesa dal reparto di Livio Zambeccari e da quello lombardo e siciliano di Giuseppe La Masa. La risposta è negativa.

Treviso intende resistere.

Firenze, 12 giugno 1848

---

[519] La "Relazione delle operazioni militari dirette dal generale Bava" costituisce una testimonianza di tale stato psicologico.

274

E' inaugurata la ferrovia Firenze - Livorno

Praga, 12 - 17 giugno 1848: la repressione.

All'alba l'artiglieria austriaca inizia i tiri di distruzione sulla città. Incomincia l'assedio, che deve essere di esempio non solo per le altre città della Boemia, ma anche per tutti i liberali ed i democratici cechi, che devono essere messi in condizione di non fare più politica. Non sono tollerate azioni non approvate dal governo di Vienna.

Il bombardamento diviene sempre più duro e distruttivo. Per Windisch – Graetz se l'azione dell'artiglieria causerà molte vittime la responsabilità non sarà certo degli austriaci, bensì degli stessi cechi, che non si sono arresi, immediatamente e senza condizioni. In tal caso le perdite sarebbero state minime. Invece, se saranno massime la colpa sarà degli stessi cechi. Questa è la morale dei generali come Windisch – Graetz.

Naturalmente i partecipanti al congresso panslavo sono controllati e mandati alle sedi di residenza. Praga, per quattro giorni, resiste. L'organizzazione militare austriaca è tale che sarebbe stato impossibile fare di più.

Villafranca (VR), 12 – 13 – 14 giugno 1848

La sera del 12 giugno l'esercito piemontese è ammassato a Villafranca per un attacco a Verona, programmato per il pomeriggio del **13 giugno**, ma, per un forte temporale, l'azione è ulteriormente rinviata al giorno **14 giugno.**

Però, al mattino del 14 i piani vengono rivisti e, in buona sostanza, l'attacco è rinviato sine die. Si ritorna, quindi, alla precedente inattività.

E' inutile far cenno alla situazione psicologica, allo stato d'animo dei reparti. La truppa, in particolare, non si limita più a brontolare. Iniziano le prime, sommesse proteste

Valeggio, 13 giugno 1848

La divisione Perrone del 1° corpo d'armata riceve l'ordine di prepararsi per muovere verso sud. La "soluzione Mantova", l'ulteriore allungamento del fronte, lo spostamento a meridione della massa dello schieramento sembra diventino realtà. Di sicuro il quartier generale va verso Sud: da Valeggio si sposta a Roverbella.

Sono arrivati i componenti delle ultime classi, che hanno consentito di costituire altre due divisioni. Una è comandata dal generale Visconti. La seconda è proprio quella del generale Perrone, composta prevalentemente da volontari lombardi.

L'inazione e l'inutile movimento verso Sud possono apparire assurdi o effetto di sostanziale incapacità. In linea d'aria lo schieramento piemontese copriva 50 chilometri. Con il movimento verso Sud viene esteso di altri 20 chilometri. Alla fine risulterà esteso fra il Monte Baldo – a metà del Garda - ed il Po, per circa 90 chilometri. Abbandonato l'assedio di Verona inizia un altro assedio, peraltro utilizzando truppe insufficienti contro le poderose fortificazioni di Mantova e le difficoltà del terreno (i laghi, i canali, ecc.). In ogni caso si tratta di un assedio che non può ritenersi risolutivo, dato che la potenza nemica rimane accentrata in Verona ed ora è fronteggiata da forze notevolmente ridotte.

E' passato un mese, durante il quale gli austriaci si sono rafforzati e l'armata sarda è rimasta inattiva, lasciando riconquistare le città venete, ma Carlo Alberto considera particolarmente importanti le sue finalità politiche e non intende ostacolarle con particolari azioni militari. Per lui, di fatto, deve vigere una specie di tregua. In queste settimane, infatti, fervono gli incontri diplomatici. Francia e Gran Bretagna, tramite i loro rappresentanti, spingono affinchè la guerra finisca. In definitiva le proposte di Carlo Alberto vengono considerate sostanzialmente valide, utili soprattutto per arginare la rivoluzione in Europa. La Lombardia verrebbe ceduta al Piemonte, che riconoscerebbe la sovranità asburgica sul Veneto e bloccherebbe la rivoluzione italiana.

Sembra che sia da definire un solo argomento: il futuro dei ducati padani. Saranno assegnati a Carlo Alberto o rimarranno formalmente indipendenti? Radetzky mostra di essere molto interessato all'accordo, che risolverebbe i problemi del mezzogiorno dello Stato asburgico facilitando la soluzione di quelli ungheresi. Di conseguenza il re pensa di risolvere il problema secondo i propri interessi, non tenendo conto che Radetzky non accetterà mai di essere responsabile di una riduzione del territorio dell'Impero. Il maresciallo, infatti, mentre accetta la trattativa segreta, rafforza il concentramento e l'organizzazione dei suoi reparti, ben lieto che lo schieramento nemico sul Mincio si indebolisca per la sua eccessiva estensione.

Padova, 13 giugno 1848

La città è priva di difese. Si sa che devono arrivare 5.000 uomini da Venezia. Ma successivamente perviene la notizia che Manin ha annullato il movimento per tenere tutte le forze in laguna. Un fatto gravissimo, dato che, in questa maniera, Padova è abbandonata a sè stessa. Il governo Manin dimostra la propria inadeguatezza. L'intera città dimostra contro le autorità veneziane. Il podestà Meneghini scrive una durissima lettera a Manin, denunciando l'incapacità del governo provvisorio. Intanto Manin discute, tramite Francia ed Inghilterra. E' quasi sicuro di raggiungere un compromesso.

A Padova non c'è più nulla da fare: stanno arrivando gli austriaci. Di positivo vi è solo il fatto che il generale Welden – che deve "fare presto" - offre anche a Padova l'accettabile soluzione dell'accordo stipulato con Vicenza.

Cosenza, 13 giugno 1848

I moderati hanno timore dei provvedimenti del comitato di salute pubblica. Chiedono, pertanto, di avere loro rappresentanti in occasione delle deliberazioni. Il comitato accetta i due rappresentanti designati, barone Ferrari e Donato Morelli, che, però, non si presenteranno ad alcuna riunione. Così oggi viene affisso un proclama nel quale il comitato precisa che la sua finalità è quella

"di non dipartirci in nulla (….) dal volere commesso al Parlamento, quale esisteva al 15 maggio, l'accertare su basi saldissime la libertà nazionale, ottenendo oltre al ristoramento pieno ed intero della Costituzione, tai guarentigie, da evitare per sempre ogni sopruso dalla potestà regia".[520]

Nei giorni successivi i moderati, almeno in forma ufficiale, non si opporranno alla politica del comitato. In data odierna il presidente del comitato di Cosenza riceve un messaggio dal responsabile di Paola,[521] Giovanni Mosciari:

"Gli affari di questo distretto camminano lodevolmente. Ogni cuore nudre il desio del patrio riscatto; l'entusiasmo in ogni classe si estese. Financo i fanciulli brandirono le armi in favore della patria libertà. Acciò gli animi vivano in questo divino parossismo, è d'uopo adoperare i mezzi più atti (….)".[522]

Mosciari fa il punto della situazione e chiede consigli. Un esempio, questo, dei validi rapporti interni instaurati dal comitato cosentino.

Ma la notizia più importante è che a Paola, nella notte, con il vapore Vesuvio, è arrivato l'atteso corpo dell'esercito siciliano comandato dal generale Ribotti, accompagnato da Costabile Carducci e da Petruccelli della Gattina. Il reparto è composto da 700 uomini e da

---

[520] Giuseppe Ricciardi "Una pagina del 1848, ovvero storia documentata della sollevazione delle Calabrie", Tipografia San Pietro a Maiella, Napoli, 1873, pag. 46.
[521] Commissario degli affari civili e militari del distretto.
[522] G. Ricciardi "Una pagina del 1848" cit. pag. 47

6 pezzi da campagna, con le relative munizioni. E' previsto che arrivino altri 600 uomini.
[523]

Berlino, 14 giugno 1848

La situazione a Berlino è sempre grave. Vi è una continua tensione. Spesso scoppiano tumulti e si svolgono cortei e manifestazioni. In tale situazione ci vuol poco per il profilarsi di azioni violente.

E' iniziata oggi una manifestazione che, gradualmente, è sfociata in rivolta all'inizio del viale dei Tigli. Vicino è l'Arsenale, che immagazzina cannoni al pian terreno ed armi portatili al primo piano. Conserva altresì i trofei delle vittorie prussiane e costituisce uno degli edifici di maggior significato sia materiale che morale dello Stato.

La folla tumultua ed assale l'edificio, che è saldamente presidiato, dato che contiene le riserve delle potenzialità militari prussiane. Il comandante è il capitano Herman von Natzmer[524] ed il vicecomandante è il tenente Gustav Adolph Techow[525]. Sono entrambi comunisti, ben lieti di non attivare la difesa dell'arsenale e di far entrare i rivoluzionari. Grande confusione: trofei distrutti, armi asportate, ecc. L'onore dell'esercito è profondamente colpito. I due ufficiali saranno arrestati e condannati a 15 anni di reclusione, ma riusciranno a fuggire.

Treviso, 14 giugno 1848

Dopo tre giorni di resistenza si prende atto che le forze italiane disponibili sono numericamente inadeguate per continuare la lotta. La Masa propone una sortita generale, al

---

[523] Che non arriveranno.

[524] Herman von Natzmer, nato nel 1806, capitano prussiano comunista. Responsabile dell'Arsenale, ha concesso ai rivoluzionari di entrare ed occupare l'infrastruttura, vietando al presidio di far uso delle armi. Sarà condannato a 15 anni di carcere, ma riuscirà a fuggire. E' stato capo di stato maggiore dell'esercito del Baden Palatinato. Successivamente andrà in Svizzera ed in Inghilterra, insieme al suo collaboratore Techow. Sarà a Londra da Marx e, poi, sempre con Techow, in Australia, nel 1852, morendo nel 1858.

[525] Gustav Adolph Techow, nato nel 1813, tenente prussiano comunista, vice di von Natzmer. Dopo l'appoggio dato ai rivoluzionari di Berlino e la condanna a 15 anni, anche lui fuggirà. Andrà in Palatinato e sarà capo di stato maggiore dei reparti in rivolta, combattendo contro l'esercito prussiano. Dopo la sconfitta fuggirà in Svizzera e, poi, si recherà a Londra. Sarà vicino a Marx. Nel 1852 emigrerà in Australia, nello Stato di Victoria, dove lavorerà come istruttore di educazione fisica. Per Techow la ginnastica, opportunamente praticata, costituisce un fattore importante di maturazione politica. Di conseguenza è entrato nella storia dell'educazione sportiva australiana. Nel 1888, dalla Svizzera, chiederà al governo tedesco di poter rientrare in patria, ma la condanna verrà confermata. Morrà a Melbourne nel 1893.

fine di rompere l'accerchiamento per andare in forze a Venezia. Zambeccari, invece, stipula con Welden un accordo come quello di Vicenza. Treviso si arrende. I difensori possono andare a Venezia ma non possono combattere contro gli austriaci per tre mesi.

Il generale Welden estende l'occupazione a tutta la terraferma. Occupa anche Mestre. A Venezia rimane il controllo di quasi tutta la laguna e del forte di Marghera.

Napoli, 14 giugno 1848

Inopinatamente Ferdinando II abroga lo stato d'assedio. Il motivo è evidente: domani avranno luogo le nuove elezioni ed il re spera di veder nascere una Camera acquiescente alla politica della monarchia.

Napoli, 15 giugno 1848

Nella massima tranquillità si tengono le elezioni. Contrariamente ai desideri del re, i deputati della precedente Camera pensano di essere rieletti e di poter sostenere con maggior forza la necessità dell'unità nazionale.

Luigi Settembrini, giustamente scettico sul futuro costituzionale del Regno, organizza l'associazione segreta "Grande società dell'Unità Italiana", che intende sostenere il processo rivoluzionario nei vari Stati italiani in un'ottica federativa. Il presidente del comitato centrale della società è Filippo Agresti[526], Altro collaboratore di Settembrini è il conte Michele Pironti,[527] magistrato eletto al parlamento ma non convalidato.

---

[526] Filippo Agresti è nato a Napoli nel 1797. Carbonaro. Ha partecipato sia ai moti del 1820 – 21 che ad una congiura, scoperta nell'agosto del 1832, con 80 arrestati. I congiurati intendevano rapire il marchese Del Carretto e, facendo ribellare alcuni reparti dell'esercito, imporre la Costituzione del 1820. Tale congiura è stata denominata "del monaco" perché coordinata dal frate Angelo Peluso. Esule dal 1832 al 1848, è andato in Francia, entrando nella legione, poi in Inghilterra ed a Malta. Nel 1848, rientrato a Napoli, ha avuto la presidenza della grande società dell'Unità italiana. Arrestato nel marzo 1849 e, nel 1851, condannato a morte, commutata in ergastolo. E' stato fra coloro che, imbarcati su una nave per andare in esilio in America, sono riusciti ad andare in Inghilterra. A Napoli, nel 1860, ha fatto parte del comitato d'azione e del governo provvisorio, sostituito da quello di Garibaldi. E' morto nel 1865 a Napoli.

[527] Il conte Michele Pironti è nato a Misciano, frazione di Montoro Inferiore (AV) nel 1814. Magistrato, è stato un esponente importante del movimento nazionale dell'area avellinese. E' stato in carcere a Montefusco. Procuratore generale della corte di cassazione di Firenze; procuratore generale della corte di cassazione di Napoli; primo presidente della corte di appello di Napoli; primo presidente della corte di appello di Ancona; procuratore generale della corte di appello di Napoli. Deputato dal 18 febbraio 1861 al 7 settembre 1865. Commissario straordinario del Comune di Napoli dal novembre 1867 al 17 aprile 1868. Ministro di Grazia e Giustizia dal 26 maggio 1869 al 21 ottobre 1869. Nominato senatore nel 1869. Nominato conte nello stesso anno. E' morto a Torre del Greco (NA) nel 1885.

In definitiva la società dell'Unità italiana è un'organizzazione che ideologicamente si pone fra la carboneria ed il mazzinianesimo. Si propone di conseguire la libertà nei singoli Stati a premessa di un'unione federale. In questo differisce dalla politica mazziniana tendente prima all'unità nazionale e, successivamente, a un sistema di libertà omogeneo su tutto il territorio dello Stato unitario. Comunque, a premessa di qualsiasi ulteriore attività, la società intende organizzare, possibilmente a breve termine, un'azione molto dura, per dare un'idonea risposta alla repressione del 15 maggio.

La propaganda viene effettuata in tutte le province del regno, soprattutto nei confronti dei militari. Dato che l'organizzazione è sostanzialmente uguale alla Giovane Italia, molti parteciperanno alle attività di entrambe le associazioni. L'azione della Società, comunque, si limiterà alle province meridionali, dato che non riuscirà ad estendersi oltre i confini del Regno.

Cosenza, 15 giugno 1848

Il comitato nomina il generale Ribotti comandante di tutti i reparti. Ricciardi crede di risolvere in questa maniera la contraddizione della sua politica: si è consapevoli che bisogna agire in maniera energica e rapida ma non si riesce a farlo. Ribotti ha un curriculum ottimo considerando sia il passato politico che i precedenti militari, ma si dimostra – ed ancor più si dimostrerà – del tutto inattivo, provocando le più ampie critiche ed anche accuse di tradimento. Fra lui e Ricciardi il rapporto sarà molto difficile, spesso polemico.

Comunque Ribotti è arrivato il 14 e, come primo obiettivo, deve difendere Castrovillari, ma non si muoverà fino al giorno **20 giugno**, quando, spinto da Ricciardi, partirà. Ma non potrà più andare a Castrovillari, dato che, nel frattempo, l'abitato è stato preso ed organizzato a difesa dal generale Busacca. Così Ribotti andrà a Spezzano Albanese

Agram (Zagabria) 15 giugno 1848

Il governo imperiale, al fine di non dare giustificazioni alla politica nazionale ungherese, blocca l'azione di Jelacic, destituendolo da governatore della Croazia.

E' una chiara manifestazione dell'attuale situazione, molto complessa. Il governo imperiale reprime il suo più fedele sostenitore che, per essere coerente con gli interessi della sua nazionalità (croata), complica i rapporti del governo con la nazionalità ungherese. Ma l'Impero, nella sua debolezza, non potrà privarsi per molto tempo dell'apporto di Jelacic.

Napoli, 16 giugno 1848

Grande rispetto anche dall'estero per gli elettori del Regno, che hanno votato per una Camera composta in maniera sostanzialmente uguale alla precedente.

E' stata quasi plebiscitariamente rigettata dall'elettorato la propaganda reale, che accusava i democratici ed i vari liberali di aver sabotato il parlamento e la stessa costituzione con il loro estremismo. Sabotaggio da cui sarebbe derivato il dramma del 15 maggio. La presenza democratica è minoritaria ma numerosa. Complessivamente è pari ad un terzo degli eletti, come nella precedente Camera.

Filadelfia (VV), 16 giugno 1848

Il quartier generale dei volontari catanzaresi è a Filadelfia. E' presente il ministro della Guerra del comitato di Cosenza Musolino, che spedisce una lettera riservata al presidente Ricciardi. Chiede che venga inviato il reparto del generale Ribotti o, almeno, la sua batteria di 6 pezzi. E' necessario attaccare Nunziante a Monteleone e, senza artiglieria, è impossibile. Intanto il generale nemico si rafforza mentre i reparti volontari sono in crisi. La disciplina lascia molto a desiderare. L'organizzazione è inadeguata: addirittura non è chiaro il numero degli organici. Tutto ciò dimostra la necessità di un'energica, trainante offensiva.

Intanto il generale Ribotti è entrato a Cosenza con il suo reparto, accolto entusiasticamente dalla popolazione. Ha inviato in data odierna un affettuoso messaggio ai calabresi, auspicando la vittoria.

Ma il Ribotti, accolto come un trionfatore, inizia subito a deludere il Comitato. E', quanto meno, lento ed indeciso.

Passo dello Stelvio (SO). 16 giugno 1848

Il colonnello – poi generale - Domenico D'Apice ha il comando dei volontari schierati a difesa dei passi dello Stelvio e del Tonale. [528]

---

[528] Domenico D'Apice, nato a Napoli il 30 gennaio 1792, esule dal 1821, ha combattuto con i democratici in Spagna. Poi è stato in Francia prigioniero di guerra. Successivamente ha combattuto a Malaga, a Gibilterra, a Tangeri, ad Algeri, in Italia, per la rivolta del 1831, in Belgio contro l'Olanda, in Portogallo, dove ha avuto alti riconoscimenti e la cittadinanza. Successivamente in Spagna, in Asia per cinque anni, poi a Londra da Mazzini. Infine, il Governo provvisorio gli ha conferito il grado e la funzione attuali. Avrà buona fama di ufficiale energico e determinato. Successivamente il suo comportamento in certo senso collasserà, prima in occasione di un'azione mazziniana in Val d'Intelvi, poi in Toscana. Sembra che in tale periodo il vecchio militare sia entrato in crisi ed abbia preferito seguire strade che non determinassero azioni violente. Ma tale

Oggi un attacco nemico allo Stelvio (m. 2757 di altitudine) è stato respinto.

Venezia, 16 giugno 1848

Il generale Guglielmo Pepe è nominato comandante in capo dell'"armata di terra". E' divenuta famosa la sua frase, detta quando ha attraversato il Po diretto a Venezia con molti ufficiali e pochi soldati:"di qua c'è il nemico, di là il disonore". L'aperta ribellione al re da parte di Pepe e dei suoi è clamorosa e costituisce un'ottima propaganda nazionale.

Quando il generale napoletano ha passato in rassegna in piazza san Marco i reparti della guarnigione il popolo gli ha tributato una vera e propria ovazione, analoga a quella dei napoletani al rientro dal lungo esilio, il 29 marzo 1848. Certo è difficile trovare un generale con un curriculum patriottico e culturale come quello del Pepe. Ora i suoi problemi più importanti sono costituiti dalla disciplina, dall'ordine e dall'organizzazione dei reparti.

Tutto ciò è necessario per migliorare la sicurezza generale della città. I cittadini, quindi, sono molto interessati alla lettura dell'ordine del giorno del nuovo comandante:

"Uffiziali, sotto-uffiziali e soldati delle milizie italiane che sotto nomi diversi combattete nelle provincie Venete affine di liberare l'intera Penisola dal giogo austriaco. Il governo di Sua Santità, il governo Veneto ed il commissario di quello di Lombardia hanno desiderato che io mi mettessi alla vostra testa. Ho accettato un tanto onore, e se cosa al mondo avesse potuto consolarmi che io dal vedermi seguire da così poche fra le molte truppe che io avevo condotto in riva al Po, questa consolazione l'avrei per fermo ricevuta nell'assumere il comando in capo di numerose schiere appartenenti a parecchie provincie italiane a me care da lungo tempo ed ora più che mai per la lusinghiera accoglienza fattami dalle loro popolazioni dopo le mie recentissime sventure. Fondamento e cima d'ogni militare eccellenza è la disciplina. Valore, amore di patria, gentilezza di sentire, energia di volontà, fermezza di proposito sono in voi; ma tutte queste virtù che vi danno superiorità sulle truppe che dobbiamo combattere rimarrebbero infruttuose ove non vi fosse unità di comando e prontezza di obbedienza. Sarà dunque mia cura d'introdurre e consolidare l'una e l'altra fra voi. Senza di esse, ad onta del coraggio, dell'alacrità, dell'ardore, non si otterrebbero sul nemico quei vantaggi che tutta Italia attende da noi, appoggiati come

---

impostazione ha avuto, naturalmente, effetti bellici negativi. Criticato ed isolato, morirà a Napoli il 12 gennaio 1864.

siamo al gran sostegno dell'italiana indipendenza, al Re Carlo Alberto. (....)
Guglielmo Pepe.[529]

Torino, 16 giugno 1848

Inizia le pubblicazioni la "Gazzetta del Popolo", fondatori Giovan Battista Bottero,[530] Felice Govean[531] ed Alessandro Borella.[532] Bottero, laureato in medicina, è un giornalista impegnato per la rivoluzione nazionale. Govean, dopo vari impieghi e la pubblicazione di un libro, assume la direzione del giornale, che terrà fino al 1861, Borella, anch'egli medico, è deputato al parlamento.

---

[529] Pierluigi Romeo di Colloredo Mels: "Venezia 1848 – 1849. Aspetti militari di un assedio del XIX secolo", Soldiershop publishing, 2017, pagg. 26 e 27

[530] Giovan Battista Botero è nato a Nizza nel 1822. Laureato in medicina e chirurgia nel 1847. Nel giugno 1848 ha fondato, con Govean e Borella, la "Gazzetta del Popolo". Un giornale liberale che ha inteso parlare al popolo per informarlo e per dagli elementi di giudizio e di approfondimento, sostenendo la morale sociale e l'acculturazione della classe operaia. Ha cercato di partecipare alla prima guerra d'indipendenza, ma non è stato arruolato per una forte miopia. Oltre all'azione per l'unità e l'indipendenza italiane, il giornale ha attaccato i notevoli privilegi della Chiesa. Notevole la polemica contro il foro ecclesiastico che, poi, è stato abolito. Ha collaborato al giornale finché questo è stato diretto da Govean. Nel 1861 ne ha assunto la direzione, fino alla morte. Dal 1855 si è dedicato anche alla politica attiva. E' stato sempre un cavouriano, avvicinandosi a Garibaldi nei momenti determinanti della sua azione. Nel 1866 ha promossola costituzione del consorzio nazionale per pagare il debito pubblico, iniziativa ampiamente realizzata. Successivamente è stato un sostenitore della politica di Crispi e di un colonialismo ben organizzato ed efficiente. Deputato del Regno di Sardegna per tre legislature dal 19 dicembre 1853 al 17 dicembre 1870. Deputato del Regno d'Italia per tre legislature dal 18 febbraio 1861 al 2 novembre1870. Senatore nel 1870. Morirà a Torino nel 1897.

[531] Felice Govean è nato a Racconigi (CN) nel 1819. Ha lavorato in un società di assicurazioni, in una compagnia teatrale, in una tipografia. Dal 16 giugno 1848 ha diretto con Bottero e Borella la "Gazzetta del popolo". Ha partecipato alla prima guerra d'indipendenza. Anticlericale vicino alla politica di Cavour. Ha lasciato la "Gazzetta" nel 1861. Successivamente si dedicherà all'attività della loggia massonica Ausonia, nata il 20 dicembre 1859, poi costituita in Grande Oriente italiano (GOI), di cui sarà gran maestro reggente dal dicembre 1861 al luglio 1863. Nel 1865 ha fondato il giornale "Il Conte di Cavour", dirigendolo per un anno e due mesi. Nel 1876 ha fondato il giornale illustrato "Papà Camillo" che sarà pubblicato solo per due mesi. Ha scritto opere teatrali, romanzi, ecc. Morirà nel 1898 a Torino. (da: "Massoneria italiana – La Massoneria italiana attraverso la vita dei suoi Grandi Maestri" di Luciano Rossi Edizioni Booksprint, 2019, pagg. 193 – 195:

[532] Alessandro Borella è nato a Castellamonte (TO) nel 1813. Il padre ha dovuto abbandonare l'industra di proprietà fuggendo all'estero, avendo partecipato ai moti del 1821. Laureato in medicina e chirurgia a Torino. Uno dei tre fondatori della "Gazzetta del Popolo". Eletto deputato, ha fatto parte della Camera sarda per quattro legislature, dal 9 dicembre 1849 al 17 dicembre 1860 e della Camera del Regno d'Italia per una legislatura, dal 18 febbraio1861 al 7 settembre 1865. Le sue finalità principali sono stati l'asilo politico, la democratizzazione degli enti locali, la lotta ai privilegi ecclesiastici ed il sostegno agli esuli per motivi politici. Dopo il 1860 sosterrà la soluzione del problema di Roma capitale e farà parte della sinistra. Ha scritto opere morali di educazione popolare. Morirà nel 1868 a Torino.

La Gazzetta del Popolo è su posizioni liberali, con simpatie per l'area moderata dei democratici, che manifesterà soprattutto dopo la sconfitta del 1849. Anticlericale, le sue campagne contro i privilegi ecclesiastici (abolizione del foro ecclesiastico e nazionalizzazione dei beni della Chiesa) saranno dure, particolarmente intense. Dopo i fatti di Milano del 6 febbraio 1853 il giornale si avvicinerà progressivamente alle posizioni di Cavour.

Bitonto (BA), 16 giugno 1848

In Puglia, fin dal mese di febbraio, gruppi di contadini poveri e di braccianti hanno iniziato a invadere latifondi e terre demaniali. La risposta delle autorità all'inizio è stata debole o acquiescente. Nel clima rivoluzionario successivo al 15 maggio le occupazioni di terre sono aumentate. Il problema è difficile da regolare, dato che non vi è più un'autorità centrale e le province pugliesi sono, di fatto, frazionate in comuni o gruppi di comuni indipendenti, che vivono il momento rivoluzionario in maniera differenziata, secondo le direttive di molteplici capitani del popolo definiti "re del popolo basso", che, in sede locale, promuovono varie forme di organizzazione.[533]

La rivoluzione in Basilicata è più strutturata di quella pugliese e da Potenza arriva la richiesta di un adeguato coordinamento. Vi sono incontri in un posto riservato, a Bitonto, in una casa fuori mano di proprietà della famiglia Cioffrese. All'inizio tali accordi si sviluppano in maniera rapida e costruttiva. Viene firmato il "Memorandum delle province confederate di Basilicata, Terra d'Otranto, Bari, Capitanata e Molise" [534] e sono nominati i rappresentanti pugliesi nella "confederazione", [535] avente sede a Potenza. Purtroppo non vi sarà il tempo per organizzarsi adeguatamente.

Praga, 17 giugno 1848

Praga si è arresa. La rivoluzione ceca è finita. La Boemia diviene la terra più sicura per l'Impero. Il futuro dimostrerà che sarà più sicura della stessa Vienna.

---

[533] Antonio Lucarelli li ha elencati: "*re Stizza di Cagnano, re Melchiorre di Lucera, re Cuozzo di Molfetta, re Farina di Andria, re Messere di Giovinazzo, re Ciotto di Polignano, re Cataldo di Spinazzola, re Miglietta della Repubblica di Torchiarolo*" in:A. Lucarelli: "I moti rivoluzionari del 1848 nelle province di Puglia" nell'Archivio Storico Pugliese del 1848, pag. 16.

[534] Che costituirà uno dei principali documenti utilizzati dalla corte borbonica a carico dei rivoluzionari.

[535] "**Antonio Viglione, Raffaele d'Apuzzi e Giuseppe Tortora per la Capitanata; Tommaso Ghezzi Petraroli, Carlo de Donato e Tommaso Calabrese per la Provincia di Bari; Giuseppe Libertini, Gennaro Simini e Giuseppe Briganti con Giovanni Casavola per la Terra d'Otranto**" da: A. Lucarelli: "I moti.." cit., pag. 20.

E', quindi, possibile estirpare la rivoluzione, distruggerla alle radici. Di questo si sono convinti gli ufficiali austriaci. A Vienna l'arciduchessa Sofia è soddisfatta e felice. Impone a tutta la corte di essere esultante, dato che l'imperatore non ha il coraggio di avere concezioni diverse. Sofia è lieta perché procede positivamente la sua "costruzione" del figlio come provvidenziale capo dell'Impero. Sarà necessario solo dargli un tocco militare inviandolo per un certo periodo da uno dei tre generali del suo "quadrunvirato".

Altra persona lieta è l'imperatore di Russia. Pensava di dover intervenire in quell'Austria che, con Metternich, aveva difeso così validamente i principi e gli interessi della Santa Alleanza. Poi gli è sembrato che tutto collassasse. Ma, a quanto pare, i generali austriaci, specie qualcuno, conoscono il fatto loro. E' lieto soprattutto perché da un punto di vista politico intervenire nel territorio della Confederazione germanica non sarebbe stato facile. Certo ben più difficile e complesso dell'intervento, per ora eventuale, ma forse necessario, in Ungheria. Considera molto bravo, comunque, Windisch – Graetz.

Diversi giorni dopo, così Cavour ha analizzato alla Camera le vicende ceche:

"poco dopo il trionfo della causa liberale in Vienna, il moto slavo cominciò a manifestarsi apertamente nell'Impero. Il ramo più intelligente della famiglia slava, gli abitanti della Boemia, tentarono fin dal mese di aprile di sottrarsi al predominio germanico, di fondare in Praga un centro attorno al quale tutto lo slavismo venisse a rannodarsi. Questa generosa impresa andò fallita: tutti i partiti a Vienna si unirono per reprimere il moto boemo. L'infelice città di Praga volle ricorrere alla forza; ma fu vinta, dopo una disperata lotta, bombardata e mitragliata; fu posta sotto il giogo militare e governata da leggi statarie, che pochi giorni sono erano tuttora in vigore. Il moto slavo, represso dalla forza brutale nel Settentrione dell'Impero, si spiegò più vigoroso, più minaccioso, più potente nel Mezzodì, nelle provincie danubiane, abitate dagli Slavi – Croati."[536]

Balalàzsfalva, oggi Blaj, romena, del distretto di Alba, 18 giugno 1848

Giunge notizia che il governo ungherese ha decretato la fine della servitù della gleba. E' una importante novità. Lo stesso Avram Iancu la considera una misura pacificatrice. Ma è un provvedimento giunto in ritardo: i contrasti fra le nazionalità porteranno comunque alla guerra.

Berlino, 20 giugno 1848

---

[536] Il brano di Cavour è tratto dal discorso alla camera dei deputati del 20 ottobre 1848: "Cavour: Italia, Austria e Francia", cit., pagg. 42 e 43.

Il ministero Camphausen si dimette. Non può sopravvivere il governo del compromesso. Il 15 giugno l'approvazione della proposta del deputato Franz Waldeck di aumentare i poteri di controllo del Parlamento ha rappresentato quasi un voto contro Camphausen. Diffuse sono le reazioni negative nel campo finanziario. Si temono azioni di disturbo nei mercati. Comunque, alla fine, il nuovo ministero di Rudolf von Aueerswald, essendo liberale moderato, dovrebbe essere accettato dalla finanza. Peraltro al governo è rimasto l'esponente forse più importante, David Hansemann, che ha conservato il ministero delle Finanze. Camphausen va a Francoforte come plenipotenziario prussiano.

Spezzano Albanese (CS), 20 giugno 1848

Il generale Ribotti è partito da Cosenza con grande ritardo e, non potendo andare a Castrovillari occupata dai borbonici, ha posto il suo comando a Spezzano. Sembra che esca da quella sorta di apatia che blocca le sue azioni. Organizza un attacco a Castrovillari, che avrà luogo domani. Infatti il giorno **21 giugno** attacca i borbonici e li respinge, ma, a circa due chilometri dal centro abitato, fa sospendere l'attacco. Recriminazioni ed accuse. Molto malumore fra i volontari. Anche coloro che sono venuti dalla Sicilia incominciano a protestare.

Ribotti cade nuovamente "in letargo". I rapporti con Ricciardi peggiorano rapidamente. Intanto i militari siciliani ed i volontari calabresi reagiscono con violenza alla stasi: vogliono combattere.

Palermo, 21 giugno 1848

A casa della duchessa Guidolfi sono riunite 136 signore. Si fa gran festa. Oggi viene distribuito "Il giornale delle donne, Religione – Poesia – Amore". Gli articoli sono firmati con pseudonimi. Finalmente la fatica comune è stata premiata. Il gruppo è organizzato ed ha pubblicato il suo programma. Diritto di voto e apertura sociale, facendo prevalere il sacro fuoco della libertà e delle virtù. Lo slogan è: abbasso l'arbitrio.[537]

---

[537] Il generale Louis – Eugène Cavaignac è nato nel 1802 a Parigi . Ufficiale del genio nel 1828. Fuori dai quadri nel 1831 perché repubblicano. Riammesso nell'esercito l'anno dopo. Ha prestato per lungo tempo servizio in Algeria, prima comandando il forte avanzato di Tlemcen, poi, nel 1840, combattendo a Cherchell e, successivamente, comandando varie zone militari. Generale e governatore dell'Algeria nel 1848. Eletto all'Assemblea nazionale. Nel giugno del 1848 scoppia a Parigi una notevole, diffusa insurrezione. Cavaignac viene nominato prima ministro della Guerra, poi capo del potere esecutivo, con poteri dittatoriali. Dopo tre giorni di successi degli insorti fa intervenire decisamente l'esercito e reprime la rivoluzione, conservando le sue funzioni fino alla fine dell'anno quando si presenterà alle elezioni per la presidenza della repubblica, ma sarà vinto da Luigi Napoleone. Arrestato in occasione del colpo di stato del 2 dicembre 1851 rimarrà per breve tempo in carcere. Morrà in pensione nel 1857 nell' Orne.

Torino, 21 giugno 1848

Il Senato approva in via definitiva l'unione del Ducato di Modena e Reggio al Piemonte.

Colonia, 23 giugno 1848: Neue Rheinische Zeitung, n. 23

Articolo a firma di Friedrich Engels:

"**Il primo atto dell'Assemblea nazionale tedesca a Francoforte. L'Assemblea (…) infine si è mossa! Ha preso finalmente una decisione che ha un immediato effetto pratico: si è ingerita nella guerra austro - italiana. E come lo ha fatto? Ha proclamato l'indipendenza dell'Italia? Ha mandato un corriere a Vienna con l'ordine per Radetzky e Welden di ritirarsi subito al di là dell'Isonzo? Ha inviato un messaggio di congratulazioni al governo provvisorio milanese? Niente di tutto questo! Essa ha dichiarato che avrebbe considerato ogni attacco contro Trieste come caso bellico. In altri termini l'assemblea nazionale tedesca, d'intesa cordiale con il Bundestag, permette agli austriaci le più gravi brutalità, di saccheggiare, uccidere, lanciare razzi incendiari su ogni città e su ogni villaggio e di ritirarsi poi tranquillamente sul territorio neutrale della Federazione tedesca! (…) ma vuole proibire agli italiani di inseguire gli austriaci battuti fino al loro nascondiglio!**"[538]

Nizza, 23 giugno 1848

E' arrivato da Montevideo il brigantino Speranza. I passeggeri esultano apprendendo qual'è l'attuale situazione politica. La guerra è in atto ed ora, finalmente, possono combattere per l'indipendenza italiana. Anzani, morente, si riprende ed gioisce sulla tolda con gli altri. Anche Gaetano Sacchi riesce ad arrivare in coperta e partecipa alla gioia comune, ma è in gravi condizioni.

Dopo 14 anni Garibaldi rivede la famiglia e la sua casa. Anche Anita ed i figli, arrivati da qualche mese in Piemonte.

Poco tempo dopo si parte per Genova, dove muore Anzani. Garibaldi gli aveva imposto di rimanere a casa sua, a Nizza, ma Anzani è l'unico che può andare contro gli ordini del nizzardo. Addirittura ha preceduto Garibaldi a Genova, approfittando di un battello a vapore, ma muore in casa di Gaetano Gallino[539]. Ora l'unico capo è Garibaldi, che vuole subito partire per il fronte del Mincio. I mazziniani cercano di convincerlo a non combattere

---

[538] Marx ed Engels "Scritti sull'Italia", Edizioni Progress, Mosca, 1976, pag.11.
[539] Le spoglie di Anzani saranno trasportate nella tomba di famiglia, ad Alzate Brianza (CO).

con le truppe del re, che, invece, Garibaldi intende incontrare, per poter combattere al più presto. Andrà al quartier generale piemontese.

Gaetano Sacchi viene ben curato e si salverà, così sarà pronto anche lui per il combattimento.

Parigi, 24, 25, 26 giugno 1848

Il governo, preso atto dell'insuccesso delle fabbriche nazionali ("ateliers nationaux") sovvenzionate dallo Stato, li chiude. Gravi le conseguenze sull'occupazione. Gli operai prima dimostrano contro il governo, poi si ribellano. L'azione è così violenta che il governo si dimette, dando poteri dittatoriali al generale Louis Eugène Cavaignac, che brutalmente ristabilisce l'ordine.

Molfetta (BA), 24 giugno 1848

Una folla di cittadini si reca sotto il palazzo di " u re couzzele", cioè di Giovanni Cozzoli, uno dei capi della sinistra rivoluzionaria. E' noto per aver acquisito armi tramite il contrabbando ed ha assunto una posizione molto radicale: costituire uno Stato repubblicano. E' molto amato dalla popolazione perché, avendone la disponibilità, aiuta le famiglie povere.

Fin dal giorno **19 giugno** corre voce che si stia avvicinando una unità inviata dal re. E' composta solo da reparti di cavalleria, perché si deve "fare presto". Cozzoli parla e tutti si preparano per lo scontro, sperando di avere il tempo di organizzare a difesa la città.

Filadelfia, 25 giugno 1848.

Carlo Sanseverino, emissario del re, contatta il tenente Griffo. Il giovane ufficiale entra in crisi e decide di tradire la rivoluzione. Perciò si impegna a rendere il suo reparto sostanzialmente inoffensivo. Quando i borbonici attaccheranno suddividerà i suoi 5.000 uomini in vari gruppi da disperere fra le montagne. Casa che farà quando, fra due giorni, Nunziante avanzerà verso Nord ed avrà contro solo i 450 uomini di Stocco. Un fatto ovviamente gravissimo, che determinerà non solo l'esito della prossima battaglia, bensì anche quello dell'intera campagna. Dopo il **27 giugno** il reparto non avrà più un ruolo operativo: la gran massa dei volontari, ovviamente, tornerà a casa.

Torino, 26 giugno 1848

Elezioni suppletive al Parlamento subalpino, Anche in tale tornata la situazione è tranquilla. Fra gli altri viene eletto Camillo Benso, conte di Cavour,

Ma la partecipazione dell'opinione pubblica sta cambiando: si ha la netta sensazione che le operazioni militari siano lente ed inadeguate. Cresce lo scontento.

.Fronte del Trentino, 26 giugno 1848

E' notevolmente cambiata la situazione sul fronte trentino. L'organizzazione del generale Durando è ottima e l'area di competenza è adeguatamente presidiata da 5000 uomini con 8 cannoni. Le scaramucce, gli scontri e l'azione delle pattuglie sono quotidiani, in particolare nelle zone tatticamente più importanti. Più volte i volontari effetuano azioni di ricognizione offensiva in val di Ledro. Oggi vi è stato un combattimento violento nell'area di Monte Nota, che gli austriaci tentano continuamente di occupare, ma sono stati respinti. Nello scontro è stato ferito al braccio destro il capitano Carlo Pisacane.[540]

Durando ed i suoi uomini attendono l'ordine di marciare su Trento.

Passo dello Stelvio, 27 giugno 1848

Attacco austriaco al passo, respinto dai volontari comandati da D'Apice.

Curinga (CZ), 27 giugno 1848

Il generale Nunziante prende atto che, nell'attuale situazione della Calabria, il gruppo dirigente della rivoluzione è a Cosenza, città che egli intende, di conseguenza, occupare. Così dispone che in mattinata inizi il movimento verso Nord, sulla strada consolare Reggio – Napoli,[541] che segue la costa per circa 16 chilometri, poi gira verso Nord Est e sbocca

---

[540] Carlo Pisacane, dei duchi di San Giovanni, è nato a Napoli il 22 agosto 1818. Ufficiale del genio dal 1839, è stato obbligato ad andare all'estero per una relazione con Enrichetta De Lorenzo, sposata. Andato a Marsiglia, a Londra, a Parigi, si è arruolato nella legione straniera, prestando servizio in Algeria. Nel 1848 accorre in Italia e, nei reparti volontari, ha il grado di capitano. Alla fine della guerra riparerà a Lugano. Mazziniano, a Roma, nel marzo del 1849, sarà nominato capo di stato maggiore dell'esercito repubblicano. Dopo la caduta della Repubblica, nel 1851, svolgerà una notevole attività pubblicistica di carattere militare, sociale e politico, venendo considerato uno dei primi pensatori socialisti in Italia. Nel 1855 inizierà a progettare un'azione rivoluzionaria sostitutiva della soluzione monarchica nel conseguimento dell'unità nazionale. Ipotesi, questa, sempre più probabile, che per Pisacane costituirebbe una semplice sostituzione della dirigenza conservatrice. Il 25 giugno 1857 partirà per attuare il progetto e sbarcherà a Sapri il 28 giugno, ma il comitato napoletano non attuerà l' insurrezione che avrebbe dovuto provocare, mettendo Pisacane in difficoltà. Dopo alcune azioni, attaccato dai contadini, Pisacane si suiciderà il 2 luglio 1857.
[541] L'attuale strada statale 19.

nella piana di Maida. Quest'ultima, di conseguenza, costituisce il primo obiettivo, dopo si procederà verso Cosenza.

Non lontano dalla base di partenza è sito il ponte dell'Angitola, corso d'acqua che sfocia nel Tirreno. E' la zona dove i volontari di Stocco[542] attendono il nemico. Si tratta dell'avamposto comandato dall'abate Ferdinando Bianchi.[543] Qualora tale schieramento venga forzato dai borbonici, i volontari si ritireranno su una serie di colline che consentono una facile difesa in profondità. Una serie di allineamenti, quindi, di cui il primo è già presidiato.

L'avamposto è bombardato dall'artiglieria di Nunziante e dai cannoni di due fregate a vapore. Ma lo schieramento dei ribelli calabresi non viene neutralizzato. Gli uomini, tutti abili cacciatori, sono ben protetti e l'abate Bianchi è noto per non sbagliare mai un colpo. Allora Nunziante ordina l'attacco alla baionetta ed i volontari si ritirano sul primo allineamento, già occupato da Stocco. Ulteriore preparazione di artiglieria, quindi, e conseguente attacco alla baionetta. Così i borbonici proseguono con grande difficoltà, subendo molte perdite.

Ad un certo punto Stocco, dato che Nunziante segue le truppe in carrozza, con pochi uomini si imbosca nella folta vegetazione che contorna la strada. Si tratta di un'abile azione di guerriglia, che dà i suoi frutti. Al passaggio del generale, il nucleo di volontari spara alle spalle della carrozza. Il fuoco è nutrito e continuo: la carrozza è distrutta. Nunziante si salva quasi miracolosamente e, con tre ufficiali, tenta di guadagnare le posizioni del battaglione arretrato. Per non essere individuato si toglie i gradi di generale e prosegue a piedi, nascondendosi nella vegetazione. Ma, intanto, gli uomini dei due battaglioni arretrati hanno udito il rumore della sparatoria alle loro spalle. Si diffonde, così, la voce che il generale sia morto e che lo schieramento borbonico sia stato aggirato e circondato.[544] La voce produce effetti sempre più drammatici, finchè lo spirito combattivo dei due battaglioni collassa. Gli uomini abbandonano le proprie posizioni e si disperdono verso sud, in direzione di Monteleone.

---

[542] Il reparto di Stocco ha 450 effetivi.
[543] Ferdinando Bianchi è nato a Bianchi (CS) nel 1797. Sacerdote nel 1821. Partecipa alla rivoluzione calabrese del 1848. Alla fine della rivoluzione rimarrà in Calabria latitante ma sempre impegnato nell'organizzazione rivoluzionaria. Catturato nel 1857 sarà condannato a 25 anni di ferri, ma nell'aprile del 1859 sarà esiliato negli Stati Uniti con altri 65 prigionieri politici, che riusciranno ad andare in Inghilterra. Si recherà in Piemonte e parteciperà alla spedizione dei Mille. Nel 1860 sarà nominato direttore generale delle amministrazioni del Registro, del Bollo e della Lotteria. Morirà misteriosamente assassinato a Napoli nel 1866.
[544] Si è verificato anche un fatto singolare: un trombettiere dell'esercito borbonico ha abbandonato il reparto portandosi la tromba. E' fra i volontari e, a questo punto, suona in maniera insistente la ritirata. Così anche i più dubbiosi e disciplinati dei reparti regolari arretrati reputano di aver ricevuto l'ordine di abbandonare il campo e si ritirano.

I battaglioni avanzati continuano ad attaccare le successive posizioni e, a sera, Nunziante arriva alla piana di Maida. Non sono mancate alcune gratuite crudeltà tese a terrorizzare la popolazione. Al fondaco Bevilacqua vi è un'osteria. Dato che le truppe hanno mangiato e depredato tutto, l'ostessa si è rivolta agli ufficiali per essere pagata, ma è stata barbaramente uccisa. Le strutture sono state incendiate. L'olio, immagazzinato in una di esse, ha aggravato l'estensione ed i danni dell'incendio. Il proprietario, Francesco Antonio Bevilacqua, che è nel campo avverso, con vari collaboratori ed amici continuerà a combattere con grande rabbia. Da Curinga e da altri paesi accorrono al bosco della Grazia altre persone in armi. E' notte. I combattimenti vanno gradualmente terminando.

Nunziante ordina ai suoi di fermarsi, bloccando l'avanzata, e fa il punto della situazione. Per arrivare a Cosenza la strada è ancora lunga; si è combattuto per 16 ore; sono stati percorsi solo una ventina di chilometri; una parte delle truppe ha abbandonato il campo; la conformazione del terreno facilita in vari punti la difesa del nemico; le perdite sono state notevoli;[545] infine Nunziante sicuramente è stato informato del tradimento di Griffo. Il generale, quindi, decide di rientrare a Monteleone per riorganizzarsi. Durante la notte i reparti si accampano. Nessuno li disturba, anche se viene dato ordine a Griffo di attaccarli e di risolvere il problema dei molti soldati borbonici che, fuggiti dal campo di battaglia, desiderano passare dalla parte rivoluzionaria. Griffo non attacca il nemico[546] e crea problemi a trattare con i potenziali disertori, anzi annulla ogni contatto con essi. Pertanto i "disertori rifiutati" saranno coloro che, per rifarsi una verginità, saranno i più inesorabili saccheggiatori di Pizzo.

Il riposo dei borbonici dura circa quattro ore. Al mattino presto del giorno **28 giugno** Nunziante concede, di fatto, libertà di saccheggio. Le truppe agiscono con particolare durezza. Viene occupata e saccheggiata Filadelfia, che avrebbe dovuto essere la base degli uomini di Griffo, ma che è stata abbandonata. Durante il tranquillo ed indisturbato rientro a Monteleone sono effettuate selvagge violenze a carico soprattutto di cittadini che nulla avevano commesso contro le unità borboniche. Ripassando il ponte dell'Angitola, ad esempio, sono fucilati una ragazza ed un ragazzo, due guardiani di porci disarmati. Con una cannonata viene sfondato il portone di casa Musolino e uccisi il padre ed il fratello del capo politico. Ma la cosa più riprovevole è il sacco di Pizzo, dove non era stato fatto alcunché contro gli uomini di Nunziante e dove i filo borbonici sono la maggioranza della

---

[545] E' difficile avere dati sicuri. Da documenti borbonici le perdite in morti e feriti dei reparti reali sarebbero state di 400 uomini. Invece per i rivoluzionari sarebbero state 600. I volontari avrebbero avuto solo 10 perdite a causa delle modalità con cui si sono susseguiti i combattimenti: i borbonici all'attacco all'arma bianca, i volontari protetti dalla particolare plastica del terreno.
[546] Anche se avesse voluto cambiare idea, non avrebbe potuto intervenire, dato che oramai i suoi uomini, eseguendo i suoi ordini, vagano fra i monti. Molti di loro, capito il tradimento, non si ripresenteranno, disertando.

popolazione. Sacco, peraltro, approvato dal comandante in capo. Viene, così, confermata la tattica di Nunziante, che è quanto mai aberrante, ma per lui utile: terrorizzare le popolazioni per facilitare le operazioni militari. Molti dei volontari che hanno partecipato ai duri scontri, non avendo avuto disposizioni sul che fare, ritornano a casa. Ma iniziano a disertare anche coloro che avrebbero voluto combattere e sono stati esclusi dal combattimento.

Dinanzi agli eccidi il comitato di Catanzaro, oramai privo di una massa operativa, manda al comando borbonico rappresentanti per trattare. E' evidente che, sebbene gli scontri siano stati vittoriosi per la rivoluzione, non è stato sfruttato il successo e il mancato intervento del reparto di Griffo ha fatto divenire sconfitta lo stesso successo. Così l'opinione pubblica entra in crisi. Finisce psicologicamente e politicamente l'eccitazione del momento rivoluzionario e tornano i contrasti fra proprietari, contadini, legittimisti, democratici e liberali.

Firenze, 26 giugno 1848

Si apre il Parlamento.

Milano - Torino, 28 giugno 1848. Annessioni.

Il **7 giugno** una commissione milanese ha trattato a Torino i termini dell'annessione lombarda al Regno sardo. Viene votata l'annessione della Lombardia al Piemonte.

Il **21 giugno** il Senato piemontese approva in via definitiva l'unione dei Ducati di Modena e Reggio al Regno di Sardegna.

Il **15 giugno** è stata firmata una convenzione, considerata progetto di legge riguardante l'annessione.

Oggi, **28 giugno** la Camera approva in via definitiva il disegno di legge sull'annessione della Lombardia, con 127 voti favorevoli e 7 contrari. E' approvata anche quella delle province di Padova, Rovigo, Vicenza e Treviso. Si è in attesa delle decisioni di Venezia.

Dopo il **4 luglio,** giorno in cui l'assemblea di Venezia ha approvato la proposta di unione con il Piemonte e la conseguente approvazione a Torino, si concluderà il problema delle annessioni.

Le modalità con le quali è stato risolto il problema costituiscono una vittoria del partito liberale moderato monarchico, che ha come esponente più importante il conte Casati, divenuto presidente del consiglio dei ministri. I democratici non accettano le predette modalità.

Firenze, 29 giugno 1848

L'"Alba", n. 258, in una presentazione anonima, quindi compilata dal direttore Giuseppe La Farina,[547] rende noto:

"pubblichiamo la seguente lettera indirizzataci da Colonia per testimoniare quali sentimenti nutrono a riguardo l'Italia i generosi alemanni, i quali aspirano caldamente a stringere un legame fraterno tra le nazioni Italiana e Germanica, inimicate dai despoti di Europa".

Marx ha scritto al direttore:

"Sotto il titolo della Neue Rheinische Zeitung e sotto la direzione del sig. Karl Marx si pubblicherà fin dal primo giugno prossimo un nuovo giornale quotidiano in questa città di Colonia. Questo giornale seguirà, nel nostro settentrione, i medesimi principi democratici che l'Alba rappresenta in Italia. Non può dunque essere dubbiosa la posizione che prenderemo relativamente alla questione pendente fra l'Italia e l'Austria. Difenderemo la causa dell'indipendenza italiana, combatteremo a morte il dispotismo austriaco in Italia, come in Germania ed in Polonia. Tendiamo fraternamente la mano al popolo italiano e vogliamo provargli che il popolo tedesco si rifiuta di prendere parte all'oppressione esercitata su di voi dagli stessi uomini che da noi hanno sempre combattuto la libertà. Vogliamo fare tutto il possibile per preparare l'unione e la buona intelligenza di due grandi e libere nazioni che un nefasto sistema di governo ha fatto credersi nemiche l'una dell'altra. Domandiamo dunque che la brutale soldatesca austriaca sia senza ritardo ritirata dall'Italia e che il popolo italiano

---

[547] Giuseppe La Farina è nato a Messina nel 1815. Laureato in Giurisprudenza nel 1835. Storico, letterato, giornalista. Democratico repubblicano. Ha partecipato alla rivolta del 1837 ed è stato costretto a fuggire a Firenze ed a Roma, Nel 1838 è tornato nell'isola, che ha nuovamente lasciato nel 1841 andando a Firenze, dove ha pubblicato varie opere. Direttore de "L'Alba". Nel 1848 è tornato in Sicilia, ha comandato la legione degli universitari messinesi, è stato eletto alla Camera siciliana. Ha rappresentato la Sicilia nell'offerta della corona al duca di Genova. Ministro dell'Istruzione e dei Lavori pubblici nell'agosto del 1848 e dell'Interno e della Guerra fino al febbraio 1849. Esule a Parigi ed a Marsiglia, poi a Torino, dove diventerà sostenitore della politica di Cavour. Con Daniele Manin e Giorgio Pallavicino fonderà la società nazionale italiana, di cui sarà segretario. Rappresentante di Cavour in Sicilia presso Garibaldi. Espulso, tornerà con il luogotenente Montezemolo. Deputato in due legislature del Regno d'Italia, consigliere di Stato. Esponente massonico. Morirà ancora giovane nel 1863.

sia messo nella posizione di poter pronunciare la sua volontà sovrana rispettando la forma di governo che vuole scegliere"[548]

E' evidente che la confusione del momento ha fatto pervenire in ritardo la lettera di Marx.

Francoforte sul Meno, 29 giugno 1848

L'Assemblea nomina l'organo esecutivo della Confederazione, individuando nell'arciduca Giovanni d'Asburgo Lorena il reggente. Un atto, questo, chiaramente conservatore - anche se l'arciduca si professa moderatamente liberale - di un'Assemblea che, in parte, si è rivelata addirittura reazionaria. Antitaliana, antislava, vicina all'Impero, che la maggioranza considera un riferimento più sicuro della stessa Prussia.

Il capo del governo è il principe Karl von Leiningen,[549] che il **24 settembre** sarà sostituito per tre mesi da Anton von Schmerling.[550] Infine dal **17 dicembre 1848** al **10 maggio 1849** il capo dell'esecutivo sarà Heinrich von Gagern.[551]

Torino, 30 giugno 1848

Riunione a Palazzo Carignano, sede della Camera dei deputati. Cavour siede sui banchi della destra. Si opporrà sia al governo di Cesare Balbo che a quello di Gabrio Casati.

---

[548] Marx ed Engels: "Scritti sull'Italia", Ed 'Progress', Mosca, 1976, pag. 5.

[549] Il principe Karl zu Leiningen è nato ad Amorbach nel 1814. Ufficiale nell'esercito bavarese, primo ministro, per alcuni mesi, del governo espressione del parlamento di Francoforte. E' morto ad Amorbach nel 1856.

[550] Anton cavaliere von Schmerling è nato nel 1805 a Lichtental (allora comune, dal 1850 frazione di Vienna). Ha fatto parte dell'amministrazione dello Stato. Rappresentante dell'Austria a Francoforte, è stato Presidente della Dieta confederata. Nel governo espressione del parlamento di Francoforte è stato ministro degli interni e degli esteri. E' stato il sostenitore dell'unione dei Paesi tedeschi sotto l'egida dell'Austria, tanto che si è dimesso quando ha prevalso il partito filo prussiano di von Gagern. Ha continuato, comunque, a rappresentare l'Austria, finché il 5 aprile 1849 la delegazione austriaca è stata richiamata a Vienna, dove è stato nominato ministro della Giustizia. Ha, poi, ripreso l'attività in magistratura, ma, nel 1862, è tornato al governo, nel periodo in cui si doveva applicare la nuova costituzione. Non è riuscito a far prevalere la sua visione liberale. Dal 1867 è stato membro della camera alta e nel 1871 ne è divenuto presidente. Si ritirerà dalla vita politica nel 1891 e morirà a Vienna nel 1893.

[551] Il barone Heinrich Wilhelm von Gagern, terzo figlio di Hans Christoph Ernst von Gagern, ministro di Nassau e dei Paesi Bassi. Ufficiale di Nassau, ha combattuto alla fine delle campagne antinapoleoniche. Nel 1819 si è laureato in giurisprudenza a Ginevra: Nel 1821, in Assia, ha iniziato la professione di avvocato. Nel 1832 è stato eletto nella seconda camera, fra i liberali. Successivamente ha dovuto ritirarsi dall'attività pollitica. Nel 1848 è stato a capo dell'amministrazione dell'Assia. Primo presidente del parlamento tedesco il 18 maggio 1848. Nel contrasto fra piccoli tedeschi filo prussiani e grandi tedeschi filoastriaci è stato con i primi. Divenuto capo del ministero imperiale, ha teso a escludere l'Austria dal nuovo stato federale, ma, essendo bloccata l'assemblea per il contrasto coi democratici, successivamente si è dimesso. Nel 1850 ha partecipato alla prima guerra dello Schleswig – Holstein, nelle truppe di quest'ultimo. Dal 1864 al 1872 è stato rappresentante dell'Assia a Vienna. E' morto a Darmstadt nel 1880.

Campotenese (CS),[552] 30 giugno 1848

I volontari comandati da Domenico Mauro sono sconfitti dal generale Lanza. Mauro è il responsabile del distretto di Castrovillari. Ha aspettato l'arrivo del generale Ribotti che ha tardato ad accorrere. In ogni caso Mauro doveva agire, dato che bisognava fare presto, prima che il generale Busacca si unisse al generale Lanza e marciassero insieme su Cosenza. Lo scontro è stato violento. I volontari hanno combattuto con valore, ma le munizioni disponibili erano scarse.[553]

La situazione generale sta divenendo molto grave. La gestione di Ricciardi, nonostante le sue buone intenzioni, è priva di mordente. Il comandante in capo, Ribotti, dimostra scarso senso di iniziativa. Cosa grave, per molti sospetta. Viene addirittura accusato di avere intelligenza con il nemico. In realtà è una persona amante delle attività sotterranee, tanto che un valido conoscitore del carattere umano come Cavour lo impiegherà in missioni segrete. I generali borbonici non hanno fretta. Oramai per loro le tendenze sono favorevoli. Dopo la fine caotica della spedizione antiaustriaca al Nord, sostanzialmente finita prima di incominciare, l'esercito si è ben riorganizzato come strumento repressivo.

La rivoluzione, invece, dovrebbe agire con rapidità. Ricciardi ne è sempre più convinto, ma non attua o non riesce ad attuale tale giusta convinzione. E' in una contraddizione drammatica. Si sono persi i giorni in cui tutto favoriva l'azione militare rivoluzionaria. Perso il momento favorevole è difficile superare una situazione divenuta sostanzialmente negativa. I rifornimenti sono difficili; l'aiuto della Sicilia inadeguato; le possibilità economico finanziarie insufficienti. Dopo l'iniziale adeguamento alle iniziative rivoluzionarie tutta una serie di componenti sociali legittimiste, moderate, reazionarie stanno rialzando la testa. Così come riprendono i contrasti fra proprietari e contadini. Si avvicina il tempo del raccolto e molti volontari saranno costretti a rientrare nelle loro campagne. Il comitato di Catanzaro, dopo le vicende del 27 giugno, è in crisi, mentre il comitato di Reggio controlla sempre meno il territorio. Il coordinamento fra comitati è sempre più inadeguato. E Ribotti cerca di giustificare la propria sostanziale inattività.

Bari, 2 luglio 1848, la dieta

---

[552] Trattasi di una conca dell'Appennino lucano, che costituisce il passaggio più agevole fra la Basilicata e la Calabria, pur essendo a 1.000 metri di quota. Non è lontano da Castrovillari (circa 20 Km.). Fa parte del comune di Morano Calabro (CS).
[553] Le munizioni sono a Cosenza ed il rifornimento del reparto operante è stato inadeguato.

A seguito dei fatti occorsi il 15 maggio a Napoli sono aumentati i contrasti e le polemiche. La sinistra radicale del sacerdote Giuseppe Del Drago[554] e di Giovanni Cozzoli ritiene improrogabile la costituzione di un governo chiaramente rivoluzionario. Diversa, ovviamente, la posizione dei gruppi moderati. Alla fine le varie fazioni hanno concordato una soluzione di compromesso, prevedendo la costituzione di una dieta, composta dai rappresentanti di tutti i comuni. La guardia nazionale difenderà il territorio e l'assemblea.[555] Una decisione, questa, meramente formale, che non implica alcuna reale organizzazione militare. Le varie componenti della guardia sono fra loro slegate, senza effettivo addestramento, prive di coordinamento.

La Dieta di Bari, convocata in una struttura comunale ("la casina"), dovrà definire una nuova forma di Stato e redigere la relativa costituzione. Presidente è l'avvocato Nicola Palumbo, convinto patriota, famoso per essere stato eletto nel 1836 sindaco di Trani all'unanimità. Per pochi voti non ha vinto un seggio alla Camera. Esponenti importanti sono l'ex intendente vicino alle concezioni patriottiche marchese Giordano di Montrone de'Bianchi Dottula ed i tre rivoluzionari Giulio Cesare Luciani, Francesco Cirielli e Francesco Raffaele Curzio.

L'attività della Dieta è notevole e appassionata, ma le opposte posizioni rendono difficili i lavori. Si è dovuto prendere atto che è molto complesso giungere ad un compromesso operativo funzionale per l'attuazione di una politica economica e militare chiara ed energica. In definitiva l'auspicato compromesso fra le varie fazioni non viene raggiunto. Non è approvato nemmeno il semplice e valido programma di Luigi Zuppetta:[556] rapida mobilitazione ed energica marcia su Napoli. Si perde tempo e la reazione va prevalendo. Si teme un intervento dell'esercito borbonico ma non ci si organizza.

Intanto la confusione e la crisi dell'organizzazione amministrativa raggiungono il colmo, soprattutto nelle campagne.[557] Aumenta, di conseguenza, il desiderio di ordine. Molti

---

[554] Giuseppe Del Drago è nato a Polignano a Mare (BA) nel 1813. Sacerdote nel 1837, canonico a Rutigliano (BA) nel 1842. Avendo partecipato alla rivolta contro i fatti del 15 maggio, verrà condannato nel 1849 a 26 anni di ferri. Successivamente la condanna sarà commutata nell'esilio. Si recherà in Inghilterra. Sarà eletto alla Camera nel 1860 ma la nomina sarà annullata avendo conservato lo status di canonico. Morirà a Rutigliano nel 1869.

[555] Nella guardia nazionale milita il fratello di Garibaldi, Felice, commerciante.

[556] Luigi Zuppetta è nato a Castelnuovo della Daunia (FO) nel 1810. Professore di diritto penale all'università di Napoli. Ha svolto attività politica a Napoli, a Bari e nella Repubblica Romana. Sarà deputato nella prima legislatura del Regno d'Italia. Morirà nel 1889.

[557] In Puglia l'organizzazione amministrativa attua una sorta di sciopero bianco. Ha, di fatto, sospeso la propria attività, abbandonando a sé stessi gli enti pubblici, attendendo l'esercito e la possibilità di tornare a gestire la cosa pubblica come in passato. E' evidente che la nuova classe dirigente liberal democratica non può effettuare sostituzioni a tutti i livelli di un'intera amministrazione, ma gran parte della popolazione la considera responsabile del collasso amministrativo.

iniziano ad auspicare un ordine qualsiasi. Nella Dieta vi sono persone di alta cultura e di indubbia capacità ma non riescono a dare una risposta alla crisi amministrativa, sociale e politica. Solo in determinate aree la rivoluzione impone le sue regole. Ad esempio in Terra d'Otranto, per merito dell'organizzazione mazziniana di Epaminonda Valentino[558] e dei suoi validi collaboratori. Importante, fra tutti, la cognata Antonietta De Pace.[559] In ogni caso le speranze legate all'attività della Dieta sono notevoli e diffuse.

Cosenza, 3 luglio 1848

Ribotti ha dovuto lasciare Spezzano Albanese ed è venuto a Cosenza. Il comitato gli chiede di effettuare un'ultima azione contro i borbonici. Attaccare Busacca che sta arrivando da Castrovillari oppure assalire di sorpresa Nunziante in Monteleone. Ma Ribotti afferma che non è più possibile tentare alcunchè. Ed allora la reazione è violenta: si arriva quasi ad usare le armi. E' necessario, in ogni caso, prendere atto della crisi. Solo Scotto continua le operazioni. I suoi uomini sono tuttora molto combattivi. Fra loro vi sono diversi esponenti di notevole qualità, come Giovanni Nicotera,[560] nipote di Musolino.

---

[558] Epaminonda Valentino è nato a Napoli nel 1810. Successivamente la famiglia si è spostata a Gallipoli. Fin da giovanissimo Valentino ha svolto attività rivoluzionaria, prima nei carbonari, poi nella Giovine Italia, divenendo un importante collaboratore di Mazzini. Fra Napoli e Gallipoli ha svolto un'intensa attività di organizzazione e di coordinamento. Sposato a Rosa de Pace, ha avuto l'aiuto e la valida collaborazione della cognata, Antonietta, con la quale ha combattuto sulle barricate a Napoli il 15 maggio. Successivamente Valentino ha costituito il circolo patriottico provinciale di Lecce. Al ritorno del regime borbonico è stato arrestato ed è morto in carcere.

[559] Antonietta De Pace è nata a Gallipoli nel 1818. Il padre, antiborbonico e banchiere, è morto quando aveva otto anni. E' cresciuta prima in convento, poi nella casa del cognato Epaminonda Valentino. Entrambi mazziniani, hanno svolto un'intensa propaganda dimostrando grandi capacità organizzative. Il 15 maggio, vestita da uomo, con Valentini ha combattuto sulle barricate. Successivamente, tornata a Gallipoli, ha coordinato l'azione dei comitati di Lecce, Ostuni, Brindisi e Taranto. Dopo la morte del cognato in carcere si è trasferita a Napoli con la sorella ed i nipoti, organizzando un segretariato femminile con le parenti dei patrioti e con altre signore politicizzate. Pur continuando il coordinamento dell''attività mazziniana in Terra d'Otranto parteciperà all'attività delle altre organizzazioni nazionali (carbonari, ecc.), facendo parte del Comitato segreto napoletano e riuscendo a mettersi in contatto diretto con Mazzini. Dal convento di San Paolo (dove era stata ammessa come corista), dirigerà l'attività cospirativa, ma, quando l'avvocato Nicola Mignogna, carbonaro, sarà arrestato, sarà sottoposta ad un procedimento penale durato un anno e mezzo, riuscendo a non confessare e a non essere condannata nonostante il trattamento subito. Alla morte di Ferdinando II organizzerà una manifestazione patriottica. All'approssimarsi di Garibaldi andrà a Salerno con armi e denaro, rientrando poi a Napoli fra gli ufficiali dello stato maggiore garibaldino. Da allora seguirà la politica di Garibaldi, soprattutto concorrendo alla preparazione di una spedizione per liberare Roma. Dopo il 1870 sarà nominata presidente dell'ispettorato scolastico. Risentendo gli effetti di una salute malferma rientrerà definitivamente a Gallipoli, dove morirà nel 1893, circondata dalla stima e dall'affetto della popolazione.

[560] Il barone Giovanni Nicotera è nato a Sambiase nel 1828. Studente di giurisprudenza, poi avvocato e giornalista. Ha combattuto a Napoli, in Calabria, a Roma. Parteciperà alla spedizione di Sapri, venendo gravemente ferito. Sarà condannato a morte, commutata nell'ergastolo. Liberato nel 1860 tenterà un'azione in Toscana in coordinamento con Garibald, con obiettivo Roma, ma sarà bloccato da Cavour. Con Garibaldi sarà all'Aspromonte. Nella guerra del 1866 comanderà un

Il generale Busacca è alle porte. Tenendo conto delle modalità terroristiche con cui fanno la guerra i borbonici, il comitato decide di abbandonare Cosenza per salvare la popolazione. Ribotti seguirà con i suoi. Per l'esattezza con un messaggio il comitato "**comunica agli abitanti di Calabria Citra che, a causa del ripiegamento delle forze degli insorti, per 'evitare al paese gli orrori di una guerra accanita', si trasferisce nella 'vicina Calabria' e 'si costituirà in Catanzaro in Governo Provvisorio Centrale delle Calabrie'**"561. Male che vada si ci si attesterà a Tiriolo, sulla Sila Piccola.

Costabile Carducci, da Paola, con un'imbarcazione, è partito per la provincia di Salerno. Intende estendere la rivoluzione. Petruccelli è partito, con lo stesso scopo, per la Basilicata.

Rogliano (CS), 3 luglio 1848, sera

Il comitato di Cosenza, con i militari tuttora disponibili, con Ribotti e i suoi siciliani, sono a Rogliano. Oramai non è possibile recarsi a Catanzaro per costituire un governo provvisorio. In città hanno prevalso i filo borbonici. Arriva da Nicastro un corriere con una lettera di Stocco, con la quale viene reso noto che il suo reparto ha dovuto capitolare. I maggiori responsabili, comunque, riusciranno a salvarsi. Si andrà a Tiriolo.

Roverbella (MN), 4 luglio 1848

Come già accennato, nella confusa gestione delle operazioni, in questi giorni l'attenzione di Carlo Alberto è definitivamente attratta da Mantova. Pertanto ha spostato il suo comando da Valeggio a Roverbella. Qui accetta di incontrare una persona che a priori considera negativa: Giuseppe Garibaldi.

Così, a Villa Benati, sede del quartier generale, arriva il nizzardo, che dichiara di voler partecipare alla guerra per l'unità d'Italia con i suoi compagni venuti dal Sud America. Ma il re non prova alcuna simpatia per Garibaldi562. La sua convinta determinazione, causa dell'assoluta dedizione dei dipendenti e del forte consenso popolare, non piace al re. Si trova innanzi il tipo di militare ideologizzato che lui aborre. Preferisce i cortigiani, che gli appaiono più sicuri. Perciò Carlo Alberto dispone che al nuovo venuto non sia dato alcun comando.

---

reggimento. Parteciperà alla campagna di Garibaldi nell'agro romano. Sarà deputato della sinistra per undici legislature. Per due volte sarà un ministro dell'Interno famoso per la sua intransigenza (dal 1876 al 1877 e dal 1891 al 1892). Morirà a Vico Equense (NA) nel 1894.
561 Dal Carteggio G. Tocci, unità codicologica 11 della biblioteca nazionale De Novellis di Cosenza.
562 Si può affermare che, per Carlo Alberto, Garibaldi costituiva un sostanziale nemico, mentre Radetzky era un temporaneo avversario.

Comunque Garibaldi va a Torino al ministero della Guerra. Discute a lungo, ma, alla fine, gli viene detto che i suoi uomini – che sono in attesa e che, nel frattempo, sono aumentati di numero – non essendo ancora militari dell'armata sarda, non possono essere equipaggiati e gestiti dal ministero della Guerra. Costituiscono un problema che può essere trattato e risolto solo dal ministero degli Interni. Contrariamente al suo carattere impulsivo, Garibaldi, sperando di poter operare al più presto, con molta pazienza si reca dal ministro competente, che lo riceve con molta cordialità, proponendogli, dopo una lunga discussione, di recarsi con i suoi uomini a Venezia, dove avrebbe potuto dedicarsi alla guerra di corsa nell'Adriatico.

A quel punto Garibaldi parte per Milano e si rivolge al Governo provvisorio, dove il solo Casati è d'accordo che venga autorizzato ad organizzare un reparto di volontari. Ma Garibaldi è ostacolato dal ministro regio della guerra, generale Sobrero. Questi si impone nel governo provvisorio e sabota in ogni maniera il nizzardo,[563] Comunque Garibaldi inizia a riunire ed organizzare vari gruppi di volontari aventi diverse caratteristiche e un disparato equipaggiamento.

Venezia, 4 luglio 1848. Annessione.

L'assemblea dei rappresentanti della provincia di Venezia ha approvato l'annessione al Regno di Sardegna, precisando che si deve obbedire alla suprema necessità che l'intera Italia sia libera dallo straniero e che la guerra sia condotta con il maggior vigore possibile.

Acquafredda (PZ), 4 luglio 1848, morte di Costabile Carducci

Costabile Carducci, che con pochi compagni rientra in Cilento da Paola su un'imbarcazione, ha grosse difficoltà. Il mare diviene sempre più agitato e, alla fine, scoppia una vera tempesta. Perciò l'imbarcazione è obbligata ad approdare vicino a Maratea (PZ), alla spiaggia del Porticello.

Carducci viene riconosciuto da un sacerdote di Sapri, Vincenzo Peluso, che si dichiara suo amico, ma lo tradisce. I compagni vengono uccisi, lui è fatto prigioniero e, poi, è ucciso anche lui, in maniera barbara.Viene decapitato ed il cadavere è buttato in un burrone.

Venezia, 5 luglio 1848

A seguito dell'annessione della Repubblica al Regno di Sardegna viene eletto un nuovo governo.

---

[563]   Che ha scritto, riferito al Sobrero: "**le cui mene e gl'indefinibili procedimenti mi raccapricciano tuttora**". "Memorie", cit. pag. 192.

Manin dichiara di non volere incarichi, essendo repubblicano. Viene, così, nominato Jacopo Castelli, che costituisce un governo con sei dicasteri. Due ministri – Pietro Paleocapa e Giuseppe Reale – si recano a Torino nel quadro dell'annessione.

Torino, 5 luglio 1848

Il governo di Cesare Balbo si dimette per contrasti con la maggioranza della Camera.

Tiriolo (CZ), 5 luglio 1848

I cosentini si sono attestati sulle montagne vicine a Tiriolo, che è a 690 metri di quota. Ma Ribotti desidera andar via per rientrare in Sicilia. Fa chiedere a Nunziante di lasciarlo passare, dato che porterà i suoi uomini fuori dalla zona di operazioni, ma riceve una laconica risposta: con il comando borbonico Ribotti può discutere solo della propria resa. Vengono inviate lettere ai comandanti delle navi francesi ed inglesi che sono presenti nello stretto di Messina per ottenere un trasbordo protetto dalla loro bandiera.

Catanzaro, 5 luglio 1848

Il comitato si è sciolto. I borbonici hanno ripreso il potere e chiedono a Nunziante di recarsi a Catanzaro per garantire l'ordine pubblico. E' una vera restaurazione: la richiesta è firmata dalla commissione di pubblica sicurezza composta dall'intendente, dal sindaco, dal responsabile militare e da due proprietari filo borbonici.

Tiriolo (CZ), 6 – 7 luglio 1848, notte

Altro duro contrasto fra Ribotti ed il comitato: il generale vuole assolutamente partire. Riccardi suggerisce di agire con calma, aspettando le risposte inglesi e francesi. Ora, infatti, sono acquartierati nella parte meridionale della Sila Piccola, che costituisce una sorta di fortezza. Ma Ribotti dichiara di non riconoscere più il comitato. Da ciò ulteriori polemiche, addirittura per iscritto. Comunque Ribotti è irremovibile e, durante la notte, parte, seguito anche da un centinaio di calabresi. Arriveranno alla marina di Catanzaro e cattureranno un brigantino che trasportava materiali di ferro ed un trabaccolo carico di sale, dirigendosi verso le isole Ionie.

Tiriolo (CZ), 8 luglio 1848

Poco dopo la partenza dei siciliani il comitato cosentino dichiara chiusa l'attività operativa. E' impossibile continuare. Un'aliquota di cento uomini andrà verso Nord, attraversando la

Sila e, poi, si suddividerà. I componenti del comitato e pochi altri, nel numero complessivo di venti, decidono di andare sul litorale ionio cercando di trovare un'imbarcazione che li possa trasportare a Corfù.

E' noto che a Catanzaro i borbonici si sono organizzati. Di certo il passaggio dei siciliani non può essere avvenuto senza che le autorità ne avessero sentore. Ci saranno pattuglie, bande organizzate dalla polizia e varie attività di controllo. Bisogna stare molto attenti.

Firenze, 8 luglio 1848

Inizia la pubblicazione del giornale democratico "L'inflessibile" a cura di Francesco Guerrazzi e Giuseppe Mozzoni, più altri esponenti della sinistra.

Potenza, 8 luglio 1848

E' diminuita l'adesione della classe dirigente locale alla politica democratica. Con varie motivazioni i notabili vanno staccandosi dal movimento. Sostengono che non si può accusare di spergiuro il re; non è possibile vivere in uno stato di anarchia; è interesse di tutti operare in una società ordinata; ecc.. Nelle grandi proprietà agrarie tornano a spadroneggiare le guardie campestri.

Gradualmente le autorità si fanno nuovamente sentire. La polizia riprende le attività diciamo così ufficiali di controllo. Viene sequestrato l'originale della Dichiarazione dei princìpi politici del 10 giugno e sono sottoposti a controllo coloro che l'hanno firmata.

Infine la frattura fra democratici e liberali diviene profonda e definitiva. Maffei ed i suoi sostenitori sono espulsi dalle organizzazioni comuni. Ma oramai è tardi per qualsiasi politica di tipo nuovo. Sta arrivando l'esercito.

Botricello (CZ), 9 luglio 1848

Il comitato cosentino arriva alla spiaggia di Botricello. E' riuscito a passare nell'area di Catanzaro senza essere individuato e bloccato. Sono sempre venti persone, ma quattro preferiscono non partire.[564]

Catanzaro, 9 luglio 1848

---

[564] Due dei quattro saranno intercettati da una banda organizzata dalla polizia: uno – il figlio di Lupinacci, membro del comitato - sarà ferito gravemente, il secondo – un usciere - sarà ucciso

Il generale Nunziante ha riorganizzato i suoi reparti ed ha avuto rinforzi da Napoli. Ha neutralizzato il pericoloso reparto di Nicastro ed è partito per la ben nota strada consolare, che, questa volta, è libera. E' arrivato a Catanzaro e proseguirà per Cosenza. Ma prima intende arrestare il maggior numero di rivoltosi, in particolare i siciliani. Pertanto, essendo disponibile la corvetta a vapore "Stromboli", comandata dal tenente di vascello Salazar, ordina a quest'ultimo di inseguire le imbarcazioni dei siciliani, cercandole nel mare delle isole Ionie. Qualora i siciliani non siano trovati in tale zona, lo "Stromboli" dovrà pattugliare la costa ionica della Calabria. Non tiene conto, il generale, che le acque territoriali delle isole Ionie sono inglesi.

Napoli, 10 luglio 1848

Apre la nuova Camera, ma il re è profondamente irato. Pensava che le nuove elezioni portassero ad un'assemblea più moderata, utile per supportare una politica sostanzialmente conservatrice. Ma ha dovuto prendere atto che anche la nuova Camera non può dirsi moderata. Anzi: quasi tutti i componenti di quella del 15 maggio sono stati eletti nuovamente. La Camera rigetta come azione più urgente la guerra in Sicilia precisando che il vero rinnovamento deve iniziare con "**l'indipendenza e la ricostituzione dell'intera nazionalità italiana**".[565]

La nuova Camera è quasi unanime contro la politica reale riguardante i problemi di fondo sia nazionali che economici.

Acque di Corfù, 11 luglio 1848

La nave da guerra borbonica Stromboli comandata dal tenente di vascello Salazar intercetta i due natanti utilizzati dai militari di Ribotti. Sono tutti arrestati. L'azione avviene nelle acque territoriali di Corfù, quindi inglesi.

Legnago, 11 luglio 1848

Con le truppe che hanno combattuto in Veneto il comando austriaco costituisce un altro corpo d'armata, il 4°, comandato dal generale von Culoz. Sarà schierato alla sinistra austriaca, a supporto delle fortificazioni di Mantova, e terrà i collegamenti con la guarnigione di Ferrara. Potenzialmente aggirà contro la destra piemontese, che si è estesa verso Sud con uno schieramento tuttora sommario. Peraltro l'inattività piemontese è quasi totale.

---

[565] Dalla dichiarazione iniziale.

Palermo, 11 - 12 luglio 1848

Deliberazione della Camera e decreto del governo: la forma di Stato siciliana è monarchica costituzionale. Il trono viene offerto al principe Ferdinando di Savoia, duca di Genova, figlio di Carlo Alberto.

Ma nei prossimi giorni verrà la risposta: il principe non può accettare. La scusa è banale: è in guerra contro gli Austriaci. Grande crisi del governo siciliano, che rimane spiazzato.

Nocera Terinese (CZ), 12 luglio 1848

Pietro Mileti non ha inteso arrendersi o cessare le attività operative. Ha, quindi, iniziato la guerriglia, spostandosi lungo la valle del Savuto. Ricercato da una compagnia di cacciatori comandata dal capitano Ghio e da bande organizzate dalla polizia viene inseguito e, alla fine, circondato. Combatte a lungo, fino a consumare tutte le munizioni, poi affronta il nemico con la sciabola di cui è maestro. Colpito da varie fucilate, sarà decapitato ed il "trofeo" della sua testa verrà esposto a Cosenza.

Corfù, 12 luglio 1848

I componenti del comitato di Cosenza arrivano a Corfù, sempre sotto la guida di Ricciardi, che firma, insieme a Musolino, una lunga dichiarazione, che sarà pubblicata fra pochi giorni dal giornale "Contemporaneo" di Roma. Una dichiarazione indirizzata all'Italia ed al mondo. Viene precisato che:

"il sacro dovere di rivendicare la libertà nazionale, iniquamente calpesta dal principe il dì 15 maggio, faceva sorgere in armi le tre Calabrie alla voce di noi deputati (....) All'insurrezione chiamavansi da noi le Calabrie, onde farle sostenitrici dello statuto fondamentale, sfacciatamente violato, anzi spento dalla volontà regia, e le Calabrie rispondevano ardenti a quel grido dal Ionio al Tirreno, da Campotenese al Piano della Corona. Or che facea Ferdinando? Invece di arrendersi all'unanime voto di quelle forti provincie, invece di far obliare le nefandezze del 15 maggio (....) mandava armi e cannoni, mandava Busacca e Nunziante. Nunziante riuscito sì buon carnefice l'anno scorso, e sì buona guida il 15 maggio all'incendio, al saccheggio, all'orride stragi di Napoli. Né la seconda Calabria tardave a sperimentare gli effetti dell'infame rabbia dei regi. Chi potrà mai cancellar dalla storia dell'empia razza borbonica l'orribile eccidio di Filadelfia, l'eccidio e l'incendio di Pizzo, paesi inermi ed innocenti, che anzi l'ultimo era ritenuto realista! Quest'erano l'opere degli sgherri di re Ferdinando; a commettere quest'opere scellerate re Ferdinando le distraeva dalla santa guerra italiana! Oh ignominia che non ha pari! In quell'ora stessa, in che da ogni parte

d'Italia s'accorre a combattere gloriosamente onde liberare la patria dallo straniero, il Borbone le mani italiane dei nostri soldati rivolge contro petti italiani, né teme, aggiungendo lo scherno alla scelleratezza, gridarsi padre amoroso dei popoli e re costituzionale! Contro un insulto sì fatto alla verità, alla giustizia, alla logica vogliamo noi protestare altamente in faccia al mondo, a nome della nostra patria infelice, la quale, comechè profughi, faremo ogni possibile sforzo a sottrarre all'insopportevole giogo, mutandola, di miserabile serva di una razza esecranda, in nobilissima parte della nazione italiana!"[566]

La rivoluzione calabrese finisce con 14 condannati a morte e 150 ai ferri nella provincia di Cosenza e 9 condannati a morte, 8 all'ergastolo e 133 ai ferri in quella di Catanzaro. Particolarmente triste la sorte del trentaduenne Antonio Prioli di Saracena che, dopo 50 giorni ai ferri, è morto. Mariano d'Ayala, nel 1860 – con integrazioni del 1868 - ha pubblicato l'elenco dei morti durante il Risorgimento in Calabria. Nel complesso, quelli individuati, sono stati 215. [567]

Un interessante commento all'attività dei comitati di salute pubblica è quello dello stesso Ricciardi: la prima causa della sconfitta è stata l'isolamento della rivoluzione delle Calabrie: sono rimasti soli, la seconda è stata **"il poco animo"** del Ribotti e **"l'imperizia"** del Mauro, la terza è **"un peccato"** del Ruggeri stesso: **"quello di essermi fermato in Cosenza, dopo avervi recato la rivoluzione, anzicchè spingermi in Basilicata e nelle altre province dell'ex-reame, le cui popolazioni, se non eran disposte a sollevarsi spontaneamente, avrebbero pure seguito, al pari delle Calabrie, l'impulso di chi avesse loro gridato: sorgete"**.[568]

Bisogna tener conto che i moti calabresi del 1847 e del 1848 hanno avuto un'importante conseguenza. La maturazione politica della cittadinanza faciliterà l'avanzata dei garibaldini nel 1860 dopo la difficile conquista di Reggio.

Ficarolo, Occhiobello e Polesella (RO), 12 – 13 luglio 1848, notte

La brigata Liechtenstein del 4° corpo d'armata, notevolmente rinforzata, passa il Po in direzione di Ferrara, per garantire i necessari rifornimenti logistici alla guarnigione

---

[566] G. Ricciardi. "Una pagina.." cit., pagg. 200, 201, 202.
[567] Circa mille in tutto il Mezzogiorno. Sui moti calabresi sono importanti i "Documenti storici riguardanti l'insurrezione calabra preceduti dalla storia degli avvenimenti di Napoli del 15 maggio" ,Stabilimento Tipografico dell'Araldo, Napoli, 1850, anonimo, ma di Gennaro Marulli.
[568] Ivi, pag. 206

austriaca. Il **15 aprile** la brigata sarà di ritorno e rinforzerà con cinque compagnie il presidio di Govèrnolo. Successivamente sarà presidiata anche Formigòsa[569].

Marghera (Venezia), 13 luglio 1848

Dato che gli austriaci stanno avanzando verso forte Marghera, il colonnello Domenico Belluzzi costituisce un reparto misto di 880 uomini (400 napoletani, 400 romani e 80 svizzeri) ed attacca gli avamposti nemici, che conquista, distruggendone le opere fortificate.

Mantova, 13 luglio 1848

L'esercito piemontese assedia Mantova con la divisione Perrone del 1° corpo d'armata. Fra monte Baldo a Nord a Govèrnolo a Sud sono schierati circa 60.000 uomini. Sono arrivati i componenti delle ultime classi, che hanno consentito di costituire un'altra divisione, comandata dal generale Visconti. Un'altra divisione, proprio quella del generale Perrone, è stata costituita prevalentemente con volontari lombardi.

Catanzaro, 14 luglio 1848

A firma del generale Nunziante vengono date due notizie, provenienti una da Reggio e la seconda da Cosenza. Sono stati arrestati Ribotti ed i siciliani. I 500 soldati il giorno **12 luglio** sono stati incarcerati a Reggio, mentre il giorno **13 luglio** gli ufficiali ed i sottufficiali[570] sono stati tradotti a Napoli. Viene data notizia della morte di Pietro Mileti, sottolineando che con lui vi era lo scultore Pacchioni, ricercato fin dal 1844, al tempo dell'azione dei fratelli Bandiera.

L'ammiraglio Parker, comandante della flotta inglese nel Mediterraneo centrale, dichiara che avrebbe visto con profondo dispiacere qualunque atto di severità associato all'abuso della bandiera britannica. Si muove lord Palmerston e l'ambasciatore inglese a Napoli interessa il governo borbonico. I militari siciliani sono stati arrestati nelle acque territoriali delle isole Ionie, quindi in un'area protetta dalla bandiera britannica. Di conseguenza la giustizia borbonica si muove con cautela. La pena di morte irrogata ad alcuni viene commutata nell'ergastolo. Ribotti non sarà processato ma rimarrà in prigione nel castello di Sant'Elmo, a Napoli, fino al 1854, quando andrà in Piemonte. Analogamente gli altri, dopo alcuni anni di carcere, saranno liberati.

---

[569] Formigòsa è oggi una frazione del comune di Mantova, con 610 abitanti, a km. 6,48 dal centro della città.
[570] Complessivamente trenta. Viene fatta particolare menzione a Giacomo Longo, già tenente nel reggimento Regina artiglieria, Mariano delli Franci, già tenente del reggimento Re artiglieria, ed il sergente dello stesso reparto Francesco Angherà.

Intanto nella corte, nel governo e nella classe dirigente del Regno borbonico aumentano le critiche contro il generale Nunziante. Fatti come le notevoli perdite nello scontro del 27 giugno, la selvaggia repressione, i gradi di generale buttati alle ortiche per nascondersi verranno ampiamente criticati. Nunziante tenterà di azzerare le critiche dimettendosi. Ma è pur sempre un beniamino del re, che dichiarerà finito il periodo della responsabilità militare e ripristinato il potere civile. Così Nunziante rientrerà a Napoli, nel quadro di un normale avvicendamento.

Inutile far cenno al giubilo dei calabresi, che nutrono per il generale un odio profondo. Ma la soddisfazione sarà breve. verrà nominato direttore di polizia con pieni poteri per le tre province Mazza, che accentuerà la repressione in un quadro di legalità formale.

Torino, 15 luglio 1848

Arriva a a Torino Gabrio Casati, per discutere della Lombardia. Ma prende atto di una rilevante novità: Carlo Alberto intende che proprio lui, lombardo, debba costituire il nuovo governo di Torino. Casati si dichiara d'accordo.

L'Aquila, 15 luglio 1848

A causa dei fatti del 15 maggio Mariano d'Ayala, per protesta, fa pervenire al governo le sue dimissioni. Era stato amico di Bozzelli. Ora critica duramente gli ultimi effetti della sua politica.

La notizia non è affatto gradita dal governo: l'incarico di intendente è stato gestito molto validamente dal D'Ayala, che, fra l'altro, è riuscito a controllare moti anticostituzionali nelle aree dei comuni di Capestrano (AQ), Pratola Peligna (AQ) ed Amatrice (RI).

Goito, 16 luglio 1848

In relazione ai movimenti dei reparti del 4° corpo d'armata austriaco, resi noti dalle popolazioni interessate, viene costituita una brigata rinforzata, alle dirette dipendenze del generale Bava, per un intervento nel punto di confluenza del Mincio col Po, a mezzogiorno di Mantova.

Il reparto muove rapidamente e pernotta a Castellucchio (MN).

Borgoforte (MN), 17 luglio 1848

I reparti del generale Bava sono arrivati al Po, a Borgoforte. Proseguono verso Est, verso Govèrnolo. Essendo tale località organizzata a difesa con un ponte levatoio che costituisce l'unica possibilità di attraversamento del Mincio, vengono utilizzati anche due grandi barconi, su cui è imbarcata una compagnia bersaglieri. Piano operativo: la brigata, l'artiglieria ed il reggimento Genova cavalleria investiranno la posizione da Ovest. I bersaglieri, sbarcando sulla riva sinistra del Po, attaccheranno Govèrnolo da Sud.

Bologna, 17 luglio 1848

Il conte Cesare Bianchetti[571], pro legato a Bologna, costituisce un Comitato di guerra formato da quattro membri: il conte Livio Zambeccari, il marchese Luigi Pizzardi, il conte Annibale Ranuzzi, l'avv. Filippo Canuti. Si tende ad attuare l'armamento del popolo.

Passo dello Stelvio, 17 luglio 1848

I volontari di D'Apice attaccano gli austriaci e li respingono verso il fondo valle fino a Tafoi (BZ).

Govèrnolo, 18 luglio 1848 Seconda battaglia

Alle ore 10,30 i piemontesi attaccano Govèrnolo. I difensori, però, riescono ad alzare il ponte levatoio. Prima si sviluppa un forte contrasto di fucileria. Poi interviene anche l'artiglieria. Ma non è possibile investire l'abitato, dato l'ostacolo del fiume.

Alle 11.30 i bersaglieri attaccano Governolo da Sud e una squadra comandata dal tenente Luigi Testa riesce ad abbassare il ponte. Così tutti i reparti entrano in Governolo e gli austriaci si ritirano, inseguiti dal Genova cavalleria. [572] Ma poi si rischierano alla località la Motta, dietro un canale, superabile solo su un ponticello. Il reggimento di cavalleria viene

---

[571] Il conte Cesare Bianchetti, nato a Bologna nel 1775, ha studiato lettere, filosofia e fisica. Nella Repubblica cisalpina è stato capitano degli usseri. Nominato barone nel Regno d'Italia. Dal 1811 al 1814 è stato podestà di Bologna. Alla caduta di Napoleone si è ritirato dall'attività pubblica, mantenendo contatti con le componenti patriottiche. Nella rivoluzione del 1831 ha fatto parte del governo provvisorio (Esteri e Polizia). Successivamente è andato in esilio. Nel 1846 è tornato temporaneamente a Bologna e, poi, è stato amnistiato. Reggente di Bologna nell'estate del 1848. Poi prolegato e, alla temporanea caduta del potere papale, a capo della città, anche durante l'attacco austriaco, che è stato respinto. Ha cercato di ridurre al massimo i danni alla città, ma sarà accusato di inadeguatezza. Il 10 settembre 1848 ha dovuto cedere il suo incarico al nuovo prolegato papale, Zanolini. E' morto dopo pochi mesi, nel febbraio 1849.
[572] Comandato dal colonnello cav. Flaminio Avogadro di Valdengo.

bloccato, ma, con una carica, supera il ponte e rompe lo schieramento nemico[573]. 360 gli austriaci prigionieri, oltre a 60 morti o feriti. 12 i morti e 33 i feriti fra i piemontesi.

Una bella vittoria, che, però, sarà inutile. Da essa deriva solo un ulteriore allungamento dello schieramento piemontese. Carlo Alberto è interessato agli accordi segreti, che sembra procedano secondo i suoi desideri. Oramai è generalmente noto che l'imperatore, profondamente preoccupato per la rivoluzione che si estende in tutto l'Impero, è del parere di dare tutta la Lombardia a Carlo Alberto. E' per lui importante conservare la disponibilità della costa e dei porti della Dalmazia, dell'Istria e del Veneto. Così Carlo Alberto si assumerà il compito di bloccare la rivoluzione in Italia. Il rappresentante imperiale Schnitzer ha avuto disposizioni in tal senso[574]. E' talmente consistente tale notizia, che ha causato appassionate critiche da parte di quasi tutte le componenti politiche. Carlo Alberto ostenta un totale silenzio.

Ma gli ufficiali austriaci, in particolare Radetzky, non accettano che venga lesa l'integrità dell' Impero.

Torino, 20 luglio 1848

Nel governo dimissionario di Cesare Balbo è inserito Vincenzo Gioberti come ministro senza portafoglio. E' il futuro presidente?

---

[573] Tre ufficiali cadono o sono gravemente feriti nella carica. Sono uccisi il tenente Rodolfo Gattinara di Zubiena ed il sottotenente Giacinto Silvio Appiotti. E' ferito il tenente Edoardo Brunetta d'Usseaux.

[574] La missione di Schnitzer è importante per definire come avrebbero potuto maturare gli avvenimenti qualora Radetzky non si fosse intromesso violentemente con l'offensiva del luglio 1848: "Il 19 giugno il Governo Provvisorio Centrale (....) comunicava che il signor Schnitzer, inviato dal Ministro degli Esteri Austriaco, Wessemberg, proponeva la cessazione delle ostilità e la cessione della Lombardia, e che si era risposto che non si cessava la guerra se l'Austria non si fosse ritirata da tutte le Provincie Italiane; che il Barone Alessandro Porro di ritorno da Francoforte aveva riferito che quella Dieta era persuasa della giustizia della causa italiana. Ma che d'altronde non poteva permettere la sconfitta dell'Austria, e che comunque avrebbe forse fatto da mediatrice. L'intervento era da escludersi però per i rivolgimenti interni tedeschi. Ma le sventure del Veneto facevano invocare da molti un intervento della Francia: e allora sarebbe stata una guerra europea. Si eccitava quindi il ministero Sardo che operasse più arditamente per evitare una guerra generale." E' la sintesi della situazione scritta dal rappresentante del governo provvisorio lombardo, Gaetano Fossati, presso il governo delle Due Sicilie. Il Fossati è nato a Mantova nel 1802. E' stato esule nel 1834 per attività patriottica. Il 29 marzo 1848 ha rappresentato il governo provvisorio a Cremona. E' stato commissario per il prestito nazionale. Poi ha rappresentato il governo provvisorio presso il Regno delle Due Sicilie. E' rimasto a Napoli, in contatto con il ministro degli Esteri principe di Cariati, fino al 3 luglio 1848. Si dedicherà a studi storici e morirà a Milano nel 1857. Da: Luigi Fossati: "Il nobile Gaetano Fossati dei marchesi Fossati e la sua azione patriottica nel 1848" Supplemento ai Commentari dell'Ateneo di Brescia, 1958, pag. 32.

Torino, 21 luglio 1848

Viene approvata una legge che sopprime la compagnia di Gesù, i cui componenti non piemontesi sono espulsi dallo Stato. Uguale provvedimento per le dame del Sacro Cuore, presenti in Savoia.

Custoza (VR), 22 – 25 luglio 1848

A Nord di Rivoli, il **22 luglio** viene attaccata la sinistra dello schieramento piemontese[575]. E' in azione l'intero 3° corpo d'armata del generale Thurn, ma i piemontesi reagiscono in maniera decisa, contrattaccando e facendo ritirare il nemico fino a Caprino[576]. Intanto il generale De Sonnaz si convince che l'attacco austriaco tenda a coprire un'offensiva al centro dello schieramento sardo. Perciò dispone che l'intera sinistra converga verso il centro [577] ed abbandona la posizione di Rivoli.

In effetti alla mattina del giorno **23 luglio** Radetzky avanza, con un corpo d'armata a sinistra verso Sommacampagna e un altro corpo d'armata a destra, verso Sona. Il corpo che avanza su Sommacampagna distacca una brigata sulla destra, con obiettivo Sandrà, tentando di aggirare il nemico. Il corpo con obiettivo Sona muove con una brigata e la cavalleria con obiettivo Villafranca e Custoza. Al centro un terzo corpo segue quelli avanzati.[578] L'attacco inizia alle 07.00.

I reparti della sinistra di De Sonnaz sono ancora in movimento. Il dispositivo nemico tende a sfondare il lungo schieramento piemontese, che ha sette battaglioni nell'area di Sona e cinque battaglioni in quella di Sommacampagna. In definitiva l'area attaccata con tre corpi d'armata è difesa da una limitata quantità di reparti, che, infatti, si ritirano verso il Mincio. De Sonnaz passa alla destra del fiume e non crede che gli austriaci intendano varcare il Mincio. Inizia, così, ad ordinare una serie di azioni inadeguate che compromettono la situazione sulla riva destra ed impongono alle truppe movimenti continui e contraddittori, pesanti soprattutto per il caldo e per lo scarso vettovagliamento.

---

[575] L'esercito è, ovviamente, quello sardo – piemontese, ma alla battaglia partecipano anche volontari lombardi, un battaglione parmense, due battaglioni toscani e truppe napoletane.

[576] I luoghi dove è avvenuta la battaglia fanno parte dell'attuale provincia di Verona.

[577] Caratterizza la situazione degli opposti eserciti il fatto che, complessivamente, hanno la stessa forza (circa 65.000 uomin). I piemontesi, però, sono schierati su una lunghissima fronte, mentre gli austriaci, concentrati nell'area di Verona, possono più rapidamente "far massa".

[578] Quello che avanza su Sommacampagna è il 1° corpo d'armata, comandato dal generale Wratislaw. L'altro, che marcia su Sona, è il 2° corpo d'armata, del generale d'Aspre. La riserva è comandata dal generale Wocher.

Alle 16.00 gli austriaci sono a Salionze [579]. Nella notte De Sonnaz fa schierare le truppe a supporto di Salionze e di Monzambano. Crede che la pressione su Salionze sia una finta e che l'azione nemica si svolgerà più a Sud. Invece l'azione principale austriaca è quella di Salionze. Intanto i soldati hanno dormito solo tre ore e la massa non ha mangiato.

Il re[580], intanto, nel pomeriggio, cerca di organizzare un contrattacco su Villafranca, sul fianco sinistro austriaco, ma le truppe immediatamente disponibili sono poche, data la lunghezza dello schieramento. Pertanto bisogna attendere l'afflusso di un minimo di forze. Ciò, ovviamente, impone un notevole ritardo all'azione.[581]

Passa la notte ed, al mattino del **24 luglio,** Radetzky, dopo due azioni secondarie su Castelnuovo e Monzambano, riesce a far gettare un ponte sul Mincio a Salionze. De Sonnaz, sempre convinto che quella di Salionze sia una finta del nemico, sposta la maggior parte delle truppe verso Monzambano. Appena arrivate una gran parte dei reparti devono tornare verso Salionze. Così il corpo d'armata è sparso sul territorio. Gli Austriaci fanno massa e prevalgono in una serie di scontri. Così viene forzato il passaggio sul Mincio. Il De Sonnaz ripiega. Ora i suoi uomini devono puntare su Borghetto[582]. Molti si accasciano e sono in crisi per fame e sfinimento. Arrivati a Borghetto, per un falso allarme riprende il movimento fino a Volta Mantovana (MN) . Così Radetzky occupa Valeggio e Monzambano.

Alle 14.30 il re attua la manovra prevista. Le brigate disponibili avanzano su tre colonne da Villafranca, rispettivamente su Sommacampagna, Staffàlo e Custoza.[583] Nel corso dell'azione viene attaccata e distrutta la brigata Simbsclen, arrivata da poco sulle alture di Custoza all'altezza di Staffàlo.[584] Lo scontro inizia alle 16.30. Gli austriaci lasciano il

---

[579] Salionze è una frazione del comune di Valeggio sul Mincio (VR)

[580] Il quartier generale del re è a Marmirolo.

[581] **"la cagione somma dei disastri, che poi seguirono, fu che il re non richiamò a tempo l'esercito dall'ampio ed inutile investimento di Mantova, per poter con forze unite assalire il nemico nella pericolosa posizione in cui si era messo sulle due rive del Mincio. Più sollecito di lui fu il maresciallo"** da: Francesco Carrano: "Ricordanze storiche del Risorgimento italiano", parte I, pag. 139 in: A. Professione, Storia moderna e contemporanea", ed. Paravia, Torino, s.d., pag. 261.

[582] Borghetto sul Mincio è una frazione di Valeggio sul Mincio (VR).

[583] La colonna di sinistra (obiettivo Custoza), comandata da Vittorio Emanuele di Savoia, comprende la brigata Guardie. La colonna di centro (obiettivo Staffàlo) è composta dalla brigata Cuneo. Della colonna di destra (obiettivo Sommacampagna) ha al comando Ferdinando di Genova ed è costituita dalla brigata Piemonte. Alla destra delle tre colonne agisce una brigata di cavalleria, mentre a sinistra dà sicurezza al dispositivo solo un gruppo squadroni. La brigata Aosta ed una brigata di cavalleria sono in riserva. Villafranca, base di partenza, è presidiata da tre battaglioni. Nel complesso le forze radunate sono numericamente inadeguate per conseguire il compito assegnato.

[584] La brigata austriaca, attaccata anche di lato dalla brigata di Ferdinando di Genova è stata accerchiata. Perdite: 2 bandiere, 50 morti, 104 feriti e 1.160 prigionieri. I piemontesi hanno avuto16 morti e 54 feriti.

campo alle 20.30. Ferdinando di Genova occupa Sommacampagna e Vittorio Emanuele conquista Custoza.

A questo punto i due eserciti attuano manovre che avranno notevoli effetti strategici. Entrambi i dispositivi effettuano, infatti, una sorta di torsione in senso antiorario. I piemontesi tendono a tagliare le comunicazioni nemiche con Verona e, di conseguenza, ad isolare ed accerchiare gli austriaci. Costoro rispondono cercando di tagliare ai piemontesi il collegamento con le posizioni sul Mincio, tendendo anch'essi ad isolarli ed accerchiarli. Di conseguenza gli ordini dei due comandi sono sostanzialmente analoghi, anche se opposti. Gli obiettivi piemontesi sono Valeggio, Oliosi e Montevento[585]. Il concetto d'azione austriaco assegna al 1° corpo d'armata il compito di presidiare e difendere Valeggio, considerata posizione determinante, ed al 2° la riconquista di Sommacampagna e Custoza. In definitiva vincerà l'esercito che, sulle predette posizioni, riuscirà a impiegare il maggior numero di uomini ed avrà una più adeguata disponibilità di mezzi. Impiego e disponibilità che sono molto più consistenti in campo austriaco. Una parte dell'esercito piemontese arranca per arrivare da Mantova all'area del confronto[586] ma un'altra parte non è stata chiamata in zona di operazioni. Anzi ancora non è stato levato l'assedio alla fortezza meridionale.

Il giorno **25 luglio** il re dirige le operazioni. Obiettivo: Valeggio. Inizio dell'attacco: ore 09.00. Muovono anche gli austriaci, con un numero di reparti preponderante. Due brigate a destra ed altre due brigate a sinistra, con la cavalleria del 1° corpo d'armata e l'artiglieria della riserva in rinforzo. Di conseguenza l'attacco piemontese prima è bloccato dalla fanteria e, poi, messo in crisi dalla cavalleria. Bava è, quindi, costretto a ripiegare. Ma si riorganizza e riceve da Vittorio Emanuele anche un reggimento che viene schierato su Monte Mamaor. Così Bava ritorna all'attacco, riuscendo ad avanzare. Ma poi viene bloccato ed, infine, respinto. Di conseguenza i piemontesi devono passare dall'attacco ad una difficile difesa. Si fermano, quindi, su una opportuna posizione difensiva, in pratica coincidente con l'iniziale base di partenza.

---

[585] In particolare le brigate di Vittorio Emanuele e di Ferdinando devono conquistare Oliosi e Montevento e si scontreranno con un corpo d'armata. La brigata di Bava deve occupare Valeggio, in coordinamento con i reparti di De Sonnaz che, comunque, operano sull'altra riva del Mincio. Ma Valeggio sarà presidiato da un altro corpo d'armata. Un esito sfavorevole della manovra è drammaticamente probabile. In ogni caso il concetto d'azione piemontese consiste nello spingere il nemico contro la riva sinistra del Mincio, bloccandolo.

[586] L'attacco ordinato dal re su Valeggio del 25 luglio avrebbe potuto avere effetti strategici altamente positivi, ma, in concreto, sono stati impiegati solo ottomila uomini, con otto cannoni. Complessivamente alla sinistra del Mincio gli uomini erano ventiduemila. Ma il dato più indicativo è che il giorno 25 sono stati trentacinquemila – più della metà dell'esercito – i soldati piemontesi lontani dal campo di battaglia. Si è trattato, quindi, di un grave errore, contrastante con il principio della massa (agire con il massimo della potenza nel punto dovuto e nel momento opportuno).

Carlo Alberto attende notizie dal centro dello schieramento (Vittorio Emanuele a Custoza) e dalla destra (Ferdinando a Sommacampagna). Ma in tali aree la situazione operativa è analoga a quella della sinistra. A Custoza ed a Sommacampagna, infatti, le unità si sono scontrate con forze notevolmente superiori, consistenti nell'intero corpo d'armata del generale d'Aspre, rinforzato da reparti della riserva e da una brigata fornita dalla guarnigione di Verona In tale quadro Ferdinando si ritira, riuscendo, comunque, ad occupare l'importante posizione di Berettara. I reparti arretrano, attuando una decisa resistenza, particolarmente valida soprattutto a Custoza.

Ma la pressione nemica continua ed è sempre maggiore. Diventano più chiari gli effetti dei rispettivi rapporti di forza. Gradualmente Sommacampagna viene abbandonata. Peraltro, a seguito del bloccaggio dell'avanzata piemontese, costituisce una posizione troppo avanzata. Si resiste solo a Berettara ed a Casa del Sole. Però due battaglioni, isolati, ripiegano su Villafranca. Gli altri quattro continuano a resistere, poi si ritirano a Staffàlo ed, infine, anch'essi a Villafranca. Nel contempo Bava attua con grande impegno un terzo attacco a Valeggio, coinvolgendo, in particolare, le posizioni di Monte Vento, ma anche questa volta viene respinto.

Diviene sempre più importante la posizione di Custoza, che resiste validamente anche perchè la plastica del terreno facilita la difesa. A sera viene attuato un movimento retrogrado, ma continua il presidio dell'allineamento Custoza – Montetorre. Così, quando il re ordina la ritirata su Villafranca, il movimento non viene disturbato dagli austriaci. La ritirata è effettuata in perfetto ordine.

La situazione non è facile ma nemmeno compromessa. Gli austriaci hanno subìto più perdite dei piemontesi. [587] Carlo Alberto dispone di due masse: una a Volta ed una che va formandosi a Goito. Inoltre altri reparti sono in arrivo da sud[588]. Si dovrebbe riprendere energicamente la manovra, ma il re non intende più combattere: ordina la ritirata e considera chiuso il confronto. L'insieme degli avvenimenti occorsi hanno messo in discussione i suoi veri scopi. Se il Radetzky ha attaccato vuol dire che alla corte di Vienna ha prevalso la fazione contraria al ventilato accordo. Pertanto Carlo Alberto non intende proseguire l'azione.

Il generale Bava, però, gli rappresenta la realtà della situazione: le perdite sono state limitate, i prigionieri pochi. L'esercito va riunendosi alla riva destra del Mincio. Da sud arrivano rinforzi. La linea Custoza – Sommacampagna era molto avanzata. Su un'ulteriore linea fra Volta e Cavriana, dietro al Mincio, è possibile organizzare un'adeguata resistenza. Il corpo d'armata di de Sonnaz, già sulla riva destra del fiume, deve impostare la parte

---

[587] Perdite piemontesi:1.500 uomini. Perdite austriache: 3.200
[588] Finalmente è stato tolto l'assedio alla piazzaforte di Mantova

sinistra del nuovo schieramento, da Volta a Peschiera. Il ragionamento di Bava è così realistico e logico che il re deve accettarlo. Naturalmente lo fa sempre con notevoli riserve mentali. Così, senza avvertire il Bava e lo stato maggiore, invierà a de Sonnaz un ordine con il quale consente l'abbandono di Volta qualora tale posizione sia sottoposta ad una forte pressione nemica.

Nella notte fra il 25 ed il **26 luglio** l'esercito, pur potendo utilizzare un solo ponte passa il Mincio in perfetto ordine e si riunisce nell'area di Goito. Ma nei momenti difficili come quello attuale le contraddizioni, le inadeguatezze organizzative si fanno sentire in maniera particolare. L'aspetto peggiore è quello dell'inidonea organizzazione logistica, inefficiente soprattutto nella regolare distribuzione del rancio,[589] con tutte le comprensibili conseguenze, che rendono più gravosi i sacrifici, le fatiche, gli effetti degli ordini inadeguati o inutili. E ciò accade anche al vertice dello stato maggiore e dei generali di corpo d'armata. Il re impone la sua autorità senza avere un'idonea autorevolezza, soprattutto in campo militare. Cambia frequentemente parere. Segue suoi programmi personali che non risultano evidenti. Non è coerente e chiaro con i suoi diretti collaboratori. L'ordine inviato a de Sonnaz è un esempio significativo. I generali sono insoddisfatti e credono di essere in diritto di porre in essere personalismi anche gravi. Sono indotti a tali personalismi anche da una disciplina formalmente rigida, forse opprimente, ma ampiamente permissiva e manchevole.[590] Se non vi è disciplina nella gestione dei soldati figuriamoci a che livello possa essere quella nei confronti dei generali. Si può, infatti, desumere che, in pratica, fosse inesistente.[591]

Il caso peggiore è stato proprio quello del generale di corpo d'armata de Sonnaz, che non ha difeso Valeggio, non ha adeguatamente seguito le fasi della battaglia dalla riva destra del Mincio ed ha abbandonato Volta. Un abbandono che ha determinato conseguenze gravissime. Azioni e conseguenze che possono essere determinate o da un crollo psicologico dopo lo scontro del 22 luglio o da una totale incapacità di dirigere la battaglia.

---

[589] Vi sono stati, nelle ore successive, casi di diserzione di soldati che non mangiavano da più giorni ed avevano continuamente combattuto. Ciò è testimoniato dallo stesso generale Bava: "**Si videro nella mattina** (del 27 luglio) **a Goito molti fuggiaschi delle brigate Savoia e Regina. Si cercò di rannodarli, ma fu senza frutto, perché tutti protestavano il bisogno di nutrimento e noi eravamo privi di viveri**" Bava: " Relazione" cit., pag.116. Bava scarica la responsabilità sui "commissari lombardi", non tenendo conto che, di fatto, riconosce che l'esercito non era organizzato a sopravvivere lontano dai centri logistici piemontesi.

[590] Ha scritto nella sua relazione il generale Bava: "**L'eccessiva mitezza dei nostri regolamenti disciplinarii, e soprattutto la nessuna loro applicazione cagionata da soverchia bontà, furono cagione dello sconforto che guadagnò l'esercito. I più grandi delitti restavano senza l'immediata punizione (....) cosicchè, pei frequenti movimenti delle truppe dovendosi trascinare dietro i delinquenti, trovavano questi un mezzo alla fuga (....)**" ivi, pag. 117

[591] Uno dei tanti apparenti paradossi dell'organizzazione militare. Nell'esercito sardo, preciso nel suo formalismo, la disciplina soprattutto negli alti gradi era labile. Nei reparti volontari, apparentemente caotici, si rischiava, in caso di indisciplina, di essere messi al muro.

Non solo: ha interpretato l'ordine ricevuto dal re a modo suo, secondo la volontà di chiudere tutto, come ha dimostrato e dimostrerà ampiamente il suo comportamento. Pur non essendo attaccato, abbandona Volta, ritenendosi coperto dall'ordine del re. Così un ordine insensato, interpretato nella maniera più soggettiva ed illegittima possibile, ha prodotto risultati gravissimi.[592]

Il re incontra il capo di stato maggiore ed i due comandanti di corpo d'armata. Così Bava e Salasco apprendono con stupore che Volta è stata abbandonata. De Sonnaz fa vedere l'ordine scritto del re, che rimane impassibile, non dà spiegazioni ed ordina di riprendere Volta. Sono le 11.00 del 26 luglio. Inizia la battaglia di Volta Mantovana.

Vi è, comunque, un problema. I reparti, che hanno continuamente marciato ed hanno abbandonato Volta senza che fossero attaccati dagli austriaci, ora devono tornare indietro per riprendere Volta probabilmente con la forza. I rifornimenti sono sempre deficitari. La stanchezza è logicamente massima. De Sonnaz non gradisce l'ordine reale e chiede di poter partire alle 16.00, dato il grande caldo e la predetta stanchezza del personale. Una decisione che è indubbiamente grave. Volendo riprendere Volta – cosa, questa, peraltro necessaria – si sarebbe dovuto partire subito. Avrebbe dovuto essere inviata la cavalleria[593]. Ed anche truppe non completamente digiune[594].

Si parte, comunque, alle 16.00 e sono impiegate le truppe di de Sonnaz. Intanto solo ora Carlo Alberto dà ordini per abbandonare il blocco di Mantova[595]. La divisione che assediava Mantova si pone in avanguardia puntando verso l'Oglio. Alcune unità, per sicurezza, presidiano le provenienze da Lonato e da Montichiaro. In sintesi: la sinistra muove per combattere a Volta. La destra dello schieramento non attaccata da alcun reparto inizia la ritirata verso l'Oglio, secondo gli ordini del re che, al solito, non informa il Bava.

Gli ordini dati da Radetzky al mattino sono che il I corpo abbia come obiettivo Castiglione dello Stiviere ed il II Guidizzolo, dopo aver occupato Valeggio e Volta. Il corpo di riserva a Pozzolengo. Così Volta viene ad assumere un'importanza strategica. Per i piemontesi dovrebbe essere l'inizio del nuovo schieramento alla destra del Mincio, cosa che gli

---

[592] E' naturale chiedersi come la monarchia tratterà in futuro il de Sonnaz, meritevole di essere sottoposto al giudizio di un tribunale militare. La risposta è scontata: avrà tutti gli onori, ma non otterrà mai più comandi operativi. Comunque de Sonnaz non avrebbe dovuto essere il solo ad essere processato. Il generale di Sommariva si è comportato in maniera ancora più grave.

[593] Erano disponibili Genova e Savoia cavalleria, che parteciperanno alla battaglia. Peraltro Genova era un reparto di dragoni, il cui impiego è sia a piedi che a cavallo.

[594] Nel complesso erano 20 i battaglioni che avrebbero potuto esssere impiegati.

[595] Sembra folle che, dopo più di quattro giorni di combattimenti, una divisione fosse ancora impiegnata all'estremità meridionale dello schieramento per assediare Mantova. Peraltro non era impegnata non essendo stata attaccata da nessuno. Fin dall'inizio avrebbe dovuto esser chiaro che Radetzky ha fatto massa al centro, perciò il ritardo della reazione del re appare sconcertante.

austriaci devono assolutamente interdire. Infatti arrivano per primi ed occupano Volta alle 18.00. Dopo poco[596] arriva l'avanguardia della 3 divisione piemontese, che cerca di isolare il nemico dalla parte di Borghetto[597], sulla destra, e riesce ad entrare nel centro abitato.

La lotta è durissima. Alle 20.00, gli austriaci ricevono rinforzi, per cui il tentativo di isolare il nemico con l'azione sulla destra deve essere annullato. Comunque l'attacco piemontese è così deciso che il comandante nemico, il generale d'Aspre, chiede aiuto a Radetzky, affermando di avere di fronte tutto l'esercito sardo. Anche de Sonnaz chiede rinforzi. Comunque i piemontesi avanzano, fino alle 22.00. Lo scontro si riduce alle 23.00. Poi vi è un contrattacco nemico che blocca l'azione piemontese. Alla fine, alle 02.00 del giorno **27 luglio** de Sonnaz ordina la ritirata su Goito.

Il movimento viene effettuato in ordine. Ma gli austriaci organizzano un attacco da parte della cavalleria a tre chilometri da Volta[598]. La base di partenza è nascosta in un'area molto coperta da vegetazione. La ritirata piemontese è protetta dalla III brigata di cavalleria[599], che viene attaccata all'improvviso dal nemico. Ma il comandante, generale conte Gazzelli di Rossana riesce a far rettificare in tempo lo schieramento e ordina per tempo la carica. Lo scontro è durissimo. Gli austriaci attaccano tre volte ma devono ritirarsi. Alla fine sono definitivamente respinti e la ritirata prosegue sotto la protezione della brigata di cavalleria.

Alle 08.00 Carlo Alberto riunisce un consiglio di guerra dal quale fa approvare quanto da lui già deciso: ritirata al fiume Oglio, tregua con gli austriaci, riorganizzazione. Vanno da Radetzky i generali Bes e Rossi ed il colonnello Alfonso La Marmora. La situazione è grave soprattutto negli alti comandi. A parte la posizione ed il comportamento di de Sonnaz, Aix di Sommariva, comandante della brigata Aosta e comandante interinale della 1 divisione, invece di schierarsi a sinistra di Goito va con la sua brigata verso l'Oglio e lo supera, nonostante gli ordini di Bava. Il generale Di Ferrere va anch'egli sull'Oglio con la 2 divisione. Il re dà al Bava la funzione di comandante in capo di fatto, ma non ufficialmente. Per cui l'interessato cerca di fare il possibile ma non viene riconosciuto nella sua funzione assegnatagli. In buona sostanza gli ordini al de Sonnaz il re li dà tramite Bava, che però dal collega non è riconosciuto come proprio superiore.

Scarse le perdite, pochi i prigionieri, combattivi i reparti, la situazione dell'esercito piemontese è ancora buona. Ma la confusione dei comandi mette in crisi l'organizzazione. Si formano gruppetti di sbandati, il personale risente in maniera sempre più drammatica

---

[596] Si è trattato di pochi minuti di ritardo.
[597] Le unità austriache, da Valeggio, erano arrivate, sulla riva destra, a Borghetto, da dove avevano proseguito per Volta.
[598] Sono i reggimenti "Ulani imperatore" e Dragoni di Baviera"
[599] Formata dai reggimenti "Savoia" e "Genova" cavalleria.

delle inefficienze logistiche. L'invio dei parlamentari al nemico appare il segno della fine, per cui all'entusiasmo combattivo in molti subentrano forme di grave demoralizzazione.

Radetzky è d'accordo sulla tregua, purchè la ritirata sia fino all'Adda, vengano date tutte le fortezze [600] e siano sgomberati i Ducati. Carlo Alberto non può accettare ed ordina la ritirata, che inizia alle 21.00. La cavalleria svolge un ruolo prezioso, attuato in maniera quasi perfetta. Gli uomini per giorni sono stati quasi ininterrottamente a cavallo, operando per la sicurezza dell'esercito, che alle 12.00 del **28 luglio** supera l'Oglio. Ma si reputa che nemmeno in tale posizione vi sia la possibilità di organizzare un nuovo schieramento. Il re, oramai è chiaro, ha come suo obiettivo il rientro in Piemonte. Solo per dieci ore le unità si fermano sulla riva destra del fiume. Vi sono tante "buone" ragioni per non schierarsi: la mancanza di organizzazioni difensive, l'inesistenza di rafforzamenti del terreno, ecc.. Si reputa che sia opportuno trovare una posizione migliore, che potrebbe essere Cremona, dove si arriva il **30 luglio**. Ma anche quella di Cremona risulta una posizione che non piace. Sono, di conseguenza, disponibili tutte le scuse possibili affinchè la ritirata continui verso Milano.

Vienna, 22 luglio 1848,

Il principe Giovanni d'Asburgo – Lorena apre la convenzione presso il Parlamento (Reichstag) di Vienna, composta dai rappresentanti delle terre dell'Impero, scelti a seguito dei fatti di marzo. Si tende alla redazione di una Costituzione "definitiva".

Cerignola (FO), 22 luglio 1848

Le truppe borboniche, al comando del generale Marcantonio Colonna, pongono in fuga le guardie nazionali ed entrano in Cerignola. Oramai è chiaro che l'obiettivo è la Dieta di Bari.

Chioggia (VE), 23 luglio 1848

Gli austriaci svolgono varie azioni nell'area di Brondolo. Il maggiore Matarazzo schiera il suo battaglione ed attacca, su tre colonne, le posizioni austriache, distruggendo le case ed altre strutture utilizzate dal nemico.

Petervaradino, 25 luglio 1848

---

[600] Anche quelle venete di Osoppo e Palmanova, oltre a quelle di Venezia e, naturalmente, Peschiera.

Nei mesi di giugno e luglio sono affluiti in Voivodina i volontari del Principato autonomo della Serbia. Oggi arriva anche il loro comandante, Stevan Knicanin, promosso colonnello.

Fino ad oggi i primi scontri hanno visto prevalere gli ungheresi. Anche le prime azioni di Knicanin saranno infruttuose.

Chioggia (VE), 25 luglio 1848

Gli austriaci hanno ricevuto rinforzi e intendono reagire all'azione del giorno 23 luglio, attaccando, nell'area fortificata di Brondolo, la posizione di Cà Pasqua. Il maggiore Matarazzo resiste e poi contrattacca. Lo scontro è lungo e violento, ma alla fine gli austriaci sono obbligati a ritirarsi, dopo aver subìto diverse perdite.

Torino, 27 luglio 1848

Carlo Alberto ha dato l'incarico di formare il nuovo governo a Gabrio Casati.

Milano, 27 luglio 1848

Mazzini scrive sull'"Italia del Popolo" di aver sostenuto la guerra del re anche contro i federalisti e gli stessi repubblicani, affinchè gli italiani di qualsiasi idea politica fossero uniti nella guerra contro l'Austria. Ma ora è chiaro che gli interessi del re non coincidono con quelli della nazione. Quindi bisogna passare dalla guerra monarchica a quella del popolo. Quest'ultima deve essere totalitaria, dovendo sostenere fino in fondo gli interessi nazionali. Successivamente è acclamato in molti incontri.

Comunque il governo provvisorio nomina responsabile dell'organizzazione difensiva il generale Zucchi La difesa è impostata sull'ipotesi che i piemontesi si schierino sul basso corso dell'Adda. Di conseguenza bisogna far massa nella zona pedemontana, alla sinistra del futuro probabile fronte. E' necessario, quindi, schierarsi nell'area di Brescia, il cui comando, che è per ora alle dirette dipendenze di Zucchi, viene assegnato al generale Manfredo Fanti[601], rafforzato da truppe regolari e guardie nazionali mobili, comandate dal colonnello Saverio Griffini.

---

[601] Il generale Manfredo Fanti è nato a Carpi (MO) nel 1806. Nel corpo dei pionieri dell'esercito ducale, dopo la laurea in ingegneria è stato nominato ufficiale del genio. Nel 1831 ha aderito alla rivoluzione e, condannato a morte, è andato in esilio in Francia. Nel 1834 ha partecipato alla spedizione in Savoia e ha dovuto fuggire nuovamente, recandosi in Spagna, dove ha combattuto nelle schiere democratiche. Dopo alcune promozioni per merito di guerra, è stato nominato colonnello. I suoi precedenti non gli hanno concesso di avere un comando nella guerra del 1848. Solo alla fine viene nominato nel comitato per la difesa, con il grado di generale. Dopo la sconfitta, in Piemonte avrà il comando di una brigata, sarà eletto deputato e parteciperà alla guerra del 1849,

Intanto le avanguardie dell'esercito piemontese in ritirata sono arrivate all'Oglio. Si avvicina lo scontro finale. Tutti credono in un impegno totale del re per la vittoria. Ma vi è anche una notevole confusione. Mazzini e Cattaneo insistono per la costituzione di un comitato di pubblica difesa, che organizzi la resistenza. E' difficile nominarne i membri, ma alla fine accettano il generale Manfredo Fanti [602] (che, ovviamente, non va più a Brescia), il dottor Pietro Maestri [603] e l'avvocato Francesco Restelli[604]. In data **28 luglio** il comitato sarà ufficialmente costituito e nominato dal governo provvisorio. In ogni caso una cosa è sicura: ci si prepara a combattere con tutte le forze disponibili.

Trani, 27 luglio 1848

Le truppe borboniche del generale Colonna entrano in città.

Passo del Tonale, 27 luglio 1848

I volontari di d'Apice, dopo un lungo confronto, respingono un attacco austriaco.

Molfetta (BA), 28 luglio 1848

---

nella difficile posizione di vice del generale Ramorino. Nel 1855 parteciperà alla guerra in Crimea. Nel 1859, generale di divisione, combatterà a Palestro, Magenta e San Martino. Successivamente comanderà le truppe della Lega dell'Italia centrale. Ministro della Guerra e della Marina all'inizio del 1860, incorporerà l'esercito della Lega e, poi, combatterà a Castefidardo e a Mola di Gaeta (oggi Formia, LT). Il 4 maggio 1861 fonderà il regio esercito italiano su basi diverse da quelle dell'esercito sardo. Senatore dal 29 febbraio 1860, abbandonerà il servizio attivo dopo la morte di Cavour, il 12 giugno 1861, essendo politicamente isolato e subendo gli attacchi della corrente del generale La Marmora, che, con il supporto di due successivi ministri della Guerra, riuscirà ad imporre all'esercito l'ordinamento sardo del 1852. Tale deriva sarà criticata in Senato, senza successo, da Fanti, che, nel 1863, ridurrà anche l'attività politica per una grave malattia polmonare, morendo a Firenze nel 1865.

[602] La nomina di Fanti è sostenuta da Mazzini, che ben conosce i suoi precedenti e le sue capacità fin dalla spedizione in Savoia del 1834.

[603] Pietro Maestri è nato a Milano nel 1816. Il padre, Antonio, era vice direttore della contabilità della Lombardia. Laureato in medicina, ha collaborato alla "Gazzetta medica di Milano". Intanto si è dedicato agli studi statistici. Fin dall'università ha svolto attività politica patriottica. Nel 1848 ha diretto "la Voce del Popolo" ed ha combattuto nelle cinque Giornate. Dopo l'attività nel comitato andrà esule in Piemonte, dove inizierà a redigere l'Annuario Statistico italiano. Poi, durante un periodo in Francia, ha pubblicato articoli sia sul "Journal des économistes"che sul "Politecnico" di Cattaneo. Nel Regno d'Italia sarà direttore della Giunta centrale di statistica. Dal 1867 al 1870 pubblicherà "l'Italia economica". Morirà a Firenze nel 1871.

[604] Francesco Restelli è nato a Milano nel 1814. Laureato in giurisprudenza, avvocato, combattente delle cinque giornate, alle dipendenze del governo provvisorio nei rapporti con Venezia, dopo l'attività nel comitato dovrà andare in esilio, a Lugano, poi a Genova ed a Firenze, tornando, per amnistia, a Milano nel 1854. Deputato nel Regno di Sardegna (anno1860), nel Regno d'Italia sarà eletto per cinque legislature, nella destra storica, dal 1863 al 1876, ricoprendo l'incarico di vice presidente della camera dal 1865 al 1876. Sarà senatore dal 1886 alla morte, nell'anno 1890.

318

Il generale Colonna investe la città e la occupa. La sproporzione delle forze è tale che Giovanni Cozzoli non riesce a predisporre la difesa ed è costretto a fuggire.

Milano, 28 luglio 1848

Il previsto comitato di pubblica difesa viene nominato dal governo provvisorio, che passa la responsabilità della resistenza ai tre membri designati. Costoro dispongono per un prestito forzoso, intervengono per migliorare le opere di difesa, mobilitano le guardie nazionali, predispongono gli ammassi delle vettovaglie, ordinano l'acquisizione di armi, organizzano la fabbricazione del munizionamento necessario[605], ecc..

I due membri civili del comitato, dopo la disfatta, pubblicheranno una relazione anonima a Lugano. In essa preciseranno:

"(....) la precipitosa ritirata dell'esercito italiano, che andava ripiegando verso Milano, commosse sì vivamente la Popolazione ed il Governo di Lombardia, che, vedendosi la patria in pericolo, fu universalmente riconosciuta la necessità di concentrare in pochi individui i poteri governativi onde l'azione ne fosse più spedita ed efficace per scongiurare, possibilmente, la minacciosa tempesta che sempre più di giorno in giorno ingrossava sul territorio Lombardo. Tale concentrazione di poteri seguì col decreto del giorno 28 luglio del Governo Provvisorio, che nominò un Comitato di Pubblica Difesa nelle persone del general Fanti, dell'avv. Francesco Restelli e del dottor Pietro Maestri. Le cure del Comitato furono particolarmente dirette a dare le più efficaci disposizioni: 1.° per raccogliere immediatamente tanto denaro quanto bastasse a supplire alle urgenze di guerra, in attesa de' pagamenti prestabiliti dalle imposizioni già decretate dal Governo Provvisorio; 2.° perché il buon servizio dell'approvvigionamento de' viveri per l'esercito e per la città fosse assicurato; 3.° perché parimenti assicurata fosse la difesa militare della Città e del territorio allora non peranco invaso dal nemico." [606]

Da questo momento la guardia nazionale ed i cittadini si dichiarano contrari a qualsiasi ipotesi di capitolazione, mentre i rappresentanti del re la favoriscono, cercando, però, di attribuirne la responsabilità ai cittadini stessi ed alle loro organizzazioni.

---

[605] La commissione, nel suo precisissimo rapporto, ha reso noto che il 3 agosto sono state distribuite 500.000 cartucce ai corpi della guardia nazionale, con una riserva di altre 500.000. Ogni giorno ne sono state preparate 150.000.. Inoltre sono stati disponibili 9.000 chili di polvere da cannone, 45.000 chili di polvere per armi portatili ecc. (Da: "Gli ultimi tristissimi fatti di Milano narrati dal comitato di pubblica difesa", anonimo, ma redatto da Francesco Restelli e Paolo Maestri, Lugano, Tipografia della Svizzera italiana, 1848, pag. 43).

[606] Ivi, pagg. 1 e 2.

Durante la notte viene organizzata una riunione presso il ministro della Guerra Sobrero, che si sovrappone al comitato. Non viene convocato Garibaldi, che si presenta lo stesso, accompagnato da Mazzini e Cattaneo. Grande contrasto con il ministro. Garibaldi attacca violentemente la gestione degli affari civili e militari posta in essere dai generali del re. Poi va via.

Milano, 29 luglio 1848

Il comitato cerca di acquisire i pieni poteri. Viene confermato il piano iniziale: concentrazione delle truppe fra Bergamo e Brescia e costruzione di opere militari sul resto del territorio verso Sud. Il maggiore Cadorna, del genio, farà approntare le opere per rafforzare il futuro schieramento dell'esercito piemontese. Bisogna attuare trinceramenti, demolizioni, approntamenti di mine ed inondazioni. Sono impiegati un reparto di zappatori del genio, 4.000 operai e 30 ingegneri[607].

Sermide (MN), 29 luglio 1848

A Sermide [608] è stato costituito un comitato di sicurezza collegato al governo provvisorio, che ha organizzato con cura la difesa del passaggio del Po e della zona a meridione dello stesso. E' stato costituito un corpo di difesa basato sulla guardia nazionale [609]e su due reparti di finanzieri. Il **24 luglio** alcuni reparti delle truppe del generale Welden dirette verso i ducati hanno passato il Po a Ficarolo. Una pattuglia di cavalleria è entrata in Sermide, ma è stata fatta segno ad un intenso fuoco ed il comandante è stato ucciso. Gli altri si sono ritirati precipitosamente.

Il **26 luglio** un notevole reparto austriaco, [610] superato il Po a Quattrelle, si è diretto a Sermide, ma è stato affrontato e respinto[611] dal corpo di difesa. [612]
All'alba del **29 luglio** la brigata austriaca del generale barone von Perglas attacca Sermide.[613] Il corpo di difesa resiste a lungo, al fine di consentire alla popolazione di

---

[607] Le opere e le inondazioni previste saranno realizzate fra il 31 luglio ed il 5 agosto. Un lavoro egregio, che, purtroppo, non sarà utilizzato.
[608] Oggi comune di Sermide e Felònica.
[609] La guardia nazionale è stata organizzata e comandata dall'ingegnere Giuseppe Zapparoli.
[610] Circa 800 uomini, con una sezione di artiglieria.
[611] Il corpo di difesa ha attaccato il nemico a Capo di sotto, ad Est di Sermide, vicino a Felònica, al centro dell'attuale territorio dell'unione comunale (a seguito del referendum del 6 novembre 2016, dal 1° marzo 2017 i due comuni si sono uniti).
[612] Gli austriaci hanno subito 30 morti e diversi feriti.
[613] Gli austriaci sono 1500, adeguatamente armati ed organizzati. Il corpo di difesa è composto da 280 uomini, di cui solo 80 hanno una certa esperienza militare.

rifuggiarsi altrove. L'azione riesce e viene lasciato al nemico un abitato deserto.[614] Ma la reazione austriaca è particolarmente selvaggia. 64 case sono non solo saccheggiate bensì anche abbattute.

La brigata prosegue per Modena, occupando il Ducato. Per capire il modo di ragionare dei generali austriaci è interessante il proclama del barone Perglas all'atto dell'occupazione di Modena. Ecco alcune frasi: già il titolo è particolarmente indicativo: **"Guerra in Europa per la Santa causa italiana"**. Naturalmente la "santa causa" è quella imperiale, antitaliana. **"Una rivoluzione vituperevole (....) ha posto a soqquadro il vostro bel paese. Un Re estraneo (....) sotto lo stendardo della libertà nasconde le proprie mire ambiziose e rapaci, minaccia di imporvi il suo giogo e di precipitarvi nella miseria, che felici eravate sotto il saggio governo del vostro Duca. (....) Le mie truppe hanno varcato il Po in più punti per accorrere al vostro sogno, alla vostra liberazione (....)"[615]**

Firenze, 30 luglio 1848

Cosimo Ricolfi presenta le dimissioni del governo al granduca, che le accetta, pur chiedendo di garantire la continuità delle funzioni fino alla nomina del nuovo governo.

Potenza, 30 luglio 1848

Abbandonata la maschera della partecipazione e della comprensione, le autorità procedono ad una violenta repressione. La magistratura apre un'istruttoria che si protrarrà per circa 25 mesi.

Sia D'Errico che Maffei entrano in clandestinità.

Milano, 30 luglio 1848

Finalmente, a causa della visione ideologica dei membri del comitato, il "pericolosissimo" Garibaldi ottiene un comando operativo. L'ordine è di difendere il tratto settentrionale della linea dell'Adda. Base iniziale: Bergamo. Garibaldi ha pieni poteri su tutte le truppe presenti in città, dato che la forza a sua disposizione è tuttora limitata. Oltre agli uomini venuti con lui dal Sud America comanda circa 1.600 volontari vicentini, liguri e pavesi. Il generale parte in ferrovia per Treviglio (BG), dove si ferma, essendo l'area più importante fra quelle di sua competenza. Infatti il comitato reputa che una linea di attacco austriaca potrebbe essere quella che da Chiari (BS) per Treviglio arriva a Cassano d'Adda (MI).

---

[614] Purtroppo solo un giovane è rimasto indietro ed è stato subito fucilato.
[615] Il documento è nel Fondo Giuseppe Spada della banca dati della Repubblica romana del 1849 (Biblioteca di storia moderna e contemporanea).

Bergamo, 31 luglio 1848

Garibaldi arriva a Bergamo, accolto con entusiasmo dalla popolazione. Mentre il suo reparto sta arrivando, prende atto delle forze già presenti in città: un battaglione di fanteria piemontese, 550 reclute, 250 volontari comaschi senza armi, 20 guardie nazionali, 50 carabinieri svizzeri, per complessivi 1.450 uomini. Inoltre incontra Gabriele Camozzi [616] che diverrà suo amico e collaboratore e che gli cede il comando di un reparto di 770 uomini, dato che intende andare in vari centri a reclutare altri volontari. Fra l'altro sembra che sarà disposta la leva in massa.

Pertanto Garibaldi ha complessivamente a sua disposizione circa 3.800 uomini, un terzo dei quali non addestrati o senza armi.

Milano, 1° agosto 1848

Il comitato decide dal 1° agosto la leva in massa degli uomini fra i 18 ed i 40 anni, ma il rappresentante del re a Milano, il generale Sobrero, cerca di neutralizzare tutto ciò che possa anche lontanamente costituire una guerra di popolo o un armamento dello stesso. In definitiva - volutamente o anche solo involontariamente – viene sabotata o, comunque, intralciata una reale organizzazione difensiva di Milano. Intanto è troppo tardi per attuare in maniera adeguata la leva, organizzare gli uomini ed addestrarli.

Napoli, 1° agosto 1848

Si va riducendo in maniera inesorabile lo spazio concesso alle libertà democratiche. Pasquale Stanislao Mancini difende in tribunale i giornali "l'Indipendente" e "l'Eco della libertà", sotto processo perché critici della monarchia. Si cerca, comunque, di mantenere viva la costituzionalità del sistema.

---

[616] Il generale conte Gabriele Camozzi Vertova è nato a Bergamo nel 1823. Laureato a Pavia, mazziniano, organizzatore, nel 1848, di vari tentativi rivoluzionari. Ha preso il potere a Bergamo il 25 marzo, ma ha dovuto ritirarsi in Svizzera. Nel 1859, nei cacciatori delle Alpi, appoggerà l'azione di Garibaldi su Varese, occuperà Lecco e, l'8 giugno, faciliterà la liberazione di Bergamo, di cui comanderà la guardia nazionale. Parteciperà come ufficiale superiore alla spedizione dei Mille e diventerà generale della guardia nazionale a Palermo, dove contribuirà a reprimere la rivolta repubblicana scoppiata nei giorni 16 – 21 settembre 1866, definita "del 7 e mezzo" in relazione alla durata, meritando una medaglia d'argento. Riorganizzerà la guardia fino al 1868. Dopo essere stato eletto al parlamento subalpino per una legislatura dal 2 aprile 1860 al 17 dicembre 1870, sarà nella Camera del Regno d'Italia per tre legislature nella destra storica dal 18 febbraio 1861 al 2 novembre 1869. Morirà a Dalmine nel 1869.

In tale quadro Mancini evidenzia che la guardia nazionale deve mantenere l'ordine ma nel quadro delle garanzie costituzionali. In ogni caso la situazione diviene sempre più difficile ed, anche, pericolosa.

Milano, 2 agosto 1848

Carlo Alberto è convinto che il comitato abbia esagerato. Egli avrebbe potuto accettarne l'attività qualora i suoi membri avessero assunto un ruolo meramente formale. Invece il comitato comanda le truppe, organizza la popolazione, definisce un programma economico, mobilita il popolo, addirittura fa costruire un sistema di barricate in città e organizza a difesa il territorio finitimo. Come si permette? Tutto ciò per il re è pericoloso ed inaccettabile. Non ha importanza se l'azione del comitato costituisca un notevole incremento della difesa. Essa, infatti, è pericolosa proprio perché facilita la partecipazione popolare alla guerra, a quella guerra totale che rafforza il potere delle masse.

Così il re reagisce con una sorta di colpo di Stato, annullando gli ultimi residui di legittimità su cui si reggono gli organi di governo a Milano. Sfruttando l'annessione della Lombardia al regno sardo, scioglie il governo provvisorio e tende ad annullare l'autonomia del comitato. Ma, data la situazione, riesce solo a rendere il tutto maggiormente confuso, anche se oggi viene reso noto che sarà nominato un triumvirato, che sarà chiamato consiglio amministrativo della Lombardia. I commissari regi saranno: il generale Angelo Olivieri di Vernier[617], il generale Massimo Cordero di Montezemolo [618]e il milanese Gaetano

---

[617] Il cavaliere generale Angelo Olivieri di Vermer, con i fratelli Deodato e Prospero, ha militato nell'esercito napoleonico, prima nel corpo delle guardie d'onore, poi nel 28° reggimento dei cacciatori a cavallo. Ha combattuto a Caldiero, Raab e Wagram, poi, nella campagna di Russia, ha partecipato alle battaglie di Smolensk e della Moscova, comandando, durante l'occupazione di Mosca, il posto di blocco di Penkonkovo. Poi è stato presente in quasi tutte le battaglie della campagna di Francia. Passato nell'esercito sardo, nel 1847 è luogotenente generale, comandante generale della cavalleria. Infine sarà impiegato a Milano.

[618] Il marchese Massimo Cordero di Montezemolo è nato a Mondovì nel 1807. Laureato in giurisprudenza nel 1828, tre anni dopo è riparato in Francia, avendo partecipato ad una congiura della setta del cavalieri della libertà. Nella legione straniera è divenuto tenente. Un anno dopo è andato in Portogallo, combattendo con i costituzionali. E' rientrato in Piemonte per amnistia nel 1834, fondando il giornale politico culturale "Il Subalpino. Giornale di scienze, lettere ed arti". Ha viaggiato molto. Nel 1838 a Roma e Napoli. L'anno dopo a Firenze. Ha partecipato al primo ed al terzo congresso degli scienziati. Dopo la chiusura del Subalpino, che aveva pubblicato stampa mazziniana, ha collaborato ai giornali "Lettere popolari" ed "Associazione agraria". Nel 1844 ha fatto parte del consiglio cittadino di Mondovì e, dal 1845, per quattro anni, è stato sindaco di Montezemolo. Nel gennaio 1848, con Giovanni Durando, ha fondato "L'Opinione". Poi è stato eletto alla camera dei deputati e, il 2 agosto 1848, è stato nominato nella consulta. Gioberti, capo del governo, nel novembre 1848, lo manderà a Gaeta per convincere Pio IX a trasferirsi a Nizza. Il che avrebbe dato maggior forza al neoguelfismo. Ma Pio IX ha preferito rimanere a Gaeta. Senatore nel 1850. Presidente delle opere pie San Paolo nel 1852, dimissionario due anni dopo. . Nel 1856 ha collaborato a "L'Indipendente", giornale liberale. Ambasciatore straordinario presso lo zar nel 1858.

Strigelli[619], che fa – anzi faceva - parte del governo provvisorio. Il generale Angelo Olivieri ha l'incarico di comandante generale. Ma il comitato di pubblica difesa continua ad operare.

La decisione del re non tende a garantire la difesa. Tutti, a Milano, vogliono resistere e contrattaccare, tanto che i rappresentanti delle varie componenti della città hanno chiesto di essere ricevuti da Carlo Alberto, che incontreranno, testimoniando la generale volontà di combattere.

Il nemico si è molto allontanato dalla sua base di partenza, ha a disposizione solo una parte dell'esercito ed opera in un territorio completamente ostile. I milanesi reputano che la ritirata piemontese abbia una logica finalità strategica: allontanare il nemico dalle sue basi al fine di attaccarlo appoggiandosi alle mura di Milano, a quelle delle altre città, ecc.. Intanto incominciano i dubbi. Forse il re intende impedire azioni autonome della cittadinanza? Cosa può temere, dato che l'impegno di tutti è il combattimento? Ma vorrà, realmente, combattere? Molti reputano che tali dubbi costituiscano un'offesa alla sicura lealtà di Carlo Alberto.

La situazione precipita per il comportamento del generale marchese Aix di Sommariva, comandante della divisione schierata a destra dello schieramento piemontese sull'Adda, che, all'alba di oggi, all'arrivo delle avanguardie austriache, si è ritirato verso Piacenza[620]. La sua giustificazione è quella di aver voluto indurre tutto l'esercito a spostarsi oltre il Po. In realtà vi è nello stato maggiore un confronto fra due ipotesi di impiego: quella del generale Bava, che, appunto, intende portare le operazioni a Sud del Po e quella del re che vuole ritirarsi verso Milano. Comunque il comportamento del Sommariva è gravissimo, addirittura penalmente apprezzabile. Ma il re non reagisce con provvedimenti punitivi. Il generale viene soltanto esonerato dalle funzioni di comando. Bisogna rilevare che l'organizzazione dell'alto comando ma anche il senso del dovere e la militarità di alcuni suoi componenti sono quanto mai precari.

Intanto, a Bergamo, Garibaldi cerca di organizzare rapidamente i suoi uomini e di addestrare le reclute.

Nel 1859 governatore di Nizza, poi prefetto di Ravenna. Luogotenente generale del re a Palermo nel 1860. Prefetto di Bologna nel 1862, di Napoli nel 1867, di Firenze nel 1868, dimissionario per motivi politici nel 1876, ha continuato a svolgere l'attività di senatore fino alla morte, nel 1879.
[619]Il nobile Gaetano Strigelli è nato a Milano nel 1801. Ha fatto parte del governo provvisorio dalla sua istituzione, nel marzo 1848. Dal 2 agosto 1848 è stato nominato nella consulta. E' morto nel 1862.
[620] Il generale Sommariva aveva il comando a Grotta d'Adda: di conseguenza, dato lo spostamento dei suoi reparti a Sud del Po, all'arrivo del nemico la posizione non era presidiata.

Lodi, 2- 3 agosto 1848

Sull'Adda l'armata piemontese non agisce contro gli austriaci, che passano il fiume a Crotta d'Adda (CR), in un'area che sarebbe stata facilmente difendibile. Il quartier generale di Carlo Alberto è a Lodi. La cittadinanza milanese è preoccupata. Nella notte fra il 2 ed il 3 agosto una deputazione, composta dal generale Fanti, dall'avv. Restelli del comitato e da Gaetano Stringelli del governo provvisorio, parte per Lodi ed arriva all'alba del 3 agosto. Dato che il re ha dato ordine di non svegliarlo fino alle 08.00, la deputazione incontra il generale Bava. Questi, a nome di Carlo Alberto, rende noto che tutto l'esercito muove alla difesa di Milano e chiede la cooperazione dei cittadini. La deputazione garantisce che i cittadini di Milano sono pronti per la difesa, che i lavori saranno incrementati e che le truppe dell'ex governo provvisorio saranno avvicinate alla città.

Milano, 3 agosto 1848

In giornata il comitato organizza quanto concordato con il generale Bava. Ingegneri, tecnici ed operai affluiscono in città dalla linea dell'Adda, purtroppo abbandonata. La paga per i lavoratori è aumentata a tre lire di Milano. I lavori sulle mura ed attorno alla città sono accelerati. Le guardie nazionali non armate sono invitate a contribuire all'attività lavorativa.[621]

Il popolo vuole costruire le barricate, mezzo e simbolo dell'estrema resistenza popolare. Il comitato dispone per la costruzione delle barricate esterne, al fine di lasciare libertà di passaggio alle truppe fino allo schieramento definitivo.

Ma, nella crisi generale, Carlo Alberto intende essere sicuro di avere tutti i poteri. Vuole, infatti, neutralizzare a priori azioni autonome dei lombardi e sabotare, altresì, la valida attività del comitato. Pertanto, sono rese esecutive le predisposizioni annunciate ieri. In data odierna:

"il governo provvisorio della Lombardia, in nome di Sua Maestà il Re Carlo Alberto.

Verificatasi coll'accettazione da parte del Re e del Parlamento Sardo l'unione di queste Provincie Lombarde in una sola Monarchia costituzionale, colla dinastia dei Savoja, agli altri Stati di S. M. e colle condizioni di cui nel voto emesso dai Cittadini

---

[621] Il comitato già dal giorno 2 agosto aveva pubblicato le sue determinazioni, ai sensi del precedente decreto del 1° agosto. Il 3 il tutto viene confermato, facendo riferimento "**alla valorosa armata piemontese accorsa a difendere**" Milano, che doveva essere adeguatamente supportata dalla cittadinanza.

Lombardi, giusta la Legge 12 Maggio corrente del Governo Provvisorio di Lombardia;

Visto il Proclama d'oggi, col quale il Governo medesimo dichiara di cessare (....)

I sottoscritti delegati da S. A. il Luogotenente Generale del Regno Principe Eugenio di Savoja – Carignano a Regj Commissarj Governativi per le Provincie Lombarde annunziano: 1. E' costituito un Consiglio Amministrativo per la Lombardia composto di S. E. il Luogotenente Generale Angelo Olivieri, del marchese Massimo Montezemolo e del sig. Gaetano Strigelli, e presieduto dal primo di essi. 2. Vengono disimpegnati da S.E. il Luogotenente Generale Olivieri gli affari di guerra e di sicurezza; dal sig. marchese Montezemolo gli affari finanziarj e dal sig. Gaetano Strigelli i politici amministrativi. (....)
Milano, 3 agosto 1848. firmato: il Consiglio Amministrativo, Olivieri, presidente, Montezemolo, Strigelli."[622]

Ora il comitato dipende dal consiglio amministrativo. Vi è una sovrapposizione di poteri. L'azione del comitato è messa profondamente in discussione. Il soggetto responsabile della difesa è Olivieri. La confusione è massima. Comunque il comitato non si dà per vinto e prosegue la propria attività, cercando di cortocircuitare o, meglio, integrare l'azione del consiglio amministrativo nel campo militare.

Roma, 3 agosto 1848

Altra crisi ministeriale nello Stato della Chiesa: Terenzio Mamiani si dimette.

Milano - Bergamo 3 agosto 1848

Mazzini sospende la pubblicazione dell'"Italia del Popolo", lascia Milano e va a Bergamo, arruolandosi come soldato nel reparto comandato dal capitano Giacomo Medici[623], alle

---

[622] Da: "Raccolta di decreti, avvisi, proclami, bullettini ec. ec. emanati dal Governo provvisorio, dai diversi comitati e da altri dal giorno 18 marzo 1848", per i tipi di Luigi di Giacomo Pirola, Milano, s. d., pagg.. 516 – 517.

[623] Giacomo Medici, nato a Milano nel 1817, esule, dopo aver combattuto per circa tre anni in Spagna a favore della parte democratica, è stato decorato ed è arrivato al grado di sergente. Nel 1840 è andato a Londra, incontrando Mazzini, che, nel 1845, volendo Medici raggiungere il padre, esule e combattente a Montevideo, gli ha dato alcune lettere commendatizie, anche per Garibaldi. Così Medici ha combattuto anche in Sud America. Rientrato in Italia all'inizio del 1848, precedendo di poco Garibaldi, è stato fra quelli che hanno cercato inutilmente di fargli affidare le truppe toscane. Poi è stato alle sue dipendenze. Nel 1849, con la compagnia denominata "Medici", parteciperà alla difesa della Repubblica Romana. Prima maggiore, poi tenente colonnello, difenderà la posizione del Vascello e meriterà la medaglia d'oro al valor militare. Con Garibaldi anche nella seconda guerra d'indipendenza, combatterà nella battaglia di Varese, in quella di San Fermo ed in Valtellina. Fra gli

dipendenze di Garibaldi. Intende inviare a tutti un chiaro, incisivo messaggio, legato al motto: "Dio e popolo". Fa il portabandiera. E', quindi, addetto al simbolo materiale dell'unità dello Stato, della tradizione della nazione, delle caratteristiche storiche del popolo. Sostiene che bisogna continuare a combattere, qualsiasi cosa faccia il re. Ha dolorosamente capito i prodromi del tradimento. Arringa la popolazione da un balcone in piazza della Legna (ora Pontida) e parla della guerra di popolo. Dovrà essere, appunto, il popolo a conseguire l'unità e l'indipendenza italiane. Il consenso è generale e caloroso.

Conferma le posizioni mazziniane un proclama di Garibaldi, che la sera tardi riceve un ordine dal generale Olivieri. Il messaggio è sintetico e molto cortese. Viene precisato che l'esercito piemontese si concentrerà a Milano, costituendo un campo trincerato a Sud Est della città, appoggiato alle mura di porta Romana. Bisogna, quindi, concentrare tutte le forze. Pertanto Garibaldi deve avvicinarsi a Milano, cercando, se possibile, di disturbare il nemico.

Un simile messaggio è stato inviato a Garibaldi il giorno **2 agosto**, ma non è arrivato. Un fatto che rimarrà misterioso e che avrà gravi conseguenze.

Bergamo e Brescia, 4 agosto 1848

Garibaldi esce dalla città con 3.700 uomini. Il reparto passa la notte a Merate (MI). Al mattino del **5 agosto** arriverà a Monza.

Da Brescia si dirigono a Milano anche i reparti del generale Zucchi.

Milano, 4 agosto 1848.

Alle 04.00 del mattino l'avanguardia austriaca del generale Strassoldo attacca all'altezza di Melegnano. Alle 10.00 viene respinta.

---

organizzatori della spedizione dei Mille, da colonnello combatterà a Palermo, nel luglio combatterà a Milazzo ed entrerà a Messina. Da maggior generale parteciperà alla battaglia del Volturno. Comandante della piazza di Palermo, reprimerà i moti nelle quattro province occidentali dall'isola. Nella guerra del 1866, comandante della 15 divisione, avanzando in Valsugana, tenterà di liberare Trento. Dal 1866 al 1868 sarà prefetto di Palermo. Deputato del Regno di Sardegna per una legislatura dal 2 aprile 1860 al 17 dicembre 1860 e del Regno d'Italia per tre legislature dal 18 febbraio 1861 al 20 settembre 1874, nel 1866 sarà candidato nel collegio di Messina contro Mazzini, la cui politica era stata contestata dal Medici dopo il tentativo della rivolta del 6 febbraio 1853. Vincerà Mazzini, ma la sua elezione sarà annullata. A Palermo sarà prefetto e comandante militare fino al 1873. Il 13 agosto 1870 dovrà arrestare Mazzini mentre si recherà a Palermo per organizzare una rivolta. Senatore nel 1870, nominato primo aiutante del re e, nel 1875, marchese del Vascello. Morirà nel 1882.

Il comitato dà ordine di costruire le barricate. Le campane delle chiese iniziano a suonare a stormo. Il generale Olivieri ordina di non suonare le campane e di non costruire le barricate. Non accetta l'impegno popolare. Perciò le campane non devono suonare, le barricate non possono essere costruite, le armi non vengono distribuite. In realtà le cose non sono andate in maniera così decisa e chiara. Il re intende tener buona la cittadinanza fino alla firma dell'armistizio, che avrà luogo stanotte. Quindi Olivieri dice no, poi fa finta di interessarsi. Fino alla fine la gente deve avere la sensazione che l'esercito sardo combatterà.

Alle 16.00 ulteriore attacco di tre brigate austriache. Alcuni reparti riescono ad infiltrarsi fra le brigate Savoia ed Acqui, causando un ripiegamento delle due unità piemontesi. Erroneamente valutando la situazione il comando fa indietreggiare la divisione del duca di Genova verso i bastioni cittadini, seguita dalla brigata Casale, che si sposta fuori porta Romana. Ma gradualmente gli scontri vanno riducendosi, fino a cessare all'inizio della notte.

In effetti il re, dato che le vicende degli ultimi giorni hanno messo in crisi la sua forza contrattuale nei confronti dell'Impero, ritiene che siano venute a cadere le possibilità di un accordo per la spartizione del Regno lombardo veneto. Di conseguenza non ha più interesse ad impegnarsi e ad utilizzare l'esercito. Ora la sua finalità primaria è sganciarsi dalla vicenda bellica e tornare in Piemonte, ripristinando, nella maniera meno trumatica possibile, la situazione precedente la guerra. Si tratta di un grave, vergognoso tradimento. Carlo Alberto aveva solennemente accettato la corona del Lombardo Veneto e adesso abbandona i suoi sudditi alle vendette ed alla repressione del nemico. Qualsiasi possibile giustificazione non può variare la gravità del tradimento stesso, che gradualmente è compreso anche dal popolo minuto. Il re non vuole combattere e vieta al popolo di armarsi ed organizzarsi.

Già da giorni chi disponeva di una seconda casa in campagna ha iniziato a lasciare la città. Alcune famiglie si sono dirette in Svizzera. Ora si ingrossano sempre più le colonne dei profughi verso Ovest (Abbiategrasso, Magenta) e verso Sud (Pavia). La situazione diviene sempre più drammatica. La disperazione, insieme alla rabbia, diventano generali. Ma la massa del popolo si arma, costruisce le barricate, suddivide l'area cittadina in settori di difesa. Passano le squadre della guardia nazionale al grido "Viva l'Italia". Sembra impossibile che possa esistere il traditore di una simile popolazione.

Ma Carlo Alberto è insensibile e procede nel suo piano: intende costruirsi un alibi. Così alle 20.00 riunisce i suoi generali per farsi dichiarare che non è possibile continuare le operazioni. Naturalmente tutti si dichiarano d'accordo. Così il re ritiene di giustificare innanzi alla storia il suo tradimento. Alle 21.00 parte per il comando austriaco una deputazione che più singolare non potrebbe essere. Oltre al generale più reazionario dell'esercito, il Lazzari, accompagnato dal generale Rossi, vanno da Radetzky il duca di Dino - un francese da tempo presente presso il comando piemontese - il rappresentante francese a Torino ed il console inglese a Milano. Vengono proseguite, così, le trattative che fino a pochi giorni prima tendevano ad un accordo per il passaggio della Lombardia al Regno sardo, abbandonando il Veneto all'Austria, mentre ora concernono l'abbandono della Lombardia in cambio di una favorevole cessazione delle ostilità.

Intanto la popolazione è in fermento. Così Carlo Alberto fa rendere noto che la lotta continua. Ufficiali di stato maggiore, in varie zone di Milano, garantiscono la prosecuzione della guerra ai gruppi spontanei di autodifesa. Si inizia a bruciare le case fuori città, in particolare nell'area di Porta Romana. Il messaggio è che si tratta di un provvedimento difensivo. Anche i proprietari hanno contribuito a incendiare il proprio patrimonio[624]. Perché? Per una tragica, aberrante commedia. Per mantenere il popolo in un'aspettativa fiduciosa e castrante.

Milano, 5 agosto 1848, la fuga di Carlo Alberto

All'alba una nuova sorpresa: tutti pensano di udire il cannone. Ma non accade nulla.

Alle ore 0530 ritorna la deputazione. Radetzky è stato ben lieto di ricevere la richiesta di armistizio a premessa della fine delle ostilità. Il suo schieramento è in una situazione difficile anche dal punto di vista logistico. Ma il feldmaresciallo, ben conoscendo Carlo Alberto, anche questa volta ha saputo interpretarne finalità e comportamenti. L'attacco del mattino e quello del pomeriggio del giorno **4 agosto** hanno rappresentato l'ultima azione, l'estremo "messaggio" per far capire al re che il periodo degli accordi sottobanco e delle concessioni è finito.

La convenzione, che deve essere ratificata dal re entro le ore 16.00, prevede che nel corso della giornata i piemontesi possano ritirarsi verso il Ticino senza essere disturbati, seguiti dai lombardi, sia civili che militari che intendano andar via. Milano non sarà oggetto di saccheggio o di altra azione repressiva.. Alle 08.00 del **6 agosto** le ultime posizioni – quelle di porta Romana – dovranno essere cedute agli austriaci.

Carlo Alberto convoca ed informa i rappresentanti del municipio, che rimangono sconcertati. Chiedono che siano convocati anche i membri del comitato di difesa ed i comandanti della guardia nazionale. Il generale Fanti, anch'egli allibito, afferma che poco prima il generale Olivieri aveva riunito i comandanti della guardia nazionale esortandoli alla battaglia. L'incontro si fa drammatico. Maestri grida che si deve resistere. Restelli tenta

---

[624] Il comitato ha precisato che è andato distrutto un patrimonio di molti milioni di franchi.

di convincere Zucchi a combattere. Allora il re, parlando con il podestà Bassi e con i generali Fanti e Zucchi, mente, dato che afferma che lui non vuole abbandonare Milano, desiderando organizzarsi per poi tornare all'offensiva. Intanto le guardie nazionali abbandonano la difesa del palazzo Greppi, alloggio del re, dove rimane solo una ventina di carabinieri. [625]

Arrivano il conte Pompeo Litta e l'abate Luigi Anelli, già del governo provvisorio, con alcune guardie nazionali che urlano guerra o morte. Il cortile e le scale di palazzo Greppi si riempiono di popolani che minacciano Carlo Alberto, che mente nuovamente, affermando di voler ricostituire il governo provvisorio, che deciderà. Litta e Anelli sono presenti, è necessario un terzo soggetto, subito trovato nello storico Cesare Cantù.[626] Però il comitato considera tutto ciò illegittimo, dato che pochi giorni prima Carlo Alberto ha sciolto il governo provvisorio. Ma poi si concorda che i nuovi tre rappresentanti andranno da Radetzky per vedere cosa si può fare, al fine di allungare, almeno, il tempo durante il quale i milanesi potranno andare in Piemonte.

Il felmaresciallo ha gran timore che Carlo Alberto sia costretto a non ratificare l'armistizio, dato che i suoi reparti si trovano nella nota situazione difficile e pericolosa. Fra l'altro il

---

[625] Per ricostruire la drammaticità di quelle ore è molto utile la testimonianza del generale Bava, inserita nella sua relazione ufficiale, resa pubblica: "**Siccome la guardia nazionale che era di servizio presso la M.S. andò dispersa all'apparire di quell'orda (....) fu subito invasa la corte del palazzo, e non restarono fermi al loro posto sullo scalone che alcuni coraggiosi carabinieri. Questo ammasso di popolaccio gridava più che mai al tradimento, e minacciava di voler rinnovare con noi la tremenda scena dello sventurato Prina, se non si continuassero le ostilità contro il comune nemico. La nostra posizione peggiorava ad ogni tratto e diveniva assolutamente spaventevole. Soli, in mezzo a Milano, discosti più di un miglio dall'esercito e separati da esso per un numero infinito di barricate, nulla era più agevole che il sacrificarci: e devo protestare che nella lunga mia carriera mai non mi sono creduto in maggior pericolo della vita (....)**. Una deputazione dice al re: "**O guerra o morte (....) se V.M. non aderisce alla ferma nostra volontà di combattere, la vostra vita è compromessa, non essendovi forza umana che possa in questo momento contenere il furore degli abitanti**". Bava racconta della menzogna del re che garantisce di proseguire la guerra. Garanzia gravemente mendace. Ma anche lo stesso generale si adegua al comportamento fellone del re. Così, mentre si determina una maggiore calma, Bava precisa: "**Profittai di questa tregua per tentare di uscire dal palazzo: ma spinto, urtato e minacciato, dovetti retrocedere. Mi indirizzai allora a qualcuno fra quegli agitatori, e dissi loro che se mi tenevano prigioniero era impossibile che io potessi dare gli ordini e dirigere le truppe contro il nemico.**" Così è riuscito a salvarsi. Da: E. Bava: "Relazione" op. cit. 146, 147, 148. Giuseppe Prina, nato a Novara nel 1766, è stato ministro delle Finanze della Repubblica italiana, del Regno italico e consigliere di Napoleone. Nel 1814 il popolo lo ha trucidato per la sua politica finanziaria.

[626] Cesare Ambrogio Cantù è nato a Brivio (LC) nel 1804. Importante storico e letterato. Deputato del Regno di Sardegna per una legislatura dal 2 aprile 1860 al 17 dicembre 1860 e del Regno d'Italia per due legislature dal 18 febbraio 1861 al 13 febbraio 1867. Fondatore dell'Archivio storico lombardo. Uno dei fondatori e primo presidente della società degli autori SIA, oggi SIAE, dato che comprende anche gli editori.. E' morto a Milano nel 1895.

nemico è più numeroso dei reparti austriaci arrivati a Milano. Alla fine, mentre i tre rappresentanti stanno arrivando al quartier generale austriaco, perviene la ratifica. Il tradimento, così, è consumato e Radetzky è lietamente rassicurato.

La popolazione si ribella. Suonano le campane. Sono fermati i carriaggi del comando del re, bloccato al palazzo Greppi. La folla chiede che si affacci al balcone. Inizia un dialogo surreale Ma una fucilata per poco non colpisce Carlo Alberto, che rientra immediatamente. Viene sostituito dal podestà, ma anch'egli deve ritirarsi perché fatto oggetto di altre fucilate. Il momento è particolarmente drammatico, fin quando non arriva un reparto, condotto da Alfonso La Marmora, ed il re riesce a fuggire dal palazzo.

Le colonne di profughi diventano sempre più numerose: Nei giorni successivi si prenderà atto che un terzo dei milanesi ha abbandonato la città. In tutto il territorio la confusione diventa sempre più grande. Garibaldi da Monza al mattino stava per attaccare gli austriaci, quando ha ricevuta la comunicazione della capitolazione. Non ha creduto possibile un simile collasso, ma il battaglione piemontese[627] di presidio a Bergamo, passato alle sue dipendenze, lo abbandona, ritirandosi verso il Ticino, secondo gli accordi armistiziali. I volontari entrano in crisi. Che fare? Tornare a casa? Cosa è opportuno fare? Allora Garibaldi ordina di dirigersi verso Como, intendendo riorganizzare il reparto al fine di sottrarsi alla capitolazione.

Vigevano, 5 agosto 1848

Incontro drammatico di Carlo Alberto con i rappresentanti del governo sardo. Il presidente del consiglio dei ministri, Gabrio Casati e il ministro senza portafoglio Vincenzo Gioberti chiedono la continuazione delle operazioni. Il re risponde che non è possibile.

Casati rende noto che il governo si dimetterà per protesta, dato che, nella stipula dell'armistizio, non è stata rispettata, fra l'altro, la prassi costituzionale.

Roma, 6 agosto 1848

Terenzio Mamiani, dimissionario per l'acquescente politica papale nei confroni degli austriaci, viene destituito insieme al segretario di Stato cardinale Luigi Ciacchi. Sono, rispettivamente, sostituiti da Edoardo (Odoardo) Fabbri,[628] importante esponente liberale, e dal cardinale Giovanni Soglia Ceroni [629].

---

[627] Del 13° reggimento della brigata Pinerolo.

[628] Edoardo (Odoardo)Fabbri, della piccola nobiltà, è nato a Cesena (FC). Repubblicano – come suo padre – pur essendo nipote del cardinale Riganti. E' stato un esponente della Republica Cisalpina, componente della municipalità della sua città, poi del consiglio degli juniori. Inoltre scrittore amico

La nomina di Fabbri, dato il suo prestigio, avrebbe dovuto facilitare l'adesione dei liberali al governo papale. Ma l'organizzazione dello Stato è particolarmente in crisi e le varie componenti della società sono fra loro in accesa conflittualità. Fabbri non riuscirà a imporre una politica forte, di largo respiro. Protesterà per l'occupazione austriaca delle Legazioni e cercherà di sostenere Bologna, ma il suo governo durerà solo un mese.

Milano, 6 agosto 1848, occupazione della città

Entra Radetzky, nel gelido silenzio della città.

Bologna, 6 agosto 1848,

Il Comitato di guerra costituito il 17 luglio viene allargato ad altre sette personalità, divenendo Comitato di salute pubblica.

Como, 6 agosto 1848, mattino

La legione italiana comandata da Garibaldi è a Como, per riorganizzarsi. E' calorosamente festeggiata dalla popolazione. Ma la situazione è grave. Infatti, appena i volontari della legione hanno appreso la notizia dell'armistizio, vi sono state manifestazioni drammatiche. Urla, imprecazioni, offese nei confronti del re traditore, la convinzione che ormai tutto sia perduto e che l'unica cosa da fare dovesse essere il ritorno a casa, almeno per sostenere e difendere le famiglie.

E' divenuta, quindi, molto difficile la gestione del reparto. Più della metà dei volontari è andata via, prendendo atto che ormai c'è ben poco da fare dopo la diserzione di Carlo Alberto. Si deve, pertanto, cercare di riunire tutti coloro che vogliono continuare a combattere. Di ciò è stato incaricato il capitano Medici.

S. Fermo (CO) - 6 agosto 1848, pomeriggio

---

di Foscolo, Monti e Manzoni, primo drammaturgo di carattere romantico, colonnello della guardia nazionale, viceprefetto di Cesena su nomina di Murat, al centro delle trame successive alla restaurazione. Arrestato il 25 dicembre 1824, è stato condannato all'ergastolo senza processo. Liberato il 26 febbraio 1831, ha continuato con maggiore impegno la sua politica moderata ma decisamente anticlericale, che ha cambiato all'inizio del pontificato di Pio IX, essendo molto fiducioso nella persona del nuovo papa e nella sua politica, apparentemente liberale. Morirà nel 1853.

[629] Il cardinale Giovanni Soglia Ceroni, nato a Casola Valsenio (RA) nel 1779, nel 1803 è divenuto sacerdote, nel 1826 arcivescovo, nel 1839 cardinale, arcivescovo di Osimo e Cingoli. Segretario di Stato e capo del governo pontificio, non seguirà Pio IX a Gaeta, dimettendosi da segretario di Stato il 29 novembre 1848. Morirà nel 1856.

Garibaldi si attesta a qualche chilometro ad occidente di Como, a San Fermo. Qui precisa con molta chiarezza i suoi intendimenti. E' necessario continuare le operazioni con metodi guerriglieri, con bande armate. Contestualmente invia agli altri comandanti già dipendenti dal Governo provvisorio una lettera, esortandoli a coordinarsi con lui, riprendendo le ostilità.

Venezia, 7 agosto 1848

Anche se tutto il sistema sardo piemontese è in crisi, prendono possesso della Repubblica i commissari inviati da Carlo Alberto. Si tratta del generale - nonché senatore - marchese Vittorio Colli di Felizzano[630], del cavaliere Luigi Cibrario,[631] della regia camera superiore dei conti e dell'ex presidente del governo provvisorio, Giacomo Castelli. Ma, per fortuna di Venezia, i due piemontesi se ne andranno fra quattrro giorni, così la città, ridivenuta Repubblica e avendo, quindi, riacquisita la propria sovranità, potrà continuare a resistere.

Bologna, 7 agosto 1848, rivolta di popolo

Le truppe del tenente maresciallo von Welden arrivano a Bologna, e si accampano fuori Porta San Felice. Un reparto entra fino a Piazza Maggiore, poi esce dalla città. Il conte Bianchetti, con un manifesto, avverte la popolazione di aver concordato con il comando austriaco che sarebbero state occupate solo tre porte (San Felice, ad Ovest; Galliera, a Nord e Maggiore, a Sud Est) ma le truppe sarebbero rimaste accampate oltre le mura, ad occidente della città.

Varese, 7 agosto 1848 pomeriggio

---

[630] Il marchese Vittorio Colli di Felizzano è nato ad Alessandria nel 1787. Entrato nell'esercito napoleonico ha partecipato all'assedio di Gaeta ed alle battaglie di Eylau, Friedland, Essling, dove ha meritato la legion d'onore, svolgendo anche attività amministrativa come viceprefetto di Alessandria e di Pistoia. Al rientro dei Savoia è stato impiegato soprattutto in tali attività, ricoprendo diverse cariche, nell'amministrazione del debito pubblico, nella camera di commercio, come ispettore generale delle Poste, vicepresidente del consiglio divisionale di Alessandria e presidente di quello di Asti. Ministro degli Esteri dal 23 febbraio 1849 all'8 marzo 1849. Senatore dal 3 aprile 1848 al 14 aprile 1854. Morirà nel 1856.

[631] Il conte Luigi Cibrario è nato a Torino nel 1802. Laureato in legge nel 1824 è entrato nell'amministrazione dello Stato, iniziando anche i suoi studi di storia, di numismatica, di letteratura e pubblicando varie opere. Componente dell'accademia delle scienze, già a 29 anni era un importante riferimento della cultura piemontese. Nominato senatore il 17 ottobre 1848 rimarrà nell'incarico fino alla morte, nel 1870. Ministro della pubblica Irtruzione dal 4 novembre 1852 al 31 maggio 1855. Dal 21 maggio 1852 anche ministro delle Finanze fino al 22 ottobre 1852. Ministro degli affari Esteri durante la guerra di Crimea dal 31 maggio 1855 al 5 maggio 1856. Nel 1856 Primo presidente onorario della Corte d'Appello. Nominato prima nobile, poi conte. Morirà nel 1870.

Garibaldi è arrivato a Varese con i volontari rimasti alle armi dopo il collasso morale e psicologico causato dall'armistizio del re. Viene accolto con grande entusiasmo dalla popolazione. Intende continuare le ostilità, riunendo tutti i reparti che erano alle dipendenze del Governo provvisorio. Di conseguenza, a seconda delle forze a disposizione, potrà attuare sporadiche azioni di guerriglia o operazioni di maggiore importanza. In ogni caso, spera di poter riattivare e riorganizzare le numerose forze popolari entusiasticamente partecipi nel mese di marzo e successivamente trascurate o mal coordinate. Adesso può far leva sulla rabbia causata dall'armistizio e sugli effetti della violenta repressione degli austriaci, ma nella popolazione sono profondi e diffusi sia la disillusione che lo sconforto e lo scetticismo. Viene confermato, quindi, che è necessario cambiare il contesto ideologico e politico di riferimento, ritornando al binomio mazziniano Dio e Popolo e dando importanza alla legittimità democratica che, in precedenza, è stata attribuita ai Governi provvisori.

Lugano, 8 agosto 1848

Mazzini, da Como, emigra in Svizzera e si stabilisce a Lugano. Intende dare una risposta alla vittoria austriaca, per dimostrare che la rivoluzione non è stata affatto domata. Costituisce, quindi, una Giunta insurrezionale, reputando che la fine dell'iniziativa monarchica, rafforzerà la parte repubblicana. Ma questa deve agire con continuità e decisione.

E' necessario far scoppiare in molte aree azioni guerrigliere, per conseguire tre finalità. Prima: incidere sulla psicologia dell'occupante, tendendo a convincerlo che la rivoluzione non sia domabile. Repressa in un posto, infatti, si manifesta in un altro. Seconda: imporre al governo militare austriaco una continua mobilitazione, dato che in qualsiasi luogo ed in ogni momento può scoppiare un'emergenza. Terza: determinare un danno economico all'avversario causando le notevoli spese di carattere logistico causate da tale mobilitazione.

Mazzini ha lasciato a Garibaldi, come guida, Francesco Daverio[632], persona molto capace, buon combattente ed ottimo conoscitore della zona perché nato a Calcinate del Pesce (VA), sulla costa orientale del lago di Varese.

Sulle prime Mazzini pensa di operare nelle valli bergamasche. Poi situazioni favorevoli si profilano in Val d'Intelvi, verso Como, e in Valchiavenna, con obiettivo l'intera Valtellina.

---

[632] Francesco Daverio, nato aVarese nel 1815, laureato in ingegneria, ha lavorato nell'area tecnica dell'Ospedale Maggiore di Milano e nella gestione di alcune proprietà. Ha combattuto nelle cinque giornate di Milano. Inviato da Mazzini a Garibaldi,. lo aiuterà nelle azioni nel Varesotto. Seguirà Garibaldi nella Repubblica romana, divenendo maggiore e capo di stato maggiore della legione italiana. Parteciperà alla battaglia di Velletri. Morirà a Roma, alla difesa del Gianicolo, il 3 giugno 1849.

Bologna, 8 agosto 1848, la vittoria

.In mattinata alcuni gruppi di soldati austriaci entrano in città con fare provocatorio. Un ufficiale che ha trattato con arroganza alcune persone in un caffè nel centrale Mercato di Mezzo, viene bastonato. Iniziano, quindi, i primi contrasti.

Il Comando austriaco lamenta alcune aggressioni e chiede sei ostaggi. Il Bianchetti offre sé stesso. Ma non può recarsi al campo nemico. Alle 18, scoppia una spontanea rivolta di popolo. Suonano a stormo le campane di tutte le chiese. Alla Montagnola gli austriaci schierano una batteria. Mille uomini entrano nella vicina Porta Galliera, con uno squadrone di cavalleria. Non riescono a superare Porta Lame, ad occidente, tempestivamente chiusa e presidiata. I cittadini presidiano anche la vicina Porta San Felice. E aumentano i rivoltosi. Anche numerose donne partecipano agli scontri.

Dalla Montagnola viene bombardata la città, ma i bolognesi uccidono il comandante della batteria. L'azione popolare è così violenta che le varie posizioni occupate dal nemico sono gradualmente rioccupate. Alla fine anche Porta Galliera. Alle 20.00 tutti gli austriaci sono cacciati dalla città.

Nel corso della notte il comando austriaco prende atto dell'insostenibilità della situazione e decide di muovere verso il Reno, a settentrione, e di ritirarsi oltre il Po, in Veneto.

I morti bolognesi sono stati 59. Altrettanti i feriti. Gli austriaci hanno subito 400 perdite.

Si è distinto il professore di meccanica ed idraulica dell'università di Bologna Quirico Filopanti[633]. Inizialmente neoguelfo ed ammiratore del granduca e del papa, a seguito degli

---

[633] Giuseppe Barrilli, che vorrà chiamarsi Quirico Filopanti ("romano amico di tutti") è nato a Budrio (BO) nel 1812, figlio di un falegname. Per la sua grande intelligenza i sacerdoti che seguivano la scuola nella sua zona lo hanno fatto studiare gratuitamente, fino alla laurea in ingegneria meccanica ed idraulica. Inventore di un igrometro, di un meccanismo contro le piene dei fiumi, progettista della linea ferrata Roma Civitavecchia, ecc., a marzo 1848 è stato nominato professore all'università. Partecipa alla rivoluzione di Bologna e, poi, a quella romana, quando sarà eletto alla Costituente. Esule in America fino al 1852, in contatto con il suo grande amico Garibaldi, andrà in Inghilterra dal 1852 al 1859. Propugnatore dell'associazionismo, sarà presidente della Società operaia di mutuo soccorso a Bologna. Combatterà con Garibaldi nel 1866 in Trentino e nel 1867 supporterà la mobilitazione per sostenere il tentativo di liberare Roma. Eletto al consiglio comunale di Bologna nel luglio 1867. Su richiesta di Garibaldi compilerà un progetto di bonifica delle paludi pontine, che non verrà approvato per motivi politici. Pubblicherà vari studi di carattere idraulico, astronomico, geografico, ecc. Arrestato per uno sciopero di panettieri nel 1867. Nel 1871 sarà nel consiglio provinciale di Bologna e pubblicherà l'opera in quattro volumi definibile "pan scientifica" "l'Universo". Dal 1876 al 1890 e dal 1892 1894 sarà eletto deputato alla Camera del Regno, dove siederà all'estrema sinistra. Morirà nel 1894.

avvenimenti è divenuto mazziniano. Ha organizzato fin dal giorno **6 agosto** una compagnia, seguendo anche l'organizzazione dei volontari del suo paese di origine: Budrio. Ispettore delle barricate del quartiere San Gervasio, Filopanti impegnerà la sua indubbia genialità nello studio delle tecniche di guerra e di guerriglia. Ha combattuto, cercato nuove modalità di azione, progettato nuovi strumenti di offesa. E continua a studiare modalità e mezzi per conseguire una possibile perfezione operativa.

Bologna, 9 agosto 1848

Il Comitato di salute pubblica, con un manifesto, elogia la guardia nazionale, i carabinieri e il popolo per la vittoria.

Gli austriaci, ritirandosi, commettono ogni tipo di violenza sui contadini e sulle proprietà private, soprattutto a Borgo Panigale (BO) e a Corticella (BO).

Quirico Filopanti pubblica "Brevi istruzioni sull'attual difesa"

Milano, 9 agosto 1848, l'armistizio del re

Il generale Carlo Canera di Salasco, capo di stato maggiore piemontese, firma l'armistizio con il generale Heinrich Hermann von Hess, capo di stato maggiore austriaco. L'accordo ha una durata di sei settimane. L'esercito sardo rientra nei confini del Piemonte abbandonando le fortezze ancora presidiate (Peschiera, Osoppo, Rocca d'Anfo), Venezia ed i Ducati dell'Italia centrale. Possono andare in Piemonte i Lombardi che ne facciano richiesta.

L'armistizio può essere prorogato di comune accordo. L'eventuale ripresa delle ostilità deve essere dichiarata con otto giorni di anticipo.

Torino, 10 agosto 1848

Carlo Alberto fa pubblicare un messaggio in cui comunica che, con dolore, ha dovuto comportarsi nella ben nota maniera.

Modena, 10 agosto 1848

Francesco V d'Asburgo – Este torna a Modena, dopo che la città è stata abbandonata dal commissario sabaudo Ludovico Sauli e dalle truppe piemontesi. Il duca si dimostra stranamente longanime. I capi della rivolta sono condannati solo all'esilio. In compenso, Francesco V accentua il suo autoritarismo.

Venezia, 11 agosto 1848,

I commissari di Carlo Alberto lasciano Venezia. Il momento è particolarmente grave: gli austriaci intendono che il collasso del Regno di Sardegna implichi anche quello di Venezia. E' necessaria una rapida ed incisiva reazione.

Si va verso una nuova proclamazione della Repubblica.

Venezia, 12 agosto 1848

Niccolò Tommaseo parte per Parigi al fine di rappresentare e difendere le buone ragioni della Repubblica.

Colonia, 12 agosto 1848 "Neue Rheinische Zeitung", n. 73

L'analisi della condotta della guerra da parte di Carlo Alberto è duramente criticata da parte dei democratici europei. Vengono sottolineati i rapporti di sentita amicizia fra il re sabaudo e Radetzky. Sono analizzati i ritardi, le inadeguatezze, le manchevolezze che hanno condizionato le operazioni. Su tale problema sono sostanzialmente tutti d'accordo. Anche Mazzini e Marx. Perciò è interessante l'analisi di quest'ultimo pubblicata sulla "Neue Rheinishe Zeitung", a firma di Friedrich Engels.

"Tutto il movimento popolare dell'anno 1848, (Carlo Alberto) credeva di poterlo confiscare a beneficio della sua miseranda persona. Pieno di odio e di diffidenza contro tutti gli uomini veramente liberali, si circondava di persone più o meno devote all'assolutismo e inclini a favorire la sua ambizione di re. Alla testa dell'esercito pose dei generali di cui non doveva temere la superiorità intellettuale o le opinioni politiche, ma che non godevano la fiducia dei soldati e non possedevano il talento necessario a condurre felicemente a termine la guerra. (...) Le circostanze gli erano favorevoli come raramente avviene ad un uomo. La sua cupidigia (...) gli ha fatto infine perdere anche ciò che già aveva conquistato (...) finché durò la possibilità di una forma di governo repubblicana, egli restò, nei suoi campi trincerati, immobile di fronte agli austriaci, per quanto essi fossero, allora, relativamente deboli. Egli lasciò Radetzky, d'Aspre, Welden, ecc. conquistare una città e una fortezza dopo l'altra nelle province venete: non si mosse. (...) Intanto Radetsky si era rafforzato e, di fronte all'incapacità e alla cecità di Carlo Alberto e dei suoi generali, aveva potuto prendere tutte le misure necessarie per l'attacco e per la vittoria decisiva. (...) se (gli Italiani) avessero messo a riposo il re e il suo regime assieme con tutti i suoi seguaci e avessero realizzato

un'unione democratica, oggi probabilmente non vi sarebbero più austriaci in Italia."[634]

Passo dello Stelvio, 12 agosto 1848

Il comando di D'Apice deve ripiegare. Il generale prima tenta di costituire un'organismo amministrativo a carattere rivoluzionario, successivamente organizza azioni di guerriglia.

Ma tali azioni potranno essere attuate per poco tempo. Così il D'Apice scioglierà il suo reparto, riparando in Svizzera e recandosi a Lugano da Mazzini.

Bari, 12 agosto 1848

Il generale Colonna entra in città. Viene occupata la sede della Dieta ed arrestati i suoi componenti. Solo pochi sono riusciti a fuggire. L'ordine borbonico regna sovrano.

Venezia, 13 agosto 1848

Partiti i due commissari piemontesi di Carlo Alberto, Manin ha affermato che la caduta di Milano e il trattato di Carlo Alberto del 9 agosto non possono influire sulla libertà del Veneto e sulle azioni dei suoi rappresentanti. Per 48 ore ha assunto la dittatura, riunendo i deputati.

Così l'assemblea, confermando la nuova Repubblica, definisce la forma dell'esecutivo. La presidenza è assegnata a Manin, che è anche direttamente responsabile di una struttura governativa complessa, comprendente la guardia civica ed i seguenti dipartimenti: Personale, Finanza e Commercio; Passaporti ed Ordine pubblico; Giustizia, Istruzione e Beneficenza ; Interno, Costruzioni ed Assemblea. Pertanto Manin assume un ruolo dittatoriale, dato che gestisce direttamente tutta l'attività dello Stato, tranne i due dicasteri di minore suo gradimento: la Marina, affidata al viceammiraglio Leone Graziani[635] e la

---

[634] Marx ed Engels: "Sull'Italia", Ed. Progress, Mosca, 1976, pagg.16 – 17.
[635] Leone Graziani, nato nel 1791 a Corfù, dove il padre era commissario della Repubblica, arruolato in Marina nel 1806, ha servito il Regno italico, in particolare in due battaglie, il 28 settembre 1806 a Ragusa e il 14 giugno 1810 in Dalmazia, appena diciannovenne, al comando di una cannoniera, contro tre navi inglesi. Passato nella marina imperiale ha svolto lodevolmente il suo servizio, procedendo in carriera. Era suocero di Attilio Bandiera, la cui moglie è morta prematuramente di dolore, a causa della fucilazione del marito. Quando è scoppiata la rivoluzione è stato contattato da Manin e nominato prima comandante dell'Arsenale, poi contrammiraglio e ministro. Figura complessa, quella di Graziani. Sempre perplesso, pronto alle dimissioni, ma costantemente confermato dall'Assemblea e protetto da Manin. Non ha contrastato adeguatamente le navi austriache, pur avendo a disposizione 4 corvette, 3 brick, un vapore armato ed una goletta, più naviglio vario, anch'esso armato. Graziani non ha ricevuto accuse esplicite di connivenza con

Guerra, assegnata all'ingegniere GioBatta Cavedalis[636]. Un triunvirato, quindi, con un potere reale affidato quasi completamente a Manin.

Castelletto Sopra Ticino (NO), 13 agosto 1848

Delicata e pericolosa l'azione che intende portare a termine Garibaldi, perchè è oggettivamente illegittimo continuare a fare la guerra nonostante l'armistizio. Di fatto la sua azione costituisce una disperata protesta contro l'armistizio stesso, considerato un tradimento degli interessi nazionali italiani. Siamo ad uno snodo importante della vicenda rivoluzionaria italiana. Chi vuole l'indipendenza nazionale deve combattere non solo contro i nemici, bensì anche contro l'eccessiva moderazione – o il tradimento - di alcuni importanti amici ed alleati. Ognuno, ovviamente, reagisce secondo il proprio carattere e la propria cultura.

Garibaldi ha sintetizzato il problema, giustificando la sua posizione con il seguente proclama. Il punto essenziale è la precisazione che il popolo non vuole più inganni:

"Italiani! Eletto in Milano dal Popolo e da' suoi rappresentanti a Duce d'uomini la cui meta non è altro che l'indipendenza italiana, io non posso uniformarmi alle umilianti convenzioni ratificate dal re di Sardegna collo straniero, aborrito dominatore del nostro Paese. Se il re di Sardegna ha una corona che conservò a forza di colpe e di viltà, io ed i miei compagni non vogliamo conservare con infamia la nostra vita; non vogliamo, senza compiere il nostro sacrificio, abbandonare la sorte della sacra terra al ludibrio di chi la saccheggia e la manomette. (…) ora che sono smascherati quei traditori che pigliarono le redini della rivoluzione per annichilirla; ora che sono note le ragioni dell'eccidio a Goito, della mitraglia e delle febbri di Mantova, dello sterminio dei prodi Romani e Toscani, delle codarde capitolazioni, il popolo non vuole più inganni. (…) Noi vagheremo sulla terra che è nostra, non ad osservare indifferenti la tracotanza de' traditori, né le straniere depredazioni; ma per dare all'infelice e

---

l'Austria, anche se era monarchico e non concorde sulla forma repubblicana. Decisamente criticato dai mazziniani finchè è stato al potere, dopo la caduta della Repubblica è stato criticato da quasi tutti coloro che erano stati al governo della stessa. Il 16 agosto 1849 gli è stato ordinato di rompere il blocco, ma si è rifiutato. I mazziniani aspettavano l'arrivo di Garibaldi per "farlo fuori". Alla caduta della Repubblica Graziani, nonostante l'incarico prestigioso svolto, non è stato inserito dagli austriaci nell'elenco dei quaranta esponenti politico militari banditi dal territorio dell'Impero. Comunque ha lasciato Venezia, recandosi nella natia Corfù, dove è morto nel 1852. Graziani è uno degli esponenti caratteristici di quel gruppo di persone ultramoderate di cui si è circondato Manin. Persone che hanno svolto le proprie funzioni senza un adeguato mordente e che sono state oggetto delle più violente e fondate critiche mazziniane.

[636] GioBatta Cavedalis, nato a Spilimbergo nel 1794, ingegnere, direttore dei lavori della ferrovia Vienna - Lubiana, è stato nominato ministro della Guerra essendo stato, in passato, ufficiale di artiglieria. Negozierà la capitolazione con l'Austria, ricevendo alcune critiche che gli storici hanno considerato infondate. Non lascerà Venezia e non sarà disturbato dal governo austriaco. Morirà nel 1858.

delusa nostra patria l'ultimo nostro respiro, combattendo senza tregua e da leoni la guerra santa, la guerra dell'indipendenza italiana.

Vi è una diffusa preoccupazione fra la popolazione. Dal giorno dopo il loro arrivo, il **9 agosto**, i volontari hanno fortificato con muretti a secco, sacchi pieni di terra ed altro alcune posizioni del paese, dichiarando che potevano verificarsi attacchi di sorpresa dagli austriaci. Il giorno dopo sono stati visti militari dalle bianche giubbe nemiche presentarsi a Garibaldi per notificargli ufficialmente l'avvenuta situazione armistiziale. Poi sono stati notati ben noti volti di carabinieri piemontesi in borghese. Infine, oggi, è stato preso atto di preparativi che, chiaramente, tendono ad una ripresa delle operazioni .... cosa succederà? Se ci sarà un bombardamento dell'artiglieria austriaca? Se vi saranno contrasti con le autorità piemontesi? Se vi saranno scontri cosa potrà succedere? Per ora la popolazione ha dato tutto il possibile ai volontari: da dormire, da mangiare .... poveri giovani, che Dio li aiuti! Questo il commento espresso un po' da tutti.

Arona (NO), 15 agosto 1848

Alle prime luci dell'alba arriva il reparto di Medici. Alcuni uomini salgono sulle navi all'ancora e bloccano i carabinieri. Poi slegano alcuni barconi, ed iniziano ad imbarcarsi. Intanto arriva la seconda aliquota ed anche il resto della truppa s'imbarca. Poi la partenza.

Luino (VA), 15 agosto 1848, mattino

I trenta chilometri di traversata sono percorsi lentamente, dato che le due imbarcazioni devono trainare i barconi. L'arrivo a Luino avviene, comunque, in mattinata, fra la partecipazione ed anche lo stupore della popolazione. Garibaldi, febbricitante e stremato, delega Medici per l'organizzazione dei volontari e si butta su un letto dell'osteria della Beccaccia.

Medici ha disposto una serie di punti di osservazione. Dopo poco tempo viene avvisato che un numeroso reparto austriaco, quasi a passo di corsa, supera il velo di truppe a difesa dell'abitato, dirigendosi all'osteria della Beccaccia, presumibilmente avvertito da spie. Garibaldi, che si era allontanato da poco, coordina il contrattacco. Gli austriaci organizzano l'osteria ed altre strutture a difesa. Lo scontro dura fin quando Medici attacca il nemico di fianco ed alle spalle. La rotta degli austriaci è completa. Più che una ritirata si tratta di una fuga verso Varese, passando per Germignaga. Notevole la quantità di materiale abbandonato.

Alla fine sono 50 i morti e i feriti dei garibaldini, cento degli austriaci, che hanno subìto anche la perdita di cento prigionieri.

Il morale dei legionari è alle stelle: hanno combattuto quasi con rabbia, quasi a voler cancellare l'angoscia prodotta dal tradimento di Carlo Alberto. Si tornano a sentire i loro canti.

Torino, 15 agosto 1848

Il governo Casati protesta contro l'armistizio di Salasco e la connessa restituzione all'Austria della Lombardia. Di conseguenza si dimette.

Roma, 15 agosto 1848

Nella crisi generale, Pio IX tenta di riprendere il progetto di Lega doganale e di integrarlo con una più avanzata previsione di unione federale. Forse è il patto più importante, in sei articoli, firmato fra Stati italiani prima dell'Unità.[637] Sembra che la bozza sia stata redatta da Antonio Rosmini.[638]

Si tratta, quindi, del "**Progetto per una Confederazione italiana**", che all'articolo 4 prevede una "**Costituzione federale che avrà per iscopo di organizzare un potere centrale che dovrà essere esercitato da una Dieta permanente in Roma, i cui uffici principali saranno i seguenti: a) Dichiarare la guerra e la pace (….) b) Regolare il sistema delle dogane della confederazione (….) c) Dirigere e stipulare trattati commerciali di navigazione con estere nazioni; d) Vegliare alla concordia e buona intelligenza fra gli Stati confederati e proteggere la loro uguaglianza politica; esistendo nel seno della Dieta una perenne mediazione per tutte le controversie che potessero insorgere fra di essi; e) Provvedere all'uniformità del sistema monetario, dei pesi e delle misure, della disciplina militare, delle leggi commerciali, e concertarsi cogli stati singoli per arrivare gradatamente alla maggiore uniformità possibile anche rispetto alle altre parti della legislazione politica, civile, penale e di procedura; f) ordinare e dirigere, col concorso e di concerto coi singoli stati, le imprese di universale vantaggio della nazione.**"[639]

---

[637] Stato della Chiesa, Regno di Sardegna, Granducato di Toscana.

[638] Antonio Rosmini Serbati è nato a Rovereto nel 1897. Insigne filosofo, come teologo è stato condannato dal sant'uffizio ma Pio IX ha sempre mantenuto con lui un rapporto. Dal punto di vista nazionale Rosmini ha sostenuto l'opportunità che i vari Stati italiani costituissero una Confederazione. Ritenendo giustamente importante la posizione della Chiesa, è stato a Roma nel 1848 e nel 1849 ed ha cercato di convincere Pio IX che l'unità italiana non sarebbe stata dannosa per l'attività, la funzione e la vita etico sacrale della Chiesa. Ultimamente la Chiesa lo ha riabilitato. Il 18 novembre 2007, a Novara, è stata celebrata la sua beatificazione. E' morto a Stresa nel 1855.

[639] Luciano Malusa: "Antonio Rosmini per l'unità d'Italia. Tra cospirazione nazionale e fede cristiana" Franco Angeli, Milano, 2011, pag. 72.

Luino (VA), 16 agosto 1848

Fra le truppe di Garibaldi corre voce che sia in arrivo un altro reparto austriaco. Vengono organizzati a difesa sia Luino che Germignaga, ma alla fine si appura che si tratta di una notizia falsa.

In effetti gli austriaci stanno concentrandosi ad Ovest ed a Sud di Varese.

Livorno, 16 agosto 1848

Si diffonde la notizia di una crisi di governo. Tumulti a Livorno.

Torino, 16 agosto 1848

Massimo d'Azeglio pubblica "I lutti di Lombardia", una dura requisitoria contro la politica austriaca, riferita, in particolare, ai fatti del 3 gennaio. All'inizio del libro viene precisato che:

"Una grande iniquità è stata commessa in Milano. Iniquità, la maggiore di quante possa concepire la mente umana: quella di togliere violentemente la vita ad uomini disarmati; dunque *viltà*: ad uomini colti all'improvviso; dunque *tradimento*: ad uomini non chiamati né condannati in giudizio; dunque *arbitrio,* ed arbitrio di oscuri sicari: ad uomini che non potevano manomettere i loro uccisori; che perciò non era credibile li volessero provocare: ad uomini all'opposto, che venivano a bello studio provocati onde un loro grido, una voce, un fischio si facesse pretesto alla loro morte; dunque veniamo alla somma – *viltà, tradimento, arbitrio e frode.* (....) Ora io dico all'Italia: rallegrati; l'Austria è ridotta all'assassinio! L'Austria assassina! La tua causa è vinta. E' vinta, perché un governo che adopra cotali mezzi, che ripete la sua esistenza dal massimo tra i delitti, da quello che ne' privati si punisce col patibolo; un governo che si fa un sistema dell'assassinio (ed i casi di Gallizia rinnovati a Milano provano che è un sistema, e non un caso) rende palese al mondo ch'egli è abbandonato da Dio, maledetto dagli uomini; che egli ha esauriti tutti i modi coi quali si raffrenano, e si mantengono soggetti i popoli: non solo i modi onesti che conciliano le volontà, e consistono in un giusto e benefico reggimento, ma quelli ancora che le costringono; quelli ancora tenuti iniqui, e pure sin ora più o meno tollerati tra le nazioni civili, perché almeno serbano una qualche norma, una qualche apparenza di legalità e di giustizia. Tra questi modi contiamo pure i tribunali eccezionali, le commissioni speciali, le tombe dello Spielberg; facciamo all'Austria una parte larga, che non c'è

con essa bisogno di andar troppo per il sottile; concordiamo che a questi modi potesse ricorrere, onde star sicura in Italia: ma ora non noi l'affermiamo(....) essa ha confessato, ha proclamato che non bastano, che ci vuole l'assassinio. Dunque lo ripeto, la causa dell'Italia è vinta. "[640]

Ma, aggiunge, bisogna far diventare concreta tale vittoria virtuale.

Firenze, 17 agosto 1848

Effettivamente il ministero Ricolfi è in crisi. Ha seguito una politica che non teneva conto dell'eccezionalità del momento. Già dall'inizio di agosto si parlava di un ministero Bettino Ricasoli, le cui posizioni appaiono, però, troppo avanzate.

Così il marchese Gino Capponi[641] ha l'incarico di formare il nuovo governo del granducato di Toscana. Tende ad attuare una politica moderata che, dopo l'armistizio di Salasco, garantisca un nuovo assetto della penisola, almeno nella sua parte settentrionale. Come obiettivo principale intende pervenire ad un'intesa "di base" fra il Piemonte, la Toscana ed il papato, essendo Capponi scettico sulla partecipazione duosiciliana. Comunque a questa intesa avrebbero potuto aderire anche altre componenti statali italiane. Tali accordi avrebbero dovuto dissuadere l'Austria da un intervento generale a sud del Po.

Le speranze sono notevoli, sia per il grande prestigio culturale del Capponi, sia per i suoi rapporti con il granduca, sia, infine, per una sostanziale adesione della stessa opposizione democratica alla sua politica.

Il precedente presidente del Consiglio, Cosimo Ricolfi, viene inviato da Capponi in missione in Inghilterra ed in Francia.

Varese, 18 agosto 1848, tardo pomeriggio

Garibaldi è partito da Luino la sera del 17 procedendo sulla direttrice Ghirla – Induno. La legione percorre, così, 35 chilometri e libera Varese. Grandi feste. Viene fucilata una spia e

---

[640] Massimo d'Azeglio: "I miei ricordi e scritti politici e lettere", Milano, 1921, pagg. 359 e 360.
[641] Il marchese Gino Capponi è nato a Firenze nel 1792. Liberale moderato vicino alla causa nazionale, si è interessato delle caratteristiche ed dell'organizzazione delle istituzioni di cultura e di beneficenza. Ha fatto parte di numerose accademie e società culturali. Nel 1845 ha pubblicato la sua opera più importante: il "Frammento sull'educazione". Dopo la promulgazione dello Statuto è stato nominato senatore. Dal 17 agosto 1848 al 27 ottobre 1848 è stato presidente del consiglio. Durante la restaurazione del granduca si è appartato, approfondendo vari studi storici. Nel 1859 ha sostenuto l'annessione della Toscana al Regno d'Italia e nel 1860 è stato nominato senatore. Oppresso da cecità in vecchiaia, è morto a Firenze nel 1876.

imposta una contribuzione ai maggiorenti filo austriaci. Non riesce, però, il tentativo della mobilitazione generale. Ma la festa dura fino a tarda notte.

Garibaldi pone il quartiere generale nella villa Menafoglio Litta, solida nella sua pianta ad U, facilmente difendibile, sulla collina di Biumo Superiore.

Torino, 19 agosto 1848

Il marchese Cesare Giustiniano Alfieri di Sostegno,[642] presiede il nuovo governo, nel quale non è entrato l'ex Ministro dimissionario Vincenzo Gioberti.

Il nuovo capo del governo, con Giacinto Borrelli e Luigi Des Ambrois, è uno degli autori dello lo Statuto e, da sedici mesi, è senatore. Pur non essendo un rivoluzionario ha presentato il programma del governo con uno scopo particolare: sostenere che l'armistizio debba ritenersi solo l'effetto di una fase militare sfavorevole, che non annulla gli scopi nazionali di fondo dello Stato sabaudo.

Varese, 20 agosto 1848

Garibaldi viene informato che il generale d'Aspre muove contro la legione con tre colonne che hanno il chiaro scopo di circondarlo[643]. Una muove su Varese, con una seconda di rincalzo, mentre la terza tende alle spalle dei garibaldini in direzione di Luino. Complessivamente sono quindicimila uomini, con cavalleria ed artiglieria.

La legione viene divisa in due aliquote: 300 uomini, al comando di Medici, a nord ovest di Varese, a Ròdero e nelle vicine frazioni di Ligurno e di Cazzone, in una sorta di campo trincerato. Il resto della Legione (500 uomini) opererà a sud ovest di Varese. All'incirca le

---

[642] Il marchese Cesare Giustiniano Alfieri di Sostegno, conte della Cassa, conte di Favria, Signore di Magliano, San Martino d'Asti e Valdichiesa è nato a Torino nel 1799. Entrato nella carriera diplomatica, ha lavorato alle ambasciate di Parigi, l'Aia e Berlino. Ha partecipato ai congressi di Aquisgrana (1818), Tropau (1820) e Lubiana (1821). Ambasciatore a San Pietroburgo nel 1824. Nel 1826 è tornato a Torino ed è stato nominato membro del Consiglio di Stato. Dal 30 novembre 1847 al 16 marzo 1848 è stato ministro del nuovo dicastero della pubblica Istruzione. Presidente del consiglio e ministro all'agricoltura e commercio dal 19 agosto 1848 all'11 ottobre 1848. Successivamente senatore dal 10 maggio 1848. Vice presidente del Senato dal 14 ottobre 1848 al 29 maggio 1855, con cinque brevi interruzioni. Poi Presidente del Senato dall'8 novembre 1855 al 28 dicembre 1860, con due interruzioni. E' morto a Firenze nel 1869.
[643] Fra il 20 ed il 23 agosto sono schierate intorno Varese le brigate dei generali Strassoldo, Maurer, Simbschen, Giulay e, più arretrata, quella comandata da Schwarzenberg. Il 24 la Maurer andrà a Luino e Laveno; la Giulay a Sesto Calende, la Schwarzenberg a Viggiù, laSimbschen a Induno, la Strassoldo sarà di riserva a Varese

due aliquote avrebbero occupato – ovviamente distaccate fra loro - una fronte di venti chilometri. In effetti le due masse devono agire indipendentemente.

Ròdero (CO), 24 agosto 1848

Il generale d'Aspre reputa che l'intera legione sia schierata nell'area di Ròdero. Ordina, quindi, ad un reparto di 4.000 uomini di attaccare decisamente. Medici riesce a bloccare il nemico per quattro ore, disponendo sulla fronte cento abili tiratori. Resiste fino a sera, utilizzando la forte posizione del colle San Maffeo. Durante la notte, a gruppi, fa rifugiare gli uomini in Svizzera, dove sono disarmati.

Intanto Garibaldi si dirige verso la Valganna, a Nord Est di Varese, al fine di far credere di volersi attestare in tale zona, ma con una brillante manovra arriva a Gavirate (VA), poi, girando per Ternate (VA), giunge la sera del 25 agosto a Morazzone, a sud di Varese, dopo aver percorso la riva meridionale dell'omonimo lago.

Intende attaccare di lato o al tergo gli austriaci. Ma il **25 agosto** le spie avvertono il comando nemico e la manovra non consegue gli obiettivi previsti. D'Aspre prende atto che il grosso dei legionari non era a Ròdero. Non solo: il grosso non era sulle alture fra la Valganna ed il lago di Varese, bensì alle sue spalle. Di conseguenza, data la notevole quantità di forze a sua disposizione, si organizza per annientare l'avversario, fermo sulle nuove posizioni.

Livorno, 25 agosto 1848

Al frate Alessandro Gavazzi le autorità toscane vietano di predicare, per motivi di ordine pubblico. Non solo: lo arrestano, conducendolo alla frontiera ed espellendolo.

A Livorno i lavoratori insorgono per protesta. Si verificano alcuni scontri. I rivoltosi occupano la fortezza, sequestrano il governatore e lo chiudono nelle carceri.

Inizia un duro confronto fra i rivoluzionari di Livorno ed il governo di Firenze. Alcuni commercianti invitano Francesco Domenico Guerrazzi a recarsi a Livorno per gestire la difficile situazione, data la sua meritata fama di sincero democratico, testimoniata anche dalla notevole attività di romanziere e saggista. Il governo, però, non lo nomina governatore della città proprio per il suo radicalismo democratico.

Innsbruk, 25 agosto 1848

Il **14 maggio** il tribunale di Innsbruk ha iniziato l'istruttoria per delitto di alto tradimento contro trentadue abitanti di Malè, Tione, Condino, Cles, Riva, Vezzano e Tiarno di sotto, che hanno partecipato alle azioni dei volontari. L'**11 agosto** è decretato l'inasprimento dell'inquisizione speciale per il delitto di alto tradimento contro otto cittadini.[644]

Morazzone (VA), 26 agosto 1848

Il generale D'Aspre ha dato precise disposizioni per circondare Garibaldi a Morazzone. Poi ordina di attaccare, ma i suoi reparti sono presi di sorpresa da un deciso contrattacco alla baionetta dei volontari. Inizia, così, una battaglia che avrebbe dovuto essere di annientamento dei garibaldini ma si rivela di grande usura per gli austriaci, che lamentano notevoli perdite. Notevole il bombardamento del paese, con estesi incendi. Gradualmente il confronto, al sopraggiungere della notte, va riducendosi d'intensità.

Ne approfitta Garibaldi, che riunisce i legionari in una colonna serrata, che esce dall'accerchiamento. Tale reazione è così rapida da sconvolgere l'avversario che, anche a causa dell'ora notturna, perde la cognizione degli avvenimenti, entrando in grave confusione. La colonna si dirige verso la riva settentrionale del lago di Varese e rimane compatta fino a Lissago, poi gradualmente si divide in gruppi, ciascuno con una guida. Si cerca di sconfinare in Svizzera. L'inseguimento austriaco è poco deciso.

Il gruppo di Garibaldi è formato da 70 uomini. La guida è Daverio.

Il generale D'Aspre, molto cavallerescamente, sarà uno dei maggiori ammiratori del suo avversario. Esprimerà la sua soddisfazione che Carlo Alberto, durante la guerra, non avesse concesso a Garibaldi alcun incarico di responsabilità. Infatti, secondo il generale austriaco, se il re avesse avuto fiducia nel nizzardo, le operazioni avrebbero potuto avere un esito diverso.

Brusimpiano (VA), 27 agosto 1848

E' quasi notte quando il gruppo di Garibaldi guidato da Daverio arriva vicino a Brusimpiano (VA), Hanno aggirato da sud il complesso montano di Campo dei Fiori e, attraverso la Valganna[645], sono arrivati alla riva meridionale del lago di Lugano.

---

[644] Paride Ciolli, il fratello Alfonso, Giacomo Marchetti di Bolbeno, Giuseppe Venini di Milano ma abitante a Tione, Francesco Manfroni di Caldes, medico condotto di Preore, Gerolamo Stefanini, Clemente Baroni, Leopoldo Martini (C. Nardon: "Giuseppe Eusebio Cioli", cit. pag. 45)

[645] Il tragitto esatto può essere diviso in due tratti, in relazione alla pericolosità. Il primo, infatti, ha attraversato aree dove erano già arrivate le truppe austriache. La seconda parte, attraverso i boschi e il territorio rotto e montuoso della Valganna, ha offerto una maggiore sicurezza. La prima parte ha interessato Buguggiate, Capolago, Calcinate del Pesce, Morosolo, Casciago, Velate   e

Riposano a Brusignano e la notte successiva, con alcuni barconi, navigano verso Nord e sbarcano in Svizzera ad Agno.

Intanto sono arrivati in Svizzera anche gli altri gruppi. Garibaldi sta molto male e si ferma a Lugano per curarsi.

Agram (Zagabria) 1 settembre 1848

Viene rinnovata la fiducia del governo imperiale nel conte Jelacic, che è rinominato governatore della Croazia. Il rapporto del governo imperiale con gli ungheresi ormai è in crisi. Viene ritenuto necessario rafforzare tutte le componenti antiungheresi, addirittura sollevando le nazionalità minori esistenti nel territorio della Grande Ungheria.

Fiume, 1 settembre 1848

Il generale Jelacic ha inviato a Fiume Josip Bunjevac con un reparto per occuparla. Il governatore cerca di sfruttare l'occasione per porre una determinante ipoteca croata sulla città. Per facilitare l'occupazione e per non affrontare la reazione dei cittadini viene garantita la libertà cittadina ed il rispetto per le sue leggi.

E' una grave situazione per la città, che influisce negativamente sui suoi commerci e sull'intera attività economica, gravemente danneggiati.

Il Consiglio dei dieci organizza la resistenza. Iniziano dei torbidi e viene inviato un ricorso all'imperatore, molto chiaro: " 'Fiume non si era mai considerata parte integrante della Croazia e desiderava non avere con essa alcun vincolo pubblico' (….) La protesta è una decisa affermazione della nazionalità italiana di Fiume; è insieme una dichiarazione che la volontà di unione all'Ungheria era condizionata dalla richiesta che il carattere italiano e le tradizionali istituzioni autonome italiane fossero rispettate" [646]

Messina, 1 – 8 settembre 1848

Sant'Ambrogio. La seconda Bregazzana, Alpe Tedesco, Cavagnano e Borgnana. Tutte località oggi nella provincia di Varese.

[646] Edoardo Susmel: "Fiume attraverso la storia", Milano, 1919, pagg. 85 e 86.

Anche se a Messina la Cittadella è ancora occupata dalla guarnigione borbonica, il governo siciliano si sente sicuro per la presenza di navi inglesi e francesi, i cui governi, di fatto, appoggiano l'indipendenza siciliana.

Ma il primo settembre c'è un fatto nuovo. Ferdinando II ha dato i pieni poteri per la questione siciliana ad una persona di elevate qualità: il generale Carlo Filangeri, principe di Satriano, che ha attraversato i difficili anni delle guerre napoleoniche e quelli successivi della restaurazione, riscuotendo la stima da parte di tutti, da Napoleone a Gioachino Murat, agli stessi re borbonici, con la sua fedeltà alla nazione, all'efficienza, al rispetto dell'ordine e del diritto, seguendo la strada aperta da quell'importante filosofo e giurista che è stato suo padre, Gaetano.

Carlo Filangieri avverte i consoli stranieri ed inizia ad inviare rinforzi alla cittadella, che il 4 successivo viene colpita dalle artiglierie siciliane e risponde con precisa, continua durezza.

Il **6 settembre** Filangieri, con azione rapida, sbarca due brigate a sud di Messina (a Contesse) ed attacca la città, sempre sottoposta al fuoco della cittadella. La lotta è durissima, con gravi perdite da entrambe le parti. Reciproche le accuse di crudeltà. La notte del **7 settembre** i siciliani chiedono una tregua tramite i consoli francese e inglese, ma Filangieri precisa che intende trattare solo la resa della città, che capitola il successivo **giorno 8**.

Livorno, 2 settembre 1848,

Livorno è in agitazione, soprattutto per la questione di padre Giavazzi, cui era stato vietato lo sbarco.

Bologna, 2 settembre 1848

Si verificano degli scontri. Un gendarme ed un secondino sono uccisi.

Bergamo, 3 settembre 1848

Un gruppo di mazziniani, comandato da Federico Alborghetti,[647] inizia la guerriglia. L'attività del gruppo durerà due mesi.

---

[647] Federico Alborghetti è nato a Mapello (BG) nel 1825. Non ha completato gli studi di medicina a Pavia per gli avvenimenti del 1848. Mazziniano. Segretario del comitato di guerra di Bergamo. Esule in Piemonte e in Svizzera. Su richiesta di Mazzini nel settembre del 1848 è rientrato nell'area di Bergamo riuscendo ad organizzare una guerriglia che ha bloccato gli austriaci, ma, dopo 60 giorni, è stato costretto a riparare in Svizzera. Poi è andato in Piemonte. Ha combattuto nell'ultima parte della prima guerra d'indipendenza. Laureato non solo in medicina ma anche in lettere a Torino. Ha

Napoli, 5, 6, 7 settembre 1848

Il giorno 5 dovrebbe riaprire una sessione del Parlamento. Il re la rinvia al **30 novembre**.

Si verificano vari torbidi e attività eversive. Il re ed il governo sono preoccupati per la durata e la diffusione dei moti. Per le strade ricompare il tricolore. In molti posti si inneggia alla Costituzione.

Settembrini ed i suoi collaboratori della "Società dell'Unità italiana" sono soddisfatti, ma iniziano, a loro carico, le indagini della polizia.

Milazzo, 9 settembre 1848

Filangieri è occupato a riorganizzare Messina, in gran parte distrutta dalle artiglierie e resa quasi impraticabile da molteplici focolai d'incendio e da vaste zone minate. Sembra bloccato all'interno della città, ma, nella notte del giorno 8, muove alcuni reparti verso ovest, occupando Milazzo.

Dure le reazioni degli ammiragli inglese e francese. Il re non accetta ufficialmente le loro rimostranze, ma autorizza Filangieri a stipulare una tregua.

Nei mesi successivi, in numerosi incontri, gli ambasciatori delle due Potenze rappresentano gli interessi del governo del Regno di Sicilia. Il rappresentante duosiciliano è Filangieri, che avversa soprattutto la pretesa di un autonomo esercito siciliano. Ufficialmente i due ambasciatori accettano la tesi di Filangieri, ma, di fatto, continuano a vendere alla Sicilia fucili e cannoni, facilitando, così, l'incremento dell'esercito da 4.000 a 14.000 uomini, addestrati e comandati dal generale Ludvik Mieroslawski, già comandante della sollevazione della Grande Polonia nel 1846. Il capo di stato maggiore è Giuseppe La Masa.

Agram (Zagabria), 11 settembre 1848

Il conte Jelacic, governatore della Croazia, fedelissimo all'imperatore, dichiara guerra all'Ungheria democratica e rivoluzionaria. L'esercito croato supera la Drava ed entra in territorio ungherese.

---

fruito dell'amnistia rientrando a Bergamo nel 1857, dedicandosi alla professione. Nel 1859 è stato con Garibaldi nei cacciatori delle Alpi. Come scrittore si è dedicato alla memorialistica, alla storia, all'analisi sociale, a studi di medicina. E' morto nel 1887.

La minaccia è notevole: sono quarantamila uomini che nutrono un particolare odio per l'Ungheria nazionale. Jelacic ha come obiettivo la capitale: Pest.

Pest (Budapest), 11 settembre 1848

Oramai gli ungheresi sono alla rottura con la corte imperiale.

Batthyàny ha sperato di comporre la situazione, con un governo ungherese autonomo ma unito all'Austria nella persona dell'imperatore[648]. Non è riuscito e si dimette. Il governo nazionale continua, comunque, la propria attività per gli affari correnti. La sua politica deve, però, sottostare al controllo di un comitato parlamentare, che ha acquisito importanza e potere, costituendosi in comitato per la difesa nazionale. Kossuth fa parte del comitato – di cui è nominato presidente - e parte immediatamente per le pianure del mezzogiorno, al fine di far massa contro i croati filoimperiali, incrementando le forze disponibili, che, comunque, appaiono meglio addestrate di quelle avversarie. Bisogna tener conto, però, che l'esercito ungherese, l'honved, è privo di artiglieria, dato che non vi erano, nell'esercito imperiale, unità ungheresi di tale arma. Inoltre è debole in fatto di cavalleria, potendo contare solo sugli squadroni italiani del reggimento Kress. Naturalmente in tale reparto si sono manifestate molte perplessità: cosa avrebbero dovuto fare i militari italiani così lontani dalla loro terra? Lontani dall'Italia in rivolta? Per di più appartenenti all'esercito imperiale, in guerra con gli italiani? Alla fine è prevalsa la soluzione più logica: combattere contro l'Austria, a favore dell'Ungheria che, con la sua rivoluzione, di fatto è alleata alla rivoluzione italiana. I cavalleggeri del Kress saranno molto validi: si riveleranno partecipi, entusiasti e di particolare efficienza operativa. Costituiranno un elemento di forza del governo ungherese.

Rapidamente il comitato per la difesa nazionale diviene l'organo direttivo della politica magiara e Kossuth il capo dell'Ungheria indipendente. Nasce, così, il "mito Kossuth".

Vienna 15 settembre 1848

---

[648] Le posizioni di Batthyàny non erano fuori dalla realtà. Rappresentavano, infatti, la volontà e gli interessi di una gran parte dell'aristocrazia ungherese. I suoi intendimenti saranno attuati diciotto anni dopo, a seguito della guerra del 1866 (Italia e Germania contro l'Austria, sconfitta). E' stata, di conseguenza, costituita la duplice monarchia fra la Cisleitania austriaca e la Transleitania ungherese. In tale monarchia la componente ungherese è stata autonoma, tranne che per l'economia, la politica estera e quella militare. Comunque gli eserciti erano due: l'honved ungherese e l'esercito nazionale austriaco, coordinati ai vertici. La sicurezza di non compiere con la sua politica alcun atto eversivo verso l'imperatore accompagnerà Batthyàny fino alla sua tragica fine. Un caso completamente diverso sarà quello del conte Gyula Andrassy, il quale, con una condanna a morte sospesa, dal 1871 al 1879 sarà ministro degli Esteri della duplice monarchia.

La situazione è preoccupante. Nei quartieri periferici vi è un'alta tensione. Molti sono i disoccupati che si scontrano con gruppi di soldati. Viene chiusa l'università. La massa dei professori è considerata vicina alle istanze rivoluzionarie. Finanche al Rechstag qualcosa non funziona. Viene considerato atto di grave dissenso il non aver approvato una dichiarazione di riconoscenza nei confronti di Radetsky. Il generale è offesissimo. Sembra che gli alti gradi dell'esercito siano furibondi. In realtà non è noto l'accordo dei generali con l'arciduchessa Sofia. E, tanto meno, si reputa vicino il colpo di stato a favore di Francesco Giuseppe per far trionfare una politica repressiva e reazionaria, coincidente con quella violenta dei generali.

Roma, 16 settembre 1848

A seguito delle difficoltà incontrate dal ministero Soglia Ceroni - Fabbri il papa teme una sorta di sgretolamento dello Stato. Data la stima che nutre per il conte Pellegrino Rossi[649] gli chiede di organizzare un nuovo governo. Rossi, ambasciatore di Francia a Roma, ha sostenuto, in occasione del conclave del 1846, l'allora cardinale Giovanni Mastai Ferretti, poi eletto. Da ciò una profonda stima ed amicizia fra i due. **Il Rossi non perdette le sue speranze di alleare il papato con la 'civiltà moderna' (....) non mancò mai di dare al Pontefice giudizi e consigli intorno alle riforme costituzionali da promulgare.** [650]

In tale quadro, il cardinale Soglia Ceroni sarebbe rimasto ministro degli Esteri ma sarebbe stato Rossi, ministro dell'Interno e, ad interim, delle Finanze, a costituire il vero capo dell'intero consiglio. Fra gli altri ministri vi erano il cardinale Vizzardelli all'Istruzione pubblica, l'avvocato Felice Cicognani a Grazia e Giustizia, ecc.

Rossi è un politico esperto ed un teorico di valore, ma **"il suo errore politico già implicito (....) nella sua dottrina, consiste, ora, nell'aver creduto possibile una riconciliazione di Pio IX con il movimento nazionale: riconciliazione che fatti come l'allocuzione del 29 aprile, l'invasione austriaca, i tristi episodi di Bologna, rendevano sempre più difficile. In quei quattro mesi e mezzo che corrono dalla caduta del Ministero Rechi – Antonelli al Ministero Rossi, i molteplici errori del governo e le incertezze di Pio IX avevano rotto ogni vincolo tra popolo e pontefice, tra popolo e governo, e tutta la fede e l'attività di un Pellegrino Rossi non potevano certamente riuscire a ricostruirlo. Egli comprese più volte le difficoltà di tale politica, ma la sua fede nella efficacia di un**

---

[649] Il conte PellegrinoRossi, nato a Carrara nel 1787, professore, economista, con fama di persona energica e capace, dalle idee chiare, ha svolto attività politica in Italia, Svizzera e Francia e, in qualità di ambasciatore di quest'ultima a Roma, ha impostato un rapporto molto stretto con il papa. E' stato ministro dell'Interno dal 16 settembre al 15 novembre 1848, quando è stato ucciso con una pugnalata.
[650] Carlo Alberto Biggini: "Il pensiero politico di Pellegrino Rossi di fronte ai problemi del Risorgimento italiano" Ed. Vittoriano, Roma, 1937, pagg. 99 e 100.

ordinamento liberale non gli permise di penetrare nella vera realtà di tale problema e di valutarlo in tutti i suoi aspetti: penetrazione e valutazione che erano già venute meno nel suo pensiero teorico" [651]

Una cosa avrebbe dovuto apparire chiara, in quei giorni: per Pio IX il Rossi costituiva l'ultima ratio, l'estrema possibilità di organizzare un governo costituzionale per il quale egli potesse nutrire fiducia, considerandolo un sicuro supporto della Santa sede ed un efficace – e moderato - risolutore dei problemi dello Stato. Ne doveva scaturire logicamente che, se per un motivo o per un altro il Rossi avesse fallito, si sarebbe affermata l'alternativa democratica, con la quale il papa non avrebbe potuto – o voluto – convivere.

Tutto ciò doveva essere molto chiaro per chi intendeva conseguire una soluzione realmente definitiva - ed antipapale - del problema costituito da Rossi, particolarmente odiato dalla popolazione. Risultava insopportabile la sua politica economica liberista ed era considerato un reazionario che, per poter attuare adeguatamente i suoi scopi, si copriva con un manto liberale e costituzionale. In definitiva, il suo liberalismo era ritenuto una mera formalità propagandistica.

Fucecchio (FI), 21 settembre 1848

Un interessante documento della storia della filatelia è una busta inviata a Montanelli prigioniero dal parroco e dai suoi concittadini con il seguente indirizzo, ovviamente molto indeterminato: "all'illustrissimo Sig. Giuseppe Montanelli, Prigioniero di Guerra in Mantova. A chiunque cada in mano questa lettera si fa preghiera di farla giungere al suo indirizzo". La lettera, in maniera precisa ma tardiva, ha seguito il professore nei vari luoghi ove è stato ristretto, ritornando al mittente poco prima della sua liberazione. Tutti sono convinti che la ricezione della busta costituisca la logica premessa dell'auspicato ritorno.

Roma, 22 settembre 1848

Pellegrino Rossi pubblica sulla Gazzetta di Roma un articolo in cui sintetizza il suo programma. Grande importanza viene data allo Statuto ed alle norme che caratterizzano lo Stato liberale, base essenziale dell'opera del governo.

"il rispetto e l'osservanza delle leggi è giusta e necessaria norma (....) la norma che il governo di Sua Santità si è prefisso di seguire (....) Noi speriamo fra breve poter indicare dei fatti: e preferiamo narrare più tardi, anziché ora predire."[652]

[651] ivi, pagg. 95 e 96.
[652] C. A. Biggini, cit. pag. 102

Il programma, nei suoi particolari, sarà presentato alla Camera dei deputati a novembre. Punto essenziale è la liberalizzazione dei commerci e, più in generale, dell'economia. Rossi conferma le sue convinzioni di deciso liberista.

Bucarest e Chisinau, 23 settembre 1848

Seguendo le sollecitazioni dell'Impero russo, il governo ottomano invia un esercito nei due principati ribelli di Valacchia e di Moldavia.

L'intero territorio viene occupato. Sono inviati in esilio i componenti del governo provvisorio e gli altri esponenti della rivoluzione. La gran parte degli esiliati si reca in Francia.

Ma la volontà di unità e di indipendenza dei romeni continuerà ad affermarsi. Nella convenzione di Parigi dell'**agosto 1858** le potenze europee riconosceranno la nascita delle province unite, ciascuna, però, diretta dal proprio principe. Si opporrà l'Impero austriaco, che cambierà opinione dopo la sconfitta del 1859.

Principe della Moldavia è Alexandru Ioan Cuza,[653] che sarà nominato anche principe di Valacchia nel **gennaio 1859**. In tale anno la situazione europea sarà resa particolarmente difficile dalla guerra di Francia e Sardegna contro l'Austria, con le notevoli conseguenze verificatesi in Italia. In tale situazione le potenze accetteranno, di fatto, la "soluzione unitaria di Cuza". Questi, in trattative che, iniziate nel 1860, si concluderanno nel **dicembre 1861**, otterrà il riconoscimento da parte del governo ottomano dell'unità della Romania, con capitale Bucarest.

Rimarrà il grosso problema della Transilvania, facente parte dell'Ungheria, con una classe dirigente magiara da secoli e le classi popolari - soprattutto i contadini - a maggioranza

---

[653] Alexandru Ioan Cuza è nato a Barlad (oggi distretto di Vaslui) nel 1820. Nel 1848 ha partecipato ai moti in Moldavia, tanto che è stato arrestato dagli austriaci. Poi è stato ministro della Guerra, sempre in Moldavia, cui ha cercato di dare una politica più indipendente. Ha fortemente sostenuto l'unione con la Valacchia, tanto che gli unionisti lo hanno riconosciuto come loro capo. Alla fine, nel 1862, l'unione è stata raggiunta. E' nata la Romania, con Cuza a capo, che ha iniziato una politica di notevoli riforme e di conquista di una sempre maggiore indipendenza. La complessa riforma agraria ha scatenanto reazionari, conservatori ed ecclesiastici contro Cuza che, alla fine, ha indetto un referendum, i cui risultati gli sono stati ampiamente favorevoli. Così è stata approvata, nel 1863, la legge agraria., seguita da nuovi codici, dalla fondazione di due università, ecc. Ma, quanto più andava avanti il rinnovamento, tanto più aumentava l'opposizione, cui si è avvicinata anche la massa dei liberali. Un colpo di Stato, nel 1866, ha completato l'azione reazionaria. Cuza è stato costretto ad abdicare. Ha trascorso l'esilio a Parigi, Vienna e Wiesbaden. E' morto ad Heidelberg nel 1873

romeni[654]. Anche l'Ungheria rivoluzionaria degli anni 1848 e 1849 non ha riconosciuto alcunché ai romeni. Kossuth ha dichiarato che era d'accordo di concedere tutte le libertà ai transilvani, purchè fossero ritenuti e si ritenessero ungheresi. Perciò l'Ungheria, durante la guerra contro i due Imperi, ha dovuto subire anche l'ostilità dei due Principati, con i quali sarebbe stata più utile un'alleanza, soprattutto per fronteggiare adeguatamente la minaccia russa.

Il problema rimarrà aperto, fino alle due Guerre mondiali. Alla fine la Transilvania sarà romena.

Firenze, 24 settembre 1848

Montanelli, rientrato dalla prigionia, viene eletto all'Assemblea.

Napoli, 27 settembre 1848

Alla chiusura definitiva della Camera dei deputati succede l'apertura di istruttorie a carico di coloro che hanno sostenuto posizioni liberali nel periodo parlamentare. Pasquale Stanislao Mancini ed altri, poco prima che siano aperti procedimenti a loro carico per lesa maestà, si imbarcano sulla nave "Ariel" per rifugiarsi in Francia.

Arrivato a Genova, però, Mancini decide di stabilirsi a Torino, consigliato, in particolare, dal conte Federigo Sclopis di Salerano,[655] magistrato e giurista, ministro di Grazia e Giustizia e degli Affari ecclesiastici per quattro mesi fino al 27 luglio 1848, che gode di un notevole prestigio internazionale.

Mancini otterrà rapidamente l'autorizzazione a svolgere la professione di avvocato. Gli saranno vicini prima Cesare Balbo, poi anche il presidente del consiglio Massimo d'Azeglio, oltre agli esuli napoletani Raffaele Conforti, G. Pisanelli, V. Lanza.

---

[654] Drammatica la rivolta dei servi della gleba romeni nel 1784. La repressione ungherese fu molto dura, fino all'uccisione dei tre capi, noti come Hori, Closca e Crisan, cioè Vasile Nicula, Ioan Oarga e Marcu Giurgiu.
[655] Il conte Federico Sclopis di Salerano è nato a Torino nel 1798. Laureato in legge nel 1818. Magistrato nel 1822. Ha contribuito alla stesura dello Statuto. Ministro di Grazia e Giustizia e affari ecclesiastici dal 16 marzo 1848 al 27 luglio 1848. Deputato per una legislatura dall'8 maggio 1848 al 30 dicembre 1848. Senatore dal 10 luglio 1849 alla morte. Presidente del Senato dal 25 maggio 1863 al 24 ottobre 1864. E' stato presidente dell'arbitrato fra Inghilterra e USA del 1872. L'"Alabama claims", alla base del successivo trattato di Washington, a conclusione di alcune vertenze nate durante la guerra di indipendenza 1776 – 1783. Arbitrato mportante nella storia delle soluzioni non belliche dei contrasti internazionali. Ha avuto vari incarichi amministrativi e culturali. E' morto nel 1878.

Mancini inizierà una dura campagna contro i Borbone. Negli "Atti e documenti del processo di lesa maestà per gli avvenimenti del 15 maggio 1848 in Napoli" pubblicherà le "Relazioni di magistrati e pubblicisti italiani sopra le quistioni legali e costituzionali della causa per gli avvenimenti del 15 maggio 1848 a Napoli".

Il durissimo astio di Mancini nei confronti di Ferdinando II deriva dal fatto che quest'ultimo si era dichiarato favorevole a divenire protagonista del processo unitario nazionale, assumendo la missione di costruire il futuro dell'Italia. Quindi il re ha tradito le sue promesse e lo stesso giuramento. Nel gennaio del 1848 vi è stato un incontro fra il re e Mancini. Questi aveva sostenuto l'intervento militare delle forze armate borboniche, successivamente disposto e poco dopo annullato, con il richiamo dei reparti poco prima del loro impiego. Dopo la concessione dello Statuto Mancini, come si è accennato, aveva sostenuto il re sul suo giornale "Riscatto italiano". Un sostegno ritenuto necessario per facilitare la grande responsabilità nazionale che andava assumendo Ferdinando II. Una responsabilità, però, rivelatasi superiore alle capacità ed alla stessa cultura del re. Si è finiti, così, nella solita repressione indiscriminata, nella salvaguardia delle prerogative assolutiste, nella difesa di una concezione arretrata della gestione governativa, nella paura degli effetti che avrebbe potuto causare qualsiasi cambiamento. Pertanto fin da ora Mancini ritiene che la missione di conseguire l'unità italiana sia stata assunta interamente da casa Savoia.

Il giurista napoletano – per l'esattezza di Castel Baronia, in provincia di Avellino - avrà notevoli riconoscimenti come grande esperto nel campo del diritto. D'Azeglio fin da ora cerca di fargli assegnare la cattedra di scienza consolare e diplomatica, intendendo migliorare notevolmente la cultura e l'organizzazione della diplomazia sarda.

Pest (Budapest): 27 - 28 settembre 1848

Dato che l'arciduca palatino Stefano, commissario per l'Ungheria, si è dimesso, è stato nominato al suo posto il luogotenente generale conte Franz Lambert, che arriva a Pest. Fra l'altro, ha l'incarico di sciogliere l'assemblea nazionale.

Ma il problema viene risolto da un consistente gruppo di democratici ungheresi. Il conte, appena arrivato al ponte delle Catene, è stato aggredito ed ucciso.

Oramai l'Ungheria è in stato di guerra. Prevalgono definitivamente Kossuth ed i rivoluzionari indipendentisti.

Pàkozd (Ungheria, Transdanubio centrale, provincia di Fejer), 29 settembre 1848)

Le truppe croate di Jelacic sono avanzate in profondità, arrivando al lago di Velence. [656] Appena a Nord del lago, vicino al paese di Pàkozd, i croati sono attaccati dagli ungheresi. Lo scontro è sfavorevole ai croati, tanto che Jelacic chiede un armistizio e si ritira. Grande è la gioia dei magiari: è la prima vittoria sull'Impero.

Data la situazione politica di Vienna, il bano, ritirandosi, muove verso la capitale. Teme che l'esercito ungherese, dimostratosi più forte del previsto, marci sulla capitale dell'Impero per sostenere i democratici viennesi, mettendo, di conseguenza, in pericolo la monarchia.

L'intuizione di Jelacic è te giusta: Kossuth, respinti i croati, ha disposto che un'unità ungherese sostenga i rivoluzionari viennesi.

Milano, 29 settembre 1848

Viene pubblicato un bando di Radetzky: chi possiede o nasconde armi verrà fucilato.

Tomasevac (villaggio del comune di Zrenjanin, nel Banato centrale, Vojvodina), fine settembre 1848

Stevan Knicanin costituisce un campo trincerato nell'area del villaggio di Tomasevac.

Pest (Budapest), 3 ottobre 1848

Perviene un proclama / manifesto del governo imperiale: è sciolta l'assemblea nazionale, il territorio ungherese è in stato d'assedio; Jellacic è nominato governatore e comandante delle forze ungheresi. Vengono così dimostrate la scarsa capacità psicologica e l'inadeguato senso dell'opportunità dell'imperatore e del governo: gli ungheresi avrebbero forse potuto accettare chiunque, come governatore, tranne il bano croato, con il quale sono da vari giorni in guerra. La sua è una nomina che costituisce un'ulteriore provocazione.

Comunque i nazionali ungheresi come Kossuth sono contenti: la rottura con il governo imperiale ormai è ampiamente avvenuta.

Vienna, 6 ottobre 1848

La posizione della corte e del governo, attendista fin quando avrà la forza di reagire con l'esercito, ha esasperato i democratici: si avvicina un'altra rivoluzione. Il ministro della

---

[656] Chiamato "di Venezia", dato il notevole numero di veneziani che si sono trasferiti sulle sue rive nel XV secolo

Guerra, conte Theodor Baillet de Latour, generale d'armata, sta per entrare nel ministero quando viene aggredito, variamente colpito ed impiccato ad un lampione.

L'azione violenta diviene sommossa e poi, nella notte, rivoluzione. Un battaglione di granatieri si ammutina. La lotta si estende a tutta la città. Il generale von Bredy viene ucciso sul ponte di Tabor.

La corte ritiene che è necessario fuggire.

Petervaradino, 6 ottobre 1848

In Vojvodina l'attività bellica ristagna. Il duca Supljikac viene nominato comandante supremo delle forze serbe.

Chiavari (GE), 6 ottobre 1848

Garibaldi, arrivato malato in Svizzera dopo la battaglia di Morazzone, si è fermato per curarsi. A settembre, passando per la Francia, è arrivato a Nizza, ed, infine, si è spostato in Liguria per la campagna elettorale. Ha tenuto una serie numerosa di comizi incendiari, molto applauditi dagli elettori. Infine, oggi, è eletto. Ma si scuserà con gli elettori dato che non può interrompere le azioni di guerra, continuando a cercare un qualsiasi mezzo per riprendere le ostilità.

Vienna, 7 ottobre 1848.

All'alba si forma la lunga colonna della corte in fuga, che esce rapidamente dalla città.

Oramai è chiaro: a Vienna vincono i democratici e si organizzano sotto la guida militare di Wenzel Messenhaser.[657]

Livorno, 8 ottobre 1848, la Costituente italiana

Montanelli, a Livorno come governatore, incontra la popolazione in una grande manifestazione. Il suo discorso è molto applaudito. Ha iniziato denunciando i danni causati nei mesi precedenti alla causa nazionale dalla mancanza di unità nella direzione militare e politica. Successivamente ha lanciato l'idea di una Costituente italiana da riunire a Roma

---

[657] Casar Wenzel Georg Messenhauser è nato il 4 gennaio 1813 a Prossnitz in Mahren (ora Prostejov, in Cechia). Ufficiale dell'esercito austriaco su posizioni democratiche molto avanzate, scrittore, poeta, comandante della guardia nazionale, ha diretto la rivolta di ottobre. E' stato uno dei condannati. Morrà il 16 novembre 1848, a Vienna.

per procedere al passaggio dalla legittimità statuale basata sul principio divino a quella della volontà nazionale e popolare.

Tre sono gli scopi da perseguire: la libertà, garantita dal predetto passaggio dal sistema di governo assoluto a quello democratico: l'unità, a seguito di un accordo condiviso fra le varie parti della penisola e l'indipendenza, vista come conferma generale ed unitaria delle potenzialità italiane da affermare contro le prevaricazioni straniere.

Torino, 11 ottobre 1848

Termina il governo di Cesare Alfieri di Sostegno, sostituito dal conte Ettore Perrone di San Martino.[658] Sarà un governo breve, terminerà il 3 dicembre e Perrone sarà sostituito da Gioberti.

Torino, 10 – 27 ottobre 1848: congresso della società nazionale

Vincenzo Gioberti il **6 settembre 1848** ha fondato la società nazionale per la confederazione italiana, di cui fanno parte esponenti liberali e democratici. Lo scopo è discutere di un patto federativo, che tenga conto degli interessi e delle varie situazioni politiche ed ideologiche esistenti in Italia. Le modalità ed i caratteri dell'unione dovrebbero essere definiti da un'Assemblea costituente. Il fine è la costituzione di una confederazione. sotto la monarchia costituzionale sabauda. La partecipazione al congresso è stata numerosa ed i lavori interessanti ed utili.[659] Sono state realmente rappresentate le varie realtà italiane. Il comitato centrale, con sede a Torino, dai 22 componenti iniziali è rapidamente passato a 69 e, poi, a 195 persone. Pur facendo parte della società esponenti democratici, la politica perseguita è neoguelfa, il che implica la partecipazione del papa ed una politica economica liberista. Infatti la società entrerà in crisi dopo l'uccisione di Pellegrino Rossi (che ne

---

[658] Ettore Perrone conte di San Martino. È nato a Torino nel 1789. Ha partecipato alle campagne napoleoniche Col grado di maggiore si è dimesso dall'esercito francese nel 1819, tornando nelle sue proprietà. Ha partecipato ai moti del 1821, subendo una condanna a morte. Fuggito in Francia, è rientrato nell'esercito divenendo prima colonnello e, poi, generale. Si è ritirato, nuovamente, nel 1838 ma è rientrato un anno dopo, divenendo maresciallo e comandante di dipartimento, prima della Loira, poi del Rodano. Nel marzo del 1848 si è dimessso ed è tornato in Piemonte. Alle dipendenze del governo provvisorio, è stato luogotenente generale e ispettore della divisione di volontari lombardi. Poi è passato nell'esercito piemontese. Ministro degli Esteri dal giugno all'agosto del 1848, poi presidente del consiglio, è stato oggetto di duri attacchi da parte dell'opposizione. Alla ripresa delle operazioni è stato nominato comandante della 3 diivisione, morendo il 29 marzo 1849, dopo sei giorni di agonia, per una ferita subita alla battaglia di Novara.

[659] Vedasi "Discorsi detti nella pubblica tornata della società nazionale per la confederazione italiana in Torino dai soci Gioberti, Freschi, Broglio, Tecchio, Berti e Carutti" Stampe di Girolamo Marzorati, Torino, 1848.

rappresentava l'aspetto economico) e dopo la fuga di Pio IX a Gaeta (con la fine della sua credibilità come riformatore e come sostenitore dell'indipendenza italiana).

Firenze, 12 ottobre 1848

Il ministero Capponi è in crisi. Il grande intellettuale non è riuscito a trovare una sintesi fra le posizioni di estrema sinistra di Francesco Domenico Guerrazzi, quelle di centro ma pur esse avanzate di Giuseppe Montanelli e quelle ancora più avanzate di Bettino Ricasoli.

Il granduca preferisce orientarsi su Montanelli e Guerrazzi, che impostano un nuovo governo. Montanelli è il presidente.. Ma vi è ancora qualche altra possibilità. Ricasoli presenterà un progetto, ma il granduca lo considererà troppo avanzato.

Berlino, 13 ottobre 1848

Da giorni è notevole la tensione nei vari quartieri della città. L'Assemblea nazionale ha approvato alcune leggi che cambiano i rapporti nelle campagne. Si diffonde la voce di prossimi licenziamenti. Inizia un movimento tra gli operai.

Olmutz (ora Olomouc in Cechia), 14 ottobre 1848

Nella fortezza di Olmutz, sulla riva destra della Morava, ha termine la fuga imperiale, E' iniziata una settimana fa ed ora è protetta dal governatore e generale comandante della Boemia, principe Alfred Windisch – Graetz.

Questi ha organizzato le sue truppe per la riconquista di Vienna. Deve far presto, prima che l'organizzazione democratica si stabilizzi o i croati del generale Jelacic, o, addirittura, gli ungheresi di Kossuth. Anche Jelacic è pericoloso. E' fedele all'imperatore, ma, soprattutto, per ricavarne un riconoscimento nazionale ai croati.

Il problema è complesso, ma appare chiarissimo a Windisch – Graetz. Se arriva prima lui e riconquista Vienna l'Impero conserva la sua caratterizzazione austro – germanica. Se, invece, Jellacic arriva tempestivamente alla capitale, l'Impero viene salvato, ma è costretto a subire una forte influenza croata.[660] Se, infine, arriva l'esercito magiaro bisogna

---

[660] Cavour ha detto alla camera due giorni fa: **"qualunque sia l'esito della battaglia che sta per combatersi sotto le mura di Vienna, la guerra deve farsi più accanita. Infatti o lo slavismo vincerà e si impadronirà di Vienna, ed allora state certi che le province germaniche, ricusando di sottostare ad una razza da essi considerata con disprezzo, rigetteranno il giogo della capitale, e, aiutate dall'Assemblea di Francoforte, combatteranno il principio slavo a Vienna, a Praga, nella Croazia, oppure Jellacic sarà vinto, ed allora, costretto a ritirarsi nalle proprie contrade minacciate dai vincitori (….)** da: "Cavour. Italia, Austria e Francia" op. cit. pagg. 46, 47.

concedere all'Ungheria una completa autonomia che cambierebbe profondamente l'organizzazione dello Stato.

Windisch – Graetz è sicuro di prevalere.

Berlino, 16 ottobre 1848

Corteo di protesta di operai a difesa della Costituzione e dei posti di lavoro. Intervento e spari della polizia e della guardia civica. Il corteo si dissolve, ma in vari quartieri sono costruite barricate. Si vedono le prime armi, ma durante la notte la tensione decresce.

Torino, 18 ottobre 1848

Gioberti viene eletto presidente della nuova Camera.

Torino, 21 ottobre 1848

La Camera approva una deliberazione nella quale si precisa che la futura pace deve garantire l'onore allo Stato e l'indipendenza d'Italia.

Chiavenna (SO), 22 ottobre 1848

Su sollecitazione di Mazzini Francesco Dolzino, che è in clandestinità al confine della Svizzera fra Piuro (SO) e la Val Bregaglia, attacca il centro di Chiavenna, disarmando il presidio austriaco ed alzando l'albero della libertà nella centrale piazza Fontana.

Chiama immediatamente alla sollevazione i comuni della valle ed il suo reparto diviene sempre più numeroso. Accorrono volontari dalla vicina Samòlaco (SO) e, poi, da Campo, Codera, Novate [661](SO). La val Chiavenna settentrionale e centrale sono liberate. Dolzino marcia verso sud, all'imbocco della valle, sul lago di Como, dove incontra un reparto di mille uomini, agli ordini del generale Haynau. Schierati su posizioni forti i duecento uomini di Dolzino bloccano gli austriaci.

Venezia, 22 ottobre 1848

Il colonnello Gerolamo Ulloa, con quattrocento cacciatori del Sile e due barche armate, parte da Treporti in direzione di Cavallino. Le barche fanno fuoco ed i cacciatori attaccano. I duecentocinquanta austriaci del presidio della località si ritirano. Quindici sono uccisi. Il

---

[661] Novate dal 1863 si chiamerà Novate Mazzola. Campo e Codera sono sue frazioni. Quest'ultima è sita in una valle secondaria della Valchiavenna, chiamata, appunto, Valcodera.

bottino è notevole: due cannoni, due battelli, viveri e munizioni. Il reparto rientra alla base di partenza.

Firenze, 22 ottobre 1848

Il granduca conferisce a Montanelli un mandato esplorativo per la costituzione di un nuovo governo.

Vienna, 23 ottobre - 1° novembre 1848: attacco e riconquista

Il 23 ottobre le truppe di Windisch – Graetz bloccano Vienna. Il **26 ottobre** inizia il bombardamento, che dura fino al **1° novembre**. Intanto arrivano le truppe del bano Jellacic. Il 1° ha luogo l'attacco generale, concentrico. I rivoluzionari resistono in alcuni quartieri. Le truppe imperiali procedono distruggendo e uccidendo casa per casa, strada per strada. 2000 i morti ufficiali. Numerose le condanne a morte e quelle al carcere. Viene fucilato, per ordine di Windisch – Graetz, il parlamentare Robert Blum, capo del partito democratico sassone, accorso il 6 ottobre da Berlino. Il corpo è gettato in una fossa comune.

Val d'Intelvi (CO), 24 ottobre 1848

Andrea Brenta [662] è rientrato a San Fedele, ove ha interessi e dove risiede la famiglia. Affrontato un ufficiale austriaco che aveva dato fastidio alla moglie, riunisce un gruppo di insorti, scendendo lungo la valle verso il lago di Como. Respinti alcuni piccoli reparti nemici, arriva ad Argegno, dove disarma il presidio austriaco, occupando posizioni importanti a venti chilometri da Como.

Genova, 24 ottobre 1848

Garibaldi si ferma a Genova, invitato da Goffredo Mameli a nome del "circolo italiano". Egli reputa che il territorio più adatto per proiettare azioni di guerra o guerriglia sia la Toscana. Un gruppo di fedelissimi continua ad essere in attesa delle sue decisioni. Il nucleo di base è composto dagli esuli venuti con lui dall'America. Ma Nicola Fabrizi è andato a trovarlo a nome del governo siciliano e gli ha detto che nell'isola la rivoluzione avrebbe bisogno proprio di lui. Garibaldi ha avuto qualche perplessità nel ridursi con i suoi uomini

---

[662] Andrea Brenta, nato a Varenna (CO) nel 1812, dal 1831 abita a San Fedele d'Intelvi (CO), ove era proprietario di un'osteria e di alcuni terreni. Mazziniano, ha combattuto a Como ed in Valtellina, poi ha operato nell'esercito piemontese a Sommacampagna, infine è stato con Garibaldi. Ha continuato a tenere contatti con la valle, nella quale dopo l'ottobre 1848 ha effettuato azioni di guerriglia. Arrestato l'8 aprile del 1849 è stato fucilato l'11 aprile successivo.

in un'area periferica, ma, poi, si è detto d'accordo. Partirà per l'isola facendo scalo a Livorno.

In data odierna è prevista la partenza. Garibaldi è accompagnato da sessantadue volontari. Mancano, ovviamente, le armi e l'equipaggiamento.

Livorno 25 ottobre 1848

Garibaldi con il suo gruppo arrivano a Livorno sulla nave Pharamond. Grande partecipazione popolare, fin sulla banchina del porto. Giovanni La Cecilia mobilita la milizia cittadina. Anche la guardia municipale si aggiunge per fare onore all'ospite. Garibaldi viene convinto a restare. Parla alla folla esaltando la Costituente italiana. Abita prima in albergo, poi, quando sarà raggiunto da Anita, si sposterà in casa di Carlo Notari. Il popolo pretende che Garibaldi rimanga e operi in Toscana. Il municipio è favorevole ed interessa il governo. Fra il designato capo del governo, Montanelli, e Garibaldi vi è grande stima ed amicizia. Ma Montanelli è condizionato dai conservatori e dai moderati, per i quali Garibaldi è una specie di demonio.[663] Il comune è rappresentato da due consiglieri[664], uno dei quali si reca a Firenze. Ma Montanelli risponde che il governo non è completamente insediato: manca proprio il ministro della guerra.

La situazione diviene grave. Il popolo non accetta le indecisioni del governo; la stampa è particolarmente critica[665], mentre il governo, pur avendo timore dei livornesi, non ha intenzione di dare spazio a Garibaldi. A sua volta il nizzardo si rende conto che, dando grande importanza all'entusiasmo del popolo di Livorno, ha preso una decisione sbagliata. Ma oramai lui ed i suoi uomini non possono tornare indietro.

Livorno, 26 ottobre 1848

Continua il turbinio dei telegrammi. Montanelli presenterà il programma del governo il **28 ottobre**. Nonostante la sua stima per Garibaldi, non può far niente. Tutto viene rimandato. E' la solita storia. Il popolo porta in trionfo Garibaldi, ma i conservatori ed i moderati ne hanno paura e cercano di sabotare la sua azione.

---

[663]Alla fine Garibaldi invia a Montanelli il seguente telegramma: "**Domando se prende Garibaldi al comando delle forze toscane, e opera contro il Borbone: sì o no**" da: Giovanni Sforza: "Garibaldi in Toscana nel 1848", Società Editrice Dante Alighieri, Roma, 1897, pag. 4.

[664] Sono Isolani e Menichetti, che si reca a Firenze.

[665] Il "Corriere Livornese" scrive: "**Noi desideriamo che egli** (Garibaldi) **venga preposto immediatamente al comando supremo delle nostre truppe, per ricondurle alla disciplina e all'amore della patria, che sempre dovrebbero sentire**" G. Sforza "Garibaldi in Toscana",cit., pag. 6.

Val d'Intelvi (CO), 26 - 28 ottobre 1848

Il generale barone Ludwig von Wohlgemuth,[666] responsabile dell'area di Como, per rioccupare la Valle fa sbarcare un reparto ad Argegno. Il reparto risale la valle, ma a Dizzasco (area al centro della quale vi è uno sperone roccioso, presso Muronico) viene attaccato con tale forza che è costretto a ritirarsi sulla riva del lago, reimbarcandosi per Como.

Firenze, 27 ottobre 1848, governo Montanelli

Il Granduca Leopoldo II, anche su consiglio del rappresentante inglese, sir George Baillie Hamilton, nomina definitivamente Montanelli Presidente del Consiglio e ministro degli Esteri. Gli Interni sono affidati a Francesco Guerrazzi, la Giustizia a Giuseppe Mozzoni,[667] esponente del più acceso radicalismo democratico, sostenitore del suffragio universale, della libertà di parola e di associazione e di avanzate riforme sociali; la Guerra al colonnello napoletano Mariano d'Ayala, molto stimato da Montanelli, per il quale le libertà riconosciute dagli Statuti avrebbero dovuto essere estese all'organizzazione militare, tratteggiando la figura del cittadino soldato e l'istituzione dell'esercito nazionale di popolo.

In definitiva il governo deve reggersi sull'accordo fra tre concezioni della democrazia, rispettivamente moderata (Montanelli), avanzata (Guerrazzi), e radicale (Mozzoni). Fin dall'inizio si sono manifestate ovvie divergenze, ma i rapporti sono rimasti funzionali e adeguati, di fronte alla certezza che non vi siano soluzioni alternative.

Si manifestano anche grossi problemi di fondo: Montanelli tende ad una Costituente italiana, che dovrebbe risolvere rapidamente il problema dell'unità. Guerrazzi preferisce pervenire ad adeguate riforme nei vari Stati per contribuire in un secondo momento all'unità, garantendo una indipendenza funzionale e partecipata, in un contesto federale.

Venezia, 28 ottobre 1848,

---

[666] Il barone Ludwig von Wohlgemuth è nato a Vienna nel 1789. Ufficiale, ha combattuto nelle guerre antinapoleoniche. Generale nel 1846. E' stato a Milano durante le Cinque giornate. Successivamente ha operato in Italia fino al 1849, quando è stato trasferito in Ungheria. E'stato governatore della Transilvania ed ha combattuto contro i rivoluzionari ungheresi. Di passaggio per Pest è morto nel 1851.

[667] Giuseppe Mozzoni è nato a Prato nel 1808. Laureato in legge a Pisa, avvocato, su posizioni mazziniane, nel 1848 è stato triunviro. Al ritorno del granduca è andato in esilio a Marsiglia, Parigi, Madrid. Nel 1859 ha seguito gli avvenimenti su posizioni decisamente federaliste. Deputato del Regno d'Italia per una legislatura dal 18 novembre 1865 al 13 febbraio 1867 e senatore dal 16 marzo 1879 . Gran maestro del grande Oriente d'Italia dal 1870 al 1880, anno in cui è morto.

Direttamente al comando di Guglielmo Pepe muovono tre colonne, complessivamente di duemila uomini, verso l'abitato di Mestre, difesa dal generale Mitis con duemilaseicento uomini. Due colonne di complessivi 1500 uomini, la centrale comandata dal colonnello Antonio Morandi, comandante del forte di Marghera, e quella di destra da Livio Zambeccari, puntano direttamente sull'abitato. La terza, di sinistra, sbarcata più a Sud, a Fusina, deve seguire l'itinerario Fusina – Malcontenta e poi convergere su Mestre. E' appoggiata da cinque barche armate. Malcontenta viene raggiunta ed occupata dopo uno scontro alla località Rana contro 250 croati con due cannoni, che sono respinti. Ma si rivela impossibile il coordinamento con le altre colonne. Queste respingono il nemico trincerato sulla ferrovia e, arrivate alla periferia dell'abitato di Mestre, lo conquistano casa per casa. Notevole l'azione della colonna centrale dei novecento militari di Morandi che, bloccati da forti posizioni presidiate dal nemico, le conquistano con un furioso attacco alla baionetta. Interviene anche parte della riserva comandata dal colonnello Ulloa. Mestre, oramai, è liberata, ma, purtroppo, non può essere presidiata. Le colonne si ritirano, con un bottino di sette cannoni, vettovaglie, munizioni, 577 prigionieri, ecc.

La battaglia, cui hanno partecipato, fra gli altri, anche Enrico Cosenz, Cesare Rosaroll, Giuseppe Sirtori, Carlo Mezzacapo, con grave, forse doloso ritardo ha dimostrato che Venezia, finalmente, ha un'organizzazione militare. Troppo tardi. Comunque risaltano la combattività e lo spirito aggressivo dell'esercito repubblicano, anche se ancora vanno lamentate alcune sue carenze non solo organizzative. Vi è, infatti, chi tradisce, in varie maniere, la Repubblica. L'eccessiva correttezza – chiamiamola così - dei responsabili dello Stato non potrà, ovviamente, risolvere tale problema. Infatti la situazione è gravissima. Dato che il comando austriaco di Mestre è scappato senza portar via o distruggere gli incartamenti, anche quelli riservati, tutto l'archivio è a disposizione dei veneziani. Purtroppo fin da una prima lettura degli stessi si è preso atto della presenza di traditori nel comando di Pepe, di cui il nemico conosceva i piani.

Il colonnello Morandi, persona che ha dimostrato di essere precisa e combattiva non solo sui campi di battaglia bensì anche nei tribunali[668], non poteva lasciare sotto silenzio tutto

---

[668] Antonio Morandi, nato a Modena nel 1801, nel 1822 è riuscito ad uscire indenne dall'accusa di omicidio del direttore della polizia provinciale modenese. Poi, in Grecia, ha subìto una serie di processi, tutti vinti, dato che, per inefficienza delle autorità elleniche, era stato accusato - forse su istigazione dell'Austria - di aver abbandonato senza permesso l'organizzazione militare greca per rientrare in Italia. Di conseguenza, la seconda volta che ha chiesto l'aspettativa per venire in Italia ha interessato lo stesso re Ottone I. Infine quando Garibaldi si muoverà da Palermo il 29 agosto 1862 per muovere su Roma e si scontrerà all'Aspromonte con i governativi, è stato accusato dall'ammiraglio Persano e dal generale Cialdini di essere d'accordo con l'azione garibaldina e di non averla bloccata prima, essendo il comandante della sottodirezione militare di Messina. Anche stavolta vincerà la causa, ma i suoi rapporti con il ministero della Guerra del nuovo governo nazionale entreranno in crisi. Avrà onorificenze ma, nonostante la richiesta, non gli saranno concessi incarichi operativi nella guerra del 1866. Morirà a Modena nel 1883.

ciò. Ne è derivata una penosa polemica. Morandi ha avuto tre giorni di arresti e gli è stato tolto il comando. Ha risposto sulle pagine dell'"Indipendente". Era chiaro che Pepe non fosse il responsabile. Ma, allora, chi del suo comando (di cui, comunque, Pepe era responsabile) ha tradito? In effetti l'organizzazione austriaca era stata pianificata proprio per resistere adeguatamente allo specifico attacco. Ciò ha reso più difficili e sanguinose le operazioni. Ed il nemico ha fatto massa proprio nel punto per lui più opportuno. Infatti i 1.500 uomini di Morandi e Zambeccari hanno dovuto attaccare un reparto di 2.600 uomini. Hanno vinto, ma ciò è avvenuto contro tutti i criteri bellici. L'attaccante, infatti, dovrebbe avere una forza tripla rispetto ai difensori.. A Mestre il rapporto era favorevole agli austriaci.

Ma la battaglia, di certo vittoriosa, è stata necessaria? Bisogna, a tal proposito, tener conto che i combattimenti sono stati provocati per dimostrare agli austriaci la determinazione e la capacità dei militari della Repubblica[669]. Così è stato rimandato l'assedio finale di circa sei mesi. Ne è scaturita un'ulteriore polemica, questa volta politica. Che fare, nel frattempo? I mazziniani intendevano imporre la guerra totale: attivare guerriglie alle spalle degli austriaci, come era avvenuto in Cadore, sotto la guida del colonnello Calvi. Logorare al massimo gli austriaci. Coordinarsi veramente e non a parole con i tentativi nazionali che si manifestano in varie parti d'Italia. Ed approvare un provvedimento che vede uniti Sirtori e Morandi: la leva di massa. Tutti alle armi. Inoltre le sinistre, escluse dal potere reale, protestano violentemente, in particolare Giuseppe Sirtori che, in alcuni momenti, ha forse accarezzato l'idea di un'azione di forza contro il governo. In ogni caso è decisamente contrario alla politica di Manin. Questi spera nell'intervento dell'Inghilterra e della Francia, un'azione adombrata a parole ma non attuata nei fatti. Tommaseo sarà a Parigi, inutilmente. La sola funzione delle navi francesi alla fonda vicino alla laguna sarà quella, dopo la sconfitta, di salvare le persone maggiormente coinvolte negli avvenimenti.

Fra i feriti gravi a Mestre vi è stato Alessandro Poerio[670], cui è stato necessario amputare una gamba, ma inutilmente, dato che, alla fine, è morto nonostante le cure.

---

[669] Nella relazione del generale Pepe pubblicata da Henry Coburn nel 1850 a Londra è precisato: " **Ma quello che era ancora meglio era aver provato che i volontari italiani, che solo pochi mesi prima avevano prese le armi per la prima volta, comandati da ufficiali per la maggior parte nuovi alla professione, avevano sconfitto gli austriaci, che erano superiori di numero, ben radicati, ostinatamente difesi e preparati durante la notte a ricevere noi, e che hanno fatto uso delle case forate come una seconda linea di difesa.**" Da Wichipedia: https://en.wikipedia.org/wiki/Battle_of_Mestre&oldid=786817198. Per "case forate" nel combattimento negli abitati vanno intese quelle strutture in cui sono state praticate feritoie per consentire agli occupanti di fare fuoco coperti.
[670] Alessandro Poerio è nato a Napoli nel 1802. Poeta con una grande sensibilità patriottica, vicino a Leopardi, amico di Tommaseo, ha combattuto nel 1820 con i costituzionali napoletani. Esule, è rientrato in patria nel 1835. Ha pubblicato un volume di poesie nel 1843. Ha inteso partecipare alle

Dopo la battaglia di Mestre il generale Pepe presenta al governo un piano di sortite da effettuare ogni tanti giorni, in varie direzioni, al fine di facilitare gli approvvigionamenti, mettere in crisi il nemico e saggiarne lo schieramento al fine di effettuare eventuali azioni in profondità. Ma il governo non è d'accordo: continua a perseguire, infatti, la falsa ed inconcludente idea di pervenire a soluzioni politiche. Quelle militari, quindi, devono essere particolarmente blande. Tale comportamento irrealistico è suggerito anche dal console francese, che attua la politica del proprio Paese ma – non si sa per quale motivo - viene considerato un sicuro sostegno della Repubblica. Si è andati avanti, quindi, tendendo al massimo dell'utopia ma dimostrando un alto grado di insipienza. Al limite un involontario sabotaggio.

Val d'Intelvi (CO), 28 - 30 ottobre 1848

Mazzini invia, a supporto del gruppo di Brenta, circa quattrocento uomini comandati dai generali D'Apice e Arcioni. Inizia un metodico rastrellamento ed una piena occupazione della Valle. Brenta, intanto, caccia gli austriaci per trenta chilometri della riva occidentale del lago, da Menaggio a Nord fino a Cernobbio, a Sud, raggiungendo le porte di Como.

Un'area estesa è stata, quindi, liberata. Viene costituito un Comitato d'insurrezione: il presidente onorario è Mazzini; il presidente effettivo è l'avv. Giuseppe Piazzoli. La soddisfazione è generale. ma viene frustrata dal profondo contrasto fra D'Apice e Arcioni, che intendono agire in maniera diversa nel contesto di un prevedibile, prossimo intervento nemico. La situazione, pertanto, entra in crisi, anche per le proteste dei volontari.

Chiavenna (SO), 29 ottobre 1848

Il generale Haynau riesce ad entrare nella valle. Fa bruciare gli abitati di Campo e di Verceia, entra in Chiavenna, cui impone una tassazione esorbitante. Gli uomini di Dolzino tornano alle loro case, ma alcuni lo seguono nuovamente in clandestinità.

Livorno, 30 ottobre 1848

I fatti di Mestre e di Val d'Intelvi esaltano le masse in tutta Italia. In particolare a Livorno, dove appare decisamente fuori luogo la vicenda dei telegrammi, che, peraltro, continua. Notari ha coinvolto anche Guerrazzi. Ora il governo è insediato ed ha il ministro della guerra, nella persona di Mariano d'Ayala. Sembra, però, che sia tutto bloccato fra le calorose manifestazioni popolari ed il gelo governativo. E d'Ayala, trattando di Garibaldi,

---

varie guerre da soldato. Il governo della Repubblica, durante la degenza in ospedale, lo ha nominato capitano ad honorem.

ha affermato di avere già sei generali. E' un ufficiale molto avanzato e colto, ma anche lui non ama la "soluzione Garibaldi".

E', così, confermato che le possibilità d'azione in Toscana sono minime o inesistenti. Intanto la notizia della vittoria di Mestre ha dato speranza alle popolazioni. Così Garibaldi decide di andare a Venezia, ma, ovviamente, intende avere un supporto logistico dal governo toscano.

Germignaga (VA), 31 ottobre 1848

Francesco Daverio è rientrato in Svizzera. Ora, secondo le direttive mazziniane, imbarcatosi con 150 uomini a Locarno, è sbarcato a Germignaga, seguendo lo stesso itinerario scelto in precedenza da Garibaldi. Riesce a liberare Luino e costituisce una Giunta d'insurrezione. Ma quando è ancora nella fase organizzativa iniziale due reparti austriaci, tempestivamente informati, marciano su Luino.

Vi è un breve scontro e Daverio deve prendere atto che la sua organizzazione non è adeguata, data la forza del nemico. Perciò riattraversa con i suoi uomini il lago Maggiore, ritirandosi in Piemonte.

Nei mesi seguenti Daverio cercherà di organizzare un gruppo coeso ed efficiente da impiegare nelle successive emergenze. Un gruppo di quaranta persone, da mettere a disposizione di Garibaldi.

Val d'Intelvi (CO), 31 ottobre – 1 novembre 1848

Il generale Wohlgemuth, preso atto che non è riuscito ad aver ragione degli insorti della Val d'Intelvi muovendo sulla litoranea o sbarcando nella zona di Argegno, attacca attraverso le montagne in direzione Sud – Nord. Il D'Apice si ritira. L'intera difesa è in crisi. Gli austriaci premono a metà della valle. Gli insorti, di conseguenza, sono obbligati a ritirarsi nella parte alta della valle stessa. Successivamente sconfinano in Svizzera. Brenta, con il gruppo da lui organizzato, entra in clandestinità.

D'Apice sarà molto criticato per il suo comportamento, soprattutto da Arcioni. Sarà "assolto" da Mazzini, che ha sempre cercato di capire le complessità dell'animo umano. I due generali avevano avuto analoghe esperienze belliche in terra iberica, vissute, però, in maniera diversa. Innanzi tutto per la notevole differenza di età, diciotto anni. Poi per la diversa impostazione ideologica. D'Apice, da giovanissimo, era stato un duro giacobino ed un ardente carbonaro. Sembra che partecipasse nel 1821, a Napoli, all'assassinio del Direttore di polizia Giampietro. Nel 1848, a 66 anni, dopo i fatti dello Stelvio e la crisi della causa nazionale, è oramai su posizioni ultramoderate, che manifesterà successivamente anche in Toscana, guadagnando le critiche e la disistima di gran parte dell'ufficialità nazionale, soprattutto di quella napoletana. In Val d'Intelvi, data la sproporzione delle forze, D'Apice ha inteso evitare un bagno di sangue. Cosa, questa, rispettabile da un punto di vista morale, molto meno condivisibile militarmente e politicamente. Arcioni, nel 1848, aveva 37 anni. Le esperienze della guerra lo avevano radicalizzato. Per la futura sua partecipazione alla difesa di Roma sarà più volte elogiato da Garibaldi.

Gli austriaci effettuano il rastrellamento della Valle. Giunti a San Fedele hanno cura di distruggere col fuoco l'osteria e le altre proprietà di Brenta.

Firenze, 1 novembre 1848

Il governo e il municipio di Livorno si sono accordati per un incontro con Garibaldi. Guerrazzi ha garantito che i volontari avranno tutto il necessario. In effetti il governo, sapendo che Garibaldi vuole andare a Venezia, è ben lieto di accontentarlo. Viene presentata la lista delle necessità. Gli uomini sono 85, ma vengono chiesti materiali ed equipaggiamenti per 300. Viene anche chiesto che sia facilitato l'afflusso di nuovi volontari, in particolare i superstiti del battaglione modenese di cui fa parte Nino Bixio.

Berlino, 2 novembre 1848

Il re nomina il generale Friedrich Wilhelm conte di Brandeburg[671], generale di cavalleria, capo di un governo conservatore.

Il **1° novembre** il re ha sciolto il governo Pfuel, che accettava in maniera totale e acritica i dettami dell'Assemblea nazionale. In particolare, nei giorni precedenti, l'Assemblea aveva tolto il "per grazia di Dio" come elemento originario della legittimità monarchica, ha inteso dirigere l'esercito ed ora sta costruendo un nuovo assetto costituzionale che prevede, fra l'altro, l'annullamento delle prerogative nobiliari.

L'Assemblea cerca di attuare rapidamente le riforme. Lavora con grande serietà ed anche con notevole competenza. E' più incisiva e determinata della Dieta di Francoforte. Ma sbaglia su un punto: non si rende conto che l'opinione pubblica è cambiata e che il ritmo dato alle riforme cambia la situazione ancora di più, rafforzando la rivoluzione conservatrice.

---

[671] Fridrich Wilhelm conte di Brandenburg, nato nel 1791, era figlio di re Federico Guglielmo II e della contessa Danhoff. Sarà primo ministro fino alla morte (6 novembre 1850)

L'Assemblea è caratterizzata da una grande astrattezza. E' il suo grande difetto. Peraltro, per quanto possa apparire strano, la sua politica non si può definire democratica. Segue la propria visione, rispettabile ma meramente teorica e non prende atto dei dubbi, delle perplessità, della stanchezza, delle necessità reali ed anche delle paure della società, dei vari ceti, insomma del popolo. Tanto meno comprende il problema di fondo: l'amore del popolo per la tradizione nazionale, di cui è anima l'esercito, che i deputati sottovalutano ritenendolo un organismo burocratico, alieno da convinzioni ideologiche.

Saranno pochi i giorni di vita dell'Assemblea.
Firenze, 3 novembre 1848

Vengono indette nuove elezioni.

Livorno, 3 novembre 1848

Garibaldi parte con i suoi uomini in treno per Firenze. Alla stazione Leopolda è accolto da una marea di popolo, con bandiere e banda militare. I giornali descrivono una folla immensa e plaudente che lo accompagna a casa De Gregori[672], dove si fermerà. Garibaldi, dalla terrazza, parla con il popolo. Lo ringrazia, anche perché a Firenze era stato pubblicato un libro sulla legione ialiana a Montevideo.[673] Ma la simpatia reciproca si basa sul comune sentire la vergogna della presente situazione politica. In risposta agli evviva continui, richiamato sul terrazzo, Garibadi grida che la sua anima resterà sempre con quel popolo e con l'Italia.

Parigi, 4 novembre 1848

Viene promulgata la Costituzione, che prevede una repubblica democratica, una assemblea eletta per tre anni (750 parlamentari), un presidente della repubblica con un mandato di quattro anni, eleggibile solo una volta ma con notevoli poteri. A dicembre le elezioni.

Firenze, 5 novembre 1848

Bella riunione al Circolo del popolo, un importante centro di dibattito politico e culturale, fondato da Guerrazzi. Sono presenti i fratelli Giovanni Andrea e Pietro Romeo, capi della prima rivoluzione, quella di Reggio di Calabria, ed il principe Carlo Luciano Bonaparte[674]. Il **2 novembre**, per acclamazione, Garibaldi è stato nominato membro del circolo.

---

[672] In piazza Santa Maria Novella.
[673] "La Legione Italiana a Montevideo" di Cesare De Laugier di Belecour.
[674] Circa Carlo Luciano Bonaparte, principe di Canino, vedasi il para: "Roma, 15 novembre 1848".

Prevedendo che vi sarebbe stata molta gente, la riunione viene svolta al teatro Goldoni, pienissimo. Il clima è partecipe, duro, entusiasta.

Ha parlato il professor Carlo Pigli[675], governatore civile e militare di Livorno, sostenendo la necessità che la rivoluzione nazionale, per essere completa, debba perseguire anche un profondo miglioramento sociale. Poi interviene il principe di Canino, che ha esaltato la decisione del governo di eleggere una Costituente italiana avente come scopo primario l'indipendenza nazionale. Esorta tutti alle armi, a cacciare lo straniero ed a spezzare tutto ciò che possa ostacolare la missione popolare. Garibaldi dice che non bisogna limitarsi a spingere il governo sulla strada dell'unità nazionale ma, se necessario, ad imporgli di agire in tal senso, con continue, adeguate manifestazioni. Oggi l'Italia o trascina i suoi governanti all'unità e all'indipendenza o deve rovesciarli. Firenze è in una posizione particolare: può fare molto per il cambiamento, per l'emancipazione. La missione dei fiorentini è sacra, non deve essere abbandonata. Intervengono i Romeo dicendo che bisogna riaccendere la guerra d'indipendenza. La conclusione di Pigli è che l'Italia non è barbara, ma è occupata da barbari, che bisogna giurare di disperdere.

Dopo la riunione in teatro viene servito un pranzo d'onore con la partecipazione di trecento persone.

Bologna, 6 novembre 1848

Il popolo è in tumulto. Ha saputo che è arrivato Garibaldi in Toscana e chiede che il governo pontificio lo inviti a prendere il comando delle truppe nelle legazioni. [676] Padre Giavazzi contribuisce ad accrescere il movimento popolare. I capi del movimento si rivolgono al cardinale che dirige la legazione, Luigi Amat, che si vede costretto ad affermare di essere favorevole. Ma Amat è convocato a Roma ed è sostituito dal prolegato

---

[675] Carlo Pigli è nato ad Arezzo nel 1802. Interessato alla musica ed alla letteratura, scrittore anche in latino, si è iscritto a medicina, laureandosi nel 1826. Autore di varie opere, medico a Cortona e ad Arezzo, sostenitore della medicina come fattore di incivilimento, nel 1847 ha svolto importanti attività politiche, perseguendo la rivoluzione nazionale e sociale. Vicino a Guerrazzi, governatore di Livorno, ha sostenuto la difesa della Repubblica e l'unione con Roma. Entrato, successivamente, in contrasto con Guerrazzi, è stato destituito e, dopo il selvaggio intervento austriaco, è emigrato con ottocento esuli in Corsica. Successivamente si è recato a Marsiglia. Isolato ed in difficoltà economiche, perseguitato perché considerato comunista, in contrasto con i vecchi amici, in particolare Guerrazzi, è riuscito ad ottenere di poter esercitare la professione in Corsica. Solo dopo la rivoluzione toscana del 1859 potrà sbarcare a Livorno e andare a Firenze, poi ad Arezzo. Morirà a Firenze nel 1860.
[676] Lo Stato pontificio era diviso in: una comarca o circoscrizione (Roma), 13 delegazioni e 4 legazioni: Bologna, Ferrara, Forlì e Ravenna. Le legazioni erano delegazioni gestite da un cardinale.

conte Alessandro Spada,[677] che invia 400 svizzeri con artiglieria e cavalleria a bloccare le provenienze dal Granducato.

Il giorno in cui Garibaldi è sbarcato a Livorno è arrivato anche il generale Carlo Zucchi, che ha proseguito per Roma, essendo stato nominato ministro delle Armi, cioè della Guerra. E' arrivato a Roma il **5 novembre**, ma è stato subito inviato dal papa a Bologna e a Ferrara dove si erano verificati disordini. Zucchi è partito, con il conte Ippolito Gamba, investito di tutti i poteri nelle quattro legazioni.

Intanto il governo toscano chiede a Pellegrino Rossi che il governo del papa conceda a Garibaldi ed ai suoi uomini di attraversare il territorio delle legazioni per andare a Venezia.

Rossi invia un'autorizzazione al passaggio di Garibaldi. Le autorità competenti definiranno ed autorizzeranno l'itinerario.

Firenze, 8 novembre 1848

Garibaldi parte. Invia un messaggio a d'Ayala ed un saluto al popolo. Si dichiara superbo dell'entusiasmo popolare. Ora va dove può combattere, ma rimarrà sempre vicino ai toscani, che ritiene benemeriti del risorgimento della Nazione. Se si riuscirà a combattere adeguatamente è sicuro di avere con sé anche i toscani. La causa comune è un'incrollabile ricerca di giustizia.

Garibaldi si rivolge al popolo, in un certo senso cortocircuitando un governo composto da brave e valide persone che, pur avendo fra loro una notevole percentuale di rivoluzionari, riesce a produrre solo una politica ultramoderata. E' la premessa del futuro crollo del governo.

---

[677] Alessandro Spada Lavini, Conte di Colle d'Alberi e di Monte Polesco, patrizio romano e di Macerata, Nobile di Terni e di Filottrano è nato a Terni (PG) nel 1800. Preside della provincia di Bologna dall'inizio del 1848 al 14 gennaio 1849, Ispettore straordinario dello Stato pontificio per le province del Piceno, socio di tre Accademie delle scienze, dopo l'Unità d'Italia sarà senatore dal 20 gennaio 1861. Morirà nel 1876. La nomina di Spada è stata determinata dalla necessità, all'atto della liberazione delle Marche nel 1861, di garantire la rappresentanza in Senato delle nuove popolazionio. **"Dopo qualche resistenza furono (….) nominati dal Re sei senatori indicati da Valerio e cioè Orsini di Ascoli, il principe Simonetti di Osimo, il conte Monti di Fermo, il conte Carradori di Recanati, il conte Alessandro Spada di Macerata. Il sesto, il conte Terenzio Mamiani della Rovere, ministro della Pubblica istruzione, preferì restare fino al 1864 nella Camera dei Deputati."** Gabriella Santoncini: "L'unificazione nazionale delle Marche. L'attività del Regio Commissario Generale straordinario Lorenzo Valerio: 12 settembre 1860 – 18 gennaio 1861", Giuffrè editore, Milano, 2008, pagg. 318 e 319.

Il comportamento più criticabile è quello di Guerrazzi. Nella sua qualità di ministro degli Interni ha scritto ad un gonfaloniere [678] definendo i volontari un diluvio di cavallette, da considerarsi come una piaga d'Egitto, che presto dovranno finire di contaminare le località toscane. Garibaldi ha saputo di queste affermazioni, ma continua a nutrire stima, finanche simpatia, per la notevole personalità culturale del ministro.[679]

Purtroppo, però, il nizzardo dovrà prendere atto che, contrariamente agli accordi, il governo non gli darà alcun supporto ed i suoi uomini potranno sopravvivere solo per la generosa benevolenza delle popolazioni.

Garibaldi a sera tardi arriva alla dogana di confine, a Filigare (FI)[680]. Prende atto della presenza dei reparti pontifici. Nevica ed i suoi soldati non hanno equipaggiamento invernale. Intanto il popolo di Bologna sa che il passaggio di Garibaldi è permesso. E', quindi, sleale bloccarlo al confine e predisporre contro di lui addirittura uno schieramento militare. Viene chiesto che le truppe ritornino nei loro alloggiamenti.

Zucchi da Bologna è andato a Ferrara.

Turda, 8 - 20 novembre 1848 e avvenimenti successivi.

Oramai i rapporti fra ungheresi e romeni sono definitivamente in crisi. L'**8 novembre** Avram Iancu, con la sua legione "Auraria Gemina", di 4.000 uomini, parte per conquistare Turda, centro importante soprattutto per le estese saline esistenti sul suo territorio. Il **20 novembre** la città, che è a maggioranza ungherese, si arrende[681]. Il **29 novembre** la legione si rafforza, arrivando a 5.500 uomini. Il **6 – 7 dicembre** Iancu attaccherà gli ungheresi nella zona di Sacuieu, ma sarà respinto e, dopo tre giorni, dovrà ritirarsi.

---

[678] In termini toscani un sindaco.

[679] Fra gli altri, il delegato della Lunigiana, E. Sabatini, è profondamente preoccupato perché a Pontremoli è arrivato un "corpo franco" che intende raggiungere Garibaldi. Il dirigente scrive a Guerrazzi: "(….) **debbo aggiungere all'E.V. che il soggiorno di quei militi nel Granducato può essere cagione d'inquietudini; poichè il tema dei loro discorsi al popolo, con cui cercano di stringere rapporti, si è che la miglior forma di governo è la repubblicana, e che neppure il regime costituzionale è buono, perché i Principi sono traditori e nemici del popolo. Lodano le defezioni delle truppe regolari, predicano il diritto che hanno i soldati di dare giudizi delle persone e degli ordini dei loro capi. Parlano anche male del presente Ministero toscano, perché non ha abrogato il Principato e cacciato il Granduca.**" Da: G. Sforza: "Garibaldi in Toscana", cit. pag. 19.

[680] Filigare è una frazione del comune di Firenzuola (FI), sita a 770 metri di quota, a 9,53 chilometri dal centro. Ha oggi 19 abitanti.

[681] Al censimento del 1810 la popolazione ungherese di Turda era del 69,4%.

A **gennaio 1849** un corpo ungherese di 10.000 uomini, comandato dal generale Josef Bem,[682] completerà l'occupazione di quasi tutta la Transilvania. Entreranno in crisi anche i reparti austriaci comandati dal generale Anton von Puchner.[683] Con soli 800 armati Iancu riuscirà a resistere in una zona forte dei monti Apuceni. Fra l'**8 ed il 10 maggio** Iancu vincerà a Abrud e gli ungheresi si ritireranno. Viene concordata una tregua, rotta dal maggiore ungherese Imre Hatvany[684], che attaccherà nuovamente Abrud, ma sarà sconfitto il **18 maggio**. L'**8 giugno** i romeni saranno nuovamente attaccati dal generale Kemeny Farkas. Ma, nella terza battaglia di Abrud, durata dall'**11 al 17 giugno**, gli ungheresi saranno nuovamente sconfitti. Intanto avanzeranno i russi. Ancora fra il **2 ed il 22 luglio** si verificheranno combattimenti fra ungheresi e romeni. Poi verrà stipulato un accordo il **29 luglio** [685], in base al quale gli ungheresi potranno ritirarsi per manovrare contro i russi. I romeni[686] non li attaccheranno.

La guerra sarà, così, sostanzialmente, finita, ma il governo imperiale non riconoscerà i sacrifici dei romeni ed il contributo da loro dato alla vittoria austriaca. Una politica reazionaria, questa, dettata dal timore che potesse affermarsi un pericoloso separatismo. Di

---

[682]   Josef Bem è nato a Busko (Polonia) nel 1794. Ha frequentato l'accademia del genio e dell'artiglieria. Ha partecipato alla guerra napoleonica in Russia e all'assedio di Danzica. Successivamente si è dedicato allo studio degli aspetti scientifici connessi all'organizzazione militare (razzi incendiari, ecc.). Fra il 1822 ed il 1826 è stato espulso dall'esercito due volte per vari motivi (ad esempio perché massone). Infine è stato congedato per motivi di salute. Ha svolto lavori come ingegnere ed agronomo ed effettuato viaggi in Slesia, Francia e Prussia. E' rientrato nell'esercito nella guerra contro la Russia del 1831, comandando alcune batterie a cavallo. Colonnello alla battaglia di Ostroleca, vinta dai russi. Comandante dell'artiglieria alla difesa di Varsavia, è nominato generale di brigata. Ma Varsavia ha dovuto capitolare e Bem si è rifugiato in Prussia, poi in Francia. Ha pubblicato vari libri ed organizzato i polacchi in esilio. Allo scoppio della rivoluzione di ottobre 1848 a Vienna Bem si è schierato dalla parte democratica, collaborando con Wenzel Messnhauser alla difesa della città. Dopo la sconfitta è fuggito a Presburgo (Bratislava), partecipando alla rivoluzione ungherese. Responsabile della Transilvania, ha più volte vinto gli austriaci. Il 7 agosto 1849 è nominato comandante supremo ddell'esercito ungherese. Ma l'intervebnto della Russia mette tutto in crisi ed anche Bem è riparato in Turchia, dove si è convertito all'Islam per entrare nell'esercito e nell'amministrazione turchi. Di conseguenza è nominato generale. Ha salvato Aleppo da una rivolta di beduini. E' morto nel novembre del 1850 ad Aleppo.

[683]   Il barone Stanislaus Anton von Puchner è nato a Selmecbanya nel 1799. Dopo studi in legge è entrato nell'esercito ed ha combattuto nelle guerre antinapoleoniche Generale di cavalleria, ha combattuto in Italia ed in Ungheria, dove ha operato alle dipendenze di Windisch – Graetz. Ha meritato l'ordine militare di Maria Teresa. Governatore di Venezia alla caduta della Repubblica, fino al 1850. Andato in pensione, morirà nel 1852.

[684]   Imre Hatvani, nato a Monostorpàlyi nel 1818 era un un avvocato ungherese che, durante la rivoluzione, ha comandato un reparto di volontari. Radicale ed intransigente, ha rotto la tregua concordata fra un rappresentante di Kossuth e Iancu. Esule negli Stati Uniti dopo il crollo della rivoluzione, tornerà in Ungheria nel 1850, riprendendo l'attività rivoluzionaria. Arrestato, morirà in carcere nel 1856.

[685]   I negoziati sono incominciati il 14 luglio: Kossuth si è fatto rappresentare da un valacco, Nicolae Balcescu, offrendo, contro la comune minaccia russa, il grado di generale a Iancu ed il comando di una legione romena nell'esercito ungherese. Ma Iancu ha rifiutato.

[686]   I romeni odiano i russi, repressori in Valacchia.

conseguenza i romeni si rivolgeranno allo zar con un memoriale che Nicola invierà a Francesco Giuseppe. Addirittura il **15 dicembre** Iancu sarà arrestato dagli austriaci, che dovranno rilasciarlo per la rivolta dei romeni. Poi, gradualmente, vi saranno dei riconoscimenti da parte imperiale e inizierà una lunga negoziazione fra il governo austriaco ed i romeni. Iancu farà parte della delegazione, ma il **17 agosto 1852** sarà nuovamente arrestato per contrasti con alcuni impiegati del catasto. Alla fine il governo austriaco gli offrirà un incarico a Vienna o a Sibiu, che Iancu non accetterà.

Bologna, 9 novembre 1848

Una notizia è riportata dalla stampa: il governo pontificio non vuole far passare Garibaldi. Scoppia uno scandalo. Riprendono i tumulti.

Berlino, 9 – 12 novembre 1848

L'esercito prende il controllo della capitale La prossima riunione dell'Assemblea nazionale potrà aver luogo il **24 novembre**. Contestualmente viene disposto il suo trasferimento in un sobborgo di Berlino. Questa sembra essere una scusa per chiudere il Parlamento. Alcuni gruppi di operai vicino alla sede assembleare tentano di organizzarsi, ma sono dispersi.

Il **10 novembre** il generale Wrangel espelle i deputati da un teatro dove si erano riuniti. L'**11 novembre** viene disarmata la guardia civica. Il **12 novembre** viene proclamato lo stato d'assedio. Sono soppressi i giornali democratici ed è vietata l'attività delle organizzazioni di sinistra.

Bologna, 10 novembre 1848

Garibaldi risolve il problema a modo suo: da solo si reca a Bologna, arrivando alle 21.00. Una notevole folla gli va incontro e avviene qualcosa che lo scandalizza. Vengono staccati i cavalli della sua carrozza, che viene trainata a braccia, in trionfo. Il generale Latour lo segue cordialmente fino al Grande Albergo Reale. Acclamazioni e comizio.

Intanto arriva a Bologna da Ferrara il ministro Zucchi. Scriverà che quel giorno la situazione dell'ordine pubblico a Bologna faceva spavento. La città era gestita da una folla violenta. Cerca di ripristinare l'ordine, ma considera il problema risolto dalla autorizzazione di Rossi.

Milano, 11 novembre 1848

Repressione economico finanziaria di Radetzky. Viene disposta una tassazione straordinaria di venti milioni di lire. I contribuenti sono 189, gravati in maniera diversa. Il contributo maggiore è di 800.000 lire, addebitati ai quattro più ricchi. La principessa di Belgioioso, la marchesa Busca, il duca Litta e il duca Visconti di Modrone. Poi vengono imposte altre esazioni. Viene denunciata una diffusa corruzione delle alte sfere militari.

Bologna, 12 novembre 1848

Garibaldi, dopo aver emanato un proclama alla popolazione, va via da Bologna, tornando dai suoi uomini. Arriva a Filigare a sera. Ormai la strada è aperta. Nei suoi progetti vi sono l'arrivo a Ravenna e l'imbarco per Venezia.

Firenzuola (FI), 13 novembre 1848

Garibaldi parte con il suo reparto. Entra nello Stato pontificio e percorre l'itinerario Pianoro, Castel San Pietro, Imola, Faenza.

Napoli, 13 novembre 1848

Elezioni suppletive: i nuovi eletti alla Camera appartengono quasi tutti all'opposizione democratico liberale.

Como, 14 novembre 1848

Viene pubblicata l'entità della taglia messa sulla testa di Andrea Brenta: 300 lire.

Napoli, 15 novembre 1848

La "Società per l'Unità italiana" si va diffondendo notevolmente fra i militari. Forse troppo rapidamente. La polizia deve essere riuscita ad infiltrare alcune sue spie, perchè si verifica qualche arresto, alla "periferia" dell'organizzazione.

Settembrini cerca di rafforzare la struttura della Società a livello provinciale e comunale. Si cerca di organizzare un'azione importante nel primo anniversario del 15 maggio.

Roma, 15 novembre 1848

Il ministro Rossi, mentre entra nel palazzo della Cancelleria per presentare alla Camera il suo programma, è caduto a terra, morto, colpito da una pugnalata. Nessuno se ne è accorto, pur essendovi intorno una grande folla. Non è stato possibile individuare ed arrestare il responsabile. Gli astanti sono usciti tutti tranquillamente e, con loro, anche il pugnalatore.

Alcuni colpi d'arma da fuoco sono sparati contro un reparto svizzero, che risponde al fuoco. Poi tutto finisce.

Rossi era odiato dal popolo, che non faceva analisi complesse di carattere politico, storico o economico, ma prendeva atto degli effetti della politica governativa. Rossi aveva cercato di dare nuovo impulso all'attività dello Stato: le opere pubbliche, la Lega degli Stati italiani, l'economia, ecc.. Perseguiva una "nuova politica", liberista, vissuta negativamente dalla popolazione, già da tempo in gravi difficoltà. Quella politica che Fabbri, giustamente, aveva ritenuto pericolosa per l'equilibrio interno dello Stato, ma che Pio IX, invece, considerava necessaria. Rossi la giudicava essenziale non solo per lo Stato della Chiesa ma anche per affermare in tutta Italia la politica liberale in opposizione alle politiche assolutistiche e a quelle di carattere democratico.

Il suo tentativo è fallito, con grave danno dei liberali e dei neoguelfi e notevoli vantaggi dei democratici, in particolare dei mazziniani. Inoltre Pio IX, convinto da Rossi che il Papato potesse convivere solo con un liberalismo moderato, essendo colpito profondamente dalla sua morte, incomincia a temere per la sua stessa persona e non accetta che la politica possa seguire derive di carattere democratico.

La situazione è complessa e non è chiaro come possa evolversi. Si vocifera che il successore di Rossi sia Giuseppe Galletti[687], di origini rivoluzionarie, quindi di idee molto più avanzate di Rossi. Aveva fatto parte dei ministeri precedenti ma, successivamente, Rossi non aveva voluto inserirlo nel suo ministero. La popolazione è sostanzialmente lieta della piega che hanno preso gli avvenimenti ma sembra che qualcosa di molto importante debba accadere.

Grande manifestazione per la Repubblica del circolo popolare del principe di Canino Carlo Luciano Bonaparte[688], che, forse in ricordo dei club giacobini coordinati da Jean-Paul Marat

---

[687] Giuseppe Galletti è nato a Bologna nel 1798. Laureato in legge, è stato avvocato. Ha partecipato ai moti del 1831, è stato militare e deputato al parlamento delle Provincie. Condannato all'ergastolo per cospirazione il 1° maggio 1844, ha fruito dell'amnistia del 1846. Sarà presidente dell'Assemblea costituente dal 5 febbraio 1849. Dopo la caduta della Repubblica andrà in Piemonte e sarà deputato al parlamento del Regno d'Italia per una legislatura, dal 18 novembre 1865 al 13 febbraio 1867. Morirà nel 1873.

[688] Il principe Carlo Luciano Bonaparte è nato a Parigi nel 1803. Figlio di Luciano, fratello di Napoleone, si è inserito nella realtà romana fin da piccolo, quando il padre, entrato in contrasto con l'imperatore, si è stabilito nello Stato pontificio con la sua numerosa famiglia. Nel 1814 il papa ha nominato Luciano principe, con notevoli proprietà a Canino (VT). Carlo Luciano ha ereditato il titolo nobiliare. Ha viaggiato molto, soprattutto per motivi di studio. Ha conosciuto lord Minto, il re

durante la Rivoluzione francese, utilizza il circolo per spostare sempre più a sinistra le manifestazioni popolari. Oggi l'azione del circolo è particolarmente incisiva. La gioia popolare è al colmo. Addirittura il Bonaparte sarà accusato di essere uno degli organizzatori dell'assassinio di Rossi. La magistratura, in merito, si è mossa, ma, poi, archivierà il tutto. Non si può accusare senza prove decisive un personaggio che ha l'importanza culturale e sociale del principe [689].

In un articolo, inviato al "New York Tribune", Margaret Fuller ha analizzato così l'andamento della situazione [690]:

"ho ripreso la via di Roma solo dopo aver visto la neve che ricopre le montagne tingersi di rosa nei tramonti autunnali. In effetti era tempo che tornassi. Dopo tre o quattro anni di esaltazione costante quei sei mesi di d'isolamento mi sono stati graditi [691] (….) il fatto di rivedere Roma mi ripagava in qualche modo di quella perdita (….) Il popolo si stava inasprendo sempre di più a causa degli sfrontati provvedimenti del ministro Rossi e della mortificazione di vedere Roma rappresentata e tradita da uno

---

di Prussia, Metternich. Ha partecipato a molti congressi scientifici, che indirettamente trattavano anche problemi politici e sociali. Si riteneva, infatti, che il progresso dovesse essere generale, esteso razionalmente a tutta la società. Forse è stato iscritto alla Giovine Italia. Comunque è stato un mazziniano di ferro. Famosa la sua giusta convinzione che la Corsica fosse terra italiana. Amico dei vari papi, fino a Pio IX, ha sostenuto con entusiasmo quest'ultimo nel periodo iniziale delle riforme. Ha partecipato alla prima guerra d'indipendenza presso il comando di Carlo Alberto. Poi ha collaborato con Guglielmo Pepe. Infine si è schierato decisamente contro il papa, dato il fallimento della politica riformista. Sarà uno dei deputati più duri nel chiedere la Costituente, nell'abbattere il papato temporale, nella costruzione della Repubblica che, per lui, doveva essere il nucleo iniziale della futura Repubblica italiana. Pertanto si doveva dare la cittadinanza repubblicana a tutti i nati in Italia. Notevoli le proposte molto avanzate sia politiche che sociali presentate all'Assemblea. Ha avuto qualche dissenso con Mazzini. Ha, comunque, conbattuto alla difesa di Roma e sarà decisamente contro il cugino Napoleone III, che, alla caduta della Repubblica, inizialmente non lo accetterà in Francia. Negli ultimi anni sarà molto isolato, soprattutto nei rapporti con i vertici politici ed ecclesiastici, mentre avrà riconoscimenti vari per i suoi studi. Il Bonaparte è stato un grande studioso prima di astronomia e botanica, poi anche di zoologia. Ha lavorato in vari paesi, anche negli Stati Uniti, ed ha lasciato una notevole produzione scientifica. Morirà a Parigi nel 1857.

[689] Qualora fosse stato celebrato il processo, il principe sarebbe stato difeso da Guerrazzi. Oramai il Bonaparte, coerente con il suo mazzinianesimo si è gradualmente schierato su posizioni di estrema sinistra. Circa eventuali responsabilità nella morte del Rossi, il principe, a Parigi, sarà sfidato a duello dal figlio dell'assassinato. Carlo Luciano Bonaparte è stato molto lieto che il ministro sia morto, ma le dicerie sulle sue dirette responsabilità sembrano del tutto inconsistenti.

[690] Lettera / articolo datata: "Roma, 2 dicembre 1848"

[691] Il 5 settembre 1848 è nato a Rieti il figlio degli Ossoli, Angelo, detto Angelino, successivamente lasciato in loco dai genitori. **"In verità abbandonavo quel che avevo di più prezioso, che tuttavia non potevo portare con me"** ha scritto la Fuller nella missiva al New York Tribune del 2 dicembre 1848.

straniero. E quale straniero! Un discepolo di Guizot[692] e di Luigi Filippo. (....) Giungevano dalle provincie soldati chiamati dal Rossi per mantenere l'ordine all'apertura della Camera dei deputati. Li passava in rivista egli stesso in presenza della Guardia civica; intanto s'iniziava a mettere il freno alla stampa e alcuni uomini venivano arrestati arbitrariamente e scacciati dallo stato. A questo punto lo sdegno pubblico raggiungeva il culmine: il calice era traboccato.

Il 15 era una giornata splendida ed ero uscita per fare una lunga passeggiata. Di ritorno, la sera, l'anziana padrona mi ha accolto con l'espressione, di solito sorridente, leggermente rannuvolata. 'Lo sapete – mi ha detto – che il ministro Rossi è stato ucciso?'. Nessun romano diceva 'assassinato'. 'Ucciso?' 'Sì, con una pugnalata alla schiena. Era senza dubbio un uomo malvagio' (....) sia i soldati che il popolo minuto andavano e venivano di corsa gridando: 'Sia benedetta la mano che libera la terra dal tiranno'.

La Camera stava attendendo l'ingresso di Rossi. Se egli fosse vissuto abbastanza da entrarvi, avrebbe trovato l'intera assemblea, senza eccezioni, schierata sui seggi dell'opposizione. La sua carrozza si era avvicinata con al seguito una moltitudine che urlava e fischiava. Egli sorrideva, ostentando indifferenza (....) I cavalli si sono fermati e Rossi è sceso in mezzo ad una folla che lo ha spinto come per insultarlo, s'è girato di scatto e in quel mentre ha ricevuto il colpo fatale. (....) la folla è uscita tranquillamente dal cancello attraversando la calca che si trovava all'esterno, mentre le persone che ne avevano fatto parte, tra le quali c'era chi ha vibrato il colpo, si sono disperse in tutte le direzioni. (....) Certamente il popolo lo considerava un atto di giustizia sommaria nei confronti di un trasgressore che la legge non poteva raggiungere."

<u>**Roma, 16 novembre 1848**</u>

Un continuo afflusso di cittadini riempie la piazza del Quirinale. Alla fine viene stimata la presenza di diecimila persone. Colpisce il fatto che quasi tutti sono armati, nelle maniere più diverse. Le richieste popolari sono semplici, esposte in maniera tranquilla ma decisa, risoluta: bisogna formare un nuovo governo che operi per l'unità nazionale e convochi una Costituente. Poi, nel massimo ordine, gradualmente la piazza si svuota.

---

[692] Francois Guizot è nato a Nimes nel 1787. Sostenitore di Luigi Filippo di Orléans, ministro dell'Interno e della Pubblica Istruzione, poi degli Esteri, infine presidente del consiglio. Liberale conservatore, responsabile di una politica reazionaria ed antioperaia, che ha dato la più completa libertà d'azione al capitale finanziario. Considerato responsabile della rivolta parigina del 22 – 24 febbraio 1848 che ha determinato la fine della monarchia. Importante storico. E' morto a Saint-Quen-le-Pin nel 1874.

Medolla (MO), 16 novembre 1848

Alle Tre Torri di Villafranca, vicino all'osteria della frazione, lo studente di farmacia Luigi Rizzati di Cavezzo (MO), mazziniano, andando a caccia, si ferma ad aiutare un contadino. Il tempo è uggioso, pioviggina. A un tratto si sente il rumore di due carrozze, Rizzati alza gli occhi e quasi non crede a quel che vede. Non lontano, a piedi, avanti alle due carrozze, alla sommità di un argine, cammina il duca Francesco V d'Asburgo Este. Più indietro lo segue un maggiore[693].

Per Rizzati è un attimo: prende il fucile e spara al duca, ma non riesce a colpirlo. Francesco V si china e corre alla seconda carrozza, da cui escono alcuni poliziotti. Rizzati spara di nuovo, ma anche questa volta gli va male. Viene arrestato.

Avrà una condanna a dieci anni di reclusione. Sul posto il duca farà erigere una minuscola cappella, in definitiva una grossa edicola, tuttora esistente. Sembra una garitta tinta di rosso ed è chiamata la "cappelletta del duca".

Roma, 17 novembre 1848

Il papa convoca gli ambasciatori, evidenziando il fatto che, nella sua attività di capo dello Stato pontificio non è completamente libero. Inizia, così, una accurata propaganda che riuscirà a coalizzare quattro Stati contro gli istituti democratici romani.

Ravenna, 18 novembre 1848

A sera Garibaldi ed il suo reparto arrivano a Ravenna. La morte di Pellegrino Rossi, però, ha cambiato tutta la situazione. Garibaldi rinvia l'imbarco. Incontra un militare dalla forte personalità: Angelo Masina[694], comandante di un piccolo reparto di 42 lancieri, che hanno già combattuto nei mesi precedenti. Adesso si cerca di aumentarli numericamente e di migliorarne l'addestramento. Garibaldi e Masina diventano amicissimi.

Roma, 20 novembre 1848

---

[693] Il maggiore Giovan Battista Guerra.

[694] Angelo Masina è nato a Bologna nel 1815, in una famiglia di ricchi commercianti. Ha partecipato ai moti di Romagna nel 1831. Esule in Spagna ha combattuto con i costituzionali. Rientrato a Bologna all'inizio del 1848, ha combattuto in Veneto con i cacciatori dell'Alto Reno di Zambeccari. Nell'agosto del 1849, a Bologna, ha partecipato al tentativo di destituire il prolegato pontificio per istituire un governo provvisorio. Ha costituito un reparto di lancieri e, con esso, seguirà Garibaldi. Morrà da colonnello in una carica di cavalleria il 3 giugno 1849, alla difesa della Repubblica romana..

Dopo cinque giorni in cui i vertici dello Stato non sapevano che fare, viene nominato il nuovo governo. Il capo del governo è Carlo Emanuele Muzzarelli[695]. Il laico che ha sostituito Rossi è il suo avversario, Giuseppe Galletti. Ministro degli Esteri è Terenzio Mamiani. Vi è un indubbio spostamento a sinistra del governo, che ha un'impostazione decisamente nazionale. Una caratterizzazione che, sicuramente, non rappresenta i desideri del papa.

Ravenna, 20 novembre 1848

Garibaldi comunica alla legione che l'Italia non esisterà se non sarà libero il Campidoglio. Oramai è chiaro: non si andrà a Venezia. Il **23 novembre** ci sarà la fusione con i lancieri di Masina. Il reparto, quindi, è ora di 521 uomini, di cui 32 ufficiali. Si chiamerà Prima legione italiana, in ricordo di quella di Montevideo e dell'altra, che ha combattuto nella prima guerra d'indipendenza.

Vienna, 21 novembre 1848

Viene nominato primo ministro dell'impero austriaco il generale principe Felix zu Schwarzenberg. Sarà al potere fino alla morte, che avverrà il 5 aprile 1852. Con lui finisce la continua rotazione nell'incarico iniziata 13 marzo 1848, con la caduta del Cancelliere dell'Impero austriaco principe von Metternich. Da allora ad oggi sono stati nominati cinque primi ministri,[696] chiara manifestazione delle difficoltà governative.

Schwarzenberg è ben visto da quella sorta di triumvirato militare che ha di fatto il potere in Austria. Sono i tre generali che difendono l'impero in Italia, in Ungheria e in Boemia. Quindi, oltre Radetzky, anche il conte Josip Jelacic di Buzim, governatore della Croazia e il

---

[695] Il conte Carlo Emanuele Muzzarelli è nato a Ferrara (o, secondo alcuni, a Bologna) nel 1797. Amante fin da giovane della letteratura, poeta e scrittore, ha iniziato la carriera militare, passando successivamente a quella ecclesiastica. Membro di quasi tutte le accademie culturali dell'epoca (Arcadia, Latina, Tiberina, Lincei, ecc.) per il suo lavoro in curia ha girato molto non solo nello Stato della Chiesa ma anche a Napoli ed in Toscana, conoscendo e divenendo amico della gran parte degli intellettuali dell'epoca. Autore di poesie sacre e d'occasione, studioso delle epigrafi italiane e straniere, gradualmente è pervenuto ad una concezione politica liberale, talmente coerente da farlo entrare in contrasto con lo stesso papa. Sostenitore della fine del potere temporale e vicino alla rivoluzione, seguirà le trasformazioni repubblicane fino al marzo del 1849. Il papa lo reputerà degno dell'esilio essendo un rivoluzionario e Muzzarelli emigrerà in Toscana, in Corsica, a Genova, Spezia, Voltri e Valle Lomellina. Purtroppo, nel 1850, perderà la vista e sarà ricoverato a Torino nella clinica Villa Cristina. Sarà sfortunato anche culturalmente, dato che la cecità non gli concederà di finire la sua opera più importante: "Biografie degli illustri italiani viventi".
[696] Una rotazione continua: conte Franz Anton von Kolowrat – Liebsteinsky (20 marzo – 19 aprile 1848), conte Karl Ludwig von Ficquelmont (19 aprile – 19 maggio), barone Franz von Pillersdorf (19 maggio – 8 luglio), barone Anton von Doblhoff – Dier (8 luglio – 18 luglio), barone Johann von Wessemberg – Ampringen (18 luglio – 21 novembre 1848).

principe Alfred von Windisch – Graetz, governatore della Boemia. I tre si sono già imposti addirittura nei confronti dell'imperatore, pretendendo che Ferdinando I, considerato debole e malato di mente, accettasse di essere messo da parte e che anche il fratello Carlo rinunciasse al trono, a favore del giovane figlio Francesco Giuseppe. Come già evidenziato la regista di tale colpo di stato è l'ambiziosa ed energica arciduchessa Luisa, moglie di Carlo, che diviene regina madre di un imperatore da lei plasmato fin da piccolo in termini decisamente reazionari. Infatti, in buona sostanza, le accuse ai due fratelli Ferdinando e Carlo sono dovute ad una loro moderata apertura di carattere liberale.

Ora il quadro si completa con la nomina del principe Schwarzenberg, persona valida sia come diplomatico che come militare, ben vista soprattutto da Radetzky che era stato alle dipendenze del padre all'inizio della carriera e che lo aveva avuto come proprio collaboratore nel 1848, quando è stato ferito nella battaglia di Goito.

Con la nomina di Schwarzenberg i reazionari possono stare tranquilli.

Kremsier (ora Kromeriz, in Cechia), 22 novembre 1848

Spostamento del Reichstag (o Convenzione per la redazione della costituzione austriaca) da Vienna in Moravia, a Kremsier. Il 27 novembre il primo ministro Schwarzenberg pronuncerà un discorso di saluto. Sarà costretto, contro ogni sua convinzione, ad augurare lavori che siano funzionali all'istituzione di una monarchia costituzionale. Il Governo, comunque, non seguirà i lavori di un'Assemblea che ritiene, fondatamente, costituita da convinti rivoluzionari rappresentanti delle varie nazionalità.

L'Assemblea, fra l'altro, prevederà l'annullamento della servitù della gleba e imposterà una Costituzione democratica, armonicamente federalista e centralista, che riconoscerà l'uguaglianza di tutte le nazionalità, prevedendo un Parlamento su due camere, una rappresentante di tutto il popolo, l'altra delle varie nazionalità della monarchia.

Roma, 24 novembre 1848

La situazione, dopo l'assassinio di Pellegrino Rossi, è rapidamente precipitata ed il papa, nella notte fra il 23 ed il 24, non sentendosi più sicuro in Roma, è fuggito in carrozza, travestito,[697] con l'aiuto fornitogli da Karl von Spaur[698] (rappresentante della Baviera e,

---

[697] La fuga è organizzata su consiglio degli ambasciatori di Spagna, Francia e Baviera. Il papa esce da una porta secondaria e da tempo non utilizzata del Quirinale. E' accompagnato dall'ambasciatore bavarese conte Karl von Spaur. Vanno su una carrozza leggera ad Albano, dove la moglie del conte, Teresa Giraud Spaur, vera organizzatrice della fuga, attende con la carrozza pesante dell'ambasciata, a candele spente, insieme al figlio Massimiliano ed al precettore padre Liebl. Partono alle 22.00. Alle

temporaneamente, anche dell'Austria), ma soprattutto dalla moglie del conte, la romana Teresa Giraud, nipote di un commediografo. Pio IX è andato all'estero, nella fortezza di Gaeta, sotto la protezione del re di Napoli, Ferdinando II. Era stato preceduto dal cardinale Antonelli.

Subito il papa si appella agli Stati cattolici affinchè difendano i suoi diritti. E' l'inizio di una propaganda che si concluderà con la richiesta di portare a Roma la guerra. In città la situazione è ancora più incerta e confusa di prima. Si parla, infatti, di aprire una fase costituente.

Roma, 27 novembre 1848

Il papa non si fida del governo e cerca di influire sulla situazione romana nominando una commissione governativa cui intende affidare la supervisione delle attività statali. Però la

---

05.45 arrivano a Terracina e, infine, a Mola di Gaeta, dove li aspettano il cardinale Antonelli in borghese ed il segretario dell'ambasciata di Spagna Arnao. Infine arrivano a Gaeta, dove il generale degli svizzeri Gross li considera elementi sospetti, forse spie del governo romano e li fa controllare da un magistrato e da un ufficiale. Si sistemano all'albergo Giardinetto, mentre lo Spaur parte per Napoli, con una lettera del papa e alle 23.00 arriva al palazzo del nunzio Garibaldi. Insieme, dopo mezzanotte vanno dal re Ferdinando, che stava dormendo. Appena informato il re mobilita tutta la famiglia reale e due navi da guerra per le ore 06.00 dell'indomani. Arrivano, quindi, a Gaeta ed omaggiano il papa, che viene convinto a non continuare la fuga verso le Baleari, come da lui programmato, ma a stabilirsi nel palazzo reale di Portici (NA), come poi è avvenuto. Il conte è nominato grancroce dell'ordine pontificio piano ed il figlio minorenne cavaliere dell'ordine di Cristo. Ma, fra tutti gli attori di questa vicenda, il personaggio che diventerà famoso, considerato quasi un esponente laico della corte papale, sarà la contessa Teresa Giraud Spaur: bella, intelligente, energica e chiacchierata. Esponente del "partito" papale più reazionario, antitaliana, nel dicembre del 1851 redigerà la relazione sulla fuga papale. Successivamente sarà protagonista di altre vicende. A Portici, a causa della politica ecclesiastica piemontese, attaccherà il ministro Siccardi mentre sarà in visita per il concordato. La risposta sarà breve: tutti i cittadini devono essere uguali innanzi alla legge. Non contenta la Spaur andrà in Piemonte, recando all'arcivescovo Fransoni il pensiero ed il sostegno del Vaticano e dei cattolici. Ma, nonostante ciò, l'arcivescovo andrà in carcere per essersi ribellato alle leggi dello Stato. Il conte Spaur diverrà ambasciatore della Baviera anche a Napoli e morirà nel 1854. I giornali parleranno ancora della Spaur come amante dell'ex re di Baviera Ludovico (Luigi) I. Poi è uscita dalle cronache. Ha viaggiato molto, ma dopo il 1868 non tornerà più a Roma. Infine si è stabilita nelle proprietà della famiglia Spaur (originariamente Sporo) in Trentino, in particolare nel castel Valer sito nel comune di Tassullo (dal 2016 per un'unione di comuni si chiama Ville d'Anaunia). Morirà nel 1873 ad Innsbruck, a 73 anni. Da: Teresa Giraud Spaur: "Relazione del viaggio di Pio IX a Gaeta", Arti Grafiche Saturnia, Trento, 2011.

[698] Il conte Karl von Spaur è nato in Assia, a Wetzlar, nel 1794. Ha studiato prima filosofia poi giurisprudenza a Wurzburg, a Landshut e a Erlangen. Ha combattuto nelle guerre antinapoleoniche del 1814 e 1815. Nel 1818 ha iniziato la carriera diplomatica, lavorando a Berlino, Vienna e Francoforte. Nel 1833 è andato a Roma, dove dal 1838 è stato ambasciatore della Baviera presso il Vaticano. Nel 1850 ha avuto lo stesso incarico a Torino e nel 1851 a Napoli. E' morto a Firenze nel 1854.

commissione, composta da due principi, due marchesi ed un monsignore, non si riunirà mai.

Forlì, 28 novembre 1848

Oramai la legione di Garibaldi rimane nel territorio pontificio. La situazione lascia ben sperare. Il nizzardo ha offerto al governo la sua collaborazione.

Napoli, 30 novembre 1848

Avrebbe dovuto essere riaperta la Camera, ma il re, tenendo conto dei risultati delle elezioni del 13 novembre e prevedendo un'azione molto dura e contestativa da parte dei deputati, rinvia la sessione al 1° febbraio 1849.

Colonia, 30 novembre 1848 "Neue Rheinische Zeitung", n. 156

Sulla "Neue Rheinische Zeitung", a firma K. Marx, con il titolo "**Il movimento rivoluzionario in Italia**", viene pubblicato quanto segue:

"**Finalmente, dopo sei mesi di sconfitte quasi ininterrotte della democrazia, dopo una serie dei più inauditi trionfi della controrivoluzione, finalmente appaiono di nuovo i sintomi di una prossima vittoria del partito rivoluzionario. L'Italia, il paese la cui sollevazione ha costituito il prologo della sollevazione europea del 1848, la cui caduta è stata il prologo della caduta di Vienna, l'Italia si solleva per la seconda volta: la Toscana ha ottenuto un ministero democratico, e Roma si è ora conquistato il suo.(…) E mentre il nord dell'Europa è già ripiombato nella servitù del 1847, o difende faticosamente dalla controrivoluzione le conquiste dei primi mesi, l'Italia di nuovo improvvisamente si solleva. Livorno, la sola città italiana che dalla caduta di Milano è stata spronata ad una vittoriosa rivoluzione, Livorno ha finalmente comunicato il suo slancio democratico a tutta la Toscana, ha imposto un ministero decisamente democratico, più decisamente democratico di quel che non si sia mai avuto con una monarchia, e così decisamente democratico quale solo pochi se ne sono avuti con una qualsiasi repubblica; un ministero che, alla caduta di Vienna ed al ristabilimento dell'Impero austriaco, risponde con la proclamazione dell'Assemblea costituente italiana. E l'incendio rivoluzionario, che questo ministero democratico ha acceso fra il popolo italiano, ha attecchito: a Roma il popolo, la Guardia nazionale e l'esercito sono insorti come un sol uomo, hanno abbattuto il ministero esistente, controrivoluzionario, hanno conquistato un ministero democratico. La prima rivendicazione soddisfatta è quella di un governo fondato sul principio della nazionalità italiana, cioè la partecipazione alla Costituente italiana proposta da Guerrazzi. Che il Piemonte e la**

Sicilia seguiranno è fuor di dubbio. (…) Ed ora? Segnerà questa seconda resurrezione dell'Italia, nel termine di tre anni, come è avvenuto con la precedente, l'alba di un nuovo slancio della democrazia europea? Sembra quasi che debba essere così …[699]

Olmutz (ora Olomouc, in Moravia settentrionale), 2 dicembre 1848

Francesco Giuseppe d'Asburgo diviene imperatore. E' avvenuto ufficialmente quanto era stato annunciato. Lo zio Ferdinando I ha abdicato. Il padre, Francesco Carlo, è stato indotto dalla moglie, arciduchessa Sofia di Baviera, a rinunciare al trono. La madre del neoimperatore ha perseguito con energia e grande capacità di intrigo la nomina del figlio, avendo l'appoggio di tutta la corte, interessata alla prosecuzione della politica reazionaria dell'Impero. Si deve confermare che si tratta di un vero e proprio colpo di Stato.[700]

Intanto Jelacic, oltre ad essere bano di Croazia, viene nominato governatore della Dalmazia e di Fiume. I deputati dalmati e fiumani protestano, volendo l'autonomia.

Roma, 3 dicembre 1848

Solo oggi si viene a conoscere la decisione papale del 27 novembre scorso. Il presidente della Camera, Francesco Turbinetti[701], convoca il consiglio dei deputati. Non viene accettata la costituzione di una commissione che controlli l'attività statale.

Il consiglio decide di non accettare la nomina della commissione, ma, al tempo stesso, intende aprire un negoziato con il papa, chiedendogli di tornare a Roma. Viene nominata una delegazione di rappresentanti delle due camere e del municipio, che andranno a Gaeta.

Berlino, 4 dicembre 1848

Il re scioglie l'Assemblea nazionale. In compenso concede una Costituzione liberale.

L'Assemblea prussiana non esiste più. Per il principe Guglielmo e per la rivoluzione conservatrice ora il problema è costituito solo dall'Assemblea germanica di Francoforte.

---

[699] Marx ed Engels: "Sull'Italia", cit, pag. 24 e 25

[700] Il governo ungherese non riconoscerà l'esautorazione di Ferdinando, quindi non considererà imperatore Francesco Giuseppe.

[701] Francesco Turbinetti, nato a Roma nel 1807, avvocato rotale, capitano della guardia civica. Il 12 febbraio 1848 è stato ministro dei Lavori pubblici. Successivamente di Grazia e Giustizia. Ha partecipato alla stesura dello Statuto. Eletto alla Camera e, poi, alla sua presidenza, voterà a favore della Repubblica, di cui sarà ministro dell'Istruzione. E' stato anche comandante della guardia nazionale. Senatore, rimarrà al suo posto fino al 13 luglio. Poi andrà esule all'estero a Ginevra, Genova, Firenze, fino al 1857 quando gli sarà concesso di tornare, con la condizione del domicilio coatto a Frascati. Morirà nel 1865.

Francoforte sul Meno, 5 dicembre 1848

Crisi in Assemblea. La Confederazione ha dimostrato di non avere alcun potere nei confronti della guerra fra Danimarca e Prussia per il controllo dei tre ducati di confine: lo Schleswig, l'Holstein, il Lauenburg[702], appartenenti alla Danimarca ma abitati in assoluta prevalenza da tedeschi. Il principe Karl von Leiningen accetta di assumersi la responsabilità (che, comunque, non è sua) e si dimette.

Passeranno diciannove giorni prima della nomina del suo successore, nella carica di primo ministro. Il 24 dicembre sarà nominato Anton von Schmerling.

Gaeta, 6 dicembre 1848

La deputazione che rappresenta le assemblee romane è stata bloccata dalla polizia borbonica. A precisa richiesta, il cardinale Antonelli precisa che il pontefice non ha intenzione di trattare. La delegazione è costretta a ripartire per Roma.

Como, 8 dicembre 1848

Le autorità militari e della polizia austriache sono ossessionate da Andrea Brenta, dalla sua innegabile capacità di organizzare azioni di guerriglia. La delegazione di Como preme sul commissariato di Menaggio, dato che è sicura che lui ed i suoi uomini siano tuttora in Val d'Intelvi. Deve essere arrestato.

In effetti la polizia – dal suo punto di vista - ha ragione. Ma la presenza di notevoli forze di polizia e di reparti, i conseguenti controlli ecc. creano una situazione insostenibile per gli abitanti. Così Brenta decide di andare in Svizzera.

---

[702] Il 28 gennaio 1848 il re Cristiano VIII, con una nuova costituzione, ha reso la Danimarca uno Stato unitario, il che ha determinato la protesta dei tre ducati a maggioranza tedesca. A capo della protesta il duca di Augustenburg, che si è rivolto alla Prussia, che interviene, dichiarando guerra alla Danimarca, seguita dall'Impero austriaco. Data la posizione della Danimarca, si ritenevano cointeressate l'Inghilterra, la Svezia, la Russia, determinando una situazione diplomaticamente complessa, nella quale la Confederazione non è riuscita ad avere adeguata influenza. Da ciò la crisi. Comunque la prima guerra per i ducati finirà con il protocollo di Londra, l'8 maggio 1851, in base al quale lo Schleswig rimarrà feudo del re di Danimarca dal quale dipenderanno gli altri due ducati, in unione personale, pur facendo parte, come stati indipendenti, della Confederazione germanica. Una soluzione quanto mai confusa, che non terrà conto del problema di fondo della nazionalità. Infatti, quindici anni dopo, nel 1864, una seconda guerra vedrà vincenti Austria e Prussia: la prima occuperà l'Holstein, la seconda lo Schleswig.

Ma anche lì viene inseguito dalla persecuzione austriaca. Radetzky personalmente interviene sul governo della Confederazione e Brenta lascia la Svizzera e ripara a Torino.

Cesena, 8 dicembre 1848

La legione si sposta a Cesena. Garibaldi, con Masina, parte per Roma.

Parigi, 10 dicembre 1848

Elezioni per la presidenza della Repubblica. I socialisti – e, naturalmente, Mazzini - sperano nella vittoria di Ledru Rollin, anche perché la parte avversa si divide fra i repubblicani del generale Cavaignac ed i neobonapartisti che sostengono il principe Luigi Bonaparte, nipote di Napoleone. Fra le varie contraddizioni bisogna tener conto che quest'ultimo ha precedenti politici di sinistra essendo scrittore di opuscoli socialisti, con un passato rivoluzionario in Italia. Rischia di avere pochi voti. Anche perché l'elettorato, compreso quello bonapartista, dovrebbe preferire un personaggio sicuro e collaudato, il generale Cavaignac.

Ma il richiamo di Napoleone rimane molto forte, soprattutto se riferito al nipote Luigi, che anch'esso si chiama, come secondo nome, Napoleone. Così quest'ultimo riceve quattro milioni di voti più del generale, diventando presidente della Repubblica. Decisamente la seconda Repubblica subisce un notevole cambiamento politico ed ideologico.

Roma, 11 dicembre 1848

Turbinetti riunisce il consiglio dei deputati. Viene approvata la costituzione di una giunta di governo composta da tre membri. Uno di costoro è Galletti.

Forlì, 13 dicembre 1848

I circoli popolari dell'Emilia, della Romagna e delle Marche si riuniscono a Forlì. Approvano un documento in cui viene dichiarata estinta la monarchia papale e sono chieste, come logica conseguenza, elezioni per una Costituente.

Pancevo (Voivodina), 15 dicembre 1848

Il duca Supljikac muore. E' un grave colpo per i serbi, che vedevano in lui il rappresentante degli interessi nazionali. Viene sepolto con tutti gli onori nel monastero Krusedol.

Jarkovci, (villaggio del comune di Indija, distretto della Sirmia, Voivodina), 15 dicembre 1848

Battaglia dei serbi della Voivodina e dei reparti del colonnello Knicanin contro gli ungheresi. Un parziale successo dei primi.

Torino, 16 dicembre 1848. Ministero Gioberti

Per far fronte alla difficile situazione di estesa critica non solo piemontese ma generalmente italiana contro la politica sabauda, Vincenzo Gioberti è nominato presidente del consiglio dei ministri.

Il suo ministero sarà molto breve. Durerà circa sessanta giorni, fino al 21 febbraio 1849. Suo successore sarà il generale Agostino Chiodo, persona che, nel suo campo,[703] è molto valida e colta[704], ma, di certo, non è al livello politico e culturale di Gioberti, che ha posto in essere in poco tempo una politica valida ed interessante, che sarà del tutto annullata. E' un periodo politico molto difficile per lo Stato sardo, che sarà superato, dopo la metà del 1849, solo con i governi d'Azeglio e Cavour.

Roma, 17 dicembre 1848

La legione è andata a Rimini ed ha proseguito per Cattolica. Garibaldi è ancora a Roma, dove cerca di fare accettare il suo reparto nell'esercito romano. Continue discussioni inutili. Allora agisce a modo suo. Invia alla legione l'ordine di marciare su Roma.

Terni, 21 dicembre 1848

Garibaldi è a Terni con Masina. Stanno andando incontro alla legione. Ma il ministro delle Armi, Pompeo di Campello, sotto l'incombere della legione non tergiversa più: Garibaldi ed i suoi sono inseriti nell'esercito repubblicano ma – e qui si nota il timore del conservatore - chiede che la legione non prosegua. Suggerisce che si acquartieri a Porto San Giorgio, per completare la sua organizzazione e l'addestramento. Poi si vedrà.

Garibaldi risponde che porterà la legione a Macerata.

Foligno, 22 dicembre 1848

---

[703] Arma del genio
[704] Ingegnere.

La legione si è mossa sull'itinerario Fano, Fossombrone, Cagli e Nocera Umbra. Oggi è giunta a Foligno, dove ha saputo che incontrerà Garibaldi. Riceve l'ordine di continuare per Macerata.

Successivamente la legione si sposterà a Rieti, dove aumenterà notevolmente di numero, con altri volontari..

Roma, 29 dicembre 1848

La risposta del cardinale Antonelli del 6 dicembre scorso determina una generale crisi. Il papa ha maledetto la giunta nominata il giorno 11 dicembre. Turbinetti si è dimesso. La giunta ha sciolto le due Assemblee.

A questo punto l'unica cosa logica e sostanzialmente legittima da fare è una riunione della giunta e del governo presieduto da Muzzarelli[705]. Infatti i due organismi concordano su una soluzione eclatante: l'elezione di un'Assemblea costituente, da eleggere il **21 gennaio** a suffragio universale maschile di coloro che abbiano compiuto 21 anni ed abbiano i diritti civili. Tutti possono essere eletti, purchè abbiano 25 anni. E' prevista l'elezione di un deputato ogni 50.000 elettori.

I componenti della giunta e del governo si costituiscono in commissione provvisoria di governo. Il presidente è Muzzarelli.

Francoforte sul Meno. 30 dicembre 1848

Giorni di consuntivo per l'Assemblea. Il prodotto è magro: sono stati definiti i princìpi generali ed una bozza di Costituzione su cui una parte della stessa Assemblea è poco convinta. Dopo l'iniziale prevalenza dell'Austria gradualmente va affermandosi la Prussia e la conseguente prevalenza della "piccola Germania".

---

[705] La giunta è formata da Galletti, dal principe Tommaso Corsini e dal conte Francesco Camerata. Il principe non partecipa alla riunione.

ANNO 1849

Gaeta, 1 gennaio 1849

Il papa rende noto che chi andrà a votare il 21 gennaio sarà scomunicato. A quanto pare è convinto che, data la minaccia, quasi nessuno si presenterà ai seggi. Di conseguenza, automaticamente, cadrà l'ancora inadeguata organizzazione democratica, con la quale la segreteria di Stato non intende discutere. Per facilitare tale soluzione è stata mobilitata l'efficiente rete delle parrocchie. Il clero, il cui prestigio e potere sono forti, soprattutto in campagna e nei piccoli centri, è chiamato alla difesa del potere temporale del papa. Il crollo del governo democratico viene, così, assicurato.

Pancevo (Banato meridionale, Vojvodina), 2 gennaio 1849

Battaglia dei serbi della Voivodina e dei reparti del colonnello[706] Knicanin contro gli ungheresi. Un altro parziale successo per i primi, dopo la battaglia di Jarkovci del **15 dicembre 1848.**

Nel primo trimestre dell'anno serbi ed ungheresi si scontreranno in una serie di battaglie: a Vrsac, Sombor, Sirig, Horgos. In tutte gli ungheresi risulteranno vincitori.

Pest, 4 gennaio 1849

Dopo alcuni successi iniziali l'armata del principe Alfred Windisch – Graetz conquista Pest, respingendo l'esercito ungherese al di là del Tibisco.

Ma il generale austriaco non insegue gli avversari, che riescono a riorganizzarsi. Windisch – Graetz non è d'accordo sulla conduzione di una guerra totale contro gli ungheresi. Vi erano tanti suoi colleghi dall'altra parte "della barricata" e, molto razionalmente pensa che, dopo i primi successi, sarebbe possibile accordarsi. Inoltre è lontano dal centro del potere di Olmutz, dove ancora vive il giovane Francesco Giuseppe, dominato da Schwarzenberg[707].

---

[706] L'attività del colonnello Knicanin provoca la soddisfazione e l'ammirazione di tutti i serbi. Egli a febbraio tornerà nel Principato ed avrà accoglienze trionfali, spade d'onore, quadri di svariati artisti, onorificenze. Dopo la fine della guerra il principe Alexandar lo nominerà maggior generale, duca di Serbia e senatore. Francesco Giuseppe gli concederà l'ordine di Maria Teresa. Infine, nel 1853, diventerà ministro della Guerra del Principato. Ma subirà un ictus nel 1854 e morrà nel 1855, a soli 48 anni. I funerali saranno grandiosi, con una enorme rappresentanza austriaca. I serbi avevano bisogno di una personalità nazionale che esprimesse doti di coraggio, capacità organizzativa e militare ecc. e l'hanno trovata in lui.

[707] Il principe Felix Schwarzenberg aveva un'altissima concezione delle proprie capacità che, peraltro, erano indiscutibilmente notevoli. Inoltre, essendo esperto sia in diplomazia – tanto da gestire direttamente gli Esteri - sia in attività militare, essendo generale, reputava di essere superiore

Infine Windisch – Graetz, conservatore federalista, non concorda sulla nuova costituzione. Scrive in continuazione all'imperatore per non essere escluso dalle decisioni importanti. In definitiva il patto fra i tre importanti generali è in crisi e ne approfitta l'esponente militare più intrigante, l'aiutante generale dell'imperatore, il conte Karl von Grunne[708], che ha costituito un gruppo di potere al vertice delle forze armate, con intese ed accordi ben definiti e strutturati. Per quanto concerne il problema ungherese, il generale barone Ludwig von Welden dovrebbe sostituire Windisch – Graetz. Ma quest'ultimo a febbraio riporterà un nuovo successo a Kàpilna e l'attuazione del piano subirà un ritardo.

Pest, 8 gennaio 1849

Lajos Batthyany dal **2 ottobre 1848** ha rinunciato al mandato parlamentare. Entrato come soldato nell'esercito, **l'11 ottobre** è caduto da cavallo fratturandosi un braccio. Nel suo

---

a qualsiasi altro ufficiale o diplomatico. Non accettava, pertanto, alcuna altra personalità in una posizione a lui superiore, tranne, ovviamente, l'imperatore. Ma anche questi dipendeva, di fatto, da lui, che, discepolo di Metternich, era sicuro di saperlo "gestire" secondo i propri fini. E nei confronti di Francesco Giuseppe ha saputo agire così bene che, nei 65 anni di regno successivi alla morte di Schwarzenberg, l'imperatore lo ha sempre rimpianto come il suo più valido collaboratore. Peraltro il principe era portatore di una grande idea politica: reagire alla crisi del '48 – '49, reprimendo le componenti rivoluzionarie e unificando intorno all'Austria tutte le aree tedesche. Un compatto organismo politico ed economico esteso da Venezia ad Amburgo. Perciò il nemico principale era, per lui, la potenza prussiana. Oltre all'imperatore l'unica persona rispettata dal principe era Radetsky, per quella peculiare psicologia degli ufficiali, che, in un superiore valido, vedono il sé stesso del futuro e gli sono, di conseguenza, affezionati. Perciò, finchè Swarzenberg è stato al potere, cioè fino alla morte avvenuta nel 1852, Radetsky ha potuto continuare la sua erronea e violenta politica italiana, che, nel complesso, non risultava gradita allo stesso imperatore. In tale quadro devono essere chiariti i rapporti del presidente dei ministri con il suo parente Windisch – Graetz. Questi, nel quadro della sua figura di salvatore dell'Impero, aveva sostenuto Swarzemberg nella nomina a capo del governo, reputando di poterlo dominare. Invece in lui ha trovato il peggiore – e più astuto - nemico, che ha sfruttato il complesso d'inferiorità di Francesco Giuseppe verso l'uomo più importante di quella sorta di "triunvirato" militare che lo aveva portato e sostenuto al potere, al fine di espellere Windisch – Graetz dalla storia senza alcuna pietà.

[708] Il conte Karl Ludwig von Grunne è un personaggio interessante. Rappresenta al massimo grado quelle persone, dotate di intelligenza e di valido saper fare, che, nelle organizzazioni, si dichiarano fedeli del vertice ma riescono a costruirsi un potere in teoria illegittimo ma nei fatti perfettamente funzionale alla loro visione, alla loro carriera ed ai loro interessi. Naturalmente tale potere deve essere costruito a partire da una forza di base a sostegno della propria attività e Grunne aveva trovato tale forza nella stima e nella protezione della arciduchessa Sofia, la reale padrona della corte viennese. Era, inoltre, considerato il più fedele e preciso esecutore della volontà imperiale, anche se Francesco Giuseppe non si avvedeva che spesso tale volontà era stata sapientemente costuita dal Grunne stesso. Odiato da Swarzenberg che in lui vedeva un cortigiano addirittura più abile di lui, fra i due vi è stato un duro contrasto, parzialmente nascosto dai loro impeccabili rapporti formali. Di conseguenza la morte del presidente dei ministri ha facilitato l'instaurarsi di un potere totale del Grunne sull'intero esercito che, ormai, costituiva il pilastro più importante dell'Impero. Perciò, dopo la sconfitta del 1859, anche il ruolo, la funzione, quindi il potere di Grunne entreranno in crisi. Per di più si ammalerà e sarà empre più lontano dalla vita di corte e di governo. Ma avrà sempre il sostegno morale, l'affetto e la partecipazione dell'imperatore e della famiglia imperiale, morendo nel 1884.

continuo tentativo di venire ad un compromesso con l'Impero ha inviato un messaggio al generale Windisch – Graetz per un incontro, ma non è stato ricevuto. Un grande errore, quello del generale austriaco: Batthyàny sarebbe stato l'unico esponente politico ungherese con cui avrebbe potuto addivenire ad un accordo. Egli, infatti, desidera realizzare quella "costruzione" politico amministrativa che, comunque, pochi anni dopo sarebbe stata attuata dall'Impero (la duplice monarchia austroungherese).

Così, appena Batthyani arriva a Pest, viene arrestato e incarcerato con grande severità: tutti i tentativi ungheresi di liberarlo vengono frustrati. Per sicurezza, alla fine è stato trasferito al centro dell'Impero: la fortezza di Olmutz.

Roma, 16 gennaio 1849

Il giornale "Il Tribuno" pubblica il "Proclama ai popoli dello Stato romano" a firma di Goffredo Mameli, che analizza l'aspetto militare della situazione politica. "(....) **un altro insegnamento risulta dalla dolorosa prova dell'ultima guerra: gli interessi dei principi non sono gli interessi della Nazione; e mentre il sangue italiano scorreva in Lombardia, alcuni di essi erano alleati dell'Austria palesemente, altri copertamente, un solo ha combattuto e questo in un interesse dinastico e con fede che è dubbia per molti e col successo che tutti sanno. Dunque la guerra regia non può salvare l'Italia. Resta la guerra nazionale; e perchè questa abbia luogo bisogna costituire la nazione. Convocate al più presto la Costituente Nazionale: che questa ordini l'Italia per l'Italia, faccia la guerra per l'Italia, vinca per l'Italia.**"[709]

Torino, 19 gennaio 1849

Gioberti intende arricchire politicamente l'esercito con quadri che siano coerenti con la rivoluzione nazionale e che abbiano dimostrato di essere realmente operativi. Uno, ad esempio, è il colonnello Monti. A Torino è arrivato dagli Stati Unito il colonnello Giuseppe Avezzana[710], uno dei militari condannati perché aderenti alla rivolta del 1821. In Messico

---

[709] Goffredo Mameli: "Pagine politiche" Universale Economica, Milano, 1950, pag. 49.
[710] Giuseppe Avezzana, nato a Chieri (TO) nel 1797, si è arruolato, nel 1812, negli usseri di Napoleone, partecipando alle successive campagne, divenendo ufficiale ed entrando nell'esercito piemontese dopo la prima caduta dell'imperatore. Ha partecipato ai moti del 1821, per cui è stato condannato a morte. E' riuscito ad andare in Spagna, dove ha combattuto con i liberali. Prigioniero dei francesi, è fuggito in America ed è andato in Messico, dove ha avuto un ruolo di primo piano nella fondazione della città di Tampico. Aderente al governo rivoluzionario messicano, ha combattuto contro gli spagnoli, divenendo colonnello, schierandosi successivamente con Antonio Lopez de Santa Anna contro Anastasio Bustamante. Nominato colonnello, durante la guerra civile è stato responsabile di intere regioni. Poi, nel 1834, ha lasciato il Messico, impostando un florido commercio a New York, dove ha costituito una sezione della Giovine Italia. Ha abbandonato tutto per tornare in Patria allo scoppio della rivoluzione del 1848, ma non è stato riammesso nell'esercito

ha fondato la città di Tampico[711] ed è stato un protagonista delle guerre civili scoppiate in centro America. Gioberti non vuole perdere un simile supporto: Avezzana è a Torino e non riesce ad avere impiego nell'esercito per i suoi trascorsi del 1821. Ma Gioberti lo invita ad un consiglio dei ministri, in piena notte. Il ministro dell'Interno Riccardo Sineo comunica all'ufficiale che è stata decisa la sua conferma nel grado di colonnello conseguito in Messico, oltre alla nomina a capo di stato maggiore della guardia nazionale di Genova. Avezzana è lieto ed accetta.

Roma, 21 gennaio 1849

Si tengono le elezioni. Tutto tranquillo, notevole affuenza ai seggi. Si tratta di un fatto di massa realmente rivoluzionario. Viene ampiamente dimostrato che il timore di un'astensione generalizzata non ha fondamento. I clericali hanno ostentato la loro mancata partecipazione. E' una grave sconfitta del papa e della sua scomunica. Il 28 gennaio saranno resi noti i risultati.

Firenze, 23 - 24 gennaio 1849

Il Parlamento approva la legge sulla Costituente italiana. Ovviamente gli organi competenti intendono sottoporla alla firma del granduca.

---

sardo. Nominato il 26 febbraio comandante della guardia nazionale di Genova, dirigerà i moti del 5 aprile. Andrà, con i suoi diretti collaboratori, a Roma, dove sarà nominato generale e ministro della Guerra. Alla caduta della Repubblica continuerà a collaborare con Garibaldi. **"Egli rifece la via dell'esilio tornando a Nuova York ove fu accolto con grandi ovazioni, ricevuto al municipio, all'università e regalato d'una spada d'onore. Colà egli si dedicò con affettuosa premura ad assistere e beneficare i suoi connazionali, fra cui Garibaldi (1853), onde ebbe il nome di 'Padre degli Italiani'.** (M. Rosi:"Dizionario del Risorgimento", cit. voce a firma G. Arzano vol. II, pag. 130,). Nel 1860 tornerà dall'America, raggiungendo Garibaldi alla battaglia del Volturno e meritando l'ordine militare di Savoia all'assedio di Capua. Generale dell'esercito italiano dal 1862, nel 1866 combatterà in Trentino con Garibaldi. Eletto deputato per cinque legislature, dal 18 febbraio 1861 al 13 febbraio 1867 e dal 5 dicembre 1870 fino alla morte. Con tre proposte di legge cercherà di far riconoscere i meriti dei reduci della rivolta del 1821. Inoltre attaccherà duramente il progetto di inviare reparti italiani in Messico, con le truppe di Napoleone III, fino alla garanzia ufficiale del presidente del consiglio Ricasoli che l'Italia non si sarebbe mossa. Lo ringrazierà ufficialmente il governo repubblicano messicano, ricordandolo come eroico colonnello e valido organizzatore civile. Il 21 maggio 1877, a Napoli, fonderà la società Pro Italia irredenta e ne sarà il presidente. Morirà nel 1879.

[711] Tampico ("il posto delle nutrie") è oggi una città di 297.554 abitanti, nel delta del fiume Pànuco. Tale zona nella prima metà dell'800 era invivibile per le caratteristiche del territorio, la febbre gialla e i parassiti, tanto che è stata abbandonata fin dal 1684 da coloro che avevano tentato un primo insediamento. Avezzana ha iniziato disboscando e sistemando il terreno paludoso, ha costruito case in legno, poi ha gestito la lottizzazione del territorio, che ha richiamato sempre più gente. Infine ha difeso in guerra l'abitato, lo Stato di Tamaulipas e quelli finitimi.

Roma, 27 gennaio 1849.

Giuseppe Verdi è a Roma per la presentazione dell'opera "La battaglia di Legnano". Il giornale Pallade ne dà l'annuncio: "**Lombardo, quale il Maestro è, offre con la penna il tributo che non potrebbe con la spada alla sua patria infelicissima, affinché dalle ricordanze delle glorie passate prenda ella ristoro delle sventure presenti e presagio dei trionfi avvenire***".

Roma, 28 gennaio 1849.

Grande vittoria democratica. I votanti sono stati 250.000. Gli eletti 179. Scomuniche e condizionamenti hanno avuto una chiara, inaspettata e clamorosa risposta. Sono stati eletti sette candidati che non sono cittadini dello Stato pontificio. Fra questi Giuseppe Garibaldi, eletto a Macerata. La maggioranza è composta da liberali moderati.

Al teatro Argentina l'opera verdiana ha avuto un grande successo, che si è tramutato in una manifestazione patriottica di massa. Una esplosione generale di entusiasmo. Un tumulto, che il "Pallade" descrive, precisando che "**in tutte le altre opere, questo giovine Maestro[712] è grande per la ricchezza di immagini e per giuoco di fantasia: in questa egli è gigante e per forza di concetto e per vivacità di italico sentire.***"

Siena, 30 gennaio 1849.

Inaspettatamente il granduca Leopoldo II arriva a Siena. Di fatto non intende firmare la legge del 24 gennaio.

Napoli, 1° febbraio 1849

Riapertura della Camera che, come prima votazione, esprime una sentita protesta per l'azione repressiva nei confronti dell'opposizione liberal democratica. Inoltre, in riferimento ai suoi poteri in campo economico, evidenzia di non concordare sul finanziamento della guerra in Sicilia.

Roma, 5 febbraio 1849

---

[712] Verdi aveva 36 anni: era nato il 10 ottobre 1813.

Giornata inaugurale dell'Assemblea costituente romana. Il Presidente è Giuseppe Galletti. Vice presidenti Aurelio Saffi[713] e Luigi Masi[714]. L'avvocato Carlo Armellini[715] ha tenuto il discorso di apertura, in termini decisamente mazziniani. E' stato ampiamente applaudito, essendo molto stimato, sia per la partecipazione alla prima repubblica romana del 1798 - 1799, sia per la fama professionale.

Il suo intervento colpisce i convenuti, dato che Armellini aveva decisamente sostenuto le riforme papali: se anche lui è divenuto mazziniano è a Mazzini che si deve, ormai, fare esclusivo affidamento. Infatti la stessa Assemblea, pur essendo formata in maggioranza da liberali democratici, è attratta dal pensiero di Mazzini.

Siena – Porto Santo Stefano (GR), 7 febbraio 1849

---

[713] Il conte Aurelio Saffi è nato a Forlì nel 1819. Laureato in giurisprudenza, mazziniano, consigliere comunale e segretario della provincia. Nel 1849 sarà deputato di Forlì all'Assemblea costituente, vice presidente dell'Assemblea, ministro dell'Interno e triumviro. In esilio in Liguria, poi a Londra infine nuovamente in Italia per aiutare Mazzini nei tentativi rivoluzionari del 1852. Nel 1860 a Napoli, sempre con Mazzini. Deputato del Regno d'Italia per quattro legislature, dal 18 febbraio 1861 al 13 febbraio 1867 e dal 23 novembre 1874 al 22 ottobre 1890. E' stato a Londra e, successivamente, a San Varano, vicino Forlì. Nel 1874 verrà arrestato per una riunione di capi repubblicani a villa Ruffi, vicino Ravenna. L'accusa sosterrà che trattavasi di una riunione sediziosa: i 28 convenuti volevano organizzare una rivolta antimonarchica. La vicenda penale durerà quattro mesi, finendo con un proscioglimento generale. Dal 1877, a Bologna, sarà docente di diritto pubblico e curatore della pubblicazione degli scritti di Mazzini. Morirà nel 1890.
[714] Luigi Masi è nato a Petrignano (PG), ora frazione di Assisi, nel 1814. Laureato in medicina, su posizioni nazionali fin da giovanissimo, poeta, giornalista, collaboratore del principe Carlo Luciano Bonaparte, con il quale ha partecipato a vari congressi scientifici. A Venezia, nel 1847, è stato espulso dalla polizia austriaca insieme al principe per dichiarazioni a favore dell'Unità d'Italia. Sostenitore della prima politica di Pio IX, è stato vicino ai neoguelfi, pubblicando articoli di Gioberti e di Montanelli nel suo settimanale "Il Contemporaneo". Sostenitore dell'istituzione della guardia civica, nella guerra in Veneto è stato aiutante maggiore del generale Ferrari, rimanendo alla difesa della città di Venezia fino all'uccisione del ministro Rossi, che ha variato in maniera sostanziale la politica romana. Comandante di un reggimento di volontari, eletto alla Costituente, sostenitore della soluzione repubblicana, comandante di una delle quattro brigate dell'esercito, sarà vittorioso contro i francesi il 30 aprile e parteciperà alle battaglie di Palestrina e di Velletri. Responsabile del fronte di Frosinone dopo Garibaldi, sarà richiamato a Roma, combattendo a villa Corsini ed ai Parioli. In esilio in Francia, in Piemonte, di nuovo a Parigi, collegato alle varie frange politiche nazionali italiane. Al comando di un reggimento nella guerra del 1859, opererà in Romagna. Successivamente, in coordinamento con le truppe sabaude, sarà nelle Marche e nell'Umbria, occupando Orvieto, Montefiascone, Viterbo, Civitacastellana, azioni per le quali sarà nominato generale, meritando l'ordine militare di Savoia. Medaglia d'oro per aver represso nel 1866 l'insurrezione separatista siciliana, avrà per poco tempo il comando della piazza di Roma, poi tornerà a Palermo come generale di divisione. Intanto verrà eletto alla Camera per una legislatura dal 5 dicembre 1870 alla morte, il 31 maggio 1872.
[715] Carlo Armellini è nato a Roma nel 1777. Studente di giurisprudenza, nel 1798 ha partecipato alla costituzione della Repubblica e, dopo la sua caduta, è divenuto un famoso avvocato concistoriale. Nel 1849 entrerà nel governo e, poi, sarà nominato tribuno, con Mazzini e Saffi. Alla caduta della Repubblica, andrà esule in Belgio, dove, a St.Josse-ten-Noode, morirà nel 1863.

Leopoldo II, segretamente, si trasferisce da Siena a Porto Santo Stefano.
Durante la notte s'imbarca su una nave inglese e parte per ignota destinazione.

Livorno, 8 febbraio 1849

Arriva Mazzini, accolto entusiasticamente. In un discorso dichiara conclusa la funzione del granduca: è fuggito e va deposto. Ora bisogna procedere alla nascita della Repubblica. Il popolo applaude entusiasticamente.

Mazzini ha incontrato il generale D'Apice, da lui protetto anche dalle accuse successive ai fatti della Val d'Intelvi e gli ha proposto di andare con lui a Roma, ma D'Apice ha dichiarato di voler continuare l'iniziata attività in Toscana.

Il personaggio è complesso e sfuggente. Ora fa trapelare una sorta di astio ingiustificato contro Mazzini. Forse perché questi è abituato a controllare l'attività dei suoi collaboratori. Guerrazzi, invece, ha piena fiducia in D'Apice.

Firenze, 8 febbraio 1849

Si riuniscono il Consiglio generale ed il Senato per valutare il comportamento del granduca. Si era spostato a Siena, ma ora è scomparso. E' chiaro che si è sottratto ai suoi doveri ed alla sua funzione non accettando la svolta democratica del governo e del Consiglio generale. Soprattutto non intendendo attuare una fase essenziale per l'unità italiana come la Costituente.

I democratici, naturalmente, attaccano in maniera violenta il granduca. Chiedono la costituzione di un governo provvisorio. Alla fine l'importante decisione che esautora il granduca viene assunta. Sono eletti Francesco Domenico Guerrazzi, Giuseppe Montanelli e Giuseppe Mazzoni, che indicono le elezioni sia per una Costituente italiana che per un'Assemblea provvisoria toscana. La data è il **12 marzo**.

Roma, 9 febbraio 1849

E' una giornata importante. Le varie manovre di conciliazione con il papa devono finire. Quanto è successo negli ultimi tre mesi ha dimostrato che non vi è alcuna possibilità di accordo L'Assemblea costituente degli Stati romani proclama la Repubblica Romana. Viene approvato un decreto in quattro articoli, nel quale si precisa che il papa è decaduto, ma può usufruire di tutte le guarentigie necessarie. Inoltre lo Stato romano sarà una

Repubblica, costituita in base alla democrazia pura. Si chiamerà Repubblica romana ed avrà con il resto d'Italia le relazioni previste dalla comune nazionalità.

Firenze, 10 febbraio 1849

Il ministro della Guerra, Mariano d'Ayala si dimette.

Guerrazzi nomina capo della commissione militare il generale Domenico D'Apice, che dimostra grande partecipazione all'attività ed alla difesa della Repubblica, ma non relizzerà nulla di valido, confermando la crisi che lo caratterizza in questa fase della sua esistenza.

Roma, 10 febbraio 1949

Ha scritto Margaret Fuller:

"In questa grave crisi, imperturbabile, Roma ha dichiarato: 'se mi abbandonate, se non mi volete dare ascolto, sarò costretta ad agire da sola.' Così si è gettata tra le braccia di quei pochi uomini in possesso del coraggio e della calma necessari ad affrontare questa crisi, ed essi l'hanno invitata a riflettere su quanto si doveva fare e a cercar d'evitare nel frattempo tutti quegli eccessi che sarebbero potuti divenire pretesto di calunnia o di vendetta. Il popolo, con ammirevole buonsenso, ha compreso ed ha seguito il consiglio. Mai come durante quest'inverno Roma s'è dimostrata così tranquilla e quasi totalmente immune da avvenimenti nefasti (....) Questa rivoluzione, come tutte le rivoluzioni autentiche, è stata spontanea e i suoi effetti inaspettati e prodigiosi per la maggior parte di coloro che li hanno conseguiti.[716]

L'Assemblea costituente è stata eletta con buona partecipazione di votanti ai sensi del decreto del 29 dicembre 1948 e si è riunita il 9 febbraio 1849, proclamando la Repubblica romana.... L'apertura dell'assemblea è stata l'occasione di un meraviglioso corteo. Tutte le truppe che si trovavano a Roma sono sfilate partendo dal Campidoglio; molti soldati portavano i segni delle sofferenze patite nella guerra di Lombardia: le bandiere della Sicilia, di Venezia e di Bologna sventolavano con orgoglio, quella di Napoli invece era velata con il crespo nero. Io mi trovavo ad un balcone di palazzo Venezia, il più severo degli edifici medievali, per molto tempo quartier generale delle macchinazioni austriache (....) Il nipote di Napoleone, lo scienziato Carlo Luciano Bonaparte e Garibaldi, l'eroe di Montevideo, procedevano l'uno accanto all'altro in qualità di deputati. I deputati, una solenne compagnia composta per la maggior parte da avvocati o altri professionisti, sfilavano senza alcun

---

[716] Margaret Fuller: "Un'americana a Roma", cit. pagg. 217 - 218

segno di distinzione, eccetto la sciarpa tricolore. [717] Pochi giorni dopo è seguita la proclamazione della Repubblica. Una gran moltitudine di gente circondava il Palazzo della Cancelleria, nel cui cortile era caduto Rossi, mentre all'interno il dibattito continuava. All'una del mattino del nove febbraio s'è deciso infine per la Repubblica e la folla si è precipitata a suonare le campane. [718]

(….) il corteo è salito al Campidoglio, che era completamente tappezzato di bandiere. Sul palazzo del Senatore c'era il tricolore e il Senatore stesso è fuggito. I deputati sono saliti in cima alla scalinata ed uno di loro, [719] con voce limpida e cordiale ha letto (il decreto fondamentale che costituisce la Repubblica). Ogni volta che si interrompeva, la grossa campana del Campidoglio diffondeva le sue melodie solenni e il cannone le rispondeva, mentre la folla urlava "viva la Repubblica, viva l'Italia".[720]

E' seguita poi la fuga del Granduca di Toscana. Ad imitazione del suo grande modello, anch'egli ha dispensato promesse e sorrisi fino all'ultimo momento, lasciando credere a Montanelli, modello di purezza e di sincerità, d'essere fermo nella sua approvazione del movimento liberale, mentre invece era quasi sul punto di salire in carrozza. (….) Intanto Carlo Alberto è allarmatissimo (….. Il Papa) Ha già acconsentito ad incoraggiare la guerra civile. Nel caso si sollecitasse l'intervento, tutto dipenderà dalla Francia. Sarà disposta a rimetterci ogni promessa ed ogni impegno, per non parlare dei suoi stessi interessi? (….) Sull'Inghilterra non si può contare. Non è guidata da nessun grande ideale; i suoi *leaders* parlamentari deridono la politica che fa perno sui sentimenti e sul "farfugliamento" di idee. Come al solito agirà tenendo d'occhio solo il suo interesse, e l'interesse del governo attuale è quello di diventare sempre più il flagello delle tendenze democratiche. (….) Come vorrei che il mio paese desse prova di nobile solidarietà, essendo la sua esperienza tanto simile a quella che i romani vivono ora (….)

Devo aggiungere uno o due particolari dell'ultima ora. (Carlo Emilio) Muzzarelli, capo dell'attuale ministero, era un prelato che il Papa aveva nominato spontaneamente prima di fuggire. S'è dimostrato di un coraggio puro e generoso. Ha messo da parte il titolo di "monsignore" e ora si presenta al mondo come semplice laico.

La tranquillità di Roma durante tutto l'inverno non conosce uguali. (….) La scorsa domenica sono stati affissi in alto dei manifestini che invitavano la città a investire Giuseppe Mazzini dei diritti di cittadino romano. Al momento non ne conosco il

---

[717] ivi, pag. 234.
[718] ivi, pag. 235.
[719] Giuseppe Galletti, già ministro di Polizia ed ora presidente dell'Assemblea.
[720] Margaret Fuller, "Un'americana a Roma", cit. pagg. 236 – 237.

risultato. (….) In ogni caso Mazzini entra in Roma per la prima volta in vita sua da deputato dell'Assemblea costituente: sarebbe un atto di giustizia nobile e sublime se potesse entrarci anche da cittadino romano. [721]

Gaeta, 12 febbraio 1849

Il papa, di fatto, tende a provocare una guerra civile ed una guerra di aggressine contro la Repubblica. Ha convocato gli ambasciatori della Francia, dell'Austria, della Spagna e delle Due Sicilie. Chiede ai quattro governi di essere reintegrato nel potere temporale, anche con un'azione bellica. Le risposte sono positive.

Firenze, 15 febbraio 1849

Viene ufficialmente proclamata la Repubblica Toscana, con una nuova Costituzione.

Roma, 16 febbraio 1849

La Costituente elegge un Comitato esecutivo. Ne fanno parte Carlo Armellini, Aurelio Saliceti e Mattia Montecchi[722]. Il governo viene confermato. Carlo Emanuele Muzzarelli è ancora presidente e ministro all'Istruzione. E' sempre più convinto della scelta repubblicana. Saffi è agli Interni.

Roma, 18 febbraio 1849

Si tengono le elezioni suppletive per 21 seggi. Mazzini viene eletto a Roma ed a Ferrara. Intanto è a Firenze, dove, in una riunione di diecimila persone, sotto le logge degli Uffizi, fa approvare la forma repubblicana, l'unione a Roma e la formazione di un Comitato di difesa.

Ferrara, 19 febbraio 1849

---

[721] ivi pagg. 239 – 240 – 241 - 242.

[722] Mattia Montecchi, nato a Roma nel 1816, a 18 anni aderente alla Carboneria, poi mazziniano, avvocato rotale, arrestato nel 1841 per la partecipazione all'organizzazione di una rivolta, condannato all'ergastolo, ma dopo quattro anni liberato per amnistia. Eletto alla Costituente, fa parte del comitato esecutivo. Sarà ministro del Commercio, delle Belle Arti e dei Lavori pubblici. Dopo la caduta della Repubblica raggiungerà Mazzini a Losanna. Poi, espulso dalla Svizzera, andrà con Mazzini e Saffi a Londra. Al rientro in Italia, nel 1859, in Toscana sarà arrestato, come pericoloso rivoluzionario. Andrà a Londra, poi riuscirà a rientrare in Italia. Eletto alla Camera del Regno d'Italia per due legislature, dal 18 febbraio 1861 al 7 settembre 1865 e dal 22 marzo 1867 al 2 novembre 1870. Sarà eletto anche nel consiglio comunale di Roma divenuta capitale d'Italia, nel novembre 1870. Morrà, presumibilmente per un infarto, a Londra nel 1871.

Incursione austriaca nell'indifesa Ferrara. Richiesta di una tassa e di ostaggi. Minaccia di bombardamento e sacco da parte del generale Haynau, che passa a più miti pretese per l'intervento del diplomatico inglese Macalister. Vengono garantiti il rifornimento del presidio della fortezza e il collegamento con le truppe austriache che operano a Venezia.

Torino. 21 febbraio 1849

Cade il governo di Vincenzo Gioberti. Il re, secondo gli usi della sua casata (che, nelle difficoltà, si è sempre appoggiata e si appoggerà ai militari) nomina Presidente del Consiglio dei Ministri il generale barone Agostino Chiodo[723], che sarà presidente del consiglio dei ministri per 34 giorni, fino al 27 marzo 1849. Chiodo è anche ministro della Guerra e, per due giorni, ministro degli Esteri, quando sarà sostituito da Vittorio Colli di Felizzano.

In definitiva, come si potrà constatare chiaramente in seguito, il re non gradisce l'azione di un intellettuale sia pure moderato come Gioberti ed intende estrometterlo non solo dal governo ma dall'intera politica sarda.

Forse si tratta di semplice complesso di inferiorità.

Roma, 21 febbraio 1849

Inizia l'azione legislativa liberal democratica. Sono nazionalizzati i beni ecclesiastici.

Gaeta (LT), 23 febbraio 1849

Leopoldo II termina la sua fuga, arrivando nella fortezza duo siciliana.

Firenze, 25 febbraio 1849

Mazzini incontra il governo, facendo riferimento ai tre punti votati dal popolo il 18 febbraio. Il punto più importante è la nascita di una Repubblica toscana che, poi, con quella romana, dovrebbe costituire la base di quella italiana. Montanelli è d'accordo, ma si oppone

---

[723] Il barone Agostino Chiodo, nato a Savona nel 1791, già ufficiale del genio dell'esercito napoleonico, ha iniziato a pianificare la base di Spezia. Ha frequentato l'Ecole polytechnique ed ha partecipato alla battaglia di Kulm ed alla difesa di Dresda. Alla caduta di Napoleone è entrato nell'esercito sardo. E' stato direttore delle fortificazioni di Genova e, dal 1838, comandante in capo del genio. Barone dal 1844, tenente generale nel 1848 (per merito di guerra) e senatore dal 14 ottobre 1848. Ministro della Guerra dal 9 febbraio 1849 al 23 marzo 1849, ministro degli Esteri dal 21 febbraio 1849 al 23 febbraio 1849 e presidente del consiglio dal 23 febbraio 1849 al 27 marzo 1849. Morirà nel 1861.

decisamente Guerrazzi, che è considerato di estrema sinistra ma, con complessi ragionamenti, è sempre a favore di politiche ultramoderate, o, addirittura, conservatrici. In questo caso tende ad una soluzione presa d'accordo con il granduca, anche se dovrebbe aver capito che tale soluzione non è possibile, data l'intransigenza antidemocratica ed antitaliana di Leopoldo, ampiamente dimostrate dalla sua fuga all'estero. Nel mese di marzo Guerrazzi riuscirà a bloccare l'unione e Mazzini romperà definitivamente con lui. La nomina di un comitato di difesa non ha opposizioni ufficiali, ma la politica di Guerrazzi e di alcuni suoi sostenitori ha trascurato l'esercito a tal punto che si è pressocchè sciolto.

Messina. 28 febbraio 1849.

Viene diramato un proclama con il quale Ferdinando II promette un nuovo Statuto. Però iniziano a sbarcare 16.000 uomini comandati dal miglior generale del Regno, il principe Carlo Filangieri di Satriano[724].

---

[724] Carlo Filangieri, principe di Satriano, duca di Cardinale e di Taormina, barone di Davoli e di Sansoste, figlio del grande giurista Gaetano, è nato a Cava dei Tirreni (NA) nel 1784. Molto studioso, è stato nominato ufficiale di cavalleria. A Milano, capitale della Repubblica Cisalpina, ha avuto il permesso di recarsi in Francia, dove Napoleone, ammiratore del padre, è stato lieto di incontrarlo. Divenuto ufficiale nel 1803, ha partecipato alla conquista di Vienna ed alla battaglia di Austerlitz, nella quale è stato ferito e promosso tenente. Nel corpo di spedizione del generale Massena ha partecipato alla conquista di Napoli, entrando nello stato maggiore con il grado di capitano. Ha partecipato all'assedio di Gaeta, ricevendo la legion d'onore. Dopo la battaglia di Mileto e la conquista di Reggio Calabria ha ottenuto l'ordine reale delle due Sicilie. Nello stato maggiore del maresciallo Soult, in Spagna, ha partecipato alla conquista di Bourgos. Per difendere un collega, ha sfidato ed ucciso in duello il generale Francois Franceschi – Losio e, per punizione, è stato trasferito a Napoli, nell'esercito murattiano, nel quale ha operato in Abruzzo, Calabria e Sicilia, diventando colonnello e, nel 1813, maresciallo di campo. Nella guerra austro napoletana ha combattuto nella vittoriosa battaglia di Cesena e, personalmente ed eroicamente, ha determinato la vittoria del Panaro. Avendo subìto, nell'attacco decisivo, una serie di ferite, è stato soccorso personalmente dal re, che lo ha promosso tenente generale. Alla caduta di Murat è stato confermato nel grado, ma la concordia fra borbonici ed ex murattiani non è durata a lungo. Con altri, alla fine, Filangieri ha sostenuto la rivoluzione del 1820, comandando una divisione alla battaglia di Antrodoco (marzo 1821), contro gli austriaci. Dopo la sconfitta, è stato messo sotto inchiesta e destituito da Ferdinando I. Reintegrato da Ferdinando II, è stato nominato comandante dell'artiglieria, del genio, delle scuole militari e dell'organizzazione topografica, il che determinerà un notevole progresso in tutti questi settori. Successivamente, nel febbraio 1849, comanda l'esercito riconquistando la Sicilia e divenendo duca di Taormina. Luogotenente in Sicilia, entrerà in contrasto con il re che non vorrà concedere le necessarie riforme da lui proposte. Dato che il suo piano di opere pubbliche non verrà accettato, inizierà un lungo contrasto con il ministro degli affari siciliani Cassisi ed, alla fine, riuscirà a far accettare le sue dimissioni dal re. Ricevute onorificenze da varie corti europee, Filangieri si ritirerà dalle attività pubbliche, ma, alla morte di Ferdinando II, il nuovo re lo nominerà presidente del consiglio di un governo che, comunque, sarà formato da ministri a lui contrari, tranne due. Per salvare il Regno, proporrà di agire con rapidità e risolutezza in vari campi: una nuova politica con la Francia ed il Piemonte, un grande programma di opere pubbliche, un duro contrasto con i tentativi di colpo di stato orditi della seconda moglie di Ferdinando II, rapide e decisive riforme, ecc. Ma il re sarà totalmente incapace di agire con energia e Filangieri dovrà

Di conseguenza viene dichiarata la fine dell'armistizio.

Roma, 28 febbraio 1849

Continua l'approvazione di leggi democratiche. Sono istituiti: lo stato civile, il matrimonio civile, la maggiore età a 21 anni, l'uguaglianza anche per le donne nei procedimenti di successione. Sono aboliti: il controllo dei vescovi nel campo dell'istruzione ed il tribunale del sant'ufficio. Viene indetto un prestito forzoso progressivo.

Vienna, 2 marzo 1849

Il Parlamento di Kremsier presenta la proposta della prevista Costituzione. Il governo mantiene uno strano silenzio.

Caravate (VA), 3 marzo 1849

Due contadini, il padre Giovanni ed il figlio Giuseppe Ossola sono condannati alla fucilazione perché nel granaio della loro cascina vengono trovati due fucili. Alla fine viene fucilato solo il figlio.

Vienna, 4 marzo 1949

Viene pubblicata la nuova Costituzione austriaca, molto conservatrice, che non tiene affatto conto dei lavori del parlamento di Kremsier. Sarà ricordata come Costituzione di marzo.

Roma, 5 marzo 1849

Mazzini entra in Roma. E' la prima volta. E' felice, sia per essere nella città che rappresenta emblematicamente le sue concezioni ideologiche, quelle che lui definisce la "religione dell'anima", sia perché la stessa, oramai, è una repubblica. Il detto popolare del momento è che nella città ed in tutto il territorio non comanda più il papa ma Dio ed il popolo.

---

prendere atto che la monarchia non avrebbe avuto la capacità di superare la crisi. Un tentativo di accordo con il Piemonte, con Cavour consenziente, produrrà la reazione ostile del re. Filangieri si dimetterà, ma il re non accetterà le dimissioni, concedendogli una sorta di periodo di riposo. Filangieri, oramai sicuro della totale incapacità del re e della sicura catastrofe del Regno, insisterà nelle dimissioni, accolte il 16 marzo 1860. Dinanzi alla rovina, il re più volte cercherà di affidare nuovamente il governo al generale, che si limiterà a dare qualche consiglio. Addirittura il re andrà a trovarlo, inutilmente, il 16 giugno 1860, a Sorrento. Per sottolineare il suo totale dissenso da una politica inadeguata ed incapace, l'11 agosto 1860 Filangieri si imbarcherà per la Francia. Dopo l'unità d'Italia redigerà studi e proposte, impostando un'interessante collaborazione con il generale La Marmora presidente del consiglio e con i generali Manfredo Fanti e Giuseppe Pianell. Quest'ultimo era stato un suo devoto e valido dipendente. Morirà nel 1867.

Comunque le difficoltà ed i problemi, quindi il lavoro politico ed amministrativo, sono enormi. [725]

Vienna, 6 marzo 1849

Il Ministro dell'Interno, conte Francesco Stadion, comunica, a nome del governo, lo scioglimento del parlamento di Kremsier. Il Capo del governo, Schwarzenberg, dispone l'arresto di alcuni parlamentari. Una parte di essi riesce a fuggire.

Roma, 7 marzo 1849

Un fatto del tutto imprevisto: Muzzarelli si dimette. Appare una decisione incomprensibile. D'altronde è stato molto scioccante, per lui, il rapido passaggio da monsignore ben visto dal papa a rivoluzionario. Non svolgerà più attività politica.

Milano, 10 marzo 1849 proclama

Radetzky si trova di fronte ad una situazione difficile. Addirittura una buona parte dei disertori non approfitta dell'amnistia per regolarizzare la propria posizione. Di conseguenza emette un proclama, mentre impone un'ulteriore stretta di freni (rigido stato d'assedio, ecc.) **"Avendo (….) potuto convincermi che molti di coloro i quali (….) sono fuggiti dai loro Corpi si sottraggono al dovere di entrar in essi – fuorviati da false lusinghe di malintenzionati, ed anche non edotti del seguito generale perdono e dell'amnistia (….) ho trovato di protrarre fino a tutto il 30 aprile prossimo venturo il termine già spirato del perdono generale per i disertori"[726]**

Napoli, 12 marzo 1849

Ferdinando II chiude anche la seconda Camera dei deputati. E' definitivamente finito il tormentato periodo costituzionale napoletano.

Firenze, 12 marzo 1849

---

[725] Ha scritto Mazzini: **"Roma era il sogno de' miei giovani anni, l'idea – madre nel concetto della mente, la religione dell'anima; e v'entrai, la sera, a piedi, sui primi di marzo, trepido e quasi adorando. Per me, Roma era – ed è tuttavia malgrado le vergogne dell'oggi – il Tempio dell'umanità; da Roma escirà quando che sia la trasformazione religiosa che darà, per la terza volta, unità morale sall'Europa. Io (….) trasalii, varcando Porta del Popolo, d'una scossa quasi elettrica, d'un getto di nuova vita".** Da: "Note autobiografiche", Rizzoli, BUR, pag. 382.
[726] Da: www.brescialeonessa.it

Si tengono le elezioni previste, limitate, però, alla sola Assemblea provvisoria, dato che Guerrazzi ha fatto rimandare l'elezione della Costituente italiana, contro la politica di Montanelli.

Torino, 16 marzo 1849

Carlo Alberto rompe l'armistizio, dichiarando la ripresa delle operazioni per le ore 12.00 del giorno 20 marzo. La comunicazione viene effettuata dal maggiore Raffaele Cadorna del ministero della Guerra a Radetzky in Milano. La denunzia dell'armistizio è motivata dalla violazione da parte austriaca delle clausole concordate. Non è stata restituita metà del parco d'assedio di Peschiera, è stato attuato il blocco di Venezia, sono stati occupati i Ducati, sono state perpetrate crudeltà. Il feldmaresciallo risponde accusando la controparte di avere: lasciato operare la flotta in Adriatico, sostenuto finanziariamente Venezia, accolti profughi ungheresi e polacchi, riconosciuta una consulta lombarda.

L'esercito piemontese è stato numericamente rafforzato, anche se con truppe non adeguatamente addestrate.[727] E' composto, ufficialmente, da 120.000 uomini.[728] Ma vi sono altri gravi problemi. Formalmente il comando nominale è del re ed il capo di stato maggiore è il generale Alessandro La Marmora, ma il comando effettivo è assegnato al generale polacco Wojciech Chrzarnowski,[729] che ha la denominazione di "generale maggiore dell'esercito" e l'incarico di comandante in capo. Carlo Alberto è stato inflessibile nella

---

[727] La classe del '29, che viene variamente inserita nei reggimenti, con variazioni effettuate fino agli ultimi giorni dell'armistizio.

[728] In sintesi l'ordine di battaglia dell'esercito è il seguente: comandante nominale il re; effettivo il generale maggiore dell'esercito Chrzanowsky; capo di stato maggiore il gen. Alessandro La Marmora; le divisioni sono sette e due le brigate non indivisionate. Le divisioni sono: prima, gen. Gicomo Durando, seconda, gen. Bes; terza, gen Perrone; quarta, duca di Genova, quinta, gen. Ramorino, sesta, gen Alfonzo La Marmora; settima, duca di Savoia, in riserva. Le due brigate sono quella di avanguardia, del colonnello Belvedere e l'altra del gen. Solaroli. Le divisioni sono su due brigate di fanteria, un reggimento di cavalleria, una compagnia bersaglieri, due batterie da otto pezzi, una compagnia del genio. In definitiva sono – sempre in teoria - 100.000 uomini, 47 squadroni e 156 cannoni.
Gli austriaci hanno oltre 70.000 uomini, con 182 cannoni, ai quali vanno aggiunti i 25.000 che assediano Venezia, le guarnigioni delle piazzeforti e una brigata inviata a Piacenza. Sono inquadrati in quattro corpi: I, gen. Wratislaw; II, gen. D'Aspre, III, gen. Appel; IV, gen. Thurn.

[729] Wojciech Chrzanowski è nato nel 1793 a Bischofsburg, (ora Biskupiec, distretto di Olsztyn, voivodato di Varmia – Masuria). Ufficiale nell'esercito del Ducato di Varsavia, ha partecipato, con i francesi, alla campagna di Russia ed a quella di Francia. Nel 1828 ha combattuto nell'esercito russo in guerra contro la Turchia. Durante la rivoluzione polacca del 1830 – 31 ha ricevuto varie critiche. Governatore di Varsavia, dopo la capitolazione, è passato alle dipendenze russe, poi è andato in Galizia ed, infine, in Francia. Nel 1836, alle dipendnze dell'Inghilterra, ha trascorso cinque anni in Turchia come esperto per il miglioramento dell'esercito. Poi è tornato a Parigi, riprendendo il lavoro cartografico della Polonia. Successivamente è stato in Piemonte, come generale maggiore dell'esercito sardo. Andrà in Louisiana dopo la battaglia di Novara. Infine tornerà a Parigi, dove morirà nel 1861.

scelta di un generale straniero. Prima sono stati interpellati alcuni generali francesi, con esito negativo,[730] poi, il 7 gennaio, è stato contattato e scelto Chrzanowski. Una scelta molto discutibile, dato che il generale polacco è soprattutto un valente cartografo. Si tratta del solito pasticcio del re, che, anche questa volta, ha imposto la sua ben nota organizzazione contraddittoria, poco chiara, tendente a neutralizzare le rispettive responsabilità[731]. Così egli è protetto dalle critiche, dato che non è responsabile degli eventuali disastri, ma conserva intatto il suo assoluto potere. Non solo: il comando dato ad uno straniero va contro tutta la storia dell'aristocrazia militare del Regno. Si tratta, comunque, di uno schiaffo all'esercito tutto e, di fatto, dimostra un fatto grave. Il re continua a non considerare il conflitto con l'Austria una guerra per l'indipendenza nazionale, bensì un'impresa a carattere dinastico. Inoltre viene di fatto offerto un ulteriore, fondato argomento di critica alle sinistre e, più in generale, a tutti i democratici e liberali coerenti. A ciò si aggiungono altri aspetti poco chiari come la nomina a comandante della quinta divisione, formata da lombardi,[732] ad un generale quanto meno discusso come Gerolamo Ramorino,[733] sul quale viene a gravare una grande responsabilità, dato che, nei piani, avrà il compito essenziale di comandare la destra, che costituirà la posizione più delicata dello schieramento.

La ripresa delle ostilità non è stata adeguatamente organizzata e coordinata. A parte il fatto che i generali che stanno attuando la riforma[734] dell'organizzazione non la ritengono completata, il numero di uomini accennato è pienamente formale e teorico. Considerando le due classi di riserva in congedo, gli ammalati, i non idonei, ecc. la forza realmente operativa si riduce a 55.000 – 60.000 uomini, una situazione peggiore di quella del 1848, quando la forza reale - o "in linea" - assommava a circa 70.000 uomini. L'assegnazione degli ufficiali subisce cambiamenti vari, fatti in fretta e furia, all'ultimo momento.

---

[730] Il governo sardo ha fatto una brutta figura con il governo francese, il quale, specificatamente interessato, ha risposto che un generale avrebbe potuto essere valido, ma serviva al governo francese. Gli altri quattro o cinque potevano essere considerati meno validi del generale Bava.

[731] La scelta è anche effetto della "vendetta" contro il generale Bava e la pubblicazione della sua relazione. Il generale, per lungo tempo considerato il naturale comandante dell'esercito, alla fine è stato messo da parte. Il 15 dicembre 1848 ha ancora inviato un messaggio alle truppe. Solo il 12 febbraio il suo esautoramento è divenuto ufficiale. E questo è avvenuto un mese prima della ripresa delle operazioni.

[732] Bisogna tener conto che la divisione "lombarda" ha gli organici notevolmente ridotti.

[733] Gerolamo Ramorino è nato a Genova nel 1792. Ha combattuto nell'esercito napoleonico nel 1809 e nel 1812. Nell'esercito piemontese, ha partecipato alla rivolta del 1821. Esule prima in Francia e, poi, in Polonia, ha partecipato alla rivolta del 1830 ed alle successive operazioni in terra polacca. Nel 1834 la sua cattiva gestione del tentativo mazziniano di invasione della Savoia è stata giustamente criticata Accettato nuovamente nell'esercito piemontese, nel 1849 sarà il responsabile della facile penetrazione in Piemonte dell'esercito austriaco e, indirettamente la causa della sconfitta di Novara. Processato, sarà fucilato nel maggio 1849.

[734] Dabormida e La Marmora.

Addirittura ciò accade anche per i comandanti di divisione.[735] Vi è confusione anche nell'organizzazione dei servizi logistici. In particolare nella distribuzione del materiale sanitario e, soprattutto, nel vettovagliamento. Per la totale inefficienza di tale servizio in occasione della battaglia di Custoza è stato accusato il governo provvisorio, ma ora, in Piemonte, il riordinamento avrebbe dovuto essere effettuato dall'azienda che opera presso il ministero della Guerra. Però tale azienda è stata accusata di aver bloccato la riforma del settore e lo stesso riordinamento. Alla fine la relazione della commissione d'inchiesta sulle cause dell'esito della guerra rileverà che, durante le operazioni, pur essendovi disponibilità di viveri, la prima divisione, comandata dal generale Giacomo Durando, non ha ricevuto rifornimenti ed ha dovuto effettuare requisizioni, provocando confusione. Ma il disservizio non si è limitato a quella divisione.

Parma, 14 marzo 1849

Il duca Carlo II di Borbone Parma abdica a favore del figlio Carlo III. Le vicende occorse nei mesi scorsi hanno reso scettico Carlo II sulle possibilità che i grandi problemi evidenziati dalla rivoluzione possano essere risolti. Il ducato è ancora occupato dagli austriaci. Non solo: Carlo III rientrerà a Parma solo nel prossimo mese di agosto.

Brescia, 15 marzo 1849

In tutta l'Italia centro settentrionale vengono effettuate attività preparatorie per intervenire nelle ostilità in coordinamento con l'esercito piemontese. A Milano, ad esempio, il comitato è diretto da Carlo Cattaneo. Segretamente lo stato maggiore piemontese ha preso contatto con le varie organizzazioni cittadine potenzialmente rivoluzionarie, sia liberali che democratiche, appurando che alcune città sono pronte per la ribellione. I mazziniani, soprattutto, sono preparati e desiderosi di poter agire. L'organizzazione più numerosa ed efficiente è quella di Brescia, che viene scelta come centro della ribellione da provocare dietro la destra dell'esercito austriaco, schierato sul fronte del Ticino. E' anche la città dove maggiore è l'odio per gli austriaci. In essa, infatti, "**infuriavano gli invasori, ebbri di**

---

[735] Così Piero Pieri ha sintetizzato tale gravissima situazione: "**In realtà Carlo Alberto è riuscito ad allontanare o a mettere in posizione subordinata gli spiriti critici e indipendenti che avevano espresso la convinzione ch'egli dovesse abbandonare la direzione suprema della guerra; egli ha preso nuovamente presso di sé uno spirito mediocre, disposto a non contraddirlo; colla finzione giuridica, perché al nuovo collaboratore è ufficialmente lasciata la responsabilità, e con l'aggravante che si tratta di un generale straniero, rimasto da quasi sei mesi in una posizione equivoca nell'esercito, estraneo agli ufficiali e del tutto privo di ascendente sui generali!**" "Storia militare del Risorgimento" cit., pag. 283. Le convulse sostituzioni effettuate nei giorni precedenti la ripresa delle operazioni sono state aberranti, costituendo una misura che sfiora il sabotaggio. Ad esempio, il generale Perrone di San Martino, che negli ultimi tempi ha svolto incarichi politici, ha assunto il comando della terza divisione solo la sera del 19 marzo, circa 16 ore prima dell'inizio delle operazioni. Ore, ovviamente, per la maggior parte, notturne.

paura e di vendetta. Oltre alle prescrizioni, agli assassini legali, ai sequestri, alle multe, che ingoiavano interi patrimoni, alle bastonature e alle prigioni mettevano mano ai più strani ed insoliti argomenti di tirannide. Bandivano una tassa sulle pietre e sui mattoni che si fossero trovati altrove che nei fondachi dei venditori, o in sull'opera dei manovali; richiamavano i disertori, che era quanto dire la gioventù profuga oltre il Ticino o pei monti, minacciando di trascinare al servizio militare i parenti di quelli, e non erano pochi, che non rispondessero all'appello; (....) giungevano fino alla stoltezza di comandare la gioia e di obbligare i cittadini a mostrarsi frequenti ai teatri. Non contenti di queste prepotenze, presto si misero sul truffare e sull'insidiare. Sitibondi d'oro, fabbricavano larve di congiure, e assoldavano sicari e spie per ripescare multe e confische.[736]

Però l'organizzazione rivoluzionaria presenta una grave debolezza. I comitati, infatti, sono due e non hanno rapporti fra loro. Uno è liberale moderato, favorevole alla monarchia, diretto da Bortolo Gualla,[737] coadiuvato da due ingegneri, Laffranchi e Moretti e da quattro ecclesiastici. Gualla ha reso noto a Torino di avere a disposizione 2.300 uomini rapidamente mobilitabili. A tale comitato, si è collegato, pur rivendicando una propria autonomia, un esponente dell'estrema sinistra, don Pietro Boifava, che, dopo la crisi del 1848, non si è arreso e, facendo sempre riferimento alla sua parrocchia di Serre, gestisce una banda di 350 uomini. Ma vi è anche un comitato mazziniano, organizzato da un magistrato, Carlo Cassola,[738] amico di Gabriele Camozzi, e da un professore, Luigi

---

[736] Felice Venosta: "Il martirio di Brescia: narrazione documentata", Carlo Barbini ed. Milano, 1863 (in: www.liberliber.it, pag. 4.

[737] Bartolomeo (Bartolo) Gualla è nato a Brescia nel 1810. Laureato in medicina, chirurgo. Liberale con simpatie monarchiche. Nel 1848 ha diretto l'ospedale di Santa Giulia a supporto dell'esercito piemontese. Dopo Custoza ha organizzato un comitato segreto, in coordinamento con il Piemonte. E' coinvolto nelle Dieci giornate di Brescia. Esule in Piemonte, lavorerà presso l'ospedale militare di Torino. Tornato a Brescia dopo l'amnistia, avrà difficoltà a riprendere il suo posto di chirurgo e sarà costantemente sotto controllo. Professionista di grande cultura e di notevole capacità, dirigerà gli ospedali di supporto alle truppe nella guerra del 1859. Di nuovo primario presso l'ospedale civile di Brescia, si distinguerà per pubblicazioni e sistemi di cura avanzati. Si interesserà anche di igiene pubblica, di brefotrofi, ecc. Direttore dell'ospedale civile, morirà a Brescia nel 1870

[738] Carlo Cassola è nato a Sant'Alassio (PV) nel 1814. Laureato in legge a Pavia, è stato dal 1842 magistrato a Brescia. Mazziniano, ha partecipato alla rivoluzione del 1848. E' uno dei due capi delle Dieci giornate. Esule in Svizzera, nel 1852 sarà arrestato per aver tentato di introdurre armi in Lombardia attraverso la valle svizzera di Poschiavo. Dopo un periodo di detenzione, assolto, andrà in Inghilterra, riprendendo la sua attività nel movimento mazziniano. Poi andrà in Piemonte, sotto il nome di avv.Carlo Cozzi. Rientrerà in magistratura nel 1865 e, svolgendo la sua attività in varie sedi, arriverà all'incarico di presidente di corte d'appello. In pensione, si stabilirà a Pavia, continuando a svolgere attività politica nella sinistra. Ha effettuato studi sulle vicende risorgimentali, pubblicando diversi volumi. Morirà a Pavia nel 1894.

Contratti,[739] entrambi malvisti da Gualla. Soprattutto sui colli a Nord della città, oltre alla banda Boifava, vi sono gruppi di disertori e di aderenti ai due comitati.

Vi è una costante, anche se indistinta, pressione della realtà sociale bresciana contro gli austriaci. Una situazione di silenziosa opposizione e di diffusa insicurezza. L'aberrante repressione nel Lombardo Veneto ha raggiunto livelli particolarmente gravi a Brescia, a causa della crudeltà del generale von Haynau.[740] In data odierna le truppe del presidio hanno lasciato la città. Comandati dal capitano Leschke sono rimasti un drappello di cacciatori, tre compagnie di fanteria morava e 14 cannoni. In totale 560 uomini. che si sono chiusi nel castello,. Da poco la congregazione comunale è stata rinnovata, con personale filo austriaco, che comprende anche il dirigente Giovanni Giambelli.[741] Comunque la situazione sembra tranquilla, anche se si tratta di una tranquillità solo apparente.

Gualla, intanto, rimane in contatto con la commissione di statistica di Torino che, in realtà, coordina i rapporti coi gruppi rivoluzionari filo monarchici.

Como, 16 marzo 1849

---

[739] Luigi Contratti, nato a Verolavecchia (BS) nel 1819, laureato in ingegneria civile a Pavia, ha lavorato all'università, poi è stato professore di fisica e scienza naturale al liceo di Brescia. Mazziniano, nel 1848 ha organizzato il battaglione degli studenti bresciani, ragion per cui gli austriaci gli hanno tolto l'insegnamento. E' uno dei due duumviri a capo delle Dieci giornate. Esule in Svizzera e, poi, in Piemonte, dove insegnerà. Professore di geodesia all'università di Pavia dal 1859 al 1867, morirà a Verolavecchia in tale anno.

[740] Il barone Julius Jacob von Haynau, nato a Kassel nel 1786, è figlio naturale del langravio Guglielmo I d'Assia – Kassel e dell'amante Rosa Dorotea Ritter von Haynau. Nell'esercito austriaco dal 1801 ha partecipato alle guerre antinapoleoniche. Nel 1833 generale di brigata in Italia. Nel 1844 generale di divisione. Comandante delle truppe in Veneto e responsabile della crudele repressione bresciana. Richiamato a Vienna al comando della armata di riserva, ha diretto la guerra in Ungheria, con successo ma con grande crudeltà, creando situazioni quasi mitiche, come quella dei 13 martiri di Arad. Destituito nel 1850, si è dato ai viaggi. A Bruxelles una enorme folla ha cercato di linciarlo. A Londra è stato bastonato a sangue dai facchini della birreria Barclay & Perkins, furenti per le donne del nemico fatte frustare dal generale. L'imperatore gli ha donato un feudo in Ungheria facendogli finire l'attività come possidente di campagna. Peraltro per poco tempo, dato che è morto a Vienna all'inizio del 1853. Haynau rappresenta un caso sia psicologico che storico, ha, infatti, ampiamente superato i canoni della violenza e della crudeltà dell'esercito austriaco. Forse ha dovuto "convivere" con la sua nascita illegittima e con la necessità di portare il cognome della madre, tutte cose, per l'epoca, molto gravi. Ha cercato di reagire, affermando una sua violenta personalità, portando talel concetto alle estreme conseguenze.

[741] Il podestà è Averoldi, che ha dovuto fuggire, perchè Haynau ne ha ordinato l'arresto, dato che nella sua casa sono state trovate uniformi militari. La specifica carica, pertanto, non sarà ricoperta da un podestà, ma da un direttore.

In coordinamento con la ripresa delle operazioni, Brenta è ritornato in Val d'Intelvi ed oggi entra in città. Tutto il comasco è in agitazione. A Como l'ordine austriaco è in crisi, ma il popolo è diviso fra moderati e rivoluzionari. Notevoli le discussioni ed i contrasti.

Torino, 19 marzo 1849

Domani riprenderanno le operazioni. Chrzanowski ha proposto un piano tendente al logoramento del nemico. E' una soluzione coerente con il suo carattere. Ma il governo non la accetta [742] ed il generale, a malincuore, è costretto ad un piano più incisivo, a carattere offensivo. Reputa che il nemico non inizi le operazioni il giorno 20, valuta un'eventuale attacco nella zona meridionale del fronte, ma lo considera improbabile. Anzi pensa che gli austriaci si ritireranno dietro l'Adda o, addirittura, dietro il Mincio. Quindi l'esercito piemontese effettuerà un'azione offensiva nell'area settentrionale del fronte del Ticino, contro l'ipotetica o presumibile destra,[743] dello schieramento nemico, passando il fiume e muovendo verso Milano. Di conseguenza le divisioni piemontesi sono schierate su una fronte notevole, disperse su una linea concava verso il nemico, dal Lago Maggiore fino al Po, ad intervalli notevoli fra loro.

Il piano di Radetzky è molto semplice. Le sue forze sono tutte schierate nella Lombardia meridionale allo scopo di far massa, passare il Ticino, sfondare la destra piemontese e muovere verso Nord Ovest, sulla direttrice Mortara – Novara. In sintesi entrambi gli eserciti muoveranno contro la destra dell'avversario. Ecco l'importanza, per i piemontesi, delle posizioni assegnate alla divisione di Ramorino.

Brescia, 20 – 22 marzo 1849

Luigi Contratti ed il comitato repubblicano dimostrano con violenza contro il dirigente filo austriaco Giambelli. A seguito di tale notevole contrasto, Giambelli si ritira, ma come dirigente interinale non viene scelto un personaggio gradito alla sinistra, bensì un moderato, l'avvocato Giuseppe Saleri.[744] E' prevista per il **21 marzo** una rivolta, che, però, è

---

[742] E' deleterio imporre ad un comandante soluzioni opposte ai suoi convincimenti, che egli sicuramente eseguirà male. In tali casi si dovrebbe cambiare comandante.

[743] Una destra che, in realtà, non sarà incontrata. La sua inesistenza farà crollare psicologicamente Chrzanowski. L'esercito austriaco, infatti, è ammassato a Sud.

[744] Che riorganizza l'amministrazione comunale con Gerolamo Sangervasio, Ludovico Borghetti e Piero Pallavicino. Saleri era definito il "cavalier filantropo" (in: A. Padoa Schioppa (a cura di) "Avvocati ed avvocatura nell'Italia dell'Ottocento", il Mulino, Bologna, pagg. 625 – 662 (capitolo di Paolo Rondini). La mente politico amministrativa è l'avvocato Sangervasio, persona energica e decisa, vicina al comitato mazziniano. Al momento opportuno, anche Saleri si era dimostrato di grande dignità. Brescia non aveva chiesto il perdono dell'imperatore dopo le vicende del 1848 ed il comando austriaco ha imposto a Saleri di rappresentare la provincia ed andare a Vienna, ma la risposta è stata un no così deciso che la vicenda è finita lì. Data la stima generale per Saleri le

rimandata, dato che il comitato liberale intende ricevere le armi e attendere la brigata piemontese. Il governo piemontese nomina Gualla dittatore di Brescia. Saleri ha dal presidio austriaco l'autorizzazione a costituire un guardia civica, che dovrà essere equipaggiata solo con armi bianche. La promessa è di 400 sciabole. Ne arriveranno solo 40, in pessime condizioni.[745]

I gruppi armati di Tito Speri[746], in cooordinamento con gli uomini di Boifava, nella notte fra il **20** ed il **21 marzo** iniziano una ben organizzata attività di guerriglia. Sono fermate le vetture del servizio postale, Le azioni continuano nel giorno **22**, quando è fatto prigioniero un corriere del comando di Crema.

Gli austriaci, con fine senso dell'opportunità, pretendono, proprio in data 21, il pagamento di 65.000 lire austriache, la rata di una multa di 520.000 lire comminata a fine 1848 alla popolazione dal generale von Haynau.[747] Il pagamento dovrà essere effettuato il giorno **23 marzo**, nelle mani del comandante del presidio, capitano Pomo.[748]

Un messo piemontese arriva il **21 marzo** ed apre i cuori alla speranza. Rimane il fatto che il comando e il governo monarchico hanno una grande responsabilità. Hanno spinto alcune popolazioni alla rivoluzione prima dell'inizio delle operazioni. Poi, a seguito della loro sconfitta, hanno abbandonato tutti. Avrebbero dovuto indurre alla rivoluzione le

---

autorità non lo hanno perseguito. L'adesione indiretta o di fatto alla rivolta da parte di Saleri e Sangervasio ha allargato molto il numero dei partecipanti.

[745] I comandanti saranno Pietro Buffali e Carlo Tibaldi. Ma la maggior parte dei giovani ha preferito entrare nella squadre di Speri e Boifava, non in un'organizzazione comunale.

[746] Tito Speri, nato a Brescia nel 1825, ha partecipato nel 1848 alle azioni delle unità volontarie. Successivamente ha fatto parte del comitato clandestino bresciano. E' stato un protagonista delle Dieci giornate. Esule nel Canton Ticino, si è recato a Torino, presso le organizzazioni mazziniane. E' rientrato a Brescia, a seguito di amnistia, riprendendo l'attività cospirativa. Arrestato, in carcere prima alla Mainolda, poi a San Giorgio di Mantova, sarà impiccato a Belfiore il 19 marzo 1853.

[747] Le multe fioccavano. Come si è accennato erano utilizzate un entrate finanziarie, date le difficoltà economiche del Lombardo Veneto, ma costituivano anche una notevole repressione generalizzata. Naturalmente tale aberrante gestione è stata perfezionata dopo le Dieci giornate, a danno sia dei centri maggiori che di quelli minori. Ad esempio Francesco Guidotti ha analizzato quanto risulta dall'archivio storico del comune di Palazzolo sull'Oglio nei giorni successivi all'occupazione di Brescia: **"La città e la Provincia di Brescia sono condannate il 2 aprile 1849 a versare una multa espiatoria di sei milioni di lire austriache in rate mensili di 500.000 lire, ultima rata 1° aprile 1850. Il 17 giugno dal comando superiore austriaco il Comune viene informato che nella suddivisione sul territorio della quota della multa provinciale, sarebbe toccato a Palazzolo un importo di lire 67.252,54. Poiché aveva già versato le famose 50.000 gli restava un debito di lire 17.252,54, la prima rata già versata di lire 5.604 e le altre seguirono. In tutto la ribellione del 49 era costata ai Palazzolesi lire 67.252,54"** da: F. Guidotti, "Palazzolo ed il Risorgimento" in: "Memorie illustri di Palazzolo sull'Oglio", 2011, on line, pag. 19.

[748] L'autorità militare austriaca nei primi giorni dell'insurrezione era basata su tre comandanti: il capitano Pomo, della piazza, il capitano Previssi, della gendarmeria e il capitano Leschke, del castello.

popolazioni dopo che avesseroi conseguito significativi risultati sul fronte del Ticino. La conclusione è stata la futura strage di Brescia e le altre analoghe vicende.

Chiavenna – Morbegno (SO), 20 marzo 1849

Francesco Dolzino, in coordinamento con l'inizio della campagna piemontese, scende lungo la Val Bregaglia, libera Chiavenna e, con alcune centinaia di volontari, muove verso Morbegno, in Valtellina. Pronta la reazione austriaca, che tende ad accerchiare il nemico. Dolzino riesce a sganciarsi e ritorna in Val Bregaglia, ma deve passare il confine e rifugiarsi in Svizzera. Alla fine ruscirà ad arrivare in Piemonte e si stabilirà a Genova. [749]

Varese - Como 20 marzo 1849

Nei piani piemontesi definiti con i capi delle previste insorgenze di Brescia, Varese, Como, Lecco e Bergamo è stato concordato un rifornimento di armi e munizioni. Successivamente, arriverà una brigata dell'esercito. Un gruppo di volontari, con le armi, deve precedere le truppe lungo la pedemontana. Il comando di tale gruppo è stato assegnato a Gabriele Camozzi, che sarà seguito dalla brigata Solaroli, all'estrema sinistra dello schieramento piemontese.

Da Arona (NO) parte Camozzi, nel pomeriggio, con 150 uomini e 5.500 fucili. Questi ultimi vengono trasportati a Laveno Mombello (VA), mentre gli uomini vanno ad Angera (VA). Il **21 marzo** Camozzi arriva a Varese, dove lascia 400 fucili e prosegue per Como, dove la situazione è difficile per la divisione fra i moderati del podestà Giovio ed i rivoluzionari di Andrea Brenta. Camozzi suggerisce di costituire un comitato di difesa e consegna 200 fucili.

Fronte del Ticino, 20 marzo 1849

Alle ore 12.00 ricominciano le operazioni. Ramorino sposta i suoi reparti a Sud del Po, lasciando tre battaglioni di fanteria e il battaglione bersaglieri di Manara a Cava (PV).[750] Al processo che gli verrà intentato il generale affermerà di aver saputo di una mossa austriaca verso Sant'Angelo Lodigiano (LO). Pertanto, pensando ad un'azione nemica al di là del Po e volendo supportare la brigata in marcia su Piacenza, ha spostato i suoi reparti a Sud,

---

[749]Continuerà a lavorare con l'organizzazione mazziniana e, nel 1855, morirà per un'epidemia di colera, dopo essere stato in notevoli difficoltà economiche.
[750] Oggi Cava Manara.

attraverso il ponte di Mezzana Corti.[751] Quindi oltre il Po, lasciando solo i predetti quattro battaglioni a fronteggiare le previste provenienze nemiche. Naturalmente tale giustificazione non sarà accettata.[752] In definitiva i quattro battaglioni sono attaccati da tutto l'esercito austriaco. Non possono far altro che cercare di resistere e resistono per sei ore. Alla fine gli austriaci passano, dirigendosi verso Mortara e Vigevano.

Intanto alle 12.00 l'esercito piemontese inizia l'azione prevista utilizzando il ponte di Buffalora sopra Ticino (MI). La divisione del duca di Genova, con lo stesso re, entra in Lombardia ed arriva a Magenta. Ma Chrzanowski è timoroso: il nemico non c'è: che fare? Opta per l'attesa. Secondo la sua stessa pianificazione dovrebbe correre ad occupare Milano, ma, nel dubbio, blocca tutte le unità. Oramai è notte e bisogna aspettare il nuovo giorno. Però durante la notte viene a sapere che gli austriaci hanno superato la destra piemontese e sono in Piemonte. Così, alla fine, decide di tornare indietro, con grande difficoltà, dato che le divisioni devono muovere sugli stessi itinerari precedentemente percorsi nell'avanzata, cambiando all'opposto la propria fronte.

Il **21 marzo** i due eserciti muovono[753] verso l'allineamento Vigevano - Mortara. A Vigevano arriva la divisione Bes, che si schiera sulla buona posizione della Sforzesca. Attaccata, respinge il nemico, dato che, intanto, arrivano anche le divisioni Perrone e duca di Genova. A Mortara arriva la divisione Durando, che ha di fronte il grosso dell'esercito austriaco. Lo schieramento piemontese non riesce ad organizzarsi bene, comunque Durando resiste fino alla notte, durante la quale si ritira in città. Ma l'abitato viene attaccato e, dopo una lunga lotta, la divisione si ritira verso Novara, insieme al resto dell'esercito.

Il **22 marzo** è un giorno di particolare calma. Chrzanowski fa affluire tutte le forze a sud di Novara, schierandole su valide posizioni. Radetzky, dopo le azioni di Mortara e della Sforzesca, si ferma e si riorganizza.

23 marzo: battaglia di Novara. Alle ore 11.00 il II corpo di d'Aspre, rinforzato da battaglioni di altri corpi, attacca la posizione avanzata di Olengo, supera gli avamposti e attacca la divisione Perrone. La battaglia è incerta: gli austriaci sono fermati fra vari cascinali occupati dai piemontesi, che difendono l'importante posizione rilevata della Bicocca. Alla fine il d'Aspre si ritira ma, ricevendo altri supporti, ritorna all'attacco. Però,

---

[751] Lungo l'attuale strada provinciale 35 dei Giovi. Mezzana Corti non è più comune dal 1838. E' ora una frazione sita nella parte meridionale del comune di Cava Manara, da cui dista 3,32 chilometri.

[752] Il Ramonino è ben conscio di aver agito illegittimamente. Quando lo stato maggiore lo convocherà per discolparsi, ordinando di lasciare il comando al vice, il generale Fanti, Ramorino, andato a Novara, vista la mala parata, fuggirà ad Arona (NO), sul Lago Maggiore, ma verrà arrestato e ristretto nella cittadella di Torino, a disposizione del consiglio di guerra.

[753] I piemontesi da Nord, gli austriaci da Sud.

anche per il contributo dell'artiglieria della divisione Durando e di reparti della divisione Bes, deve nuovamente ritirarsi. Utilizzando tutte le forze nel frattempo arrivate sul campo, d'Aspre attacca per la terza volta, puntando alla Bicocca. Entra in crisi la divisione Perrone, che ha subìto notevoli perdite, compreso il suo generale. Gli austriaci avanzano fino alla Bicocca. Di sua iniziativa il duca di Genova accorre con la sua divisione, che respinge gli austriaci fin oltre Olengo e Moncucco. La battaglia procede brillantemente. Ora tutto l'esercito deve attaccare, ma Chrzanowski non solo non intende attaccare, ma non utilizza la situazione, favorevole per i piemontesi, venutasi a creare con l'attacco della divisione del duca di Genova. La situazione diviene grave e triste, anche perché il generale maggiore ordina al duca di Genova di tornare sulle precedenti posizioni. Sembra che Chrzanowski agisca a favore del nemico e i soldati, entusiasti del successo, iniziano a protestare contro una direzione della battaglia quanto meno inadeguata o, di fatto, autolesionista. Così, quando riattaccano altri reparti austriaci testé arrivati, alla difesa della Bicocca devono concorrere un reggimento della divisione Bes ed una brigata del duca di Savoia.

Comunque la battaglia si sviluppa in maniera positiva. Ma bisogna sfruttare il successo prima che arrivino le altre unità nemiche. Invece l'ordine di Chrzanowski è di stare fermi sulle precedenti posizioni. Così si determina una surreale sospensione delle ostilità fino alle ore 15.00, quando il III corpo di Appel, unendo le sue unità a quelle di d'Aspre, attacca in direzione della Bicocca. Proprio ora, nel momento meno opportuno, Czarnowsky intende attaccare la sinistra austriaca, scegliendo il momento in cui contemporaneamente arriva il IV corpo del gen. Thurn e Durando ed il duca di Genova fanno fronte alle nuove truppe. Intanto arriva il I corpo del gen. Wratislaw e la riserva con Radetsky. Il duca di Genova tenta di mantenere la Bicocca, poi deve cedere. I reparti, attaccati da tutte le parti, si ritirano verso Novara. L'azione degli austriaci è ritardata dai reparti di Durando e del duca di Genova. Infine solo da Durando, mentre inizia il bombardamento della città. A questo punto vi è il tracollo: molti reparti entrano in crisi e gruppi di militari si disperdono verso Arona e Borgomanero. Anche gli austriaci sono in difficoltà, dato che non inseguono e si fermano sulle posizioni conquistate.[754]

Inizia, così, una serie frenetica di importanti, drammatici avvenimenti. Di fatto la figura di Czarnowsky viene messa da parte.[755] Il re si comporta come al solito: riunisce alcuni generali da cui si fa dire quello che lui intende: non si può proseguire la guerra. Pertanto prende contatto con Radetzky per un armistizio. Ma, a quanto pare, la presenza di Carlo Alberto non è gradita nemmeno dal suo vecchio amico feldmaresciallo, che chiede condizioni irricevibili, fra le quali che il principe ereditario sia consegnato come ostaggio.

---

[754] I Piemontesi hanno lamentato 578 morti, 1.405 feriti e 3.000 prigionieri o dispersi. Gli austriaci hanno subito 410 morti, 1850 feriti e circa 1.000 prigionieri o dispersi..
[755] Vi sarà, in rapida sequenza, l'arresto, il processo e la fucilazione del generale Ramorino. Il generale Czarnowsky, forse temendo di fare la stessa fine, si è eclissato, recandosi addirittura in Louisiana.

Carlo Alberto si rende conto che, nell'interesse della dinastia, è meglio che si faccia da parte. Intanto viene sancita una tregua di sei ore. Vittorio Emanuele è re: sarà lui a gestire l'armistizio e la pace.

Novara, 24 marzo 1849, armistizio di Vignale

Alla quinta ora della tregua, alle 04,30 del 24 marzo, il nuovo re arriva al comando di Radetzky, sito in una cascina di Vignale (NO). L'incontro è breve. Sembra che il re, il felmaresciallo ed il suo capo di stato maggiore Heinrich von Hess siano rimasti in piedi. L'incontro è stato ricostruito e commentato in varie maniere. E' opportuno, quindi, prendere atto solo dei reali effetti dell'incontro stesso. In fondo fra le due parti, su alcuni argomenti, apparentemente caratterizzati da interessi contrastanti, vi è un sostanziale accordo. Il nuovo re intende rispettare le varie forze politiche, garantendo la Costituzione, ma intende anche contenere le istanze e la politica delle forze rivoluzionarie, senza ledere la causa nazionale. Radetzky teme una rivoluzione in Piemonte che, automaticamente, si estenderebbe all'Italia centro settentrionale. Lui conosce bene Carlo Alberto ed il figlio. Sa che un impegno di Vittorio Emanuele per la pace lo garantisce da derive rivoluzionarie, perciò può anche garantire l'amnistia per i lombardi. L'accordo economico è quello più difficile, ma bisogna tener conto di un aspetto che accomuna i due avversari: il Piemonte è in grandi difficoltà, ma lo è anche il Regno lombardo veneto. Radetzky chiede 200 milioni. Si rimanda il tutto alle trattative di pace. Infatti la cifra finale sarà di "soli" 75 milioni. Altro argomento difficile, in attesa della pace, sono le truppe di occupazione in Lomellina e nella fortezza di Alessandria, Le prime saranno ridotte e le seconde occuperanno solo metà della fortezza. Dopo il trattato di pace saranno tutte ritirate. Triste, ma necessario, il rientro della squadra sarda dall'Adriatico, con l'abbandono della Repubblica di Venezia, entro 15 giorni.

In seguito, durante le trattative, vi saranno momenti di difficoltà, ma lo "spirito di Vignale" si affermerà rapidamente e fino in fondo. Il **6 agosto 1849** sarà stipulato il trattato di pace a Milano, il **12 agosto** sarà pubblicata da Radetzky l'amnistia degli emigrati lombardi, il **20 agosto** Vittorio Emanuele ratificherà la pace, pur senza avere ancora il voto favorevole delle Camere. Ma bisogna far cenno ad un aspetto quasi grottesco. Radetzky, per risolvere il contrasto bellico con il Piemonte, ha ritenuto utile tenere una linea moderata. Cosa, questa, per lui, sicuramente difficile. Orbene, le prime critiche nei suoi confronti, sia del governo imperiale che della corte di Vienna, hanno avuto come oggetto proprio questa sua moderazione, ritenuta eccessiva.

Al mattino del 24 marzo l'abdicazione di Carlo Alberto viene resa ufficiale. Lui è già in viaggio. A mezzanotte è partito da Novara verso Vercelli. Ha con sé solo due inservienti. A metà strada, ad Orfengo,[756] viene fermato da un avamposto austriaco. Si interessa al personaggio in carrozza il generale Georg von Thurn und Valsassina[757] ed inizia una sorta di sceneggiata. Il re si presenta come il conte di Barge, colonnello. Al solito, Carlo Alberto è burocraticamente ineccepibile, dato che i Savoia sono anche conti di Barge. Ma pure il generale austriaco deve essere un brillante burocrate. Dato che il conte di Barge non ha documenti adeguati, chiama un bersagliere prigioniero, il quale, da persona intelligente, testimonia che il signore della carrozza è effettivamente il conte di Barge. Così sono tutti a posto e Carlo Alberto prosegue. Il **26 marzo** sarà nel Principato di Monaco, poi a Nizza, dove riceverà da Torino i documenti necessari per proseguire. Il **1° aprile** sarà a Bayonne ed il **3** firmerà gli atti ufficiali dell'abdicazione. Il **10 aprile** arriverà a La Coruna. Poi dovrà continuare il viaggio a cavallo, entrando in Portogallo a Caminha, il **15 aprile**. Proseguirà per Oporto, dove arriverà il **19 aprile**, stabilendosi prima all'Hotel do Peixe e poi nella villa Entre Quintas, un massiccio isolato a due piani fuori città. Il re è deperito in maniera drammatica, come se tutto il suo organismo rapidamente fosse collassato. Il cuore, il fegato, un progressivo esaurimento, una tosse continua. Non sembra proprio colui che, anche nell'ultima fase della guerra, è stato instancabile nel dimostrare sul campo il suo indubbio coraggio personale. Entro la fine di giugno subirà due infarti. Ha continuato a non volere la presenza dei familiari. Della corte di Torino ha accettato solo il medico Alessandro Riberi. Dal **3 luglio** non potrà più alzarsi dal letto. Verso fine mese migliorerà, ma il **28 luglio** subirà un terzo e definitivo infarto, morendo alle 15.30. Le navi militari "Monzambano" e "Goito" trasporteranno la salma a Genova, dove arriveranno il **4 ottobre**. Infine l'arrivo a Torino e, il **13 ottobre**, l'inumazione alla Basilica di Superga.

Così la fine sfavorevole della prima guerra d'indipendenza ha determinato un fatto decisamente positivo: la definitiva uscita di scena di Carlo Alberto e l'avvento al trono di Vittorio Emanuele. A carico del quale, però, può essere mossa una critica, peraltro mai approfondita. Il principe non è stato d'accordo sulla ripresa del conflitto e, contrariamente al notevole impegno posto in essere nella guerra del 1848, in quella del 1849 il suo apporto è stato quasi nullo. Infatti avrebbe potuto intervenire a Mortara e non l'ha fatto. Di riserva a Novara, ha solo inviato piccoli reparti alla Bicocca, diversamente dal fratello duca di Genova, che ha cercato con grande impegno di raggiungere la vittoria. Comunque il nuovo

---

[756] Orfengo è una frazione del comune di Casalino (NO), dal quale dista 3,78 chilometri: E' sita sull'attuale strada regionale Padana superiore, n. 11.

[757] Il conte Georg von Thurn und Valsassina è nato a Praga nel 1788. Ha combattuto anche in Italia durante le guerre antinapoleoniche. A Pesaro ha ottenuto l'ordine di Maria Teresa. Successivamente, negli anni: 1820, è stato inviato alla corte del Wuttenberg.; 1825, è stato alle dipendenze dello stato maggiore; 1828, ha avuto la nomina a direttore del dipartimento topografico in Ungheria; 1845, è stato nominato generale. Nel 1848 ha passato l'Adige ed ha occupato Udine, sostituendo il generale Nugent ammalato. Poi ha attaccato Vicenza. Nel 1849 ha partecipato alla battaglia di Novara e, successivamente, il 16 maggio 1849, ha sostituito Haynau nel comando dell'assedio di Venezia. Nel 1860 è andato in pensione. Morirà a Vienna nel 1866.

re dimostrerà doti di buonsenso, di dignità nei confronti dello straniero, di interesse per le necessità popolari, di coerenza verso la Costituzione, concepita come base giuridica essenziale di una corretta politica nazionale.[758] Non solo: le azioni aberranti poste in essere nel 1848 da generali che, come signori feudali, hanno operato in autonomia, trascurando le direttive del comando supremo, sono state finalmente sanzionate con il processo e la fucilazione del generale Ramorino. In altri termini non sono più accettati comportamenti come quello del generale de Sonnaz, che, nella prima fase delle operazioni, non è certo stato il solo ad operare in maniera personalistica contro gli ordini ricevuti,[759] determinando la sconfitta e ricevendo, per di più, consistenti prebende.

Lecco – Bergamo, 23 marzo 1849

Camozzi continua la sua missione. Oggi è a Lecco, dove consegna 150 fucili ed aggrega al suo gruppo altri 100 volontari. Dovrebbe andare a Brescia, ma, avendo saputo che nella sua Bergamo la guarnigione austriaca di 400 uomini si è chiusa nella rocca ed è bloccata dal popolo insorto, cambia programma. Fa portare a Brescia i 2.500 fucili previsti e lui, con il grosso del suo gruppo, si dirige a Bergamo, dove gli viene conferito il comando dell'assedio alla rocca. Deve, però, prendere atto che, privi di artiglieria, i rivoltosi possono far poco contro gli austriaci. Di conseguenza, dal **26**, devono limitarsi al solo blocco. Ma il

---

[758] Il comportamento di Vittorio Emanuele ha indotto Massimo d'Azeglio a definire il re "galantuomo". Giudizio contestato da certa storiografia anglosassone (Denis Mack Smith) ma anche italiana (ad esempio Montanelli). Anche in questo caso bisogna far parlare i fatti. Difficile mantenere le liberà costituzionali e giungere alla pace con una Camera a maggioranza di sinistra e mazziniana. Ma il re è riuscito con metodi democratici a risolvere correttamente il problema con il sostanziale apporto di d'Azeglio, che è stato, quindi, un valido testimone /attore.

[759] La visione politica di Vittorio Emanuele può essere dedotta da quanto egli ha espresso durante il suo lungo regno. Fra le tante dichiarazioni è interessante, perchè chiara e sintetica, quella del 23 ottobre 1860. Il re muove con l'esercito verso il Mezzogiorno e incontra per la prima volta un reparto garibaldino: sono i cacciatori del Vesuvio di Teodoro Pateras. Onori, molta cordialità. Il sovrano viene scortato per un lungo tratto verso Isernia, città deserta, dato che in un mese è stata conquistata e persa dai nazionali quattro volte, con relative repressioni, particolarmente crudeli quelle borboniche. Il governatore della città è De Luca, informato via telegrafo dall'incaricato di affari sardo a Napoli, Pes di Villamarina. Nella città sconvolta l'unico posto dove può essere ospitato il re è il palazzo di un liberale vicino ai Borboni, Vincenzo Cimorelli, dove vengono riuniti i maggiorenti della zona. In questa situazione così particolare, nel suo discorso ai convenuti il re sintetizza la sua posizione: **"Qui non si tratta di ambizione personale – si tratta di fare l'Italia. Essere Re di quattro o venti milioni di italiani m'importa poco. Importa però che il popolo che parla la stessa lingua ed esce dalla stessa razza abbia una patria sola, e che questa patria sia indipendente. Noi siamo destinati ad essere un gran popolo, se lo vogliamo. (….) Signori, dite ai vostri compatriotti che sarò per essi ciò che fui sinora pel mio piccolo Piemonte. Io farò il mio dovere di re e di soldato – facciamo tutti quello di Italiani. Ricordiamoci che non abbiamo ancora la chiave di casa nostra, comechè da oggi possiamo dire che l'Italia è fatta. Speriamo."** (Da: Gabriele Venditti: 'Isernia al cadere dei Borboni – fatti di rivoluzione e reazione nell'autunno del 1860' I Quaderni, ed. digitale, 2011, pag. 99). Per Pateras vedasi il para. 'Sapri (SA), 28 giugno 1857 ore 1900, sbarco e impiego'.

27 marzo arriva la notizia della sconfitta piemontese. Camozzi è scettico, perché non vuole accettare la sconfitta ed anche perchè il **28** ed il **29** arrivano altre notizie, varie e contrastanti. Alla fine, però, vi è la conferma dei risultati della battaglia di Novara e dell'avvicinarsi di una brigata austriaca. Il municipio ha già iniziato trattative con la guarnigione della rocca ed, alla fine, stipula con la stessa un accordo. Camozzi, con i suoi, il **30 marzo** lascia Bergamo e procede per Brescia, che resiste ancora.

Como, 23 marzo 1849

E' stato costituito il comitato di difesa, si prevede anche di creare un comitato insurrezionale, ma il podestà Giovio e la maggioranza liberale tendono a rinviare tutto. Grandi discussioni. I moderati desiderano ribellarsi quando sarà vicina alla città un'unità piemontese. Accorrono volontari che non sono accettati dal podestà Giovio in attesa del "momento opportuno". Addirittura il **26 marzo** si scioglie il comitato di difesa. Segue una reazione della sinistra mazziniana diretta da Andrea Brenta. Manifesta violentemente in città ed, alla fine, si impone. Ma, poco dopo, arriva la notizia della sconfitta di Novara e tutti reagiscono in maniera toccante: nessuno vuole ammettere che si sia verificata una sconfitta. Viene considerata impossibile. La notizia è considerata falsa, comunque erronea. Non viene accettata assolutamente la fine di tante aspettative, il crollo delle comuni speranze. Molti non accettano la triste notizia nemmeno quando giunge un messo del comando piemontese. Gradualmente i mazziniani ed i più coerenti democratici si affermano in città ed il **29 marzo** saranno al potere.

Casale Monferrato, 23 - 25 marzo 1849, la vittoria locale della guerra di popolo.

Siamo alla fine della campagna del Ticino. La brigata del generale Franz von Wimpffen, rinforzata, ha ricevuto l'ordine di marciare su Casale Monferrato e di conquistare la cittadella. Una struttura, questa, non in ottime condizioni,[760] sita in una posizione militarmente importante, che domina un passaggio del Ticino alle spalle dell'avanzata dell'esercito austriaco. E' comandata dal maggior generale barone Alessandro Solaro di Villanova, anziano, ma risoluto nel compimento del proprio dovere. Gli obici sono 4 ed i cannoni 8, ma di vecchia costruzione, con soli 12 cannonieri. In effetti la guarnigione è numericamente inadeguata. Il generale, di conseguenza, mobilita la guardia nazionale, alla quale si aggiungono molti cittadini.[761]

---

[761] La cittadella, costruita fra il 1589 ed il 1595, è stata un esempio di architettura militare molto avanzata, una delle prime città piazzaforti. Ha brillantemente resistito a vari assedi. Importanti due nel periodo 1628 – 1630 ed altri due a metà del secolo successivo. Nel 1849 avrebbe bisogno di molti interventi, che verranno effettuati negli anni '50.

Il **24 marzo** oltre alla cinta muraria, viene difesa anche una testa di ponte al di là del Ticino, che resiste per tre ore all'attacco di un battaglione ungherese, una compagnia cacciatori e tre batterie. Alla fine 30 cannoni e 6 racchette[762] convergono il loro fuoco sulla cittadella, che risponde con un tiro molto preciso, facendo ritirare la fanteria austriaca.

Il **25 marzo** giungono scarsi rinforzi comandati dal tenente Carlo Morozzo Magliano di San Michele, che respingono il nemico al di là del ponte, ma l'ufficiale è mortalmente ferito. Continua la fucileria fino alle 15.00. Continuano, altresì, il bombardamento austriaco e l'efficace controbatteria della cittadella. Convergono altri contadini da vari paesi vicini. Il commissario regio Filippo Mellana,[763] deputato ed avvocato, supporta il generale Solaro. L'entusiasmo e la partecipazione dei cittadini e dei militari sono molto alti. Gli scontri proseguono, fin quando, alle ore 16.30 un parlamentare austriaco comunica l'avvenuto armistizio.Wimpffen si ritira oltre la Sesia.

Brescia, 23 marzo 1849, le Dieci giornate

Inizia alle 12.00 l'afflusso in piazza di una folla particolarmente infuriata. Viene preso atto che gli austriaci stanno trasportando molta legna, botti di acqua potabile e viveri al castello, preparandosi per un lungo assedio. Passa una colonna austriaca che trasporta legna e derrate alimentari. La folla assale i soldati tirando contro di essi i pezzi di legno. Il reparto si ritira, con diversi feriti. Ma il problema più importante per i cittadini è il pagamento della multa. La popolazione non vuole che sia effettuato tale pagamento, ritenendolo illegittimo. Il diffuso grido: "piombo, non oro" sintetizza bene la psicologia generale. Inizia la caccia ai militari austriaci. Si incominciano a vedere persone armate di bastoni o randelli. Alcuni militari sono bastonati, altri, se resistono, sono feriti.

Alle 11.00 Tito Speri attacca una compagnia di 50 uomini del reggimento arciduca Alberto, di scorta a 12 carri e li fa prigionieri. Il comandante, tenente Brey, viene condotto ai Ronchi,[764] al gruppo comandato da don Boifava. Successivamente altri attacchi mettono in crisi i trasporti militari austriaci.

---

[762] Razzi luminosi

[763] Filippo Mellana è nato a Casale Monferrato (AL) nel 1812. Si è laureato in legge a Torino. Avvocato ed agronomo. Inizialmente mazziniano, ha militato nella sinistra, con il motto: 'unione, libertà, ordine, avvenire'. Duro oppositore di Cavour e, poi, di Lanza. Critico della conclusione della prima guerra di indipendenza. Favorevole alla guerra in Crimea. Deciso sostenitore di Roma capitale. E' stato sindaco di Casale dal 1856 al 1858. Eletto per sette legislature alla Camera del Regno di Sardegna, dall'8 maggio 1848 al 17 dicembre 1860 e per cinque legislature alla Camera del Regno d'Italia, dal 18 febbraio 1861 fino alla morte, avvenuta il 29 novembre 1874.

[764] Ad Est della città i Ronchi sono costituiti da pendii terrazzati facilmente difendibili, oggi coltivati a vigne di qualità.

Nel pomeriggio, il popolo vede il capitano Pomo ed il signor Canali, commissario ai viveri, che vanno al municipio per ritirare la somma prevista. Così la folla entra nel municipio e si scaglia contro il Pomo, che discute con Saleri. L'ufficiale ed il Canali sono salvati da un macellaio, Carlo Acerboni, che, su richiesta di Sangervasio, prende i due e li porta ai Ronchi, dove sono tenuti prigionieri da Boifava. Ma, prima che sia portato via, il Poma è costretto a firmare un ordine che impone di consegnare alla guardia nazionale le armi del personale degente nei tre ospedali militari.

Così la sera l'ospedale di san Gaetano e quello di san Luca obbediscono, rilasciando circa trecento convalescenti. L'ospedale di Santa Eufemia no. Una diecina di armati di fucile attacca il nosocomio. Il responsabile austriaco abbandona i malati e, con i soldati in quadrato con le baionette inastate, esce dall'ospedale e si rifugia nel castello. Anche i gendarmi lo seguono. Non vi sono più militari austriaci in Brescia. Sono tutti chiusi nel castello.

Il capitano Leshke fa sparare 10 colpi di cannone, imponendo al comune di chiudere le ostilità e cedere i prigionieri. Intanto gli insorti organizzano un'intensa fucileria contro i cannonieri e bloccano i rifornimenti di acqua. Riprende verso il mattino il bombardamento, con effetti distruttivi limitati ma la confusione consente al comando austriaco di inviare a Mantova corrieri per chiedere aiuto.

Al mattino del **24 marzo:** la situazione è decisamente rivoluzionaria. Saleri, il moderato, è stanco, non ama la violenza e da poco ha perduto la moglie. Non solo: è anche caduto ed è dolorante. Anche se anch'egli è su posizioni nazionali, non intende essere corresponsabile di azioni violente. Così si ritira, passando la direzione interinale del comune a Gerolamo Sangervasio, che è su posizioni più aperte nei confronti della rivoluzione. Poco dopo un avviso informa la popolazione. Il testo, sintetico ma efficace, è il seguente: "**Una rappresentanza di Cittadini per la difesa della Patria, ha nominato un Comitato apposito composto dai seguenti: Ing. Prof. Luigi Contratti, Dott. Carlo Cassola. Cittadini, il vostro amore per la patria è conosciuto ed ora è il tempo di darne una luminosa prova, avvicinatevi al Comitato che fissa la sua residenza nel Locale del Teatro ed attendete da Loro direzione ed ordine. Brescia 24 marzo 1849 Per il dirigente, Sangervasi**".[765]

Così il Comitato dei duumviri inizia la sua attività, tenendo conto di quanto finora previsto: Camozzi porterà le armi, poi arriverà una brigata, ecc. Vengono organizzate tre sottocommissioni, responsabili, rispettivamente, dell'organizzazione delle guardie nazionali, del rifornimento di armi e del miglioramento dello stato delle mura. Leshke per due volte bombarda la città.

---

[765] Da Fondazione della comunità Bresciana ONLUS. WWW.brescialeonessa.it

Il **25 marzo** è un giorno tranquillo. Tutti devono organizzarsi. Arrivano dei giovani dalle vallate e devono essere organizzati ed armati, si cerca di avere notizie sugli avvenimenti in Piemonte, viene interrotta la posta militare austriaca. Durante la notte si viene a sapere che è uscito da Mantova un reparto austriaco, comadato dal generale Nugent, che a marce forzate si dirige verso Brescia.

Al mattino del **26 marzo** il generale Johan Nugent[766] arriva a Rezzato, ad Est di Brescia, dove si ferma, probabilmente in attesa di rinforzi, dato che: ha con sé solo un migliaio di uomini. Dalla città viene mandato come parlamentare un ufficiale medico, trattato con sovrana arroganza da Nugent, che intende incontrare dei cittadini. Quando costoro arrivano il generale è ancora più arrogante e violento. Chiede la resa a discrezione. Concede quattro ore. Dopo entrerà in città.[767]

A metà fra Rezzato e Brescia vi è l'abitato di Sant'Eufemia, [768] sito alla fine della val Carrobia, su un terreno collinare.Tito Speri ha schierato una rete di bersaglieri, su una fronte ampia. Nugent ha ricevuto altri mille uomini da Verona. Attacca su tutta la fronte. E' particolarmente brillante il comportamento dei volontari, che combattono con tale foga che Tito Speri ha dovuto indurli ad agire coperti rispetto al fuoco nemico. Ma essi sostengono che non intendono combattere come i servi della reazione, bensì "alla bresciana". Gli austriaci vengono bloccati per molte ore. Poi le munizioni gradualmente finiscono ed il comitato fa pervenire l'ordine di ritirarsi sulle mura, dove continua la lotta.

Mentre ad Est della città si combatte, il comitato fa rafforzare il blocco del castello, consolidare il sistema di barricate, minare i ponti, murare le porte cittadine, tranne due. Ad un certo momento arrivano i fucili del gruppo Camozzi. Grande festa. Sono belle armi, accolte come un auspicio di vittoria. Ed ancora altre masse di popolo, uomini e donne, si armano e corrono sulle mura. E' sera. Il contingente che ha combattuto a Sant'Eufemia rientra in città.

---

[766] Il conte Johan Nugent ha combattuto contro la Francia napoleonica. Comanda il primo intervento contro Brescia. Sarà ferito da un colpo d'arma da fuoco ad un piede. Nonostante le cure la ferita degenererà in cancrena: prima gli sarà amputato il piede e, poi, morirà il 17 aprile 1849.

[767] La risposta, molto dignitosa, è fimata dai duumvirii: "**Abbiamo comunicato ai cittadini la vostra risposta, ed il popolo in massa ha respito con indignazione le vostre proposre, proclamando che si deve vincere o morire che la città è pronta a resistere finchè sia ridotta in cenere. Nulla noi aggiungiamo alla potente voce del popolo, e ci siamo perciò determinati di sostenere con tutti i mezzi che abbiamo in nostro potere qualunque assalto**" (….) **Il comitato di pubblica difesa, Cassola - Contratti** Da: Felice Venosta"Il martirio di Brescia: narrazione documentata"www.liber liber.it, pag.45.

[768] Sant'Eufemia nel 1849   era comune. Successivamente, nel 1862, è stata denominata Sant'Eufemia della Fonte, nome attuale. Ma nel 1928 il comune è stato soppresso e da allora Sant'Eufemia della Fonte fa parte del comune di Brescia.

Al mattino del **27 marzo**   la situazione è tranquilla. Nugent, dopo le vicende del giorno prima, attende altri rinforzi, che arrivano nel pomeriggio. Ora egli dispone di 4.000 soldati. Schiera una batteria di cinque pezzi su un rilievo ed inizia a bombardare la porta di Torrelunga.[769] Subito intervengono le artiglierie del castello che colpiscono la città e, in particolare, la porta.. Il tentativo di sfondare le difese dura tre ore. Molti danni sono prodotti dall'artiglieria del castello. I reparti di Nugent sono costantemente colpiti dai disertori e da bersaglieri schierati a rete. Lo stesso avviene per i cannonieri colpiti sugli spalti dall'intensa fucileria degli assedianti. Nugent cerca di attrarre in campo aperto i bresciani, I capi dicono di no, ma la base pretende di attaccare gli austriaci. Il generale Nugent, che dirige lo schieramento di alcuni pezzi, viene gravemente ferito al piede. [770] Continua l'attacco, che incontra schieramenti sempre più compatti, A sera mancano all'appello cento uomini. Notevoli anche le perdite fra gli austriaci.

..

Nei due giorni successivi i bresciani si astengono dal fare sortite. Continuano il fuoco del forte e i tentativi austriaci di occupare la porta orientale, tutti respinti dalla vigile, energica azione popolare. Il **30 marzo** sei compagnie attaccano Torrelunga, ma la difesa è talmente valida, che si ritirano ai Ronchi, dove però è attestata la banda Boifava, che resiste a lungo e poi si ritira. Le operazioni continuano e gli austriaci sono costantemente colpiti. Durante la notte alcune unità riescono ad entrare nel castello. E con esse anche il generale Haynau, comandante delle truppe che assediano Venezia. Come un fantasma è arrivato ed è entrato anch'egli nel castello.

Il **31 marzo** un grande nebbione riduce la visibilità in tutto il centro cittadino. A un certo punto compaiono dei soldati con la bandiera bianca e due gendarmi, che, come richiesto, vengono accompagnati al municipio. Non si tratta di veri parlamentari, devono solo notificare un dispaccio con cui il generale Haynau intima la resa. E' l'inizio dei metodi terroristici del generale. La cittadinanza, naturalmente, rifiuta, inviando, ingenuamente, al generale due parlamentari per sostenere le tesi della città. La risposta è l'imposizione della resa senza condizioni da accettare subito. Sangermano legge al popolo riunito al municipio la risposta di Haynau ed il popolo è per la guerra. L'odio per Haynau è generale. Lo scampanio di tutte le campane è la risposta. Il castello inizia il bombardamento Contestualmente dalle case si spara contro gli avamporti austriaci ed il tentativo di costoro di occupare con un battaglione un punto centrale della città viene neutralizzato dalle milizie cittadine. Ma intanto gli austriaci fanno massa fuori porta Torrealta. I bresciani attirano il nemico in una trappola facendo strage. Haynau invia un robusto reparto comandato dal

---

[769] E' l'unica porta ad est della città murata, quindi dalla parte delle provenienze da Verona. Oggi il luogo è denominato porta Venezia.
[770] Vi sono diverse testimonianze, che nella sostanza coincidono. La prima è che la ferita è avvenuta il 28. La seconda il 31 marzo . La terza il 1° aprile. Ma la conclusione è la stessa: cancrena e, poi, la morte.

tenente colonnello Milez. Questi attacca i bresciani, che lo colpiscono al cuore, partendo con estrema violenza al contrattacco e respingendo i reparti nemici. Allora Haynau organizza un reparto di formazione comandato dal tenente Imeresk per un intervento di corsa sui bastioni orientali. Alla porta Torrealta l'attacco è diretto dal colonnello Favancourt, che viene ucciso. La pressione forte fa sì che gli austriaci conquistino il primo sistema di barricate ed i bresciani si ritirino sul secondo. In realtà a sera le conquiste austriache sono molto limitate. Comunque iniziano le repressioni soprattutto da parte delle truppe croate che, spinte da Haynau, commettono violenze di ogni genere a danno delle donne, delle proprietà, delle vite dei cittadini.

A notte grande riunione al Municipio con i rappresentanti dell'amministrazione, i duumviri, il comitato di difesa. Quesito: resistere? Tutti sono per la resistenza. Un mattino scialbo annuncia la domenica del **1° aprile** Vari sono gli scontri con cui sono annullate alcune piccole conquiste austriache, Gli imperiali cercano di schierare due cannoni all'interno della città ma devono desistere per un generale attacco dei bresciani. A Torrealta altro attacco con cui viene respinto il nemico, che sarebbe messo in fuga se vi fosse stata una reale possibilità di alimentare uomini e materiali. Ed è proprio la limitatezza numerica del personale a mettere in crisi la difesa, rispetto all'esercito austriaco che, gradualmente, schiera un corpo d'armata e non ha limiti in uomini e materiali.

L'azione diviene particolarmente crudele. **"a stravolgere le menti ed ad agghiacciar nelle vene il sangue, (….), s'aggiungeva la vista delle orribili enormezze, a cui o ebbri, o comandati per natura stolidamente feroci gl'Imperiali trascorsero: cose che escono dai confini non pur del credibile ma dell'immaginabile. Perchè non solo inferocirono contro gl'inermi, le donne i fanciulli e gl'infermi raffinarono per modo gli strazii, che ben si parve come le umane belve anche in ferocia passino ogni animale"**[771]

Pur senza possibilità di vittoria, una città di 35.000 abitanti si ribella ad un intero esercito, che intende procedere alla sistematica distruzione della città Sul municipio compare il drappo rosso. Si cerca, comunque, di parlamentare con Haynau. Vanno padre Maurizio, priore dei riformati, con un altro frate e con Marchesini, valido rappresentante popolare. Nonostante abbiano la bandiera bianca, vengono boccati più volte dai militari, che cercano di approfittare dei momenti di tregua per migliorare le loro posizioni. Il padre porta una lettera degli ufficiali austriaci prigionieri e un promemoria del municipio sulle modalità atte a chiudere il conflitto

Haynau garantisce un trattamento equo e, stranamente, viene creduto. Così inizia la smobilitazione della città, sebbene in alcune aree continuino i combattimenti. I soldati chiedono il sacco ed Haynau è ben lieto di concederlo. Le aree che resistono sono distrutte.

---

[771] F. Venosta: "Il martirio di Brescia", cit. pag. 24

I soldati girano con asce per sfondare le porte e rapinare. In lontananza si ode lo scontro con il gruppo di Camozzi. Innumeri le infamie, le violenze, le ruberie. Tutto molto poco militare e chiaramente brigantesco.[772] Grande unità fra le masse popolari. Ma anche esecrazione per le spie.[773] Alla fine i morti saranno seicento.[774] Molti i suicidi. Lunga la repressione. Il popolo farà fuggire i capi. Ma a luglio saranno impiccati dodici popolani.[775]

Il **12 aprile** hanno luogo i funerali di Nugent, che è morto ed oggi tutto il presidio è mobilitato. Della confusione fruiscono gli ultimi capi della rivoluzione che non sono ancora partiti, come Carlo Cassola, che è rimasto nascosto in casa dell'avv. Bellinzona di Pavia, che oggi lo accompagna fuori dalla città. Tito Speri si è rifugiato nel Canton Ticino. Sangervasio il **2 aprile** si è opposto duramente al saccheggio della città ed alle violenze sui cittadini. Ma è stato informato che stava per essere arrestato ed è riuscito a fuggire. Nugent è morto per la cancrena della ferita al piede. Ha disposto per un lascito alla città. Gli costruiranno un cippo funebre su cui sarà scritto."oltre il rogo non vive ira nemica"[776]

Firenze, 25 marzo 1849

Prima riunione dell'Assemblea monocamerale. Gli effetti della sconfitta di Novara pesano in maniera notevole anche sulla situazione della Toscana, che non si è data un'organizzazione militare adeguata per far fronte ad una invasione austriaca, che appare molto probabile.

---

[772] Contro l'etica e le norme militari, dalla relazione di Haynau: "(….) **diedi mano agli estremi argomenti di guerra, comandando che più non si ricevessero prigioni, e che in sull'atto si facesse macello di quanti fossero presi coll'armi indosso, e le case, ove si trovasse contrasto, venissero arse e spianate"** da: F. Venosta "Il martirio di Brescia", cit., pag.29.

[773] Come quel Patuzzi, impiegato comunale, che ha denunciato le basi di Camozzi ad Ospitaletto. Camozzi si è spinto fin verso Brescia in compagnia di padre Massimino, ma ha dovuto prendere atto che era tutto finito. Poi procederà allo scioglimento del reparto.

[774] Si sanno i nomi di 137 morti. Inoltre 17 trovati in parrocchia Santa Maria Calchera, tre cadaveri mutilati vicino Torrelunga, 40 della legione Camozzi nel comune di Fiumicello, 16 della legione stessa fucilati al castello, 29 trovati il 5 aprile, morti negli ultimi combattimenti, in: "I dieci giorni dell'insurrezione di Brescia nel 1849" Anonimo, ma di Cesare Correnti, Tipografia di G. Marzorati, Torino, pagg. 103 – 112. L'autore conclude: **"Al numero risultante dal presente quadro ve ne sarebbero da aggiungere molti altri, che venivano nei giorni del trambusto seppelliti dai cittadini, ed altri sotterrati dal militare all'insaputa del civile"**, pag. 112.

[775] Nome e mestiere degli impiccati: sono tutti di Brescia, tranne quelli di cui si precisa la residenza. Pietro Maccarinello, macellaio; Costantino Rizzi, tintore; Vincenzo Bianchi (di Pavia), orefice; Bortolo Gobbi di Lumezzane (BS), calzolaio; Gaetano Conegatti, tintore; Giovanni Dall'Era, macellaio; Giovanni Avanzi, calzolaio; Napoleone Zanini, muratore;Pietro Zanini, di Villanova(BS), fruttivendolo; Pietro Zanini, fruttivendolo; Francesco Zappani, falegname; Bonafino Maggi, di Milano, macchinista. Da: C. Correnti: "I dieci giorni", cit., pagg. 112 – 113.

[776] Vincenzo Monti, " In memoria di Ugo Bassville"

La situazione è notevolmente grave. La maggioranza dell'Assemblea è della sinistra democratica, quindi di Guerrazzi, la cui gestione soprattutto del problema militare, è stata del tuttoe inadeguata.

Roma, 25 marzo 1849

I rapporti politici di Mazzini con la Fuller durante la Repubblica romana non sono stati chiariti[777]. Di certo alla caduta della Repubblica Mazzini le affiderà alcuni documenti importanti, da pubblicare in America. In precedenza deve averle dato incarico di tenere i rapporti con la rappresentanza USA e con la comunità inglese. In effetti il collegamento del governo con gli americani è alquanto difficile, anche se il console Nicholas Brown è un ammiratore di Mazzini.

Il problema è complicato dal fatto che non vi è un ambasciatore statunitense, bensì un incaricato di affari e che il primo con tale incarico, Jacob L. Martin, è morto. Il successore, Lewis Cass Jr., a causa del cambiamento del governo, non ha presentato le credenziali, per cui è rimasto a Roma "come un turista", secondo l'accusa della stessa comunità americana, in merito molto irritata. Da parte del governo è necessario stabilire con la rappresentanza USA un rapporto, che, comunque ed almeno in via informale, sarà posto in essere, con risultati positivi. Un rapporto che sarà utile allo stesso Mazzini, alla caduta della Repubblica. In tale occasione Nicholas Brown avrà un duro contrasto con i francesi. [778] Si determinerà una vertenza diplomatica che sarà gestita bene dal dottor Cass.

Torino, 27 marzo 1849

Il governo di Agostino Chiodo non riesce a superare in maniera adeguata la crisi successiva alla battaglia di Novara. Così Vittorio Emanuele dà l'incarico di formare un nuovo governo al conte Claudio Gabriele de Launay,[779] deciso conservatore, anche se formalmente rispettoso della Costituzione. Un ufficiale che, nelle coalizioni antifrancesi, aveva fatto carriera ed era entrato nell'esercito sardo alla caduta di Napoleone, divenendo, nel 1843, generale e viceré di Sardegna. Nel nuovo governo assume anche l'incarico di ministro degli Esteri.

Due i suoi ministri importanti: Vincenzo Gioberti, senza portafoglio ma ad interim alla Pubblica Istruzione e Pier Dionigi Pinelli agli Interni. Conservatore, scettico sulla funzione

---

[777] La documentazione, purtroppo, si è perduta in un naufragio. Vedasi: "New York, 19 luglio 1850: la tragedia".

[778] Vedasi: "Roma, 8 luglio 1849"

[779] Il conte Claudio Gabriele de Launay è nato a Duingt (Savoia) nel 1786. Ha combattuto nell'esercito napoleonico e, poi, è entrato in quello pemontese. Generale e viceré di Sardegna dal 1843 al 1847. Senatore dal 7 dicembre 1848. Presidente del consiglio e ministro degli Esteri dal 27 marzo al 7 maggio 1849. Nominato generale d'Armata. Morirà nel 1850.

della Costituzione, avvocato, esperto in agraria, Pinelli, persona capace, molto volitiva, piena di sé, non è portato alla collaborazione. Nel governo, stima il solo Gioberti.

Firenze, 27 marzo 1849

L'Assemblea toscana, nella sua seconda seduta, di fronte al pericolo dell'invasione austriaca, conferisce i pieni poteri a Guerrazzi.

Questi inizia a ipotizzare una soluzione molto astratta e discutibile: fermare l'azione austriaca favorendo un ritorno del granduca. Inizia, in merito, incontri con gli esponenti politici più moderati. All'atto pratico la sua politica è assolutamente confusa e inadeguata. Si rivelerà rovinosa. Ma la sinistra estrema, espressione della città di Livorno, avuto sentore delle sue intenzioni, minaccia dure reazioni. Guerrazzi è bloccato.

Montanelli va a Parigi, per ottenere aiuto dalla Repubblica francese. Ma non otterrà nulla.

Genova, 27 marzo – 10 aprile 1849: insurrezione.

La condotta sciatta e probabilmente colpevole della guerra e la connessa sconfitta determinano in Genova una rivolta antimonarchica. La protesta ha motivazioni nazionali ed unitarie. Si tratta di un malessere diffuso in tutta Italia, ma per vari motivi a Genova la protesta prende corpo e si manifesta con violenza, dato che in città il movimento ha trovato dirigenti capaci e si è data un'idonea organizzazione, che agirà in maniera coerente, decisa, priva di contraddizioni.

Il malessere era già diffuso prima della ripresa delle operazioni, ma è divenuto particolarmente violento dopo la goffa e tragica sconfitta di Novara[780]. Il capo indiscusso, anche se formalmente responsabile solo della guardia nazionale, è il colonnello Avezzana; i due suoi aiutanti di campo sono Nino Bixio e Goffredo Mameli, il responsabile dei forti è il marchese Lorenzo Pareto[781], presidente della Camera sarda, già ministro degli Esteri; il

---

[780] Ha scritto Avezzana: **"Ed ecco, mio Dio, giungere improvvisa la tristissima nuova della sconfitta di Novara. A siffatto annunzio un vero delirio s'impadronì della città: e nessuno sapendosi rendere ragione, come un esercito valoroso in sì breve tempo fosse rimasto vinto, tutti gridavano al tradimento. E certo alcuni di quei generali usciti dalla nobiltà, amici di governo assoluto, e devoti alla setta gesuitica, vedevano malvolentieri quella guerra contro l'Austria, lasciando sospettare nella loro fede all'Italia"**. Giuseppe Avezzana: **"I miei ricordi"**, Napoli, Stamperia già Fibreno, 1881, pag. 74 edizione anastatica pubblicata da Amazon.

[781] Il marchese Lorenzo Nicolò Pareto è nato a Genova nel 1800. Ha partecipato ai moti del 1821 ed ha aderito alla Giovine Italia. Ministro degli Esteri dal 16 marzo 1848 al 5 luglio successivo. Deputato del Regno di Sardegna per sette legislature (dall'8 maggio 1848 al 17 dicembre 1960), presidente della Camera per nove mesi. Uno dei capi della rivolta di Genova. Alla resa sarà arrestato, ma poi amnistiato. Sarà nuovamente eletto deputato e, poi, presidente della Camera dal 30 luglio

comandante di un forte importante è il tenente Alessandro De Stephanis[782], studente in medicina, che ha combattuto a Custoza nell'esercito sardo ed ha meritato una medaglia d'argento. Tutti mazziniani. In particolare Avezzana, che da molti anni ha vissuto in due repubbliche, il Messico e gli Stati Uniti, non può accettare l'oggettiva frattura fra gli interessi del re e quelli della nazione, clamorosamente espressa dagli avvenimenti occorsi in Italia settentrionale nel periodo 1848 – 1849.

La situazione è grave e difficile per la monarchia, dato che i rivoltosi tendono a coinvolgere anche il Piemonte centro settentrionale per imporre al governo una decisa mobilitazione di massa e la ripresa definitiva e decisa della rivoluzione nazionale. Avezzana ha precisato che l'unico scopo del movimento è liberare l'Italia dall'oppressore straniero. Lui, che, ideologicamente, è un convinto repubblicano, accetterebbe anche una monarchia assoluta, se questa avesse la volontà e la capacità di redimere l'Italia.

Dopo essere stato nominato capo di stato maggiore della guardia, il colonnello Avezzana, il **21 gennaio,** si è recato a Genova, prendendo possesso del suo incarico ed iniziando l'addestramento dei reparti. Ha atteso il comandante generale Dussilion, che si è fatto vedere e, poi, è letteralmente scomparso. Una delle tante vicende strane di questo periodo.[783]

Così il **24 febbraio** ad Avezzana è stato dato il comando della guardia, con il grado di generale. Subito ha disposto un incremento dell'organizzazione e dell'addestramento. Diviene, così, profondo e sentito il rapporto fra i reparti e la popolazione. Intanto maturano le premesse della rivolta. Infatti **"quel moto non scoppiò d'improvviso, ma molte cagioni concorsero a prepararlo, alle quali come ultimo impulso si aggiunse il disastro delle nostre armi. Genova è una città di più forti e liberi spiriti che sieno in Italia, onde ognuno può immaginare quanto rimanesse commossa da quella vergogna dell'armistizio Salasco. Or il governo stoltamente imprevidente, in cambio di conciliare gli animi concitati, vieppiù gl'inaspriva col rigore. Né erano infondati i timori dei pericoli, che la libertà e l'indipendenza italiana correvano con un partito**

1849 al 20 novembrev 1849. Dal 1861 senatore del Regno d'Italia. Docente di geologia all'università di Pisa, autore di trentotto lavori, sostenitore della redazione della carta geologica d'Italia, ha contribuito alla nascita della Société géologique de France. Morirà nel 1865.

[782] Alessandro Mauro De Stephanis è nato a Savona nel 1826. Studente di medicina all'universitàdi Genova, componente del gruppo mazziniano di Goffredo Mameli, ha partecipato alla guerra del 1848, meritando alla battaglia di Custoza una medaglia d'argento. Fra i promotori della rivolta di Genova, comandante del forte Begato, sarà ferito mortalmente.

[783] Ad esempio, uno straniero riesce ad avere credito. Viene considerato persona seria e corretta. Si offre per organizzare un reparto. Acquisisce una certa somma per iniziare l'arruolamento e, anche lui, scompare.

retrivo (….) Perciò le dimostrazioni si succedevano l'una dopo l'altra, partecipandovi la guardia nazionale."[784]

Il **27 marzo** una gran massa di popolo manifesta e causa i primi tumulti: addirittura corre voce che si avvicinino reparti austriaci. Il comandante del presidio, Giacomo De Asarta[785], crede di poter mantenere l'ordine con i 5.000 uomini a sua disposizione.

Il **28 marzo** le manifestazioni divengono ancora più violente De Asarta tenta di appoggiarsi ad Avezzana ed alla guardia nazionale, dando a quest'ultima il presidio di due fortificazioni, ma, verso sera, intimorito dalla situazione, invia ad Alfonso La Marmora, comandante della divisione più vicina, la richiesta di accorrere a Genova con le sue truppe. Ma il corriere viene bloccato e il tenore della missiva è divulgato. Così la popolazione viene a conoscenza che De Asarta chiede al collega di occupare e presidiare Genova, considerata sull'orlo della rivoluzione. Tale notizia fa montare la collera popolare. E' l'inizio della rivolta. Intanto Avezzana fa occupare i forti Begato e Sperone e porta Pila.

Il **29 marzo** il municipio è costantemente in funzione. E' inviata a Torino la richiesta che la Camera si riunisca a Genova. Viene, inoltre, scritto al re che "**l'umiliazione del paese l'umilia, che il nemico** (….) **sarà il suo tiranno ed il suo carnefice se riesce ad imporgli fatti ignominosi e a staccarlo dalla causa del popolo**"[786]. De Asarta riunisce i reparti dell'esercito disponibili allo Spirito Santo, occupando l'Arsenale e presidiando l'ex forte di San Giorgio, che viene riattivato, con un adeguato schieramento di artiglierie.

Il **31 marzo** il popolo occupa il palazzo Ducale, chiedendo a gran voce la costituzione di un comitato di pubblica sicurezza e difesa, eleggendo il deputato Costantino Reta, l'avvocato

---

[784] G. Avezzana: "I miei ricordi" cit. pagg. 74 – 75.
[785] Il conte Giacomo De Asarta è nato nel 1780 a Genova Sampierdarena. Il padre era di origine spagnola. Nel 1798 è entrato nelle guardie del re e, nel 1799, è stato nominato sottotenente dei dragoni. Ha partecipato nel 1806 alla conquista di Napoli, poi alla campagna di Prussia ed a quella di Spagna. In particolare è stato all'assedio di Gerona (1809). Capitano nel 1811, decorato con la croce di ferro, si è segnalato durante le operazioni di Tarragona, ottenendo la legion d'onore. Ha partecipato alla campagna di Russia ed a quella di Germania. Dal 1° aprile 1816 è rientrato nell'esercito sardo, addetto allo stato maggiore della divisione di Novara. Tenente colonnello capo di stato maggiore divisionale nel 1822 e, nel 1831, comandante della brigata Savoia. Nel 1839 comandante delle truppe in Sardegna e, dal 1840, viceré nell'isola, ove ha attuato una politica economica e sociale molto valida. Poi è stato comandante del presidio ad Aosta, e, successivamente, a fine 1848, ad Alessandria. Infine, dal 14 gennaio 1849, a Genova. Preoccupato dalla piega che prendono gli avvenimenti in aprile, chiede supporto al governo, si chiude in Arsenale, ma, alla fine, capitola ed abbandona la città con le sue truppe. Criticato anche dal generale La Marmora, sarà posto sotto inchiesta ma, poi, sarà assolto, avendo dimostrato che le sue iniziative erano state approvate dal governo. Il 9 agosto 1849 andrà in pensione. Morirà a Milano nel 1857.
[786] P. Giudici, "Storia d'Italia", cit., vol. IV, pag. 661.

Davide Marchio e il generale Avezzana[787], che ispeziona le fortificazioni e fa presidiare i punti strategici[788]. Il municipio si dimette, conferendo i propri poteri al comitato, che non li accetta, confermando nell'organizzazione comunale la rappresentanza del popolo.

Il **1° aprile** una gran folla va alla Darsena dove è acquartierato un battaglione, che passa dalla parte dei dimostranti. Altri uomini ed altre armi, quindi, a favore del popolo. A mezzogiorno la guardia nazionale costruisce barricate e attacca l'arsenale. Due cannoni sono posti in posizione dominante. Inizia un combattimento che durerà fino a sera. Durante la notte i tiri sono sospesi.

All'alba del **2 aprile** De Asarta invia ad Avezzana un ufficiale dichiarandosi disponibile a capitolare, purchè possa, con i suoi uomini e le armi, lasciare liberamente la città. Avezzana accetta ed al palazzo Ducale viene firmato l'accordo, nel quale, fra l'altro, si conferma l'appartenenza di Genova allo Stato sardo. I militari possono portare con sé le armi, tranne i carabinieri. Si auspica di venire ad una trattativa con il governo. Successivamente De Asarta spiegherà di aver deciso la capitolazione dato che i suoi uomini stavano per disertare. Dopo che il comandante del presidio è andato via, il comitato si autonomina governo provvisorio. Si cerca un contatto con la divisione lombarda, per farla venire in città a rafforzarne la difesa, e si invia un messaggio a La Marmora, diffidandolo di entrare in Genova, dato che le sue avanguardie sono a Ronco Scrivia, a circa 35 chilometri dalla città[789].

Nei giorni **3 e 4 aprile** il generale La Marmora avanza, occupando Sampierdarena e tre forti periferici[790]. Due dei tre componenti del governo, Reta e Marchio, fuggono su una nave francese. Avezzana risponde duramente ad una richiesta di resa.

Fra i giorni **4 e 5 aprile** il generale La Marmora pone l'assedio alla città. Dopo poco i comandanti dei forti San Benigno e Tenaglie passano dalla sua parte. La truppa, forse catechizzata dai comandanti, timorosi che la rivolta si estenda, agisce e agirà con durezza. Addirittura si verificheranno saccheggi e violenze contro la popolazione. Inizia il bombardamento, che durerà 36 ore. Interviene una nave da guerra inglese[791], che appoggia

---

[787] Reta e Marchio opereranno solo formalmente. In pratica il capo sarà Avezzana. Poi, il 3 aprile, d'accordo con i consoli stranieri, i due componenti del governo provvisorio si rifugeranno sulla nave Tonnerre, francese.

[788] Il quartiere della Lanterna, i forti di San Benigno, Tenaglie, Granaroli e Darsena.

[789] La motivazione è la seguente: non si può accettare l'ingresso di un reparto che esegue gli ordini di un governo che si sente legato ad un armistizio che il popolo di Genova disconosce.

[790] Belvedere, Crocetta e Tenaglia.

[791] La nave "Vergeance". Il comandante è il conte di Hardwicke. Ha anche effettuato almeno un bombardamento, sembra centrando l'ospedale di Pammatone e causando 107 morti. L'azione della Vergeance è cessata quando il generale Avezzana ha scritto al comandante: " **Signore, voi siete entrato nel nostro porto (….) portando la bandiera di una grande nazione; siete stato ricevuto**

l'azione dell'esercito sardo, occupando il forte della Darsena e buttandone a mare le munizioni. Cosa, ovviamente non dignitosa per il governo sardo che, temendo l'estenzione della sommossa, ha fatto agire contro il proprio territorio una nave da guerra straniera, decorandone con medaglia d'oro il comandante[792].

La lotta si sviluppa prevalentemente per il controllo dei forti. Nel corso della difesa di uno essi, il forte Begato, dopo un conflitto a fuoco, il comandante, De Stephanis, ferito, è stato bastonato e ulteriormente ferito a baionettate. Morirà dopo una lunga agonia di ventotto giorni.

Il **6 aprile** si giunge all'acme della crisi: il bombardamento e la violenza delle truppe monarchiche; i due componenti del governo provvisorio che, dalla nave dove si sono rifugiati, chiedono di facilitare la fine degli scontri; una deputazione dei consoli stranieri che sostiene tale richiesta; il municipio che chiede ad Avezzana la stessa cosa, ipotizzando l'invio di una delegazione a Torino, per chiedere almeno un'amnistia. Sono soluzioni che Avezzana non accetta. Sia lui che i suoi collaboratori e gran parte della guardia nazionale intendono portare alle estreme conseguenze la frattura con il governo, con due finalità: dopo un braccio di ferro con le unità di La Marmora, anche esse colpite dallo scoc dell'armistizio, destabilizzare lo Stato, imponendo una nuova politica e, nel contempo, stimolare e collegare tutti gli altri focolai della rivoluzione nazionale, in particolare Firenze, Roma e Venezia, per una guerra di popolo.

Ma Avezzana, all'atto delle dimissioni del municipio, ha riconosciuto la rappresentanza popolare dell'istituzione comunale. Adesso questa chiede di poter trattare. Non può disattenderla. Così, alla fine, accetta quanto ha intenzione di fare il municipio, che cercherà di venire ad un accordo con il governo. Avezzana, comunque, tenterà di riprendere le operazioni. La Marmora accetta l'armistizio.

---

come amico (....) nella lotta per la libertà voi avete preso parte contro il popolo (....) vi do tempo fino alle sei (....) se il vostro bastimento non si trovi in posizione pacifica, le batterie del popolo saranno volte contro di voi per metterlo a fondo. Il che insegnerà al vostro governo, che quando si da il comando delle navi nazionali ad uomini di rango, essi dovrebbero essere anche uomini di buon senso." G. Avezzana: "I miei ricordi" cit. pagg. 78. Lord Hardwicke si vendicherà in maniera quanto meno sgradevole. Quando Avezzana, dopo il crollo della Repubblica romana, si rifugerà a La Valletta, Hardwicke, in porto con la sua nave, farà pressioni sul governatore, ottenendo che sia cacciato da Malta.

[792] Lord Charles Philip Hardwicke, nato a Southampton nel 1799, guardiamarina nel 1815, ha partecipato all'azione contro Algeri del 1816. Nel 1823 ha partecipato ad uno scontro con la flotta di Tunisi. Addetto navale presso le Ambasciate di Berlino e S. Pietroburgo. Capitano di vascello, è presente all'insurrezione di Genova e supporta la repressione sabauda, per cui è decorato. Ministro delle Poste, è, poi, nominato vice ammiraglio, nel 1854, e, infine, nella riserva, ammiraglio. Morirà a Londra nel 1873.

In ogni caso una questione è certa: le truppe di La Marmora, in tre giorni di attacchi e di bombardamento non hanno sfondato le linee dei rivoltosi.

L'**8 aprile** scade l'armistizio. Il municipio chiede che sia prolungato di altri due giorni. La richiesta viene accettata. Oramai l'accordo è sostanzialmente stipulato. Il governo garantisce un'amnistia, tranne che per i maggiori responsabili della rivolta. Sono undici persone che, presumibilmente, saranno condannate a morte.

Avezzana accetta a malincuore l'accordo. Ha scritto: "**Il municipio** (.... mi ha invitato) **a cessare da ogni altra resistenza, e a trattare. Io obbedii ai voleri del Municipio quanto alla resistenza, e lasciando a lui ogni responsabilità, quanto alle trattative, alle quali mi rifiutai di partecipare**"[793]. Non vorrebbe abbandonare la possibilità di ottenere importanti risultati a livello nazionale. Ma, tenendo conto che a Roma la rivoluzione, sia nei principi che nella prassi è analoga a quella di Genova e che qui, ormai, la prosecuzione della rivolta ha un sostegno minoritario, decide di andare a Roma, salvando, comunque, coloro che potrebbero essere sottoposti a giudizio. I suoi collaboratori concordano.

In rada vi è un un vapore USA, il "Princeton". Avezzana, che considera gli Stati Uniti la sua seconda patria, si è messo d'accordo con il comandante Engle, che, fin dall'inizio, si è schierato con i rivoltosi. Negli Stati Uniti, infatti, è grande la simpatia per la rivoluzione italiana. Engle garantisce che porterà il maggior numero di persone possibile a Livorno, da dove, con un'altra nave USA, il viaggio potrà continuare fino a Civitavecchia. Così i potenziali condannati potranno essere tutti salvati[794].

Siamo al mattino del giorno **11 aprile:** la rivolta è domata. Alla città Avezzana ha indirizzato il seguente saluto: "**Genovesi. La città è riconsegnata all'antico governo: voi sapete che ciò non dipese da me. Genova insorse un momento, e quel momento resta documento di ciò che possa il popolo quando vuole davvero. L'insurrezione ridusse un numeroso presidio forte di organizzazione e di posizioni a capitolare. Respinse e tenne un'intera armata fuori dalle porte, e anche questa non entra che per trattato con il vostro Municipio. Forse Genova poteva più: forse la sua perseveranza avrebbe potuto pesare decisivamente sulla bilancia dei destini d'Italia. Ad ogni modo la Nazione vi è riconoscente di un'ora di eroismo, come solenne protesta contro le vergogne governative dell'infausta guerra. (....) Generale Giuseppe Avezzana**[795].

---

[793] G. Avezzana: "I miei ricordi", cit., pagg. 79 – 80.
[794] Ricordiamone i nomi: oltre ai capi, sono Ottavio Lanzotti, Didaco Pellegrini, Niccolò Accame, Antonio Giannè, Aureliano Borgini, Giovan Battista Cambiaso, Federico Campanella, Gian Battista Albertini, F. Weber.
[795] G. Avezzana: "I miei ricordi", cit., pag. 80.

Comunque, al fine di superare la frattura sociale ed il contrasto politico, è stato stipulato un accordo valido, rispettoso delle persone che hanno aderito alla rivoluzione. Persone come il marchese Pareto alla fine verranno "perdonate". Infatti il governo ha accettato di concedere un'amnistia. Vengono esclusi solo 11 esponenti della rivoluzione, molto amati dal popolo, in particolare Avezzana, Bixio e Mameli. Una grande folla li accompagna al porto, dopo un saluto cordiale da parte della municipalità. Sono centinaia le persone che salgono sul vapore "Princeton".[796]. Cordiale l'accoglienza da parte del capitano Engle e dei suoi ufficiali. Si parte e si arriva a Livorno. Dopo lo sbarco vi è l'immediato imbarco sul vapore "Alleghany", sempre USA, comandato dal gentilissimo capitano Hunter.

Roma, 29 marzo 1849

Viene sciolto il comitato esecutivo ed è eletto un triumvirato, composto da Giuseppe Mazzini, Carlo Armellini ed Aurelio Saffi.

Como, 29 marzo 1849

Andrea Brenta sequestra il commissario austriaco entrato in città per ristabilire l'ordine asburgico e gli fa firmare l'ordine di blocco delle unità pronte ad occupare la città. Seguono dieci giorni convulsi, in cui l'entusiasmo ed il vigore rivoluzionario sostengono una tenace volontà di resistenza.

Torino, 29 marzo 1849

Vittorio Emanuele II, innanzi alle Camere, pronunzia il giuramento: conferma la sua fedeltà allo Statuto, la gestione dell'autorità reale secondo le leggi, la garanzia della giustizia, il perseguimento dell'interesse, della prosperità e dell'onore della Nazione.

Torino, 30 marzo 1849

Vittorio Emanuele scioglie la Camera. Si andrà a nuove elezioni.

Firenze, 30 marzo 1849

Terza riunione dell'Assemblea toscana. I lavori vengono sospesi.

---

[796] A Vittorio Emanuele II la repressione è notevolmente piaciuta. Ha scritto al generale La Marmora: **"Vi ho affidato l'affare di Genova perché siete un coraggioso. Non potevate fare di meglio e meritate ogni genere di complimenti. (…) conservatevi per altri tempi che, a quanto credo, non saranno lontani."**

Catania, 30 marzo 1849

Inizia l'offensiva del generale Filangieri contro le truppe del Governo siciliano. Una finta sia terrestre che navale punta su Palermo, ma il grosso si dirige a sud. Obiettivo: Catania.

Colonia, 31 marzo, 1° e 4 aprile 1949 "Neue Rheinische Zeitung" nn. 260, 261, 263

Anche nei confronti della campagna dell'esercito piemontese del 1849 le critiche dei democratici, di certo concrete e valide, sono molto dure, focalizzate sul comportamento di Carlo Aberto. Pure in questo caso Mazzini e Marx sono d'accordo. In più, fra l'altro, nell'articolo viene analizzato un problema quanto mai oscuro: il comportamento di un generale come Ramorino, che era ben visto da Carlo Alberto. Perché? L'articolo è a firma di Engels.

"Il tradimento di Ramorino ha dato i suoi frutti. L'esercito piemontese è stato completamente sconfitto presso Novara (…). E' però fin da ora accertato che, senza Ramorino, che ha permesso agli austriaci d'incunearsi fra le divisioni piemontesi, e di isolarne così una parte, la vittoria sarebbe stata impossibile. Che anche Carlo Alberto abbia tradito è ormai indubitabile. (…) Ramorino è quello stesso avventuriero che, dopo una carriera più che equivoca durante la guerra polacca del 1830 – 31, scomparve con la cassa durante la spedizione di Savoia del 1834, proprio il giorno in cui la cosa diventava seria. E' lo stesso che più tardi a Londra vendette all'ex duca di Brunswick un piano di conquista della Germania per 1.200 sterline. Il solo fatto che si sia ricorsi a un simile cavaliere d'industria dimostra fino a che punto Carlo Alberto, che temeva i repubblicani di Genova e di Torino più degli austriaci, meditasse fin da principio il tradimento. (…) I piemontesi commisero fin dall'inizio un gravissimo errore (…) Un popolo che vuole conquistare la sua indipendenza non deve limitarsi ai soliti mezzi di guerra. Sollevazione in massa, guerra rivoluzionaria, guerriglia dappertutto. Ecco l'unico mezzo (…) Questa vera guerra nazionale, una guerra come quella condotta dai lombardi nel marzo 1848, quando cacciarono Radetzky oltre l'Oglio ed il Mincio, questa guerra avrebbe attirato tutta l'Italia e infuso ben altre energie ai romani ed ai toscani. Ma la sollevazione in massa, l'insurrezione generale del popolo sono mezzi di fronte ai quali la monarchia indietreggia.(…)

Ma Carlo Alberto è un traditore. Tutti i giornali francesi portano la notizia di un grande complotto controrivoluzionario europeo fra tutte le grandi potenze, d'un piano di campagne della controrivoluzione per ottenere la sottomissione definitiva di tutti i popoli europei. La Russia, l'Inghilterra, la Prussia, l'Austria, la Francia e la Sardegna hanno firmato il patto di questa nuova Santa Alleanza. Carlo Alberto aveva l'ordine di cominciare la guerra contro l'Austria, di farsi battere e di dare in questo modo la

possibilità agli austriaci di stabilire la "calma" in Piemonte, a Firenze, a Roma e di accordare dovunque delle Costituzioni ispirate dalla legge marziale. Carlo Alberto avrebbe ottenuto per questo Parma e Piacenza, i russi avrebbero pacificato l'Ungheria, la Francia sarebbe diventata uno Stato imperiale e così la calma sarebbe ritornata in Europa. Questo, secondo i giornali francesi, il grande piano della controrivoluzione. E questo piano spiega il tradimento di Ramorino e la sconfitta degli italiani."

Pest, 1 – 13 aprile 1849

Gli ungheresi riconquistano Pest. Ne approfitta il conte Grunne che fa firmare all'imperatore la sostituzione di Windisch – Graetz con il generale Welden.

E' grande lo sconforto di Windisch – Graetz, che scrive un'accorata lettera all'imperatore, facendo riferimento alla sua fedeltà ed ai suoi risultati. Aveva, infatti, salvato la dinastia, ma questo era un merito troppo grande perché potesse continuare a fregiarsene, durante il servizio attivo. In altri termini l'imperatore ha dato ragione a chi gli suggeriva di ridimensionarlo. Si era diffusa la convinzione che la casa d'Asburgo dovesse essere riconoscente a Windisch – Graetz perché da lui era stata salvata. Cosa, questa, ritenuta molto lesiva da parte dell'imperatore. Di conseguenza è arrivata la resa dei conti. Da oggi il principe Windisch – Graetz scompare. Si farà vedere a corte pochissime volte, quando non potrà esimersi dal partecipare, come alla festa per le nozze dell'imperatore. E' molto triste il tramonto del principe. Amava la moglie, che è stata uccisa dai rivoluzionari boemi. Aveva grande amicizia per il cognato nonché collega, che lo ha tradito. Viveva nella rutilante epopea imperiale, con un rispetto ed un affetto quasi religiosi verso Francesco Giuseppe, da cui è stato cacciato. Ha 62 anni, morrà nel 1862.

Taormina, 2 aprile 1849

Le truppe del generale Filangieri investono Taormina, organizzata in campo trincerato. L'azione è rapida e violenta. Conquistata la città, i borbonici occupano Giarre (CT) ed Acireale (CT).

Ospitaletto (BS), 3 aprile 1849: lo scontro

Gabriele Camozzi, che da Bergamo si è spostato a Brescia, è arrivato il giorno della capitolazione della città. Di conseguenza si riallontana, spostandosi nuovamente in direzione di Bergamo, ma viene intercettato dagli austriaci ad Ospitaletto.

Camozzi attacca con le quattro compagnie[797] del suo reparto, iniziando un duro confronto, ma è troppo inferiore di numero e deve sganciarsi. Sono 35 i caduti bergamaschi ed 11 i prigionieri, che gli austriaci, domani, come al solito, fucileranno. Questa volta nel fossato del castello di Brescia.

Il reparto di Camozzi si disperde: chi può torna a casa. Gli altri riescono a fuggire in Svizzera, come lo stesso Camozzi, che, successivamente, si stabilirà a Genova. Sul suo capo pende una condanna a morte in contumacia.

Rieti, 3 aprile 1949

Francesco Daverio, con il suo gruppo, ha raggiunto Garibaldi e la legione italiana, di cui viene nominato capo di stato maggiore. Fa da tramite fra Mazzini e Garibaldi, garantendo al primo che la legione si sarebbe comportata in maniera corretta nei confronti della popolazione ed al secondo che il triumviro sarebbe stato costantemente interessato per rifornire di armi e materiali i volontari.

Modena, 3 aprile 1949

Il duca Francesco V d'Asburgo Este oggi promulga la legge sul reclutamento militare, che sarà completata dalla legge sulla milizia di riserva il prossimo **10 aprile**. Il **24 febbraio 1851** saranno definiti i rapporti del ducato con la Chiesa. Poi la cosiddetta codificazione estense continuerà, con il regolamento di polizia (**1854**), i quattro codici ed il codice di commercio, promulgati il **3 marzo 1859**, poco prima della fine del ducato e l'esilio di Francesco V, che avverranno l'**11 giugno 1859**.

Il duca si trasferirà con la moglie in una sua proprietà di Battaglia Terme (PD): nel grandioso castello del Catajo di 350 stanze, il giardino delle delizie e 40 ettari di parco. Morirà a Vienna il **20 novembre 1875** e sarà sepolto, con gli altri Asburgo, nella cripta imperiale della chiesa dei cappuccini (Kapuzinergruft) [798].

Srbobran (Vojvodina), 3 aprile 1949

---

[797] Ogni compagnia era composta da 200 uomini. I comandanti erano: Carlo Crivelli, Agostino Locatelli, Ercoliano Bentivoglio, Eugenio Pezzoli.

[798] Francesco V non ha avuto eredi. Ha lasciato il suo enorme patrimonio all'arciduca Francesco Ferdinando d'Asburgo che è divenuto, di conseguenza, un Asburgo Este. Erede della corona imperiale dopo la morte del figlio di Francesco Giuseppe, Francesco Ferdinando verrà assassinato a Serajevo il 28 giugno 1914. Le notevoli collezioni d'arte del castello del Catajo sono ora al museo Kunsthistorisches di Vienna.

Battaglia fra ungheresi e serbi: ulteriore vittoria dei primi. Si tratta del primo scontro per il controllo della Sajkaska, un'area importante, costituita da quattro comuni, uno dei quali è Novi Sad [799].

Francoforte sul Meno. 5 aprile 1849

Nell'assemblea nazionale va prevalendo il partito che sostiene la cosiddetta "piccola Germania", cioè un'unione tedesca centrata sulla Pussia, che non include l'Austria. I rappresentanti dell'Impero abbandonano definitivamente l'aula.

Catania, 6 aprile 1849

Al mattino del 6 aprile inizia il reciproco fuoco di controbatteria. Il comandante dei siciliani, Mieroslawski, che si era attestato all'Alcàntara, è entrato in Catania e ne dirige la difesa. I borbonici riescono a superare le difese esterne settentrionali della città. Iniziano lunghi, duri, a volte spietati combattimenti nell'abitato. Durano tutto il giorno e la notte. A sera alcuni reparti siciliani iniziano a ritirarsi verso Palermo. Con loro Mieroslawski, ferito.

Catania, 7 aprile 1849

Filangieri, completata l'occupazione della città, invia i primi reparti verso il centro ed il meridione dell'isola. Procede, in breve tempo, all'occupazione di Noto (SR), Siracusa ed Augusta (SR). Ma intende arrivare a Palermo al più presto.

Val d'Intelvi (CO), 7 - 8 aprile 1849

Como è stata occupata dagli austriaci. Andrea Brenta è nuovamente in clandestinità nella Valle. Cerca di organizzare nuove azioni di guerriglia ma, a seguito di una delazione, nella notte fra il 7 e l'8 aprile, viene arrestato in un'osteria di Casasco (CO), insieme agli amici Giovanbattista Vittori e Andrea Angretti. Viene tradotto a Como.

Como, 11 aprile 1849

Brenta è condannato a morte. Viene subito fucilato in Como, a Camerlata, con i suoi compagni. I corpi sono buttati in una fossa comune. In questo giorno ed in quelli successivi vengono fucilate dieci persone.

---

[799] Una parte della Sajkaska faceva parte di una delle zone militarizzate del confine dell'Impero. I Sajkasi erano unità militari che si muovevano, nei vari fiumi della regione (Danubio, Tisa, ecc.), su barche simili alle canoe, chiamate, appunto, sajka.

Rieti, 11 aprile 1849

Garibaldi è rientrato a Rieti da qualche giorno. Riceve un ordine: la legione deve spostarsi ad Anagni, contro eventuali azioni da Sud, dal Regno delle Due Sicilie. L'aspetto grave è che, per il solito timore dei moderati, la legione non si deve avvicinare a Roma, ma seguire un itinerario particolarmente disagiato. Deve superare i monti della Sabina.

Firenze, 12 aprile 1849

Il granduca, dal suo esilio napoletano, è riuscito a conseguire tre obiettivi: mobilitare, attraverso i parroci, i contadini; unire i moderati alla destra monarchica; convincere tutti che solo la sua presenza può bloccare l'intervento militare austriaco.

Il Comune di Firenze, in evidente accordo col granduca, effettua una sua controrivoluzione. Si autonomina gestore del Granducato ed assume la direzione dello Stato, con la giustificazione di voler annullare i motivi di un'invasione austriaca. Quindi assume tutti i poteri, in nome del granduca. Iniziano ad arrivare le masse contadine, guidate dai parroci. Moderati come Gino Capponi e liberali come Bettino Ricasoli sostengono il Comune.

Guerrazzi perde tempo per riunire l'Assemblea. Non riesce nell'intento. E' sostenuto dai gruppi democratici, soprattutto livornesi. Dovrebbe armarli ed arrestare i componenti della municipalità. Ma teme la guerra civile e non ne vuole essere causa. E' sicuramente un dittatore particolarmente sensibile al rispetto della vita umana. Ed anche scarsamente capace. Il gonfaloniere Ubaldino Peruzzi[800] non ha gli scrupoli di Guerrazzi e completa il colpo di stato arrestandolo.

---

[800] Ubaldino Peruzzi de' Medici è nato a Firenze nel 1822. Il nonno ha sposato l'ultima erede della famiglia Medici. Si è laureato a Siena in legge ed a Parigi in ingegneria mineraria. Parente di Ricasoli, è stato sulle sue posizioni durante l'attività del Parlamento Toscano. Da gonfaloniere è stato il capo di coloro che hanno inteso venire ad un accordo con il Granduca per evitare l'invasione austriaca. Ha, quindi, effettuato un colpo di stato sperando erroneamente che il Granduca avrebbe rispettato la Costituzione. Nessuna di queste due finalità si è avverata. Negli anni '50 il Peruzzi si è avvicinato alla politica cavourriana, essendo eletto alla Camera di Torino per una legislatura dal 2 aprile 1860 al 17 dicembre 1860. Dopo l'Unità d'Italia ha svolto la sua azione politica su due livelli, locale e nazionale, resi quasi coincidenti negli anni di Firenze capitale. E' stato, quindi, assessore anziano facente funzioni di sindaco di Firenze dal 1868 al 1870 e sindaco dal 1871 al 1878. Ha avuto incarichi anche in provicia, del cui consiglio è stato presidente dal 1866 al 1869. In sede nazionale è stato deputato per nove legislature, dal 18 febbraio 1861 al 22 ottobre 1890. Il 4 dicembre 1890 è stato nominato senatore. E' stato ministro dei Lavori pubblici dal 14 febbraio 1861 al 3 marzo 1862 e ministro dell'Interno dall'8 dicembre 1862 al 28 settembre 1864. In effetti, ancora più di Ricasoli, ha rappresentato gli interessi degli agrari toscani che hanno cercato di costituire una finanza e di perseguire una industrializzazione favorevoli ai loro interessi. Liberista convinto, si è opposto alla presenza dello Stato nell'economia. E' morto nel 1891 ad Antella, frazione di Bagno di Ripoli, nella città metropolitana di Firenze.

Mosorin e Vilovo (comune di Titel, Vojvodina), 12 aprile 1849

Iniziano vari scontri per il controllo della Sajkaska. L'area maggiormente interessata è l'attuale distretto di Backa meridionale, in particolare i comuni di Titel e di Novi Sad

Il primo scontro avviene oggi, nei villaggi di Mosorin e Vilovo, siti nel territorio di Titel. Prevalgono i serbi. Successivamente il fronte si sposta verso Ovest, quindi verso Novi Sad.

Firenze, 13 aprile 1849

Il nuovo gruppo dirigente fiorentino scioglie l'Assemblea nazionale. Si autodefinisce commissione di governo e dichiara di avere due finalità: la salvaguardia dello Statuto ed il blocco dell'invasione. Viene inviata una deputazione dal granduca. Leopoldo prevarica la stessa commissione, conferendo tutti i poteri a Luigi Serristori.

Roma, 13 aprile 1849

Dopo essersi fermati a Civitavecchia, accolti dal preside Manucci, Avezzana e gli altri arrivano a Roma. Non conoscono nessuno, ma vengono accolti con entusiasmo ed affetto. Arrivando all'albergo Cesarini, vicino piazza Colonna, hanno un momento di profonda commozione e si scoprono il capo. Ora combatteranno per la rivoluzione nazionale nella città più importante d'Italia!

A notte Avezzana è chiamato dai triumviri: gli viene offerto il ministero della Guerra ed egli accetta, incontrando subito Carlo Pisacane che ha funzioni di capo di stato maggiore. Avezzana lo considera un ufficiale valoroso, pieno d'ingegno ed instancabile nell'organizzare il piano di difesa della città. Poi Avezzana chiederà di Garibaldi, per il quale ha stima ed amicizia, e viene a sapere che il suo reparto ha sede a Rieti e che attualmente è in marcia per Anagni. Ha il grado di tenente colonnello. Avezzana prende atto che i moderati avversano il nizzardo in ogni modo.[801] Di conseguenza il neoministro nomina Garibaldi generale di brigata e lo chiama a Roma, con i suoi uomini.

Una decisione, questa, che è fortemente avversata. Peraltro i moderati costituiscono la maggioranza della Costituente. Comunque Garibaldi, con la legione, arriva rapidamente a Roma ed il ministro va ad incontrarlo, lieto di vedere un reparto così coeso e determinato. Avezzana parla e poi, interviene Garibaldi, chiedendo retoricamente se combatteranno con

---

[801] Ha scritto Garibaldi: **"Volevano tenerci lontano da Roma! La nostra fama di rivoluzionari dava fastidio, e questa mia opinione era corroborata dall'ingiunzione del ministro della Guerra di non oltrepassare nella 'Legione' il numero di 500 unità!"** Successivamente il personale è aumentato a 1.000. Sempre poco. Da: "Garibaldi: "La vita di Anita e Giuseppe Garibaldi", tratto dalle " Memorie", Sesto San Giovanni, A. Peruzzo editore,1985, pag. 89.

coraggio. La risposta, la garanzia ed il giuramento sono così intensi e violenti da confermare i moderati nelle loro paure.

Avezzana, con Garibaldi e Pisacane, costituisce un comando funzionale, attivo, politicamente deciso, ma il rapporto del ministro con Garibaldi determinerà qualcosa di singolare: anche Avezzana sarà definito un rivoluzionario pericoloso. Peraltro i due non avevano fatto carriera come sovvertitori nelle pianure dell'America centrale e meridionale? Erano, quindi, persone di cui non si poteva avere fiducia. Si va determinando, così, l'affermarsi di una subdola, insidiosa azione contro di loro, che avrà una grave conseguenza.

Berlino, 13 aprile 1849

Come era avvenuto per l'Assemblea nazionale prussiana, chiusa perché ha perseguito una politica ritenuta estremistica, anche l'Assemblea germanica di Francoforte si è prefissa finalità eccessive, auspicando una Costituzione pienamente adeguata ai principi liberali. L'imperatore di Germania, secondo quanto previsto nella Carta, sarebbe stato ridotto a non avere poteri. Non solo: finanche nel campo militare l'estremismo ha esagerato, ipotizzando, fra l'altro, soluzioni da esercito rivoluzionario, come l'elezione da parte della truppa degli ufficiali subalterni.

L'astrattezza dei componenti dell'Assemblea, peraltro colti e validi, si è manifestata nell'ottimismo con cui i tre delegati, il presidente del parlamento, Eduard Simson,[802] filo prussiano, il professor Friedrich Christoph Dahlmann[803] ed il giornalista e poeta Ernst

---

[802] Martin Sigismund Eduard von Simson è nato a Konigsberg nel 1810. Si è laureato in giurisprudenza studiando a Berlino, Bonn e Parigi. All'Assemblea di Francoforte sul Meno ha rappresentato Konigsberg ed è diventato prima segretario, poi vicepresidente e presidente. Capo della delegazione che, inutilmente, ha offerto l'elezione ad imperatore a Federico Guglielmo IV. Presidente del breve parlamento di Erfurt. Nuovamente eletto alla Camera bassa del Lantag prussiano e, nel 1867, presidente dell'assemblea costituente della Federazione della Germania settentrionale. In tale veste, a Versailles, il 18 dicembre 1870 ha proposto a Guglielmo I la nomina ad imperatore. Questa volta l'offerta è stata accettata essendo stata formulata in maniera diversa da quella del 1849. Presidente del Reichstag dal 1871 al 1877. Presidente della corte suprema di giustizia dal 1879 al 1891. E' morto a Berlino nel 1899.

[803] Friedrich Christoph Dahlmann è nato a Wismar (Meclemburgo – Pomerania anteriore) nel 1785. Ha studiato filologia a Copenaghen e ad Halle. Si è interessato di letteratura e di filosofia. Ha sostenuto la nazione tedesca ed ha combattuto contro Napoleone. Si è laureato in medicina, poi in letteratura e storia antica, di cui è divenuto docente a Kiel. Ha sostenuto la germanicità dei ducati dello Schleswig .- Holstein. E' così divenuto un intellettuale importante del nazionalismo tedesco. Ha insegnato a Gottinga ed è stato uno dei sette professori che hanno protestato contro l'abolizione della Costituzione da parte del re di Hannover (Ernesto Augusto I). La sua fama è notevolmente aumentata, anche se ha perduto l'insegnamento. E' stato Federico Guglielmo IV a fargli avere una cattedra a Bonn nel 1842. Famose le sue pubblicazioni di storia sulla Danimarca e sulla Francia e sull'Inghilterra rivoluzionarie. Dahlmann era un moderato, fortemente legato alla cultura ed agli

Mortiz Arndt[804] si sono recati a Berlino ad offrire la carica di imperatore al re di Prussia. La risposta del re è stata negativa non solo per la motivazione ufficiale - non avrebbe potuto acquisire la funzione di imperatore offerta da un'assemblea - quanto per la totale perdita di tutti i suoi poteri, qualora avesse accettato.

Nella famiglia reale – come si è già visto - un'autorevole esponente del liberalismo è la cognata del re, Augusta, ma anch'essa non ha potuto sostenere le posizioni dell'Assemblea. Perfino lei, infatti, ha dovuto riconoscere che il re non poteva accettarle. In compenso ha convinto il marito, Guglielmo, di ricevere i delegati con la massima cordialità e con il più formale rispetto.

Così i tre deputati, dopo l'incontro con il re, sono stati invitati ad una grande festa nel palazzo del principe ereditario, sul viale dei Tigli, struttura che Guglielmo aveva dovuto abbandonare dopo la rivoluzione e che ha rioccupato da pochi mesi.

I delegati sono tornati a Francoforte ritenendo che, nei confronti della Prussia, non tutto fosse perduto non tutto fosse perduto. Ma anche questa volta erano fuori della realtà. Un'assemblea non può lavorare per un anno a redigere una Costituzione, offrendo la funzione di capo dello Stato ad un soggetto politico che non la accetta. Un simile diniego costituisce una sconfitta tale da mettere in forse lo stesso ruolo e le specifiche funzioni dell'Assemblea. Cosa, questa, che sarà evidente fra non molto tempo[805].

---

interessi tedeschi. Perciò era vicino alla Prussia che considerava la struttura politica capace di unire i molteplici Stati tedeschi. Ha fatto parte dell'Assemblea nazionale di Francoforte sul Meno. Dopo l'offerta della carica imperiale a Federico Guglielo IV, il 21 maggio 1849 si è ritirato dall'Assemblea, non condividendo la progressiva prevalenza della componente di estrema sinistra. Ha continuato a dare il suo contributo per l'unione tedesca ed ha ripreso l'attività accademica. In pessime condizioni di salute, è morto a Bonn nel 1860.

[804] Ernst Moritz Arndt è nato a Garz (isola di Rugen) nel 1769. Ha frequentato le università di Greifwald (teologia e storia) e di Jena, centro del romanticismo e del nazionalismo tedesco. Nel 1898 e '99 ha effettuato un viaggio in Austria, Ungheria, Italia, Francia e Belgio, su cui due anni dopo ha pubblicato un libro. Insegnante universitario a Geifswald, nel 1806 ha pubblicato il libro"Geist del Zeit" (Spirito del tempo), antinapoleonico e nazionale. La reazione della Francia lo ha obbligato a fuggire in Svezia. Poi è stato in Russia. Rientrato in Germania ha scritto libri di poesie e canti patriottici che intendevano spingere la gioventù alla guerra nazionale. Nel 1815 ha ottenuto la cattedra a Bonn, ma, per le sue critiche al governo, nel 1819 è stato arrestato e per vent'anni non ha più insegnto, finchè nel 1840 è stato riabilitato e l'anno dopo è divenuto rettore dell'università. Successivamente è stato eletto all'Assemblea di Francoforte ma, a causa del diniego di Federico Guglielmo IV all'offerta a divenire imperatore, vedendo allontanarsi lo scopo dell'unificazione tedesca intorno alla Prussia, si è ritirato dalla politica attiva, continuando un'intensa attività culturale. E' morto nel 1860 a Bonn.

[805] "**Il rifiuto   della Prussia investì come una ventata gelida l'atmosfera del resto già raffreddata dell'Assemblea nazionale di Francoforte. Le speranze deluse di questa Germania che avrebbe dovuto essere unificata con la pace si concentrarono su alcuni punti particolari e si scaricarono in moti e rivolte.**" (Franz Herre: "Prussia, nascita di un Impero", Rizzoli, Milano,

Debrecen, 14 aprile 1849

L'Ungheria si dichiara indipendente: non può accettare la nuova costituzione austriaca. Prevedendo una suddivisione del territorio magiaro, la dinastia viene considerata illegittima dato che avrebbe dovuto garantire l'unità del territorio del Regno ma lo amputa della Croazia, della Slavonia, della costa adriatica e della Transilvania.

Ma, in tale affermazione si può constatare la debolezza della posizione nazionale ungherese. Facendo, appunto, riferimento al principio di nazionalità si cerca di nascondere il fatto che il notevole territorio dell'Ungheria è abitato per circa il 50% da altre popolazioni: croate (tutta la Croazia), serbe, più in generale slave, romene, anche italiane. Queste sulla costa adriatica, in particolare a Fiume. Sarà dopo la sconfitta che Kossuth inizierà a cercare soluzioni atte a risolvere il problema, che, nella sostanza, rimarrà irrisolto fino alla prima guerra mondiale [806]. Peraltro, nel 1849, in gran parte delle campagne, non

---

1882, pagg. 215 – 216). E', così, iniziata la fase rivoluzionaria in difesa della Costiuzione, suddivisa in vari focolai in diverse regioni tedesche. Dopo meno di venti giorni si è ribellata la Sassonia, con epicentro Dresda.

[806] L'Ungheria era un intrico di popoli diversi. Come piccolo esempio di un problema complesso, si può far riferimento al poeta nazionale ungherese, Sandor Petofi, nato a Kiskoros, dove la chiesa era luterana ed i salmi erano cantati in slovacco. La madre, Maria Hrùz, era, appunto, una slovacca che, ventidue mesi dopo la nascita del figlio, essendosi spostata la famiglia a Fèlegyhàza, centro magiaro e cattolico, ha insegnato l'ungherese al figlio. Il padre si chiamava Stefano Petrovics, anch'egli slovacco. L'unica cosa che faceva inviperire Petofi era un'eventuale riferimento alle sue origini. Egli, in effetti, è stato il più grande cantore dell'anima ungherese. Ad esempio l'ode "**Sono magiaro**":

> **"Sono magiaro. E' bella la mia patria,**
> **è la contrada più bella del mondo;**
> **è un minuscolo mondo. Le bellezze**
> **sono infinite nel suo ricco grembo:**
> **montagne che lo sguardo oltre le onde**
> **del mar Caspio protendono, e pianure**
> **che, come se cercassero i confini**
> **della terra, si stendono lontano. (....)"**

da: Gyula Illyès: "Petofi", Feltrinelli, Milano, 1960, pag. 283

Petofi, purtroppo, è morto a soli 26 anni, in battaglia, contro i russi, che hanno annientato il reparto di cui il poeta faceva parte. Non è stato possibile reperirne il cadavere. Il grande poeta era molto interessato alla cultura italiana, essendo – come molti altri intellettuali ungheresi – un grande amico dell'Italia e della sua rivoluzione, cui ha dedicato una delle sue ultime poesie:

> **"Ormai sono stanchi di strisciare**
> **per terra: in piedi balzan! Dai sospiri**
> **un uragano nacque: e spade fischiano**

sempre è stato adeguato l'apporto delle classi rurali alla rivoluzione nazionale magiara. Comunque, l'Assemblea nazionale ungherese, trasferita nella più sicura Debrecen, su proposta di Kossuth, approva il decreto di detronizzazione degli Asburgo. Bisogna, però, tener conto che Debrecen sarà sicura solo fino all'intervento russo.

A seguito del decreto, Kossuth viene eletto presidente - governatore, in definitiva capo dello Stato. E' nominato anche il nuovo governo: il primo ministro è Bertalan Szemere, che faceva parte del governo Batthyàny.

Le operazioni militari magiare vanno molto bene da quando il comando austriaco è passato a Welden, un generale che, dinanzi al problema ungherese, si dimostra incerto, insicuro, quasi confuso. Gli ungheresi hanno riconquistato la Transilvania e ripreso Pest e Buda.

Roma 14 aprile 1849

Inizia la legislazione sociale. Viene abolito il monopolio del sale e ridotto il dazio.

Roma, 15 aprile 1849

Continua la legislazione sociale: si cerca di garantire la casa ed il campo ai contadini poveri: viene, così, nazionalizzato il patrimonio fondiario, che deve essere suddiviso in lotti e distibuito alle famiglie contadine.

Il patrimonio immobiliare ecclesiastico sarà utilizzato per dare casa agli indigenti.

Livorno, 18 aprile 1849

> dove catene stridevano, e gli alberi
> del Sud non son più carichi di arance
> pallide, ma di rose rosso sangue.
> Dio della libertà, quanti soldati,
> gloriosi e santi, sono i tuoi, soccorrili! (....)
>
> Verranno i tempi grandi, i tempi belli,
> incontro a cui le mie speranze volano:
> come le gru d'autunno in lunga schiera
> volano verso cieli più sereni.
> Sarà vinta, annientata la tirannide,
> rifiorirà la faccia della terra.
> Dio della libertà, quanti soldati,
> gloriosi e santi, sono i tuoi, soccorrili!

Ivi, pag. 295.

Viene costituito un governo della città, presidente Giovanni Guarducci. Il comune di Firenze viene dichiarato traditore della Repubblica Toscana.

Anagni, 20 aprile 1849

La legione italiana è arrivata ad Anagni. Ha superato i monti della Sabina, poi è passata per Arsoli, Arcinazzo (dove la notte è stata molto fredda) e Subiaco. Garibaldi viene a conoscenza dell'ordine del suo amico Avezzana. Fa riposare i suoi uomini, prima di riprendere il cammino.

Roma, 22 aprile 1849

Il generale Avezzana organizza a piazza San Pietro una manifestazione militare per avvicinare l'esercito e la guardia civica alla popolazione, dimostrando l'entità ed il livello dell'organizzazione militare della Repubblica. Sono 12.000 i militari presenti. Il ministro ha riunito tutte le forze disponibili per la difesa di Roma, lasciando solo le guarnigioni di Bologna e della fortezza di Ancona. E' grande la partecipazione di popolo e notevole l'entusiasmo.

Civitavecchia, 24 aprile 1849

Il generale Oudinot [807], con un corpo di spedizione di circa 8.500 uomini, imbarcato su 14 fregate, è arrivato nel porto di Civitavecchia. Si è presentato come il generale di una Repubblica che arriva per aiutare un'altra Repubblica. Come un alleato, in definitiva, che viene a supportare la Repubblica Romana contro le potenziali azioni belliche condotte da nord dagli austriaci e da sud dai duosiciliani.

Le autorità repubblicane, inizialmente lo stesso governo, non sanno che fare. Così Oudinot inizia a sbarcare, indisturbato. Nei giorni successivi la sua azione "amichevole" si rivelerà una vera e propria occupazione.

Roma, 26 aprile 1849

---

[807] Il maresciallo Nicolas Charles Victor Oudinot, nato a Bar-le-Duc nel 1791, è figlio dell'omonimo Nicolas Charles, sottufficiale, divenuto, con la rivoluzione, duca di Reggio, maresciallo e pari di Francia. Paggio di Napoleone nel 1805, è stato aiutante di campo del generale Massena nella sfortunata campagna in Portogallo. Dopo la sconfitta è entrato nella guardia imperiale, combattendo in Russia, in Sassonia e in Francia. Alla prima caduta di Napoleone è stato nominato colonnello. Fedele al re durante i 100 giorni, nel 1824 è divenuto maresciallo di campo, nel 1835 ha partecipato alla campagna d'Algeria, in cui è stato gravemente ferito. Deputato nel 1842, si è schierato a sinistra. Nel 1849 il presidente Luigi Napoleone lo invierà ad abbattere la Repubblica romana. Non avrà incarichi nella guerra del 1859 per l'ostilità piemontese. Morirà nel 1863.

Rappresentanti francesi comunicano al governo della Repubblica che arrivano come amici, quindi possono entrare in Roma. Il triumvirato risponde negativamente. Le truppe francesi si organizzano a Civitavecchia e dintorni.

Parma e Piacenza, 26 aprile 1849

Il comando austriaco nel ducato di Francesco V d'Asburgo - Este ha ricevuto l'ordine di invadere ed occupare la Toscana. I reparti hanno iniziato a muovere. Si tratta del corpo di 15.000 uomini del generale Konstantin d'Aspre, barone di Aspre e Hoobreuck, tenente feldmaresciallo, che abbiamo già incontrto nella campagna post armistiziale: con circa 20.000 uomini non è riuscito a bloccare Garibaldi. Anzi ne è divenuto un grande ammiratore[808]. Ha già occupato ed assunto il governo di Parma e di Piacenza. Ora supera l'Appennino con il 2° corpo d'armata fruendo anche della soddisfatta adesione del duca di Modena Francesco V d'Asburgo Este.

L'aspetto scandaloso è che l'intervento è stato chiesto a Vienna da Leopoldo II, tuttora ospite di Ferdinando II di Borbone. Inutile dire che gli austriaci si sono subito dichiarati d'accordo. Il problema, infatti, si è rivelato ancora più grave di quanto non si potesse credere, costituendo un aspetto essenziale della balance of power europea. Infatti la Francia è sbarcata a Civitavecchia e l'Austria deve proteggere la sua egemonia in Italia centrale.

La richiesta dell'intervento straniero da parte di Leopoldo II è stata la causa più importante della definitiva frattura intervenuta fra la casa d'Asburgo – Lorena ed i toscani. Fra loro, infatti, vi è stato sempre un rapporto molto particolare, iniziato quando, alla fine della guerra di successione polacca (1733 – 1738), il governo della Lorena è passato dall'omonima casata all'ex re di Polonia Stanislao Leszczynski. Conseguentemente, alla morte di Gian Gastone de' Medici, nel 1737, la Toscana è stata assegnata, dal 1737 al 1775, a Francesco II Stefano (ex Francesco III, duca di Lorena), che l'anno prima aveva sposato la futura imperatrice Maria Teresa. L'Impero non poteva inglobare la Toscana, ma i

---

[808] Il feldmaresciallo Kostantin, barone d'Aspre e d'Hoobreuk, ha sessant'anni: da quando ne aveva 17 è nell'esercito austriaco. Ha l'altissima onorificenza di cavaliere dell'ordine militare di Maria Teresa per una fortunata azione effettuata di sorpresa nella notte del 16 – 17 maggio 1815 contro Murat. Successivamente ha partecipato alla repressione dei moti napoletani del 1820 – 21 ed a quelli del 1831. Famigerato per il saccheggio di Vicenza, la prima delle sue numerose infamie, a Goito non riuscirà ad effettuare il previsto avvolgimento dell'ala destra piemontese. Parteciperà alle battaglie di Curtatone e Montanara, Custoza e Novara. Governatore a Parma, sarà, poi, responsabile dell'occupazione della Toscana. Infine, dopo la caduta della Repubblica Romana, si opporrà alla marcia di Garibaldi verso l'Adriatico, ma non riuscirà a catturarlo. Nell'ottobre del 1849 avrà il comando del corpo d'armata di Padova, morendo nel 1850. Per crudeltà fra i generali austriaci è secondo solo ad Haynau.

rapporti con il Granducato erano molto stretti. Così, quando Francesco II è divenuto imperatore, nel 1740, (col nome di Francesco I), la Toscana è passata a Pietro Leopoldo I, nono figlio di Francesco I e Maria Teresa, che è stato granduca di Toscana dal 1765 al 1790 e che, alla morte del fratello Giuseppe II, è divenuto imperatore (col nome di Leopoldo II) dal 1790 al 1792. Il Granducato, di conseguenza, è passato a Ferdinando III (1790 – 1801 e 1814 – 1824), secondogenito di Francesco I e di Maria Teresa e padre di Leopoldo II. Un rapporto, quindi, andato avanti con una costante presenza asburgica, i cui pesanti condizionamenti sono stati facilitati dalla stretta parentela dei vertici statali.

Civitavecchia, 26 aprile 1849

Entrano in porto due navi, su cui rispettivamente sono imbarcati 200 e 400 uomini del battaglione Manara. Hanno lasciato l'esercito piemontese e accorrono a Roma. Data la loro esperienza sono quasi tutti antirepubblicani e conservano sul loro cinturone lo stemma sabaudo, ma intendono sostenere la causa italiana lì dove si combatte.

Il generale Oudinot intende vietare lo sbarco. Incontra Manara e gli precisa che lui ed i suoi uomini sono lombardi, quindi non c'entrano con i problemi romani. Manara gli chiede come mai lui, nato a Parigi, Lione o Bordeaux potesse aver legittimi rapporti con Roma. Inizia, così, un dialogo duro, cui partecipa anche il preside di Civitavecchia, M. Mannucci. Dopo vari contrasti, Manara prosegue, comunque, per Anzio.

Marghera (Venezia), 26 – 30 aprile 1849. Le azioni iniziali.

Le forze imperiali gradualmente accerchiano l'importante forte di Marghera [809].

---

[809] Qualche precisazione: "**Il forte di Marghera, fatto costruire negli anni 1808 e 10, è un pentagono irregolare circondato da due controguardie, una doppia corona e due lunette i cui fossati sono tutti pieni d'acqua. E' lontano 2 mila metri all'incirca dal lembo della laguna (….) ed è costeggiato a sud ovest dalla strada ferrata, la quale da Venezia, per il ponte sulla laguna, passa un chilometro a mezzodì di Mestre. Un canale, che si chiama militare, parallelo al ponte ed alla strada ferrata, mette in comunicazione Marghera con Venezia e Mestre. Verso oriente alla distanza di 500 metri era un fortino (….) E, per (….) circondare di difese (….) l'opera principale, furono costruite le due batterie di Cinque Archi, appunto sopra gli archi del ponte rotto della strada ferrata, e della Speranza, alle quali si aggiunge il forte Rizzardi in continuazionee a fiancheggiamento di quelle. Più lontano ancora, e verso il mezzogiorno, di più piccola dimensione sorgeva il forte di San Giuliano.**" Da: "Giornale dell'artiglieria nella difesa di Marghera avanti all'assedio generale di Venezia", di Carlo Mezzacapo (1859), pubblicato in: P. R. di Colloredo : 'Venezia 1848 – 1849. Aspetti militari ecc" cit., pag. 100. Al predetto 'Giornale', relazione prevalentemente tecnica, si farà riferimento per la narrazione delle giornate dell'assedio.

Il **26 aprile** gli austriaci iniziano le attività dei lavori di assedio. I mortai ed i cannoni iniziano un tiro tendente a bloccane l'attività. Quattro batterie di razzi sono state schierate ma sono state subito distrutte. Il fuoco, a intervalli, è durato durante la notte.

Il **27 aprile** si è continuato a tirare una bomba ogni ora di giorno e di notte.

Il **28 aprile** sono continuati i lavori del nemico, colpito ogni ora dal fuoco della piazzaforte, durato anche la notte.

Il **29 aprile** il nemico scava camminamenti a zig – zag. E' continuato il fuoco dei cannoni e dei mortai, ad intervalli.

Il **30**, visto che il nemico ha completato due camminamenti, è iniziato un intenso fuoco per bloccare e distruggere le opere: sia con i cannoni (tiri a "rimbalzo"), sia con i mortai. L'azione è continuata durante la notte.

Bisogna considerare che, de iure, sarebbe vigente la tregua.

Roma, 27 aprile 1849

Secondo le disposizioni del ministro della Guerra, la legione di Garibaldi entra in Roma dalla porta maggiore. E' sera tardi, ma il popolo la accoglie con particolare entusiasmo. Domani sarà schierata nell'area di competenza, il Gianicolo.

Oggi Roma è tappezzata da manifesti indirizzati "**Alle donne romane**", firmati da Cristina Trivulzio di Belgiojoso, Giulia Bovio Paulucci e Marietta Pisacane[810]. Nel manifesto si precisa che: "**Nel momento che un Cittadino offre la vita in servizio della Patria minacciata, le Donne debbono anche esse prestarsi nella misura delle loro forze e dei loro mezzi. Oltre il dovere dell'infondere coraggio nel cuore dei Figli, dei Mariti e dei Fratelli, altra parte spetta pure alle Donne in questi difficili momenti. Non parliamo per ora della preparazione di cartuccie e munizioni di ogni genere cui potranno essere più tardi invitate le Donne Romane. Ma già sin d'oggi si è pensato di comporre una Associazione di Donne allo scopo di assistere i Feriti, e di fornirli di filacce e di biancherie necessarie. Le Donne Romane accorreranno, non v'ha dubbio, con sollecitudine a questo appello fatto in nome della patria carità. – Basterà per ora che le bene intenzionate in favore di questa Associazione mandino il loro nome ad una delle cittadine componenti del Comitato o al Rev. P. GAVAZZI (….) al quale, come a Cappellano maggiore, spetta la Direzione di questo Comitato.**"

---

[810] Si tratta di Enrichetta Di Lorenzo, considerata moglie anzichè compagna di Pisacane e conosciuta a Roma con il nome affettuoso di "Marietta". E', sostanzialmente, la vice della Belgiojoso.

Le romane risponderanno all'appello ed, in breve, saranno riorganizzati nove ospedali. A capo della rete ospedaliera è Cristina di Belgiojoso, nominata dai triunviri. Ha l'aiuto di Giulia Bovio Paulucci, e svolge la propria attività nella sede centrale, presso l'ospedale della Trinità dei Pellegrini, dove ha sede anche il magazzino generale diretto da Anna de Candillac Galletti. Poi Giulia Calame Modena[811] dirige il Santo Spirito; Adele Baroffio[812] il San Gallicano; Paolina Lupi il San Giovanni; Enrichetta Di Lorenzo il San Pietro in Mortorio; Margaret Fuller il Fatebenefratelli; Enrichetta Filopanti il Santa Teresa di Porta Pia; Olimpia Razzani il Sant'Urbano.[813] Molte le richieste per divenire infermiere volontarie: superano la selezione in 300.

E' una vera rivoluzione, una delle più importanti della Repubblica: la Sanità diretta e posta in essere da donne, che iniziano a garantire la completa pulizia degli ospedali, la cura contro le infezioni, il soccorso ai feriti nemici oltre a quelli propri, la lotta contro impostazioni di ricovero e di cura oramai superate, la gestione razionale delle strutture, ecc. Bisogna tener conto che all'epoca le donne non erano considerate adeguate a svolgere funzioni in campo sanitario. Il merito principale è della principessa di Belgioioso, ma l'apporto di tutte è stato particolarmente brillante. Persone diverse che, di fronte alla guerra ed alla volontà rivoluzionaria di una nuova realtà italiana, unitaria e socialmente avanzata, hanno agito come se fossero tutte uscite da un'unica esperienza culturale, lavorativa e sociale. La principessa di Belgioioso ha scritto: "**Dopo aver scelto le mie collaboratrici, dovetti continuamente rappresentare la parte della vecchia governante severa, con tanto di occhiali, e girare per le corsie con una verga in mano (….)**" Erano state accolte su base volontaria tutte coloro che si erano offerte: perciò non erano state selezionate, diciamo così "eticamente". Ma, nonostante ciò,"**quelle donne e ragazze delle strade romane non avevano senso morale e in tempo di pace conducevano una vita disordinata ed egoista, ma in quel momento si manifestarono in loro doti redentrici. Non pensavano più a sè stesse o al loro comodo. Ho visto le più depravate e corrotte vegliare al capezzale di un moribondo, senza lasciarlo né per mangiare né per dormire per tre o quattro giorni e notti. Le ho viste sottoporsi ai doveri più sgradevoli e pesanti, stare per ore chine su ferite cancrenose e puzzolenti, adattarsi agli umori e alle imprecazioni degli uomini affranti, e accettare tutto senza mostrare disgusto o impazienza. Le ho viste alla fine restare composte e calme mentre palle di connone e di fucile passavano fischiando sopra la loro testa.**"

---

[811] La Modena ha già combattuto con il marito (scultore) in Veneto, rimanendo ferita. Ha, poi, diretto l'infermeria della fortezza di Palmanova. Ora è a Roma, responsabile del Santo Spirito.
[812] Compagna di Goffredo Mameli.
[813] Da: Diana Nardacchione, paragrafo: "Le infermiere della Repubblica Romana" nell'articolo: "Vivandiere del Risorgimento" in "Milites", n. 46 settembre / ottobre 2011, pag. 23.

Tutto era iniziato con la richiesta di aiuto al popolo romano. La risposta è stata superiore alle aspettative: un giorno, andando da un'ospedale ad un altro la carrozza della principessa viene bloccata. **"scorsi un convoglio di carri (....) che riempiva la strada (....) Dentro quei carri la gente gettava dalle finestre materassi, cuscini, coperte, lenzuola, camici e biancheria di ogni genere. Sopra al fracasso si alzavano grida di: 'Viva la Repubblica! Viva i difensori di Roma! (....) Un tale entusiasmo era contagioso. Nessuno voleva dare meno del suo vicino. Tutti febbrilmente spogliavano la propria casa a beneficio dei feriti."**[814]

Sembra che sia stata assegnata all'ospedale della Fuller una giovane inglese, Florence Nightingale, a Roma in viaggio con una coppia di amici, che ha inteso partecipare a questa esaltante vicenda. Persona interessata all'organizzazione ospedaliera, alla formazione delle infermiere, alla razionalizzazione dell'assistenza, ecc. porterà la sua esperienza romana ai famosi risultati raggiunti durante guerra in Crimea, determinando le importanti realizzazioni successive. Anche se l'ospedale di Scutari (Istanbul) dove lei ha validamente operato, era a 500 chilometri dalla zona di operazioni, mentre gli ospedali romani erano sotto il tiro delle artiglierie nemiche.

Castel di Guido (Roma), 28 aprile 1849

I francesi muovono contro Roma. Il generale Oudinot intende attaccare al più presto. L'ordine è di organizzare il quartier generale a Castel di Guido, a circa 20 chilometri dalle mura della città. Inizia quella che George Macaulay Trevelyan ha definito **"la storia dell'assedio di Roma, il più commovente di tutti gli episodi della storia moderna"**[815]

Il generale Avezzana ha approvato da giorni l'ordine di operazione compilato da Pisacane. I reparti sono ai posti assegnati. In città, sulle mura e sui capisaldi esterni regnano ordine ed organizzazione.

Roma, 29 aprile 1849

Manara con il suo battaglione di 600 uomini entra in Roma. Il **27 aprile** è sbarcato ad Anzio. Il **28 aprile** è arrivato ad Albano, da dove è stato chiamato a Roma dal generale Avezzana. La popolazione accoglie il reparto con grande entusiasmo. Poi vi è l'incontro con il ministro e la rassegna. Tutto bene. Solo quando, durante il presentat'arm finale,

---

[814] Brani da "Souvenirs dans l'exile" della Belgioioso, riportati in: "Charles Neilson Gattey: "Cristina di Belgioioso", Vallecchi ed. Firenze, 1974, pagg.164 e 165.
[815] George Macaulay Trevelyan: "Garibaldi e la difesa della Repubblica romana", Nicola Zanichelli, Bologna, 1909, pag. 4.

Avezzana grida "viva la Repubblica", i militari non eseguono l'ordine di pied'arm. Allora Manara grida "viva l'Italia" ed il contrasto viene superato.

Le truppe romane sono in stato di allarme. Il battaglione Manara pernotta a Piazza San Pietro.

Roma, 30 aprile 1849

Alle 10.00 l'ufficiale di vedetta sulla cupola di San Pietro vede in lontananza le avanguardie francesi. Su castel sant'Angelo viene issato il drappo rosso dell'allarme. Le brigate sono schierate. Il comando francese reputa che gli 8.500 uomini del corpo di spedizione bastino per reprimere la Repubblica. Pensano di poter entrare facilmente a Roma, sicuri, fra l'altro, che il popolo si sarebbe ribellato, aiutandoli. Hanno altresì due squadroni di cavalleria e 12 pezzi di artiglieria. L'obiettivo principale sono le mura all'altezza del Vaticano.

La Repubblica impiega le due brigate della prima divisione del generale Ferrari. La prima brigata è comandata dal neogenerale Garibaldi, schierata fra porta San Pancrazio e porta Portese. La seconda, comandata dal colonnello Luigi Masi, è fra porta Cavalleggeri e porta Angelica, al Vaticano.

Alle 11.00 inizia l'attacco. Una prima colonna si avvicina alle mura ma la Guardia nazionale la blocca. E'previsto un aggiramento da parte di una seconda colonna, che attacca le mura del Gianicolo. Ma è respinta con notevoli perdite dalla legione italiana di Garibaldi. Allora la prima colonna si divide in due parti. Una attacca Porta Angelica, l'altra porta Cavalleggeri. La prima aliquota viene distrutta dai reparti di Masi. E' ucciso anche il comandante. La seconda, pur essendo appoggiata da un intenso fuoco di artiglieria, è bloccata. Garibaldi, da villa Corsini, attacca il nemico, prima con due compagnie, poi con la legione italiana ed anche con la legione romana[816]. Alle 16.30 inizia la ritirata del nemico. Alla fine i francesi sono caricati dai lancieri di Angelo Masina: è il tramonto ed il nemico è in fuga. Le posizioni e le basi di partenza francesi sono occupate. Garibaldi insegue i fuggiaschi fino a Malagrotta, a 15 chilometri dalle mura e a circa cinque dal quartier generale di Oudinot. Chiede rinforzi per la distruzione del nemico. Le perdite francesi sono di 520 prigionieri, 250 morti e 400 feriti.

---

[816] Ha commentato il generale Avezzana: **"...l'ardimento del generale Garibaldi, che seppe con incredibile abilità cogliere il momento di assaltare le spalle ed il fianco destro del nemico, volsero questo in precipitosa ritirata. In quel fatto caddero nostri prigionieri il capo di battaglione Picard del 20° di linea con circa 400 soldati"**. G. Avezzana:"I miei ricordi", cit., pag. 87.

Garibaldi è stato gravemente ferito, ma ricorre al medico a notte inoltrata. Se i suoi lo avessero saputo durante il combattimento sarebbero entrati in crisi. I postumi della ferita lo tormenteranno per tutto l'assedio e la successiva ritirata.[817]

Venezia, 30 aprile 1849

Vengono scambiate alcune lettere fra Manin e Radetsky, che chiude in maniera arrogante la corrispondenza, dando ordine al generale Haynau di attaccare il forte di Marghera.

Termina, così, il blocco di Venezia ed inizia l'attacco generale alla città. L'Haynau comanda 24.000 uomini. E' una massa notevole con la quale Radetsky reputa di travolgere rapidamente strutture e reparti avversari, annullando la presenza "ribelle" sulla terraferma.

La resistenza, invece, sarà superiore ad ogni aspettativa e durerà 31 giorni[818]. La guarnigione è composta da 2.400 uomini. I cannoni sono 137. Gli ufficiali più famosi sono il comandante del forte, colonnello Gerolamo Ulloa [819]; il comandante dell'artiglieria,

---

[817] La descrizione più bella della battaglia, fra il cronachistico e l'epico, è quella di G. M. Trevelyan. Qualche accenno sulla riconquista delle ville Corsini e Panfili: **"(....) gli italiani che vi accorsero quel giorno – artisti, bottegai, operai e nobili – eran tutti ispirati dalla resurrezione morale del loro paese a ideali più nobili che quello del piacere e della passività; eran tutti pronti a rinunciare al privilegio di esser vivi e di vivere in Italia, purchè l'Italia si spaziasse libera sulle loro tombe. Il poggio di Villa Corsini e la vallata ed il fiumicello che lo separano dalla Villa Panfili, brulicarono di Legionari che irruppero impetuosi nei boschetti. Gli ufficiali Garibaldini, 'le tigri di Montevideo' (....) eran fatti bersaglio alla mira nemica (....) Era venuto finalmente il giorno tanto bramato in esilio, avevan finalmente raggiunto la meta per cui avevan varcata tanta immensità d'Oceano! Sulle loro orme seguiva l'Italia, e sopra quel fluttuare di giovani acclamanti, ebbri del loro primo sorso alla coppa della guerra, sorgeva Garibaldi a cavallo, maestoso e calmo come sempre e più che mai nell'infuriar della battaglia, con il suo poncho bianco svolazzante alle spalle quale vessillo d'attacco. Così piombarono sui giardini battendosi alla baionetta fra i roseti in fiore, nei quali il giorno dopo trovaronsi i cadaveri dei francesi ammucchiati l'uno sull'altro. (....) I nemici furon ricacciati fuori dai giardini al nord della via Aurelia Antica (....) finchè gl'italiani saltati giù dal loro muro si inerpicarono sull'altro e s'impadronirono dell'aquedotto. Di là i Legionari e gli studenti dilagarono nei vigneti e misero in fuga i francesi, dopo una lotta feroce, corpo a corpo, con fucili, mani e baionette."** Da: G. M. Trevelyan "Garibaldi e la difesa", cit. pagg. 149 – 150.

[818] I dati inerenti al personale del forte sono ripresi dal volume del generale Carlo Alberto Radaelli "Storia dello assedio di Venezia negli anni 1848 e 1849", ULAN press, Gran Bretagna, s. d., ristampa anastatica della prima edizione, Napoli, 1865, pagg. 488 - 489, documento XXXIX.

[819] Gerolamo Calà Ulloa, duca di Lauria, ufficiale di artiglieria dell'esercito delle Due Sicilie, è stato coinvolto nel tentativo di attentato al re di Cesare Rosaroll. Processato, è stato assolto. Fondatore e direttore della rivista "Antologia militare' dal 1835 al 1846. Facente parte del corpo di spedizione napoletano al Nord, ha disubbidito al re, recandosi a Venezia. In esilio con Manin, parteciperà alla guerra del 1859 nell'Italia centrale. Oggetto di incomprensioni con le autorità del Piemonte, si avvicinerà al re Francesco II, andrà all'estero, per poi rientrare in Italia nel 1866, dedicandosi allo studio.

maggiore Carlo Mezzacapo[820]; il comandante dell'artiglieria della fronte d'attacco, maggiore Enrico Cosenz [821]; il comandante delle opere non facenti parte della struttura principale, maggiore Giuseppe Sirtori [822]; il comandante degli avamposti, tenente colonnello Cesare Rossaroll [823].

Il primo aspetto interessante dell'assedio è che, come nel caso della Repubblica romana, le truppe impiegate provengono da varie regioni e possono concretamente definirsi esercito

---

[820] Carlo Mezzacapo, ufficiale di artiglieria dell'esercito delle due Sicilie, impiegato per il coordinamento con l'esercito piemontese all'inizio dell'intervento napoletano in Italia settentrionale, non è rientrato a Napoli, secondo gli ordini, ma è andato a Venezia. Col grado di tenente colonnello, alla caduta della città, si rifuggerà in Piemonte con il fratello Luigi e fonderà la 'Rivista militare', tuttora organo dello stato maggiore dell'esercito. Parteciperà alla guerra del 1859 negli Stati dell'Italia centrale ed a quella del 1860. Generale di brigata, di divisione e di corpo d'armata. Poi senatore dal 15 maggio 1876, presidente del tribunale di guerra e marina, presidente della commissione di revisione dei codici penali, vicepresidente del senato dal 14 febbraio 1902 al 18 ottobre 1904. E' morto nel 1905. Cavaliere della SS Annunziata.

[821] Enrico Cosenz, ufficile di artiglieria dell'esercito delle Due Sicilie, non è rientrato a Napoli secondo gli ordini reali ed è andato a Venezia. Dopo la fine dell'assedio sarà tra gli ufficiali ed i dirigenti della Repubblica riparati a Corfù, poi a Parigi. Infine si avvicinerà a Mazzini. Colonnello nella campagna del 1859 nei cacciatori delle Alpi con Garibaldi, poi con quest'ultimo nella campagna in Sicilia e a Napoli, generale di divisione e ministro della guerra del governo dittatoriale. Prefetto di Bari, comanderà una divisione nella campagna del 1866 e nella presa di Roma. Poi sarà generale di corpo d'armata. Capo di stato maggiore dell'esercito dal 1891 al 1893, è stato eletto una volta nel Regno di Sardegna, dal 2 aprile 1860 al 20 settembre 1860 e per quattro legislature nel Regno d'Italia, dal 18 febbraio 1861 al 9 novembre 1872, quando è stato nominato senatore. Morirà nel 1898. Cavaliere della Santissima Annunziata

[822] Giuseppe Sirtori, prima sacerdote, poi studente universitario a Parigi, dove ha partecipato alla rivoluzione del 22 – 24 febbraio. Successivamente ha combattuto a Milano, nei corpi volontari, in cui è stato eletto capitano. Ha fatto parte di un reparto inviato da Milano a Venezia. Capo dell'opposizione repubblicana e mazziniana, alla caduta della Repubblica andrà a Corfù, poi a Parigi, infine sarà nel comitato mazziniano di Genova. Si sposterà su posizioni più moderate, valuterà la soluzione murattiana, entrando successivamente in duro contrasto con Luciano Murat. Eletto al parlamento nel 1860, si avvicinerà a Garibaldi e parteciperà alla campagna in Sicilia ed a Napoli. Generale, capo di stato maggiore con Garibaldi, poi generale nell'esercito regio, responsabile della provincia di Catanzaro, con tutti i poteri. Comandante di divisione nella guerra del 1866, entrerà in contrasto con il comandante, generale La Marmora. Uscirà dall'esercito, ma sarà riammesso nel 1871. Di nuovo comandante di divisione. E' stato deputato per una legislatura nel Regno di Sardegna dal 2 aprile 1860 al 17 dicembre 1860 e per quattro legislature nel Regno d'Italia dal 18 febbraio 1861 al 18 settembre 1874, giorno in cui morirà.

[823] Barone Cesare Rosaroll - Scorza, ufficiale di cavalleria e di artiglieria, figlio del generale Giuseppe, morto in uno scontro armato per la libertà della Grecia. Era, infatti, in esilio per aver partecipato alla rivoluzione napoletana del 1820 - 21. Cesare ha seguito il padre, poi è ritornato a Napoli. Entrato nell'esercito come soldato, nel 1833 è stato coinvolto in un tentativo di attentato al re. Condannato a morte ed all'ultimo momento graziato, è stato in carcere fino all'indulto del 1848. Volontario nella guerra in Lombardia, per la sua cultura ed esperienza militare ha avuto il grado di capitano. E' stato ferito ed ha meritato una medaglia di bronzo. Contro il volere del re si è recato a Venezia. Famoso per il coraggio e l'abilità artiglieresca, morrà durante l'assedio, al comando della batteria Sant'Antonio. Il 27 giugno 1849.

italiano. Agli ufficiali veneti si sono aggiunti altri ufficiali di varie provenienze. Ad esempio quelli in precedenza elencati sono quattro napoletani ed un milanese.

Il secondo aspetto rende l'assedio di Marghera una vicenda importante per le diverse modalità di impiego della forza nelle operazioni belliche attuate dai due eserciti. Si può, infatti, evidenziare la forza razionale, funzionale in maniera proporzionata agli obiettivi posta in essere dagli italiani e la forza totalitaria, esasperata espressione della massima e selvaggia potenza utilizzata dagli avversari.

Venezia libera ha fatto perdere la testa ai generali austriaci, come Roma libera ai francesi. Reparti di tipo rivoluzionario, portatori di una nuova ideologia, una diversa disciplina, una personale partecipazione culturale alla guerra, una volontaria convinzione di sottoporsi ai pericoli per finalità superiori rappresentavano la vera rivoluzione culturale, etica e sociale di quegli anni. Dall'esercito feudale si tendeva a passare a quello nazionale e popolare. Ma ciò rappresentava la fine di un mondo, quello della monarchia asburgica e dei vari suoi marescialli e ufficiali. Dalla disciplina effetto di condizionamento e repressione si passava ad una disciplina partecipata e consapevole. Dalla fedeltà al re a quella nei confronti della Nazione[824]. La trasformazione in atto, iniziata dagli eserciti rivoluzionari della prima repubblica francese ed utilizzata ma al tempo stesso neutralizzata dall'avventura napoleonica, ora risorge e muove, di fatto, un'oggettiva critica alle organizzazioni castrensi dipendenti dalla mera fedeltà ad una dinastia.

E' chiaro che il processo è lento ma chi gestisce un reparto o addirittura un esercito vede che le convinzioni e la partecipazione personale ai pericoli ed ai sacrifici degli uomini in divisa va progressivamente mutando. Gli italiani sono portatori di notevoli novità perchè vogliono uno Stato nuovo ed incominciano a crearlo impostando un esercito diverso dal passato. Ma per i capi austriaci tale cambiamento rischia di "infettare" i cittadini fedeli alla dinastia asburgica. Infatti lo stato nazionale dimostra che non è più possibile credere in un imperatore con un'autorità formalmente considerata di origine divina che sappia e possa essere superiore ai contrasti, alle esigenze ed agli interessi di tutti i suoi sudditi. Ed, oramai, si riconosce che gli interessi dei re possono non coincidere con quelli dei rispettivi popoli.

Ciò fa imbestialire coloro che non vogliono uscire dalla propria concezione del mondo che oramai si rivela inadeguata e superata. Quelli che non intendono prendere atto che i cambiamenti imposti dalla storia dimostrano l'inadeguatezza della militarità degli ufficiali austriaci, diciamo della loro ormai superata filosofia militare. Ma essi non vogliono né

---

[824] E' il problema del principe Guglielmo di Prussia: a chi dovrà essere fedele l'esercito? Al re o al governo costituzionale? Al re, naturalmente, secondo lui. In fondo era al re che i militari giuravano fedeltà. Ma in una realtà costituzionale il problema, ovviamente, si complica ed il riferimento dovrebbe essere la Nazione.

possono accettare tutto ciò. Di conseguenza intendono distruggere rapidamente le novità utilizzando ogni possibile violenza, fino alla crudeltà.

In effetti i generali austriaci formulano il quesito che assilla coloro che, in tutti i cambiamenti epocali, non hanno interesse al cambiamento e sono fedeli agli interessi dell'imperatore o, comunque, di colui o coloro che diriggono il sistema[825]. Si chiedono, i paladini del passato, i propugnatori di una comoda feudalità [826]: ma costoro, questi popolani, questi briganti, questi militari irregolari,[827] come si permettono di voler cambiare un ordine costituito e gestito da esperti, da persone scelte dall'autorità costituita? Tale domanda induce chi ha il potere a convincersi che, nella realtà sociale, si è determinata una inesorabile spaccatura fra il bene ed il male. Una dicotomia per la quale gli austriaci, nel periodo esaminato, si ritengono i rappresentanti del bene e che tutto è loro lecito per annientare gli italiani che propugnano il male. Infatti il bene, per affermarsi, deve distruggere il male, senza alcuna pietà. Anzi la repressione deve essere tale da non indurre altri a cadere nel male. Di conseguenza si giunge a giustificare sia la violenza selvaggia che la stessa crudeltà indiscriminata [828]. Sono entrambe imposte e giustificate dalla specifica concezione reazionaria del "vero" bene..

In definitiva, senza rendersene conto, i capi asburgici sono bloccati nella morsa ideologica mazziniana. Questa sostiene che è possibile costruire una società più giusta e funzionale solo se se si accettino le novità politiche, ideologiche ed economiche espresse dall'esigenza storica del periodo e siano, di conseguenza, rispettate le peculiarità nazionali. Coloro, invece, che vogliono bloccare tale processo di consapevolezza popolare prima o poi – ma sempre con gravi danni per le rispettive comunità - verranno schiacciati dalla realtà.

Non a caso fra gli ufficiali italiani i più colti e partecipi sono mazziniani, e, a Venezia, tenteranno di imporre una resistenza totale. Peraltro il capo più influente dei mazziniani della Repubblica è Giuseppe Sirtori, in continuo contrasto con Manin. L'accusa più grave mossa a quest'ultimo – un'accusa, comunque, fondata e giusta - è quella che le posizioni di responsabilità governativa ed in qualche caso anche militare[829] vengono assegnate esclusivamente a persone moderate, in definitiva a convinti conservatori, che, a volte, sono anche filoaustriaci. E, naturalmente, in tale pervicace azione vi è una precisa finalità di carattere ideologico, politico ed amministrativo: formare governi moderati ed antirivoluzionari, che non sono nemmeno realmente innovativi e concretamente capaci di gestire in maniera valida l'emergenza bellica.

---

[825] Oggi gli interessi del capitale finanziario internazionale.
[826] Un tempo politico – sociale, oggi economico – finanziaria.
[827] Oggi: "questi populisti" o, addirittura: "questi sovranisti".
[828] Nulla di nuovo sotto il sole.
[829] Nella marina da guerra.

Senigallia, 30 aprile 1849

Girolamo Simoncelli, coadiuvato dal maggiore Giulio Especo y Vera arresta l'arcivescovo di Fermo e le famiglie di Papa Mastai – Pio IX – e del sostituto segretario di Stato, cardinale Gaetano Bedini. Sono tenuti in ostaggio.

Roma, 1° maggio 1849

Mazzini risponde a Garibaldi di bloccare l'inseguimento. Vuole venire ad un accordo con la Repubblica francese e non intende complicarlo con il duro colpo della distruzione del suo corpo di spedizione. Garibaldi, molto malvolentieri, si ferma e le truppe gradatamente ritornano alle posizioni iniziali. La politica francese, basata sulla falsità e l'inganno, ha partita vinta.

Il generale Oudinot, data la precaria situazione delle sue truppe, chiede un armistizio. I triumviri della Repubblica romana, sicuri di potersi accordare con la "fraterna" Repubblica francese, lo concedono. Il governo francese manderà un rappresentante per addivenire ad un accordo: Ferdinando Lesseps[830]. Ma è solo un raggiro. Infatti verrà rapidamente attuata l'organizzazione logistica per far arrivare il corpo dell'Oudinot a 35.000 - 40.000 uomini. Un grave errore, quello del vertice repubblicano, che consentirà ai francesi di riorganizzarsi, costruire una macchina militare potente e determinare la fine della Repubblica.

Una vicenda interessante è quella del battaglione universitario romano [831], comandato dal colonnello Pallavicini. Diviso in due aliquote, agli ordini del capitano Filippo Zamboni

---

[830] Il conte Ferdinand de Lesseps è nato a Versailles nel 1815. Figlio di un diplomatico, da ragazzo è stato in Italia, essendo il padre console generale a Firenze. Entrato anch'egli in diplomazia, è stato viceconsole ausiliario a Lisbona e Tunisi, viceconsole ad Alessandria d'Egitto, dove ha iniziato ad approfondire l'idea napoleonica di aprire il canale di Suez, parlandone con Mehemet Alì, vicere d'Egitto, nominato anche per l'interessamento del padre. Nel 1833 è console al Cairo, poi console generale ad Alessandria. Nel 1839 console a Rotterdam, poi, nel 1842 a Barcellona, nel 1848 ambasciatore a Madrid. Viene mandato a Roma, con un ruolo equivoco: discutere un trattato mentre si completa l'organizzazione di un grande corpo di spedizione che deve abbattere la repubblica. Dopo la caduta di quest'ultima vi è stata un po' di sceneggiata del Lesseps, che non voleva apparire una sorta di traditore. Comunque si dimetterà dalla diplomazia, dandosi ad una lucrosa imprenditorialità, spostandosi in Egitto e attuando il progetto del canale nel 1869. Nel 1893 sarà processato per malversazione e distrazione di fondi e condannato a cinque anni di carcere, che, in pratica, non sconterà, morendo nel 1894
[831] Il battaglione universitario romano del 1849 deriva dalla riorganizzazione dell'omonimo battaglione che l'anno precedente, agli ordini del colonnello Angelo Tittoni, è stato inquadrato nelle forze volontarie del generale Ferrari. Raggiunta Bologna, il reparto è stato rafforzato da altre due compagnie. Poi, superato il Po, è stato impiegato a Montebelluna. Ha partecipato alla battaglia di Cornuda, poi ha combattuto a Treviso il 12 maggio. Successivamente, a Vicenza, ha partecipato alle

occupa e difende villa Doria Pamphilj. Alla fine del combattimento, nel quale i volontari si sono comportati validamente, l'aiutante maggiore, capitano Raffaele Silli, non trova più il comandante, che era stato nominato da poco. Grande sconcerto nel battaglione. Viene aperta un'inchiesta. Il Pallavicini, fedele al governo papalino e d'accordo con il nemico, è scomparso al momento della sconfitta francese.

Quanto più si analizza la storia della Repubblica romana – purtroppo durata un tempo così breve - tanto più si deve riconoscerne l'assoluta eccezionalità, il fascino derivante dalla volontà di cambiare l'andamento della storia e di farlo nel tentativo di costruire uno stato nuovo, indipendente, vicino al popolo ed ai suoi bisogni, capace di esprimere tutte le energie della Nazione nell'assoluto interesse dei suoi componenti. Non a caso i reazionari hanno chiamato quella romana la "Repubblica dei briganti": contro di essa non avevano, né avrebbero potuto avere argomenti di carattere razionale.

Olmutz (Olomuc in Cechia), 1° maggio 1849

L'esercito ungherese marcia su Presburgo e Vienna. Francesco Giuseppe scrive allo zar Nicola per un aiuto, nell'interesse di tutti i monarchi, nel quadro della santa alleanza.

Nicola risponde affermativamente - potremmo dire con gioia e soddisfazione - "convocando" l'imperatore d'Austria a Varsavia. La Russia, così, consegue tre risultati: si prepara a dare un colpo mortale alla rivoluzione, pone in essere una sorta di protettorato, di garanzia sull'impero austriaco, dà indirettamente un avvertimento ai possibili tentativi di rivolta polacchi, tenendo fra l'altro conto che una legione polacca combatte in Ungheria.

Marghera (Venezia), 1- 23 maggio 1849. Il lungo assedio

battaglie del 20, 24 maggio e 10, 20 giugno. In base agli accordi con i vincitori, il battaglione è stato dichiarato libero purchè non combattesse gli austriaci per tre mesi. Intanto il maggiore Luigi Ceccarini ha sostituito il colonnello Tittoni ed il reparto è rientrato a Bologna. Al termine dei tre mesi il Ceccherini, con una parte del battaglione, è andato alla difesa di Venezia, mentre l'altra aliquota è tornata a Roma, dove è stata riorganizzata, sotto il comando di un anziano professore di diritto, Pasquale De Rossi, poi sostituito dal maggiore Ercole Roselli. Infine, malauguratamente, è stato nominato il Pallavicini. Il battaglione parteciperà alla battaglia di Palestrina del 9 maggio, poi, tornato a Roma, presidierà Villa Corsini, villa Quattro Venti ed il Pincio. Grandi proteste perché non sarà impiegato nella battaglia di Velletri del 19 maggio. Rafforzato da una compagnia di universitari perugini, il reparto, comandato dal capitano Filippo Zamboni, sarà a porta San Pancrazio, il 1° giugno, e, poi, a villa Poniatowsky, a difesa dei ponti sull'Aniene, dove avrà un duro scontro con i francesi. Il confronto continuerà finchè il comando in capo disporrà la ritirata su Villa Borghese, poco prima del crollo della Repubblica. Bisogna evidenziare la grande idealità del battaglione, che considerava una vera crociata il conseguimento dell'unità e dell'indipendenza della nazione. Nel bianco del tricolore del reparto, infatti, spiccava una croce rossa. Una grande consapevolezza ideologica, un profondo senso del dovere, una sentita volontà di superare fatiche e sofferenze, caratterizzavano questo particolare reparto.

In questa fase gli austriaci effettuano i lavori necessari per poter schierare a distanza adeguata un notevole numero di batterie, al fine di procedere a tiri di controbatteria e di distruzione tali da poter successivamente attaccare ed occupare le varie fortificazioni.

I tiri metodici dei cannoni e dei mortai della fortezza riescono a ritardare decisamente i predetti lavori, causando notevoli perdite fra gli assedianti. Una sintetica successione degli avvenimenti evidenzia che il giorno:

1° maggio, vi è un incremento dei lavori nemici. Si dimostrano validi gli interventi delle artiglierie;

2 maggio, anche nella fortificazione fervono i lavori per migliorare lo schieramento dei pezzi. Le attività logistiche proseguono normalmente. Continuano i tiri di repressione dei lavori nemici. Il generale Paolucci, sospettato di intelligenza con il nemico, viene sostituito dal colonnello Ulloa;

3 maggio, i lavori austriaci fanno presumere quali siano i posti dove intendono schierare le batterie. Il fuoco viene concentrato su tali obiettivi;

4 maggio, il nemico ha schierato 60 bocche da fuoco. Inizia il bombardamento di tremila proietti fra bombe, granate e rocchette. Le fortificazioni rispondono in una atmosfera surreale di morte e distruzione. Gli artiglieri dei forti continuano nei loro tiri metodici e precisi. Da un campanile il generale Haynau[832] segue i tiri ed è convinto che, a sera, il forte si arrenderà. Deve partire per dirigere le operazioni in Ungheria e considera grave, per la sua fama, lasciare Marghera agli italiani. Ma la resistenza continua[833]. Durante la notte il nemico ha ridotto il ritmo dei tiri. Perciò si è cercato di lavorare per ridurre i danni, per provvedere ai rifornimenti e per poter continuare a tenere in batteria alcuni cannoni colpiti;

---

[832] Sarà sostituito dal tenente maresciallo Thurn.

[833] Un ufficiale austriaco presente alla battaglia, il maggiore Jean Debrunner, nel libro "Venezia nel 1848 – 1849" (pag. 144) ha scritto: **"L'attaccamento al simbolo dell'indipendenza, alla bandiera tricolore che manifestarono gli italiani in quello spaventevole combattimento d'artiglieria ha in sé qualche cosa di meraviglioso. Su d'ogni punto fortificato vedevasi sventolare una di queste bandiere attaccata ad una lunga asta. La stoffa di quelle bandiere era tutta lacera e fatta in pezzi dalle innumerevoli palle, e qualche volta accadeva che una di queste spezzasse anche il bastone. Quando vedevasene uno cadere, subito v'era qualche soldato od anche ufficiale che intrepidamente saliva, a rischio della sua vita, a piantare sul bastione un'altr'asta e durante quell'operazione tanto pericolosa molte volte lo si perdeva di vista, avvolto dai turbini di polvere sollevata dalla pioggia di palle che senza interruzione cadevano a lui d'intorno. Questi tratti di coraggio eroico non sono rari presso gli italiani".** Da Pierluigi Romeo di Colloredo Mels, op. cit., pag. 64.

454

5 maggio, al mattino il bombardamento è cessato, consentendo di continuare nelle riparazioni con maggiore impegno. Alcuni militari sono stati inviati a Venezia per un riposo di due giorni. I turni sono di quattro giorni. Il piano dei tiri, al solito, è molto preciso. Ogni pezzo è previsto che spari un dato numero di colpi ad intervalli predefiniti. Durante la notte proseguono i lavori ed anche i tiri, ad intervalli più lunghi;

6 maggio, nonostante i tiri notturni il nemico ha progredito con i suoi lavori. Alle 08.00 è stato sospeso il fuoco per far uscire un parlamentare che doveva consegnare al comando nemico un messaggio di riscontro ad una comunicazione austriaca. Poi i tiri sono ricominciati. I lavori sono continuati. Di notte, al solito, tiri e lavori;

7 maggio, il nemico ha riparato molti danni subiti il giorno prima. Comunque la fortificazione ha continuato con i suoi tiri metodici. Vi è necessità di affusti nuovi. Il rifornimento è stato inferiore alle richieste. Durante la notte i soliti tiri e i lavori;

8 maggio, alcune trincee sono state abbandonate dagli austriaci. Vengono inviati in esplorazione due reparti che confermano la situazione. Sono effettuati alcuni lavori necessari alle cannoniere. Durante la notte il fuoco della piazzaforte è aumentato, così come si sono intensificati i lavori;

9 maggio, all'alba due colonne attaccano le trincee nemiche, appoggiate dal fuoco delle fortificazioni. La prima è comandata da Enrico Cosenz, la seconda da Cesare Rosaroll. L'azione, inizialmente prudente, si conclude con un assalto alla baionetta contro lo schieramento nemico e la conquista delle posizioni avversarie, tenute il tempo necessario per distruggere le postazioni. Poi il rientro nella fortezza. Il terreno è paludoso ed il nemico cerca di asciugarlo. Si è riusciti ad aumentare l'afflusso di acqua rendendo molto difficili i lavori degli austriaci. Inoltre la piccola inondazione ha reso pressocchè impossibile attaccare un piccolo forte collegato con il sistema fortificatorio di Marghera. Per tutto il giorno il fuoco è continuato. Durante la notte il nemico ha gradualmente ridotto i tiri, facilitando i lavori;

10 maggio, riprendono al mattino i tiri di controbatteria, mentre i lavori del nemico sono quasi bloccati. Fervono, invece, i lavori nella piazzaforte. Durante la notte il nemico ha rallentato i tiri, mentre gli assediati hanno attuato il solito fuoco pianificato;

11 maggio, i lavori dei nemici continuano a ristagnare a causa del terreno pieno d'acqua. Un gruppo di artiglieri è uscito dalla piazzaforte con un'arma da razzi, portandola a cinquecento passi dal nemico, che è stato sloggiato dopo una serie di tiri. Durante la notte il terreno è stato pattugliato. E' stata bombardata una zona verso Mestre. I rifornimenti sono arrivati puntualmente, approfittando del buio;

12 maggio, le trincee nemiche sono sempre piene d'acqua, ma il nemico ha sviluppato una notevole azione di fuoco. Durante la notte ha cercato di togliere l'acqua dalle trincee, sotto i tiri della piazzaforte, nella quale i lavori sono a buon punto;

13 maggio, con il giorno il nemico ha ripreso il bombardamento. Dalla fortezza si risponde con i consueti tiri di controbatteria. Nulla di novità durante la notte, con i tiri pianificati ed i lavori di riparazione delle strutture;

14 maggio, è stata ulteriormente migliorata la pianificazione del tiro. Il nemico ha ripreso il bombardamento. Sono stati individuati nuovi lavori del nemico, bombardati durante la notte. I lavori nelle fortificazioni sono continuati.

15 maggio, nonostante i tiri della notte il nemico ha molto migliorato i suoi lavori. Il forte Rizzardi e le batterie Speranza e quella dei Cinque Archi hanno concentrato il fuoco nell'area dei lavori. E' continuato regolarmente il fuoco del resto della piazzaforte. Durante la notte sono stati effettuati i soliti tiri e i lavori;

16 maggio, ulteriori lavori nemici sono sottoposti a bombardamento, che continua, meno intenso, durante la notte;

17 maggio, i lavori nemici avanzano. Intenso il fuoco della fortezza, pianificato in relazione agli obiettivi. Durante la notte l'attività è analoga a quelle delle notti precedenti;

18 maggio, ulteriore avanzata dei lavori e continuazione della controbatteria. Ricoverato a Venezia, il capitano Vergili viene sostituito dal maggiore Giuseppe Sirtori, dello stato maggiore. I tiri continuano durante la notte;

19 maggio, I lavori del nemico vanno avanti nonostante i tiri della piazzaforte che continua a migliorare la pianificazione e l'organizzazione dei tiri stessi. Il fuoco continua durante la notte. Continuano anche i lavori e la sistemazione degli affusti;

20 maggio, è ormai chiaro quale sarà lo schieramento delle artiglierie cui tendono gli austriaci con i loro lavori, condotti in maniera sempre più rapida nonostante i continui tiri di controbatteria e di repressione della fortezza e le relative perdite. In relazione a tali futuri schieramenti viene riorganizzato, per quanto possibile, lo schieramento dei pezzi della piazzaforte. Scarsi i tiri del nemico, completamente intento nei lavori. Il fuoco è continuato durante la notte;

21 maggio, colpita una posizione che il nemico ha completato durante la notte per schierarvi una batteria. Sono continuati i lavori nella fortezza, sono stati cambiati e riparati affusti e strutture. Scarso il fuoco del nemico. Come pianificato, i tiri continuano anche durante la notte;

22 maggio, il nemico sospende i tiri. Sembra che abbia quasi completato i lavori. Nel forte vengono effettuati i soliti lavori di rafforzamento. Continua il fuoco durante la notte;

23 maggio, proseguono con grande rapidità i lavori del nemico. Di conseguenza si può presumere che presto inizierà un'azione importante. Oltretutto oggi gli austriaci non hanno sparato un colpo. Attuano i rifornimenti logistici e si preparano a schierare altre bocche da fuoco. La pianificazione dei tiri della fortezza non è variata. I lavori procedono normalmente. Anche durante la notte. All'alba tutti devono essere al loro posto, in previsione dell'azione nemica.

Kaiserlauten (Palatinato, Regno di Baviera), 2 maggio 1849

Viene costituito un comitato rivoluzionario di difesa regionale. Iniziano manifestazioni, torbidi, anche con la partecipazione di militari. Il comitato prepara una difesa basata sulla guerriglia.

Dresda, 3 – 9 maggio 1849. Rivolta di maggio

In Sassonia inizia l'insurrezione del maggio 1849. Il popolo cerca di difendere la Costituzione. Nella capitale sono costruite barricate. Gli insorti tendono a controllare la città vecchia. L'esercito, dopo un primo sbandamento, reagisce duramente, bombardando con l'artiglieria i quartieri ribelli. Non mancano aspetti molto singolari, come il fatto di svuotare i musei e mettere le opere d'arte sulle barricate affinchè siano rispettate dai soldati. E' l'idea di uno dei capi rivoluzionari: l'anarchico principe russo Mikhail Bakunin[834].

Forte è la componente repubblicana, che combatte con particolare impegno. L'andamento degli scontri è tale che il re Federico Augusto II abbandona la capitale il **4 maggio** e viene costituito un governo provvisorio retto da un triunvirato: l'avvocato S. E. Tzschirner, democratico e i liberali Heubner e Todt. Ma Federico Augusto chiede al re di Prussia un aiuto, che viene immediatamente concesso. Le truppe prussiane arrivano rapidamente e il **9 maggio** la rivoluzione è sedata.

Fra coloro che hanno partecipato con maggior impegno alla lotta vi è Richard Wagner, che riuscirà a fuggire a Zurigo, mentre Bakunin viene processato e condannato a morte, poi

---

[834] Fatto che molti, naturalmente, hanno messo in dubbio.

commutata in ergastolo. Il capo militare più importante è Stephan Born,[835] prussiano, dirigente della fratellanza operaia di Berlino.

Palestrina (Roma), 4 - 12 maggio 1849: La ricognizione

L'esercito duosiciliano, comandato dal generale Francesco Antonio Winspeare[836], presente lo stesso re, ha superato il confine ed è sul territorio della Repubblica. Ora è fermo fra Albano e Frascati. E' composto, complessivamente, da 20.000 uomini. In prima linea sono 2 reggimenti svizzeri, 3 di cavalleria e 4 batterie.

Il **4 maggio** Garibaldi ha il compito di fare una ricognizione offensiva a Palestrina, quindi sulla destra dello schieramento nemico[837]. Ha alle sue dipendenze una brigata di formazione: la legione italiana del colonnello Gaetano Sacchi, il battaglione bersaglieri di Manara, il battaglione universitario romano, due compagnie di guardie nazionali ed altri

---

[835] Stephan Born è nato a Lissa nel 1824. Tipografo, fra i fondatori della confederazione generale degli operai tedeschi. Scrittore autodidatta. Nel 1847 è stato vicino a Marx ed Engels, dai quali successivamente si è staccato. Ha difeso la Costituzione a Dresda, in Baden ed in Boemia. Poi ha dovuto espatriare ed è andato in Svizzera, dove dal 1860 ha insegnato letteratura tedesca e francese anche all'università di Basilea. Città dove è morto nel 1898.

[836] Il generale Francesco Antonio Winspeare è nato a Portici (NA) nel 1783. La famiglia era di origine inglese. Essendo cattolico, il nonno David si è trasferito a Napoli. Francesco è divenuto ufficiale molto giovane, ha ricoperto vari incarichi (comando della Nunziatella, della gendarmeria, ecc.). Nel 1860 sarà ministro della Guerra. Morirà nel 1870.

[837] Il modo di comportarsi dei reduci dal Sud America e dello stesso Garibaldi era molto diverso da quello degli altri combattenti, soprattutto di coloro che provenivano dall'esercito piemontese. E' suggestivo come Emilio Dandolo, aristocratico, monarchico, precisissimo nell'attuazione dei regolamenti, critico dei comportamenti non adeguatamente formali, descrive la specifica diversità: **"Garibaldi ed il suo Stato Maggiore sono vestiti in *blouses* scarlatte, cappellini di tutte le fogge, senza distintivi di sorta, e senza impacci di militari ornamenti. Montano con selle all'americana, pongono cura di mostrare grande disprezzo per tutto ciò che è osservato e preteso con grandissima severità nelle armate regolari. Seguiti dalle loro ordinanze (tutta gente venuta d'America) si sbandano, si raccolgono, corrono disordinatamente in qua e in là, attivi, avventati, infaticabili. Quando la truppa si ferma per accamparsi (….) è bello vederli saltar giù da cavallo e attendere ciascuno in persona, compreso il Generale, ai bisogni del proprio corsiero. (….) Se dai vicini paesi non possono aver viveri, tre o quattro Colonnelli o Maggiori saltano sul nudo cavallo e armati di lunghi *lazzos* s'avventano a carriera per la campagna in traccia di pecore o di buoi; quando ne hanno raccolti una buona quantità, tornano spingendosi innanzi il malcapitato gregge; ne distribuiscono un dato numero per compagnia, e poi tutti quanti , ufficiali e soldati, si mettono a scannare, squartare ed arrostire intorno ad immensi fuochi i quarti di bue, i capretti, i porcellini, senza contare le minutaglie dei polli, delle oche, ecc.. Intanto Garibaldi sta, se il pericolo è lontano, sdraiato sotto la sua tenda; se invece il nemico è vicino, egli è sempre a cavallo a dar ordini e visitare gli avanposti; spesse volte vestito da contadino, si avventura egli stesso in ardite esplorazioni; più sovente, seduto su qualche cima dominante, passa le ore col cannocchiale ad interrogare i contorni.** Da: E. Dandolo "I bersaglieri di Manara" cit. pagg. 156 – 157.

minori reparti, per complessivi 2.300 uomini. L'unità muove da Villa Borghese e si dirige a Tivoli.

Il **5 maggio** mattina la brigata ha percorso poco più di 30 chilometri ed arriva a Tivoli, accampandosi nella villa Adriana. Garibaldi ha previsto un largo giro per arrivare alla destra delle posizioni borboniche muovendo da Nord. Così, ora, dirigendosi verso Nord Est, pone le premesse della successiva manovra.

Il **7 maggio**, da Tivoli la brigata muove verso Sud ed a mezzanotte arriva a Palestrina, vicino all'area occupata dai borbonici. L'accantonamento è previsto in un convento di agostiniani, che è ermeticamente chiuso. Piove a dirotto da ore. Per Garibaldi i religiosi che non rispettano la Repubblica sono nemici. Pertanto ordina al nucleo del genio di rompere i chiavistelli e far entrare la truppa. Grande timore fra i frati, per i quali Garibaldi è il diavolo, ma, poi, con grande civiltà, tutti trovano un compromesso e i volontari possono riposare adeguatamente.

L'**8 maggio** da Palestrina Garibaldi invia varie pattuglie che incontrano analoghe formazioni. Vi sono prigionieri, feriti, ecc.

Il **9 maggio** il generale Winspeare invia due reggimenti di fanteria ed uno di cavalleria comandati dal generale Ferdinando Lanza[838]. I borbonici avanzano su due colonne, contro le quali sono inizialmente inviate cinque compagnie di abili tiratori (tiragliatori) che devono operare a coppie o a piccoli gruppi (quadriglie), fra loro coordinati, a sinistra da Manara, a destra da Bixio, inizialmente senza farsi agganciare dal nemico. Il fuoco è intenso e preciso. Il nemico si ferma ed impiega i plotoni avanzati in un'azione analoga a quella dei volontari. Ma la compagnia di sinistra di questi ultimi, comandata dal tenente Rozat, supera un burrone e fa fuoco da sinistra sul nemico, comandato dal colonnello Pietro Novi, che si blocca. Sul resto del fronte la sinistra borbonica combatte per tre ore, ma il terreno, in salita, le è sfavorevole. Inoltre pali di viti, siepi ed altro rendono difficile l'impiego della cavalleria ed, in parte, anche quello dell'artiglieria. Alla fine un violento attacco alla baionetta dell'ala destra dei volontari, guidato direttamente da Garibaldi, mette in crisi anche la sinistra borbonica ed il generale Lanza ordina la ritirata. Lo sganciamento è facilitato da una carica del reggimento di cavalleria, che subisce molte perdite[839].

---

[838] Ferdinando Lanza è nato a Nocera dei Pagani (NA) nel 1788. Ufficiale di cavalleria, nel 1848 generale. Comanda i borbonici nella battaglia di Palestrina. Poi parteciperà alla riconquista della Sicilia. Nel 1860 comanderà le truppe duosiciliane a Calatafimi e a Palermo, che farà bombardare e che evacuerà dopo aver firmato l'armistizio del 6 giugno. Il suo comportamento farà aumentare le adesioni a Garibaldi ed alla causa nazionale. Morirà nel 1865.

[839] Il comportamento del Lanza, sia nella campagna romana, che, successivamente, nelle operazioni in Sicilia del 1860, è stato espressione di una mentalità militare ancora settecentesca, quando, dati i costi delle armate, veniva considerata azione militarmente valida la massima conservazione delle

Il **10 maggio** la brigata è rimasta a Palestrina. L'**11 maggio** Garibaldi ritiene terminata la ricognizione e necessario il ritorno a Roma. Così i reparti iniziano il rientro.

Il **12 maggio**, al mattino, la brigata entra in Roma. Da poche ore è suonato l'allarme, per alcuni movimenti dei francesi. Così la brigata esce da porta Angelica e si schiera su monte Mario, dove rimarrà fino al **16 maggio**. Si verificano alcune scaramucce fra i rispettivi avamposti. Poi tutto si calma. Intanto il battaglione bersaglieri viene notevolmente rinforzato, così da divenire un reggimento leggero, su due battaglioni. Manara è nominato colonnello. Il nucleo maggiore dei nuovi volontari è costituito dalla legione trentina.

Lucca, 5 maggio 1849

Le truppe austriache occupano Lucca

Pisa, 6 maggio 1849

Le truppe austriache occupano Pisa.

Kac e Budisava (comune di Novi Sad, Voivodina), 6 maggio 1849

Dopo i due scontri nel comune di Titel del 12 aprile e lo spostamento del fronte verso Ovest sono investiti due villaggi siti nel Nord Est del comune di Novi Sad: Kac e Budisava. In entrambi prevalgono i serbi.

Torino, 6 maggio 1849

Neanche il governo de Launay riesce a superare la crisi successiva alla sconfitta. I democratici sono in fermento e accusano il governo di essere reazionario ed antinazionale. Addirittura vi è il convincimento che il presidente del Consiglio sia contrario allo Statuto. I liberali non ne sopportano l'autoritarismo. Finanche Pier Luigi Pinelli,[840] il ministro degli

---

proprie forze in un quadro di continuazione delle operazioni. Per il Regno delle Due Sicilie l'aspetto grave non era quello di avere generali arretrati – si potrebbe dire addirittura prenapoleonici – come il Lanza, ma che essi ricevessero, da un re militarmente incapace, importanti responsabilità operative solo perché considerati devoti alla dinastia, quindi politicamente sicuri. Il re amava molto il suo esercito e la marina, ma l'attaccamento era di carattere sentimentale, non operativo. La sua specializzazione erano i controlli delle divise ed altre cose simili.

[840] Pier Dionigi Pinelli è nato a Torino nel 1804. E' stato avvocato ed agronomo. Deputato dal 1848, su posizioni chiaramente conservatrici. Ministro dell'Interno dal 15 agosto 1848 al 3 dicembre 1848, in due governi. Poi ha avuto lo stesso incarico dal 27 marzo1849 al 20 ottobre 1849, nuovamente in due governi. E' stato escluso dal secondo avendo assunto posizioni quasi reazionarie rispetto alla politica del presidente del consiglio d'Azeglio. Presidente della Camera dal 20 dicembre 1849 al 25 aprile 1852, quando è deceduto.

Interni, anch'egli conservatore, contesta de Launay, consigliando il re di nominare un governo Gioberti[841].

Ferrara, 6 maggio 1849

Gli austriaci superano il confine della Repubblica ed occupano Ferrara.

Torino, 7 maggio 1849

Il re ha chiuso rapidamente la crisi, nominando presidente del Consiglio il marchese Massimo d'Azeglio, che, all'inizio, ha decisamente rifiutato l'incarico, ma, alla fine, a seguito della pressione del re, ha accettato. Il nuovo governo può essere considerato il primo governo nazionale italiano perchè ha operato la sterzata definitiva verso l'italianizzazione della politica del Regno. Infatti d'Azeglio ha ufficialmente dichiarato che si ritiene prima italiano poi piemontese e che, come italiano, intende governare. Pinelli rimarrà agli Interni fino al 20 ottobre 1849. Altri esponenti importanti sono: Giuseppe Siccardi,[842] fino al 6 febbraio 1851 ministro di Grazia, Giustizia ed Affari Ecclesiastici ed il conte Camillo Benso di Cavour all'interim delle Finanze (ministro Giovanni Nigra), poi, dal 3 novembre 1849, titolare del dicastero, cui viene aggiunto anche il Commercio dal 12 ottobre 1850.

Bologna, 7 maggio 1849

---

[841] Di fatto Vittorio Emanuele II chiude l'attività politica di Gioberti. Fra i due vi è sempre stata una profonda incomprensione cui si è aggiunta, da parte del re, una sorta di ostilità, anzi un chiaro complesso d'inferiorità intellettuale. Indiscutibilmente fra loro vi era un'enorme divario culturale, a scapito, ovviamente, del re. Gioberti, con tutti gli onori, viene inviato in Francia, in missione, in relazione alle trattative con l'Austria, ma sarà sostituito dal conte Gallina che, quando sarà inviato a Londra, sarà a sua volta sostituito da Emanuele d'Azeglio. Gioberti, successivamente, non sarà più utilizzato né avrà incarichi. Tutto ciò avrà luogo in un quadro di grande rispetto formale, tanto da far apparire l'esilio una scelta volontaria. Gioberti rimarrà a Parigi, poi si sposterà a Bruxelles, rifiutando ogni sussidio o pensione, vivendo quasi in povertà, scrivendo e studiando fino alla morte, che avverrà per un colpo apoplettico il 26 ottobre 1852. Passerà dal neoguelfismo ad una concezione di carattere liberale. Nel 1851 pubblicherà l'importante volume sul "Rinnovamento d'Italia" ed approfondirà il problema della questione sociale e gli studi sul razionalismo teologico. Purtroppo i suoi tre ultimi scritti ("la Protologia", "la Riforma cattolica" e "La Filosofia della Rivelazione") non saranno completati.

[842] Il conte Giuseppe Siccardi è nato a Verzuolo (CN) nel 1802. Laureato in giurisprudenza e magistrato. Da consigliere della corte di cassazione è passato alla politica. Dopo aver tentato inutilmente, nel 1849, di variare il concordato con il Vaticano, è stato nominato senatore e ministro di Grazia e Giustizia e affari di Culto nel primo governo d'Azeglio. Ha presentato le leggi che portano il suo nome, inerenti la separazione fra Stato e Chiesa e l'abolizione dei privilegi del clero cattolico. Si è dimesso il 6 febbraio 1851, tornando in magistratura. Consigliere comunale di Torino dal 1850 alla morte, avvenuta a Torino nel 1857.

Gli austriaci assediano la città. Frequenti azioni degli assediati per rompere il blocco.

Elberfeld (ora parte di Wuppertal, Renania), 9 – 17 maggio 1849

Il 9 maggio, giorno in cui è repressa la rivoluzione sassone, scoppiano torbidi in Renania, in particolare ad Elberfeld, Dusserdolf, Solingen e Iserlohn. Torna la rivoluzione nella complessa area della Renania prussiana.

La Lega dei comunisti, diretta da Karl Marx, che ha la sede principale a Colonia, è poco numerosa ed è costretta a far propaganda segretamente. Comunque è in contatto con organizzazioni operaie estere e coordina una trentina di piccoli nuclei operanti in varie parti della Germania. Dichiara di non avere interessi particolari, perseguendo le finalità dell'intero proletariato.

Ad Elberfeld vi è una numerosa presenza operaia da cui, probabilmente, è stato chiesto un esperto militare della Lega per coordinare la resistenza ai prussiani. Marx il 10 maggio ha mandato il ventottenne Engels. Questi ha portato con sè cinquecento operai armati di Solingen e due casse di munizioni, interessandosi subito all'organizzazione delle barricate e alle altre difese passive. Propone, infine, al comitato di nominare comandante il conte Otto von Mirbach[843]. E', infatti, opportuno designare un ex ufficiale aristocratico prussiano facente parte del movimento democratico per combattere adeguatamente gli ufficiali prussiani aristocratici.

La commissione militare del comitato di sicurezza, molto lieta dell'intervento del validissimo Engels, approva il tutto, emettendo la seguente deliberazione ufficiale, datata 11 maggio 1849:

"La Commissione militare del comitato di sicurezza incarica con la presente il signor Friedrich Engels di ispezionare tutte le barricate della città e completare le

---

[843] Otto von Mirbach, nato nel 1804. Ufficiale del genio, ha lasciato l'esercito. Comunista, è stato in contatto con Marx ed Engels, che ha poi criticato ritenendoli socialisti democratici. Comunque i rapporti fra loro sono continuati. Ha vissuto a Dortmund, dove ha lavorato come ingegnere alla Bergisch-Markische Eisenbahngesellschft. Nel 1848 Mirbach ha operato nel quadro delle organizzazioni democratiche, ma è stato arrestato ed è rimasto in carcere, senza processo, fino all'aprile del 1849. E' stato nominato comandante in capo del comitato di sicurezza di Elberfeld. Ha combattuto con decisione ma la repressione prussiana ha prevalso. E' riuscito a fuggire, andando prima a Parigi, poi in Grecia, infine in Polonia. E' morto nel 1867. Marx ha criticato l'eccessivo estremismo di Mirbach. Fra l'altro, nella lettera inviata ad Engels il 1° agosto 1856 ha scritto: **"Qui acclusa una lettera di quel pazzo di Mirbach, che ho ricevuto via Berlino"**. "Carteggio Marx – Engels", Editori Riuniti, Roma, 1972, vol. II, pag. 435. .

fortificazioni. Si pregano tutti i posti sulle barricate di dargli l'appoggio necessario. Firmato: Huhnerbein e Troost".[844]

Ma il **14 mattina**, dopo che Engels ha accompagnato Mirbach in visita alle varie posizioni ed all'appello dei mobilitati, un componente del comitato, Hochster, gli dice che la popolazione non accetta la sua presenza, dato che lo teme, essendo un esponente comunista. In definitiva, è più temuto lui della probabile riconquista prussiana. Engels, molto preciso, pretende un documento ufficiale, che non tarda a pervenirgli dal comitato:

"Il cittadino Friedrich Engels di Barmen, da ultimo residente a Colonia, è pregato, nel pieno riconoscimento dell'attività svolta finora in questa città, di lasciare oggi stesso il territorio del comune, in quanto la sua presenza potrebbe dar luogo a malintesi sul carattere del movimento."[845]

Engels è agli ordini di Mirbach e attende le sue disposizioni, che gli pervengono la **mattina del 15**, conformi alle decisioni del comitato. Abbandona, di conseguenza, la città. Intanto l'esercito prussiano è arrivato e circonda Elberfeld.

Dusserdolf, Solingen, Iserlohn (Renania), 9 - 10 maggio 1849

Dusserdolf si ribella e si arma per la difesa, mostrando chiaramente quali sono le caratteristiche della rivoluzione tedesca: un'estrema compartimentazione delle rivolte, un inesistente o, comunque, inadeguato coordinamento, la mancanza di un'organizzazione politica unitaria. Non vi è, in altri termini, quel coagulo che in Italia è costituito dalla forza e dalla diffusione del movimento mazziniano. Peraltro in Germania la divisione politico - territoriale è maggiore.

Nel corso del 1849 la Prussia ha superato le indecisioni del 1848. Il re non ha più la speranza di risolvere il problema socio politico con piccole riforme o con atti condivisi dall'Assemblea parlamentare che potessero fargli riguadagnare l'auspicato favore popolare. Inoltre si è definitivamente affermata l'azione del principe ereditario Guglielmo. Questi, fin dall'inizio, ha individuato la contraddizione principale del sistema: il rapporto fra l'esercito e lo Stato. Gli organi costituzionali tendono a controllare l'esercito. Per Guglielmo quest'ultimo deve rimanere alle dirette dipendenze del re.[846] In altri termini gli ufficiali, i

---

[844] Riportato in un articolo anonimo, ma scritto da Engels, intitolato "Elberfeld", in: "Friedrich Engels viandante e soldato della rivoluzione", Firenze,1972, pag. 134.

[845] Ivi, pag.136.

[846] "(….) le truppe del re di Prussia erano minate sia da un nemico esterno che da uno interno. I rivoluzionari si accanivano contro l'esercito e dove avrebbero avuto il sopravvento negli stati costituzionali, per prima cosa avrebbero ridotto il bilancio e i contingenti militari. In Prussia, dove la rivoluzione ancora non si era infiltrata, lo spirito militare veniva minato dall'interno, e per giunta in nome del re. Colpevoli erano gli esperimenti effettuati sulle truppe di linea e –

sottufficiali e la truppa devono giurare fedeltà al re, non alla Costuituzione. Sarebbe finita, la Prussia, se il suo esercito avesse perduto il tradizionale rapporto profondo, organico, funzionale con il suo re. Un rapporto che costituisce l'asse dello Stato e che tale è rimasto, nel Regno e nell'Impero, fino al crollo del 1918.

Ora il problema è definitivamente risolto: l'esercito del re di Prussia, come un rullo compressore, gradualmente ma inesorabilmente stronca le manifestazioni rivoluzionarie in Posnania, Sassonia, Renania, Palatinato, Baden. Reprime le rivolte cittadine e le guerriglie, sia a Nord Est che a Sud Ovest dello Stato. Ha riportato sul trono il re di Sassonia. Garantirà il potere al Granduca del Baden. Si sostituirà al re di Baviera nel Palatinato, reprimendo il tentativo di costituire una Repubblica. Riporta l'ordine nelle terre renane che ancora risentono delle aperture politico sociali poste in essere durante il periodo napoleonico. Ed il comandante delle truppe è il principe Guglielmo.

A Dusserdolf, nel pomeriggio del 9 maggio, sono completate e presidiate le barricate. Durante la sera e la notte l'esercito prussiano attacca. Il contrasto è duro e, alle prime luci dell'alba, i rivoltosi continuano a combattere in determinate aree. Nel corso della giornata le sacche di resistenza sono represse.

Analogo l'andamento delle operazioni a Iserlohn, dove il contingente di tremila operai combatte con grande determinazione. Ed è analoga anche l'azione prussiana a Solingen, dove è stata particolarmente difficile la riconquista dell'arsenale.

In Renania il giorno **11 maggio** continua solo l'insurrezione di Elberfeld. E continuerà fino al **17 maggio.**

Bologna, 10 maggio 1849

Il colonnello Cesare Boldrini, comandante dei carabinieri, tenta un colpo di mano a Porta Galliera, cercando di conquistare alcuni cannoni austriaci. Colpito dal fuoco nemico, muore poco dopo.

Livorno, 10 maggio 1849

---

soprattutto – l'esistenza accanto a queste della cosiddetta milizia territoriale, o 'mobile', un corpo permeato dal lassismo borghese piuttosto che dall'indole militare prussiana. Guglielmo non cessò mai di ritenerlo un corpo estraneo, una continua e sempre più problematica interpretazione errata dello spirito del 1813". E' lo spirito nazionale e popolare della guerra di liberazione (Befreiungskriege) antinapoleonica successiva alla campagna di Russia. Da: Franz Herre. "Prussia, nascita di un impero", Milano, 1982, pag. 155.

All'alba vengono avvistate le avanguardie austriache. Le campane del comune e di tutte le chiese suonano a distesa. Il d'Aspre, al comando dei suoi 18.000 uomini con 50 cannoni, chiede la resa, che viene respinta.

I bersaglieri di Bartelloni, schierati fuori dalle mura, fanno fuoco sugli austriaci che, alle 06.00, iniziano il cannoneggiamento. Dal Forte San Pietro e dalla Fortezza Nuova gli assediati rispondono. Gli austriaci, con una forza almeno dieci volte maggiore di quella degli avversari, circondano la città.

Nel corso del pomeriggio gli assediati effettuano alcune sortite. Poi sia la fucileria che le cannonate continuano fino a notte inoltrata.

Livorno, 11 maggio 1849

Continua il bombardamento della città, concentrato soprattutto sul Forte San Pietro e sulla Porta San Marco, vicino alla quale viene aperta una breccia. I difensori continuano la resistenza dietro le barricate che ostruiscono le strade vicine.

Alle 10.0 il 2° Corpo d'armata austriaco inizia ad entrare in città, ma i livornesi resistono strada per strada. Barbaramente alle truppe viene concesso il saccheggio, che durerà una settimana. Fucilazioni – ne sono state stimate 317, fra cui quella di Bartelloni – e violenze di ogni genere consentono di confermare un giudizio più che negativo sul d'Aspre e sulle sue stesse capacità di equilibrio.

Sono stati contati fino ad 800 morti livornesi – compresi i fucilati - e 100 austriaci. Una valutazione, peraltro, stimata per difetto.

Rastatt (Baden), 12 maggio 1849

In Baden i fatti di aprile e le tensioni successive determinano, fra l'altro, un fatto clamoroso. I soldati della fortezza di Rastatt si ribellano. Si tratta dell'impianto difensivo più grande dello Stato ed uno dei più importanti della Germania. Contemporaneamente si verificano ammutinamenti in altri reparti.

Il generale Ludwik Mieroslawski, dopo la partecipazione ai fatti in Posnania e il successivo comando dell'esercito siciliano è ora in Baden. Fra il dicembre 1848 e l'aprile 1849, è il comandante dei reparti ribelli.

Karlsruhe (Baden), 13 maggio 1849

La rivolta nell'esercito, in particolare i fatti di Rastatt, acuiscono la tensione, determinando nella capitale Karlsruhe un'atmosfera rivoluzionaria. Scoppia la rivolta ed il Granduca Leopoldo I abbandona la città.

Viene eletto un governo provvisorio di coalizione fra i liberali di Lorenz Brentano [847] ed i democratici di Struve. Nonostante le dichiarazioni estremistiche la politica concretamente posta in atto sarà moderata: non verrà proclamata la Repubblica e non sarà accolta la richiesta democratica di abolire i privilegi nobiliari.

Palermo, 14 maggio 1849

Il generale Filangieri è arrivato a Palermo ai primi del mese. Ma, trattandosi della città divenuta capitale, intende procedere senza attuare azioni di forza. Fa attendere, pertanto, l'esercito fuori dalla città, respingendo alcuni attacchi dei siciliani nei giorni **8, 9 e 10 maggio** e pretendendo che le autorità palermitane garantiscano la sicurezza prima della sua entrata in città.

Inoltre il generale dà parere favorevole ad un'amnistia, richiesta dal Governo siciliano e, poi, concessa da Ferdinando II, con l'esclusione di coloro che hanno pianificato, provocato e guidato la Rivoluzione, stimati in 45 persone, che devono essere espulse dallo Stato. Il re, inoltre, investe Filangieri del titolo di duca di Taormina e lo nomina governatore della Sicilia.

I capi del movimento, i quarantacinque, abbandonano Palermo, dirigendosi, quasi tutti, a Malta. Fra loro vi sono persone che, in futuro, avranno molta importanza nella storia del Regno d'Italia, come Francesco Crispi (presidente del Consiglio), Ruggero Settimo (presidente della Camera), Giuseppe La Farina (ministro dell'Istruzione, dei Lavori pubblici, dell'Interno e della Guerra), Fardella di Torrearsa (presidente del Senato), ecc.

Parma, 14 maggio 1849

Carlo III subentra al padre dopo la sua abdicazione.

Roma, 14 maggio 1849

---

[847] Lorenz Brentano, avvocato nato a Mannheim, liberale, eletto nel dicembre 1845 nella seconda camera del Baden e nel 1848 all'assemblea nazionale di Francoforte. Capo del governo provvisorio del Baden, cui ha imposto una politica moderata, è stato in contrasto con il democratico Struve. Il 28 giugno 1849 è fuggito in Svizzera. Condannato all'ergastolo dopo la fine della guerra (23 luglio 1849) è emigrato negli Stati Uniti, dove ha fondato il giornale "The lighthouse". Sostenitore di Lincoln, è stato suo inviato in Svezia. Successivamente è stato console statunitense a Dresda. Infine è stato eletto alla camera USA. E' morto a Chicago nel 1891.

Il colonnello del genio Pietro Roselli[848] viene nominato generale di divisione e comandante in capo delle truppe della Repubblica. Di conseguenza la responsabilità delle attività operative passa dal ministro della Guerra Avezzana al nuovo comandante. Non solo: lo stato maggiore diretto da Pisacane, di fatto autonomo, viene sottoposto a Roselli. Generali come Garibaldi, che sono da tempo alle dipendenze della Repubblica, e ricoprono ruoli di grande responsabilità, vengono scavalcati. In compenso, però, anche Garibaldi – che è generale di brigata - è promosso di divisione. Inizia fra lui e Rosselli un contrasto che durerà anche dopo la caduta della Repubblica. In definitiva la nuova organizzazione del comando mette i componenti del vertice in contrapposizione fra loro.

Le motivazioni delle scelta del triumvirato sarebbero due. Prima: la nomina a comandante in capo di un rivoluzionario mazziniano come Garibaldi, per di più comandante della brigata volontari, avrebbe avuto un pessimo effetto su tutte le Cancellerie. Secondo: nell'esercito erano entrati molti ufficiali superiori non romani e la nomina di Roselli tendeva a riequilibrare la situazione[849]. In definitiva i moderati sono riusciti a spezzare il potere del triangolo Avezzana, Garibaldi, Pisacane, tre ufficiali strettamente legati alla rivoluzione nazionale. Ma è stato indebolito il vertice militare e ne soffrirà la Repubblica.

Roma, 15 maggio 1849

Arriva a Roma Ferdinand Lesseps, ufficialmente per venire ad un accordo fra le due Repubbliche. Il vertice romano crede che si tratti di una conferma delle buone intenzioni francesi. Purtroppo tale ottimisica interpretazione della realtà si rivelerà fallace appena Oudinot avrà a disposizione i 30.000 o 36.000 uomini richiesti. Per ora, il **16 maggio,** viene firmata una tregua di 20 giorni. Così Lasseps stipulerà un accordo, ma Oudinot, d'accordo con il governo, non lo riconoscerà, passando immediatamente all'offensiva quando ancora l'armistizio non sarà finito. Infatti il **31 maggio** ci sarà la firma dell'accordo, concordato fra Mazzini e Lesseps. Ma lo stesso giorno a quest'ultimo arriverà una lettera del governo che gli renderà nota la fine della sua missione a Roma. Nessun accenno all'accordo.

---

[848] Il generale Pietro Roselli è nato a Roma nel 1808. Ufficiale del genio dell'esercito pontificio e maestro di scherma, ha partecipato alla guerra del 1848 pervenendo al grado di maggiore. Con il suo reparto ad aprile si trovava a Roma, dove ha ricevuto l'ordine di recarsi a Macerata con compiti di antibrigantaggio. Dopo la caduta della Repubblica Roselli andrà in Piemonte, dove sarà molto isolato, tanto che, nel 1854, cercherà di andare a Trieste per la costruzione di un acquedotto. Generale di divisione in Italia centrale nel 1859, dal 1860 nell'esercito piemontese, parteciperà alla presa della piazza di Ancona, che comanderà fino alla pensione, nel 1865. Morirà nel 1885.
[849] Il triumvirato si renderà conto che il problema del vertice militare è stato risolto in maniera inadeguata, anzi dannosa. Nel momento del massimo pericolo, il 3 luglio, offrirà il comando generale a Garibaldi, che dichiarerà di non potersi muovere, in quel momento, dal fronte di cui era responsabile, essendo sottoposto ad una pressione nemica molto intensa. La questione finirà lì.

Bologna, 16 maggio 1849

Capitolazione di Bologna alle truppe austriache del generale cèco conte Franz Emil Lorenz Heremann von Wimpffen.

Roma, 16 maggio 1849

Roselli è preoccupato per la vicinanza dell'esercito duosiciliano. Approfittando dell'armistizio con i francesi, intende respingere i borbonici. A sera, esce da porta San Giovanni in Laterano al comando di un corpo di spedizione composto da 10.000 uomini, 1.000 cavalieri e tre batterie. Garibaldi è il vice comandante.

Alle 23.00 arriva a Roma la compagnia Medici, importante esempio della nuova militarità espressa dalla rivoluzione nazionale. Il reparto, organizzato in Toscana, quindi alle dipendenze del triumvirato, ha eletto, con apposita votazione, il comandante, Giovanni Medici, ed i suoi ufficiali. Di stanza a Pistoia, poi a San Marcello Pistoiese, alla caduta del triumvirato Guerrazzi, Montanelli, Adami, è pervenuta al comandante la richiesta di garantire la fedeltà al nuovo governo. Medici ha riunito la compagnia nella chiesa di San Marcello, sospendendo il comando suo e degli altri ufficiali. Essendo tutti uguali, hanno votato sulle due opzioni possibili per risolvere il problema del "che fare": tornare a Firenze e caricare alla baionetta coloro che avevano fatto il colpo di stato, ripristinando la legalità democratica, o andare a Roma, a difendere la Repubblica. Con grande forza il sergente Giacomo Venezian[850] ha sostenuto la prima tesi, che avrebbe avuto effetti di particolare importanza a livello nazionale. Medici la seconda. Alla fine, si è votato e la soluzione romana ha prevalso.[851] Sono stati riconfermati gli ufficiali e tutti sono usciti. Sul sagrato hanno incontrato un reparto di volontari polacchi, inquadrato per ogni evenienza. Non parlavano l'italiano ma avevano con loro un prete, che, utilizzando latino e francese, ha capito la situazione, spiegandola ai suoi compatrioti, che, dichiaratisi d'accordo con gli italiani, hanno deciso di seguirli a Roma.

Così i volontari sono partiti, ma, prima di uscire dal territorio toscano, oramai divenuto ostile, arrivati presso il passo dell'Abetone, a Cutigliano, si sono recati a Gavinana, a

---

[850] Giacomo Venezian è nato a Trieste nel 1824. Poeta e studente del quarto anno di giurisprudenza a Padova. All'inizio del 1848 ha cercato di organizzare una rivolta a Trieste. Si è, poi, arruolato nel reparto di Livio Zambeccari. Ha combattuto a Treviso. Poi è entrato nel battaglione universitario dell'università di Pisa. Alla caduta del governo democratico toscano è entrato nella compagnia Medici col grado di sergente e si è recato a Roma. Il 22 giugno è stato ferito mortalmente nello scontro di Villa Barberini. E' morto il 2 luglio 1849. La stampa ufficiale, a Trieste, farà cenno alla sua morte, esprimendo soddisfazione ed affermando che, morendo, aveva avuto il premio che meritava, essendo un facinoroso. Il solito stile di certa gente..
[851] Valido esempio di esercito di popolo.

celebrare la Toscana storica nel posto dove è stato ucciso il suo grande figlio, Francesco Ferrucci, definito il Garibaldi del cinquecento. Orazione commemorativa, celebrazione militare e sparo di una salva di fucileria. Poi di nuovo a Cutigliano ed, infine, a San Marcello. Dopo quattro giorni sono partiti per Bologna lungo il percorso detto le Pietre. Hanno superato il monte Acuto, poi la Porretta, infine si sono fermati per due giorni a Castellucchio. Il **27 aprile** il reparto è entrato in Bologna, applaudito dalla popolazione.

E' stato ripreso il movimento, dopo aver saputo dell'attacco francese a Roma. Così i volontari sono arrivati ad Imola, dove hanno pernottato. L'indomani sono entrati a Faenza, il giorno dopo a Forlì, con pernottamento a Forlimpopoli. Dopo un giorno di riposo a Cesena, sono arrivati a Rimini e Cattolica. Hanno ricevuto il permesso di sequestro dei veicoli necessari al reparto, autorizzazione attuata in maniera molto limitata, per non gravare sulla popolazione. Successivamente arrivo a Pesaro e, poi, a Fano, dove perviene l'ordine di dirigersi direttamente a Roma. Grande festa: si riprende il cammino lungo il Metauro: pernottamento a Fossombrone, poi a Cagli. Si marcia anche di notte: Sigillo, Gualdo e Matelica, fino a Foligno, dove i volontari passano la notte e sono invitati dai cittadini a dormire nelle loro case, con grandi festeggiamenti. L'indomani a Trevi. Poi a Spoleto, Terni e Narni. Ovunque splendide accoglienze.

La marcia, notevolmente accelerata, ha stancato notevolmente i volontari, che si rianimano a Borghetto, arrivando alle rive del Tevere. Alla vista del fiume l'entusiasmo è altissimo e vale a riaccendere l'energia di tutti. Il **16 maggio** sono a Civita Castellana e, poi, a Roma, girando intorno alle mura ed entrando per porta Cavalleggeri, l'unica transtabile. Il reparto il **18 maggio** viene spostato nella caserma Sora, nei pressi di piazza Navona, il **19 maggio** occupa villa Corsini, infine sarà schierato sulle mura di San Pancrazio. Tutti i volontari sono molto soddisfatti: lombardi, emiliani, toscani ecc. Finalmente sono al fronte, alla difesa di Roma!

Scriverà Gabriele d'Annunzio:

> (…) Or veniva al soccorso
> Giacomo Medici, incrollabile possa,
> compatto bronzo contro le sorti immoto.
> Dalla Toscana nel Lazio, senza colpo
> ferire, avea condotta la legione
> con disciplina durissima, per prove
> e patimenti infiniti, veloce
> e càuto, dando per guanciale al riposo
> la gleba o il sasso, avendo giorno e notte
> il rischio sempre alle spalle, di fronte
> e ai fianchi come dogo o molosso pronto

ad azzannare   senza latrato. Il sole,
il vento, l'erbe,   i torrenti, le rocce
aveagli fatta   selvaggia come un'orda
la bella schiera.   Ai giovani leoni,
tutta la notte   nutriti dell'odore
della Campagna   sacra nel periglioso
cammino, Roma   era apparita in fondo
alla pianura   nella sùbita aurora
come una nube.   Ed un grido era sorto:
"O Madre!" Ed ogni   cuore in quella parola
s'era devoto,   con volontà di gloria; (....)[852]

Kaiserlauten (Palatinato, Regno di Baviera), 17 maggio 1849.

Viene eletto il governo provvisorio del Palatinato, che approva la separazione dalla Baviera. Uno dei promotori è Karl Ludwig d'Ester [853], facente parte della lega dei comunisti. Prima è stato impegnato nell'estrema sinistra dell'assemblea nazionale prussiana. Poi ha fatto parte del comitato centrale democratico di Germania.

Si crea un'atmosfera festosa, cui partecipa la gran parte della popolazione. Democratici, liberali e comunisti sono convinti che la Baviera non interverrà e che sarà possibile fondare la prima Repubblica tedesca. Il vino scorre a fiumi ed il pericolo di un'invasione prussiana viene considerato inesistente. La notizia di un concentramento di truppe prussiane fra Saarbrucken e Kreuznacht viene considerata un'esagerazione.

Il governo si organizza a Kaiserlauten, considerata una città strategicamente adeguata. Peraltro in essa da quindici giorni opera il comitato di difesa regionale.

Il governo palatino manda una numerosa schiera di rappresentanti al governo del Baden, per giungere ad un utile coordinamento, ma Brentano non è d'accordo.

Circa tremila uomini dell'esercito bavarese si sono dichiarati a disposizione del governo provvisorio. Però manca l'artiglieria e la quantità dei fucili è insufficiente. Alcuni reparti sono armati di falcetti. Il comandante in Palatinato e nel Baden è Mieroslawski, dal quale

---

[852] G. d'Annunzio, "Laudi del cielo, del mare, della terra e degli eroi", Libro II, Elettra, Vol II, Ed. Treves, Milano, 1918, pagg. 73, 74.
[853] Karl Ludwig D'Ester è nato nel 1813. E' medico, socialista, aderente alla lega dei comunisti, uno dei dirigenti più importanti della rivoluzione nel Palatinato. Dopo la sconfitta emigrerà in Svizzera, morendo nel 1859.

470

dipende, per il Palatinato, un altro polacco, il generale Sznayde[854]. Vi sono diversi ufficiali prussiani che hanno lasciato il servizio perché su posizioni di estrema sinistra. Quello considerato più serio e capace è Gustav Techow, nominato capo di stato maggiore dell'esercito del Palatinato.

Berlino, 17 maggio 1849

Su iniziativa del ministro degli Esteri Joseph Maria von Radowitz[855], approfittando della debolezza dell'Austria e delle difficoltà in cui versano gli Stati tedeschi, viene organizzato un incontro con i rappresentanti dei regni di Baviera, Sassonia, Hannover e Wuttenberg per analizzare la possibilità di costituire uno Stato federale. Le discussioni dureranno fino al **26 maggio**.

Bologna, 17 maggio 1849

Gli austriaci occupano Bologna. Viene insediato un governatore pontificio. L'esercito austriaco avanza sull'itinerario: Imola, Forlì, Cesena, Rimini. Città che verranno occupate. La difesa dell'Emilia, che era previsto fosse affidata a Garibaldi, non ha potuto essere attuata perché il comandante e le forze designate sono rimasti bloccati per difendere Roma dai francesi.

Sono sempre quattro gli eserciti che agiscono contemporaneamente contro la Repubblica.

Spira (Palatinato), 18 maggio 1849

---

[854] Franciszek Sznajde, nato a Varsavia nel 1790, ha combattuto nelle guerre napoleoniche e nella guerra contro la Russia, (rivolta di Novembre 1830-1831), divenendo generale di brigata. E' stato esule a Parigi. Combatterà nel Palatinato. Morirà nel 1850 a Parigi.

[855] Joseph Maria von Radowitz (senior, dato che il figlio, anch'egli politico, ha avuto un nome identico) generale e politico, è nato nel 1797. Ufficiale della Westfalia, ha combattuto nelle guerre napoleoniche. Dal 1823 è stato in Prussia ed è diventato consigliere del principe, poi re, Federico Guglielmo IV. E' il maggiore sostenitore della costituzione di una Piccola Germania sotto l'egemonia della Prussia. E' l'esperto prussiano per la riforma della Confederazione. Eletto all'assemblea di Francoforte, diviene consigliere del re per le questioni tedesche. Ad Erfurt imposta il suo progetto, che, però crollerà nel novembre 1850, per la reazione dell'Austria, la politica ondeggiante degli Stati tedeschi, l'intervento della Russia. Ad Olmutz la Prussia recederà dalla sua politica, subendo una sorta di declassamento e Radovitz si dimetterà. Dopo poco, nel 1853 morirà, dopo aver trascorso l'ultima parte della sua vita pubblicando studi sul suo operato.

Spira è la base dei duecento partigiani di August Willich [856], esponente militare importante della lega dei comunisti. Il gruppo agisce contro i reparti (circa 4.000 uomini), stanziati a Germersheim e Landau.

Oggi, due compagnie sono uscite dalla fortezza di Germersheim. Willich con 80 partigiani le ha ricacciate nella loro base, continuando ad agire nel settore, mentre il suo collega Blenker[857] conquisterà Ludwigshafen am Rhein e tenterà inutilmente di conquistare prima Landau, poi Worms.

Valmontone (Roma), 18 maggio 1849

Il corpo di spedizione comandato da Roselli si accampa a Valmontone. Notizie strane vanno confermate: i borbonici hanno abbandonato le valide posizioni dei Castelli romani e si sono ritirati a Velletri.

Livorno, 18 maggio 1849

Il 2° corpo d'armata austriaco lascia la città, saccheggiata e semidistrutta.

Velletri, 19 maggio 1849.

Al mattino Garibaldi esce da Valmontone con un'avanguardia di 2.000 uomini. Incontra una colonna borbonica che, attaccata, si ritira a Velletri, iniziando un duro fuoco di artiglieria. A sera tardi cessa il bombardamento. Alle 02.00 vengono inviate pattuglie. Quella del tenente Emilio Dandolo arriva sotto le mura e constata che gli ostacoli non sono presidiati: i borbonici si sono ritirati. Alcuni reparti di cavalleria borbonica coprono la ritirata. Garibaldi non riesce a riprendere il contatto.

La vittoria mette in crisi il comando: Roselli è criticato. Nelle accuse si distingue Francesco Daverio, nominato maggiore il 2 maggio. Roselli accusa Garibaldi di aver voluto fare tutto da solo. Non riusciranno a trovare un accordo.

---

[856] Johan August Ernst von Willich è il più importante aristocratico ed ufficiale - di artiglieria - prussiano divenuto comunista, con il nome "ridotto" ad August Willich. Nella Lega dei comunisti si è schierato all'estrema sinistra, combattendo nella Germania renana nel 1848 – 49. Fuggito in Svizzera, si è stabilito a Londra, entrando in contrasto con Marx. Un contrasto particolarmente violento. Emigrato negli Stati Uniti nel 1853, ha partecipato alla guerra civile divenendo maggior generale, partecipando a nove importanti battaglie ed essendo ferito due volte. Nel 1870 si è offerto al governo prussiano per combattere contro la Francia, ma non è stato accettato. Rientrato in America, è morto nel 1878.

[857] Ludwig Blenker, ex ufficiale di cavalleria, dopo aver comandato corpi franchi in Palatinato, emigrerà negli Stati Uniti, divenendo generale di brigata nordista nella guerra di secessione.

Colonia, 19 maggio 1849

Esce l'ultimo numero (il 301°) della "Neue Rheinishe Zeitung". Marx ed Engels lasciano Colonia e vanno nel Baden, a Mannheim, e poi nel Palatinato. Si spera di poter organizzare azioni di guerriglia. Engels entrerà nell'esercito rivoluzionario del Palatinato.

Bingen (Palatinato), 20 maggio 1849

Marx ed Engels hanno incontrato a Kaiserlauten d'Ester ed a Spira Willich. Arrivati a Bingen con molti compagni, sono arrestati da un reparto dell'Assia, come sospetti rivoluzionari. Vengono condotti a Darmstadt, poi a Francoforte. Alla fine sono liberati, dato che è stato riconosciuto, con molta sagacia, che non sono un gruppo di rivoluzionari.

Marx procede per Parigi, in rappresentanza del comitato centrale democratico presso i compagni francesi. Engels torna a Kaiserlauten, per entrare nel reparto di Willich all'inizio delle operazioni.

Velletri, 20 maggio 1849

Rosselli rientra a Roma con metà del corpo di spedizione. Garibaldi prosegue nell'inseguimento dei borbonici e nella distruzione di alcune bande di partigiani papalini comandati da Zucchi.

Treporti (Venezia), 20 maggio 1849

Il comandante Francesco Baldisserotto[858], della marina veneta, partito da Treporti, attacca gli austriaci che presidiano l'area della Piave Vecchia, li respinge ed acquisisce un buon bottino fra cui cento bovini.

Torino, 22 maggio 1849

Nella piazza d'Armi viene fucilato il generale Gerolamo Ramorino, che ha abbandonato le posizioni a lui assegnate.

---

[858] Francsco Baldisserotto, nato a Venezia nel 1815, ha frequentato con i fratelli Bandiera l'accademia navale ed è stato con loro nell'associazione patriottica Esperia. Nel 1848 si è comportato eroicamente all'arsenale di Venezia, risolvendo la complessa vicenda in maniera positiva per la rivoluzione. Ha partecipato alla battaglia di Mestre ed all'azione di Fusina. Sarà eletto all'Assemblea. Criticherà il ministro della marina Leone Graziani per la sua incomprensibile inerzia. Farà parte della commissine militare con Ulloa e Sirtori. Alla caduta della repubblica organizzerà la partenza per l'esilio a Corfù. Andrà in Piemonte. Per amnistia potrà tornare a Venezia, ma, durante la seconda guerra d'indipendenza, sarà confinato in Austria. Tornerà in Piemonte, partecipando alla spedizione dei Mille. Passerà, quindi, nella marina italiana e, da capitano di vascello, andrà in pensione nel 1869. Morrà nel 1881.

E' stato un personaggio ambiguo, enigmatico, sospetto. Una figura misteriosa di cui, purtroppo, il tribunale non ha chiarito motivazioni, scopi ed interessi. Forse non ha inteso farlo proprio per non approfondire alcuni aspetti della sua vita, dei quali il più interessante è il motivo perchè Carlo Alberto gli ha conferito, nonostante i suoi precedenti, un incarico di così grande responsabilità. Ora tutti i problemi sono stati sepolti con lui. Era una sorta di "agente doppio"?

Titel (Vojvodina), 22 – 26 maggio 1849

Il fronte in Vojvodina si sposta nuovamente ad Est, investendo tutto il comune di Titel. In particolare i villaggi di Mosorin e Vilovo, dove si è svolta la battaglia del 12 aprile. Continua il duro confronto per il controllo della Sajkaska. La battaglia dura quattro giorni. Alla fine prevalgono i serbi.

Chioggia (Brondolo), 23 maggio 1849

A Sud di Chioggia la fortezza di Brondolo protegge la città e la foce del Brenta. Si tratta di un antico forte veneziano, ristrutturato e potenziato, che costituisce un quadrilatero bastionato, al centro del campo trincerato fra Forte San Michele, la Testa di ponte Madonna Marina ed il Ridotto. Da giorni gli austriaci occupano posizioni intorno al campo, con l'appoggio di navi da guerra che bloccano la costa.

Responsabile della piazza di Chioggia è il colonnello Antonio Morandi, che ha ripreso servizio da gennaio, dopo i contrasti con il comando ed il governo ed una brutta malattia con forte febbre. E' convinto che la cosa più importante da fare, data la situazione, sia una serie di energiche sortite atte a sfiancare il nemico ed ad acquisire derrate. Ha alle sue dipendenze il tenente colonnello Calvi ed il maggiore Francesco Matarazzo. Oggi Morandi ha pianificato una sortita in grande stile, impiegando quasi tutti i 1200 uomini a sua disposizione. Cosi i suoi reparti respingono con notevoli perdite gli assedianti, che non solo si ritirano confusamente dalle loro posizioni, ma abbandonano una notevole quantità di viveri. Solo i buoi sono trecento.

Il governo promuove Morandi generale di brigata.

Frosinone, 24 maggio 1849

Messi in fuga i 400 uomini di Zucchi, Garibaldi entra in Frosinone. La popolazione accoglie i volontari con una grande festa.

Corre voce che a Gaeta stia sbarcando il corpo di spedizione spagnolo. Sono, infatti, 6.000 uomini che, successivamente, marceranno lentamente verso Nord lungo il litorale.

A maggior ragione Garibaldi intende ripulire il territorio.

Ancona, 24 maggio 1849

Un corpo austriaco di 11.000 uomini con 43 cannoni, comandati dal generale Franz von Wimpffen, con l'appoggio di sette navi comandate dall'Ammiraglio Dahlurp investono Ancona, che inizia una difesa energica e determinata.

In Ancona il commissario straordinario è Felice Orsini Il comandante è il colonnello conte Tito Livio Zambeccari. Il comandante della fortezza è tuttora il maggiore Giulio Especo y Vera, che ha aderito alla Repubblica romana e che è nominato tenente colonnello.

La fortezza ha 119 cannoni, che difettano di serventi, e 4.000 uomini. La nave Roma, comandata da Alessandro Cialdi, coopera dal mare.

Empoli, 24 maggio 1849

Il generale d'Aspre occupa Empoli. Si prepara ad occupare Firenze ed il resto della Toscana. Leopoldo II fa sapere che ormai è inutile l'occupazione di Firenze, ma la macchina militare è in moto e d'Aspre non recede dal suo programma.

Milano, 24 maggio 1849

La conferenza episcopale lombarda chiede all'imperatore una maggiore autonomia nell'attività, nelle nomine, più in generale nelle decisioni ecclesiastiche. Al fondo vi è il problema dei sacerdoti che sono stati e sono vicini alle istanze nazionali italiane, come monsignor Biraghi dell'arcivescovado e tanti altri.

Comunque analoghe richieste fanno pervenire al vertice dell'Impero anche le conferenze episcopali dell'Austria e del Tirolo.

Marghera (Venezia), 24 – 25- 26 maggio 1849

Si tratta di un'unica azione durata tre giorni. In circa 70 ore la fortificazione è stata colpita da 60.000 colpi di vario tipo. E' la dimostrazione che il comando austriaco è arrivato all'esasperazione a causa della resistenza del forte Marghera. Di seguito sono sintetizzate le varie fasi dell'azione

24 maggio

Prevedendo l'attacco del nemico, all'alba la fortezza inizia il fuoco di controbatteria. Gradualmente iniziano a sparare tutte le batterie dell'ampio schieramento austriaco. Fanno fuoco in continuazione, con un ritmo incessante. La fortezza risponde con i suoi tiri programmati. Ma il grande numero di proietti di diverse caratteristiche impiegati dal nemico con cannoni (bombe, granate, razzi) e mortai inizia a rovinare e, poi, a scardinare i parapetti, le impalcature di blindaggio, le stesse strutture del forte. Non solo: aumenta il numero dei cannoni della fortezza smontati, evasati o scavalcati. Inoltre a mezzogiorno sono colpite le caserme: molto danneggiate ed in parte distrutte. A questo punto il fuoco di varie batterie del forte è stato fatto convergere su particolari obiettivi dello schieramento austriaco, per procurare al nemico la maggiore quantità di danni possibile.

I danni reciproci, peraltro, sono notevoli, anche se gli austriaci sono facilitati dalla continuità dei rifornimenti logistici e dal fatto che possono rimpiazzare con continuità le perdite di personale. Comunque nel primo pomeriggio da Venezia arrivano al forte altri 84 artiglieri. Il ritmo del fuoco della fortezza è rimasto alto per la perfetta organizzazione logistica interna. Sotto il fuoco nemico gli zappatori effettuano i necessari sgomberi di macerie e qualche lavoro urgente, soprattutto riguardante la sicurezza delle polveriere e la stabiità degli edifici. Comunque le comunicazioni fra le varie parti delle fortificazioni iniziano a divenire meno sicure. Quelle lagunari con Venezia continuano, per ora, normalmente.

Durante la notte il ritmo del fuoco nemico con proietti "a palla" diminuisce di intensità[859], mentre quello delle granate e dei razzi continua. Nonostante tutto si è cercato di risistemare in batteria il maggior numero di artiglierie mettendo a posto i parapetti. Arrivano da Venezia due burchi [860] con molte munizioni, che, però, non ripianano completamente la grande quantità di colpi sparati nelle ore precedenti.

25 maggio

Il fuoco nemico riprende all'alba con lo stesso ritmo del giorno precedente. Poi la frequenza dell'arrivo dei colpi aumenta. Il numero delle artiglierie schierate sembra infinito e continue sono le cadute dei proietti "a palla", che iniziano a sgretolare le strutture murarie. Soprattutto le lunette [861] avanzate sono continuamente colpite. In particolare le artiglierie di

---

[859] Per essi è necessaria una adeguata precisione del tiro. Lo scoppio delle granate produce, comunque, gravi danni.

[860] Si tratta di grandi barconi a fondo piatto, a remi, molto utili in laguna (come nei fiumi e nei canali) per trasportare notevoli quantità di derrate o altro. Possono essere anche trainate dall'alzaia.

[861] Opere avanzate esterne al corpo centrale di una fortificazione costruite a difesa del fronte della fortificazione stessa. Costituite da due lati che si incontrano formando un triangolo (saliente) col

due lunette sono state smontate dai tiri nemici ma è stato possibile rimetterle in batteria. Le artiglierie del forte, per risparmiare le munizioni, rispondono con un ritmo ed una quantità di colpi minore del giorno precedente. Per i mortai la situazione è peggiore, dato che hanno sparato tutti i colpi disponibili. Due burchi, che dovevano integrare i rifornimenti della notte, sono arrivati quando più forte la zona di attracco era colpita dalle artiglierie nemiche. Così un barcone è stato scaricato ma è stato necessario buttare in laguna una parte della polvere caricata sull'altro, temendo esplosioni prodotte dalle granate.

Le caserme sono state notevolmente colpite, con squarci soprattutto vicino a finestre e feritoie. Due granate hanno prodotto morti e feriti. Una è esplosa in un gruppo di militari riuniti vicino ad un ingresso e l'altra in una camera vicina all'ufficio del comandante. Tale seconda esplosione ha ucciso o ferito alcuni ufficiali e sottufficiali. A mezzogiorno Ulloa fa il punto della situazione con gli ufficiali superiori. L'aspetto più preoccupante sono le polveriere. Quelle colpite sono state puntellate ma le lesioni prodotte in una di esse rendono necessario svuotarla. A sera la stanchezza incomincia a farsi sentire. Tutti cercano di dare il massimo contributo, ma il ritmo dell'attività dei serventi ai pezzi non è più quello iniziale. Aumenta la frequenza dei colpi in arrivo. E' un ritmo che sembra quasi surreale. Carlo Mezzacapo scriverà di un numero "sterminato" di colpi.

Durante la notte i tiri sono stati analoghi a quelli della notte precedente. Sono arrivati altri due burchi, ma questa volta lo scarico delle munizioni è stato molto più difficile. Non è stato possibile, infatti, utilizzare i carri dato che oramai il terreno è un colabrodo di buche prodotte dai proietti e dalle esplosioni delle granate. Pertanto i militari hanno dovuto portare quasi tutto a braccia. In due lunette i pezzi sono stati rimessi in batteria. Così come in altri punti della fortificazione. Non è possibile, però, risistemare le batterie di altre due lunette, mentre l'acqua bassa non ha consentito il trasporto di due pezzi di marina.

26 maggio

All'alba è ripreso, con particolare violenza, il fuoco nemico. Anche la fortezza ha ripreso a sparare con energia, utilizzando il materiale pervenuto durante la notte. Anche i mortai ora possono sparare. Il forte Rizzardi è rimasto con un solo pezzo utilizzabile. Il nemico cerca di avanzare con la sua sinistra, lungo la strada ferrata, per isolare da quella parte le fortificazioni. Tutti i pezzi in batteria sulla destra della fortificazione fanno fuoco per bloccare l'azione nemica. La lotta per riattivare i pezzi neutralizzati dal fuoco nemico è continua e durissima. L'estremo coraggio e il notevole senso del dovere del personale sono rafforzati da una sorta di forza della disperazione: bisogna resistere il più possibile e danneggiare al massimo il nemico. Deve essere colpito utilizzando al massimo tutte le forze a disposizione.

---

vertice, ovviamente, verso l'esterno La forma approssimativamente curviliena dell'insieme giustifica la denominazione di lunetta.

Ulloa dopo mezzogiorno riunisce gli ufficiali superiori e comunica il seguente decreto di Manin:

"Considerando che Marghera è una fortezza artificiale della quale può impadronirsi un nemico accanito che dispone di molti soldati e di un immenso materiale da guerra; Considerando che le esigenze dell'onore militare sono ampiamente soddisfatte dalle prove segnalate d'abilità, di coraggio e di perseveranza date dalla guarnigione di Marghera, e dal suo degno comandante, respingendo più volte attacchi formidabili, e causando grandi perdite al nemico; Considerando le ragioni strategiche e più ancora la necessità di economizzare le nostre risorse militari e pecuniarie, che esigono, nello scopo che la resistenza duri il più a lungo possibile, di ristringere la difesa di Venezia ai suoi limiti naturali nei quali essa è realmente inespugnabile; Udito il generale in capo, e le persone preposte ai dipartimenti della guerra e della marina,

Decreta
1. **Il forte di Marghera sarà evacuato;**
2. **Il colonnello Gerolamo Ulloa, comandante di questo forte, è incaricato dell'esecuzione del presente decreto".[862]**

Il Presidente Manin

In altri termini è stato necessario un decreto presidenziale per convincere ufficiali e soldati ad abbandonare il forte. Perché loro non lo avrebbero mai abbandonato. Ulloa emette un ordine di operazione che prevede di comunicare l'ordine di ritirata al personale all'ultimo momento.[863] Tale ordine è molto chiaro e valido: dalle ore 17.00 è necessario aumentare il fuoco per consumare le munizioni, dalle 18.00 si deve procedere con un fuoco pianificato

---

[862] C. A. Radaelli, op. cit. pagg. 310 – 311.
[863] Il generale Redaelli, allora presente a Venezia, così descrive la presa d'atto del decreto di Manin da parte del personale:
"Non è descrivibile il dolore dei soldati quando seppero che nella prossima notte dovevano abbandonare il forte. Essi amavano quel campo del quale ogni zolla era bagnata dal loro sangue: si esaltavano nel vedere la rovina che tutto all'intorno li circondava: i bastioni atterrati, le casematte tutte sconquassate, aperte ed in ogni punto forate erano testimoni parlanti del loro valore. Essi sapevano che ormai ogni proiettile nemico, ogni bomba diveniva micidiale, eppure tanta era la fermezza indomabile nel cuore di ognuno che piuttosto di ritirarsi, avrebbero preferito rimanere sepolti nel luogo stesso dove più di cinquecento dei loro camerati avevano trovato la morte o terribili ferite. Non potendo in altro modo sfogare questa piena di dolore e d'ira, il fuoco che metodicamente mantenevasi, con una energia spaventosa fu rinnovato." C. A. Redaelli, "Storia dell'assedio di venezia". cit. pagg. 311 - 312

(tre scariche di tutte le batterie ogni mezz'ora); alle 22.00, effettuate le ultime scariche e inchiodati i cannoni, bisogna ritirarsi lungo l'argine fino al forte di San Giuliano, dove è preparato l'imbarco per Venezia.

Gli avvenimenti si sono svolti secondo il piano di Ulloa. Gli austriaci, che non si aspettano un incremento del fuoco del forte, hanno pensato che la situazione, nello stesso, fosse migliore di quanto potesse essere presunto dai logici effetti dalla forza e dalla potenza del loro attacco. Un attacco che dura oramai da circa 70 ore. Così hanno risposto al fuoco nemico, rimandando all'alba dell'indomani ogni decisione. Di conseguenza la ritirata dal forte si è svolta nel massimo ordine e tutto il personale è rientrato a Venezia.

27 maggio

Al mattino il forte è silenzioso, il che ha fatto insospettire il comando austriaco, che ha inviato alcune pattuglie per verificare la situazione. Si è preso, così, atto che il forte è quasi diruto e che al suo interno non vi è più nessuno. Allora si è cercato di inseguire il nemico, correndo verso il forte di San Giuliano, il più arretrato, ma, appena il primo reparto è entrato, la retroguardia veneta lo ha fatto saltare. Lo scoppio è stato spaventoso ed ha ucciso l'intero reparto attaccante.

Il generale Pepe ha pubblicato il seguente ordine del giorno:

"Il presidio di Marghera, che comandava il colonnello Ulloa, ha meritato l'ammirazione del Governo veneto, del generale in capo, ed otterrà gli applausi dell'Italia tutta, allorchè si conoscerà la parte storica dell'assedio che sostenne contro le truppe e le artiglierie nemiche, per numero esorbitanti[864] (….) Fu sgomberato (….) Marghera la notte scorsa operandovi in tutt'ordine la ritirata. Se noi deplorar dobbiamo perdite inapprezzabili, non ride il nemico per le sue numerosissime. Sopra il nostro presidio di duemilacinquecento uomini di tutte le armi, quattrocento rimasero fuori combattimento. Sappia il popolo della Venezia e d'Italia, che non si conosce piazza in terra-ferma la quale non debba cedere ad un assedio regolare, e che il nemico impiegò contro Marghera mezzi superiori a quelli che richiedonsi per la presa di una piazza di prima linea mentre la nostra era, tutto al più, di terz'ordine. Dirà il nemico stesso in quale stato deplorabile fosse ridotto Marghera. Le polveriere a prova di bomba, e coperte di sacchi di terra, furono grandemente pregiudicate, e rese inservibili; le due casematte divenute mal sicure; le piatte-forme ed i parapetti disfatti; in fine molti pezzi fuor d'uso. Nondimeno l'ordine conservavasi a segno tale,

---

[864] Il comando veneto calcolava in 150 le bocche da fuoco nemiche.

da potersi ben dire che agl'Italiani nulla manca, neppure la disciplina. Il tenente-generale comandante in capo Guglielmo Pepe." [865]

Firenze, 25 maggio 1849

L'esercito austriaco entra in Firenze. Prosegue nella totale occupazione del Granducato. Inizia, così, una lunga e pesante occupazione, che durerà circa sette anni.

Frosinone, 25 maggio 1849

Da Frosinone Garibaldi marcia su Ripi (FR). Manda alcune compagnie in avanscoperta. A Ceprano (FR) vi è il confine con il Regno delle Due Sicilie. Il paese è stato evacuato. Le truppe schierate a Ceprano si sono ritirate a Rocca d'Arce, posizione molto forte, presidiata da una guarnigione comandata dal generale Viale.

Debrecen (ora capoluogo della contea di Hajdù – Bihar in Ungheria), 25 maggio 1849

Lajos Kossuth nomina il colonnello Alessandro Monti comandante della Legione italiana. Già dall'anno precedente molti militari italiani per qualsiasi motivo presenti sul territorio ungherese si erano schierati a favore del governo rivoluzionario e sono stati variamente incorporati. Essi reputavano che, non potendo combattere in Italia, potevano farlo per il governo ungherese che era sulle stesse posizioni del movimento unitario ed indipendentista italiano. Un modo di ragionare e di comportarsi interessante e valido molto diffuso fra i militari italiani di diverse culture e provenienze. Il che dimostra, in loro, una diffusa chiarezza d'idee, merito della propaganda mazziniana. Dagli elenchi che, fortunatamente, ci sono rimasti si può evincere anche l'origine sociale dei legionari. Artigiani, lavoratori: erano fra loro presenti tutti i mestieri. Nel complesso, 1.036 uomini. La Legione, ora, ha la sua specifica individualità, l'autonomia operativa ed il suo tricolore.

Rocca d'Arce (FR), 26 maggio 1849

Garibaldi decide la conquista di Rocca d'Arce, anche se è in territorio napoletano. Ha ricevuto, in merito, un ordine del triunvirato, di cui è ben lieto. Va in avanguardia il battaglione Manara. Il plotone del tenente Morosini si scontra con gli avamposti nemici, che si ritirano verso la Rocca. Arriva il battaglione bersaglieri, che si organizza per l'attacco ma tutto il presidio borbonico si è ritirato a San Germano, ove vi è il generale Nunziante con due reggimenti svizzeri. Gli abitanti sono fuggiti. Padre Ugo Bassi arriva con Garibaldi e parla ai pochi abitanti che, gradualmente, si avvicinano. Poi la situazione si sblocca ed i volontari sono bene accolti dalla popolazione.

---

[865] P. R. di Colloredo Mels, op.cit. pag. 127

Rammenta lo stesso Garibaldi: "**A Rocca d'Arce vennero a trovarci varie delegazioni dei paesi circonvicini, che volevano salutarci come liberatori e sollecitavano la nostra entrata nel Regno promettendoci in cambio generale simpatia e collaborazione. Ci sono dei momenti decisivi nella vita dei popoli, come in quella degli individui. E questa appunto era un'occasione solenne e decisiva.**"[866]

La brigata si ferma e passa la notte a Rocca d'Arce, preparandosi a marciare, l'indomani, su San Germano[867]. Ma Garibaldi deve terminare la sua avanzata. Un corriere gli consegna un ordine a firma di Mazzini: deve rientrare immediatamente a Roma. L'indomani la brigata parte, muovendo nella maniera più rapida possibile sull'itinerario: Frosinone, Anagni, Frascati, arrivando la sera del **1° giugno** a Roma[868].

Berlino, 26 maggio 1849

Tre Stati tedeschi reputano di potersi unire in uno Stato federale. Sono l'Hannover, la Sassonia, e la Prussia. Viene concordata una bozza di Costituzione analoga a quella elaborata dal Parlamento di Francoforte.

Sembra un grande passo avanti, ma i Regni di Sassonia e di Hannover, timorosi dell'egemonia della Prussia, sabotano, di fatto, l'accordo facendo approvare la clausola che il processo sarebbe andato avanti quando tutti gli Stati tedeschi – pur senza l'Austria – avessero concordato di partecipare all'unione federale. La Costituzione deve entrare in vigore dopo l'elezione di un parlamento che la approvi.

Entro la fine di agosto gli Stati firmatari dell'Unione saranno ventotto.

Firenze. 27 maggio 1849

---

[866] G. Garibaldi: "La vita, ecc. cit. pag. 96.

[867] Garibaldi ha scritto: "**(….) nel cuore dello Stato borbonico, con le popolazioni degli Abruzzi disposte a schierarsi con noi. La buona volontà delle popolazioni, la demoralizzazione dell'esercito nemico, già sconfitto in due battaglie e che io sapevo già pronto a sciogliersi dal momento che i soldati desideravano tornare alle loro case, l'ardore dei miei giovani soldati, che avevano vinto tutte le battaglie che fino allora avevano combattuto, erano elementi che inducevano a pensare che il successo non poteva non arriderci**". Ivi, pag. 96.

[868] Garibaldi è tornato a Roma a malincuore. Aveva sostenuto con il triumvirato che l'esercito romano non era numericamente adeguato per difendere le diciotto miglia di mura della città. Naturalmente Roma doveva essere difesa, ma, in caso di particolari difficoltà, il governo e l'assemblea avrebbero dovuto spostarsi, con le truppe, in altra città, caratterizzata da una forte posizione. La chiamata a Roma era una conferma che il triumvirato intendeva ridurre la difesa della Repubblica alle mura della capitale.

Leopoldo II, sempre ospite di Ferdinando II, nomina il governo. Il presidente è Giovanni Baldasseroni.[869] Coloro che hanno partecipato al colpo di Stato contro le autorità costituzionali del 12 aprile non ricevono alcun riconoscimento. Così, fino alla caduta del granducato, nel 1859, Leopoldo II avrà contro anche i moderati. Peraltro tutti hanno preso atto di come il granduca ha protetto la Toscana dalla crudeltà di d'Aspre.

Di Costituzione non si parla. Di fatto quella in vigore non viene attuata.

Roma, 27 maggio 1849

E' stato inviato in data odierna da Margaret Fuller al "New York Tribune" un articolo con una breve biografia della Belgioioso. E' interessante prendere atto come la giornalista abbia presentato la principessa all'opinione pubblica degli Stati Uniti.[870].

"La principessa è nata da una delle più nobili famiglie milanesi, è discendente del grande Trivulzio[871] ed erede di una immensa fortuna. Fortuna che ha compromesso ben presto impegnandosi nei moti liberali, falliti i quali è stata obbligata a fuggire a Parigi dove, per un periodo, si è mantenuta scrivendo e credo anche dipingendo. Era naturale che una principessa in una simile situazione dovesse suscitare grande interesse, ed, infatti, essa ha attratto intorno a sé una piccola corte di uomini illustri. Dopo aver recuperato le sue fortune è rimasta a vivere a Parigi distinguendosi per

---

[869]   Giovanni Baldasseroni è nato a Livorno nel 1795, ha smesso di frequentare la facoltà di giurisprudenza ed è entrato nell'amministrazione prefettizia nel 1812. La sua attività è stata così valida da garantirgli una rapida carriera. E' passato al ministero delle Finanze nel 1824, è divenuto soprintendente generale nel 1833, amministratore delle regie rendite nel 1838 e ministro delle Finanze nel 1845. Dotato di grande rigore morale e di profondo senso del dovere è stato un elemento di grande importanza per lo sviluppo dell'amministrazione del Granducato. Come lui stesso si è autodefinito, è stato un conservatore moderato. Ma forse tale definizione non è esatta. Egli intendeva continuare il "modello toscano", cioè preservare l'amministrazione tradizionale tenendo, però, conto di tutte le innovazioni che potessero migliorarla. In altri termini, cercava di seguire l'andamento generale delle attività politico economiche dell'epoca senza snaturare le caratteristiche di fondo, naturali ed efficienti, del Granducato. Perciò, da ministro delle Finanze, nel 1847 – 48 ha sostenuto le nuove leggi sulla stampa e la Costituzione ed il 24 maggio 1849 ha accettato di formare il nuovo governo. Successivamente ha cercato di migliorare i rapporti con l'Austria e di salvaguardare la Costituzione. Ha anche cercato di organizzare una lega di stati italiani, sabotata dall'Austria e da Ferdinando II di Borbone. E' importante che sia riuscito a sistemare le finanze del Granducato. E' almeno in parte merito suo se la Toscana è entrata nella dimensione nazionale italiana senza dover superare particolari difficoltà o gravi impedimenti. Dopo l'Unità d'Italia ha abbandonato la politica e si è dedicato alla compilazione di memorie e testimonianze storiche. E' morto nel 1876, a Firenze.
[870] Lettera / articolo in data 27 maggio del 1849, inviata al "New York Tribune", in: Margaret Fuller, "Un'americana a Roma, 1847 – 1849", cit., pag. 290.
[871]   Il primo riferimento documentato alla famiglia Trivulzio è del 941. La Fuller si riferisce ad un avo di Cristina, Gian Giacomo Trivulzio, marchese di Vigevano, detto il Magno, nato a Milano nel 1448, maresciallo di Francia, vincitore ad Agnadello nel 1509 e a Marignano (poi Melegnano), nel 1511. Morto a Arpajon, Chartres, nel 1518.

impegno e munificenza sia nei confronti dei letterati sia nei confronti dei compatrioti in esilio. Più tardi, nella sua proprietà chiamata Locate, tra Pavia e Milano, ha condotto con assennatezza e successo esperimenti di tipo socialista. Per diversi anni è stata portata avanti un'associazione per l'educazione, per il lavoro e la condotta degli affari domestici, a questo fine non s'è risparmiata alcun sacrificio di tempo e di denaro, ha amato ed è stata riamata da chi era oggetto delle sue cure, affermando di voler morire in quei luoghi. Ora tutto è stato saccheggiato e distrutto, anche se è possibile sperare che sia stato gettato qualche seme di pacifica riforma, seme che germoglierà quando meno lo si aspetta. La principessa è ritornata in Italia nel 1847 – 48, colma di speranza in Pio IX e Carlo Alberto. Ha dato prova dell'abituale generosità, davvero principesca, finanziando una compagnia di soldati ed un giornale fino all'ultimo tradimento di Milano, il 6 agosto[872]. Queste giornate hanno tolto le bende dagli occhi di tutto il popolo, ma di ben pochi nobili; la Belgioioso è stata una dei pochi con una mente abbastanza forte da imparare la lezione e adesso si interessa con entusiasmo al movimento repubblicano. Da Milano s'è recata in Francia ma, accorgendosi che di là le sarebbe stato impossibile fare qualcosa di serio per l'Italia, è ritornata, e da due mesi risiede a Roma. Da quando ha lasciato Milano non percepisce alcuna entrata, dal momento che i suoi beni sono in mano a Radetzky, né le è possibile sapere quando potrà riaverli, se questo mai avverrà. Ma se ha operato con tanta generosità e avvedutezza quando aveva denaro, altrettanto bene se la caverà senza. Ha diffuso un invito alle donne romane perché preparino garze e bende e offrano i loro servigi ai feriti; ha riordinato gli ospedali ed in quello centrale, la Trinità dei Pellegrini, un tempo il luogo in cui venivano ricevuti i pellegrini durante la Settimana Santa ed in cui s'intrattenevano gli stranieri con lo spettacolo delle nobili dame e dei dignitari romani che lavavano loro i piedi, essa è rimasta giorno e notte dal 30 aprile, quando sono giunti i primi feriti. Da principio si è procurata un po' di denaro girando per Roma a chiedere l'elemosina, accompagnata da due gentildonne velate. In seguito, le offerte spontanee sono state generose; tra le altre, sono orgogliosa di dire che gli americani che si trovano qui a Roma hanno donato duecentocinquanta dollari, di cui una buona parte è venuta dal console Brown."[873]

Zaránd, nel distretto di Arad, allora ungherese, ora romena, 27 maggio 1849

Due compagnie della legione italiana di complessivi 193 uomini sono distaccate nell'area di Zarand, in Transilvania, contro i romeni, che si sono ribellati agli ungheresi. I due reparti

---

[872] Naturalmente la Fuller si riferisce al tradimento di Carlo Alberto del 6 agosto 1848, a Milano. E' interessante notare che un'aristocratica come la Belgioioso ed una giornalista americana come la Fuller erano pienamente d'accordo con Mazzini e Marx nel valutare negativamente – molto negativamente – l'operato del re sabaudo.
[873] Lettera / articolo in data 27 maggio del 1849, inviata al "New York Tribune", in: M. Fuller "Un'americana a Roma, 1847 – 1848", cit., pag. 290.

sono comandati dal capitano Francesco De Paoli[874] E' la campagna valacca, nella quale gli ungheresi attaccano le posizioni forti dei romeni.

Il **2 giugno** gli italiani sono inquadrati nel reparto del tenente colonnello Làzlò Inczédy. L'**8 giugno** partono per Abrudbànya[875]. Il **9 giugno** i romeni attaccano, ma sono respinti ed inseguiti. Il **10 giugno** il reparto arriva in una Abrudbànya spettrale, distrutta dai romeni. L'**11 giugno** altro violento attacco. A lungo la situazione è indecisa. Alla fine i romeni sono sconfitti ed inseguiti.

Parigi, 28 maggio 1849

Si insedia la nuova Camera legislativa, caratterizzata da una maggioranza moderata, favorevole al presidente Luigi Napoleone.

Francoforte sul Meno, 31 maggio 1849

Il **5 aprile** si sono ritirati i rappresentanti austriaci. Il **13 aprile** il re di Prussia non ha accettato l'elezione ad imperatore. Oggi il ministero von Gagern (della Confederazione) si dimette. Contestualmente i delegati vengono richiamati nei rispettivi Stati. Quelli di estrema sinistra non ottemperano. Dichiarano di perseguire uno stato repubblicano e di continuare le riunioni a Stoccarda.

Vienna, 1 giugno 1849

Il supplemento della "Wiener Tagblatt" pubblica una corrispondenza da Venezia, datata 27 maggio 1849 sulla fine dell'assedio di Marghera:

" **Il nemico si sostenne bravamente, ad onta del nostro terribile fuoco. Alfine questa mattina ha abbandonato Marghera e i (....) forti, e si è ritirato a Venezia (....) Le nostre truppe occuparono immediatamente i forti abbandonati; però nel forte di San Giuliano scoppiò una mina, che fece saltare in aria venti soldati e tre ufficiali [876]. L'esplosione offre un effetto spaventevole; non si può fare un passo senza incontrarsi nelle tracce di distruzione prodotta da noi: i pochi edifici sono un mucchio di rovine; i terrapieni e le palizzate distrutte in modo che non si riconosce più la loro forma;**

---

[874] Il capitano De Paoli morirà di colera il 31 luglio 1849 e sarà sostituito dal capitano Alessandro Burlina.

[875] Abrudbànya è il nome ungherese dell'attuale città romena di Abrud, nel distretto di Alba, in Transilvania. E' formata dai villaggi di Abrud Sat, Soharu e Gura Cornei. Era una posizione militarmente importante essendo al centro dell'area mineraria (oro e argento) di Rosia Montana, a sua volta composta da 16 villaggi.

[876] Da altri dati risulta che i morti sono stati 50.

484

insomma noi ammiriamo i nostri nemici, che hanno sostenuto questi giorni terribili senza cedere prima.[877]

Roma, 1 giugno 1849

E' un momento brutto: il governo francese ha inviato come rappresentante Ferdinand De Lesseps che dichiara al governo romano di essere venuto per trattare, per conseguire un compromesso. Ha asserito che l'amicizia e la violenza si escludono e lui è un amico. L'ipocrisia e la falsità regnano sovrane nel vertice francese, fin da quando il generale comandante Oudinot è sbarcato a Civitavecchia dichiarandosi un grande amico della Repubblica romana. In realtà i capi francesi intendono costringere la città alla fame. Cercano anche di ridurre la volontà di difesa, garantendo, falsamente, soluzioni sostanzialmente favorevoli alla Repubblica. Purtroppo le loro proposte sono considerate sincere dal vertice repubblicano.

Comunque l'armistizio continua fino alle 24.00 del giorno 4 giugno.

Roma, 3 giugno 1849

Ulteriore tradimento francese, con un attacco a sorpresa alle 03.00 della notte del 3 giugno, un giorno prima della fine dell'armistizio. Obiettivo: il Gianicolo. Primo manufatto attaccato: villa Pamphili, difesa dal colonnello Mellara[878] con 475 bersaglieri romani. Medici, che ha avuto un'unità di rinforzo ed è divenuto maggiore, schiera il suo reparto avanti porta San Pancrazio. Vi è una grande precipitazione data la sorpresa, ma l'entusiasmo è enorme: la reazione è durissima. Medici è ferito ad un braccio.

I bersaglieri indietreggiano nel convento di San Pancrazio, attaccato dai francesi. Alle 05.00 Garibaldi ordina il primo contrattacco. I francesi sono respinti dai bersaglieri, che li inseguono fino a villa Corsini, ma, poi, devono attestarsi al Vascello[879].

---

[877] P. R. Coloredo Mels: op. cit., pagg. 126 – 127.

[878] Il marchese Pietro Pietramellara detto Mellara è nato nel 1804 a Bologna. Laureato in legge. E' entrato nell'esercito sardo. Nel 1833, accusato di essere su posizioni politiche rivoluzionarie, ha dovuto fuggire, tornando a Bologna, dove ha esercitato l'avvocatura. Nuovamete accusato di aver organizzato un gruppo di cospiratori, ha dovuto andare in esilio in Francia, dove ha insegnato ed ha avuto un impiego nelle ferrovie. Nel 1846 ha potuto tornare a Bologna. Nel 1848 con un battaglione da lui organizzato ha combattuto a Vicenza. Nel 1849 è stato fatto prigioniero a Civitavecchia, poi liberato in uno scambio di prigionieri. Comandante del battaglione bersaglieri romani, ha combattuto il 3 giugno respingendo i francesi con un violento attacco alla baionetta. Il 5 successivo è stato ferito mortalmente. Durante le sue esequie i francesi hanno strappato la coccarda tricolore della salma.

[879] La villa del Vascello ha avuto tale nome dalla caratteristica forma della struttura principale. E' stata costruita nel 1663 per conto dell'abate Elpidio Benedetti. Di proprietà, successivamente, del duca di Nevers e del conte Giraud, dopo l'assedio di Roma sarà acquisita prima dai principi Doria

Alle 16.00 sono rioccupate le posizioni tranne villa Corsini, che viene attaccata dai 1.500 uomini della legione italiana, purtroppo a successivi scaglioni di compagnia. La villa è in una posizione dominante con mura, boschetti ed avvallamenti ed è ampiamente presidiata dai francesi. Gli attacchi della legione sono diretti dal colonnello Salvi e da Daverio, Sacchi, Bixio, ecc. Si distingue Francesco Daverio in un contrattacco alla baionetta, ma viene colpito e muore.

Attacca Enrico Dandolo, ora capitano, con la sua compagnia. L'azione è serrata e dura: i francesi sono respinti, ma, con un grave tradimento, un loro ufficiale con le mani in alto, grida, in perfetto italiano: "siamo amici, fine dello scontro". Dato che si aspettavano gli esiti degli accordi con Lesseps, Dandolo si ferma seguito dagli altri. Le armi vengono abbassate. Allora l'ufficiale francese si butta a terra e i suoi uomini, in riga, sparano. Dandolo viene ucciso da molti colpi. Diversi suoi uomini sono abbattuti. Gli altri sono respinti.

Ma gli attacchi delle compagnie della legione italiana proseguono: la truppa va all'assalto, poi si ritira al Vascello per riordinarsi e riattaccare. Quando ad un tratto compare la cavalleria del colonnello Masina: 100 lancieri che caricano i francesi sulle scale di villa Corsini. Un turbine, che ricaccia il nemico. Masina è colpito da nove colpi. Ma altri reparti francesi tornano alla villa. Le loro riserve appaiono illimitate. Poi aumentano i tiri dell'artiglieria del colonnello Lopez ed i francesi si ritirano. Ma, alla fine, ritornano.

A sera è ferito Goffredo Mameli. Ricoverato in ospedale morirà dopo l'amputazione di una gamba.

Al termine degli scontri, Villa Corsini ed il casino Quattro Venti sono ancora in mano francese. L'avanposto italiano è il Vascello, che non si deve assolutamente perdere. Garibaldi lo assegna a Medici ed al suo reparto, rinforzato. A fine giornata si lamentano 19 ufficiali uccisi, 32 feriti e 500 morti e feriti fra i soldati.

Oltre il fronte del Gianicolo i francesi sono riusciti a bloccare il Tevere al ponte Milvio ed a Sud della città. Le artiglierie sono avanzate verso le mura. Il vero e proprio assedio è iniziato.

La battaglia del 3 giugno è durata 16 ore, ma, per quanto attiene al fronte del Gianicolo, i bersaglieri di Luciano Manara sono arrivati in ritardo, alle 0900, perché bloccati in riserva

Pamphilj Landi (unita alle ville Pamphilj e Corsini), poi dal conte De Angelis, che la cederà a Giacomo Medici, divenuto marchese del Vascello, che ristrutturerà la parte secondaria delle strutture.

dal generale Roselli. Comunque la legione italiana si è gradualmente sacrificata e la cavalleria si è immolata, ma la posizione più importante è rimasta al nemico.

Bisogna anche considerare che, pur avendo avuto alcuni successi nel campo tattico, Oudinot non ha conseguito il suo scopo strategico: entrare in Roma. Con le sue poderose colonne [880] lanciate all'offensiva in periodo di armistizio, il generale francese intendeva chiudere la campagna o, comunque, conseguire ben altri risultati, che avrebbero offuscato la gravità del suo comportamento militarmente amorale. Invece le cose sono andate in maniera diversa. Difficile, nei giorni successivi, il presidio del Vascello: tiri continui, scaramucce, tentativi di colpi di mano. Ma Medici ed i suoi uomini resisteranno fino alla caduta della Repubblica.

Roma, 4 giugno 1849

Iniziano i bombardamenti indiscriminati della città.

Chioggia (Brondolo), 4 giugno 1849, ore 1100

Dopo la rotta del 23 maggio gli austriaci attaccano ancora il campo trincerato di Brondolo, iniziando un bombardamento da terra, con cannoni e mortai, e dal mare. Però le fortificazioni sono al limite della gittata dei cannoni delle navi. La guarnigione risponde con particolare violenza. Il duello delle artiglierie dura dieci ore. Alle nove di sera il bombardamento cessa. Al mattino quasi tutta la squadra si ritira. Le perdite italiane sono limitate a circa venti militari morti o feriti.

Ingelheim, 8 giugno 1849

Il re di Baviera ed il granduca di Baden hanno nominato il principe Guglielmo comandante delle operazioni nei loro territori del Palatinato e del Baden.

Nel quadro della guerriglia estesa soprattutto nel Palatinato, il principe viene fatto segno ad un attentato. Una fucilata a lui diretta mentre si muove in carrozza colpisce un postiglione.

Guglielmo dà ordine all'esercito di procedere rapidamente con venticinquemila uomini a sinistra del Reno ed altrettanti a destra del fiume. Ma l'avanzata è rallentata dalla necessità

---

[880] In sintesi, il comando francese il 3 giugno disponeva di 30.000 uomini, 4.000 cavalli, 36 cannoni da campagna e 40 pesanti. 16.000 uomini hanno attaccato il fronte del Gianicolo, tenuto da 6.000 dell'esercito romano. Oudinot schiera tre divisioni a pieni organici, la Rostolan a destra, la Regnaud al centro, la Guesviller a sinistra, fra Monte Mario e San Paolo.

di dover reprimere diffuse azioni di guerriglia dell'avvversario, cui l'esercito prussiano non è abituato.

Roma 10 giugno 1849

La Fuller è molto triste. Oggi invia un nuovo articolo al "New York Tribune". Non aveva l'abitudine di parlare di sé, nei suoi scritti, ma questa volta fa un'eccezione. Aveva individuato una bella casa[881] nell'arca di San Pietro e voleva fittarne una camera, ma l'intero edificio non esiste più: è stato centrato dalle bombe francesi. Tutto sembra relativo ed insicuro. L'intera città è devastata. **"Intanto Roma compie sacrifici terribili"**[882]. Qualche preoccupazione per il marito, il marchese Giovanni Ossoli, che combatte per la Repubblica. Nell'insicurezza generale, solo Mazzini è saldo come una roccia [883]. Le operazioni, nel complesso, proseguono positivamente. La Fuller ne tratteggia una rapida panoramica.

"(....) I francesi hanno combattuto con grande coraggio e questa volta si dice con abilità e ordine meravigliosi, proteggendosi nell'avanzata con barricate mobili. Gli italiani si sono battuti da leoni e neppure un centimetro di terreno è stato guadagnato dai nemici. Si dice che le perdite francesi siano molto ingenti, né potrebbe essere altrimenti. Sono morti o feriti, sei o settecento italiani. Tra di loro ci sono molti ufficiali, specialmente quelli di Garibaldi che per il loro intrepido coraggio si espongono di più, e le cui tuniche rosse ne fanno il bersaglio naturale del nemico. (.....) Per tutta la settimana ho passato molto tempo negli ospedali dove si trovano questi nobili martiri. Sono colmi di entusiasmo; questa volta non c'è stato tradimento, come a Vicenza, Novara e Milano. Non sono stati abbandonati da capi malvagi proprio quando stavano versando il loro sangue e avevano vinto. Tutti loro erano soltanto impazienti d'uscire dall'ospedale per tornare al loro posto. (....) Dal 3 (giugno) ci sono stati solo cannoneggiamenti e scaramucce. I francesi stanno nelle trincee, ma non possono avanzare di molto, sono troppo disturbati dall'alto delle mura. I romani hanno fatto una sortita molto felice. I francesi, invece, approfittando di un violento temporale durante il quale le mura erano state lasciate con minor sorveglianza, hanno cercato di scalarle ma sono stati immediatamente respinti."

---

[881] "(....) avevo messo gli occhi su una casa linda e semplice vicina a ponte Sant'Angelo (....) i balconcini con l'antica balaustra in legno pieni di fiori in umili vasi di terracotta, le numerose gabbie d'uccelli e l'atmosfera di quiete e comodità domestica la contraddistinguevano come la casa di qualche vestale o vedova, una donna sola il cui cuore era votato ai piaceri comuni e più semplici della casa." In: M. Fuller: "Un'americana a Roma", cit., pagg. 318 – 319.
[882] Ivi, pag. 318.
[883] "**Mazzini rimane saldo come una roccia. Non so se egli confidi in una felice conclusione, ma crede in un Dio impegnato a proteggere gli uomini che fanno ciò che considerano il proprio dovere.**" Ivi, pag. 320.

A notte Garibaldi tenta una sortita, definita "incamiciata" dato che, per il coordinamento, gli uomini indossano camicie bianche al di sopra dell'uniforme. Il ministro della Guerra, generale Avezzana, con 1500 uomini tiene l'area di porta San Pancrazio. Garibaldi esce da porta Cavalleggeri con 6.000 uomini, attaccando da sinistra i francesi. Alle 21.00 è iniziata l'operazione. Alle 22.00 il movimento è in corso, ma militari della legione polacca all'avanguardia parlano ed imprecano ad alta voce, in francese. L'atipicità dell'operazione si rivela di difficile attuazione con truppe non adeguatamente disciplinate. Si determina, quindi, una confusione sempre più grande e Garibaldi è costretto ad ordinare il rientro in città.

Petervaradino, 12 giugno 1849

Dal **12 aprile 1849** la guerra sul fronte sud della Vojvodina non è favorevole agli ungheresi, che occupano ancora la fortezza di Petervaradino. Si tratta di uno dei più grandi complessi fortificati d'Europa, grande 21 ettari, ben rifornito e costruito su interminabili gallerie. Gli ungheresi sono di fatto assediati. Ma la guarnigione, comandata dal generale Pavle Kis non cede ed inizia il sistematico bombardamento della città.

Roma, 12 giugno 1849

Unità del genio delle due parti entrano in contatto. Gli italiani per riparare i manufatti colpiti. I francesi per ostacolare i lavori e per aumentare i danni. Scontri in varie zone: villa Borghese, Parioli, ecc.

Roma, 13 giugno 1849

L'artiglieria francese aumenta, sempre in maniera indiscriminata, il bombardamento della città. Oudinot fa tagliare l'acquedotto Paolo, che rifornisce Trastevere.

Oggi sulle mura, a porta San Pancrazio, è morto il tenente Colomba Antonietti,[884] moglie e collaboratrice del capitano conte Luigi Porzi.[885] Sembra che abbia salvato il marito dal

---

[884] Colomba Antonietti Porzi è nata nel 1829 a Bastia Umbra. La famiglia si è spostata a Foligno, dove Colomba ha conosciuto un ufficiale della guarnigione, il conte Luigi Porzi. Si sono innamorati ed hanno deciso di sposarsi ma la differenza sociale non avrebbe consentito di ottenere il nulla osta monisteriale. Così si sono sposati di nascosto ed al Porzi sono stati comminati tre mesi di arresti in fortezza. Intanto le truppe pontificie sono partite per il teatro di guerra veneto e la Antonietti è riuscita, tagliandosi i capelli, ad essere non solo arruolata ma ad ottenere il grado di sottotenente. All'assedio di Vicenza ha avuto una promozione per merito di guerra. Tornati col loro reparto a Roma hanno aderito alla Repubblica e, partecipndo alla battaglia di Velletri, per il suo

rimbalzo di un colpo di artiglieria che la ha colpita al femore.. E' morta abbracciata allo sposo gridando: "Viva l'Italia". Portata all'ambulanza delle Fornaci si è sparsa la notizia di quanto accaduto ed una enorme folla si è recata a dare omaggio alla salma portando una marea di rose bianche. Una manifestazione del tutto spontanea, che ha ulteriormente testimoniato l'aderenza popolare ai valori nazionali ed al governo della Repubblica.

Venezia, 13 giugno 1849, Sant'Antonio.

Dal **27 luglio** ad oggi gli austriaci hanno riorganizzato lo schieramento delle artiglierie. I lavori sono resi difficili dal terreno paludoso. Comunque il problema maggiore, per loro, è la distanza della città dal limite della laguna, più di tre chilometri. Inoltre sugli isolotti fra Venezia e la terraferma sono schierate batterie di artiglieria. Un altro problema è il ponte ferroviario che, con 222 archi, unisce Venezia e la terraferma. Guglielmo Pepe aveva proposto di abbatterne una settantina, ma il governo ha autorizzato solo l'abbattimento di una ventina, suddivisi in tre interruzioni attuate fra altrettanti allargamenti (o spiazzi o piazzali). Sull'ultimo di tali tre spiazzi vi è il primo schieramento di artiglieria veneta. Dietro, sugli isolotti, vi sono altre quattro batterie e, nell'area lagunare, molti natanti armati. Ogni batteria ha il nome del rispettivo isolotto, la più vicina alla terraferma, a 1.200 metri dallo schieramento austriaco è quella sul terzo spiazzo e viene chiamata Sant'Antonio, in memoria del primo giorno del bombardamento austriaco.

Date le distanze e le effettive gittate massime delle bocche da fuoco austriache il primo duello delle artiglierie avviene fra venticinque pezzi nemici e la batteria Sant'Antonio, dotata di nove cannoni. I rispettivi fuochi di controbatteria sono durissimi. Ogni giorno la batteria è sconvolta. La notte si riordina. Il comandante è Enrico Cosenz, che, ferito due volte a Marghera, è ferito nuovamente, ma non lascia la batteria. Dopo pochi giorni sullo spiazzo dietro Sant'Antonio, viene schierata un'altra batteria, di sei pezzi. Intanto, per quanto possibile, data la distanza, gli austriaci bombardano Venezia.

Roma, 14 giugno 1849

---

comportamento Colomba è stata elogiata da Garibaldi, che ne ha anche scritto nelle sue memorie. Poi l'assedio, la morte e la grande partecipazione popolare ai funerali.
[885] Il conte Luigi Porzi è nato ad Ancona nel 1822. Dopo la morte della moglie Colomba Antonietti e la caduta della Repubblica si è recato in America meridionale, dove è divenuto medico, esercitando la professione in Brasile ed in Uruguay. Non ha potuto partecipare alla guerra del 1859 perché gravemente malato. Sfortunatamente nel 1860, cercando ancora di venire a combattere in Italia, per una forte tempesta la nave dove era imbarcato è naufragata al largo di Buenos Aires. E' stato in pericolo di vita ed ha perso ogni suo avere. Ha cercato di riorganizzarsi, ma, successivamente, ha perso tutti i soldi che aveva depositato in banca per il fallimento della stessa. E' morto nel 1896 a Buenos Aires.

Al comando di Garibaldi, a palazzo Corsini, arriva una giovane signora, che pretende di andare subito dal generale. E' la moglie Anita, che a Nizza ha saputo della ferita del marito ed è subito partita per raggiungerlo e curarlo. Ha convinto Origoni, già militare della legione italiana di Montevideo, di accompagnarla ed è arrivata, riuscendo a non essere bloccata dall'insieme dei controlli di polizia esistenti sul suo itinerario. Garibaldi avrebbe preferito sapere che la moglie continuasse a stare al sicuro a Nizza, con i figli, dove l'aveva convinta a tornare durante la permanenza a Rieti. Ma lei ora si dà da fare per curarlo ed il generale non ha i coraggio di rimandarla via e, pur essendo molto preoccupato, ammira la sua amorevole dedizione.

Venezia, 16 giugno 1849

I mazziniani, con Sirtori ma anche con Ulloa, ora generale, premono per una politica militare più incisiva e autonoma rispetto alle complesse e, per certi versi incomprensibili, mene politiche. Il problema militare, cioè l'organizzazione per la resistenza e la vittoria, deve guidare la vita della città, bloccata da terra e dal mare. Ed è un problema che il governo prima ha gravemente trascurato, poi ha gestito in maniera meramente formale e burocratica, priva della necessaria incisività. L'organo militare, quindi, deve essere distinto e, per le sue competenze, superiore allo stesso governo.

Manin si è sempre opposto a questa soluzione, ma oggi, dopo tre giorni in cui il rombo delle artiglierie austriache, contrastate da quelle venete, è quasi continuo, il popolo si ribella. Si deve anche considerare che si è diffusa la notizia di un colpo di Stato mazziniano che starebbe organizzando Sirtori, con l'appoggio di quasi tutta l'ufficialità, almeno quella dell'esercito. Quindi il governo cede, e viene istituita una commissione militare di guerra e marina, alla quale vengono dati pieni poteri, anche superiori a quelli del governo. La commissione è costituita da Ulloa, Sirtori e da un ufficiale di marina, Francesco Baldisserotto, di trentatré anni, già collegato con i fratelli Bandiera. La sua nomina costituisce una patente critica al vertice della marina veneta ed alla sua inerzia. Il popolo applaude. Purtroppo il governo farà di tutto per limitare i poteri e l'attività della commissione. Sarà uno dei problemi che impegnerà maggiormente Manin ed i suoi.

Intanto il numero dei cannoni schierati dagli austriaci aumenta costantemente e, per quanto possibile, vengono avvicinati alla città, causando le prime consistenti distruzioni.

Stoccarda (Wurttemberg), 18 giugno 1849

A Stoccarda si è trasferito quel che resta del parlamento di Francoforte, in particolare la componente più radicale. Oggi, per ordine di Guglielmo I di Wurttemberg, un reparto militare espelle i deputati e chiude i locali. Finisce, così, l'attività dell'Assemblea della Confederazione germanica.

Venezia, 18 giugno 1849

Il generale Morandi è nominato presidente del consiglio straordinario di guerra che tratta delle infrazioni al codice penale militare. Rinnova, questa volta ufficialmente, la sua proposta della leva in massa. E' l'unico mezzo per avere uno strumento militare che numericamente possa far fronte agli austriaci organizzando numerose colonne per sfondare lo schieramento delle truppe assedianti. Oltretutto possono essere utilizzati coloro che avevano fatto parte dell'esercito austriaco negli anni precedenti.

Naturalmente Sirtori e tutti i mazziniani sono d'accordo. Ma il governo, che segue le vicende della guerra con particolare delicatezza verso il nemico ed uno squisito garbo formale e sostanziale, non sarà mai d'accordo.

Alessandria, 18 giugno 1849

Un primo successo del governo d'Azeglio nelle trattative di pace con l'Impero. Gli austriaci lasciano la piazzaforte di Alessandria, occupata a seguito dell'armistizio.

Ancona, 19 giugno 1849

Dopo 26 giorni di assedio, Ancona si arrende. Negli ultimi giorni gli austriaci hanno bombardato in maniera terroristica il centro della città, demolendo sistematicamente le case. I politici, con la nave "Roma", partono per la Grecia. Il tenente colonnello Especo tratta la resa. E' coadiuvato dal cardinale De Angelis. Von Wimpffen concede gli onori militari, ma, dopo pochi giorni, l'imperatore gli toglierà il comando, criticandolo per l'eccessivo rispetto verso gli italiani.

Roma, 20 – 21 giugno 1849

La nottata è molto nebbiosa. I francesi cercano, con un colpo di mano, di conquistare una delle varie ville – caposaldo, casa Giacometti, presidiata da 32 soldati della Repubblica. Fra nebbia e lunghi filari di vite i granatieri francesi cercano di arrivare non visti. Ma dall'alto una sentinella avverte il comandante, che dispone di far avanzare il nemico e attaccarlo all'improvviso alla baionetta. Così avviene: sono uccisi il capitano comandante e due granatieri. Gli altri fuggono.

Roma, 21 – 22 giugno 1849

Tre batterie francesi sparano in continuazione su porta San Pancrazio. Sono aperte tre brecce, occupate durante la notte.

E' notte tarda. Un consistente reparto francese attacca il caposaldo di Villa Barberini. Le due compagnie che lo presidiano sono respinte. I francesi occupano la villa.

Alle 12.00 del **22 giugno** Garibaldi ordina a Medici di far fare una ricognizione e riprendere il caposaldo di villa Barberini, se possibile. Viene inviato il capitano Gorini con un reparto di formazione, che attacca la villa, superando le barricate. Entrano e non trovano nessuno, dato che i francesi si sono rifugiati in cantina e sul tetto. Vengono messe le sentinelle ma i francesi escono dalla cantina e cercano di accerchiare i volontari. Dal tetto sparano. Gorini con una sciabolata al ventre uccide un ufficie, ma l'arma si spezza mentre viene colpito da una fucilata alla spalla. I francesi sono molti. I volontari rompono l'accerchiamento e si ritirano[886].

Garibaldi organizza dietro le mura esterne (quelle di Urbano VIII) una seconda linea, appoggiandosi alle mura aureliane. I francesi intensificano i bombardamenti.

Venezia, 22 giugno 1849

La batteria Sant'Antonio costituisce sempre più il perno della difesa esterna di Venezia. E' l'obiettivo di una serie di batterie nemiche che cercano di distruggere quell'importante avamposto. Il fuoco austriaco è costante, sempre più forte, in particolare quello proveniente dai pezzi schierati a San Giuliano, che è il caposaldo austriaco più vicino a Sant'Antonio.

Cosenz è stato ferito ed è nominato comandante del primo circondario. E' stato sostituito dal tenente colonnello Rosaroll. L'attività è continua. La notte serve per riparare i danni del giorno precedente. Quelli causati il **21 giugno** sono stati particolarmente gravi, essendo raddoppiati i pezzi schierati a San Giuliano. E si è sviluppato un rovinoso incendio.

Il nuovo comandante, che è malato ed ha la febbre alta, cura lo schieramento dei pezzi, ne accerta il puntamento, ordina un fuoco continuo. Poi sale su un parapetto per controllare gli effetti del tiro sulla posizione nemica. Ma viene colpito e cade sul terrapieno. Ordina di chiamare Cosenz, continuando a dirigere il cannoneggiamento. Arrivato, commosso, il

---

[886] Il giovane Cattaneo, rimasto isolato e arresosi, ha la testa spaccata da un colpo d'ascia. Il pittore Gerolamo Induno, solo su un terrazzo, circondato dai francesi, spara. Urlando "brigante" i francesi gli assestano diciassette colpi di baionetta. Ma Induno si rivela un duro, perchè riesce a buttarsi giù dal terrazzo e, nonostante le ferite, rientra con il reparto. Ricoverato in ospedale, si salverà.

collega Rosaroll gli dice:"**ti raccomando la mia batteria; essa è la salute di Venezia**".[887]
Con rabbia i suoi uomini aumentano il ritmo del fuoco di controbatteria.

Trasportato a Venezia, gli va incontro il generale Pepe, al quale, morendo, Rosaroll ripete la sua raccomandazione. Nella notte il caposaldo Sant'Antonio sarà riparato e, poi, rafforzato con altri pezzi che costituiranno una nuova batteria, denominata Rosaroll. Una cosa è sicura: il tentativo austriaco di costringere al silenzio lo schieramento avanzato veneto è fallito.

Il **23 giugno** avranno luogo i funerali di Rosaroll. I suoi artiglieri avvolgeranno la salma con la bandiera che sventolava alla batteria Sant'Antonio, anche se è ridotta a pochi brandelli, a testimonianza della potenza del fuoco nemico.

Napoli, 23 giugno 1849

Un'esplosione al centro di Napoli. Un grave attentato al palazzo reale. E' stato organizzato dall'Unità italiana di Settembrini. L'attentatore è Salvatore Fancitano. Continua la lunga notte napoletana verso il 1860, secondo la frase di Francesco De Santis.

Roma, 24 giugno 1849

I rappresentanti diplomatici di 11 Stati protestano con Oudinot per i bombardamenti che distruggono opere d'arte e mettono in pericolo i loro connazionali. Ma il comandante francese risponde che non è possibile cambiare i piani dei tiri.

Roma, 25 – 26 giugno 1849

Nella notte continua il bombardamento. A un certo momento tutto il fronte francese attacca. Il Vascello è particolarmente colpito: una gran parte della struttura crolla. Ma i francesi sono bloccati.

Roma, 27 giugno 1849

Da villa Corsini i francesi attaccano il Vascello. La lotta è durissima. I francesi si ritirano, lasciando venti morti.

Venezia, 27 giugno 1849

---

[887] Jessie White Mario: "Garibaldi ed i suoi tempi" , Milano 1887, Treves, pag. 380

Il generale Morandi è nominato responsabile di un settore della difesa, poi è designato come rappresentante di Venezia nel parlamento veneto.

Rastatt (Baden), 29 – 30 giugno 1849

Le truppe prussiane – 60.000 uomini – hanno superato il confine del Baden, iniziando un'estesa azione di rastrellamento del territorio. Hanno accerchiato i reparti che sostengono il governo provvisorio, chiudendoli in una sacca a Rastatt.

Quivi, fra il 29 ed il 30 giugno, si svolge una battaglia nella quale i reparti prussiani sconfiggono le truppe avversarie. Queste, comunque, riescono a sganciarsi, ritirandosi rapidamente verso la Svizzera, superandone il confine nei giorni **11 e 12 luglio** e smobilitando definitivamente. Si rifugiano in Svizzera anche i resti dell'esercito rivoluzionario del Palatinato, fra i quali il battaglione di Willich in cui milita Engels.

L'esercito prussiano assedia la fortezza di Rastatt, che resisterà altri 23 giorni.

Szeged (Ungheria), 29 giugno 1849

La situazione è molto difficile. L'esercito ungherese è composto da 170.000 uomini, che, numericamente, sono di poco superiori agli austriaci (165.000 soldati). Con l'intervento russo l'equilibrio è saltato, dato che il campo antiungherese è aumentato di altri 193.000 uomini. Sarebbe stato necessario agire per linee interne, attaccando, con l'intera massa magiara, prima una, poi l'altra massa nemica. Ma chi comanda gli ungheresi non è capace di attuare una tale manovra. O non vuole vincere. L'alternativa, comunque, sarà la fine della resistenza magiara, dopo un tempo più o meno lungo di combattimenti.

In data odierna il consiglio dei ministri, preso atto che l'esercito è sparso in varie parti del Paese, decide che tutte le forze convergano su Szeged. Per metà luglio si prevede la disponibilità di 100.000 uomini.

Roma, 30 giugno 1849.

Da quattro giorni continua un bombardamento francese che non concede un attimo di tregua. Le ambulanze continuano a portare feriti, anche civili, in particolare donne, che coadiuvano sulle mura i loro parenti.

Aleggia da tempo, insieme al sacrificio ed al valore, anche il tradimento. Ha scritto Garibaldi: " (….) **i nostri corpi erano privi dei migliori ufficiali e dei soldati più validi** (morti o feriti). **Tra i corpi di linea, composti da ex papalini, alcuni si erano comportati** inizialmente molto bene. **Ma ora, vedendo che le cose andavano male, mostravano di essere svogliati e inerti, assumendo quel classico atteggiamento che precede il tradimento. E secondo la scuola dei preti, manifestavano questa loro intenzione disubbidendo agli ordini che venivano loro impartiti. In particolare, gli ufficiali superiori che speravano nella restaurazione papale, quelli che la Repubblica non aveva saputo o voluto eliminare, non soltanto opponevano resistenza ai comandi, ma invitavano alla svogliatezza la loro milizia. Ciò provocava grosse difficoltà al prode e bravo Manara, mio capo di stato maggiore, ed era allo stesso tempo il segnale della vicina rovina."**[888]

Alle 02.00 l'esercito francese attacca su tutto il fronte. E', chiaramente, l'attacco finale. In poche ore vi sono cinquecento perdite. Garibaldi ha organizzato una terza linea difensiva, fra villa Spada e villa Savorelli. I due capisaldi sono comandati rispettivamente da Luciano Manara e da Giacomo Medici, nominato colonnello, che pertanto deve lasciare il Vascello, divenuto un ammasso di rovine, anche se i suoi uomini non intenderebbero affatto lasciare la posizione. Viene, comunque, bloccato il primo tentativo di sfondamento francese.

Alle 10.00 viene ucciso il colonnello Luciano Manara. Lo sostituisce personalmente Garibaldi. La pressione francese è costante e durissima. Il numero degli attaccanti è decisamente soverchiante, sembra infinito. Lo schieramento delle artiglierie nemiche è avanzato. E', ora, vicino alle brecce di porta San Pancrazio. Qui, in difesa del bastione Merluzzo, a seguito di un attacco di sorpresa, il tenente Emilio Morosini,[889] comandante di compagnia del battaglione Manara, fa fronte al nemico e viene tre volte colpito. Morirà due giorni dopo.

Lo sforzo francese verso sera diminuisce. Il terzo schieramento regge. Ma Garibaldi valuta che il nemico sta facendo avanzare le sue enormi riserve. Sarà ben difficile bloccare un altro attacco come quello durato tutto il giorno. Va all'Assemblea Costituente, proponendo di abbandonare Roma, oramai indifendibile, al fine di continuare la lotta nell'entroterra. Lo aveva già proposto tramite Manara, il giorno precedente alla sua morte. Ma l'Assemblea ha continuato ad avere una visione "urbecentrica".

---

[888] Garibaldi ha approfondito il problema: "**La situazione si faceva giorno per giorno più difficile. Il nostro valoroso Manara incontrava sempre maggiori difficoltà per ottenere i servizi di postazione e di linea, servizi indispensabili per la salvezza di tutti. E proprio il difetto di tali servizi contribuì certamente alla comoda entrata del nemico attraverso le brecce già praticate con i cannoni. Esse furono superate di notte, con facilità proprio perché erano mal costruite".** G. Garibaldi: "La vita ecc.", cit. pagg.99 e 100.

[889] Il nobile Emilio Morosini, nato a Varese nel 1830, ha studiato a Milano, dove è divenuto amicissimo di Manara e dei fratelli Dandolo. Con loro ha combattuto durante le Cinque giornate e, poi, nel barttaglione Manara nel bresciano, in Trentino, a Cava in Piemonte ed a Roma. Ferito mortalmente, morirà il 1° agosto 1849. Emilio Dandolo riuscirà a far arrivare a Milano la sua salma insieme a quelle di Manara e di Enrico Dandolo.

Si apre una drammatica discussione, che dura oltre mezzanotte.

Roma, 1 luglio 1849

L'Assemblea approva la seguente determinazione: "**L'Assemblea Costituente romana cessa da una difesa ritenuta impossibile, e sta al suo posto. Il triunvirato è incaricato dell'esecuzione del presente decreto.**"

I triumviri si oppongono alla resa. L'Assemblea chiede le loro dimissioni, che sono presentate ed accettate. Successivamente l'Assemblea nomina un nuovo triunvirato, un comitato esecutivo composto da Aurelio Saliceti, Alessandro Calandrelli[890] e Livio Mariani.[891]

Sono momenti di drammatica grandezza. Sotto le bombe e con il nemico in casa l'Assemblea per la storia, per i posteri, per incidere sul futuro discute e approva la sua Costituzione.

Così scriverà Giovanni Pascoli:

> "**Tutto era antico: ai piedi delle mura**
> **Garibaldi, e Mazzini in Campidoglio.**
> **E fu travolta l'ultima coorte**
> **nelle macerie. Ed ecco un soffio d'ale**
> **a gl' invasori spalancò le porte. (….)**
> **C'erano, presso le colonne e le urne,**
> **sotto i grandi archi, a quel passar non nuove**
> **ombre sedute su le selle eburne.**
> **Termine, il nume cui nessun rimuove,**

---

[890] Alessandro Calandrelli è nato a Roma l'8 ottobre 1805. Ufficiale dell'esercito pontificio, è stato eletto all'Assemblea costituente ed ha combattuto per la difesa di Roma, meritando una medaglia d'oro. Dopo i quattro giorni del triunvirato è stato condannato a morte. Ma la pena è stata commutata prima in venti anni di restrizione in fortezza, poi, su richiesta del re di Prussia, nell'esilio, che Calandrelli ha trascorso a Berlino, dando lezioni di italiano. Rientrerà a Roma dopo il 1870, e sarà eletto nel consiglio comunale. Morirà nel 1888 ad Albano Laziale (Roma).

[891] Livio Mariani è nato ad Orìcola (AQ) nel 1793. Storico e giurista. Carbonaro, ha subìto processi e condanne. Liberale, laico, per un certo periodo neoguelfo, aperto al sostegno delle classi meno abbienti, nel 1848 - 49 è stato eletto nel Consiglio dei deputati. Ministro delle Finanze nel governo provvisorio. Eletto alla Costituente. Anche nella Repubblica è stato alle Finanze, ma si è dimesso ed è stato nominato preside di Roma e della Comarca. Triumviro negli ultimi quattro giorni della Repubblica, ha dovuto espatriare andando in Grecia, dove ha scritto "L'Italia possibile .Considerazioni storico – politiche" ed è morto nel 1855.

era lassù. Roma era vinta; eppure
si figgeano nell'alta arce di Giove
le sue dodici tavole future.
O irremovibile anche tu, Dea lieta!
Dea Gioventù! Là eri con Mameli,
là rimanesti con l'eroe poeta.
Tu sollevato l'hai con te nei cieli
molle di sangue quasi di rugiada;
e nella luce dentro cui lo celi,
brilla ancor la sua lira e la sua spada.[892]

Roma, 2 luglio 1849

Il nuovo triumvirato approva la cessazione delle ostilità, informando ufficialmente il comando francese. L'assedio è finito, ma il nemico non entra in città. L'Assemblea discute l'approvazione della Costituzione.

Roselli e Garibaldi sono autorizzati a continuare, se possono, la guerra nelle province. Ad essi la decisione e l'eventuale organizzazione dei reparti che, quando e se usciranno da Roma, potranno ritenersi esenti dalle condizioni derivanti dalla resa della Repubblica. Una soluzione, questa, alquanto singolare, tendente a non far considerare franchi tiratori coloro che avrebbero continuato a combattere. Garibaldi invita i volontari a seguirlo, affermando che possono solo aspettarsi non paga, non riposo, non munizioni, ma combattimenti alla baionetta.

Al mattino l'incaricato d'affari degli Stati Uniti, Lewis Cass, fa sapere a Garibaldi che desidera incontrarlo. Lo invita, a nome del suo governo, a salvarsi con coloro che possono essere ritenuti maggiormente responsabili. A Civitavecchia è stata mandata una corvetta, che è a sua disposizione. Ma Garibaldi dice che non può lasciare l'Italia, dato che a Venezia si combatte ancora. **"Lo ringraziai molto"** ha scritto **"e gli dissi di ringraziare anche il generoso popolo cui lui apparteneva. Aggiunsi però che non ritenevo che fosse giunta l'ora della resa definitiva. Gli dissi che per questo ero disposto a uscire da Roma con coloro che volevano seguirmi e che volevo tentare ancora di battermi per la salvezza dell'Italia che non consideravo compromessa per sempre"**[893]

---

[892] G. Pascoli: "Inno secolare a Mazzini" in: "Pascoli, tutte le poesie", Newton & Compton, Roma, 2011, pagg. 489, 490.
[893] G. Garibaldi: "La vita ecc.", cit. pag. 100.

A sera Garibaldi, riuniti quanti intendono seguirlo, esce da Porta San Giovanni[894]. Intorno alla città vi sono 35.000 francesi. Sul litorale 9.000 spagnoli. A Sud 20.000 duosiciliani. A Nord 20.000 austriaci, anche con truppe toscane. Complessivamente 84.000 sostenitori dello Stato pontificio. Nonostante il loro numero i nemici temeranno, le possibili, inaspettate azioni di Garibaldi.

Quest'ultimo ha a disposizione 2.500 uomini di fanteria armati con fucili a percussione (divisi in due legioni), 400 di cavalleria (dragoni) ed un pezzo di artiglieria. Intende provocare azioni di guerriglia, eventualmente a sollevare le popolazioni, ma il suo scopo principale è superare l'Appennino per raggiungere Venezia. La marcia che effettuerà verso l'Adriatico e il pericoloso ritorno sul litorale tirrenico possono essere divisi in nove fasi: le prime cinque costituiscono azioni di guerriglia, le ultime quattro rappresentano il tentativo – riuscito – di sottrarsi alla cattura.

Tale tentativo è stato attuato su un percorso seguito da Garibaldi con la compagnia di un collaboratore. E' un percorso molto lungo, compreso fra l'area settentrionale del comune di Ravenna e quella meridionale di Grosseto, attraverso le paludi di Comacchio, la pianura romagnola, gli Appennini e la Maremma, mentre era tallonato dai 20.000 uomini di d'Aspre. Una vicenda, questa, quasi surreale,[895] che dimostra l'entità e la segretezza dell'organizzazione rivoluzionaria, ma anche la nascosta adesione alla causa nazionale di alcuni rappresentanti del potere pontificio e granducale[896]. Di seguito le varie fasi:

---

[894] Una fase di notevole drammaticità, che è stata raccontata in vari modi. Ecco la descrizione di Giovanni Marradi in "Rapsodie garibaldine" (G. Barbera editore Firenze, 1907, pag. 27):
"(....) Alto, a cavallo, mentre il sol dilegua
Dietro i templi dell'Urbe, alla Coorte
Garibaldi parlò: Nessuna tregua!
Lascio Roma, che cede oggi al più forte,
ma non lascio la guerra. Volontari:
v'offro fame, battaglie, agguati, morte.
Chi vuol, mi segua. E al Duce, fra gli spari
delle francesi artiglierie più fitti,
si strinsero, acclamando, i Legionari. (....)"
[895] Orsini, ad esempio, si è dichiarato profondamente stupito "**al modo miracoloso con cui quest'ultimo**" (Garibaldi) "**giungeva in Liguria**" Da: Francesco Asso:"Itinerari garibaldini in Toscana e dintorni 1848 – 1867", Centro stampa Regione Toscana, 2003, pag. 31
[896] Un esempio, fra i tanti: a Coniale di Firenzuola (FI), nella fase più difficile della fuga, Garibaldi è stato riconosciuto dal brigadiere comandante di una squadra di carabinieri granducali a cavallo. Il sottufficiale, per non farlo notare dai suoi uomini, li ha fatti subito rimontare a cavallo, andando via al galoppo: non si è saputo chi fosse, ma è stato, comunque, ricordato dagli abitanti del comune, che hanno fatto affiggere all'ex osteria Viroli una lapide, ora introvabile, il cui testo era: "**All'ignoto brigadiere dei carabinieri a cavallo del Granducato di Toscana che in questo luogo il 24 agosto 1849 al comando di un drappello, riconosciuti in due viandanti Garibaldi e Leggero ordinò ai suoi uomini, con subitanea ed inesplicabile decisione, di montare a cavallo allontanandosi rapidamente con essi. La popolazione di Firenzuola dedica perché il mondo sappia che il**

da Roma a Terni, dal 2 all' 8 luglio;

1. da Terni ad Arezzo, dall'8 al 23 luglio;
2. da Arezzo a Macerata Feltria (PU), dal 24 al 30 luglio;
3. nella Repubblica di San Marino, il 31 luglio;
4. dalla Repubblica di San Marino a Cesenatico (FC), a Mandriole e a Sant'Alberto di Ravenna, dal 1° agosto al 4 agosto;
5. da Sant'Alberto di Ravenna a Modigliana (FC), 4 agosto - 20 agosto;
6. da Modigliana a Montecuccoli di Barberino di Mugello (FI), 21 agosto – 26 agosto;
7. da Montecuccoli di Barberino di Mugello a Cala Martina di Scarlino (GR), 26 agosto – 2 settembre
8. da Cala Martina di Scarlino a Portovenere (SP), dal 2 al 5 settembre.

Da Roma a Terni, 2 - 8 luglio, l'azione di Garibaldi

All'inizio la situazione è la seguente: Oudinot, preso atto dei movimenti di Garibaldi, designa due brigate, comandate, rispettivamente, dai generali Molière e Morris, per l'inseguimento. La prima sulla via Appia, poi a Nord verso Albano e Frascati e la seconda sulla via Flaminia, verso Civita Castellana.

Garibaldi muove verso Est, sulla Casilina, ma, poi, gira verso Nord, arrivando, la mattina del **3 luglio**, a Tivoli. A sera riparte, dirigendosi verso Nord Ovest ed arrivando, il **4 luglio**, a Mentana ed a Monterotondo.

Nei giorni successivi marcia verso Nord, superando l'area dei monti Sabini, la conca di Rieti ed arrivando, il giorno **8 luglio**, a Terni. Qui incontra il colonnello Hugh Forbes[897], con 300 uomini da lui organizzati. Si tratta di un'interessante esponente della militarità democratica. Persona di cultura[898], elegante nei suoi completi bianchi, convinto garibaldino, vuole essere vicino al nizzardo in un periodo di grande difficoltà[899].

---

represo amor di Patria ha il diritto di pretendere la disobbedienza al dovere". **Ivi,** pagg. 46 e 228.

[897] Il colonnello Hugh Forbes, inglese, è stato molto vicino alla realtà italiana. Nato nel 1808, figlio illegittimo della duchessa de Gontaut, è stato adottato dal conte di Granard, cugino del padre, sir Henry Bayly. Sposato ad una senese, ammiratore di Garibaldi, è stato in pericolo di vita nello scontro navale con le navi austriache del 4 agosto e, a terra, quando è stato fatto prigioniero. Si è recato negli Stati Uniti nel 1855. E' stato, poi, l'esperto militare cui si è rivolto John Brown per impostare la guerriglia a favore degli schiavi. Ma non sono andati d'accordo e la collaborazione è durata poco. Successivamente Forbes è tornato a combattere con Garibaldi.

[898] I suoi scritti sono stati diffusi soprattutto negli USA. Il più importante è il "Compendio del volontario patriottico tanto in guerra regolare che in guerra irregolare", Stamperia nazionale, 1860, Napoli.

[899] Ecco come il colonnello Forbes ha ricordato l'azione di Garibaldi:"**La ritirata di Garibaldi da Roma nell'estate 1849, non era un'iniziativa d'insurrezione; era piuttosto la protrazione dell'agonia di morte della rivoluzione del 48. Quantunque appena si potesse sperare che la**

Vi è un aspetto positivo. Quattro colonne tendono a bloccare Garibaldi. ma lo fanno in manera tale da far apparire chiaro che lo tallonano ma non hanno alcuna intenzione di affrontarlo. Intendono soprattutto usurarlo.

Il secondo è un aspetto negativo. Molti vogliono tornare a casa. La stanchezza, la convinzione che oramai tutto è perduto e non è possibile cambiare la situazione fanno sì che si allontanino. Le partenze, quindi, sono numerose. Ha precisato Garibaldi: **"Sin dalla notte in cui mi mossi da Tivoli, diretto al nord, per gettarmi fra popolazioni energiche che si potevano avvicinare alla causa del patriottismo, mi resi conto che non solo non riuscivamo ad aggiungere altri uomini al nostro corpo, ma ogni notte, approfittando delle tenebre, che servivano a nascondere l'atto vergognoso, c'era qualcuno che disertava"**[900]

Il terzo aspetto è anch'esso negativo: riguarda le informazioni. Il nemico è costantemente informato dei movimenti di Garibaldi dalla rete delle parrocchie. Alcuni preti fanno da guida agli austriaci, portando il crocifisso, come in processione. **"Che la nostra colonna andava assottigliandosi giorno per giorno** (gli austriaci) **lo avevano saputo dalle loro numerosissime spie, i preti, che informavano minutamente i nostri nemici di ogni cosa che ci riguardava, dalla posizione che occupavamo al nostro progetto di trasferimento. Io, al contrario, riuscivo a sapere pochissimo dei nemici, perché la maggior parte della nostra gente era demoralizzata, impaurita ed aveva paura di compromettersi. E per questa ragione non mi era possibile trovare le guide, anche pagandole bene".** [901]
Comunque Garibaldi per l'esplorazione ha impiegato in maniera molto valida la cavalleria.

Venezia, 2 luglio 1849

---

morente causa potesse allora essere sostenuta, la risoluzione di Garibaldi era lodevole assai, perché, primo – 'Fintanto che vi è vita vi è speranza'; secondo: Fin a tanto che il popolo non abbia ben veduto una banda rivoluzionaria paralizzare in campo aperto le manovre di divisioni di truppe regolari immensamente superiori in numero, l'errore di rinchiudere una rivoluzione in una città potrebbe ancora essere ripetuto. Un paese ondulato e pieno di boschi, come la Spagna e l'Italia, è molto adatto a simile iniziativa." Da: "Compendio del volontario" cit. nota pag. 20.
[900] G. Garibaldi: "La vita, ecc.", cit., pag. 102.
[901] G. Garibaldi "La vita, ecc.", cit. pag. 102. Continua: **"I nemici, guidati da esperte guide, (….) ci trovavano sempre, ma per fortuna noi eravamo ogni volta accampati in una postazione sicura e non avevano il coraggio di attaccarci. Ma ci stancavano comunque, costringendoci a viaggiare sempre di notte, e ciò aumentava naturalmente il numero di coloro che disertavano. Andammo avanti così per un bel pezzo, senza che il nemico fosse capace di attaccare e sconfiggere la nostra piccola colonna. (….) Ma era chiaro che, a causa dell'ostilità dei preti, la situazione diventava giorno per giorno più delicata. E difatti non tardammo a sentire l'ostilità crescente in tutte le province italiane."** Ivi, pagg. 102 e 103.

Oggi, a Venezia, si può ammirare uno spettacolo straordinario: il primo tentativo di bombardamento aereo. Alcune mongolfiere sorvolano una parte della città. Fra loro sono collegate e fanno cadere strani ordigni esplosivi che non producono gravi danni. Un tentativo finito in un nulla di fatto, che non sarà ripetuto.

Sono, ovviamente, diversi gli effetti dei bombardamenti di artiglieria, sempre più intensi, quasi rabbiosi. Migliaia di proietti cadono su una parte della città, dato che le gittate dei pezzi non consentono di colpire tutta l'area urbana.

Roma, 3 luglio 1849

Il presidente della Costituente è Carlo Luciano Bonaparte, grande sostenitore della Repubblica, che apre la seduta. Oggetto: approvazione della Costituzione. Con calma, procede la discussione. Intanto, lentamente, entrano in città i francesi. La Costituzione viene promulgata al cospetto di una grande folla, silenziosa, che, nella solennità dell'atto, si scopre, testimoniando la sacralità dell'atto stesso.

La Republica crolla ma non si arrende ed intende lasciare a tutti, anche ai posteri, un messaggio che chiarisca l'essenza della sua eticità politica ed amministrativa. Deve cedere alla violenza, ma intende testimoniare i suoi principi nazionali e democratici anche a coloro che duramente l'avversano. Ciò che viene approvato appare anche oggi moderno, nel XXI secolo. A parte il suffragio universale ed altre disposizioni importanti, è interessante ricordare gli otto principi fondamentali:

I – La sovranità è per diritto eterno nel popolo. Il popolo dello Stato Romano è costituito in repubblica democratica.
II – Il regime democratico ha per regola l'eguaglianza, la libertà, la fraternità. non riconosce titoli di nobiltà, né privilegi di nascita o casta.
III – La repubblica colle leggi e colle istituzioni promuove il miglioramento delle condizioni morali e materiali di tutti i cittadini.
IV – La repubblica riguarda tutti i popoli come fratelli: rispetta ogni nazionalità: propugna l'italiana.
V – I Municipii hanno tutti eguali diritti: la loro indipendenza non è limitata che dalle leggi di utilità generale dello Stato.
VI – La più equa distribuzione possibile degli interessi locali, in armonia coll'interesse politico dello Stato è la norma del riparto territoriale della repubblica.
VII – Dalla credenza religiosa non dipende l'esercizio dei diritti civili e politici.
VIII – Il Capo della Chiesa Cattolica avrà dalla Repubblica tutte le guarentigie necessarie per l'esercizio indipendente del potere spirituale.

Alle 19.00 l'Assemblea deve sciogliersi definitivamente. Ma prima approva la seguente deliberazione:

"(....) l'Assemblea costituente romana protesta in faccia all'Italia, in faccia alla Francia, in faccia al mondo incivilito, contro la violenta invasione della sua sede, operata dalle armi francesi (....)"[902]

Mazzini non lascia Roma e rimarrà in essa per altri otto giorni. Non cerca di nascondersi. E' forse l'unico momento della sua vita in cui è oppresso da una grave crisi. Si sente responsabile della grave sconfitta. Una responsabilità determinata da astratte valutazioni di carattere ideologico. Aveva reputato che la Francia, essendo una Repubblica, non avrebbe potuto attaccare, contro la sua stessa Costituzione, un'altra Repubblica o, comunque, con essa avrebbe dovuto trovare un compromesso accettabile.

Se alla vittoria iniziale della Repubblica romana del 30 aprile fosse seguito un adeguato sfruttamento del successo i francesi sarebbero stati vinti. L'accettazione della richiesta di armistizio del generale Oudinot, presentata come premessa di un possibile accordo, ha distrutto la bella costruzione istituzionale repubblicana. Di certo, l'ipocrisia e la falsità della politica francese hanno indotto i triumviri ad essere sicuri di poter risolvere il problema pacificamente ma, a conti fatti, hanno peccato di ingenuità, causando effetti tragici. La particolare situazione psicologica di Mazzini in quelle ore è stata descritta così da una seguace convinta e partecipe come Jessie White Mario[903]:

"La caduta di Roma fu per Mazzini tale una catastrofe che egli non potè su le prime rassegnarsi a crederla vera o irreparabile. Un tumulto di passioni gli invadeva l'anima; errava tra i morti insepolti, tra le rovine di quella città che fu il sogno dei suoi giovani anni, 'la religione dell'anima sua', di quella Roma che pur jeri risollevandosi sul suo passato era tornata l'espressione più alta della coscienza nazionale. (....) egli ai pochi amici i quali, paventando per lui o la pazzia o le vendette dei preti e dei francesi lo supplicavano di partire, rispondeva e pregava 'Se mi amate lasciatemi morire con Roma'. Poi, mescolandosi fra il popolo, cupo, sprezzante, fremente di sdegno, cercava illudersi che un 'leva leva' fosse ancora possibile; o che i

---

[902] La protesta viene formulata ai sensi della stessa Costituzione francese, che, all'articolo quinto del preambolo, garantiva di rispettare le nazionalità estere, di non effettuare guerre di conquista e di non agire mai contro la libertà dei popoli. Il compilatore del testo è Quirico Filopanti.

[903] Jessie Meriton White, poi anche Mario, a seguito del matrimonio con Alberto Mario (1857), è nata a Portsmouth nel 1832. Dopo aver conosciuto Mazzini a Nizza, nel 1855, ha partecipato alla rivoluzione italiana, abbandonando una famiglia ricca – il padre era armatore – gli studi di filosofia ed il tentativo di divenire medico. Giornalista, conferenziera, brillante storica del Risorgimento (sarà biografa di Garibaldi, di Mazzini, di Nicotera, di Bertani, di cui è stata aiutante nella cura dei feriti) filantropa (Carducci la definirà: "l'unico scrittore sociale in Italia"), parteciperà a tutte le campagne garibaldine, anche in terra di Francia. Fra i numerosi seguaci di Mazzini è stata una delle più coerenti e fedeli. Morirà a Firenze nel 1906.

militi accantonati fuori di città potrebbero, riposati e riordinati, gittarsi a sorpresa sul nemico dentro. 'Pazzi e rovinosi consigli' lo dice egli stesso; ma in quei giorni tutte le potenze dell'anima sua non vivevano che d'una idea: ribellione ad ogni patto contro la forza brutale 'che, in nome di una repubblica annientava, non provocata, un'altra repubblica.' Ma quel dolore e quello sdegno ribollente, a poco a poco dieder luogo al solenne proponimento di ridestare in tutta Italia quella vita novella che la Francia non aveva spenta, ma battezzata di gloria e di sangue, in Roma." [904]

In effetti l'esperienza della caduta di Roma ha rappresentato un crollo delle aspettative nazionali, considerando l'importanza che ha avuto la Repubblica sia per la sua qualità giuridica e politica, sia per essere uno Stato nuovo, conseguito nonostante difficoltà quasi ostative. Perciò per l'Italia gli effetti della fine della Repubblica romana sono stati ancora più gravi di quelli successivi alle sconfitte di Custoza e di Novara ed allo stesso crollo della Repubblica di Venezia. Ma il nuovo Stato nazionale e sociale ha lasciato un monito, un esempio, la dimostrazione che l'unità e l'indipendenza erano possibili. Così, alla fine, la battaglia per la difesa della Repubblica ha fatto nascere ulteriori speranze e nuove certezze.

La Repubblica romana ha espresso, compiutamente, le idee mazziniane inerenti il popolo, la Nazione e lo Stato. Un'impostazione ideologica interessante e tuttora attuale della Nazione intesa come: sintesi di vitali interdipendenze; unico punto di collegamento fra individuo ed umanità; essenza storica di un popolo; testimonianza della volontaria e costruttiva partecipazione delle masse popolari; espressione di aspetti culturali che esprimono e rafforzano la comunità; insieme di aspetti morali che evidenziano che la vita di ciascuno è sacrificio, addirittura dolore, perciò deve esprimere un senso quasi mistico del dovere, connesso al rispetto degli altrui diritti.

L'essenza del nuovo Stato si è manifestata come generale rinnovamento unitario, partecipe e sinergico dei vari ceti e classi, degli interessi differenziati, delle diversità sociali, dei singoli individui che, attraverso una rivoluzione totale, avrebbero dovuto costruire un uomo atto a superare le difficoltà poste dal progresso della scienza, dell'economia, della tecnica. Una rivoluzione che, essendo nazionale, ha inteso essere, al tempo stesso, liberazione dalla fame, dalle malattie, dalle difficoltà economiche, attraverso la realizzazione di istituti sempre più adeguati. Si era convinti che tali istituzioni, rafforzando adeguatamente la Nazione, potessero salvaguardare gli interessi reali del popolo. Una liberazione nazionale e sociale, quindi, funzionale alla nascita di un essere umano e di una società nuovi.

---

[904] Jessie White Mario: "Della vita di Giuseppe Mazzini", Sonzogno, Milano, 1891, pag. 343.

E' evidente che i principi liberali su cui sarà fondato il Regno d'Italia evidenzieranno, purtroppo, criteri ben diversi, che peseranno negativamente sulla nascita e sullo sviluppo dello Stato e sul progresso delle condizioni popolari.

Per il popolo romano la caduta della Repubblica costituisce una situazione quanto mai surreale. Il principe Chigi la ha sintetizzata così: **"Nella notte una porzione di truppa francese è entrata pacificamente in città per le porte di S. Pancrazio, Angelica, ecc. ed ha stazionato al fontanone di ponte Sisto, a quello di Borgo, ecc.. Garibaldi con tutti quelli che l'hanno seguito, si dice abbia preso la direzione di Tivoli. I Lombardi pare abbiano preferito di restare. Fino alle 3 pomeridiane circa tutto era passato tranquillamente, quando degli attruppamenti di gente, cui erano misti dei militari, hanno preso ad inveire contro delle persone che loro pareva avessero delle relazioni coi Francesi, e ne hanno uccise (si asserisce) cinque, tra le quali un prete. In seguito a ciò alle 5 si è presentato un distaccamento francese, che in piazza Colonna è stato accolto da alcuni gruppi che gridavano "Evviva la Repubblica romana" quali gruppi sono stati dalla truppa dispersi. Circa poi le 7 è entrato in Roma il Generale Oudinot con un fortissimo corpo di truppa, cavalleria e artiglieria, al cui passaggio per piazza Colonna si sono replicati i sudetti "evviva" ed al passaggio del Generale si sono sentiti alcuni fischi, dappresso i quali il Generale stesso ha voltato faccia con alcuni soldati di cavalleria e tutti si sono dati a precipitosa fuga (….) Ieri mattina fu trasportato con gli onori militari a S. Lorenzo in Lucina, sua parrocchia, il corpo del Colonnello Manara.**

Venezia, 6 luglio 1949, notte

Gli austriaci tentano un nuovo tipo di attacco, un colpo di mano per ridurre l'azione delle batterie dei forti. In particolare il loro obiettivo è la batteria Sant'Antonio. L'uso di un brulotto[905], fatto scoppiare su una parte della struttura ed un attacco effettuato di sorpresa di sessanta uomini provenienti dalla parte opposta della struttura stessa hanno favorito, inizialmente, l'azione austriaca, ma un contrattacco di cinquanta gendarmi presenti nella struttura ed i tiri di altre batterie hanno distrutto il reparto attaccante. Così la batteria ha ripreso a sparare. Dopo tale esperienza gli austriaci non hanno effettuato più azioni simili.

Roma, 7 luglio 1849

I francesi, sempre con grande lentezza, completano l'occupazione della città. Hanno timore di azioni di guerriglia, anche perché sono stati trovati accoltellati alcuni militari francesi

---

[905] Un piccolo natante pieno di esplosivo diretto contro una nave o una struttura litoranea al fine di farle esplodere.

dediti ai furti o al disturbo delle donne. L'intero Trastevere è ormai occupato, è in corso l'occupazione del corso e del centro.

Da Terni ad Arezzo, 8 - 23 luglio1849, l'azione di Garibaldi

Partenza da Terni, verso Perugia. Arrivo a Todi (PG), la sera dell'**8 luglio,** rimanendo fuori dal centro cittadino. Pernottamento. Alla mattina del **9 luglio**, superamento del Tevere a Pontecuti, proseguendo verso Ovest, a Prodo, frazione di Orvieto (TR) e, poi, arrivo al centro di quest'ultima città. Successivamente ripresa della marcia, questa volta con direzione Nord, arrivando a Ficulle (TR) e proseguendo per Salci, frazione allora prospera[906] di Città della Pieve (PG).

Il **16 luglio,** a mezzanotte, arrivo a Salci. Poi la colonna entra nel Granducato di Toscana a Palazzone e, procedendo verso Nord, sotto una terribile pioggia, alle 10.00 del **17 luglio,** arriva a Cetona (SI). Termina l'inseguimento dei francesi, degli spagnoli e dei duosiciliani. In allarme i reparti austriaci. Ottima accoglienza da parte del gonfaloniere Rodolfo Gigli e della popolazione. L'amministrazione concede rifornimenti e mille scudi. La permanenza finisce alle ore 16.00 del giorno **18 luglio**, quando Garibaldi lascia Cetona, si dirige verso Nord e, dopo una breve marcia, fa accampare la colonna su un monte vicino a Sarteano (SI), dove rimane fino alla mattina del **19 luglio**, quando riprende la marcia e, dopo circa dieci chilometri passa per Chianciano (SI) continuando per Sant'Albino[907]. Poi, il **20 luglio**, percorre i pochi chilometri per Montepulciano (SI). Il territorio della Toscana è meno condizionato dalle parrocchie e Garibaldi pensa di poter provocare una diffusa ribellione. Purtroppo anche nell'area senese il condizionamento della presenza austriaca, con la fama delle sue crudeltà, è notevole. Peraltro bisogna considerare l'importanza, per l'opinione pubblica e, quindi per la partecipazione popolare, delle sconfitte subite dalla rivoluzione sia in Toscana che a Roma. Non vi sono, di conseguenza, adeguate risposte ad un proclama che Garibaldi pubblica a Montepulciano. Grande la simpatia, cordiale l'accoglienza ma il timore blocca le adesioni.

Alla sera del giorno **20 luglio** la colonna parte da Montepulciano e arriva a Torrita di Siena, a circa dieci chilometri da Asinalunga (PG). [908] Garibaldi raduna i suoi ufficiali e precisa che, come non è stato possibile provocare una rivolta generale nel territorio dell'ex Repubblica romana, così anche nel Granducato le difficoltà sono analoghe. Quindi le finalità della loro azione si concentrano sul tentativo di arrivare a Venezia. Per di più in fretta, data la situazione della Repubblica.

---

[906] E' una delle 27 frazioni di Città della Pieve. Ora è completamente disabitata ed in rovina. E' molto bella. Conserva una lapide che rievoca il passaggio di Garibaldi.
[907] Sant'Albino è una frazione del comune di Montepulciano (SI). E' sito ad 880 metri di quota a 3 chiilometri dal centro.
[908] Dal 1864 Sinalunga.

E' il **21 luglio** ed, alle 02.00, il tempo è pessimo, comunque si parte. Così la legione raggiunge la frazione di Bettolle, sempre nel comune di Asinalunga, nella Val di Chiana, proseguendo per Foiano della Chiana (AR), dove si ferma a metà giornata. I reparti sono accolti con applausi. Ma la sosta è breve: il tempo migliora ed alle 15.00 la colonna, oramai di circa 2.000 uomini, riprende il movimento, verso Nord. Obiettivo, Arezzo. Ma al bivio per Castiglion Fiorentino (AR), avendo la cavalleria della legione intercettato un corriere, Garibaldi viene a sapere che il presidio di Arezzo ha chiesto aiuto al comando superiore, non ritenendo di poter resistere ad un attacco. Così verso Arezzo stanno muovendo tre unità austriache, su itinerari diversi. Garibaldi organizza un'imboscata su uno di questi itinerari, all'altezza di Montecchio, sulla strada fra Cortona (AR) e Castiglion Fiorentino, ma il nemico, avendo visto all'altezza di Cortona un nucleo della legione, si ferma. Così Garibaldi prosegue per il vicino abitato di Castiglion Fiorentino. E' sera tardi e la colonna, finalmente, può riposare.

La mattina del **22 luglio** continua la fermata fino alle 16.00. Poi la colonna riparte per Arezzo[909]. Arrivati nei sobborghi si ha notizia che le mura sono presidiate e le porte chiuse. Il gonfaloniere Guadagnoli segue gli ordini del prefetto, anche per la presenza del presidio austriaco. La tensione nella legione è altissima, tanto che la truppa ed anche diversi ufficiali si organizzano per attaccare la città. Garibaldi deve impiegare tutto il suo prestigio affinchè ciò non avvenga. Il comune, comunque, consegna i rifornimenti richiesti. La legione si accampa a Santa Maria delle Grazie, un sobborgo di Arezzo.

Il **23 luglio** Garibaldi intende trascorrere proprio vicino a tale città tutta la giornata, ma prende atto dell'arrivo di un forte contingente austriaco. Così organizza un caposaldo, al quadrivio dell'Olmo, sulla strada che porta da Castiglion Fiorentino ad Arezzo, al fine di ritardare il nemico. La legione è accampata all'inizio della strada anconetana.[910] Inizia il movimento alle 18.00. Avviene uno scontro di una colonna nemica con il reparto schierato all'Olmo. Il movimento dell'avanguardia nemica è rallentanto. Secondo gli ordini ricevuti, approfittando del fatto che i nemici si sono fermati, i legionari rompono il contatto e seguono il grosso di cui fungono da retroguardia[911].

---

[909] Sull'attuale strada statale n. 71.

[910] L'attuale strada statale n. 73.

[911] Bisogna tener conto che i componenti della legione che rimanevano indietro o che, comunque, erano isolati, venivano fatti prigionieri e fucilati dagli austriaci. Molti parroci organizzavano squadre di contadini al fine di consegnare agli imperiali eventuali prigionieri o feriti. Garibaldi ha narrato del vescovo di Chiusi i cui uomini erano riusciti a catturare due esploratori. Lui, di conseguenza, ha fatto arrestare alcuni frati, per uno scambio, minacciando la loro fucilazione. Ma il vescovo non ha dato importanza al problema, facendo sapere che in Italia vi è molta stoffa per fare dei frati. Così Garibaldi, dovendo partire, ha liberato i frati, mentre i due suoi uomini probabilmente sono stati fucilati. (vds: G. Garibaldi: "La vita, ecc.". cit. pag.103).

Viene attraversato Palazzo del Pero, una frazione di Arezzo, ed effettuata una fermata dalle 23.00 alle 02.00 del **24 luglio.** [912]

Civitavecchia, 13 luglio 1849

Mazzini è rimasto nel territorio romano tutti questi giorni, dalla caduta della Repubblica. Tramite il console a Roma Brown il governo degli Stati Uniti gli ha fatto pervenire i necessari documenti a nome di mister George Moore ed un prestito. Si ferma in città in attesa di un imbarco.

Rastatt (Baden), 12 – 23 luglio 1849

Dopo undici giorni di assedio la guarnigione ribelle si arrende. Gli ufficiali pensano di essere trattati dall'esercito prussiano nel quadro degli usi e delle regole che impongono ai vincitori di rispettare i vinti. Il comandante della fortezza, secondo gli usi tradizionali, cede la sciabola al vincitore, che, però, lo manda a quel paese facendolo fucilare e buttandone il cadavere in una fossa comune.

Infatti i militari rivoluzionari non hanno capito che proprio il notevole numero degli ufficiali pussiani passato ai ribelli, dimostrando che fra essi è diffuso il comunismo, costituisce una grave macchia per il principe Guglielmo e per il suo comando. Costoro reputano, quindi, che bisogna dare una lezione definitiva ai militari dei vari gradi che si sono schierati con la rivoluzione. Quindi i capi (comunque non solo i capi) sono fucilati.

Hegyes, 14 luglio 1849

Il generale Guyon [913] attacca il bano Jellacic in marcia verso Hegyes. La battaglia inizia alle 02.00 di notte. Gli austriaci – diciamo i croati - sono sconfitti. Jelacic deve ritirarsi rapidamente.

---

[912] Ha scritto Giovanni Marradi ("Rapsodie garibaldine", cit., pag. 31).
> **Tutto quel luglio andò così, più scarsa**
> **di giorno in giorno, la fedel Coorte,**
> **trafelata, affamata, assetata, arsa,**
> **da quattro eserciti inseguita a morte (....)**
> **sotto la fiamma della gran calura,**
> **via, d'ansia in ansia, d'agguato in agguato**
> **per impervio selvaggio erto cammino**
> **dietro al suo Duce come dietro al fato,**
> **chè nel cor di quel Duce era il destino**
> **d'Italia. (....)**

[913] Richard de Beaufré conte di Guyon, di origine francese, nato in Inghilterra nel 1813. Ha combattuto nelle guerre civili portoghesi. In Austria, nel 1832, è stato nominato ufficiale degli

Roma, 15 luglio 1849.

In data odierna il regime di occupazione francese restituisce formalmente Roma all'autorità papale. Su Castel Sant'Angelo garrisce la bandiera del pontefice. Il **17 luglio** il potere civile passerà ad un consiglio di tre cardinali.

Bisogna rilevare che, a seguito della vittoria, l'azione repressiva dei francesi, contrariamente alle loro tradizioni, è stata sostanzialmente contenuta e attenta a non "far martiri" ed a riprendere i rapporti con la popolazione. Ciò soprattutto per le disposizioni papali accortamente eseguite dal cardinale Antonio Tosti,[914] nel quadro della politica del segretario di Stato, cardinale Giacomo Antonelli.

Piove di Sacco (PD), 15 luglio 1849

Dopo un rapido processo, nel primo pomeriggio sono fucilati cinque cittadini. Tre di essi: Giuseppe Bullo, pescatore, Vincenzo Signoretto, pescatore, Angelo Monticello, muratore sono stati condannati a morte per aver tentato di portare viveri e bestiame a Venezia assediata. Gli altri due, Luigi Fernaioli, contadino e Antonio Marcolin, falegname perchè il Fernaroli avrebbe dato alcune lettere da recapitare in città a Marcolin, che le avrebbe accettate. Cosa, questa, ritenuta dagli austriaci di capitale importanza, addirittura per loro degna di una condanna a morte. Al solito, il terrore costituisce un normale mezzo di gestione amministrativa dell'Impero.

Civitavecchia, 16 luglio 1849

---

usseri e, poi, aiutante di campo del generale barone Splényi, di cui ha sposato la figlia nel 1838. Nel 1848 si è schierato con i rivoluzionari ungheresi, risolvendo alcune gravi "inadeguatezze" di Gorgey (al passo di Branyisko) e, poi, combattendo il 29 settembre 1848 a Pàskod e il 30 ottobre 1848 a Schwechat. Per il suo comportamento nella battaglia di Kapolna, nei giorni 26 e 27 febbraio 1849, è divenuto generale. Continuerà a dare un valido contributo all'honved ungherese. Dopo la sconfitta passerà alle dipendenze dell'Impero ottomano come generale di divisione e governatore di Damasco, con il nome di Kourshid Pasha. Morirà di colera nel 1856, mentre contribuirà ad organizzare l'esercito turco per la guerra di Crimea

[914] Antonio Tosti è nato a Roma nel 1776. Ha studiato giurisprudenza e teologia. Successivamente ha insegnato diritto e filosofia. Cardinale nel 1838, incaricato di affari nel Regno di Sardegna, è stato amico di Cavour. Al rientro a Roma ha avuto vari incarichi, Successivamente è stato nominato per un lungo periodo, undici anni, tesoriere generale della camera apostolica ed ha gestito le finanze vaticane, con buoni risultati. Un secondo incarico è stato da Tosti ricoperto per diciannove anni. Presidente dell'ospizio apostolico: iuna scuola professionale di livello impotante. Durante la Repubblica romana è rimasto a Roma. E' stato bibliotecario della biblioteca apostolica dal 1860 al 1866, anno in cui è morto a Roma.

Mazzini parte per Marsiglia, con l'intenzione di proseguire per la Svizzera. Arriverà a Ginevra e l'incontro con molti emigrati pieni di amarezza e di rancore gli farà bene. Rientra subito nella battaglia politica. Risponde, polemizza, programma, riprende il suo ruolo e la sua funzione storica.

Proverà difficoltà solo in un caso: parlare con coloro che, abbattuti e presi dal pessimismo, asseriranno che sarebbe stato meglio – e più utile per la causa – morire a Roma.

Venezia, 20 luglio 1848

Da Tre Porti una sortita attacca Cavallino: il reparto torna con cento buoi.

Chioggia (Brondolo), 22 luglio1849

Altra sortita di un reparto di 1.000 uomini che attacca gli austriaci in profondità. Sono sequestrati, fra l'altro, 300 buoi.

Da Arezzo a Macerata Feltria (PU), 24 - 30 luglio, l'azione di Garibaldi

Partito da Arezzo, superato il valico dello Scopettone, Garibaldi e la legione, alle 02.00 del **24 luglio** proseguono per la località Ranco di Arezzo, dove si fermano per il rancio, e, poi, proseguono per la piccola frazione di Le Ville[915], al bivio di Monterchi (AR), arrivando, alla fine, a Citerna (PG). Escono, quindi, dalla Toscana e ritornano in Umbria.

Citerna è una posizione molto forte, che domina l'alta valle del Tevere, anche se è a quota 480 metri. La legione è acquartierata in due conventi, uno dei cappuccini, l'altro degli osservanti. Il **25 luglio** la cavalleria della legione è inviata in tutte le direzioni, dato che la presenza austriaca si fa sempre più vicina e consistente. Don Ugo Bassi, con una pattuglia, arriva fino a Città di Castello (PG), dove reperisce indumenti (oramai i suoi sono tutti stracciati) ed armi. Viene applaudito ed alla folla che lo acclama chiede di non gridare "Viva padre Bassi", ma "Viva la Patria! Viva l'Italia libera!". Poi rientra a Citerna coi cavalieri della pattuglia, rendendo noto che 800 austriaci sono alle porte di Città di Castello, seguiti da altri 400 uomini. Le altre pattuglie comunicano che un reparto di 2.000 imperiali è partito da Arezzo.

Il **26 luglio** gli austriaci sono a Monterchi, quindi a pochi chilometri da Citerna. Vi è uno scontro con gli avamposti della legione. Ciceruacchio va con un plotone di cavalleria

---

[915] Ciceruacchio chiede a Garibaldi di fermarsi nelle poche case di Villa, mentre passa la colonna. Vuole, infatti, fargli conoscere un amico, il sacerdote, colto e molto stimato, don Antonio Alberti, vicino alle posizioni nazionali. L'incontro è simpatico e interessante.

rinforzato a Sansepolcro. Viene ricevuto con particolare entusiasmo. Gli chiedono di fare un disorso, ma lui precisa che sa parlare, ma non è un oratore. Invita tutti a gridare: "Viva Cristo repubblicano!".

A Citerna tutto è pronto per la partenza ed all'imbrunire la legione inizia a muovere. La colonna scende nella valle del Tevere, a Piastrino. Poi attravesa il fiume e risale sulla sponda opposta, fino a quota 336, a San Giustino (PG)[916], dove arriva alle prime ore del **27 luglio**. I legionari ricevono un'accoglienza fra le più entusiaste. Il partito nazionale è ben organizzato ed è diretto dal farmacista, dottor Roti. Ottimi gli approvvigionamenti.

Garibaldi lascia un messaggio cordiale e grato alla popolazione. Intende superare il crinale appenninico, superando il passo di Bocca Trabaria, a 1.049 metri. Bisogna, quindi, riposarsi, attendere il ritorno delle varie pattuglie sparse sul territorio – fra le altre anche quella di cui fa parte Ciceruacchio – e, poi, "attaccare" e superate il passo.

A sera inizia il cammino. A mezzanotte viene raggiunto il passo, dove i legionari mangiano e riposano. Il **28 luglio** riprende il movimento verso Urbino, con fermata a Mercatello sul Metauro (PU). Il **29 luglio** la marcia viene rallentata: sono percorsi solo otto chilometri fino a Sant'Angelo in Vado (PU), ma gli austriaci incalzano e vi è uno scontro. Garibaldi pensa che il comando austriaco intenda chiuderlo nell'area di Urbino, dove vanno confluendo le varie colonne nemiche. Così cambia la direzione del movimento. Non più ad Ovest, ma a Nord, uscendo dalla probabile trappola.

Rapido il movimento, duro il cammino: sono circa 35 chilometri e la colonna arriva, a sera tardi, a Macerata Feltria (PU), a circa 18 chilometri dalla Repubblica di San Marino. Garibaldi ha deciso di entrare nella Repubblica per parlamentre con il comando austriaco, al fine di salvare i suoi uomini, che non possono arrivare tutti a Venezia. Bisogna far presto e molti uomini – sono ora circa un migliaio - sarebbero un impedimento. Il **30 luglio** esplorazione per valutare nella maniera migliore il da farsi. Il **31** si marcia verso San Marino.

Firenze, 28 luglio 1849

---

[916] I confini fra Granducato di Toscana e Stato pontificio in quell'area non seguivano con esattezza quelli regionali odierni. San Giustino è vicino a Sansepolcro, ma apparteneva alla Chiesa, Sansepolcro, invece, al Granducato. In zona vi è stata, in passato, una gran confusione, dopo che, nel 1441, papa Eugenio IV ha ceduto il territorio di Sansepolcro alla Repubblica di Firenze. Una piccola area non è stata inserita in nessuno dei due Stati per un'equivoco topografico e su tale area è stata costituita la Repubblica di Caspaia - fiorente per la manifattura dei tabacchi - riassorbita nello Stato della Chiesa solo nel 1826. Caspaia è ora una frazione del comune di San Giustino.

Solo oggi il granduca Leopoldo II torna a Firenze. Trova, però, una situazione del tutto nuova: anche i moderati di Bettino Ricasoli non intendono collaborare come prima.

La reazione del granduca è grave. Reputa di essere legittimato a non tener conto delle garanzie in precedenza concesse. Non tiene conto della Costituzione. Anzi impone addirittura la riduzione delle libertà – come quella di stampa – concesse prima del 1848. Il cosiddetto "padre di famiglia" mostra di sentirsi offeso per l'operato dei suoi ex "diletti figli". In realtà non ha compreso ciò che realmente è successo e non ha saputo analizzare il sostanziale cambiamento dei rapporti politici, sociali e ideologici toscani. Cercherà di rafforzarsi, non solo utilizzando smaccatamente i rapporti di parentela con gli Asburgo, ma anche riorganizzando le strutture dello Stato, accentrando le istituzioni: un'unica banca nazionale, l'istituzione della Corte dei conti, ecc. Spera, così, di far fronte al generale malcontento popolare.

Fra dieci anni si potrà constatare l'entità del potere residuo di Leopoldo II. Di fronte al potente movimento unitario dell'Emilia e della Toscana il "padre di famiglia" dovrà prendere atto che potrà fare una cosa sola: montare su una carrozza e scomparire per sempre, accompagnato dalla grande civiltà dei fiorentini, che lo saluteranno allegramentee. Però non pagherà per le infamie dell'intervento austriaco.

Venezia, 28, 29, 30 luglio 1849

Sono stati ristrutturati gli affusti delle bocche da fuoco delle batterie austriache per poter utilizzare una maggiore gittata. E' stato effettuato un rifornimento enorme di palle, granate, racchette. Il comando austriaco cerca comunque di far sparare in profondità, allungando le gittate più di quanto consentano gli affusti. In altri termini tendono a sparare con le volate[917] dei pezzi ad angolazioni il più possibile verticali, costruendo delle specie di culle - o slitte - in legno su cui sono posate le bocche da fuoco, naturalmente con grande pericolo per i serventi.

Durante la notte inizia un bombardamento ancora più duro di quello dei giorni precedenti. Dopo i primi momenti di panico la popolazione si organizza, i pompieri intervengono, le case colpite sono sgomberate.

Per tre giorni la città viene duramente bombardata. Dal punto di vista storico bisogna riconoscere agli austriaci il "merito" di avete attuato il primo bombardamento terroristico della storia. Alla fine gli spari si attenuano in intensità, per una necessaria riorganizzazione

---

[917] Parte anteriore del pezzo, da cui parte il proietto. Alzando la volata aumenta la gittata. Soprattutto in quell'epoca bisognava tener conto delle caratteristiche dell'affusto, dell'intensità della carica e della resistenza della bocca da fuoco.

logistica. Il comando austriaco è sicuro di aver distrutto la città e la volontà di resistenza dei cittadini. Un dato successivo al bombardamento accennato, riferito al periodo fra il 29 luglio ed il 22 agosto, rende bene l'entità dei fatti accaduti: i colpi sparati dagli austriaci saranno 23.000. Ma la resistenza continua.

Venezia, 28 luglio 1849

Riunione dell'assemblea permanente. Aumentano coloro che reputano impossibile continuare la resistenza. Ma ad una richiesta di parere da parte di Manin si oppongono decisamente non solo Gerolamo Ulloa e Giuseppe Sirtori bensì anche il moderato, ma sempre coerente, avvocato Avesani. Viene approvata la resistenza ad oltranza.

Szeged (Ungheria), 29 luglio 1849

In relazione alle disposizioni governative del 29 giugno, non è stato possibile riunire la massa delle forze a Szeged. Invece di 100.000 uomini ne sono arrivati solo 40.000: 13.000 del generale Guyon e 27.000 del generale Mòr Perczel.

Il governo pone le forze disponibili agli ordini del generale Henryk Dembinski [918] per bloccare l'avanzata del generale Haynau (46.000 uomini).

Le posizioni ungheresi sono rafforzate da opere campali. Le condizioni sono molto buone per la difesa. Viene allertata la legione italiana che, con altre forze[919], costituisce una divisione, agli ordini del colonnello Monti[920], inquadrata nel corpo d'armata del generale Guyon.

Repubblica di San Marino, 31 luglio, l'azione di Garibaldi.

Il **31 luglio** la colonna parte per il territorio della Repubblica di San Marino. Una deputazione va incontro a Garibaldi, dichiarando la disponibilità del governo ad accogliere la legione. Ma, all'improvviso, vi è un attacco austriaco. Una pioggia di razzi. La colonna si sbanda. Il colonnello Forbes e la stessa Anita si sforzano di organizzare un valido

---

[918] Henryk Dembinski, nato nel 1791, è entrato nell'esercito polacco nel 1809, combattendo nell'esercito napoleonico durante la campagna di Russia, fino alla battaglia di Lipsia. Comandante in capo delle forze rivoluzionarie polacche nel 1830. Alla fine della rivoluzione ungherese riparerà all'estero, risiedendo per un lungo periodo a Parigi. Morirà nel 1864.

[919] I Cacciatori, il 90° battaglione, le brigate del colonnello Zambelli, reparti di cavalleria, oltre alla Legione italiana. Si tratta di 26 compagnie di fanteria e di 9 squadroni di cavalleria, oltre ad una batteria di otto pezzi.

[920] Di conseguenza la Legione è comandata dal capitano di cavalleria Giuseppe Decarlini, promosso maggiore, che, precedentemente, comandava lo squadrone italiano dei cavalleggeri Kress, da poco uniti alla Legione.

schieramento. Il gruppo degli artiglieri costituisce un piccolo caposaldo con il cannone faticosamente portato da Roma, che spara in continuazione. Accorre Garibaldi. Gradualmente la situazione si normalizza e Forbes assume il comando della posizione.

Intanto la Repubblica ha intavolato trattative con il comando austriaco, che chiede il disarmo della legione e il rientro alle loro case degli uomini, oltre all'impegno di Garibaldi di tornarii in America. La garanzia per gli uomini può essere credibile, quella per Garibaldi molto meno. Pertanto viene accettato l'accordo per la massa dei legionari, mentre un quarto circa di essi continuerà a combattere, dirigendosi a Venezia. Sono circa 250.

Le condizioni di Anita sono sempre più gravi. Il marito la obbliga a rimanere a San Marino, ma lei afferma che non lo lascerà mai. E non c'è verso di persuaderla.

Dalla Repubblica di San Marino a Cesenatico, a Mandriole e a Sant'Alberto di Ravenna, dal 1° agosto al 4 agosto 1849, l'azione di Garibaldi

Garibaldi parte durante la notte del **31 luglio** con il gruppo dei più decisi che non intendono abbandonarlo. Direzione: l'Adriatico. Bisogna definire in quale porto recarsi. Inizialmente Garibaldi gira nella campagna per acquisire informazioni. Così incontra un giovane forlivese, carrettiere, sveglio e ben informato. Si chiama Galoppini ed è favorevole alla rivoluzione. Garibaldi si fida. Gli fa esplorare l'area e trovare alcune guide. Aumentano, quindi, le informazioni e la destinazione diviene chiara. Bisogna andare al porto di Cesenatico (FC). La strada, quindi, è lunga. Si marcia per tutta la notte e l'intero **1° agosto**. Si arriva al Rubicone poco a Nord di Savignano (FC). Si prosegue per Gatteo (FC) ed, alla fine, si arriva a Cesenatico.

Due incontri con gendarmi sono risolti con decisione, disarmandoli. Finalmente si arriva al porto. Sono individuati alcuni bragozzi.[921] Ma il mare è molto agitato. Un primo tentativo non consente di uscire dal porto. Passa il tempo. Un secondo tentativo riesce. Sono sequestrati e preparati tredici bragozzi. Il colonnello Forbes vigila alla periferia per controllare eventuali attacchi. Tutto calmo perché bene organizzato. S'imbarca per ultimo[922]. La quantità di viveri chiesti all'amministrazione locale è scarsa. L'acqua potabile

---

[921] Barche da pesca venete, fornite di ponte e due alberi, con prua e poppa tondeggianti, decorate.

[922] Così Forbes racconta l'occupazione di Cesenatico: "**Allorquando nella sera del 1 agosto 1849 la 1 e la 2 Legione Italiana arrivarono a Cesenatico, ridotti a soli 291 uomini, Garibaldi ordinò all'autore di questo lavoro, che comandava la seconda Legione, di prendere i provvedimenti necessarii alla difesa, mentre egli stesso si occupava dell'imbarco. Questi (l'autore) nascose due soldati in imboscata sopra ogni strada che conduceva alla città, ma a 20 o 30 passi più lontano che le sentinelle avanzate, con ordine ad essi di lasciar passare a chiunque si recasse verso la città, ma *niuno sortire* né *ritornare in fuori*; ed ordine alla sentinella avanzata di arrestare chiunque tentasse di passare da qualunque sia parte; cosicchè tutti quelli che venivano dal di fuori erano tranquillamente presi prigionieri. Per tal modo la presenza di Garibaldi in Cesenatico fu mantenuta occulta agli Austriaci per undici ore intiere, mentre questi vi si**

è ancora in quantità minore. Anita sta sempre peggio. In navigazione si ha, finalmente, la sensazione di un certa libertà, dato che non si è più condizionati dall'ossessiva vicinanza delle colonne nemiche.

Intanto il tempo è passato, ed è il mattino del giorno **2 agosto.** Il mare si è calmato ed il vento è favorevole. La navigazione procede verso Nord. Il tempo è sempre più bello. Bisogna dire che purtroppo lo è, dato che la successiva notte è chiara, con una luna splendida, quindi il contesto è pericoloso. I bragozzi sono quasi all'altezza di Goro (FE), quando, in lontananza, si staglia un brigantino austriaco, l'"Oriente". Garibaldi cerca di dirigersi verso la costa per uscire dalla scia illuminata dalla luna, ma il nemico incomincia con razzi e cannonate ad attaccare, allertando altre eventuali navi austriache. Infatti poi arrivano anche due golette. Garibaldi riesce a sfilare lungo la costa ma gli altri bragozzi entrano in confusione, addirittura alcuni retrocedono, e lui non intende abbandonarli. Così il movimento dei vari natanti diviene confuso.

Al mattino del **3 agosto,** si trovano accerchiati nel golfo di Goro. Gradualmente alcuni bragozzi si arrendono e, per gli altri, diviene necessario andare verso la costa, dove arrivano solo quattro imbarcazioni sulla spiaggia poco a Nord del porto di Magnavacca[923]. I bragozzi ancora in mare sono catturati. La situazione è drammatica. Anita è morente.

Tutti chiedono cosa fare. L'unica cosa è dividersi in piccoli gruppi cercando di occultarsi nelle paludi. Un gruppo è con don Ugo Bassi e con il capitano Livraghi[924], dei reparti di Montevideo. Un altro con Ciceruacchio, i due figli, don Ramorino e il capitano Parodi, venuto anch'egli da Montevideo.

Garibaldi rimane nascosto in un macchione, mentre il tenente Leggero[925], che non ha alcuna intenzione di lasciarlo, va alla ricerca di un posto adeguato per nascondersi. E qui iniziano,

---

trovavano vicinissimi ed in forza imponente. (....) **Alle ore 8 a. m. dell'indomani (2 agosto), le sentinelle furono ritirate, tutto il resto del corpo avendo già effettuato l'imbarco, e prima che fossero le 9, la città venne occupata da una divisione Austriaca che era stata per varie ore tanto vicina a noi."** da: H. Forbes: "Compendio del volontario", cit. pag.121.

[923] Magnavacca dal 13 aprile 1919 si chiama Porto Garibaldi. Per l'esattezza il vecchio abitato costituisce la parte storica della frazione. Infatti Porto Garibaldi è una frazione di Comacchio (FE).

[924] Giovanni Livraghi è nato a Milano nel 1819. Ha fatto parte della legione italiana di Montevideo. Rientrato in Italia con Garibaldi (che lo chiamava Levrè) ha partecipato alla guerra a Roma e alle azioni in Italia centrale. Fatto prigioniero dagli austriaci a Comacchio, è stato fucilato a Bologna l'8 agosto 1849

[925] Giovanni Battista Culiolo, detto Leggero per la sua agilità unita alla forza, nel 1813 è nato a La Maddalena. Nel 1834, marinaio di prima classe della marina militare sarda, era affiliato alla Giovine Italia. Nel 1839, avendo fatto scalo a Montevideo, ha abbandonato la sua nave entrando nella legione italiana di Garibaldi e prestando servizio nella sua flottiglia. E' stato ferito nella battaglia di Sant'Antonio del Salto. E' rientrato in Italia nel 1848, uno dei 63 esuli venuti con Anzani e Garibaldi. E' uno dei capi dell'attacco alla baionetta a Morazzone. Poi ha seguito Garibaldi in

nel dramma, i momenti fortunati. Leggero incontra un commilitone che, a Roma, aveva avuto un fratello ucciso nell'assedio e, lui stesso ferito, era rientrato in famiglia per curarsi. Proprietario di alcuni terreni nella zona, si era recato sul litorale al rumore delle cannonate, per vedere cosa potesse fare. Si tratta di Nino Bonnet[926], che subito corre da Garibaldi.

E' la prima fase della singolare vicenda del salvataggio di Garibaldi, definita "la trafila". Come si è accennato, da questo momento non sarà più lui a badare a sé stesso ma una serie di persone, gruppi, organizzazioni che lo prenderanno quasi in consegna e, in trentasette giorni, lo porteranno dall'Adriatico al Tirreno. In buona sostanza, per gli austriaci Garibaldi scompare. Bonnet è il primo della serie dei suoi protettori, come il nizzardo stesso ha scritto, precisando che deve a lui la vita. Infatti Bonnet si organizza immediatamente. Prima cosa, bisogna nascondersi in una casupola, dove finalmente Anita ha potuto bere. Poi è necessario spostarsi nella casa di una sorella di Bonnet. Infine, con un carretto con sopra un materasso per Anita, percorrono circa 19 chilometri e giungono alla fattoria Guiccioli alle Mandriole di Ravenna, dove viene interessato un medico sicuro, il dottor Zannini, che subito accorre. In quattro portano il materasso su cui giace Anita al primo piano. Ma Anita è morta. Garibaldi, affranto, non vuole muoversi, ma Bonnet insiste: deve andare con una guida sicura a Sant'Alberto di Ravenna, fuori dalla zona che gli austriaci stanno accuratamente rastrellando. Alla fine Garibaldi viene quasi trascinato via. I proprietari della fattoria seppelliranno Anita[927].

Svizzera ed a Nizza, ma quando è andato a Genova ha rischiato di essere fucilato per l'abbandono della nave a Montevideo. Garibaldi è riuscito a salvarlo e a portarlo con sè a Rieti e, poi, a Roma. Durante l'assedio Leggero dà il meglio di sé, per coraggio, energia e spirito di sacrificio. E' presente in tutti gli scontri importanti. Gravemente ferito ad un piede e ricoverato in ospedale, il 28 luglio fugge e, a cavallo, segue l'itinerario della legione per raggiungere Garibaldi, che incontra solo a Cesenatico. Seguirà Garibaldi nella sua fuga e con lui sarà arrestato a Chiavari e, poi, andrà in esilio. Quando Garibaldi andrà a New York, Leggero si recherà in Costarica, dove diventerà una specie di eroe nazionale combattendo contro le truppe di William Walker (brillante uomo del capitale statunitense che agiva in Centro America, fucilato perché in contrasto con gli interessi inglesi nella zona). In battaglia sarà ferito al braccio destro, che gli verrà amputato. Nella seconda guerra contro Walker combatterà nuovamente, sarà ferito e fatto prigioniero. Nel 1857 diventerà istruttore nell'esercito del Salvador. Partirà per l'Italia nel 1860, ma arriverà in ritardo rispetto all'andamento delle operazioni. Entrerà nell'esercito italiano con il grado di capitano degli invalidi. Si trasferirà a Caprera, con Garibaldi, e morirà nel 1871.

[926] Giovacchino Bonnet, detto Nino, nato a Comacchio nel 1819. Fin da molto giovane affiliato alla Giovine Italia. Arruolatosi con Garibaldi nel 1848, nel 1849 ha aderito alla chiamata di Masina per la costituzione di un'unità di lancieri, con altri undici di Comacchio. Ha combattuto a Roma, con due suoi fratelli, Raimondo e Gaetano, che sarà ucciso. Salva Garibaldi a Magnavacca e con lui combatterà nel 1860. A Milazzo ed al Volturno opererà eroicamente, ottenendo una medaglia d'argento. Parteciperà anche alla campagna del 1866, passando, poi, nell'esercito italiano con il grado di colonnello. Sindaco di Comacchio nel 1877, morirà nel 1890

[927] Il 22 settembre 1859 Garibaldi, comandante in seconda dell'esercito dell'Italia centrale, si recherà alle Mandriole per esumare la salma della moglie, che farà seppellire a Nizza e che successivamente, il 24 dicembre 1931, sarà traslata al Pantheon del cimitero di Staglieno a Genova. Infine, nel giugno del 1932 sarà seppellita a Roma, nel basamento del monumento sul Gianicolo.

Il gruppo di Ciceruacchio è composto da Gaetano Fraternali, Luigi Rossi, Paolo Bacigalupi, Francesco Laudadio, dal capitano Lorenzo Parodi e da don Stefano Ramorino. Sono riusciti ad allontanarsi fino alla tenuta Papadopoli, dove sono stati fatti prigionieri. Il giorno **10 agosto** alcuni contadini dovranno scavare nove buche e i prigionieri saranno tutti fucilati. Bisogna precisare che, della famiglia Brunetti, non sarà fucilato solo il padre, Ciceruacchio, ma anche i suoi due giovani figli, Luigi e Lorenzo. Quest'ultimo ha solo tredici anni.

Padre Ugo Bassi ed il capitano Giovanni Livraghi riescono ad arrivare a Comacchio, ma qui vengono arrestati e tradotti il **7 agosto** a Bologna. Il giorno successivo sono fucilati[928] e, data la scarsa considerazione che l'esercito imperiale ha per le salme, i loro cadaveri sono buttati in una cavedagna[929]. Il rispetto e la partecipazione popolare per una persona come don Bassi ha fatto sì che una folla andasse a prendere manciate del terreno della sepoltura. Si è, così, creato un buco. Cosa che ha fatto arrabbiare il comando austriaco, che ha organizzato sul posto un picchetto. Ma, come un singolare atto sacrale, è continuato l'afflusso delle persone. Così il **18 agosto** le salme sono state esumate e seppellite nel cimitero, in fosse anonime. Successivamente, nel 1859, i resti di padre Bassi saranno inumati nella tomba di proprietà della sorella Carlotta. Nel 1940 saranno traslati nel sepolcreto dei caduti in guerra. I resti di Livraghi, non essendo stati oggetto di richiesta da parte della famiglia, sono finiti in una fossa comune.[930]

Chioggia (Brondolo), 1° agosto 1849

Nella notte fra il 31 luglio ed il 1° agosto Sirtori guida una sortita dal forte Brondolo. I risultati sono buoni: la bandiera del II battaglione del reggimento von Reisinger, 200 buoi,

---

[928] Nella persecuzione di don Bassi si è distinto il capitano auditore Carl Pichler von Deeben, che considerava massima sua funzione quella di giustiziare i sacerdoti patrioti. Si distinguerà anche nella repressione degli ecclesiastici martiri a Belfiore.

[929] Un viottolo interpoderale.

[930] A settembre del 1859, alla tomba di Bassi Garibaldi ha tenuto un discorso in memoria dell'amico e collaboratore, che può valere come sintetico epicedio: "**Bassi si riunì alla prima legione italiana a Rieti. Cappellano maggiore dell'esercito Romano, ei volle servire nella legione da semplice soldato. Uomo valoroso, assisteva ai combattimenti disarmato, preferiva un focoso cavallo, e siccome forte e svelto della persona, cavalcava egregiamente. Nei conflitti, il più forte della mischia era il suo posto, ove la sua cura primiera era il trasporto dei feriti. Il suo cavallo, le sue spalle, servivano sovente al pietoso ufficio. La sua voce animatrice udivasi spesso nella battaglia. (....) Il petto di Bassi portava segni d'onorevoli cicatrici. I suoi panni erano forati da palle nemiche. Aiutante mio in varie fazioni, io potevo difficilmente trattenerlo vicino a me. (....) Bassi accompagnò la legione; ovunque la sua parola potente affascinava le popolazioni (....) Egli non vacillò ad accompagnarmi nell'ultima prova, quando la speranza di difendere l'immortale città era svanita. Egli s'adoprò meco a rialzare lo spirito dei nostri compagni, abbattuto dalla mancanza dei prodi morti e feriti**" Da: https://www. storiaememoria dibologna.it.

50 barche con sacchi di farina ed altre derrate, oltre a materiale da guerra. In defintiva i risultati delle sortite sono buoni, ma le necessità sono grandi.

Il colera incomincia a fare strage. La disponibilità di derrate, nonostante gli effetti delle sortite, è scarsa.

Szeged, 2 agosto 1849

Fra Szeged ed il fiume Tibisco, ad Ovest della città, è previsto lo scontro finale con gli austriaci. Il terreno è pianeggiante, ma organizzato a difesa. Il generale Haynau, provenendo da Ovest, si dirige contro tali posizioni, impostando una manovra per linee esterne, che dovrebbe essere attuata da due forti ali [931] aventi il compito di avvolgere il nemico. Il comando austriaco prevede l'azione per il giorno 4 agosto. E' evidente che Dembinsky deve resistere al centro e reagire alla manovra delle ali nemiche. Tutte le sue unità sono pronte.

Durante la notte Dembinsky, inaspettatamente, ordina la ritirata generale, abbandonando le zone organizzate a difesa e la stessa città di Szeged. Gli ufficiali e la truppa protestano, considerando folli gli ordini del comandante generale, che si ritira a Szoreg, disponendo che la divisione Monti, compresa la legione italiana, proteggano la ritirata sulle posizioni di Torokkanizsa, sull'altra riva del Tibisco.

Si ripete una tragica gestione delle operazioni, caratteristica della guerra austro ungherese: ritirate effettuate per motivi incomprensibili mettono in crisi reparti e schieramenti, nascondendo illegittimi accordi e tradimenti. Ma Dembinski riesce a fare ancora di più. Nonostante la conformazione del terreno che faciliterebbe azioni di ritardo e logoramento del nemico, non reagisce. Infine non esegue gli ordini, non rallentando l'avanzata di Haynau.

Torokkanizsa (oggi nel Nord Banat della Vojvodina in teritorio serbo), 3- 4 agosto 1849.

Gli austriaci hanno attaccato in forze. Difficile il compito della legione, che protegge la ritirata ungherese. In ogni caso il reparto italiano resiste. Nuovo attacco in forze austriaco alle 10.00. La legione lo respinge per tre ore, poi si ritira.

Torino – Milano 6 agosto 1849

Viene concluso a Milano il trattato di pace fra lo Stato sardo e l'Impero. I rappresentatnti sardi sono il generale Dabormida e Buoncompagni.

---

[931] Comandate, rispettivamente, dai generali di divisione Georg Ramberg e conte Franz von Schlik.

Contestualmente d'Azeglio informa la Camera, che ascolta a capo chino ed in silenzio. La maggior parte dei deputati è contro il testo del trattato. Comunque, illegittimamente ma al fine di chiudere il problema e tornare a rapporti diciamo così normali con l'Austria, il governo ratificherà il trattato il **17 agosto**. Oggi il Parlamento non ha ancora il testo, che sarà pubblicato solo il **19 agosto**. La Camera è in subbuglio, in particolare le sinistre. Si prevede la caduta del ministero, che solo il **21 settembre** chiederà l'apertura del dibattito.

Da Sant'Alberto di Ravenna a Modigliana (FC), 4 agosto - 20 agosto, la scomparsa di Garibaldi.

A Sant'Alberto di Ravenna Garibaldi viene condotto da una guida presso la casa di un sarto, povero ma generoso. Dalla finestra vede passare i soldati austriaci. Poi viene portato in un'altra casa, dove è trattato con altrettanta generosità. Infine Bonnet gli fa sapere che deve trasferirsi nella Pineta di Ravenna, dove viene costantemente seguito e cambia abitazioni. Si meraviglia per la cura con cui viene trattato. A volte lo rilevano con un biroccino e lo portano in un altro luogo, anche lontano. Quella di Bennet è un'organizzazione quasi perfetta. I movimenti vengono effettuati in aree presidiate da persone che si scambiano segnali e comunicazioni varie. La situazione è, peraltro, pericolosa. Un battaglione continua a rastrellare la zona ed i preti esortano soprattutto le contadine a far da spia. Ma la presenza di Garibaldi è coperta da una segretezza totale.

Così passano alcuni giorni. Alla fine Garibaldi e Leggero sono trasportati a Ravenna, in una casa fuori porta. Da Ravenna sono portati in una fattoria vicino Cervia (RA). Dopo due giorni, altro trasferimento a Forlì. L'indomani è il **15 agosto**, bisogna ripartire. Si incamminano, condotti dalle solite guide patriottiche, verso l'Appennino. Alla mezzanotte circa superano il confine a Roverè[932] e, abbandonata la Legazione romagnola dello Stato della Chiesa, i due fuggitivi entrano nel Granducato di Toscana. Dopo poco sono condotti al Palazzo del Diavolo, villa di Luigi Bassetti, a Terra del Sole, frazione di Castrocaro (FC),[933] dove rimangono fino alla sera del **17 agosto**. Poi, nuova partenza: riprende l'accurato accompagnamento. Viene evitato l'abitato di Terra del Sole, si passa per Castrocaro e si arriva a Dovadola (FC), ospiti del fattore del conte Campi, Giuseppe Bonaguri, che, la mattina del **18 agosto,** li porta in una villa sempre dei Campi e, poi, a Palazzo di Montaguto di Giuseppe Gualdi, che è a due ore di cammino da Dovadola, su un colle, dove rimangono fino alla sera del **20 agosto**. Alle 22.00 partono a cavallo, superando il fiume Montone[934], poi proseguono in calesse verso Modigliana (FC). Alle 23.00 arrivano

---

[932] Roverè è una delle numerose frazioni di Forlì (102), a circa sei chilometri dal comune, nell'area precollinare degli Appennini, a 52 metri di quota.
[933] Oggi Castrocaro Terme (FC), composto dalle due frazioni Terra del Sole e Pieve Salutare.
[934] Il nome Dovadola deriva dai due guadi del fiume.

a Miano[935], dove li aspetta don Giovanni Verità,[936] canonico della colleggiata di San Bernardo di Modigliana. Così, dopo un'altra ora, arrivano a casa del sacerdote.

Magyarkanizsa (oggi nel Nord Banat della Vojvodina della Serbia), 5 agosto 1849

Nelle prime ore del giorno la divisione austriaca del generale Ramberg attraversa il Tibisco a Magyarkanizsa, cercando di aggirare gli ungheresi che sono a Szoreg. Il generale Dembinsky decide di ritirarsi ulteriormente, ma prendendo atto che i suoi dipendenti sono sul punto di ribellarsi e che la disistima nei suoi confronti è per lui pericolosa, organizza una resistenza diciamo così formale. Il centro austriaco viene fermato, ma quando si avvicina la destra di Ramberg, Dembinsky ordina la ritirata. Decisione gravissima, perché gli austriaci sono a contatto con gli ungheresi e la ritirata di costoro diviene subito disastrosa.

Viene dato ordine alla legione italiana di continuare a fare da retroguardia rallentando l'azione nemica, insieme alla legione polacca[937]. La legione italiana si comporta in maniera eccellente, salvando lo stesso generale comandante. Continue le cariche della cavalleria austriaca che intende sfruttare al massimo il successo. La legione è, quindi, obbligata a far costantemente quadrato, bloccando la cavalleria. Così riesce ad assolvere adeguatamente il proprio compito.

Venezia, 5 agosto 1849

Il medico municipale, dottor Duodo, comunica al governo che dal 27 luglio ad oggi i morti per il colera sono stati 406.

Milano, 6 agosto 1849

Viene firmato il trattato di pace. Sono confermati i trattati e le convenzioni precedenti la guerra, così come i confini del Regno di Sardegna stabiliti nel trattato di Vienna del 1815.

---

[935] Miano è una delle otto frazioni di Modigliana.
[936]   Don Giovanni Verità è nato nel 1807, figlio di un ufficiale del Regno italico, carbonaro, sacerdote nel 1829, iscritto alla Giovine Italia nel 1830, sottoposto a controlli di polizia nel 1831 per aver partecipato ad una manifestazione liberale e nel 1833 perché ritenuto responsabile di scritte murali rivoluzionarie, per cui è stato in carcere alcuni giorni. E' stato coinvolto in due tentativi rivoluzionari, di cui ha salvato i responsabili ed è stato nuovamente in carcere. Nel 1849 ha aiutato Garibaldi, che rivedrà nel 1859 e che seguirà come cappellano militare, incarico che espleterà anche nel 1866. E' stato anche deputato nell'Assemblea toscana che ha dichiarato decaduti i Lorena e approvato l'annessione al Regno sardo. Molto amato dal popolo, ovviamente ha avuto contrasti con le autorità ecclesiastiche, tanto che, alla morte, nel 1885, avrà l'estrema unzione ma non i funerali religiosi. Quelli civili saranno, invece, particolarmente solenni, con numerosa partecipazione.
[937] Comandata dal generale Josef Wysocki.

Sono annullati i rapporti con i Ducati determinati dalla guerra. Il Piemonte deve pagare un'indennità di 75 milioni di franchi. L'Austria si impegna a sgomberare totalmente il territorio sardo. Si prevede un nuovo trattato di commercio.

Oh – Besenyo (oggi Dudesti Vechi del Banat della Romania), 7 agosto 1849

Nella ritirata verso Est bisogna passare per l'abitato di Oh-Besenyo (o Obesenyo), occupato dalla retroguardia ungherese ma conquistato dalla cavalleria austriaca. Il colonnello Monti, che ora comanda direttamente la Legione, dato che la divisione è ormai quasi decimata, blocca le vie di uscita dall'abitato, chiudendo in esso il nemico. Duro lo scontro, notevoli le perdite degli austriaci, che riescono a sganciarsi, tornando, poi, in forze all'attacco. La legione, occupato l'abitato, lo difende contro una serie di attacchi nemici. Il combattimento facilita la ritirata dell'esercito ungherese.

Csatad, 8 agosto 1849

Nuovi attacchi austriaci. La legione continua ad espletare il suo compito di retroguardia. Blocca prima la fanteria austriaca, poi una serie di attacchi della cavalleria. Successivamente passa addirittura al contrattacco. Il generale Guyon loda la legione nell'ordine del giorno e promuove per merito di guerra il sottotenente Luigi Tanzini.

Il governo cerca di correre ai ripari, data la situazione sempre più critica, quasi priva di speranze. Dispone che tutte le forze si diriggano su Arpad, al fine di costituire una massa che possa fronteggiare adeguatamente il nemico. E' ancora possibile riunire circa 70.000 uomini. Ma Dembinsky mette in crisi le speranze governative: non muove verso Arpad e si ritira a Temesvàr. Questa volta la disubbidienza è clamorosa. Perché? Il comportamento del generale è così grave che non può essere giustificato da motivazioni operative. Anche la legione deve dirigersi a Temesvar.

Venezia, 8 agosto 1849

La flotta, finalmente, parte per rompere il blocco.

Temesvàr (ora Timisoara, romena), 9 agosto 1849

Le truppe ungheresi arrivano a Temesvar. Il capo del governo ed il ministro della guerra destituiscono Dembinsky, sostituendolo con il generale Jòsef Bem. Ma Dembinsky non demorde ed ordina che le riserve logistiche del munizionamento proseguano per Lugos. Alle 09.00, finalmente, assume il comando il generale Bem. Le operazioni procedono bene per gli ungheresi, che combattono con dedizione e valore. La legione italiana è schierata alla destra dell'esercito. Per lungo tempo le sorti della battaglia sono incerte, ma alla fine arriva e si schiera il corpo d'armata del generale Franz von Lichenstein, con un notevole parco di artiglierie. Si sviluppa, così, un reciproco, violento fuoco di controbatteria. L'artiglieria ungherese reagisce in maniera valida, ma ad un certo punto rimane priva di munizioni, dato che le specifiche riserve logistiche sono a Lugos. E' l'inizio della crisi, che sembra quasi una maledizione, dato che il generale Bem cade da cavallo e cessa la sua azione di comando. Inizia un terribile fuoco di repressione da parte delle artiglierie austriache, che, sistematicamente, colpiscono le posizioni occupate dalla fanteria ungherese. La situazione diviene, così, drammatica. Sono cinque giorni che l'honved, l'armata magiara, praticamente non mangia. Ora non pervengono ordini, l'artiglieria amica è silenziosa, la strage è diffusa, mancano le speranze di una ripresa, alcune unità collassano, inizia la fuga. Solo poche unità si ritirano con un certo ordine. Gli austriaci attaccano su tutto il fronte.

La legione italiana resiste. I cavalleggeri hanno attaccato e respinto tre squadroni slavi, conquistando due cannoni. Circondati dalla cavalleria austriaca i legionari iniziano il ripiegamento a scaglioni, mantenendo il nemico sotto un fuoco continuo. La ritirata è durissima: costituisce un'operazione che durerà 12 ore continue, alla fine delle quali la legione, compatta, secondo gli ordini, si sgancia dagli inseguitori e arriva a Lagos. Negli ultimi giorni di combattimento le perdite sono state circa del 50%. Ora, all'appello del colonnello Monti, i legionari sono solo 470.

Arad (Banato, allora ungherese, ora romeno), 11 agosto 1849

Tutto sta crollando, intorno al governo ungherese, ma Kossuth sente il bisogno di ringraziare la Legione italiana e di elogiarla per il suo valido apporto dato all'esercito ungherese e per il coraggioso comportamento di tutti. Ecco il testo del messaggio inviato al colonnello Monti:

"Io considero quale mio dovere d'onore di esprimere a Lei, signor colonnello, ed alla Legione italiana sotto i suoi ordini i miei speciali ringraziamenti per la condotta veramente militare e per le valorose azioni con le quali Ella e la sua brava Legione si distinsero continuamente nelle ardue pugne che si succedettero nel Banato dal principio di questo mese, con che Ella comprovò una tale simpatia per l'Ungheria della quale la mia nazione si ricorderà sempre con gratitudine. Mentre io la prego di fregiare quale testimonianza di questo sentimento il di lei valoroso petto dell'Ordine del Merito militare di 3 classe, le trasmetto sei consimili decorazioni con preghiera di distribuirle in mio nome ai più prodi della sua Legione. Io nulla più arditamente desidererei che di poter testimoniare la mia più intima simpatia per la libertà della di

lei Patria, in modo altrettanto nobile quanto Ella e i suoi provarono coi fatti la loro per l'Ungheria."[938]

Venezia, 11 agosto 1849, il rientro della flotta.

Rientra la flotta, che non ha rotto il blocco. L'inadeguatezza del comando della marina veneta o, comunque, il suo comportamento sostanzialmente attendista o, peggio, anazionale possono evincesi da quanto precisato dal generale Carlo Alberto Radaelli[939]. Le navi venete, infatti, nel complesso, avevano 158 cannoni. Quelle austriache 272.[940] Quanto meno si può affermare che la produttività operativa della marina è stata molto inferiore alle concrete possibilità.

Sirtori attende Garibaldi per effettuare un colpo di mano contro il governo. Manin inizia a prendere segretamente contatto con gli austriaci per la resa. Si rivolge al ministro del commercio De Bruck, che si dichiara incompetente alla bisogna.

Vilàgos (ora Siria, contea di Arad, in Romania), 11 agosto 1849

Inizia il confronto definitivo fra le truppe russe del generale principe Paskiewic e l'esercito ungherese. Kossuth si dimette dalla carica di capo dello Stato.

Venezia, 12 agosto 1849

In una manifestazione della guardia nazionale a piazza San Marco Manin parla rinviando la vittoria ad un futuro non definibile. Chiede se la guardia ha fiducia nella sua lealtà. Afferma che un domani i componenti della guardia potranno pensare che lui si è ingannato ma mai che lui li abbia ingannati. Nel complesso è una eloquente esternalizzazione della sua crisi e della volontà di resa, sia pure tuttora abilmente nascosta.

In definitiva la parata è stata effettuata per fidelizzare la guardia nazionale, dato che Manin teme di essere ucciso dai mazziniani. I suoi interventi hanno un tono tragico, autolesionista ed apocalittico. Scrive del conforto che deriva dal fatto che la pace è solo nella giustizia e che ai popoli è redenzione il martirio.

Milano, 12 agosto 1849

---

[938] Làzlò Pete: "Il Colonnello Monti e la Legione italiana nella lotta per la libertà ungherese", Rubattino Editore, Soveria Mannelli, 2003, pagg.179 – 180.

[939] Documento XXXVIII della "Storia dell'assedio di Venezia" citata.

[940] Ivi, pagg. 187 – 188.

Radetzky, secondo quanto definito nelle trattative di pace, pubblica un decreto di amnistia, seppur alquanto ridotto in relazione alle aspettative.

Nello stesso giorno Vittorio Emanuele ratifica il trattato. Si attende l'analoga determinazione imperiale.

Vilàgos (ora Siria, contea di Arad, in Romania), 13 agosto 1849

Il generale Artùr Gorgey, comandante generale delle forze ungheresi operanti contro i russi, ritenendo impossibile continuare le operazioni, si arrende. Molte unità e persone dell'Ungheria rivoluzionaria iniziano a fuggire in Serbia e nell'Impero ottomano.

La resa interessa 50 bandiere, 11 generali, 1.426 ufficiali superiori, 30.869 uomini, 7.967 cavalli, 129 cannoni. Secondo una frase molto realistica espressa dal brillante comandante delle forze russe, il generale Paskiewic, l'Ungheria giace ai piedi dello zar. Ma non solo: con essa giace anche l'onore militare dell'Austria. Ed, in fondo, anche l'onorabilità di qualche generale dell'esercito rivoluzionario ungherese.

Gorgey è rimasto famoso per le sue ritirate, ufficialmente da lui considerate strategiche e funzionali al successo. In realtà le sue manovre hanno chiuso in una sacca le truppe della rivoluzione. Ufficiale ritenuto valido all'inizio del contrasto con Vienna, non ha accettato la Repubblica. L'ultimo ministro della Guerra, Kàzmér Batthyàny ed il colonnello Monti, in definitiva, lo hanno considerato un abile traditore. Soprattutto il secondo, nella sua corrispondenza, lo rappresenterà come il vero responsabile del disastro.

Due cose sono sicure. Prima: tenendo conto di un Gorgey doppiogiochista sostanzialmente fedele all'Impero tutta l'attività da lui imposta al comando delle truppe diviene chiara e coerente. Seconda: i capi militari della rivoluzione sono stati tutti condannati a morte. Gorgey, che, a quanto pare, era protetto dallo zar, ha vissuto a Budapest fino al 21 maggio 1916, morendo in tranquillità alla bella età di 98 anni. Così anche il suo degno collega, il generale Dembinski, altro esperto in ritirate, ha avuto modo di trasferirsi a Parigi, dove è morto nel 1864.

Approfondendo il problema è interessante rilevare che, come in un romanzo di spionaggio, la rapida carriera di Gorgey è iniziata con un brillante colpo propagandistico. Il **2 ottobre 1848**, al comando dei reparti della regione di Csépel contro l'esercito croato, ha reso noto di aver scoperto una cellula collegata con Jellacic, facendo impiccare Eugenio Zichy. Nella situazione politica dell'Ungheria, divisa fra monarchici filo asburgici, monarchici costituzionalisti, sostenitori dell'unione con l'Austria, repubblicani nazionali ecc. l'azione di Gorgey è apparsa chiara e funzionale, una valida dimostrazione della lealtà e della fedeltà del personaggio. Una vera garanzia.

Così Kossuth lo ha nominato colonnello e gli ha dato un incarico da servizio segreto militare: controllare il generale Mòga, sulla cui fedeltà il governo aveva dei dubbi. Naturalmente Gorgey ha fatto un ottimo lavoro. Mòga è stato esautorato ed il 1° novembre 1848 le sue funzioni, insieme al grado di generale, sono state assegnate allo stesso Gorgey. Questi, oramai, era al di sopra di ogni sospetto. Anzi, immediatamente, si è distinto conducendo una brillante ritirata da Gyor ai Carpazi. E ne ha subito approfittato, dato che il **2 gennaio 1849**, a Vàc, ha fatto pubblicare una dichiarazione contro il partito nazionale, indipendentista e repubblicano. In definitiva contro il partito al potere. Sarebbe stato logico procedere a suo carico, almeno togliendogli ogni incarico, ma Kossuth si è limitato a dare il comando dell'alto Danubio al generale Dembinski. Ed è caduto dalla padella nella brace.

Era naturale che ci fossero persone come Batthyany che perseguissero un'Ungheria costituzionale ed autonoma nell'ambito dell'Impero. Ma Batthyàny con la sua politica non ha determinato, come Gorgey, la morte di migliaia di persone ed il tradimento verso i suoi sottoposti. Gorgey a Vilàgos si è arreso ai russi senza condizioni. Protetto dallo zar si è salvato, mentre i suoi diretti collaboratori sono stati giustiziati. Il martirio di tredici ufficiali superiori sarebbe entrato nella storia dell'Ungheria, ma Gorgey non è stato distubato.

Lugos, (ora Lugoj, distretto di Timis, allora Banato ungherese, ora romeno), 13 agosto 1849

Lugos rapresenta il centro della ancora libera Ungheria. Qui è riparato il governo. Comunque la resa di Gorgey, che, in pratica, segna la fine della guerra, pone notevoli difficoltà alla legione italiana, composta da stranieri facenti parte dell'esercito ungherese. Ormai non vi sono più possibilità e speranze: l'Ungheria rivoluzionaria è finita. La cavalleria austriaca si dedica con particolare cura a uccidere i gruppi isolati in fuga. Kossuth cerca di garantire l'unica cosa ancora fattibile: mantenere aperte le comunicazioni con la Serbia e con l'Impero ottomano per consentire la fuga e sottrarre il personale all'indiscriminata e feroce repressione austro russa.

Monti lascia i suoi soldati liberi di decidere cosa fare. Tutti scelgono di rimanere uniti, continuando a combattere. Inizia l'ultima azione operativa. Il comandante supremo è ora il generale Guyon, capo di stato maggiore di Bem, che unisce nuovamente la legione italiana e quella polacca, agli ordini del generale Wysocki. Monti è il vice. Il loro compito è di tenere sotto controllo le vie di comunicazione fra Karànsebes e Orsova, al fine di consentire la ritirata verso la Serbia e l'Impero ottomano. Così i reparti di Wysocki raggiungono Mehàdia, dove alla legione si uniscono le due compagnie al comando del capitano Burlina, che hanno partccipato alla campagna valacca. Riprende, infine, la ritirata verso Ostrova, lungo il corso del fiume Timis.

Vienna, 14 agosto 1849

L'imperatore ratifica il trattato di pace con il Regno di Sardegna.

Olmutz (Olomuc in Cechia), 16 agosto 1849

Il tribunale militare giudica Batthyàny. I magistrati pensano di confiscare i suoi beni tenendolo in carcere per un lungo periodo. Ma interviene il principe Felix von Schwarzemberg, che lo fa condannare a morte per tradimento.

Batthyàny viene trasferito a Pest: gli ungheresi sperano che il nuovo governatore militare austriaco intervenga a suo favore. Ma devono subito prendere atto della loro ingenuità, dato che governatore è il generale Haynau, per il quale, a garanzia della più alta produttività militare, bisogna esercitare la più spietata crudeltà.

Così Batthyàny viene condannato all'impiccagione, che viene rimandata.

Venezia, 16 agosto 1849

A Manin perviene l'arrogante risposta austriaca: resa senza condizioni dopo "l'ostinata resistenza" della città, in attuazione di quanto proclamato, in merito, da Radetzky. Manin deve rivolgersi all'attuale comandante austriaco, generale conte Gorzkowsky.

Il bombardamento, naturalmente, continua.

Ostrova, (oggi nel distretto di Mehedinți, Banato, allora ungherese, ora romeno), 17 agosto 1849

La legione italiana arriva, in ordine, ad Ostrova per poi entrare, superato il Danubio, in Serbia. I legionari sono 445.

Il 18 agosto inizia, con un traghetto, la traversata del fiume, che si concluderà il **20 agosto.**

In questi giorni 32 ufficiali piemontesi, condannati all'inazione dopo Novara, arrivano a Costantinopoli per continuare a combattere contro l'Austria, aggregandosi alla legione italiana. A tal fine hanno preso contatto con il governo ungherese proprio nei giorni del crollo, quando la legione doveva lasciare l'Ungheria. Di conseguenza sono costretti a tornare tristemente indietro.

Karlsruhe, 18 agosto 1849

Guglielmo di Prussia, al termine della campagna del Baden e del Palatinato, accompagna nella capitale Leopoldo I.

Nel granducato del Baden non esiste più un esercito e l'amministrazione è in crisi, quindi è normale che reparti prussiani rimangano sul suo territorio. Contestualmente il re di Baviera ringrazia per la totale distruzione delle milizie rivoluzionarie nel Palatinato.

Il principe Guglielmo ha conseguito alcuni importanti obiettivi: l'esercito prussiano ha pacificato l'intera Germania renana ed, indirettamente, ha rafforzato le correnti tradizionaliste dello Stato prussiano che, alleate all'esercito, hanno attuato la nota rivoluzione conservatrice. E' stata messa in grave difficoltà l'Austria, dato che l'Impero non è più lo Stato militarmente più forte della Confederazione germanica. Fra l'altro, è stato costretto a ricorrere alla Russia per reprimere le istanze indipendentistiche ungheresi.

Comunque la rivoluzione tedesca è giunta al termine. Il concetto di indipendenza nazionale - che in Italia ha rappresentato la sintesi, l'essenza della rivoluzione, intesa anche dal punto di vista libertario e di progresso - in Germania non ha avuto analoga funzione.

Nel mondo tedesco non vi è la presenza di una potenza estera come, invece, avviene in Italia, dove l'Austria grava direttamente o indirettamente su tutto il territorio nazionale, involontariamente contribuendo ad unificare le finalità dei vari partiti. In Germania, inoltre, non vi è un'unica concezione del principio nazionale, dato che le opinioni sono almeno tre, spesso fra loro in contrasto. Una, diciamo così, è "interna" alle singole comunità statali: tutti gli Stati tedeschi, infatti, sono indipendenti ed hanno una particolare visione della propria comunità, della loro storia e del rispettivo futuro. Sono gelosi delle loro differenti individualità, considerate essere, nel loro insieme, uno degli aspetti essenziali della germanicità. La seconda opinione si rifà alla grandezza del sacro romano Impero della nazione germanica. Abolito nel 1808 da Napoleone, rivive, secondo molti, nell'Impero austriaco. Si reputa, quindi, che ad esso dovrebbe riferirsi la nazionalità tedesca, anche perché è in grado di assorbire la concezione precedente. Ogni Stato, infatti, può conservare la propria individualità nel contesto della generale germanicità imperiale. La terza riconosce la necessità di un processo di transizione, anche violento. Deve, infatti, essere lo Stato più efficiente, quello che riesce ad esprimere la massima potenza possibile, ad impostare, se necessario ad imporre, il processo unitario della nazione tedesca. Da tale processo deve essere esclusa l'Austria, che, formata da cinque nazionalità, si prepara ad una politica compromissoria sia con i croati – più in generale, con gli slavi - sia con gli ungheresi. Ovviamente non con gli italiani.

Da tutto ciò è derivato, in Germania, un processo rivoluzionario più drammatico che in Italia. Da noi, infatti, non si sono verificati contrasti violenti fra le varie componenti politiche né si sono manifestate correnti anazionali o, addirittura, antinazionali come le comuniste tedesche. Pertanto in Germania dal novembre del 1848 si è chiaramente ed efficacemente profilata la soluzione storicamente più valida: quella dell'affermazione della potenza militare, economica e culturale prussiana, come coagulo ed asse della futura unione tedesca.

Venezia, 19 agosto 1849

Cavedalis[941] va a Fusina per la resa, ma, come ultimo scherno, il Gorzkowski rende noto che non ha ancora ricevuto istruzioni. Il comandante in capo che deve gestire una resa senza condizioni non ha le specifiche istruzioni! I bombardamenti continuano.

Come una spessa nebbia cade sulla laguna un'infinita tristezza, che è dolorosamente vissuta dai combattenti e da tutti gli abitanti. Il tenente Arnaldo Fusinato,[942] dei Cacciatori delle Alpi, è di guarnigione al Lazzaretto Vecchio ed esprime la sua angoscia in una lirica, che diverrà famosa, dato che molto realisticamente rappresenta il diffuso stato d'animo di quei giorni.

**E' fosco l'aere,
il cielo è muto,
ed io sul tacito
veron seduto,
in solitaria
malinconia
ti guardo e lacrimo,
Venezia mia! (....)**

---

[941] Si tratta di una commissione. Con il ministro della guerra sono Detaico Medin e Niccolò Priuli.

[942] Arnaldo Fusinato è nato a Schio nel 1817. Studente di giurisprudenza a Padova, si è laureato nel 1841 e, nello stesso anno, ha pubblicato il primo volume di poesie. Molto amico di Giovanni Prati e di Aleardo Aleardi, ha partecipato alle risse notturne contro i militari austriaci. Nel 1848 ha costituito un reparto di 200 volontari, con i quali ha combattuto a Vicenza. Dopo un periodo nel quale è stato esule in varie città d'Italia è andato a combattere a Venezia, partecipando alla difesa di Marghera. Alla caduta della Repubblica si è stabiito prima a Schio, poi a Castelfranco, infine a Milano, dove ha pubblicato i primi due volumi delle sue poesie ed ha collaborato con vari giornali e con Giuseppe Verdi. Dopo il 1866 ha rifiutato varie proposte di candidature alla Camera. Nel 1874 è stato nominato dirigente al Senato ed è stato a Roma fino al 1884, quando si è trasferito con la famiglia della figlia prima ad Udine, poi a Verona, dove è morto nel 1888

Passa una gondola
della città.
"- Ehi, della gondola,
qual novità? -"
"- Il morbo infuria,
Il pan ci manca,
sul ponte sventola
bandiera bianca! -" (....)

Venezia! L'ultima
ora è venuta;
illustre martire,
tu sei perduta....
Il morbo infuria,
il pan ti manca,
sul ponte sventola
bandiera bianca! (....)

Viva Venezia!
L'ira nemica
la sua risuscita
virtude antica;
ma il morbo infuria,
il pan le manca....
sul ponte sventola
bandiera bianca! (....)

Ramingo ed esule
in suol straniero
vivrai, Venezia,
nel mio pensiero;
vivrai nel tempio
qui del mio cuore,
come l'imagine
del primo amore.

Ma il vento sibila,
ma l'onda è scura
ma tutta in tenebre
è la natura:
le corde stridono,
la voce manca....
sul ponte sventola
bandiera bianca![943]

---

[943] A. Fusinato: "Poesie patriottiche" (braidense.it)

Vienna, 20 agosto 1849

Il governo di Swarzemberg decide che tutti i rivoluzionari ungheresi, una volta catturati, siano giudicati da un tribunale militare. E' una maniera formalmente legittima per dare carta bianca alla spietatezza di Haynau.

Da Modigliana (FC) a Montecuccoli di Barberino del Mugello (FI), 21 agosto – 26 agosto, la scomparsa di Garibaldi.

Nella casa di don Giovanni Verità Garibaldi e Leggero rimangono due giorni. Il progetto è di dirigersi, attraverso le montagne, verso lo Stato sardo. La sera del **22 agosto** partono, con meta Palazzuolo sul Senio (FI), itinerario reso difficile, fra l'altro, perchè devono attraversare un tratto dello Stato della Chiesa che si incunea nel territorio granducale. Il percorso è complesso. Attraversano la valle Acerreta, poi superano un tratto montuoso, seguendo varie mulattiere. Alla fine, alle 02.30 del **24 agosto,** arrivano a Palazzuolo e don Verità fa aprire l'osteria del Senio, di proprietà di un suo amico. Il riposo è breve: alle 07.00 di nuovo in cammino, viene superato il monte Faggiola di 1.031 metri, con una mulattiera che non supera gli 880. Così arrivano a Coniale[944] (FI) alle 09.00 e si fermano all'osteria Viroli. Inutile dire che tutti sono molto lieti di accogliere don Verità.

Dopo tre ore nuovamente partenza, verso Filigare (FI), a circa tre chilometri a nord del passo della Raticosa, sulla strada Bologna – Firenze[945]. Ma per arrivare a Filigare ed all'incontro con la futura guida, Angiolo Francia, un sarto, la strada è difficile. Ad un certo punto don Verità ha l'idea di andare avanti da solo e tornare con il Francia[946]. Un'idea che metterà in crisi il sistema organizzativo, perché, per vari motivi, i due fuggiaschi non vedranno più il canonico, anche se riusciranno lo stesso ad incontrare il Francia. Così il **25 agosto**, all'alba, arrivano a Filigare. Poi, con un barroccio, proseguono verso il passo della Raticosa, a 968 metri. Durante il viaggio, andando verso Sud, incontrano lunghe file di militari austriaci che, finita l'emergenza creata dalla legione di Garibaldi, tornano alle sedi stanziali. Una situazione particolarmente scabrosa. Viene, comunque, superato il passo della Raticosa e, successivamente, dopo 23 chilometri, anche quello della Futa, a 903 metri. Un percorso molto pesante per il ronzino che traina il barroccio. Così, dopo altri quattro chilometri, il Francia lascia i fuggiaschi all'osteria Santa Lucia allo Stale e va via. S'interrompe, così, la cosiddetta trafila. Non solo. Il proprietario, Pasquale Baldini ha una figlia, Teresa, che riconosce Garibaldi, per averlo incontrato in precedenza. Ma la famiglia,

---

[944] Coniale è oggi una frazione del comune di Firenzuola (FI), sita a 307 metri di quota, a 7,13 chilometri dal centro. Ha 22 abitanti.
[945] L'attuale Statale n. 65.
[946] Bisogna tener conto che Leggero era andato via, non guarito, da un ospedale romano, dove era stato ricoverto perché ferito ad un piede.

per fortuna, è su posizioni nazionali. Così, a causa del passaggio degli austriaci che, ovviamente, si fermano all'osteria, Baldini sistema i fuggitivi presso una fattoria di proprietà Lanzoni, a un chilometro a nord dell'osteria.

Ma Garibaldi non riesce a star quieto. Peraltro la situazione è particolarmente difficile. Vuole cercare di andare verso Ovest, cioè in Liguria. Correndo un notevole pericolo nella ricerca di persone che possano far da guida, basandosi sull'intuito nel riconoscimento amico – nemico. Incontrano Cavicchi, fattore del marchese Torrigiani, che riscuote la fiducia di Garibaldi e che si impegna ad accompagnarli. Così partono alle 02.00 del giorno **26 agosto** e vanno, in calesse, da Santa Lucia[947] a Mangona[948] (FI) e, poi, a Montecuccoli[949] (FI), a Nord dei monti della Calvana, dove mangiano in casa Ciampi. Qui Cavicchi presenta un'altra valida guida, Ferdinando Marcelli, detto Fiorino.

Venezia, 22 agosto 1849

Il generale Gorzkowsky si compiace di render noto che ora può gestire la resa senza condizioni.

Venezia, 23 agosto 1849.

Corre voce che Manin intenda arrendersi. Alcuni reparti si ribellano. Contro di lui vengono esplosi alcuni colpi di arma da fuoco, che non lo colpiscono.

Successivamente Manin si arrende effettivamente – accompagnato da rappresentanti del governo e della municipalità – al generale Gorzkowzky. La resa è firmata dal solito ministro della guerra Cavedalis[950], che rimarrà a Venezia, in rappresentanza del governo sconfitto, mentre gli austriaci comunicano un elenco di 40 persone che sono condannate all'esilio. Poi la lista si allungherà con altri 500 nomi.

Bisogna prendere atto che finanche Radetzky reputa controproducenti i metodi sanguinari di Haynau. Tutti i potenziali fucilandi sono espulsi. Vi è una proscrizione iniziale che successivamente sarà decuplicata. Ufficiali già dell'esercito austriaco, ufficiali degli altri

---

[947] Santa Lucia è nel comune di Barberino di Mugello (FI), a 700 metri di quota, a 8,51 chilometri dal centro. Oggi vi sono 80 abitanti.

[948] Mangona è oggi una frazione del comune di Barberino di Mugello (FI), sita a 523 metri di quota, a 6,38 chilometri dal centro. Ha 51 abitanti. Un tempo è stata importante, una sede di contea.

[949] Montecuccoli è oggi una frazione del comune di Barberino di Mugello (FI), sita a 590 metri di quota, a 4,93 chilometri dal centro. E' "caposieve": infatti il fiume Sieve, che attraversa il Mugello, nasce nel suo territorio.

[950] Questa volta la commissione per la firma, oltre a Cavedalis, comprende l'avvocato Calucci e il signor Antonini.

stati italiani, una serie di civili compongono gli elenchi compilati da Gorzkowsky[951]. I reparti repubblicani sono sciolti ed i loro componenti sono rinviati a casa.

E' evidente che gli austriaci temono azioni di guerriglia. Occupano il territorio con grande lentezza. Nei patti di resa viene previsto che il graduale ingresso delle truppe austriache abbia inizio il giorno 25 e prosegua fino al giorno 31 agosto.

Venezia, 24 agosto 1949

Il governo si è arreso ma ancora in Venezia non è entrato alcun austriaco. All'autoscioglimento del governo tutti i poteri sono stati trasferiti al municipio[952].

Qualche interessante dato conclusivo: nell'assedio l'esercito austriaco ha perso circa 25.000 uomini, di sicuro 12.000 morti e 10.000 feriti. L'esercito veneto ha avuto 1.000 morti e 600 feriti. I colpi di cannone sparati dagli austriaci sono stati 500.000. Nessun forte di Venezia è stato conquistato dagli austriaci, nemmeno quello più avanzato, la batteria Sant'Antonio.

I veneti che emigreranno in Piemonte, nel complesso, saranno 80.000.

Vidino (ora Vidin, in Bulgaria), 26 agosto 1849

Le unità fuggite dall'Ungheria sono riunite a Vidino, in territorio turco. E', quindi, iniziato il periodo più difficile per il colonnello Monti. Durante il passaggio in Serbia – in una zona, peraltro molto povera - le popolazioni hanno manifestata tutta la loro ostilità verso gli ungheresi. La legione polacca, formata da persone che, durante le operazioni, hanno combattuto bene ma che sono particolarmente indisciplinate e rissose, hanno provocato proteste e contrasti, in cui sono stati indirettamente coinvolti anche gli italiani.

 I governi di Austria e Russia hanno intimato all'Impero ottomano di consegnare i fuggiaschi. I turchi, da parte loro, tendono ad acquisire nel proprio esercito i rifugiati, considerati militarmente molto capaci. In merito il pascià Rasid ha iniziato una convincente propaganda rammentando che i fuggiaschi in Austria, in Ungheria ed in Italia sarebbero considerati disertori, con quel che potrebbe seguire da un punto di vista penale. Pertanto il personale viene indotto a convertirsi all'islam, garantendosi, così, da qualsiasi eventuale

---

[951] Dal testo del patto di resa.

[952] **"La municipalità di Venezia al cittadino Daniele Manin"** delibera: **"Il municipio è certo essere l'interprete del sentimento unanime dei suoi concittadini sforzandosi di diminuire, almeno in parte, questi sacrifici e pregandovi di soffrire che esso vi rimetta la modesta somma di 24.000 lire."**
Da: C. A. Radaelli, op. cit., documento XXXIV, pag. 471.

consegna all'Austria. Cinque generali hanno aderito[953], ed ora sono alle dipendenze del governo turco. Il governo sardo, alle pressanti richieste di Monti affinchè i resti della legione siano accolti in Piemonte o in Sardegna, traccheggia, temendo reazioni austriache. Inoltre Monti deve ottenere che i suoi uomini possano mangiare, vestirsi, coprirsi e avere un tetto. Cose, queste, che, nell'attuale situazione, sono complesse e aleatorie. Infine quella di Vidino è una sistemazione temporanea: non si sa quali saranno le sedi definitive dove il governo turco invierà al confino i fuggiaschi, ammesso che non li consegni all'Austria.

Monti in pochi giorni riuscirà a creare una rete di amicizie favorevoli. Prima di tutto approfondisce il rapporto con il suo amico e sostenitore, che ancora persegue la politica balcanica di Gioberti, il barone Romualdo Tecco[954], ambasciatore sardo a Costantinopoli. Diplomatico brillante, capace, deciso a risolvere nella maniera migliore i problemi della legione. Poi il valido console sardo a Belgrado, Marcello Cerruti[955]. Inoltre alcune autorità turche, che sono divenute amiche di Monti e che apprezzano il comportamento dei legionari. Infine la diplomazia inglese, con cui i rapporti diverranno sempre più cordiali. A Torino la persona amica, favorevole e partecipe è Massimo d'Azeglio ed, in misura minore, lo è anche il generale Alessandro La Marmora, ex commilitone di Monti.

Da Montecuccoli di Barberino del Mugello (FI) a Cala Martina di Scarlino (GR), 26 agosto – 2 settembre, la scomparsa di Garibaldi.

Garibaldi e Leggero sono stati gentilmente accolti in casa Ciampi. Il Cavicchi, che ha fatto loro da guida, ha contattato Marcelli, detto Fiorino, che lo avrebbe sostituito per condurre i due a Cerbaia. Il tempo è pessimo ed il cammino è lungo, circa tre ore e mezzo. Passano

---

[953] Si tratta dei generali Jòsef Bem, Richard Guyon, Gyorgy Kmety e Miksa Stein. Sembra che Guyon sia riuscito ad essere accettato e ad ottenere un prestigioso incarico senza divenire musulmano.

[954] Romualdo Tecco, nato a Boves (CN) nel 1802, a 23 anni entrato in diplomazia, è andato a Costantinopoli, diventando in pochi anni un grande esperto della realtà orientale, sia dal punto di vista linguistico e culturale, sia da quello politico. Rappresentante sardo in una serie di problemi commerciali e politici risolti positivamente, è stato il referente di Gioberti per una politica atta a far sollevare contro l'Austria gli ungheresi e gli slavi. In tale quadro ha fatto aprire un consolato a Belgrado, occupato da Marcello Cerruti, ed ha aiutato il colonnello Monti. Conoscitore di arabo, turco e persiano, esperto in numismatica, sarà ambasciatore ad Atene. Al termine della carriera diplomatica, il 13 marzo 1864 sarà nominato senatore e gran cordone dell'ordine dei SS Maurizio e Lazzaro. Morirà nel 1867.

[955] Marcello Cerruti, nato a Genova nel 1808, è molto amico di Mazzini, essendo stato suo compagno di scuola. Entrato in diplomazia, ha prestato servizio nei consolati di Costantinopoli, Tripoli, Tunisi, Milano, Cipro. E' stato scelto per il difficile compito di aprire un consolato a Belgrado. Poi console generale a Rio de Janeiro, successivamente a Buenos Aires, poi con funzioni speciali a Costantinopoli. Infine ambasciatore a Berna, Washington, l'Aia e Madrid. Membro corrispondente dell'Istituto archeologico di Roma e di quello analogo di Germania. Andato a riposo, il 12 dicembre 1870 sarà nominato senatore. Gran cordone dell'ordine dei SS Maurizio e Lazzaro. Morirà nel 1896.

nella valle del Bisenzio ed, alle ore 07.00 del giorno **26 agosto**, domenica, arrivano al mulino di Cerbaia[956]. Il padrone, Luigi Bagioli, detto Pispola, altra persona sicura, dovrebbe fornire i mezzi per continuare il viaggio. Il Marcelli è salutato e ringraziato.

L'idea di contattare il Biagioli è stata molto valida. La fase un po' caotica successiva alla collaborazione del Francia può ritenersi finita. Compare, infatti, un personaggio interessante: l'ingegnere Enrico Sequi di Castelfranco di Sopra che, con il padre Francesco, sta dirigendo alcuni lavori stradali a Vaiano (al Rilaio). E' venuto da queste parti per cacciare e, dato il temporale, si è rifugiato dall'amico Michelangelo Barni, che ha un negozio a Carmignanello. Qui apprende che due forestieri sono arrivati al mulino di Biagioli e che appaiono fuggiaschi. Il Sequi, mazziniano, dato che si vocifera di garibaldini in fuga, lascia la casa di Barni e corre al mulino di Biagioli. Saputo che i due stanno riposando, corre nella stanza assegnata a Garibaldi. Dopo un breve discorso viene fuori che effettivamente i due sono garibaldini in fuga. Ma quando Sequi prende atto che di fronte a lui c'è Garibaldi in persona, lo abbraccia commosso, garantendo che a tutto avrebbe pensato lui[957]. Conferma che non è possibile passare l'Abetone, ampiamente presidiato dagli austriaci. Quindi l'unica cosa da fare è andare a Sud, in Maremma. Da lì, per mare, potranno arrivare in Liguria, in piena sicurezza, dato che l'Austria domina l'Adriatico, ma non il Tirreno. Prima tappa è Prato, dove lui va subito, per organizzare il tutto. Il centro di Prato è presidiato da un battaglione austriaco, ma i due fuggiaschi non entreranno in città. Sequi parte. Tornerà a sera, per rilevare Garibaldi e Leggero.

Questi, oramai, sono nuovamente coperti dall'organizzazione patriottica e la speranza che tutto si risolva bene è notevolmente aumentata. Intanto Sequi incontra un noto mazziniano di Prato, Iacopo Martellini e si reca, alle 14.30, dal dottor Francesco Franceschini, che è a letto, malato, ma si alza subito e va con Sequi dal maggiore Antonio Martini[958] che fin dal 1831 ha aiutato a fuggire molto validamente i ricercati per motivi politici. Incontrano anche il capo della stazione ferroviaria Tommaso Fontani. Martini si assume la responsabilità di organizzare il movimento di Garibaldi fino al Bagno al Morbo,[959] in Maremma. Il resto lo attuerà un altro mazziniano, fra l'altro suo cugino, Girolamo Martini. Completate le intese e gli accordi, Sequi torna a Cerbaia. Barni offre cavallo e calesse. Da Rocca Cerbaia viene

---

[956] Cerbaia, famosa per la Rocca, fa parte di Carmignanello, frazione del comune di Cantagallo.

[957] L'incontro con Sequi, come altre fasi del cammino di Garibaldi, è stato raccontato in varie maniere. Questa sembra la più logica. Sulle discussioni inerenti i fatti pratesi, vds "Garibaldi a Prato nel 1849, una controversia storica", Prato, Biblioteca Ronciniana, 2007.

[958] E' anche avvocato.

[959] Si tratta del Comune di Castelnuovo di Val di Cecina, dove sono le Terme romane chiamate Balnea ad Morba Pellenda, cioè bagni che cacciano le malattie. Ora non sono più utilizzate. Si vede che il maggiore reputa che, dopo il comune di Castelnuovo, la presenza austriaca sia meno opprimente e strutturata.

percorsa la strada Prato – Bologna[960], nella valle del Bisenzio. Sosta a Vaiano, dal padre di Sequi, in casa della famiglia Bardazzi, anch'essa molto interessata alla salvezza di Garibaldi. Poi nuova partenza e ulteriore sosta all'oratorio di Madonna della Tosse[961], dove è previsto che i due fuggiaschi siano rilevati da una vettura proveniente da Prato.

Infatti, alle ore 23.00, arriva una persona molto valida, mediatore di cavalli, Gaetano Vannucchi, uomo del maggiore Martini. Così partono e, verso le 24.00, arrivano alla periferia di Prato. Garibaldi ed il compagno sono portati alla stazione ferroviaria di porta al Serraglio, che è fuori dall'abitato. Il capostazione è Tommaso Fontani. Garibaldi sta due ore in attesa. Alle 02.00 del giorno **27 agosto** il maggiore Martini fa arrivare una robusta carrozza, ufficialmente a disposizione di due commercianti di bestiame che devono andare in Maremma. Così Garibaldi e Leggero partono,[962] recando due lettere. Una per il dottor Buresi, medico condotto di Poggibonsi, prima tappa del viaggio, ed una seconda per Girolamo Martini, che è l'amministratore dei Bagni al Morbo. La carrozza percorre la periferia, girando intorno alle mura di Prato, da porta a Serraglio a porta Pistoiese, proseguendo per Poggibonsi.[963]

Vengono percorsi 75 chilometri in sei ore. La strada è pianeggiante. L'itinerario è: Signa (FI), Montelupo Fiorentino (FI), Empoli (FI), Ponte a Elsa[964], Castelfiorentino (FI)[965] e Certaldo (FI). Alle 08.00 arrivano a Poggibonsi (SI), dove il dottor Burresi interviene per far cambiare la carrozza. Intanto Garibaldi e Leggero mangiano e riposano fino a mezzogiorno, a casa di Giuseppa Bonfanti, che sembra sia stata consapevole di chi fossero i suoi ospiti.[966] Alle 12.00 il dottor Burresi fa arrivare la nuova carrozza, con Nicola Montereggi a cassetta.

Dopo otto chilometri, sosta a Colle di Val d'Elsa (SI), dove viene cambiato un cavallo, presso la locanda Moneta, prima del difficile percorso[967] fino a Pomarance, in complesso 62

---

[960] L'attuale strada statale n. 325.

[961] L'oratorio è nel comune di Castelfiorentino, sulla strada per la frazione di Castelnuovo d'Elsa.

[962] Affettuoso il saluto di Sequi a Garibaldi che, per testimoniare la sua amicizia e la sentita riconoscenza, gli regala l'anello di Anita, che Sequi conserverà gelosamente.

[963] Biagioli, molto soddisfatto di quello che aveva fatto, ne ha parlato con molti amici fidati. Come accade in questi casi, deve averlo saputo qualcuno di troppo, che ha determinto un'inchiesta dei cacciatori volontari, una sorta di guardia nazionale su posizioni più filo austriache che granducali, che già avevano ricevuto "voci" incontrollate. Il Sequi è stato arrestato, ma si è comportato intelligentemente e, dopo pochi giorni, è stato rilasciato. Più lunga l'indagine sul Biagioli, che è stato in carcere circa un mese.

[964] E' una frazione divisa in due dal corso del fiume Elsa. Così una parte (la maggiore, ad Est) è nel territorio di Empoli (FI) e l'altra, ad Ovest, appartiene a San Miniato (PI).

[965] Breve sosta, alla fonte di San Martino, alle 07.00.

[966] Guerrazzi, nel 1870, in una lapide, ha esaltato la Bonfanti. Garibaldi, passando per Poggibonsi nel 1867, la ha ufficialmente ringraziata.

[967] Continue discese e salite.

chilometri. A Volterra (PI), alle ore 15.00, passaggio sotto il Maschio, prigione in cui è Guerrazzi, con altri perseguiti per aver partecipato alla Repubblica Toscana. Breve fermata al quadrivio dei Monumenti, poi si riparte, arrivando a Saline di Volterra[968], dove la carrozza gira a sinistra e, dopo una fermata al podere Prugnano per far riposare i cavalli, percorsi altri 14 chilometri, arriva a Pomarance (PI), con fermata alla locanda della Burraia perché i cavalli stanno quasi stramazzando.

La situazione è risolta dall'efficiente Nicola Montereggi, che fitta un calesse. Viene ripreso il cammino, con arrivo alle 23.00[969] a Bagno al Morbo[970], ricevuti da Girolamo Martini, che, pieno di buona volontà, intende risolvere al meglio il problema, utilizzando una sua valida organizzazione. La notte riposano a Bagni ma non possono rimanere, dato che vi è molta gente in cura. Così Martini li fa rifuggiare in casa del dottore Camillo Serafini di San Dalmazio[971]. Di conseguenza partono alle 21.00 del **28 agosto,** percorrendo 12 chilometri prima con un calesse e, poi, a piedi, per dar meno nell'occhio. Intanto Angiolo Guelfi, a Scarlino, organizza l'ultima tappa, che si deve concludere in un piccolo porto sul Tirreno. Guelfi è un mazziniano, ex comandante della guardia nazionale del comune. Garibaldi ed il compagno rimarranno a San Dalmazio fino al **1° settembre.**

Alle nove della sera di tale giorno escono Serafini, Garibaldi e Leggero sul retro della casa e percorrono un tratto a piedi nei campi, fino alla Croce della Pieve, un quadrivio dove trovano ad aspettarli tre cavalli. Passano per Castenuovo in Val di Cecina. Dopo due chilometri, vicino ad un mulino, li aspetta Girolamo Martini con un calesse. Serafini ritorna coi cavalli a San Dalmazio, gli altri proseguono verso Massa Marittima, fermandosi poco prima dell'abitato, dove li aspettano persone inviate da Guelfi. Martini va via. Seguendo a piedi alcuni sentieri viene superata Massa e si arriva, alle 02.00 del **2 settembre**, alla casa di Guelfi, vicino al fiume Pecora, nel territorio del comune di Gavorrano (GR) [972].

Alle cinque del **2 settembre** ripartono, con Guelfi ed un gruppo di uomini armati[973], verso il litorale del golfo di Follonica. Arrivano alla spiaggia di Cala Martina ed alle 10.00 si imbarcano su un peschereccio che punta verso Nord.

Venezia, 30 agosto 1849

---

[968] Frazione di Volterra, a 9 chilometri dal centro, a quota 71 metri. Oggi ha 1.143 abitanti.

[969] 200 chilometri percorsi in 21 ore.

[970] Come accennato, è una frazione del comune di Castelnuovo di Val di Cecina, a 2,49 chilometri dal centro.

[971] Frazione del comune di Pomarance.

[972] Di cui Scarlino, all'epoca, era frazione.

[973] Undici, compreso il Guelfi.

Ancora l'occupazione non è completata ma entra in Venezia Radetzky, che presenzia alla celebrazione[974] di una solenne messa in duomo. Poi va subito via.

Venezia, 31 agosto 1849

L'occupazione è completata. Gorzkowsky assume il governo civile, rimanendo comandante in capo. Prima decisione: l'intero territorio lagunare da oggi è in stato d'assedio.

Mantova, 31 agosto 1849

Un impressionante "punto di situazione": dall'agosto 1848 all'agosto 1849 gli austrici hanno eseguito 961 impiccagioni e fucilazioni. Le condanne a varie pene detentive sono state 4.000.

Petervaradino, 1° settembre 1849

La guarnigione della fortezza di Petervaradino si arrende. Quasi due mesi di bombardamenti hanno semidistrutta la città.

Da Cala Martina di Scarlino a Portovenere (SP) 2 – 5 settembre 1849, Garibaldi è salvo

Garibaldi e Leggero col peschereccio "La Madonna dell'Arena" di Paolo Azzarini arrivano all'isola d'Elba. Non sono chiari i loro movimenti sull'isola, che possono essere sintetizzati così: attraccano nel porto di Cavo, vicino a Capo Castello, dove sbarcano due componenti dell'equipaggio, poi vanno a Porto Longone[975], dove vengono espletate le pratiche di rito. Sull'imbarcazione possono navigare solo cinque persone, ma Azzarini ha risolto il problema, facendo sbarcare il padre ed un altro a Cavo, sostituiti dai due fuggiaschi, considerati marinai. Le autorità portuali chiudono un occhio, accettano l'irregolarità e tutto si risolve. Viene ripresa la navigazione. Il peschereccio passa al largo di Livorno e arriva, alle 16.00 del **5 settembre,** a Portovenere.

Trasferimento con un gozzo a Spezia e, con una carrozza, a Chiavari, dove i due vanno da alcuni lontani parenti di Garibaldi, la famiglia di Bartolomeo Pucci. Ma vengono arrestati.

Petervaradino, 5 settembre 1849

Un reparto austriaco entra nella fortezza di Petervaradino e la rioccupa.

---

[974] Celebrante è il patriarca.
[975] Dal 1947 Porto Azzurro.

Genova, 7 settembre 1849

Garibaldi è trasferito a Genova per ordine del Commissario straordinario La Marmora[976]. L'Austria ha chiesto la sua estradizione. Garibaldi costituisce un grande problema per la dignità dell'Impero: ha fatto quel che ha fatto e non è stato possibile fucilarlo: uno scandalo. Garibaldi comprende che è naturale, per il governo, comportarsi in quel modo.[977] Sulla parola è libero di andare a Nizza. Poi ritorna.

Torino, 10 settembre 1849

La"Gazzetta del Popolo" pubblica un proclama agli elettori di Bobbio per l'elezione di Garibaldi alla Camera. La campagna del giornale e l'enorme partecipazione dell'opinione pubblica rendono il problema di clamorosa attualità, che viene trattato alla Camera, in una tumultuosa seduta, in cui i deputati della sinistra, nei loro interventi, sono di una enorme violenza [978] e determinano una deliberazione della Camera che dispone la liberazione di Garibaldi, a condizione che abbandoni il Piemonte.

In definitiva anche il governo è ben lieto: può dire all'Austria che ha fatto il possibile. In ogni caso Garibaldi non sarà più a Nizza o altrove, nel Regno sardo. Ma si è potuto constatare anche l'eccezionale ascendenza e prestigio del nizzardo sulla popolazione. Da lui emana una determinazione totale ed una chiarezza di obiettivi che è proprio ciò che desidera e ricerca il popolo.[979]

---

[976] Nominato commissario straordinario a seguito della rivolta.

[977] Garibaldi ha scritto: "**Io non trovai affatto strano il procedimento del generale La Marmora: egli era istrumento della politica prevalente allora nel nostro paese, ed istrumento intimo, nemico poi per propensione di chiunque fosse come me macchiato del sugello repubblicano. Fui rinchiuso in una segreta del palazzo ducale di Genova, e quindi trasportato di notte a bordo della fregata da guerra il San Michele; in ambo i luoghi però trattato con deferenza, così da La Marmora, come a bordo dal cavalleresco comandante Persano. Io altro non chiesi che ventiquattr'ore per andare a Nizza ad abbracciare i miei figli e tornare poi a prendere il mio posto di reclusione**": Giuseppe Garibaldi. "Memorie autobiografiche", Giunti Marzocco, Firenze, 1982, pag. 261.

[978] Famose le arringhe di Angelo Brofferio, Lorenzo Valerio, Giacinto Luigi Baralis, Alessandro Borella.

[979] Brevemente l'esilio di Garibaldi può essere sintetizzato come segue. Il 16 settembre 1849 va in Tunisia con una nave da guerra ma la Francia lo fa mandar via. E' portato a La Maddalena, dove rimane una ventina di giorni. Parte per Gibilterra, chiedendo all'Inghilterra asilo che, con suo dispiacere, gli viene negato. Allora va a Tangeri, dove viene accolto dal console sardo G. B. Carpeneto, forse con il tacito nulla osta del governo. Rimane dal novembre 1849 al giugno 1850, quando parte per gli Stati Uniti, dove lavora nella fabbrica di candele di Antonio Meucci. Il suo amico Francesco Carpanetto lo invita a lavorare con lui. Possiede la nave san Giorgio. Così entrambi vanno in Centro America, proseguendo per il Nicaragua, dove il Carpanetto conclude alcuni affari commerciali. In tale quadro Garibaldi va a Lima, dove è accolto con affetto dalla comunità italiana.

Torino, 21 settembre 1849

Il ministero d'Azeglio intende aprire il dibattito in Parlamento sul trattato con l'Austria, ma le opposizioni vogliono rinviare il confronto. Il trattato è stato illegittimamente ratificato: perché aprire una discussione sostanzialmente inutile? Per salvaguardare dalle critiche del popolo le forze di governo? Non è ben vista la nomina di Alfonzo La Marmora a Ministro della Guerra. La discussione viene rinviata.

Torino, 3 ottobre 1849.

Arriva a Torino la salma di Carlo Alberto, morto in Portogallo. Aumenta il violento contrasto di buona parte della Camera con il governo.

Pest, 6 ottobre 1849

Si chiude il martirio di Lajos Batthyàny, una storia triste e drammatica. La moglie, su richiesta del marito, gli aveva procurato un pugnale, dato che voleva suicidarsi. Ma è riuscito solo a ferirsi gravemente al collo. Cosa che ha rappresentato un problema per il comandante del presidio, Johan Kempen. Come si può eseguire un'adeguata impiccagione con un condannato che ha già la gola tagliata? Il problema è stato considerato difficile, ma poi è stata trovata una "brillante" soluzione: all'impiccagione è stata sotituita la fucilazione. Ma Batthyany aveva perso molto sangue e non si reggeva in piedi: come fare a fucilare una persona coricata? Anche qui è stata trovata una "valida" soluzione. Il condannato è stato drogato. Arrivato sul luogo della fucilazione è caduto in ginocchio, dato che non poteva reggersi. Ma questo non è stato considerato un problema: anche in quella posizione poteva essere fucilato. Così la sentenza è stata eseguita. Con Batthyany sono stati giustiziati altri cinque esponenti politici importanti.

Alla costituzione della duplice monarchia, nel 1866, gli ungheresi – molti dei quali avevano partecipato alla rivoluzione – riapriranno le problematiche aperte dalla rivoluzione del 1848. Riusciranno, così, a imporre soluzioni nazionali alle richieste violentemente represse nel 1849. Così le spoglie di Batthyàny saranno sepolte in un mausoleo.

Arad (Banato, allora ungherese, ora romeno), 6 ottobre 1849

Assume il comando della nave Carmen ed il 10 gennaio 1852 parte per Canton con un carico di guano. Poi ritorna a Lima, prosegue per Valparaiso e, sempre con la Carmen, questa volta carica di rame, va a Boston, poi a New York, dove incontra nuovamente Avezzana ed altri amici italiani. Con un bastimento nuovo, il Commonwealth, parte da Baltimora con un carico di farina e grano e va a Londra, poi a Newcastle. Carica carbon fossile per Genova, dove arriva il 10 maggio 1854. La situazione politica, fortunatamente, è variata e l'esilio è terminato.

Sono giustiziati nella fortezza di Arad i generali già comandanti dei reparti della rivoluzione ungherese. Alla fine si arriva ad una trentina. Haynau aveva iniziato a farli uccidere dal mese di settembre Nel complesso gli ammazzati sono stati circa quattrocento. In duemila sono stati condannati a pene detentive. I più famosi sono i tredici ufficiali superiori il cui martirio costituisce una tappa importante della storia ungherese.

Anche nella faccenda della repressione Francesco Giuseppe ed Haynau sono stati superati dall'accorezza politica dello zar, che li ha esortati pubblicamente alla clemenza, facendolo, fra l'altro, nelle vesti del vero vincitore. Ma non è stato ascoltato. Peraltro lo zar si interessava soprattutto perché riteneva offensiva, per i militari, l'impiccaggione, dimostrando rispetto per l'etica militare. Ma Haynau, nella sua crudeltà intesa come dovere e funzionalità operativa, non è stato d'accordo. In ogni caso per l'opinione pubblica lo zar ha rappresentato la figura del clemente e l'imperatore quella del debole complessato[980]. Ad un certo punto la repressione è apparsa esagerata e propagandisticamente controproducente anche a Francesco Giuseppe, ma è stato impossibile allo stesso imperatore attenuare la brutale azione di Haynau.

Nel momento delle difficoltà Francesco Giuseppe dà carta libera ai capi militari più violenti, quelli che hanno maggior seguito nell'esercito e nell'opinione pubblica. Salvo, poi, a metterli da parte. E' stato cosi, ad esempio, con Windisch – Graetz. Sarà così anche con Haynau, che, prima, avrà l'ordine di Maria Teresa [981] e, dopo, sarà totalmente esautorato nel giugno del 1850. Avverrà anche con Radetzki. La figura dell'imperatore deve rimanere immacolata anche se il suo comportamento può essere poco "elegante". Peraltro, Francesco Giuseppe risente fortemente il timore connesso alla "sindrome di Wallenstein" [982].

Torino, 16 ottobre 1849

---

[980] Interessante un piccolo aspetto del problema. Dinanzi ai risultati di un generale della levatura di Paschewic, Francesco Giuseppe lo ha nominato maresciallo dell'esercito austriaco, concedendogli le due massime onorificenze militari dell'Impero. Un sorta di "nazionalizzazione" propagandistica del generale russo.

[981] L'ordine militare più importante dell'Impero. Veniva assegnato a chi effettuava importanti azioni nel campo tattico che avevano effetti nel campo strategico. Alla fine anche Radetzky avrà lo stesso trattamento degli altri generali amati dall'opinione pubblica.

[982] Albrecht von Wallenstein, il prestigioso e vittorioso generale imperiale della guerra dei trent'anni che cercò di divenire re di Boemia. Fu bloccato e fatto uccidere dal maresciallo Ottavio Piccolomini, principe del sacro romano Impero e duca di Amalfi. Da ciò la bella trilogia di Shiller ("Il campo di Wallenstein", "I Piccolomini", "la morte di Wallenstein"). Gli Asburgo si sono sempre appoggiati ai capi dell'esercito, avendo cura di non creare personalità che potessero avere un particolare peso politico.

La situazione politica è quanto mai difficile. La Camera attuale è quasi uguale a quella precedente, che aveva voluto la guerra. In realtà nessuno intende essere responsabile dell'accettazione della sconfitta. Poi perchè si intende discutere quando il governo ha già ratificato il trattato con un colpo di mano? Oltre tutto si è diffusa la sicurezza su due problemi, quello degli emigrati, che il governo austriaco intende espropriare dei beni e quello di un articolo segreto del trattato[983] che obbligherebbe la consegna al governo austriaco degli ex combattenti lombardi e veneti rifugiati in Piemonte. Alla fine del dibattito di oggi la sinistra consegue un risultato notevole: la Camera approva una mozione che impone il rinvio della discussione del trattato a dopo che sia stata approvata una legge di salvaguardia degli emigrati. Il ministero è sconfitto. La votazione è stata fatta per alzata di mano ed il governo [984] chiede un seconda votazione a scrutinio segreto, ma viene nuovamente sconfitto. Logicamente si parla di dimissioni. E d'Azeglio ed il suo ministero sono duramente attaccati, addirittura dileggiati.

In effetti le due posizioni in contrasto sono entrambe rispettabili: sia quella del governo e del re, che intendono chiudere la fase bellica per riorganizzare adeguatamente lo Stato, sia i parlamentari che non vogliono sanzionare l'onta della sconfitta. Ma l'attività della Camera appare bloccata. Divengono sempre più pressanti i "consigli" austriaci e le convinzioni della corte e dei gruppi reazionari e conservatori che tendono a convincere re e governo ad abolire o sospendere dello Statuto. Non si tiene conto che il governo ed anche il re reputano, giustamente, che è proprio la conferma dello Statuto a dimostrare che il Regno è stato sconfitto ma mantiene salda la propria indipendenza.

Milano, 16 ottobre 1849

Viene sostanzialmente variata l'organizzazione del Lombardo Veneto, con l'instaurazione di un governo militare. Così, ufficialmente, anche l'amministrazione civile è a guida militare. A ciò si aggiunge lo stato d'assedio, che pone l'amministrazione in una situazione di eccezionalità imponendo la pesante, continua, presenza dei reparti, con tutte le logiche conseguenze del caso, non solo psicologiche e sociali, bensì anche economiche. [985]

Verona, 25 ottobre 1849

Radetzky è nominato Governatore generale civile e militare e comandante delle truppe (2 Armata). Radetzky non si è stabilito a Milano. Pertanto, Verona diventa, di fatto, il centro del Regno.In definitiva l'amministrazione civile dipende da quella militare, anche perché lo

---

[983] Tesi priva di fondamento.
[984] Peraltro illegittimamente.
[985] Una situazione, peraltro, non limitata solo alle terre italiane. Nel Lombardo Veneto, però, è durata più a lungo che altrove.

stato d'assedio continuerà per sei anni, fino al 1854. Provvedimento che testimonia il basso livello di accettazione della politica austriaca da parte delle popolazioni del Lombardo Veneto

Trieste, 30 ottobre 1849

Il generale conte Franz von Wimpffen viene nominato governatore militare e civile di Trieste, della costa istriana e comandante della Marina.

Vidino, 1° novembre 1849

La legione parte da Vidino per Gallipoli. Sarà un lunga marcia di un mese, per Sofia ed Adrianopoli. La destinazione finale è la migliore possibile, e questo rincuora i legionari. La soluzione peggiore è stata superata. La diplomazia inglese si è intromessa, considerando inaccettabile quanto richiesto da Austria e Russia. Una squadra britannica si è mossa per le acque turche La diplomazia sarda ha agito brillantemente, in particolare l'ambasciatore Tecco.

La situazione è apparsa chiara già dall'inizio di settembre, quando l'Austria ha cambiato politica, inviando in Turchia l'abile tenente generale Franz Edler von Hauslab,[986] che, visitando il campo di Vidino, ha ufficialmente dichiarato che l'Impero avrebbe concesso l'indulto a coloro che fossero rientrati in Austria e in Ungheria. Dei 5.000 rifugiati nel campo 3.000 hanno dichiarato di voler rientrare. Così l'Hauslab ha parzialmente risolto un problema che ha arrecato un grande danno al prestigio dell'Austria. Questa può ora affermare di aver fatto tutto il possibile per chiudere definitivamente gli effetti della guerra. In Turchia rimarranno i presunti estremisti. La colpa della loro situazione è, quindi, ascrivibile a loro stessi. Fra tali "estremisti" vi è la gran parte della legione italiana.

Torino, 1° novembre 1849

D'Azeglio chiede alla Camera di fissare un giorno per la discussione del trattato di pace. La maggioranza dell'Assemblea continua a rimandare.

Torino, 16 novembre 1849

---

[986] Il generale Franz Edler von Hauslab è nato a Vienna nel 1798. Ufficiale del genio durante la campagna contro Napoleone nel 1815, è stato impiegato prima al quartier generale, poi come addestratore degli ufficiali turchi, infine come insegnante degli arciduchi. In effetti von Hauslab è stato un ufficiale di notevole cultura: ottimo cartografo, si è interessato anche di geologia. Ha comandato l'artiglieria all'assedio di Vienna e negli ultimi mesi della campagna in Ungheria. Direttore generale dell'artigliaria dal 1854 al 1860 poi capo del comitato scientifico del ministero della Guerra, fino al 1865. E'morto a Vienna nel 1883.

Difficilissimo il rapporto fra governo e Camera dei deputati. Il primo è innanzi ad un bivio. La crisi può essere risolta solo con un'azione repressiva o con un'iniziativa nuova ed intelligente, atta a cambiare la situazione. Il responsabile è d'Azeglio, che, in definitiva, è lasciato solo di fronte alle sue responsabilità. Egli ha il carattere mite dell'artista, dello scrittore di romanzi storici, del pittore della campagna romana, del meticoloso analista dei processi sociali e politici. Non ama il contrasto della politica e non è armato da un'ambizione priva di scrupoli. Ma è anche caratterizzato da due componenti culturali e caratteriali di essenziale importanza: un poderoso senso del dovere ed una profonda italianità. In altri termini è un artista che, se necessario, sa anche gestire bene la conflittualità.

Torino, 17 novembre 1849

A quanto pare non vi sono novità: un regio decreto proroga la sessione parlamentare.

Torino, 20 novembre 1848

Le novità ci sono e sono notevoli. Un altro regio decreto cambia totalmente la siuazione: la Camera viene sciolta ed i comizi elettorali sono convocati a breve termine, il 9 dicembre. La nuova Camera inizierà i lavori il 20 dicembre 1849. D'Azeglio ha scelto ed imposto la linea che può apparire più azzardata ma che è razionale e soprattutto coerente con una reale attuazione dello Statuto. Se la situazione è bloccata, se governo e Parlamento non riescono ad avere unaa linea comune, funzionale agli interessi dello Stato, l'unica strada legittima è dar voce al popolo. E' interessante rilevare la profonda coerenza della politica governativa e dello stesso re con il dettato costituzionale di uno Statuto di recente concessione.

Non è stato facile, per d'Azeglio, fare approvare la sua nuova linea dal consiglio dei ministri, che si è diviso, aprendo una lunga discussione. Il contrasto si è protratto nel tempo, ma d'Azeglio è stato irremovibile. Alfonso La Marmora, fortemente perplesso, alla fine si è dichiarato d'accordo con il presidente del consiglio, indebolendo definitivamente l'ala più conservatrice. Così la politica di d'Azeglio è stata approvata. Dato che anche il re è d'accordo il problema è ampiamente risolto.

Moncalieri (TO), 20 novembre 1849

Il re in un proclama invita il popolo a votare risolvendo i problemi reali dello Stato, consentendo al governo di riprendere la normale attività, superando lo stallo prodotto dall'approvazione della mozione di Carlo Cadorna, che prevede la sospensione dell'approvazione del trattato. Il proclama diverrà famoso, sarà apprezzato anche all'estero, tranne, ovviamente, dal governo di Vienna e da quello militare di Milano.

Nel proclama Vittorio Emanuele II precisa: **"Ho promesso salvare la Nazione dalla tirannia dei partiti, qualunque siasi il nome, lo scopo, il grado degli uomini che li compongono. Questa promessa, questi giuramenti li adempio, disciogliendo una camera divenuta impossibile, li adempio convocandone un'altra immediatamente; ma se il paese, se gli elettori mi negano il loro concorso, non su me ricadrà ormai la responsabilità del futuro, e ne' disordini, che potessero avvenire, non avranno a dolersi di me, ma avranno a dolersi di loro. Se io credetti dover mio il fare udire in questa occasione parole severe, mi confido che la giustizia pubblica conosca che esse sono impresse al tempo stesso d'un profondo amore de' miei popoli e dei loro vantaggi, esse sorgono dalla ferma mia volontà di mantenere la loro libertà e di difenderla dagli esterni, come dagli interni nemici (....) Ho dunque il diritto di confidare in loro nell'occasione presente e di tenere per fermo, che uniti potremo salvar lo Statuto ed il paese dai pericoli che lo minacciano."** [987]

D'Azeglio, che, a quanto pare, ha compilato il proclama, per essere più sicuro, invia anch'egli una lettera agli elettori.

Gallipoli, 1 dicembre 1849

Dopo una lunga, estenuante marcia, la legione italiana è giunta all'accantonamento definitivo, vicino all'abitato di Gallipoli.

Gli effettivi sono molto ridotti. I legionari ora sono 257, di cui 20 ufficiali. Hanno inteso fruire dell'indulto imperiale in 170, ritornando nelle terre austriache, 15 si sono convertiti all'islamismo, 3 sono deceduti.

Torino, 9 dicembre 1849

Chiusa la III legislatura, vengono tenute le elezioni della IV. L'elettorato risponde in maniera conforme alla richiesta formulata dal re nel proclama di Moncalieri. La maggioranza dei deputati è sulle posizioni del governo. La sinistra ha trenta deputati. Si è formato un centro sinistra, di cui l'esponente più significativo è Rattazzi, che è su posizioni vicine al governo

Costantinopoli, 18 dicembre 1849

---

[987] P. Giudici, "Storia d'Italia", cit., vol. IV, pag. 717 - 718.

L'ambasciatore Tecco, tramite la sua ottima organizzazione informativa, ha appurato che il governo austriaco ha organizzato ed inviato in Turchia un gruppo di croati che devono assassinare Kossuth. Informate le autorità turche, il gruppo è stato arrestato.

Un motivo in più per rafforzare la grande amicizia di Kossuth nei confronti degli italiani.

Londra, 1° gennaio 1850

Le sconfitte hanno profondamente colpito le componenti democratiche, in particolare quelle rivoluzionarie mazziniane. I rapporti sono difficili. Molti temono che non ci sia più nulla da fare ed abbandonano l'attività. L'azione politico diplomatica della Francia e dell'Austria, è, di fatto, sinergica nella repressione delle forze popolari che possono cambiare la situazione politica europea.

Si può affermare che, ancora una volta, in questo difficile periodo, Mazzini, innanzi alla sconfitta ed allo scoramento, riesce a dare uno scopo operativo, a infondere speranza, a trasmettere forza ed entusiasmo, nonostante il trascorrere inesorabile del tempo ed il verificarsi di continui sacrifici e sconfitte. In definitiva dimostra di essere in grado di mantenere aperto e condiviso il luminoso cammino della speranza. Indice una sottoscrizione e distribuisce le relative cartelle. Tende, così, ad acquisire disponibilità finanziarie, fa partecipare attivamente alla rivoluzione anche coloro che mai imbraccerebbero un fucile, estende le adesioni e dà a tutti la certezza che la lotta può e deve continuare, essendo l'unica politica possibile.

Meslianico (CO), 2 gennaio 1850

Mentre sta entrando in Italia dalla Svizzera fra Como e Cernobbio, proveniente da Mendrisio, è arrestato Luigi Dottesio[988]. Frequentatore fin da molto giovane dei circoli

---

[988] Luigi Antonio Dottesio è nato a Como nel 1814. Il padre era tessitore. Ha studiato ed è stato molto considerato in città, divenendo vice segretario comunale. Scrittore, ha pubblicato libri di storia e di politica. Forse è stato l'iniziatore della collana "Documenti per la Guerra Santa d'Italia". Capitano della guardia nazionale nel 1848, poi maggiore. Dopo la sconfitta è fuggito in Piemonte, continuando la sua attività di propaganda. Il 12 gennaio 1851 avrebbe dovuto sposare Giuseppina Perlasca vedova del farmacista Bonizzoni. Lei avrebbe dovuto raggiungerlo. Vi sono stati ritardi e complicazioni che, forse, hanno contribuito a far distrarre Dottesio che, entrando in Lombardia, con libri vietati, è stato arrestato. Stava per concludersi bene il processo, ma alcune testimonianze hanno reso chiare le sue responsabilità. La Perlasca si è molto impegnata per salvarlo: ha tentato di farlo evadere, ha fatto pervenire una richiesta di grazia all'imperatore. Comunque è riuscita a corrompere le guardie incontrandolo in carcere tre volte. Dottesio è stato impiccato l'11 ottobre 1851.
Bisogna far cenno ad una persona di particolare valore come Giuseppina Perlasca, che Mazzini ha ringraziato perché l'apporto da lei dato alla rivoluzione è apparso quello di una sorella. Lui si è detto riconoscente per l'esempio dato alle donne italiane. E' nata a Como nel 1809 in una famiglia ricca di commercianti. Ha sposato il farmacista Bonizzoni ed ha avuto sei figli. Vedova, nel 1848 si è data fare per la rivoluzione, spendendo anche molti soldi. Poi la vicenda Dottesio. Successivamente ha continuato l'attività di propaganda del fidanzato. Infine è stata arrestata nell'ottobre del 1852. Avrebbe dovuto rendere noti i nomi di coloro che erano stati in contatto sia con lei che con Dottesio.

nazionali e libertari del comasco, amico di Alessandro Repetti, al quale ha consigliato di acquistare la Tipografia Elvetica di Capolago (un supporto essenziale per la propaganda e la cultura rivoluzionarie), ha militato, col grado di capitano, nella Guardia nazionale. Successivamente ha sostenuto le azioni mazziniane in Val d'Intelvi e a Como, subendo, il 20 aprile 1849, un arresto, poi revocato. Si è interessato con grande impegno, successivamente, della distribuzione di opuscoli e libri, dell'organizzazione e dell'estensione dell'organizzazione rivoluzionaria e della promozione del prestito nazionale. In particolare gli viene sequestrato un documento di istruzioni della mazziniana Società Patria. Gli austriaci hanno grandi difficoltà a reprimere tali organizzazioni. Perciò danno molta importanza all'arresto.

Dottesio è persona molto abile: nonostante sia stato trovato con stampati rivoluzionari l'istruttoria durerà per 21 mesi, con alterne vicende.

Torino, 9 gennaio 1850

Il giorno **7 gennaio** è iniziata la discussione alla Camera, che procede, nonostante l'opposizione della sinistra. In data odierna viene approvato il trattato di pace con l'Austria (112 favorevoli, 17 contrari e 6 astenuti), che sarà approvato anche dal Senato (50 favorevoli, 5 contrari).

Tutto sommato le vicende connesse al trattato si sono concluse bene, data la situazione del Piemonte e quella dei rapporti con l'Austria. Il re ha acquisito un grande prestigio avendo risolto nella maniera migliore i problemi determinati dalla sconfitta di Novara, ma, soprattutto, essendo rimasto fedele alla Costituzione. Una manifestazione, questa, di grande coerenza e di lodevole dignità. Di conseguenza molti rivoluzionari si avvicineranno alla monarchia, che ha saputo mantenere la parola, rafforzando, sia pure in un periodo non certo favorevole, la politica nazionale del governo sardo. Notevole anche il merito di d'Azeglio, coerente anch'egli.

Torino, 14 gennaio 1850

Prosegue la propaganda della Gazzetta del popolo a favore di Garibaldi, con il lancio di una sottoscrizione per regalargli una spada d'onore.

Palermo, 27 gennaio 1850

Ristretta nel carcere di Mantova per quattro mesi, ha subito quattro duri interrogatori, ma non ha parlato. Nel 1864 ha portato soccorso ai prigionieri della battaglia di Aspromonte nel carcere di Vinadio. Nel 1868 ha fatto traslare a Como le spoglie di Dottesio. E' morta nel 1896, a Como.

L'avvocato Lo Monaco Ciaccio Antonino[989] organizza la rivolta alla Fieravecchia con Nicolò Garzilli[990] e D. Minnelli, vicecancelliere della gran corte civile di Palermo.

Inizia la manifestazione alla Piazza della Fieravecchia, ma la reazione delle autorità, tempestivamente avvertite da una delazione, è rapida e violenta. Sono arrestati, oltre a Nicolò Garzilli: G. Caldera, G. Garofalo, V. Mondini, P De Luca e R. Ajello. Solo Lo Monaco riesce a fuggire.

Palermo, 28 gennaio 1850

Garzilli [991]e altri cinque mazziniani sono condannati a morte. Condanna subito eseguita proprio alla Fieravecchia.

Con Garzilli le autorità borboniche hanno eliminato una speranza della filosofia, ma il comitato mazziniano, vero obiettivo della loro azione, è rimasto sostanzialmente indenne.

Gallipoli, 9 febbraio 1850

La legione italiana a Gallipoli è molto ben acquartierata, sia come alloggiamenti che come vitto. Il clima è ottimo, diversamente da quello, pessimo, dove sono state confinate le unità ungheresi. Un trattamento particolare dovuto sia alle capacità comunicative di Monti, sia alla disciplina e correttezza della legione, sia alla grande abilità diplomatica di Romualdo Tecco, che negli ultimi giorni sembra scomparso. Monti sa che ciò accade quando Tecco sta attuando qualcosa di importante ed è preoccupato. Per il resto, dopo tante difficoltà, Monti può essere soddisfatto. La sua unità è compatta, con i suoi 257 uomini. Due ufficiali sono stati da lui perseguiti. Per il resto tutto bene.

Ma è infuriato con il suo amico e commilitone generale Alessandro La Marmora, che aveva interessato per avere il permesso di portare la legione in Piemonte. Ha ricevuto a dicembre una lettera, con la quale La Marmora gli offriva un alto grado nell'esercito piemontese, ma

---

[989] Antonino Lo Monaco Ciaccio è nato a Palermo nel 1831. Avvocato. Ha partecipato alla rivoluzione del 12 gennaio 1848 ed alla spedizione in Calabria dell'11 luglio 1848. E' stato arrestato e recluso a Capua per 12 mesi. La detenzione è terminata per indulto. E' riuscito a fuggire in occasione della repressione dell'organizzazione rivoluzionaria alla Fieravecchia. Dopo il 1860 è divenuto cancelliere capo presso la corte d'appello di Palermo. E' morto nel 1865.

[990] Anche Garzilli aveva partecipato alla predetta spedizione, con successivi arresto, carcere ed indulto

[991] Nicolò Garzilli, nato a Napoli il 4 novembre 1830, figlio di un ufficiale trasferito in Sicilia nel 1934, iscritto a filosofia nel 1845, a 17 anni ha pubblicato il "Saggio filosofico sulle attinenze ontologiche della forma ideale coi più rilevanti problemi della filosofia secondo Gioberti". Successivamente, amico di Lo Monaco, ha partecipato alle vicende del 1848. Alla fucilazione ha vent'anni.

la concessione riguardava lui solo. Di conseguenza avrebbe dovuto lasciare la legione in Turchia. Strana simile offerta, proprio perché fatta da un ufficiale che dovrebbe rispettare le responsabilità ed i vincoli gerarchici. E' la risposta di un vertice militare meramente burocratico. Monti spera in d'Azeglio e nella vulcanica attività di Tecco. Comunque, riesce ad essere amico di tutti ed è molto apprezzato, fra l'altro, dalla diplomazia inglese, dalla quale ha anche ricevuto un passaporto, che, ovviamente, non utilizza. A Gallipoli è amicissimo del console sir Wilhelm Wollshire di cui oggi sposa la figlia Sara, che sarà un'ottima, affezionata consorte, che gli darà due figli, Carlo e Gerolamo. Il matrimonio rimarrà l'unica vicenda positiva nella vita del capacissimo ma sfortunatissimo colonnello Monti. Un bel giorno di festa anche per i legionari.

Gallipoli, 13 febbraio 1849

Perviene alla legione una lettera dell'ambasciatore Tecco. A fine gennaio il governo d'Azeglio ha autorizzato l'arrivo in Sardegna dei legionari. Non sono previste, però, le spese di viaggio.

Ma la Turchia dimostra nuovamente la sua ospitalità offrendo, gratuitamente, una fregata per il rientro della legione. Monti chiede al pascià Resid di ringraziare a suo nome il sultano, dato l'ottimo trattamento offerto al suo reparto.

Torino, 25 febbraio 1850

Il governo d'Azeglio intende ridurre in maniera definitiva e drastica i privilegi ecclesiastici. Tale iniziativa fa parte di una serie di riforme tendenti all'ammodernamento dello Stato. La separazione dello Stato dalla Chiesa viene definita in una serie di leggi presentate alla Camera dal ministro di Grazia, Giustizia ed Affari di Culto Giuseppe Siccardi.

Parigi, 10 marzo 1850

Elezioni parziali in Francia. Affermazione della sinistra. Un brutto segno per Luigi Napoleone e per la maggioranza democratica.

Gallipoli, 14 marzo 1850

I legionari s'imbarcano sulla fregata "Jasi-Allah"[992]. Il loro numero si è ulteriormente ridotto, negli ultimi mesi. Sono ora 196[993].

---

[992] "Dono di Dio"

Erfurt, 20 marzo 1850

Un'assemblea degli Stati tedeschi ha il compito di redigere una Costituzione della Piccola Germania, dominata dalla Prussia, tenendo fuori degli accordi l'Impero austriaco. Il "regista" dell'operazione è Joseph Maria von Radowitz, ministro degli Esteri prussiano.

Baviera, Sassonia,Wurttemberg e Hannover seguono di malavoglia il progetto.

Malta, 8 aprile 1850

Quasi un mese è durato il viaggio per Malta della "Jasi-Allah", a causa di continue tempeste. Nomostante la simpatia del governo e della diplomazia inglese i legionari sono trattati male dal governatore More O'Ferral, che impone in maniera formalistica limitazioni agli sbarchi del personale, ecc. Vi sarà una polemica anche sui giornali, che Monti – abitualmente così cortese e diplomatico - concluderà con una dura frase: "Vergogna eterna al signor O'Ferral".

Torino, 9 aprile 1850

Viene approvata a grande maggioranza la prima legge Siccardi, numero 1013. Oramai è chiara la politica del governo: abolizione completa dei tre privilegi più importanti: il foro ecclesiastico, per cui la magistratura ordinaria non può giudicare gli ecclesiastici, il diritto di asilo, che limita ulteriormente l'attività giurisdizionale dello Stato e la non tassazione dei beni religiosi. La norma prevede altri problemi di carattere minore, come l'autorizzazione dello Stato all'acquisizione di beni da parte degli enti morali o la riduzione delle pene per l'inosservanza delle feste religiose, ecc.

Roma, 12 aprile 1850

Pio IX ritorna a Roma. Non abroga lo "Statuto fondamentale pel Governo temporale degli Stati della Chiesa", ma di fatto lo annulla, ripristinando il suo potere assoluto.

"La Corte Romana inebbriata dal trionfo, (....) pensò che il secolo stanco e spavento di libertà volgesse a restituire quella robusta autorità e quelle preminenze sacerdotali che nel medio evo furono in fiore; (....) Onde avvenne che, restaurato l'assoluto governo clericale nello Stato Romano, la Corte stringesse alleanza con tutti i governi che manomettevano le popolari franchigie, e che intenta non solo allo acquisto della libertà ecclesiastica, ma alla conservazione e al ristauro degli antichi privilegi contrari

---

[993] I rientrati in terre asburgiche sono 220. Venti hanno aderito all'islam, 7 sono morti e 2 sono rimasti a Vidino.

ed infesti alla libertà civile, promuovesse e caldeggiasse una universale riazione, così contro le civili, come contro le politiche libertà. Perciò (....) si sono dati a condannare come una temporale miseria ed una spirituale dannazione, non solo gli ordini liberi, ma tutti (....) gli ordini civili delle moderne società.[994]

Vienna, 18 aprile 1850

Francesco Giuseppe concede maggiore autonomia all'attività ed alle nomine ecclesiastiche, come richiesto dai vescovi lombardi, austriaci e tirolesi.

Torino, 25 aprile 1850

La sottoscrizione aperta dalla Gazzetta del Popolo per il regalo di una spada d'onore a Garibaldi è stata un grande successo. Il giornale rende noto che sono pervenuti rapidamente dall'intera Italia i contributi necessari e la spada è stata anche consegnata all'interessato, di cui viene reso noto il sentito ringraziamento.

Parigi, 28 aprile 1850

Ulteriori elezioni parziali in Francia. Come è avvenuto in quelle del 10 marzo, si afferma la sinistra. La parte moderata al potere cerca di imporre una qualche soluzione che risolva il problema a suo favore.

Malta, 29 aprile 1850

La fregata "Jasy-Allah" il **12 scorso** ha cercato di partire, ma è rientrata per il mare cattivo. Oggi parte per Cagliari.

Cagliari, 5 aprile 1850

Finalmente la legione arriva a Cagliari.

Cagliari, 14 maggio 1850

La "Gazzetta Popolare" pubblica il ringraziamento di Monti alla popolazione cagliaritana per la cordialità e l'affetto con cui sono stati accolti i suoi uomini. Conclude affermando: **"altro non facemmo che adempiere in Ungheria, a seconda delle nostre forze, la missione che c'imponeva l'Italia, e i doveri che ci legano ad una nazione di fratelli".**[995]

---

[994] L. C. Farini: "Lo Stato Romano", cit. pag. 839.
[995] L. Pete: "Il Colonnello Monti…" cit. pag. 213.

Potenza, 15 maggio 1850

Per l'avvocato Vincenzo D'Errico la clandestinità inizia a divenire pericolosa. Riesce a fuggire su una nave francese e si stabilisce prima a Parigi, poi a Torino. Continua ad influenzare la politica lucana con una fitta corrispondenza, firmata con l'anagramma Zenone Vridricco. Morirà a Torino il **1° ottobre 1855**. Il **1° ottobre 2016** sarà presentata, sempre a Torino, la prima edizione completa delle sue 346 lettere.

Maffei viene arrestato due volte e, alla seconda, condannato a morte. Ma la pena è commutata in ergastolo. Dopo aver subito un tentativo di assassinio, alla fine del quarto anno della detenzione, **nel 1859**, sarà espulso negli Stati Uniti. E' uno "dei sessantotto" deportati, fra cui vi sono Silvio Spaventa, Carlo Poerio e Luigi Settembrini. Ma il figlio di quest'ultimo, ufficiale della marina mercantile britannica, arruolatosi come cameriere, convincerà il comandante a sbarcare in Irlanda i prevenuti. Cosa che accadrà il **6 marzo 1859**, presso Queenstown. Così Maffei potrà finalmente incontrarsi con Mazzini. Rientrerà a Potenza dopo il 1860, svestendo l'abito talare.

In effetti i 68 si divideranno secondo le rispettive differenze ideologiche. Maffei ed altri andranno da Mazzini, mentre Spaventa andrà a Torino da Cavour, iniziando una brillante carriera politica. Sarà un cavouriano "integralista", tanto che sarà espulso da Napoli il 25 settembre 1860, su ordine di Garibaldi.

Livorno, 17 maggio 1850

La Fuller ed il marito, dopo la caduta della Repubblica romana, hanno ritenuto opportuno allontanarsi ed andare a Rieti dal figlio, scarsamente curato dalla donna cui era stato affidato. Il motivo addotto è stato quello che, per la confusione determinata dalla guerra, non aveva ricevuto il salario previsto. Risolto il problema della salute del figlio, gli Ossoli hanno deciso di ritirarsi a Firenze, dove Margaret ha iniziato a scrivere una storia della repubblica romana e ad ordinare i documenti che Mazzini le aveva affidato. Ma tale soluzione è apparsa inadeguata e, in data odierna, nel porto di Livorno, la famiglia si imbarca sul mercantile "Elisabeth", che trasporta a New York un carico di marmo e di seta. Molto valido il comandante, capitano Hasty. Con i tre Ossoli parte anche la nuova bambinaia, Celeste Paolini.

Padova, 24 maggio 1850

Muore il generale barone Kostantin d'Aspre, comandante del 6° corpo d'Armata.

Cagliari, 24 maggio 1850

Monti interessa d'Azeglio per la sua definitiva sistemazione. Così inizia il suo calvario contro la cieca burocratizzazione del ministero della Guerra, secondo il quale quando Monti era arrivato in Ungheria la sua missione era stata annullata dal governo sardo, pertanto egli era un privato cittadino. Inoltre viene posto in dubbio il suo grado, anche se il generale Durando gli aveva ufficialmente concesso i gradi di tenente colonnello, avallati da Carlo Alberto. Infine è considerato un volontario che, come previsto, deve essere messo nella riserva, con eventuali richiami in caso di guerra. Monti si sente profondamente offeso.

Milano, 25 maggio 1850

L'arcivescovo Romilli fin dalla sua nomina ha dovuto superare difficoltà notevoli. Ha cercato di seguire una politica episcopale definibile "centrale" fra i vari conflitti politici ed ecclesiastici di quel complesso e contrastato periodo, cercando di attuare soluzioni che tenessero conto delle novità ma che, al tempo stesso, rispettassero le esigenze di carattere sia religioso che istituzionale e sociale. Purtroppo non ha avuto risposte confacenti alle sue aspettative. Odiato da Radetsky soprattutto perché italiano e perché aveva comprensione per i movimenti nazionali, è stato criticato anche dalla parte liberale, avendo dovuto attuare alcune imposizioni del potere militare.

Un indice del livello della sua politica pastorale riguarda l'aspetto più importante della sua attività: la vita diocesana, che, sotto la sua guida, si è sviluppata in maniera notevole. E' riuscito a dare un senso di rifugio, di serenità e di sicurezza, ha dimostrato una grande vicinanza alle necessità individuali e popolari, ha assunto varie iniziative, come la fondazione dell'Istituto per i sordomuti poveri o la ricostituzione delle congregazioni diocesane tendenti a sostenere gli studi e la disciplina sacerdotali o il coordinamento con l'attività di san Giovanni Bosco e la promozione delle congregazioni salesiane. Una politica, in definitiva, che ha testimoniato il suo impegno e le notevoli sue realizzazioni.

Tutto ciò l'arcivescovo bergamasco ha attuato avendo contro non solo il governo militare, bensì anche il Vaticano, che mal vedeva la sua umanità e la connessa sua comprensione delle novità. Erano, infatti, giudicate eccessive, quasi eversive e, nel complesso, erronee, addirittura dannose le sue posizioni nei confronti dei grandi contrasti ecclesiastici fra conservatori, liberali, rosminiani, democratici e nazionali. Senza tener conto della criticatissima sua posizione verso il movimento nazionale italiano. Un esempio delle sue idee era la protezione di monsignor Luigi Biraghi, considerato un rivoluzionario. Il Vaticano ha manifestato in maniera clamorosa la sua posizione non nominando cardinale colui che per undici anni è stato il responsabile di una diocesi importante come quella di Milano. Una carica che da sempre ha implicato la nomina stessa. Eppure Pio IX lo aveva nominato arcivescovo il 14 giugno 1847 dopo solo un anno dalla consacrazione a vescovo, il 21 giugno 1846. Ma allora era ancora considerato un vescovo "normale".

Il **25 maggio 1850** una lettera di Romilli rende nota una notevole iniziativa: la ripresa delle visite pastorali, con le conseguenti analisi etiche, economiche e sociali riguardanti tutte le parrocchie della diocesi. Si torna alla vecchia politica del cardinale Borromeo, abbandonata dall'austriaco Gaisruck. La finalità dell'arcivescovo è di andare, di essere vicino al popolo per conoscerne le esigenze, i problemi e i livelli di vita al fine di impostare politiche religiose, politiche e sociali adeguate.

Parigi, 31 maggio 1850

La componente moderata al potere ha trovato la soluzione contro l'avanzata della sinistra nelle elezioni parziali del 10 marzo e del 28 aprile. Limita, infatti, il suffragio universale maschile, concedendo il voto solo a coloro che hanno il domicilio da tre anni nel collegio elettorale. La classe meno legata al territorio, cioè la classe operaia, è servita.

Ma oscure nubi si addensano sulla seconda Repubblica. Il presidente, sempre Luigi Napoleone, è molto abile nello sfruttare a proprio favore le difficoltà, le contraddizioni, le inadeguatezze sociali e politiche, soprattutto quelle parlamentari. Ed è particolarmente ambizioso. Reputa di essere la personificazione del futuro bonapartista della Francia.

Per ora il presidente si è alleato con i monarchici al fine di sconfiggere i repubblicani, ma è prevedibile che si alleerà con questi ultimi per stroncare le residue velleità orleaniste.

Trieste, 3 giugno 1850

Blumfeld, l'inquisitore del processo ad Antonio Gazzoletti per i fatti del marzo 1848, è lieto. Dopo una lunga istruttoria può dimostrare che il prevenuto è stato designato a svolgere le funzioni di presidente di una repubblica da proclamare in Trieste mettendo in crisi l'ordine dell'Impero. Ma l'imputato fruisce di due amnistie ed a suo carico può essere deciso solo il confino. Deve stare ad Innsbruk.

Torino, 5 giugno 1850

Viene approvata la seconda legge Siccardi, n. 1037. Durissima la reazione antigovernativa dei cattolici intransigenti, tanto che è stato necessario procedere addirittura all'arresto dell'arcivescovo di Torino, Luigi Fransoni.

Gibilterra, 9 giugno 1850

L'"Elisabeth" con gli Ossoli a bordo parte per New York. Il capitano Hasty è morto di vaiolo e la nave è stata in quarantena. Il giovine vice, Bangs, è ora al comando, ma appare del tutto inadeguato.

Cagliari, 14 giugno 1850

Non è possibile inserire la legione della campagna ungherese nell'esercito piemontese. Deve, infatti, essere sciolta. Monti saluta i suoi soldati, con l'ultimo ordine del giorno:
"Mentre io debbo staccarmi da voi, sento un profondo dolore, e il bisogno di esprimervi la ma riconoscenza per le prove di affetto e di fede che mi avete sempre dato, in mezzo ai più grandi cimenti che abbiamo affrontato insieme, compagni inseparabili. Voi siete rispettabili per aver preferito l'esilio con le sue pene, co'suoi sacrifici al perdono offertovi dagli eterni nemici della vostra Patria, che avete da veri italiani combattuti e vinti in molte battaglie….. Amate il Piemonte, che vi accolse perseguitati, abbandonati da tutti …. Vedete in esso il possente baluardo della indipendenza e nei suoi tre colori quella bandiera d'Italia e d'Ungheria in cui aveste tanta fede. Dio vi protegga!"[996]

New York, 19 luglio 1850, la tragedia

L'"Elisabeth" sta per arrivare a New York, ma l'oceano è in tempesta. A poche miglia dal porto la nave si incaglia su una secca. Data la forza del mare ed il pesante carico trasportato l'"Elisabeth" si spezza ed i passeggeri sono proiettati fra le onde. La famiglia Ossoli e la bambinaia muoiono.

La morte di Margaret Fuller non costituisce solo un dramma per la cultura ed il giornalismo, ma anche un gravissimo danno per la rivoluzione italiana. Gli importanti documenti affidatile da Mazzini, le bozze della storia che, con grande passione, Margaret stava scrivendo: tutto è stato perduto.

La cultura degli USA è in lutto.

Genova, 5 agosto 1850

Il colonnello Monti si ritira con la famiglia vicino Genova. Offeso per il trattamento subito, fa pervenire le proprie dimissioni al ministro della Guerra, generale Alfonso La Marmora. Questi gli risponde invitandolo a ritirarle, affinchè l'esercito non sia privato di un brillante ufficiale come lui.

---

[996] L. Pete: "Il colonnello Monti….", cit., pag. 213.

Intanto la figura di Monti diviene sempre più nota e molti esaltano la sua singolare e affascinante esperienza. Ad **ottobre** il governo turco gli offre un alto comando con la condizione di divenire mussulmano e Monti rifiuta. Il **9 novembre** perviene da Giuseppe Antonini, console sardo a Montevideo, l'offerta del governo uruguaiano di assumere le funzioni già ricoperte da Garibaldi a partire dal 1842, ricostituendo la legione italiana col grado di generale nella guerra contro l'Argentina. Dopo un'iniziale soddisfazione, Monti decide di declinare anche questa offerta.

Fra la fine del 1850 ed il 1851 Monti riprenderà i rapporti con gli esuli ungheresi. In particolare con l'ex ministro della Guerra Kàzmer Batthiàny, con lo stesso Kossuth, con un colonnello[997] inglese dei servizi segreti, Charles Frederick Henningsen.[998] che aveva fatto e continuava a fare da tramite fra il governo britannico ed il governo nazionale ungherese (prima in patria, poi in esilio) e, poi, con il governo sardo e lo stesso Mazzini. I rapporti degli ungheresi con quest'ultimo nei mesi successivi saranno cordiali e costruttivi, ma si verificheranno anche dei contrasti.

Grande piacere farà a Monti la ricezione di una lettera di notevole partecipazione ed amicizia, quasi di affetto, inviatagli da Gioberti, critico della politica sarda degli ultimi quattro anni, considerata effetto di abiezione, disdoro e vituperio.

Un colpo alla spina dorsale ricevuto durante la guerra, unito ai dispiaceri degli ultimi mesi, metteranno in crisi la salute di Monti, che cercherà, comunque, di svolgere il ruolo di raccordo fra gli esuli ungheresi, il governo sardo e le organizzazioni mazziniane. Un ruolo che porterà gradualmente ad ottimi risultati.

Botticino (BS), Calcinato (BG), Tignale (BS), Serle (BS), Chiari (BS), settembre 1850

---

[997] Non è chiaro come Henningsen si sia presentato al governo ungherese, a nome di quello britannico come capitano o con il grado più autorevole di colonnello.

[998] Charles. Frederik Henningsen è nato a Bruxelles nel 1815, viene ricordato come scrittore, mercenario, esperto di esplosivi e avventuriero. In realtà la sua vita è simile a quella di tanti giovani intelligenti, brillanti e colti che i servizi segreti della Gran Bretagna hanno arruolato al fine di agevolare la politica inglese nelle situazioni, nelle località e nei partiti più vari, ma utili alla Gran Bretagna. Ha combattuto in Spagna nel 1835 con lo schieramento conservatore dei carlisti. Ha operato con i Circassi contro la Russia. Poi, in Ungheria, con le forze rivoluzionarie. Ha fatto viaggi "di studio" in tutto l'Impero turco ed è venuto in Italia. E' andato negli Stati Uniti, sotto la copertura di rappresentante degli esuli ungheresi. Nel 1856 è stato in Nicaragua, con il grado di maggior generale, contro gli interessi degli Stati Uniti, dalla cui marina è stato fatto prigioniero nel 1857. Divenuto cittadino degli USA, allo scoppio della guerra civile si è schierato con i confederati. Col grado di colonnello ha comandato le fortificazioni di Richmond ed ha operato in Nord Carolina. E', poi, entrato in contrasto con il vertice confederato. Ha iniziato attività segrete per mettere in crisi il governo spagnolo a Cuba. E' morto nel 1877. Ha scritto libri importanti, almeno 16, sui Paesi e sugli avvenimenti di cui è stato testimone.

Nel mese di settembre sono trovate armi e disertori in 16 cascine. I padroni sono arrestati e condannati a morte.

Viene ulteriormente migliorata l'organizzazione rivoluzionaria, soprattutto per merito di Tito Speri. I comitati costituiscono sottocomitati in vari centri della Lombardia.

Firenze, 2 ottobre 1850

Leopoldo II, dopo che per diciotto mesi la Costituzione non è stata attuata, la sospende ufficialmente.

Wiesbaden, 1 novembre 1850

Il contrasto fra Austria e Prussia, acuito dalla stipula dell'Unione di Erfurt, si aggrava. Intanto il principe elettore d'Assia - Kassel intende riprendere tutte le sue pregorative, dopo lo sconvolgimento rivoluzionario. Ma una parte degli stessi funzionari dello Stato lo contesta. Il principe si rivolge al parlamento della confederazoione e l'Austria interviene a suo favore. La Prussia sostiene la parte avversa. Interviene lo zar, che parteggia per l'Austria, criticando la posizione della Prussia. La posizione dei vari Stati tedeschi non è chiara. Sassonia ed Hannover abbandonano l'unione di Erfurt. Anche Baviera e Wuttemberg si avvicinano all'Austria. Ma ad una conferenza, indetta dall'Impero a Francoforte il **10 maggio**, partecipano solo 10 Stati tedeschi. Gli altri ventisei si sono schierati con la Prussia ed il **2 settembre**, a Francoforte, l'Austria si è trovata sola.

Il problema è complesso. Schwarzenberg, non tenendo conto della precaria situazione dell'esercito austriaco e, soprattutto, della profonda crisi finanziaria dell'Impero, intende entrare in guerra contro la Prussia, che reputa possa essere breve e favorevole all'Austria. Con la Russia ad ottobre l'Impero ha firmato il trattato di Varsavia Anche Radowitz, in Prussia, è per l'azione bellica contro l'Austria, a protezione dell'unione di Erfurt.

La situazione diviene sempre più esplosiva. L'**8 novembre** vi è stato uno scontro di pattuglie a Bronzell, in Assia, con due feriti. Ma Francesco Giuseppe ed il re di Prussia non intendono arrivare al conflitto. In buona sostanza credono, giustamente, che, data la situazione, i loro Stati si indebolirebbero vicendevolmente, a vantaggio della Russia e dell'Inghilterra. Schwarzenberg è un abile politico, ma è soprattutto un generale austriaco, per il quale la vittoria è data da Dio al più degno, che, in definitiva, è il più forte. E l'Austria non solo crede di essere militarmente più forte della Prussia, ma reputa di essere ancora il sacro romano impero, personificazione della volontà di Dio. Per il vertice asburgico non sono molto importanti le analisi economiche o quelle dei rapporti di forza o le valutazioni sulla giustizia e sulla legittimità. L'unica cosa che interessa è la capacità di affermare, nei contrasti bellici, la massima violenza, fino all'estrema brutalità.

Mantova, 2 novembre 1850, riunione

La Sezione mazziniana di Mantova tiene la riunione costitutiva nella casa di Livio Benintendi[999]. Diciotto i rappresentanti. Negli ultimi tempi le misure di polizia tendenti a ridurre l'attività clandestina raggiungono l'effetto opposto. Anzi la repressione alimenta ed estende le organizzazioni rivoluzionarie. Anche molti monarchici si avvicinano al mazzinianesimo, ormai generalmente riconosciuto come l'unica possibilità di lotta, il solo mezzo per svolgere una concreta attività rivoluzionaria. Anche molti ecclesiastici, alcuni dei quali sono stati contrari alla rivoluzione ed alle guerre del 1848 – 49, hanno aderito alle organizzazioni nazionali. L'uomo forte mazziniano nell'organizzazione è il capitano Giovanni Acerbi[1000], combattente delle Cinque giornate e ufficiale di artiglieria durante la difesa di Venezia. Altri esponenti importanti sono gli ingegneri Giovanni Chiassi,[1001] Attilio Mori[1002], l'avvocato Luigi Castellazzo[1003] e il medico Achille Sacchi[1004].

---

[999] Il conte Livio Benintendi, nato a Mantova nel 1814, è stato uno degli organizzatori dei moti di Mantova. E' esule in Piemonte, pertanto la riunione del 2 novembre 1850 è stata organizzata dal suo amministratore Attilio Mori, che ben conosceva gli intendimenti del conte. Benintendi sarà per due volte eletto deputato, dal 19 dicembre 1857 al 21 gennaio 1860 e nominato senatore il 16 novembre 1862. Morirà nel 1896.

[1000] Giovanni Acerbi è nato a Castel Goffredo (MN) nel 1825. Studente di giurisprudenza a Pavia, condannato per propaganda mazziniana, ha partecipato alle Cinque giornate di Milano e, poi, alla difesa di Venezia. Nel 1850 ha contribuito all'organizzazione delle attività rivoluzionarie a Mantova. Riparato in Svizzera, ha partecipato al tentativo rivoluzionario del 1853 a Milano. Sottotenente nei Cacciatori delle Alpi nella guerra del 1859, intendente generale nella campagna dei Mille ed in quella del 1866, nella quale comanderà anche un reggimento. Nel 1867 inizierà l'attacco allo Stato pontificio, occupando Viterbo, dove sarà ferito. Eletto alla camera per due legislature, dal 18 novembre 1865 al 2 novembre 1870. Morrà a Firenze nel 1869, per i postumi di un incidente.

[1001] Giovanni Chiassi è nato a Mantova nel 1827. Il padre era magistrato. Studente di ingegneria, mazziniano, ha combattuto a Governolo e, poi, alla difesa della Repubblica romana, con Garibaldi, fino alla ritirata a San Marino. Ha partecipato alla congiura di Mantova, riuscendo a salvarsi, fuggendo in Svizzera ed in Inghilterra. E' tornato nella sua città dopo l'amnistia del 1857 e si è laureato in ingegneria a Pavia. Capitano dei cacciatori delle Alpi nella guerra del 1859, si segnalerà alla battaglia di San Fermo. Nel 1860 raggiungerà Garibaldi, partecipando alla presa di Reggio Calabria e divenendo tenente colonnello. Rientrato a Mantova, parteciperà all'azione dell' Aspromonte nel 1862. Eletto alla Camera nel 1865, seguirà Garibaldi nel 1866, comandando il quinto Reggimento. Alla strenua difesa di Locca (frazione di Ledro, TN), nel quadro della battaglia di Bezzecca (TN), è stato mortalmente ferito il 21 luglio 1866. Medaglia d'oro.

[1002] Attilio Mori è nato a Mantova nel 1810. Laureato in ingegneria a Pavia nel 1831. Mazziniano, non ha potuto esercitare la professione. Organizzatore della riunione del 2 novembre 1850, è stato arrestato il 10 dicembre 1852. Condannato alla pena capitale, commutata in quindici anni di carcere, sarà graziato nel 1856. Si stabilirà a Gazzuolo (MN), partecipando a vari comitati di sostegno ai volontari garibaldini. Morrà nel 1864, durante una campagna elettorale. Il figlio Temistocle è morto durante la spedizione dei Mille.

558

Torino, 14 novembre 1850

Il governo sardo, con regio decreto, dopo un esame parlamentare, nomina Pasquale Stanislao Mancini professore ordinario di diritto pubblico presso l'università di Torino.

Olmutz (Olomuc in Cechia), 29 novembre 1850

L'Austria riduce la sua bellicosità e parlamenta. Oggi Schwarzenberg incontra il nuovo primo ministro prussiano von Manteuffel [1005]. E' presente il rappresentante russo Meyendorff. Argomento: l'egemonia in Germania. Dopo la stipula dell'Unione di Erfurt l'Impero non accetta che sia annullata la sua influenza sulle terre tedesche. Ma è già noto che il contrasto avrà una conclusione pacifica.

Infatti, contrariamente alle aspettative, molto opportunamente la Prussia, che rischia di rimanere isolata, cede. Il ministro von Radowitz si dimette. L'Austria riprende la sua posizione al vertice della Confederazione. Abilmente Schwarzenberg ha sfruttato le contraddizioni fra gli Stati tedeschi. La guerra è scongiurata. Berlino mette da parte i fautori della piccola Germania a guida prussiana e firma un trattato, [1006] considerato una resa della Prussia, che accetta la posizione dell'Austria. La firma di von Manteuffel viene considerata un'umiliazione, anche se, al momento, costituisce la soluzione più saggia.

[1003] Luigi Castellazzo è nato a Pavia nel 1827. E' stato accusato di aver confessato alla polizia austriaca una serie di fatti che hanno facilitato la condanna a morte di buona parte degli arrestati. Sembra che abbia parlato sotto tortura e che, successiamente, si sia dedicato in maniera totale e coraggisissima alla causa nazionale quasi volendo andare incontro ad un sacrificio per la redenzione personale. Tanto che coloro con cui ha collaborato – ad esempio Garibaldi – lo hanno sempre considerato incapace di tradire e dotato delle migliori qualità. Ma l'accusa di tradimento lo ha seguito come una maledizione. In città, nell'esercito, in Parlamento. In guerra ha cercato costantemente la morte, senza incontrarla, ed ha svolto attività di particolare importanza. Nel 1848 ha combattuto alla Corona, a Rivoli, a Salionze, poi nella legione di Garibaldi. Alla difesa di Roma è stato fatto prigioniero, ma è riuscito a scappare. Poi ha partecipato alla cospirazione di Mantova, si è laureato in giurisprudenza, ha partecipato alle guerre del '59, del '60, del '67 (battaglia di Mentana) e del '70 in Francia. Eletto deputato per una legislatura, dal 22 novembre 1882 al 27 aprile 1885. La convalida dell'elezione ha determinato una dura discussione, conclusasi con un verdetto favorevole ma, per protesta, l'onorevole Finzi si è dimesso. E' morto a Pistoia nel 1890.

[1004] Achille Sacchi, nato a Mantova nel 1827, studente di medicina, ha partecipato ai moti del '48, poi alla difesa della Repubblica romana, dove è stato ferito. Ha fatto parte dei congiurati di Mantova, riuscendo a fuggire in Piemonte, in Svizzera ed a Genova, dove ha lavorato come medico con il dott. Bertani. E' stato nei cacciatori delle Alpi nella guerra del 59 e nei Mille al Volturno. Infine è vissuto a Mantova, esercitando la sua professione. Morirà nel 1890.

[1005] Il barone Otto Theodor von Manteuffel, nato nel 1805, ministro dell'Interno nel 1848 e primo ministro e ministro degli Esteri dal 1850 al 1858. Morirà nel 1882. E' divenuto capo del governo dopo che il suo predecessore, von Brandeburg, è morto per un attacco al cuore.

[1006] Il Trattato di Olmutz.

Infatti il merito di non aver provocato una guerra inutile, anzi dannosa per tutti, sarà interamente della Prussia.

Schwarzenberg tenta di vincere completamente, ottenendo l'adesione generale ad una conferenza ministeriale, che si terrà a Dresda a fine dicembre 1850. In essa proporrà un rafforzamento politico - amministrativo della Confederazione e la partecipazione dell'Impero all'unione doganale germanica [1007]. Ma gli Stati tedeschi non sono d'accordo e si oppongono ad entrambe le proposte. E' sempre forte, in Germania, la volontà di escludere uno stato multinazionale come l'Impero da una comune, compatta ed efficace organizzazione statale tedesca.

Rinasce, così, la vecchia confederazione. Un organismo debole, nel quale, per gli Stati tedeschi, non costituisce un problema la partecipazione con funzioni direttive dell'Austria. L'Impero, infatti, al momento, pur essendo gestito da generali, risulta preferibile rispetto all'ingombrante potenza militare della Prussia. Questa ha, almeno formalmente, perso, mentre l'Austria, in buona sostanza, non è riuscita a prevalere. Peraltro il problema è risolto solo apparentemente. I due Stati verranno allo scontro aperto quando in Germania sarà matura la convinzione che bisogna creare una federazione sotto l'ala protettrice della Prussia.. Intanto passeranno sedici anni, fino alla guerra del 1866, che segnerà la fine della presenza politica dell'Impero in Germania.

Cosenza, 3 dicembre 1850

Dopo le vicende del 15 maggio 1848 Francesco De Santis è stato perseguitato. E' stata immediatamente chiusa la sua scuola privata di elite, denominata Vico Bisi, dalla strada della sede scolastica, Il 25 luglio è stata abolita la commissione provvisoria di pubblica istruzione di cui faceva parte ed il 18 novembre 1848 gli è stata tolta la cattedra di "maestro di letteratura" presso la Nunziatella. La repressione, intanto, è ulteriormente aumentata e De Santis ha avuto difficoltà anche a stabilirsi nella terra natale di Morra. Così ha accettato l'invito di Francesco Guzzolini, barone di Cevicati, a riparare a Cosenza, presso la sua abitazione, con l'incarico di precettore del figlio Angelo. De Santis ha accettato per rompere la pericolosa cappa dei continui controlli ed anche per poter svolgere una qualche funzione politica. Ha, così avuto tre allivi, ha studiato, ha cercato di vincere il clima afoso andando d'estate a Cervicati, ma, gradualmente, si è reso conto di non poter andare avanti così ed inizia ad organizzare una fuga in Piemonte.

[1007] Lo Zollverein. Nato nel 1818 come unione doganale prussiana, secondo l'importazione di Friedrich List, nel 1834 ha riunito i 38 Stati tedeschi. L'Austria non è stata ammessa. I singoli partecipanti, fino al 1866, avranno potere di veto.

Ma oggi la polizia circonda la casa, la perquisisce e lo arresta. Sarà tradotto a Napoli, al castel dell'Ovo, sotto inchiesta, che terminerà nel 1853 con la sua espulsione dal Regno. Andrà prima a Malta e, poi, finalmente, in Piemonte. Insegnerà in un istituto femminile, diverrà famoso per la sua attività giornalistica,[1008] finchè sarà chiamato al politecnico federale di Zurigo come professore di letteratura italiana, fino al 1860, premessa per le successive affermazioni nei campi culturale e politico.

[1008] Dura la sua polemica contro i murattiani

ANNO 1851

Napoli, 12 gennaio 1851

Henry Wreford è corrispondente da Napoli del "Times". E' stato lieto di stabilirsi al Sud per curare una malattia ai polmoni, stabilendosi prima a Roma, dove ha pubblicato il libro "Rome pagan and papal" e, poi, a Capri, dove ha costruito una villa a Cesina, fra il centro e monte Tiberio. Ha molti collegamenti in Inghilterra e molti rapporti in sede locale soprattutto con esponenti liberali. Ha il modo di fare dell'agente d'influenza. E' stato un grande ammiratore di Ferdinando II per la concessione della Costituzione. Ma, dopo i fatti del 15 maggio 1848 ed il successivo ritiro della Costituzione è divenuto il più acerrimo nemico del re spergiuro e, nelle sue corrispondenze, cerca di influenzare l'opinione pubblica britannica contro il governo delle Due Sicilie. In particolare ha pubblicato una serie di articoli ampiamente critici del sistema carcerario e della giustizia borbonici. Ha avuto contatti con Poerio nel carcere di Nisida ed ha descritto la vita di coloro che vivono con catene che pesano dai 14 ai 16 chili, numerosi in celle di quattro metri per tre ecc. Al castello di Ischia le celle sono addirittura sotto il livello del mare.

Il **10 novembre 1850** è arrivato a Napoli, con la moglie e la figlia Agnes William Gladstone che, essendo stato da giovane due volte a lungo in Italia meridionale, conosce il contesto e la lingua ed ha seguito le descrizioni di Wreford. Dal suo diario si evince che anche lui è in viaggio con la speranza di far migliorare la malattia agli occhi della figlia. Ha preso contatto con l'ambasciatore William Temple,[1009] con gli altri componenti dell'ambasciata, in particolare con George Fagan, molto amico di Poerio. Naturalmente ha conosciuto alcuni liberali napoletani che hanno rapporti con l'ambasciata. Fra questi l'avvocato Giacomo Lacaita, che ha accompagnato i Gladstone, e che si è rivelato un ottimo conoscitore dei fatti, delle persone e dei luoghi. E' stata notevole la stima di Gladstone per Lacaita, tanto che alla fine l'avvocato napoletano diventerà il suo segretario. Ma un giorno Lacaita è scomparso. A Gladstone è stato detto che era stato arrestato con altre 150 persone. Poi, a gennaio, l'avvocato è ricomparso, senza che gli fosse notificato il vero motivo dell'arresto e della carcerazione. Così Gladstone ha deciso di approfondire il problema e Fagan gli ha presentato l'avvocato Antonio Reale, che lo ha fatto entrare nel carcere della Vicaria col nome di Gaetano Golia, e nel carcere di Nisida col nome di Michele Di Santo, accompagnatore di una presunta zia. Pertanto Gladstone ha potuto

---

[1009] William Temple è stato ambasciatore a Napoli dal 1832 al 1856. Era il fratello minore di Henry John Temple, visconte di Palmerston. Personaggio molto arrogante che, in occasione della crisi dello zolfo, con il suo comportamento ha fatto quasi arrivare alla guerra i due Paesi. Gli inglesi gestivano in maniera schiavistica le zolfare siciliane. Di conseguenza la gestione è stata data ad una società francese. Grandi rimostranze inglesi, che alla fine hanno prevalso. In Sicilia vi era il 90% delle riserve mondiali dizolfo

parlare per mezz'ora con Poerio – incatenato ad un altro carcerato – che, su sua richiesta, gli ha consigliato di denunciare la situazione della giustizia borbonica in sede internazionale.

Tornato in Inghilterra Gladstone ha effettuato la denuncia scrivendo due lettere aperte a lord George Hamilton, conte di Aberdeen, che fra le altre cariche è stato per sette anni ministro degli Esteri: **"Il Governo a Napoli è mosso da una feroce, crudele, non men che illegale ostilità contro tutto ciò che vive e si muove nella nazione, contro tutto ciò che ne può promuovere il progresso ed il miglioramento. (….) Il potere governativo che si qualifica immagine di Dio sulla terra, agli occhi dell'immensa maggioranza del pubblico pensante appare come vestito dei più laidi vizi. Udii a Napoli ripetuta spessissimo questa forte e pur vera espressione: la negazione di Dio fu eretta in sistema di governo."**[1010] Ne è derivato uno scandalo a livello internazionale, al quale la diplomazia duosiciliana ha risposto in ritardo, ma in maniera valida. La polemica è continuata, con toni esasperati. E' stata addirittura messa in dubbio l'entrata di Gladstone nelle carceri. Di certo sarebbe stato interessante un oggetivo confronto fra la vita nelle carceri borboniche e quella nelle carceri inglesi. Comunque la vicenda deve essere valutata nell'ambito della propaganda, quindi dell'influenza sull'opinione pubblica. Sotto questo aspetto il lavoro "di base" di Wreford e l'attacco di Gladsone hanno ampiamente conseguito il loro obiettivo, facendo perdere prestigio alla controparte. Forse hanno anche un po' migliorato il trattamento carcerario.

Torino, 22 gennaio 1851

Pasquale Stanislao Mancini presenta la prolusione del suo corso di diritto internazionale: "Della nazionalità come fondamento del diritto delle genti", che riscuote grande attenzione e diffuso interesse.

Mancini considera la nazione un soggetto politico sociale originario, non determinato dal corso della storia ma causa della storia stessa. Essa è sede e portatrice di vitali interdipendenze che caratterizzano una popolazione stanziata su un dato territorio. Un popolo che, per la propria sopravvivenza e per il conseguente, necessario sviluppo, deve essere libero, indipendente ed unito. Se necessario, è legittimo che operi per conseguire la propria libertà. La nazione, nelle varie epoche, è sentita, vissuta, considerata in maniera diversa, in relazione alle caratteristiche, allo sviluppo ed alla maturità culturale dei popoli, ma essa è stata ed è sempre presente come base e fondamento delle varie realtà umane. Suoi elementi costitutivi sono il territorio, la stirpe, la lingua, gli usi ed i costumi, la storia, la religione, le leggi.

[1010] Roberto Ciuni: "Lettere al 'Times' da Capri Borbonica" Edizioni La Conchiglia, Capri, 2011, pag. 122

La vita di una nazione manifesta la chiara espressione di una data civiltà, di una cultura, di una concezione del mondo, di una spiritualità, del tipo di vita che caratterizzano un popolo e le sue istituzioni. Anche se essa è contraddistinta da vita propria, va vitalizzata con una necessaria legislazione, una adeguata organizzazione e una opportuna gestione dello Stato, che è l'espressione giuridica e politica di tre aspetti di base di ciascuna comunità, fra loro indissolubili e sinergici: la nazionalità, appunto, la libertà e la sovranità. Peraltro la nazionalità e la libertà sono fra loro intimamente collegate: la prima, infatti, è l'esplicazione collettiva della seconda. Ed è sulla base naturale, onnicomprensiva e possente della nazione che può essere adeguatamente fondato il diritto internazionale.

Fin dal 28 settembre 1848, quando è arrivato a Genova, Mancini è stato accolto con grande partecipazione dall'intellettualità e dalla politica piemontese. E' divenuto il più importante giurista del regno di Sardegna, come, poi, lo sarà del Regno d'Italia.

Firenze, 25 aprile 1851

Si rinsalda l'alleanza reazionaria del Granducato con il Vaticano a seguito della firma di un concordato.

Firenze, 6 maggio 1851

Leopoldo II abroga la Costituzione, non attuata da ventisette mesi.

Parigi, 3 giugno 1851

Giuseppe La Farina, mazziniano, letterato, storico, giornalista, ministro del governo siciliano, colonnello, esule, scrive a Mazzini di essere su posizioni decisamente unitarie. Egli non crede che il fine dell'unità possa essere condizionato dall'aspetto istituzionale. Il fine più importante è proprio quello dell'unità: il primo bisogno dell'Italia è quello di poter avere un'individualità politica. Essere, appunto, un'Italia indipendente perché unita. La Farina conferma di essere repubblicano, ma dichiara che, se non fosse possibile costruire adeguatamente e rapidamente una repubblica, sarebbe necessario tendere, comunque, all'unità, superando anche il dilemma monarchia – repubblica.

Dal mese di maggio vi è stata una fitta corrispondenza fra Mazzini e La Farina in ordine all'organizzazione degli esuli ed alla composizione dei comitati rivoluzionari. Mazzini ha consigliato La Farina di entrare nel Comitato nazionale anche per contrastare Aurelio Saliceti che, a seguito delle vicende napoletane del 15 maggio 1848, si è trasferito a Roma, dove è stato eletto prima nel Comitato Esecutivo e, poi, nel secondo Triunvirato. In esilio prima a Londra e, appunto, dal 1851, a Parigi, si è spostato su posizioni antimazziniane, avvicinandosi ai murattiani.[1011] Saliceti, infatti, innanzi alle grandi difficoltà dell'unificazione, desidera rafforzare lo Stato italiano più grande, quello delle Due Sicilie, garantendo ad esso quell'organizzazione e quella volontà di modernizzazione caratteristica del governo di Murat. Una modernizzazione che è auspicata da molti ufficiali, amministratori e forze economiche del Regno. Saliceti, peraltro, conosce bene Luciano Murat,[1012] dato che è stato professore dei suoi figli. La politica murattiana, però, di fatto rimanda sine die l'unità nazionale italiana. Perciò, per Mazzini, l'integralismo unitario del dinamico, determinato ed energico La Farina costituisce il migliore antidoto alle posizioni di Saliceti.

In effetti le posizioni murattiane saranno gradualmente emarginate e Saliceti rimarrà sostanzialmente isolato. Rientrerà in Italia nel 1859, riottenendo la cattedra e venendo anche nominato, un anno dopo, presidente di Cassazione. Morirà a 58 anni, nel 1862.

La Farina, portando alle logiche conseguenze la tesi dell'unità da conseguirsi presto ed a qualsiasi condizione, faciliterà la politica di Mazzini, bloccando le istanze di Saliceti. Ma, in definitiva, si avvicinerà gradualmente ed efficacemente alle posizioni cavourriane.

Milano, 25 giugno 1851

Il dott. Alessandro Vandoni, medico, direttore dell'ospedale maggiore di Milano, alle 16.00 di oggi viene ucciso con due pugnalate. Nel **novembre del 1850** aveva accusato al capo

---

[1011] Il regno di Gioacchino Murat ha prodotto nel Mezzogiorno un sensibile processo di modernizzazione, che ha coinvolto militari, amministratori, politici, intellettuali. Costoro, memori di tale valida esperienza, soprattutto dopo le vicende del '48 e del '49, hanno ipotizzato che il murattismo potesse affermarsi a Napoli, dando un contributo al miglioramento della gestione politico amministrativa del Regno. Tale processo non era ritenuto in contrasto con l'indipendenza e l'unità italiane, che avrebbero dovuto essere conseguite tramite la costituzione di tre regni fra loro confederati o federati. Si trattava di un'utopia che nella realtà avrebbe bloccato l'unità nazionale, quindi la stessa indipendenza italiana. Gradualmente il contesto italiano ed europeo ridurrà la partecipazione e le adesioni al murattismo, mentre la spedizione dei Mille dimostrerà che la speranze dello stesso erano limitate a pochi intellettuali e politici, che alla fine seguiranno anche loro il processo unitario nazionale.

[1012] Napoléon Lucien Charles Murat, noto in Italia come Luciano Murat, nato a Milano nel 1803, era il secondo figlio di Gioacchino Murat e di Carolina Bonaparte. Principe francese, principe di Napoli, II principe di Pontecorvo. Dopo la morte del padre ha seguito la madre a Trieste e Venezia ed, infine, è riparato negli USA. In crisi finanziaria, si è stabilito in Francia dopo che il cugino Napoleone è divenuto prima presidente, poi imperatore. Deputato dell'Assemblea Costituente nel 1848, dell'Assemblea legislativa nel 1849, è stato, per un anno, ambasciatore a Torino. Senatore nel 1851, nominato principe nel 1853. Dal 1852 al 1861 è stato gran maestro del grande oriente di Francia. Pretendente al trono di Napoli durante gli anni '50, sostenuto da Napoleone III, ha riscosso inizialmente un certo favore, che, poi, gradualmente, si è esaurito. Cesserà di avere un ruolo politico anche in Francia dopo la caduta di Napoleone III, nel 1870. Morirà a Parigi nel 1878.

della polizia di Milano, Franz Wagner, il suo dipendente, dott. Gaetano Ciceri, per propaganda a favore del prestito nazionale mazziniano. In merito egli è stato avvertito da due altri medici. Immediatamente Ciceri viene arrestato. Rapido processo con condanna per alto tradimento. Ma avviene qualcosa di strano nella generale volontà repressiva della giustizia asburgica: il tribunale militare decide per l'insufficienza di prove. Ciceri è liberato ed il popolo fa festa. Ma qualcuno controlla. Ed in questo caso è addirittura l'imperatore, che fa mandare gli atti del processo alla suprema corte militare, che condanna Ciceri a dieci anni di carcere.

Naturalmente la responsabilità della persecuzione è di Vandoni, disprezzato dal popolo. Quindi vien fuori che l'assassinio è politico e Vandoni è stato ucciso da una mano mazziniana. Si aprono le indagini del tribunale criminale, che il **1° agosto** invia gli atti processuali al tribunale militare, confermando i sospetti. Ma il processo si arena, non trovando testimonianze o prove adeguate.

Dopo poco tempo Ciceri sarà graziato. Dopo sei anni da un processo verrà fuori il nome della società segreta che ha agito a Milano: il "comitato dell'Olona"[1013]. Ma anche in questo caso quello che mancherà saranno i testimoni e le prove.

Milano, 19 luglio 1851 proclama

La situazione è molto difficile per il governo del Lombardo Veneto e Radetzky stringe i freni con un proclama. Si torna alla fase repressiva resa più violenta dal 10 marzo 1849. Si tratta dello stato di assedio, che verrà gestito col massimo rigore. "**Il resultato di recenti investigazioni giudiziarie e più di un fatto**" hanno convinto il maresciallo "**che quel partito cui unico scopo è lo sconvolgimento e il rovescio d'ogni vigente ordine sociale**" tende a "**scalzare ogni rispetto alla religione e alle leggi (….) e a sventare il ritorno della fiducia nel governo**". Tutti devono "**sorvegliando attentamente i nemici dell'ordine, frenandoli con aperta disapprovazione (….) consegnandoli alla punitiva giustizia. Ferma è in me la risoluzione di troncare una volta queste segrete e torbide trame; che se mai contro ogni mia aspettazione, qualche Comune (….) lasciasse libero il campo ai nemici dell'ordine legale, esso avrebbe a sentire tutto il peso del mio rigore. (….) Intanto, persuaso non essere lo stato di assedio di sconcerto alcuno ai quieti e pacifici cittadini, trovo di far cessare tutte le mitigazioni introdotte in proposito, e dichiaro nuovamente in pieno vigore il contenuto nel mio proclama 10 marzo 1849**"[1014]

[1013]   Vedasi para: "Milano, 2 agosto 1851, fucilazione di Amatore Sciesa".
[1014]   Da: Agostino Gori: "Il Risorgimento Italiano (1849 – 1860)", Vallardi, Milano,1904, pagg. 90 – 91.

Venezia, 25 luglio 1851

Gli inquirenti hanno chiuso l'istruttoria del processo Dottesio. L'imputato viene tradotto a Venezia, dove viene celebrata la prima udienza. Tranne i fatti che risultavano evidenti la magistratura non è riuscita a sapere nulla dell'organizzazione rivoluzionaria e delle cartelle del prestito.

L'imputato viene processato dalla magistratura militare (Consiglio di guerra) per alto tradimento. E' sottoposto, quindi, al codice penale militare.

Mantova, 28 giugno 1851

Da tempo gli amici hanno cercato di convincere Tito Speri a lasciare Mantova ed andare all'estero. Ma lui intende la vita cospirativa come una milizia. Per nessun motivo i dirigenti possono abbandonare i loro compagni e le loro funzioni nell'apparato organizzativo.

La corte speciale di giustizia crede di avere gli estremi per stroncare l'attività del pericoloso rivoluzionario. Alle 20.00 circa la polizia lo arresta. Immediatamente la notizia si diffonde e Camillo Biseo[1015] organizza una squadra che deve attaccare i poliziotti austriaci. Ma questi si muovono celermente e l'azione non può essere effettuata.

Con un duro, entusiasta e combattente come Speri gli inquirenti sono caduti male. Infatti, .nonostante i loro metodi selvaggiamente costrittivi non riusciranno a sapere niente di nuovo, oltre ad alcune banalità. Ovviamente la loro rabbia è al colmo.

Trieste, 1° agosto 1851

Il generale Franz von Wimpffen viene nominato Comandante generale della Marina Imperiale.

Milano, 2 agosto 1851, fucilazione di Amatore Sciesa

[1015] Camillo Biseo è nato a Brescia nel 1816. Figlio di un pittore, inizialmente ha seguito l'attività del padre, andando anche a Parigi. Allo scoppio della rivoluzione ha rappresentato il municipio di Brescia presso il governo provvisorio. Ha combattuto in Trentino ed ha partecipato alle 10 giornate di Brescia. Dopo la sconfitta si è nascosto, tornando poi in città ed entrando nell'organizzazione di Tito Speri. A Mantova ha partecipato all'organizzazione tendente all'uccisione del commissario Rossi. Dopo l'arresto di Speri è andato in Piemonte, rientrando a Milano per la rivolta del 6 febbraio 1853. Si è rifuggiato in Piemonte ma, essendo considerato indesiderato, è andato negli USA, dove Avezzana lo ha aiutato a stabilirsi. Arrivato in ritardo per l'impresa dei Mille, a Brescia si dedicherà ad attività di carattere sociale. Successivamente si recherà a Roma e, poi, a Taranto, dove morirà nel 1887.

567

La sera del **30 luglio 1851** a porta Ticinese vengono distribuiti alcuni volantini rivoluzionari. La polizia interviene ed arresta Amatore Sciesa.[1016] Il procedimento è rapido. Radetzki reputa che, aumentando la repressione, il problema della rivoluzione lombarda potrà essere archiviato. Quindi, chiunque sarà colto a svolgere attività sovversiva in qualsiasi forma – anche con un manifestino - deve essere impiccato. E a tale morte è condannato Sciesa.

Ma c'è un problema. Il boia è morto: come si fa? Molto acutamente chi di dovere sostiene che in una condanna a morte è proprio la morte ad essere la cosa più importante. Il come, in definitiva, è relativo. Perciò Sciesa viene fucilato.

Il comitato dell'Olona, mazziniano, è esistito ed ha agito realmente. Il capo era Gaetano Assi, che sarà fra gli organizzatori della rivolta del 1853. Sciesa quando è stato arrestato veniva da casa, dove ha cenato. Poi è uscito per sistemare i manifesti che gli aveva dato Azzi in un incontro avvenuto nel pomeriggio, in una delle osterie ove si incontravano i componenti del comitato. Sciesa è stato molto bravo, dato che non ha fatto trapelare il nome di Azzi e nemmeno l'esistenza del comitato.[1017]

Cosenza, 15 agosto 1851, notte

La gran corte criminale della Calabria citeriore, presieduta da Luigi Corapi, ha terminato i sedici processi in ordine alla rivolta calabrese, con 24 condanne a morte, 203 ai ferri ed 8 ergastoli. Molti, alla fine della rivolta, sono riusciti a fuggire, salvanosi. Ma proprio coloro che hanno combattuto fino alla fine in gran parte sono ora nel castello carcere di Cosenza.

Questa notte è stata organizzata una rivolta: domattina saranno aggredite sentinelle, guardie, ecc. Infatti inizialmente i rivoltosi avranno la meglio, ma poi, presi a fucilate, dovranno desistere. Unico fuggitivo è Serafino Mauro.

Vienna, 20 agosto 1851

[1016] Amatore Sciesa è nato a Milano nel 1814. Tappezziere, in collegamento con l'organizzazione mazziniana di Milano. E' stato arrestato il 30 luglio 1851 per possesso di manifesti rivoluzionari e per l'attacchinaggio degli stessi in via Spadari (al centro della città). E' stato fucilato a Milano il 2 agosto 1851.

[1017] Ecco il testo di uno dei manifesti sequestrati a Sciesa: "**Coraggio dunque, vicina è l'ora e la rivolta del servo oltraggiato sarà protetta dalla presenza di Dio, padre dell'uguaglianza e perciò nemico dei rei e della conquista. I nostri tiranni pongono le mani nel sangue e nella roba dei popoli, senza legge né fede; e noi ci difendiamo nell'oscurità, finché non potremo farlo alla luce del sole. Se siete servi, rassegnatevi e servite; ma se siete uomini resistete e un giorno vedremo i nostri figli ballare intorno agli alberi della libertà**" da: Gian Luca Margheriti "Le incredibili curiosità di Milano," Newton Compton Editori, Roma, 2017, cap. 70.

Primo colpo di mano - o di Stato - contro la Costituzione. Per decreto imperiale il governo non è responsabile innanzi al Parlamento ma nei confronti dell''imperatore.

Venezia, 30 agosto 1851

Il Consiglio di guerra tiene la seconda udienza del processo Dottesio, non si procede alla lettura della sentenza, rinviata al **5 settembre**.

Potenza, 30 agosto 1851

Con una durissima requisitoria presso la gran corte criminale di Basilicata dopo circa due anni si chiude l'istruttoria contro i "ribelli per la Costituzione" del 1848.

Sia i democratici che i liberali sono considerati ugualmente colpevoli, dato che i loro metodi potevano essere considerati diversi, ma i fini erano uguali.
Sono rinviate a giudizio 57 persone, che saranno tutte variamente condannate. Ma gli imputati in vari processi sono molti di più. La repressione non si ferma. Per quanto l'azione delle autorità borboniche sia stata all'inizio molto prudente, ore è violenta in maniera quasi maniacale. Nel carcere di Santa Croce nel 1852 vi saranno 1.116 detenuti, che diventeranno 1.609 nel 1855.

Venezia, 5 settembre 1851

Dottesio viene condannato all'impiccagione. Esemplare la sua condotta durante la lunga istruttoria ed il processo.

La sentenza è firmata dal Governatore del Veneto, generale conte Karl von Gorzowski, sconfitto a Governolo ed agli ordini del generale Wimpffen agli assedi di Bologna e di Ancona. E' stato nominato governatore il 24, solo una settimana prima della condanna, e sarà pensionato due mesi dopo, nell'ottobre dello stesso anno.

Passato alla storia per essere stato un censore rigidissimo del Rigoletto di Verdi (inizialmente intitolato "La maledizione"), il Gorzowski, con la condanna a morte di Dottesio per semplice detenzione di stampa clandestina, applica rigidamente la politica di Radetzky che postula l'inesorabilità e l'estensione dell'azione repressiva. Peraltro bisogna rilevare che i due proclami emessi in merito dal maresciallo il 21 febbraio ed 19 luglio 1851 prevedevano, per chi possedesse scritti rivoluzionari, la detenzione dura da uno a cinque anni, non la morte.

Radetsky, nel 1846 – 1847, ha fatto di tutto per provocare una reazione violenta da parte della popolazione. Ora, dopo i fatti del 1848, reputa di annientare qualsiasi opposizione al fine utopico di conseguire una innaturale, quindi impossibile, società felice, serena, prona agli interessi imperiali. Gli effetti ampiamente negativi di tali intendimenti confermano il danno che il maresciallo ha arrecato alla serenità politica dell'Impero.

Dottesio, quindi, può essere considerato uno dei primi componenti di quella lunga serie di martiri che hanno sostenuto, diciamo portato avanti la rivoluzione italiana negli anni 50 dell'800. Radetsky era molto testardo, ma, per fortuna, i rivoluzionari italiani sono stati più testardi di lui.

Genova, 5 settembre 1851.

Procede l'azione di Monti[1018] d'accordo con Kossuth. Propaganda fra i militari ungheresi presenti in Lombardia, comitati per la Repubblica organizzati insieme all'organizzazione mazziniana, impostazione di una unione italo – danubiana, accordi con croati e serbi, primi accordi anche con il Regno di Sardegna. Si intende provocare una rivoluzione in Lombardia nel 1852, per poi estendere la "marea" rivoluzionaria dal Po al Danubio. Monti e Kossuth sono fiduciosi. Mazzini, tramite i suoi rappresentanti a Genova, molto meno. Si manifestano alcune incomprensioni con l'organizzazione mazziniana, che, ora, intende agire a colpo sicuro. E' il solito rapporto che tanti hanno avuto e avranno nei confronti di Mazzini, che procede sulla sua strada, attuando i suoi progetti e la sua politica. Intorno varie persone lo seguono, poi si discostano dalla sua attività, per poi tornare sulle sue posizioni. E' accaduto finanche con Pisacane e con la Belgioioso.

Kossuth è soddisfatto. E', infatti, sicuro di avere una carta segreta: ha avuto contatti indiretti con la finanza degli Stati Uniti, favorevole a sostenere una rivoluzione capace di far saltare gli equilibri europei. E' atteso ai primi di ottobre in America. E' già in atto l'organizzazione per tributargli un'accoglienza trionfale. E' previsto un incontro con il presidente. Ma, prima di partire, Kossuth intende avere contatti con l'organizzazione di Monti e, se possibile, avere anche incontri riservati con le autorità sarde. In definitiva desidera porre la sua "base operativa" in Piemonte.

Milano, Como, Monza, 21 settembre 1851

Inizia una visita di Francesco Giuseppe per accertare gli effetti della politica di Radetzky in Italia: sono stati superati i contrasti con la nobiltà? I vari ceti sono fiduciosi nei confronti

---

[1018] Monti è stato monarchico, ma, negli ultimi tempi, è molto scettico sul fatto che i Savoia ed il loro nucleo dirigente possano conseguire idonei risultati nel conseguimento dell'unità nazionale. Perciò, ora, è totalmente sulle posizioni mazziniane.

dell'Impero? La loro adesione è omogenea e diffusa? E' stata superata la crisi rivoluzionaria? I metodi usati sono quelli giusti e, soprattutto, effettivamente utili per superare lo stato di assedio e riprendere una vita normale?

Oramai lo stesso imperatore è scettico sulla qualità dell'opera del maresciallo. Questi, intuendo che l'imperatore non ha più l'iniziale fiducia nei confronti della sua politica, incrementa la violenza della sua gestione.

Spezia, 21 settembre 1851

Kossuth è partito per New York sulla nave Mississipi, messa a sua disposizione dagli americani. Ha fatto scalo a Londra e, poi, a Genova, con notevole preoccupazione del governo sardo, dato che i mazziniani hanno organizzato una grande manifestazione in suo onore. Il problema è risolto secondo la tradizione del Regno: l'attracco è stato vietato e la nave ha proseguito per Spezia, dove le è stata imposta una quarantena, con la scusa di un'infezione a bordo. Il motivo reale è che Kossuth, come desiderato dagli austriaci, non deve scendere a terra e ricevere gli onori preparati dalle forze popolari.

Ma le autorità, per l'ennesima volta, sono state ridicolizzate da una spontanea partecipazione di massa. Una folla ininterrotta di persone in barca viene da tutto il golfo gridando "viva l'Italia, viva l'Ungheria". Durante la notte sono accesi fuochi sulle colline. Il giornale mazziniano "Italia e Popolo", quasi con stupore, fa il resoconto della manifestazione, la cui clamorosa estensione non era prevista.

Vi è anche un commovente incontro fra Monti e Kossuth. Grande la loro amicizia. Monti è nominato generale di divisione della futura ripresa rivoluzionaria italiana e ungherese. Spererà fino alla morte di poter riprendere la valida politica danubiana di Gioberti. Ma è molto malato.

Somma Lombardo (VA), 25 – 29 settembre 1851

Radetzky, per riguadagnare la stima e la fiducia dell'imperatore, ha a disposizione una carta ritenuta sicuramente vincente: le grandi manovre di ben due corpi d'armata. L'area dell'esercitazione è fra il Ticino e la strada del Sempione, quindi al confine del Piemonte[1019]. Una scelta del tutto provocatoria. Sono stati invitati in rappresentanza tutti gli addetti militari europei. Il re di Sardegna è rappresentato dal maggiore conte Cigala: una rappresentanza di basso livello militare.

[1019] E' all'incirca l'area dell'attuale aereoporto di Malpensa.

L'imperatore è ospite del conte Giovanni Antonio Melzi di Somma. Colpito dalle doti umane e culturali dell'aristocratico, Francesco Giuseppe vuole nominarlo consigliere segreto, ma riceve un cortese rifiuto. Vengono distribuite varie onorificenze.

Il **giorno 26** sono ispezionati tre reggimenti di cavalleria. Piove.

Il **giorno 27** iniziano le manovre: continua a piovere. L'organizzazione lascia a desiderare. Le unità operano in un contesto palesemente inadeguato. Vi è qualcosa che non quadra.

Il **giorno 28** avvengono alcuni ammutinamenti che sembrano effetto di un'azione coordinata. Radetzky, furente, li attribuisce ad agenti mazziniani. Teme che si verifichino situazioni gravi, che possano coinvolgere l'imperatore. Pertanto dichiara finite le manovre ed è ben lieto che Francesco Giuseppe parta.

La **mattina del 29**, prestissimo, mentre inizia lo smontaggio degli accantonamenti delle truppe, Radetzky fa partire in gran fretta l'imperatore, che si allontana solo, senza il suo seguito.

In definitiva è stata clamorosamente dimostrata l'inadeguatezza del Radetzky e del suo governo militare.

Londra, 30 settembre 1851

Il Comitato nazionale italiano coordinato da Mazzini, con un manifesto, rende noto che l'imminente rivoluzione europea, oltre che politica e religiosa, dovrà essere anche sociale. Vengono precisate varie iniziative a favore dei contadini e degli operai. Un movimento nazionale, infatti, non può accettare ingiustizie e grosse differenze economiche fra i cittadini Comunque, in questo allargamento delle finalità del movimento, Mazzini esclude unioni o coordinamenti con le posizioni socialiste.

Venezia, 3 ottobre 1851

Termina a Venezia la visita di Francesco Giuseppe: i dubbi sulla validità della politica duramente repressiva del maresciallo sono divenuti certezza. Lo stesso governo, che in precedenza era fortemente fiducioso nelle capacità politiche oltre che militari di Radetzky, innanzi alle fondate perplessità dell'imperatore, inizia a criticarlo.

Ma come si fa ad allontanare dal comando e dal potere un Radetzky?

Como, 9 ottobre 1851

Il maresciallo Radetzky firma il decreto di scioglimento del consiglio comunale di Como che non aveva espresso il proprio omaggio in occasione della visita dell'imperatore.

Venezia, 11 ottobre 1851,

Luigi Dottesio, dopo la lunga istruttoria, i processi e la condanna viene impiccato. L'organizzazione del boia è risultata molto inadeguata. La corda era in cattivo stato e Dottesio ha molto sofferto.

Dottesio è morto per la rabbia di Radetzky dovuta al fallimento della visita di Francesco Giuseppe.

Virgilio (MN), 28 ottobre 1851, parrocchia della frazione di Cerese

Mentre Don Giovanni Grioli[1020] è nella canonica a sistemare le cartelle della sottoscrizione mazziniana, sente bussare con violenza alla porta. Nasconde le carte sotto un mattone del camino e apre.

Entrano vari militari. Un ufficiale gli dice che è responsabile di un collegamento fra rivoluzionari italiani e militari ungheresi, puniti con lavoro coatto nel territorio della parrocchia. Precisa che deve procedere ad una perquisizione. Don Grioli, nell'ansia di nascondere le cartelle della sottoscrizione, aveva trascurato alcune carte compromettenti, che vengono sequestrate. Il processo si celebrerà il mattino del **5 novembre**.

Mantova, 30 ottobre 1851, vescovato

Il vescovo di Mantova, monsignor Giovanni Corti, ha una notevole comprensione – alcuni parlano, addirittura, di partecipazione - per le istanze innovatrici e si rifiuta di sconsacrare don Grioli, come chiesto dalle autorità civili e militari.

Forse, con la sua dura risposta, il vescovo spera in una commutazione della pena – sicuramente capitale - in una condanna detentiva.

Mantova, 5 novembre 1851, fucilazione di don Giovanni Grioli

[1020] Don Giovanni Grioli è nato a Mantova nel 1821. E' coadiutore nella parrocchia di Cerese, dove vi è un campo di lavoro di militari ungheresi in punizione. Sono due soldati bosniaci ad accusarlo. Esemplare il comportamento del sacerdore al processo. In pratica si sacrificherà, assumendosi tutte le responsabilità, salvando, così, l'organizzazione. Ma le autorità proseguiranno le indagini, per rispondere al quesito: se nella seconda fortezza imperiale un prete era rivoluzionario, cosa si nascondeva sotto quell'apparente calma? Don Grioli sarà fucilato il 5 novembre 1851.

Don Giovanni Grioli viene processato di primo mattino. Non è stato sconsacrato. La condanna a morte di un sacerdote è uno scandalo, ma viene ugualmente irrogata. Alle 16.00 ha luogo la fucilazione. Poi il seppellimento sulle rive del lago Superiore di Mantova, nella località dall'ironico nome di Belfiore.

Con singolare rapidità si è chiuso il processo in cui è stato condannato a morte il sacerdote. Le autorità hanno timore. In quella che per importanza è la seconda fortezza d'Italia, dopo Verona, la cospirazione mazziniana è estesa e pericolosa. Anche il clero appare ampiamente coinvolto. La situazione è grave. L'unica cosa da fare, per Radetzky, è procedere con rapida, inesorabile durezza. Mazzini sembra costituire la maledizione dell'Impero.

Don Gnoli è stato il primo martire di Belfiore, il nome dell'area dove avvengono le esecuzioni.

Londra, 19 novembre 1851

Dopo il viaggio in America[1021], durante il quale è stata dimostrata la grande partecipazione dell'opinione pubblica statunitense alle vicende ungheresi ed è stato confermato l'appoggio della finanza ad una ripresa della rivoluzione, Kossuth continua i rapporti epistolari con Monti. Viene programmata una rivoluzione in Sicilia che dovrà estendersi al nord e, poi, in Ungheria. Ma Mazzini reputa che il capitale finanziario e industriale americano è impegnato in centro e sud America e, per ora, tranne le guerre contro i corsari tripolini, tunisini ed algerini che hanno ostacolato la rotte delle navi mercantili americane [1022] non ha altro interesse operativo in Europa.

In realtà non si farà nulla. Kossuth riuscirà a stabilirsi a Torino, ben visto dal governo, soprattutto da Cavour. Non approverà, nel **1867**, la costituzione della duplice monarchia e rimarrà in esilio. Morrà a Torino nel 1894.

Parigi, 1 - 2 dicembre 1851

Nella notte viene attuato il colpo di stato di Luigi Napoleone, che, non potendo più essere rieletto, intende garantirsi la prosecuzione della presidenza.

[1021] Il New York Times ha scritto che l'accoglienza a Kossuth è stata una scena alla quale raramente il mondo ha assistito.

[1022] La prima guerra ha avuto luogo nel 1803 – 1804. La seconda nel 1815. Gli americani si sono appoggiati al Granducato di Toscana, in particolare all'organizzazione del porto di Livorno, dove hanno istituito il primo consolato in Italia, ed al Regno delle Due Sicilie, per il supporto sanitario e la cessione di personale a conoscenza delle coste nord africane.

Viene sciolta la Camera e, come "copertura" democratica, è ristabilito il suffragio universale maschile. E' la seconda repubblica che viene abbattuta. L'azione del presidente è pienamente appoggiata soprattutto dalla finanza, poi anche dall'esercito e da buona parte della burocrazia.

Parigi, 4 dicembre 1851

Insurrezione antibonapartista, duramente repressa dall'esercito.

I capi dei partiti di opposizione sono arrestati, sono sciolte le associazioni politico sindacali e deportati in colonia molti oppositori. L'ordine regna a Parigi.

New York, 10 dicembre 1851

Torna il generale Avezzana. E' accolto nella maniera più clamorosa possibile. Il New York Daily Tribune pubblica una sua accurata biografia. Gli viene donata una spada d'onore in una cerimonia presso la cappella della New York University. Successivamente è ricevuto calorosamente al municipio dal sindaco e dal consiglio comunale.

Mantova, 13 dicembre 1851

Dopo la morte di don Grioli la struttura mazziniana si riorganizza. Riunione in casa di don Tazzoli. Vi sono i rappresentanti dei comitati provinciali lombardi. Si tratta di organizzare un attentato all'imperatore o, almeno, al commissario di polizia Filippo Rossi. L'organizzazione è valida e robusta. Si cerca di tener conto di tutte le possibilità. Purtroppo non è possibile prevedere il caso.

Parigi, 20 dicembre 1851

Un referendum conferma i risultati del colpo di Stato di Bonaparte. Il presidente può variare la costituzione in senso antidemocratico, l'esecutivo non sarà più condizionato dall'Assemblea, ecc.. E' previsto che Luigi Napoleone sia presidente per dieci anni, ma alla fine del 1852 la presidenza repubblicana si trasformerà in impero.

La politica di Luigi Napoleone ha un consenso plebiscitario: su otto milioni di elettori ha avuto sette milioni e mezzo di voti.

Viene, in sostanza, ripresa la costituzione napoleonica dell'anno VIII. Una concezione che sarebbe ritornata di grande attualità all'inizio del nostro millennio. La complessità della vita politico economica implica professionalità. La governabilità può essere assicurata solo dai tecnici. La democrazia deve essere opportunamente incanalata e convenientemente formalizzata. Con la riforma di Luigi Napoleone si conseguono tutte le prerogative imperiali, caratteristiche della sua prossima trasformazione in Napoleone III, imperatore dei Francesi.

Vienna, 31 dicembre 1851

L'imperatore Francesco Giuseppe revoca la Costituzione di marzo, che viene sostituita dalla Patente di San Silvestro, atto molto importante perché, annullando la precedente costituzione ispirata a concezioni liberali, determina l'inizio del periodo neo assolutista, durato fino al 1867.

Si tratta di un assolutismo più reazionario di quello precedente. Non si torna alla feudalità bensì ad una struttura burocratica che cerca di essere operativa nella soluzione dei problemi dello Stato. Soprattutto quelli economici, finanziari e commerciali, al centro della cura del governo Alcuni aspetti importanti della Patente riguardano l'abolizione della libertà di stampa e quella dei consigli comunali. Anche nell'amministrazione della giustizia vi sono molti passi indietro. L'esercito, che deve garantire l'unità di uno Stato così complesso perché multinazionale, diviene organismo di diritto costituzionale.

Metternich è rientrato a Vienna dal 24 settembre 1851. Prima inviava analisi, consigli e proposte all'imperatore che, al suo rientro, è andato a rendergli omaggio nel suo palazzo. Anche Swarzemberg lo considera, con Radetzky, una delle sole due persone che rispetta (l'imperatore deve essere formalmente rispettato per forza). Oramai le vedute di Metternich sono nuovamente quelle prevalenti. Possono essere sintetizzate in un unico punto: bisogna distruggere ogni effetto della rivoluzione, iniziando dalla stessa Costituzione.
Per il governo le novità sono antidemocratiche ma non antiliberali. Lo sviluppo politico, comunque, viene in certo senso congelato. La base del neoassolutismo, oltre che dall'esercito, è costituita dal sistema bancario.

ANNO 1852

Castiglione delle Stiviere (MN), 1° gennaio 1852

Il commissario Filippo Rossi[1023], nel corso di un controllo a carico di Luigi Pesci[1024], esattore del Comune sospettato di falsificare banconote, trova casualmente una cartella da 25 lire del prestito mazziniano, nascosta in un portapenne. Pesci viene arrestato.

Mantova, 2 gennaio 1852

Fino a notte tarda è continuato il duro interrogatorio di Luigi Pesci, che, alla fine, confessa di aver acquistato la cartella dal sacerdote Ferdinando Bosio[1025], professore al seminario. Don Bosio viene sottoposto a perquisizione, durante la quale sono trovati documenti considerati importanti. E'arrestato e sottoposto al solito, violento interrogatorio.

Parigi, 14 gennaio 1852

Viene promulgata la nuova costituzione, con le varianti "bonapartiste" approvate dal plebiscito del 20 dicembre 1850.

Mantova, 27 gennaio 1852, arresto di don Enrico Tazzoli

[1023] Filippo Rossi è nato a Milano nel 1820. Commissario di polizia nel 1846. Si è schierato con i rivoluzionari nel 1848, ma, nel 1849, è ritornato sotto l'egida austriaca e, con il suo impegno e le indubbie capacità personali, ha condotto varie inchieste. Importanti quella delle banconote austriache contraffatte e quella del prestito mazziniano, strettamente legata all'organizzazione rivoluzionaria del mantovano. Dopo i suoi risultati, che hanno determinato impiccagioni e condanne, promosso commissario superiore, è stato trasferito a Pavia, da dove, essendo oggetto di odio e di minacce da parte della popolazione, è stato trasferito a Lodi ed a Bergamo. A seguito della guerra del '59 è riparato in Veneto, dove, a Verona, ha subìto un attentato. Trasferito a Venezia, dopo la guerra del '66 si è spostato a Trieste, dove ha concluso la carriera come consigliere di un commissariato.

[1024] Luigi Pesci è nato a Castel Goffredo (MN) nel 1819. Esattore nel comune di nascita, era ideologicamente su posizioni nazionali. Condannato ad una pena detentiva, sarà scarcerato per l'amnistia del 1953

[1025] Don Ferdinando Bosio è nato a Castiglione dello Stiviere (MN) nel 1824. E' stato insegnane presso il seminario vescovile di Mantova. Arrestato il 2 gennaio 1852, verrà condannato ad una pesante pena detentiva nel carcere di Josephstadt. Quando uscirà sarà assegnato alla parrocchia di Casalromano (MN). Ma qualcosa si era rotto, nell'intimo di don Ferdinando: non accettava più una religione che sosteneva il regime austriaco. Passerà, quindi, alla religione evangelica, si sposerà e diventerà pastore evangelico a Milano, dove morrà nel 1879.

Don Ferdinando Bosio, dopo 25 giorni di duro interrogatorio, a base anche di bastonate, ha accennato al suo rapporto con don Enrico Tazzoli[1026], che viene subito sottoposto a perquisizione. Sono trovati vari documenti, fra i quali un registro cifrato in cui sono stati annotati gli incassi e le spese della sottoscrizione mazziniana, con i nomi degli affiliati che avevano versato denaro. Ma il registro è crittografato, e l'istruttoria procederà con molte difficoltà. Giovanni Acerbi e Giovanni Chiassi sono riusciti a fuggire.

Londra, 31 gennaio 1852

Con un manifesto del Comitato Nazionale italiano Mazzini analizza il comportamento delle forze democratiche francesi in occasione del colpo di stato del 2 dicembre 1851. Molto criticati i socialisti ed il loro "**culto esclusivo degli interessi materiali**". Non solo: la Francia era corrotta anche dai "**falsi sistemi che usurparono negli ultimi tempi il nome di socialismo e falsarono l'idea sociale europea**".

In definitiva, per Mazzini, le potenzialità propulsiva delle forze democratiche francesi si è fermata al 1815.

Alto Adriatico, marzo 1852

Alcune ore difficili per Francesco Giuseppe. Ha sempre considerato la marina un qualcosa di secondaria importanza rispetto all'esercito. Ma il fratello Massimiliano apprezza la marina militare, di cui ha voluto diventare ufficiale. Insiste con l'imperatore affinchè si imbarchi con lui per una esercitazione. Francesco Giuseppe accetta e la flotta parte. Ma il mare diviene sempre più cattivo, finchè scoppia una tempesta che dura quasi due giorni. Non solo: una piccola nave da guerra affonda. Così Francesco Giuseppe riguadagna la terra col mal di mare, fortemente arrabbiato ed ancora più ostile alla marina.

Bruxelles, 16 marzo 1852

Mazzini, con un articolo sulla "Nation" risponde agli attacchi dei partiti democratici francesi, confermando le proprie critiche al comportamento tenuto soprattutto dei socialisti

---

[1026] Don Enrico Tazzoli è nato a Canneto sull'Oglio (MN) nel 1812. Sacerdote nel 1835, è stato professore di filosofia nel seminario di Mantova. Contro la disuguaglianza sociale, nel 1844, ha pubblicato il "Libro del popolo". E' divenuto noto allo spietato capitano auditore Carl Pichler von Deeben per una predica considerata antiaustriaca. Dopo la distruzione col fuoco di alcuni suoi libri è stato prosciolto. Divenuto mazziniano, ha partecipato all'organizzazione del gruppo mantovano ed alla sottoscrizione del prestito nazionale. Arrestato e processato, è stato impiccato il 7 dicembre 1852. A seguito dell'intervento di personalità anche religiose Radetzky ha commutato alcune condanne a morte, ma non quella di Tazzoli. Una durezza indotta anche da timore. Che la rivoluzione venga sostenuta addirittura da alcuni sacerdoti per il maresciallo è una cosa gravissima e pericolosa.

in occasione del colpo di stato di Bonaparte: In buona sostanza coglie l'occasione per criticare la complessiva politica socialista in Francia.

Vienna, 5 aprile 1852

Dopo quarantuno mesi è in crisi il governo Schwarzenberg, ma, al solito, il principe è sicuro di sé, tanto che a sera partecipa ad una festa da ballo. Ha 52 anni ma ci tiene alla divisa esagerata attillata ed alla partecipazione alle danze più scatenate. Ad un certo punto si sente male e crolla morto per un infarto.

Vienna, 11 aprile 1852

E' nominato presidente dei ministri dell'Impero austriaco il conte Karl Ferdinand von Buol - Schauenstein, che rimarrà in carica fino al 21 agosto 1859. Anch'egli, come il predecessore, è ministro degli Esteri e seguirà in maniera particolare tale funzione, mettendo un po' da parte quella di primo ministro. E' un diplomatico, che conosce perfettamente la politica europea essendo stato ambasciatore in ben sei capitali, oltre ad aver rappresentato l'Austria alla conferenza di Dresda (1850 - 1851). E' stato stretto collaboratore del principe Schwarzenberg e la sua nomina esprime la volontà dell'imperatore di non cambiare politica. Ma Buol – Schauenstein cadrà a seguito della sconfitta nella campagna del 1859 contro la Francia ed il Piemonte.

Torino, 11 maggio 1852

Viene eletto presidente della Camera dei deputati Urbano Rattazzi,[1027] in opposizione al governo di Massimo d'Azeglio, con l'appoggio di un ministro in carica, il conte di Cavour.

[1027] Urbano Rattazzi è nato ad Alessandria nel 1808. Laureato in giurisprudenza a Torino nel 1829 ha svolto la professione di avvocato a Casal Monferrato dal 1837. Ha iniziato l'attività politica nel 1847, firmando l'indirizzo a Carlo Alberto in occasione del congresso dell'associazione agraria. Eletto alla prima legislatura nella sinistra, ha appoggiato le richieste lombarde in occasione dell'annessione al Piemonte. Ministro della pubblica Istruzione nel governo Casati e, per poco tempo, anche dell'Industria, Agricoltura e Commercio, si è dimesso, con l'intero governo, dopo l'armistizio di Salasco. Ministro di Grazia e Giustizia nel governo Gioberti e ministro dell'Interno nel governo Chiodo. Dopo la sconfitta di Novara ha diviso la sinistra costituendo e dirigendo una formazione di centro sinistra che, inizialmente, ha sostenuto il governo d'Azeglio, accordandosi, in particolare, con il ministro Cavour, che andava costituendo una formazione di centro destra. L'accordo fra centro destra e centro sinistra, che sarà definito "connubio", è divenuto operativo dall'inizio del 1851. Vice presidente della Camera nel 1852, successivamente è stato presidente. Nel 1853 ministro di Grazia e Giustizia e, ad interim, all'Interno nel primo governo Cavour. Superate le difficoltà dell'approvata legge sui conventi, che determinerà la scomunica papale, nel 1858, dopo la rivolta mazziniana di Genova del 1857, si dimetterà, su richiesta di Cavour, che da allora sarà avversato dal Rattazzi, nonostante che quest'ultimo è stato nominato presidente della Camera. Dopo l'armistizio di Villafranca sarà diverrà nuovamente ministro dell'Interno nel governo Lamarmora.

Torino, 16 maggio 1852

Consiglio dei ministri: Cavour viene accusato di aver agito contro il governo di cui fa parte, avendo appoggiato Rattazzi invece di Carlo Boncompagni di Mombello, candidato alla presidenza della Camera con l'appoggio dal presidente del Consiglio d'Azeglio. Cavour si dimette.

Le accuse avevano un fondamento: Rattazzi era un importante esponente della sinistra democratica, che si è divisa a seguito della politica della sinistra estrema di non voler ratificare la pace con l'Austria per continuare la guerra. Così Rattazzi ha costituito una formazione di centro – sinistra, a carattere democratico moderato. Su tali posizioni è stato rieletto il 9 dicembre 1849.

Poco tempo dopo Cavour ha iniziato a riunire i "centristi" della destra in una compagine moderata di centro – destra. Ne è conseguito un naturale avvicinamento ed un successivo accordo fra Rattazzi e Cavour, definito, con una certa ironia, "Connubio", definitivamente concluso nel mese di gennaio del 1852.

Bisogna altresì precisare che Rattazzi, col suo centro – sinistra, aveva appoggiato il governo d'Azeglio nell'approvazione delle leggi Siccardi. Inizialmente era su posizioni ostili a Cavour, ma gradualmente i progetti dei due uomini politici si sono avvicinati e, se Rattazzi ha appoggiato la nomina a ministro delle Finanze di Cavour, questi lo ha facilitato nel divenire presidente della Camera.

Torino, 21 maggio 1852

Il governo d'Azeglio si dimette. Ma il re non accetta le dimissioni e il Presidente del Consiglio forma una seconda compagine ministeriale, nella quale Boncompagni assume il ministero di Grazia e Giustizia e, ad interim, quello dell'Istruzione. Il re cerca di determinare un nuovo accordo fra d'Azeglio e Cavour, ma la frattura è profonda.

Mantova, 24 giugno 1852, arresto di Carlo Poma

Primo presidente della Camera dopo l'unità d'Italia. Presidente del Consiglio per pochi mesi nel 1862 (da marzo a dicembre), con l'interim a Interni ed Esteri. Il suo governo approverà la nascita della lira italiana. Ma Rattazzi, molto ben visto dal re, entrerà in contrasto con il Partito d'Azione per la rivendicazione di Roma e Venezia. Perciò dovrà dimettersi, abbandonando temporaneamente la vita politica. Rinominato presidente del consiglio nel 1867, anche questa volta per pochi mesi (dall'aprile all'ottobre), affronterà la questione romana e le vicende connesse alla battaglia di Mentana. Ma dovrà dimettersi nuovamente, concludendo la sua vita politica. Continuerà, comunque, l'attività di deputato e sarà nominato cavaliere della SS Annunziata. Morirà a Frosinone nel 1873.

La polizia austriaca, a seguito di una serie di perquisizioni "a tappeto" organizzate dal commissario Filippo Rossi, scopre alcuni documenti ed una lista di nomi. Inutile dire che costoro sono tutti arrestati. Da alcuni indizi è stato dedotto che il centro del materiale di propaganda era a casa di un valente dottore dell'ospedale, il ventinovenne Carlo Poma[1028]. Trovano anche una lista di nomi, che dà luogo ad ulteriori arresti.

Lo stesso giorno, in carcere, don Tazzoli deve prendere atto che gli austriaci hanno decifrato la chiave di lettura del suo quaderno. Vengono, così, arrestati, oltre ad alcuni iscritti di Mantova, anche altri di Venezia, Verona e Brescia.

Il vescovo nega la sconsacrazione di Enrico Tazzoli, ma, questa volta, le autorità austriache si rivolgono direttamente al papa. Pio IX emette un'ordinanza speciale, imponendo la sconsacrazione di don Enrico Tazzoli.

Alla fine, tutti gli indiziati saranno sottoposti a processo. La pena prevista è l'impiccagione.

Milano, 25 giugno 1852, arresto e suicidio di Giovanni Pezzotti

Giovanni Pezzotti è il riferimento nell'area Milano, Brescia, Verona, Mantova per le cartelle del prestito nazionale. E' il rappresentante di Mazzini nell'area milanese. Durante le indagini a Mantova viene fuori il suo nome. Un nome ampiamente noto, con precedenti penali che sono ritenuti pessimi dal punto di vista austriaco[1029].

Pezzotti viene arrestato e portato al castello Sforzesco. Conoscendo i metodi degli austriaci è sicuro di essere torturato e di non poter salvaguardare l'organizzazione di cui è uno dei capi. Nella notte, essendo riuscito a trovare una corda, si impicca ad una grata.

[1028] Carlo Poma, nato a Mantova nel 1823, laureato in medicina a Pisa, mazziniano collegato a don Enrico Tazzoli, utilizzava la sua casa come magazzino della stampa rivoluzionaria. Si riteneva al di sopra di ogni sospetto. La polizia ha perquisito la sua casa, mentre lui era assente. Così lo ha immediatamente arrestato in ospedale. Sarà impiccato il giorno del suo ventinovesimo compleanno, il 7 dicembre 1852.
[1029] Giovanni Pezzotti è nato a Milano nel 1809, in una famiglia di commercianti. Studente di astronomia, è stato arrestato nel novembre 1831 perché detentore di stampa sovversiva. Assolto nel febbraio successivo dall'accusa di alto tradimento, è stato, a Pavia, uno degli organizzatori dello sciopero antiaustriaco del fumo. Successivamente ha fatto parte del Comitato di difesa durante le Cinque giornate di Milano. Membro della Società repubblicana di Giuseppe Sirtori, ne è divenuto vicepresidente. Infine, per un certo periodo, è stato esule a Lugano, avvicinandosi strettamente a Mazzini. Ha curato la diffusione dell'"Italia del popolo" e delle altre pubblicazioni rivoluzionarie, nonché delle cartelle del prestito nazionale, rientrando nel 1850 a Milano, dove ha coordinato i rapporti fra le organizzazioni democratiche di Mantova, Verona e Brescia. Arrestato il 25 giugno 1852, si è suicidato durante la notte successiva. Nei giorni successivi avrebbe dovuto sposare Matilde Gonzales di Mantova.

Ferrara, 10 luglio 1852

Alla caduta della Repubblica romana, per garantire l'ordine in una realtà difficile come quella di Ferrara, è stato nominato delegato del governo pontificio il conte Filippo Folicaldi, che va molto d'accordo con gli austriaci, essendo, in definitiva, più reazionario di loro. La sua gestione, durata fino al 1856, sarà, quindi, molto repressiva. Di conseguenza gli organi di polizia pontifici si sono posti a supporto dell'occupazione austriaca.

In tale situazione, corrono voci su una notevole, ben ramificata presenza mazziniana nel ferrarese. Folicaldi e gli austriaci intendono provvedere immediatamente. Iniziano gli arresti. L'inchiesta deve andare avanti ad ogni costo. Anche a riutilizzare metodologie di tortura medievale. Infatti i responsabili della polizia di Ferrara non vogliono essere da meno di quelli di Mantova. E' necessario avere l'elenco di tutti i mazziniani, cosa da conseguire in qualsiasi maniera. Poi il tribunale definirà chi dovrà essere condannato a morte e chi ai lavori forzati.

Peraltro il Folicardi ha anche altre preoccupazioni. Il governo pontificio ha disposto di costituire un consiglio di censura che deve controllare la reale fedeltà di tutti i dipendenti pubblici. Un problema apparentemente semplice, ma nessuno vuol far parte di un simile consiglio.

Ferrara, 11 luglio 1852

Viene arrestato Giacomo Succi. [1030] E' imputato perché nel 1851 e nel 1852 ha ricevuto in casa attivisti eversivi. Inoltre ha costituito e diretto un comitato rivoluzionario, diffondendo propaganda mazziniana ed iscrivendo molte persone alla sua società eversiva.

Ferrara, 10 agosto 1852

E' arrestato Luigi Parmeggiani [1031] E' accusato di avere collaborato alla costituzione ed all'attività del predetto comitato rivoluzionario, distribuendo propaganda mazziniana.

Ferrara, 10 settembre 1852

Le indagini procedono: oggi è stata arrestata anche una donna, un personaggio importante: Anna Grassetti Zanardi[1032], moglie di Carlo Zanardi.[1033] Sono entrambi mazziniani.

[1030] Giacomo Succi, nato a Ferrara nel 1804, possidente.

[1031] Luigi Parmeggiani, nato a Ferrara nel 1806, albergatore.

[1032] Anna Grassetti Zanardi è nata a Bologna nel 1815. Ha partecipato al moto di Savigno (Bologna) nel 1843. (Un'importante azione di guerriglia diretta da Pasquale Muratori, fuggito in Francia), tenendo nascosti vari ricercati nella sua casa in località Velo finchè hanno potuto fuggire. Mazziniana, moglie di Carlo Zanardi, anch'egli mazziniano, infermiera durante le vicende del 1848,

Ferrara, 17 ottobre 1852

E' arrestato il dottor Domenico Malagutti [1034] E' accusato di essere l'organizzatore mazziniano degli studenti dell'università di Ferrara. In particolare è stato in corrispondenza per fini eversivi con lo studente Gaetano Ungarelli,[1035] anch'egli arrestato. Malagutti fa parte della direzione del comitato rivoluzionario di Succi. E' un valido propagandista e diffusore di stampa mazziniana. Ha ospitato in casa riunioni eversive.

Torino, 21 ottobre 1852

Difficoltà per il governo d'Azeglio. Il Consiglio dei ministri appoggia il matrimonio civile, previsto da una legge approvata dalla Camera. Dovrà essere presentata al Senato. Ma perviene una comunicazione del re: non firmerà una legge simile.

Torino, 4 novembre 1852

A causa del contrasto sul matrimonio civile il governo d'Azeglio si dimette.

Si parla di un governo di Cesare Balbo, che contatta il cugino d'Azeglio e l'amico Cavour. Prende atto che entrambi gli sono contrari perché si era opposto alla loro legge sull'abolizione del foro ecclesiastico e sull'esproprio del patrimonio della chiesa. Di conseguenza Balbo si ritira dalla vita politica.

Mantova, 13 novembre 1852

---

ha operato nella Repubblica romana. Alla caduta della Repubblica, mentre il marito è fuggito all'estero, la Grassetti ha strettamente collaborato con Mazzini, organizzando vari centri rivoluzionari emiliani (Bologna, Ferrara, Comacchio). Arrestata a Ferrara, è stata condannata a vent'anni di reclusione, scontati in varie carceri, fino al 1857, quando la pena è stata commutata in domicilio coatto. Nel 1858 è stata graziata, con l'obbligo di rimanere a Bologna, sotto il controllo della polizia. Nel 1860 raggiungerà Garibaldi e parteciperà alla spedizione dei Mille. Sarà un riferimento dei reduci di tutte le campagne garibaldine. Morirà nel 1896.

[1033] Carlo Zanardi è stato fra i protagonisti del moto di Savigno. Mazziniano. Ha partecipato alla prima guerra di indipendenza ed ha combattuto per la Repubblica romana col grado di capitano. Di conseguenza, ha dovuto espatriare ed è morto in esilio.

[1034] Il dottor Domenico Malagutti, medico chirurgo, è nato a Saletta (FE) nel 1826.

[1035] Gaetano Ungarelli è nato a Ferrara nel 1830. Studente di lettere, ha partecipato alla difesa di Bologna ed a quella di Ancona. Arrestato nel luglio 1852 perché mazziniano. Sottoposto a procedimento penale. Ha sofferto la fame ed il supplizio delle verhe. Alla fine è stato condannato a morte, pena successivamente commutata in dodici anni di ferri. Liberato nel 1859 è andato in Piemonte. E' stato nominato capitano nell'intendenza ma alla notizia della campagna dei Mille si è arruolato nei carabinieri genovesi ed è andato in Sicilia, partecipando eroicamente alla battaglia di Milazzo, durante la quale è stato ucciso. Il 20 luglio 1860

Inizia il processo di Tazzoli, Carlo Poma, Angelo Scarsellini[1036], Bernardo Canal[1037] e Giovanni Zambelli[1038] innanzi al consiglio di guerra.

Parigi, 21 novembre 1852

La trasformazione della seconda Repubblica francese viene completata. Siamo al secondo Impero. I dati del plebiscito odierno sono illuminanti: i si a Luigi Napoleone (che diviene Napoleone III, imperatore dei francesi) sono stati 7.824.000. I no 253.000. Il blocco bonapartista non solo è egemonico ma ormai è direttamente dirigente di una società che ampiamente lo sostiene. Le opposizioni sono ai minimi termini, confermando la critica di Mazzini alla rovinosa, flebile risposta dei partiti socialisti e democratici al primo atto del grave cambiamento istituzionale, iniziato con il colpo di stato del 2 dicembre 1851.

A parte gli aspetti formali, in questa prima fase il bonapartismo ha introdotto un sistema di governo quasi assolutistico. Fra i vari ceti che, per svariati motivi ad esso hanno aderito, il sostegno maggiore e più qualificante è venuto dal capitale finanziario che, proprio nei diciotto anni del governo di Napoleone III, la farà da padrone, anticipando aspetti che diverranno assolutamente predominanti molti decenni dopo, con la supremazia della finanza sull'economia reale e con il pieno dominio della finanza stessa sulla politica non solo economica dei vari governi. Perciò durante il secondo Impero si verificheranno situazioni apparentemente fra loro incoerenti, come un liberismo senza libertà ed un protezionismo assoluto che, da un momento all'altro, diverrà liberalizzazione dell'economia e dei commerci.

Poschiavo (Cantone dei Grigioni, Svizzera) 30 novembre 1852

[1036] Angelo Scarsellini è nato a Legnago nel 1823. Ha combattuto nella fortezza di Palmanova nel 1848. Esule aTorino, Genova, Parigi e Londra. Molto vicino a Mazzini. Rientrato a Venezia nel 1852, è stato uno dei capi del comitato rivoluzionario. Ha partecipato ai tentativi di uccisione di Francesco Giuseppe, agli accordi con Mazzini per le cartelle del prestito, all'acquisizione di armi, ecc. Ha fatto parte del comitato mazziniano. E' stato arrestato il 27 giugno 1852 e tradotto a Mantova, a disposizione del consiglio di guerra, che lo ha condannato alla pena capitale.

[1037] Bernardo de Canal, è nato nel 1824, di famiglia nobile (ma lui non ha voluto usare il "de"). Ha studiato all'università di Padova (facoltà politico – legale). Ha partecipato alla rivoluzione ed alla difesa di Venezia. Ha fondato e diretto il giornale "San Marco", con il quale ha chiesto una Costituente nazionale, criticando sia l'appoggio dato all'Austria dalla gerarchia ecclesiastica, sia la politica del governo veneziano ultramoderato. Ha fatto parte del commissariato militare. Alla caduta della Repubblica è entrato nel comitato mazziniano. Arrestato il 27 giugno 1852 e tradotto a Mantova, è stato condannato a morte dal consiglio di guerra.

[1038] Giovanni Zambelli, nato a Venezia nel 1824. Pittore ed impiegato all'Arsenale, ha partecipato alla rivolta ed alla difesa della Repubblica. Alla caduta di quest'ultima è stato uno dei capi del comitato rivoluzionario di Padova, Vicenza e Treviso. Nel giugno 1852 è stato tradotto a Mantova e condannato a morte dal consiglio di guerra.

Carlo Cassola sta svolgendo un'attiva azione nell'organizzazione mazziniana. Consigliere nella società dell'emigrazione. Rappresentante di Mazzini nel tentativo di conciliare il comitato nazionale mazziniano con il campo moderato dei liberali ed anche ovviamente, organizzatore degli esuli bresciani. Ha ora ricevuto il compito di supportare una rivolta nel Trentino, rifornendo di armi e munizioni i gruppi di rivoluzionari. La base è in Svizzera, a Poschiavo, a circa 16 chilometri da Tirano, in Valtellina.

Sono a disposizione 600 fucili, bisogna iniziare il trasporto, ma, per un'imprudenza di un collaboratore, il nascondiglio delle armi viene scoperto dalle autorità svizzere, che arrestano Cassola ed altri due mazziniani.[1039] L'arresto dura cinque mesi. La corte di assise di Coira pone una cauzione di 20.000 franchi, che viene pagata dall'organizzazione mazziniana elvetica. A fine **agosto 1853** saranno tutti assolti, ma espulsi dalla Svizzera. Andranno in Inghilterra, da Mazzini, che apprezzerà il loro comportamento.

Mantova, 7 dicembre 1852, impiccagione dei condannati.

Carlo Poma, Giovanni Zambelli, Angelo Scarsellini, Enrico Tazzoli e Bernardo Canal sono impiccati nella ormai famigerata area di Belfiore, alle porte di Mantova.

Alcuni vescovi lombardi, compreso quello di Mantova, chiedono a Radetzky un atto di clemenza. Ad alcuni la pena di morte viene commutata in dodici anni di ferri.

Per ventitré imputati ancora non è stata irrogata la pena.

Ferrara, 10 dicembre 1852

Prosegue l'inchiesta antimazziniana. Viene arrestata Maria Guidoboni, per aver ospitato la madre di Anna Grassetti Zanardi. In tutto gli arrestati sono stati 44.

E' arrestata anche la fidanzata del dottor Malagutti, Maria Bondonelli,[1040] che viene interrogata e trattata molto duramente prima dagli austriaci poi dalla polizia pontificia. Ma si comporterà in maniera encomiabile. Nonostante il trattamento ricevuto non tradirà nessuno, non farà i nomi di coloro che lei ed il dottore frequentavano.

[1039] Grillenzoni e Clementi.

[1040] Maria Bondonelli Mellacina è stata fidanzata del dottor Domenico Malagutti e, con lui, ha svolto attività politica su posizioni mazziniane. In occasione della repressione, dopo duri interrogatori, non ha subito condanne. E' riuscita a sostenere Malagutti sia politicamente che psicologicamente anche in carcere. Dopo la morte del fidanzato è andata via da Ferrara ed ha abitato in campagna. Anni dopo ha sposato Achille Malacina di Migliaro (FE). Vedova, è morta a Migliaro nel 1873.

(Il comune di Migliaro dal 1° gennaio 2014 si è unito con il comune di Fiscaglia –FE)

Le torture utilizzate dagli austriaci e dalla polizia pontificia sono, in particolare, la panca, su cui sono bastonati i prevenuti; le catene, che devono bloccare per settimane i torturati; ecc. Il dottor Domenico Malagutti ha subìto continue emorragie. Luigi Parmeggiani è stato per un mese continuamente incatenato, poi è stato bastonato a tal punto da essere ricoverato all'ospedale delle Martiri per 18 giorni. Analogo il trattamento di Giacomo Succi. Malagutti, Parmeggiani e Succi sono considerti dei capi che, nonostate le torture, non hanno denunciato i nomi dei loro collaboratori. Eppure le bastonature continuano fin quando i torturati non firmano le dichiarazioni estorte dai torturatori. Ma vi è stato un generale accordo: firmare tutto ma non denunciare i nomi di altri mazziniani. Così l'inchiesta, partita per individuare centinaia di persone, per ora è limitata all'arresto dei predetti 44 mazziniani. Comunque sembra che le indagini siano alle battute finali.

ANNO 1853

Cefalù, 19 gennaio 1853

E' sera e l'ispettore di polizia Antonino Cardosi, con vari gendarmi, arriva in contrada Pietramarina, sfonda la porta di casa Spinuzza e identifica gli occupanti. Si tratta di una riunione di mazziniani. Il capo è il giovane Salvatore Spinuzza. [1041] Con lui sono Pasquale Doto, Giuseppe Bianca e Rosario Grasso. La casa è accuratamente perquisita e vengono trovati alcuni documenti d'interesse, soprattutto elenchi di persone, di cui sono riportati solo i soprannomi. Tutti sono arrestati.

Locarno 23 – 25 gennaio 1853

Riunione mazziniana presso l'abitazione di Francesco Pigozzi.[1042] Il piano rivoluzionario è complesso: prevede una insurrezione a Milano il **6 febbraio**, una rivolta nell'area Spezia – Sarzana, in definitiva nell'intera Lunigiana, ed un'altra a Bologna. Inoltre azioni in Valtellina, sul lago Maggiore, a Stradella - Pavia, a Piacenza, a Firenze, a Roma, dove il responsabile è Giuseppe Petroni.[1043] I mazziniani di Genova sono in contatto con i siciliani.

[1041] Salvatore Spinuzza è nato a Cefalù nel 1829. Nel 1848 ha attuato varie azioni rivoluzionarie in collaborazione con il barone Bentivegna e, nel 1849, è stato arrestato, ammonito e liberato. Nel 1853, a Cefalù, è stato nuovamente arrestato con altri ventotto mazziniani e ristretto nel carcere di Favignana. Nel 1856 è arrestato per la terza volta, ma è liberato. Infine il quarto arresto, cui seguono il processo e la morte, il 14 marzo 1857.

[1042] Il nobile Francesco Pigozzi è nato nel 1815 a Bologna. Nel 1826 è entrato nelle organizzazioni liberali. Poi ha aderito alla Giovine Italia. Ha partecipato ai moti del 1831. Laureato in giurisprudenza a Bologna nel 1836. Avvocato. Nel 1845 è stato a Napoli per il settimo congresso degli scienziati. Sotto inchiesta per attività sovversive, è andato in Francia. Godendo di amnistia è tornato a Bologna nel 1846. Nuovamente arrestato per propaganda rivoluzionaria, ha subìto alcuni giorni di carcere. Nel 1848 si è arruolato nella divisione dei volontari del generale Ferrari, combattendo a Cornuda. Ha partecipato alla difesa di Vicenza ed alla ritirata su Venezia, Ha partecipato alla battaglia di Mestre, dove è stato ferito. Promosso maggiore, ha fatto parte dello stato maggiore del generale Pepe. Alla caduta della città è espatriato a Locarno, dove è rimasto fino al 1859, collaborando con Mazzini, anche con articoli sull'"Italia del Popolo". Nel 1854 parteciperà al tentativo di rivolta a Genova, inviato in Lunigiana. Nel 1857 sarà arrestato in Piemonte, come pericoloso mazziniano. Non riuscirà a partecipareе ai fatti del 1859. Nel 1860 organizzerà a Ferrara un battaglione di volontari, con il quale parteciperà alla campagna dei Mille. Successivamente il reparto sarà incorporato nell'esercito italiano. Colonnello comandante e, poi responsabile del distretto di Bologna. In pensione dal 1874, morirà a Viareggio nel 1891.

[1043] Giuseppe Petroni è nato a Bologna nel 1812. Era molto giovane quando ha aderito alla Giovine Italia, ponendosi nell'ala sinistra del mazzinianesimo. Ha partecipato ai moti del 1831. Nel 1848 ha combattuto sia in Lombardia che a Roma durante la Repubblica. Per l'attività del 1853 è stato condannato a morte, poi commutata nell'ergastolo. Sarà liberato nel 1870, e riprenderà a collaborare con Mazzini nella redazione della "Roma del Popolo". Appartenente al partito repubblicano parteciperà alle elezioni alla Camera. Gran maestro della Massoneria dal 1880 al 1885, sarà sostituito da Adriano Lemmi. Morirà a Terni nel 1888.

Un gruppo di ungheresi ha garantito la partecipazione di militari di stanza a Milano. Inoltre si prevedono azioni di guerra per bande sui valichi dell'Appennino per rendere difficili i movimenti logistici avversari e la cooperazione repressiva fra i vari governi.

E' presente Mazzini. E' partito da Londra il **2 gennaio**. In nave è arrivato ad Anversa, in treno ha attraversato la Germania, in slitta ha superato il Gottardo. Sono convenuti Aurelio Saffi, il capitano Giovanni Acerbi, il colonnello Enrico Cosenz, Adeodato Franceschi[1044] e molti altri. Tutti sono lieti di partecipare ad una prova di forza, per manifestare chiaramente che la rivoluzione italiana non è morta ma è ben attiva. Comunque i convenuti sono divisi in due gruppi: coloro che sono scettici e vorrebbero rinviare le azioni – fra costoro sono soprattutto i militari – e quelli che si dichiarano fiduciosi, di cui l'esponente più importante è Saffi. Ma le varie azioni avranno luogo solo se si affermerà la rivolta milanese. Si tratta della stessa impostazione delle Cinque giornate, con la differenza che, questa volta, il movimento non deve rimanere isolato, ma estendersi con immediatezza a tutta l'Italia settentrionale e centrale. Anzi il piano iniziale era ancora più consistente. I movimenti rivoluzionari in Italia arebbero dovuto essere coordinati con analoghi movimenti in Francia, contro Napoleone Bonaparte. Ma oltralpe si sono verificati dubbi e rinvii, per cui Mazzini ha deciso di operare solo in Italia, dato che non si può fare affidamento sulla componente francese.

In definitiva l'aspetto più importante è l'effettiva partecipazione dei milanesi. Bisogna tener conto che vi è un elemento di confusione, di divisione, quindi di debolezza: la propaganda comunista ed anarchica ha iniziato ad affermarsi anche in Italia, con le sue impostazioni antinazionali e di classe. Alla volontà di andare tutti sulle barricate va sostituendosi l'accurata discriminazione di quale ceto o classe abbia – o debba avere - interesse a combattere su quelle barricate. Comunque, i capi mazziniani, pieni di entusiasmo, non curano con particolare attenzione le difficoltà di far estendere in rivoluzione popolare generale la rivolta iniziale dei gruppi maggiormente ideologizzati. E' avvenuto tutto in maniera così naturale e violenta nella prima delle cinque giornate del '48, che appare ovvia un'analoga ripetizione di quegli avvenimenti, anche se le convinzioni ideologiche hanno subìto variazioni involutive.

[1044] Il nobile Adeodato Franceschi è nato a Sant'Arcangelo di Romagna nel 1817. Ha studiato nel collegio di Osimo insieme ad Aurelio Saffi. Si è, poi, laureato in giurisprudenza ed in filosofia nel 1836. Ha iniziato la professione di notaio. Intanto ha aderito alla Giovine Italia. Sposato alla contessa Giunipra Marini, ha collaborato con il cognato Ludovico, anch'egli mazziniano. Ha combattuto a Vicenza e nell'esercito della Repubblica Romana. Ha partecipato alle attività rivoluzionarie del 1853, quando, arrestato dalla polizia piemontese, ha dovuto riparare in Svizzera, lavorando in una fabbrica di Pietro Olivero, anch'egli mazziniano. Arrestato anche a Locarno ed imprigionato a Berna, sarà estradato tramite la Francia in Inghilrterra. Ma andrà a Genova, dove morirà di colera nel 1854.

Il movimento è gestito da un capo politico mazziniano, Giuseppe Piolti de'Bianchi [1045] e da un capo militare, Eugenio Brizi,[1046] anch'egli mazziniano. L'ultimo giorno a Brizi verrà affiancato da Mazzini il tenente colonnello Achille Majocchi,[1047] che è stato ufficiale a Venezia. Comunque Piotti è del parere di far massa contro pochi obiettivi, al limite due caserme, per raggiungere facilmente alcuni risultati atti a spingere la popolazione alla partecipazione. Invece Eugenio Brizi, fidando sui cinquemila milanesi aderenti al mazzinianesimo, è del parere di costituire varie colonne che attacchino diversi obiettivi contemporaneamente, tagliando le tubature del gas per oscurare le vie cittadine, sfruttando il fatto che il 6 febbraio sarà l'ultima domenica di carnevale e buona parte della truppa, nel tardo pomeriggio, sarà dispersa nelle vie e nelle osterie della città. Ma sorgono difficoltà di carattere logistico: una successiva riunione, a Milano, dovrà risolvere i problemi non chiari. Addirittura anche quello dell'afflusso delle armi e delle munizioni.[1048] L'organizzazione non è certo perfetta,[1049] ma la base preme.[1050] Fra l'altro negli ultimi mesi

---

[1045] Giuseppe Piolti de'Bianchi è nato a Como nel 1825. Avvocato. Ha partecipato alle vicende del '48 – '49. Capo politico dell'organizzazione mazziniana milanese, è stato responsabile dei contatti con la borghesia. E' stato uno dei capi della rivolta del 1853. Deputato alla Camera dal 18 novembre 1865 al 20 settembre 1874. Morrà a Milano nel 1890.

[1046] Eugenio Brizi è nato ad Assisi nel 1812. Nel 1837 si è iscritto alla Giovine Italia, attivista a Velletri dal 1840. Dirigente agricolo. Nel 1848 capitano della guardia nazionale, poi con cento volontari di Velletri ha partecipato alla battaglia di Mestre e, successivamente, alla difesa di Ancona. Esule dopo la caduta della Repubblica romana, è andato a Marsiglia e, poi, a Parigi, collegato al comitato mazziniano di Londra. Inviato a Milano da Mazzini, da Parigi è andato a Genova ed il 4 ottobre è arrivato a Milano, dove ha operato, in particolare, negli ambienti operai. Il 6 è scoppiata la rivolta, che, non adeguatamente sostenuta, è fallita. Brizzi è riuscito a nascondersi, poi è fuggito in Svizzera, da Mazzini, che lo ha inviato a Roma, nel periodo della dura repressione. La riorganizzazione rivoluzionaria procederà bene, ma un confidente della polizia denuncerà i mazziniani. Brizi sarà arrestato, processato e condannato a vent'anni di carcere, ridotti ad otto per l'intervento del principe Girolamo Bonaparte. Si recherà, quindi, a Torino, ma non accetterà la riduzione di un grado nell'ammissione all'esercito piemontese. Tornerà, così, a fare l'imprenditore agricolo, organizzando movimenti in Roma, fino alla liberazione della città nel 1870. Sindaco di Assisi dal 1880 al 1885, assessore fino al 1890, sindaco nuovamente nel 1880 /81, poi consigliere. Morirà ad Assisi nel 1894.

[1047] Achille Majocchi è nato a Milano nel 1821. Ha combattuto a Venezia. Ha partecipato alla rivolta del 1853. Col grado di tenente colonnello farà parte dello stato maggiore di Garibaldi nella campagna del 1860. Sarà eletto alla Camera dal 23 novembre 1874 al 22 ottobre 1890, per cinque legislature. Morirà a Torre d'Isola (PV) nel 1904.

[1048] In Milano l'organizzazione artigianale di Freddi sta approntando stili e pugnali, che, alla fine, costituiranno le uniche armi dei rivoltosi.

[1049] I rivoluzionari erano divisi in reparti, ciascuno composto da persone che svolgevano un dato mestiere. In genere ogni reparto, denominato da una lettera, era composto da un centinaio o più uomini, che si riunivano periodicamente in date osterie.

[1050] Basti fare riferimento ad Azzi, che ha organizzato una rivolta nel marzo del 1849, bloccata per l'esito della battaglia di Novara, ed allo stesso Azzi con Giovanni Battista Carta, che hanno costituito il Comitato dell'Olona. Oltre all'uccisione del dottor Vandoni, considerato una spia, nel 1852 si sono organizzati per uccidere l'agente Ghezzi, che aveva arrestato Sciesa, lo stesso generale Gyulai, il comandante di Como, generale Singer, ed il conte Nava, consigliere di governo fortemente fedele all'Impero.

la repressione austriaca è aumentata. Intanto Aurelio Saffi è partito per Spezia, insieme a Francesco Pigozzi e ad Adeodato Franceschi. Adriano Lemmi[1051] sarà responsabile della rivolta a Firenze e Giuseppe Cerretti[1052] dirigerà analoghi moti a Piacenza.

La decisione finale spetta a Mazzini, che, naturalmente, spera nel successo del movimento, ma reputa altresì che l'aspetto più importante sia il fatto in sé, cioè il semplice manifestarsi dell'azione rivoluzionaria. Infatti le finalità sono due. Rispettivamente nei confronti del popolo e del nemico. Il popolo va portato alla comune partecipazione, alla consapevole volontà di pervenire allo scontro, mentre il nemico deve essere oppresso da una continua, costante pressione che lo sfianchi psicologicamente, gli imponga di essere sempre all'erta e lo metta in difficoltà per i grandi oneri finanziari subiti.

Per Mazzini nella politica – e nella storia – non sono importanti solo i successi concreti, diciamo fattuali, che spesso sono caduchi. Più duraturi nel tempo e più influenti sugli avvenimenti sono gli aspetti spirituali, etici, in definitiva culturali, che formano le masse, acculturano i popoli e plasmano in maniera compatta o, comunque, vigorosa le Nazioni. Determinano, in definitiva, la reale forza degli Stati, che sono fragili se non supportati dal mito, dalla sostanza storica, dalla religione laica della nazione e da una adeguata conspevolezza sociale, in una visione di radicalismo nazionale. Una posizione, quella di Mazzini, che non è e non sarà compresa dalle altre forze di sinistra, in particolare dagli altri componenti della prima Internazionale del 1864. Una posizione, peraltro, che dimostrerà la propria reale sostanza e l'intrinseca validità successivamente. Soprattutto ai giorni nostri.

La pressione rivoluzionaria, quindi, deve essere permanente. Ora è necessario attaccare il nemico, che crede di essere riuscito a conseguire risultati determinanti in fatto di pacificazione. Gli austriaci devono comprendere che, anche se riportano continue vittorie tattiche, in realtà saranno sempre più deboli, nel tempo, in relazione ai probabili risultati strategici. La loro forza – ed anche le loro vittorie – proprio perché notevoli dimostreranno ancor più la loro sostanziale inutilità, dato che la rivoluzione nazionale, nonostante tutto, sarà sempre più estesa, più consapevole, più furente. Bisogna dimostrare che il mondo di Radetzky è anacronistico e va cancellato. E la dialettica dei doveri impone di operare per

---

[1051] Adriano Lemmi è nato a Livorno nel 1822. A Londra per attività commerciali, ha conosciuto Mazzini nel 1847 diventandone amico. Successivamente lo ha rappresentato nel rapporto con Kossuth, che ha accompagnato in Inghilterra e negli Stati Uniti. Banchiere con il cognato Pietro Augusto Adami, sarà eletto gran maestro del grande Oriente d'Italia, unificherà la massoneria, portandola per la prima volta ad un alto livello di efficienza e di potere. Coinvolto in inchieste, sarà aiutato dall'amico Francesco Crispi. Curerà le finanze del partito d'Azione. Morirà a Firenze nel 1906.
[1052] Giuseppe Cerretti è nato nel 1821 a Spezia. Ha collaborato con Orsini nel 1853. Responsabile delle munizioni per un grave ritardo è stato accusato anche di tradimento. E' mortoa Spezia nel 1889.

dimostrarlo. Bisogna, quindi, attaccare, anche se le rivolte fallite servono ai monarchici per propagandare l'importanza dell'esercito e della forza economica del Regno di Sardegna.

Palermo, 30 gennaio 1853

Nel Real forte di Castellammare, a Palermo, il tenente Francesco Vigilante gestisce l'istruttoria dei mazziniani arrestati il 19 gennaio a Cefalù. Tutte persone ben note come eversori, che, ora, sono state trovate riunite in un pericoloso conciliabolo. L'inquisitore ha, oramai, le idee chiare: il capo è Salvatore Spinuzza che, nonostante la giovane età, è capace di coordinare vari gruppi rivoluzionari. Quindi, in definitiva, essendo il principale arrestato, deve parlare.

Ma Spinuzza non rivela nulla di importante. Di conseguenza è reputato vieppiù pericoloso. Non è, infatti, solo un eversore, ma un soggetto che, anche se è in carcere, non intende collaborare affatto con le autorità. Spinuzza, pertanto, viene bastonato a sangue, ma non cede. Vigilante è un testardo ma Spinuzza è un duro, che ha una notevole forza d'animo ed un grande coraggio. Non parla. Riesce, in definitiva, ad abituarsi alle bastonature. Per mesi sarà interrogato da Vigilante e bastonato. Ma continuerà a non parlare. Tornerà a Cefalù nel **gennaio 1856**

Milano - Bologna, 5 febbraio 1853

Mazzini, in attesa degli avvenimenti, è a Chiasso. I piani e le disposizioni sono stati emanati. Bisogna vedere se l'azione a Milano ha effetti tali da costituire il detonatore della rivoluzione nazionale. In definitiva ora bisogna agire nel quadro dei piani previsti e prendere atto dei risultati.

Arriva a Bologna Aurelio Saffi, con Pigozzi e Franceschi, dopo un viaggio difficile. Sono arrivati a Spezia, dove erano ad attenderli due validi rivoluzionari: Giacomo Ricci e Gaetano Brussi, che li hanno accompagnati prima nell'abitazione di Giuseppe Cerretti, poi sono andati tutti a Sarzana, presso il marchese Da Passano. Successivamente i tre, con Bruzzi e Cerretti, sono partiti per Bologna, con guide e muli. A Bazzano (BO), secondo quanto programmato, si sono divisi e Cerretti è andato a Piacenza, mentre gli altri hanno proseguito per Bologna, su due carrozze leggere. Due volte sono stati fermati dai dragoni del ducato di Modena, ma sono riusciti a passare, per merito dell'abile eloquio di Cerretti, che li ha presentati come un gruppo di ingegneri. Intanto Adriano Lemmi è a Firenze.

Saffi e gli altri arrivano alla periferia di Bologna e si fermano alla locanda del Pellegrino, dove mangiano e, poi, dopo l'una di notte, vanno a casa di uno dei capi mazziniani, il tipografo Taddeo Marti,[1053] in via Arienti. Successivamente, Giuseppe Marchi[1054] organizza un incontro nella sua bottega di falegname, vicino alla Montagnola, con altri esponenti mazziniani, fra cui Giovanni Righi de'Lambertini[1055] e Vincenzo Minarelli.[1056] Il primo è più scettico sulle reali possibilità d'azione. Il secondo è particolarmente fiducioso e si allontana per incontrare, in via Mascarella, ottanta capi di squadre (centurie), pronti alla rivolta. Viene confermato, comunque, che, per dare inizio al movimento, deve pervenire notizia della rivolta di Milano.

Gregorio Gregorini,[1057] altro importante mazziniano bolognese, qualora le cose si mettano male, garantisce a Saffi e agli altri un rifugio sicuro, in via Barberia, presso la zia Adelaide, moglie dell'inglese Richard Bingham, conte di Lucan, o nella villa della stessa, fuori Bologna.

Milano, 6 febbraio 1853: rivolta

[1053] Taddeo Marti è nato nel 1805 a Bologna. Operaio, mazziniano, processato e condannato per aver ospitato il gruppo rivoluzionario andato a Bologna, è stato condannato a venti anni di reclusione, ma è riuscito a fuggire in Piemonte. Ha svolto attività politica anche nelle vicende del 1859, avvicinandosi a Garibaldi. E' morto a Bologna nel 1884.

[1054] Giuseppe Marchi è nato nel 1810 a Zola Predosa (BO). Falegname ebanista. Nella sua struttura di lavoro hanno luogo le riunioni mazziniane. Noto come propagandista e venditore di stampa mazziniana. Ha combattuto gli austriaci ed è rimasto ferito nello scontro alla Montagnola. Nonostante un mandato di cattura è riuscito a rimanere in incognito a Bologna. Alla fine, nel 1855, ha dovuto fuggire a Genova, dove ha conosciuto Maurizio Quadrio. Tornato a Bologna per attività mazziniane, è riuscito a sfuggire anche alla polizia austriaca. E' morto in Egitto nel 1890.

[1055] Giovanni Righi de' Lambertini è nato a Bologna nel 1800. Laureato in legge. Ha partecipato ai moti del 1831 diventando ufficiale della guardia civica. Nel 1843 ha partecipato all'azione guerrigliera di Savigno ed ha dovuto fuggire in Toscana, Francia, Algeria, di nuovoToscana, rientrando a Bologna a seguito dell'amnistiadel 1846. Ha concorso alla difesa di Venezia col grado di capitano. Ha comandato la piazza di Viterbo alle dipendenze della Repubblica romana. Successivamente è stato a capo del comitato regionale mazziniano, supportando i tentativi di Saffi. Essendo stato fatto il suo nome nell'inchiesta di Ferrara ha dovuto fuggire. E' tornato a Bologna nel 1859 ed è divenuto ufficiale del governo provvisorio. E' morto nel 1870 ad Assi

[1056] Partecipano alla riunione oltre Giovanni Righi de' Lambertini, capo del comitato bolognese, Angelo Cavazzi, Gaetano Farnè, Massimiliano Colombari, negoziante, Filippo Minarelli, computista provinciale, Pompeo Mattioli, Pietro Neri, macellaio, Cervellati, barbiere, Raffaele Piana e suo cognato, certo Papi, capo centuria, ed altri. (Da: Rassegna storica del Risorgimento", anno 1930, XVII Congresso Sociale di Napoli, pag. 100).

[1057] Gregorio Gregorini è nato a Forlì nel 1827. Ha studiato prima ad Urbino, in collegio, poi a Bologna, ospite della zia, contessa Lucan, laureandosi in ingegneria nel 1847. L'anno dopo è entrato nel battaglione universitario ed ha combattuto a Montebelluna. Per la partecipazione all'organizzazione mazziniana del 6 febbraio sarà arrestato e condannato. Il console inglese, sollecitato dalla zia, riuscirà a fargli ridurre la pena. Comunque sarà in carcere fino al 1857, quando la condanna sarà commutata in domicilio coatto a Forlì, da dove fuggirà nel 1859, arruolandosi nell'esercito piemontese, prima in cavalleria, poi, col grado di sottotenente, in artiglieria. Medaglia d'argento alla liberazione di Perugia, capitano nel 1866, infine colonnello. Morirà nel 1904.

Alle ore 17.00 inizia la rivolta, secondo il piano di Eugenio Brizzi. I gruppi che inizialmente si dirigono ai posti convenuti sembra siano adeguatamente numerosi, un migliaio di persone. I punti considerati tatticamente importanti, da bloccare con la costruzione delle barricate, sono sei: Porta Tosa (l'area più importante), il Verziere, Cordusio, Porta Vicentina, Porta Ticinese, Via della Signora. I rivoltosi sono armati con armi bianche.

Altri gruppi effettuano cinque attacchi: alla Gran guardia di Palazzo reale, al corso di Porta Romana, al circondario di polizia in piazza Mercanti, vicino porta Ticinese, all'arco di san Giovanni sul Muro, a Palazzo Litta. Iniziano a cadere i primi austriaci. Le azioni sono iniziate nella più completa sorpresa del nemico. Ma dovrebbero essere rinforzate dall'arrivo di nuovi gruppi, peraltro attesi, ma che non compaiono. Gli scontri, comunque, continuano, molto violenti, per tutta la notte, durante la quale gli austriaci si organizzano, circondando le aree dei combattimenti. Le perdite degli imperiali assommano a 10 morti e 47 feriti. Al mattino, gradualmente, le azioni si affievoliscono, fino a cessare.

Milano, 7 febbraio 1853

Inizia la repressione poliziesca, svolta con particolare durezza, giungendo all'arresto di 895 persone.

A tutti i rivoluzionari mobilitati per azioni fuori Milano viene dato ordine di sganciarsi. Così a Bologna, a Sarzana, ecc.

Comunque il fatto che sia scoppiata una rivolta a Milano determina una grave crisi nel vertice militare e politico austriaco. Una crisi che, per ora, non colpisce l'inossidabile Radetsky. Oramai l'organizzazione del Lombardo Veneto non è più quella precedente al 1848. Ora vi è un governo militare che occupa il territorio in maniera particolarmente pesante e diffusa. Di conseguenza non si possono attribuire "colpe" o "inadeguatezze" alle autorità civili, che, di fatto, non hanno più potere. Perciò viene messa in questione la stessa politica del bastone e delle baionette di Radetsky. Ormai il carismatico capo militare è generalmente criticato. Viene considerata inutile, inadeguata, costosa ed improduttiva la sua violenta politica repressiva. La domanda, anche di alcuni funzionari austriaci è: si può andare avanti a furia di impiccagioni e fucilazioni? Che governo è quello che si basa sull'azione congiunta di esercito e magistratura per reprimere il popolo?

Peraltro anche sotto il controllo spietato di quello che ormai è oggettivamente un esercito di occupazione, su un territorio che ufficialmente, dal 1848, è in stato d'assedio, si fanno collette a sostegno della rivoluzione, si organizzano insurrezioni, giunge a ribellarsi addirittura il centro maggiormente presidiato, quello di Milano. E si ribellano tutte le classi, dagli aristocratici agli operai, agli artigiani. Che può succedere se tutte le componenti del popolo si coordineranno, debitamente armate? Il commercio ed il flusso delle armi appaiono quasi incontrollabii. Non solo: si deve anche tener conto dell'enorme peso economico di un numeroso esercito in costante stato di emergenza.

Le critiche arrivano a Vienna, tanto che è lo stesso governo a ritenere che ormai Radetsky è divenuto un peso, forse un pericolo. Ritorna, al solito, il quesito: come si fa a toglierlo di mezzo? Lui che è il capo, l'icona, diciamo, del potere militare – burocratico austriaco? Il genius dello stesso Impero?

Le critiche si diffondono e pervengono all'imperatore, memore della sua visita a Milano e Venezia del 1851.

Roma 7 febbraio 1853

Il comitato rivoluzionario di Giuseppe Petroni da ieri è venuto a sapere che il governo ha avuto notizia dell'organizzazione dei moti. L'analisi della polizia è confusa però è stato dato l'allarme su tutto il territorio dello Stato, in particolare a Roma ed in Emilia. A Milano il moto è finito male. Mazzini ha ordinato di bloccare tutto. L'organizzazione romana smobilita, cercando, però, di avvertire gli altri comitati. La polizia inizia controlli, fermi ecc. con grande impegno e notevole spiegamento di forze.

Milano, 8 febbraio 1853

Iniziano le esecuzioni delle condanne a morte per i fatti del 6 febbraio. Alla fine i giustiziati saranno 16. Oggi è la volta di: Bonaventura Broggini (macellaio), Pietro Canevari (facchino), Antonio Cavallotti (costruttore di pianoforti), Cesare Faccioli (barista), Luigi Piazza (falegname), Camillo Piazza (stampatore), Alessandro Silva (cappellaio).

Naturalmente la sentenza ha previsto ulteriori provvedimenti. Altre 20 condanne a morte, commutate dall'imperatore in vent'anni di carcere, 44 condanne a dieci o venti anni di reclusione "ai ferri", pesanti o leggeri. Successivamente qualche pena sarà ridotta.

Bologna, 8 - 9 febbraio 1853

Le notizie sono particolarmente negative. Con la notizia della fine drammatica del moto di Milano è pervenuta ai congiurati la frase convenuta con cui Mazzini trasmette l'ordine di annullate tutto. Intanto sono aumentati notevolmente i controlli della polizia. Bisogna smobilitare e mettersi al sicuro. Gregorini ha fatto nascondere i rappresentanti di Mazzini prima nella casa, poi nella villa, presso San Luca, della zia.[1058] Ma il vero problema è costituito dall'attraversamento degli Appennini, tenendo conto che tutte le polizie sono mobilitate. Un tentativo, questo, che appare quasi impossibile. Si riesce, fra il **15 ed il 16 febbraio** però, a ritrovare Cerretti, che ha dovuto lasciare Piacenza e che costituisce una guida valida e sicura. Comunque tutti riusciranno a tornare a Sarzana, da dove andranno a Spezia. Qui, sotto falso nome, si imbarcheranno per Genova. Pigozzi tornerà in Svizzera e Saffi prima andrà a Ginevra da Mazzini, poi tornerà in Inghilterra. In contumacia, saranno entrambi condannati a venti anni di arresto in fortezza coi ferri.[1059]

In cammino sui sentieri impervi dell'Appennino vi è anche Felice Orsini, che, arrivato in ritardo a Sarzana, ha cercato di arrivare a Bologna, ma ha avuto notizia di quanto era accaduto a Milano. Anch'egli deve, di conseguenza, tornare in Piemonte ed è aiutato da Ricci. Prima si nascondono a Parma, poi passano il passo della Cisa, e, nonostante un'abbondante nevicata ed il buio della notte, riescono a tornare a Sarzana, seguendo le piste dei contrabbandieri. Così anche Orsini si salva.

A Bologna, invece, la situazione è drammatica. La polizia agisce con particolare caparbietà e durezza. Forse utilizza gli elenchi dei probabili mazziniani ed arresta tutti, riempiendo le carceri della Carità e quelle di Sant'Agnese. Fra gli altri sono arrestati anche Marti e Gregorini.

Milano, 10 febbraio 1853

Continuano le uccisioni dei condannati per la rivolta del 6 febbraio. Oggi sono impiccati Luigi (o Eligio) Brigatti (liquorista), Benedetto Biotti (aiuto falegname), Alessandro Scannini (insegnante ginnasiale), Giuseppe Monti (aiuto falegname).

Milano, 12 febbraio 1853

La rivolta ha avuto effetti molto gravi sul governo austriaco, che ha perso calma ed equilibrio raggiungendo livelli di particolare violenza anche nel campo della politica estera.

[1058] Da un memoriale che Pigozzi ha consegnato a Saffi, per aiutarlo nella redazione delle sue memorie, ecco il racconto: "(....) **il 15 o il 16 febbraio, riprendemmo la via di Bazzano, sempre in biroccino, condotti da certo Marchignoli…A Bazzano alloggiammo di nuovo dal Rocchi; e dopo Castelnuovo ne' Monti non si riprese la strada dell'Aulla, ma passammo la montagna in un altro punto. E fu allora che, superata la** *tormenta,* **andammo a pernottare in un** *casone di Carbonari,* **da dove, il mattino appresso, montati su una cattiva biroccia, c'inviammo sotto una pioggia dirotta a riguadagnare Sarzana."** Pigozzi, che all'andata ha fatto cenno a Cerretti, non lo menziona al ritorno.(Da: "Rassegna storica", cit., pag 101).

[1059] Pigozzi nel 1854 sarà a Genova, essendo stato incaricato da Mazzini di seguire il moto in Lunigiana e, nel 1857, a Torino, sarà arrestato, in una retata di mazziniani.

Inizia una guerra diplomatica contro la Svizzera che durerà due anni, fino al **marzo del 1855**.

Oggi viene resa nota dal governo austriaco la chiusura di tutti i valichi fra la Lombardia ed il Canton Ticino. Il governo accusa le autorità elvetiche di facilitare, almeno di fatto, l'azione eversiva italiana. Ma non basta: il **16 febbraio** il generale Giulay comunica che tutti i ticinesi saranno espulsi dalla Lombardia. Infine il **18 febbraio** l'incaricato austriaco a Berna, conte Karnicky, chiarisce la posizione imperiale: dato che il tentativo rivoluzionario del 6 febbraio è stato provocato dall'estero, in particolare dai rifugiati italiani in Canton Ticino, non basta la chiusura della frontiera con la Svizzera e l'espulsione dei ticinesi. Le autorità elvetiche dovranno espellere tutti i rifugiati politici, sequestrare le armi nascoste nel Cantone, sottoporre a giudizio i cittadini svizzeri che hanno partecipato ai moti milanesi, dare adeguate garanzie che ciò che è successo non si ripeterà. Il **19 febbraio** viene completata l'espulsione dei ticinesi.

Il **22 febbraio** il consiglio federale svizzero rende noto all'incaricato austriaco che il commissario federale colonnello Bourgeois ha il compito di procedere ad un'inchiesta su quanto esposto dall'Austria e che è stato dato ordine di espellere tutti i rifugiati. Fra il **1° e l'11 marzo** la Svizzera critica ufficialmente il Regno sardo per la concessione di passaporti ad emigrati politici diretti in Svizzera e, poi, il **27 marzo** rende note all'Austria le divergenze con il governo sardo. Il **2 marzo** il Consiglio federale svizzero chiede, tramite l'incaricato di affari austriaco, la revoca delle misure prese dall'Austria ed il ristabilimento del precedente stato di cose. Ma il comportamento elvetico non soddisfa Radetzky, che il **15 marzo** rende noto alla Svizzera che l'Austria persiste nel chiedere quanto elencato il 18 febbraio. Si potrà tornare alla situazione di normalità solo dopo che tutte le richieste siano completamente attuate. Il governo austriaco, ancora il **13 aprile,** chiede un'attuazione completa delle sue richieste.

La situazione continua ad essere molto tesa, dato che il **4 maggio** il Consiglio federale respinge la domanda austriaca di internamento ed espulsione dei rifugiati, precisando che in merito si deciderà liberamente. La specifica normativa sarà aggiornata, ma si chiede nuovamente la fine della chiusura delle frontiere – definita illegittima – ed il ritorno alla normalità. Radetzky è furente, richiama il **21 maggio** l'incaricato Karnicky. Il **23 maggio** vi è la risposta elvetica: l'incaricato svizzero a Vienna deve sospendere le relazioni diplomatiche con l'Austria. Il **26 luglio** il Consiglio federale, a maggioranza, decide di trattare a porte chiuse il conflitto con l'Impero, ma il **29 luglio** stanzia il finanziamento necessario per garantire la difesa della Confederazione. La vertenza continua, ma sono utilizzati canali ufficiali.[1060]

[1060] Vedasi paragrafo " Milano, 16 giugno 1854".

Milano, 13 febbraio 1853

L'arcivescovo Romilli firma una pastorale con la quale cerca di calmare i contrasti e svelenire la situazione. Il testo, però, non è affatto gradito ai democratici ed anche ai liberali ed a molti moderati. Sembra che non sia stato gradito nemmeno da Radetsky.

L'arcivescovo è criticato anche per la graduale sostituzione, nei seminari, degli insegnanti coinvolti nei fatti del 1848. Al loro posto sono nominati oblati dei Santi Ambrogio e Carlo, considerati affidabili, secondo le richieste del governo militare.

Ferrara, 17 febbraio 1853

Il Consiglio di guerra riunitosi nella cittadella (la fortezza austriaca) condanna all'impiccagione per alto tradimento i detenuti Giacomo Succi, Domenico Malaguti, Luigi Parmeggiani, Andrea Franchi – Bonomi, Camillo Mazza, Vincenzo Barlaam, Francesco Gandini, Aristide De Luca, Gaetano Ungarelli e Giovanni Pareschi. Stefano Botari è condannato a quindici anni di lavori forzati ad Ancona, Gaetano Degiuli a due anni di reclusione.

L'istruttoria si è conclusa con scarsi risultati. Anche durante il processo i 12 sono stati torturati, ma la corte non è riuscita a disporre di prove adeguate. Così viene rimandata la pubblicazione della condanna. I processati avranno notizia della sentenza dopo 26 giorni (il **15 marzo**), nel frattempo la condanna a morte di Franchi, Mazza, Barlaam, Gandini, De Luca, Ungarelli e Pareschi è commutata nei lavori forzati (anch'essi ad Ancona). Confermata l'impiccagione di Succi, Malaguti, Parmeggiani. Il governo pontificio ha corrisposto le spese legali. La polizia e gli austriaci continueranno la loro inchiesta fino al **31 dicembre**, senza apprezzabili risultati.

Vienna, 18 febbraio 1853

Francesco Giuseppe cammina fuori dalla reggia conversando con il conte Maximilian Karl Lamoral O'Donnell, quando il rivoluzionario ungherese Jànos Libényi,[1061] riesce ad avvicinarlo da dietro, pugnalandolo al collo, ma una borchia di metallo salva l'imperatore. O'Donnel interviene con la sciabola e, insieme ad un passante, il dottor Joseph Ettenreich, blocca l'attentatore che aveva gridato: "lunga vita a Kossuth".

[1061] Jànos Libényi è nato a Csàkvar (Ungheria, provincia di Fejèr) nel 1831. Operaio tessile, apprendista sarto. Ha lavorato nell'organizzazione logistica dell'esercito ed ha prestato servizio ad Arad, a Pest ed a Vienna. Ha partecipato alla rivoluzione ed è stato un seguace di Kossuth.

Arrestato, Lobenyi sarà impiccato il **26 febbraio**. Onorificenze ed onori per O'Donnel, mentre il cittadino accorso diviene von Ettenreich.

Naturalmente la numerosa corte imperale è profondamente colpita. La mente politicamente più valida, l'arciduchessa Sofia, reagisce, decidendo che il figlio deve subito sposarsi. E' necessario che ci sia una linea di successione diretta in caso di morte di Francesco Giuseppe, divenuto imperatore in maniera discutibile dopo aver "cortocircuitato" lo zio ed il padre. Sofia stima più l'aristocrazia bavarese – la sua – che quella austriaca. Sarà, quindi, imperatrice una delle sue varie nipoti.

L'esponente più mite della corte, l'arciduca Massimiliano, profondamente commosso per il pericolo corso dal fratello, apre una sottoscrizione per far costruire sul luogo dell'attentato una chiesa votiva (la Votivkirche). La sottoscrizione si concluderà bene e nel 1856 inizierà la costruzione, secondo il progetto del giovane architetto Heinrich Ferstel. Si tratta di una chiesa gotica, particolarmente ariosa, con due imponenti campanili. Sarà completata nel 1879, 12 anni dopo la fucilazione in Messico del povero Massimiliano.

Ma la costruzione della chiesa ha avuto altre due finalità. Prima: creare un avvenimento che possa dimostrare l'attaccamento della base popolare all'imperatore dopo i fatti del '48 – '49. Seconda: dare una risposta religiosa, architettonica e di prestigio alla Prussia, che sta completando la costruzione del duomo di Colonia, terminata con grande pompa nel 1880, dopo 632 anni di lavori interrotti da lunghi periodi di stasi.

Palermo, 25 febbraio 1853

Il comitato centrale esecutivo di Sicilia tenta di organizzare, anche con l'aiuto di Rosolino Pilo, una ripresa rivoluzionaria. Notevole l'azione del barone mazziniano Francesco Bentivegna di Corleone, che viene, però, arrestato e sottoposto ad un processo, che durerà più di tre anni.

Si verificano varie situazioni rivoluzionarie o prerivoluzionarie. Sono attuate varie azioni repressive, A Cefalù, ad esempio, sono arrestati 29 mazziniani.

Londra, marzo 1853: l'analisi di Mazzini

Dopo gli avvenimenti di febbraio, Mazzini pubblica un opuscolo per analizzare la situazione e, soprattutto, per contestare le posizioni critiche, sostanzialmente ostili alla sua politica democratica e rivoluzionaria. Inoltre presenta la nuova organizzazione. Il titolo è breve ed indicativo: "Agli italiani – marzo 1853". L'analisi è molto lunga, circa 60 pagine.[1062]

"Il tentativo di Milano (…) comunque strozzato in sul nascere, ha provato due cose: ha provato all'Europa che il silenzio della Lombardia era silenzio non di chi giace rassegnatamente assonnato, ma di chi odia cupamente e tanto da non poter esprimere l'odio se non con l'azione: ha provato all'Italia che il fremito d'emancipazione è sceso alle moltitudini e che i popolani assaliranno, sprezzando, il nemico coi ferri aguzzati delle loro officine, qualunque volta agli uomini delle classi intellettualmente educate parrà di dire: eccoci con voi; sorgete! Se cento, se cinquanta uomini di quelle classi proferivano quelle parola la sera del giorno 5 febbraio, il popolo sorgeva tutto – e lo sanno. Da oggi in poi non sarà più concesso ad alcuno di mascherare il rifiuto sotto pretesti di impotenza o di freddezza nel popolo: bisognerà dire: non vogliamo, perché siamo, fisicamente e moralmente, codardi.**

E un altro vantaggio ha reso quel tentativo alla causa nazionale italiana (…) la nullità, l'assoluta impotenza della parte regia in Piemonte. L'insegnamento non è nuovo per noi. (…) Io aveva provato come quella malaugurata campagna" del 1848 "fosse stata intrapresa non per vincere, ma per impedire ogni via alla repubblica e conquistare un precedente alla monarchia per ogni caso futuro di vittoria altrui. Io sapeva come la seconda guerra" del 1849 "fosse intimata per tema che Roma repubblicana covasse – e lo covava infatti – il disegno di ricominciare entro l'anno l'impresa per conto di una migliore bandiera. E d'allora in poi tattica tradizionale e invariabile della parte monarchica era stata di far credere in disegni occulti di guerra e d'indipendenza per sottrarre elementi all'iniziativa repubblicana e impedirla: e a un tempo, di tenersi pronta a confiscare a profitto proprio un moto, che prorompesse vittoriosamente per opera d'altri; (…) la vostra monarchia non si moverà, se pur mai, che dopo consumata una vittoria di popolo sulle barricate.**

Il Comitato nazionale è disciolto. L'ultima sua parola fu un grido d'azione (…) Due partiti soli io riconosco oggi in Italia: il partito passivo, partito di tiepidi con qualunque nome si chiamino, partito d'uomini che aspettano la libertà dalla Francia, dalle ambizioni monarchiche, da guerre ipotetiche, da smembramenti in Oriente, da cagioni insomma estrinseche alla terra nostra; e il PARTITO D'AZIONE, partito d'uomini che intendono a conquistarsi la libertà in nome e colle forze della Nazione: partito d'Italiani che credono in Dio, sorgente prima di doveri e diritti e hanno fede nel popolo, potenza viva e continua per interpretarli e compirli; partito d'iniziatori che sentono venuta l'ora e sanno che l'Italia è matura a levarsi e vincere per sé e per altrui.**

[1062] Giuseppe Mazzini:"Scritti politici", Mondadori, Milano, 2009, pagg. 715 – 773.

Lo scritto di Mazzini ha avuto piena, totale diffusione entro il mese di maggio.

Mantova, 3 marzo 1853

Impiccagione, sempre a Belfiore, di Tito Speri, del conte Carlo Montanari[1063] di Verona e del parroco di Revere (MN)[1064], don Bartolomeo Grazioli[1065].

Le salme non sono sepolte in terra consacrata. Nemmeno la morte fa annullare l'odio e la volontà di distruggere gli avversari. Alla madre di Tito Speri viene addebitato il costo dell'esecuzione del figlio. Le notificano, per il pagamento, l'elenco delle spese sostenute per l'impiccagione.

Mantova non raggiungerà la libertà dopo la guerra del 1859, essendo aggregata al Veneto, facendo parte del sistema di fortificazioni austriache del quadrilatero, con Verona, Peschiera e Legnago. Solo nel 1866, con l'annessione del Veneto, le salme troveranno degna sepoltura.

Ferrara, 15 marzo 1853

[1063] Il conte Carlo Montanari è nato a Verona nel 1820. Ha studiato matematica ed architettura a Padova. Con viaggi di carattere culturale in tutta Italia ha rafforzato la sua convinzione dell'unitarietà culturale della nazione e della necessità di adeguate riforme che facilitino l'unità e l'indipendenza. Ha partecipato alle varie organizzazioni ed iniziative culturali e sociali del veronese. In contatto epistolare con Gioberti, duramente contrario alla politica dei gesuiti, ha partecipato al tentativo, subito represso, di rivoluzione a Verona nel 1848 ed all'organizzazione mazziniana affermatasi dopo il crollo della repubblica romana. Ha avuto stretti rapporti con don Tazzoli a Mantova. Arrestato e condannato nel 1852 per detenzione di materiale sovversivo. Condannato al carcere, è stato interrogato dal solito von Kraus, ma non ritenuto collegato alle vicende di Mantova. Scarcerato, gli è stato consigliato di fuggire, ma è rimasto a Verona. Arrestato, dopo una difesa molto efficace, innanzi ad alcuni documenti e testimonianze, ha riconosciuto le sue responsabilità. Nell'ultimo interrogatorio con grande dignità ha chiarito la propria posizione politica, proclamando il suo amore per l'indipendenza italiana. La sentenza è stata pubblicata il 12 febbraio 1853.
[1064] Il Comune di Revere, dal 22 ottobre 2017, è stato unito con i comuni di Villa Poma e Pieve di Coriano nel comune di Borgo Mantovano. La sede municipale è a Revere.
[1065] Don Bartolomeo Grazioli è nato nel 1804 a Fontanella Mantovana, frazione di Casalromano (MN), ora Fontanella Grazioli. E' stato ordinato sacerdote nel 1827 e nominato parroco di Revere nel 1842. Fin da giovane su posizioni nazionali di carattere giobertiano, ha seguito le vicende del 1848 e, dal 1849, è gradualmente divenuto un esponente importante dell'organizzazione mazziniana, collegato a don Tazzoli. Arrestato il 17 giugno 1852, si è comportato coraggiosamente al processo, sotto l'accusa di essere il capo della rivoluzione a Revere, con l'estensione dell'organizzazione e la promozione del prestito nazionale. Anche don Grazioli è stato sconsacrato dal papa, contro la volontà del vescovo di Mantova.

Viene letta ai condannati la sentenza, oramai ratificata. Il conte Folicaldi scrive al comandante della fortezza Rohon che i tre non possono essere impiccati, dato che in Ferrara non vi è il boia: ci pensi lui a fucilarli, dato che devono essere giustiziati al più presto, la mattina del giorno successivo, il **16 marzo** alle 07.00, sulla spianata della fortezza, fuori porta del Soccorso. Inoltre chiede all'ufficiale austriaco di provvedere affinchè ai giustiziandi sia garantito il conforto religioso.

Così ciascuno dei tre condannati ha avuto la compagnia di un sacerdote. Molto drammatica la presa d'atto della sentenza da parte delle mogli di Succi e di Parmeggiani. Hanno gridato, non volevano lasciare i mariti, la signora Parmeggiani è stata colta da malore. Il sacerdote che ha assistito il marito ha dichiarato che sembrava impazzita.

Ferrara, 16 marzo 1853

Con grande anticipo sull'orario della fucilazione i tre condannati sono usciti dalle celle, stando insieme. Si sono abbracciati ed hanno serenamente parlato fra loro. Sono andati in chiesa e si sono comunicati. Alle 07.00 sono stati condotti, lentamente, alla spianata. Alle 07.15 sono stati fucilati. Succi, nonostante tutto, non è morto. Un problema che il comandante del picchetto ha risolto rapidamente, sparandogli due pistolettate nel cranio.

Milano, 16 marzo 1853

Sono impiccati gli ultimi condannati per la rivolta milanese del 6 febbraio. Sono tre: Angelo Garimberti (calzolaio), Pietro Colla (fabbro) ed Angelo Bissi (facchino). Dalle attività lavorative dei condannati si può affermare che il proletariato ha partecipato al tentativo di rivoluzione nazionale e che le critiche antimazziniane dei socialisti sono del tutto infondate.

Mantova, 19 marzo 1853

Il 19 marzo del 1853, compleanno dell'imperatore, Radetzky ha concesso l'amnistia a tutti gli inquisiti in attesa di sentenza. Ma, poche ore prima che il proclama fosse pubblicato, ha fatto impiccare Pietro Frattini[1066] nella solita area di Belfiore.

Parigi: marzo 1853,

[1066] Pietro Frattini è nato a Vigo, frazione di Legnago (VR) nel 1821. Ha combattuto a Governolo. E' stato esule a Genova. Entrato nella legione di Garibaldi a Ravenna, ha partecipato alla difesa della Repubblica romana. E' stato ferito nella battaglia del 3 luglio. Ha partecipato all'organizzazione di don Tazzoli ed è stato arrestato il 26 ottobre 1852. Dopo un processo di cinque mesi è stato condannato a morte.

Sono pubblicate le memorie di Montanelli, che, alla restaurazione del Granduca, era a Parigi a rappresentare il governo toscano. Essendo condannato in contumacia, è rimasto in Francia fino al 1859, in contatto con la classe dirigente francese, con lo stesso Napoleone III ed avvicinandosi a posizioni bonapartiste. Sul prroblema italiano è su posizioni federaliste, che sosterrà in opuscoli e giornali. Ma dovrà prendere atto dello scarso seguito di tali posizioni. Il problema sarà risolto in senso definitivamente unitario dalle rapide novità del 1859 – '60. Infine Montanelli sosterrà, nel quadro dello Stato unitario, una organizzazione regionale. Sarà eletto alla Camera nella prima legislatura nazionale, il 2 febbraio 1861, ma non starà bene in salute e morrà l'anno successivo

Genova, 26 marzo 1853

Dopo i fatti del 6 febbraio il governo piemontese espelle i mazziniani più noti. Il primo, ovviamente, è Francesco Crispi, seguito da Mauro Macchi[1067] e Pietro Maestri.

Oggi parte la corvetta "San Giovanni", che trasporta a New York un centinaio di democratici, espulsi, ma non accettati da altri paesi europei.

Torino, 2 giugno 1853

Muore il conte Cesare Balbo.

Sarzana (SP), 5 giugno 1853

Mazzini intende non dare tregua ai vari governi. La tensione non è diminuita rispetto ai fatti del 6 gennaio. Bisogna, quindi, agire e non dare tregua. Le aree scelte sono due. La Lunigiana, che, soprattutto nell'area del Regno sardo, è piena di mazziniani coraggiosi, capaci e desiderosi di agire. L'altra area è il Cadore, dove, nel 1848, gli abitanti hanno dimostrato un grande impegno rivoluzionario. Il conte Felice Orsini viene designato per l'azione in Lunigiana. Per il Cadore responsabile è il colonnello Pier Fortunato Calvi, a suo tempo brillante comandante delle operazioni cadorine contro gli imperiali.

[1067] Mauro Macchi è nato a Milano nel 1818. Allievo di Carlo Cattaneo a Pavia, si è laureato in lettere e in giurisprudenza. Repubblicano, arrestato nel 1839, è stato assolto per insufficienza di prove. Esule a Torino, ha lavorato con Angelo Brofferio al "Messaggero Torinese". A Milano nel 1848, poi esule a Torino, ha lavorato alla redazione del "Il Proletario". Espulso per il suo acceso repubblicanesimo, si è recato a Lugano, da Cattaneo. Espulso anche dalla Svizzera nel 1853, si stabilirà a Genova, ma, poi sarà eletto alla Camera. Nel 1859 Farini, dittatore in Emilia, lo nominerà segretario al Ministero della guerra. Collaborerà con Crispi alla spedizione di Garibaldi in Sicilia. Eletto alla Camera del Regno per sei legislature, dal 2 aprile 1860 al 17 dicembre 1860 (Regno di Sardegna) e dal 18 febbraio 1861 al 2 maggio 1880 (nel Regno d'Italia). Sarà, poi, nominato senatore il 16 marzo 1879. Importante esponente massonico. Morirà a Roma nel 1880.

Le necessarie premesse dell'azione in Cadore sono già iniziate da marzo, dato che trattasi di un territorio più lontano, e meno organizzato dell'area spezzina, dove l'attività è iniziata a giugno, in una situazione che, dal punto di vista sia politico che territoriale, è piuttosto complessa. La base di partenza è Sarzana, una città del Regno di Sardegna, il cui confine coincide con quello orientale dell'attuale provincia di La Spezia. Ad Est, oltre il torrente Parmigliola, il territorio appartiene al ducato di Modena, con Massa e Carrara ed il relativo litorale. La finalità diciamo "strategica" è far divenire la zona di Sarzana una sorta di "piattaforma girevole" da cui proiettare verso Bologna, Modena e la Toscana settentrionale azioni di gruppi armati, facilitati dai numerosi sentieri appenninici esistenti in un'area triconfinale, difficile da controllare da parte dei governi a causa delle caratteristiche del territorio, dove vi sono stazioni di polizia e dazi, ma non caserme o basi militari.

Torino, 21 giugno 1853

Finalmente viene regolarizzata la posizione del colonnello Monti, nominato direttore del penitenziario di Torino. Ma è in pessime condizioni di salute, con la spina dorsale sofferente, dolori e un crollo fisico generale.

Firenze, 1° luglio 1853

Termina il lungo processo a carico di Francesco Domenico Guerrazzi. La condanna è a quindici anni di carcere, commutati in esilio, che trascorrerà per un breve periodo in Corsica, poi a Genova.

Bologna, 21 luglio 1853

E' terminato il lungo processo riguardante la morte del gendarme e quella del secondino avvenute il 2 settembre 1848. I quattro condannati sono decapitati.

Roma, 15 agosto 1853.

L'avvocato Giuseppe Petroni è arrestato insieme ad altre 22 persone, che, successivamente, diverranno 160. Sono accusati di aver organizzato azioni rivoluzionarie. Petroni sarà condannato a morte, successivamente commutata in ergastolo. Rimarrà in carcere per 17 anni, fino alla liberazione di Roma.

Ma Mazzini immediatamente ricostruirà il comitato d'azione, inviando a Roma Eugenio Brizi[1068] ed altri a Bologna ed in altre città. Il loro compito è delicato. Ricostruire la rete nonostante la mobilitazione della magistratura e della polizia.

Il principe Agostino Chigi, alla data del 15 agosto, annota: **"nella giornata si sente che siano seguiti parecchi arresti (che si dicono ascendere al numero di ventotto, essendo uno fuggito) di persone estere o venute dall'estero, che si dicono emissari rivoluzionari e si dicono anche arrestati alcuni padroni di case, dove erano alloggiati."**[1069]

Roma, 16 agosto 1853

Continua Agostino Chigi, in data 16 agosto: **"Fra gli arrestati politici pare vi siano almeno in parte dei romani e statisti. Si citano il figlio del gioielliere ed orefice Castellini, un figlio del fu D. Sigismondo Ruspoli, un tale Avv. Petroni bolognese ed altri. Quello che pare si sia sottratto all'arresto con la fuga, si dice sia un tal Lepri, una volta impiegato nell'ufficio della Presidenza della Comarca"**[1070]

Sarzana (SP), 31 agosto 1853

Riunione finale dei capi dei gruppi rivoluzionari. Presiede Felice Orsini, che dà le disposizioni finali. Alle ore 02.00 del 2 settembre tutti dovranno entrare nel ducato di Modena. Obiettivo: Carrara e, poi, Massa. Viene precisato quali caserme devono essere attaccate. Seguono gli ordini particolari. Giuseppe Cerretti, che ha seguito la confezione delle munizioni, deve portarle alle ore 13.00 del 1° settembre a Sarzanello, a due chilometri dal centro di Sarzana (SP), sotto la rocca di Castruccio Castracani.[1071] Il comitato di Sarzana, oltre ad organizzare le proprie forze che si raduneranno in determinate località, deve fornire trenta uomini di scorta alle munizioni. Il comitato di Sarzana stabilisce che piccole imbarcazioni partiranno da San Terenzo[1072] e Lerici (SP) e risaliranno il corso del fiume Magra per un chilometro. Lì si fermeranno, dato che quell'area, sita vicino alla strada postale che conduce a Carrara, costituisce il punto di raccolta dove perverranno anche

---

[1068] Brizi dopo i fatti del 6 febbraio a Milano è riuscito a fuggire all'estero e a marzo è tornato da Mazzini a Londra. Dopo pochi mesi è ripartito per Roma.

[1069] A. Chigi "Diario", cit., pag. 347.

[1070] Ivi, pag. 347. Le comarche, nate e tuttora esistenti in Spagna, sono organismi amministrativi che uniscono vari comuni appartenenti ad un'area territoriale omogenea siadal punto di vista storico che da quello geografico. La Comarca di Roma è stata istituita dal papa Pio VII nel 1816 ed è stata soppressa nel 1870. Era costituita da tre distretti: Roma, Subiaco e Tivoli.

[1071] Le munizioni devono essere conservate nel doppio fondo di 22 botti di vino. Botti e birocci forniti da Maddalena Cenderelle, ortolana sicura perché su posizioni mazziniane.

[1072] San Terenzo è oggi una frazione del comune di Lerici

Orsini, le munizioni e le squadre di Castelnuovo Magra, Fosdinovo, Ameglia, Montemarcello, Vezzano, Arcola, Trebiano e Nicola.[1073]

Sarzana (SP), 1° - 2 settembre 1853

Purtroppo si verifica una serie di ritardi, errori, incomprensioni, causati dall'ordine di Orsini di annullare l'operazione, a causa della presenza di vari reparti dell'esercito sardo,[1074] il che dimosta che la polizia è in allarme. La direttiva di Mazzini, ben accetta da Orsini, prescrive di non provocare guerre civili, di non avere scontri con i militari piemontesi.[1075] Ma la novità dell'annullamento non è compresa da tutti i gruppi. Infatti ad alcuni, come quello di Cerretti, perviene un ordine sbagliato: l'azione è rimandata a domani. Così la confusione diviene massima. E' chiaro che le autorità piemontesi si sono accorte dei numerosi movimenti dei rivoltosi ed hanno disposto, nella notte fra il 31 e l'1, un notevole pattugliamento dell'area, soprattutto lungo la strada che da Spezia conduce al confine con il ducato di Modena. Quindi è giustificato l'annullamento, ma appare incomprensibile il rinvio al giorno successivo.

Ma qui sono iniziati i problemi. Ferdinando Fontana, appostato con 500 uomini fra Carrara ed Avenza,[1076] prende atto dell'annullamento e scioglie il reparto, mandando tutti a casa. Altri gruppi hanno avuto difficoltà. Orsini con altri quattro rivoltosi si rifugia fra le colline ed è raggiunto da Fontana. Due si allontanano con una guida e riusciranno a fuggire. Invece Orsini, Fontana, Merighi e Ricci si rifuggeranno in una capanna, dove rimarranno due giorni. Maggiori le difficoltà del gruppo di Cerretti, che è quello ampiamente criticato. In effetti già all'inizio dell'azione era in ritardo.[1077] Da ciò le critiche di Orsini, che costituiranno per Cerretti una sorta di maledizione, che lo perseguirà fino alla morte, angustiandolo psicologicamente in maniera distruttiva. Tanto che, dopo 27 anni, Francesco Chiodo, Francesco Mario Purro, Carlo Zanini e Francesco Zannoni, compileranno una memoria [1078] per giustificare l'amico Cerretti. Hanno aspettato tanto tempo per rispettare la

---

[1073] Attualmente, tranne Fosdinovo, che è in provincia di Massa, sono tutti comuni in provincia di La Spezia. Montemarcello è una frazione del comune di Ameglia, nel parco Montemarcello Magra; Trebiano Magra è una frazione del comune di Arcola; Nicola è una frazione del comune di Luni.

[1074] Cavalleria, bersaglieri, carabinieri, guardie doganali e polizia. Orsini incontra un reparto di bersaglieri.

[1075] La decisione di Orsini è stata determinata dal fatto che in zona ha incontrato reparti dei bersaglieri.

[1076] Oggi Avenza è un quartiere di Carrara.

[1077] Parlare solo di ritardo è una semplificazione. In realtà il problema del trasporto delle munizioni è stato reso difficile da una serie di difficoltà ed imprevisti che Cerretti non è stato capace di superare adeguatamente.

[1078] Una testimonianza in data 1° marzo 1873.

memoria di Orsini. Ma, in definitiva, la loro versione non differisce in maniera sostanziale da quella descritta dallo stesso Orsini nelle sue Memorie.[1079]

Sarzana, 4 settembre 1853

Orsini, Fontana, Merighi e Ricci continuano a utilizzare nascondigli vari, avvicinandosi lentamente a Sarzana. Incontrano un contadino che si presenta come amico. Sono particolarmente affamati e si fidano. Invece il contadino corre dalla polizia, che riesce ad arrestare tutto il gruppo. Negli interrogatori, sia quelli iniziali che nei successivi a Genova, Orsini confermerà la sua azione nazionale e patriottica. Peraltro gli sono state sequestrate carte che dimostrano le sue responsabilità.

L'azione programmata, organizzata ma non conclusa ha, comunque, avuto effetti clamorosi. Il ducato di Modena ha schierato truppe alla frontiera, effettuando arresti fino alla fine del mese. La Toscana ha richiamato militari in servizio. Il Regno sardo ha arrestato tutti i mazziniani noti residenti nell'area fra Spezia e Sarzana, circa sessanta. Ma, intanto, forse attuando un piano di Mazzini, arriveranno alle polizie modenesi e sarde denunce anonime di prossime azioni rivoluzionarie. Così l'allerta è durata due mesi, con allarmi il **19 e 24 settembre** e nei giorni **6, 14, 19, 21, 27 ottobre**. Sono stati trovati dei fucili abbandonati dai rivoltosi. Con stupore è stato preso atto che erano della guardia nazionale, che è stata sciolta.

Spezia, 8 settembre 1853

La polizia sarda non può stare tranquilla. Tra gli altri problemi da risolvere vi è quello di Pilade Bronzetti,[1080] considerato giustamente dalla polizia un fervente mazziniano. Che è venuto a fare? E' in giro dal **2 settembre** e non ha avuto contatti con Orsini. Costituisce il

---

[1079] "Memorie politiche di Felice Orsini scritte da lui medesimo e dedicate alla gioventù italiana, con un'appendice di Ausonio Franchi" (pseudonimo di Cristoforo Bonavino), Lugano, Giuseppe Fioratti, 1860: ristampa anastatica in UK, 2019.
(Cristoforo Bonavino, genovese – 1821/ 1895 – teologo, scrittore, professore di filosofia, sacerdote, laicizzato nel 1849, riammesso nel 1893).
[1080] Pilade Bronzetti è nato nel 1832 a Mantova da famiglia originaria di Roverè della Luna (TN). Uno zio ed un cugino sono stati ufficiali nell'esercito bavarese. Sia lui che il fratello maggiore Narciso sono stati mazziniani. A 16 anni ha partecipato alla prima guerra d'indipendenza nella legione mantovana, meritando una medaglia d'argento. Ha combattuto per la Repubblica romana. Successivamente è stato uno dei capi mazziniani in Liguria. Ufficiale dei Cacciatori delle Alpi nella guerra del 1859 con il fratello. Gravemente ferito nella battaglia di Treponti, Narciso è morto. Pilade ha partecipato alla campagna del 1860 nel Mezzogiorno, addetto al colonnello Cosenz. Brillante il suo comportamento nella battaglia di Milazzo. Catturerà due navi borboniche nel porto di Messina, ancora presidiato dai borbonici. Alla battaglia del Volturno del 1° ottobre 1860, responsabile dell'importante posizione di Castel Morrone, bloccherà numerose forze borboniche che tenteranno un aggiramento delle posizioni garibaldine, ma sarà ucciso, a 28 anni. Medaglia d'oro alla memoria.

vertice di un altro gruppo eversivo? Ma oggi vi è una notizia bomba. E' venuto a Spezia con la corriera nientemeno che il capo dei mazziniani della Liguria, Nino Bixio, accompagnato da un nipote e da un'altra persona. Perché? Ufficialmente per trovare un fratello che risiede in città. Ma Bixio è un caso particolare e la polizia è bene informata. Fra i suoi vari fratelli (ne ha sette) uno è un importante personaggio della vita francese, amico intimo di Cavour, per il quale svolge varie attività diplomatiche. E se il fratello Nino è uno di coloro che oggi chiamiamo agenti doppi? Il problema è delicato. Bixio in realtà non sta molto tempo con il fratello. Gira e va anche a Lerici, a San Terenzo, in barca, ma, da persona intelligente, non ha incontri con gente presumibilmente sospettata. Il **14 settembre** riprenderà la diligenza e tornerà a Genova, con gran sollievo di tutti.

Cogolo (Peio, TN), 17 settembre 1853

Proseguono gli incontri per l'organizzazione della rivolta in Cadore. Calvi, per prudenza, intende entrare segretamente in Veneto dopo un lungo giro. Mazzini lo nomina commissario straordinario per dirigere l'insurrezione in Cadore ed in Friuli. Però il viaggio verso il Veneto è particolarmente difficile anche perché è necessario transitare lontano dai centri abitati più grandi e bisogna trasportare molti materiali. [1081]

Gli austriaci riusciranno ad avere notizia dell'azione di Calvi. Infatti la polizia verrà avvertita da una spia.[1082] Una donna, a suo tempo introdotta nella casa di uno dei congiurati, ha sentito parlare della spedizione da Calvi. Ma anche il movimento mazziniano ha avuto notizia delle indagini austriache. Ciò in due occasioni, anche se non è stato possibile avvertire per tempo gli interessati. Per primo il sacerdote Sebastiano Barozzi[1083] di San

---

[1081] Dal documento "Costituti ed altri documenti riguardanti il processo per alto tradimento contro Pietro Fortunato Calvi e correi", custodito nell'Archivio di Stato di Mantova - Fondo imperial regia corte di giustizia" si può evincere che sono stati sequestrati ai quattro mazziniani molti (34) oggetti e materiali: libri, studi e lettere di Mazzini e di Kossuth, armi cariche, un grande cannocchiale, finanche quattro modelli per fondere palle da pistole ecc. Dallo stesso documento sono stati desunti gli spostamenti dei quattro mazziniani riportati nella nostra trattazione.

[1082] La casa è quella di Demetrio de Mircovich, patriota originario di Cattaro (ora Kotor, in Montenegro). La sua era una famiglia di ricchi commercianti che avevano avuto anche riconoscimenti nobiliari. Ha partecipato alla difesa di Venezia nel 1849. Medico, era primario presso l'ospedale della città. Durante l'assedio, il nosocomio è stato utilizzato dall'esercito e de Mircovich è divenuto ufficiale medico. Espulso da Venezia con "i quaranta", è andato in Piemonte. Molto amico di Calvi. La polizia, per sorvegliarlo, aveva introdotto nella sua casa un spia, Felicita Bonvecchiato, di Mirano (VE), che ha origliato i discorsi del padrone di casa con Calvi.

[1083] Sebastiano Barozzi è nato a San Fior (TV) nel 1804. Poeta, è stato ordinato sacerdote nel 1831, sebbene avesse idee patriottiche. Nel 1843 è nominato parroco di Zoldo (BL). Nel 1848 è stato cappellano in un reparto di volontari, divenendo amico di Pier Fortunato Calvi. Sotto sorveglianza alla fine della rivoluzione, è riuscito a fuggire a Torino, dove si è collegato ai mazziniani. Rientrato a Belluno nel 1853, ha sostenuto l'azione di Calvi, è stato arrestato e condannato a morte, ma la condanna è stata commutata in una pena detentiva. Ha fruito dell'amnistia del 1857. Malato, si ritirerà ad Orzes (BL), studiando, scrivendo, fra l'altro, il "Poema del popolo durante la redenzione

607

Fior (TV), che aveva il compito di supportare l'azione di Calvi, ha scritto a quest'ultimo, comunicando alcune difficoltà che rendevano azzardata l'azione. Ma la lettera non è arrivata a destinazione. Successivamente il conte Ulisse Salis [1084]di Tirano (SO) ha potuto leggere documenti che comprovano che gli austriaci hanno notizia dell'azione di Calvi. Ha avvertito subito Maurizio Quadrio,[1085] ma Calvi era già partito. Sarà comunque arrestato anche Salis, dato che le due corti austriache interessate, la corte marziale e la corte speciale di giustizia, imposteranno una lunga istruttoria durante la quale arresteranno tutti coloro che, comunque, avevano avuto modo di conoscere o di aver contatti di qualsiasi tipo con i componenti del gruppo di Calvi. Sia   Barozzi che Salis saranno condannati a pene detentive.

Calvi, dopo la capitolazione di Venezia, si è recato a Corfù, poi ad Atene, infine a Malta, Genova e Torino, dove è arrivato nel mese di **marzo 1850**, ivi stabilendosi fino alla metà del mese di **marzo del 1853**. Il **6 febbraio**, chiamato da Mazzini, è andato a Locarno e Lugano. Si sono incontrati il **7 febbraio**, quando Mazzini era in attesa di notizie dei fatti di Milano. Così Calvi ha ricevuto istruzioni riguardanti il Cadore. Il fallimento della rivolta di Milano ha indotto Mazzini ad ordinare al suo seguace colonnello di tornare in Piemonte. Il **16 marzo** Calvi ha lasciato Torino e si è trasferito a Ginevra, ove è rimasto tre mesi. Alla **fine di luglio**, Mazzini gli ha fatto pervenire 2.000 franchi e lettere di istruzione. Così

---

d'Italia" e traducendo dal tedesco. Dopo il 1866 sarà direttore didattico ed ispettore scolastico. Sospeso a divinis nel 1872, morrà ad Orzes nel 1884.

[1084] Il conte Ulisse Giovanni Salis è nato a Tirano (SO) nel 1819. Ingegnere, mazziniano, ha combattuto nel 1848 a Milano ed al passo dello Stelvio. Nel 1853 è stato arrestato e condannato a pena detentiva, espiata a Mantova ed a Kufstein in Tirolo. Liberato a seguito della guerra del 1859, sarà nominato ingegnere capo del comune di Milano dal 1863. Morrà ad Esine (BS) nel 1893.

[1085] Maurizio Quadrio è nato a Chiavenna (SO) nel 1800. Ha frequentato l'università di Pavia e si è iscritto alla Carboneria. E' stato carcerato nel 1820 avendo partecipato a manifestazioni a favore dei moti nel napoletano. Nel 1821 ha fatto parte di un battaglione di volontari che sono accorsi in aiuto della rivolta piemontese. In esilio dopo la sconfitta dei rivoluzionari, è andato a Genova, dove ha incontrato Mazzini, di cui per tutta la vita sarà amico e sostenitore. Si è recato in Francia, Spagna, Svizzera ed è tornato in Lombardia, ma ha dovuto fuggire. Poi è andato in Russia, ad Odessa. Ha partecipato alla rivolta polacca, andando successivamente in Russia. Infine si è costituito in Lombardia, dove è stato condannato a morte, commutata in sei mesi di carcere. E', quindi, tornato in Valtellina, a Chiuro (SO), da dove è andato a Milano allo scoppio della rivoluzione del 1848. E' stato nominato commissario per la Valtellina. Dopo la sconfitta ha dovuto nuovamente andare all'estero, in Svizzera, dove ha appoggiato la rivolta in Val d'Intelvi. Si è recato, poi, in Toscana, dove è stato nominato segretario del governo provvisorio. Ma alla costituzione della Repubblica romana ha raggiunto Mazzini, venendo nominato segretario del Triunvirato. Alla caduta della Repubblica è andato in Francia, in Svizzera ed a Londra, da Mazzini. Ha diretto il moto di Livorno del 1857 e ha dovuto fuggire nuovamente a Londra, poi a Malta, successivamente di nuovo a Londra, dove ha diretto il periodico mazziniano "Pensiero ed Azione". Nel 1859 tornerà a Milano, dove dirigerà il giornale mazziniano "L'unità italiana". Nel 1872 dirigerà a Roma il giornale, sempre mazziniano, "L'emancipazione". Morrà nel 1876.

Calvi da Ginevra è andato a Zurigo, dove ha incontrato il mazziniano Luigi Moratti,[1086] con il quale è andato a Coira, ove erano attesi da altri tre mazziniani, Oreste Fontana, Roberto Marin[1087] e Pietro Giuli.[1088] Alla fine il gruppo è partito attraversando la Svizzera.

Ma il giorno **12 settembre**, in Alta Engadina, a Zernez, un suddito austriaco di Taufers (Campo Tures, BZ), Ignazio Prenner, cameriere con precedenti penali per truffa (sei mesi d'arresto irrogati nel 1852), vede il gruppo, ascolta i conversari, sente parlare del Veneto, pensa di aver incontrato elementi sospetti, che, per di più, non hanno documenti adeguati, come ha saputo dall'oste. Vede che in un carro del gruppo vi sono dei fucili. E' un'ottima occasione, per lui, dato che forse intende ottenere una completa riabilitazione accusando i viaggiatori.

Il **13 settembre** il gruppo parte per Santa Maria Val Mustair (oggi frazione di Val Mustair, in Svizzera) per entrare in territorio austriaco. Intanto il Penner prima cerca di seguirli, poi va nel suo paese per denunciarli, cosa che fa il **14 settembre.** Viene incaricato di seguire il gruppo, che si crede sia ancora non lontano da Santa Maria. Così Penner è aggregato ad una pattuglia di finanzieri, che esplora tutta la zona, ma senza riuscire a trovare i fantomatici italiani: sembrano scomparsi.

In effetti Calvi ed i suoi uomini hanno accelerato i movimenti. Entrati nel Lombardo Veneto con difficoltà, non volendo passare per il passo dello Stelvio, accuratamente controllato, raggiungono con un lungo, faticoso giro la conca di Bormio, senza entrare in paese. Successivamente entrano in Valfurva e, per la val di Gavia, arrivano al Corno dei Tre Signori, passando in Trentino lungo una valle trasversale della Valle del Sole ed arrivando, il **17 settembre,** a Cogolo,[1089]dove si fermano in un'osteria. Intendono proseguire per Lavis (TN) e, poi, passare nelle Province venete.

Ma viene informata la polizia della presenza del gruppo. Effettuato un controllo, sono tutti arrestati per documenti falsi e detenzione di armi. Calvi viene interrogato il **19 settembre**. Date le notizie già in possesso degli austriaci viene meno la sua copertura sotto il nome di Giacomo Mayer. Preso atto che tutto oramai è finito, assume una posizione che sosterrà

[1086] Luigi Moratti (la diffusa dizione Morati è erronea, tenendo conto dell'elenco dei Mille di cui alla Gazzetta Ufficiale del 12 novembre 1878) è nato a Castiglione delle Stiviere (MN) nel 1818. Mazziniano, parteciperà alla spedizione garibaldina del 1860, combattendo a Calatafimi, Piana dei Greci e Palermo, poi a Reggio Calabria, Bagnara, Monteleone e al Volturno. Maggiore nel 1866, si distinguerà a Bezzecca. In contrasto con la politica governativa che prevarrà dopo il 1870, si ritirerà nelle sue proprietà agricole di Ceresara (MN), morendo nel 1877.

[1087] Roberto Marin, nato a Rovolon (PD) nel 1829. Ha combattuto contro gli austriaci con Calvi nel 1848 e nel 1849. Condannato a morte il 17 gennaio 1855, la pena sarà commutata in dodici anni di carcere duro. Custode della Cappella degli Scrovegni, morirà a Padova nel 1886.

[1088] Nel corso dell'azione Pietro Giuli si ammalerà e si fermerà in Valtellina.

[1089] Allora comune autonomo, dal 1928 frazione di Peio, TN.

con successo fino alla fine, per salvare gli altri. Solo lui è responsabile. Le persone con le quali ha viaggiato non erano a conoscenza dei suoi progetti. Per sostenere ciò egli è chiaro, deciso, quasi violento.

Gli arrestati sono tradotti a Mantova, dopo un lungo giro. Prima a Cles, poi a Trento, infine, il **22 settembre**, ad Innsbruck, dove Calvi viene nuovamente interrogato.[1090] Infine sono tutti carcerati a Verona nel castello di San Giorgio.

Genova, 6 ottobre 1853

Dopo due mesi di carcere Orsini è espulso dallo Stato sardo ed imbarcato per Marsiglia. Proseguirà per l'Inghilterra, recandosi a Londra, da Mazzini.

Napoli, 1° dicembre 1853

A Napoli, dopo la crisi del 1848, si riorganizza il comitato segreto. La situazione è difficile ma la partecipazione è numerosa, con adesioni anche nelle altre città. La direzione è costituita da una sorta di triangolo tra Fabrizi, Mazzini e i responsabili in Napoli. All'inizio la figura centrale è Fabrizi, che, gradualmente, si coordinerà in maniera sempre più stretta con Mazzini e Pisacane.

Naturalmente è importante il terzo vertice del triangolo, cioè chi, in Napoli, ha la responsabilità organizzativa ed operativa. Fabrizi ha assegnato tale responsabilità ad un giovane pieno di entusiasmo che intende seriamente ben operare, Giuseppe Fanelli,[1091] ben

---

[1090] Nell'interrogatorio del 22 settembre 1853, presso l'imperial regia direzione di polizia di Innsbruck, Calvi ha, fra l'altro, precisato: **"in quanto ai miei compagni di viaggio, io non saprei dire se essi conoscano l'oggetto del mio viaggio; almeno io non ne ho parlato con loro e ritengo che essi abbiano voluto rientrare nel Lombardo – Veneto per trovare i loro parenti"**. Da: "Costituti ed altri documenti", cit., pag. 22.

[1091] Giusepe Fanelli è nato a Napoli nel 1827, ha studiato architettura ed ha aderito alla Giovine Italia, partecipando alle vicende del 1848 sia a Milano (nel reparto organizzato dalla principessa di Belgioioso), sia a Napoli. Successivamente ha combattuto per la Repubblica Romana, nella compagnia Medici. Poi è stato esule con Fabrizi in Corsica ed a Malta. Responsabile del comitato segreto di Napoli non sosterrà adeguatamente la spedizione a Sapri di Pisacane. Si rifuggirà a Londra sotto la protezione di Mazzini, convincendolo che il suo comportamento non era stato determinato da tradimento, vigliaccheria o insipienza. Parteciperà alla spedizione deli Mille ed all'insurrezione polacca del 1863. Con Garibaldi nella guerra del 1866 (è stato ferito a Bezzecca) e nella campagna per Roma del 1867. Deputato alla Camera dal 1865 al 1874. Dalla metà degli anni '60 si avvicinerà agli anarchici, facendo propaganda a loro favore non solo in Italia ma anche in Spagna e partecipando a vari incontri internazionali. Le diverse vicissitudini, intanto, aggraveranno la sua fragilità nervosa. Molto dispiaciuto per la mancata presentazione nelle liste del partito d'Azione alle elezioni del 1874, risentirà molto della morte di Bakunin, che, nell'ultima parte della sua vita, costituirà per lui la figura paterna, precedentemente impersonata da Mazzini. Alla fine il

visto anche da Mazzini, che, almeno inizialmente, è scettico sulla possibilità di organizzare a Napoli qualcosa di effettivamente operativo. Infatti la situazione, nella capitale, è oltremodo complessa ed ampiamente controllata dalle autorità. Ma Fabrizi è irremovibile e, nel tempo, convincerà Mazzini della validità dell'organizzazione. Compito del comitato è accogliere tutte le forze vicine alla rivoluzione. Il motto è che la bandiera deve essere neutra. Naturalmente sia Mazzini che Ferrari – un mazziniano non ortodosso - tenderanno ad imporre la loro egemonia. Comunque, in pratica, si determinerà una specie di "confederazione" di più correnti formate da persone variamente convinte delle modalità politico operative da seguire. Aspetto, questo, che costituirà una grave debolezza.

Di certo i contatti fra Mazzini ed il comitato saranno continui, precisi ed accurati. Possiamo averne un'idea dalla corrispondenza a nostra disposizione: 398 lettere scambiate fra la fine del 1853 e la spedizione a Sapri di Pisacane del luglio 1857.[1092] Non appare possibile definire la data in cui la struttura rivoluzionaria ha iniziato ad operare, ma si può presumere che i primi elementi organizzativi siano dell'ottobre 1853. In precedenza vi sono state attività cospirative coordinate da Nicolò Mignogna.[1093] All'inizio Fanelli si è appoggiato all'organizzazione di Luigi Dragone [1094] e Antonio Morici[1095]. Anzi è andato ad abitare nella casa di Dragone, che aveva sposato la sorella di Morici, Rosa, dove è stato costituito il centro direzionale dell'organizzazione. Comunque il primo documento disponibile è una lettera in data odierna, spedita da Fabrizi. Tratta della situazione internazionale e dispone

---

suo declino mentale si aggraverà e sarà ricoverato. Morirà in clinica a Napoli nel 1877, dopo aver persa la ragione.

[1092] Giovanni Greco: "Le carte del Comitato segreto di Napoli (1853 – 1857)", Napoli, Società editrice Storia di Napoli e della Sicilia, 1979.

[1093] Nicolò Mignogna è nato a Taranto nel 1808. Ha studiato giurisprudenza a Napoli ed ha aderito alla Giovine Italia, partecipando ai moti del 1848. Quando sono stati arrestati tutti i dirigenti dell'organizzazione l'Unità italiana, Mignogna ha continuato l'attività cospirativa con un sodalizio a carattere carbonaro - militare. Arrestato nel 1851, resterà in carcere fino al 1854. Successivamente riprenderà l'attività politica, coordinandosi con Antonietta De Pace e spostandosi su posizioni chiaramente mazziniane. Nel 1855 sarà denunciato, arrestato e torturato, sì che ne risentirà per tutta la vita. Il suo arresto ha avuto effetti gravissimi sulla struttura cospirativa, date le sue indubbie capacità organizzative. Comunque, anche sotto tortura non ha denunciato nessuno. Condannato successivamente all'esilio, si recherà a Genova, dove si avvicinerà a Garibaldi, da cui sarà molto stimato e nominato tesoriere dei Mille. Parteciperà alla spedizione del 1860, si recherà in Basilicata dove parteciperà alla formazione di un governo filogaribaldino. Sarà con Garibaldi anche all'Aspromonte. Non vorrà essere eletto alla Camera, ma sarà consigliere comunale a Napoli. Morrà all'inizio del 1870, a Giugliano (NA).

[1094] Luigi Dragone è nato a Napoli nel 1813. Sotto processo nel 1850 per corrispondenza politica con l'estero, nel 1851 è stato liberato ma sottoposto a controlli da parte della polizia. Appena libero ha fatto propaganda a Napoli e in varie zone del mezzogiorno, partecipando al comitato segreto di Fanelli.

[1095] Antonio Morici ha partecipato ai moti del 1848. Poi è stato condannato a 25 anni di reclusione, essendo stato accusato di essere uno dei dirigenti di una organizzazione carbonara militare. Poi ha partecipato al comitato segreto.

un'azione propagandistica di scritte murarie come: "Volontà del popolo è volontà di Dio" o "Italia" o "Ventiquattro milioni. Un popolo unito", ecc..

Il Fanelli appare energico, capace, coraggioso. In definitiva viene considerato un ottimo organizzatore rivoluzionario. Per Mazzini è buono, onesto, sincero, pieno di senso del dovere. E così lo considereranno quasi tutti. Purtroppo si deve anticipare il fatto che, nel 1857, quando dovrà dar seguito a quanto concordato con Pisacane, non attuerà – diciamo non riuscirà ad attuare - quanto previsto, con effetti gravissimi. Per tutta la vita porterà il peso delle accuse, mosse soprattutto da Nicotera che, come componente più importante sopravvissuto alla spedizione di Sapri, lo attaccherà continuamente. Peraltro il suo comportamento potrà essere considerato effetto di insipienza o, addirittura, di tradimento. Ma, in realtà, sotto l'apparenza della persona energica, vigorosa e determinata il Fanelli ha un carattere debole, una sostanziale incapacità di risolvere in breve tempo problemi operativi complessi, gravi, pericolosi. Al momento dell'azione crollerà, anche per l'assenza forzata del Mignogna, ottimo organizzatore. Privo della tempra del rivoluzionario, psicologicamente labile, Fanelli si è trovato ad essere il perno di più componenti antiborboniche [1096] di cui aveva piena conoscenza ma che non sapeva gestire proprio quando avrebbe dovuto essere espressa la massima tensione organizzativa ed operativa. In effetti si esaltava ma, poi, psicologicamente crollava, proprio nei momenti di più alta tensione. Dimostrerà le sue debolezze quando, a quarantanove anni, sarà ricoverato in casa di cura di malattie mentali, dove morirà.

Il comitato segreto organizzerà centri di propaganda e di addestramento di gruppi armati. I responsabili saranno: **"Giovanni Matina,[1097] per Salerno, Giacinto Albini [1098] per la**

[1096] Vi erano varie componenti: militare, borghese moderata, rivoluzionaria, mazziniana, ecc.
[1097] Giovanni Matina di Teggiano (SA), medico. Ha aderito alla Giovine Italia. Ha partecipato ai moti del 1848. Capo dei mazziniani di Salerno. Più volte condannato negli anni '50. Ha partecipato all'attività del comitato segreto. Processato dopo i fatti di Sapri, sarà condannato a morte, commutata nell'esilio. In Piemonte diverrà amico di Garibaldi, parteciperà alla spedizione dei Mille e precederà Garibaldi in Cilento, accogliendolo trionfalmente a Sala Consilina con cento armati. Nominato prodittatore della provincia di Salerno il 30 agosto 1860, poi governatore con poteri illimitati. Il 7 novembre 1860, però, sarà sostituito dal moderato napoletano Mariano Englen, dato che Matina sarà ritenuto dal governo piemontese un pericoloso rivoluzionario. Nel partito d'Azione sarà eletto per tre legislature nella Camera del Regno d'Italia, dal 18 febbraio 1861 al 2 novembre 1870. Morirà nel 1887.
[1098] Giacinto Albini, nato a Napoli nel 1821, laureato in giurisprudenza nel 1843 ed in lettere nel 1845. Poeta. Fondatore del circolo costituzionale di Montemurro (PZ), luogo di origine della sua famiglia. Nel 1850 il circolo è divenuto repubblicano. Svolgerà intensa attività di propaganda e di organizzazione in tutto il Mezzogiorno. Condannato tre volte riuscirà a non farsi arrestare. Accentuandosi la repressione si sposterà a Corleto Perticara, ma, oramai, sarà vicino il 1860, quando Albini guiderà la rivoluzione a Montemurro il 14 agosto, a Corleto il 16 ed a Potenza il 18, rendendo la Basilicata libera. Non solo: sarà la prima area del Mezzogiorno che deciderà l'annessione al Piemonte. Il 5 settembre Albini incontrerà ad Auletta Garibaldi, che lo nominerà governatore della Basilicata. Malvisto dal governo perché di sinistra, sarà nominato conservatore delle ipoteche della

Basilicata, Michele Magnoni [1099] **per il Cilento, Vincenzo Padula** [1100] **per Padula, Francesco e Raffaele Labonia per Rossano, Alessandro Mauro per Cosenza, Giuseppe Libertini** [1101] **per la Puglia".** [1102]

Basilicata, motivo per il quale nel 1861 la sua elezione alla Camera sarà invalidata. Comunque sarà vice sindaco di Napoli nel 1867, poi consigliere comunale di Benevento l'anno successivo ed, infine, sindaco di Montemurro per due anni, dal 1876 al 1878. Morirà a Potenza nel 1884.

[1099] Michele Magnoni è nato a Rutino (SA) nel 1829, in una famiglia fieramente antiborbonica. Mazziniano, ha partecipato alla rivolta del Cilento del 1848, fino alla promulgazione della Costituzione. Poi è stato coinvolto nei fatti successivi al 15 maggio. I Magnoni sono stati in latitanza per quattro anni, fino agli arresti del 1852. Il padre al confino, due fratelli condannati a 19 e 24 anni, mentre Michele, per la giovine età, si è salvato, ereditando la guida rivoluzionaria dell'area. Diverrà, quindi, collaboratore del comitato segreto e capo dei mazziniani nel Cilento, quindi sarà a capo del consiglio segreto del distretto. Ma nel 1856 il governo invierà l'abile maggiore della gendarmeria De Liguoro, che effettuerà una sorta di rastrellamento generale dell'area cilentana, mettendo in crisi l'organizzazione rivoluzionaria. Così i Magnoni verranno nuovamente arrestati. Michele sarà processato nel 1857. Non si troveranno prove adeguate, così, dopo una detenzione di due anni, verrà rilasciato ed inviato in esilio a Genova. Poco dopo parteciperà alla spedizione dei Mille come ufficiale di artiglieria e coordinerà la rivoluzione prima a Campagna (SA) e nell'area dei monti Alburni, con un corpo di tremila volontari, poi, dal 27 agosto, coordinerà la rivoluzione in tutto il Cilento. Contribuirà a reprimere alcuni tentativi reazionari e parteciperà alla battaglia del Volturno ed alla resa di Capua. Successivamente Magnoni parteciperà alla lotta contro il brigantaggio, sempre nel Cilento. Al termine di una "**storia dei Magnoni**" Carmine Pinto ha precisato: "**Ci interessava capire attraverso la vita di Michele e dei familiari se vi erano elementi per comprendere la forza del nazionalismo italiano e la sua penetrazione nel Mezzogiorno (....) questa ricerca dà una risposta affermativa nel senso della concreta formazione di una cultura politica profonda. Il '60 non fu un evento indotto. Nella vicenda dei Magnoni troviamo l'appartenenza ad una tradizione politica ed operativa ultradecennale".** (C. Pinto:"Una storia del Cilento borbonico" cit. pagg.107, 108.)

[1100] Vincenzo Padula è nato ad Acri (CS) nel 1819. Scrittore e poeta, ha pubblicato il "Monastero di Sambucina" ed il poemetto "L'Orco - l'angelo ribelle Ituriele". Sacerdote dal 1843, ha fatto parte del gruppo rivoluzionario di Domenico Mauro, partecipando ai moti del 1848. Ad Acri ha combattuto contro la fazione filo borbonica. Perciò, successivamente, ha perso l'incarico di docente al seminario e gli è stata chiusa la scuola che aveva fondato. Di conseguenza ha avuto un periodo di grandi ristrettezze, che lo ha spinto a trasferirsi a Napoli. Dopo il 1860 si dedicherà al giornalismo, prima al "Popolo d'Italia", poi, nel periodo 1864 – 1865, dirigerà il quindicinale "Il Bruzio". Pubblicherà i saggi "Dello stato delle persone in Calabria" e il dramma "Antonello, capobrigante calabrese". Segretario del ministro della Pubblica Istruzione Cesare Correnti nel 1867. Professore universitario a Parma nel 1878, ha pubblicato un saggio su Properzio, varie traduzioni e la "Protogea, l'Europa preistorica ". In cattive condizioni di salute, rientrerà ad Acri nel 1881, morendo nel 1893

[1101] Giuseppe Libertini è nato a Lecce nel 1823. Mazziniano, ha organizzato in Terra d'Otranto i moti del 1848. Dopo il 15 maggio è andato a Corfù, poi a Londra, dove ha collaborato con Mazzini. Parteciperà alla spedizione dei Mille. Eletto alla Camera nel 1861 (dal 18 febbraio 1861 al 7 settembre 1865) si dimetterà per protesta contro la politica rinunciataria del governo nei confronti del problema di Roma. Rafforzerà la politica della sinistra in provincia di Lecce, anche costituendo logge massoniche. Morrà nel 1874, fra la commossa partecipazione di amici ed avversari.

[1102] Da: Giovanni Greco e Davide Monda (a cura): "Sarastro e il serpente verde: sogni e bisogni di una massoneria ritrovata", Pendragon, 2003, pag. 255.

ANNO 1854

Modena, 4 gennaio 1854

Francesco V d'Asburgo - Este continua a temere atti rivoluzionari. Di conseguenza rende più severa la legislazione riguardante la diffusione di stampe, i proclami e le corrispondenze rivoluzionarie, la costituzione di bande armate e tutto ciò che può nuocere direttamente o indirettamente alla sicurezza dello Stato.

Bologna, 30 gennaio 1854

La città è piena di militari austriaci. Lo Stato pontificio ha stipulato un accordo con l'Impero: l'esercito austriaco gradualmente si ritirerà restituendo fortezze e presidi ai pontifici. Da vari centri gli austriaci si sono ritirati, convenendo, però, in Bologna, dove ora sono 11.000.

Londra, 11 febbraio1854

Garibaldi, in Inghilterra con la nave Commonwealth, va da Mazzini. Nell'incontro devono prendere atto che, oramai, i loro programmi politici sono diversi. In sintesi, Mazzini reputa che è importante "come" devono essere conseguite l'unità e l'indipendenza nazionali. Per Garibaldi, invece, esse devono essere attuate "comunque" ed al più presto, esprimendo un'idea ed uno stato d'animo molto diffusi soprattutto fra i militari, che si stanno avvicinando sempre di più alla politica cavouriana.

Modena, 17 marzo 1853

Il duca di Modena ha timore che si verifichino azioni rivoluzionarie. Tende a difendere la propria persona, aggravando le pene per i delitti di lesa maestà.

Parigi, 19 marzo 1854

"La Presse" pubblica una lettera di Daniele Manin a lord John Russell, 1° conte di Russell, capo del governo dal 1846 al 1852 (e, poi, di nuovo, dal 1865 al 1866). Questi aveva invitato i rivoluzionari italiani a non fare azioni violente, essendo logico e normale aspettarsi che l'Austria nel tempo avrebbe ceduto gradualmente almeno una parte delle sue terre italiane all'Italia. Tale tesi, per Manin, non teneva conto sia della politica austriaca, che della reale situazione europea, condizionata dal problema dell'indipendenza italiana. Viene, inoltre, abbozzata l'idea di un Partito nazionale italiano su posizioni liberali. Da ciò l'interesse dell'alta politica inglese per Manin.

Parma, 20 marzo 1854

Sembra vi siano riunioni di mazziniani, a Parma. Carlo III di Borbone è odiato da gran parte della popolazione. E' accusato di sperperare le finanze del ducato, di avere una vita scapestrata, di spendere esageratamente per l'esercito, ecc. Ha chiuso l'Università, ha prolungato la legge marziale, ha represso duramente vari oppositori. Odia profondamente l'idea dell'unità italiana e, con essa, i mazziniani, che la perseguono con coerenza e decisione. Reputa di essere longanime, dato che odia la pena di morte, ma ha instaurato, come azione normale della polizia, l'uso del bastone, che considera un utile strumento per garantire serenità ed ordine. Soprattutto per tenere a bada i mazziniani. Cosa, questa, che gli sarà fatale. Comunque reprime tutte le classi, tranne i contadini, che considera fedeli.

Per due o tre giorni compaiono scritte in cui viene resa nota una presunta morte del duca. Poi le scritte cambiano: si fa riferimento alla sua tumulazione. Si determina, così, un'atmosfera strana e sinistra. Il duca ha 31 anni: è giovane, arrogante e violento. Abituato a passeggiare liberamente in città, continua a farlo, senza prendere precauzioni.

Inoltre Carlo III non tiene conto di essere isolato. Nel 1853 si è narrato addirittura di una congiura di palazzo. Sembra che la moglie Luisa Maria - temendo una rivolta che farebbe perdere il ducato alla famiglia - per garantirsi il potere, abbia preso contatto con corti straniere per giungere ad un esautoramento del marito e ad una sua reggenza a nome del figlio Roberto, di soli sei anni. La duchessa è donna energica, con molte conoscenze, soprattutto in Francia[1103]. Bisogna altresì tener conto che Carlo III non ama l'Austria, è stato vicino al Piemonte, dove è divenuto ufficiale. Successivamente si è avvicinato al governo imperiale, che, nonostante ciò, non ha fiducia in lui. Diciamo che è costretto a sopportarlo.

Parma, 26 marzo 1854

Carlo III passeggia, seguito da un funzionario di polizia. Alla svolta di una strada vicino alla chiesa di Santa Lucia viene affrontato da una persona che gli si pone davanti. E' un attimo: dal basso una pugnalata squarcia il ventre del duca. L'attentatore scappa. Carlo III viene portato al palazzo. Intanto un altro aspetto rende ancora più cupo il contesto: Parma è isolata: sono tagliati i fili del telegrafo con Piacenza e con la Lombardia. Si profila l'azione eversiva di un'organizzazione mazziniana che non sarà mai scoperta.

[1103] Si tratta di Luisa Maria di Borbone Francia, nata nel 1819 da Carlo Ferdinando, duca di Berry, a sua volta figlio di re Carlo X di Francia, e da Carolina, principessa delle Due Sicilie. Il pretendente al trono di Francia, il conte di Chambord, è suo fratello. Luisa è, di certo, una persona volitiva, che odia in maniera quasi morbosa qualsiasi tipo di effettivo cambiamento.

Dopo 24 ore di atroce agonia, Carlo III morirà il **27 marzo**. Sarà tumulato a Viareggio nella cappella della Macchia. Il cuore sarà conservato nel santuario di Santa Maria della Steccata di Parma. La moglie assume la reggenza.

E' arrestato il sellaio mazziniano Antonio Carra, ma non viene provata la sua responsabilità. E', pertanto, liberato ed emigrerà in Argentina. Da Buenos Aires scriverà al governo ducale dichiarando di essere lui l'uccisore.

Torino, 14 aprile 1854

Arriva al governo torinese una richiesta dell'Inghilterra. E' chiesto un supporto sardo alla guerra contro la Russia in Crimea[1104]. Il Piemonte è sostanzialmente favorevole, ma attende di conoscere la posizione dell'Austria, che potrebbe profittare dell'assenza di una notevole parte dell'esercito sardo. Il Piemonte pone come condizione la sicurezza di non essere attaccato alle spalle. Intanto l'Austria dichiara la sua non belligeranza. Il problema si blocca.

Oneglia (IM), 17 aprile 1854

Il colonnello Monti passa dalla direzione del penitenziario di Torino a quella del penitenziario di Oneglia, ma riuscirà a stare in servizio solo un mese, per l'aggravarsi della sua malattia. Deve rinunciare anche a scrivere sul Popolo d'Italia e a narrare la sua esperienza in Ungheria per l'Archivio di Carlo Cattaneo.

Vienna, 24 aprile 1854

[1104] Si tratta dell'insieme di più interessi contrastanti, espressi nel quadro della crisi dell'Impero ottomano, ai danni del quale la Russia intende estendersi a sud, la Francia avere il controllo dei luoghi santi, l'Inghilterra il controllo dei mari. Inoltre i paesi occidentali intendono ridurre l'importanza della forza navale russa nel mar Nero. Il determinante problema della difesa dei luoghi santi esprime il confronto fra l'ortodossa Russia e la cattolica Francia. E' evidente che tale difesa costituisca solo una parte, diciamo quella ufficiale, del problema, dato che, in buona sostanza, consente di esercitare influenza politica ed espansione finanziaria in Medio Oriente. E proprio a causa di tale difesa è scoppiata la guerra. Appena l'impero ottomano ha accettato il controllo francese, la Russia, il 4 ottobre 1853, lo ha attaccato. La guerra durerà fino al 1° febbraio 1856, concludendosi con la sconfitta della Russia. Una guerra strana, che èstata accompagnata da continue conferenze di pace. Si concluderà con la conferenza di Parigi del 1856, quando si definiranno l'autonomia dall'Impero ottomano dei pricipati danubiani ed il passaggio alla Moldavia della Bessarabia. In definitiva verrà temporaneamente bloccata la crisi ottomana, Inghilterra e Francia penetreranno in Medio Oriente, verrà ridimensionata la fama russa di vincitrice di Napoleone, sarà neutralizzato il potere navale russo in mar Nero. L'Austria, non belligerante, godrà di benefici, ma avrà difficoltà a gestire come prima la sua alleanza con la Russia. Sarà, altresì, notevolmente incerta la prosecuzione del sistema nato al congresso di Vienna.

Nella chiesa di Sant'Agostino Francesco Giuseppe sposa la cugina Elisabetta Wittelsbach di Baviera. Così si completa quella sorta di duplice ipoteca che ha pesato sulla vita dell'imperatore, non priva di dolori e sventure: "il **trono ottenuto troppo presto e mantenuto troppo a lungo e la sconsiderata unione con una donna troppo giovane, troppo impreparata e – come si sarebbe visto in seguito – refrattaria a maturare come donna e ancor più come imperatrice**".[1105]

Chi ha organizzato le nozze è stata l'arciduchessa Sofia, madre dell'imperatore. Ma questa volta la sua brillante capacità di ordire piani e conseguire soluzioni di suo gradimento non ha funzionato. Lei voleva che il figlio sposasse un'altra delle sue varie nipoti aristocratiche bavaresi, ed aveva scelto Elena, figlia della sorella Ludovica, che, secondo il suo piano, come al solito preciso ed accurato, sarebbe stata una valida imperatrice e, soprattutto, una adeguata compagna di una persona dal carattere complesso come Francesco Giuseppe. Ma questi, forse per la prima volta, non ha obbedito alla madre e si è invaghito della sorella minore di Elena, Elisabetta, che con la sua vitalità giovanile, quasi selvaggia, ha colpito una persona come l'imperatore che, in pratica, non ha avuto una vera giovinezza, rimanendo psicologicamente ingessato dalla liturgia che lo ha sempre circondato e dalla stessa sua concezione reazionaria del mondo.

Sofia cercherà, con la sua abituale energia e con molta pazienza, di educare al ruolo di imperatrice la nuora, ma con scarsi risultati. Pur essendo zia e nipote sono donne profondamente diverse. Sofia pensa al futuro della dinastia, ai rapporti con le altre potenze, alla gestione di una corte complessa come quella di Vienna. Tutte cose dalle quali Elisabetta è lontana anni luce[1106]. Tanto che, alla fine, si ribellerà, dandosi ad una vita scriteriata di viaggi, lontana da Vienna, fino alla sua tragica fine[1107].

[1105] Franz Herre: "Francesco Giuseppe", cit., pag. 118.

[1106] Fino al 1998 sono stati ipotizzati i suoi sentimenti antiaustriaci e filoungheresi ed anche la sua insofferenza verso l'organizzazione imperiale. Nel predetto anno è stato pubblicato il suo diario, dal quale è stato possibile desumere che tali ipotesi erano ampiamente fondate, essendo stato confermato il suo odio per l'aristocrazia, per la politica degli Asburgo e per la vita di corte. L'indole ribelle, il carattere nevrotico e la cultura libertaria di Elisabetta sono stati esiziali per la monarchia. Soprattutto per la particolare educazione del figlio Rodolfo, che avrà lo stesso carattere nevrotico della madre, l'amore per i nazionalisti ungheresi, la simpatia per Francia e Inghilterra, l'odio per la Germania e, soprattutto, verso l'imperatore Guglielmo II. Il tutto nel quadro di un'ostilità latente verso la politica e la stessa persona di Francesco Giuseppe, manifestata anche sulla stampa francese, con articoli anonimi ma scritti da Rodolfo. Trattandosi del principe ereditario l'educazione di Elisabetta ha avuto l'effetto di una miscela esplosiva a danno dell'Impero. La stessa morte di Rodolfo (ufficialmente suicidio e uccisione della baronessa Vetsera per amore) deve essere inquadrata nel grande pericolo che la sua attività determinava per la politica e la stessa sopravvivenza dei due Imperi, austriaco e tedesco. In definitiva il principe è stato uno dei tanti, gravi aspetti disgregatori della "monolitica" organizzazione amministrativa asburgica. Una delle espressioni della sua profonda inadeguatezza.

Con grande impegno e senso del dovere, Sofia svolgerà validamente, di fatto, le funzioni di imperatrice, fino al 1872, anno in cui morirà, a Vienna. Data, questa, particolarmente infausta per l'imperatore, che ha perso colei che non si era limitata a farlo nascere, ma che lo aveva anche "inventato" come erede al trono e dalla quale era stato validamente sostenuto.

Genova – Sarzana (SP) – Carrara (MS), 4 maggio 1854

Mazzini intende continuare la pressione rivoluzionaria su uno Stato apparentemente tranquillo ma, in realtà, pieno di contraddizioni come il ducato di Modena. A Carrara, soprattutto fra gli operai del marmo, vi sono mille mazziniani. L'incarico di guidare il nuovo tentativo rivoluzionario viene dato prima a Medici, poi ad Orsini. Oggi partono due imbarcazioni da Genova per portare uomini alle foci della Magra. L'appuntamento è con Orsini, che è andato avanti, via terra, con un gruppo di volontari.

Non si riesce ad effettuare l'incontro, ma Orsini vuole lo stesso "saggiare" il territorio e muove verso il ducato, non riuscendo a causare azioni eversive ed a formare un gruppo consistente di armati. E' costretto, pertanto, a ritirarsi. Gli uomini si disperdono. Per Orsini la situazione si fa notevolmente pericolosa. Riesce, comunque, a muoversi abilmente sul territorio e ad arrivare al mare, dove trova un'imbarcazione, che lo porterà a Marsiglia. Solo due suoi uomini sono arrestati a Sarzana.

Comunque l'azione mazziniana determinerà per almeno otto mesi notevoli effetti sulla vita del ducato. Ma a Carrara si verificano altri movimenti. Perciò le autorità si convinceranno che il ducato è sotto una pericolosa pressione rivoluzionaria. Di conseguenza la polizia inizierà adeguati controlli, ma il duca, fortemente impressionato, ordinerà di effettuare azioni repressive a carattere straordinario per quindici giorni, a partire dal **26 agosto**. Una sorta di mobilitazione. Nonostante ciò Francesco V non si rassicurerà ed il **16 dicembre** farà proclamare lo stato di assedio.

Genova, 10 maggio 1854

Garibaldi arriva con la nave Commonwealth e rimane nel Regno sardo: l'esilio è terminato.

Oneglia (IM), 22 maggio 1854

Come causa reale della sua morte è stata ipotizzata, sembra fondatamente, l'azione dei servizi segreti tedeschi.
[1107] Sul lungolago di Ginevra, mentre con una contessa starà per salire su un traghetto, l'anarchico Luigi Lucheni l'ucciderà con un colpo di lima, il.10 settembre 1898.

Le condizioni del colonnello Monti si sono aggravate. Il **18 maggio** gli è stata diagnosticata un'infezione di tifo. In data odierna è morto. Aveva solo 36 anni. Notevole il cordoglio di tutti coloro che lo avevano conosciuto e che avevano operato con lui. Grande la commozione di Kossuth.

Solo negli ultimi tempi il governo gli aveva conferito un incarico adeguato. Direttore del penitenziario di Torino dal **21 giugno 1853** e di quello di Oneglia dal **17 aprile 1854**. Ma dall'inizio del mese di maggio era stato costretto a letto.

Milano, 16 giugno 1854 [1108]

Dopo ben sedici mesi di trattative riservate, il governo austriaco dispone una prima normalizzazione dei rapporti con la Svizzera. Le frontiere, in pratica, sono riaperte, anche se, almeno da un punto di vista formale, continua lo stato di eccezionalità.[1109]

Londra, 20 giugno 1854

Daniele Manin incontra i vertici della politica inglese, fra cui lord Henry John Temple Palmerston, al governo dal 1809, prossimo primo ministro (lo sarà, infatti, dal 6 febbraio 1855), favorevole all'Italia. Incontra anche il principale avversario di Palmerston, William Ewert Gladstone,[1110] Cancelliere dello Scacchiere.

Manin sostiene decisamente che bisogna superare il contrasto fra monarchia e repubblica, perseguendo l'unità di tutte le componenti nazionali, in un generale riconoscimento della posizione centrale di casa Savoia. Da ciò trae l'auspicio della nascita di un nuovo partito che abbandoni definitivamente le posizioni ideologiche e le modalità d'azione mazziniane e si dichiari ufficialmente liberale.

Manin è coerente con la sua posizione conservatrice, che ha sempre sostenuto: sia, all'inizio, quando era un sicuro repubblicano sia ora, che è un convinto monarchico.

Parma, 22 luglio 1854.

Mazzini pianifica una rivolta a Parma. Si deve incendiare il teatro e il campanile, dopo aver usato la gran campana detta il Baglione come segnale della rivolta. Inoltre bisogna

---

[1108] Vedansi i precedenti in: Milano, 12 febbraio 1853

[1109] La conclusione è in: Milano, marzo 1855.

[1110] Willim Evert Gladstone è nato a Liverpool nel 1809. Liberale. Nel ministero Peel è stato presidente del board of trade dal 1841 al 1846. Cancelliere dello scacchiere con lord Aberdeen dal 1852 al 1855 e con lord Palmerston dal 1859 al 1866. Primo ministro dal 1868 al 1874, dal 1880 al 1885, nel 1886 e dal 1892 al 1894. E' morto ad Hawarten (Flintshire, Galles) nel 1898.

incendiare varie ville signorili nelle vicine canmpagne, così polizia ed esercito saranno sparpagliati sul territorio e non potranno offrire una valida resistenza. Ma il governo riesce ad aver notizia di quanto programmato e fa presidiare il teatro e la chiesa, lasciando al loro destino le ville.

La rivolta scoppia in mattinata. L'azione è rapida e violenta. Viene conquistato il centro cittadino e prese le armi conservate in una caserma della guardia di finanza. Ma non si riesce ad occupare gli edifici previsti. Peraltro tutto l'esercito ducale è in città, coordinato personalmente dalla duchessa Luisa Maria, molto impaurita ma altrettanto determinata[1111]. Gradualmente i mazziniani sono circondati in una casa ed in un caffè, rispettivamente nelle attuali Via Saffi e via XXII luglio. Alla fine, i rivoltosi sono circondati. In città vi sono anche reparti austriaci. Una pattuglia fa fuoco su un gruppo di persone. Una gran folla scappa ed i soldati continuano a sparare. Allora i rivoltosi reagiscono ulteriormente. Ma alla fine la rivolta viene domata.

La situazione psicologica di Luisa Maria si può desumere dal manifesto che ha fatto prontamente affiggere:

"deplorato come il pensiero dei danni di una popolazione buona e tranquilla, la mitezza del governo e 'il rispetto e l'amore, che ispirano anche alle nazioni più barbare una madre ed un fanciullo'[1112] non avessero frenato 'i perpetui nemici dell'ordine' dal tentare ancora una volta arrolando 'una folla di gioventù illusa', di condurre il paese all'anarchia e al sovvertimento, era stato proclamato lo stato d'assedio il più stretto, con le leggi del quale verrebbero severamente puniti i rei, e per il quale ogni assembramento sarebbe disciolto con la forza." [1113]

Inizialmente Luisa Maria ha seguito una politica moderata, licenziando diversi collaboratori del marito: dopo la rivolta di luglio attuerà una politica repressiva.[1114]

[1111] Luisa Maria era stata educata dalla zia duchessa di Anguleme, figlia di Luigi XVI e di Maria Antonietta, ed aveva introiettato un gran timore per le masse popolari ribelli che tendono all'uccisione dei re e delle loro mogli.

[1112] Naturalmente la povera madre con fanciullo sarebbero la duchessa ed il figlio Roberto.

[1113] Agostino Gori: "Il Risorgimento italiano, 1849 – 1860: il regno d'Italia, 1860 – 1900", pag. 105.

[1114] Nuovi movimenti rivoluzionari avranno luogo nel maggio 1859, con finalità nazionali e filo piemontesi. Luisa Maria preferirà abbandonare il ducato, certa di poter tornare sull'onda della sicura vittoria austriaca nella seconda guerra d'indipendenza. Ma le vicende si svolgeranno in maniera ben diversa e Luisa Maria rimarrà in esilio, inviando proteste ai vari governi europei, accusando Vittorio Emanuele II di aver annesso il ducato del figlio, a seguito dei plebisciti. Comunque non riuscirà ad ottenere nulla. In ogni caso la sua famiglia rimarrà molto ricca, con treni privati e notevoli proprietà: il castello di Schwarzau am Steinfeld in Austria, Villa Pianore in Toscana e il castello di Chambord in Francia. La duchessa morirà a 45 anni, a Venezia, nel 1864.

Parma, 6 agosto 1854

Sentenza del consiglio di guerra a carico degli arrestati per i fatti del 22 luglio. Condanna a morte per Enrico Barilla, negoziante, Bertoli, Pietro Bompani, calzolaio, le guardie di finanza Matthey, Adorni e Facconi. All'ultimo momento la condanna di Barilla è stata commutata in 20 anni di lavori forzati e quella di Bertoli sospesa. Sembra che entrambi avessero rivelato cose d'intresse.

Lugano, 20 agosto 1854

Mazzini intende proseguire la pressione contro gli austriaci, questa volta invadendo la Valtellina e partecipando personalmente. Il capo militare è Orsini, coadiuvato da Maurizio Quadrio, [1115]. La massa di manovra deve essere formata da duecento esuli valtellinesi. Vi sono diverse difficoltà. Gli Svizzeri non si oppongono, ma non sono neanche favorevoli. La frontiera con il Lombardo Veneto è fortemente presidiata dagli austriaci. Alcuni tentativi di introdurre armi in Lombardia sono andati male. Alla radunata dei duecento sono riuscite ad arrivare solo poche persone. Si profilano difficoltà anche nella necessaria rivolta di Como. Ma tutte queste complicazioni diventano quasi insormontabili a causa di una violenta azione austriaca. Arresti generalizzati e forti presidi in tutte le zone di confine. Comunque il tentativo di infiltrazione inizia il 20 agosto, ma viene reso impossibile dalla reazione

---

Il figlio Roberto I nel 1859 avrà 11 anni ed alla morte della madre 16. Sarà, ovviamente, il capo della famiglia. Si sposerà due volte. La prima, nel 1869, con la principessa Maria Pia di Borbone, figlia di Ferdinando II delle Due Sicilie, morta a seguito del dodicesimo parto, ed una seconda volta, nel 1884, con la principessa Maria Antonia di Braganza, figlia di Miguel di Braganza, re del Portogallo e dell'Algarve, in esilio dal 1834. Anche da tale matrimonio Roberto avrà 12 figli. Successivamente i Borbone di Parma, in esilio, saranno, di fatto, assorbiti nella famiglia Asburgo Lorena. Alcuni faranno parte dell'esercito austriaco come ufficiali, mentre una delle figlie di secondo letto di Roberto, Zita (1892 – 1989), sarà dal 1911 moglie dell'ultimo imperatore d'Austria e re d'Ungheria, Carlo I (1887 – 1922), in esilio dal 1918, e madre dell'arciduca Franz Josef Otto d'Asburgo (1912 – 2011), attivissimo politico sia in Austria che nell'Europa tutta, con cittadinanza austriaca, tedesca, ungherese e croata, membro del parlamento europeo, presidente dell'unione paneuropea internazionale. Perseguendo gli interessi asburgici nel quadro dell'unione europea, nel 2007 cederà i diritti dinastici al figlio Carlo d'Asburgo – Lorena. Roberto I morirà a Viareggio il 16 novembre 1907. A marzo del 1908 la corte austriaca dichiarerà ritardati mentali i figli del suo primo matrimonio.

Molto particolare l'ultima parte della vita di Carlo II di Borbone Parma. Fin dall'abdicazione (1847) si è convinto che il tempo e la situazione erano cambiati e che il ducato avrebbe avuto vita breve. E' stato sempre all'estero, in particolare nel castello di Weisstrop in Sassonia, a Parigi e a Nizza. Non è andato a Parma nemmeno alla morte del figlio Carlo III. Dopo il 1860 esprimerà la sua adesione alla nuova realtà politica italiana e, col nome di barone di Villafranca, andrà spesso nei due ex ducati, in particolare a Lucca. Riscuoterà quelle simpatie che non era riuscito a conquistare quando era capo di Stato. Morrà a Nizza nel 1883. Sarà tumulato nella cappella di villa Borbone a Viareggio.

[1115] Quadrio, valtellinese, è appena tornato da una missione mazziniana in Polonia e in Croazia.

austriaca nell'area di confine, coordinata con arresti disposti dal governo elvetico. Birsogna occultarsi. Lo stesso Mazzini riesce a stento a nascondersi.

Trieste, 1° settembre 1854

Il generale Franz von Wimpfen non è più Comandante generale della Marina imperiale. Viene nominato Comandante della Prima Armata austriaca.

Livorno 1° dicembre 1854

Le truppe austriache iniziano a lasciare la città. Si conclude un'occupazione di cinque anni e mezzo circa.

Milano, ottobre 1854

Mazzini vuole attaccare il centro del sistema austriaco: Milano. Tende ad organizzare un'insurrezione a dicembre. Deve, però, coordinarsi con il comitato della città. Ma, questa volta, intende operare in maniera diversa dal passato. Ha avuto l'idea di facilitare la prima fase insurrezionale, indebolendo, allo stesso tempo, la capacità di reazione avversaria. La prima azione dev'essere effettuata da esperti e tendere a ridurre fin dall'inizio la capacità reattiva dei reparti austriaci. Pertanto ad ottobre Orsini viene inviato a Milano – sotto il nome di Tito Celsi - al fine di proporre al comitato l'organizzazione di un reparto di 80 uomini, comandati dall'Orsini stesso. Devono essere persone capaci e fidate che si addestrino per tre mesi a varie tecniche di lotta e di uccisione. Contemporaneamente devono essere monitorati con precisione gli usi e le abitudini dei più importanti ufficiali austriaci. "Gli 80" - definiti compagnia della morte - al momento previsto effettuerebbero tutte le possibili uccisioni, agendo come efficiente detonatore della rivolta, da far scoppiare contestualmente alla neutralizzazione dei quadri nemici. Inoltre "gli 80" sarebbero addestrati anche come quadri per dirigere i vari gruppi espressione della partecipazione popolare.

Il comitato non si oppone alla rivoluzione, ma Orsini nota che è sensibile alla propaganda sabauda e, di conseguenza, si è spostato – forse inconsapevolmente - su posizioni moderate. Uno dei punti di cui molti sono convinti è che sia essenziale il supporto dell'esercito piemontese.[1116] La discussione diviene, così, priva di possibili sbocchi operativi. In effetti la posizione della maggioranza dei milanesi è oramai filo monarchica. Mazzini prende atto della situazione e si dedica ad un altro progetto, questa volta plurinazionale.

[1116] Mazzini, in questo periodo, spesso ironizza su quegli ufficiali, esuli soprattutto a Genova, che, di certo, intendono fare la rivoluzione, ma pretendono di poter disporre di un esercito efficiente e ben armato di 100.000 uomini.

Torino, 13 dicembre 1854

Perviene al governo sardo dall'Inghilterra una nuova richiesta di supporto militare. La guerra contro la Russia procede con difficoltà. Il ministro degli esteri Dabormida per intervenire vorrebbe che siano accettate alcune condizioni. Non così Cavour, che assume gli Esteri. Francia ed Inghilterra garantiscono l'integrità dei teritori sardi. Viene, così, impostata una convenzione militare.

Hermannstadt (ora Sibiu, Transilvania, Romania): 17 dicembre 1854

Felice Orsini ha avuto incarico da Mazzini di svolgere un compito importante nella parte orientale dell'Impero austriaco. Deve cercare di inserirsi nell'esercito austriaco. Con Mazzini è d'accordo anche Kossuth. Sembra, quindi, che l'azione sia coordinata con componenti rivoluzionarie di più nazionalità.[1117] Orsini ha avuto documenti falsi, a nome di un certo Georg Hernagh, di cittadinanza elvetica. Attraversa la Svizzera, va a Milano, poi a Verona, Vicenza, infine Venezia. S'imbarca per Trieste. Sulla nave incontra una persona sgradevole che, con l'aria della spia, afferma che si sono conosciuti: si chiama Moisè Formiggini. Comunque Orsini da Trieste prosegue per Lubiana, dove incontra Antonio Vernazza, che lo segue a Vienna. In città Orsini fa il turista e contatta, per l'arruolamento, il generale Ulysses von Salis. Apprende che non si accettano ufficiali stranieri, ma lo svizzero Hernagh può essere arruolato come soldato e, poi, fare il concorso come allievo ufficiale. Però Orsini ha fretta. Purtroppo nella capitale incontra "casualmente" di nuovo Formiggini, che afferma di conoscerlo bene, infatti lo ha riconosciuto: è Felice Orsini. Arriva a chiedergli un prestito. Il viaggio continua per l'Ungheria, fino alla Transilvania. Ma a Hermannstadt viene arrestato, a seguito della delazione di Formiggini. Iniziano gli interrogatori, ma Orsini continua a presentarsi come Hernagh. Purtroppo il suo tedesco è malsicuro.

[1117] Non è chiaro quali siano le finalità dell'azione che deve svolgere Orsini. Sembra che, fra l'altro, Mazzini intenda organizzare una sorta di "entrismo" nell'organizzazione militare asburgica da parte di elementi rivoluzionari di più nazionalità, fra loro coordinati, al fine di minare la base più importante del sistema politico amministrativo asburgico, appunto l'esercito.

ANNO 1855

Vienna, 16 gennaio 1855

Dall'Ungheria Orsini è tradotto a Vienna, dove continuano gli interrogatori. Gradualmente si sgretola la sua falsa identà. Viene riconosciuto come italiano e sono collegati al suo operato le varie notizie delle sue azioni rivoluzionarie. Non è più solo un indagato ma un imputato per delitti che possono implicare una condanna a morte. Il **4 febbraio** la sua situazione ed i suoi precedenti sono chiari al giudice Alborghetti. Il **25 marzo** viene estradato in Italia. Non è chiaro dove lo tradurranno.

Torino, 16 gennaio 1855

Muore la regina Maria Teresa d'Asburgo – Lorena, madre di Vittorio Emanuele II.

Bologna, 18 gennaio 1855

Sono pubblicate le condanne a carico dei mazziniani. Molte le condanne a morte commutate in reclusione. Fra i condannati anche donne, come l'importante mazziniana Anna Grassetti Zanardi.

I condannati sono tradotti nel carcere di Civita Castellana (VT). Lungo il percorso sono notevoli le manifestazioni di affetto da parte delle popolazioni.

Stupinigi (TO), 20 gennaio 1855

Muore la regina Maria Adelaide d'Asburgo – Lorena, moglie di Vittorio Emanuele II, figlia dell'arciduca Ranieri d'Asburgo, l'ex viceré del Lombardo Veneto, e di Maria Elisabetta, sorella di Carlo Alberto (quindi zia del re).

Torino, 26 gennaio 1855

Viene firmata la convenzione militare avente a oggetto la partecipazione sarda alla guerra di Crimea. Il comandante avrebbe dovuto essere il duca di Genova, ma è gravemente malato. Così il comando è affidato ad Alfonso La Marmora. Gli uomini avrebbero dovuto essere 15.000, ma alla fine saranno 18.058. 3.000 i cavalli. Si tratta di due divisioni, una del generale Giovanni Durando e la seconda del generale Alessandro La Marmora. Molto buona l'organizzazione.

Mosca, 2 marzo 1855

624

Muore lo zar Nicola I. Il figlio Alessandro II continua la guerra.

Milano, marzo 1855 [1118]

All'inizio del mese viene convocata una conferenza austro – svizzera a Milano, che si conclude con la fine dello stato emergenziale e la ripresa dei rapporti diplomatici.

Fra i danni provocati all'Impero dalla politica di Mazzini vi sono anche quelli, sia politici che economici, causati dalla "guerra" diplomatica durata quasi due anni con la Svizzera.

Mantova, 28 marzo 1855

Orsini viene tradotto a Mantova, dove è imprigionato nel carcere di massima sicurezza, il castello di San Giorgio. Per le autorità austriache trattasi di persona molto pericolosa. Perciò non deve più fare politica. Il che è un grosso colpo per la rivoluzione.

Nelle Memorie[1119] Orsini racconta in maniera molto accurata e partecipe l'anno in cui è stato in carcere. Evidenzia le caratteristiche della detenzione, le tipologie del personale di sorveglianza, le modalità inquisitorie. Persona dotata di stile, intelligenza e grande signorilità ha fruito da stima e simpatia generali. Dedito allo studio, è stato notevolmente apprezzato. Molto delicati i suoi riferimenti al rapporto con Pier Fortunato Calvi, ristretto in una cella vicina alla sua. Entrambi hanno combattuto nel Veneto, grande è la reciproca stima, sono accomunati da un analogo destino. Nonostante le oggettive difficoltà i loro rapporti sono continui. Poi, in un dato momento, Calvi è scomparso ed Orsini ha saputo che è stato giustiziato. Fatto, questo, che ancora di più lo ha spinto a cercare di fuggire da quella situazione.

Genova, 25 aprile 1855

Parte il contingente sardo per la guerra di Crimea. Obiettivo: Costantinopoli. AI **primi di maggio** arriveranno a Balaklava, dove si schiereranno con gli inglesi. Ma vi è una sorpresa gravissima: il colera, che si diffonde rapidamente. Muore il generale Alessandro La Marmora. Il morbo costituirà il problema maggiore per tutti.

Parigi, 28 aprile 1855

[1118] Vedansi i precedenti in: Milano, 16 giugno 1854.
[1119] "Memorie politiche di Felice Orsini", cit. Il racconto della detenzione a Mantova è piuttosto lungo, da pag. 151 a pag, 251, cento pagine su complessive 300 di narrazione e conclusioni (più 70 complessive di note e 124 di appendice, compilate da Cristoforo Bonavino).

Alle 17.30 Napoleone III cavalca nei campi Elisi,[1120] verso l'arco di trionfo quando, ad un tratto, all'altezza del Chateau des Fleurs, si sentono due colpi di pistola. Per poco l'imperatore non viene colpito ed è salvo per mero caso, dato che lo sparatore, che ha usato una pistola a due canne, è stato casualmente urtato ed il cavallo dell'imperatore ha avuto uno scarto. L'attentatore sta tirando fuori una seconda pistola, ma viene bloccato dall'agente Alessandri. Si tratta di un mazziniano, Giovanni Pianori, calzolaio, subito arrestato.

Parigi, 7 maggio 1855

Pianori a processo. Nel dramma vi è un aspetto comico. L'imputazione è di parricidio, dato che Napoleone III, fin dal 1851, si è proclamato padre dei francesi.

Nel processo la corte ha commesso un grave errore. Lo Stato pontificio, che doveva inviare i precedenti di Pianori, non ha inviati quelli di Giovanni, bensì quelli di Senesio, un suo fratello, con precedenti penali particolarmente brutti. Il che ha condizionato la sentenza.[1121] Il procuratore generale Gustave Rouland, avendo Pianori combattuto per la Repubblica romana, lo ha considerato moralmente responsabile della morte di Pellegrino Rossi. Commovente l'autodifesa di Pianori, che, in un francese stentato, senza interprete, evidenzia i motivi della sua avversione per Napoleone III.

Poi vi è l'accusa considerata più grave. Dato che Pianori era stato a lungo a Londra, la corte lo individua come uomo di Mazzini. Infine il suo difensore, l'avv. Benoist – Champy, dimostrando di essere privo di qualsiasi deontologia, chiede un provvedimento di chiara inflessibilità.[1122] Rapidissima e dura la condanna.

Ma gli aspetti gravi non finiscono qui. A Roma si rendono conto della confusione fra i due fratelli, ma non lo comunicano a Parigi. Non solo: il ministro della Giustizia francese Jaques Abbatucci ha dei dubbi ed interessa l'ambasciatore a Roma, che si rivolge addirittura al segretario di Stato Antonelli, il quale, mentendo, precisa che entrambi i fratelli sono colpevoli. Fra l'altro erano fuggiti dopo aver perpetrato alcuni delitti. L'ambasciatore non è convinto ma scrive al ministro facendo cenno al disordine della giustizia dello Stato

---

[1120] Napoleone III girava quasi senza scorta (aveva al seguito solo un agente) per dimostrare che non correva pericolo, essendo salvaguardato dall'amore del popolo.

[1121] La figura di Pianori non è stata adeguatamente analizzata, tranne, ultimamente, in: Enzio Strada: "Osare e morire. Giovanni Pianori detto il Brisighellino e la sua famiglia" Carta Bianca, Faenza, 2012 ed in: Leardo Mascanzoni: "L'attentato del romagnolo Giovanni Pianori a Napoleone III nel 160° anniversario"

[1122] L'avvocato Benoist – Champy, isolato dai suoi colleghi e addirittura espulso dall'ordine, è stato ampiamente gratificato da Napoleone III: ufficiale della legion d'onore e nomina a magistrato.

pontificio, anche se il comportamento delle autorità pontificie non è caratterizzato da incapacità, ma da crudele ostilità ideologica.

Parigi, 14 maggio 1855

Giovanni Pianori viene ghigliottinato in place de la Roquette. Tutto è avvenuto con grande fretta.

Torino, 29 maggio 1855

Prosegue la dura politica sarda nei confronti degli ecclesiastici. Viene approvata la legge Rattazzi n. 878, che abolisce gli ordini religiosi la cui attività non viene ritenuta socialmente utile. I conventi di tali ordini, elencati nel regio decreto n. 879, sono espropriati (335 conventi, con 5.489 religiosi – uomini e donne – sfrattati) e viene costituita una Cassa ecclesiastica per la gestione degli enti soppressi.

Mantova 4 luglio 1855, Pier Fortunato Calvi impiccato

Durante la fase processuale Pier Fortunato Calvi si è dichiarato l'unico responsabile del tentativo di eversione, intendendo salvaguardare i compagni da una sicura condanna capitale. Di conseguenza gli altri hanno subito pene detentive, mentre il solo Calvi è stato condannato a morte.

Con un'intelligente anche se vile crudeltà gli organi giudiziari gli hanno mostrato la grazia già firmata, purchè lui indirizzasse all'imperatore la relativa domanda. Cosa, questa, che Calvi non ha inteso fare trattandosi di un nemico oppressore della sua Patria. Naturalmente è stato immediatamente impiccato nella località Lunetta Belfiore. Nei giorni precedenti Calvi aveva chiesto che fosse allegata alle carte processuali la seguente dichiarazione:

"Io, Pietro Fortunato Calvi, già ufficiale dell'esercito austriaco, ex colonnello dell'esercito italiano durante la guerra di indipendenza, ora condannato a morte per crimine di alto tradimento, vado lieto incontro a questa morte, dichiarando in faccia al patibolo che quello che ho fatto l'ho fatto di mia scienza, che sarei pronto a farlo ancora, onde scacciare l'Austria dagli Stati che infamemente ha usurpato."

Nella sua aberrante ostilità la competente autorità austriaca ha vietato la sua inumazione in terra consacrata. Tale divieto è stato interpretato come un monito al clero mantovano, in gran parte aperto alle novità politico sociali, ma è servito solo ad aggiungere disprezzo all'odio.

Fra il 1852 ed il 1855 a Mantova sono stati celebrati 11 processi, tutti con pene capitali.

"Io vo'rapirti, Cadore, l'anima

di Pietro Calvi; per la penisola

io voglio su l'ali del canto

aralda mandarla" [1123]

scriverà Carducci, in piazza di Pieve di Cadore, nel settembre del 1892.

Torino: 8 agosto 1855

Muore il generale Guglielmo Pepe, storico, saggista, comandante delle truppe nazionali e costituzionali di tre rivoluzioni: 1799, 1820/21, 1848/49.

Fiume Cernaia: 16 agosto 1855

All'assedio di Sebastopoli, in Crimea, il comandante russo Gorcakov lancia un attacco con 4 divisioni di fanteria e 2 brigate di cavalleria contro la linea dei francesi e, sulla destra, dei piemontesi. All'inizio i russi prevalgono su un battaglione piemontese e sui francesi, che reagiscono. La Marmora organizza una linea difensiva sull'allineamento "dell'acquedotto" schierando anche la cavalleria. Così il successivo attacco russo viene bloccato, con notevoli perdite. Piemontesi e francesi intendono inseguire il nemico, al fine di sfruttare il successo, ma sono bloccati dal comando supremo. [1124]

Milano, 2 dicembre 1855

L'arcivescovo Romilli è in gravi condizioni fisiche. Rapidamente il Vaticano nomina vescovo ausiliare monsignor Carlo Caccia Dominioni.

Caprera, 29 dicembre 1855

Garibaldi acquista terreni a Caprera, dove si trasferisce, svolgendo attività agricole e di allevamento.

[1123] Giosuè Carducci " Cadore" da"Rime e Ritmi" in "Poesie 1850 – 1900" Zanichelli, Bologna, 1911, pag. 983.
[1124] Alla battaglia hanno partecipato 40.000 russi, 27.000 francesi e 10.000 piemontesi. Pesanti le perdite russe, da 6.000 a 10.000, non chiare quelle francesi, circa 300 morti e dispersi, più 1200 feriti.

ANNO 1856

Torino, 21 gennaio 1856

Cavour ha inviato una nota interessante al ministro degli Esteri francese Alexander Walewski Colonna [1125] in ordine all'occupazione militare austriaca delle Legazioni. Per il primo ministro sardo si tratta di una situazione che, alla luce degli accordi assunti al congresso di Vienna, è chiaramente illegittima. Se il papato non ha la forza di far rispettare i trattati bisogna assegnare i predetti territori ad un re che agisca rispettando la politica della Santa sede. Cavour insisterà su tale problema, fino all'aquisizione di quei territori da parte dello Stato sardo.

Parigi, 22 gennaio 1856

Prima lettera di Manin sul Partito nazionale italiano per l'indipendenza e l'unificazione italiana (il termine mazziniano, fino allora era stato e sarebbe rimasto: "unità"). L'unificazione doveva essere perseguita nel quadro della monarchia di Vittorio Emanuele II. Dura ed ampiamente argomentata la critica di Mazzini.

Parigi, 25 febbraio – 16 aprile 1856

Congresso a conclusione della guerra di Crimea. Cavour ottiene di trattare della questione italiana. Si tratta di un fatto storico. I problemi italiani non sono più suddivisibili fra quelli dell'Austria, dei Ducati, del Regno delle Due Sicile ecc. Le diplomazie ora sono indotte a trattare il problema italiano nella sua unitarietà. E tale unitarietà costituisce, di fatto, il riconoscimento – o, comunque – la legittimità di un movimento che si prefigga l'unione della Penisola.

Torino, 6 maggio 1856

Ma Cavour non è soddisfatto. Il Piemonte non ha ricevuto benefici dalla partecipazione alla guerra. Non solo. Francia, Austria ed Inghilterra hanno firmato un trattato a doppia valenza: ufficialmente a sostegno dell'Impero ottomano, in pratica a preciso sostegno della loro politica tradizionale politica. E, poi, sono avvenute varie altre cose sgradevoli, come il sostegno del governo inglese alla duchessa di Parma. E' una brutta situazione. Chiuso il

---

[1125] Il conte Alexander Walewski Colonna era figlio di Napoleone I e della contessa Maria Laczynska Walewska. Nato aWalevice nel 1810 ha combattuto in Polonia ed in Algeria. Con la cittadinanza francese è entrato in diplomazia. Ambasciatore fra il 1849 ed il 1851. Ministro degli Esteri dal 1855 al 1860. Deputato dal 1865 al 1867, poi presidente dell'Assemblea. Principe dal 1866. Morirà a Strasburgo nel 1868.

Congresso, il capo del governo piemontese si trova quasi messo da parte. Ma non è uomo che lo possa accettare.

In un intervento alla Camera Cavour conferma l'inportanza del trattato di pace e si dichiara soddisfatto delle politiche delle potenze amiche, Francia ed Inghilterra, che hanno capito che dare soluzione ai mali dell'Italia. non costituisce solo un interesse italiano, bensì anche europeo. Per maggiore chiarezza Cavour legge la nota compilata il 16 aprile per i due ministri degli Esteri. Infine pronuncia un duro attacco contro l'Austria, di cui sottolinea il totale contrasto con le posizioni politiche piemontesi. Così la politica cavourriana torna al centro delle discussioni delle cancellerie europee.

Mantova, 30 marzo 1856, fuga di Orsini

Mazzini non intende perdere l'efficiente e generoso apporto di Orsini, verso il quale ha un sentito rapporto di amicizia. Pensa, quindi, di farlo evadere. Alla fine reputa che un soggetto ideale a tale scopo possa essere Emma Siegmund,[1126] molto amica di Orsini, tedesca, ricca, vicina ai comunisti, ma anche al mazzinianesimo ed alla rivoluzione italiana. La Siegmund ha conoscito Orsini a Nizza nel periodo in cui questi, all'inizio del decennio, ha lavorato nell'organizzazione commerciale dello zio Orso. Fra i due è nato un rapporto molto intenso. Naturalmente la Siegmund è d'accordo. Lei ed il marito, il poeta Herwegh,[1127] sono già in contatto epistolare con Orsini, che utilizza inchiostro simpatico

---

[1126] Emma Charlotte Siegmund, sposata Herwegh, è nata a Berlino (o a Magdeburgo, non è chiaro) nel 1817. Il padre era un ricco commerciante e banchiere. E' stata scrittrice, rivoluzionaria ed organizzatrice di salotti culturali. Colta, energica ed attiva, ha sostenuto la rivoluzione polacca e, poi, quella italiana. Ha apprezzato molto le pubblicazioni del poeta Georg Herwegh, che, successivamente, ha conosciuto a Berlino. Ma, subito dopo, Herwegh è stato espulso dalla Prussia ed è andato a Zurigo. Quando Emma ha saputo che era molto malato e solo l'ha raggiunto per curarlo e si sono sposati nel marzo del 1843. Hanno viaggiato in Francia ed in Italia, avvicinandosi a posizioni comuniste. Poi sono andati a Parigi, dove la Siegmund ha organizzato un salotto, frequentato da esponenti importanti della cultura di sinistra, fra i quali Marx e la moglie. Pur essendo sorti fra i due coniugi dei dissapori, nel 1848, all'inizio della rivoluzione, con una legione di 650 armati si sono recati insieme nel Baden. Emma, travestita da uomo, ha contattato Friedrich Hecker, ma la congiunzione delle forze non si è verificata, data la sconfitta di Hecker. Respinto anche il gruppo Herwegh, i coniugi hanno dovuto fuggire in Svizzera. Non solo: il padre di Emma ha sospeso i finanziamenti. Sono andati a Nizza, dove la Siegmund ha conosciuto Orsini e, poi, si è separata dal marito per due anni, trasferendosi a Genova. Successivamente marito e moglie si sono riuniti a Zurigo ed hanno aperto un salotto politico su posizioni ultraradicali. Nel 1856 hanno aiutato Orsini a fuggire dalle prigioni austriache. Nel 1866, a seguito di amnistia, si stabiliranno a Baden - Baden. Dopo la morte del marito, nel 1875, Emma tornerà a Parigi, dove insegnerà lingue, morendo nel 1904.

[1127] Georg Herwegh è nato a Stoccarda nel 1817. Poeta e rivoluzionario, ha studiato giurisprudenza e teologia. Pur avendo ottemperato agli obblighi di leva, ha dovuto espatriare per questioni di arruolamento. Andato a Zurigo ha iniziato l'attività di giornalista, pubblicando le prime poesie. Amico, fra gli altri, di Michail Bakunin, Ludwig Feuerbach e Carlo Marx, si è stabilito a Basilea, in

nelle sue missive. Queste sono controllate e vistate dalla magistratura, ma i messaggi sfuggono ai controlli. Come non vengono notati i contatti che, verosomilmente dall'esterno sono posti in essere con un dipendente del carcere, Tommaso Frizzi ed, indirettamente con quattro suoi colleghi.[1128]

Nelle sue memorie Orsini non tratta dell'intervento della Siegmund, alla quale fa solo un rapido cenno. Tanto meno racconta del Frizzi. Egli è l'unico detenuto che sia riuscito a fuggire da un super carcere asburgico, anzi dal più sicuro di tutti. Dopo l'arrivo in Inghilterra diverrà famoso e un editore gli chiederà di scrivere le sue memorie, che diverranno un caso letterario, dato l'enorme impatto che la notizia dell'evasione avrà nell'opinione pubblica. Orsini scriverà dando una risposta accurata e precisa al quesito: ma come ha fatto? Perciò racconterà con dovizia di particolari le varie fasi della sua azione, di certo complessa e pericolosa, alla quale si può presumere che Frizzi ed eventualmente altri hanno dato una mano, quantomeno non battendo le inferriate una volta segate. Naturalmente Orsini ha scritto solo di coloro che non avrebbero potuto essere perseguiti dagli austriaci.

Per prima cosa ha chiesto ai coniugi Herwegh un dato quantitativo di droga da fargli pervenire nascosta nei bottoni di alcuni indumenti. Egli intendeva addormentare le guardie che, spesso, quasi ogni sera, chiudevano la giornata con una bicchierata nella cella di quel gentile aristocratico del conte Orsini. La droga, che avrebbe consentito di far evadere anche altri due reclusi, è arrivata nei bottoni di un abito ed è stata somministrata in alcune bevande, ma gli effetti sono stati molto inadeguati, dato che il personale carcerario si è rivelato insensibile alla quantità di droga utilizzata. Dato che le dosi avrebbero dovuto essere moltiplicate per cinque, la quantità effettivamente necessaria sarebbe stata molto ingombrante. Quindi Orsini ha dovuto ripiegare su un'altra soluzione, peraltro la più ovvia, anche se molto difficile. Così ha chiesto ai coniugi Herwegh alcune lime, sottilissime e molto efficaci, che gli sono pervenute nella legatura di un libro, consentendogli di iniziare un lungo, difficile lavoro di limatura della doppia inferriata. Inoltre non ha dato a lavare

---

contatto con i gruppi comunisti svizzeri. Ha sposato Emma Siegmund e con lei è andato a Parigi nel 1843, continuando l'attività di giornalista. Nel 1848 è stato presidente del comitato repubblicano e responsabile della legione democratica tedesca. Di conseguenza è andato nel Baden con la legione, cercando di unire le sue forze a quelle di Friedrich Hecker, che aveva proclamato a Costanza una repubblica e costituito gruppi armati. Ma Hecker è stato sconfitto il 20 aprile a Kandern ed anche la legione è stata messa in fuga a Schworstadt, il 27 aprile. Così Herwegh è riparato nuovamente in Svizzera, continuando l'attività di giornalista. Nel 1863 parteciperà come delegato svizzero alla fondazione dell'associazione generale tedesca dei lavoratori entrando, successivamente, in contrasto con Lassalle. Nel 1866 è tornato in Germania. e, nel 1869, ha partecipato alla fondazione del partito dei lavoratori socialdemocratici. E' morto nel 1875.

[1128] La certezza del coinvolgimento del Frizzi e degli altri deriva dalla sentenza della corte austriaca sui fatti connessi all'evasione di Orsini. L'inchiesta, ora conservata presso l'archivio di Stato di Mantova, è meticolosa. A casa di Frizzi la polizia ha trovato una notevole quantità di banconote.

alcune lenzuola e le ha nascoste per avere a disposizione pezzi di stoffa da annodare a mo'
di corda.

Così, dopo una precedente prova, nella notte fra il **29 ed il 30 marzo** Orsini inizia la sua
evasione. Riesce ad arrivare anche al muro esterno e cala la sua corda di fortuna. Ma
l'altezza è maggiore di quanto aveva stimato e cade nel fossato, privo di acqua, slogandosi
una caviglia. Rimane svenuto per un certo tempo e, poi, alle 05.00, riesce a trascinarsi verso
la strada sita in alto, lungo il fossato, vicino alla porta San Giorgio. Chiede di essere aiutato
ma alcuni passanti non si fermano. In realtà era chiaro che si trattava di un evaso e la gente
non intendeva avere grane, anche se nessuno ha allarmato il vicino presidio della porta.
Alle 05.30 passa un pescatore, Giuseppe Sugrotti, detto Toffin, che si ferma e chiama due
passanti che lo aiutano a tirar su Orsini. Poi Sugrotti se lo mette sulle spalle, passa davanti
al posto di guardia austriaco facendo finta di portare un ubriaco e cantando una canzone
popolare sulla morte del povero Piero, che fa molto ridere i soldati. Infine lascia Orsini allo
Stoppone, in un canneto. Carlini Domenico, detto Menghin, amico di Sugrotti, gli porta un
rasoio e da mangiare. Orsini rimane tutta la notte nel canneto.

Al mattino Sugrotti torna con un vetturino, Efrem Rezzetti, detto Piznin, ed una
carrozza.[1129] Riesce a far salire Orsini, che remunera tutti i suoi salvatori, tranne il più
fattivo, proprio il Sugrotti, che, generosamente, non accetta l'offerta. Viene portato in una
casa colonica, dove è accudito per una settimana. Poi, su una carrozza inviata da un amico e
guidata da Pietro Baggi, corre verso il confine dal territorio austriaco. Superata Cremona e
percorsa un'altra quarantina di chilometri si rompe il timone della carrozza, proprio vicino
al posto di polizia della fortezza di Pizzighettone. Viene chiesto aiuto, con grande faccia
tosta, ai componenti del posto di polizia, che, con gentilezza, si danno da fare. In particolare
un tecnico della polizia utilizza un timone del magazzino della fortezza - quindi di
proprietà dello Stato - per cambiare quello rotto. Alla fine viene lasciata una somma di
denaro per il lavoro svolto. La carrozza riparte, entrando nel territorio piemontese. Orsini
andrà a Genova, dove sarà curato dal medico mazziniano Agostino Bertani,[1130] poi a Zurigo

---

[1129] Vi è un'altra versione. La Siegmund non si sarebbe limitata ad aiutare Orsini da lontano, ma
sarebbe andata a Mantova, avrebbe preso vari collegamenti con i mazziniani, corrompendo il Frizzi
e procurando la carrozza. La richiesta di riparazione formulata dalla signora tedesca avrebbe
facilitato l'intervento dei militari austriaci a Pizzighettone. Tale versione, probabilmente fondata, dà
alla vicenda una simpatica coloritura romantica, ma non varia la sostanza politica degli avvenimenti.
[1130] Agostino Bertani è nato a Milano nel 1812. Laureato in medicina, chirurgo all'ospedale
maggiore di Milano, è stato fra gli organizzatori delle Cinque giornate. Chirurgo nella Repubblica
romana, poi a Genova, organizzatore del comitato militare mazziniano e deputato alla Camera.
Ufficiale medico nella campagna del 1859 ed in quella del 1860, sarà segretario generale di
Garibaldi. Sempre ufficiale medico anche a Mentana. Eletto alla Camera in quattro circoscrizioni
diverse. Nel Regno di Sardegna dal 2 aprile 1860 al 17 dicembre 1860 e nel Regno d'Italia dal 18
febbraio1861 al 2 maggio 1880 e dal 22 novembre 1882 al 27 aprile 1886. Sarà capo dell'estrema
sinistra. Morirà a Roma nel 1886.

dalla famiglia Herwegh, infine a Londra da Mazzini. Dalla Svizzera indirizzerà alle autorità imperiali una lettera ironica.

Ma il responsabile del nucleo di polizia di Pizzighettone chiede al superiore organo amministrativo come può gestire dal punto di vista contabile la somma ricevuta. Così, gradualmente, viene alla luce lo scandalo e Radetsky fa aprire un'inchiesta, che, non rimanendo riservata, fa ridere tutte le cancellerie europee. Infatti viene acclarato che un pericoloso rivoluzionario è uscito indisturbato dal carcere più sicuro dell'Impero, che dipendenti dell'amministrazione asburgica, famosi per la loro onestà, sono stati facilmente corrotti, che la polizia ha riparato la carrozza su cui fuggiva l'evaso utilizzando materiale di proprietà militare e ricevendo un adeguato corrispettivo e che il fuggitivo è uscito tranquillamente dai confini dello Stato. Infine vi è l'aspetto più grave: Radetsky non è riuscito a imporre la segretezza sui risultati di un'inchiesta tardiva e non priva di comicità. Inutile far cenno alla soddisfazione di Mazzini.

Parigi, 29 maggio 1856

Seconda lettera di Manin sul Partito nazionale italiano. Si conferma la critica della politica "del pugnale", come unica – o prevalente – attività dei mazziniani. Altra risposta dura di Mazzini.

Torino, 22 giugno 1856

Viene pubblicato il primo numero del mensile "Il Piccolo corriere d'Italia", che tende a preparare la costituzione di una Società nazionale italiana a supporto della politica cavourriana. Tale processo è parallelo al tentativo di Manin di costituire un Partito nazionale. Il mensile tende ad collegarsi con l'attività di Manin, pervenendo ad una soluzione unitaria a carattere liberale, moderato e monarchico. Il curatore è Giuseppe La Farina,

Corleone (PA), 2 agosto 1856

Il barone Francesco Bentivegna, arrestato per attività mazziniana il **25 febbraio 1853** e sottoposto ad un lungo processo, viene assolto. Si era comportato in maniera così intelligente che la difesa ha potuto far considerare meri indizi quei fatti che, per l'accusa, erano prove.

Il barone riprende i contatti con il comitato rivoluzionario centrale (nuovo nome dell'organizzazione mazziniana) prendendo atto che sono in corso le premesse di un'insurrezione generale in Sicilia. Questa, secondo i piani di Mazzini, dovrebbe scoppiare nel gennaio 1857. Nel piano è previsto che la rivolta non inizi a Palermo, città ampiamente presidiata. Ma, per molti, l'esempio – diciamo il traino - di Palermo è essenziale.

Torino, 13 agosto 1856

Incontro riservato fra Garibaldi e Cavour. Sulla linea da tenere sono d'accordo. Ufficialmente Garibaldi darà notizia della sua adesione alla politica cavouriana, che verrà sintetizzata con il motto: Italia e Vittorio Emanuele.

Londra, 8 settembre 1856

Felice Orsini invia una lettera alla famiglia Arrivabene di Mantova. Fra l'altro precisa che editori inglesi sono interessati alle sue memorie ed è occupato per la traduzione del primo volume con un certo signor Leverson. Il libro sarà pubblicato poco dopo con il titolo:"The Austrian Dungeons in Italy". L'anno successivo sarà pubblicato, sempre a Londra, un altro libro di Orsini: "Memoirs and Adventures"

Mezzojuso (PA), novembre 1856, insurrezione.

In vari centri della Sicilia sono organizzati comitati insurrezionali. Mazzini questa volta segue personalmente l'organizzazione. Vi è una notevole novità: i monarchici di La Farina ed i repubblicani di Crispi e Fabrizi ora agiscono insieme. Molto limitata l'importanza degli autonomisti. A Messina è nascosto un notevole quantitativo di armi. Da Malta e dal Regno sardo gli esuli sono pronti a rientrare. Ma è necessaria un'azione coordinata. E questa è una difficoltà notevole da superare. Palermo deve dare il segnale.

 Francesco Bentivegna, essendo considerato da tutti un capo molto valido quindi, per i borbonici, notevolmente pericoloso, è controllato dalla polizia. E' a Corleone, ma scompare, va a Palermo, per fare accelerare le decisioni del comitato regionale. Così la rivoluzione viene fissata per il **12 gennaio 1857**, anniversario di quella del 1848. Bentivegna rientra a Corleone, ma viene a conoscenza che la polizia ha avuto notizia del piano insurrezionale. Ne consegue che incominceranno gli arresti ed i controlli che rinvieranno sine die la rivolta. Così decide di far scoppiare l'insurrezione: gli altri seguiranno.

Il **21 novembre** scompare nuovamente, riunendo i suoi 300 uomini nel bosco della Lacca, vicino al grande bosco della Ficuzza, di proprietà reale.

Il **22 novembre** entra a Mezzojuso, dove prende atto dell'adesione dei comuni di Ciminna (PA), Villafrati (PA) e Ventimiglia (PA).[1131] Ma la polizia interviene con grande tempestività, prima che Bentivegna possa organizzarsi adeguatamente. E', quindi, necessario ritirarsi e rinviare gli insorti alle loro case. Bentivegna nuovamente scompare.

Cefalù (PA) 25 novembre 1856, insurrezione.

La polizia ha notato, fin dal **20 novembre**, una certa effervescenza fra la popolazione. Salvatore Spinuzza, l'energico e fattivo capo dei mazziniani, viene arrestato e ristretto in carcere.

Ma questa sera compare in piazza un grande tricolore[1132] e si sentono alcuni spari. Poi, d'improvviso, la porta del carcere viene sfondata, è fatto prigioniero l'ispettore di polizia Scavuzzo[1133], sono disarmati i gendarmi, tagliate le linee telegrafiche, invase le case dei funzionari, occupato il municipio e la sede degli organi giudiziari. Il capo è sempre Spinuzza, ora liberato. Con lui sono Antonio Spinuzza, suo fratello e, poi, Salvatore Guarnieri, Cesare Civello, Alessandro Guarneri, Andrea Maggio, Carlo e Nicola Botta, Stefano e Salvatore Maranto, Rosario Culotta, Giovanni Palamara e tanti altri. Il cappuccino padre Alfonso esorta contro il tiranno e rammenta che è cosa giusta e santa morire per la Patria. Alessandro Guarnieri, con un gruppo di rivoltosi a cavallo, attua una sorta di propaganda armata recandosi a Collesano (PA) e Gratteri (PA).

Venezia, 25 novembre 1856

Da Trieste, con la nave Elisabetta, sono arrivati in visita a Venezia Francesco Giuseppe, la ventitreenne consorte ed il fratello Massimiliano[1134]. L'imperatore, ben consapevole del diffuso e profondo astio degli italiani nei confronti dell'Impero, spera che lo stile e la bellezza della moglie e la bonomia del fratello determinino un moto di simpatia nei confronti del vertice dell'Impero[1135]. In realtà, secondo un'ironica espressione del console

---

[1131] Oggi Ventimiglia di Sicilia.

[1132] Cucito da Elisabetta e Giuseppina Botta, sorelle di Carlo e Nicola, due capi mazziniani.

[1133] Salvato dall'intervento di Salvatore Guarnieri.

[1134] Massimiliano d'Asburgo, nato a Vienna nel 1832, fratello minore dell'imperatore, nel 1854 avrà il comando della flotta austriaca, funzione che ricoprirà positivamente. Governatore generale del Lombardo – Veneto fra il 1857 ed il 1859 ha cercato, inutilmente, di ridurre la repressione dei comandi militari. Poi sarà imperatore del Messico, sconfitto nel 1867 e fucilato il 19 giugno dello stesso anno.

[1135] Sono notevoli la reciproca simpatia e la cordialità fra Elisabetta e Massimiliano, molto simili fra loro di carattere. Analoghe la loro concezione alquanto liberale e la vita intesa come esperienza spensierata e gioiosa. Anche se Massimiliano non arriva all'odio verso la monarchia che caratterizza la cognata, ne recepisce le istanze di libertà e di partecipazione umana e sociale. Stanno sempre in conciliabolo, cosa non gradita all'arciduchessa Sofia, che avrà, invece, grande simpatia per una vera

inglese, la presenza dell'imperatrice provocherà solo curiosità, data la   fama del suo fascino.

Notevole la quantità di visite e incontri, ma nessun entusiasmo fra la popolazione. Da Venezia avrebbe dovuto partire un viaggio trionfale, che, però, inizia senza alcuna partecipazione, come una doverosa attività burocratica.

Cefalù (PA), 26 novembre 1856

Viene inviato agli altri comuni un messaggio da Cefalù liberata. Ma appare una nave militare, la Sannio. Non vi sono risposte al messaggio. Quindi la popolazione si sente isolata ed in pericolo. Di conseguenza Spinuzza, con Carlo e Nicolò Botta, Andrea Maggio ed Alessandro Guarnera è costretto a fuggire., Si trasferiscono a circa 40 chilometri da Cefalù, a Pettineo (ME).

La polizia non riesce ad arrestare i capi del movimento, ma, come sovente accade in situazioni in cui l'arroganza e l'incapacità si uniscono con la viltà, sono arrestate e condotte in carcere le loro donne, Concetta Miceli, madre dei Botta, con le figlie Giuseppina ed Elisabetta e Gaetana Spinuzza, sorella di Salvatore. Al resto della famiglia Spinuzza è imposto il domicilio coatto a Gratteri.

Cefalù (PA), 30 novembre 1856

Nell'area del santuario di Gibilmanna è arrestato Salvatore Guarnieri, che viene deferito al consiglio di guerra e condannato a 18 anni di lavori forzati.

Milano, 2 dicembre 1856

Nel quadro di una "nuova politica" nei confronti dell'Italia l'imperatore concede l'amnistia per alcuni reati politici, ridando ai legittimi proprietari i beni sequestrati.

Palermo, 3 dicembre 1856.

Una delazione consente alla polizia di arrestare Bentivegna, che viene condotto a Palermo

Napoli, 8 dicembre 1856, attentato a Ferdinando II.

---

aristocratica come Carlotta del Belgio, moglie di Massimiliano, che, a sua volta, gelosissima, odierà la cognata.

E' la festa dell'Immacolata Concezione. Il re Ferdinando II, con la famiglia, dopo le funzioni religiose, è al Campo di Marte di Capodichino, per la tradizionale manifestazione militare. Una parata chiude le celebrazioni. Ma un militare rompe le righe del 3° battaglione cacciatori e si lancia contro il re, che è a cavallo, colpendolo con una baionettata al petto. Mentre sta per dare un secondo colpo viene bloccato dal tenente colonnello degli ussari Francesco de La Tour.

Il militare, Agesilao Milano[1136], viene portato in carcere e sottoposto a tortura per sei ore. Sono sequestrati alcuni libri di sua proprietà, considerati sovversivi.

E' molto diffusa la convinzione che l'attentato dovesse segnare l'inizio di un'azione più vasta, diretta da alcuni alti ufficiali. In merito, comunque, non si riesce a trovare prove certe, né, tanto meno, testimonianze. Agesilao ha sostituito nel servizio militare il fratello Ambrogio, che era stato sorteggiato. Inspiegabilmente, nonostante i suoi precedenti, è stato ammesso fra i cacciatori: vi sono state coperture rivoluzionarie? L'arrestato, nonostante la tortura, ha tenuto duro e non ha fatto dichiarazioni.

Genova, 11 dicembre 1956

Pisacane scrive al Comitato napoletano. La cordialità con cui è concepita la lettera è analoga ad altre indirizzate a Fanelli. Nella missiva, molto lunga, viene fatta un'analisi delle possibilità di scatenare nel Regno una guerriglia. Pisacane è scettico. Un'azione rivoluzionaria può affermarsi solo se ha l'appoggio della maggioranza della popolazione, come è avvenuto nel 1799 con l'eversione diretta dal cardinale Ruffo, che è riuscito ad essere notevolmente sostenuto dalla popolazione. Nella lettera si fa riferimento all'azione di Agesilao Milano: **"Ieri ricevemmo il dispaccio del tentativo fallito in Napoli e puoi figurarti il nostro dolore, la nostra costernazione pensando al rischio che correvano i nostri amici! Ti prego per mezzo del porgitore di farci conoscere il nome di questo** *eroe* **e le particolarità dell'avvenimento, e la sorte che ha corso".**[1137]

Pisacane precisa che: **"per quanto possono riuscire utili le operazioni delle bande come ausiliarie di un esercito, per tanto sono di niuno effetto isolatamente. (….) un tal gioco non è adatto alla rivoluzione (….) non bisogna avere alcuna esperienza per supporre**

[1136] Agesilao Milano è nato a San Benedetto Ullano (CS) nel 1830, in una famiglia di artigiani e possidenti. E', quindi, di origini albanesi, anzi arbereshe, come molte altre persone che hanno dato un contributo importante all'unità d'Italia: fra loro il più famoso è stato Francesco Crispi. Il padre di Milano, Benedetto, è stato carbonaro. Il figlio è mazziniano. Ha studiato a Cosenza ed è entrato nell'esercito. Nel 1848 ha combattuto fra i rivoltosi a Spezzano. Condannato ed amnistiato, è stato successivamente coinvolto nel processo a carico dei presunti responsabili del tentativo di uccidere il re durante una visita a Cosenza, ma è stato assolto.

[1137] G. Greco: "Le Carte del Comitato", cit., pag. 190.

che gente raccoglticcia duri molto a questo gioco. (....) La cosa sola utile sarebbe un movimento che facesse massa come quello di Ruffo, e corressero tutti diritto su Napoli. Ma in quell'epoca Ruffo aveva con sé delle soldatesche regolari, e i repubblicani pochissime forze, e fecero anche l'errore di dividerle, e perciò Ruffo vinse. (....) Io son pronto, prontissimo ed anche il nostro amico E. Cosenz, ad operare, quando l'occasione desiderata si presenterà, ovunque, ma entrambi come militari ci crediamo in debito di manifestare la nostra opinione a tale riguardo, e raccomandare a tutti i patrioti di non farsi illudere dalle facilità che si hanno nel cominciamento. In provincia si comincia facilmente, ma è assai difficile finir bene (....)".[1138]

L'analisi di Pisacane è molto valida. Purtroppo lo convinceranno che sarebbe bastato un innesco per far scoppiare una diffusa partecipazione popolare, adeguatamente coordinata dal comitato, che poi, però, non sarà in grado di agire. Ma Pisacane sarà condizionato anche da due altri fatti: la pericolosa azione dei murattiani e la ancora più pericolosa iniziativa sabauda.

Napoli, 12 dicembre 1856, la condanna

Il processo di Milano è breve. L'imputato dichiara di non odiare il re, ma di aver tentato di ucciderlo essendo **"un tiranno da cui doveva liberarsi la nazione"**.

L'avvocato di ufficio, Giocondo Barbatelli, fa il possibile: dopo che Milano è stato condannato a morte, presenta la domanda di grazia, che non viene accettata dal re.

Questi, in effetti, è rimasto molto impressionato, anzi sconvolto per essere stato ferito fra 25.000 suoi soldati. Si dice che i rivoluzionari usino armi bianche avvelenate. Pertanto è rimasto per molto tempo con il timore di morire. Nei suoi ultimi quattro anni di regno, il re si dimostrerà molto colpito, psicologicamente sciocato per l'accaduto. Il suo umore cambierà profondamente e tornerà a Napoli poche volte. Addirittura, prima di morire, ha dichiarato di aver perdonato Milano, che, ovviamente, è stato considerato un eroe dai mazziniani e dagli altri repubblicani. La repressione, comunque, è stata notevole, sia a Napoli, sia in Calabria. Sono stati arrestati anche i due fratelli di Milano, Ambrogio e Camillo, ed alcuni suoi compagni di scuola.

Napoli, 13 dicembre 1856.

Fuori porta Capuana Milano è stato degradato. Gli è stata tolta la giubba e gli astanti hanno potuto vedere i segni causati dalle torture. Poi, dopo un lungo giro sulla "carretta", il condannato è stato portato in Piazza del Mercato, dove, alle ore 10.30, ha avuto luogo

---

[1138] Ivi, pag. 191.

l'impiccagione. L'ultima sua frase è stata: "**Viva Dio, la religione, la libertà e la Patria**", aggiungendo: "**Io muoio martire! Viva l'Italia! Viva l'indipendenza dei popoli**".

Napoli, 17 dicembre 1856

Un enorme scoppio ha spaventato tutta la città. E' saltata una polveriera. Si segnalano molte vittime. Un'inchiesta non giungerà a definirne le cause, che, ovviamente, appaiono dolose.

Un sabotaggio mazziniano? Una vendetta per l'uccisione di Agesilao Milano? La massa del popolo ne è sicura. Anche il re, sembra. Per lui si tratta di un'ulteriore crisi.

Palermo, 19 dicembre 1856

Il Tribunale militare al cui giudizio è stato sottoposto Bentivegna lo condanna a morte mediante fucilazione. La difesa eccepisce l'illegittimità della giurisdizione della corte, tendendo a bloccare l'esecuzione della sentenza. Infatti l'organizzazione governativa ha un tale timore che possa scoppiare la rivoluzione da volersi "liberare" subito del capo rivoluzionario. Perciò è stato demandato il giudizio alla magistratura militare, che ha accelerato i tempi e resa più pesante la condanna, ma che non è competente a giudicare la fattispecie. L'avvocato presenta il ricorso, ma si arriva all'assurdo. Il ricorso viene inoltrato, ma, nonostante ciò, la condanna è ritenuta definitiva, quindi da eseguirsi.

Mezzojuso (PA), 20 dicembre 1856, fucilazione

Nella piazza centrale di Mezzojuso viene fucilato il barone Bentivegna.

Successivamente è stata riconosciuta la validità del ricorso. Infatti la magistratura militare era incompetente a giudicarlo. Ne è derivato, per il governo, un grande scandalo: le autorità si sono rivelate arroganti, timorose e pasticcione. L'uccisione, in definitiva, è stata illegittima anche in relazione alle leggi borboniche.

Cefalù (PA), 26 dicembre 1856

Il sottointendente di polizia ordina al capitano Francesco Gambaro di trovare ed arrestare i capi della rivolta di Cefalù. [1139]Il capitano si dà da fare, ma non riesce a risolvere il

---

[1139] Gambaro comanda una compagnia d'arme, un corpo ausiliario di polizia che ha come scopo l'estirpazione della delinquenza ed una rigorosa gestione della giustizia. Tali compagnie, nate alla fine del XV secolo, sono presenti in tutta l'isola e sono trentadue.

problema. L'incarico di Gambaro passa, quindi, all'ispettore Bajona, che aumenta il controllo del territorio ed aspetta.

ANNO 1857

Padova, Vicenza, Verona, Brescia, 3 – 14 gennaio 1857

Francesco Giuseppe e la moglie hanno lasciato Venezia per Milano e si fermano nelle città più importanti. L'accoglienza è dappertutto molto fredda. A Vicenza, allo spettacolo al Teatro Olimpico, non vi sono stati spettatori. A Verona nessuno si è tolto il cappello al passaggio della coppia imperiale, ecc.

Napoli, 4 gennaio 1857

Nel porto di Napoli inizia un incendio sulla pirocorvetta Carlo III, in partenza per Catania, dove continuano a profilarsi azioni rivoluzionarie. Le fiamme sono particolarmente estese e non si riesce a domarle. Dopo poco la nave esplode. I morti sono 39, fra cui molti ufficiali.

Difficile definirne le cause: un altro sabotaggio mazziniano? Questa volta alla marina reale, tanto amata dal re? Questa è la tesi generalmente accettata. In particolare, sembra anche questa volta, dallo stesso re.

Milano, 15 gennaio 1857

L'imperatore e la moglie, alla fine del giro nelle varie città venete e lombarde, arrivano a Milano. L'accoglienza è organizzata dall'amministrazione con grande dispendio. Sono costruite varie strutture provvisorie. In particolare è grande quella all'entrata della città, al rondò di Loreto ed all'inizio della strada postale per Bergamo e Brescia,[1140] dove le autorità cittadine ricevono la coppia.

Se Venezia ha ostentato una grande freddezza, Milano non ha celato una forma di disprezzo. All'arrivo degli ospiti, l'amministrazione cittadina, temendo una scarsa partecipazione di popolo, ha mobilitato e pagato una gran massa di contadini. Ma l'occasione in cui in maniera più sensazionale si è manifestata l'ostilità dell'aristocrazia è stata quella della rappresentazione al teatro della Scala. Le autorità, al solito precise e previdenti, si sono informate sulla presenza nei palchi. La risposta è stata generalmente positiva. Ma i nobili si sono fatti sostituire dai loro camerieri.

Milano, 25 gennaio 1857

[1140]   Rispettivamente, oggi, piazzale Loreto e corso Buenos Aires, all'inizio del quale l'amministrazione aveva fatto costruire un arco trionfale, sempre provvisorio.

L'imperatore si rende conto del baratro esistente fra i vari ceti della popolazione ed il governo imperiale. Radetzky deve essere destituito, altrimenti non cambierà nulla. Inoltre l'amnistia del 2 dicembre 2016 non basta. In data odierna Francesco Giuseppe concede un'amnistia generale per i reati politici Inoltre scioglie la corte speciale di Mantova. E' la progressiva distruzione dell'organizzazione repressiva di Radetzky.

Cefalù (PA), 5 febbraio 1857

Al capitano Chinnici, aiutante dell'ispettore Bajona, si presenta un tipo strano, travestito, per prudenza, da donna. E' Vincenzo Fratantoni, ricevitore distrettuale, che consegna una lettera, casualmente a lui pervenuta. Si tratta di una missiva di Spinuzza inviata al fratello Antonino. Dato che questi era stato arrestato, è stata consegnata a Clemente Marsiglia, il cognato, che, non sapendo che fare, l'aveva affidata al Fratantoni, suo suocero, persona che sarà molto lieta di dimostrarsi fedele al re[1141].

Spinuzza chiede al fratello dei soldi per pagare l'imbarco suo e dei compagni alla Marina di Patti. Comunica a chi affidare il denaro: Raimondo Dixidomini di Patti, Gioacchino Minneci di Pettineo o Giuseppe Giglia di Santo Stefano di Camastra. Chinnici corre a Patti (ME) ed arresta Dixidomini, costringendolo a confessare che i rivoltosi sono a Pettineo, in un casolare del dottor Giovanni Sirena.

Pettineo (ME), 7 febbraio 1857

Chinnici all'alba è già a Pettineo ed ha arrestato Giovanni Sirena, il cui casolare - rifugio viene circondato. Nove ore dura l'assedio. Una sparatoria continua. Alla fine gli assediati terminano le munizioni e devono arrendersi. Solo Cesare Civello riesce a fuggire (andrà a Malta). Gli altri sono condotti in carcere. Prima a Santo Stefano di Camastra (ME), poi a Tusa (ME), infine a Cefalù.

Palermo, 12 febbraio 1857

Arrivano al real forte di Castellammare Spinuzza e gli altri, con una lunga lista di accuse, di cui una delle più gravi è la cospirazione. Il processo sarà celebrato il **10 marzo.**

Milano, 28 febbraio 1857

[1141] Dopo la sua denuncia Fratantoni avrà timore di ripresentarsi a Cefalù. Solo nella nuova realtà del 1861 intenderà tornare in città. Ma la situazione è cambiata. Ora prevalgono i superstiti del tentativo rivoluzionario, Andrea Maggio e Carlo Botta, che è anche comandante della milizia a cavallo. Agiscono con una petizione popolare che qualifica Fratantoni come mercante di sangue. Generale la partecipazione, che qualificherà per tutta la vita Fratantoni, che non potrà tornare a Cefalù.

Francesco Giuseppe destituisce il maresciallo Radetsky. La necessità di cambiare politica non è accolta dal maresciallo, maniacalmente convinto che l'azione violenta sia l'unico mezzo per riportare la normalità nel Lombardo Veneto. Per Radetsky costituisce una politica normale il fatto che il Regno sia stato sottoposto allo stato d'assedio per circa sei anni. Per lui, anzi, si sarebbe dovuto continuare. E' ancora furente che il suo governo militare sia stato "annacquato" dal governo centrale prima con l'inserimento del conte Johann Bernhard von Rechberg und Rothenlowen[1142], poi con quello del conte Leo von Thun – Hohenstein.[1143] E ciò, ovviamente, è avvenuto per volontà di Francesco Giuseppe. In ogni caso siamo alla fine dell'antico rispetto verso il fedmaresciallo che in passato era considerato il genius loci dell'impero a Milano e Venezia.

Radetzky è un violento che, nei confronti di eventuali avversari, ha pronte la corda o la fucilazione, e che attua politiche provocatorie per poter giustificare successive, sanguinose repressioni. Ma solo nei confronti di una persona non può reagire violentemente. E ciò è naturale, dato che da tale persona deriva la sua posizione sociale, politica e costituisce il riferimento principale della sua ideologia. In definitiva non può andare contro l'imperatore. Così ora Radetsky è crollato: cambia la sua fisionomia, tagliandosi i baffi (chissà poi perché), si sente un limone spemuto e buttato via, prende atto che la sua opera è stata sconfessata. Nei prossimi giorni il maresciallo, oramai novantenne, si ammalerà, non si farà quasi vedere in giro. E' furioso ed annichilito al tempo stesso. Comunque l'imperatore gli assegnerà la Villa reale di Milano, dove il maresciallo dovrebbe trasferirsi da Verona.

La volontà repressiva di Radetzky, da tempo divenuta quasi patologica, non si manifesterà più nella sua violenta arroganza. Il Lombardo Veneto tornerà ad essere governato da un'autorità civile da cui dipenderà quella militare. Il periodo eccezionale è concluso, anche se solo ufficialmente e fino ad un certo punto, tenendo conto del notevole potere dei militari nell'amministrazione dell'Impero.

Comandante delle truppe è ora il generale ungherese conte Ferenc József Gyulay von Maros-Nemeth und Nadaska, degno successore del maresciallo.

[1142] Il conte Johann Bernhard von Rechberg und Rothenlowen è nato a Monaco di Baviera nel 1899. In contrasto con la politica bavarese, dal 1828 è stato al servizio dell'Impero, nel corpo diplomatico. Ambasciatore a Berlino, Londra, Bruxelles, Stoccolma e Rio de Janeiro. Dal 1847 al servizio del cancelliere Metternich, anche nel primo periodo dell'esilio. Rappresentante austriaco alla Dieta di Francoforte, poi a Costantinopoli, infine dal 1853 ministro plenipotenziario a Milano. Di nuovo a Francoforte nel 1855, successore del cancelliere Buol-Schauenstein dal 1848 al 1861, poi ministro degli Esteri fino al 1864, quando si ritirerà a vita privata, morendo a Vienna nel 1899.
[1143] Il conte Leo von Thun – Hohenstein è nato a Tetschen nel 1811. Prima magistrato, poi nell'amministrazione dello Stato. Governatore di Praga durante i fatti del 1848. Dal luglio dello stesso anno ministro dell'Istruzione e del Culto, fino al 1859. In pensione dal 1860, morirà a Vienna nel 1888.

Milano, 2 marzo 1857

Francesco Giuseppe e la moglie partono da Milano, rientrando a Vienna. La partenza è triste, nessuno dei loro obiettivi è stato raggiunto.

Palermo, 10 marzo 1857

Spinuzza e gli altri vengono processati. L'indomani, **11 marzo,** avranno notizia della sentenza. Tutti sono condannati a morte, che, poi, è stata confermata solo per Spinuzza. Agli altri la pena è commutata nei lavori forzati, nel carcere di Favignana. Saranno tutti liberati da Garibaldi.

Palermo, 13 marzo 1857

Si teme che, tornando per l'esecuzione via terra a Cefalù, Spinuzza possa essere liberato da un colpo di mano dei suoi amici. Così alle 16.00 è imbarcato sulla nave da guerra Guiscardo. Il mare è molto agitato. Il prigioniero è ai ceppi. A sera lo sbarco a Cefalù.

Cefalù (PA), 14 marzo 1857

E' eseguita la condanna a morte di Salvatore Spinuzza: aveva ventotto anni. Le ultime parole del condannato sono state: **"Possa il sangue mio e dell'amico Francesco Bentivegna essere a salvezza della Patria"**[1144].

Vienna, 22 marzo 1857

Dato il comportamento del Piemonte in occasione della visita della coppia imperiale nel Lombardo Veneto, trattata dai giornali e dall'opinione pubblica con ironia, l'Austria rompe le relazioni diplomatiche con il Regno di Sardegna

Venezia, 7 aprile 1857

Muore il conte Carl Ludwig von Ficquelmont. Nel 1852 era stato nominato cavaliere del Toson d'oro.

[1144] E' zeppa di persone la piazza Superiore, dove avviene la fucilazione. Piazza che, successivamente, sarà dedicata a Garibaldi. In un canto una giovanissima donna si sente male, sviene. E' Giovanna Oddo, fidanzata del giustiziato. I componenti della famiglia Spinuzza sono a domicilio coatto in un altro comune.

Torino, 1° maggio 1857

Nel mondo mazziniano e, più in generale, in quello degli esuli circola una notizia: Pisacane sta organizzando qualcosa di grosso, al Sud, e Mazzini lo sosterrà con un'azione al Nord. Le speranze si riaccendono. La notizia è motivo di grande soddisfazione perché si era vociferato di alcuni contrasti fra i due. E' noto che l'organizzazione repubblicana è in crisi. E i murattiani godono di un periodo favorevole. Ovviamente sono molto sostenuti da Napoleone III. Si vocifera che il governo sardo non sarebbe del tutto contrario ad una soluzione di compromesso, con l'Italia divisa in tre parti. Quella meridionale a Murat e quella settentrionale ai Savoia. Una soluzione che, in ogni caso, determinerebbe la fine del processo unitario.

Un'azione di forza mazziniana nel Mezzogiorno, comunque finisca, potrà dimostrare che la rivoluzione al Sud è nazionale e non "localista", di certo non bonapartista o murattiana. Cosa, questa, che verrà effettivamente dimostrata dalla spedizione - sia pur sfortunata –.di Pisacane. Mazzini è stato durissimo e molto chiaro contro le ipotesi murattiane, peraltro sostenute dal suo ex amico Saliceti. [1145] Nella "Protesta contro i muratiani" Mazzini ha scritto: **"Pochi uomini schiavi d'anima o compri, contaminano la causa nostra, cercando sostituire alla santa bandiera della Nazione il nome di un uomo straniero, Murat. Davanti all'Italia, in nome del popolo e dell'esercito napoletano gli uomini del Partito Nazionale protestano contro l'esoso raggiro e respingono solennemente ogni solidarietà che i loro fratelli illusi ponessero fra essi e quei pochi. Il popolo napoletano soffre e combatterà, quando che sia, per la propria libertà e per quella della Patria comune, non per sostituirsi un altro padrone. L'esercito napoletano sarà un giorno Legione Sacra nell'Esercito Nazionale, non mai coorte di pretoriani a servizio d'un prefetto di Francia.Tra Murat e noi soldati della Nazionalità Italiana sta la sua patria non nostra; sta la sua dipendenza da un Impero dispotico che lo vincola ad esser tiranno; sta la rovina d'ogni avvenire italiano tra le due influenze di Francia al sud e dell'Austria al nord; sta la vergogna che scenderebbe dall'opinione europea su questa parte d'Italia se si dichiarasse incapace d'emanciparsi da un giogo senza ricader sotto un altro, sta *il voto che Murat diede a favore della spedizione contro Roma." [1146]*

[1145] Che l'aveva teorizzata nel suo opuscolo: "La questione italiana: Murat ed i Borboni", edito in francese, nel 1855. Ha avuto una certa importanza anche "La questione napoletana; Ferdinando Borbone e Luciano Murat" di F. Trinchera, sempre del 1855. Il La Farina ha pubblicato l'opuscolo antimurattiano "Murat e l'unità italiana" nel 1856. Sulle stesse posizioni anche Manin e De Sanctis, oltre alla maggior parte dei patrioti meridionali, compresi quelli in carcere.

[1146] Da: Jessie W. Mario: "Della vita di Giuseppe Mazzini", cit., pag. 368. Dopo la spedizione di Pisacane le fortune murattiane, soprattutto fra i militari, sono andate tramontando, ma Mazzini non ha trascurato il problema. Nella violenta requisitoria contro Cavour del 1858 ("Al conte di Cavour") per le leggi repressive discusse nella seduta della Camera del 16 aprile 1858, Mazzini ha scritto: **"Non siete voi, Signore, pronto a cedere, con vero tradimento al Paese, il mezzogiorno d'Italia a Murat, purchè l'Impero** (francese) **v'assicuri compenso d'una zona di terreno al di là della**

Bologna, 19 maggio 1857

Può apparire strano, eppure è così: la paura nei confronti delle rivolte mazziniane è tale che nelle Legazioni vige ancora lo stato d'assedio. Ma oggi viene pubblicato un proclama firmato dal commissario straordinario mons. Camillo Amici[1147] e dal comandante austriaco generale conte August von Degenfeld – Schonburg,[1148] con il quale si rende noto che lo stato d'assedio è finito. Non si tratta di una benevola anche se tardiva concessione. Deve, infatti, venire in visita il papa che non può recarsi in un'area non "normalizzata".

Genova, 5 giugno 1857

Pisacane riunisce coloro che effettueranno l'azione nel Regno di Napoli. Sono ventiquattro Dovendo salire su una nave e sequestrarla non avrebbero potuto essere di più. Con lui Giovanni Nicotera, **"ardito calabrese, ferito a Roma, fidanzato della figlia di Carlo Poerio, che abbandonando le sue speranze ed i suoi agi a Torino ogni sua cosa vendeva per non essere a carico del partito. Altro fra i primi Giovanni Falcone,[1149] calabrese**

---

vostra frontiera? Partito *d'opportunisti*, voi non avete diritto d'invocare *principii*. Adoratori del *fatto*, voi non potete assumere veste di sacerdoti di *moralità.*" G. Mazzini. "Scritti politici", cit. pag. 786.

[1147] Il monsignore Camillo Amici è nato a Roma nel 1802. Molto studioso ed intelligente, prima è entrato in magistratura (1836), poi, in occasione di un'epidemia di colera, ha fatto parte della commissione straordinaria di pubblica incolumità. Successivamente, nel 1839 – 1840, è stato delegato a Spoleto. Dal 1846, con il pontificato di Pio IX, la sua carriera ha avuto un'accelerazione. E' stato prima segretario della commissione consultiva delle strade ferrate, poi, nel 1847, segretario del consiglio dei ministri e membro sia della commissione per la revisione della stampa sia di quella per l'elaborazione del regolamento della consulta di Stato. Infine è stato al ministero degli Interni, fino al 18 febbraio del 1848. Nel 1849, dopo la caduta della Repubblica, è stato commissario straordinario ad Ancona, poi, nel 1856, a Bologna è stato pro – legato e commissario straordinario per la legazione delle Romagne. Nel 1859, poco prima delle annessioni allo Stato sardo, è stato nominato ministro del Commercio, Belle arti, Lavori pubblici, Industria ed Agricoltura. Dal 1861 al 1870 è stato ministro senza portafoglio. In questo periodo ha avuto anche la carica di consultore della congregazione dei vescovi e quella di membro della commissione di archeologia sacra. Negli anni successivi è stato colpito da cecità ed è morto nel 1877 per un attacco apoplettico.

[1148] Il generale conte August von Degenfeld - Schonburg è nato a Nagykanizsa (o Kanitzsa) nel 1798. E' entrato nell'esercito austriaco durante la campagna antinapoleonica del 1815. Ha prestato servizio in Boemia. Poi è stato generale di brigata nella campagna del 1848 in Italia e, nel 1849, ha partecipato alla battaglia di Novara col grado di maggior generale. Parteciperà anche alla campagna del 1859. Nel 1860 sarà nominato prima feldmaresciallo, poi ministro della Guerra. Sarà in aspettativa per motivi di salute dal 1864 al 1866, anno nel quale, il 29 luglio 1866, firmerà come ministro della Guerra i preliminari dell'armistizio di Nikolsburg (ora Mikolov) con la Prussia, vincitrice a Sadowa. Morirà ad Altmunster nel 1876.

[1149] Giovan Battista Falcone (detto Giovannino dagli amici) è nato ad Acri (CS) nel 1834. La famiglia, ricca, è stata murattiana. Su posizioni patriottiche fin da piccolo, a Napoli, durante i corsi universitari, si è unito al folto gruppo di calabresi mazziniani. Molto amico di Agesilao Milano. Per

anch'egli, soldato, cospiratore, esule, che con Fabrizi a Malta, avea contribuito in gran parte a preparare il moto. (...) Gli altri, operai per la più parte, che o morirono nell'intrapresa, o dalle carceri del Borbone passarono ad altri e più fortunati campi di battaglia (...) Tutti devoti a Mazzini ubbidivano con cieca ed intiera fiducia a Pisacane, che il grande maestro aveva loro indicato e presignato come duce in quella gloriosa intrapresa.[1150]

Rosolino Pilo ha il compito di andare, con una paranza, a prendere delle armi. Il **10 giugno** Pisacane e gli altri si imbarcheranno sul piroscafo che da Genova va a Cagliari e prosegue per Tunisi. Se ne impossesseranno e incontreranno Pilo all'isola di Montecristo. Poi libereranno i reclusi a Ponza ed a Ventotene ed, infine, sbarcheranno a Sapri, dove dovrebbero incontrare i rivoluzionari di Salerno e di altre provenienze.

Al largo di Portofino, 6 giugno 1857

Rosolino Pilo dal **giorno 5** è in mare con un barcone su cui sono state stivate le armi che saranno portate all'appuntamento dell'isola di Montecristo. Ma il mare da due giorni è molto mosso e diviene sempre più cattivo. La paranza imbarca acqua. E' sempre più difficile governarla. Alla fine il carico è gettato in mare per salvare l'equipaggio.

Bologna, 10 giugno 1857

Il papa arriva a Bologna. Sta effettuando un viaggio perchè, con il proprio carisma e con l'autorevolezza della sua alta funzione morale e religiosa, intende riacquisire l'affetto, l'adesione, l'attaccamento delle popolazioni emiliane e romagnole, oppresse dalla repressione poliziesca e dall'insopportabile occupazione austriaca. L'Impero è alleato con la Santa sede ed i suoi reparti costituiscono il supporto dell'autorità pontificia. Bisogna, quindi, recuperare quella fiducia, quel prestigio che, oramai, appaiono notevolmente in crisi. In realtà saranno scarsi gli effetti del viaggio. L'opinione pubblica è cambiata rispetto al passato. Il popolo mostrerà rispetto e interesse per il pontefice ma rimarrà freddo: non si verificheranno manifestazioni di particolare entusiasmo e di sentita partecipazione.[1151]

---

un certo periodo è stato a Malta con Fabrizi, poi è andato in Piemonte, partecipando alla spedizione di Sapri, durante la quale è morto nello scontro di Sanza.

[1150] Jessie W. Mario: "Garibaldi" , cit., pagg. 443.- 445.

[1151] Infatti il potere pontificio in Emilia ed in Romagna dopo il 1849 è meramente formale, sostenuto dalla presenza delle truppe austriache. Infatti, quando queste saranno sconfitte nel 1859, l'organizzazione amministrativa pontificia è crollata. Luigi Carlo Farini ha così descritto la situazione dello Stato della Chiesa nel decennio precedente l'unità: "**Polizia clericale e polizia francese in Roma; polizia austriaca nelle provincie. La censura sopra la stampa non governata né dalla legge Piana del 1847 né da altra legge, ma dagli arbitrii del Santo Ufficio, dei Vescovi, della Polizia. Una generale inquisizione politica su tutti i funzionari dello Stato e dei municipi .... Inermi tutti i cittadini, i masnadieri padroni delle vite e delle sostanze loro. Ristaurate tutte**

Il pontefice il **1° giugno** è arrivato a Cattolica, è stato a Forlì dal **3 al 5 giugno** e ad Imola dal **6 al 9 giugno**. Il suo ingresso odierno in Bologna è stato organizzato in maniera solenne. Molto rispetto per il papa ma scarso o inesistente entusiasmo. Pio IX intende incontrare tutte le categorie, per avere una visione complessiva della realtà. Prima, ovviamente, incontra il clero, poi le autorità, infine presenzia ad una sfilata in suo onore dei soldati del generale von Degenfeld, in una fantasmagorica parata notturna.

Nei giorni **11 e 12** Pio IX è a Ferrara. Visita fabbriche e luoghi di lavoro. Al rientro a Bologna, il giorno **13 giugno** lascia il palazzo Apostolico e si trasferisce nel complesso della Chiesa di San Michele in Bosco e nell'adiacente convento degli Olivetani, dove rimarrà quasi un mese. In tale sede più riservata riceve il Granduca di Toscana, il duca di Modena e quello di Parma. Successivamente incontra i politici moderati, che gli chiedono riforme, criticano la politica dei vari livelli amministrativi e testimoniano che il popolo è scontento.

Alla fine Pio IX parte e a Bologna sono affissi manifesti in cui si afferma che lo scopo del papa non è stato il desiderio di conoscere da vicino le necessità del popolo, ma la volontà di ricevere omaggi e di rafforzare la reazione.

Genova, 11 giugno 1857

Quando Pilo lo informa, Pisacane decide di rinviare la partenza e di recarsi personalmente a Napoli. Parte subito, travestito da prete.

---

le immunità, ristaurati tutti i privilegi clericali …. Le carceri piene; il bastone per correzione dei carcerati. Proscritti, esulanti, ammoniti a migliaia e migliaia; né i soli repubblicani, i costituzionali, i novatori di ogni qualità, ma anche taluni alieni dalle parti, amici delle prime riforme e delle Patrie glorie. La nobiltà romana avversa ormai alle preminenze clericali; gran parte della curia e la borghesia nemiche, la plebe irata e ribelle." Da: "Lo Stato Romano", cit., in: "htps://www.storiaememoriadibologna.it/un-decennio-cruciale-per-bologna-965-evento".
(Luigi Carlo Farini è nato a Russi (Ravenna). Medico e ricercatore scientifico, liberale antimazziniano, ha svolto attività rivoluzionaria, per cui, nel 1843, ha dovuto andare in esilio a Parigi ed a Firenze. E' rientrato nello Stato Pontificio fruendo dell'amnistia del 1846. Iscritto al partito d'azione, ne è divenuto un dirigente. A Roma è stato nominato direttore generale della sanità. Non aderendo alla Repubblica romana è stato destituito e si è recato prima a Firenze e, poi, a Torino. Alla caduta della Republica ha riottenuto il precedente incarico dal quale, però, è stato nuovamente destituito. E' tornato a Torino, dove ha scritto alcune opere storiche. Successivamente sarà nominato: nel 1851 ministro dell'Istruzione; nel luglio 1859 dittatore dell'Emilia; a novembre 1859 anche della Romagna; nel novembre 1860 luogotenente generale delle province napoletane; dopo il plebiscito, ministro dell'Interno. E' stato eletto deputato per quattro legislature nel Regno di Sardegna (dal 20 dicembre 1849 al 17 dicembre 1860) e nel Regno d'Italia per una legislatura dal 18 febbraio 1861 al 7 settembre 1865. Infine diventerà presidente del consiglio dei ministri dall'8dicembre 1862 al 24 marzo 1863, quando subirà un grave crollo psichico e sarà ricoverato nello stabilimento di salute di Novalesa (TO). Morrà a Quarto al Mare (GE) nel 1866.

Napoli, 12 giugno 1857

Pisacane incontra i capi del Comitato. Gli garantiscono che tutto è organizzato adeguatamente. Ha un'impressione positiva. Jessie White, che lo ha incontrato al rientro da Napoli, ha scritto: **"tornò trasfigurato e raggiante: tutto era come Nicola Fabrizi da Malta aveva combinato cogli amici a Napoli e indicato a voce per mezzo di Giovannino Falcone. – Vinceremo – disse – basta una scintilla; per tutto la mina è preparata, le comunicazioni stabilite, audaci i capi, sicuri i seguaci. La rivoluzione è nei cuori di tutte le classi colte: il napoletano andrà in fiamma. Il Muratismo non esiste se non nella testa di Napoleone e de' suoi fidi in Piemonte. L'esercito sarà con noi, la plebe con chi vince. – Si rifece tutto da capo, Lemmi fornendo tutte in una volta 22 mila lire"**[1152].

Come già accennato, sono due i problemi che spingono Pisacane ad agire: il rafforzamento dei nazionali unitari monarchici, collegati alla monarchia piemontese e l'estensione, nel mezzogiorno, della politica murattiana. Da ciò deduce che si deve incidere fortemente sulla situazione politica.

Parigi, 13 giugno 1857

Arresti da parte della polizia, nel quadro di un'indagine sull'organizzazione di un attentato a Napoleone III. La centrale terroristica è a Londra. I capi sono Mazzini e Alexandre Ledru – Rollin, [1153] poi anche Federico Campanella[1154] e Gaetano Massarenti. Alcuni emissari sono già al lavoro in Francia. La polizia reputa di averne individuati tre: Paolo Tibaldi di Piacenza, [1155] Paolo Grilli di Cesena e Giuseppe Bartolotti di Bologna. Nel successivo

---

[1152] Da: "Della vita di Giuseppe Mazzini", cit., pagg. 374 – 375.
[1153] Alexandre Ledru – Rollin è nato a Parigi nel 1807. Avvocato, appartenente alla società segreta dei diritti dell'uomo, ha contribuito ad organizzare la rivolta del 15 aprile 1834, duramente repressa. Deputato della sinistra estrema. Nel 1848 ministro degli Interni del governo provvisorio. Candidato non eletto alla presidenza della Repubblica. Nuovamente eletto deputato. Oppositore di Napoleone, per un tentativo rivoluzionario fallito espatrierà in Inghilterra, rientrando solo nel 1871. Rieletto altre due volte deputato, morirà nel 1874 a Fontenay-aux-Roses.
[1154] Federico Campanella è nato a Genova nel 1804. Laureato in giurisprudenza nel 1829. Diretto collaboratore di Mazzini fin dall'inizio. Ha partecipato all'incursione in Savoia del 1834. Poi è stato esule in Svizzera e a Genova. Ha partecipato alle Cinque giornate. Nel 1849 ha partecipato all'organizzazione del tentativo di rivolta a Genova. Ha successivamente partecipato alla difesa della Repubblica romana, andando, dopo la sconfitta, ad Atene e a Parigi, dove ha agito con le forze antibonapartiste. Parteciperà alla guerra del 1859 con Garibaldi. Eletto in parlamento nel 1862, si è dimesso nel 1863, per protestare contro l'azione di polizia in Sicilia. Organizzatore del partito repubblicano, sarà un esponente importante della massoneria. Morirà nel 1884.
[1155] Paolo Tibaldi è nato a Piacenza nel 1824. Apprendista scultore, mazziniano. Nel 1848, come volontario, ha combattuto a Cornuda, a Treviso e a Vicenza, dove è stato ferito due volte ed ha

processo i presunti capi saranno, ovviamente, contumaci. Grilli e Bartolotti faranno, soprattutto il secondo, varie ammissioni. Solo Tibaldi negherà tutto con determinazione.

Il **4 agosto 1857** Grilli e Bartolotti saranno condannati a quindici anni di reclusione, Tibaldi all'ergastolo all'isola del Diavolo in Guyana.[1156]

Genova, 18 giugno 1857

Pisacane torna a Genova e, d'accordo con Mazzini, dà le ultime disposizioni per la partenza.

Genova, 24 giugno 1857

Pisacane ha scritto in data odierna il suo testamento politico:

"Nel momento d'avventurarmi in un'impresa risicata, voglio manifestare al paese la mia opinione per combattere la critica del volgo, sempre disposto a far plauso ai vincitori e a maledire ai vinti. I miei principii politici sono sufficientemente conosciuti: io credo al socialismo, ma ad un socialismo diverso dai sistemi francesi, tutti più o meno fondati sull'idea monarchica e dispotica, che prevale sulla nazione: esso è l'avvenire inevitabile e prossimo dell'Italia e fors'anche dell'Europa intera. Il socialismo, di cui parlo, può definirsi in queste due parole: libertà e associazione. (…) io sono convinto che l'Italia sarà grande per la libertà o sarà schiava (…).

---

ottenuto il grado di capitano. Combattente a Roma, ha seguito Garibaldi a San Marino ed è stato condannato dagli austriaci a morte, poi sospesa. Passato come prigioniero ai francesi, è stato liberato. Dal gennaio 1850 è stato esule a Parigi, dove ha lavorato come ottico. Nel 1857 viene condannato per l'organizzazione di un attentato a Napoleone III. Deportato in Guyana fruirà di un'amnistia solo alla caduta dell'Impero, nel 1870. Parteciperà alle vicende della Comune di Parigi. Nel 1875 pubblicherà i libro: "Da Roma a Cajenna, lotte, esigli, deportazione: narrazione", Cooperativa fra tipografi ed arti affini, Roma – Milano, 1875. Morirà a Roma nel 1901.

[1156] La narrazione di Tibaldi del sistema giudiziario e penitenziario francese è sconcertante. Dopo la cattura il maggiore impegno delle autorità è stato quello di farlo diventare una spia. Ha iniziato il giudice istruttore Roza. Poi "(….) **il giorno seguente il ministro dell'interno, generale Espinasse (….) venne a farmi visita mi parlò con eccessiva dolcezza e mi promise (….) la libertà (….) gli risposi che nulla aveva a dire (….) il duca di Morny comparve nella mia cella, facendomi presso a poco le medesime proposte (….) mi offerse denaro e salvacondotto per uscire dalla Francia (….) mi parlò degli amici che godevano all'estero dei benefizi della libertà (….) Gli risposi che combattere l'Imperatore era servire la mia patria. Non poteva perciò accettare le proposte fattemi.**" Paolo Tibaldi: "Da Roma a Cajenna, cit., pag. 20.
(Charles de Morny, nato nel 1811, era figlio di Hortense de Beauharnais e del conte Charles de Flahaut – figlio di Talleyrand -, quindi era fratellastro di Napoleone III. Era presidente del corpo legislativo. Morirà nel 1865).

"Io sono convinto, continua Pisacane, che i rimedi temperati, come il regime costituzionale del Piemonte e le migliorie progressive accordate alla Lombardia, ben lungi da fare avanzare il risorgimento d'Italia, non possono che ritardarlo. Per quanto mi riguarda, io non farei il più piccolo sacrificio per cambiare un ministero o per ottenere una costituzione, neppure per scacciare gli Austriaci dalla Lombardia e riunire questa provincia al regno di Sardegna. Per mio avviso la dominazione della casa di Savoia e la dominazione della casa d'Austria sono precisamente la stessa cosa. Io credo pure che il regime costituzionale del Piemonte è più nocivo all'Italia di quello che lo sia la tirannia di Ferdinando II. Io credo fermamente che se il Piemonte fosse stato governato nello stesso modo che lo furono gli altri Stati italiani, la rivoluzione d'Italia sarebbe a quest'ora compiuta".[1157]**

Pisacane, per garantirsi la conservazione e la pubblicazione del testamento, lo affida a Jessie White, di cui ha grande fiducia.[1158] L'ultima riunione con tutti coloro che partiranno viene effettuata a casa di una sicura e valida mazziniana: Carlotta Benettini. A ciascuno viene consegnata una pistola, un pugnale ed un berretto militare rosso. Molti avrebbero voluto partire ma sul piroscafo Cagliari può salire solo un numero limitato di persone, per non insospettire il comandante, quindi la polizia. Si parte domani.

Genova, 25 giugno 1857, pomeriggio

Partenza del postale "Cagliari". I 25 si imbarcano in piccoli gruppi, alcuni con il biglietto per Tunisi, altri per Cagliari. Vi è una certa allegria. Notevoli sono le speranze, ma grande è la gioia di poter agire per l'unità nazionale. E' uno stato d'animo notato da Mazzini che apprezza la fede e l'entusiasmo di tutti e abbraccia i partenti. Particolarmente affettuoso e pieno di speranze l'ultimo incontro con Pisacane, preoccupato per eventuali incontri con la flotta borbonica, ma fiducioso dei risultati delle operazioni a terra. Anche altri sono venuti con Mazzini. Jessie White dà una lettera in inglese per i macchinisti britannici, che non si sa come si comporteranno.[1159] Ma si temono controlli della polizia e tutti salgono sulla

---

[1157] Dal Testamento di Carlo Pisacane (da: Jessie White: "Garibaldi e i suoi tempi", cit. pagg. 444 e 445 (nota).

[1158] Jessie White pubblicherà il Testamento sul "Journal del Debats" del 27 luglio 1857.

[1159] Si tratta di Carlo Park ed Enrico Wuott, che, letta la lettera, hanno dichiarato a Pisacane di essere pienamente d'accordo. In italiano il testo della missiva è il seguente: "**Noi desideriamo di evitare spargimento di sangue: nostra sola mira è liberare i nostri fratelli dalle orribili prigioni di Bomba re di Napoli così giustamente aborrito dagli inglesi. Coll'assistenza ai nostri sforzi voi vorrete essere consapevoli di fare una buona azione, un'azione quale sarà approvata dalle due nazioni, l'Italiana e l'Inglese. Voi avrete ancora il merito di preservare questo bastimento per i vostri padroni. Ogni resistenza è inutile. Noi siamo risoluti di compiere la nostra impresa o di morire.**" M. Rosi: "Dizionario del Risorgimento", cit. Vol. I, pag. 951.

collinetta del Carignano per salutare i partenti. Grande è la commozione: alle 19.00 la nave parte.

Mar Ligure, 25 giugno 1857

Sono le ore 21.30, a bordo del "Cagliari", Pisacane ha riunito i suoi compagni [1160] e letto la bozza della dichiarazione comune, peraltro ad essi già nota. Il testo è il seguente:

"Noi qui sottoscritti dichiariamo, altamente, che, avendo tutti congiurato, sprezzando le calunnie del volgo, forti nella giustizia della causa e della gagliardìa del nostro animo, ci dichiariamo gli iniziatori della rivoluzione italiana. Se il Paese non risponderà al nostro appello, non senza maledirlo, sapremo morire da forti, seguendo la nobile falange de' martiri italiani. Trovi altra nazione del mondo uomini, che, come noi, s'immolano alla sua libertà, ed allora solo potrà paragonarsi all'Italia, benché sino ad oggi sia schiava.

Sul vapore Cagliari, alle ore 0930 di sera del 25 giugno 1857". [1161]

La dichiarazione viene firmata.

Mar Ligure, 25 giugno 1857, ore 2400, cabina del Comandante del "Cagliari"

Viene bloccato il comandante del Cagliari, Antioco Sitzia, sostituito da Francesco Daneri. Pisacane ed i suoi compagni si impossessano della nave, di cui viene, ovviamente, cambiata la rotta. A bordo vengono trovati 150 fucili, che sono sequestrati. I macchinisti sono d'accordo.

Ponza (LT), 27 giugno 1857, pomeriggio, sbarco dal Cagliari

Pilo ha tentato nuovamente di approntare le armi necessarie, Questa volta tutto è andato bene, ma non è riuscito ad incontrare il Cagliari. Il tempo passa e anche questa volta il coodinamento non riesce. Intanto Pisacane arriva a Ponza e sbarca. Il presidio borbonico è assalito di sorpresa. Il tenente Cesare Balsamo tenta di organizzare la resistenza, ma è ucciso da Nicotera. Così i militari vengono disarmati. Sono liberati 323 detenuti, fra politici

---

[1160] Erano: Giovanni Nicotera, Gian Battista Falcone, Luigi Barbieri, Gaetano e Felice Poggi, Domenico Porro, Francesco Madusco, Lorenzo Giannoni, Giovanni Gagliani, Amilcare Bonomi, Domenico Rolla, Giovanni Sala, Giovanni Camillucci, Cesare Cori, Clemente Conti, Giusppe Faelli, Federico Foschini, Giuseppe Mercurio, conte Lodovico Negroni, Domenico Mazzoni, Achille Perucci, Pietro Rusconi e Giuseppe Sant'Andrea (da: P. Giudici "Storia d'Italia", cit., vol. IV, pag. 745).
[1161] Da: P. Giudici: "Storia d'Italia", cit. vol. IV, pag. 745

e comuni, con i quali sono organizzare tre compagnie. Pisacane aveva avuto notizia che a Ponza i detenuti erano tutti politici. Invece questi ultimi sono solo poche diecine, il che è stata una brutta notizia per il comandante, che, comunque, va avanti con quello che ha trovato.

Livorno, 28 giugno 1857 ore 1800,

Maurizio Quadrio, rappresentante ed amico di Mazzini, designato a dirigere la rivolta a Livorno, incontra in un giardino di via San Benedetto[1162] i capi della Società mazziniana costituita nel 1856. Sono previste insorgenze a Genova e Livorno ed un attacco dal mare nel Mezzogiorno, tendente a provocare la rivoluzione nel Regno delle Due Sicilie. Dato che è difficile il coordinamento, ogni parte dell'azione complessiva deve provvedere a sé stessa. Solo dopo un eventuale successo le azioni potranno divenire sinergiche. La liberazione di Livorno, quindi, costituisce un elemento essenziale del piano generale. L'azione prevista sarà facilitata dalla sorpresa, dato che, dopo la partenza degli austriaci avvenuta due anni prima, tutti sono sicuri che la città sia tranquilla. I livornesi sono sicuri che una parte dei militari del presidio si unirà alla rivolta.

Il comitato è formato, secondo le caratteristiche dei rivoluzionari livornesi, da rappresentanti delle varie classi sociali. Sono tutti d'accordo. La rivolta si prevede per il giorno 30 giugno.

Sapri (SA), 28 giugno 1857 ore 1900, sbarco e impiego

E' sera. Il Cagliari è nel golfo di Sapri. Vengono fatti segnali luminosi, come previsto. Ma non vi sono risposte. Sono inviati alcuni messaggi. Tutto inutile. Pisacane ordina lo sbarco e si dirige al previsto punto di incontro, dove dovrebbe aspettarlo Teodoro Pateras,[1163] che non c'è. In effetti, a rendere ancora più difficile la situazione, la lettera inviata da Genova al comitato il 23 è arrivata il 27 e il telegramma del 26 è pervenuto oggi. Pateras avrebbe dovuto fungere da guida e da coordinatore nei rapporti con i gruppi ribelli. Pisacane non aveva molta fiducia in Pateras, ma Fanelli, che è suo grande amico e lo stima molto, ha inteso utilizzarlo. In ogni caso il comportamento di Pateras è molto inadeguato. Oramai

---

[1162] Oggi via Gazzarini.
[1163] Teodoro Pateras, nato a Napoli nel 1828, ufficiale, mazziniano, ha combattuto a Venezia nel 1848. Successivamente ha svolto un'attività commerciale. Nel 1849 ha partecipato alla difesa di Roma. E' stato collaboratore di Giuseppe Fanelli nel comitato segreto. Sarà con Garibaldi nel 1860, con il grado di colonnello. Costituirà i Cacciatori del Vesuvio con Fanelli e, nel settembre - ottobre, combatterà contro i gruppi reazionari e le truppe borboniche del colonnello Klitsche de la Grange in Molise. Sarà il primo ufficiale garibaldino a ricevere, con il suo reparto, Vittorio Emanuele II ed a scortarlo per sette miglia fino a Popoli. Morirà nel 1870.

Pisacane prende atto che l'unica cosa da fare è organizzarsi e, comunque, andare avanti, dato che non vi sono altre alternative. Il gruppo viene diviso in tre compagnie. Gli altri due ufficiali sono Giovanni Nicotera e Giovan Battista Falcone.

Il **29 giugno** le tre compagnie da Sapri muovono verso Torraca (SA), a 425 metri di quota, distante 11 chilometri,. La popolazione, che è in festa - si celebra san Pietro –esprime molto stupore. Pisacane, in un proclama, critica chi non partecipa ad una rivoluzione che viene effettuata nell'interesse del popolo. Prende, inoltre, atto che è difficile tenere la disciplina di un reparto in gran parte formato da personale raccogliticcio. Pisacane minaccia la fucilazione se verranno perpetrate azioni delittuose ai danni della popolazione. Riprende la marcia. Finora si è andati verso Nord, ora si prosegue e, all'altezza di Tortorella e Casaletto Spartano viene seguita la grande curva della strada verso Est. Il reparto, così, dopo aver percorso 28 chilometri, arriva a Fortino, a 785 metri di quota, nel comune di Lagonegro (PZ), sulla grande strada che a Nord Ovest porta a Salerno ed a Sud Est in Calabria. Qui sorge il problema: dove andare? Procedere verso Salerno implicherebbe un sicuro incontro con i borbonici. Un vero e proprio scontro definitivo. Procedere verso la Calabria significherebbe perdere tempo con azioni di guerriglia nella provincia di Cosenza. Nicotera e Falcone propendono per la seconda ipotesi. Peraltro il primo conosce molto bene la zona ed è sicuro che una banda armata presente sui monti costituirebbe un ottimo detonatore rivoluzionario per la Calabria. Ma Pisacane, da buon ufficiale effettivo, non crede che una banda possa avere un ruolo determinante. Era previsto l'afflusso di volontari nella piana di Auletta (SA), sulle rive del Tanagro, lungo la strada per Salerno. Giungono notizie della formazione di gruppi di volontari. Così Pisacane decide di muovere verso Auletta, passando per Padula (SA) e Sala Consilina (SA). Ha bisogno del supporto di qualche altro centinaio di uomini per essere certo di poter stroncare le prime azioni nemiche. Intanto la flotta borbonica ha sequestrato il "Cagliari" ed un reparto di cacciatori è sbarcato a Sapri, iniziando l'inseguimento. Purtroppo proprio a Sala Consilina vanno concentandosi varie forze borboniche. I cacciatori, intanto, muovono molto guardinghi e Sala Consilina è a cinquanta chilometri. Purtroppo la distanza si ridurrà progressivamente, poichè sia Pisacane che i borbonici si muovono sulla stessa strada, in direzioni opposte.

Il **30 giugno**, sul tardi, sono stati percorsi undici chilometri ed il reparto è arrivato a Casalbuono (SA), comune che dovrebbe essere presidiato, ma non lo è, dato che i gendarmi hanno abbandonato il paese e si sono diretti a Sala Consilina. Pisacane prosegue per altri 15 chilometri verso nord ovest sulla strada per Salerno e gira a destra. Altri tre chilometri ed arriva a Padula (SA), a 699 metri di quota. Lungo la strada ha fatto fucilare un uomo del reparto che aveva commesso un furto. Anche qui le forze di polizia hanno abbandonato il paese, che è calmo e non mostra ostilità. Padula è una località in cui forze rivoluzionarie dovrebbero confluire da Salerno e da Potenza. Ma anche qui non arriva nessuno. Ormai Pisacane prende atto di essere solo e pensa di riparare in Basilicata.

Il **1° luglio** i borbonici arrivano e Pisacane deve accettare lo scontro, schierando i suoi uomini su una forte posizione. Viene attaccato dall'avanguardia, composta da gendarmi e guardie urbane, e lo scontro dura a lungo. Alla fine arriva il grosso del colonnello Ghio, che tenta una manovra avvolgente. Pisacane decide di sganciarsi per ritirarsi sui monti del Cilento. Intanto continuano le perdite sotto il continuo fuoco del nemico. Comunque Pisacane riesce a sganciarsi e, con il centinaio di uomini che ancora possono combattere, scende a valle, attraversa la strada Salerno - Calabrie e arriva a Buonabitacolo (SA), a 501 metri di quota. Ma il paese è presidiato e, fidandosi di un pastore che si è offerto come guida, Pisacane ed i suoi superano l'abitato di Buonabitacolo e si diriggono verso Sanza (SA). Ma alla fine il pastore dichiara di aver perso la strada. Così gli uomini trascorrono la notte in montagna. Sono stanchi, ma soprattutto affamati e assetati.

Il **2 luglio**, dopo aver percorso un breve tratto, la colonna arriva a Sanza, da dove esce un reparto di guardie urbane, che incominciano a sparare. A questo punto i combattenti politicizzati, cioè i pochi esuli, vengono abbandonati dagli altri, una sessantina, che si arrendono correndo verso il paese. Nicotera li insegue, ma dalle case escono altre guardie ed una masnada di contadini, variamente armati, che si lanciano contro il gruppo che continua a combattere. Diversi cadono, morti o feriti. Anche Pisacane è gravemente ferito da una fucilata al fianco destro. Dinanzi al grande equivoco dei contadini che si lanciano contro coloro che intendono costruire per loro una realtà più giusta, sociale e libera, si uccide con un colpo di pistola, imitato da Falcone. Nicotera, anch'egli ferito, è in un crepaccio. Per fortuna non è visto dai gruppi infuriati che si scatenano con crudeltà sui corpi dei morti e dei feriti. Alla fine arriva un reparto borbonico il cui capitano impone la fine della selvaggia gazzarra, salvando gli ultimi 29 superstiti, fra cui Giovanni Nicotera. Il comandante è il capitano Musitano, collega e ammiratore di Pisacane, che ne recupera il corpo e lo fa seppellire, mentre gli altri cadaveri vengono bruciati.

Genova, 29 giugno 1957, sede di Mazzini

Ultimi accordi di Mazzini con i capi dell'insurrezione, che deve scattare nella notte. La finalità è impadronirsi dei forti e del porto di Genova. Primo obiettivo: caricare rapidamente le armi e le artiglierie previste sulla nave da guerra "Carlo Alberto" e inviarle a Pisacane.

Il piano è stato così sintetizzato da Jessie White:[1164] il conte Raffaele Pasi[1165] occuperà il palazzo ducale; Antonio Mosto[1166] si impadronirà della Darsena; Alberto Mario occuperà

[1164] "Della vita di Giuseppe Mazzini", cit., pagg. 375 – 376.
[1165] Il conte Raffaele Pasi è nato a Faenza nel 1819. Carbonaro, ha comandato nel 1845 i 40 faentini che, nel territorio di Brisighella (RA), con rivoluzionari di altri cinque comuni, hanno affrontato le

l'ex monastero dello Spirito Santo;[1167] un altro gruppo si impadronirà del forte Diamante,[1168] altri ancora del forte Sperone.[1169] Questi due ultimi gruppi impediranno l'afflusso di unità militari, fin tanto che le armi, le munizioni e la batteria da campagna, da prendere allo Spirito Santo, siano completamente imbarcate sulla fregata "Carlo Alberto", ancorata nel porto, che immediatamente salperà per il Cilento. L'equipaggio è d'accordo con i mazziniani.

Genova, 29 giugno 1857, ore 23.00 , comando della Piazza.

Il generale Durando è rimasto in ufficio fino a tardi. Corrono voci di azioni rivoluzionarie ma, in merito, non ha ricevuto disposizioni dal ministro dell'Interno, Urbano Rattazzi. Alle 23.00 viene da lui un amico, ex ufficiale, dimessosi dopo la campagna del 1848, che è Raffaele Pasi. Attualmente è mazziniano, è coinvolto nell'azione programmata, ma è anche

---

truppe pontificie nello scontro alle balze di Scavignano. E' andato in esilio in Francia. Poi ha goduto dell'amnistia di Pio IX. Comandante della guardia nazionale di Faenza nel 1848, col grado di tenente colonnello ha prestato servizio in due reggimenti della Repubblica romana. Nuovamente in esilio, è andato a Genova. Nel 1859 entrerà nell'esercito piemontese. Ordine militare di Savoia alla presa del forte di Narni nel 1860. Colonnello nel 1863. Medaglia d'oro a Custoza nel 1866, sarà tenente generale e primo aiutante di campo di Vittorio Emanuele II e di Umberto I. Morirà a Roma nel 1891.
[1166] Antonio Mosto è nato a Genova nel 1834. Mazziniano, ha preso parte al tentativo di rivoluzione del 1857. Parteciperà alla spedizione dei Mille col grado di capitano, poi alla campagna in Trentino del 1866 col grado di maggiore (decorato per l'eroica partecipazione alla battaglia di Monte Suello), infine alla campagna nell'agro romano del 1867, durante la quale sarà gravemente ferito. Direttore della Banca popolare di Genova, dove morirà nel 1880.
[1167] Il monastero dello Spirito Santo, sito nel sestiere di Prè, è un grande manufatto fatto erigere nel 1612 da Andrea Doria per ospitare le monache domenicane, ordine religioso soppresso nel 1793. Così la struttura è stata utilizzata come arsenale. Vi sono laboratori di artiglieria al pian terreno ed armerie varie agli altri piani. Alberto Mario ed i suoi uomini devono entrare di sopresa nella struttura, impadronendosi sia dei materiali da inviare a Pisacane sia di quelli che servono per l'insurrezione.
[1168] Fra la val Polcevera e la val Bisagno vi è una linea di fortificazioni sita mediamente a quota 600 metri. L'insieme dei forti (Fratello Maggiore, Fratello Minore e Puin) difende la città dalle provenienze da Nord e da Nord Est e costituisce la linea esterna di difesa, che integra quella interna, costituita dalle mura Nuove della città, che convergono nel forte Sperone. Il forte Diamante è avanzato rispetto alla linea esterna. Dopo il forte Sperone è il più importante dell'area. E'una struttura imponente, su più piani. E' isolato, ad una quota di 624 metri, raggiungibile solo con una mulattiera. E' armato con cinque obici di calibro notevole puntati verso la provenienze esterne (Nord) e da due cannoni vicini all'entrata. La guarnigione prevista va da un minimo di quaranta ad un massimo di cento uomini. Il forte è sito nel comune di Santa Olcese.
[1169] Il forte Sperone costituisce una struttura fortificata inglobata all'estremo Nord delle mura Nuove a difesa dalle provenienze fra il Polcevera ed il Bisagno. E' molto grande, strutturato su tre livelli, con una guarnigione di 300 uomini che possono aumentare fino a 900. E' armato con 18 cannoni, 9 obici ed altre artiglierie minori. La struttura di base è antica, inserita nelle Mura nuove alla loro costruzione, fra il 1629 ed il 1633. E' costruito sul monte Peralto, a 489 metri di quota. E' nel territorio del comune di Genova. Il possesso dei forti Diamante e Sperone da parte dei mazziniani avrebbe determinato il controllo della parte più impostante del sistema di fortificazioni genovese.

in contatto con Pallavicino Trivulzio per la costituenda Unione monarchica. Il personaggio svela al generale i particolari del progetto rivoluzionario mazziniano. Durando dà l'allarme.

Genova, 29 giugno 1857, ore 24.00.

Mazzini ha preso atto che tutto sta procedendo bene, ma alle 24.00 si presenta il Pasi, che gli rivela un fatto gravissimo. Ha saputo che il generale Durando conosce nei particolari il piano rivoluzionario. Poi va via.[1170] Mazzini prende atto che la rivolta è stata neutralizzata: bisogna immediatamente bloccare quanto programmato. Non vuole provocare una guerra civile. Avrebbe voluto sfruttare la sorpresa, per neutralizzare l'ovvia superiorità di armamento ed organizzativa dell'esercito e, nel frattempo, inviare gli aiuti a Pisacane. Oramai è meglio fermarsi e rinviare l'azione, aspettando notizie della spedizione. Chiama i collaboratori ed ordina l'annullamento del piano. Se si riesce a bloccare il tutto le autorità non potranno effettuare azioni repressive. Ma, purtroppo, oramai è tardi ed è difficile comunicare a tutti le nuove disposizioni.

Non è affatto chiaro cosa sia effettivamente successo. Forse la spiegazione più logica è che sia stato attuato, nel quadro della politica di Cavour e del suo ministro dell'Interno, una sorta di doppio gioco. Cavour intende sfruttare i tentativi mazziniani al fine di far pervenire due messaggi ai vari governi interessati. Da un lato che la situazione politica italiana è esplosiva essendo resa molto grave da tentativi rivoluzionari, divenuti, oramai, endemici. Quindi bisogna provvedere, nell'interesse di tutti gli Stati europei. Dall'altro, però, si deve prendere atto che il Regno di Sardegna è l'unico soggetto politico, in Italia, che sappia dare risposte adeguate alla rivoluzione. Quindi bisogna sostenerlo e, al tempo stesso, favorire l'attuazione della politica unitaria italiana, che, una volta risolta, determinerà una netta riduzione della tensione esistente in Europa. Naturalmente, Cavour "utilizza" i tentativi mazziniani, ma non intende che prevalgano. Da ciò il doppio gioco.

Nei giorni successivi Napoleone III si lamenterà: i servizi francesi avevano notizia che sarebbe avvenuto qualcosa: come è possibile che niente sapesse il ministro dell'Interno sardo, che, quindi, merita di essere esonerato? La Francia, tenendo conto di quello che avviene in Piemonte, lo abbandonerà, riavvicinandosi all'Austria. Si determina, così, una situazione molto confusa e complessa. Una di quelle situazioni ideali per Cavour, che sa dare il meglio di sé nel brillante superamento delle difficoltà più o meno ingarbugliate ed apparentemente insuperabili. Infatti, alla fine, la Francia riconoscerà la validità della politica sarda, aumenterà la sua simpatia per il Piemonte, mentre Urbano Rattazzi rimarrà

[1170] Successivamente l'equivoco personaggio Raffaele Pasi si giustificherà affermando di essersi convinto che il moto costituiva un tentativo inconsulto.

ministro degli Interni.[1171] Solo successivamente, il **15 gennaio 1858**, Cavour indurrà il suo ministro a dimettersi, con notevole disappunto di Rattazzi, peraltro nominato presidente della Camera.

Genova, 30 giugno 1857, ore 01.00, Forte Diamante

Tutti sono avvertiti che la rivolta è stata bloccata, tranne il gruppo che deve occupare la struttura più lontana, sita sul monte Diamante. Il forte omonimo, isolato e massiccio, svetta fra le valli Polcevera e Bisagno a più di 600 metri di quota. Il gruppo dei rivoluzionari si è preparato da tempo, instaurando rapporti amichevoli con i militari della guarnigione. Sono stati organizzati tornei sportivi e incontri musicali. Questa notte è stata programmata una festa, quindi è facile per i rivoltosi entrare nel forte, che subito dichiarano occupato, impadronendosi delle artiglierie. Tutto sembra procedere in maniera sostanzialmente serena, quando un colpo d'arma da fuoco rende l'atmosfera drammatica. Un giovane ha ucciso il sergente Pastrone che, sembra, volesse reagire all'occupazione. La situazione non può più evolversi in maniera pacifica. I rivoltosi rimangono nel forte fino al mattino. Alla fine, non ricevendo notizie né segnali da parte degli altri gruppi rivoluzionari, escono dalla struttura e si disperdono.

Però la morte del sergente e la connessa occupazione del forte causeranno un'inchiesta, che sarà condotta in maniera molto accurata, finchè incominceranno le prime incriminazioni. Alla fine si aprirà l'istruttoria con circa 57 arrestati. Per quanto riguarda gli altri mazziniani, molti fuggiranno, come Rosolino Pilo. Altri rimarranno nascosti o, comunque, riusciranno a non essere coinvolti. Mazzini prima rimarrà in città, poi andrà in altri luoghi della riviera ligure, fino alla fine del mese di luglio. Poi tornerà a Londra.

Il processo a sessantatrè mazziniani sarà condotto con una notevole severità formale. Saranno irrogate sei condanne a morte, ma solo a persone contumaci,[1172] quindi non verrà giustiziato nessuno. Le altre condanne saranno severe [1173] ma entro un anno tutti saranno

---

[1171] Bisogna tener conto che fra Cavour e Rattazzi vi è un rapporto particolare, la caduta del secondo avrebbe danneggiato la posizione del primo. Fra loro, infatti, vi è come legame il cosiddetto "connubio", quello fra i moderati di centrodestra cavourriani e i moderati di centrosinistra di Rattazzi. Le successive dimissioni di quest'ultimo determineranno alcune difficoltà nella collaborazione, anche se da ministro diventerà presidente della Camera.

[1172] Condannati a morte saranno, ovviamente, Giuseppe Mazzini, poi Angiolo Mangini, Antonio Mosto, Ignazio Pittaluga, Michele Lastisco, Giovan Battista Casaredo, che non saranno arrestati.

[1173] Saranno condannati: Carlo Banchero, Francesco Canepa, Ferdinando Deoberti, Gerolamo Figari, Francesco Moro, Antonio Pittaluga, Tommaso Rebisso, Teobaldo Ricchiardi e Andrea Sanguinetti ai lavori forzati per venti anni, all'interdizione dai pubblici uffici e alla vigilanza speciale per dieci anni; Agostino Marchese ai lavori forzati per tredici anni; G.B. Armellini, Tommaso Battifora, Giuseppe Canale, Agostino Castelo, Bernardo Oliva, Luigi Stallaggi ed Enrico Todeschini ai lavori forzati per dodici anni; Domenico e Stefano Castello, Francesco De Martini, Giuseppe Develasco, G.

liberi, a seguito di un'apposita amnistia. Alberto Mario e Jessie White [1174] saranno espulsi, così si sposeranno e faranno propaganda in Inghilterra e negli USA.

Livorno, 30 giugno 1857, ore 18.30, la rivolta

Alle 18.30, come previsto, inizia la rivolta. Vari gruppi attaccano diversi punti importanti per il controllo della città, facendo prigionieri gli ufficiali ed i gendarmi che incontrano per strada. Gli scontri si estendono e sono particolarmente violenti nelle piazze Rangoni[1175] e Voltone.[1176] Si profila subito una grande difficoltà: la reazione delle truppe è più rapida del previsto. La fortezza Vecchia spara tre colpi di artiglieria. Subito i reparti sono allertati. I militari che intendono sostenere la rivolta sono condizionati dal rapido inquadramento ed impiego dei loro reparti. Infine sono chiuse e presidiate le porte della città. I reparti via via approntati vengono inviati nei luoghi degli scontri con l'ordine di respingere verso la cinta muraria i rivoltosi.

Ma questi reagiscono. Un gruppo, percorsa via Larderel, occupa palazzo Colò e blocca i militari con un tiro molto efficace. Il palazzo è circondato da un reparto che è passato per l'edificio del reclusorio,[1177] ma gli occupanti resistono. Alla fine le munizioni finiscono e i rivoltosi devono arrendersi. I sette che hanno combattuto più a lungo sono fucilati sotto lo stesso palazzo Colò. Un vero assassinio, perché si sono arresi e non sono stati sottoposti a regolare processo, bensì uccisi per iniziativa del comandante del reparto intervenuto.[1178] I sette hanno espresso la loro rabbia di dover morire senza aver raggiunto gli obiettivi della rivoluzione e sono morti coraggiosamente.

Torino, 13 agosto 1857, nascita della Società Nazionale

B. Pedemonte, Giacomo Profumo, Luigi Ruggiero, Bartolomeo Francesco Savi, Luigi Stallo e Michele Tassara ai lavori forzati per dieci anni, all'interdizione dai pubblici uffici e alla vigilanza per sette anni. (Elenco tratto da P. Giudici "Storia d'Italia" cit., IV Volume, pag. 747)

[1174] Jessie White terrà un contegno duro ed intransigente. Dagli atti del **processo del 29 giugno a Genova: "interrogata Miss White se conosceva un certo Giuseppe Mazzini, risponde: 'Lo conosco, lo tengo il *Cristo del secolo*' e che possa ciò aver allusione, risponde: 'Primamente io non tengo per divino il Cristo, e quindi non tengo nemmeno per divino Mazzini, e nel qualificarlo il Cristo del secolo ho voluto dire che sia l'uomo scelto da Dio per dar nuova parola a quest'epoca, ch'è Dio e Popolo.' Interrogata cosa intende per dar la nuova parola a quest'epoca, risponde: 'Credo che l'epoca dei tiranni è finita e che l'epoca del popolo sta per cominciare'"** Dal Supplemento al numero 10 della "Gazzetta dei Tribunali", Genova, 24 febbraio 1858, in: Jessie W. Mario: "Della vita di Giuseppe Mazzini", Milano, Sonzogno, 1891, pag. 307, nota 1.

[1175] Oggi piazza Garibaldi.

[1176] Oggi piazza della Repubblica.

[1177] Si tratta della casa di riposo Pascoli, in via Galileo Galilei.

[1178] E' opportuno ricordarne il nome: maggiore Giovanni Traditi.

Viene costituita la Società nazionale italiana, con presidente Daniele Manin, vice presidente Garibaldi e Segretario La Farina. L'organizzazione ufficiale è attiva in Piemonte ed ha sezioni clandestine nei vari Stati italiani. Scopo: l'unità d'Italia basata sulla monarchia dei Savoia e la partecipazione popolare. Molti esuli, soprattutto militari, aderiscono. Determinante l'adesione di Garibaldi. Di certo si tratta di un'affermazione del Partito nazionale di Manin, ma la società, in definitiva, dipende dalla politica cavourriana. Su ciò è d'accordo lo stesso Pallavicino Trivulzio,[1179] sostenitore e vice di Manin, che, stanco e malato, accetta.

Diviene, comunque, ufficiale la frattura fra Mazzini e Garibaldi. Il voler "fare presto" nel conseguimento dell'unità anche a costo di non tener conto degli aspetti istituzionali, significa sostenere, di fatto, la monarchia. Il sostenere che l'indipendenza debba essere la premessa necessaria di qualsiasi impostazione politica, sociale ed economica è un concetto che si diffonde e fa proseliti a favore della politica savoiarda. La "depoliticizzazione" del processo unitario faciliterà la fazione economicamente più forte, quella cavourriana, che ha a propria disposizione l'intera forza finanziaria, militare, politica di uno Stato e che determinerà in maniera notevole la politica italiana per molti anni.

Londra, 30 agosto 1857

Mazzini da poco è rientrato a Londra. Dopo essere stato stato nascosto a Genova, poi sulla Riviera di Levante, ha seguito le solite vie "riservate" ed è tornato in Inghilterra.

Milano, 6 settembre 1857

Massimiliano d'Asburgo, fratello di Francesco Giuseppe, succede a Radetsky come governatore generale. In realtà non accoglie la nomina con particolare entusiasmo. Dopo il giro in Italia con il fratello e la cognata, prima ha viaggiato, poi, il **27 luglio 1857,** si è sposato con la principessa Carlotta del Belgio ed ha nuovamente viaggiato. Oggi assume l'incarico. Avrebbe voluto, forse, continuare ad interessarsi esclusivamente della marina. Ma, probabilmente, si rende conto della difficoltà dell'incarico. Variare la politica repressiva di Radetzky, avendo come responsabile militare Gyulay, non è cosa facile.

[1179] Il marchese Giorgio Guido Pallavicino Trivulzio, signore di San Fiorano, consignore della Calciana Inferiore, Patrizio sia milanese che veneto, è nato a Milano nel 1796. Aderente alla Carboneria, attivo nei moti del 1820 – 21, arrestato all'inizio del 1823, inizialmente condannato a morte, poi in carcere fino al 1835, infine confinato in Boemia fino al 1840. Ha partecipato alle Cinque giornate ed è andato esule in Svizzera ed in Francia. A Parigi ha iniziato la collaborazione con Manin. E' stato uno dei fondatori della Società nazionale, di cui è presidente dopo il breve periodo di Manin. Sarà nominato dal governo prodittatore a Napoli poco dopo l'ingresso di Garibaldi. Prefetto di Palermo quando quest'ultimo ha iniziato dalla Sicilia l'azione per Roma finita all'Aspromonte, sarà destituito da Urbano Rattazzi. Senatore dal 1860. Collare della SS Annunziata. Morirà nel 1868.

In realtà Massimiliano realmente intende attuare adeguati cambiamenti. E' consapevole che la situazione è diversa da quella del recente passato. Cercherà anche di nominare commissioni consultive, alle quali chiederà di formulare proposte utili per migliorare la gestione del Regno. Ma troverà una serie di ostacoli nell'organizzazione militare, nella stessa struttura amministrativa e, soprattutto, nel governo di Vienna. Gyulay, potente responsabile militare, di fatto deterrà il potere reale e, ispirandosi a Radetzky, agirà in maniera opprimente fin quando non sarà sconfitto e gli verrà tolto l'incarico, nel 1859. Sembra una maledizione, ma il governo austriaco non riesce, in Italia, a gestire la cosa pubblica in maniera normale. In fondo è lo stesso imperatore che si sente al sicuro solo quando l'amministrazione è gestita da militari. Una sorta di vendetta del Radetzky al tramonto.

Massimiliano eredita tutta la profonda avversione che era riuscito a provocare ed a accumulare il suo predecessore. L'aristocrazia milanese attuerà, nei confronti della corte dell'arciduca, una sorta di sciopero bianco, di sommessa non partecipazione. Solo alcune iniziative di carattere finanziario provocheranno una certa adesione. Il mondo della cultura rimarà chiuso in sé stesso, nonostante vari tentativi di Massimiliano, che è arrivato persino a prevedere una maggiore autonomia delle province lombarde, subito bocciata dal governo imperiale[1180].

[1180] Massimiliano non riuscirà ad attuare la sua politica di riforme e sarà travolto, nel 1859, dagli esiti della seconda guerra d'indipendenza. Risiederà a Trieste, nel castello di Miramare, che lui ha fatto costruire. Molto bello ma, a quanto si dice, portatore di sfortuna, che, peraltro, colpirà drammaticamente l'arciduca. Coinvolto, il 3 ottobre 1863, dai conservatori messicani nei loro programmi, coincidenti, peraltro, con la politica imperialista di Napoleone III - per una volta accettata dallo stesso Francesco Giuseppe - sarà designato, da una assemblea di notabili e da una sorta di referendum fasullo, a divenire imperatore del Messico. Il 10 aprile 1864 accetterà e partirà. Nel viaggio pare che si dedicherà ad organizzare una corte perfetta, con rigorose precedenze ed un'etichetta degna di un Asburgo. Arriverà, apparentemente ben accetto, a Città del Messico il 12 giugno 1864. Intanto gli Stati Uniti, ovviamente ostili a qualsiasi possibile impero alle loro frontiere, in maniera molto concreta ed operativa, armeranno i rivoluzionari di Benito Juarez, il presidente esautorato che, in precedenza, finanziato da Francia, Inghilterra e Spagna, aveva vinto, conquistando la capitale l'11 gennaio 1861. Ma il suo governo si è trovato nell'impossibilità di ripagare i finanziamenti delle tre potenze europee. Così la Francia invierà il suo esercito, facendo fuggire Juarez, che riparerà alla frontiera con gli USA (a San Luis Potosí) il 31 maggio 1863. Ed è a questo punto che entrerà in scena Massimiliano, con il sostegno dei 20.000 uomini del corpo di spedizione francese. Ma Napoleone III, con una mossa quanto meno discutibile, dopo tre anni, su invito degli Stati Uniti, ritirerà le sue truppe. La moglie di Massimiliano, Carlotta, cercherà l'aiuto dei governi europei. Le varie cancellerie si dichiareranno del tutto disinteressate, anche il governo austriaco. La poveretta, dopo una inutile visita al papa, perderà il controllo dei suoi nervi, e, prendendo atto del crudele destino del marito, crollerà psicologicamente, fino ad impazzire. Massimiliano, dopo un breve periodo di lotta, abbandonato e tradito, sarà fucilato a Querètaro il 19 giugno 1867, a 35 anni. La moglie, portata dal fratello in Belgio, avrà una dolorosa, lunga vita, morendo nel 1927. Un altro colpo alla immobile e apparentemente granitica corte asburgica, inferto soprattutto al prestigio ed alla serenità di Francesco Giuseppe.

Parigi, 22 settembre 1857

Muore Daniele Manin. Viene sostituito a capo della Società nazionale italiana da colui che era divenuto il suo vice, il marchese Giorgio Guido Pallavicino Trivulzio.

Milano, 21 dicembre 1857

L'arcivescovo Romilli ha un colpo apoplettico. E' in fin di vita, ma sopravvive. Morirà il **7 maggio 1859**. Con la scusa dello stato di guerra contro la Sardegna e la Francia avrà funerali modestissimi.

ANNO 1858

Milano, 5 gennaio 1858

Dopo soli otto mesi dalla sua esautorazione il maresciallo Johann Josif Radetzky von Radetz muore. E' caduto alle ore 08.00 nella sua casa ai giardini pubblici. Una manifestazione religiosa viene subito organizzata in duomo.

Scatta l'organizzazione di imponenti manifestazioni: la bara verrà trasportata a Vienna, via Venezia e Trieste. Viene disposto un lutto di quattordici giorni. Il 5° reggimento ussari si chiamerà da oggi con il nome del felmaresciallo deceduto. Il **18 gennaio** avranno luogo i solenni funerali a Vienna.

Parigi, 14 gennaio 1858 , sera: attentato di Felice Orsini a Napoleone III

All'Opéra è in programma il Guglielmo Tell di Rossini. Arrivano, alle 20,30, in carrozza, in via Lepelletier, Napoleone III e la moglie, Maria Eugenia de Montijo.[1181] In quel momento una forte esplosione sembra far crollare tutto. Subito dopo vi è un secondo scoppio, di pari intensità. Infine, un terzo. Tre bombe di notevole potenza. La carrozza è blindata, per cui l'imperatore ha solo il cappello sfondato da una scheggia di legno ed una leggera ferita alla guancia. Ma, al buio, la situazione appare spaventosa, fra le urla, i lamenti, il sangue, la disperazione. Iniziano i soccorsi che, dopo molto tempo, prendono atto degli effetti delle esplosioni: otto sono i morti, 156 i feriti.
La polizia interviene prontamente. Poco prima dell'attentato aveva individuato una persona dal comportamento sospetto. L'ispettore di polizia Hèrbert lo ha fermato e perquisito, trovando una pistola ed una bomba. E' Giovanni Andrea Pieri, [1182]

[1181] Maria Eugenia de Palafox y Portocarrero de Guzmàn y Kirkpatrik, figlia del conte di Teba, grande di Spagna, è nata a Granata nel 1826 ed è stata educata prevalentemente in Francia, date le guerre carliste. Ha sposato Napoleone III nel 1853. Ha avuto grande influenza sulla vita francese, soprattutto nel campo della moda. Implacabile nemica dell'Italia perché religiosissima e ossequiente alla politica ed agli interessi pontifici, ha spinto il marito contro l'unità della Penisola. Alla sconfitta del 1870 si è precipitata in Inghilterra, temendo di far la fine di Maria Antonietta, stabilendosi a Chislehurst (Kent), dove, dopo la firma del trattato di pace, la raggiungerà il marito, che, nel 1873, morirà. Valida amministratrice dell'ingente patrimonio di famiglia, è stata una scrupolosa madre del principe Napoleone Eugenio Luigi, che, con suo grande dolore, morirà in Africa nella guerra contro gli Zulù, nel 1879. Avrà rapporti con tutte le corti europee, dedicandosi a viaggi in Italia, Spagna, ecc., pur soffrendo profondamente per la perdita del figlio. Interessata ai progressi dell'industria e della scienza, seguirà ed appoggerà Marconi e si interesserà molto della nascita e dei progressi dell'aeronautica. Appoggerà l'Inghilterra nella prima Guerra mondiale, organizzando un ospedale ultramoderno. Morirà per un'infreddatura, nel 1920.
[1182] Giovanni Andrea Pieri è nato a Santo Stefano di Moriano (LU) nel 1808. Emigrato in Francia ha prestato servizio nella legione straniera e, poi, ha lavorato come cappellaio, aderendo alla Giovane Italia. Ha partecipato alla rivoluzione in Parigi e nella guerra del '48 – '49 come ufficiale

Subito dopo le esplosioni sono setacciati gli alberghi e le osterie della zona. Nella trattoria Brogi viene trovato un giovane di 26 anni, Antonio Gomez, [1183] in uno stato emotivo particolarmente grave, ed è arrestato. Gomez, portato alla sede della polizia e sottoposto ad un interrogatorio particolarmente violento, dopo poco è crollato, confessando. Il gruppo degli attentatori era formato da quattro (come vedremo, forse cinque) italiani e da un francese, non meglio identificato. Si trattava, comunque, di Simone Francesco Bernard. I due italiani ancora liberi sono i conti Felice Orsini e Carlo Camillo di Rudio,[1184] che, poco dopo, sono arrestati e condotti al carcere della Conciergerie.

Vienna: 18 gennaio 1858: funerali di Radetsky

Tutta Vienna è "mobilitata" per i funerali del maresciallo Radetsky. Il **19 gennaio** sarà tumulato nel mausoleo di Klen - Wetzdorf.

Parigi, 24 febbraio 1858: il testamento di Orsini.

Prima del processo Orsini ha inviato a Napoleone III una lettera, probabilmente concordata con l'imperatore. Forse avrebbe dovuto rappresentare la premessa di un provvedimento di grazia con commutazione della condanna, cosa che non si è verificata per l'opposizione del governo, dell'arcivescovo di Parigi e di altre autorità. In maniera molto dignitosa, dimostrando grandi capacità analitiche e comunicative, Orsini ha confermato le proprie

---

dei bersaglieri. E' tornato a Parigi, da dove è stato espulso, ed è andato a Londra, dove ha conosciuto Orsini, col quale ha partecipato all'attentato a Napoleone III. Condannato a morte, è stato giustiziato il 13 marzo 1858.

[1183] Antonio Gomez è nato a Napoli nel 1829. Ha partecipato alla guerra del 1848. Esule, si è arruolato nella legione straniera e, successivamente, è stato cameriere su un piroscafo. Condannato a sei mesi per aver perso un baule è, poi, emigrato in Inghilterra, dove è stato garzone in un locale ed ha aderito alla Giovane Italia. Ha partecipato all'attentato a Napoleone III ed è stato condannato ai lavori forzati a vita. Nel marzo del 1887 sarà graziato. Morrà a Napoli, dopo molti anni, in circostanze non chiare.

[1184] Il conte Carlo Camillo di Rudio è nato a Belluno nel 1832. Ha frequentato il collegio militare di San Luca a Milano. Ha partecipato alle Cinque giornate. Mazziniano, ha combattuto con Calvi in Cadore ed a Venezia, nel cui assedio è morto il fratello Achille. Poi ha combattuto per la Repubblica romana e, successivamente, è stato esule in Francia, agendo contro Napoleone con i giacobini. E' andato a Genova, da cui è partito per l'America del Nord, ma, naufrago, dopo varie vicissitudini, è andato in Inghilterra, dove si è sposato, svolgendo vari mestieri, con l'aiuto di Mazzini. Ha partecipato all'attentato a Napoleone III, venendo condannato prima a morte, poi all'ergastolo all'Isola del Diavolo in Guyana, dove è stato recluso. Però, al secondo tentativo di fuga, riuscirà a fuggire, recandosi a Londra. Per difficoltà economiche si recherà con la famiglia negli USA. Variando il suo nome in Charles De Rudio, nel 1861 entrerà nell'esercito, divenendo ufficiale. Nel 1869 parteciperà alla battaglia di Little Big horn. Rimarrà in servizio nel West e, da capitano, nel 1877, parteciperà alla guerra dei Nasi forati. Andato in pensione nel 1896 con il grado di maggiore, si stabilirà a San Francisco e, nel 1910, morirà a Pasadena (California).

responsabilità, ma le ha valutate nel contesto della politica internazionale. La Francia aveva di fatto aiutato l'Austria nel reprimere, nel 1849, la libertà dell'Italia, combattendo contro l'indipendenza della Repubblica romana. Ne derivava un consiglio: l'imperatore non avrebbe dovuto opporsi al naturale processo italiano verso l'unità. Infatti fin quando l'attuale situazione non fosse cambiata la tranquillità del contesto europeo, soprattutto francese ed austriaco, sarebbe stata costantemente e gravemente in pericolo.

Il testo della lettera ha un grande effetto propagandistico, perché l'imperatore, colpito dall'acutezza delle argomentazioni (che, in definitiva, confermavano le valutazioni di Nigra e del Governo sardo) ne ha permessa la pubblicazione. Gli effetti mediatici sono stati tali da far divenire un mito delle organizzazioni rivoluzionarie il "Testamento di Felice Orsini". Il testo conferma tutto ciò:

"Le deposizioni che io ho fatto contro me stesso in questo processo politico istruito per l'attentato del 14 gennaio sono sufficienti per mandarmi alla morte, ed io la subirò senza chiedere grazia, sì perché io non mi umilierò mai dinnanzi a colui che ha ucciso la nascente libertà della mia sventurata patria, sì perché nella situazione in cui mi trovo la morte è per me un beneficio. Vicino al termine della mia carriera, voglio nulladimeno tentare un ultimo sforzo per venire in aiuto all'Italia, la cui indipendenza mi ha fatto fino al presente giorno sfidare tutti i pericoli e andare incontro a tutti i sacrifici. Essa è l'oggetto costante di tutti i miei affetti; ed è questo l'ultimo pensiero che voglio deporre nelle parole che indirizzo alla Maestà Vostra.

Per mantenere l'equilibrio presente dell'Europa bisogna rendere l'Italia indipendente o spezzare le catene con le quali l'Austria la tiene in schiavitù. Chiedo forse che per la sua liberazione si sparga il sangue dei francesi? No. Io non arrivo a questo punto. L'Italia chiede solo che la Francia non intervenga contro, chiede che la Francia non permetta all'Alemagna di aiutare l'Austria nelle lotte che forse presto s'impegneranno. Questo dunque è precisamente quanto può fare, se vuole, la Maestà Vostra. Da questa volontà dipendono la prosperità o la sventura della mia patria, la vita o la morte di una nazione alla quale l'Europa va in gran parte debitrice del suo incivilimento. Tale è la preghiera che io dalla mia prigione oso indirizzare alla Vostra Maestà, e non dispero che la mia debole voce sia intesa. Io scongiuro la Maestà Vostra che renda alla mia patria l'indipendenza che i suoi figli hanno perduto nel 1849 per l'errore stesso dei francesi.

Si rammenti la Maestà Vostra che gl'italiani, in mezzo ai quali era mio padre, versarono con gioia il loro sangue per Napoleone il Grande dovunque a lui piacque condurli; si rammenti che essi gli restarono fedeli fino alla sua caduta; si rammenti che finché l'Italia non sarà indipendente, la tranquillità dell'Europa e quella della Maestà Vostra non sarà che un sogno.

La Maestà Vostra non respinga la voce suprema di un patriota che è sulla via del supplizio; liberi la mia patria e le benedizioni di venticinque milioni di cittadini lo seguiranno nella posterità".

Forse il miglior commento è stato quello di Vittorio Emanuele II: Felice Orsini riusciva ad essere protagonista anche da morto.

Parigi, 25 e 26 febbraio 1858: il processo

Il processo durerà due giorni. Nel primo saranno escussi gli attentatori ed i testimoni. Nel secondo avranno luogo le arringhe del pubblico ministero e degli avvocati. Spiccano per chiarezza, dignità e fermezza gli interventi di Felice Orsini che evidenzia la sostanza politica dell'attentato, assumendosi tutte le responsabilità, a differenza degli altri tre, che non fanno una buona figura, assumendo, soprattutto Gomez e Pieri, posizioni anche meschine.

Il giorno dopo l'avvocato francese Jules Favre, con coraggio e notevole cultura, difende Orsini.[1185]. Divide in varie parti la sua arringa, chiarisce la sostanza politica della vicenda e del processo, parla del padre e della famiglia dell'imputato, analizza gli aspetti psicologici di Orsini, di cui legge la lettera a Napoleone. Subito la stampa la divulga e il processo è particolarmente seguito anche all'estero. Nell'aula gli astanti rimangono trasecolati, quasi affascinati. Si va formando, così, una corrente di opinione addirittura favorevole all'imputato, soprattutto all'interno della sinistra francese..

Da circa due anni Orsini si è staccato da Mazzini e dalla sua organizzazione. Pertanto anche la preparazione dell'attentato – oltre alla sua esecuzione - sono opera sua. Mazzini aveva avuto casuale notizia della clamorosa vicenda, che non aveva considerato positivamente. Ma ora la sostiene, con articoli molto incisivi e chiari, pubblicando, come suo costume in

---

[1185] Il processo di Orsini ha avuto aspetti singolari. Napoleone III, persona sostanzialmente priva di scrupoli, era un ammiratore appassionato della gloria del primo impero e della figura di Napoleone I, il cui nome deriverebbe dalla famiglia Orsini, nella quale quattro persone sono state chiamate così, a partire da Napoleone, duca di Bracciano e di Gravina, gonfaloniere della Chiesa. La famiglia Orsini, con i 34 titoli ed i 7 rami della sua plurisecolare genealogia, avrebbe avuto una "correlazione" con la famiglia Buonaparte. A ciò bisogna aggiungere che il conte Andrea, padre di Felice, è stato un brillante ufficiale dell'esercito del Regno d'Italia, valoroso a Wagram e a Mosca, conosciuto ed apprezzato da Napoleone I. Lo stesso Felice è stato presentato a Napoleone I a dieci anni. A ciò si aggiunga il fascino carismatico di Orsini sulla popolazione femminile, comprese, addirittura, Elisabetta d'Austria e la stessa imperatrice Eugenia. Infine il suo comportamento nei due giorni di processo, durante il quale nell'opinione pubblica all'odio verso il terrorista è subentrata una specie di rispettosa ammirazione. Si è creato, così, un clima favorevole alla brillante mossa politica di Orsini consistente nella lettera inviata a Napoleone. Lettera che sembra sia stata effetto di una vera e propria contrattazione fra l'imperatore, il suo rappresentante, il prefetto di polizia Petri, l'avvocato Favre e l'imputato.

questi casi, una lettera aperta a Napoleone III, in cui precisa che i patrioti rappresentano l'Italia ed il futuro, mentre l'imperatore dimostra di appartenere ad un passato che, a breve, sarà comunque superato.

In definitiva non solo il processo agli attentatori, bensì anche il contesto generale confermano l'interpretazione data da Nigra agli avvenimenti. Una interpretazione che è opportuno sia considerata valida dall'imperatore. Peraltro l'attentato ed il comportamento di Orsini hanno profondamente scosso Napoleone III, che, oramai, si convince essere suo interesse che al problema italiano sia data una soluzione positiva. Un problema, peraltro, strettamente legato agli interessi francesi e, soprattutto, a quelli della monarchia.

Tali convinzioni vanno contro le radicate posizioni antitaliane della moglie Eugenia e del ministro degli esteri, il conte Walewschi, pienamente filo asburgico. Ma Cavour e Nigra, con la loro diplomazia segreta, hanno, di fatto, cortocircuitato non solo Walewski ma, addirittura, lo stesso ambasciatore sardo, marchese Salvatore Pes di Villamarina.[1186] Inoltre Nigra è molto amico dell'ambasciatore austriaco a Parigi, principe Richard de Metternich (figlio dell'ex primo ministro) e, in particolare, della moglie di Metternich, Pauline, (anche lei una Metternich, perché nipote del marito). Da loro riceve informazioni sull'attività delle due cancellerie e riesce ad influenzarne la politica.

Parigi, 13 marzo 1858 ore 0700: la condanna

Felice Orsini e Giovanni Andrea Pieri sono condannati a morte. Carlo di Rudio e Antonio Gomez, invece, all'ergastolo, da espiare alla Caienna, ai lavori forzati.

Dopo Pieri sale sul palco della ghigliottina Orsini, che si è presentato con un comportamento ed un carisma tali da imporre il silenzio alla folla numerosa e, inizialmente, ostile. Dopo qualche istante il condannato si è rivolto alla piazza, gridando con voce alta, quasi imperiosa: "Viva l'Italia! Viva la Francia!". Poi si è avvicinato, quasi con noncuranza, alla ghigliottina, trattato con visibile deferenza dal boia Jean - Francois Heidenreich. Tutti gli astanti, in totale silenzio, si sono tolti il cappello.

[1186] Salvatore Pes marchese di Villamarina e barone dell'Isola Piana è nato a Cagliari nel 1808. Laureato in giurisprudenza, è stato ufficiale ed, infine, è entrato in diplomazia. Ha rappresentato il Regno di Sardegna a Firenze (1848 – 1852), Parigi (1853 – 1859), Napoli (1860 – 1861). Ha partecipato, nel 1856, al congresso di Parigi, alla fine della guerra di Crimea. Ha facilitato l'unione nazionale al termine della campagna garibaldina del 1860, ma, poi, è stato sostituito da Luigi Carlo Farini. Meriterà l'ordine della SS Annunziata e la cittadinanza onoraria di Napoli. Nominato senatore dal 1856. Prefetto di Milano dal 1862 al 1868. Successivamente, a Torino, sarà presidente di varie associazioni, fino alla morte, nel 1877.

Il conte di Rudio sarà deportato in Guayana. Non essendo, comunque, il tipo da accettare di vivere per sempre in una situazione così penosa, tenterà di fuggire una prima volta, senza riuscirvi. Invece, successivamente, raggiungerà la Guayana inglese, da dove tornerà in Inghilterra, dalla moglie e da Mazzini che, vedendolo in gravi difficoltà economiche, lo indurrà ad andare con la famiglia negli Stati Uniti, presentandolo con una lettera commendatizia. Così il conte Carlo di Rudio, divenuto Charles De Rudio, si organizzerà bene nella nuova situazione e, allo scoppio della guerra di secessione, si arruolerà come soldato nell'esercito nordista. Ma, essendo un ex ufficiale, diventerà rapidamente sottotenente nel 79° Volontari Higlanders e, dopo la guerra, nel 1869, sarà inquadrato come tenente nel 7° cavalleggeri, alle dipendenze del tenente colonnello, già generale, George Armstrong Custer, del quale, però, non condividerà il modo di trattare gli indiani. Il 25 giugno 1876, nella compagnia del capitano Marcus Reno, parteciperà (con altri otto italiani) alla battaglia del Little Big horn. Di Rudio si salverà, stabilendosi, una volta in pensione, a San Francisco, nel 1908.

Lo storico Paolo Mastri gli scriverà per avere ulteriori testimonianze sull'attentato di Parigi. E di Rudio gli risponderà, comunicandogli una notizia clamorosa. La prima bomba era stata lanciata da lui stesso, la seconda dal giovane Gomez e la terza non da Orsini, come confessato dallo stesso al processo, ma da Francesco Crispi, già presidente del consiglio, morto nel 1901. Crispi è stato uno dei rivoluzionari più fedeli a Mazzini, dal quale era considerato della massima fiducia. Sarà vicino a Garibaldi nell'impresa dei Mille. In tale occasione Crispi s'imporrà, facendo superare al generale remore e perplessità. Sarà, in effetti, il rappresentante di Mazzini nella spedizione, come, forse, lo era stato nel gruppo "eretico" di Orsini. Il quesito rimane senza risposta.[1187]

Alcune cose sono sicure, come l'astio di Crispi per la Francia ed il fatto che è stato sottoposto ad inchiesta per l'attentato, con l'accusa di connivenza con gli attentatori. Ma gli inquirenti non sono riusciti a trovare alcuna prova certa contro di lui, pur essendo sicuri di un suo coinvolgimento. In ogni caso hanno deciso di esperlerlo. Crispi era un avvocato di grande intelligenza e di eccezionali capacità. Ha saputo difendersi. Peraltro nei giorni dell'attentato si è mosso come un fantasma, aiutato dalla moglie Rosa. [1188]

[1187] Il giornale "Carlino" del 9 agosto 1908 ha pubblicato la lettera di di Rudio a Mastri, in cui, fra l'altro, l'ufficiale ha dichiarato quanto segue: "**Mezz'ora prima dell'attentato, mentre io e l'Orsini si scantonava in rue Lepellettier, un uomo dai lunghi baffi, fattosi a noi d'appresso, domandò sottovoce all'Orsini: come va la faccenda? Tutto bene?- Tutto bene , rispose Orsini non meno sottovoce. L'uomo dai lunghi baffi gli strinse la mano e frettolosamente si allontanò. – Quegli è Francesco Crispi, osservai all'Orsini. Ed egli con una leggera tinta di contrarietà sul viso: - Diamine! Credevo che tu non lo conoscessi.**" Da: "I grandi enigmi dell'Unità", Edizioni di Cremille, Ginevra, 1969, vol. I, pag. 173.

[1188] Rose Montmasson è nata in Savoia, a Saint-Jorioz, nel 1823. Lavandaia, ha incontrato Crispi nel 1849. Nel 1853 lo ha seguito a Malta, dove si sono sposati. Mazziniana come il marito, sarà denominata Rosalia durante la campagna dei Mille, che ha contribuito ad organizzare ed alla quale

Bologna, 5 aprile 1858

In tutta Italia vi sono manifestazioni in onore di Orsini. Singolare quella di Bologna, dove al Teatro del Corso il baritono Orsini è fra gli attori de "La Satira e il Parini" di Paolo Ferrari. I grandi onori tributati al baritono, noto per non essere un grande cantante, mettono in sospetto polizia e comando austriaco. Così il teatro diviene una specie di fortezza. Ad un certo punto della serata gli austriaci caricano i fucili, ma, per fortuna, gradualmente la tensione si allenta e non si verificano incidenti.

Ad Imola viene affissa sui portici della via Emilia, all'incrocio con via Valverde, la seguente lapide, naturalmente abbattuta e poi ripristinata dopo l'Unità:

"Felice Orsini / intrepido campione dell'italica indipendenza / condannato a morte dalla tirannide / aspetta dagli italiani onore, compianto e vendetta / e spera che le sue ossa / riposeranno nel tempio dei martiri / quando gli austriaci saranno cacciati dall'Italia".

Torino, 16 aprile 1858

Il conte di Cavour interviene alla Camera subalpina presentando e sostenendo il progetto di legge De Foresta, che riforma le giurie penali e definisce norme più severe in caso di cospirazione contro re stranieri. Inoltre limita la libertà di stampa, che non può pubblicare con favore posizioni o politiche interpretabili come apologia dell'assassinio politico. In sostanza è un attacco a Mazzini, attraverso la critica della "politica del pugnale". Si attende la risposta di Mazzini, che sarà sicuramente molto dura.

Torino, aprile 1858

Jaques Alexandre Bixio,[1189] fratello maggiore di Nino, naturalizzato francese, uomo poliedrico, laureato in medicina, esperto in agricoltura, scienza, economia, ex ministro,

---

parteciperà. E' stata una repubblicana più irremovibile del marito, tanto che, dopo l'avvicinamento di Crispi alla monarchia nel marzo 1865, i coniugi non andranno più d'accordo e si divideranno. Il matrimonio sarà annullato perché anche il prete che li aveva sposati a Malta era mazziniano, quindi sospeso a divinis. Rose morirà a Roma nel 1904.

[1189] Jaques Alexandre Bixio è nato a Chiavari nel 1808. Si è trasferito molto giovane a Parigi, dove ha completato gli studi, laureandosi in medicina nel 1830. Nel 1831 è stato cofondatore della "Revue des Deux Mondes". Ha partecipato alla rivoluzione di luglio. Esperto in agricoltura, ha fondato il "Jounal d'agricolture pratique et de Jardinage" E' stato redattore del "National". Ha partecipato alla rivoluzione del 1848 ed è stato eletto prima all'Assemblea Costituente, poi anche alla Legislativa. Ministro dell'Agricoltura e del commercio, si è dimesso pochi giorni dopo la nomina. In politica è stato fino al colpo di Stato del 2 dicembre 1851, quando si è ritirato, non approvando il regime

uomo politico che, con Nigra, supporta i rapporti riservati fra Cavour e Napoleone III, comunica un'importante notizia. L'imperatore è favorevole ad un deciso sostegno all'Italia. Bisogna discuterne in tutta segretezza. Propone un incontro al centro termale di Plombières nel mese di luglio, lontano dai diplomatici e dalle spie. Fra le garanzie si potrà discutere di un matrimonio fra la figlia di Vittorio Emanuele II, Maria Clotilde (di 15 anni), ed il cugino Napoleone Giuseppe Bonaparte,[1190] figlio di Gerolamo ex re di Westfalia, generale ed uomo politico di sinistra (di 36 anni). Cavour sarà a Plombières.

Londra, giugno 1858

Con una lettera / opuscolo indirizzata al conte di Cavour, Mazzini risponde al discorso da questi tenuto alla Camera il 16 aprile 1858:

" **Signore, io vi sapeva da lungo tenero della monarchia piemontese più assai che della patria comune, adoratore materialista del fatto più assai che d'ogni santo eterno principio, uomo d'ingegno astuto più che potente, fautore di partiti obliqui ed avverso, per indole di patriziato e tendenze ingenite, alla libertà; non vi credevo un calunniatore. Or voi vi siete chiarito tale. Avete, nel vostro discorso del 16 aprile, calunniato deliberatamente e per tristo fine, un intero partito devoto, per confessione vostra, all'indipendenza ed all'unità nazionale. A questo partito che conta fra' i suoi, da Jacopo Ruffini a Carlo Pisacane, centinaia di martiri davanti alla memoria dei quali voi dovreste prostrarvi – a questo partito che salvò, senza un solo atto d'oppressione o terrore, l'onore d'Italia in Roma e Venezia, quando la vostra monarchia sotterrava nel fango in Novara la bandiera tradita poco prima in Milano –**

---

bonapartista. Amico di Cavour, di Nigra e del principe Napoleone Giuseppe, con i quali ha collaborato per l'Unità d'Italia. Molto conosciuto e stimato dalla classe dirigente francese, ha organizzato i cosiddetti "pranzi accademici". Nel quadro dei suoi interessi scientifici, sono rimaste famose due ascensioni con areostati fino a 7.000 metri. E' morto a Parigi nel 1865.

[1190] Napoleone Giuseppe Bonaparte è nato a Trieste nel 1822. Trasferitosi a Roma è stato espulso ed è andato in Francia. Deputato dal 1848 al 1851 è stato su posizioni di estrema sinistra, non concordando, politicamente, con il cugino Napoleone. Di conseguenza non si è opposto ma non ha sostenuto il colpo di Stato del 2 dicembre 1851. E' stato nominato senatore. Ha comandato una divisione nella guerra di Crimea, lasciando in anticipo il teatro di guerra, per cui è stato molto criticato. Ministro dell'Algeria e delle colonie. Nel quadro degli accordi con il Regno di Sardegna ha sposato, all'inizio del 1859, Maria Clotilde di Savoia, primogenita del re. Pur avendo Napoleone III progettato di farlo divenire re di Toscana, non ha insistito in tal senso, per facilitare l'Unità d'Italia. Ha, quindi, ripreso la sua attività politica a Parigi, auspicando una svolta democratica dell'organizzazione imperiale. In particolare ha criticato il siostegno ad un'organizzazione medievale come il papato, andando contro la politica di Napoleone I. All'inizio della guerra del 1870 con la Prussia ha cercato, inutilmente, di garantire alla Francia l'intervento dell'Italia. Morto Napoleone III ed il figlio, essendo anticlericale non gli è stata assegnata la funzione di capo del partito bonapartista, che è stata data a suo figlio Vittorio. Si é separato dalla moglie. A causa della sua azione politica è stato arrestato e, successivamente, nel 1886, ha lasciato la Francia, stabilendosi prevalentemente in Italia. E' morto a Roma nel 1891.

a questo partito alla cui straordinaria vitalità confessata oggi da voi, in onta ai vostri che lo dichiarano ad ogni ora morto e sepolto, il Piemonte deve le libertà di cui gode e voi dovete le occasioni di farvi patrocinatore ozioso ed ingannevole d'Italia nelle Conferenze governative – voi avete avventato in occasione solenne e da luogo dove ogni sillaba di ministro rivendica pubblicità europea, una di quelle accuse che la credulità umana raccoglie e magnifica ad argomento di sospetto perenne e persecuzione. (…) Avete, da osceni libelli di poliziotti stranieri, dissotterrata a nostro danno l'accusa della teoria del pugnale ignota all'Italia. Avete, sapendo che la menzogna poteva fruttarvi un aumento di voti, dichiarato alla Camera che la legge liberticida proposta avea per intento proteggere i giorni di Vittorio Emanuele minacciati da noi. E questa accusa, voi, due volte codardo, l'avete gittata contro di noi per mero artificio politico, ad allontanare possibilmente da voi la taccia di sommesso concditore all'impero di Francia. Però, s'io prima non v'amava, or vi sprezzo. Eravate finora solamente nemico: or siete bassamente, indecorosamente nemico.

(…) Partito di opportunisti, voi non avete il diritto d'invocare principii. Adoratori del fatto, voi non potete assumere veste di sacerdoti di moralità. La missione educatrice d'ogni governo v'è ignota. La vostra scienza vive sul fenomeno, sull'incidente dell'oggi, non avete ideale. Le vostre alleanze non sono coi liberi: sono coi forti: non posano su nozioni di giusto e d'ingiusto, ma su nozioni d'un utile materiale mandato. (…) Dietro a tentativi come quelli del 6 febbraio, voi intravedete il fantasma, che vi turba i sonni, della sovranità popolare (…) Questa vostra nuova alleanza con il Bonaparte, alla quale la vostra stampa spianava da qualche tempo la via che voi avete arditamente confessata negli ultimi vostri discorsi alla Camera e più nei vostri atti, dovrebbe, parmi, aprir gli occhi agli uomini che in buona fede sognano tuttavia iniziatrice della emancipazione italiana la monarchia del Piemonte. E dovrebbe aprirli sul valore del vostro senno politico: fra i governi costituzionali e i dispotici, tra l'Inghilterra e l'Impero, voi scegliete di stringervi alla tirannide dell'Impero. E vi stringete ad essa, quando appunto essa accenna a rovina."[1191]

Torino, 11 luglio 1858. .

Ufficialmente il conte di Cavour parte per la Svizzera. Corre voce che successivamente visiterà i lavori del traforo del Frejus.

Ginevra, 13 luglio 1858.

Il conte di Cavour è scomparso.

[1191] Mazzini: "Scritti politici", pagg. 774 ,775,787,789, 802, Milano,

Salerno, 19 luglio 1858 : sentenza della gran corte criminale del Principato Citeriore.

Per la spedizione di Pisacane le persone giudicate sono state 284. La corte ha emesso le seguenti condanne: 7 a morte, 30 all'ergastolo, 2 a trent'anni di ferri, 52 a venticinque anni, 137 a varie pene minori, mentre 56 persone sono state poste in libertà provvisoria.

Mentre la sentenza veniva pubblicata sul 'Giornale ufficiale del Regno delle Due Sicilie' nei numeri 140, 141 e 142, il re Ferdinando II ha commutato le condanne a morte nell'ergastolo.

Vivaci le discussioni ed i commenti in tutto il Regno, soprattutto a Napoli. Grave la crisi del Comitato rivoluzionario, che ha dimostrato grandi carenze. Erano previsti mille uomini armati nel Cilento, altrettanti nei vicini comuni della Lucania, ma Pisacane non ha incontrato nessuno. Le recriminazioni si sprecano, come le accuse reciproche. Le perdite sono state gravi, molto gravi. L'opinione pubblica è fortemente divisa. Comunque in tutti i ceti va ulteriormente diminuendo l'adesione alla monarchia borbonica.

Al processo si è manifestata la forte personalità del barone Nicotera. Utilizzando la sua esperienza di avvocato, ha efficacemente contrastato il procuratore generale del re, la cui lunga e complessa requisitoria è stata pubblicata nei giorni successivi. Nicotera è stato duro, incisivo, quasi violento. Ad un certo punto, per richiamare il procuratore che tendeva a prevaricare la procedura, gli ha lanciato contro un calamaio. E' stato condannato, ma, oramai, è divenuto un politico a livello nazionale. Diverrà, infatti, un valido ministro dell'Interno del Regno d'Italia dal marzo 1876 al dicembre 1877 nel governo Depretis e dal febbraio 1891 al maggio 1892 nel governo di Rudinì e sarà eletto deputato della sinistra storica per ben undici legislature, dal 18 febbraio 1861 alla morte, avvenuta il 13 giugno1894..

Plombières, 21 luglio 1858

Cavour, dopo un viaggio organizzato in modo tale da garantire la segretezza dei suoi movimenti, è arrivato in incognito il giorno **20 luglio**. Oggi ha incontrato Napoleone III. Otto ore di colloqui, dalle 11.00 alle 15.00 e dalle 16.00 alle 19.00. Quelli pomeridiani hanno avuto luogo su una carrozza leggera, un phaeton, guidata dallo stesso imperatore in un interminabile giro in campagna.

I colloqui si sono svolti con grande cordialità e naturalezza: l'imperatore ha dimostrato una grande simpatia ed una sentita fiducia nei confronti di Cavour. I principali argomenti erano già stati sviluppati nei contatti di Nigra, Connau e Bixio. Al termine, la reciproca soddisfazione risulta notevole.

A sera Cavour invia una breve lettera crittografata a Vittorio Emanuele.

Baden Baden, 24 luglio 1858

Cavour spedisce una vera e propria relazione al re tramite il signor Tonits, addetto alla Legazione di Berna.[1192]

"**L'Imperatore, appena fui introdotto nel suo gabinetto, entrò nell'argomento, che era stato cagione del mio viaggio. Incominciò col dire che era deciso di aiutare la Sardegna con tutte le sue forze in una guerra contro l'Austria, purché la guerra fosse intrapresa per una causa non rivoluzionaria, che potesse giustificarsi agli occhi della diplomazia e più ancora dell'opinione pubblica in Francia e in Europa.**"

Cavour evidenzia varie possibili cause di guerra, che non convincono l'imperatore. Interessante quando questi precisa:

"**D'altra parte (...) mentre le nostre soldatesche sono a Roma, io non potrei esigere che l'Austria ritirasse le sue da Ancona e da Bologna. L'obbiezione era giusta**", commenta Cavour ed aggiunge che la situazione si faceva "**imbarazzante, perché io non avea più nulla di ben determinato da proporre. L'Imperatore venne in mio aiuto, e noi ci ponemmo a percorrere insieme tutti gli Stati dell'Italia, per cercarvi questa cagione di guerra così difficile a trovarsi. Dopo aver 'viaggiato' inutilmente in tutta la Penisola, giungemmo senza badarci a Massa e Carrara: e là scoprimmo quello che cercavamo con tanto ardore. Avendo io fatto all'Imperatore una descrizione esatta di quel disgraziato paese, del quale per altra parte egli aveva un concetto assai preciso, noi restammo d'accordo che si provocherebbe un indirizzo degli abitanti a V. M. per chiedere protezione, ed anche per reclamare l'annessione di quei Ducati alla Sardegna. [...] Vostra Maestà non accetterebbe la proposta dedizione; ma, prendendo le parti delle popolazioni oppresse, rivolgerebbe al Duca di Modena una nota altera e minacciosa. Il Duca, forte dell'appoggio dell'Austria, risponderebbe in modo impertinente, in seguito a ciò V. M. farebbe occupare Massa, e la guerra incomincerebbe. Siccome il Duca di Modena ne sarebbe la cagione, l'Imperatore pensa che la guerra sarebbe popolare non solamente in Francia, ma anche in Inghilterra e nel resto dell'Europa; poiché quel Principe, a torto o a ragione, è considerato come il capo emissario del dispotismo. D'altra parte il Duca di Modena, non avendo riconosciuto alcun Sovrano di quelli che regnarono dopo il 1830 in Francia, [...] l'Imperatore ha meno riguardi da osservare verso di lui che non verso qualsiasi altro Principe.**

[1192] Di seguito i passi più interessanti dell'importante documento cavourriano, pubblicato venti anni dopo.

Risoluta questa prima questione, l'Imperatore mi disse: "Prima di andare più innanzi, bisogna pensare a due gravi difficoltà che noi incontreremo in Italia. Il Papa e il Re di Napoli; io devo andar piano con essi: col primo per non sollevare contro di me i Cattolici della Francia; col secondo per conservarci le simpatie della Russia, che pone una specie di punto d'onore a proteggere Re Ferdinando". Risposi all'Imperatore che, quanto al Papa, gli era facile concedergli il tranquillo possesso di Roma per mezzo della guarnigione francese, che vi si trovava stabilita, lasciando che insorgessero le Romagne; che il Papa, non avendo voluto seguire, a riguardo di quelle, i consigli che egli gli aveva dato, egli non poteva vedere di mal' occhio che quelle contrade approfittassero della prima occasione favorevole per liberarsi dal detestabile sistema di governo, che la Corte di Roma si era ostinata di non riformare; che quanto al Re di Napoli non bisognava occuparsi di lui, a meno che egli non prendesse le parti dell'Austria; fermo tuttavia di lasciar fare i suoi sudditi, se, approfittando del momento, si sbarazzassero della sua paterna dominazione.

Questa risposta soddisfece l'Imperatore, e noi passammo alla grande questione: quale sarebbe lo scopo della guerra? L'Imperatore concesse senza difficoltà, che bisognava cacciare gli Austriaci dall'Italia e non lasciar loro un palmo di terreno al di qua delle Alpi e dell'Isonzo. Ma poi, come ordinare l'Italia? Dopo lunghe dissertazioni, delle quali risparmio a V. M. il racconto, noi ci saremmo posti d'accordo a un di presso sopra le seguenti basi, riconoscendo però che si potrebbero modificare dagli eventi della guerra: la Valle del Po, la Romagna e le Legazioni avrebbero costituito il Regno dell'Alta Italia, sul quale regnerebbe Casa Savoia. Al Papa si conserverebbe Roma e il territorio che la circonda. Il resto degli Stati del Papa, colla Toscana, formerebbe il Regno dell'Italia Centrale. Non si toccherebbe la circoscrizione territoriale del Regno di Napoli. I quattro Stati italiani formerebbero una Confederazione a somiglianza della Confederazione Germanica, della quale si darebbe la presidenza al Papa per consolarlo della perdita della miglior parte de' suoi Stati.

"Questo assetto mi pare interamente accettabile. Imperocché V. M., essendo Sovrano di diritto della metà più ricca e più forte dell'Italia, sarebbe sovrano di fatto di tutta la Penisola. Quanto alla scelta dei Sovrani da collocarsi a Firenze e a Napoli, nel caso assai probabile che lo zio di V. M., e il suo cugino prendessero il savio partito di ritirarsi in Austria, la cosa fu lasciata in sospeso; tuttavia l'Imperatore non nascose che egli vedrebbe con piacere Murat risalire il trono di suo padre. Da parte mia indicai la Duchessa di Parma come quella che potrebbe occupare, almeno in via transitoria, il palazzo Pitti. Quest'ultima idea piacque assai all'Imperatore, il quale sembra annettere un gran pregio al non essere accusato di perseguitare la Duchessa di Parma, nella sua qualità di principessa della famiglia di Borbone.

Dopo aver regolato la sorte futura dell'Italia, l'Imperatore mi chiese che cosa avrebbe la Francia, e se V. M. cederebbe la Savoia e la Contea di Nizza. Risposi che V. M., professando il principio delle nazionalità, comprendeva che la Savoia per conseguenza dovesse essere riunita alla Francia; che perciò Ella era pronta a farne il sacrificio, quantunque le costasse immensamente il rinunziare ad un paese che era stato culla della sua famiglia, e ad un popolo che avea dato ai suoi antenati tante prove di affezione e di fedeltà. Che, quanto a Nizza, la questione era diversa, perché i Nizzardi per la loro origine, lingua e costumi appartenevano più al Piemonte che alla Francia, e che per conseguenza la loro unione all'Impero sarebbe contraria a quello stesso principio, per far trionfare il quale si pigliavano le armi. L'Imperatore allora si accarezzò più volte i mustacchi e si contentò di aggiungere, che queste per lui erano cose del tutto secondarie, delle quali si avrebbe il tempo di occuparsi poi.

Passando quindi all'esame dei mezzi da adoperarsi affinché la guerra avesse un riuscimento favorevole, l'Imperatore osservò che bisognava cercare d'isolar l'Austria e di aver a fare con essa sola; imperocché era per questo che gli stava tanto a cuore che la guerra procedesse da un motivo, il quale non spaventasse le altre potenze del continente e che fosse popolare in Inghilterra. L'Imperatore parve convinto che quello da noi adottato corrispondeva al doppio fine. L'Imperatore conta positivamente sulla neutralità dell'Inghilterra; egli mi ha raccomandato che noi usassimo di tutte le nostre forze per agire sull'opinione pubblica di quel paese a fine di costringere il governo, che ne è schiavo, a nulla intraprendere in favore dell'Austria. Egli conta pure sull'antipatia del Principe di Prussia contro gli Austriaci, [...] perché la Prussia non si pronunci contro di noi. Quanto alla Russia, egli ha promessa formale, più volte ripetutagli dall'Imperatore Alessandro, che non avrebbe contrastato i suoi disegni sulla Italia. Se l'Imperatore non s'illude, come io sono inclinato a credere, per tutto quello che egli mi ha detto, l'impresa sarebbe ridotta a una guerra tra la Francia e noi da una parte, e l'Austria dall'altra. L'Imperatore tuttavia considera che l'impresa, ancorché ridotta a queste proporzioni, è di una estrema importanza e presenta difficoltà immense; l'Austria, bisogna non dissimularselo, ha immense risorse militari. Le guerre dell'Impero lo hanno provato chiaramente. [...] Dunque per forzare l'Austria a rinunciare all'Italia, due o tre battaglie vinte nelle valli del Po e del Tagliamento non basterebbero; bisognerà necessariamente entrare dentro i confini dell'Impero e, ficcandole la spada nel cuore, cioè nella stessa Vienna, costringerla a sottoscrivere la pace sulle basi prima stabilite.

Per giungere a questo fine ci vogliono forze assai considerevoli. L'Imperatore le calcola a 300.000 uomini, almeno: e io credo che ha ragione. Con 100.000 si bloccherebbero le piazze forti del Mincio e dell'Adige, e si custodirebbero i passi del Tirolo; 200.000 per la Carinzia e la Stiria marcerebbero sopra Vienna. La Francia fornirebbe 200.000 uomini; la Sardegna e le altre province d'Italia gli altri 100.000. Il contingente italiano forse sembrerà debole a V. M.; ma se Ella riflette che, trattasi di forze che bisogna fare operare, di forze in linea, Ella riconoscerà che per avere 100.000 uomini disponibili, ne occorrono 150.000 sotto le armi.

Mi sembrò che l'Imperatore abbia idee assai giuste sulla maniera di condurre la guerra, e sulla parte che vi devono prendere i due paesi. Riconobbe che la Francia dovea fare di Spezia la sua gran piazza d'armi, e operare specialmente sulla sponda destra del Po, fino a che si sia conquistata la padronanza del corso di questo fiume, forzando gli Austriaci a chiudersi nelle fortezze. Vi sarebbero dunque due grandi eserciti, dei quali l'uno comandato da V. M. e l'altro dall'Imperatore in persona.

D'accordo sulla questione militare, noi ci trovammo d'accordo anche sulla questione finanziaria, che devo far conoscere a V. M. essere quella che preoccupa in modo speciale l'Imperatore. Egli acconsente tuttavia di fornirci il materiale di guerra che potrà abbisognare, e di facilitarci a Parigi la negoziazione di un prestito. Quanto al concorso delle province italiane, sia di denaro che di robe, egli crede che bisogna prevalersene, salvando però fino ad un certo punto i riguardi.

Appena fummo usciti dalle vie di Plombières, l'Imperatore entrò nell'argomento del matrimonio del principe Napoleone, chiedendomi quali fossero in proposito le intenzioni di V. M. Risposi che Vostra Maestà si era trovata in una posizione assai imbarazzante, allorché le comunicai le proposte fattemi da Bixio (…) L'Imperatore rispose che desiderava vivamente il matrimonio di suo cugino colla principessa Clotilde, che egli fra tutte preferirebbe un'alleanza colla famiglia di Savoia, che se non aveva dato incarico a Conneau di parlarne a V. M. fu perché credeva di non dover fare. L'Imperatore mi strinse la mano, e mi congedò, dicendomi: "Abbiate confidenza in me, come io l'ho in voi".

Una missiva, questa, particolarmente importante anche perché costituisce l'unico documento ufficiale dell'incontro e la sostanza dei futuri trattati ufficiali.

Torino, 31 luglio 1858

Cavour è rientrato, dopo un altro lungo giro. Invierà a Napoleone III, tramite Nigra, una sorta di verbale di quanto discusso a Plombieres, nel quale confermerà che da quel momento il Nigra stesso sarebbe stato l'unico suo tramite con l'imperatore.

Ormai Cavour ha tolto a Mazzini l'iniziativa politica. Il partito d'azione mazziniano, infatti, nel conseguimento dell'indipendenza italiana, non sarà più l'unica forza propulsiva.

Prevarrà il partito moderato monarchico, con una politica sintetizzata dal motto: "Italia e Vittorio Emanuele".

Ma Mazzini continuerà a condizionare il contesto italiano ed europeo. Qualsiasi politica inerente l'Italia dovrà tener conto che, se non riuscisse ad essere vincitrice, crollerebbe sotto l'azione mazziniana, che costituirà una sorta di pungolo del sistema, un'accurata "canalizzazione" di tutte le possibili iniziative concernenti il problema nazionale. Una prova in più di come la trama del dramma di quegli anni, fra guerra, rivoluzione e progresso sarà sempre condizionata dal grande genovese e come il futuro dell'Italia sarà, comunque, legato al suo pensiero ed alla sua azione. Il lancio, proiettato all'infinito, della rivoluzione del popolo, quindi dell'azione ideologica, politica, economica e sociale comune per rafforzare la Nazione nell'interesse del popolo medesimo, sarà il lascito mazziniano più importante per garantire il futuro ed il progresso dell'Italia e non solo dell'Italia. L'elemento essenziale, fra l'altro, per distinguere gli italiani da coloro che, oggettivamente, italiani non sono, pur essendolo formalmente e per chiarire il concetto di Patria come sintesi di vitali interdipendenze di una data comunità.

Bologna, 30 agosto 1958

In molte città, soprattutto dell'Emilia e della Romagna, vengono costituiti comitati segreti della Società nazionale. I responsabili sono Giuseppe La Farina e Giorgio Pallavicino. Ovviamente è di grande richiamo il vicepresidente, Garibaldi. A Bologna i capi sono il marchese Luigi Tanari, [1193]e Camillo Casarini.[1194] Pietro Inviti[1195] da Bologna si sposterà a Ravenna, dove gestirà un caffè che costituirà la copertura della sua attività politica.

Nelle varie sedi dei comitati segreti della Società nazionale verranno raccolti fondi ed organizzati gruppi di volontari. La partecipazione sarà superiore alle stesse aspettative. Anche questa volta, come nelle precedenti, l'entusiasmo, la partecipazione saranno

---

[1193] Il marchese Luigi Tanari è nato nel 1820 a Bologna. Agronomo, è stato uno dei dirigenti dei moti del 1848 e delle vicende del 1849. Liberale, vicino a Cavour, sarà fra i fautori, nel 1859, delle annessioni del 1859. E' stato deputato della VII legislatura della Camera del Regno di Sardegna (2 aprile – 7 dicembre 1860) e, poi, dal 1861, senatore. Sindaco di Bologna nel 1889. Morirà nel 1904 a Bologna.

[1194] Camillo Casarini è nato nel 1830 a Bologna. Ha partecipato alle vicende del '48 – '49. Molto vicino a Cavour, dopo l'elezione alla Camera, nel 1865 si è gradualmente spostato dalla destra alla sinistra storica. Sindaco di Bologna dal 18 novembre 1868 al 5 febbraio 1872. Morirà a Bologna nel 1874.

[1195] Pietro Inviti è nato nel 1821 a Castel San Pietro (BO). Laureato in giurisprudenza. Nel '48-'49 ha combattuto nell'unità di Livio Zambeccari nel Veneto e, poi, ad Ancona. Comandante a Bologna durante il governo provvisorio, ha organizzato il comitato segreto della società nazionale, partecipando ai fatti del 1859. Entrato nell'esercito italiano, ha combattuto il brigantaggio. In pensione nel 1877, col grado di tenente colonnello. Deputato per due legislature, dal 22 novembre 1882 al 22 ottobre 1890. Morirà a Bologna nel 1907.

notevoli, ma adesso vi è qualcosa in più: un grande, diffuso ottimismo. La certezza che questa sarà la volta buona. Tutti sono convinti che, dopo tante prove, martìri, crisi e difficoltà si vincerà, si riuscirà a rendere, finalmente, l'Italia indipendente.

Genova, 19 dicembre 1858

Sono mesi nei quali è viva la necessità di una mobilitazione totale delle forze disponibili. Forze intellettuali, umane, militari, sociali. Aumenta, di conseguenza, la fiducia in colui che è il massimo "mobilitatore della volontà collettiva". Colui che sa coordinare in un insieme coeso, funzionale, operativo le più varie persone di ogni ceto e cultura. Aumenta, quindi, la speranza nell'azione di Garibaldi, che, con Giacomo Medici, Enrico Cosenz, Nino Bixio, Giuseppe Sirtori ed altri, opera per la costituzione dei cacciatori delle Alpi. Proprio nel corso di tale attività il generale, il 19 dicembre 1858, nella villa dello Zerbino dell'esule bergamasco Gabriele Camozzi, sita sulle alture intorno a Genova, chiede a Luigi Mercantini[1196], il dolce e forte poeta dell'epicedio in onore di Pisacane [1197], di scrivere le parole di un inno dei volontari. Mercantini risponde che avrebbe cercato di concepire una poesia adeguata. Così ha scritto le parole dell'inno e le ha fatte musicare da un amico, direttore di una banda militare, Alessio Olivieri.

Genova, 31 dicembre 1858

[1196] Luigi Mercantini ha partecipato alla difesa di Ancona del 1849. Dopo la caduta della Repubblica romana è stato esule nelle isole Ionie. Nel 1852 è tornato in Italia e dal 1854 ha insegnato letteratura italiana. Ha fondato nel 1860 l'attuale Corriere Adriatico (allora Corriere delle Marche).
[1197] "La spigolatrice di Sapri" di Luigi Mercantini, il canto della morte in guerra di Pisacane:

"**Eran trecento: eran giovani e forti,**
e sono morti! (.......) Con gli occhi azzurri e coi capelli d'oro
un giovin camminava innanzi a loro.
Mi feci ardita, e, presol per la mano,
gli chiesi: - Dove vai, bel capitano? -
Guardommi, e mi rispose: - O mia sorella,
Vado a morir per la mia Patria bella. -
Io mi sentii tremare tutto il core,
né potei dirgli: - V'aiuti il Signore! – (.....)

Finché pugnar vid'io, per lor pregai;
ma un tratto venni men, né più guardai:
io non vedeva più fra mezzo a loro
quegli occhi azzurri e quei capelli d'oro!..."

Seconda riunione, a casa Camozzi. La moglie di Mercantini al piano e Garibaldi e gli altri in coro.[1198] L'inno musicato da Olivieri piacerà molto e, rapidamente, diverrà famoso, prima come inno di battaglia dei cacciatori delle Alpi, poi come inno di Garibaldi"[1199]:

All'armi! All'armi!
Si scopron le tombe, si levano i morti;
i martiri nostri son tutti risorti:
le spade nel pugno, gli allori alle chiome,
la fiamma ed il nome d'Italia sul còr.
Veniamo! Veniamo! Su, o giovani schiere,
su al vento per tutto le nostre bandiere,
su tutti col ferro, su tutti col fuoco,
su tutti col fuoco d'Italia nel còr.
Va fuora d'Italia, va fuora ch'è l'ora,
va fuora d'Italia, va fuora, o stranier!

La terra dei fiori, dei suoni e dei carmi,
ritorni, qual era, la terra dell'armi;
di cento catene ci avvinser la mano,
ma ancor di Legnano sa i ferri brandir.
Bastone Tedesco l'Italia non doma,
non crescon al giogo le stirpi di Roma;
più Italia non vuole stranieri e tiranni:
già troppi son gli anni che dura il servir.
Va fuora d'Italia, va fuora ch'è l'ora,
va fuora d'Italia, va fuora, o stranier!

Le case d'Italia son fatte per noi,
è là sul Danubio la casa de' tuoi;
tu i campi ci guasti; tu il pane c'involi;
i nostri figliuoli per noi li vogliam.
Son l'Alpi e i due mari d'Italia i confini;
col carro di fuoco rompiam gli Appennini.
Distrutto ogni segno di vecchia frontiera,
la nostra bandiera per tutto innalziam.
Va fuora d'Italia, va fuora ch'è l'ora,
va fuora d'Italia, va fuora, o stranier.(....)

[1198] Sono presenti anche Enrichetta, compagna di Pisacane, e la figlia Silvia, che studia al Collegio femminile delle Peschiere, diretto da Mercantini. Silvia sarà adottata da Nicotera.
[1199] "Inno di guerra di Garibaldi", parole di Luigi Mercantini, musica di Alessio Olivieri, 1858. La riunione è stata così piena di entusiasmo, di partecipazione, di esaltazione politica e guerriera che il giornalista C. Giglioli la ricorderà in un lungo articolo del 12 giugno 1882 su la"Rassegna". Ogni verso è stato analizzato. Il ritmo è stato reso adatto per una marcia, ecc. Mercantini e la moglie hanno dimostrato una notevole pazienza, coronata da una grande soddisfazione. La rievocazione è piaciuta molto a Jessie White Mario che la pubblicherà in "Garibaldi e i suoi tempi" cit., alle pagg. 476 – 483.

Torino, 20 dicembre 1858

Garibaldi incontra Cavour. Oramai la guerra è certa: il nizzardo sarà il comandante dei volontari, denominati cacciatori delle Alpi, con un organico, si presume, di tre reggimenti, in uniforme piemontese. Garibaldi sarà maggior generale. Prevede di avere come colonnelli Enrico Cosenz e Giacomo Medici.

Con la fine del 1858 la prima parte del Risorgimento italiano può ritenersi conclusa. La fase del martirio e delle affermazioni individuali e sociali, politiche e culturali, che l'inno di Garibaldi chiude musicalmente, è terminata. Sta per iniziare la seconda fase, quella vittoriosa, che, però, il 6 giugno 1861, sarà profondamente ostacolata dalla morte, forse dall'assassinio di Cavour[1200]. Senza la forza della sua potente razionalità diplomatica e di governo il processo risorgimentale si "sbilancerà" e, in definitiva, subirà una parziale crisi. Una fase, questa, durante la quale la fama di Garibaldi e dei suoi raggiungerà l'acme.

Il racconto forse più bello sul fascino etico, politico e militare di Garibaldi non solo in Italia ma presso i popoli oppressi e tutti i poveri ed i diseredati lo si deve a Maxim Gorkij:

"Sentii la prima volta il nome grande e luminoso di Garibaldi quando avevo tredici anni.[1201] Prestavo allora servizio come sguattero su di un piroscafo passeggeri, e tutto il giorno lavavo piatti, mezzo assordato dal rumore della macchina, mezzo istupidito dal grasso che bruciava. Quando avevo un'oretta libera salivo sulla tolda. Lì si riunivano i passeggeri di terza classe: contadini e operai. Chi seduto, chi in piedi, stretti insieme, ascoltavano il tranquillo raccontare a bassa voce di un passeggero. Mi misi ad ascoltare anch'io.

"Lo chiamavano Giuseppe, alla nostra maniera Osip, e il suo cognome era Garibaldi ed era semplice pescatore. Aveva un'anima grande e vedeva la vita amara del suo popolo, oppresso dai nemici. E gridò per tutto il paese: 'Fratelli, la libertà è più alta e meglio della vita! Sollevatevi tutti nella lotta contro il nemico e ci batteremo fino a che

---

[1200] Una francese, emissaria di Napoleone III, infuriato per essere stato giocato da Cavour, sarebbe divenuta amica dell'amante di Cavour Bianca Berta Sevierzy, suddita austriaca, moglie separata del ballerino impresario Domenico Ronzani. Tale amicizia avrebbe facilitato l'avvelenamento, effettuato con un caffè offerto al conte. Il che giustificherebbe la sua strana malattia, la subitanea morte, le voci corse all'epoca, che, comunque, non hanno convinto gli storici, nonostante due pubblicazioni molto diffuse. La prima, anonima: "Cavour avvelenato da Napoleone III", edita da Domenico Cena nel 1872 e la seconda del maggiore Domenico Cappa, ufficiale di polizia, dal 1859 guardia del corpo di Cavour: "Memorie, raccolte e ordinate da Giovanni Arrighi", un garibaldino, edite nel 1892 a Milano.
[1201] Siamo, quindi, sulla Volga, nel 1881, un anno prima della morte di Garibaldi.
(Gorkij, pseudonimo di Aleksej Maksimovic Peskov, è nato a Nižnij Novgorod nel 1868. Grande romanziere, considerato il massimo scrittore del proletariato, è stato prima socialista, poi comunista. E' morto a Mosca nel 1936.)

non l'avremo vinto!" e lo ascoltarono perché videro che egli sarebbe morto tre volte piuttosto che arrendersi. Tutti lo seguirono e vinsero'.

Era sera e il sole scendeva sulla Volga. Le onde rosee sembravano baciarsi e dissolversi nel bacio.

Poi io lessi molto su Garibaldi, su questo titano dell'Italia. Ma il breve racconto del contadino sconosciuto si radicò nel mio cuore più profondamente di tutti i libri ..."[1202]

In definitiva il Risorgimento si è affermato in un quadro di vaste speranze, alte qualità, enormi energie, grande spirito di sacrificio. Oggi la situazione è diversa: possiamo solo auspicare che il flusso della storia non determini la decostruzione dell'Italia, causando, con il collasso della Nazione, l'estinzione del nostro popolo ed il collasso di una millenaria civiltà.

Certamente la propaganda antinazionale, quindi antitaliana, posta in essere negli ultimi decenni nei giornali, nella televisione, nella scuola e nel cinema, sempre più allineati alla politica liberista e repressiva del capitale finanziario internazionale, ha teso a destrutturare la cultura e la coscienza del popolo per indebolirne le capacità operative e per depotenziarne il senso di indipendenza, la volontà creativa e l'affermazione di sé. Tale politica è stata potentemente sostenuta e sviluppata sinergicamente dal multiculturalismo, da un'ambigua, pericolosa rivoluzione sessuale, dall'affermazione di identità meramente individualistiche, "atomizzate"; dalla cancellazione della storia della Nazione,[1203] dalla imposizione della sostituzione della base popolare con un'immigrazione continua, provocata e protetta da potenti interessi stranieri, dall'ambientalismo radicale oggettivamente antiumanista, da una visione sostanzialmente soggettiva del diritto, funzionale alle concezioni antifamiliari ed antinazionali, da una propaganda tendente a convincere le persone che debbano ritenersi normali la decrescita, la pauperizzazione, la dipendenza da interessi estranei, la costante riduzione dei propri diritti, lo sconvolgimento della vita sessuale, lo stesso rivolgimento dei rapporti naturali, ecc., in definitiva l'autocastrazione della nostra civiltà.

[1202] Maksim Gorkij: "Come sentii la prima volta il nome di Garibaldi," 1907. In : Ettore Lo Gatto: "Russi in Italia." Roma, Editori Riuniti, 1971, pagg. 209-210.

[1203] Molti esponenti qualificati, quando si riferiscono alla storia d'Italia, sono lieti di denunciarne aspetti profondamente negativi, peraltro mal concepiti storicamente.

Tale indottrinamento ha rappresentato il mezzo più idoneo per cercare di convincere gradualmente il popolo italiano di essere corrotto, incapace, inaffidabile, ecc. Perché il popolo stesso, per il semplice fatto che è portato alla difesa dei propri diritti, è considerato un insopportabile ostacolo per gli interessi del capitale finanziario e, quindi, per le politiche di incremento smisurato dei suoi profitti. Perciò le masse popolari devono essere adeguatamente frustrate, avvilite, represse, diciamo "sterilizzate", uniformate da una penetrante, ininterrotta, abilissima propaganda, sostenitrice di quella vera e propria ideologia che è la pesante, pericolosa concezione del mondo – o "weltashuung" - del politicamente corretto[1204].

Così si è sviluppata la crisi individuale, familiare, sociale ed economica che oggi ci opprime. Abbiamo subìto e subiamo una sorta di guerra non guerreggiata, [1205] sicuramente grandiosa sebbene aberrante, scatenata contro l'Italia e la sua storia, per dequalificarle[1206]. Se ancora esistono nel nostro Paese il senso del dovere, la dignità personale, la dirittura del carattere, il rispetto umano, l'energia nel difendere la propria libertà di pensiero, l'amore per la famiglia – un sentimento sinergico con quello nazionale - l'onestà dei comportamenti, la fedeltà nei confronti dei propri ideali, la volontà di una corretta autoaffermazione, il senso della giustizia, l'eticità personale e di gruppo, ecc. si tratta di una estrema, grande vittoria della civiltà degli italiani.

Viviamo, infatti, la crisi del pensiero nazionale, della filosofia italiana, dell'autoconoscenza identitaria, di quella religione civile che esprime, rafforza e razionalizza le istanze, i

---

[1204] Tale situazione gradualmente viene sempre più riconosciuta. Ma si dovrà tener conto del tempo che impiegherà l'elettorato per averne una completa, adeguata consapevolezza. Coloro che realmente hanno come fine la salvezza del popolo, quindi della Nazione e dello Stato, dovranno avere la capacità di convincere un terzo degli elettori affinchè si aggiungano allo scarso terzo che è già, almeno parzialmente, consapevole. Purtroppo il tempo reso disponibile dal rapido sviluppo delle attuali vicende storiche è limitato e l'avversario è veloce, potente, attivo, privo di scrupoli. Il tempo è quasi scaduto, dato che ultimamente la complessa offensiva del capitale finanziario è stata accelerata, mentre il mondo politico e, più in generale, l'elettorato non appaiono adeguatamente consapevoli della drammaticità delle attuali vicende.
[1205] Si tratta della guerra ibrida, che, nel complesso, si può definire come l'insieme di tutte quelle azioni di carattere economico, commerciale, culturale, propagandistico, politico, batteriologico coordinate e sinergicamente dirette contro uno Stato per metterne progressivamente in crisi la compattezza interna, i rapporti sociali, la stabilità economica, la stessa fiducia in sé stesso, rafforzando al suo interno o cercando di costituire gruppi, partiti, consociazioni varie, giornali, televisioni, ecc. antinazionali che, per i più vari motivi (ecologici, umanitari, ecc.) facilitino l'opera di destrutturazione. Infatti il Paese aggredito può non accorgersi di essere sottoposto ad un'azione di guerra anche a causa della politica degli svariati gruppi antinazionali che operano al suo interno. I mezzi più violenti per conseguire l'annichilimento del Paese aggredito sono le sanzioni economiche, la perdita di personale culturalmente preparato, una violenta ed indiscriminata immigrazione, la propaganda per una politica antindustriale di decrescita, la calunnia destabilizzante sostenuta da una potente propaganda, gli eventuali attacchi batteriologici.
[1206] Ovviamente non solo l'Italia.

bisogni, le aspirazioni del popolo. Una crisi che si è manifestata con il disfacimento della Nazione, la crisi dello Stato, il collasso del senso della Patria, l'appannammento di una costruttiva e funzionale concezione politica. Il tracollo di quel cammino culturale, politico e sociale che ha raggiunto un punto alto nella nostra storia con Mazzini, con la sua filosofia sorretta dalla fede e con la concezione della vita intesa come missione, quindi come dovere. Un dovere che non condiziona la libertà, ma che l'esalta, nel quadro di una generale affermazione etica della natura umana.

Ecco l'importanza di una rivisitazione del Risorgimento e della forte speranza che, per la sopravvivenza dell'Italia, possa rinascerne un altro. La potenza morale, lo spirito di sacrificio, la volontà di affermazione, uniti nella piena armonia morale che si sono manifestati in quella fase storica hanno caratterizzato **"uno dei periodi più splendidi della storia dello spirito umano: splendido di prove del vigore più alto dello spirito, come potenza etica e creatrice; e gli Italiani non possono ricordare quella età senza esaltarsi e insieme umiliarsi. Umiliarsi nel sentimento del contrasto tra gli spiriti privilegiati di quell'età e le proprie debolezze. Esaltarsi nella memoria degli antenati magnanimi che in quella prima metà del secolo nell'arte, nella religione, nella filosofia, nell'azione si levarono a grande altezza con purezza singolare di fede, con devozione assoluta di tutta la vita all'ideale, con intera e perfetta unità di pensare e di agire, di intelletto e di volontà, di idee e di sentimento: caratteri interi, preparati a qualunque cimento, martiri risoluti e sempre pronti della propria fede. Tempre ideali di umanità, da far dubitare lo storico che le vagheggi e le intenda nella loro passione, non siano per avventura personaggi effigiati da una fantasia di artista, anzi che uomini realmente vissuti in mezzo agli uomini."**[1207]

[1207] Giovanni Gentile: "Pensare l'Italia", a cura di Marcello Veneziani, Casa editrice le Lettere, Firenze, 2013, pag. 99.

BIBLIOGRAFIA

AAVV (Carlo CATTANEO ed il Politecnico) "1848, le cinque giornate di Milano" Ed. Angeli Milano, 1993

AAVV: "I grandi enigmi dell'unità d'Italia", Ed. di Cremille, Ginevra, 1969

AAVV: "Scrittori del Risorgimento", Treccani (ristampa da Riccardo Ricciardi ed.), Mlano, 2006

AAVV: "Garibaldi condottiero", Ministero della Guerra, Roma, 1932

Gerolamo AGAPITO: "Descrizione della fedelissima città e porto franco di Trieste", Vienna, Tipografia della vedova di A. Strauss, 1830

Francesco ASSO "Itinerari garibaldini in Toscana e dintorni 1848 1867", Regione Toscana, Firenze, 2002

Giuseppe AVEZZANA: "I miei ricordi", Stamperia già Fibreno, Napoli, 1888

Cesare BALBO: "Delle speranze d'Italia" Ed Allegranza, Milano, 1944

Giovanni BALASSERONI: "Leopoldo II , granduca di Toscana e i suoi tempi. Memoria del cavaliere Giovanni Baldasseroni", Arnaldo Forni ed. Sala Bolognese, 1998

Giovanni BAVA: "Relazione delle operazioni militari dirette dal generale Bava", senza editore e data, ma del 5 dicembre 1848

Giovanni BELARDELLI: "Mazzini", Il Mulino, Bologna, 2010

Cristina di BELGIOIOSO: "L'Italia e la Rivoluzione italiana nel 1848" Lugano, Tipografia della Svizzera italiana, 1849

Carlo Alberto BIGGINI: "Il pensiero politico di Pellegrino Rossi di fronte ai problemi del Risorgimento italiano" Ed. Vittoriano, Roma, 1937

Girolamo BOTTONI: "Il Trentino, la Venezia Giulia, la Dalmazia nel Risorgimento italiano" 'L'universelle' imprimerie poliglotte, Roa, 1918

Robert H. BORK: "Il giudice sovrano – Coercing virtue" Liberi libri di AMA srl, Macerata, 2004

Romano BRACALINI: "Mazzini", Mondadori, Milano, 1992
Mario BRUNETTI: "La piazza della rivolta", Rubettino ed. Soveria Mannelli, 2003

Domenico Maria BRUNI: "Con regolata indifferenza, con attenzione costante – Potere politico e parola stampata nel Granducato di Toscana (1814 – 1847), Franco Angeli, Milano, 2015

Pasquale CALVI: "Memorie storiche e critiche della Rivoluzione siciliana del 1848 – 1849", Hardpress publishing, 2019

Agostino CARRINO: "La Costituzione come decisione. Contro i giusmoralisti" Mimesis, Sesto San Giovanni, 2019

Carteggio G. Tocci, unità codicologica 11 della biblioteca nazionale De Novellis di Cosenza
Bernardino CASTALDI: "Pio IX – I sui tempi", Tipografia sociale, 1882

(Carlo CATTANEO) "Archivio delle cose d'Italia", Capolago, Tipografia Elvetica, **1850**

(Carlo CATTANEO) "Archivio triennale delle cose d'Italia", Vol III, Tipografia sociale, Chieri, 1855,

Carlo CATTANEO: "L'insurrezione di Milano nel 1848 e la successiva guerra" , Il Solco casa editrice, Città di Castello, 1921

Carlo CATTANEO: "Milano e l'Europa, scritti 1839 – 1846" Einaudi, Torino,1972

Camillo CAVOUR: "Discorsi: Italia, Austria, Francia", Istituto Editoriale Italiano, Milano, s.d.
Agostino CHIGI:"Il tempo del Papa – Re, Diario del Principe Don A. Chigi dall'anno 1830 al 1855" Ed. del Borghese, Milano, 1966

Salvatore CICENIA: "Mezzogiorno, cultura e politica in Michele Solimene (1795-1864)" Laveglia & Carlone, Battipaglia (SA), 2008

Roberto CIUNI: "Lettere al 'Times' da Capri borbonica", Edizioni la Conchiglia, Capri, 2011

"Collezione officiale degli atti del comitato generale di Sicilia nell'anno 1848"

Pierluigi Romeo di COLLOREDO MELS: "Venezia 1848 – 1849. Aspetti militari di un assedio dl XIX secolo", Soldiershop publiscing, 2017

(anonimo, ma di Cesare CORRENTI): "I dieci giorni dell'insurrezione di Brescia nel 1849", Tipografia di G. Marzorati, Torino, 1849

."Costituti ed altri documenti riguardanti il processo per alto tradimento contro Pietro Frtunato Calvi e correi" Archivio di Stato di Mantova. Fondo imperial regia corte di giustizia

M. CROZIER, S. HUNTINGTON, J. WATANUKI:"La crisi della democrazia", F. Angeli, Milano, 1977

Emilio DANDOLO: "I bersaglieri di Luciano Manara", Ed. Mediolanum, Milano, 1934

Michele DATTOLO e Rodolfo GUISCARDO: ""Il capitalismo castrense", NICOMP, Firenze,

Massimo d'AZEGLIO: "I miei ricordi", Einaudi, Torino, 1971

Massimo d'AZEGLIO: "Scritti politici e lettere", Hoepli, Milano, 1921

Filippo DE BONI: "Lo straniero in Lombardia", Losanna, 1848

 Nicola DEL CORNO e Vittorio SCOTTI DOUGLAS:"Quando il popolo si desta: 1848, l'anno dei miracoli in Lombardia", Franco Angeli, Milano, 2002

Franco DELLA PERUTA: "Democrazia e socialismo nel Risorgimento", Editori Riuniti, Roma, 1973

Roberto DE MATTEI: "Pio IX e la Rivoluzione italiana", Ed. Cantagalli, Siena, 2012

Giuseppe Costantino DRAGAN: "La vera storia dei Romeni", NAGARD, Milano, 1996

Augusto ELIA: "Ricordi di un garibaldino", Tipografia del genio civile, Roma,1904

Giovanni ETTORRE: "Il Marchese Luigi Dragonetti nel carteggio politico e letterario con gli uomini illustri del secolo XIX" (conferenza letta il 28 giugno 1891 nella sala del comune de L'Aquila). Forgotten Books, 2017

Giuseppe FARESE: "Poesia e rivoluzione in Germania 1830 – 1850", Laterza, Roma – Bari, 1974

Luigi Carlo FARINI: "Lo Stato Romano dall'anno 1815 al 1850" Ed. Presidenza Consiglio dei ministri, Roma, s.d. (la prima edizione è del 1853)

Fondazione Marco e Rosa De Marchi: "1848, le cinque giornate di Milano (con l'elenco de cittadini morti combattendo)", Milano, 1948

Hugh FORBES: "Compendio del volontario patriottico tanto in guerra regolare che in guerra irregolare.", Stamperia Nazionale, Napoli, 1860

Luigi FOSSATI: "Il nobile Gaetano Fossati dei marchesi Fossati e la sua azione patriottica nel 1848" Supplemento ai Commentari dell'Ateneo di Brescia, 1958

Andrea FREDIANI: "101 battaglie che hanno fatto l'Italia unita", Newton Compton ed. Roma, 2011

Elisabetta FREZZA: "Malascuola" Casa ed. Leonardo da Vinci, Roma, 2017

Franco FUCCI: "Radetzky a Milano" Mursia, Milano 1997

Margaret FULLER: "Un'americana a Roma 1847 – 1849", Edizioni Studio Tesi, Pordenone, 1986

Alessandro GALANTE GARRONE: "Filippo Buonarroti ed i rivoluzionari dell'Ottocento (1828 – 1837), Einaudi, Torino, 1972

Olivo GABARDI BROCCHI: "Leggende istoriche italiane", Le Monnier, Firenze, 1859

Ernesto GALLI DELLA LOGGIA: "L'aula vuota: Come l'Italia ha distrutto la sua scuola" Marsilio Editori, Venezia, 2019

Giuseppe GARIBALDI: "Memorie autobiografiche", Giunti Marzocco, Firenze, 1982

Charles Neilson GATTEY. "Cristina di Belgioioso", Vallecchi, Firenze, 1974

Paul GINSBORG: Daniele Manin e la rivoluzione veneziana del 1848 – 1849", Feltrinelli, Milano, 1978"

GIOBERTI, FRESCHI, BROGLIO, TECCHIO, BERTI e CARUTTI: "Discorsi detti nella pubblica tornata della società nazionale per la confederazione italiana", Girolamo Marzorati, Torino, 1848

Vincenzo GIOBERTI: "Del primato morale e civile degli Italiani", Ed Allegranza, Milano, 1944

Vincenzo GIOBERTI: "Il rinnovamento civile d'Italia", Istituto editoriale Italiano, Milano, 1914

Teresa GIRAUD SPAUR (a cura di R. PANCHERI): "Relazione del viaggio di Pio IX a Gaeta", Hardpress publishing, 2017

Paolo GIUDICI: "Storia d'Italia", Ediz. Nerbini, Milano, 1931

"Storia Politica d'Italia" Agostino GORI: "Il Risorgimento italiano 1849 – 1860", Vallardi, Milano, 1904

Giovanni GRECO: "Le carte del Comitato segreto di Napoli (1853 – 1857)", Ed. Storia di Napoli e della Sicilia, Napoli, 1979

Giovanni GRECO e Davide MONDA (a cura): "Sarastro e il serpente verde: sogni e bisogni di una massoneria ritrovata", Pendragon, 2003

Kelly GREENHILL: "Armi di migraazione di massa –Deportazione, coercizione e politica estera", LEG Edizioni, Gorizia, 2017

Franz HERRE, "Francesco Giuseppe", Rizzoli (BUR), Milano, 1988

Franz HERRE: "Prussia, nascita di un Impero", Rizzoli, Milano, 1982

Victor HUGO: "La Costituente romana – estratto dall'"Opinione" del 25 ottobre 1849", Tipografia Fery e Dalmazzo, già Favale, in Duragrossa, Torino, s.d. (ristampa: Org. Ed. Tipografica, Roma, 1946)

Gyula ILLYÉS: "Petofi", Feltrinelli, Milano, 1860

Anna Maria ISASTIA: "Il volontariato militare nel Risorgimento", Stato Maggiore Esercito, Roma, 1990

Naomi KLEIN: "Shock economy. L'ascesa del capitalismo dei disastri" Rizzoli (BUR), Milano, 2008

Giuseppe LA FARINA: "Storia d'Italia dal 1815 al 1850" Casa editrice italiana di Maurizio Guidoni, Milano / Torino, 1861

Enrico Nestore LEGNAZZI: "L'8 febbraio 1848: commemorazione letta nell'aula magna della Regia Università di Padova 18 febbraio 1892" Forgotten Books Classic Reprint, 2018

Aurelio LEPRE: "Storia del Mezzogiorno nel Risorgimento", Editori Riuniti, Roma, 1974
Antonio LUCARELLI: "I moti rivoluzionari del 1848 nelle province di Puglia" Archivio Storico Pugliese, I Quaderno, 1948

Giovanni LUSERONI: "Giuseppe Mazzini e i democratici nel quarantotto lombardo" Gangemi editore, Roma, 2007

Goffredo MAMELI: "Pagine politiche", Universale economica, Milano, 1950
Augusto MANCINI: "Storia di Lucca", Maria Pacini Fazzi ed., Lucca, 1981

Jessie W. MARIO: "Della vita di Giuseppe Mazzini", E. Sonzogno, Milano, 1891

Jessie W. MARIO: "Garibaldi e i suoi tempi", Fratelli Treves, Milano, 1887

(anonimo, ma di Gennaro MARULLI): "Documenti storici riguardanti l'insurrezione calabra preceduti dalla storia degli avvenimenti di Napoli del 15 maggio" Stabilimento Tipografico dell'Araldo, Napoli, 1850

MARX ENGELS: "Sull'Italia", Ed. Progress, Mosca, 1976

Luigi MASCILLI MIGLIORINI: "Metternich", Ed. Corriere della Sera, Milano, 2019

Giuseppe MAZZINI: "Scritti politici", Mondadori, Milano, 2009

Giuseppe MAZZINI: "I classici del pensiero italiano" Biblioteca Treccani, Milano, 2006

Giuseppe MAZZINI: "Note autobiografiche", Rizzoli (BUR), Milano, 1986

Giuseppe MAZZINI: "Doveri dell'uomo", ASEFI, Milano, 1995

Franz MEHRING: "Storia della Germania moderna", Feltrinelli, Milano, 1957

Ernesto Teodoro MONETA "Le Guerre, le Insurrezioni e la Pace nel Secolo XIX" Milano, Società Tipografica Edirice Popolare, 1903, riedizione: Forgotten Books, Classic Reprint

Giuseppe MONTANELLI: "Memorie sull'Italia 1814 – 1850", Sansoni, Firenze, 1963

Gennaro MORENO: "Trattato di Storia militare", Tipografia Soliani, Modena, 1892

Clara NARDON: "Giuseppe Eusebio Cioli e la sua famiglia", Trento, 2008

Felice ORSINI: "Memorie politiche", Giuseppe Fioratti, Lugano, 1860

Vittore OTTOLINI: "La rivoluzione lombarda del 1848 e 1849", Ed. New York Public Library di Google

Vittore OTTOLINI: "Cronaca della compagnia Medici, 1849", Carlo Barbini ed. Milano, 1884

Ivana PEDERZANI: "I Dandolo. Dall'Italia dei lumi al Risorgimento", Franco Angeli, Milano, 2014

Pietro PEDROTTI: "Il Risorgimento nel Trentino", A.N.I.F. Trento, 1928

Franz PESENDORFER (a cura): "Il governo di famiglia in Toscana – Le memorie del granduca Leopoldo II di Lorena (1824 - 1859)", Sansoni ed. Firenze, 1987

Làzlò PETE: "Il Colonnello Monti e la Legione italiana nella lotta per la libertà ungherese", Rubattino ed. Soveria Mannelli, 2003

Alessio PETRIZZO: "Parlamento e discorso della nazione nel lungo Quarantotto italiano" Università di Firenze, Scuola di dottorato in Storia, aurea anni accademici 2005 – 2008

Ferdinando PETRUCCELLI DELLA GATTINA: "La rivoluzione di Napoli nel 1848", Edizioni Osanna, Venosa, 1990

Piero PIERI: "Storia militare del Risorgimento", Einaudi, Torino, 1962

Carmine PINTO: "Una storia del Cilento borbonico. Michele e i fratelli Magnoni nella Rivoluzione meridionale (1848 – 1860)" in: AAVV "Oltre la torre d'avorio", Plectica, Salerno, 2008.

Carlo PISACANE: "La rivoluzione in Italia", Ed. Riuniti, Roma, 1968

Raccolta di decreti, avvisi, proclami bullettini ec. ec. Emanati dal Governo provvisorio, dai diversi comitati e da altri dal giorno 18 marzo 1848" pr i tipi di Luigi di Giacomo Pirola, Milano, s.d.

Carlo Alberto RADAELLI: "Storia dello assedio di Venezia negli anni 1848 e 1849", Tipografia del Giornale di Napoli, Napoli, 1865

"Rassegna storica del Risorgimento", anni 1930 e 1938

Camillo RAVIGLI: "La campagna del Veneto del 1848 tenuta da due divisioni e corpi franchi romani" Tipografia Tiberina, Roma,1883

(anonimo, ma di Francesco RESTELLI e Paolo MAESTRI): "Gli ultimi tristissimi casi di Milano narrati dal comitato di pubblica difesa", Tipografia della Svizzera italiana, Lugano, 1848

Giuseppe RICCIARDI: "Una pagina del 1848, ovvero storia documentata della sollevazione delle Calabrie", Tipografia San Pietro a Maiella, Napoli, 1873

Rosario ROMEO: "Vita di Cavour", Laterza, Roma – Bari, 1984

Rosario ROMEO: "Il Risorgimento in Sicilia", Laterza, Roma – Bari, 1973
Michele ROSI: "L'Italia odierna", UTET, Roma, Torino, Napoli,1923

Michele ROSI (a cura): "Dizionario del Risorgimento nazionale", F. Vallardi, Milano, 1931

Nello ROSSELLI: "Carlo Pisacane nel Risorgimento italiano", C. M. Lerici ed. Milano, 1958

Gustavo SACERDOTE: "Vita di Garibaldi", Rizzoli (BUR), Milano, 1957

Luigi SALVATORELLI: "La rivoluzione europea (1848 – 1849)", Rizzoli, Milano - Roma, 1949

Gabriella SANTONCINI: "L'unificazione nazionale elle Marche: L'attività del Regio Commissario Generale straordinario Lorenzo Valerio: 12 settembre 1860 – 18 gennaio 1861", Giuffrè editore, Milano

Roland SARTI: "Giuseppe Mazzini", Ed. Corriere della Sera, Milano, 2006

Carl SCHMITT: "Il nomos della terra", Adelphi, Milano, 1991

Alfonso SCIROCCO: "Giuseppe Garibaldi", Ed. Corriere della Sera, Milano, 2005

Angelo SCOCCHI: "Il Risorgimento a Trieste nel marzo 1848" Openstars, Archivio istituzionale dell'università di Trieste, s.d.

Giovanni SFORZA: "Garibaldi in Toscana nel 1848", Società editrice Dante Alighieri, Roma, 1897

Alfredo SIGNORETTI: "Italia e Inghilterra durante il Risorgimento", Istituto per gli studi di politica internazionale, Roma, 1940

Alan SKED: "Radetzky e le armate imperiali", il Mulino, Bologna, 1983

Anthony D. SMITH: La nazione – Storia di un'idea" Rubettino, Soveria Mannelli, 2007

Edoardo SUSMEL: "Fiume attraverso la storia" Fratelli Treves, Milano, 1919

Paolo TIBALDI: "Da Roma a Cajenna - Lotte, Esigli, Deportazione - Narrazione", Tipi Società cooperativa tra tipografi ed arti affini, 1875

Niccolò TOMMASEO: "Diario intimo" Einaudi, Torino, 1946

Andreea TORNIELLI: " Pio IX – L'ultimo Papa re", Società Europea di edizioni S.p.A. – Il Giornale, Milano, 2004

George Macaulay TREVELYAN: "Garibaldi e La difesa della repubblica romana" Nicola Zanichelli, Bologna, 1909

George Macaulay TREVELYAN:"Garibaldi in Sicilia", Neri Pozza ed., Vicenza, 2004

Gabriele VENDITTI: "Isernia al cadere dei Borboni fatti di rivoluzione e reazione nell'autunno del 1860" I Quaderni, ed. digitale, 2011

Felice VENOSTA: "Il martirio di Brescia: narrazione documentata", Carlo Barbini ed., Milano, 1863 (in: www.liberliber.it)

Felice VENOSTA: "Carlo Pisacane e Giovanni Nicotera o la spedizione di Sapri", Carlo Barbini ed., Milano, 1876 (in www.liberliber.it)

Angelo VENTURA: "Risorgimento veneziano – Daniele Manin e la rivoluzione del 1848", Donzelli ed. Roma, 2017

Alfredo VENTURI: "L'uomo delle bombe" (Orsini), Hobby & Work, Bresso, 2009

Adriano VIARENGO: "Cavour", Ed. Corriere della Sera, Milano, 2019

Adriano VIARENGO: "Vittorio Emanuele II", Ed. Corriere della Sera, Milano, 2019

Pasquale VOZA: "Letteratura e rivoluzione passiva: Mazzini, Cattaneo, Tenca", Dedalo libri, Bari, 1978

Antonio ZIEGER: "Voci e volti del Risorgimento nel Trentino e nell'Alto Adige", Centro di studi atesini, Bolzano, 1994

INDICE